制胜的科学

拿破仑战争中的俄军战术

[俄] 亚历山大·列昂尼多维奇·日莫季科夫　[俄]尤里·列昂尼多维奇·日莫季科夫　著　吴畋　译

江苏凤凰文艺出版社
JIANGSU PHOENIX LITERATURE AND
ART PUBLISHING, LTD.

图书在版编目（CIP）数据

制胜的科学：拿破仑战争中的俄军战术 / (俄罗斯)
亚历山大·列昂尼多维奇·日莫季科夫,(俄罗斯) 尤里
·列昂尼多维奇·日莫季科夫著；吴畋译. —— 南京：
江苏凤凰文艺出版社, 2019.11
书名原文: TACTICS OF THE RUSSIAN ARMY IN THE
NAPOLEONIC WARS
ISBN 978-7-5594-4174-4

Ⅰ.①制… Ⅱ.①亚… ②尤… ③吴… Ⅲ.①拿破仑
战争 – 战术 – 研究 Ⅳ.①K565.41②E83

中国版本图书馆CIP数据核字(2019)第241889号

版贸核渝字（2019）第 033 号

制胜的科学：拿破仑战争中的俄军战术

[俄] 业历山大·列昂尼多维奇·日莫季科夫
[俄] 尤里·列昂尼多维奇·日莫季科夫 著　　　吴畋 译

责任编辑	王青
特约编辑	王晓兰
装帧设计	王涛
出版发行	江苏凤凰文艺出版社
	南京市中央路 165 号，邮编：210009
网　　址	http://www.jswenyi.com
印　　刷	重庆长虹印务有限公司
开　　本	787mm×1092 mm　1/16
印　　张	47
字　　数	740 千字
版　　次	2019 年 11 月第 1 版　2019 年 11 月第 1 次印刷
书　　号	ISBN 978-7-5594-4174-4
定　　价	199.80 元

江苏凤凰文艺版图书凡印刷、装订错误可随时向承印厂调换

目录

亲爱的中国读者，你们好！

我是亚历山大·列昂尼多维奇·日莫季科夫，一个来自圣彼得堡的军事史业余爱好者。我对军事史着迷已久，最喜爱的一个时段是拿破仑战争，而我的主要研究领域是战术，也就是与军队在战场上的行动有关的一切。进入该领域之初，我想到的问题是：军队是怎样组织起来的？他们要接受怎样的作战训练？将领和军官是如何考虑让部队投入战斗？而部队在实战中又有怎样的表现？关于这些问题，我们可以在训练手册、战术理论著作、将领发布的教令与命令以及战后呈递的报告中找到答案。而我最感兴趣的问题则是亲历者眼中的战斗是什么样子。

我们是幸运的，因为不少参与过拿破仑战争的将领和军官留下了日记和回忆录，这些作品中有许多业已出版，所以，我们能够通过亲历者视角观察拿破仑时期的战斗。在几乎搜罗尽了俄文中的所有出版物资料后，我开始转而寻找用其他文字——主要是英文——撰写的书籍和论文。我发现这一时期的诸多军队在组织和战术方面存在各式各样的差异，在我看来，这的确非常有趣！很快，我意识到英文著作中虽然包含了与法军、英军以及这一时期其他主要军队相关的大量资料，但关于俄军的材料却很欠缺——一来信息量不大，二来也存在一定的谬误。于是，我决心填补这一空白，用英文写出一本与这一时期俄军相关的书：准确地讲述俄军的组织、训练和战斗情况。在写作过程中，我的兄长尤里（圣彼得堡炮兵博物馆馆员）协助搜集了大量资料，我们合作完成的英文第一版最终于 2003 年付梓。此后，我继续着力搜集这一时期的军队战术资料，于是，一个内容大有扩充的俄文版本得以在 2016 年面世，英文第二版也于 2018 年出版。

我十分荣幸地看到我们的作品在中国出版发行，这对我而言是极大的荣耀。在中国译者吴畋的努力下，这个中文版本涵盖了 2016 年俄文版和 2018 年英文版中最为重要的部分，并对这两个版本中的若干讹误之处进行了修订。如果中国读者会对它产生兴趣，那我将倍感荣幸。

你们的亚历山大
2019 年 1 月 28 日夜
于圣彼得堡

作者致谢

首先，我要感谢我的兄长尤里·列昂尼多维奇·日莫季科夫，他在收集材料和翻译德文资料方面提供了无价的帮助。我也非常感谢下列提供资料和建议的友人：康斯坦丁·格里戈里耶维奇·伊戈申（Константин Георгиевич Игошин）、康斯坦丁·利沃维奇·科久连克（Константин Львович Козюренок）、奥列格·根纳季耶维奇·列昂诺夫（Олег Геннадьевич Леонов）、鲍里斯·瓦季莫维奇·梅戈尔斯基（Борис Вадимович Мегорский）、伊利亚·恩斯托维奇·乌里扬诺夫（Илья Эрнстович Ульянов）、詹姆斯·R. 阿诺德（James R. Arnold）、纳塔利娅·迪芬巴赫（Natalia Diefenbach）、纳塔利娅·格里丰·德普兰维尔（古京娜）（Natalia Griffon de Pleineville (Goutina)）、亚历山大·米卡贝里泽（Alexander Mikaberidze）、乔治·F. 纳夫齐格（George F. Nafziger）、奥利弗·施密特（Oliver Schmidt）、斯蒂芬·萨默菲尔德（Stephen Summerfield）、埃曼·M. 沃夫西（Eman M. Vovsi/Эман М. Вовси）。

本书中可能存在的所有谬误均由本人负责。

引　言

在军事史文献中，人们可以找到与"战术"（тактика）相关的诸多定义。它最早出现在古希腊时期，其含义屡经变化，就连同一时期的不同作者也会以不同的方式诠释战术。本书中的"战术"这一名词指的是一切与部队在战场上的行动有关的内容。根据此定义，战术可以分成两个层次：低级战术单位和小规模部队层面的基础战术与高级合成单位和全军层面的高级战术。

即便将范围局限在俄文资料当中，也可以发现关于拿破仑战争的文献异常丰富，从中可以找到有关这一时期军队战术的诸多信息。然而，在过去的文献中，除了散落在各类图书和文章中的战术信息外，专门的战术著述并不多，它通常都和军队生活、工作中的其他信息混杂在一起。而且有时就连和俄军战术相关的内容都会出错。[1]

最近二十年里，有关拿破仑时代军队——也包括俄军——组织与战术的文章和书籍开始涌现，它们呈现的观点更为全面也更接近事实。在这些著作当中，我们首先要提及伊利亚·恩斯托维奇·乌里扬诺夫、奥列格·根纳季耶维奇·列昂诺夫、奥列格·瓦列里耶维奇·索科洛夫（Олег Валерьевич Соколов）、亚历山大·亚历山德罗维奇·斯米尔诺夫（Александр Александрович Смирнов）和埃曼·M. 沃夫西的作品。[2] 我们还应当提到基里尔·维克托罗维奇·塔塔尔尼科夫（Кирилл Викторович Татарников）编纂的 18 世纪俄军条令、教范和教令汇总，以此可知在这个世纪里规定俄军编制和训练方式的主要官方文件。[3]

然而，他们的文章只针对某些相当狭隘的领域，书籍的讨论范围则远不止战术。乌里扬诺夫和列昂诺夫的著作主要关注俄军步兵，斯米尔诺夫关注俄军炮兵。索科洛夫著作中的战术篇幅相对较少，而且大多是在讨论法军。沃夫西的著作则以法军组织和战术为研究对象。塔塔尔尼科夫的汇编仅仅包括了条令和教令文本，而且时间下限是 1801 年。因此，在有关拿破仑时代的俄文文献中，战术依然没有得到足够的重视。

外文著作中有关拿破仑时代军队战术的信息则要丰富得多。在过去几十年里，西欧和北美出现了许多专门研究当时欧洲主流军队战术的文章和专业书籍。[4] 然而，这些著作中很少提到俄军的战术，就连其中包含的少量信息也存在部分错漏。

因此，对这一时期俄军战术感兴趣的读者仍然无法获得较为全面的信息。笔者和兄长一道尽力填补这一空白，于2003年用英文出版了一本有关拿破仑时代俄军战术的著作。[5] 这本书就是在英文版基础上扩充而成的俄文版。

本书仔细研究了18世纪末19世纪初的欧洲军队各个层面的组织与战术，从战术理论、条令、士兵训练方式到三个主要兵种独立作战与配合作战时的战斗实践、诸兵种合同战术（大战术或高级战术）均有涉及。本书主要关注俄军的实战情况。描述俄军战术时，笔者尽力主要依靠第一手资料：18、19世纪之交的战术理论著作、条令、手册、教令、命令、报告以及参战者的回忆录、日记和信件。

本书涉及的时间范围要略长于严格意义上的拿破仑战争（1805—1815年）。早在拿破仑战争开始之前，参战军队的组织与战术基础便已确立，为了能够准确理解各支军队在拿破仑战争中的战术，有必要考虑到前一时期里组织和战术的发展情况。法国大革命爆发（1789年）后不久，所谓的"革命战争"（1792—1801年）打响了，法军在这一时期采用了全新的兵员补充体系，并逐渐发展出崭新的组织和战术，此后也对其他欧洲军队产生了巨大的影响。因此，这一时期的所有欧洲军队都或多或少地沿着同一规律进化：从18世纪军队的典型战术发展到19世纪上半叶军队的新式战术。与此同时，18世纪确立的许多基本战术原则仍在拿破仑战争中具备重要意义。

18世纪欧洲军队的战术通常被称作线式战术。这一名称源于步兵和骑兵在战场上列成漫长、单薄且连续的线式横队。线式战术的典型特征出现于17世纪下半叶。到了18世纪初，线式战术已经成为一套发展成熟的战术体系。线式战术在18世纪持续发展，军事理论、军队组织和战术方面也不断出现新的组成部分，它们随着时间的流逝不断发展。截至18世纪末，其中某些部分已经得到了广泛应用，并且显著改变了战争面貌。

18、19世纪之交，欧洲军队的组织与战术在各个层面都发生了变化，但其中最为重大的变革发生在最高层面，低级战术单位的组织和基本战术则没有那么显著的变化。在三大兵种中，炮兵在基层组织和基本战术方面的变化最大，步兵变化相对较小，骑兵则最为细微。步兵和骑兵在19世纪依然沿用某些在18世纪中前期确立的基本组织原则，此外也沿袭了一些基础队形和作战方式。

欧洲的军事对17—18世纪的俄国武装力量产生了重大影响，因此，为了充分理解18世纪末的俄军组织与战术，就有必要先行探讨18世纪欧洲军队组织和战术中的基本原则。要想充分理解19世纪初俄军组织、战术的发展，就应当探讨法军在革命战争和拿破仑统治时期的组织、战术发展情况。由于这些课题已经得到了相对充分的研究，在探讨这些课题时，笔者主要使用现代文献，只有在必要情况下才会征引第一手资料。

在欧洲军队的组织、战术基本情况中，存续时间最长的是步兵和骑兵低级战术单位的组织、队形和作战基本原则，因此我们应当从这里开始探讨。

本书在摘引材料时遵循下列原则：

1. 如果方括号中的单词是俄语词，那么这些词汇在原文中并不存在，它们由笔者加入，目的在于更准确地表达这一时期军事术语和典型说法的具体含义。如果方括号中的单词是外语词，那么这些词汇出自原文。①

2. 圆括号代表原文中即已存在的括号。

3. 如果出现 [原文已省略] 的提示，那么这表明引文中的省略号源于原文。如果没有这样的提示，那么引文中的省略号表明作者略去了一段对表达文本含义而言并不必要或并非必需的话语。

---

　　① 译注：关于引用文段括号问题，凡圆括号，则为引用文段原本存在的括号，方括号为作者引用该文段以及中文翻译时译者加入内容。另外，方括号里如果是非俄文与中文词汇，则是作者保留的引文中原文用词。

注释

[1] 在出版于20世纪的文献中，以下著作值得一提：*Столетие Военного Министерства. 1802-1902. Главный Штаб. Исторический очерк.*（《陆军部的一个世纪，1802-1902年：总参谋部历史概要》）СПб., том 4, ч. 1, кн. 2, отд. 3 (Образование (обучение) войск. Уставы и наставления.), вып. 1, 1903; Медведев А. И. *Бой (сражение) в Наполеоновскую эпоху и в кампанию 1870-71 гг.*（《拿破仑时代和1870-1871年战局中的战斗（会战）》）СПб., 1904; Баиов А. *История русской армии.*（《俄罗斯陆军史》）СПб., вып. 7, 1913; Кочетков А. Н.《Тактика русской армии в период Отечественной войны 1812 года》（《1812年卫国战争中的俄军战术》）//*Развитие тактики русской армии XVIII в.— начала XX в.*（《18世纪至20世纪初的俄军战术发展》）М., 1957; Бескровный Л. Г. *Русская армия и флот в XIX в. Военно-экономический потенциал России.*（《19世纪的俄国陆海军：俄国的军事-经济潜力》）М., 1973; Мещеряков Г. П. *Русская военная мысль в XIX в.*（《19世纪俄国军事思想》）М., 1973; Богданов Л. П. *Русская армия в 1812 году. Организация, управление, вооружение.*（《1812年的俄军：编制、管理、军械》）М. 1979. 在那些研究某一场战役或会战的著作中也存在若干与战术相关的信息。

[2] Леонов О. Г., Ульянов И. Э. *Регулярная пехота. 1698-1801.*（《正规步兵：1698—1801年》）М.: АСТ, 1995; Ульянов И. Э. *Регулярная пехота. 1801-1855.*（《正规步兵：1801—1855年》），М.: АСТ, 1996; Ульянов И. Э. *1812. Русская пехота в бою.*（《1812年：俄国步兵在战斗》）М.:《Яуза》,《Эксмо》, 2008; Соколов О. В. *Армия Наполеона.*（《拿破仑的军队》）СПб.: Издательский дом《Империя》, 1999; Соколов *О. В. Аустерлиц. Наполеон, Россия и Европа, 1799-1805 гг.*（《奥斯特利茨、拿破仑、俄罗斯与欧罗巴，1799—1805年》）М.: Русский культурный фонд《Империя Истории》, 2006; Леонов О. Г.《Роль и место индивидуального штыкового боя в тактике русской пехоты в сражениях наполеоновской эпохи》（《单兵刺刀战在拿破仑时代会战俄军步兵战术中的作用与地位》）//*Эпоха наполеоновских войн: люди, события, идеи. Материалы VII Всероссийской научной конференции.*（《拿破仑战争时代：人、事件、思想。第七届全俄科学会议文件》）М., 2004, с. 58-75; Смирнов А. А. 《*Аракчеевская*》*артиллерия.*（《"阿拉克切耶夫"火炮》）М:《Рейтар》, 1998; Смирнов А. А. *Генерал Александр Кутайсов.*（《亚历山大·库泰索夫将军》）М.:《Рейтар》, 2002 (斯米尔诺夫还在各类期刊和会议上发表过诸多论文); Вовси Э. М. *Вопросы тактики французской пехоты, 1792-1815 гг.*（《法军步兵战术问题：1792—1815年》）Самара:《Воин》, 2005; Вовси Э. М., Зевлевер В. *Лёгкая кавалерия Наполеона.*（《拿破仑的轻骑兵》）Москва, 2009.

[3] *Строевые уставы, инструкции и наставления русской армии XVIII века.*（《18世纪俄军的作战条令、教范和教令》）М.:《Русская панорама》, 2010.

[4] 研究拿破仑时期军队战术的最重要著作如下：Nosworthy B. *With Musket, Cannon and Sword: Battle Tactics of Napoleon and His Enemies.* New-York: Sarpedon, 1996; Nafziger G. F. *Imperial Bayonets: Tactics of the Napoleonic Battery, Battalion and Brigade as Found in Contemporary Regulations.* London: Greenhill Books, 1996; Muir R. *Tactics and the Experience of Battle in the Age of Napoleon.* New Haven and London: Yale University Press, 1998. 某些研究军队、战役和会战的著作中也会包含若干战术信息。

[5] Zhmodikov A., Zhmodikov Yu. *Tactics of the Russian Army in the Napoleonic Wars.* West Chester, OH:《The Nafziger Collection》, 2003, 2 vols. 该书的波兰文译本于2010年出版：*Taktyka armii Rosyjskiej w dobie wojen Napoleońskich.* Oświęcim: Napoleon V, 2010.

步兵、骑兵和炮兵的
组织与战术

第一篇

1

第一章 步兵

术语与组织

在 18—19 世纪的欧洲军队中，步兵是最为重要、数量最大也最具独立性的兵种。较之骑兵和炮兵，步兵能够最轻松地应对并未得到其他兵种支援时的困难情况，因为它既能防御，也能进攻，既可以使用步枪射击，也可以端起刺刀冲击。

步兵的战术单位是营（法：bataillon，英：battalion，德：Battallion，俄：батальон）。不同的军队中营的额定兵力往往不同，就连同一支军队中不同步兵类型的编制也存在差异。营的额定兵力范围是 400—1200 人，不过一般在 700—1000 人之间。

营的主要战斗队形是排成几列的紧密横队（列由肩靠肩左右排列的士兵组成，伍则由前后排列的人员组成）。横队的列数在 18 世纪逐步减少：早期从六列降至四列，中期降至三列，某些军队在末期更是降到二列。在拿破仑战争时期的几乎所有欧洲军队中，步兵通常都会排成三列，只有伊比利亚半岛战争中的英军步兵和其他某些军队的轻步兵一般排成二列。

自然因素决定了营的人数：一方面，营应该拥有足够的兵力；另一方面，营的规模又不应当大到妨碍机动、控制的程度，正如拿破仑的元帅奥古斯特 - 弗雷德里克 - 路易·维耶斯·德·马尔蒙（Auguste-Frédéric-Louis Viesse de Marmont）所说，应当让每一名士兵都能听到营长的口令。如果营的兵力少于600 人，那么这个营就会被认为不足以独立作战，如果兵力多于 800 人，那就会变得太过笨重，并不便于营长一人掌控。然而，营的编制最好还是定在 800 人以上，因为即便在和平时期，营在行动时也往往无法达到满员，它并不能始终维持全部额定兵力，除此之外，有些士兵可能会生病或被分派出去执行任务，而在战争开始后，掉队和作战损失也会导致兵力减少。[1]

出于行政管理和经济目的，步兵会编组成团（法：régiment，英文：regiment，德：Regiment，俄：полк），每个团由几个营组成——大部分军队是 2—

3 个营。每个营又由几个连（法：compagnie，英：company，德：Companie 或 Kompanie，俄：рота）组成——大部分军队是 4 个或 6 个连。一个值得注意的要点是，这一时期的连并不是战术单位，而是纯粹的行政单位。团里的连有一套通行的番号——先是用连的"连主"军衔（上校连、中校连、少校连等等），后是用连长的军衔和姓名（某某上尉连），最终则不再考虑某连隶属于某营的情况，而是给全团各连统一分配数字番号。士兵的驻扎、训练以及分发武器、装备、给养、薪饷都以连为基础完成。

营在执行队形变换和射击时要将队形分成几等份，通常情况下会分成 8 个或 10 个单位。不同军队对这些单位的称呼有所不同：法军称其为分连（peloton）、英军称其为分连（platoon）、某些德意志军队则称其为排（Zug）。在 18、19 世纪之交的俄国军队中，这样的单位被称作排（плутонг）。俄军中还有和一个плутонг 并存的同义术语 взвод，后者的含义是半连。这样，俄军中一个营的排数目就和半连数目相同，它们都两倍于连的数目。随着时间的流逝，"半连"的使用越发普遍，"排"则逐步被淘汰。为了简化行文，本书在描述所有军队时都会使用"半连"术语。[①]

在列成横队的营当中，各个排需要从右向左依次编号：位于最右侧的排称作第 1 排，位于第 1 排左侧的是第 2 排……以此类推。在包括俄军在内的许多军队中存在由两个排组成的单位，这个单位被称作分营（division，该词源于拉丁语 diviso，意为"分割""分开"）。分营也是从右向左依次编号。

在某些军队——特别是法军和英军——中，营内的分连数目和连数量是相同的（同为 8 个或 10 个），所以，如果每个连中的伍数目都相同，那么分连就相当于连。而在其他军队——也包括 18 世纪末 19 世纪初的俄军——中，排的数量要两倍于连（5 个连对应 10 个排或 4 个连对应 8 个排），所以，如果每个连中的伍数目都相同，那么排就相当于半个连。

然而，由于缺编和损失不均，各个连的人数可能会存在极大的差异——战时尤其如此。与此同时，为了能够准确、迅速地完成队形变换，同一个营中

---

① 译注：взвод 在汉语中的惯用译名是排，出于行文简便的目的，本书中译本在后文中仍然统一将 взвод 译作排。

的所有排应当拥有相同的宽度，也就是说，各个排里伍的数量应当保持一致，兵力也应当大致相同。如果某营各排损失严重不均，且该营此时并未直接卷入战斗，那就可以在战斗中径直调整营内各排人数。

因此，一个营在战斗中分出的排往往与连对应不起来。在某些军队中，排和分营的划分情况永远都不可能和连相符，以弗里德里希二世治下的普鲁士军队为例，它的步兵营通常由 5 个连组成，但在战时要分成 8 个排，即 4 个分营。[2]

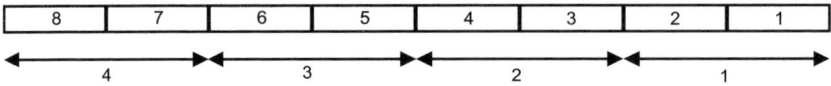

图 1. 分成 8 个排（4 个分营）的营

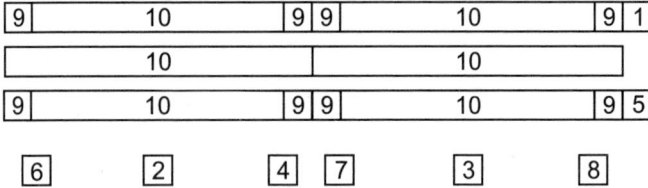

图 2. 法军步兵连（分连）

连分为 2 个排（sections）：第 1 排（右翼排）、第 2 排（左翼排）

1. 上尉（capitaine），连长
2. 中尉（lieutenant），位于第 2 排中部
3. 少尉（sous-lieutenant），位于第 1 排中部
4. 上士（sergent-major），位于第 2 排右翼
5. 第 1 中士（premier sergent），位于上尉身后
6. 第 2 中士（second sergent），位于第 2 排左翼
7. 第 3 中士（troisième sergent），位于第 1 排左翼
8. 第 4 中士（quatrième sergent），位于第 1 排右翼
9. 下士（caporal），位于各排第 1 列和第 3 列的左右两侧
10. 列兵

列间距为 1 尺（1 法尺 =0.325 米），其定义为从前一列士兵的背包到后一列士兵胸膛的距离。

队尾的军官和军士与第 3 列相隔 2 步。

在位于全营左翼的连里，第 2 中士应当身处第 1 列左侧，他身后的第 3 列左翼是一名下士。

军需下士（caporal-fourrier）并未在图中出现，每个连的军需下士都会集中到营旗（位于第 4、第 5 连之间）附近。

鼓手也没有出现在图中，营里的所有鼓手都在第 5 连后方 15 步处排成二列。

18世纪之初，步兵在战场上行进时使用的是疏开纵队（全间距纵队），在这种纵队中，所有排都前后相继地排列，相邻两排的间距——前后两排第1列间的距离——相当于排横队的正面宽度。如果要将这个纵队变换为横队，纵队就得沿着展开后的横队列队方向赶往预定地点，而后让所有排同时"侧转"——侧转的含义是让排横队围绕一翼旋转。将横队变换成纵队也只需以相反次序完成上述动作。在纵队中，如果第1排位于最前方，这个纵队就称作以右翼为基准的纵队，反之，如果倒数第1排位于最前方，那么纵队就要称作以左翼为基准的纵队。

除了疏开纵队之外，步兵后来还用到了间距较小的纵队：半间距纵队（前后两排第1列间的距离相当于半个排横队的正面宽度）和紧密纵队（前一排后列到后一排前列的距离为3—5步）。前者可以通过各排斜向行进变为横队，后者在变为横队时则要让位于后方的各个排，先是侧向移动，然后再前进。在拿破仑时代的战场上，由一个营列成的纵队宽度通常相当于两个排，多数情况下是半间距纵队或紧密纵队。后文将会详细讨论这些纵队和队形变换的基本原则。

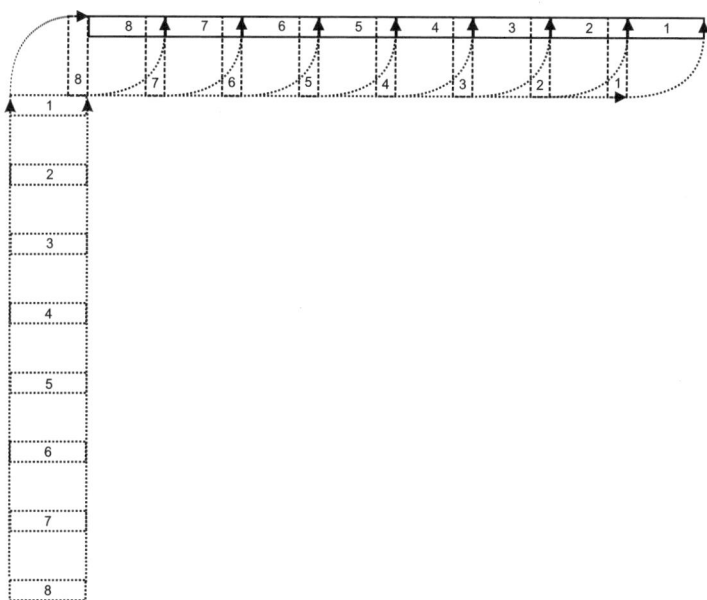

图 3. 以排为单位的疏开纵队展开成横队

拿破仑时代的各类步兵存在多种名称：战列步兵（линейная пехота）、火枪兵（мушкетеры）、掷弹兵（гренадеры）、燧发枪兵（фузилеры）、轻步兵（легкая пехота）、猎兵（егеря）、猎兵（法：chasseurs）、卡宾枪兵（карабинеры）、散兵（法：tirailleurs）、腾跃兵（法：voltigeurs）、射击兵（стрелки）、先驱兵（застрельщики）等等。大部分上述名称无法代表特定的步兵武器，因为在 18、19 世纪之交的欧洲军队中，几乎所有步兵都装备配有燧发装置的滑膛步枪，各个国家的步枪在有效射程方面也不存在显著差异。

不同种类步兵名称的含义体现在其他方面：大部分名称表明了士兵所属的团或其他单位的情况，有的指的是部队的主要作战目的，有的则是在某一特定场合下的战术角色。某些步兵名称的含义随着时间的流逝发生了变化。功能相似的步兵在不同军队中称呼不同，或名称相同的步兵在不同军队中具体含义不同，这都是相当常见的现象。

18 世纪的步兵可以分成两个大类：战列步兵和轻步兵。这两类步兵在征募、组织、训练和作战目的上都存在差异。战列步兵是步兵的基干力量，他们需要服从严格的纪律，在和平时期接受细致的训练，预定作战任务主要是在大致平坦、开阔的地区列成密集队形作战。轻步兵则不同，18 世纪中前期的许多军队在和平时期并不设立轻步兵部队，只有到战时才着手组建。轻步兵在某些情况下补充人手时可谓来者不拒，甚至会吸纳其他军队的逃兵。这类步兵只会接受最低程度的训练，并不能做好充当战列步兵的准备，而且纪律也不够好，因而不能在战斗中肩负重要任务。

轻步兵会编组成独立行动的分遣队——军团（легион）或队（корпус），某些军队还会在这类分遣队中加入轻骑兵。这些部队的作战任务是进入起伏地形或林地进行侦察或掩护主力部队（轻骑兵则在较为开阔平坦的地形上执行这类任务），此外还有袭扰敌方领地和攻击落单部队、运输队、兵站，这类作战在 18 世纪都被称作"小型战争"（малая война），其作战目的在于袭扰敌军，截断敌军的粮秣来源，迫使敌军分派部队保护后方。在 18 世纪上半叶，当战争结束后，轻型部队即告解散。但到了 18 世纪下半叶，正规轻步兵部队已然面世，这类部队一般会尽可能地从山地或林区招募士兵，那里的人们知道如何准确射击，也能够娴熟地在起伏不平的地带运动和定向。正规轻步兵会被编为独立的营或团。

法国大革命始于 1792 年，拿破仑战争终于 1815 年，在此期间，战列步兵与轻步兵在组织和作战用途方面的差异逐渐消失。轻步兵的组织结构要么变得与战列步兵一致，要么差别甚微：有些轻步兵像战列步兵团一样编组成轻步兵团，有些直接成为战列步兵团的一部分（通常情况下是每个营中设有一个轻步兵连，从 1808 年起，普军每个步兵团的每三个营中就有一个是轻步兵营）。在法国大革命与拿破仑战争中，轻步兵装备了和战列步兵一样的武器，也接受了一样的基础训练，战列步兵同样时常需要以散开队形投入作战，虽然一般是抽出小股部队参与散兵战，但有时也会将整个连乃至整个营投入其中。在有些军队——特别是法军——中，轻步兵和战列步兵的界限早就变得相当模糊，而在另一些军队里，轻步兵与战列步兵的融合不仅发生时间较晚，其融合程度也相对较低。不过，在整个拿破仑战争时期，所有军队的战列步兵和轻步兵都坚持使用自己独特的名称和制服。

除了战列步兵和轻步兵之外，某些欧洲军队还设有少量精选射手部队，这类部队也是在 18 世纪出现的。其成员要么选自深知如何准确射击的平民——如职业猎手和护林员的子孙，要么是从常规步兵中精选出行动敏捷且射术精准的士兵，这些人需要接受上靶射击和散兵战训练。在某些军队里，这些精选射手会装备射程长于滑膛步枪的线膛步枪或短管的线膛马枪。军队既可以将装备线膛枪的射手编组成独立的营，也可以使其成为轻步兵的一部分，在每个连中配置 10—25 名线膛枪手。

法军战列步兵的字面称谓就是战列步兵（法：infanterie de ligne），多数德意志军队则将战列步兵团称作步兵团（德：Infanterie Regiment），而在俄军中，战列步兵团在 1796—1811 年间称作"火枪兵团"，1811 年后改称"步兵团"。18 世纪的所有欧洲军队都会从战列步兵团中选出最高的士兵，将他们称作"掷弹兵"（法：grenadiers），并编组成连。当掷弹兵在 17 世纪崭露头角时，他们的确是用于投掷手榴弹，其兵种名称也由此而来。不过，早在 18 世纪初，掷弹就已从实战中消失，但掷弹兵这一名称仍旧保留下来。在许多军队中，掷弹兵连会在战时与母团分离并合编成独立的掷弹兵营。而在俄军中，如果某个步兵团表现优异，该团就有可能获得掷弹兵团的称号。不过这些团仍然属于战列步兵。

许多军队将战列步兵中的普通士兵称作火枪兵（俄：мушкетеры），法军则称之为燧发枪兵（法：fusiliers），这些名词源自步枪的名称——火枪（法：mousquet）和燧发枪（法：fusil）。"火枪兵"这一名称早在一部分步兵装备了重型火绳枪、另一部分装备长枪时就已出现。燧发枪起初是指配备了燧发枪机且口径、重量均小于重型火绳枪的步枪。到了18世纪初，几乎所有欧洲军队均已装备了燧发枪，而且不同军队里的步枪差异也很小。法军将步兵常用的枪支称作fusil，英军称作musket，俄军称作ружье，德意志诸国军队则一般称作Gewehr。然而，某些军队会用"燧发枪兵"这一称呼指代执行某一特殊任务或具备某种特定地位的士兵。以18、19世纪之交的普鲁士军队为例，轻步兵中的士兵就被称作燧发枪兵。

法军轻步兵的字面称谓仍是轻步兵（法：infanterie légère）。法军轻步兵团中普通连的士兵被称作猎兵（法：chasseurs，字面意思为猎人），轻步兵团里精选高个士兵组成的连会被称作卡宾枪兵连而非掷弹兵连，不过，虽然这些连名为卡宾枪兵连，但它们配备的枪支和其他连并无差异。根据1804年的法令，法军为每个轻步兵营新添了一个精选连，法令规定，这个连应当由体格健壮、精力充沛且机敏的小个士兵（士兵身高不得超过1.598米，军官身高不得超过1.625米）组成。到了1805年，法军又命令每个战列步兵营也要组建同样的连。这些连里的士兵被称作腾跃兵（法：voltigeurs），该词词源是voltige（跳跃）——法军最初设想这些士兵能够跃上骑兵的战马，和骑兵一道前往预定地点，然后既可以跳到一边，也可以抓住马镫，跟在骑兵身旁奔跑，但上述设想并没有广泛地用于实践。腾跃兵需要接受快速、准确射击的训练，他们装备重量较轻的步枪，军官和军士则装备线膛马枪。[3]腾跃兵通常用于散开队形作战，久而久之，将士兵从普通连调入腾跃兵连成为对表现杰出的小个士兵的奖赏，就像转入掷弹兵连是奖励表现优异的高个士兵一样。当法军步兵营列成横队时，掷弹兵连（轻步兵营里是卡宾枪兵连）位于右翼，腾跃兵连位于左翼，这两个连被称作精锐连（法：compagnies d'élite），燧发枪兵连（轻步兵营里是猎兵连）则位于两个精锐连之间。

在18世纪末的普鲁士军队和另一些德意志军队中，步兵营、掷弹兵营和燧发枪兵营中的精选射手被称作射击兵（德：Schützen，每个连设有10—16名射击兵），独立射手营中的士兵则被称作猎兵（德：Jäger）。俄军借用了"猎兵"这一名称，但它在俄军中的含义与德意志军队存在差异，并且在不同时期指代不同的对象。俄军的猎兵起初是指步兵团里的精选射手，到了18世纪70年代，俄军猎兵重组成若干个独立的营，而在18、19世纪之交，俄军又将猎兵重编成若干个猎兵团。在普鲁士军队中，猎兵团是全体装备线膛枪的部队，这与俄军的猎兵营和猎兵团完全不同。因此，拿破仑时代的俄军猎兵只是轻步兵，并不是精选的射手。

当士兵以散开队形投入作战时，法军和其他某些军队会称之为散兵（法：tirailleurs）。在俄军中，被指定为散兵战人员或正以散兵队形作战的士兵会被称作射击兵（俄：стрелки）或先驱兵（俄：застрельщики），在俄军中得到这种称呼的不仅有猎兵，甚至还包括从步兵团（火枪兵团）和掷弹兵团中抽调出的散兵战人员。

因此，到了18世纪末19世纪初，火枪兵、掷弹兵、燧发枪兵、猎兵、腾跃兵和卡宾枪兵这些名词指的是士兵所属的部队情况。某些军队会用燧发枪兵指代轻步兵。猎兵在德意志军队中指的是独立的射手营，在俄军中指的却是轻步兵。散兵、射击兵、先驱兵等术语通常用于称呼在某一时段以散开队形作战的步兵，使用时并不会考虑到这些步兵具体情况如何、属于何种类型。

射击

因此，尽管欧洲军队的步兵存在诸多名称，除去一小部分精选射手外，绝大部分步兵都装备着一杆燧发滑膛步枪。在18世纪末，欧洲各国军队的步枪在口径、管长、枪管安装方式、枪托外形、燧发枪机设计和通条等方面存在一定的差异，但就射速和有效射程而言差别不大。

士兵通常会在子弹盒里携带50—60发子弹。一发纸壳弹就是一个圆柱形纸卷，纸卷内部装有一颗球形铅弹和发射铅弹所需的火药。步枪装填方式如下：士兵需要先将扳机扳到安全位置，然后用左手持枪，右手从子弹盒中取出一发子弹，用牙齿咬破纸壳末端，举起步枪使枪机齐胸且步枪几乎处于水平位置，将少许火药倒入"药池"（枪机里的一个小型金属皿状物），合上药池盖，将步枪转至枪口朝上的竖直位置，将药包中的剩余火药倒入枪膛，把铅弹和纸壳一齐放进枪膛，取出通条，用它把铅弹推到枪膛末端并压实火药，通条归位，举枪，扣动扳机。

在某些书中可以发现一种说法：士兵从纸壳里咬出铅弹，含在嘴里，然后再把它吐进枪膛里。[4] 但在 18、19 世纪之交，这种说法并不成立，根据英军的步兵训练教令和由谢尔盖·阿列克谢耶维奇·图奇科夫（Сергей Алексеевич Тучков）少将编纂、于 1818 年出版的俄军辞典，在纸壳上咬开的一端位于铅弹对面。[5]

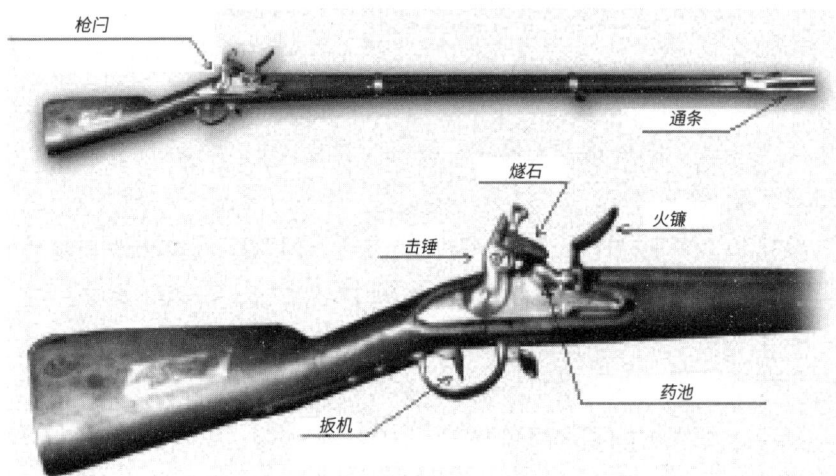

图 4. 步枪

扣动扳机后，击锤就会撞击药池盖，固定在击锤上的一块燧石随后撞开药池并产生火花，火花引燃药池里的火药，接着会顺着引火孔引燃枪膛内部的主装药。

燧发点火的机械装置并不是十分可靠，火药质量也不算太高。哑火（осечка）和早燃（вспышка）就成了常见现象。如果燧石无法产生足够的火花，进而导致药池里的火药不能燃烧，就会出现人称哑火的现象。遇到这种情况，就需要擦拭燧石并把它紧紧夹在击锤上或直接更换燧石。一块燧石一般而言能够打火大约 36 次，最多可以反复使用 50 次。早燃则是指药池里的火药已被点燃，但并不能引燃枪膛内部装药的现象。在这种情况下有必要清理引火孔，重新向药池里倾倒火药。根据法国的测试结果，即便在干燥天气里，哑火率仍然在 10%—15% 之间，早燃率则在 3%—6% 之间。[6] 在潮湿天气里，哑火率会有所上升。如果遭遇暴雨，由于火药会在装填过程中被打湿，就不大可能使用步枪射击。

如你所见，装填过程涉及诸多动作。一般情况下，士兵需要站在原地完成装填。理论上的确可以在行进间展开装填，但它耗时更久，而且会让士兵分心，妨碍他完成另一个非常重要的举动——迈步行进并保持队列齐平。因此，行进间射击要么会显著降低行进速度，要么会导致某种程度的混乱。

射击速度也不算很快。一位训练极好的士兵可以在短时间内每分钟射击 5 发实弹，[7] 但一般情况下的射速要求并没有这么高：以俄军的 1811 年步兵条令为例，它要求士兵练习装填直至达到每分钟射击 3 次的水准。[8] 出于种种原因，实战中的射速比条令中规定的射速还要低，而且会在战斗进程中持续降低。在战斗之初，燧石仍是全新的，引火孔也是干净的，哑火极少发生，可随着战斗的进行，哑火率就会变得越来越高。另一个射速降低的原因是火药不可能完全燃烧，这样一来，残渣会逐渐堆积在枪膛内壁，让装填铅弹变得相当困难。枪膛在射击数十次后就得彻底清理。此外，如果以较快的速度连续射击数十次，枪膛就会发烫到无法触摸。最后，随着时间的推移，士兵也会出现疲乏迹象。[9]

击发后，子弹先是以略高于瞄准线的角度向上飞行，而后迅速接近地面。因此，瞄准相当具有挑战性：当士兵距离目标不超过 100 步时，瞄准点应当略微位于目标下方，但在超过 200 步时就要远高于目标。18 世纪的军队通常不会给士兵教授这些知识，当时只让士兵练习大致对准敌人身体中部射击，军队在作战中会尽力靠近敌军（或是让敌军迫近），等到双方距离不超过 100 步后再下令开火。然而，实战中的射击距离往往要比 100 步远得多，这时，几乎所有子弹都会落在地上，无法触及敌军；而在那些希望让敌军迫近后再送出一轮致命齐射的战例中，许多子弹——有时甚至是绝大部分子弹——最终会从敌军士兵头顶上飞过。在凹凸不平的地带，当敌军处于上坡或下坡地段时，瞄准问题就更为复杂了。

早在 18 世纪上半叶，一些思想先进的军官就要求将完整的瞄准射击训练引入军队，但实际训练仍然变化甚微——这样的瞄准射击训练需要花费大量的时间，消耗很多火药和铅弹，此外还需要军官耐心教导。总体而言，当时的步兵在瞄准射击方面训练不佳，不少时候甚至根本没有训练。新兵首先要学习机械完成一系列无弹装填动作，然后使用空包弹练习装填、射击，在这之后才会拿到实弹，不过，实弹数量已经少到根本无法认真进行瞄准射击训练的地步。有些军官认为瞄准射击训练毫无用处，觉得瞄准就是浪费时间，士兵应当在战斗中尽可能快地开火。这一观点的理论基础将会在下文加以阐述。

有关瞄准射击训练的实用建议直到 18 世纪下半叶才面世。[10] 根据法军 1791 年步兵条令——法国革命军和拿破仑的军队使用这一条令训练步兵——的规定，应当设立一座高 5.5 尺（约合 1.8 米，此处的尺为巴黎尺）、宽 21 寸（0.57 米，1 寸 =0.083 尺）的标靶，在标靶中部和顶端各画一条宽 3 寸（约 8 厘米）的浅色横条纹。士兵应当先在距离标靶 50 法寻（约 97.5 米，1 法寻 =6 尺）处练习射击，然后在 100 法寻（约 195.0 米）距离上练习瞄准下方条纹射击，最后在 150 法寻（约 292.4 米）距离上练习瞄准上方条纹射击。[11]

后来，一本在拿破仑战争时期多次再版的武器养护教令指出，136 米（约 70 法寻）距离上的步兵火力效果极好，但朝 234 米（120 法寻）外射击就纯属浪费弹药，是在糟蹋宝贵的补给（这本教令是在法国采用米制后写成，因此同时给出了米和法寻这两个长度单位）。[12] 当枪口仰角为 43.5° 时，子弹可以飞行将近 1000 米。[13] 然而，子弹在飞出 400—500 步后就会失速，因而不大可能给敌军造成严重伤害。[14]

枪管和子弹的质量都不算很好，这也无助于准确射击。尽管如此，根据 19 世纪 10 年代早期格哈德·约翰·达维德·冯·沙恩霍斯特（Gerhard Johann David von Scharnhorst）在普鲁士进行的试验结果，步枪在其射程内的表现还是相当不错的。他的标靶由云杉木板制成，高 6 尺（约 1.88 米，此处的尺为莱茵尺）、宽 100 尺（约 31.39 米，标靶大体相当于四分之一个营横队）、厚 1 寸（约 26 毫米）。

射击试验在不同距离上进行，每次都由 10 名士兵在同一距离上列成一线，各自射击 20 次（同一距离总共射击 200 发），最短耗时为 7.5 分钟，最长为 13—14 分钟（平均射速每分钟 2—2.5 次）。结果如下所示（上方数据为命中数，下方数据为击穿数）：[15]

距离（步）	100	200	300	400
旧式普鲁士步枪（1782年式）	92	64	64	42
	56	58	56	23
新式普鲁士步枪（1809年式）	153	113	70	42
	153	113	70	34
法国步枪	151	99	53	55
	151	99	49	38
英国步枪	94	116	75	55
	94	116	75	53
俄国步枪	104	74	51	49
	104	74	51	46

记载这一数据的著作并未指出作为度量单位的步有多长。当沙恩霍斯特还是汉诺威军官时，他的早期著作中用的是汉诺威和普鲁士都通行的步（2.5莱茵尺，约 0.785 米）。[16] 不过，沙恩霍斯特在记载测试结果的这本书中更可能使用普鲁士的行军步，因为他在这一时期效力于普军，而且这本书也是印发给普鲁士军校使用的。普鲁士行军步是 2.33 莱茵尺（约 0.732 米）。[17] 这样，100 步就是 73.2 米，200 步是 146.5 米，300 步是 219.7 米，400 步是 292.9 米。

沙恩霍斯特测试的俄国步枪可能是 1798 年式或 1805 年式，因为他提供的数据表明俄国步枪重量（12 柏林磅，5.62 千克）和弹重（0.059 磅，27.5 克）与旧式普鲁士步枪相同。而 1808 年式俄国步枪则是 1803 年式法国步枪的仿制品，它重量较轻，口径也较小（沙恩霍斯特指出，法国步枪重 10 磅，弹重 0.05 磅）。

在 100 步距离上测试普鲁士、法国步枪时，士兵的瞄准点距离地面有 3 尺（也就是位于标靶中部），而在同一距离上测试英国、俄国步枪时，瞄准点距离地面仅有 1 尺——如果瞄准地面以上 3 尺处，就会有许多子弹从标靶上方飞过。不过，就算瞄准点离地仅有 1 尺，英国步枪在 100 步距离上的射击表现仍然比 200 步时糟糕，这一结果源于以下事实：英国步枪的枪管相对较短，所以瞄准线（平行于枪管外壁）和枪膛轴线间的夹角大于其他步枪，而英国步枪的口径又在欧洲名列前茅（约 19.0 毫米），所以子弹也相当重（沙恩霍斯特指出，英国步枪使用的铅弹重达 0.067 磅）。俄国的 1798 年式步枪和 1805 年式步枪口径也比较大（分别约为 19.7 毫米和 19.0 毫米）。当射击距离为 200 步时，所有步枪都瞄准地面以上 3 尺处（标靶中部），300 步时瞄准地面以上 5 尺处，400 步时瞄准地面以上 7 尺处（已高于标靶）。[18]

从测试结果中可以看出，在距离标靶 100 步时，总命中率为 46%—76.5%，200 步时为 32%—56.5%，300 步时为 25.5%—35%，400 步时为 21%—27.5%。旧式普鲁士步枪在 500 步（366.2 米）距离上命中 26 发（13%），600 步（439.4 米）距离上命中 19 发（9.5%）。

在此次测试中，旧式普鲁士步枪在 200 步和 300 步距离上的命中率大致相等，但在 100 步距离上的命中率就远低于其他步枪，不过在 300 步、400 步时则不算太差。法国和俄国步枪在 300 步、400 步距离上命中率大体相当，法国步枪在 400 步距离上的命中率甚至比 300 步时还要高。此外，俄国步枪在 100 步、200 步距离上的命中率要明显低于法国步枪和新式普鲁士步枪。

然而，之所以某些步枪会在 300 步及更远距离上取得较高命中率，其原因一定程度上源于以下事实：本次射击试验在完全平整的坚实地面上进行，这样，某些起初没能命中的子弹可以通过反弹飞得更远，最终得以命中标靶。在起伏地形上进行的试验中，普鲁士步枪朝相距 200 步的标靶射击时的命中结果与平地试验大体相同，但在 300 步距离上的命中率则仅有平地试验的 55%—72%。[19]

不过，这里并不能排除上文提到的不同距离上的类似命中率有可能属于试验误差，在其他许多以整营为单位——也就是射击次数高于沙恩霍斯特试验——进行的射击试验中，不同射击距离上的命中结果就存在显著的差异。[20]

由于步兵或骑兵队形并不是完整的长方体标靶，那就应当进一步调整沙恩霍斯特的上述测试结果。夏尔 - 约瑟夫·德·利涅（Charles-Joseph de Ligne）——他在文献中通常被称作利涅侯爵（Prince de Ligne/Fürst von Ligne）——参与过 18 世纪的诸多会战，他曾让人射击绘有多名士兵轮廓的标靶，结果发现所有上靶子弹中约有四分之一只能命中各人头部和腿部之间的空白区域。[21]

即便考虑到上述所有不利因素，如果两支步兵在 100—200 步距离上列队互射时达到试验效果，那么他们必定会在几轮齐射后双双面临毁灭，但这种情况实际上从未发生。回忆录和战报中还多次提到过持续几分钟乃至半个小时以上的近距离对射。

实战中的步兵射击效果即便高于试验效果的几百分之一，也必定只能达到它的几十分之一。法国军人雅克 - 安托万 - 伊利波特·德·吉贝尔（Jacques-

Antoine-Hippolyte de Guibert）是 18 世纪下半叶最著名的军事理论家之一，他认为，在实战中，如果步兵朝 80 法寻（约 156 米）以内的目标射击，其火力便具备较大的杀伤力，但在朝更远处射击时就不够精准了，因为士兵在实战中的装填、瞄准情况都不好，而且很快就会陷入混乱。按照吉贝尔的看法，就连在许多人眼中堪称恐怖的普军步兵火力也只能在第一轮射击中发挥效果，因为步枪在战斗前可以有条不紊地装填，但在混乱的战斗中，士兵往往会装填太快、无法压实装药。[22]

其他因素也会影响步兵射击效力。士兵在装填时会把纸弹壳里的火药倒进药池里——按照他们的说法，火药用量全凭"目测"，这样，每一回送进枪膛里的主装药都有所不同，因此，即便瞄准同一方向，子弹的飞行路线也会存在差异。有些时候，士兵会蓄意把火药撒在地上，以便减少主装药，减轻步枪后坐力——全装药状态下的后坐力相当强劲。[23] 如果战斗当天风力不大，步兵队列前方就会在射击几轮后出现浓厚的灰色烟雾，让步兵难以观察敌军。所以，持续射击时的平均射击效力相当低。

根据各类估算结果，在 18 世纪下半叶和 19 世纪初的会战中，步兵打死打伤一名敌军士兵一般需要消耗 200—500 发子弹。[24] 与此同时，在某些战例里，第一轮近距离齐射的命中率仍有可能达到百分之几十，以 1745 年 5 月 11 日的丰特努瓦（Fontenoy）会战为例，大约 2000 名英国近卫军和汉诺威近卫军在距离 40—50 步的一系列以分营为单位的射击中给予法军重创：法国近卫团（Régiment des Gardes françaises）的 21 名军官和 392 名士兵、瑞士近卫团（Régiment des Gardes suisses）的 12 名军官和 215 名士兵非死即伤。然而，近距离齐射的结果存在极大的差异，一些史料也提到过只能杀伤少数几名敌军的近距离全营齐射。[25]

考虑到步枪缓慢的射速和极低的准度，射击组织就会起到很重要的作用。射击的基本组织原则出现于 18 世纪上半叶。步兵列成三列横队——根据规定，最高的士兵站在第 1 列，最矮的士兵站在第 2 列，介于二者之间的则站在第 3 列。[26] 士兵在横队中肘挨肘地紧靠在一起。在普鲁士将领弗里德里希·克里斯托夫·冯·萨尔德恩（Friedrich Christoph von Saldern）撰写的教令中，这位在弗里德里希二世的军队中享有盛名的步兵队形和机动专家写道，24 个伍占据的正面宽度为 18 尺。[27] 根据这一数据，每一名士兵在横队中占地宽度为 0.55 米。1798 年的英军步兵条令规定每名士兵在横队中占地宽度为 22 英寸（约 0.56 米）。[28] 法军的 1791 年条令和俄军的 1796 年、1811 年条令都规定步兵应当肘挨肘地站在一起。[29]

当时的理论家们强烈建议步兵不应当在敌军进入有效射程前射击。在射击过程中，第 1 列士兵右膝跪地，第 3 列士兵把步枪从第 2 列士兵脑袋之间探出去射击（在三列横队得到推广前，当步兵排成四列横队时，前两列士兵需要以跪姿射击）。齐射方式也有很多种：按列射击、以排为单位射击、以分营为单位射击、以半营为单位射击、全营齐射。

在全营齐射中，所有士兵同时开火，这就导致齐射完毕后全营士兵都需要花费 15—20 秒时间装填步枪，而这段时间已经足够让敌军骑兵触及步兵了。尽管如此，步兵在对付骑兵时仍然经常使用全营齐射，这是因为时人知道如果让骑兵离得足够近，那么大部分情况下一轮齐射就足以逐走骑兵（后文在提及骑兵战术时会就这一点展开更为深入的探讨）。全营齐射有时也会用于对付步兵，这通常发生在双方仅仅相距几十步的时候。

在按列射击中，首先要由第 3 列士兵展开齐射，一段时间后让第 2 列齐射，最后才让第 1 列齐射……如此反复循环下去。当然也可以采用相反轮次射击。按列射击在 17 世纪和 18 世纪初得到了广泛运用，但在拿破仑战争中很少出现，它一般会用于步兵对抗骑兵的场合。在步兵抵御敌方骑兵时，如果步兵需要展开齐射或按列射击，第 1 列往往会奉命不参与射击——他们的步枪要始终保持装填状态，留到最危急的关头使用。

以排为单位射击是 18 世纪最普遍的射击方式，在这种射击中，各个排会轮流展开齐射。弗里德里希二世的军队在 18 世纪中叶以如下方式进行射击：全营最右侧的排（第 1 排）先开火，然后是最左侧的排（第 8 排），接下来依次是第 2 排、第 7 排等等。这样，各个排的射击次序就是 1、8、2、7、3、6、4、5。[30] 其他一些军队会让奇数排从右往左依次开火，然后再让偶数排从右往左依次开火。这样，在八连制步兵营里，射击次序就是 1、3、5、7、2、4、6、8。这种射击方式的设计目的在于保持火力输出节奏，让步兵营的火力不至于出现较长的空窗期，也就是说，等到射击序列里的最后一个排完成射击后，第一个排就已装填完毕并准备好展开新一轮齐射（实际上，第1排往往会在其他各排完成"轮次"前就已准备好射击）。以分营为单位射击时的具体方法也与此类似（1、4、2、3或1、3、2、4）。

然而，步兵在实战中很少能够严格遵循射击次序。吉贝尔认为，在前两轮齐射过后，任何维持纪律的努力都无法阻止有序射击变为无序射击。[31]格奥尔格·海因里希·冯·贝伦霍斯特（Georg Heinrich von Berenhorst）是弗里德里希二世麾下的一名军官，他曾参与过七年战争，根据他的说法，当普军打算集体射击时，只有第一轮齐射才算得上齐射，甚至可能只有两三个排能够按照正确次序射击，"然后就是普遍的自由射击和常见的连续射击，也就是每个装填完毕的士兵都随即扣动扳机，各列、各伍混在一起射击，就算位于前列的士兵想要跪地射击也做不到这一点。从最低级别的军官到将领，任何人都无法干预这群人，只能等待下去，看看它最终究竟是前进还是后退"[32]。

贝伦霍斯特本人曾给出过有序射击变为无序射击的一个原因：对于排的指挥官而言，由于开火带来的噪声和烟雾，他要想听到或看到射击情况，会面临极大的困难，甚至根本就无法掌握情况。[33]射击变为无序的另一个原因是士兵十分渴望尽可能快地朝敌军开火，这或许是因为他们希望在敌军能够杀死自己之前将其击败，结果，士兵不待军官下令就开始射击。

在这样的无序状况下，实际上不可能再做到瞄准射击。有位曾参与过拿破仑战争的英国军官约翰·米切尔（John Mitchell）在19世纪30年代解释说：

> 当士兵在队列里开火时，你难道能期望他达到什么准度吗？第一个人在装药，第二个预备，第三个进行所谓的瞄准，第四个用通条把子弹捅进去。射击几轮后，烟雾就紧紧缠绕着整支队伍，完全看不到敌人。有些士兵会向外走一两步以便取得较好的射击效果，另一些人以跪姿射击，还有些人根本对后退一两步毫无抵抗力。注定之事开始降临，它或许是糟糕透顶的破坏性事件，就连勇士也会在这一幕面前退缩，另一些人会受伤，并在战友们的帮助下退到后方，所以，整个队列迅速变得极为混乱，这群人在这种混乱情况下只想着尽快开火，几乎不考虑如何瞄准或瞄准哪个方向。

此时的确会发生士兵肘间距离急速上升的情况，因为某些地段的士兵会聚在一起，其他地段又会出现伤亡。可到了那个时候，鲜血已经以闪电般的速度奔涌，血管里也燃烧起来，士兵的激动情绪达到极点，根本无法镇定。你手中那训练良好的营也只能要么往前冲，要么往后逃，既完全无法挡住哪怕最轻微的冲击，也不能有效地使用武器展开冲击，此外还无法熟练使用步枪，要想有效使用它，就必须在一定程度上保持冷静和镇定。[34]

所以，在完成前几轮齐射后，射击就变得杂乱无章，士兵匆忙装填、射击，而且在烟雾中几乎看不到敌人。由于他们在装填时互相推挤，而且射击时的后坐力和伤亡人员也会有所影响，士兵们就会彼此干扰，给装填和瞄准带来困难。

有些手忙脚乱的士兵并没有把子弹推到底，火药也压得不实，结果在开火时就会出现子弹射速较慢的情况。有些经验不足的士兵会因为过度兴奋和开火而无法注意到步枪已经哑火，竟会在已有一发子弹的枪膛里再装入一发新子弹，有时甚至会一连塞进去好几发。[35] 有些人会在装填结束后忘记取出通条，接着在开火时将通条和子弹一并打飞。有些经验丰富的士兵为了加快射速索性不用通条，他们只是把子弹和装药塞进枪膛，然后竖起步枪，让枪托撞击地面，让子弹下落到枪膛末端。[36] 不过，这种方法同样会导致装药压得不实。尽管如此，在近距离射击中，这种装填方式或许会相当奏效，因为射速在此时的重要性要远高于射程和穿透力。

正如贝伦霍斯特和米切尔所说，长时间射击会带来的另一个后果就是投入射击的步兵队列陷入混乱，士兵也几乎彻底脱离军官的控制，既不能让他们停止射击向前推进，也不能展开其他机动。这些作者或许有所夸张，但在拿破仑时代的一些非常权威的资料中同样可以找到类似的说法。以拿破仑麾下的米歇尔·奈伊（Michel Ney）元帅为例，他在1804年为部队编写了一份教令，其中提到过许多步兵军官的共同看法：在战斗中要让步兵停止无序射击，会面临几乎难以克服的困难，如果敌军当时位于步兵射程之内，那停止射击就会变得尤为困难。[37] 这样匆忙无序的射击在单位时间内的平均杀伤力很低，但由于交火或许会持续很长时间，交战双方就有可能蒙受相当惨重的伤亡。

尽管教令中严禁提前开火，士兵——特别是经验不足的士兵——时常会在并未得到命令的情况下朝着太过遥远的敌军开火，缺乏经验的军官也往往会命令士兵过早开火，其他人则会群起效仿，这样，大批部队会开始发起无序且无用的射击。曾作为第50步兵团一员参与拿破仑战争的英国军官约翰·帕特森（John Patterson）写道：

> 我听说过许多战例，在那些战例中，当敌军正在推进或双方陷入激战时，士兵会接到告诫，让他们不要打得太高或无用地浪费弹药。有些时候，这些告诫的确会奏效，但更普遍的效果却是适得其反，而后便会带来致命的后果。经验不足的军官往往既不能判定是否适合开火，也不去考虑是否应当开火，就直接下令射击。这并不是士兵的错误，而是那些军官的过错。然而，这种过错常常会演化成切实的损害，当军官发出第一道命令后，士兵就拿到了某种自由行动的全权委托书，以最不受控制的方式朝着各个方向开火，直到最活跃的军官们用尽各种手段和精力控制士兵才得以结束。可当士兵急需弹药的时候，他们就会发现弹药已经毫无目的地消耗殆尽，除了制造噪声和烟雾外一无所获。[38]

无论如何，不管采用何种射击方式，第一轮射击后的射击质量都不能得到保证，此后就只能依赖射击数量。这就是许多军官认为瞄准射击训练实际上毫无用处的原因所在：在他们看来，实战中根本不可能做到准确射击，瞄准也纯粹是浪费时间，倒不如干脆让士兵尽快开火。

总体而言，18世纪中叶盛行的观点是：最好的射击方式就是齐射，而且应当尽可能快地反复展开齐射。弗里德里希二世是齐射的支持者，他的军队也是全欧洲的样板。由于无序射击会导致军官丧失控制力，因此极不受欢迎，应当竭力加以避免。此外，时人还认为齐射是更有效的射击方式：齐射能够给敌军带来更大的影响，因为一次成功的齐射可以同时击倒多名敌军士兵，而无序射击只能在不同时间、不同地点逐个杀伤敌军。

尽管如此，被称作"会战射击"（法：feu de bataille）、"乱射"（法：feu de billebaude）或"自由射击"（法：feu à volonte）的无序射击同样拥有自己的支持者。吉贝尔就将无序射击视为最猛烈、最具杀伤力的射击方式，他还认为这样的射击非常契合法国人天生的活力与机敏，它可以让士兵专心投入战斗，使得他们无暇顾及危险。[39]

无序射击在军事理论中找到了自己的容身之地，它以"按伍射击"的名义出现在条令当中：每个排的各个伍从最右侧开始依次射击，火力就像是从全排右翼滚动到左翼一样。士兵在完成射击后就要立刻装填、开火，而且条令中明确规定每一名士兵在第一轮射击后就无须遵守任何命令，装填完毕后即可开火，换言之，无序射击就此开始。法军在1791年条令里规定了"按伍射击"，它随后又传入其他军队的条令——包括俄军的1811年条令中。[40] 这实际上就是合法化了的无序射击。而且由于第一轮射击是以伍为单位进行，士兵就不会同时开火，也不会在装填时出现全营都没有步枪可供射击的窘境。然而，按伍射击并没有淘汰以排为单位的射击，在条令和实际训练中，这两种射击方式长期共存。与此同时，几乎所有人都承认，不论射击以何种方式开始，只要陷入拉锯战，都会迅速转变为无序射击。

在18世纪和19世纪初，有许多作者呼吁不要让第1列士兵右膝跪地射击。吉贝尔写道："我从未见过比这种跪姿射击更荒诞、更缺乏军事意义的了。"他注意到，当敌军迫近时，跪在地上的士兵很难起身应战。[41] 奈伊元帅在他于1804年为部队撰写的教令中给出了具体解释：士兵在处于跪姿时会觉得自己较为安全，因为即便在大体平整的地面上也会出现微小的起伏，跪地的士兵会觉得自己在面对敌军火力时至少还能得到一定程度的遮蔽，所以就不希望起身作战。[42] 在交火中强迫士兵停止射击并转入攻势本来就已相当困难，跪姿射击则会令它难上加难。所以，各国军队先后逐步废除了让第1列跪地射击的做法，不过，它依然在某些军队的条令中存续了一段时间。

第1列不再以跪姿射击也带来了一个新的问题：如果第1列以立姿射击，第3列士兵就很难朝敌军开火，在无序射击中这个问题尤为严重。按照法军1791年条令的规定，在按伍射击中，第3列士兵并不参与交火，他们只用负责装填枪支，并把它们递给第2列的士兵。因此，在法军条令中，这种射击方式的正式称谓并不是"按伍射击"（feu de file），而是"二列射击"（feu de deux rangs）。[43]

这种射击方式也存在弊端。如果按伍射击持续进行下去，就会变成无序射击，也会令步兵队列陷入混乱。法军将领保罗 - 夏尔 - 弗朗索瓦·蒂埃博（Paul-Charles-François Thiébault）在他为参谋撰写的手册中指出，二列射击在执行良好的情况下极具杀伤力，但必须不时打断射击过程，以便恢复部队秩序。[44]奈伊元帅在他给部队撰写的教令中指出，第 2 列和第 3 列士兵对交换步枪秉持怀疑态度，士兵对别人装填的步枪缺乏信心。[45]法军将领安托万 - 弗朗索瓦·布勒尼耶（Antoine-François Brenier）在 19 世纪 20 年代指出，根据某些军官的看法，就像是好骑手不愿意借出坐骑一样，第 3 列士兵也不希望把自己惯用的步枪交给别人。[46]拿破仑战争的许多亲历者证实了以下说法：第 2 列士兵在实战中不会与第 3 列士兵交换步枪，而且第 3 列士兵往往会无法抗拒开火的诱惑，让子弹从前两列士兵上方飞过，那实际上就是朝着空中开火。[47]

当部队主要由训练不佳且缺乏经验的新兵组成时，按伍射击就会带来尤为严重的问题。拿破仑的元帅洛朗·德·古维翁 - 圣西尔（Laurent de Gouvion-Saint-Cyr）表示，当吕岑（Lützen）会战（这是 1813 年战局中的第一场大会战）于 1813 年 5 月 2 日结束后，法军伤员中有许多人伤在手上：有的是手指负伤，有的是手掌受伤，还有的伤在略高于腕部的地方。拿破仑认为这些士兵是自伤，目的在于以负伤为借口逃避后续战斗。眼看着他就要下令从中找出几名士兵枪决，就在这时，有人指出这些士兵实际上是被第 3 列士兵误伤的。根据圣西尔的说法，原因在于第 3 列士兵以违背条令的方式展开射击，他们并没有在完成装填后把步枪交给第 2 列士兵，而是自行开火，于是就误伤了正在举起步枪、拿出通条装填的第 1 列士兵，而且恰好导致他们手部负伤。圣西尔认为这类原因造成的伤员占了法军此战伤员总数的四分之一。按照圣西尔的观点，虽然部队在训练中的确有可能按照条令规定的方式开火，但在实战场合却无法做到这一点。[48]

应当注意到，人们早在 18 世纪就已发现后列士兵在射击时偶尔会误伤前列士兵。[49]英军甚至在射击训练中也出现过此类误伤情况。[50]一些法国人也赞同第 3 列士兵在无序射击中会误伤第 1 列士兵的看法，不过他们当中有些人认为误伤比例并没有圣西尔笔下那么高。[51]

在莱比锡（Leipzig）会战（1813 年 10 月 16—18 日）即将到来之际，拿破仑于 1813 年 10 月 13 日下令将步兵队形由三列改为二列。拿破仑在这些命令中指出，第 3 列士兵在刺刀战和交火中都起不到什么作用，而且当部队由三列纵深变为二列纵深后，其正面宽度就会增长三分之一，这也会导致敌军将法军兵力高估三分之一。[52]

应当注意到一点，根据法军 1791 年步兵条令的规定，在和平时期——此时的步兵营军士、士兵人数均少于战时——训练步兵营时，如果一个连在列成标准队形时凑不够 12 个伍，士兵就要在列队时将队形变为二列纵深，其后的变向和队形变换也同样要以二列纵深队形完成。[53]之所以要这么做，是为了让士兵能够学习如何在正面较宽时完成机动和队形变换。

法军在 1814 年使用了二列纵深队形。笔者并不清楚法军在 1815 年百日王朝期间是否继续采用这一队形。拿破仑在退位后被流放到圣赫勒拿岛，他在岛上的看法是步兵必须排成二列，因为第 3 列的射击不但不准确，还会给前两列带来危害。[54]然而，法军步兵在拿破仑战争结束后又确凿无疑地回归了三列队形。

不少军队统帅和军事理论家在 19 世纪上半叶指出第 3 列的火力徒劳无益，军队应当将队形改为二列纵深。这里不妨以马尔蒙元帅为例：

在 [欧洲] 大陆的所有军队中，步兵都排成三列队形，英国军队却排成二列。在我看来，后者要比前者好得多，第 3 列并没有什么值得存在的理由。

我无须探讨射击细节，只凭经验便可以得出结论。在训练中可以用三列横队展开射击，但这并不适用于战时。法军条令规定要把 [第 2 列的] 武器传到第 3 列手中，让第 3 列专门负责装填。这种理想状态绝对不可能在交火时出现，漫长的实践也证明了它毫无用处。在就地 [防御] 时，需要依靠火力展开战斗。那么，最好的队形就是最便于射击的队形，就是能够让士兵更好地瞄准并发扬火力的队形。在实战中，第 3 列很快就会挤入前两列，因为士兵会从本能出发判断出什么才是最好的队形，但这种变化与命令相悖，它带来了一定程度的混乱。因此，最好还是立即认可二列队形并持续加以使用。[55]

尽管许多名将提出了支持二列队形的观点，但在拿破仑战争以及其后很长一段时间内，大部分军队的步兵仍然排成三列纵深队形。有人认为第 3 列的出现会增强前两列士兵的信心。而在战斗中，当前两列里出现人员伤亡时，第 3 列士兵也可以上前补充。[56] 如果损失相对较小，这种补充方式就可以让步兵营在一段时间内不用收紧队列，也就是说可以维持原有正面宽度。二列队形在面临伤亡时需要较快地收紧队列，进而导致各个营之间出现较大的间隔——这是一个危险的举动，因为步兵营之间的间隔越大，在敌军骑兵的冲击面前就显得越脆弱。于是，第 3 列士兵就可以让队形留有一些安全冗余。

在法国大革命和拿破仑战争中，除了 1793—1794 年间的普鲁士步兵和 1808—1814 年间在伊比利亚半岛和法国南部作战的英国步兵外，就只有某些军队的轻步兵习惯性地排成二列横队。此外，英军的条令和训练教令也规定步兵应当排成三列，二列队形只被视为特例，只用于有必要列成较宽队形或单纯依靠火力迎战非正规军（也就是认为敌军不可能发动猛烈冲击）的场合。[57] 其他军队只是间歇性地使用二列队形。奥军、普军和其他若干德意志军队在法国大革命时期会把第 3 列士兵从步兵营中抽调出来，让步兵营里的剩余人员排成二列横队，然后要么把第 3 列士兵派到前方作为散兵作战，要么让他们也排成二列横队充当预备队，在必要情况下还可以让这些预备队赶往步兵营两侧，以此延长横队正面宽度。[58]

冲击

18 世纪的步兵战斗队形通常由两条绵长战线组成，战线间的距离一般是 300 步左右。曾有人在世纪中叶——特别是七年战争期间——尝试过 500—800 步的战线距离，但不久即被放弃。除了两条主战线之外，有时候还会在第二条战线后方大约 300 步处再安排一支预备队。

每个营都要展开成横队。相邻两营的间隔在 15—20 步之间，各营前方 30—50 步处会配置若干团属火炮，一般情况下是一个营携带 2 门轻炮。所有的步兵机动都以每分钟 65—80 步的所谓"常步"完成，常步步速一般是每分钟 75 步或 76 步（不同军队的步速和标准步幅往往存在差异，同一军队的步速、步幅也可能发生变化）。18 世纪中叶出现了每分钟 100—120 步的快步，但这种步法一般仅用于队形变换和冲击的最后阶段。

应当注意到一点，当步兵列成基本队形后，只有在原地站立时才能发挥出最强的火力。如前所述，在行进间装填枪支时会面临相当大的困难，在有必要保持队形平整的列队行进中进行装填就尤为困难了。就算只需要展开一轮齐射，且已经取消了第 1 列跪地的做法，齐射时仍然要让部队停下来：为了让第 3 列士兵的枪口伸到第 1 列士兵的胸前，第 2、第 3 列士兵要尽可能向前靠拢，这就导致列间距小到几乎无法列队行进的地步。

在交战中，一方步兵向列成类似队形的另一方步兵所在方向缓慢推进。当步兵发起冲击时，他们会尽力尝试保持不变的冲击方向、平整的队列和一定的各营间隔，让如此漫长、单薄的队形冒着敌军火力在凹凸不平的地形上行进并不轻松。如果一个营偏离了机动方向，就可能导致它接近某个邻近的营并远离另一个邻近的营，如果队列不够平整，就会导致部队在某些地段过度拥挤，某些地段又过于疏开。有些时候甚至需要让全体步兵停下来调整方向，恢复基本秩序，保持队形平整。为了让部队在行进时不至于出现严重偏离方向或队形断裂的情况，就有必要持续不断地严格训练官兵。

不过，要在步兵进入敌军步枪的有效射程后，最困难的时刻才会到来。如果守方步兵站在原地开火，就很难阻止攻方步兵展开还击。攻方一旦开火，几乎就意味着他们将不可避免地停止前进，军官也将丧失对士兵的控制力，因为强迫士兵停止射击继续前进是极为困难的事情。

由于第一轮射击最具杀伤力，而远距离射击却几乎毫无用处，军官就会让士兵在开火前尽可能接近敌军。这种做法并不能总是奏效：士兵常会在并未得到射击命令时就停下来开火。无论如何，最后的实际战况还是要么其中一方在最初几轮射击后就开始后退，要么双方步兵在一定距离上站定对射，展开杀伤力并不算很大的无序射击，这种对射可以持续很久，直到其中一方由于匆忙射击和蒙受伤亡而陷入混乱为止，然后，这一方的步兵就会丧失战意，开始撤退。

然而，即便对取胜的一方而言，长时间交火也不算是太好的结果，因为胜利方步兵同样会陷入混乱，而且他们的损失几乎与失败方相当。在许多人看来，通过交火取胜并不能令人满意，他们需要发展出全新的进攻方式，让军官能够持续掌控士兵并取得更具决定性的战果。

早在 17 世纪末 18 世纪初,关于步兵应当如何展开冲击的诸多观点就已出现。根据其中一种观点,攻方步兵应当进至敌方步兵有效射程边缘,然后按照指挥官命令停下来,以排为单位展开一轮或多轮齐射,然后再根据命令停止射击,恢复冲击。如果敌军并未退却,攻方就应当在前进一段距离后停下来继续射击,然后再度转入冲击。[59]

这种做法并不总能带来令人满意的结果。首先,它会让攻势变得不连贯、相对缓慢,步兵火力也会时断时续,可守方步兵却能站在原地持续射击;其次,这种战法并不能确保攻方步兵在停下来开火后还能继续向前推进——士兵可能会脱离军官控制,并不投入持续冲击,而是卷入不算很有益的原地对射。

18 世纪上半叶,由于纸质药包大面积取代分开携带的火药和子弹(这发生在 17 世纪末)、铁通条取代木通条(这在普军中发生于 18 世纪 10 年代末20 年代初,奥军和法军中发生于 18 世纪 40 年代,英军步兵直至 1745 年仍在使用木通条)以及装填流程和士兵装填训练方式的进一步发展(大致发生在同一时期),射速出现了相当程度的增长。因此,步兵冒着火力迫近敌军就变得越发困难,控制射击也愈加艰难。[60]

面对这种新情况,有人就设计出一种将射击和慢速推进结合到一起的战法。根据这种战法,步兵在进至敌军有效射程边缘后就开始以非常短的步幅缓慢前进。当指挥官下达命令后,步兵营里的一个排就要迅速向前迈出几大步,打出一轮齐射,然后站在原地装填枪支,与此同时,该营其余各排仍保持慢速推进,这样就正好在射击、装填期间赶上这个排。按照和以排为单位射击时相同的次序,下一个排在这时也要向前迈出几大步、齐射、装填,如此反复循环下去。简而言之,完成射击和装填的排要等待其余各排赶上它,然后继续慢速推进,直到再次轮到它射击为止。

如果采用这种战法展开冲击,步兵营的整体推进节奏就不会被打乱,它也能减小全营停止推进、卷入难以控制的原地对射的可能性。然而,如果要成功执行这种战法,就需要非常细致地训练军官和士兵,因为就连以排为单位的原地射击也往往会沦为难以控制的乱射,要在冲击中维持射击次序就更困难了。笔者迄今为止只知道弗里德里希二世的步兵在七年战争中有时会采用这种战法。

在整个 18 世纪，始终有许多法国军官坚信根本不应当将行进和射击结合起来。吉贝尔认为只能要么站定射击，要么不发一枪地推进：射击会降低冲击速度，继而徒增伤亡，因为就火力而言，原地射击的守方无论如何都比攻方快得多、准得多。虽然普军曾频繁练习将以排为单位射击和慢速推进结合起来的战法，有时甚至将其用于实战，但吉贝尔仍然反对这一战法，他指出停下来射击就意味着攻方丧失了决定性的优势，因为快速、果敢的推进能够给攻方带来自信心，也会令守方在目睹攻方顶着火力迅猛推进后受到震撼，犹豫不定。很多人认为在决心冲击敌军后，就有必要不发一枪、一刻不停地快速冲击，不过也有些人喜欢在大约 40 步的近距离上打出一轮齐射，以便使敌军陷入混乱，而后立刻发起刺刀冲击。[61]

刺刀冲击与刺刀战

刺刀冲击就是一枪不发直接冲向敌军，它是所有军队都熟知的标准战术，在线式战术时代得到过频繁运用。与此同时，18、19 世纪的许多军官也指出，步兵在开阔地带的大规模刺刀战是非常罕见的现象。[62] 有些人声称他们在戎马生涯中根本就没有见过刺刀战，或者仅仅见过一次。以曾参与过 18 世纪诸多会战的利涅侯爵为例，按照此人的回忆，他一生中只在莫伊斯 ① 会战（1757年 9 月 7 日）里见到过双方步兵拼刺刀，听到过刺刀撞击的声音：奥军和普军在此战中从两边攀登山坡，最终在山顶不期而遇。[63]

不过，根据诸多目击者的回忆，有时的确会在要塞、居民点或隘路（各类狭窄通道）中发生刺刀战或肉搏战，在这种情况下，交战双方身处非常有限的空间内，都不能快速撤离战场。就连一些声称自己从未在相对开阔的地带见过刺刀战的人也认可狭窄空间内的刺刀战现象。以亚历山大-路易·安德罗·德·朗热隆（Alexandre-Louis Andrault de Langeron）伯爵为例，他原先是一位法国军官，从 1790 年起效力于俄军〔他在俄国被人称作亚历山大·费奥多罗维奇（Александр Фёдорович）〕。朗热隆一加入俄军，就在当年亲历了苏沃洛夫强

---

① 译注：莫伊斯（Moys），现名乌亚兹德（Ujazd），位于波兰下希隆斯克省。

击伊兹梅尔（Измаил）要塞的战斗，此后也参与过拿破仑战争中的诸多大战，在战斗中一再看到俄军步兵发起刺刀冲击。不过，他还是在19世纪20年代写道：

> ……上刺刀 [à la bayonnette]。这种表述方式在所有国家的战报中都十分常见，它或许让所有女人和所有未经战事的男人认为这是两支部队发生冲撞，用刺刀相互杀戮，[可是] 情况并非如此……我参与过许多战争，可除了强击 [assauts] 之外，我还从未见过两支步兵真正展开刺刀战，我也从未见过两支骑兵撞到一起，总会有一方在另一方赶到之前就已退却。不过，在我的军事生涯里，总归还是见过两三次骑兵突入步兵当中的情况。[64]

强击这个术语指的是攻击野战工事或堡垒。所以，朗热隆的结论是，当刺刀冲击发生在开阔地带时，攻防双方中总会有一方选择退却，因而并不会真正发生刺刀拼刺。应当注意到，朗热隆在他的回忆录中的确提到过发生在居民点争夺战中的刺刀战，比如说 1805 年 12 月 2 日奥斯特利茨 ① 会战中的索科尔尼茨村 ② 战斗和 1813 年 8 月 26 日卡茨巴赫（Katzbach）河会战中的亨讷斯多夫（Hennersdorf）村战斗。[65]

让我们把目光转移到拿破仑战争中的其他亲历者身上。瑞士人安托万 - 亨利·德·若米尼（Antoine-Henri de Jomini）是 19 世纪最伟大的军事理论家之一，他曾在法国大革命和拿破仑战争中效力于法军，1813 年又转投俄军。拿破仑战争结束后，他简要地表述了自己对步兵战的观察结论：

> ……战争时期，在步兵作战中，我所见到的只是预先展开 [成横队] 的营，它们以连为单位开始射击，然后逐次转入按伍射击；我也见到过纵队自豪地冲向敌人，而敌人或者不等它们冲上去便抢先逃跑，或者在真正交锋前就凭借其沉着冷静、火力或最后时刻转入攻势来抗击这些纵队。

---

① 译注：奥斯特利茨（Austerlitz），今布尔诺附近斯拉夫科夫（Slavkov u Brna），位于捷克共和国南摩拉维亚省。

② 译注：索科尔尼茨（Sokolnitz），现名索科尔尼采（Sokolnice）。

我只有在村落和隘路里才见到步兵纵队的真正混战 [mêlées]，见到走在先头的士兵上刺刀 [à la bayonnette] 与敌人战斗，在野外会战的战场上，我还从未见过这类拼刺。[66]

为何开阔地带的刺刀战如此罕见？可以在拿破仑战争亲历者撰写的著作中找到诸多解释。曾写过一本战争艺术论著（此书于 1816 年首次出版）的法国工兵将领约瑟夫·罗尼亚（Joseph Rogniat）坚信 19 世纪士兵的勇气不如古罗马人和高卢人，所以他们宁愿选择耻辱的溃逃也不愿卷入肉搏战。[67]

法国骑兵将领让 - 巴蒂斯特 - 安托万 - 马塞兰·德·马尔博（Jean-Baptiste-Antoine-Marcellin de Marbot）曾批判过罗尼亚的著作。他认为刺刀战之所以罕见，并不是因为士兵缺乏勇气，而是源于 19 世纪步兵身处的战场环境与此前大不相同：火器的射程和威力导致步兵第二线和第一线间的距离远大于古罗马时代，这导致第一线步兵在会战的关键时刻不能得到第二线的及时支援。此外，步兵要想触及敌军，就得冒着猛烈的敌军火力行进很长一段距离，这会导致步兵承受伤亡、出现混乱。在马尔博看来，19 世纪的士兵并不比古罗马人缺乏勇气，强击要塞、多面堡和城墙缺口的战斗就足以证明这一点，马尔博指出，步兵在这类战斗中时常使用刺刀。[68]

法军将领路易 - 弗朗索瓦·勒热纳（Louis-François Lejeune）在拿破仑战争期间曾担任过多名元帅的副官，也曾充当拿破仑本人的传令兵，勒热纳的观点与马尔博大致相同：刺刀战之所以罕见，是因为其中一方士兵早已被对方火力打得士气锐减，于是不待对方步兵迫近就开始退却。[69] 事实上，就算是在炮火并不猛烈乃至根本不存在，推进中的步兵也根本没有开火的场合，刺刀战仍然不会发生。若米尼在拿破仑战争结束后写道：

在最近几次战争中，我们一再看到俄、法、普诸国的纵队常常是不发一弹，夹持着步枪 [au bras] 就占领敌人的阵地。这是冲力 [impulsion]和它产生的精神作用的胜利……[70]

因此，在刺刀冲击中，之所以其中一方会在刺刀战发生前即告退却，其原因便在于心理层面：要么是守方的抵抗意志不足以坚持到攻方迫近，要么是攻方的决心不足以使其攻入守方队形。法军条令中的术语"手臂持枪"（l' arme au bras）字面意思是"兵器放在手臂上"，在俄军的 1811 年条令中，类似的持枪姿势被称作"下击锤"（под курок）。[71] 在这种持枪姿势中，左手向内弯折，掌心朝胸，步枪竖直向上，枪口朝天，左前臂放在击锤上，右手可以随意摆放。字面意思同为"手臂持枪"（на руку）的术语在俄军中的含义却与法军完全不同，它指的是用双手握住上了刺刀的步枪朝前捅。按照法军条令的规定，士兵应当在听到"拼刺刀"（croisez la bayonnette，字面意思是"交叉刺刀"）命令后做出这个拼刺动作。[72] 该动作应当用于迫近敌军步兵和击退敌军骑兵冲击的场合。在回忆录和战报中时常出现的"步兵刺刀相交"（пехота скрестила штыки）的说法也值得注意，有的读者将它理解成一方的刺刀和另一方交叉在一起，但这种说法实际上只是指刺刀战，它只能表明士兵双手持枪向前刺杀。

然而，尽管野战中的刺刀战十分罕见，也不能说刺刀在村落、工事和隘

图 5. "下击锤"（под курок）姿势　图 6. 一个伍的士兵排成三列并摆出"手臂持枪"（на руку）姿势

路争夺战以外的战斗中毫无用处。事实上，即便在较为开阔的战场上，刺刀也可能造成很大的伤亡。符腾堡的欧根亲王〔Prinz Eugen von Württemberg，全名为弗里德里希·欧根·保罗·卡尔·冯·符腾堡（Friedrich Eugen Paul Carl von Württemberg）〕是俄国沙皇亚历山大一世的表弟——欧根的父亲是亚历山大母亲的弟弟——也是俄军的一位将领，他在拿破仑时代参与过包括博罗季诺、莱比锡在内的诸多会战，按照欧根的说法：

> 在 100 次战斗中，刺刀有 99 次与其说是用于拼刺，还不如说是用于装饰……只有在早已陷入溃逃的敌军在逃跑途中遇上障碍物，给追击者提供彻底发泄怒火的机会后，我才会看到成功使用刺刀发起的攻击。[73]

如你所见，符腾堡的欧根指出刺刀极少用于野战。即便出现真正使用刺刀的场合，其原因也并非双方面对面地用刺刀展开搏杀，而是其中早已退却或溃逃的一方在撤退途中被障碍物拖延了步伐，而后被另一方士兵追上，最终的结果只不过是屠戮，算不上真正的战斗。同样应当注意到，欧根也提到过在居民点争夺战中发生的肉搏战，其中特别值得一提的便是普鲁士艾劳①小镇争夺战，它恰好发生于同名会战（1807 年 2 月 8 日）的前一天。[74]

在库尔姆②会战中，伊斯梅洛沃近卫团团长马特维·叶夫格拉福维奇·赫拉波维茨基（Матвей Евграфович Храповицкий）将军于 1813 年 8 月 29 日亲率该团第 2 营投入刺刀战，此次战斗堪称屠戮逃敌的典型战例。符腾堡的欧根当时是第 2 步兵军军长，他目睹了这次刺刀冲击。根据欧根的说法，这个营向前推进，展开冲击，在一瞬间就取得胜利，战场上很快就遍布着敌军士兵的尸体，邻近的敌军纵队被吓得当即逃窜。[75] 卢卡·亚历山德罗维奇·西曼斯基（Лука Александрович Симанский）当时是伊斯梅洛沃团里的一名中尉，后来在 19 世纪 20 年代成了该团团长，他在日志中如此描述这场战斗：

---

① 译注：普鲁士艾劳（Preußisch-Eylau），也时常简称为艾劳，现名巴格拉季奥诺夫斯克（Багратионовск），位于俄罗斯联邦加里宁格勒州。

② 译注：库尔姆（Kulm），现名赫卢梅茨（Chlumec），位于捷克共和国乌斯季州（ústecky Kraj）拉贝河畔乌斯季区（ústí nad Labem）。

……敌军离我们很近，子弹也非常接近我们纵队。这个营无法忍受他们的傲慢，便端起刺刀前进，并在前进之前高呼"乌拉"，赫拉波维茨基一马当先，敌军转而逃跑。我披着一件大衣奔跑，因而精疲力竭，但还是在灌木丛里的一条溪水旁追上了大批敌军，他们挤到一起发生了踩踏。我在这里才头一次看到敌军是如何遭到刺刀的惩罚。我用剑劈砍他们的面部，一个敌人抓住我的手，把我打倒在地，一阵子弹向我倾泻过来，我扔掉大衣，我们仍在前进……最后，[我们] 看到敌军出现在左翼，[我军] 士兵向左转、开火，接着掉头后退。[76]

　　在这个战例中，灌木丛和溪水拦住了正在逃跑的法军。从西曼斯基的记述中可以看出，至少有一名法军试图展开抵抗，但他并没有使用兵器——只是用手抓住了西曼斯基。同样可以注意到，西曼斯基并没有使用"刺刀战"这个说法，而是称其为"惩罚"（наказанием）。同样的用语也出现在俄军将领卡尔·费奥多罗维奇·巴格胡夫武特〔Карл Федорович Баговут，他是德意志化的挪威裔波罗的海贵族，其德文名为卡尔·古斯塔夫·冯·巴格胡夫武特（Karl Gustav von Baggehufwudt）〕——此人在 1812 年担任第 2 步兵军军长——的博罗季诺战报中，他描述了克列缅丘格步兵团反击敌军步兵——敌军当时已经接近了设在土岗上的俄军炮垒——的战况："一分钟之内，它就将敌军从炮垒里撵了出去，敌人的傲慢受到了俄国刺刀的严厉惩罚，以至于土岗上满是他们的尸体，敌军残部也在此时纷纷逃跑。"[77] 许多俄国军官用"残杀"（истребление）来形容这样的屠戮。[78]

　　有些时候，这类屠戮也会发生在并没有明显障碍物的地方。在这些战例中，当其中一方逃跑时，交战双方已经非常接近，因此并不是所有人都能及时逃离前线，接下来另一方士兵就会追上来用刺刀解决问题。有几位英国军官描述过这样的战例，不过他们并没有使用"刺刀战"这个说法，只是将其称作"宰杀"（slaughter）、"杀戮"（carnage）。[79]

　　野战工事争夺战的情况也存在差异：某些战斗中的确会发生激烈的混战，博罗季诺会战中法军第一次攻占拉耶夫斯基炮垒和俄军随后展开的反击就是典型的战例，另一些战斗中却不会出现混战。以法国军官纪尧姆·博内（Guillaume

Bonnet）为例，他在 1812 年是第 18 战列步兵团（该团隶属于奈伊元帅第三军第 11 步兵师）里的一名上尉，他在日记中详细记载了该团第 4 营在博罗季诺会战中的战斗情况。当第 18 团接近所谓的巴格拉季翁箭头堡群（博内称之为多面堡群）时，拿破仑的部队已经攻占了这三座箭头堡里的两座。第 18 团向第三座箭头堡（位于中部或后方的箭头堡）进发，下属各营依次行进，第 4 营则位于最后。4 营营长在此次机动过程中受了伤，博内随后接过了该营的指挥权。三个走在前头的营攻占了第三座箭头堡，博内则将第 4 营列成纵队，把它部署在箭头堡的壕沟右侧，在谈及后续战况时，他给出了如下描述：

> 5 分钟后，敌军散兵以很不错的队形出现在左侧不远处，一个庞大的纵队则出现在右侧。我将自己的营展开 [成横队]，让它一枪不发直接杀向纵队，迫使该纵队退却。完成这一机动后，我们发觉自己暴露在 [俄军] 大炮的霰弹火力之下，这些大炮位于我上文提到的村庄 [谢苗诺夫斯科耶]，我看到这个营不断有人倒下，队形不断裂开，就像是一堵打了眼的墙一般。尽管如此，我们还是继续推进。在抵达将村庄坐落的高地和我们隔开的冲沟的边缘后，我们发现了另一个纵队，它正在迈着沉重的步伐缓慢推进，第 4 营里还能走动的那些 [官兵] 一边朝这个纵队开火，一边转身向后缓慢退却。我们回到了多面堡里，它在面朝俄军的方向上根本没有遮挡，所以根本守不住。俄军冲了过来，想要从我们手里夺下它，这个营的残余部队赶紧撤离。我最后一个跳上胸墙，就在那时，一个俄国兵差点抓住了我的大衣，我一下子跳过了壕沟，他们在极近距离上朝我开了至少 20 枪，却只能命中我的筒帽。我们退到了靠近第一座多面堡的灌木丛里。[80]

如你所见，博内并没有提及任何刺刀战或混战：一方前进，另一方退却，然后退却方的生力军出现，已经被火力严重杀伤的前进方转而后退。

在居民点争夺战中，当双方部队在街道上面对面，而且每个人都意识到自己无法在狭窄的街道上快速退却或逃跑时，又或是其中一方士兵据守房屋时，刺刀战往往就会发生。在野战工事中，在周围建有高大坚固的栅栏或墙壁的葡萄园、菜园和公园里，如果其中一方士兵发觉自己面临难以克服的路障，也可能出现类似的情况。然而，刺刀战在这种情况下不一定会发生，时常出现的情况是，其中一方士兵打算逃跑，随后遭到另一方的追杀。

尽管如此，在 18、19 世纪之交的战争亲历者回忆录、战报以及其他文献中，人们还是能够找到提及开阔地带刺刀战的诸多记载，甚至能够发现几份非常详尽的描述。然而，其中大部分记载非但不能得到其他资料的印证，有时还会遭到直接否认。许多刺刀战材料中存在着显然有误或非常离奇的情节，很多作者并非参战者，而是只能远远观察战况的外部观察者，他们往往并非步兵，而是骑兵、炮兵、副官或参谋。最后，有些描述并非根据目击情况写成，而是在转述其他人的话。

在那些谈及刺刀实战的拿破仑战争亲历者中，有的人会立即指出这种现象十分罕见。[81] 以亲历过拿破仑战争的尼古拉·亚历山德罗维奇·奥库涅夫（Николай Александрович Окунев）为例，他后来成了一位用法文撰写著作的知名军事理论家。奥库涅夫在其中一本著作中讲述了他亲自参与的一次刺刀冲击，它发生在 1812 年 8 月 6 日 /18 日（儒略历在俄国一直沿用到 1917 年，斜线前的日期是儒略历日期，斜线后是现行公历日期。后文同）的第一次波洛茨克（Полоцк）会战中，由俄军卡卢加步兵团对拜恩步兵发起。在这次冲击中，俄军真正用上了刺刀。奥库涅夫在书中特地提到了一名姓切尔诺夫（Tschernow/Чернов）的士兵，此人卸下刺刀，扔掉步枪——按照奥库涅夫的说法，步枪实在太长，妨碍了他在激战中的运动——然后朝着各个方向一路刺杀所遇之敌（可能是把刺刀当成匕首使用），直到最后被几发子弹撂倒为止。奥库涅夫指出，尽管有许多材料提到过刺刀交锋（chocs à la baïonnette），但它在实战中很少发生（très-rarement）。[82]

应当注意到一点，到了 19 世纪中后期，许多军官在他们的著作中已经以简明扼要的用词基本上正确地描述了刺刀冲击和刺刀战的情况。[83] 而在关于18、19 世纪战术的最新研究中，这些情况也得到了大体正确的阐述。不过，在笔者看来，这些阐述仍然不够详尽、深入。[84] 虽然朗热隆和其他几位 19 世纪军官已经告诫过读者不要错误理解军事术语，有的人仍然将"拿起刺刀作战""端起刺刀冲击""敌军被一场刺刀冲击打退"等特定说法当成的确发生刺刀战的暗示。在某些出版于 20 世纪的书籍中——特别是在通俗文学中——你依然能够看到基于这一误解的离奇刺刀战故事。

攻防原则与方法

因此，如果刺刀冲击取得成功，守方就会在混乱中转入退却或溃逃，冲击方通常只会因火力蒙受相对较小的损失，因为守方只能打出一轮齐射或匆忙射击2—3次。守方逃离后，攻方就可以展开追击，几乎毫无损失地将守方士兵杀死或生俘。说到底，成功的刺刀冲击只用付出相当小的代价就可以迅速取得决定性的战果，从这方面来说，它的确要优于交火，后者可能会耗费相当长的时间，而且导致双方蒙受大致相当的惨重损失。

因此，一些坚毅果断的统帅——以18世纪为例，世纪初的瑞典国王卡尔十二和世纪中叶的普鲁士国王弗里德里希二世就堪称代表——就企图强迫他们的步兵要么不发一枪投入冲击，要么将射击局限在极近距离上的一轮齐射。他们既依赖己方军官和士兵的勇气与纪律，也寄希望于缺乏勇气和纪律的敌军无法忍受冲击，进而溃逃。

正如我们所知，卡尔的士兵有时并不值得他如此信任——他们会违背命令停下来开火。[85] 弗里德里希的步兵倒是往往能够取得较好的战果。然而，步枪的射速在18世纪中叶大有提升，这就让对方步兵在退却前有足够的时间给弗里德里希的步兵造成可观的损失。弗里德里希害怕队列中出现混乱，因而不允许他的步兵快速追击逃敌，这样，敌军在退却一段距离后就有机会停下来重整队形，继续抵抗。

弗里德里希在七年战争之初数次尝试让步兵不发一枪就展开冲击，其后又放弃了这个念头，转而回归将冲击和射击结合在一起的战法。普军要么是采用了上文描述过的"以排为单位的进攻射击"，要么就是停止行进、原地射击、再前进，如果敌军并不退却，就再度停止行进、原地射击，如此反复循环下去。普军时常会在相当远的距离上开火，有时甚至会在200步以外射击，① 所以，

---

① 译注：根据七年战争亲历者滕佩尔霍夫（Tempelhoff）将军的说法，普军有时会在距离敌军600乃至800步时开火。参见 Massenbach C. K. A. L. von *Memoiren zur Geschichte des preußischen Staates unter den Regierungen Friedrich Wilhelm II. und Friedrich Wilhelm III.* Amsterdam, 1809, Dritter Band, S. 504。

与其说他们想要通过这种射击给敌军造成什么损失，倒不如说是一方面打算诱使敌军开火，一方面让普军士兵忙于射击，使其无暇考虑危险处境。有些时候，普军也会进入敌军有效射程范围内（距离约为100步），然后停下来以排为单位就地开火。弗里德里希注意到，如果双方的近距离交火持续大约一刻钟，奥军步兵就开始动摇，队形也陷入混乱。

如果敌军出现混乱迹象，普军就会停止射击，赶忙端起刺刀前进。如果敌军开始退却，普军则会放慢脚步乃至彻底停下来，以营或半营为单位朝着退却的敌军展开齐射。所以，弗里德里希并没有完全放弃刺刀冲击，它依然是普军步兵战术中的决定性因素，射击的作用在于为冲击进行火力准备和扩张冲击战果。尽管这种战法并不能让普军充分利用成功冲击带来的战果——当敌军士兵在混乱中退却时，就有可能通过追击将其彻底消灭或俘获——却能让军官充分维持部队秩序，彻底掌控士兵。对弗里德里希的步兵而言，这才是最重要的事情。[86]

如果守军并没有退却，而是就地顽强抵抗并向攻方开火，一般而言，推进中的步兵早晚会抑制不住回击的冲动，这就导致冲击陷入停顿，攻守双方重新卷入交火。[87] 这样的交火可以持续几分钟，有时也会长达一个多小时。持续交火是一种人们不愿看到的现象，因为双方都会在交火中陷入混乱并蒙受惨重损失。将领和军官穷尽一切方法禁止士兵在冲击过程中开火，就算步兵真的开始射击，指挥人员也会极力阻止士兵开火并要求士兵继续推进，这种努力有时的确会奏效。法军将领纪尧姆-菲利贝·迪埃姆〔Guillaume-Philibert Duhèsme，俄文资料中时常称他为久格姆（Дюгем）〕就提到过发生在卡尔迪耶罗（Caldiero）会战（此战于1805年10月30日在北意大利打响，对阵双方是法军和奥军）中的一个战例：

> 我看到自己亲手重整的几个营又停了下来，他们正在进行并不能维持很久的按伍射击 [feu de file]：我赶过去之后根本看不到敌军的战线，只能从一片烟雾中看到步枪开火、刺刀和几顶掷弹兵帽帽尖的闪光：我们 [和敌人] 之间的距离并不远，可能只相隔60步，一条冲沟将敌我双方分开，但我们当时并不能看到它。我进入己方队列之中（它既不紧密也不平直），

用手抬起士兵的步枪，让他们停止射击，转而向前推进。我骑在马上，身后有一打传令兵，我们中没有一个人负伤，我也没看到步兵中有谁倒下。好吧！我们的士兵刚刚动起来，还没注意到分隔双方的障碍物，奥军战线就开始退却了。[88]

迪埃姆将这则见闻作为步兵队列持久交火徒劳无功——即便在 60 步这么近的距离上也是如此（或许迪埃姆有意压缩了距离）——的例证。迪埃姆也注意到步兵队列在交火过程中陷入了混乱。此外，这则见闻还提到了法军转入冲击时带来的有趣影响：尽管冲沟将两军分隔开来，奥军却立刻开始退却。或许法军出人意料的推进在心理上极大地震撼了奥军，导致他们在惊恐中选择后退。

让卷入交火的士兵重新向前推进的努力往往会落空，只有从第二线或预备队中抽调生力军投入战斗才能彻底改变交战态势。曾担任拿破仑传令官的法军将领加斯帕尔·古尔戈（Gaspard Gourgaud）就讲述过一个关于第 1 军第 5 步兵师师长让 - 多米尼克·孔庞（Jean-Dominique Compans）将军在作战中投入生力军的典型战例，它发生在舍瓦尔季诺（Шевардино）多面堡争夺战（1812 年 9 月 5 日）中：

孔庞将军走在第 57、第 61[战列步兵] 团前头，率领它们奔赴多面堡所在的高地右侧。与此同时，他派出迪普兰 [Dupelain] 将军率领第 25[战列步兵团] 赶赴 [高地] 左侧，向舍瓦尔季诺方向推进。他将第 111[战列步兵团] 配置在更偏左的地方，以便该团包抄俄军右翼。孔庞将军在此次机动中遭到了敌军骑兵集群的冲击，但他巧妙地利用了凹凸不平的地形和一处围栏 [clayonnage] 在骑兵集群面前继续展开机动，甚至将骑兵击退，使其遭受惨重损失。很快，孔庞的两个团 [第 57、第 61 战列步兵团] 就和掩护多面堡左翼的俄军步兵在这一侧 [右侧] 展开了伤亡惨重的交火。交战双方仅仅相隔 10 法寻 [约 20 米]，但这一区域的参战部队都只有胸部以上暴露在外。这场血腥的交火持续了三刻钟，它太激烈、声响太大，以致士兵都很难听到将军下达的端起刺刀前进的命令——如果能够展开机动，我军本不会损失这么多人。

至于俄军方面，俄军将领们在这场近距离交火中的损失比我军还要多，他们徒劳无功地劝导自己的部队朝我军开进，夜幕正在降临，战斗却依然悬而未决。孔庞决心不惜一切代价脱离这个糟糕的处境，他亲自指挥第57[战列步兵团]的一个营，命人在右侧的围栏上打开缺口，让这个营列成以分营为单位的紧密纵队 [en colonne serrée par divisions] 向前推进，还将4门各自装填了一份霰弹的火炮隐蔽在该营后方。他率领这个营攻入位于多面堡侧面的俄军最左端，在距离俄军50法寻 [约100米] 距离时突然露出火炮，让恐怖的霰弹在敌军中肆虐。孔庞发现俄军队列陷入混乱，便抓住这一战机率领该营发起刺刀冲击。敌军在此时向后退却，他们的混乱情况从左翼蔓延到右翼，最终导致他们放弃了坚守很久的阵地退到第二线，我军才得以攻入多面堡。第57[战列步兵团]的这个营在此次战斗中发挥了决定性的作用，它的营长当场阵亡，在迫近敌军的途中还伤亡了200名士兵。[89]

　　根据阿里斯蒂德·马蒂尼安（Aristide Martinien）编纂的拿破仑麾下军官伤亡名册，第57战列步兵团在1812年9月5日有1名少校战死、1名少校负伤，此外还有2名军官战死、8名军官负伤，后者中有3人在9—10月伤重而亡。[90]① 应当注意到，古尔戈几乎不可能知道有什么俄国将领打算让他的士兵投入刺刀冲击。此外，在这一地带掩蔽了士兵胸部以下部位的特殊地物可能就是古尔戈提到的围栏，也可能是交战双方正好处于舍瓦尔季诺多面堡所在高地的不同坡面上。

　　正如前文所述，当刺刀冲击无法进入刺刀战阶段时，其原因纯粹来自心理层面：要么是守方不能忍受攻方的迫近，要么是攻方没有足够的耐心忽略守方的火力或是没有足够的决心与敌军近身交手。攻方要想取得成功，就应当快速冲击，在保持队形的同时既不要减速也不能停顿。尽管如此，步兵在行进中放慢脚步乃至彻底停顿至少在18世纪仍是众所周知的现象，吉贝尔便曾注

---

　　① 译注：根据第57战列步兵团舍瓦尔季诺 - 博罗季诺的战报，孔庞在舍瓦尔季诺战斗中率领该团第2营发起刺刀冲击。全团在1812年9月5日共有36人阵亡或失踪，339人负伤，其中仅第2营在夺取多面堡的局部战斗中就有19人阵亡或失踪，178人负伤。参见 Ternaux-Compans N.-D.-M. *Le général Compans (1769-1845)*. Paris, 1912, p. 344-345。

意到这样的停顿，而且认为这种现象源于士兵在接近危险时因本能而产生的犹豫。[91] 此外还有一点众所周知，士兵在迫近敌军时，特别是在遭遇敌军火力时，会出现极强的还击欲望，他们甚至会在并未得到命令的情况下开火，这就有可能令攻方陷入停顿。为了阻止士兵开火，有的将领和军官命令士兵在冲击前不要装填，或者在已经完成装填的情况下命令下属各团打开药池倒出火药。然而，这种方法并不总能奏效，士兵有时仍然会继续开火。[92]

等待攻方步兵冲击的守方步兵应当如何行动？关于这一点也存在诸多大相径庭的看法。许多军官认为一旦攻方进入有效射程（大约300步）范围，守方就应当尽快开火，以便在敌军迫近前尽可能多地打出子弹，给敌军造成尽量大的伤亡，并且诱使攻方士兵开火还击，从而使攻方停滞不前。

其他人则认为守方在这么远的距离上开火会产生不利影响。如果在距离敌军太远时展开第一轮射击，它就不能给敌军造成重大伤亡。此后，士兵会匆忙装填射击，其火力也缺乏杀伤力，军官无法给士兵下令，也不能掌控士兵，最后，当守方发觉射击并不能阻挡攻方后，他们就会在敌军迫近时出现动摇，开始退却。从这个角度来看，守方最好是站在原地不要射击，等到敌军进入最能发挥火力的射程后再开火。

法军将领乔治·德·尚布莱（Georges de Chambray）曾参与过拿破仑战争，他在1824年撰写了一篇与步兵战术相关的文章，文中指出：

> ……如果两个步兵营都已展开 [成横队]，其中一个冲击，另一个原地不动，直到那个 [展开冲击的营] 非常接近后才开火，那么，后者 [展开冲击的营] 就会因为前者并没有在惯常的距离上开火而慌乱，当它靠近前者并遭遇火力后，就会惊慌或动摇，只能停下来开火还击。如果前者采用另一做法，展开远距离射击，这样的火力就不能造成多少杀伤，冲击方的骨干人员就会抓住战机加快步伐，并且向士兵高呼："向前，前进，他们开火了，他们胆怯了！"此时，[展开冲击的营] 就会击退待在原地的营。[93]

尚布莱文中的"骨干人员"指的是军官和军士。[94]

所以，如果守方冷静地原地等待，既不远距离射击，也不显露出任何惊慌、混乱的迹象，就会给攻方造成影响，削弱攻方的自信心：他们看到自己的冲击并不能严重影响守方，开始害怕守方在近距离打出第一轮射击。如果攻方在非常接近守方时遭到第一轮射击，这些射击时常会带来重大伤亡，而且几乎总能在攻方队列中造成一定程度的混乱，有时，射击带来的强烈影响会导致攻方停下来自行开火，甚至有可能导致攻方掉头后退。然而，攻方军官往往能够强迫士兵重新转入冲击，甚至会出现火力根本无法阻挡攻方的情况。在这种情况下，站在原地着手装填枪支的守方就会处于不利境地：他们看到火力不足以阻挡攻方，剩余时间也不够展开装填，便丧失了击退冲击的所有希望，转而陷入溃逃。

有些军官认为守方的最佳作战方式是让敌军进入能够尽可能发扬火力的范围，在近距离上射击一轮后立刻投入反击。攻方看到他们的冲击毫无效果，就会在行进途中逐步丧失信心，他们的队形也会在机动过程中出现一定程度的紊乱，接下来，攻方在守方最佳射程内遭到猛烈射击，蒙受了可观的损失，队形也变得越发混乱，这导致他们放慢脚步乃至彻底停止前进。如果保持完整队形的守方——他们既没有因攻方的冲击而动摇，也没有展开远距离射击——在此时转入反击，那么他们将拥有全方位的优势，攻方不能承受这样的反击压力，于是向后溃逃。

然而，这种战法很难用于实战。事实上，守方在战斗中同样会高度紧张，因此，守方士兵也有可能摆脱军官的控制，忽略投入反击的命令而卷入射击。只有当守方是训练有素、纪律良好的士兵时，只有当军官能够充分掌控士兵、士兵也深知这种战法并了解如何运用时，才能成功完成这样的反击流程。英国步兵颇为成功地运用了反击战法，就连包括尚布莱在内的一些法国人也承认这种战法是法军与英军交战时冲击屡屡以失败告终的原因。[95]

其他军队的步兵在防御中很少会使用类似的战法。这可能是因为很多军官和士兵并不了解它，或是虽然了解它却不相信其威力。也可能是他们对自己的士兵信心不足，认为他们既不够冷静也非训练有素，因而无法成功运用这一战法。还有一种可能存在的原因是有些军官尝试运用该战法却功亏一篑——他们的士兵卷入射击，脱离控制，最终无法投入反击。要想成功运用这一战法，仅仅让军官了解它是不够的，士兵也必须预先为它做好准备，就算敌军已经非常接近，他们也必须控制住自己并听取军官的命令。根据尚布莱的说法，奥地利、普鲁士和俄罗斯步兵往往会在距离攻方过远的情况下开火。[96]

步兵应当如何展开冲击？关于这一点人们并不能达成共识。不同的军队往往偏好不同的观点，就算在同一支军队里，不同的将领和军官也可能会采用不同的战法。实战中的具体战术处境也会影响对特定战法的选择。刺刀冲击一般会被视为相当冒险的举动：如果遭遇失利，参与冲击的步兵营就会在相当混乱的情况下迅速后退，有时还会遭到敌军的追击，而且即便敌军没有发起追击，要让步兵营在退却中集结起来重整队形也会耗费相当多的时间。没有什么人会主张对队形齐整且占据有利阵地的敌军发起刺刀冲击。只有当敌军并未做好迎击准备——要么正在展开队形变换，要么队形因猛烈炮击或在起伏地形机动而出现断裂，要么敌军在漫长的战斗中筋疲力尽、损失惨重——时，刺刀冲击才能取得极好的战果。为了确保冲击取得成功，有必要选择合适的冲击时机，或以足够猛烈的炮火和／或步枪火力展开火力准备。

法国军官们对应当使用何种队形展开冲击存在诸多不同意见——究竟是使用横队还是使用纵队？如果使用纵队，又应当列成哪一种纵队？因此，这一问题在法军中变得尤为复杂。横队与纵队的理念之争始于18世纪上半叶，但实战中的战术要到18世纪末才真正发生重大改变。后文将会对它展开详细讨论。

退却

让步兵在敌军面前有序退却并非易事。如果步兵在后退时依然面朝敌军，那就只能以非常缓慢的速度后退，而且即便如此也很可能面临个别士兵掉队，使队列出现混乱和断裂的风险，这会诱使敌军发起猛攻，它很容易导致退却变为溃逃。如果步兵直接掉转方向背朝敌军，敌军也可以紧随其后猛冲过来，退却同样极有可能变为溃逃——如果敌军展开追击，军官有时并不能控制退却中的士兵并让他们转身迎击，反而会出现士兵加速后退乃至朝后跑的情况。因此，退却中的重要原则就是一定不要让所有士兵同时背朝敌军。

第一条步兵战线会以交错队形（法：en échiquier）进行退却：起初让（右起的）奇数营背朝敌军缓慢退却，尽量避免队列中出现任何混乱。偶数营则要留在原地随时准备好击退敌军可能发起的冲击。当奇数营退到留在原地的偶数营后方80—300步（具体距离由地形情况和战术处境决定，一般是150—200步，步枪在这个射程上多少具备一些杀伤力）时，奇数营就要停下来面朝敌军。然后，此前一直留在原地的偶数营就要背朝敌军开始退却，从奇数营的间隔中穿过，拉开大致相同的距离后停下、转身，这种做法此后会一再循环下去。

第二条步兵战线则会集体向后退却，但也要不时停下脚步。如果第二线中的步兵营数量明显少于第一线，第二线步兵营之间也留出了很大的间隔——这种情况频繁出现在18世纪——退却中的第一线步兵营就有可能越过第二线，那时，步兵就应当列成三条战线展开退却。如果敌军试图发起冲击，退却中的步兵营就要立刻停下来转身面朝敌军，全体准备迎击（为了做到这一点，距离敌军最远的步兵营甚至可以略微靠近敌军，以便重建完整的第一线）。当敌军的冲击威胁过去后，退却仍要以原有方式进行。[97] 在必要情况下，退却中的部队甚至可以发起局部反击，以此击退走在前头的敌军部队，从而激励己方部队并争取一段时间，确保他们在平稳状态下以较快速度退却。[98]

步兵战术分析至此告一段落，笔者将在下文对骑兵展开分析。

注释

［ 1 ］ Marmont A.-F.-L. W. de, *De l'esprit des institutions militaires*. Paris, 1845, p. 38-40〔俄译文见：Сущность военных учреждений（《军事制度的本质》）//*Военная библиотека*（《军事图书馆》），т. 3, СПб., 1871, c. 475〕.

［ 2 ］ *Reglement vor die Königl. Preußische Infanterie*. Berlin, 1750, S. 4, 16, 22-23.

［ 3 ］ Bardin É.-A. *Mémorial de l'officier d'infanterie*. Paris, 1813, t.I, p. 39-40.

［ 4 ］ Чандлер Д. *Военные кампании Наполеона*.（《拿破仑的战役》）M., 1999, c. 223（英文原版见：Chandler D. G. *The Campaigns of Napoleon*. New York: Scribner, 1966, p. 341）; Duffy C. *The Military Experience in the Age of Reason*. 2nd edition, Ware: Wordsworth Editions Limited, 1998, p. 114.

［ 5 ］ Russell J. *Instructions for the Drill, and the Method of Performing the Eighteen Manœuvres*. 3rd edition, London, 1804, p. 77; Тучков С. А. *Военный словарь, заключающий наименования или термины, в Российском сухопутном войске употребляемые, с показанием рода науки, к которому принадлежат, из какого языка взяты, как могут быть переведены на российский, какое оных употребление и к чему служат*.（《军事辞典，包括俄军使用的名词和术语，指出它们属于何种学科，源自何种语言，如何译成俄文，使用何种名称并用于何种场合》）M., 1818, часть II, c. 37.

［ 6 ］ Гогель И. Г. *Подробное наставление о изготовлении, употреблении и сбережении огнестрельного и белого солдатского оружия...*（《士兵的火器及冷兵器制备、使用、保养详细教程》）СПб., 1825, c. 371-372.

［ 7 ］ Duhèsme G.-P. *Essai historique sur l'infanterie légère, ou traité des petites opérations de la guerre, à l'usage des jeunes officiers, avec cartes et plans*. Paris, 1814, p. 429, 449; 关于射速的信息汇总参见: Дельбрюк Г. *История военного искусства в рамках политической истории*.（《政治史框架内的战争艺术史》）СПб., 2001, т. 4, c. 201-203（德文原版见: Delbrück H. *Geschichte der Kriegskunst im Rahmen der politischen Geschichte*. Berlin, 1920, Vierter Teil, S. 329-330）.

［ 8 ］ *Воинский устав о пехотной службе*.（《步兵野战勤务条令》）СПб., 1811, c. 105.

［ 9 ］ Muir, *op. cit.*, p. 78; Nosworthy, *With Musket, Cannon and Sword*, p. 72-73.

[10] Nosworthy, *With Musket, Cannon and Sword*, p. 78-79.

[11] *Règlement concernant l'exercise et les manœuvres de l'infanterie du 1er août 1791*. Paris, 1792, p. 128-129.

[12] Hulot J.-B., Bigot *Instruction sur le service de l'artillerie*. Paris, 2-me édition, 1809, p. 42-43. 第三版教令认为射击234米以外的目标是浪费宝贵的弹药补给 (Paris, 1813, p. 39)。

[13] *Ibid.*, p. 42; Bardin, *Mémorial*, t.1, p. 416-417: 500法寻（975米）; *Краткое наставление о солдатском ружье*.（《士兵步枪简介》）СПб., 1809, c.52: 500沙绳（1024米）.

[14] Hughes B. P. *Firepower: Weapons Effectiveness on the Battlefield, 1630-1850*. New York: Sarpedon, 1997, p. 26.

[15] Scharnhorst G. J. D. von *Über die Wirkung des Feuergewehrs*. Berlin, 1813, S. 80-82（戈格利在其著作中摘录了沙恩霍斯特的试验结果: Гогель, *Подробное наставление*, c. 322-324）.

[16] *Idem.*, *Handbuch für Officiere, in den anwendbaren Theilen der Krieges-Wissenschaften*. Hannover, T. 1, 1787, S. VII.

[17] *Idem.*, *Handbuch für Officiere*, T. 3, 1790, S. 95.

[18] *Idem.*, Über die Wirkung des Feuergewehrs, S. 83 (Гогель, Подробное наставление, c. 324-325).

[19] *Ibid.*, S. 84-86 (Гогель, Подробное наставление, c. 326).

[20] 《Об успехах в обучении солдат цельному стрелянию》（《论成功训练士兵进行单兵射击》）//*Военный журнал*（《军事期刊》），1829, номер 2, таблицы на c. 109-110（普鲁士在1812年以及拿破仑战争结束后获得的诸多测试数据）.

[21] Duffy, *The Military Experience*, p. 207.

[22] Guibert J.-A.-H. de *Essai général de tactique*. Liège, 1773, t.1, p. 77.

[23] Muir, *op. cit.*, p.78; Чандлер, *op. cit.*, с. 223（英文原版见：Chandler, *op. cit.*, p. 341-342）．

[24] Duffy, *The Military Experience*, p. 209; Muir, *op. cit.*, p. 82.

[25] Дельбрюк, *op. cit.*, т. 4, с. 189-190（德文原版见：Delbrück, *op. cit.*, Vierter Teil, S. 307-308); Ross S. T. *From Flintlock to Rifle: Infantry Tactics, 1740-1866*. London: Associated University Presses, 1979, p. 31; Quimby R. S. *The Background of Napoleonic Warfare: The Theory of Military Tactics in Eighteenth-Century France*. New York: Columbia University Press, 1957, p. 45; Duffy, *The Military Experience*, p. 212. Colin J. *Les campagnes du maréchal de Saxe. Fontenoy*. Paris, 1906, p. 114, pièces justificatives p. 380-382.

[26] Nafziger, *op. cit.*, p. 22; *Воинский устав о полевой пехотной службе с планами*.（《步兵勤务条令，附图》）СПб., 1797, с. 9-10.

[27] 法译本见：*Elemens de la Tactique de l'Infanterie, ou Instructions d'un Lieutenant-Général Prussien, pour les Troupes de son Inspection*. 1783（未标明出版地点），p. 46; 俄译本见：*Тактические правила или наставления воинским эволюциям*.（《关于队形变换的战术准则或教令》）СПб., 1794, с. 34.

[28] *Rules and Regulations for the Formations, Field-Exercise, and Movements, of His Majesty's Forces*. London, 1798, p. 33, 63.

[29] *Règlement ... du 1er août 1791*, p. 57; *Воинский устав о полевой пехотной службе*, с. 59; *Воинский устав о пехотной службе*. СПб., 1811, с. 64, 75.

[30] *Reglement vor die Königl. Preußische Infanterie*. Berlin, 1750, III Theil, VI Titul, S. 93-96.

[31] Guibert, *op. cit.*, t.1, p. 89-90.

[32] Berenhorst G. H. von *Betrachtungen über die Kriegskunst über ihre Fortschritte, ihre Widersprüche, und ihre Zuverläßigkeit*. Leipzig, 1798, T.1, S. 255（俄译文见：Дельбрюк, *op. cit.*, т. 4, с. 190).

[33] *Ibid.*, T. 2, S. 226-227（英译文收录在 Duffy, *The Military Experience*, p. 213).

[34] Mitchell J. *Thoughts on Tactics and Military Organization*. London, 1838, p. 160-161. 非常相似的说法还出现在德米安的著作当中：Demian J. A. *Anleitung zum Selbststudium der militärischen Dienstwissenschaften. Für Offiziere der k. k. österreichischen Armee*. Wien, Neue Auflage, Erster Theil, 1812, S. 32-33.

[35] Muir, *op. cit.*, p. 78; Чандлер, *op. cit.*, с. 223（英文原版见：Chandler, *op. cit.*, p. 341).

[36] Duffy, *The Military Experience*, p. 210; Muir, *op. cit.*, p. 78; [Попадичев И. О.] *Воспоминания суворовского солдата*.（《一位苏沃洛夫麾下士兵的回忆》）СПб., 1895, с. 80; Бутовский И. Г. *Фельдмаршал князь Кутузов при конце и начале своего боевого поприща*.（《元帅库图佐夫公爵戎马生涯始末》）СПб., 1858, с. 66; Anon.,《Operations of Picton's Division in the Campaign of Waterloo》// *United Service Journal*, 1841, part 2, p. 183.

[37] Ney M.《Instructions pour les troupes du corps de gauche》// *Mémoires du maréchal Ney*. Paris, Londres, 1833, t.2, p. 408.

[38] Patterson J.《Leaves from a Journal of a Veteran》// *United Service Journal*, 1841, part 1, p. 471.

[39] Guibert, *op. cit.*, t.1, p. 89-90.

[40] *Règlement ... du 1er août 1791*, p. 48-50; *Воинский устав о пехотной службе*. СПб., 1811, с. 60-62.

[41] Guibert, *op.cit.*, t.1, p. 79.

[42] Ney,《Instructions…》// *Mémoires*..., t.2, p. 407.

[43] *Règlement ... du 1er août 1791*, p. 48-50.

[44] Thiébault P.-C.-F. *Manuel général du service des états-majors généraux et divisionnaires dans les armées*. Paris, 1813, p. 294.

[45] Ney,《Instructions…》// *Mémoires*..., t.2, p. 408.

[46] Brenier A.-F.,《A Messeurs les Rédacteurs du Spectateur Militaire》// *Spectateur Militaire*, Paris, t.2, 1827, p. 473.

[47] Colin J. *La tactique et la discipline dans les Armées de la Revolution*. Paris, 1902, p. xix（引自约瑟夫 - 弗朗索瓦·弗里里翁将军的著作：[Fririon J.-F.], *Considérations générales sur l'infanterie française, par un*

officier général en retraite. Strasbourg, 1822, p. 47）. 科林在后续脚注中还给出了另一些法军将领和军官就这一问题发表的类似意见。

[48] Saint-Cyr L. de Gouvion *Mémoires sur les campagnes des armees du Rhin et de Rhin-et-Moselle, de 1792 jusqu'a la paix de Campo-Formio*. Paris, 1829, t.1, p. xliii-xliv; *Idem.*《Pensées sur la guerre》//*Idem.*, *Mémoires pour servir à l'histoire militaire sous le Directoire, le Consulat et l'Empire*. Paris, 1831, t.I, p. 16-18.

[49] Дибич Х. Е. фон *Мысли о солдате, в различных по званию его отношениях, рассматриваемых в воинском и нравственном виде.*（《关于士兵的思考，与其军衔相关的诸多事务，从军事和道德视角的考量》）СПб., ч. 1, 1802, с. 179; Duffy, *The Military Experience*, p. 246.

[50] Green J. *The Vicissitudes of a Soldier's Life*. Louth, 1827, p. 25.

[51] Larrey D.-J. *Mémoires de chirurgie militaire, et campagnes du baron D. J. Larrey*. Paris, 1817, t.4, p. 170-175; Chambray G. de《Quelques réflexions sur l'infanterie de nos jours, et en particuleur sur l'infanterie française et sur l'infanterie anglaise》//*Oeuvres du Marquis du Chambray*. Paris, 1840, t.V, p. 317.

[52] *Correspondance de Napoléon Ier*. Paris, 1868, t.26, p. 350, 352.

[53] *Règlement ... du 1er août 1791*, p. 3, 69-70.

[54] Chambray《Des changemens survenus dans l'art de la guerre depuis 1700 jusqu'en 1815》//*Spectateur Militaire*, t.9, 1830, p. 11, 引自 *Mémoires de Napoléon*, t.V, p. 120. 同样的内容见: *Correspondance de Napoléon Ier*, 1869, t.31, p. 506, 520-521.

[55] Marmont, *De l'esprit*, p. 40-41（俄译文见：с. 477）.

[56] Медем Н. В. *Тактика. Учебные руководства для военно-учебных заведений.*（《军事教育机构手册：战术篇》）СПб., ч. 1, 1837, с. 19-20.

[57] *Rules and Regulations for the Formations, Field-Exercise, and Movements, of His Majesty's Forces*. London, 1798, p. 33, 63; Russell, *Instructions*, p. 28-29.

[58] Nosworthy, *With Musket, Cannon and Sword*, p. 259-260.

[59] Nosworthy, *The Anatomy of Victory: Battle Tactics 1689-1763*. New York: Hippocrene Books, 1992, p. 108-110.

[60] *Ibid.*, p. 233-234.

[61] Guibert, *op. cit.*, t.1, p. 85-87; Quimby, *op. cit.*, p. 44, 119-120; Nosworthy, *The Anatomy of Victory*, p. 104-105.

[62] 18世纪作者有关刺刀战的节选引文见: Duffy, *The Military Experience*, p. 204-206; Guibert, *op. cit.*, t.1, p. 30, 56-57; Rogniat J. *Considérations sur l'art de la guerre*. Paris, 3-e édition, 1820, p. 146, 149-150; Marbot J.-B.-A.-M. de *Remarques critiques sur l'ouvrage de M. le lieutenant-général Rogniat*. Paris, 1820, p. 29, 297-298; Chambray《Quelques réflexions...》//*Oeuvres...*, t.V, p. 318; Mitchell, *op. cit.*, p. 43, 64.

[63] Nosworthy, *The Anatomy of Victory*, p. 111; Дельбрюк, *op. cit.*, т. 4, с. 354(第三章尾注79)(德文原版见: Delbrück, *op. cit.*, Vierter Teil, S. 309 n. 2).

[64] Langeron A. de *Journal des campagnes faites au service de Russie*, Т. IV (1807-1809). Копия//Отдел рукописей Российской Национальной Библиотеки (ОР РНБ), ф. 73, ед. хр. № 275, л. 415 продолжение примечания 2 с л. 414〔并不算准确的俄译文见:《Из записок графа Ланжерона》(《源自朗热隆伯爵回忆录的史料》)//*Русская старина*（《古代俄罗斯》), 1908, т. 134, с. 235, n. 2〕.

[65] Langeron, *Journal*, Т. III (1805)//ОР РНБ, ф. 73, ед. хр. № 276, л. 131〔俄译文见:《Записки графа Ланжерона》(《朗热隆伯爵回忆录》)//*Военный сборник*（《军事汇编》), 1900, № 12, Приложение, с. 59〕; Langeron, *Journal*, Т. VI (1812-1814)//ОР РНБ, ф. 73, ед. хр. № 277, л. 288-289〔同样的内容见: Langeron, *Mémoires de Langeron, général d'infanterie dans l'armée Russe. Campagnes de 1812, 1813, 1814*. Paris, 1902, p. 252-253; 也见:《Журнал военных действий левого крыла Силезской армии генерала-от-инфантерии графа Ланжерона》(《中将朗热隆伯爵指挥的西里西亚军团左翼兵团作战日志》)//*Поход русской армии против Наполеона в 1813 году и освобождение Германии. Сборник документов.*（《1813年俄国军队对抗拿破仑并解放德意志的文件集》）М., 1964, с. 246-247〕.

[66] Jomini A.-H. de *Précis de l'art de la guerre ou nouveau tableau analytique des principales combinaisons*

de la stratégie, de la grande tactique et de la politique militaire. Paris, 2e partie, 1838, p. 240-241（俄译文见：Жомини Г. В. *Краткое начертание военного искусства или новый аналитический обзор главных соображений стратегии, высшей тактики и военной политики.*（《战争艺术概论或对战略、高级战术和军事政策主要考量的分析性评论》）СПб., 1840, ч. 2, с. 211, 法文版中的 "按伍射击"（feu de file）在俄文版中译作 "会战射击"（батальный огонь），这两个术语相当类似，但不完全相同，英译文见：Jomini A.H. de *Summary of the Art of War, or, a New Analytical Compend of the Principal Combinations of Strategy, of Grand Tactics and of Military Policy.* New York: G.P.Putnam and Co, 1854, p. 303-304).

[67] Rogniat, *op. cit.*, p. 146.

[68] Marbot, *Remarques*, p. 296-298.

[69] Lejeune L. F. *Mémoires du Général Lejeune.* Paris, 1895, vol. 2, p. 76.

[70] Jomini, *Précis*, IIe partie, p. 231（俄译文见：*Краткое начертание военного искусства.* ч. II, с. 202-203, 英译文见：*Summary of the Art of War*, p. 299).

[71] *Règlement ... du 1er août 1791*, p. 38 (Planche V, Fig. 3); *Воинский устав о пехотной службе*, 1811, с. 33-34 (План VII, Фиг. 1).

[72] *Règlement ... du 1er août 1791*, p. 42 (Planche V, Fig. 4); *Воинский устав о пехотной службе*, 1811, с. 38-39 (План VIII, Фиг. 1).

[73] Württemberg E. von *Erinnerungen aus dem Feldzuge des Jahres 1812 in Rußland von dem Herzog Eugen von Württemberg. Als Commentar zu mehreren vorausgegangenen, diesen Gegenstand betreffenden schriften.* Breslau, 1846, S. 168-169; 同样的内容见：Württemberg E. von *Memoiren des Herzogs Eugen von Württemberg.* Frankfurt a. O., 1862, T. 2, S. 269-271（略有改动的俄译文见：*Военный журнал*, 1849, № 3, с. 126-127).

[74] Württemberg, *Memoiren...*, T. 1, S. 165-166.

[75] Württemberg, *Memoiren...*, T. 3, S. 157-158（俄译文见：《Действия правого крыла союзных армий от 25-го до 30-го августа 1813 г. Из записок принца Евгения Вюртембергского, командира 2-го русского корпуса》（《1813年8月25-30日联军右翼作战行动，源自俄国第2军军长符腾堡的欧根亲王回忆录》）//*Военный сборник*, 1875, № 8, ч. 1, с. 183).

[76] Симанский Л. А.《Журнал участника войны 1812 года》（《1812年战争日志》）//*Военно-исторический сборник*（《军事 - 历史汇编》）, 1913, № 3, с. 34

[77] *Бородино. Документы, письма, воспоминания.*（《博罗季诺：文件、书信、回忆》）M., 1962, с. 187.

[78] Ермолов А. П. *Записки А. П. Ермолова 1798-1826.*（《阿列克谢·彼得罗维奇·叶尔莫洛夫回忆录》）M., 1991, с. 73; Граббе П. Х. *Из памятных записок графа Павла Христофоровича Граббе.*（《源 自帕维尔·赫里斯托福罗维奇·格拉贝伯爵回忆录的史料》）M., 1873, с. 48; Петров М. М.《Рассказы служившего в 1-м егерском полку полковника Михаила Петрова о военной службе и жизни своей и трех родных братьев его, зачавшейся с 1789 года. 1845 г.》（《效力于第1猎兵团的米哈伊尔·彼得罗夫的故事，关于他和三位兄弟的从军历程与生平，自1789年起构思，1845年》）//*1812 год. Воспоминания воинов русской армии.*（《1812年：俄军战士的回忆》）M., 1991, с. 183-184; Норов В. С. *Записки о походах 1812 и 1813 годов, от Тарутинского сражения до Кульмского боя.*（《1812—1813 年战局回忆录，从塔鲁季诺会战到库尔姆之战》）СПб., 1834, т. 1, с. 52.

[79] Bunbury H. E. *Narratives of Some Passages in the Great War with France, from 1799 to 1810.* London, 1854, vol. 1, p. 245: 1806年7月4日的马伊达（Maida，位于南意大利）会战; Rait R. S. *The Life and Campaigns of Hugh, first Viscount Gough, Field Marshal.* London, 1903, vol. 1, p. 53: 1811年5月5日的巴罗萨（Barrosa，位于西班牙）会战。

[80] 《Journal du Capitaine Bonnet du 18e de ligne (Campagne de 1812)》//*Carnet de la sabretache: Revue militaire rétrospective*, 1912, deuxième série, vol. 11, p. 659.

[81] Бутовский, *op. cit.*, 1858, с. 48-50;《Из воспоминаний Болговского》//Харкевич В. И. (ред.) *1812 год в дневниках, записках и воспоминаниях современников.*（《同时代人日记、札记和回忆录中的1812年》）Вильна, вып. 1, 1900, с. 231-232; Lejeune, *op. cit.*, vol. 2, p. 76.

[82] Okouneff N. A. *Examen raisonné des propriétés des trois armes de leur emploi dans les batailles et de leur rapport entre elles*. Paris, 1832, p. 72 n. 1（延续到 p. 73）；同样的内容见：Okouneff N. A. *Considérations sur les grandes operations se la campagne de 1812, en Russie; des mémoires sur les principes de la stratégie; de l'examen raisonné des propriétés des trois armes; et un memoire sur l'artillerie*. Bruxelles, nouvelle édition, 1841, p. 178 n. 1.

[83] Azémar L. M. M. d' *Combats à la baïonnette*. Paris, 1859, p. 13〔俄译文见：Веселитский С.《Штыковой бой》(《刺 刀 战》) //*Военный сборник*, 1861, № 11, с. 99〕; Quistorp B. von *Die Kaiserlisch Russisch-Deutsche Legion*. Berlin, 1860, S. 92 n.*（延续 到93、94页）; Picq C. Ardant du *Études sur le combat*. Paris, 1880, p. 111-113, 118-125〔俄译文见：Пузыревский А. К. *Исследование боя в древние и новейшие времена. Извлечение из французского сочинения полковника de Пика*.（《古今战斗研究，摘译自迪·皮克上校的法文著作》) СПб., 3-е издание, 1911, с. 67-69, 72-76〕.

[84] Duffy, *The Military Experience*, p. 204-206; Nosworthy, *With Musket, Cannon and Sword*, p. 44-47; Muir, *op. cit.*, p. 86-89; Леонов О. Г.《Роль и место индивидуального штыкового боя в тактике русской пехоты в сражениях наполеоновской эпохи》//*Эпоха наполеоновских войн: люди, события, идеи. Материалы VII Всероссийской научной конференции*. М., 2004, с. 58-75.

[85] Saxe M. de *Mes rêveries*. Amsterdam et Leipzig, 1757, t. 1, p. 59.

[86] Nosworthy, *The Anatomy of Victory*, p. 190-192, 314-316; Nosworthy, *With Musket, Cannon and Sword*, p. 67-68; Duffy C. *The Army of Frederick the Great*. New York: Hippocrene Books, 1974, p. 90; Дельбрюк, *op. cit.*, т. 4, с. 191（德文原版见：Delbrück, *op. cit.*, Vierter Teil, S. 310-311）.

[87] Quistorp, *op. cit.*, S. 92, 作者的注释一直延续到93页、94页。

[88] Duhèsme, *op.cit.*, p. 442-443.

[89] Gourgaud G. *Napoléon et la Grande armée en Russie, ou examen critique de l'ouvrage de m. le comte Ph. de Ségur*. Stuttgart, 1827, p. 215-217.

[90] Martinien A. *Tableaux par corps et par batailles des officiers tués et blessés pendant les guerres de l'Empire (1805-1815)*. Paris, 1898-1899, p. 250.

[91] Guibert, *op. cit.*, t. 1, p. 182.

[92] Quistorp, *op. cit.*, S. 115.

[93] Chambray《Quelques réflexions…》//*Oeuvres…*, t. V, p. 334.

[94] *Ibid.*, p. 314.

[95] *Ibid.*, p. 334-335, 351-352; Trochu L. J. *L'armée française en 1867*. Paris, 1867, p. 241-243: 书中提到了托马-罗比尔·比若元帅讲述的法军步兵冲击英军步兵时的典型状况，他的说法后来得到了广泛引用。

[96] Chambray《Quelques réflexions…》//*Oeuvres…*, t. V, p. 322-323, 334.

[97] *Elemens de la Tactique de l'Infanterie*, p. 254-264（俄译文见：с. 197-199); Dundas D. *Principles of Military Movements, Chiefly Applied to Infantry*. London, 1788, p. 167-180; Ney,《Instructions…》//*Mémoires…*, p. 350.

[98] Bugeaud T.-R.《Principes physiques et moraux du combat de l'infanterie》//*Oeuvres militaires du maréchal Bugeaud*. Paris, 1883, p. 47.

第二章 骑兵

术语、组织与武器

在 18 世纪末 19 世纪初的欧洲，骑兵是仅次于步兵的第二大兵种。骑兵团一般由 3—10 个中队（法：escadron；英：squadron；德：Esquadron、Eskadron 或 Schwadron，不同的德意志军队使用不同拼写方式；俄：эскадрон）组成。骑兵中队的兵力和步兵营一样由自然因素决定：一方面，中队必须拥有足够多的兵力；另一方面，中队又不能大到难以机动和控制的地步。[1]

骑兵占地宽度要大于步兵。法军的 1810 年骑兵条令——它基本是在重复 1788 年条令，只是进行了细微的调整——指出，由 48 个伍和 2 名军士（中队两翼各设 1 名军士）组成的骑兵中队正面宽度为 35—38 米（最小的宽度适用于轻骑兵，最大的宽度适用于重骑兵）。[2] 根据上述数据，每一名骑兵占据的正面宽度是 0.70—0.76 米。因此，骑兵队形可以说是相当密集的，队列里相邻骑兵的马镫几乎会挨在一起。18、19 世纪之交的骑兵会列成二列纵深的队形。于是，如果相同数量的骑兵和步兵都列成横队，那么骑兵的正面宽度会达到步兵的 2 倍多。此外，骑兵在队列中的占地深度相当于宽度的 3 倍。

有些军官认为中队的理想人数是 100—120 人。[3] 然而，实战经验较为丰富的军官们偏爱规模更大的中队——兵力应为 150—200 人（但不应当超过 250 人）。[4] 由于马匹和马具价格昂贵，将骑兵新兵训练到足以令人认可的水准所需时间也要远长于步兵新兵，因此补充骑兵比补充步兵困难得多。有人认为，让新兵准备好在步兵中服役需要两个月时间，但在骑兵中服役则至少需要一年，要想训练到完备的地步则需要几年时间。[5]18 世纪著名的法国军事理论家吉贝尔认为，步兵营里就算有一些训练不佳的新兵仍能投入作战，且不会造成混乱，而在骑兵当中，就连一名缺乏训练的新兵或是一匹未经训练的战马也会导致中队出现混乱。[6] 因此，中队在战役之初的人数应当略多于理想兵力，这样就不会因为各类损失而过早地缺乏兵力，骑兵也就不用急于补充缺乏训练的人员和马匹。

在各国军队中，骑兵中队的额定兵力往往存在较大的差异，少的只有 100 人，多的可达 250 人，甚至在同一个国家的军队中，不同类型的骑兵中队编制也可能有所不同。骑兵团一般下辖 4 个中队，但也可能多达 6 个、8 个乃至 10 个。在 18、19 世纪之交，同一支军队中不同类型骑兵团的编制同样可能存在显著差别，但到了拿破仑战争末期，这些差别已经在大部分欧洲军队中消失了。

很难说骑兵的战术单位是中队还是团。在大会战中，骑兵团通常会作为一个整体投入战斗，但骑兵中队的自主性要比步兵连高得多，中队时常会独立行动，小规模战斗中尤其如此。

18 世纪末的骑兵分为几个不同类型，其差异主要体现在马匹大小上，此外在武器和装备方面也存在不同之处。重骑兵不仅会挑选高大的马匹，在人员选择方面也是如此：军队会尽可能将高个士兵分配到重骑兵部队中。[7] 在组建、维持同等数量的骑兵部队时，重骑兵的花费要高于其他骑兵——马匹越高大就越昂贵。

轻骑兵团一般会装备略微弯曲的马刀，重骑兵团则装备直剑。马刀更适合劈砍，直剑更便于刺击，不过你同样可以用马刀刺击、直剑劈砍。骑兵也配备火器：通常会在皮套（holsters）里塞两把手枪，并把皮套放在马鞍前部，此外还会配备一柄通常挂在右肩上的短枪。应当注意到，这种短枪在大部分欧洲军队中称作马枪（英：carbine，德：Karabiner，俄：карабин），但法军中的马枪（法：mousqueton）称呼却大相径庭。不过，在俄军中，喇叭枪（俄：мушкетон，词源为法语词 mousqueton）指的是用于发射大口径弹的特制喇叭口枪支。

骑兵存在诸多种类，它们的名称与武器特征或历史起源有关。重骑兵在许多欧洲国家被称作胸甲骑兵（cuirassiers），因为他们身穿金属铠甲——胸甲。

龙骑兵（法：dragons，英：dragoons）在许多军队中是骑兵的重要组成部分。在 16 世纪和 17 世纪上半叶，龙骑兵指的是装备步枪且骑着廉价矮马的骑兵，当时的人们认为龙骑兵并不适合充当正规骑兵。那时，龙骑兵只是在行军时才骑马，作战时就要下马，像步兵一样投入战斗。到了 18 世纪初，欧洲所有军队中的龙骑兵都成了羽翼丰满的骑兵，不过，许多军队仍然让龙骑兵装备步枪（通常会比步兵的步枪短一些），并略微接受一些步行作战训练，有时也的确会让龙骑兵像步兵一样作战，不过，下马步战还是相当罕见。到了拿破仑战争之初，有些军队的龙骑兵已经彻底切断了和"骑马步兵"的历史联系，也不再装备步枪。

龙骑兵在不同军队中的分类也有所不同：有些军队里的龙骑兵更接近重骑兵，有些则更接近轻骑兵，英军甚至拥有两种龙骑兵：一种是被视作重骑兵的龙骑兵，一种是轻龙骑兵。在有的军队——特别是法军——中，龙骑兵是介于重骑兵和轻骑兵之间的独立骑兵类型。[8]

骠骑兵是轻骑兵中最为突出的一类，这个兵种源自匈牙利的轻骑兵。某些军队的骠骑兵团起初就是由匈牙利流亡者组成的，但随着时间的流逝，骠骑兵团开始接收任何适于从军的志愿者，随着兵役制度的引进，骠骑兵也像正规骑兵一样征募新兵。在拿破仑时代，尽管匈牙利骠骑兵只出现在奥军当中，但所有军队的骠骑兵都身着模仿匈牙利传统民族服饰的制服。

此外还存在其他类型的轻骑兵，如猎骑兵（法：chasseurs à cheval，德：Jägern zu Pferd）、"轻骑兵"（法：chevau-légers）、马枪骑兵（карабинеры）等等。起初，当龙骑兵还只是骑马步兵时，人们有时会将精选出来的龙骑兵称作猎骑兵，后来，在某些军队中，轻骑兵队（临时组建的准正规或非正规骑兵部队）或小股轻骑兵获得了"猎骑兵"称号，这些部队会被配属给正规骑兵，负责侦察和警戒勤务。在1813—1814年的普鲁士军队中，猎骑兵是配属于骑兵团的小队轻骑兵，而在其他军队中，猎骑兵或马上射手会独立编组成团，他们是一个自成一体的正规骑兵分支。在武器和马匹大小方面，猎骑兵与骠骑兵并无差别。

马枪骑兵这个术语源自马枪这个词，它指的是骑兵使用的短枪。在本书所研究的这一时期，某些军队会从每个中队里挑出16名骑兵，这批骑兵理论上会负责以散开队形作战，其战法类似于步行散兵。拿破仑时代的法国军队中却有两个名称与马枪骑兵相同的卡宾枪骑兵团属于重骑兵，他们被编入重骑兵师，而且从1810年起就装备胸甲，此后与胸甲骑兵只是在制服方面存在差异。此外，卡宾枪骑兵自认为是地位最高的骑兵。

因此，如果我们谈论的是整个骑兵团，那么"猎骑兵"和"卡宾枪骑兵"指的并不是主要用于交火的骑兵，他们都是拥有独特名称的普通轻骑兵或重骑兵，只是配备了这一骑兵分支特有的武器和装备。在某些军队中，普通的正规骑兵并不属于以上任何类型，他们被统一称作"轻骑兵"。

骑枪在 17 世纪从西欧骑兵的武器库中消失，然而，它在一些东欧国家（波兰、巴尔干诸国）仍然作为一种传统兵器得以保留下来。到了 18 世纪，某些欧洲（中西部）军队里再度出现了装备骑枪的骑兵。这类骑兵人称枪骑兵（法：lanciers），其名称源于骑枪（法：lance），这种兵器在欧洲起初被称作骑士矛，后来又改称骑兵长枪。而在俄国，装备骑枪的骑兵被称作长枪骑兵（пикинёры）。

到了 18 世纪末，当俄罗斯、奥地利和普鲁士瓜分了（波兰）共和国（波：Rzeczpospolita，其领土包括波兰、立陶宛、西乌克兰和西白俄罗斯）后，上述国家就开始组建由波兰人或立陶宛人组成的独立骑兵单位。这些骑兵被称作"乌万"（波：ułan）或"托瓦日什"（波：towarzysz），他们也装备了骑枪。在拿破仑战争进程中，枪骑兵的数量出现了显著增长，进而出现在欧洲大陆的几乎所有军队当中。枪骑兵的兵源并不局限于波兰人：老的枪骑兵团可以接纳任何可用于补充的新兵，新的团则从本国臣民中征募兵源，还有些原先已经存在的骑兵团会集体换装骑枪。

尽管骑枪越发流行，它热情的支持者也越来越多，但仍然存在许多反对装备它的人，有关骑枪利弊的争论几乎贯穿了整个 19 世纪。后文将会在讨论骑兵组织、战术总体原则后详细阐述人们支持或反对骑枪的论据，这既是由于这些原则早在大规模推广骑枪之前就已确立，也是因为只有清晰、全面地掌握了骑兵战术原则，才能正确理解支持者与反对者列出的某些论据。这里只需要注意到以下方面就已足够：骑枪在全速冲击中可以最有效地发挥威力，但在速度减慢的无序混战中，随着交战双方混杂在一起，敌军有可能出现在任何方向，骑枪在这种情况下就较难使用了。

队形与机动

在 18 世纪之初，不同军队骑兵的队形纵深在 4—6 列之间。和步兵一样，骑兵队形的深度在这个世纪里逐步减少。队形纵深越大，敌军炮火导致的损失就越多。此外，骑兵如果以密集的纵深队形展开机动，还会面临许多额外的困难。

在 18 世纪的最后 25 年里，人们对于骑兵队形的最佳纵深仍然持有不同意见。以夏尔-埃马纽埃尔·德·瓦尔内里（Charles-Emmanuel de Warnery）将军为例，他曾是弗里德里希二世麾下的一名骠骑兵军官，此人在 18 世纪 80 年代初坚持认为骑兵最理想的队形是三列横队，只有在有必要占据较宽正面——特别是小队骑兵需要挡住在数量上占据优势的敌军骑兵——的情况下才可以改成二列横队。按照瓦尔内里的说法，弗里德里希正是由于上述原因才在七年战争之初被迫将他的骑兵变为二列队形。[9]

与此同时，另一种早已广为流传的看法却是骑兵只需要排成二列队形，第 3 列不仅完全没有用处，甚至还会带来危害，因为它会让机动困难重重，还可能导致队列里出现混乱——吉贝尔早在 18 世纪 70 年代初就提出了这种看法。[10] 在革命战争打响（1792 年）时，几乎所有欧洲军队的骑兵都排成二列队形，但以奥军为代表的一些军队仍然要求骑兵排成三列。不过，奥军骑兵很快就采用了二列队形。

一个中队分成 2 个半中队，每个半中队又分成 2 个排，所以，一个中队一共包括 4 个排〔和步兵一样，这些单位在不同军队的骑兵中有不同的称呼，但出于简便起见，这里统一使用"排"（взвод）这个术语〕。骑兵排的数字番号排列方式与步兵排相同：最右侧的被称作第 1 排，紧靠在它左侧的是第 2 排，以此类推。某些军队中存在由两个中队组成的作战单位，这种单位在多数军队中被称作分团（division）〔法军则将相当于半个中队的作战单位称作分中队（division）〕。在步兵中，连长身处战斗队形的第 1 列，其余所有军官都在队形后方，骑兵则有所不同，大部分军队的中队长和排长都位于第 1 列前方。

骑兵的队形与队形变换与步兵大体相同。在步兵中，让排横队正面围绕一翼旋转一定角度被称作侧转，骑兵则把这个动作称为轮转（заезд）。步兵和骑兵的主要区别在于骑兵不能像步兵那样以伍为单位侧向行进，这是因为马匹的纵向深度大约是横向宽度的 3 倍，所以骑兵在队列中就不能像步兵那样转身。[11] 骑兵在侧向行进时通常要以 3 个伍或 4 个伍为单位集体行动。

18 世纪中叶的骑兵战线时常由连续不断的诸多中队组成，这样的队形被称作墙式队形（法：en muraille）。然而，这种队形也存在严重的缺陷：战线在凹凸不平或存在障碍物的地带行进时，马匹就会挤到一起，结果，邻近的骑手

A. 胸甲骑兵或卡宾枪骑兵中队

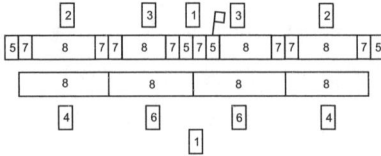

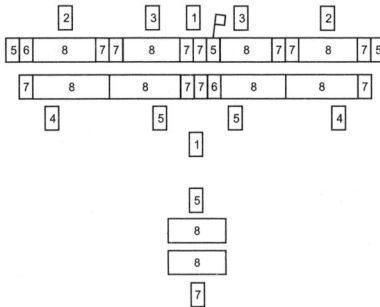

图 7. 1810 年条令规定的法军骑兵中队队形

B. 骠骑兵或猎骑兵中队

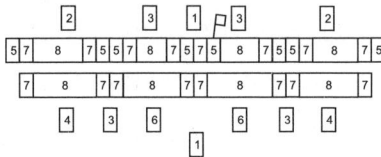

C. 龙骑兵中队

图 7. 1810 年条令规定的法军骑兵中队队形

A. 胸甲骑兵或卡宾枪骑兵中队
B. 骠骑兵或猎骑兵中队
C. 龙骑兵中队
1. 上尉（capitaine）
2. 中尉（lieutenant）
3. 少尉（sous-lieutenant）
4. 上士（maréchal des logis en chef），相当于步兵中的上士（sergent-major）
5. 中士（maréchal des logis），相当于步兵中的中士（sergent）
6. 军需下士（brigadier-fourrier），相当于步兵中的军需下士（caporal-fourrier）
7. 下士（brigadier），相当于步兵中的下士（caporal）
8. 列兵

中队各辖 2 个连，每连各有一套军官和军士阵容，中队在战时会划分成 4 个排或 2 个分队。
中队长是两位上尉中资历较老（即获得上尉军衔较早）的一位，他位于中队正前方，另一位上尉殿后。
中队长和排长位于第 1 列前 1 步处（第 1 列战马的马头和军官坐骑的马臀相隔 1 步），殿后的军官和军士（上尉除外）应当位于第 2 列后 1 步处（测算距离的方法类似），殿后的上尉应当位于第 2 列后 3 步处。
位于第 2 排左翼的上士需要手执中队旗。
号手并未出现在图中，通常情况下，当骑兵团作为一个整体投入战斗时，团里的所有号手要集中到团横队正后方 20 步处。
根据条令规定，每个龙骑兵中队应当抽出 1 个排的侧卫骑兵（至少 16 名列兵）负责散兵战。

会相互挤压，混乱状况也会迅速蔓延到同一战线的友邻部队中，有些部队的队形甚至会出现缺口。18 世纪的骑兵时常以庞大集群在两军侧翼投入作战，他们往往会列成典型的漫长战线，在这种情况下，墙式队形的缺陷就尤为明显了。正如瓦尔内里所述，列成密集连续队形的骑兵即便能够成功发起冲击，也会陷入邻近中队混杂在一起的纷乱状况，部队也很难恢复秩序。[12]

即便在大体平整的战场上，密集连续的骑兵战线也时常会彻底陷入混乱，1759 年 8 月 11 日的明登（Minden）会战便是其中一个典型战例。法军骑兵以中队之间毫无间隔的队形向英国和汉诺威步兵发起冲击。战马在冲击过程中涌向队形一翼，因而发生了激烈碰撞，弄得人仰马翻。冲击最终以彻底失败告终，许多骑兵不幸落马，要么摔断四肢，要么被踩踏。[13]

许多军官认为相邻中队需要留有一定的间隔，这样，即使某个中队出现混乱或轻微侧向移动，也不会影响邻近中队，骑兵战线也能够较为顺利地展开机动和绕过障碍物。不过，关于间隔大小还存在诸多不同意见。在 18 世纪，有些军官要求中队之间留出很大的间隔。以瓦尔内里为例，他认为间隔宽度应当达到 20—25 步。这既可以确保中队完全自由地展开机动，也不至于留出太大的缺口。此外，如果骑兵以高速连续行进，每个中队的宽度都会有所增长，间隔宽度也会相应地显著减少。[14]

有些骑兵则较为谨慎，以符腾堡骑兵军官弗里德里希·威廉·冯·俾斯麦（Friedrich Wilhelm von Bismark）为例，此人参与过包括 1812 年远征俄国在内的拿破仑战争，也撰写过几本有关骑兵的论著。他认为相邻中队的间隔应当不超过 9 步或中队正面宽度的八分之一。根据他的说法，这样的间隔在冲击中几乎会彻底消失（这显然是由于中队正面在冲击过程中变宽了）。然而，他也承认在起伏地形中作战时应当留出更大的间隔。[15] 因此，相邻中队的最佳间隔还是取决于具体的作战环境。

基础战术

18 世纪初的人们对骑兵战术有着若干不同观点。在许多军队中，正规骑兵骑着高大的战马，接受列队射击并在机动中维持队形的训练。这样的做法削弱了骑兵的机动性，限制了它发起决定性冲击的能力。在 18 世纪上半叶乃至此后的七年战争中，奥军骑兵在迎击敌军时往往会原地不动，举起马枪射击，又或是以快步发起冲击——冲击时常常会拔出手枪开火，直至距离敌军仅有几十步时才握紧直剑。

骑兵战术在弗里德里希二世治下的普鲁士得到了长足发展。弗里德里希登基之初，普鲁士骑兵规模相对较小，他们骑着高大的战马，接受了良好的射击训练，但几乎无法展开决定性冲击。在 1741 年 4 月 10 日的莫尔维茨（Mollwitz）会战中，数量上占据优势的奥军骑兵将普军骑兵彻底逐出战场。此后，弗里德里希二世开始针对骑兵进行激进改革，他既扩充了骑兵兵力，也改变了骑兵战术。通过为期数年的系统训练，普军骑兵成功掌握了在冲击最后阶段加速到袭步（法、德: carriere，即全速跑步）并大体维持平整、密集队形的战法。短短几年内，弗里德里希的骑兵就在战场上有了出色表现，很快便成为全欧洲的样板，甚至到了 18 世纪末，其他军队的骑兵仍然都或多或少地沿用普军战法。

因此，在七年战争结束后，人们关于骑兵的最佳作战次序已经不存在重大争议: 所有人都极力主张不论作战情形如何，都要让骑兵手执冷兵器高速奔驰，对敌军发动决定性冲击，而且也都认为绝不能在冲击中使用火器，此外，只有在部队前方存在难以逾越的障碍物时才可以待在原地以火力迎击敌军的冲击。然而，这样的消极防御战例和在冲击中使用马枪、手枪的战例后来仍会出现，甚至在拿破仑战争中也不例外。不过，这种现象已是相当罕见，而且通常也会导致使用火器的一方败北。

因此，虽然革命战争之初有关步兵在攻防中应当采用何种战术存在诸多观点，但骑兵战术的情况却与步兵截然相反，人们普遍认为手执冷兵器的决定性冲击就是骑兵的最佳战术。骑兵以慢步开始冲击，然后根据口令或信号逐步加快速度，依次采用以下步法: 快步（法、英: trot，德: Trab，俄: рысь）、跑步（法: galop，英: gallop，德: Galopp，俄: галоп）、袭步（俄: карьер）。

骑兵采用某一特定步法时究竟速度如何？关于这一点存在不同的估值。此外，这一时期的作者往往会使用与上文列出的术语略有差异的步法术语，比如说小跑步（法: petit galop，英: canter，德: kurzen Galopp，俄: короткий галоп）、大跑步（法: grand galop，英: full gallop，德: gestreckten Galopp，俄: полный галоп）等等。骑兵在使用慢步时速度约为每小时 5.2—6.5 千米，快步时是每小时 12—15 千米，跑步时是每小时 18—24 千米。骑兵以袭步行进时速度可达每小时 30 千米以上，但这种高速并不能维持多久，因为它会导致战马很快就疲惫不堪，速度随之锐减。可以从这一时期的骑兵条令和拿破仑战争后出版的手册中找到一些与骑兵机动力相关的数据。骑兵部队可以用跑步——每分钟行进 150 沙绳或 500 步（320—355 米）——行动 6 分钟而不至于累坏马匹。骑兵可以在不耗尽马力的前提下用每分钟 360 步（255.6 米）的快步行进半个小时。因此，骑兵通常会以自由步法——每分钟 150 步（106.5 米）——行军，但在长途行军中，他们的速度会降到每分钟 125 步（88.75 米）或每小时 5 俄里（5.335 千米）。[16] 应当注意到，我们这里谈论的是庞大且多少有些密集的骑兵集群的机动。散开的骑兵能够以略快于集群的速度推进，独自骑在良马上的骑手也会比集群快得多。

有人在 18 世纪总结出一条骑兵冲击的成功法则："在保持队形齐整的同时尽可能快地向前推进。"[17] 在骑兵与骑兵对战的场合，既能保持队形紧密有序，同时又能在双方接近的关键时刻以更快的速度前进的一方几乎就握有全部胜算。

然而，速度与队形终究是难以兼顾的，通常情况下，骑兵只能二者择其一。如前所述，在骑兵机动期间，奔驰的战马会往队形侧面散开，所以中队的正面宽度有所上升。俾斯麦也指出骑兵在冲击中会打乱队形，因为冲击需要人马竭尽全力，可战马的马力并不是完全相同的。[18] 此外，当骑兵转入跑步行进时，有些骑手还会冲到大队前方，法军骑兵、拿破仑战争的亲历者阿贝尔 - 让 - 米歇尔·德·罗卡（Albert-Jean-Michel de Rocca，他在第 2 骠骑兵团服役）对此给出了解释：

> 当一个骑兵团或骑兵中队以纵队或横队发起冲击时，一旦开始跑步，它就不可能长久地维持队形：马匹会相互刺激，变得越发活跃，那些骑着最好战马的骑兵通常会远远地走在其他人前头，这就破坏了战斗队形。[19]

另一些军官也指出骑兵在高速行进时会导致队形逐渐变深：骑在最好战马上的最勇敢的骑兵冲在前头，骑在最差战马上的最怯懦的骑兵则会落在后面。[20] 因此，在骑兵冲击过程中，有必要尽力调和保持队形齐整和在迫近敌军的关键时刻维持高速这两个难以兼容的条件。如果以相对较低的速度行进，就可以保持相对较好的队形。

要想在骑兵冲击中取得胜利，迅疾的冲击速度和齐整的战斗队形这两者谁更重要？关于这一点存在诸多不同意见。一些理论家认为骑兵不应当竭力追求高速，而应当尽可能地保持紧密队形，甚至要将紧密队形保持到接敌时刻为止。然而，大部分经历过实战的骑兵军官都认为有必要在冲击的最后阶段——

也就是即将接触敌军时——尽力提高速度。笔者将在后文对速度与队形之争展开详尽讨论，这里则会探讨另一个问题：骑兵间的交战通常会如何告终？

在描述骑兵冲击的效果时，18—19世纪的文献常会使用"突击"（шок）这个术语。不同的作者往往会使用这个术语的不同含义：有些人用突击指代最后一个冲击阶段，也就是骑兵以最快速度冲向敌军的阶段；有些人则用突击指代双方骑兵的交战。然而，双方骑兵在冲击中列队高速撞击的战例事实上从未发生，18、19世纪的许多战争亲历者在回忆录中指出过这一点，很多理论著作也提到过这种情况。吉贝尔就写道：

> 有人认为突击的力量源自马胸的撞击，这是一个极大的空想。1.从物理角度而言，马匹的生理结构让它们不能以那种方式展开撞击。2.骑兵的士兵和马匹的天性不可能让战马列成那么好的队形。一般而言，当两个中队里有一个发起冲击时，双方既不会抵达敌方[原先所处位置]，也不会在原地坐等敌军。其中那个速度较慢、队形较乱而且较为缺乏勇气——这一点最为重要——的中队就会动摇、自乱阵脚、两翼打转，最终要么直接溃逃，要么在经历十分短暂且并不激烈的战斗后退却。不过，如果两个中队由同样久经沙场且训练有素的人马组成，那么冲击就会以下列方式进行：双方的横队相互贯穿，战马主动寻找间隙，骑兵卷入贴身近战[corps à corps，字面意思是"身体对身体"]，战斗甚至会发展到某个中队进入另一个中队后方的地步。在这场混战[mêlée]中，马匹更灵活、人员更干练的一方将取得胜利。[21]

如你所见，吉贝尔认为，在绝大多数骑兵战的关键时刻，速度较慢、队形较乱的一方要么在双方卷入近战前就溃退，要么在展开短暂的微弱抵抗后还是向后溃逃。如果双方情况大体相近，那么两军骑兵就会卷入近战，由于战马都竭力穿过敌方战马间的空隙，交战双方的中队有时候甚至会互相贯穿。显然，这只会发生在双方的骑兵战线都不再平整、密集的时候。

有些军官坦率地指出绝大多数骑兵对战都不会发展到面对面战斗的程度：其中一方往往会在双方接近前就直接溃逃。原因便在于溃逃方的骑兵因为种种原因比另一方更害怕突击。至于两条骑兵战线坚定地相向而行，直到相距仅有50—60步时其中一方突然掉头逃跑的战例，俾斯麦认为只有深入人类的内心才能找到原因。[22] 笔者在此还可以摘引马尔蒙元帅的论述：

> 骑兵的作战目的就在于进行贴身近战 [corps à corps]，骑兵必须用冷兵器与敌军交战，冲向它、击倒它、追击它。追击敌军是骑兵的惯有职能，因为骑兵撞击的情况很少发生，当双方骑兵遭遇时，较为缺乏信心的一方就会停下来转身逃跑。[23]

如你所见，许多作者认为在骑兵对战中几乎不会出现高速撞击的情况，因为其中一方在冲击的最后阶段往往会丧失信心，因此非但不会继续以袭步向前猛冲，反而会放慢步伐，甚至在双方靠近前就转身逃跑。骑兵对战是忍耐力的比拼：哪一方更早将忍耐力消耗殆尽，那一方就会因快速接近敌军而变得慌张、队形混乱、速度减慢，进而向后逃跑〔这几乎会立刻转变成被称作"翻转"（опрокидывание）的全面溃逃〕。

不过，正如吉贝尔所说，有些时候骑兵对战中的确会出现贴身近战，尽管这种近战时常相当短促——早在双方接近之前，其中一方就已经比另一方更混乱。有些作者坦率地指出，只有在冲击结果已经注定后骑兵才会用到兵器，而且战斗只会持续很短时间。[24]

一些作者甚至声称冷兵器在实战中几乎纯粹用于追击阶段，也就是被冲击获胜方用于砍杀虽然逃跑却又尽力回头抵抗的对手。以著名的俄国作家法杰伊·韦涅季克托维奇·布乌哈伦（Фаддей Венедиктович Булгарин）①为例，他在血统上是波兰人，曾于1806—1808年效力于皇储殿下康斯坦丁大公枪骑兵团，然后又在所谓的波兰军团骑兵里待过一段时间，还曾随军团前往西班牙为拿破仑而战，他写道：

---

① 译注：布乌哈伦的波兰文原名为扬·塔德乌什·克日什托夫·布乌哈伦（Jan Tadeusz Krzysztof Bułharyn），其俄罗斯化的姓氏是布尔加林（Булгарин），"布尔加林"曾多次出现在普希金、莱蒙托夫等人的讽刺诗中。

我总是一再对那些作家的胆量感到惊讶，他们甚至没有远远围观过战斗，就敢于描述会战，谈论作战行动！比如说，没有参与过骑兵战的人就不可能对它有清晰的理解。许多人想象对阵双方的骑兵或是互相猛冲过去，然后面对面地劈砍或刺击，直到其中一方退却为止，或是其中一方骑兵待在原地等待另一方前来交战。这种情况只会发生在训练或演习中。在实战中，一方的骑兵集群会发起冲击，另一方就会向后退却，与预备队会合后再调转马头发起冲击，将敌军击退。这样的波动将持续到其中一方的骑兵集群彻底将另一方逐出战场为止。在永不间断的波动中，骑兵总会劈砍、刺击那些落在后面的家伙，也就是正被他们追杀的家伙。[25]

尽管如此，仍然有大量证据可以表明骑兵对战中有时的确会出现面对面的搏杀。然而，在这些搏杀场合，要么双方骑兵的队形已经不再紧密，要么双方就没有以最高速度向前冲击，而是在最后阶段约束住战马，以慢速前行，当然也可能是两种情况同时发生。

从吉贝尔的叙述中可以看出对阵双方的中队有时会混杂在一起乃至相互贯穿。在拿破仑战争亲历者的回忆录和日记中可以找到若干贯穿战例。[26] 不过，如果其中一方的战马能够成功从另一方战马之间穿过去，那就显然可以看出要么相邻战马的间隔已经大到足以让骑兵通过，要么骑兵队形已经彻底断裂，从而出现了明显的缺口。

一些骑兵对战记载表明对阵双方在冲击的最后阶段有时非但不会根据条令和教令的规定全速向前猛冲，反而会停下来。谢尔盖·格里戈里耶维奇·沃尔孔斯基（Сергей Григорьевич Волконский）曾回忆过他在 1807 年 1 月 25 日/2 月 6 日的霍夫①（位于东普鲁士境内，俄军后卫在此阻击法军）战斗中看到的一幕：

在这场战斗中，我目睹了骑兵冲击那令人瞩目的特点：伊久姆骠骑兵

---

① 译注：霍夫（Hof），一作霍弗（Hoofe）、霍夫（Hoff），现名德武日诺（Dwórzno），位于波兰共和国瓦尔米亚-马祖里省。

团奉命攻击一个正在向它推进的法军骠骑兵团。这两个团就像两堵墙一般
朝着对方猛冲过去，可等到它们进入对方的手枪射程后，双方突然都停
了下来。战场上只能听到军官们的吼声——"вперед"（俄语词，意为"前进"）
和"en avant"（法语词，意为"前进"），但两个团都没有向前。这种情况
持续了好几分钟，不过，伊久姆团一位名叫贡德施特鲁布（Гундерштруб）
的中队长无畏地朝着一名法军中队长猛冲过去，将他打下战马，这就给
伊久姆团的士兵们发出了前进信号，法国团被击溃并遭到追击。[27]

沃尔孔斯基提到的这位军官的正确姓氏是贡德施图布（Gunderstub/
Гундерштуб）。卷入战斗的法军骠骑兵团可能是 3 团，根据马蒂尼安的军官伤
亡表册，该团在霍夫战斗中有 1 名少校战死，2 名上尉负伤。[28] 有的作者估
计手枪射程仅有 15 步。[29] 曾于 19 世纪 20 年代在骑兵军校担任教师的法国
军官弗朗索瓦 - 夏尔 - 尼古拉·雅基诺·德·普雷勒（Francois-Charles-Nicolas
Jacquinot de Presle）讲述过 1812 年 10 月 23 日发生在西班牙战场的类似战斗。
当时英军正从布尔戈斯（Burgos）后撤。英军后卫部队据守在比利亚德里戈
（Villadrigo）镇附近的一条小河后方。法军第 15 猎骑兵团经由唯一一座桥梁过
河并开始列队，它很快便得到了一个贝格枪骑兵（lanciers de Berg）中队和宪
兵辅助部队（gendarmerie auxiliaire）的支援。当猎骑兵中队列队完毕后，法弗
罗（Faverot）上校便发动了攻击，英军骑兵展开了反击，两条骑兵战线先是相
互迫近，而后停下脚步。双方都在原地停留了一段时间，然后，一名法军下士
用马刀劈砍了一名在他面前的英军骑兵。随后便是一场全面混战，法弗罗上校
和第 15 猎骑兵团的其他 8 名军官负了伤。[30]

上述战例中，在所有条令和教令都规定应当加速的时刻，某些不确定因
素却导致双方减慢了速度，使得他们都停下来，迟疑不定地在原地对峙，就
连军官们的"前进"命令也无法奏效，最终是某一个人主动攻击敌军的表率
作用才促使部队全体投入战斗。有些时候，骑兵会在停顿时违背一切教令规
定，主动使用手枪或马枪射击。俄军参谋亚历山大·尼古拉耶维奇·穆拉维约
夫（Николай Николаевич Муравьев）在自传中提到过博罗季诺会战前四天（1812
年 8 月 22 日 /9 月 3 日）发生的一个战例：

8 月 22 日，我在格里德涅沃 [Гриднево] 附近首次手持马刀参与战斗……击退了法军骑兵对我军发起的冲击。在这次冲击中，双方相向而行直到遭遇对方为止，但进入手枪射程后便停下来开始射击。射击完毕后，我军向法军施压，法军掉过头来背朝我军飞快地逃跑，我们追了大约半俄里……绝大多数骑兵冲击的过程和结果都是如此，很少会出现双方迎面对砍的情况。[31]

在这个战例中，按照笔者的理解，最可能发生的情况是双方并没有面对面地战斗：俄军骑兵在结束"停顿"和交火后刚刚再度前行，法军骑兵就立刻逃跑了。

很难说这样的停顿发生频率有多高，但它们有可能相当常见。以著名的军事史学家、拿破仑战争亲历者亚历山大·伊万诺维奇·米哈伊洛夫斯基-丹尼列夫斯基（Александр Иванович Михайловский-Данилевский）为例，根据他的描述，1813 年 10 月 14 日的利伯特沃尔克维茨（Liebertwolkwitz）骑兵战就是这样进行的：

当某个 [团] 全体出动冲击其他团时，交战双方一次又一次地在相距几步时停下，然后冲上去砍杀，被击退的一方会退往预备队方向……[32]

有些记载会明确指出双方骑兵在迎面冲击中相互砍杀，但并没有提到停顿或减慢速度，不过骑兵实际上还是有可能放慢了速度，导致双方遭遇时都以慢速行进。

所以，骑兵的正面冲击可能会产生以下几种结果：

1. 其中一方在迫近过程中的某个时刻转身逃跑；

2. 双方在最后阶段减慢速度，白刃战随之发生，最终以其中一方逃跑告终；

3. 双方在距离很近时停顿下来，其中一方在某位模范影响下投入近身肉搏，最终以另一方逃跑告终；

4. 双方相互贯穿。

从上文摘引的材料中可以看出第一种情形最为典型，第二、第三种要罕见得多，第四种或许最为少见。在第一种情形中，双方的冷兵器通常都不会派上用场，或者只会在追击中得到运用：胜方骑兵成功追上负方骑兵大加砍杀，负方骑兵也回过头来应战。在第二、第三种情形中，白刃战往往十分短促，其后的结果与第一种相同，一般仍会发生追击。在最后一种相互贯穿的情形中，如果双方都保持高速，那么参战者至多也就有时间砍杀 1—2 次。因此，骑兵的白刃战并不会频繁发生，即便发生也都很短促，所造成的伤亡也不会很大。而在骑兵白刃战后，如果获胜方能够猛烈追击失败方，就可以给后者造成重大损失。

然而，即便真正用上了冷兵器，因此而死的人一般也不多——马刀在劈砍中很少能触及要害部位。有不少战例表明参战者可以在受了几十处刀伤后不仅活了下来，而且迅速返回一线。[33] 马刀只有在砍到脖子或并无防护的头部时才非常危险，但劈砍一般都落在四肢上。刺击则要危险得多。法国骑兵军官安托万 - 福蒂内·德·布拉克（Antoine-Fortuné de Brack）在 1807—1809 年间效力于第 7 骠骑兵团，此后担任过爱德华·科尔贝（Édouard Colbert）将军的副官，1813—1815 年间又效力于第 2 近卫轻枪骑兵团，他在 1830 年成为某个猎骑兵团的团长，并在为该团军官撰写的教材中强烈推荐使用刺击：

> 唯有刺击方可杀人，其他的攻击方式只能伤人。
>
> 刺击，尽可能地刺击！你刺到的一切都会被打倒在地，躲开刺击的敌人也会士气全无。除去上述优势外，你在保持刺击姿势时自己始终处于防御姿态，因而不会陷入危险。
>
> 在第一次西班牙战争①中，我们的龙骑兵依靠刺击赢得了极大的威名，令西班牙人和英国人军心动摇。[34]

有几位法国军官和英国军官注意到法军骑兵主要使用刺击，英军则主要使用劈砍，而且往往砍不到目标。此外，劈砍带来的伤口虽然看起来相当恐怖

---

① 译注：法军当时称1807—1814年的半岛战争为第一次西班牙战争，1823年出兵干涉西班牙为第二次西班牙战争。

可憎，却很少能致命，而刺击造成的伤口则要致命得多。[35]

在 18—19 世纪的军事文献中，我们可以发现作者们就武器、队形、战术等各种因素中谁才是骑兵取得胜利的根本要素展开了诸多争论——究竟是队形和队列密集程度、速度、士气抑或兵器？[36] 许多经验丰富的骑兵军官认为士气最为重要。以俾斯麦为例，他就认为骑兵作战时用到的精神力量要多于物质力量。[37] 布拉克说得更为明确："骑兵的战斗力里有四分之三是精神力。"[38] 与此同时，我们也不能说其他因素就丝毫没有影响，不然，那个时代也就不会有许多同样经验丰富的军官指出它们对冲击的胜利也起到相当大的作用。

按照雅基诺·德·普雷勒的说法，骑兵在迎面高速冲击过程中转而逃跑的原因之一就在于害怕可能发生的冲撞。[39] 不过，速度也会产生另一种截然不同的效应：冲击最终阶段的高速前行不仅能够威胁敌军，而且还能够鼓舞己方士气，使得他们不惧危险，或者至少可以减少双方交会所需时间，从而使己方骑兵无暇顾及自身危险。即便对步兵而言，若是可以在进攻的最终阶段展开快速、坚定的冲击，也能获得相当的信心，对于速度远快于步兵的骑兵来说，高速冲击带来的精神作用显然也要大得多。吉贝尔注意到高速冲击可以令骑兵忽略危险，让懦夫和勇者一同前行。[40] 布拉克则把猛烈冲击比作醉酒。[41] 因此，在骑兵对战中，速度不仅仅意味着速度，但它并不会通过物理撞击去影响他者，而是通过影响对战双方的心理改变其他因素。

然而，如果骑兵待在原地不动或缓慢前行，那么发起高速冲击的敌军就可以轻易将其击退。这样的战例时常出现在 18 世纪中前期的战争中。以 1745 年 9 月 30 日的索尔（Sohr 或 Soor）① 会战为例，普军胸甲骑兵对奥军骑兵发起冲击，后者并没有展开反击，而是站在原地打算用马枪射击，结果，50 个奥军中队几乎在顷刻之间就被普军打退。[42]

这种情况导致了一个非常严重的后果：骑兵并不能坚守阵地，因为它在阵地上无法挡住敌方骑兵的冲击，也不能成功地与敌方步兵交火。此外，待在原地的庞大骑兵集群也会成为敌方炮兵的好靶子。对骑兵而言，守卫阵地的唯一

---

① 译注：索尔系上索尔（Ober Soor）村和下索尔（Nieder Soor）村的统称，两村现名上日贾尔（Horni Žďár）和下日贾尔（Dolní Žďár），位于捷克共和国赫拉德茨 - 克拉洛韦州特鲁特诺夫区。

方法就是向准备夺取阵地的敌军发起坚决反击。因此，按照时人的建议，奉命坚守某块阵地的骑兵并不会身处它应当守卫的地方，而是位于该地后方几百步处（大约相当于一次冲击的距离）。

如前所述，在影响到冲击胜负的种种因素中，除了速度之外，队形和密度也会发挥非常重要的作用。吉贝尔的说法值得重申：

> 一般而言，当两个中队里有一个发起冲击时，双方既不会抵达敌方 [原先所处位置]，也不会在原地坐等敌军。其中那个速度较慢、队形较乱而且较为缺乏勇气——这一点最为重要——的中队就会动摇、自乱阵脚、两翼打转，最终要么直接溃逃，要么在经历十分短暂且并不激烈的战斗后退却。[43]

一本出版于 1821 年、供青年军官使用的俄国手册指出："在骑兵的正面冲击中，哪一方骑兵以更好的队形和更快的速度冲向对方，那一方就会取得胜利。"[44]

在密集队形中，身处第 1 列且正以高速行进的骑兵并不能停下或转身——除非他恰好位于队形侧翼。正如瓦尔内里所述，在冲击失败的场合，率先掉头后退的是位于中队两翼的骑兵。[45] 第 2 列的人员也可能会拖在后面，那本供青年军官使用的手册指出："随着骑兵越发接近敌军，他们 [第 2 列人员] 就会不着痕迹地勒紧缰绳，控住战马，最终甚至会落在后头。"[46] 布拉克就解释说，那些位于中队后方、充当"队列收拢人"的军官和军士的职责之一便是把那些落后分子送回队列里。[47]

所以，在冲击的最后阶段，随着骑兵越发迫近敌军，出于种种原因，最怯懦的骑兵就会愈加丧失信心，越发放慢速度，队形也就不再齐整。在冲击的最关键时刻，一些落在后头的骑兵最终彻底丧失了信心，他们于是转身后退，此例一开，其余人员也就跟着他们一道逃跑。即便是那些最勇敢的、冲在前头的骑兵，也会因意识到自己得不到支援而被迫跟随其他人后退。[48]

雅基诺·德·普雷勒曾给出过解释，在冲击过程中，导致队形混乱的因素并不仅仅是某些骑兵的怯懦和其他人的过度冲动。松软、凹凸不平又或是出现了障碍物的地形会导致骑兵难以机动，进而扰乱骑兵队形，在这种情况下，即便是有必要向前冲击，最勇敢的骑兵也会因为害怕得不到支援而不敢前行。此外还存在其他因素，比如说骑兵可能会在距离敌军太远时过早地转入跑步，等到双方迫近时，骑兵队形已经跑乱，有的中队甚至还会偏离正确行进方向，开始沿着侧向奔跑。此外，被敌军炮火杀伤的人员和马匹也能拖延骑兵的行进，导致队形出现断裂。结果，当敌军反过来向前冲击时，所有人都意识到己方已经无力战斗，于是转身逃跑。[49]

所以，在骑兵对战中，哪一方能够较好地维持队形和人员密度，并且在双方交会的决定性时刻达到最高速度，那一方就几乎握有全盘胜算。然而，同样必须认识到物理和几何因素——机动速度、兵器和队形——并不能直接影响冲击结果，它们都是通过改变交战双方骑兵的心理来影响战况。在上述因素中，速度和队形的影响力最大，兵器的影响力只能排到第三位，因此，有些军官甚至认为兵器根本无法决定冲击结果。

高速冲击和保持队形这两者谁更重要？关于这个问题有过相当激烈的讨论。有些人认为让队形保持平整紧密比在冲击中达到高速更重要。拿破仑战争的亲历者、19世纪最伟大的军事理论家之一若米尼便是其中的典型人物，他主张让骑兵以大快步（grand trot）发起冲击，直到与敌军交会的时候才加速到跑步，这是因为袭步会导致骑兵分散、队列散乱（他只承认跑步冲击在对付原地不动的骑兵和未及列阵的步兵时有用，因为在后一种情况下，骑兵需要尽快通过步兵火力区域，并且不能给步兵留下足以恢复队形的时间）。[50] 还有许多人主张高速冲击至少和保持队形同等重要，甚至比后者更为重要，但并没有人能对此给出最终结论。

或许何种因素最为重要还要取决于具体情况：骑兵的组成（如果骑手经验不足、战马品质差，骑兵的队形就会在高速行进时迅速陷入混乱）、战术情形（在奇袭敌军时有必要阻止敌军重整部队，这就是此时需要尽快冲击敌军，即便导致己方队形错乱也在所不惜的缘故）、兵器（若米尼注意到对枪骑兵而言，尽可能保持平整、密集队形可谓极为重要[51]——在单兵交战中使用骑枪要比使用马刀困难得多）等等。

因此，骑兵在冲击中的确有必要尽可能地达到高速，但同时又得维持队形紧密平整。然而，只要骑兵队伍在起伏地形中稍微行动一段时间，就会不可避免地扰乱队形:有的马匹比其他马更快、更有耐力，有的人员比其他人更勇敢、更冲动，有的骑手会因为不平整的地形放慢速度，有的则需要绕过障碍物，因此，队形很快就会崩溃。此外还有必要保持马力，不能过早地累到战马。这样便只剩下一种解决方法:以低速靠近敌军，在最后几百步中改为高速，只有在距离接敌仅有几十步时才达到全速。尽管这个要求看起来很简单，实际上仍然相当难完成。

前文曾提及普鲁士军队在 18 世纪 40 年代发展出一套最有效的骑兵冲击方式。当普军骑兵在莫尔维茨会战中被奥军骑兵击退后，弗里德里希就着手改革骑兵，经过大约 15 年的不断训练，普军骑兵终于能够以跑步完成冲击的最终阶段:起初是几十步，然后是几百步，最终，到了 18 世纪 50 年代，弗里德里希开始要求他的骑兵跑步行进 1000 步以上，其中最后几百步不仅应当保持队形，还要采用所谓的"全速跑步"。[52]

然而，瓦尔内里在描述七年战争中普军骑兵集群的典型冲击时采用了较为保守的数据:根据他的说法，骑兵在距离敌军 150—200 步时从快步提速到小跑步，进至距敌 70—80 步时用马刺催促战马以大跑步前进，但并不放开缰绳，这是因为所有战马不可能以同样的速度飞驰，骑兵仍需要控制马匹维持队形，等到距离仅有 20 步时才以最高速度向前猛冲。[53] 或许弗里德里希在训练中对骑兵的要求高于实战需求。

骑兵要获得这种能力需要付出极大的努力，甚至会付出一定的牺牲。据说当弗里德里希二世对骑兵训练中发生的众多事故感到惋惜时，普鲁士骑兵名将弗里德里希·威廉·冯·赛德利茨（Friedrich Wilhelm von Seydlitz）答道:"要是陛下您因为几个家伙摔断脖子而大惊小怪的话，就永远不会得到战时需要的英勇骑手。"[54]

其他军队很快就采用了普军的冲击方式，但并不是所有军队的骑兵都能取得类似的训练成效。以奥军上校卡尔·马克（Karl Mack，他后来成为一名将领）为例，他发现 1769 年的奥军骑兵里没有一个中队能够在快步行进 50 步后保持队形，不过，奥军的训练情况到 1773 年还是大有改善。[55]

法军骑兵在拿破仑战争中沿用了 1788 年条令，只是对其稍作改动，这份条令规定骑兵应当以如下方式进行冲击训练：中队长应当位于中队前方360步处，中队下属各排从第1排（右翼排）开始依次发起冲击。骑兵排在冲击时需要慢步前进50步，然后以快步前进150步，接下来跑步前进80步，最后阶段转入全速冲击。在距离中队长12—15步时，骑兵排需要先减速为快步，再降为慢步，最终停顿下来。[56] 因此，全速冲击的实际距离是65—68步。

　　关于拿破仑时代的法军重骑兵，有几条目击记录表明他们一般以快步发起冲击，只在追击中使用跑步。以俾斯麦为例，他曾目睹两个各辖5个团的法军重骑兵师（一共8个胸甲骑兵团、2个卡宾枪骑兵团，每团都下辖4个中队）参与1809年4月22日埃克米尔（Eckmühl）会战，他注意到法军胸甲骑兵极为关注队形密度——他们的军官们一再下令："收紧，胸甲骑兵，收紧！"（serrez, cuirassiers, serrez!）甚至在接敌之前，当将军和团长们下令"向前！前进！前进"（en avant! marche! marche）时，胸甲骑兵虽然重复这些话语，却仍然没有加快脚步。根据俾斯麦的说法，法军的"向前"（en avant）作用实际上与俄军的"乌拉"（hurrah/ypa）类似，也就是说它不过是激励参与冲击的部队的手段。[57] 这里还可以举出布拉克的建议，和俾斯麦的观点做个对比：

　　　　问：士兵在冲击时是否应当吼叫？

　　　　答：对，他们应当高呼"向前"[en avant]，但需要在上级发出"冲击"[chargez] 口令之后再喊。这种吼叫应当尽量高亢整齐。[58]

　　有些作者认为法军胸甲骑兵以快步展开冲击的原因在于战马质量不佳、负载过重而且胸甲骑兵的马术也不算好。然而，正如我们所见，快步冲击可以找到若米尼这位坚决反对跑步冲击的辩护士。欧洲有许多骑兵军官并不赞同若米尼的看法，有些人甚至严厉地批评了他，这当中就包括俾斯麦。[59]

　　若米尼在他最重要的著作《战争艺术概论》的最终修订版中回应了俾斯麦和其他骑兵的批评。他承认自己算不上久经沙场的骑兵，但依然对批评意见秉持怀疑态度。[60] 他对此类批评意见的回应极具这种争论的特征。若米尼声称摘引了若干位骑兵宿将的观点，但他却只能写出一个名字——拿破仑麾下的著名轻骑兵将领安托万 - 夏尔 - 路易·德·拉萨尔（Antoine-Charles-Louis de

Lasalle）。根据若米尼的说法，拉萨尔刚看到敌军骑兵以跑步赶来，就喊道："这些人已经完了！"以小快步（petit trot）行进的法军骑兵随即将敌军击退。[61]

然而，若米尼举出的只是一个特定战例，但普遍结论实际上是不能从特例中得出的。除此之外，若米尼既没有给出参考资料来源，又未曾提及这次战斗发生在哪一场会战中，还没有提供任何细节，所以并没有办法根据其他材料核对他的说法并重建战斗全景。拉萨尔的成功反击可能源自若米尼并未提及的其他因素——比如说敌军骑兵可能已经士气低落或彻底陷入混乱，而法军骑兵显然状态良好，也可能是因为法军骑兵并没有主攻敌军正面，而是冲击了侧翼，同样有可能是因为速度因素在这一具体战例中并不如其他因素重要（然而，的确有一些战例表明队形散乱但依然快速冲击的骑兵可以击退队形良好但原地不动或缓慢前进的骑兵）。

不过，在阿斯佩恩—埃斯灵（Aspern-Essling，两地位于维也纳附近）会战中，倒是有一份目击材料提到过拉萨尔将军在 1809 年 5 月 21 日展开的战斗。波兰军官德齐德雷·赫瓦波夫斯基（Dezydery Chłapowski）提到他被拿破仑派到拉萨尔那里，在战斗中和他的骑兵师待在一起：

> 当我们离开多瑙河畔的树林后，奥军炮兵就开始朝我们发射榴弹，不过，它并不能阻止由这个 5 个团组成的骑兵师在阿斯佩恩和埃斯灵之间的平地上列成两条战线。傍晚 7 时许，奥军在一阵猛烈炮击后动用骑兵对我们发动了一场快速冲击。[匈牙利] 骠骑兵飞快地正面冲击第一旅（皮雷 [Piret，应为 Piré，赫瓦博夫斯基原文有误] 旅），该旅由 [法军] 第 8 骠骑兵团和第 16 猎骑兵团组成，一个 [奥军] 枪骑兵团则从我们左侧发起冲击。当 [匈牙利] 骠骑兵高声喊叫着冲到距离我们仅有 200—250 步时，拉萨尔将军才开始慢步前进，这很快就变成了快步和跑步 [kłusem i galopem]，进而让他们 [第一旅] 以全速突击 [匈牙利] 骠骑兵。枪骑兵则碰上了 [我军] 第二线转向左侧的一个团。所有人就像是切碎的白菜一样混杂在一起。天色当时已经暗下去了。混战 [mięszanina]、喧嚣和叫喊持续了一个钟头。炮兵也早已停止了射击。
>
> 奥军骑兵最终撤出此地，拉萨尔师再度排成两条战线，但这次列阵

的位置比奥军冲击前所处的位置靠后几百步。所以，按照他们的说法，这个师就丢失了"地域"[terrain]……在这场战斗中，他们 [匈牙利骑兵]曾数次冲击我们，有的人和我们展开混战，很多人贯穿我方战线而后又返回他们的战线，在冲击后总会彻底陷入混乱。法军尽管在冲击过后也会变得队列混乱，但他们能够更快地重新集结，而且随时都会关注队形是否齐整。[62]

上文中的 mięszanina（混战）显然源自法语词 mêlée。如你所见，这场混战并没有持续不断地打上整整一个小时，它实际上是一系列的冲击与反冲击。赫瓦波夫斯基提到，当敌方骑兵跑步迫近己方骑兵时，直到双方距离很近，仅仅相隔 200—250 步后，拉萨尔才命令己方骑兵前进，可他的骑兵在接敌前还是设法加速到跑步。拉萨尔在这个战例中的做法或许和布拉克日后推荐的做法如出一辙：

问：如果敌军骑兵有发起冲击的威胁，那应当如何应对？

答：你应当尽快占据一块阵地，阵地前方得有一些敌军未曾注意到的障碍物。让敌军冲向你，当敌军接近这些使其惊讶并扰乱其队形的障碍物后，就轮到你发起冲击，要利用敌军无形的沮丧情绪和有形的困境，在对敌军不利的地带将其击退。

问：如果对应地带并没有障碍物呢？

答：你得从冲击队形和速度角度考虑，一眼判断出敌军是否在离你太远的地方发起冲击。如果敌军犯下了这个错误，你必须原地等待敌军，当敌方骑兵跑得上气不接下气时再猛烈冲击。我军在滑铁卢就是用这个办法对付英军的庞松比 [Ponsomby] 旅。[63]

布拉克笔下的庞松比旅显然是指威廉·庞森比（William Ponsonby）将军的骑兵旅，此人在 1815 年 6 月 18 日的滑铁卢会战中阵亡。

布拉克在提到拉萨尔时满怀敬意。尽管布拉克的确主张尽可能以不紧不慢的速度迫近敌军，他还是清楚地指出："在发出冲击信号后，就只有跑步这一种步法。"[64] 因此，他的论点并不是以快步冲击敌军，而是在敌军过早转入袭步后不要急于冲向敌军，应当待在原地，等到敌军战线拉得过长、马匹气喘吁吁后再发起冲击，并且要尽快从慢步加速到快步，从快步加速到跑步。

若米尼竭力举出诸多论据，以此巩固自己的论点：

> ……与骑兵的各种步法相比，个人的勇敢对于突击 [chocs] 和混战 [mêlées] 的作用要更大。以袭步奔驰 [le galop en carrière] 会搅乱自己的队列，把突击变成混战 [mêlée]。这在快步冲击时是可以避免的。作为补偿，著名的马胸撞击也算是跑步的唯一好处，可那不过是用来吓唬没有实战经验的骑兵的一种怪异念头而已。[65]

如你所见，若米尼的确了解骑兵在迎面冲击中并不会发生高速撞击，但他从这一现象得到了错误结论，认为无须在冲击中达到高速。在他看来，如果骑兵以跑步或袭步发起冲击，就会扰乱队形，其后往往导致近身战斗。以快步发起冲击则让骑兵可以更好地维持队形，其后无须近身战斗就能决定冲击结果。然而，实战中的一切却与他的想法截然相反：正是在双方骑兵以跑步或袭步接近时，才会导致其中一方比另一方更早地陷入恐慌和沮丧，导致这一方放慢速度，转身逃跑。当双方骑兵以快步接近时，由于低速撞击看起来并没有那么恐怖，就不会产生过于强烈的恐惧感，从骑兵军官们关于冲击与混战的记述和争论中可以看出，双方在此时往往会卷入近战。

因此，若米尼在论述各类步法对冲击胜负的影响时采用的论据看起来相当薄弱。从若米尼的论证过程中，可以看出他并没有很好地理解心理因素在骑兵战术中的重要性，尤为重要的是，他极大地低估了速度对骑兵心理的影响。不过，事实也可能是若米尼并没有明确地阐述自己的观点。无论如何，在拿破仑时代的骑兵军官中的确很难找到若米尼观点的支持者。

冲击队形

骑兵与步兵的一个重要差异在于骑兵只能在较为平整的地带有效作战，

而且地面上不能存在宽阔壕沟、陡峭谷地、高大栅栏、密集林木这样的障碍物。骑兵在居民点里也只能以狭窄纵队在街道上行进，但它并不能给据守在建筑物里或栅栏后方的敌军步兵造成威胁。另一方面，骑兵却可以涉水通过步兵无法徒涉的河流。

骑兵和步兵一样以纵队进入战场。如果骑兵以大规模集群行动，而且地形也较为便利，就可以采用以中队为单位的纵队，也就是说，一个纵队中的所有中队都前后相继地排列，而且每个中队自身都要排成横队。如果地形并不容许骑兵以中队为单位展开机动，就要转而使用以排为单位的纵队。时人认为这种纵队并不适于冲击，就像步兵不会使用以排为单位的纵队发起冲击，而要改用冲击纵队一样。紧密纵队对骑兵冲击而言是极无用的队形，因为只要各个组成部分的第1列中有一匹战马不幸倒地，就会让整个纵队陷入混乱，迫使它停下来，从而让纵队失去极为重要的速度。[66] 尽管如此，有些骑兵军官——特别是布拉克——仍然坚信纵队同样可以用于骑兵冲击，而且建议在突破敌军漫长横队的中部或突出敌军包围时运用纵队，让它迅速击穿敌军的密集队形。[67]

一般情况下，骑兵在抵达预定位置后会展开成横队。骑兵要想取得冲击胜利，就需要正确选择冲击时机，具体时机对冲击成败会起到非常重要的影响。骑兵需要竭尽全力出其不意，在敌军尚未准备好迎击时——或是并未预计到会遭遇冲击，或是队形散乱，或是队形不适宜作战，或是正在重整队形——发起突袭，布拉克解释：

> 问：[发起冲击的] 良好条件是什么？
>
> 答：1. 敌军未曾预料会遭遇冲击；
>
> 2. 敌军缺乏信心或开始错误机动，也就是由强转弱；
>
> 3. 用更齐整的人员和更快速的战马迎击 [敌军]；
>
> 4. 比敌军更坚决地投入作战。
>
> ……
>
> 问：什么是最好的冲击？
>
> 答：从翼侧发起的冲击，这可以给敌军带来双重伤害：首先是让敌人士气消沉，然后是依靠冲力将其击垮，之后优势就都会落在你这一边了。[68]

由于翼侧冲击几乎一定会带来胜利，骑兵就应当充分运用任何一个可以冲击敌军侧翼的战机。然而，敌军自然会竭力保护侧翼，而且让大部队绕过敌军侧翼也相当困难：这样的包抄会消耗一些时间，敌军可以发觉包抄企图，也就有时间采取应对手段，此外，侧敌行进也会带来一定的风险。要想成功完成迂回，就得隐秘地快速行动，但这在实战中是很难完成的。

骑兵对战的最典型方式是正面冲击，不过，由于骑兵战线的侧翼极为重要，在正面冲击期间也应当考虑掩护己方侧翼，同时还要尽可能尝试包抄敌方侧翼。需要特别指出的是，时人还给出过一种建议，认为可以让中队列成纵队排在侧翼后方，以此掩护侧翼。[69] 这些中队不仅需要在敌军试图威胁侧翼时发起反击，也可以扮演更为主动的角色：从己方侧翼之后杀出，反过来威胁敌军侧翼。出版于 1821 年的俄国军官手册指出：

> 最近战局的经验表明，骑兵冲击的胜利并不仅仅依靠面对面的快速冲击，[也可以] 快速接近拥有优势兵力的敌军，突然发动猛烈的正面冲击，并持续不断地以纵队包抄敌军一翼或两翼，迫使其后撤，在此期间要从正面快速追击，并以纵队持续威胁敌军侧翼。[70]

瓦尔内里提醒读者：对骑兵指挥官而言，一个重要任务是在发动正面攻击前确保己方战线平行于敌方战线。[71] 这是为了立刻确定正确冲击方向，不然到了冲击的最终阶段，己方骑兵战线可能偏离计划攻击的敌军正面，反而会面对其左边或右边的部队。

当己方骑兵对敌方骑兵发起冲击时，首先应当以快步行进，接下来在听到命令后转为跑步，最终加速到袭步。对骑兵校官而言，决定何时发出"前进—前进"（марш-марш）和"冲击"（атака）命令，让部队转入全速跑步或袭步并发起最终突击，堪称作战中最困难的决策之一。如果过早下达命令，冲击带来的士气效应就会很快消失，战马累得上气不接下气，队形甚至会在接敌的决定性时刻之前就陷入一定程度的混乱。如果过晚下达命令，就会导致骑兵事实上没有足够时间加速，如果敌军率先加速到袭步，己方骑兵可能在军官下达对应命令之前就已丧失信心。任何误算都可能导致冲击以失败和溃逃告终。

当指挥官就提速到袭步的具体时机做出抉择时，他需要考虑到交战双方的距离和行进速度、地面状况、马匹情况，最后还要顾及最难判断的因素——下属的情绪。这一切都要在交战双方已经迎面疾驰，他们之间至多只相隔大约100步的时候做出判断。显然，指挥官无法在这种情况下准确预判上述所有因素，在选择冲击时机时，发挥主要作用的是个人能力和经验。

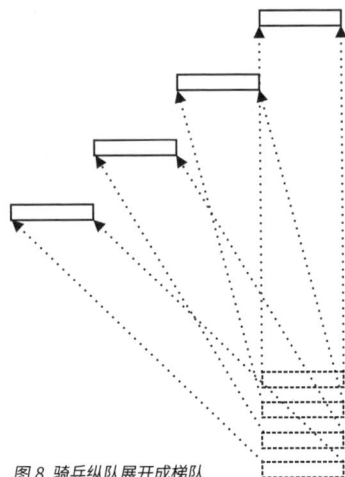

图 8. 骑兵纵队展开成梯队

在选择冲击时机或方向时犯下的任何错误、某个中队出现的混乱或无序都可能导致整条战线的冲击遭遇失利。为了避免整条战线同时陷入混乱和溃逃，有时也会使用梯队发动冲击。横队和纵队都可以变换成梯队这种战斗队形（见图8）。每个梯次通常包括一两个骑兵中队，各个梯次的前后距离大约相当于梯次本身的正面宽度。有些军官强烈建议使用梯队发起冲击，布拉克就是其中的典型：

> 最好的冲击队形就是梯队 [en échelons]，因为梯队中前后相继的各条战线可以相互支援，其侧翼也能够得到保护，敌军无法机动到我军侧翼，我军也就无须采取预防措施，即便冲击遭遇失败，我们在退却时也会有所准备并得到支援。
>
> ……如果冲击取得胜利，第一梯次虽然会有所动摇，但第二梯次仍可以打垮敌军，后续梯次只会在需要投入作战时进入第一线。如果遭遇失败，后续梯次总能够提供支撑点，使得遭遇追击的前方梯次恢复信心。[72]

不论骑兵采用何种队形，冲击结果早晚会确定下来。无论如何，交战双方中总会有一方的战线最终被击退并陷入无序溃逃，胜利方则会展开追击。

骑兵集群队形和战术

当第一波冲击的结果确定下来后，骑兵对战并不会立刻结束。除去第一条骑兵战线外，战斗中通常还会出现第二线，有时甚至在距离第一线很远的地方设立第三线或预备队。这种布阵方式是在弗里德里希二世手中发展起来的，他通常会把胸甲骑兵放在第一线，龙骑兵放在第二线，骠骑兵放在第三线，相邻战线的前后距离是200—300步。[73]

失败方的骑兵在败退途中固然会队形大乱，但正如许多作者所述，胜利方在追击过程中同样也会因高速奔驰而打乱队形。[74] 俾斯麦指出冲击需要骑手付出极大的努力，而且马匹也强弱不一，所以即便在成功完成冲击后，骑兵队形也会秩序全无。他还发现骑兵刚刚取得冲击胜利的时候便是最虚弱的时候，胜利方骑兵在此刻最容易被敌方击溃。[75]

有些军官主张让骑兵在击退敌军后放慢脚步乃至停顿几分钟，以便让马匹稍作喘息并恢复齐整队形。[76] 然而，这种做法首先是无利可图，因为它给了失败方足够退到第二线之后的时间，让对方能够保住部队，也就几乎彻底剥夺了胜利方的战果；其次也很难执行，因为骑兵在那个时候往往醉心于追击，几乎不可能使其停下。参与过拿破仑征俄之役、亲历过博罗季诺会战的萨克森察斯特罗胸甲骑兵团（Cuirassier-Regiment Zastrow）的军官路德维希·罗特·冯·施雷肯施泰因（Ludwig Roth von Schreckenstein）就在其著作中声称：

> 在这样的环境下指挥一个团，让它停顿下来是最难实现的奢望。那些有勇气（真正的骑兵精神将它激发）的骑兵会竭尽全力追击敌军，发动攻击……任何认为骑兵团能够像在和平时期演习中那样通过话语或军号随意控制的人都没有经历过所有种类的兵器紧挨在一起协同作战的实战。[77]

比较好的做法是不要试图阻止追击，而是让骑兵冒着队形被打乱的危险继续追击。第二线和预备队则负责支援追击部队、扩张胜利以及在必要情况下提供掩护。第二线和预备队应当离第一线足够近，以便及时上前轮换或增援，如果第一线遭遇反击，第二线和预备队就要反击敌军，让第一线不至于遭遇追击。第二线和预备队给第一线提供的士气支持也同样重要，布拉克对此给出过详细解释：

> 当后援部队近在咫尺时，就会让参与冲击的部队产生信心，使得他
> 们更能维持冲击，也令他们力量倍增，永远都不要忘记这一点。不论在
> 冲击中使用何种步法，都让这些［后援］部队以相同的速度跟随，只有当
> 前方的冲击部队停下后才能稍事停顿，留在冲击部队附近威胁敌军。如
> 果正在冲击的部队转而后退，那么原因几乎是后援部队表现得怠惰或
> 冷漠。后继不力的冲击不管在发起时有多么英勇，最终都不过是血腥的
> 小冲突而已。得到有力支援的冲击则总能取得胜利且具备决定性意义！记
> 住一点，让支撑点靠近前方，就能够缩短冲击部队的退却距离，实际上
> 也就消除了退却。[78]

然而，第二线也不能离第一线太近，这既是为了减少敌方炮火杀伤，也
是为了预防第一线受挫的情况，让退下来的第一线部队不至于立刻与第二线混
在一起。骑兵战线间的距离在200—500步之间，通常情况下是300—400步。

因此，骑兵对战的基础是各条战线间的互动。如果第一线被敌军击退，就
要让部队疾驰着远离第二线，第二线则要对同样陷入混乱的敌军发起反击。如
果第一线将敌军击退，就应当着手展开追击，让第二线和预备队为第一线提供
支援，巩固、扩张战果。在这种情况下，中队长的主动性就变得极为重要了。

雅基诺·德·普雷勒指出，强行要求陷入溃逃并遭遇敌军追击的第一线骑
兵绕过第二线两翼后撤是不切实际的做法，因为逃跑时的本能方向是径直远离
敌军，而且溃逃的骑兵已经队形大乱，他们根本听不到命令，此外，骑兵可能
会在一翼安排若干步兵，另一翼依托像河岸这样的障碍物。因此，如果冲击遭
遇失利，第一线骑兵通常会直接奔向第二线。如果第二线各中队的间隔不大，
想要尽快摆脱敌军的第一线骑兵就可能会挤在这些狭窄的间隔里，从而延误第
二线的行进。在这种情况下，第二线骑兵很可能发觉自己也陷入混乱，于是就
无法反击迫近的敌军，随后同样开始溃逃。从这个角度出发，雅基诺·德·普
雷勒和其他作者一样主张应当让第二线各中队的间隔远宽于条令中规定的间
隔，这当然也要比第一线各中队的间隔宽，他甚至认为更好的做法是让第2列

的中队列成纵队，在纵队之间留出宽阔的间隔。[79]

另一些作者——特别是若米尼——也主张让第二线骑兵列成若干个由一两个中队组成的纵队，在纵队之间留出宽阔的间隔，第二线侧翼的纵队要位于第一线对应位置后方略偏外的地方。这样，第一线在溃逃途中就可以迅速通过第二线各纵队的宽阔间隔，第二线也可以及时反击敌军。[80]

所以，如果第一线被击退，它就要退到第二线之后。队形混乱的骑兵当然需要尽快集结、重组，但最好还是让第一线退到第二线乃至预备队之后，让他们在这些远离敌军的安全地带重整队形。[81] 与此同时，原先的第二线就要变为第一线并发起冲击，原先的预备队则要变为第二线。这样的越线换防可能会发生很多次，所以，尽管每一次冲击的时间都很短，但大规模骑兵集群间的战斗却能够持续很久，它实际上是一连串的冲击、反冲击、退却和追击。前文曾引述过米哈伊洛夫斯基 - 丹尼列夫斯基记述的利伯特沃尔克维茨骑兵战，以此战为例，它一共持续了大约 2 个小时：

> 一轮冲击接着一轮冲击……当某个 [团] 全体出动冲击其他团时，交战双方一次又一次地在相距几步时停下，然后冲上去砍杀，被击退的一方会退往预备队方向，预备队则上前进至第一线，继续投入这场悬而未决的战斗。[82]

在交战双方人数大体相当的骑兵战中，哪一方能够在冲击过后更快地集结部队恢复秩序，那一方就会占有优势。最终的胜利通常属于指挥官能够在骑兵战末期仍握有若干新锐中队作为预备队的一方，他可以凭借这些预备队决定战斗的结局。

骑兵战的胜败很大程度上依赖于将领的能力。指挥大规模骑兵集群要比指挥同样规模的步兵集群困难得多：骑兵行动更快而且一旦发起冲击就几乎无法控制，所以骑兵将领一旦犯下错误，实际上就没有时间去弥补。大规模骑兵集群可能会迅速陷入全面混乱，要让混乱的部队再度列队就得消耗很多时间与精力，要是骑兵是被敌军打退，被迫撤退很长一段距离后再重整，那就得付出更多的时间和精力。在干燥的天气里，庞大的骑兵集群会扬起浓厚的尘土，这种情况下就很难观察骑兵行动，有些时候甚至会难以分辨敌我双方骑兵。

正如布拉克和马尔蒙所说，对将领而言，成功指挥大规模骑兵集群所需的品质有很多，但它们几乎都是相互矛盾的。将领一方面必须迅速做出决定并立刻将其付诸实施，另一方面又必须在深思熟虑后下定决心，并在执行时保持冷静和谨慎。此外，将领还应当拥有出色的判断力（coup d'œil），也就是说能够从进攻、防御、退却时机角度出发迅速观察地形，能对敌我双方部队的部署情况、阵地和队形的强弱之处拥有清晰的认知，最后还要准确判断双方官兵的心态。将领在会战前必须努力保全骑兵，让他们尽量免于行进带来的劳累和敌军炮火的伤害，甚至在会战过程中也应当这么做。可只要到了应当发起冲击的时候，将领就要不计损失地将麾下骑兵投入战斗，他只用关心在当前态势下使用骑兵能够取得多少战果。很少有人能够将上述所有品质集于一身。按照马尔蒙的说法，拿破仑战争中的法军只有三位这样的将领——前文已经提及的拉萨尔、弗朗索瓦 - 艾蒂安·克勒曼（François-Étienne Kellermann）和路易 - 皮雷·蒙布兰（Louis-Pierre Montbrun），至于威名赫赫的若阿基姆·缪拉（Joachim Murat）元帅，尽管他能够坚定地将骑兵投入冲击，却对在行军中节约马力不甚关心，因此，他麾下的骑兵有时甚至在投入战斗之前就已相当疲惫。[83]

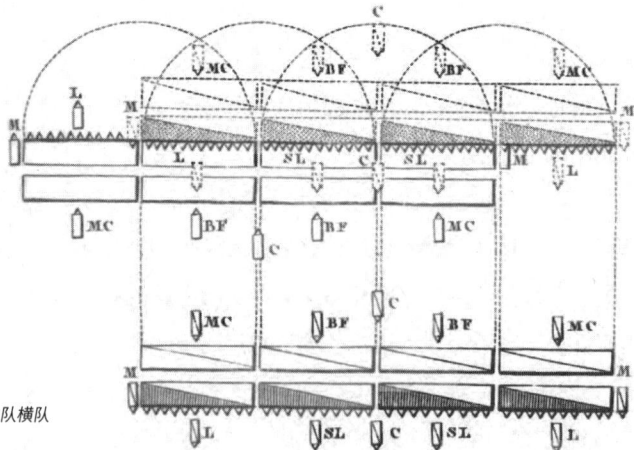

图 9. 法军条令规定的中队横队以半回转方式后转

76

退却

骑兵的敌前退却如果不是在冲击失利后的混乱情况下进行，而是有秩序地保持队形后退，那么他们遵循的原则就与步兵的敌前退却相同，也就是说，第一线以交错队形后撤，第一线变为第二线，第二线变为第一线。不过，骑兵的敌前退却要比步兵危险得多、困难得多。其中的一个原因在于步兵即便在有障碍物的起伏地形上也可以保持队形，而且己方步兵先前占据的任何大型路障（谷地、丘陵或高大的栅栏）都可以作为防御点阻挡敌军推进，从而掩护其余部队退却，但对骑兵而言，这样的路障非但毫无用处，还可能导致自身彻底陷入混乱。

另一个原因在于骑兵很难像步兵一样掉头：在步兵中，每一名士兵只用原地后转就可以朝相反方向行进，骑兵则不能如此行事，因为战马在队列中的占地深度是宽度的 3 倍。因此，骑兵如果要让队形转向相反方向，就需要将队形拆分成若干个部分，让它们分别转向。在敌军骑兵面前以 3 个伍或 4 个伍为单位转向是相当危险的举动，因为被拆分成若干个小单位的中队可能会陷入混乱，指挥各个排的军官也会转移到队伍后方而非前方，所以，他们很难让麾下的骑兵停下脚步，再度直面敌军。

俾斯麦给出过一个战例：在 1813 年 9 月 6 日的登讷维茨（Dennewitz）会战中，奈伊元帅麾下的一个轻骑兵团冒着敌军的霰弹火力，在无数骑兵面前以 4 个伍为一组向右向后转。按照俾斯麦的说法，这个团久经沙场，指挥它的军官也久历戎行，而且就在 8 天前，它还曾以一敌四痛击敌军。然而，这个轻骑兵团还是在退却途中出现了混乱，尽管它并没有溃逃，而是遵照命令以慢步退却，可它也没有及时停下。最终，团长和其他军官绕过该团两翼来到（原先的）第 2 列人员面前，这才使它终止后退。[84]

或许背朝敌军的骑兵会觉得自己无力阻挡敌军，害怕敌军在他们能够转过头来面朝敌军、恢复队形继而冲向敌军之前就发起冲击。敌前退却的正确方式是让各个排分别完成 180° 转弯。拿破仑时代的各类骑兵条令中都有这种规定。

作战职能

如前所述，在拿破仑战争中，欧洲各国拥有多种骑兵，不同种类间的差异主要体现在马匹体格上。以 1804 年的法军为例，重骑兵（胸甲骑兵、卡宾枪骑兵）战马的肩高应为 4 尺 9.5 寸—4 尺 11 寸（这里的尺、寸都是法国旧制长度单位，相当于 1.556—1.597 米），龙骑兵战马肩高 4 尺 8.5 寸—4 尺 9.5 寸（1.529—1.556 米），轻骑兵（骠骑兵、猎骑兵）战马肩高 4 尺 7 寸—4 尺 8.5 寸（1.489—1.529 米）。[85] 拿破仑在被流放到圣赫勒拿岛期间则发表了如下意见：胸甲骑兵战马肩高 4 尺 10 寸—4 尺 11 寸（1.570—1.597 米），龙骑兵战马肩高 4 尺 9 寸（1.543 米），轻骑兵战马肩高 4 尺 7 寸—4 尺 8 寸（1.489—1.516 米）。[86]

这里需要重申一点，到了 18 世纪末，各类骑兵的队形和攻击方式实际上是完全一样的，他们在训练中也会使用同样的条令（即便存在供不同种类骑兵使用的不同条令，其内容大体上也没有差别）。然而，将骑兵划分为不同种类的做法依然持续了很长时间，直到 19 世纪下半叶才逐渐消亡。

每一种骑兵都具备优缺点。瓦尔内里曾指出，如果双方骑兵列队迎面冲击且其他条件完全相同，那么战马体格较大的一方将占有优势。他确信德意志的高头大马能够在冲击距离（600 步）上跑出比波兰矮马更快的速度，不过，他也指出矮马耐力更好，因而在长距离作战中拥有一定优势。[87] 布拉克则给出了如下解释：骑着矮个战马的轻骑兵在看到身材高大又骑着高个战马的胸甲骑兵时会感觉自己无法阻挡胸甲骑兵的列队正面冲击。[88] 出版于 1821 年的俄军军官手册也表示当重骑兵和轻骑兵列成战斗队形互相冲击时，重骑兵将会取得胜利。[89]

因此，轻骑兵应当避免与重骑兵正面交锋，尽量躲开重骑兵的正面冲击，转而机动到敌方重骑兵的翼侧展开迂回包抄。如果轻骑兵能够冲击敌方骑兵侧翼，又或是冲击停留在原地、列成错误队形、正在变换队形或士气不振的敌人，那么即便是面对重骑兵也可以握有几乎百分之百的胜算，因为任何一种陷入上述处境的骑兵都会处于全面劣势之中。

另一方面，与重骑兵相比，轻骑兵也拥有自己的优势。尤为重要的是，轻骑兵在同等情况下能够以快于重骑兵的速度完成队形变换，如果骑兵陷入混乱或被击退，轻骑兵的集结、列队也要比重骑兵快得多。[90] 重骑兵在运动、机动和冲击中很快就会出现疲态，他们的战马载着身着重型装备的高大骑手，因而会较快地陷入疲惫，此外，高大战马的耐力通常也不如矮小战马。

由于上述特征，不同种类的骑兵在战争中也有着不同的职能，不过实际上所有骑兵大体上都可以执行任何一种任务。重骑兵主要用于在大会战中以庞大集群发起决定性冲击，他们在行军中应当得到保护，不能过于劳累，不用参与不必要的行军，也不应当执行前卫、侦察、护送、征收粮秣、押运辎重等勤务。

按照当时流行的说法，轻骑兵是军队的"听力和视力"或"眼睛和耳朵"。[91]它要负责侦察敌军阵地，为此，轻骑兵时常会被拆分成若干支小股部队走在前头并远离主力部队活动。而且轻骑兵还会负责保护己方部队，使其免遭敌方突袭，并且需要监视执行类似侦察勤务的敌方轻骑兵分队，出于这一目的，轻骑兵往往会在己方大部队周围设置一连串岗哨。除此之外，前卫部队和后卫部队中总会出现轻骑兵的身影。轻骑兵在大会战中还要负责支援重骑兵并掩护其侧翼，追击被击退的敌军以及掩护全军两翼。

龙骑兵的角色介于轻重骑兵之间。在会战中，龙骑兵可以为重骑兵提供支援，如果重骑兵不在场，它甚至可以取代重骑兵的角色。龙骑兵也可以在前卫战、后卫战和追击败退敌军时支援轻骑兵。

在取得会战胜利后，能够给战败的敌军造成决定性打击的正是骑兵：敌军部队此时士气受挫，许多人在一片混乱中后撤，穷追不舍的骑兵则利用其冲击使得敌军越发混乱、愈加动摇，在追击途中，败军的一个个步兵营、步兵团、炮兵连会被截断退路，集体沦为战俘。反过来说，退却一方的骑兵也可以拯救己方的步兵和炮兵，使其免遭敌方骑兵打击。如果一支军队在骑兵数量或质量上拥有显著优势，那么它即便输掉会战，在退却途中的损失也不会很大。

以散开队形作战

轻骑兵时常需要以小规模分遣队或小队为单位活动，以便侦察敌军方位、监视敌军、攻击敌方前哨据点，当然也要保护己方部队，使其免遭敌方类似活动袭扰。在上述情况下，骑兵时常需要以散开队形作战。小规模骑兵部队间的冲突某些时候可以说是微缩的骑兵对战：前卫部队击退了性质类似的敌方部队，而后展开追击，接下来自己又在敌方其余部队的冲击下后退等等。

如果轻骑兵设法接近了并没有轻骑兵协同作战的敌方重骑兵，轻骑兵就可以袭扰重骑兵：从各个方面迫近，使用马枪和手枪射击。尽管这样的射击效力很低，但它在射击骑兵战线时还是能收到一定成效，因为战线是一个庞大且几乎连绵不断的目标，如果能够长时间连续射击，其杀伤效果就尤为明显了。与此同时，在对付列成散开队形且不断快速移动的骑手时，枪支的效力几近于零——要想命中目标只能靠运气。

如果重骑兵想要全体冲击或分部冲击，轻骑兵就会迅速后退，一齐奔驰的重骑兵几乎没有任何可能在相隔这么远时追上那些轻骑兵，所以，重骑兵的冲击只能暂时逐走轻骑兵，反而会累到自己的战马。如果重骑兵沉溺于追击，导致部队分开，队形散乱，严阵以待的敌方骑兵就可能发起冲击——不仅会有正面冲击，也可能有翼侧冲击，在这种情况下，就算是敌方轻骑兵参与冲击，也会同样握有极大的优势。

无论如何，重骑兵早晚都得停止前进，转而退却，到了那时，轻骑兵就会着手追击，如果重骑兵距离己方部队很远的话，他们就会发觉自己处于相当艰难的处境，得等到己方新锐部队前来增援才能解脱。就算轻骑兵在重骑兵退却途中未能造成重大杀伤，但轻骑兵本身的损失也会非常轻微，甚至根本就不会蒙受损失。等到重骑兵再度试图列队冲击时，轻骑兵又会迫近重骑兵队列，继续展开射击。在此期间，轻骑兵只要不执着于追击，只要不离站在自己前方的敌军骑兵太近——如果太近的话就可能遭遇重骑兵的冲击而且没有足够的逃跑时间——就几乎不会面临什么威胁。

非正规骑兵在这样的战斗中发挥尤为出色——他们的马术和枪法通常要比正规骑兵好得多。要想对付非正规骑兵，最好得随时随地拥有自己的同类部队，但这些部队并不总能适时出现在适当的地点，因此就有必要训练正规骑兵分成若干小队并以散开队形作战。散开作战的骑兵人称侧卫骑兵。不过，欧洲的正规骑兵在这种战斗中终究还是很难与天生的骑手相提并论。

火器

讨论完骑兵战术后，读者或许会产生一个疑问：既然已经明确规定了骑兵在攻防中都不使用火器，那么骑兵为什么还需要它呢？

手枪是在极端情况下使用的单兵自卫武器，一种较为特殊的情况是骑兵无法使用马刀自卫——或是因为马刀在战斗中损坏、遗失，或是人员、马匹由于过度劳累、负伤等情况无力搏斗。使用手枪时只会用到一只手，骑手还可以用另一只手握住缰绳，这样，他就能够继续控制战马。手枪的有效射程几乎可以忽略不计。布拉克曾就如何使用手枪给出过一些实用建议：

> 问：手枪射击在什么情况下最保险？
>
> 答：直射距离。也就是没有必要瞄准……不过枪口不应该触及敌军，这么做可能会导致手枪炸开伤到自己。
>
> ……如果骑兵在遭遇追击时发觉自己的马匹不如敌方马匹，他就必须冷静地用枪口威胁敌军，这种威胁很少会落空。在近身混战 [mêlée] 中，当其中一方有机会选择攻击目标时，这一方从来不会选择作战意志最强、最为冷静的对手。[92]

马枪和短马枪主要用于散兵战和步行战斗。多数时候使用它的是远离主力部队活动的骑兵分遣队，也就是执行袭扰、侦察和护送任务的部队。马背上使用马枪的效果很差，这既是因为这种兵器的自身特性——它的有效射程要远低于步枪，也是因为马上很难完成装填和瞄准。在前卫战和后卫战中，轻骑兵会列成散开队形展开长时间的交火，这通常不会取得什么战果，至多只能为己方争取一定的时间。不过，与没有装备马枪的骑兵相比，装备马枪的骑兵还是享有巨大的优势：当装备马枪的一方展开射击时，没有装备马枪的一方要么待在原地无力还击，要么移动到安全距离——也就是后退。

不论出于何种原因——比如说己方有必要守卫某个建筑物、障碍物或天然屏障，但附近地区并没有己方步兵——当骑兵被迫下马战斗时，马枪就变得极为重要了。在这种情况下，如果能够拥有良好的遮蔽条件，装备马枪的骑兵甚至可以在面对敌方步兵时坚持相当长一段时间。然而，这种情况是非常罕见的。此外，下马骑兵几乎根本无法用于攻击：配有马刺的马靴和挂在左腿上的马刀、直剑导致骑兵难以步行，骑兵通常也很少接受步行作战训练。即便是某些军队中多少接受过一些步兵队形训练的龙骑兵也很少下马作战。

下马龙骑兵在充当步兵作战时，除了会面临装备困境，还会受到训练问题的影响。训练骑兵需要消耗大量的时间和精力，步行作战训练同样也会花费不少时间。要想不花上太多时间就把龙骑兵训练得同样精通步行队形和马上队形，这种任务可以说是不可能完成的。此外，正如蒂埃博将军和马尔博元帅所述，每个兵种都有自己的作战原则和信念：骑兵需要确信他们能够打垮最优秀的敌方步兵，步兵则要确信他们能够击退最优秀的敌方骑兵。如果同一批人同时有两种不同信念，就可能会面临二者在作战中背道而驰的威胁：骑马的龙骑兵可能会认为他们无力对抗敌军步兵，步行的龙骑兵则可能觉得自己无法阻挡面前的骑兵。[93]

骑兵有时会在对付敌方步兵时使用马枪和手枪，笔者将在下一章中对这种战术展开讨论。

骑枪

现在，随着笔者已经勾勒出骑兵组织、武器和战术的基本原则，我们就可以回归到骑枪问题上了。这一章开头提到过骑枪既拥有热烈的支持者，也招来了同样激烈的反对者。吉贝尔认为骑枪并不是一种适于骑兵使用的装备，因为它在战场以外很难携带，在战场上也难以使用，而且骑兵在使用骑枪时需要将队形疏开，这就导致骑兵无法保持队形，不能有序机动，也做不到一同突击。[94]然而，在拿破仑战争期间，骑枪还是变得越发流行。不过，在几乎整个 19 世纪，关于骑枪优缺点的争论都未曾停止。1813—1815 年效力于第 2 近卫轻枪骑兵团的布拉克写道：

> 骑枪是一种冷兵器，它对士气的影响最大，骑枪刺击也最为致命……
> 某些类型的兵器能够带来比其他兵器更强烈的影响。就士气而言，骑枪的影响最为强烈。
> 在滑铁卢，我军的 4 个近卫 [骑兵] 团位于同一条战线，英军冲击这条战线，我们的枪骑兵交叉了骑枪，在机动过程中，敌军立刻脱离我们 [团] 正面，冲向装备短兵器的其他团。[95]

"交叉骑枪" [croisons la lance] 这个术语的含义是 "将骑枪方向从竖直变

为水平"。这一段的其余内容应当这样理解：敌军不敢正面冲击法军枪骑兵，只能转向两侧以便冲击并未装备骑枪、手中只有刀剑的其他团。不过，布拉克也提醒读者在使用骑枪时应当注意以下若干事项：

> 刺击只有在 [握持枪杆的手] 指甲位于最上方、手臂和躯干夹持着兵器指向对应方向时才能落到实处。在无法满足这两个必要的条件时，你就不应当冒险尝试刺击，因为敌人可以十分轻易地挡开刺击，这就导致你反而被解除了武装，这种冒险攻击最好的结果也只是徒劳无功，在战争中，徒劳就是无知和危险的同义词……
>
> 我重复一遍，你应当始终用整只手紧紧握住骑枪，指甲朝上，永远不要尝试在指甲朝下时冒险做动作，考虑到兵器的重量，哪怕敌军略微挡开它，就会导致兵器脱 [手]……
>
> 躯干和前臂应当始终夹持着枪杆，这样，刺击方向就会更准确，力道更强。
>
> 还应当减小动作幅度，这可以提高刺击的速度和准度。在刺击时把手臂伸得太靠前既无用又危险，[即便幅度小一点] 你的刺击也始终会有

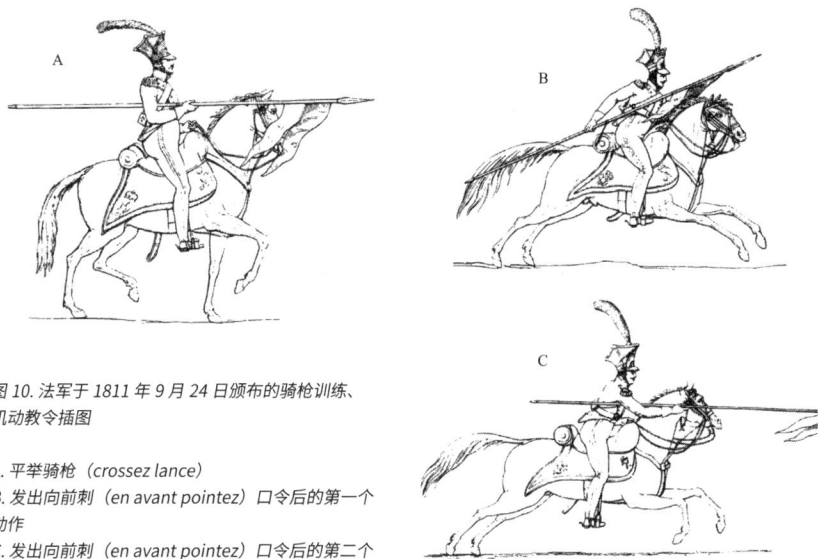

图 10. 法军于 1811 年 9 月 24 日颁布的骑枪训练、机动教令插图

A. 平举骑枪（crossez lance）
B. 发出向前刺（en avant pointez）口令后的第一个动作
C. 发出向前刺（en avant pointez）口令后的第二个动作

足够刺穿人体的冲力、强度和长度。[96]

　　因此，在布拉克看来，骑兵应当用一只手紧紧握住骑枪，手掌要始终处于枪杆下方，手指要始终包住枪杆上方，枪杆后部则要夹持在躯干右侧和右臂之间。布拉克的意见显然和《1811年9月24日骑枪训练、机动教令》的作者科尔万·克拉辛斯基（Corvin Krasinski）存在分歧，克拉辛斯基当时是近卫第1轻枪骑兵团的团长，他要求在刺击前方目标时先把骑枪朝后收，然后尽量往前伸（见图10 B、C）。

　　如果采用布拉克推荐的握持、刺击方法，骑枪就只能攻击前方的一小块区域。由于骑枪的冲力主要源自战马的速度，因此，在敌军可能出现在任何一边的混战中，骑手很难在奔驰中使用骑枪，可要是骑手缓慢移动或原地不动，那他又很难有效刺击——即便径直向前效果也不佳。根据布拉克的说法，骑枪的主要优势是可以严重影响敌方士气。

　　如你所见，布拉克同时注意到了骑枪的优缺点，他指出骑枪如果能得到恰当的运用，那么在许多场合下还是非常有用的，不过，在另一些场合，它也可能会彻底沦为累赘，那时给枪骑兵本身带来的威胁甚至还要大于对敌方的威胁。若米尼也指出骑枪在墙式（en muraille）冲击中拥有无可争辩的优势，但在混战（mêlée）中却毫无优势。[97]

　　然而，骑枪给俾斯麦这样的拿破仑战争亲历者带来了极为深刻的印象，以致他们要求让很大一部分骑兵——不是轻骑兵而是重骑兵——装备骑枪。[98]马尔蒙元帅也表达了类似的观点，他认为对于主要在大会战中发起列队冲击的重骑兵而言，骑枪非常有用，但对于需要使用火器的轻骑兵来说，骑枪就完全不适于作战了。[99]事实上，轻骑兵需要参与侦察、护送和征收粮秣，在这些任务中，骑枪不仅并非必需品，而且还堪称累赘，因为骑兵很难同时携带骑枪和马枪，这一事实就解释了为何轻骑兵需要火器而非骑枪。关于骑枪优缺点的争论一直持续到19世纪中叶，不过到了那时，就连最激烈的反对者也承认骑枪可以大大削弱敌军士气。[100]

　　因此，骑枪的确拥有若干优点，但也存在一些严重的缺陷。只有在深知如何使用骑枪、骑术精良且骑着新锐战马的骑兵手中，骑枪才是一种颇具杀伤力的兵器，而且，就连这些骑兵老手也会在某些场合中遭遇相当大的困难。在那些使用骑枪经验不足、不善于骑行，或者骑着虚弱战马的骑兵手中，骑枪与其说是兵器，倒不如说是累赘，因此他们不得不扔掉骑枪拿起马刀。

如果同时装备骑枪和马枪／短马枪，就会给骑兵带来极大的困难，他通常只能在二者中择其一。在执行侦察、警戒等勤务时，那些只有手枪作为随身火器的骑兵远不如装备了马枪或短马枪的骑兵。枪骑兵只有在列队正面冲击时最能发挥战斗力，而这也主要源自骑枪给敌军带来的心理影响。

尽管如此，在 19 世纪 10 年代，某些军队的枪骑兵数量还是出现了剧烈增长。枪骑兵的拥护者们可能还没有意识到骑枪带来的一系列困难到底有多严重。在这一时期，骑枪并没有用于装备胸甲骑兵，而是供轻骑兵使用，而且此时的枪骑兵也不仅由波兰人组成。在大部分情况下，装备骑枪的部队还是早已存在的骑兵团，它们并不是刚刚由新兵组成的新团。不过，让新建的团装备骑枪的事情倒也不是没有发生过。总体来说，虽然装备骑枪，却毫无使用经验的枪骑兵在这一时期开始大量涌现。

总而言之，读者应当意识到一点，由于西欧和中欧的大部分人在日常生活中都不会骑马，因此组建骑兵绝不是一个轻松的任务。虽然任何身体健康的人都可以在训练几个月后进入步兵服役，但挑选骑兵时却一定不能这么随意，想要让骑兵的训练水平达到可以接受的最低水平也得消耗远长于步兵的时间，一般情况下是一年到一年半。此外，就连长期训练也不一定总能培养出优秀骑兵，俾斯麦解释道：

比如说，你能指望一个视马匹为野兽的织袜工或织布工做到什么呢？众所周知，这些人对自己的战马一直都没有信心，反而会将它们视为头号大敌，认为他们需要与这些敌人展开斗争以获得生路。他们永远学不会骑马，永远都不能自行保持平衡，而是像笨拙的木块一样挂在马上。为了保持平衡，骑手徒劳地耗费了大部分体力，很快就变得疲惫起来。

因此，哪怕是在以最慢速度行进的中队当中，你也总能发现一些满身大汗、疲惫不堪的战马。马匹的口部被马勒勒得疼痛不已，它胡乱奔跑、跳跃，倔强地反抗骑手那无用、残酷的手段。

骑手变得越发焦虑、恐慌，他越抓越紧，用膝盖和脚后跟挤压 [战马] 以防自己落马，结果让自己变得愈加疲惫。

就连最温顺的战马最终也会变得疯狂起来，它因此要么会试图扔掉背上的重担，要么会直接跑开。

这样一个笨拙的骑手时常会导致整个中队陷入混乱，这在冲击中可能会导致灾难性的后果，更不要提一个无法控制战马的人事实上根本不可能给敌军造成任何伤害。[101]

不难想象这样一名骑兵如果配备骑枪会陷入何等境地。然而，在实践中，特别是在需要尽快补充兵力的战争时期，任何符合骑兵要求的新兵都会被送进骑兵里，他们只会接受最低限度的马术、枪法训练，所以，这一时期的欧洲骑兵里充斥着水平极低的骑手。此外，正如布拉克回忆的那样，青年骑兵军官在军校中接受的训练也极不完备，而且这些训练让他们变得更像步兵而非骑兵。[102] 更高层次的训练则要在战役和会战中进行。

注释

[1] Marmont, *De l'esprit*, p. 50-51（俄译文见：c. 482）.

[2] *Ordonnance provisoire sur l'exercise et les manœuvres de la cavalerie*. Paris, 2-e édition, 1810, Titre I, Article XIV (p. 116).

[3] Хатов *А. И. Общий опыт тактики*（《战术通论》）. СПб., т. 1, 1807, c. 192; Marmont, *De l'esprit*, p. 51.（俄译文见：c. 482）.

[4] Warnery C. E. de *Remarques sur la cavalerie*. Paris, 1828, p. 29（本书在1781年初版于卢布林）; Bismark F. W. von *Vorlesungen über die Taktik der Reuterei*. Karlsruhe, 1818, S. 78.

[5] Anon.,《Опыт об устройстве войск》（《关于军队组织的体验》）//*Военный журнал*, 1810, No 12, c. 31-32.

[6] Guibert, *op. cit.*, t. 1, p. 172.

[7] Margueron L. J. *Campagne de Russie*. Première partie, Paris, 1897, t. 2, p. 29.

[8] Thiébault, *Manuel*, p. 408.

[9] Warnery, *op. cit.*, p. 41.

[10] Guibert, *op. cit.*, t. 1, p. 184-185.

[11] Bismark, *Vorlesungen*, S. 88.

[12] Warnery, *op. cit.*, p. 82-83; 也见：Хатов, *Общий опыт тактики*, т. 1, c. 193-196.

[13] Nolan L. E. *Cavalry: its History and Tactics*. 3rd edition, London, 1860, p. 185-186（俄译文见：*История и тактика кавалерии*//*Военная библиотека*, т. 3, СПб., 1871, c. 139-140）.

[14] Warnery, *op. cit.*, p. 84-85, 122.

[15] Bismark, *Vorlesungen*, S. 102, 105.

[16] Предварительное постановление о строевой кавалерийской службе.（《骑兵队列勤务初级教令》）СПб., 1812, c. 25; Decker K. D. *Die Taktik der drei Waffen: Infanterie, Kavallerie und Artillerie, einzeln und verbunden. Im Geiste der neueren Kriegführung*. Berlin, Posen und Bromberg, Zweite Auflage, Erster Theil, 1833, S. 257-258; *Руководство молодым офицерам к отправлению службы всех родов войск, в военное время.*（《为青年军官编写的战时各兵种勤务手册》）СПб., ч. 1, 1831, c. 86; Nolan, *op. cit.*, p. 201-202（俄译文见：c. 151-152, прим. 2）.

[17] Guibert, *op. cit.*, t. 1, p. 175, 182, 也见：p. 206.

[18] Bismark, *Vorlesungen*, S. 47.

[19] Rocca A. J. de *Mémoires sur la guerre des Français en Espagne*. 2-e édition, Paris, 1814, p. 91-92.

[20] Jacquinot de Presle C. *Cours d'art et d'histoire militaires de l'École Royale de cavalerie*. Saumur, 1829, p. 191; Decker, *Die Taktik*, Erster Theil, S. 241 n. *; Caraman V. M. J. L. de Riquet de,《Réflexions sur l'emploi de la cavalerie dans les batailles》//*Spectateur Militaire*, t. 18, 1834, p. 590-591（俄译文见：《Рассуждение о употреблении кавалерии в сражениях》(《论骑兵在会战中的用途》)//*Военный журнал*, 1837, No 3, c. 9）; 后两位作者提到了普鲁士军官、柏林教导中队负责人海德布兰德（Heydebrand）撰写的小册子。

[21] Guibert, *op. cit.*, t. 1, p. 186 n 2, 延续到第187页（略有歧义的俄译文见：Хатов, Общий опыт тактики, ч. 1, c. 210）。

[22] Bismark, *Vorlesungen*, S. 50.

[23] Marmont, *De l'esprit*, p. 48（俄译文见：c. 481）.

[24] 《Lancers and Light Dragoons》//*United Service Journal*, 1831, part 2, p. 73; Caraman,《Réflexions…》//*Spectateur Militaire*, t. 18, p. 591-592（俄译文见：*Военный журнал*, 1837, No 3, c. 10-11）.

[25] Булгарин Ф. В. *Воспоминания Фаддея Булгарина. Отрывки из виденного, слышанного и испытанного в жизни.*（《法杰伊·布乌哈伦回忆录，一生中所见、所听、所历选萃》）СПб., 1846-1849, ч. 3, c. 232-234.

[26] Costello E. *Adventures of a Soldier*. London, 2nd edition, 1852, p. 80-81; Mercer C. *Journal of the Waterloo*

Campaign. Edinburgh and London, 1870, vol. 1, p. 306-307.

[27] *Волконский С. Г. Записки Сергия Григорьевича Волконского (декабриста).*（《谢尔盖·格里戈里耶维奇·沃尔孔斯基（十二月党人）回忆录》）СПб., 1901, c. 25.

[28] Martinien, *Tableaux*, p. 618.

[29] Jacquinot de Presle, *op. cit.*, p. 172.

[30] *Ibid.*, p. 206-207; 英译文见: Nolan, *op. cit.*, p. 234-235（俄译文见: c. 178）.

[31] 《Из автобиографических записок А. Н. Муравьева》（《源自亚历山大·尼古拉耶维奇·穆拉维约夫自传笔记的史料》）// Азадовский М. К. (ред.), *Декабристы. Новые материалы.*（《十二月党人:新材料》）M., 1955, c. 192; 同样的内容收录在: *Бородино: документы, письма, воспоминания.* M., 1962, c. 374-375.

[32] *Михайловский-Данилевский А. И. Полное собрание сочинений.*（《著作全集》）СПб., 1850, т. 6, c. 291.

[33] Nolan, *op. cit.*, p. 119-120（俄译文见: c. 89）.

[34] Brack F. de *Avant-postes de Cavalerie Légère. Souvenirs*. Paris, 1831, p. 69〔俄译文见:《Аванпосты легкой кавалерии》(《轻骑兵前哨勤务》) // *Военная библиотека*, т. 8, СПб., 1882, c. 238〕.

[35] Parquin D. C. *Souvenirs de gloire et d'amour du lieutenant-colonel Parquin*. Paris, 1911, p. 226; 《Reminiscences of a Light Dragoon》// *United Service Journal*, 1840, part 3, p. 369-370; Muir, *op. cit.*, p. 125-126（引自: Hall F.《Recollections in Portugal and Spain during 1811 and 1812》// *Journal of the Royal United Service Institution*, vol. 56, Nov. 1912, p. 1540-1541); Haythornthwaite P. J. *Weapons & Equipment of the Napoleonic Wars*. London: Arms & Armour, 1999, p. 45（引自: Bragge W. *Peninsular Portrait: The Letters of Capt. William Bragge*. London, 1963, p. 49）.

[36] Siegmann W. *Die Elementartaktik der Reiterei*. Leipzig, 1854, S. 90-91〔俄译文见:Зигманн В.《Несколько кавалерийских вопросов》(《几个骑兵问题》) // *Военная библиотека*, т. 8, СПб., 1882, c. 664-665〕.

[37] Bismark, *Vorlesungen*, S. 93.

[38] Brack, *op. cit.*, p. 272（俄译文见: c. 352）.

[39] Jacquinot de Presle, *op. cit.*, p. 206.

[40] Guibert, *op. cit.*, t. 1, p. 182.

[41] Brack, *op. cit.*, p. 253（俄译文见: c. 342）.

[42] Nosworthy, *The Anatomy of Victory*, p. 226.

[43] Guibert, *op. cit.*, t. 1, p. 186 n. 2, 延续到第 187 页。

[44] *Замечания для приуготовления молодых офицеров к военным действиям.*（《青年军官备战注意事项》）Варшава, ч. 2, 1821, c. 209.

[45] Warnery, *op. cit.*, p. 28.

[46] Замечания, ч. 2, c. 209.

[47] Brack, *op. cit.*, p. 254（俄译文见: c. 342）.

[48] Caraman,《Réflexions…》// *Spectateur Militaire*, t. 18, p. 594-595（俄译文见:*Военный журнал*, 1837, № 3, c. 15); см. также: Decker, *Die Taktik*, Erster Theil, S. 241.

[49] Jacquinot de Presle, *op. cit.*, p. 191.

[50] Jomini, *Précis*, IIe partie, p. 250-252, 268-269（俄译文见: *Краткое начертание военного искусства*, ч. II, c. 221-222, 238; 英译文见: *Summary of the Art of War*, p. 307-309, 315-316）.

[51] *Ibid.*, IIe partie, p. 253, 269（俄译文见: *Краткое начертание военного искусства*, ч. II, c.223-224, 238; 英译文见: *Summary of the Art of War*, p. 309, 316）.

[52] Дельбрюк, *op. cit.*, т. 4, c. 199（德文原版见: Delbrück, *op. cit.*, Vierter Teil, S. 325）; Nosworthy, *The Anatomy of Victory*, p. 169-170.

[53] Warnery, *op. cit.*, p. 93.

[54] Nolan, *op. cit.*, p. 33（俄译文见: c. 34）.

[55] Gallina J. *Beiträge zur Geschichte des österreichischen Heerwesens*. Wien, 1872, Erstes Heft, S. 118. 略有歧义的英译文见: Nosworthy, *The Anatomy of Victory*, p. 227; Rothenberg G. E. *Napoleon's Great Adver-*

saries. The Archduke Charles and the Austrian Army, 1792-1814. London: The Anchor Press Ltd, 1982, p. 28.

[56] *Ordonnance provisoire*, 1810, p. 367.

[57] Bismark F. W. von *Ideen-Taktik der Reuterei*. Karlsruhe, 1829, S. 213-214.

[58] Brack, *op. cit.*, p. 254（俄译文见: c. 342）.

[59] 若米尼在自己的书中列出了俾斯麦和其他批评者。也见: Siegmann, *op. cit.*, S. 93（俄译文见: c. 667）.

[60] Jomini, *Précis*, IIe partie, p. 252 n., 268-269（俄译文见: *Краткое начертание военного искусства*, ч. II, c. 222 прим., 238; 英译文见: *Summary of the Art of War*, p. 309 n., 316）.

[61] *Ibid.*, IIe partie, p. 252 n（俄译文见: *Краткое начертание военного искусства*, ч. II, c. 222 прим.; 英译文见: *Summary of the Art of War*, p. 309 n）.

[62] Chłapowski D. *Pamiętniki*. Pozna ń, 1899, Częś I, s. 67-68.

[63] Brack, *op. cit.*, p. 257-258（俄译文见: c. 344).

[64] *Ibid.*, p. 255〔俄译文将原文中的跑步（galop）译作袭步（карьер），参见: c. 343〕.

[65] Jomini, *Précis*, IIe partie, p. 252 n（俄译文见: *Краткое начертание военного искусства*, ч. II, c. 222 прим.; 英译文见: *Summary of the Art of War*, p. 309 n）.

[66] Романо А. де *Краткое начертание главнейших правил военачальнической науки*.（《关于指挥科学最重要准则的简述》）СПб., 1802, c. 211-212; Decker, *Die Taktik*, Erster Theil, S. 240-245.

[67] Brack, *op. cit.*, p. 258-259（俄译文见: c. 345）.

[68] *Ibid.*, p. 252, 255（俄译文见: c. 341, 343）.

[69] Хатов, *Общий опыт тактики*, т. 1, c. 233-234.

[70] *Замечани я*, ч. 2, c. 210, 也见: c. 217.

[71] Warnery, *op. cit.*, p. 89.

[72] Brack, *op. cit.*, p. 251, 259（俄译文见: c. 340, 345); 也见: p. 241（俄译文见: c. 334）.

[73] Warnery, *op. cit.*, p. 96, 158-159.

[74] *Ibid.*, p. 83, 180.

[75] Bismark, *Vorlesungen*, S. 47, 48.

[76] Хатов, *Общий опыт тактики*, т. 1, c. 228; Warnery, *op. cit.*, p. 94; 也见: Rocca, *op. cit.*, p. 92.

[77] Schreckenstein L. Roth von *Die Kavallerie in der Schlacht an der Moskwa*. Münster, 1858, S. 61.

[78] Brack, *op. cit.*, p. 266（俄译文复述见: c. 350).

[79] Jacquinot de Presle, *op. cit.*, p. 199-200; 内容复述见: Nolan, *op. cit.*, p. 231（俄译文见: c. 175）.

[80] *Замечания*, ч. 2, c. 204, 214; Jomini, *Précis*, IIe partie, p. 257-258（俄译文见: *Краткое начертание военного искусства*, ч. II, c. 227; 英译文见: *Summary of the Art of War*, p. 311）.

[81] Хатов, *Общий опыт тактики*, ч. 1, c. 226-227; Jacquinot de Presle, *op. cit.*, p. 205.

[82] *Михайловский-Данилевский, Полное собрание сочинений*, т. 6, c. 291.

[83] Brack, *op. cit.*, p. 26（俄译文见: c. 213-214）; Marmont, *De l'esprit*, p. 48-50（俄译文见: c. 481-482）.

[84] Bismark, *Vorlesungen*, S. 89-90.

[85] Berriat H. H. *Législation militaire ou Recueil methodique et raisonné des Lois, Décrets, Arrêtés, Règlements, et Instructions actuellement en vigeur sur toutes les branches de l'état militaire*. Alexandrie, 1812, t. 3, p. 329-330; Nafziger, *op. cit.*, p. 215.

[86] *Correspondance de Napoléon*, t. 31, p. 387-388（俄译文见: *Наполеон Избранные произведения*.（《拿破仑文选》）M., 1956, c. 660-661).

[87] Warnery, *op. cit.*, p. 158-159.

[88] Brack, *op. cit.*, p. 537（俄译文见: c. 476）.

[89] Замечания, ч. 2, c. 210.

[90] *Ibid.*, ч. 2, c. 205.

[91] Marmont, *De l'esprit*, p. 52-53（俄译文见: c. 483）; Nolan, *op. cit.*, p. 61.

[92] Brack, *op. cit.*, p. 64-65, 278（俄译文见：c. 236, 356）.

[93] Thiébault, *Manuel...*, p. 408 n. 1; Marmont, *De l'esprit*, p. 54-55（俄译文见：c. 484-485）；也见：Duhèsme, *op. cit.*, p. 12.

[94] Guibert, *op. cit.*, t. 1, p. 179（俄译文见：*Хатов, Общий опыт тактики*, ч. I, 1807, c. 190）.

[95] Brack, *op. cit.*, p. 73, 277（俄译文见：c. 241, 356）.

[96] *Ibid.*, p. 73, 75（俄译文见：c. 241, 242）.

[97] Jomini, *Précis*, IIe partie, p. 250-251（俄 译 文 见：*Краткое начертание военного искусства*, ч. II, c. 221-222; 英译文见：*Summary of the Art of War*, p. 308）.

[98] Bismark, *Ideen-Taktik*, S. 40-46; 也见：Jacquinot de Presle, *op. cit.*, p. 165-167.

[99] Marmont, *De l'esprit*, p. 53, 58（俄译文见：c. 484-486）.

[100] Nolan, *op. cit.*, p. 129-134（俄译文见：c. 95-98); *Histoire et tactique de la cavalerie*, p. 116 n. 1（译文见：*Военная библиотека*, СПб., т. 3, 1871, c. 98 n. 2, 脚注延续到第99页）.

[101] Bismark, *Vorlesungen*, S. 97-98.

[102] Brack, *op. cit.*, p. 22.

第三章 步骑对抗

对骑兵和步兵而言，骑兵冲击严阵以待的步兵都堪称最严峻的挑战之一。按照设想，骑兵会直接奔向步兵并遭遇一轮步枪齐射，步兵则要站在原地，等到骑兵离得足够近再开火，为的是尽可能增强齐射杀伤力。骑兵的任务是突破步兵队列，让步兵陷入全面混乱。为了完成这一点，骑兵需要以跑步冲向步兵。步兵的任务则是不要过早开火，而且在任何情况下都要保持队列完整，绝不能让骑兵突破。

如果骑兵击穿了步兵队形，步兵通常会展开短暂抵抗或根本不加反抗——扔下枪支投降或伏在地上寄希望于不被马匹踩踏。骑兵很难用马刀砍到伏在地上的步兵，而且他们通常也不会去砍。假如步兵打算逃离骑兵，其结局一般都相当悲惨：骑兵会迅速追上步兵大肆砍杀。如果骑兵成功突破步兵队形，就可以彻底击溃为数众多的步兵，而且尽管战死的步兵并不多，但剩余步兵要么被俘，要么被打散，因而很难在当天再度集结起来。

在 18—19 世纪的军事文献中，可以找到有关骑兵冲击步兵的诸多论述。骑兵和步兵都孜孜不倦地寻求与对方交战时的最佳战术。步兵横队最脆弱的位置是侧翼，因为步兵无法侧向射击，敌方骑兵则可以几乎毫无风险地从翼侧迫近步兵。

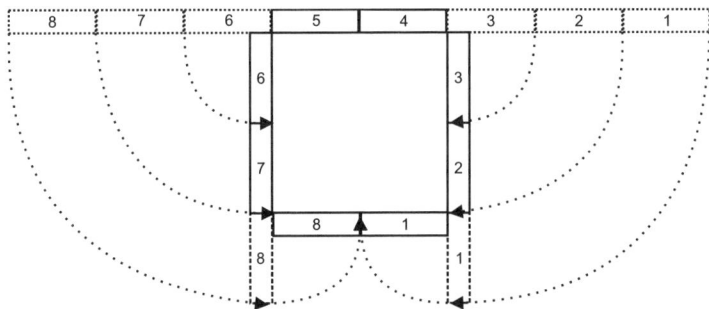

图 11. 营横队列成方阵（图示方法仅为诸多方法之一）

威胁侧翼也就意味着威胁后方，这会对步兵的心理造成极大的影响，如果骑兵同时还从正面威胁步兵，那么心理影响就尤为强烈了。步兵非常害怕在与敌军正面交战的同时遭遇来自后方的冲击。骑兵要比步兵灵活、易机动得多，因此，骑兵可以在步兵将队形正面转过来应对威胁前就以极快的速度攻入步兵侧翼，要是步兵同时还遭到其他敌方骑兵的正面威胁，他们甚至有可能根本无法转向。

如果步兵及时发现敌方骑兵，但步兵侧翼既没有得到其他部队掩护，也没有依托骑兵无法逾越的障碍物，那么，位于侧翼的步兵营或步兵团就可以列成方阵，方阵是一种中空的正方形或矩形队形，步兵在这种队形里可以朝各个方向开火。

应当注意到，方阵在线式战术时代的使用频率相对而言并不算高，因为在线式队形中，除了位于战线末端的步兵营之外，所有步兵营的侧翼都得到了相邻步兵营的保护，而战线末端的步兵也会尽量尝试依托障碍物，有时还会在第一线和第二线侧翼之间部署两三个前后相继的步兵营，这些步兵营在必要情况下可以转向侧面列成横队，填补战线间的空隙。因此，那个时期的步兵时常以横队迎击骑兵，只有在侧翼无人保护或若干个步兵营在开阔地带行进时突然遭遇骑兵袭击的情况下，步兵才会使用方阵。[1] 不过，到了拿破仑战争时期，方阵的使用频率大大提高了。

大部分作者都认为优秀的步兵只要做好抵御骑兵的准备，就能在绝大部分场合挫败骑兵——哪怕是最好的骑兵——的冲击。有些理论家使用和平时期射击测试中获得的步枪杀伤效力和射速数据，运用数学计算证明步兵有足够的时间向迫近自己的骑兵打出几轮齐射，认为凭借火力就足以打垮骑兵。然而，按照时人的建议，步兵在实战中最好不要在最大射程上开火，而要让骑兵进入步枪杀伤力最大的距离后再射击。

这种做法的原因显而易见：第一轮射击的潜在杀伤力是最强的，后续射击的威力则要低得多，所以，如果在距离敌军太远时发起第一轮射击，就无法取得决定性的战果，也就无法依靠步兵在骑兵快速迫近带来的恐惧之下匆忙装填、开火的后续射击挡住骑兵，而且，这样一种匆忙、无序的射击也可能在队列中造成混乱。因此，步兵通常会让骑兵进至距离己方60—150步后再开始射击。

即便在经验丰富的军人中，关于步兵应当在抵御骑兵时采用何种射击方式仍然存在若干不同意见。有些人认为最好是让第2、第3列士兵打出一轮齐射，让第1列士兵的步枪保持装填状态，以便应付极端情形。另一些人则认为最好是让各列士兵轮流齐射，先是让第3列齐射，然后是第2列，最后如果十分有必要的话再让第1列齐射。还有一些人认为实战中很难实现全体齐射，所以最好还是使用按伍射击或"会战射击"。射击方式的优缺点或许还要取决于具体作战环境。

贝伦霍斯特曾是弗里德里希二世麾下的一名军官，他详细阐述了骑兵在冲击步兵时会发生什么，步兵又如何才能最好地应对骑兵。根据他的说法，按照教令的设想，步兵不应当过早开火，只应当按照命令射击，这样就可以让骑兵掉头后退，但教令并没有告诉步兵如果骑兵未掉头又应当如何应对。贝伦霍斯特令人信服地解释说，步兵远远开火，希望以此多射击几轮的做法毫无意义，最好的做法还是让骑兵尽可能地接近步兵，然后打出一轮威力极大的齐射。贝伦霍斯特坚信步兵依靠火力或刺刀都不足以挡住骑兵：火力杀伤的人员、马匹并不足以导致骑兵终止冲击，步枪上刺刀之后也不够长，实际上也无法触及骑兵，而且，就算刺刀捅穿了战马，从物理角度而言步兵也无法挡住跃进的战马。贝伦霍斯特认为，如果步兵营在距离敌军60步时打出一轮齐射，然后还想要装填，它就成了即将遭遇毁灭〔字面意思是"准备好被砍倒"（zum Niederhauen reif）〕的攻击目标。

根据贝伦霍斯特的说法，即便在距离骑兵仅有60步时，射击效果也不能算很好，因为马蹄既在践踏大地，也在动摇步兵的勇气，所以步兵最好还是让骑兵进至30步乃至20步距离时开火一次，然后就不再装填，而是伸出刺刀。贝伦霍斯特还指出，即便步兵如此行事，仍会处于非常危险的境地，因为如果骑兵没有掉头后退，就仍会拥有马蹄带来的上述优势。然而，贝伦霍斯特认为，在文明国家的战争中，在理智的欧洲士兵参与的战斗中，比较有可能发生的是如下情况：骑兵以较慢的跑步奔驰着发起冲击，而当子弹从头顶上呼啸而过时，骑兵就会掉头飞驰。贝伦霍斯特曾提到他在1757年6月18日的科林会战中目睹过这样一个战例。但他也指出过步兵同样可能犯下错误：过早开火、射击不准、丧失理智和秩序。[2]

如你所见，贝伦霍斯特指出，火力或刺刀本身都不足以解决问题，能够决定战况的还是心理因素。要么是骑兵在步兵开火后撤退，要么是步兵过早开火，射击效果不佳，最终陷入恐慌，如果骑兵在此时能够表现出冲击的决心，就能够熬过步兵火力并完成冲击。尽管如此，大部分军官——其中既有步兵也有骑兵——还是认为如果步兵准备好迎击骑兵，特别是在步兵已经列成方阵的时候，它就几乎一定可以挫败骑兵冲击。

在步兵战术章节中提到过的英国军官米切尔向他的读者保证，如果骑兵以严整队形勇敢、坚定地发起冲击，那么步兵就无法阻挡骑兵。然而，米切尔本人也承认，一般情况下，当步兵开火之后，骑兵的最佳反应也就是"在狂野的混乱中飞驰"到方阵侧面，时常出现的情况甚至是停止前进或掉头后退，只有少数骑兵敢于冲到步兵附近用马刀威胁步兵，但他们除此之外也就无所作为了。[3]

骑兵军官应当竭尽全力让骑兵相信他们能够在冲击中打垮任何步兵，步兵军官则需要让步兵相信他们能挡住最优秀的骑兵发起的冲击。骑兵军官坚持认为步兵的火力并没有那么危险，步兵也无法阻挡正以高速奔驰的骑手。布拉克就给出了如下建议：

> 问：应当如何对付步兵？
>
> 答：迅速冲击，冲击到底。如果敌军陷入混乱，战线出现动摇，队列发生崩溃，那就突进去；如果敌军收拢队形端起刺刀，但恐慌导致他们无法装填步枪，那就绕过方阵，从四面八方威胁它，要震慑敌人，向敌人高呼他们已经沦为"战俘"[prisonnier]了，说任何一种语言的人都能够理解这种表达方式。如果敌军开始动摇，就要突入其中；如果敌军放弃战斗，就不要再动用马刀劈砍，让这些人[战俘]扔下兵器，立刻将他们分开并押解到后方。
>
> 如果情况与此相反，步兵依托了某些你未曾注意到的障碍物坚守，他们冷静地抵挡你的冲击，并未出现动摇，而且还能正常装填枪支，也就是说你无望突破步兵队形，那就伏在马上全速后退，等到离开敌方子弹射程后再整队，敌军一展开就要再度上前威胁。除此之外的其他举动都堪称愚蠢的骄傲和对战争的无知。

问：如果是冲击列成横队的步兵呢？

答：你要尽力攻入横队一翼。你会吃上几枪，也会打乱敌军，可以在付出低廉代价后拿下它。如果你做不到这一点，而且敌军把横队拉得太长，那就击穿横队中央。

问：如果需要冲击方阵呢？

答：冲击方阵一角。

问：为什么？

答：因为敌军只能朝你斜向射击，这比正面直射安全一些。

问：骑兵在冲击时的重力有多大？

答：投入冲击的骑兵重量相当于370千克[①]，再加上他的速度，这可以打垮一切，也一定能打垮一切！

问：应当如何选择冲击步兵的时机？

答：步兵以横队或全间距纵队机动的时候，或是步兵因炮火而陷入动摇的时候。

问：如果需要冲击步兵纵队，应当选择何种时机？

答：纵队正在展开且冲击途经地带便于战马行动的时候，你要从侧翼冲击纵队，突破之后将其分割成若干个极小部分。[4]

可以从布拉克推荐的做法中看出许多有趣的地方。他建议骑兵在步兵没有准备好迎击时发起冲击——未曾列成恰当队形、正在进行队形变换或是士气极为消沉，如果上述条件都不满足的话，那就不要正面冲击，而要从步兵火力效果较差的其他方向发起冲击。

布拉克指出，奔驰的战马和骑手可以凭借其重量和速度打垮途中遭遇的一切敌人，不过他实际上也承认骑兵只有在步兵队形动摇且出现某些缺口时才能突入方阵，而且认为如果步兵队形并未动摇，骑兵就不要去想什么突破

---

① 译注：战马载人后的人、马、装备总重大约500—600千克，但考虑到马匹和地面之间的作用力，其实际冲力相当于同等速度的350—370千克理想物体。参见 Noirot, «Examen des idées pratiques sur la cavalerie» // *Spectateur Militaire*, t. 50, 1865, p. 279; *Humbert E. Programme élémentaire du cours d'art et d'histoire militaires enseigné à l'École impériale de cavalerie*. Saumur, 1866, p. 518。

了。他显然只是用"物理"论据让自己的骑兵确信他们相对于步兵的优越性，因为疾驰的骑兵在实战中几乎无法冲撞步兵：要么是骑兵掉头撤退，要么是步兵出于恐惧开始后退并缩成一团，这就导致步兵队形出现了足以让骑兵突破的缺口。

在 18 世纪下半叶和 19 世纪初的军事文献中可以找到如下观点：骑兵只应当在步兵已经出现动摇或缺乏勇气时发起冲击，而且永远不要冲击队列严整且做好迎击准备的步兵。尤为值得注意的是，吉贝尔就表达过这种观点。[5] 俾斯麦也赞同骑兵只有在步兵队列中出现明显缺口或显而易见的混乱状况时才能成功发起冲击的看法。[6] 发行于 1821 年的俄国军官手册指出：

> 只有在能够看出方阵细微波动的情况下……勇敢的、得到良好指挥的、精通骑兵业务的骑兵部队才有希望突入方阵。[7]

若米尼的看法是，如果步兵已在炮火中出现动摇，那么骑兵的确有可能成功冲击步兵，但如果优秀的、未经损耗的步兵列成方阵，骑兵的冲击就不可能取得胜利。[8] 如你所见，这一时期的军官普遍认为，如果步兵坚守原地且未曾动摇，那么骑兵突破步兵队形的概率就非常低。

然而，按照时人的说法，至少在一场战斗中，由于步兵无法阻挡飞驰的战马，骑兵最终因此突破了步兵队形。这场战斗发生在西班牙境内，时间是萨拉曼卡（Salamanca）会战之后一天。那时，法军在这场会战中败北，因而被迫退却，于 1812 年 7 月 23 日在加西亚埃尔南德斯（Garcia Hernandez）展开了一场后卫战。在这场战斗中，英王德意志军团的龙骑兵旅（第 1、第 2 龙骑兵团）向退却中的法军步兵发起冲击，而法军步兵当时正竭力离开大道赶赴一座高地。

第 1 龙骑兵团的第 3 中队（左翼中队）遭到法军第 76 战列步兵团某营的攻击。当龙骑兵推进到距离法军还有大约 80—100 码（73—90 米）时，法军步兵开始射击。龙骑兵损失惨重，中队长受了致命伤，还有一名军官当场战死，但左半中队（左连）指挥官接过了指挥权并率领中队继续冲击。

龙骑兵迫近了法军队列，法军原地坚守，结局依然悬而未决。就在那时，一名法军突然开火，一匹战马受了致命伤，可它在惯性的驱使下载着骑手冲进步兵队形，打开了缺口，其他骑兵立刻突入。结果，许多法军士兵遭到劈砍，剩余部队一部分扔下步枪投降，一部分逃往附近的另一个法军步兵营。然而，在这个战例中，步兵可能并没有等待垂死的战马踩到自己身上，而是直接躲开了。

与此同时，第 1 龙骑兵团的另一个中队冲击了第 6 轻步兵团某营。法军同样以火力迎击龙骑兵，中队蒙受了惨重损失——其中包括 2 名中尉。尽管如此，出于某些缘故，法军的队形还是发生了动摇，龙骑兵突入步兵集群，砍杀、俘虏了许多法军士兵。剩余部队设法逃到一座高地上与另一个营会合。其他两个营的失利导致这个营大为惊恐，它几乎立刻遭到骑兵冲击，也随即战败。

随后，龙骑兵继续冲击后卫部队中的其他法军步兵营。由于龙骑兵的战马此时早已相当疲倦，龙骑兵也损失惨重，法军得以将其击退并脱离战场。龙骑兵旅有 4 名军官、48 名军士或士兵、67 匹战马阵亡，2 名军官、56 名军士或士兵、46 匹战马负伤，还有 6 名士兵和 4 匹战马被法军俘获。法军阵亡人员并不多，但根据不同材料，约有 900—1400 人被俘，其中许多战俘已经负伤。[9]

法国军官尼古拉·马塞尔（Nicolas Marcel）在 1812 年是第 69 战列步兵团的一名军官，该团和第 6 轻步兵团、第 76 战列步兵团隶属于同一个师。根据马塞尔的说法，指挥那两个团的旅长非但没有命令它们停下来采取必要迎击手段，反而下令部队加速行进登上一座高地，结果，这两个团既没有时间登上高地，也没能及时列队迎击骑兵。马塞尔声称，第 76 团的士兵当时正在小溪里取水，因此散得很开，几乎集体被俘，而第 6 团当时则处于极度混乱之中——大部分军官赶赴附近村庄，收拢正在那里搜集食物的士兵，所以这个团也不可能完成任何队形变换。

马塞尔指出，他自己身处第 69 团某营当中，该营没有时间列成方阵，于是就收拢成密集纵队（serré en masse），尽管敌军骑兵的确砍到了几个人——其中就包括右手负伤的马塞尔，但还是无法突入纵队。骑兵继续向前冲击，跌跌撞撞地碰上了第 69 团的另一个营，这个营已经列成了方阵，它让骑兵一直迫近到刺刀跟前，然后展开二列射击（feu de deux rangs），其精准程度有如平时训练一般。马塞尔坚信敌人把原先被俘的法军士兵扔在后方，而他们此时趁机再度拿起枪支朝敌人开火，敌军骑兵不知应当逃往何方，因此至多只有不到80人得以逃脱。马塞尔还提到第69团列成方阵的那个营里有两名中尉在方阵中娴熟地向外投石，他们投出的石子力道极大，竟然打伤了许多敌军军官，导致他们纷纷落马。[10]

应当注意到的是，马匹即便受了致命伤，也往往不会立刻倒地，它仍可以跑出去很远。[11]有些马匹会在负伤后受到刺激，反而以更强的气势朝前猛冲。[12]因此，步兵让飞驰的骑兵靠得太近时会冒很大的风险，因为双方之间的距离将会短到马匹难以掉头或停下。

然而，有些步兵军官还是喜欢把骑兵放到最近距离再打，这种做法也时常带来胜利。克劳塞维茨（Clausewitz）在1806年就有幸目睹过这样一个战例，当时，普军已在耶拿（Jena）、奥尔施泰特（Auerstädt）会战中遭遇失利，正在向后退却，他在退却途中和奥古斯特亲王（Prinz August）的掷弹兵营待在一起，根据克劳塞维茨的说法，这个营当时仅有7名军官和240名军士、士兵。10月28日，法军龙骑兵在普伦茨劳（Prenzlau）附近对这个实力薄弱的营发起冲击。克劳塞维茨写道：

亲王激励大家进行光荣的抵抗，命令官兵保持镇静，不要惊慌失措，而且特别命令士兵在得到命令之前一定不要开枪。几分钟后，敌军骑兵逼上来，本营停止前进准备战斗，士兵一再得到提醒："不要射击！"这让笔者的脑海里生动地呈现出明登会战的场景，那时，法军骑兵冲击两个汉诺威营，由于后者并没有在一般应当射击的距离开火，骑兵就逐渐由跑步降至快步，再由快步降至慢步。这里发生的情况与明登完全一样：法军龙骑兵跑步前进，他们显然是焦急地等待着我们开火的时刻，我们在让他们迫近到100步后仍然没有开火，他们此时开始把缰绳越拉越紧，最终以小快步逼近我军。到了30步距离时，我军下令"开火"，一大批法军倒了下去，剩余人员趴在马脖子上掉头溃逃。现在，我们已经赢得了士兵的信任，他们对练兵场上时常练习却一直被视为一种儿戏的打法能够取得如此效果感到十分惊讶。当敌军的一名龙骑兵在本营正面不远处倒下，挣扎着从其死马身下爬起来匆忙逃跑时，这种仓皇逃窜的情景同这些头戴马尾盔的龙骑兵略带斯基泰气息的野蛮外表形成了鲜明反差，给我军留下了很深的印象，令士兵大笑起来。我们继续行军。过了不久，敌军发起第二次冲击，我军以完全相同的方式再度将其击退。[13]

这支小小的步兵分遣队挡住了法军龙骑兵的数次冲击，始终没有让法军突破队形。对普军而言堪称幸运的是，法军并没有带上炮兵。根据克劳塞维茨的说法，普军只有几人负伤（有些龙骑兵朝他们开火），法军则承认己方死伤了大约80人。[14] 克劳塞维茨继续写道：

在这场小规模反骑兵战斗中，笔者确信了步兵在对抗骑兵时有多么强大。我们列成的方阵是所谓的旧式三列空心方阵①。会战失利、连续退却14天而且又缺乏食物的情况令士兵身心俱疲，法军骑兵则因连续取胜而变得大胆又放纵。兵力对比是240名步兵对上1500名骑兵，这对步兵可谓极其不利，也是能够想象到的最糟糕的情况之一。主官和军官保持的冷静态度和他们时常要求步兵不要擅自射击，要等到最后一刻再开火的做法决定了一切。

有一点笔者可以确信：骑兵的天性不容许他在这样一种情况下白白遭受射击。人们普遍认为敌军骑兵直到掉头回转前都可以毫无风险地行进，但这是一种错误的想法：步兵不管以何种方式射击（这里实际上说的是全营齐射，也就是应当让受到冲击的正面同时开火，这种射击方式可能是在这种危急情况下唯一可行的方式），都不会很快结束，因而使得骑兵在向前奔驰的过程中吃到越来越多的子弹，最后冲到人们所说的直射距离 [à bout portant] 上。而这些近距离射击恰恰是所有人都希望躲开的。在我们看到的步兵被骑兵突破的战例中，都必定可以发现步兵要么队形混乱，在英勇的骑兵掉头之前就已开始动摇，要么在距离骑兵一两百步时过早开

---

① 译注：克劳塞维茨提到的"旧式"方阵即厚度为三列且第1列士兵跪地的空心方阵。普军在1809年7月颁布的《步兵训练教令》（*Instruction zum Exerciren der Infanterie*）中引入了全体士兵站立的新式实心方阵。参见 *Klippel G. H. Das Leben des Generals von Scharnhorst. Leipzig,* 1871, Dritter Theil, S. 450。

火，等到骑兵迫近的时候方阵已经没有什么火力。笔者在这里不会提及骑炮兵为冲击所做的火力准备，在对付那些战斗意志不那么强的部队时，骑炮兵总能起到决定性的作用，可按照笔者本人的经验，在对付法军的时候，骑炮兵的作用可以说非常小，我要说的是：不考虑炮兵的这些作用，骑兵冲击步兵的最佳、最有效方式就是让骑兵分成若干部分以交错队形 [en échiquier] 发起冲击，这样，第一轮冲击后紧接着就是第二轮冲击。不过，这种队形实际上只能在将中队分成若干个排时才能用于战斗，但骑兵上尉①会对它过分抵触，因而很难见到骑兵普遍运用这一冲击队形。[15]

可以从克劳塞维茨的论述中看到一个有趣的细节：步枪齐射并不是同时进行的，实际上，参与齐射的士兵射击有早有晚，或许有的人扣扳机的速度比其他人快，有的人的枪机更紧，需要消耗更多的力气，最后，有的人药池里的火药可能烧得比其他人快，因而更快地引燃了枪膛里的主装药，所以，齐射实际上是参差不齐的。

还应当注意到另一个心理因素：法军已经赢得了耶拿 - 奥尔施泰特大会战，而且追击普军已经两周之久，在此期间普军有时甚至会成群结队地投降，法军可能在习惯于胜利后有些放松，一小队普军的顽抗就会令他们感到震惊，因此，法军的冲击并不够果断。或许龙骑兵已经确信这场战争必定会以胜利告终，也不希望在一场小规模冲突中冒险送命，而且认为普军早晚都会投降——实际上，这支普军的确很快就投降了。

奥古斯特亲王本人也讲述过这场战斗，他给出了一些与克劳塞维茨存在差异的数据。按照他的说法，他手中大约有400人，也就是以他的名字命名的掷弹兵营和莱茵巴本（Rheinbaben）掷弹兵营，而这两个营都已蒙受了惨重损失，法军方面起初参战的是第8、第16、第21龙骑兵团，合计1000—1200人，此后还有第5、第12龙骑兵团抵达战场，所以，法军骑兵总人数约为2000人。根据这位亲王的说法，他的士兵排成了三列，其中第1列士兵跪在地上，而且

---

① 译注：普军中的中队长军衔一般为骑兵上尉（Rittmeister）。

他记得第 1 列根本就没有开火，第 2、第 3 列士兵则在法军迫近到相距 20—30 步时才开火。他们一共击退了法军龙骑兵的 7 次冲击，法军在每次冲击中都损失了 10—20 名骑兵和战马。

奥古斯特亲王指出，普军步兵在 1814 年 2 月 1 日 /13 日埃托日（Étoges）会战中击退了法军骑兵的冲击，但当时的射击效力并不如上文所述的 1806 年普伦茨劳战斗。根据亲王的说法，原因就是第 1 列士兵在 1814 年并没有跪地，却仍然不能开火。此外，由于第 1 列士兵不仅不跪地，而且还笔直地站着，这就导致第 3 列士兵无法有效射击。因此，事实上只有第 2 列士兵参与射击。结果，法军骑兵在埃托日的损失就要远少于普伦茨劳。[16]

第 5、第 8、第 12、第 16、第 21 龙骑兵团在 1806 年都隶属于马克 - 安托万·德·博蒙（Marc-Antoine de Beaumont）将军的第 3 龙骑兵师，该师还包括第 9 龙骑兵团。根据马蒂尼安的表册，在普伦茨劳战斗当天，即 1806 年 10 月 28 日，第 16 龙骑兵团有 1 名上尉负伤，第 21 龙骑兵团有 1 名上校、2 名上尉和 1 名少尉负伤，第 5、第 8、第 9、第 12 龙骑兵团则没有军官伤亡。在这次战斗中，埃马纽埃尔·格鲁希（Emmanuel Grouchy）的第 2 龙骑兵师也有几个团出现了军官伤亡：第 6 龙骑兵团有 1 名中尉和 1 名少尉负伤，第 10 龙骑兵团有 1 名上尉负伤，第 13 龙骑兵团有 2 名上尉和 1 名中尉负伤，其他各团（第 4、第 11、第 22 龙骑兵团）则没有军官伤亡记录。[17]

克劳塞维茨将普军在 1806 年普伦茨劳战斗中使用的队形称作"旧式方阵"，这可能是因为普军在 1808—1812 年改革后不再使用这类对付骑兵的队形和方法：第 1 列跪地射击遭到废除，空心方阵也在新条令中不见踪影。事实上，新条令引入了一种实心方阵——由一个营组成的紧密纵队，纵队正面为两个排横队，这一队形将在后文加以讨论。

在许多军队中，第 1 列步兵在迎击敌方骑兵时会得到不要和其他人一道射击的命令——他们的步枪要始终保持装填状态，以便用于最紧急的时刻。某些军队在取消第 1 列跪地射击的规定后，仍然要求第 1 列士兵在准备抵御敌方骑兵冲击时跪在地上——这可能是为了有效利用第 3 列士兵的火力。

有些时候，步兵在敌方骑兵迫近时根本不会开火，而是让步枪保持装填状态：在博罗季诺会战中，列成方阵的立陶宛近卫团第 2 营遭到法军胸甲骑兵的冲击。营长瓦西里·伊万诺维奇·季莫费耶夫（Василий Иванович Тимофеев）命令士兵不要射击，只要求他们给步枪上刺刀，按照他本人的解释："根据经验，我可以肯定马匹不会冲向正在闪光的金属。"而法军胸甲骑兵也无法突破他的方阵。[18] 伊万·彼得罗维奇·利普兰季（Иван Петрович Липранди）在1812年是第6步兵军总部里的一名军官，他谈到了两个俄军骠骑兵团在莫扎伊斯克（Можайск）战斗中冲击法军步兵方阵的情况，此战恰好发生在博罗季诺会战之后一天：

> 在莫扎伊斯克，苏梅、马里乌波尔骠骑兵团冲击法军方阵的战斗相当值得关注，方阵任凭骑兵迫近，始终手执步枪却不发一弹，就此等待骑兵。当有些骠骑兵手持马刀寻找火炮的时候，法军第2列打出了子弹。法军骑兵出现后，我们就不得不离开步兵。可我们刚要后退，一阵猛烈的火力便杀伤了许多骠骑兵。[19]

按照笔者对这一记载的解读，俄军骠骑兵无法立刻突破法军步兵战线，因此停止冲击步兵，转而试图手执马刀冲击法军火炮。

如你所见，贝伦霍斯特和克劳塞维茨认为骑兵害怕在近距离遭到齐射，因而会勒住战马，季莫费耶夫则表示马匹害怕冲向刺刀。其他军官的观点也有所不同，有些人认为近距离步枪齐射就可以吓坏战马，让它们跑到两侧或后方去。[20]

所以，骑兵如果要成功冲击步兵，就得径直向前跑步，不断加速前进，这样会导致步兵出现犹豫，他们不想被高速奔驰的战马撞上，这样队形便会出现缺口，骑兵随后突入步兵集群，彻底将其击败。不过，步兵在大部分情况下都不会出现混乱迹象，骑兵届时只能要么转向侧面，要么降低速度。

当骑兵降低速度后，步兵就无须害怕骑兵了，因为步兵手持上了刺刀的步枪，足以抢在骑兵使用马刀或直剑之前攻击骑兵。在这种情况下，枪骑兵仍有可能对步兵构成威胁。马尔蒙元帅提到过德累斯顿（Dresden）会战中的大雨导致步枪无法射击，但若干奥军步兵仍在1813年8月27日列成数个方阵挡住了法军胸甲骑兵——他们非常缓慢地展开冲击——的两次冲击。在胸甲骑兵第三次发起冲击之前，马里-维克托-尼古拉·德·拉图尔-莫堡（Marie-Victor-Nicolas de Latour-Maubourg）将军从自己的卫队中抽出了 50 名枪骑兵，把他们部署在胸甲骑兵前头。枪骑兵设法在奥军步兵方阵上打开了缺口，胸甲骑兵随后突入，奥军则纷纷扔下步枪投降。[21] 不过，在这场会战中，法军的其他胸甲骑兵团和龙骑兵团也以别的方式迫使奥军步兵投降：他们要么使用骑炮开火威胁奥军，要么动用手枪射击——这些手枪此前已经装填完毕，而且放在密闭的枪套里，因此即便在雨中也能开火。

马尔博在 1813 年指挥法军第 23 猎骑兵团，他讲述了卡茨巴赫河会战中发生的类似事件：大雨导致步枪无法开火，但第 23、第 24 猎骑兵团仍然无法突破普军步兵方阵——法军骑兵战马深陷在没膝的泥泞中，所以只能停在普军步兵队形跟前。不过，法军的第 6 枪骑兵（lancier）团很快便赶到战场，枪骑兵突破了普军队形，猎骑兵紧随其后，普军步兵随即被击溃。[22] 然而，考虑到马尔博是大名鼎鼎的幻想家，他讲述的故事史料价值并不大。

这些胜利究竟是源自枪骑兵可以使用骑枪刺到步兵，还是源自步兵已经因无法开火而心生沮丧，哪怕敌军骑兵的骑枪未曾触及步兵战线，也会带来极大的心理影响？笔者并不能给出肯定的答案。曾在第 2 近卫枪骑兵团效力的布拉克曾提到过一个战例：

> 在滑铁卢，当我军冲击英军方阵时，在无法突破面前刺刀屏障的情况下，我们当中的一位枪骑兵站在马镫上把骑枪当成标枪 [Djérid] 掷了出去，一名步兵被它击穿，要不是敌军迅速堵上了缺口，击毙他本可以给我们打开一条突破通道。[23]

这个战例中的步兵在坚守阵地时有能力开火而且并未丧失信心，枪骑兵也就不能破坏步兵队形，这可以为第二种看法提供支持。

然而，这一战例仍然没有非常清楚地表明枪骑兵想要如何突入步兵队形，也没有说清楚枪骑兵离步兵还有多远。或许，枪骑兵畏惧步兵的直射火力，大部分人都和步兵保持一定距离，就连最勇敢的枪骑兵也不敢冒险端起骑枪迫近步兵。

尽管如此，这一战例中仍有一个值得注意的重要细节：在步兵队形中打开缺口并不意味着骑兵就能取得胜利——骑兵还需要抢在步兵堵上缺口之前突入。而且即便有一名或几名骑兵成功突入方阵，如果步兵尚未丧失信心，指挥官的情绪也保持稳定，那步兵依然没有完全失去胜算。的确会发生单个骑兵突入方阵内部的情况，此时，骑兵要么阵亡，要么将步兵队形切成两段，但步兵仍然不一定会失利。[24] 这种情况称不上真正的突破，因为其他骑兵并未跟进，步兵也能够恢复队形。骑兵要想取得成功，必须让足够多的部队突入步兵队列。

直接参与突破步兵方阵的骑兵留下的记载很少，而且其中的细节也不多。普鲁士骑兵塞夫科（Saefkow）在 1813 年是梅克伦堡 - 施特雷利茨骠骑兵团（Mecklenburg-Strelitzisches Husarenregiment）里的一名军士。在 1813 年的默肯（Möckern）战斗（此战发生于 1813 年 10 月 16 日，是莱比锡会战的一个组成部分）中，这个骠骑兵团向由海军炮兵组成的法军步兵团发起了冲击。塞夫科写道：

> 我是第 2 列中的一名侧卫军士 [Flügel-Untertofficier]，我前方是维尔纳 [Werner] 军士，我们第一中队以半右转行进展开成横队，这样，它的先导 [右翼] 部队就必定会率先接敌。我清楚地记得一点，他们 [敌军步兵] 在开火前让我们中队的右翼迫近到大约 20 步开外。
>
> 枪响了，我感到自己的下巴被猛推了一把，一颗子弹命中了我的筒帽，它和我放在里头的钱一起掉到了地上。与此同时，我旁边的霍尔纳格尔 [Hollnagel] 从马上摔了下去，还带倒了维尔纳军士的战马。我身处火药的烟雾中，透过它就可以看到敌人的刺刀：我们在遭遇一轮齐射后刚刚跃进几步就碰到了它们。那景象我仍然记得，就好像是发生在今天一样：一柄刺刀戳到了我那匹战马的鼻子上，弄得它向上高高跃起，我接下来可能是用了马刺或是踢到了它的肋骨，具体怎么回事已经记不清了，我独自开始 [战斗]，我朝左右两边砍杀，杀出了一片活动空间，我也不知道怎么回事，就冲进了方阵当中，紧跟在我身后的骠骑兵此时也突入其中。这时，一切都成了单打独斗。有个人刺穿了我的外套，但没能伤到我，反而被我在脸上横切了一刀，另一个人则被我劈穿筒帽砍到脑袋，就此倒下。

104

> 我不知道自己是不是还和其他人交过手，我在战斗快要结束时受了重伤，不过在此之前，我虽然外套上被刺刀戳出两个孔，却一直没有受伤。[25]

塞夫科并没有提到他的战马用胸部或蹄子撞开敌军步兵，他只是提到自己朝左右两边砍杀，然后就"杀出了一片活动空间"，他的战马随即将他带进了方阵里。从塞夫科所说的"我独自开始"和"紧跟在我身后的骠骑兵"中可以看出他头一个冲进方阵，然后又有几名骠骑兵跟随他突入其中，之后，方阵就开始崩溃成个体或小群。

因此，即便骑兵能够突入步兵队形，起初通常也只有一名骑兵能够完成突破，他打开的缺口很窄，只有少数后续部队能够跟进，骑兵速度也会大为降低乃至直接停顿下来，他们的队形也不复存在。这种战况并不能保证骑兵取得最终的胜利。结果完全取决于其他骑兵能否利用突破时机跟随先头部队并阻止步兵恢复队形。

早在 18 世纪，骑兵就已为冲击步兵准备了诸多战术。其中一种是在冲击过程中让一部分轻骑兵以散开队形快速前进，用马枪或手枪朝步兵射击，竭力诱使步兵开火。与此同时，骑兵主力则会不紧不慢地迫近步兵。如果步兵中了圈套，真的朝散开的轻骑兵开火，轻骑兵就要迅速退到骑兵主力集群的间隔当中，骑兵主力则立刻冲击步兵。这种战法被称作"空枪"（法：Dégarnir de feu）。然而，到了拿破仑时代，"空枪"战法就很少能取得成功了——优秀的步兵并不会落入这种圈套。

到了 18 世纪末，伴随骑兵作战、为骑兵冲击提供火力准备的骑炮兵得到了广泛运用：成功的炮击可以导致步兵陷入混乱，对其士气产生极大的负面影响，如果骑兵在炮击后立刻投入冲击，步兵就没有时间恢复队形，心理上也不够稳定，因而不足以挡住冲击。

如果骑兵不得不冲击已经做好抵抗准备的步兵，时人一般会建议冲击方阵一角，在本书中也可以找到摘自布拉克著作的类似内容。俾斯麦建议骑兵以双倍间距纵队冲击步兵，他充满信心地表示，就算步兵击退了第一个中队，可当新的骑兵战线从烟雾中杀出时，步兵也一样会陷入动摇。[26] 然而，这类冲击在实战中的成功战例仍然很难找到。

总体来说，在拿破仑战争结束后，盛行的观点是：如果优秀的步兵已经准备好迎击骑兵，那么，即便是最好的骑兵也会铩羽而归。然而，这并不意味着骑兵在面对步兵时根本无能为力，也不是说骑兵对步兵的冲击毫无用处。骑兵可以依靠冲击迫使步兵陷入停顿并准备迎击，也就是说，步兵会被迫在原地消极等待一段时间。因此，骑兵冲击带来的威胁束缚了步兵，迫使步兵停止行进，转而列成方阵或紧密纵队。与横队相比，这类机动力较低的队形在面对敌方步兵时会处于较为不利的境地，在敌方炮火下也更为脆弱。此外，优秀的骑兵即便在不利情况下仍有机会突破规模较小的步兵队形。

应当铭记在心的是，骑兵冲击严阵以待的步兵只是步骑斗争中的一种选择。正如布拉克所述，骑兵应当尽可能地避免此类冲击，要力求在步兵猝不及防时突然发起冲击，骑兵在这种情况下会握有不少胜算：步兵受到了意料之外的威胁，根本没有时间整队备战，于是就不愿迎击骑兵，转而出现溃散。毫无秩序的步兵一般而言都无力抵御骑兵。

俾斯麦建议在会战中将骑兵留作预备队，等待冲击的正确时机：随着时间的流逝，敌方步兵会变得疲倦，他们的射击杀伤力降低，敌方炮火也会逐渐减弱，敌军战线开始出现波动，战场上也覆盖着可以隐蔽骑兵机动的烟雾——那便是骑兵上演奇迹的时刻。[27] 布拉克阐述了骑兵成功冲击步兵后会发生的情况：

> 奥地利步兵扔下武器，人人都自称是波兰人，忠实地跟随你。
>
> 普鲁士步兵也放下武器，但只要察觉有人过来增援，就马上再次拿起武器。
>
> 俄罗斯步兵伏在地上，让骑兵跃过去，接着重新起身使用武器。
>
> 问：如果步兵投降，应当如何处理？
>
> 答：在步兵放下武器后，尽快把武器拿走，将你的骑兵中队部署在战俘和可能前来救援的敌军部队之间。[28]

可以从布拉克的话中看到相当有趣的一点：他指出了战败方步兵避免彻底覆灭、损失过大或投降的方法——伏在地上。

骑兵对以散开队形作战的步兵构成了严重威胁。步兵散开后的火力密度太过薄弱，也无法依靠刺刀抵挡来自各个方向的冲击。后文在讨论步兵散兵战时将讨论届时应当采取的防备措施。

注释

[1] Renard B.-J.-B.-J. *Considérations sur la tactique de l'infanterie en Europe*. Paris, 1857, p. 92-93〔俄译文见：*Ренар*，*Взгляд на тактику европейской пехоты*.（《欧洲步兵战术管窥》）СПб., 1859, c. 65-66〕.

[2] Berenhorst, *op. cit.*, T. 2, S. 411-417; 英文重述见：Nolan, *op. cit.*, p. 307-311（俄译文见：c. 234-236）.

[3] Mitchell, *op. cit.*, p. 106-107.

[4] Brack, *op. cit.*, p. 255-257（俄译文见：c. 343-344）.

[5] Guibert, *op. cit.*, t. 1, p. 177-178（俄译文见：*Хатов*，*Общий опыт тактики*, т. 1, c. 186）.

[6] Bismark, *Vorlesungen*, S. 58.

[7] *Замечания*, ч. 2, c. 220.

[8] Jomini, *Précis*, IIe partie, p. 247（俄译文见：*Краткое начертание военного искусства*, ч. II, c. 217; 英译文见：*Summary of the Art of War*, p. 306-307）.

[9] Beamish N. L. *History of the King's German Legion*. London, vol. II, 1837, p. 82-85.

[10] Marcel N. *Campagnes du capitaine Marcel, du 69e de ligne, en Espagne et en Portugal (1804-1814), mises en ordre, annotées et publiées par le commandant Var*. Paris, 1913, p. 170-172; 也见 Green, *op. cit.*, p. 102-103.

[11] Warnery, *op. cit.*, p. 45-47.

[12] Nosworthy, *The Anatomy of Victory*, p. 218.

[13] Клаузевиц К. фон, *1806 год*.（《1806年》）*Издание второе*, М., 1938, c. 175-176.

[14] *Ibid.*, c. 178.

[15] *Ibid.*, c. 180-181.

[16] Decker, *Die Taktik*, Erster Teil, S. 212-213.

[17] Martinien, *Tableaux*, p. 543, 548, 551, 555, 561; *Idem.*, *Tableaux par corps et par batailles des officiers tués et blessés pendant les guerres de l'Empire (1805-1815) (supplément)*. Paris, 1909, p. 93.

[18] Харкевич В. И. (ред.) *1812 год в дневниках, записках и воспоминаниях современников. Материалы Военно-Ученого Архива Главного Штаба*. Вильна, вып. 2, 1903, c. 179.

[19] *Ibid.*, c. 34-35.

[20] 《Lancers and Light Dragoons》//*United Service Journal*, 1831, part 2, p. 74.

[21] Marmont, *De l'esprit*, p. 57, 59（俄译文见：c. 486-487）.

[22] Marbot J.-B.-A.-M. de *Mémoires du général baron de Marbot*. 4-me édition, Paris, 1891, t. III, p. 288-289.

[23] Brack, *op. cit.*, p. 78（俄译文见：c. 244）.

[24] Nolan, *op. cit.*, p. 311-312（俄译文见：c. 236-237）.

[25] Behm W. *Die Mecklenburger 1813 bis 15 in den Befreiungskriegen*. Hamburg: Hermes, 1913, S. 158-159.

[26] Bismark, *Vorlesungen*, S. 142-143.

[27] *Ibid.*, S. 110-111.

[28] Brack, *op. cit.*, p. 110-111, 257（俄译文见：c. 262, 344）.

第四章 炮兵 [1]

火炮和弹药的种类

18 世纪和 19 世纪初的野战炮炮身由青铜铸造而成，青铜是一种合金，其中 90% 以上是铜、5%—8% 是锡、1%—2% 是铅，此外还有一定含量的锌。一些国家同样用青铜铸造攻城炮和要塞炮，另一些国家则使用铸铁。

炮身架设在炮架上，炮架整体是木制的，局部使用了金属夹架和螺栓加固。发射炮弹时需要装入火药。火药由火硝、硫黄和木炭组成。在 18 世纪末的俄国，火药成分是 28 份（70%）火硝、5 份（12.5%）硫黄和 7 份（17.5%）木炭，到了 19 世纪初则变为 30 份（75%）火硝、4 份（10%）硫黄和 6 份（15%）木炭。[2]

欧洲军队的野战炮可以分为两种：第一种称作加农炮（法：canon，英：cannon，德：Kanone，俄：пушка），它也是数量最多的野战炮；第二种称作榴弹炮（德：Haubitze，英：howitzer，法：obusier，俄：гаубица）。榴弹炮的数量仅有加农炮的几分之一。加农炮主要使用实心弹，也就是由铸铁制成的实心球。野战加农炮发射实心弹时的装药重量相当于弹重的 0.25—0.4 倍，弹药比在不同军队中往往存在差异，甚至同一支军队也会根据具体的火炮口径、类型确定相应的比例。榴弹炮的作战目的在于发射一种能够炸开的炮弹，这种中空的炮弹由铸铁制成，内部装有火药，它被称作榴弹（德：Granate，英：shell，法：obus，俄：граната）。榴弹炮在发射榴弹时的装药重量相当于弹重的 0.075—0.2 倍。

野战加农炮的炮管长度相当于实心弹直径的 13—24 倍。在装药、口径一定的前提下，如果炮管长度低于这一特定范畴，就会导致射程和射击精度急剧下降，如果炮管长度高于这一特定范畴，却又不会让射程和精度大幅提高。

18 世纪和 19 世纪初，加农炮并不是像现在这样用具体口径（以毫米为单位计量的炮膛内径）命名，而是用它发射的铸铁实心弹重量（以磅为单位计量）来命名。18 世纪初的欧洲军队中存在多种类型的加农炮，但到这个世纪末，一支军队的野战炮兵里通常只有两三种不同口径的加农炮。大部分军队的野战炮兵在 18 世纪末使用 12 磅、6 磅和 3 磅加农炮，法国、萨克森、西班牙军队则使用 12 磅、8 磅、4 磅加农炮。后来，法国和萨克森炮兵也引入了 6 磅炮，其目的是为了彻底取代 8 磅炮。在大革命和拿破仑战争中，大部分军队的 3 磅炮和 4 磅炮逐渐被淘汰。英军除了 12 磅、6 磅和 3 磅加农炮外，还使用 9 磅加农炮。

各个国家的磅具体重量存在差异，因此，在不同的军队中，即便两种火炮以磅数计量的口径数值相同，其实际口径也存在细微差异。根据法国军官让 - 雅克 - 巴西利安 · 德 · 伽桑狄（Jean-Jacques-Basilien de Gassendi）编写的炮兵军官参考手册——这本书在拿破仑战争期间和拿破仑战争后多次再版——1 英磅（pound）相当于 453.6146 克，1 巴黎磅（livre）则相当于 489.5062 克。[3]因此，1 法磅大约可以折合成 1.079 英磅。有些参考书给出的折算比例略有不同，但总体上的差别并不大。[4]

此外，法国 12 磅加农炮发射的实心弹重量并不是 12 巴黎磅，而是 12.25 磅，或者说大约 6 千克，8 磅炮发射的实心弹重量也是 4 千克左右……[5]英国的实心弹则截然相反，它的实际重量要比标称值略低一些。因此，法国 12 磅炮发射的实心弹直径（118.1 毫米）要比英国 12 磅炮（111.7 毫米）大不少，法国 8 磅炮的实心弹直径（102.8 毫米）也略大于英国的 9 磅炮（101.6 毫米）。奥地利、普鲁士和拜恩的 12 磅炮发射的实心弹直径几乎一模一样（都约为 114 毫米），萨克森的 12 磅炮则要略大一些（114.4 毫米）。在欧洲大国军队使用的 12 磅野战加农炮中，英国火炮发射的实心弹直径最小，瑞典火炮最大（119.6 毫米）。

俄国采用的炮兵磅指的是一个直径 2 英寸①（1 英寸 =25.3969 毫米）的铸铁实心球重量。根据拿破仑战争期间俄国炮兵委员会成员之一安德烈 · 伊万诺维奇 · 马尔克维奇（Андрей Иванович Маркевич）的说法，1 炮兵磅等于 1.19168 贸易磅。马尔克维奇给出的法磅和俄国贸易磅比例是 10188 ： 8512，也就是说 1 贸易磅相当于 408.9789 克。[6]而根据伽桑狄的参考手册，俄国的贸易磅重量是 408.9786 克。[7]因此，1 俄国炮兵磅相当于 487.4—488.0 克。在比较不同军队的火炮时，实心弹的直径比磅数更重要。俄军 12 磅炮发射

---

① 译注：彼得大帝规定 1 俄寸 =1 英寸，该做法在帝俄时期一直沿用。

110

的实心弹直径（116.3 毫米）虽然略低于法国的 12 磅炮，但也要高于大部分欧洲大国军队里的 12 磅炮。

除了实心弹口径不同外，炮弹和炮膛内壁间的游隙在不同军队的火炮中也存在差异。不同军队对"游隙"（法：vent，英：windage，德：Spielraum，俄：зазор）的定义往往不一样。在 18 世纪的法国炮兵中，游隙指的是炮膛内径和测得的最大炮弹直径（grande lunette）的差值。[8] 也就是说，当时的法军将炮膛内径和实心弹直径间的最小差值视作游隙。而其他许多军队——也包括俄军在内——的炮兵会将炮膛内径和炮弹直径间的平均差值视作游隙。在这本书中，为了保持前后行文统一，笔者在谈及游隙时指的始终是炮膛内径和炮弹直径间的平均差值。

不同军队采用的游隙不尽相同。以法军野战炮兵为例，所有口径的野战加农炮游隙都一样（略大于 3 毫米）。普鲁士炮兵的火炮游隙则因不同口径而存在差异——都相当于实心弹直径的二十四分之一。在拿破仑战争的俄国野战加农炮中，游隙大约相当于炮膛内径的二十九分之一。在其他条件完全相同的前提下，游隙越小，火炮射程和精度就越高。

同一口径的火炮也可能在管长和管壁厚度方面存在显著差异。奥军的野战加农炮和萨克森军队的旧式野战加农炮管长大约是弹径的 16 倍，法军的野战加农炮和萨克森军队的新式野战加农炮管长大约是弹径的 18 倍。即便在同一支军队当中，也可能会出现同一口径的多种火炮。以 18 世纪下半叶的普军炮兵为例，仅 12 磅加农炮就有三种之多——轻型（管长是弹径的 14 倍）、中型（管长是弹径的 18 倍）和重型（管长是弹径的 22 倍），重型加农炮的炮身重量可以达到轻型、中型加农炮的 1.5 倍以上。不过到了 19 世纪初，普军野战炮兵中的 12 磅加农炮就只剩下中型了。

榴弹炮与加农炮存在显著差异，榴弹炮的炮身要短得多，它的长度只有弹径的 4.5—7 倍，此外，许多军队的榴弹炮中还有所谓的"药室"（камера），也就是炮膛尾部安放装药的空间，它的直径要小于炮膛内径。由于装填时需要用手把装着火药的纸包或帆布包塞进药室里，因此榴弹炮的炮膛深度就不能大于手臂长度。在 18 世纪末 19 世纪初，大部分欧洲军队依然用旧的方式命名榴弹炮——也就是用榴弹炮发射的石弹磅数来命名，虽然炮兵已经很久不用石制的实心弹了。在英军中，榴弹炮的名称源于以寸为单位度量的炮膛内径。而在法军中，榴弹炮名称起初源于以寸为单位度量的榴弹直径，后来则和英军一样使用以寸和更小的长度单位度量的炮膛内径。寸相当于尺的十二分之一，不过，和作为重量单位的磅一样，尺这个长度单位在不同的国家也往往会存在差异。

对拿破仑战争期间欧洲主要军队所用火炮的比较（见附录）表明法军加农炮的实心弹重量大于其他国家的对应火炮，游隙则要小于对应火炮，此外，法军加农炮的管长也要长于其他军队，在这个方面只有普军加农炮并不逊于法军。最后，法军加农炮要比普军加农炮轻得多，也比英军加农炮轻一些。就装药重量和炮弹重量的比例看，法军火炮要略低于普军和英军，但也高于奥军和俄军。因此，法军的加农炮是欧洲主要军队中最好的加农炮。

普军加农炮的突出之处在于装药重量相对于炮弹重量的比例较高，但普军加农炮游隙相当大，炮身也最沉重。俄军加农炮最轻便，而且与普军、奥军和英军加农炮相比，其游隙相对较小，弹重则相对较大，但就药、弹重量比例来看，俄军加农炮总体而言却是最低的，只有12磅加农炮的平均比例才高于奥军的12磅野战炮和英军的12磅轻炮。奥军加农炮管长最短、游隙最大、装药和炮弹的重量比例也最低，所以实心弹的杀伤力相对较弱（火药质量也会影响到杀伤效果，但关于这一点并不存在确切数据）。与此同时，奥军加农炮则要比普军、英军和法军轻一些。

火炮的射击

任何一门火炮在射击时的必要人手都是5—6个人，其中每一个人都需要肩负特定的职责。为了减轻工作负担并加快射速，还可以增加一些人手，所以就炮组成员人数而言，轻炮少则7—8人，重炮多则12—15人。

由于后坐力的影响，火炮在每次射击结束后都要后退一段距离，这就需要用人力将火炮推回原位。后坐距离取决于火炮全重、炮弹重量、火药用量、射击仰角和地面状况，最少有1.5米，最多则可达到5米以上。

在装填火炮之前，还有必要清理炮膛内部，否则此前射击时留下的火药残渣仍在冒烟，它可能会引燃随后填入的装药，导致装填人员受伤或死亡。清理炮膛时需要使用固定在长杆上的特制毛刷，这种工具被称作炮刷（банник）。

一名站在火炮右侧（这个"右侧"指的是从站在火炮后方观察敌军动向的人员角度看过去的右侧）的炮手将负责使用炮刷。

清理完炮膛后，另一名站在火炮左侧的炮手就要把装药填入炮膛。在18世纪之初，装填还是分步进行的。先要放入装药：或用特制的药铲（шуфлы）把散装火药铲进去，或把预先称量好且装在帆布包或纸包里的定装火药放进去。然后把一块圆柱形木块放进炮膛将装药牢牢封住。最后再将炮弹——实心弹或榴弹——送进炮膛。装填手需要连续将上述物体放入其中，一名炮手则要把炮刷倒过来，用加厚的长杆——人称推弹杆（прибойник）——底部将它们塞进炮膛末端。装填手通常还有一两名协助运送弹药的助手。

早在18世纪上半叶就有人开始制备一体化的发射药包，它包括已经精确测量过的装药、给炮弹留出半球形缺口的圆柱形木块——它在炮兵术语中名为弹托，法军炮兵称其为sabot，俄军炮兵则使用源自德文的шпигель（德：Spiegel）一词——以及附着在弹托上的炮弹（实心弹或榴弹）。弹药整体会被打包装进厚布袋或特制的厚纸袋。使用这种弹药可以显著加快装填速度。不过，即便在加农炮采用发射药包后很久，榴弹炮仍旧采用分步装填，这是因为榴弹炮药室直径小于炮膛内径，那就只能先将一袋或一包火药放入药室，再把榴弹送进炮膛。因此，对榴弹炮而言，它的炮膛不能比手臂长。

将药包放入炮膛尾部后，站在火炮左后方的另一名炮手就要用特制工具清理位于炮膛后部上方的火门，从火门中刺穿药包。此后，他要么将导火管（一只内部装有可燃混合物的木管）插入火门中，要么将火药粉末撒入火门。

由于火炮在射击完毕后会后坐，就有必要在每次开火时都重新瞄准。调整火炮水平朝向的步骤如下：瞄准手沿着炮管观察目标，然后下令调整火炮朝向，一两名站在火炮后方的炮手随后使用插入特制金属环中的木柄将炮架尾部转向左侧或右侧，这样就可以微调火炮瞄准方向。

在垂直方向调整仰角的步骤起初如下所述：瞄准手沿着炮管观察目标，一两名炮手用杠杆竖起炮管末端，当炮管处于预定位置后，瞄准手就把一块木楔子放在炮管末端下方的横杆上，以此固定仰角。到了18世纪，位于炮架以上、炮管末端以下的螺杆装置广为流传，它可以沿水平、竖直方向推动炮身。这些创新极大地方便了瞄准，使得它可以由一人独自完成，其速度也大为提高。

当火炮装填、瞄准完毕后，炮手就要远离火炮，以免在火炮后坐时不慎落到炮车车轮下方。随后，位于火炮右侧、炮管末端的瞄准手就把一根被称为"点火杆"（пальник）的特制火绳杆插入火门。点火杆引燃导火管或火门里的火药，然后继续烧到炮管内部的装药，射击步骤就此完成。

到了18世纪末19世纪初，得益于上述创新发明和火炮的轻量化，训练有素的炮组可以在一分钟之内完成多次射击。火炮口径越小，能够达到的射速就越高：3磅炮或4磅炮可以在短期内实现每分钟高达6发的射速。在实战中，炮兵既要观察弹着点，追求精准射击，也要出于安全考虑不能在装填过程中犯错，以免导致装药过早爆炸，还要防止炮管过热，以免炮管变形乃至铸炮所用合金中的锡融化，因此炮兵的实际射速要低得多。远距离射击时的射速约为每分钟1.5发，而在无须仔细瞄准的近距离射击中，射速可以高达每分钟3—4发。

在移动火炮时需要用到所谓的前车，它是一种两轮马车，前车后部有一个相当厚实的垂直基轴，可以将炮架尾部放在基轴上，为此，炮架后方的横杆上会留有一个特制的孔洞或装有一个大型金属圆环。前车需要以多对挽马拖曳。18世纪上半叶的野战炮需要至少10匹战马。到了该世纪下半叶，随着火炮的轻量化，6磅加农炮只需要4匹或6匹挽马（2对或3对前后相继的挽马），12磅加农炮也只需要6匹或8匹（3对或4对）。弹药装在弹药车里运输，这些车辆也会配备自己的挽马编队。某些军队的炮兵会在前车上放置小型弹药盒，里面的炮弹数量可能会高达几十发，有的军队甚至还会在炮架上的小盒子里放入几发炮弹。

野战火炮需要在良好的道路上机动，或者至少也得在坚实的地面上机动，然而，即便在有利情况下，即便配备了全套挽马，它们的机动速度仍然相对较慢。野战炮兵在战斗中通常沿着最好的道路行进，和装载弹药、工具的车辆一道编组成独立的纵队。

18世纪上半叶的野战炮在脱驾、就位后通常不会展开战地机动——要从后方将挽马编队带到火炮所在地，让野战炮重新系驾，移动到另一处便于作战的阵地，然后再度脱驾，这些步骤耗时实在太久。此外，敌军在炮兵机动过程中不会遭到威胁，既漫长又移动缓慢的挽马编队也会成为敌军的理想目标。团属火炮在战地机动时由人力运输，炮兵会参与搬运，火炮所属团也会派出若干步兵前来协助。

在18世纪中后期，随着野战炮重量有所减轻，它们也同样可以借由人力进行短距离机动。在人力运输时可以采用若干装置，比如说插到炮架上特制金属夹架里的木杆，又比如说挂在肩膀上的背带，它和末端装有钩子的绳子或皮带连在一起，后者会挂到炮架的特制圆圈上。尽管大口径火炮的重量也减轻了，但对它们而言，这种人力运输方式仍然是相当缓慢、冗长的。

为了在不使用前车的情况下让火炮轻松、快速地完成机动，炮兵还采用了其他装置。如果能够使用特制的绳子或皮带，用钩子把它们挂到火炮上，也可以套上一两匹挽马去协助人员运输。如果以这种方式机动，那就既可以让炮口朝前，也可以让炮口朝后（也就是说不用调转炮口就可以前进或后退），这与使用前车机动有所不同，因为火炮在系驾后只能以炮口朝后的状态运输。

后来出现了所谓的"钩索"（prolonge），这是一种让火炮能够和前车连在一起、在战斗中以足够快的速度移动相当长一段距离、沿着地面拖动炮架尾部的长绳。运输中，钩索可以帮助火炮以炮口朝前或朝后的状态展开机动，当火炮停下后，它也可以迅速与前车分离。然而，使用钩索机动时的速度仍然较慢，运输过程也相当艰难。如果有必要尽快让火炮机动几百步或更长一段距离，那最好还是让火炮系驾，使用前车运输。得益于火炮的轻量化，配备全套挽马的前车在拖曳火炮时能以快步行进，所以炮兵们哪怕是跑步也一样追不上火炮。

骑炮兵——所有炮兵都配备乘马并骑马行进，火炮挽马编队中的马匹数量也多于普通炮兵——在18世纪下半叶出现在某些军队中。骑炮兵能够以跑步行进。有人认为弗里德里希二世在七年战争中率先（于1759年）创立了骑炮兵。然而，弗里德里希的想法实际上源于他与俄军的一次交锋，在那次战斗中，俄军完全由骑兵组成，却仍然携带了火炮。[9] 事实上，18世纪中叶的俄军不仅会给步兵团配备团属火炮，也会给某些骑兵团配备火炮。尽管如此，以独立炮兵单位形式存在的正牌骑炮兵要到1794年才在俄国出现。在以奥军为代表的某些军队中，骑炮兵里只有少数炮兵乘马行进，其余人员则坐在炮架、前车和弹药车的特制皮革座位上。这样的座位被称为"香肠座"（Würst）。

欧洲军队直到18世纪末都存在一个阻碍炮兵战地机动的严重问题，这个问题甚至在有些军队中持续到19世纪初：炮兵的挽马由私人承包商提供，赶马的驭手（ездовые）也并非士兵。某些军队甚至要拖到开战前才会签订马匹供应契约并雇用驭手。战斗一打响，承包商就会竭力将挽马带到后方去，以免它们遭受敌方火力杀伤，驭手也会尽量远离危险。结果，炮手就别无选择，只能在必要情况下采用应急手段自行移动火炮。如果遭遇全面失败的情况，部队也陷入溃逃，那么炮兵就只得扔下火炮，把它们留给敌人。

所有军队相继采用了另一种制度：驭手成为和炮手一样的士兵，也开始遵守同样的纪律。军队抽出人员和马匹——马匹是预先以公费购买的——组建了特定的炮兵辎重部队。不过，在某些军队中，这类炮兵辎重部队的士兵在运输火炮时并不是火炮所属炮兵部队军官的正式下属。

炮弹种类、弹道和对目标的杀伤效果

要想杀伤目标，实心弹就必须直接命中它。实心弹需要水平射击或以2°—3°以内的极小仰角射击。当实心弹能够以足够的速度飞行时，它对人员和马匹的杀伤效果非常强：在皮埃蒙特（意大利西北部的邦国，首都为都灵）进行的实验表明，皮埃蒙特8磅炮（口径大约相当于俄国的6磅炮）在近距离射击时可以用实心弹击穿整整20匹挨在一起的马。[10]

实心弹在有效射程内可以将飞行轨迹上的一切人员打死打残。在拿破仑战争亲历者的回忆录中，人们可以找到描述实心弹穿人体、砸碎脑袋后将脑浆和鲜血溅到周边人员身上、让切断的肢体飞上天的诸多资料。

即便实心弹并没有触及人员，而只是在很近的地方飞过，它带来的冲击波仍然有可能强烈影响人员，导致他在此后几天内无法作战。如果实心弹导致人员头部负伤，其挫伤后果甚至有可能影响终身。炮兵军官奥西普·维肯季耶维奇·戈尔斯基（Осип Викентьевич Горский）的故事就是一个典型案例。在1812年7月20日/8月1日的别雷（Белый）镇战斗中，他把身子探到火炮前方清理炮膛，就在那一刻，一发敌军实心弹从他头顶上和背后飞过，戈尔斯基于是失去了知觉，他的头、颈和背都变黑并肿胀。不过，他随后还是恢复过来，甚至能够继续投入战斗，到了1812年9月，他已被任命为第7骑炮连连长。

戈尔斯基坚持认为他的骑炮连在小雅罗斯拉韦茨（Малоярославц）会战中用实心弹击毙了法军第13步兵师师长亚历克西-约瑟夫·德尔宗（Alexis-

Joseph Delzons）将军，在 1813 年 4 月 19 日 /5 月 1 日的里帕赫（Rippach）战斗中打死了法军近卫骑兵指挥官让 - 巴蒂斯特·贝西埃（Jean-Baptiste Bessière）元帅，在 1813 年 5 月 10 日 /22 日的赖兴巴赫（Reichenbach）战斗中导致法国宫廷总管热拉尔 - 克里斯托夫 - 米歇尔·迪罗克（Gérard-Christophe-Michel Duroc）将军受了致命伤，还让弗朗索瓦 - 约瑟夫·基尔格纳（François-Joseph Kirgener）将军阵亡，在莱比锡会战中又削掉了前文已经提到过的拉图尔 - 莫堡将军的双腿。然而，戈尔斯基终其一生都受到病痛发作的严重影响，他在极度兴奋的时刻往往不知道正在做什么，之后也记不清自己曾经做过什么。按照此人的说法，他正是在这种状态下才不知出于什么缘故于 1825 年 12 月 13 日 /25 日前往圣彼得堡参政院广场，结果被人指控参与十二月党人密谋，因而于次日遭到逮捕，他无法为自己申辩，不得不在流放地生活多年。[11]

从加农炮中水平射出的实心弹会在重力影响下逐步落地。实心弹在离加农炮尚有一定距离的地方撞击地面，而后弹起，接下来继续向前飞行，依然保持着威胁。在坚实、平整的地面上，实心弹可以弹起 5—6 次，每次的飞行距离都比前一次短一些，直到最后无法飞起，只能沿着地面滚动为止。但即便是在这种情况下，如果挡在炮弹前方的人没有避让，它依然能削掉脚趾或脚后跟。

让实心弹以弯曲弹道进行高仰角射击几乎毫无意义，由于炮管、炮弹和火药质量差和瞄准器具较为原始，射击准度非常低，所以，用实心弹命中步兵和骑兵的单薄战线就显得极为困难。如果实心弹以超过 12° 的仰角射击，它落地后就无法弹起，而是直接栽进地里。[12] 即便是在准确命中的情况下，以大角度落地的实心弹也只能击中少数几个人。因此，就算敌军离实心弹初次落地处还有很远一段距离，炮手仍然会以不超过 2°—3° 的小仰角展开射击，这是希望实心弹能够在第一次或第二次落地弹起后命中敌军。

从加农炮到实心弹初次落地处的距离取决于加农炮口径、装药重量、炮管长度、炮口仰角以及炮口和入射点间的高度差异。根据沙恩霍斯特举出的例证，当普鲁士 6 磅炮在平整地面上水平射出实心弹时，炮弹初次落地处距离火炮为 400 步（约 292 米），弹起后继续飞行 600 步（约 438 米），接下来再前行 500 步（约 365 米），此后又是 400 步，之后两次各飞行 100 步（约 73 米），所以，实心弹总的飞行距离是 2100 步（约 1533 米）。[13]

撞击点所在地面的坚实、平整程度也会影响实心弹的弹跳距离。在采用跳弹射击时，为了让实心弹持续飞行并横扫轨迹上的一切目标，实心弹在第二次弹起后就不应当跃升得比人体还高。显然，在使用这种射击方式时，除去加农炮位于高地，而己方其余部队位于低地的特殊情况外，加农炮是无法让炮弹从己方部队上空飞过的。然而，即便加农炮有可能越过己方部队头顶射击，时人一般也不会建议炮兵如此行事：这样的射击会扰乱己方人员，弹托甚至有可能会误伤他们。[14]

沙恩霍斯特就炮兵的射击准度和射程给出了若干信息。就平均数据而言，在使用 6 磅加农炮瞄准 14 尺（4.40 米）宽、6 尺（1.88 米）高的标靶直射时，如果标靶和火炮距离为 800—1000 步（584—730 米），有一半的实心弹可以命中；如果距离为 1500 步（1095 米），命中率还有六分之一到七分之一；如果距离为 1800 步（1314 米），命中率就只剩下二十分之一了。在平整的地面上，当测试方使用 12 磅加农炮轰击相距 2200 步（1606 米）的标靶时，命中率至多为三分之一。如果采用跳弹射击距离为 1800—2500 步（1314—1825 米）的标靶，命中率大约在四分之一到五分之一；如果火炮从 100 尺（31.4 米）高的小山上朝平地射击，那么跳弹在同等距离上的命中率仍然与前文的平地测试相近，但如果从山下的平地射击 100 尺高的小山，同等距离上就只有六分之一到八分之一的跳弹能够命中。

在 6 磅加农炮朝距离火炮 400—600 步（292—438 米）的标靶发射的所有实心弹中，有一半炮弹偏离射向 5—7 尺（1.6—2.2 米），部分炮弹的偏离高达 20 尺（6.3 米）。当距离为 1500 步（1095 米）时，就有一半炮弹偏离射向 12—15 步（8.8—11.0 米），部分炮弹的偏离高达 50—60 步（36.5—43.8 米）。当距离为 2000 步（1460 米）时，最大的偏离距离达到了整整 100 步（73 米）。[15]

地形的特征对加农炮的火力影响很大。如果敌军隐蔽在狭窄的低地里或小丘后方，那他们实际上仍是安全的。野战工事——工事胸墙厚 2—3 米，用压实了的土建成，此外还用缠绕起来的木棒或柴捆（捆在一起的木柴）加固——和配有厚墙的石构建筑在被炮火摧毁前也能够很好地抵御实心弹火力。如果实心弹落地点凹凸不平或土质松软，那就可能导致下一次"跃起"长度下降，进而使得炮弹在水平、竖直两个方向严重偏离射向。

反过来说，如果实心弹落在多石的地表上，那就可以增强炮击威力——由于实心弹带来的冲击，碎石会以高速飞离地面，给邻近人员造成严重伤害。[16]在炮击建筑物时，砖、石、瓦、木的碎片也会重创建筑附近或内部的人员。

为了实现最大的杀伤效果，时人一般建议把加农炮部署在面朝敌军的缓坡上，敌军所处位置则应当是尽可能平坦的大块开阔地。这样的阵地可以为炮兵提供良好视野，也能让火炮发挥威力。炮兵有必要观测实心弹的弹着点并加以调整，确保它落在大体平整的坚实地面上，让它既不打到陡坡、悬崖、冲沟等地，也不落到草丘或沼泽中。将加农炮部署在坡度陡峭的高耸土岗上并不是一种值得推荐的做法——要是展开远距离射击，实心弹会以太大的角度落地，因而要么反跳乏力，要么立刻栽进地里；要是敌军迫近土岗底部，那么加农炮就很难命中敌军，甚至根本无法命中。将加农炮部署在陡坡上也无利可图，因为剧烈的侧倾会导致它难以瞄准。

如果加农炮并不在高地上，而是位于大体平整的地面上，那么哪怕它前方只有少数地物——小丘、树丛、灌木丛、建筑物等等，敌军都可以利用它们避开火力。因此，适于部署加农炮的高地在这个时代的战术里会扮演非常重要的角色。这既是源于高地可以为加农炮提供最好的射击条件，也是因为敌军对高地的仰射效果相对较差。此外，这类高地可以为身处后方的部队提供掩护，让他们位于敌军视野之外，也能免遭敌方炮火打击。

榴弹是一种能够炸裂的炮弹，它与实心弹截然不同。在引爆榴弹时需要预先让导火管穿过开口插入到榴弹内部。在榴弹炮发射榴弹时，它会引燃导火管——一根内含可燃混合物的木管或芦管，一段时间后，导火管延烧到底部，火焰就被传导到榴弹内部的火药里，爆炸随之发生，导致榴弹炸裂、破片飞出。

榴弹炮可以让炮管以高仰角射击，这样就能够轰击位于高地和建筑物后方以及建筑物和狭窄洼地里的敌军部队，与此同时，榴弹炮却有可能躲在高地后方和洼地里隐蔽起来。当榴弹炮使用全装药（也就是在药室里塞满火药）进行高仰角射击时，榴弹就可以飞得相当远。根据沙恩霍斯特的数据，当一门普鲁士 7 磅榴弹炮使用 2 柏林磅（0.936 千克）装药以 20° 仰角射击时，榴弹就可以打到 2500 步（约 1830.8 米）以外，一门普鲁士 10 磅榴弹炮在仰角为 20°、装药为 2.5 柏林磅（1.170 千克）时可以将榴弹打到 2900 步（约

2123.7 米）以外。[17] 根据伽桑狄的数据，格里博瓦尔体系下的法军 6 寸榴弹炮在仰角为 45° 的全装药（装药重量为 28 盎司，即 0.857 千克，1 磅 =16 盎司）射击中可以将榴弹打到 1200 法寻（2339 米）之外，法军于 1795 年投入现役的 6 寸普鲁士式"远程"榴弹炮（obisier de 6 pouces à longue portée, à l'instar des Prussiens）在仰角为 45° 的全装药（装药重量为 4 磅 8 盎司，即 2.203 千克）射击中可以将榴弹打到 1600 法寻（3118 米）之外。[18]

然而，高仰角射击的准度相当低，而且在这种远距离射击中准度可以说是尤为低下：由于炮管短、游隙大，即便仰角相同，榴弹炮在发射榴弹时的落点散布也要比加农炮发射实心弹时大得多。此外，以高仰角、全装药射击还会让炮架迅速受损。

从开火到榴弹炸开的时间间隔由导火管内可燃物的燃烧速率和导火管被截去的长度决定。这种做法相当不准确，有的榴弹炸开时间太早，有的太晚，还有的根本就没有爆炸：这可能是因为开火时没有点燃导火管里的可燃物，也可能是由于导火管质量不佳或受了潮，因而提前熄火。当榴弹炮以高仰角射击且榴弹落地后并未跳起时，约有 3%—4% 的导火管会在飞行途中脱落。如果榴弹落地后又跳起，就会有 11%—12% 的导火管脱落。[19]

沙恩霍斯特的测试表明，10 磅榴弹在使用 1 磅 11 罗特（0.629 千克，1 罗特 =0.031 磅）装药时会产生 18—19 块破片，7 磅榴弹在使用 1 磅（0.468 千克）装药时会产生 24 块破片。榴弹的破片可以飞到距离爆炸点整整 300 步（约 220 米）远的地方。然而，如果榴弹在地面上炸开，那么破片就只能杀伤 40—50 尺（12—15 米）以内的步兵，而在这个距离以外，破片则会从步兵头顶上飞过。[20] 显然，由于骑兵的人马总高度大于步兵身高，破片对骑兵的杀伤范围就要大于步兵。所以，尽管榴弹无须飞入敌军队形内部，它仍要在距离敌军足够近的地方炸开。

当榴弹炮以高仰角射击时，有的榴弹会过早炸开，也就是说它在空中飞得太高，也有的会过晚炸开，也就是直到落地都没有爆炸。此外，高仰角射击也会给炮架带来较大的冲击，因此，高仰角射击时炮架的损耗速度要快于低仰角射击。所以，当炮兵在相对平坦、开阔的地面上使用榴弹炮时，他们也往往会采用和加农炮一样的射击方式：以很低的仰角展开射击，让榴弹低空掠过并多次跳起，最终在敌军队形中爆炸——如果无法在敌军第一线附近炸开，那也得在第二线或预备队附近炸开。[21] 榴弹炮的高仰角曲射主要用于攻击位于障碍物后方或工事内部的敌人。尽管榴弹炮可以越过己方部队头顶展开轰击，但它在实战中很少这么做。这既是因为曲射过低的杀伤力和观察弹着点的难度，也源于有人担心某些榴弹可能会在己方部队上空过早爆炸。[22]

炮火对部队的影响不仅仅出现在人员损失方面。就算实心弹没有伤到人，它也会在飞行中制造出呼啸声和刺耳的蜂鸣声，[23] 影响到士兵的注意力和心理，此外，实心弹落地时激起的土块和烟尘也会产生影响。榴弹同样能够以其呼啸声和爆裂声惊吓士兵。[24] 榴弹的轰击对骑兵的影响尤为显著——爆炸的声浪会吓到战马，让它们远远跑开。[25]

除去实心弹和榴弹外，还有一个使用广泛的弹种——霰弹（德：Kartätsche，法：cartouche à balles、mitraille，英：cannister、case-shot、grape-shot，俄：картечь），加农炮和榴弹炮都可以发射霰弹。18世纪初的霰弹实际上就是一包用铅制成的子弹。这种霰弹的主要缺点在于铅弹相对较软，其中许多弹丸会在发射时严重变形，也就不能飞得很远，有时候会有几颗弹丸卡在一起形成铅块，这样的铅块很快就会失速，落在离火炮不远的地方。此外，铅弹落地后起跳效果不佳——它们在落地时就会变形。后来，霰弹用铸铁弹丸取代了铅弹。铸铁制成的弹丸不易变形，不会卡在一起，而且跳起效果和实心弹一样好。[26] 因此，使用铸铁弹丸的霰弹在有效射程方面取得了长足进步。

霰弹的铸铁弹丸放在圆柱形的白铁罐里。定装霰弹的制备方式与实心弹一致：将一份装药放进包里，然后给药包放上一块木弹托（шпигель），再往上就是装有弹丸的白铁罐。某些军队会分步装填霰弹：先将一包火药放进炮膛，然后再放入白铁罐（木弹托要么附着在药包上，要么附着在白铁罐上）。

白铁罐在开火后会裂开，弹丸在飞行过程中逐步向外扩散。如果对同一门火炮发射的实心弹与霰弹进行比较，就会发现霰弹的射程和穿透力都远低于实心弹。因此，霰弹虽然能够比实心弹和榴弹更有效地轰击敌方横队，但它也只能在相对较短的距离上发挥作用。到了19世纪初，大部分军队给每种火炮都配备了两种霰弹：小霰弹或近程霰弹（许多小弹丸）和大霰弹或远程霰弹（数量较少的大弹丸）。某些军队甚至会配备三种霰弹，最大的弹丸可以重达1磅。

霰弹在发射时同样需要采用较低的仰角，不过它还是比发射实心弹时的仰角略高一些。火炮前方的地形对霰弹杀伤力影响很大。根据某些炮兵的说法，大部分弹丸会在触及敌军之前落地。[27] 平整、坚实的地面可以提供最好的射击环境，它能够让弹丸很好地向前跳起。[28] 如果地面不平或湿软，又或是刚刚被犁开，就会有许多弹丸陷进地里，其他弹丸也会失速并飞往诸多不同方向。[29]

霰弹是一种相当难以预料的炮弹：即便是在同一条件下射出的两发霰弹，上靶弹丸数量差异也可以高达两倍之多。[30] 根据沙恩霍斯特的说法，如果目标位于起伏地形，霰弹的平均上靶弹丸数量就只有同一条件下平地测试时的三分之一到二分之一。在沿着上坡方向射击时，霰弹的平均上靶弹丸数量大约是平地测试时的一半，沿着下坡方向射击时则变为三分之二。[31] 从这个角度来看，不要把火炮放在坡度陡峭的高耸土岗上的意见更适用于发射霰弹的场合。

如果比较编组在同一个炮兵连里的加农炮和榴弹炮，以普军的 6 磅加农炮和 7 磅榴弹炮为例，尽管它们的口径差别很大（前者是 94.2 毫米，后者是 150.4 毫米），但大口径的榴弹炮在发射霰弹时的威力仍然远小于加农炮。其原因就在于榴弹炮的炮管相对较短，装药重量也相对较轻（可见附录中的"普军火炮参数和加农炮、榴弹炮射击测试结果"）。[32]

大口径加农炮在与小口径加农炮相比时既具备优势，也存在劣势。对加农炮而言，大口径的优势在于霰弹可以飞得更远、失速较慢、较难偏离射向，因此，在射击距离较远的目标时，大口径炮的霰弹杀伤力要强于小口径炮的实心弹和霰弹。在轰击坚固建筑物和工事时，大口径加农炮的优势体现得最为明显，因为在炮弹速度相同的前提下，弹径较大的实心弹能够击穿更厚的墙壁，造成更严重的损伤。大口径炮由于在射击远距离目标时准度更高，也在轰击敌方炮兵——这是一类体积较小的目标——时具备优势。此外，直径较大的实心弹发出的响声和呼啸声音量更大、音调更低，因而能够对敌方士兵的心理产生更强烈的影响。[33]

然而，大口径加农炮要比小口径加农炮沉重得多，因此也难以机动和操纵，其中尤为麻烦的事情是将后坐的火炮推回原地。因此，小口径炮的射速要比大口径炮快不少。在法军的 12 磅加农炮完成 3 次射击的时间内，6 磅加农炮可以射击 4 次；4 磅加农炮在短时间内射速可以高达每分钟 7 发，而 12 磅加农炮短期内最高只能达到每分钟 2 发。[34]

另一方面，如果火炮轰击近距离或中等距离上的敌军部队，那么直径较大的实心弹事实上就没什么优势了，因为不论弹径如何，实心弹的冲击力都足以击穿人、马的身体，对实心弹而言，这些人员和马匹并不能算是显著障碍。因此，落在队列里的小实心弹可以和大实心弹一样命中许多人马，也能取得近乎相同的杀伤效果。因此，当火炮在相对较短的距离上轰击敌方部队时，小口径加农炮的威力不仅不比大口径加农炮逊色，而且在某些炮兵看来，前者甚至可以凭借较高的射速获得强于后者的杀伤力。[35]

不过，大口径加农炮在发射霰弹时的有效射程更大。因此，在小口径加农炮的霰弹火力已经毫无意义的距离上，大口径加农炮仍有可能使用霰弹杀伤敌军，而且，当射击展开成横队的敌军时，霰弹在一定距离内的威力还要强于实心弹。霰弹的杀伤力大小也取决于弹丸是在击穿了一名敌军后继续杀伤后续人员，还是就陷进它命中的第一个目标，因此，大口径加农炮发射的霰弹在极近距离上的威力可能会强于小口径加农炮发射的实心弹。不过，现有的信息还不足以得出这方面的确切结论。[36]

至于榴弹炮，大口径榴弹炮在榴弹射程方面要优于小口径榴弹炮，但一般而言榴弹炮不会朝这么远的目标射击。大口径的优势在于弹径较大的榴弹爆炸效果更强，能够让破片飞得更远。大口径榴弹炮在发射霰弹时也比小口径榴弹炮更有效。不过，在同一支军队的榴弹炮中，与小口径榴弹炮相比，大口径榴弹炮的重量更大，也更难操纵。

除了实心弹、榴弹和霰弹外，拿破仑战争中还用到了榴霰弹或施雷普内尔弹。这种炮弹以研发它的英国军官亨利·施雷普内尔（Henry Shrapnel）命名，它在1784年研发成功，1803年被英军采用，1808年首次用于欧洲战场，在葡萄牙投入实战。榴霰弹是一种榴弹，但榴霰弹内部不仅有火药，还有相当数量的弹丸。榴霰弹在炸开后通常会出现15—25块破片，弹丸的出现则使得杀伤效果剧增。在拿破仑战争中，只有英军广泛使用了榴霰弹，它成了供加农炮和榴弹炮使用的弹种。

除了上文列出的弹种外，当时还有燃烧弹、照明弹和发烟弹，这类炮弹都是榴弹，拥有数个开口和多种类型的药包，药包放在金属网或金属片组成的护套中，内部装有特制的可燃物。

十八世纪火炮性能和重量的变迁

在 18 世纪初，炮膛和炮弹的制造技术依然非常原始。由于合金质地不佳，管壁就得铸得非常厚，以防炮管在开火时裂开，因此炮管重量非常大，这就需要相当结实的炮架——事实证明这样的炮架也相当沉重，所以拖动一门火炮需要至少 10 匹马，而火炮就算在良好路面上也依然行动迟缓，在战斗中更是极难机动。

早在 17 世纪就有人开始尝试创建灵活机动的炮兵。三十年战争（1618—1648 年）期间，瑞典国王古斯塔夫·阿道夫（Gustav Adolf）在他的军队里引入了专门用于发射霰弹的特制加农炮，它轻到无须马匹协助几个人就能搬动的地步。随后，这类火炮也出现在其他军队中。它们的作战目的是直接支援步兵作战，因而被称作团属火炮或营属火炮。这类轻炮此后逐步出现在几乎所有欧洲军队中。因此，用于会战的火炮可以分为两类：野战火炮和团属火炮。

随着时间的流逝，合金质地得到了提高，铸造技术有所进步，通过实验获得的经验也不断累积，火炮的管壁变得越来越薄。人们根据试验得出了炮弹重量和装药重量的最佳比例和这一比例下的最佳管长。事实证明，在一定范围内显著降低管长几乎不会对射程和准度造成影响。野战炮的重量在 18 世纪逐步减轻。为了增强火炮机动力，炮兵开始放弃口径太大的火炮，其余火炮也尽可能地进行轻量化革新：他们将管壁和炮架越做越薄，这也就限制了火炮能够承受的装药量并缩短了管长。此外，炮兵还提高了炮管、炮弹铸造质量，缩小了炮弹与炮膛内壁间的游隙，这就使得火炮的射程和准度不至于下降太多。

在法国，两种火炮体系——最早版本出现于 1732 年的瓦利埃（Vallière）体系和七年战争结束后不久才出现的格里博瓦尔（Gribeauval）体系——的支持者争论了很久。格里博瓦尔在确立自己的火炮体系前曾为奥军效力过一段时间，而奥军当时已经装备了较为轻型的火炮。瓦利埃体系的支持者指责格里博瓦尔的火炮——同等口径的格里博瓦尔体系火炮重量只有瓦利埃体系火炮的三分之二——射程和穿透力不足，所以，在使用格里博瓦尔体系火炮时，为了有效轰击敌军，就只得把火炮推到离敌军较近的地方，而且这类火炮也不适于破坏工事，它们的炮身和炮架都太过脆弱，炮架在快速射击时会损毁，炮身则可能在开火时裂开。

格里博瓦尔体系在 1764 年出现，此后于 1765 年进行了测试，但直到 18世纪 70 年代后期才被法军正式采用。这一体系直至 1803 年都几乎毫无变化，此后虽然出现了一些变革，但幅度也不算很大。引入轻量化火炮极大地增强了火炮在行军途中和战场上的机动力。然而，12 磅加农炮仍然相当笨重，它在行军中还是需要 3 对挽马，这依旧多于只用 2 对挽马的小口径加农炮，12 磅加农炮的战地机动也更为困难。

组织与战术

18 世纪初的野战炮兵并没有明确、固定的组织结构。所有野战炮都被编入所谓的 "炮场"（артиллерийский парк）。军队统帅根据战斗队形将炮场里的火炮分成若干个被称为 "炮群"（батарея）的部分，通常情况下会在步兵战线侧翼配置一个炮群，如果战线足够长，也有适于炮兵部署的地方，那还可以沿着战线正面配置至少一个炮群。炮群可以包括任意数量的火炮，而且它们的种类、口径往往存在差异，由于统帅的决定可以随时改变火炮的分配情况，炮群实际上也只是一种临时的组合。到了 18 世纪中叶，弗里德里希二世的军队开始设立成分固定的炮群——一般由 10 门同口径的同类火炮组成。在 18 世纪下半叶，几乎所有欧洲军队都采用了标准化的固定野战炮兵编制，许多军队还设立了加农炮和榴弹炮混编的炮兵连：一般包括几门同一口径的加农炮和 2 门同一口径的榴弹炮。

在 18 世纪初，火炮数量和军队人员数量的比例大约是每一千人配备 2—3门炮。在那时，野战火炮仍然被视为一种辅助工具，它的确有用，特别是在防御中非常有效，但并不是特别重要。到了世纪中叶，奥军率先认识到火炮可以扮演重要防御兵器的角色，因此显著提高了火炮比例，此后，弗里德里希二世也不得不着手增加火炮数量。俄军同样携带着数量众多的火炮参与七年战争。此时，火炮和人员数量的比例已经增长到每千人 5—6 门，到了战局末期，这一比例甚至还有所上升，因为部队人数在战局中会出现明显下降，但火炮数量通常仍与战局之初保持一致。

关于火炮在战斗中的运用原则，时人存在诸多不同观点。炮兵倾向于轰击敌方炮兵。步兵和骑兵的将领、军官也时常在自己麾下的步骑兵遭遇炮击时，要求炮兵轰击敌方炮群。只有在敌方步骑兵迫近炮兵的情况下，炮兵才会倾向于轰击敌方步骑兵。由于双方炮兵通常以同一方式行事，两军炮兵就时常互相轰击。由于放列后的炮兵是相当小又相当分散的目标并且时常可以得到野战工事的保护，再加上射击准度低，这类交火虽然有时会持续很久并消耗大量弹药，却往往不会带来什么战果，也几乎对战斗过程毫无影响。

弗里德里希二世在 1782 年颁布的炮兵教令中指出，上述做法是几乎所有炮兵都会犯下的错误。他要求自己的炮兵只轰击敌军步兵战线，以此袭扰敌军，不让敌方步兵有秩序地集体完成机动。他认为只要完成了这一目标，普军就可以迅速歼灭敌军步兵，继而拿下敌方炮兵。[37]

战斗打响后，进攻方的野战炮兵就要轰击敌军部队，为冲击进行火力准备，等到步兵开始冲击时，炮兵一般就被迫停止射击，因为它还不能有效实施超越射击，如果冲击遭遇失利，炮兵就得再度开火，以此掩护己方步兵退却。防御方的野战炮兵则要尽可能地杀伤推进中的敌军，要打乱其队形、迟滞其行进并阻止敌军攻入关键阵地。因此，野战炮兵在会战中的角色仍然局限于支援己方步骑兵——主要是步兵。到了 18 世纪下半叶，随着野战火炮的机动力、射速和准度显著提高，军事理论家们开始提出新的炮兵战术思想，但这类想法并没有立刻付诸实施，笔者将在后文对它们加以探讨。

就编制而言，团属火炮属于步兵团，而且几乎总是和母团待在一起。这些火炮在战斗队形中位于步兵营的横向间隔前方，所以它们实际上是沿着步兵战线正面平均分配——第一线和第二线都是如此。团属火炮的角色是直接支援步兵并增强其火力。团属炮兵在进攻中伴随步兵推进：鉴于步兵行动缓慢，有时还会停止行进，在射击间隔期里，得到了若干步兵协助的炮兵就能够让他们的轻型火炮移动到步兵前头，等到火炮进至距离敌军约 200—300 步后，团属炮兵就会停止前进，转而迅速发射霰弹。[38]

野战炮兵和团属炮兵间的差异在 18 世纪逐渐消弭：一方面，野战火炮的重量大为减轻，另一方面，尽管团属火炮依然是最轻型的火炮（通常是 3 磅或 4 磅加农炮），它们的威力却变得越来越强，和大口径野战炮已经没有什么本质差异。尽管如此，就组织层面而言，团属炮兵依然顽强坚持了很久，它时而取消，时而重建，围绕团属炮兵利弊的争议也一直持续到 19 世纪的头几十年。

注释

[1] 笔者在撰写这一章时采用了下列文献: Scharnhorst G. H. D. von, *Handbuch für Officiere, in den anwendbaren Theilen der Krieges-Wissenschaften*. Hannover, T. 1, 1787; *Idem.*, *Über die Wirkung des Feuergewehrs*. Berlin, 1813; Decker K. D. *Die Artillerie für alle Waffen*. Berlin, 1816; Gassendi J.-J.-B. de *Aide-mémoire à l'usage des officiers d'artillerie de France, attachés au service de terre*. 5-me édition. Paris, 1819; Adye R. W. *The Bombardier, and Pocket Gunner*. London, 8th edition, 1827; Нилус А. А. *История материальной части артиллерии*. СПб., 1904. 下文只会就某些特定信息给出注释。

[2] Маркевич А. И. *Руководство к артиллерийскому искусству*. (《炮兵技能手册》) СПб., т. 1, 1820, с. 98.

[3] Gassendi, *op. cit.*, t. 2, p. 907, 911. 伽桑狄 (t. 2, p. 894) 还给出过一张将千克折算成法磅的表格, 根据该表格, 1 法磅相当于 489.146 克。

[4] Adye, *op. cit.*, p. 235, 埃迪给出的折算比例是 1.08。

[5] Gassendi, *op. cit.*, t. 1, p. 490-491 (实心弹的实际重量)。

[6] *Маркевич, Руководство*, т. 1, с. 86 n.5, 88.

[7] Gassendi, *op. cit.*, t. 2, p. 912.

[8] *Ibid.*, t. 1, p. 484-485; Morla T. de *Tables des principales dimensions et poids des bouches à feu de campagne, de siege et de place, avec leurs affuts et avant-trains, des projectiles etc. ainsi que des charges, des portées etc. des bouches à feu des artilleries principales de l'Europe*. Leipsic, 1827, Tableau No. 2, n. (a).

[9] Nosworthy, *The Anatomy of Victory*, p. 297-298.

[10] Маркевич, *Руководство*, т. 2, 1824, с. 491.

[11] 《Записка статского советника Осипа Викентьевича Грабе-Горского》(《国务委员奥西普·维肯季耶维奇·格拉贝-戈尔斯基回忆录》)//*Девятнадцатый век. Исторический сборник.*(《十九世纪历史汇编》) М., 1872, Кн. 1, с. 201-212.

[12] Гогель И. Г., Фитцум И. И., Гебгард К. К. *Основания артиллерийской и понтонной науки*. (《炮兵和舟桥兵科学基础》) СПб., 1816, ч. 2, с. 18.

[13] Scharnhorst, *Über die Wirkung des Feuergewehrs*, S. 10.

[14] Guibert, *op. cit.*, t. 1, p. 264 (俄译文见: *Хатов, Общий опыт тактики*, ч. 1, с. 280); Фитцум И. И. 《Отрывки, касательно полевых орудий》(《与野战炮有关的片段》) //*Артиллерийский журнал* (《炮兵期刊》), 1811, № 3, с. 60; Маркевич, *Руководство*, т. 2, с. 451.

[15] Scharnhorst, *Über die Wirkung des Feuergewehrs*, S. 10-13 (俄译文见: Гогель и др., *Основания артиллерийской и понтонной науки*, ч. 2, с. 48-50)。

[16] Clément C. *Essai sur l'artillerie à cheval*. Pavie, 1808, p. 9; Berthezène P. *Souvenirs militaires de la République et de l'Empire*. Paris, 1855, t. 1, p. 58; Costello, *op. cit.*, p. 153; Вессель Е. Х. *Записки об артиллерийском искусстве*. (《炮兵技能讲稿》) СПб., 1830, ч. 2, с. 313.

[17] Scharnhorst, *Über die Wirkung des Feuergewehrs*, S. 8.

[18] Gassendi, *op. cit.*, t. 1, p. 514-515.

[19] Caraman V. M. J. L. de Riquet,《Service d'artillerie en campagne》//*Spectateur Militaire*, t.10, 1831, p. 431.

[20] Scharnhorst, *Über die Wirkung des Feuergewehrs*, S. 31-32 (Гогель и др., *Основания артиллерийской и понтонной науки*, ч. 2, с. 56).

[21] Маркевич, *Руководство*, т. 2, 1824, с. 451.

[22] Медем, *Тактика*, ч. 2, 1838, с. 100.

[23] 《Instruction du grand Frédéric pour l'artillerie de son armée》//*Spectateur Militaire*, 1828, t. 4, p. 57; Guibert, *op. cit.*, t. 1, p. 270; Clément, *op. cit.*, p. 13, 22-23.

[24] Маркевич, *Руководство*, т. 2, 1824, с. 500-501.

127

[25] Okouneff, *Examen*, p. 342; 同样的内容见: *Considérations*, p. 268-269.

[26] Tronson du Coudray C. *L'artillerie nouvelle, ou éxamen des changements faits dans l'artillerie française depuis 1765.* Liege, 1772, p. 65-66.

[27] Сиверс Я. К.《Об усовершенствовании артиллерии》(《论炮兵的进步》) //*Военный журнал,* 1811, № 21, с. 6.

[28] Гогель И. Г.《О тактике артиллерийской》(《论炮兵战术》) //*Артиллерийский журнал,* 1809, № 3, с. 3.

[29] Decker, *Die Artillerie*, T. 1, S. 153, 253-254; T. 2, S. 144.

[30] Гогель и др., *Основания артиллерийской и понтонной науки,* ч. 2, с. 52.

[31] Scharnhorst, *Über die Wirkung des Feuergewehrs,* S. 24-25（俄 译 文 见: Гогель и др., *Основания артиллерийской и понтонной науки,* ч. 2, с. 53）.

[32] Caraman,《Service d'artillerie…》//*Spectateur Militaire*, t. 10, p. 433.

[33] Clément, *op. cit.*, p. 22-23.

[34] Allix de Vaux J.-A.-F. *Système d'artillerie de campagne.* Paris, 1827, p. 147.

[35] *Ibid.*, p. 153; Caraman,《Service d'artillerie…》//*Spectateur Militaire*, t. 10, p. 415.

[36] Caraman,《Service d'artillerie…》//*Spectateur Militaire*, t. 10, p. 433: 霰弹的大弹丸（5颗弹丸重1磅, 即每颗弹丸重97.9克）能够在260法寻（500米）的距离上连续杀死2人。

[37] 《Instruction du grand Frédéric pour l'artillerie de son armée》//*Spectateur Militaire*, t. 4, 1828, p. 58-59.

[38] Nosworthy, *The Anatomy of Victory*, p. 314.

十八世纪末法军
战术的发展

第二篇

引言

俄军在1799—1814年间的主要对手是法军。法军的组织结构与战术对包括俄军在内的其他欧洲军队产生了深远影响。因此，如果要想准确理解俄军在这一时期的战术变迁，就有必要先行分析法军此前的战术发展状况。

18世纪的欧洲国家在征募军队时使用两种手段：从本国臣民和外国人中募集志愿兵，从本国下层人口中强制征召适宜服役的人员。有些国家以招募志愿兵为主，只是在必要情况下才强制征集人员，另一些国家则以周期性的强制征兵为主，将招募志愿兵作为辅助手段。普鲁士国王弗里德里希二世有效地运用了这两种手段，他的步兵团里有一半以上的士兵是外邦人，外邦人中大部分又是来自各个德意志小邦的德意志人。骑兵被视为军中声望较高的兵种，因而能够吸引相对较多的志愿兵。法国也从瑞士人和德意志人中招募士兵，还将他们单独编成若干个团。

在18世纪的军队中，上层人士占据了绝大多数军官职位，这些人是志愿从军的贵族。贵族需要在战场上做出表率：如果来自基层的士兵能够看到"贵人"和他们站在一起，就更容易直面危险。其他阶层人员在跻身军官的过程中会受到严格的限制，而且他们的上升通道在这个世纪里也变得越来越窄。即便是那些有愿望、有能力在军事生涯中崭露头角的平民至多也只能期望成为最下层的军官，大部分人则不可能晋升到上士——这个军衔在法军和英军中称作sergent-major或sergeant-major，在德意志各国军队中称作Feldwebel——以上。

在大革命后的法国，各个阶层拥有平等的权利，任何人不论出身如何都有机会凭借其能力与品质成为军官。法国在1793年废弃了旧的征募方式，转而采用普遍兵役制。因此，1793年和1794年的法军获得了众多新兵，军队数量也飞速上升。然而，法军并没有足够的时间让新兵准备战争，他们的训练水平也不足以在战斗中成功运用线式战术原则。法军被迫直接在战争中寻觅最适合军队崭新组织结构的战术。法军在一连几年近乎毫无间歇的战争中发展出与旧式战术截然不同的新式战术。与新式战术一同出现的还有全新的军队组织结构。等到拿破仑攫取最高权力的时候，新的战术体系已经基本完成了。新式战术中的许多特征并非全新，它们的萌芽期各不相同。接下来的 4 个章节将会探讨法军的战术发展进程。

第五章 横队与纵队 [1]

在几乎整个 18 世纪里，战场上的步兵营都以横队作战：他们在冲击时使用横队，在射击时也使用横队，只有在赶赴战场和行经起伏地形时才会用到纵队。而在拿破仑时代，步兵在战地机动时通常不会采用横队，而是以营纵队展开机动：每个营都列成一个独立的小纵队，其正面通常为 2 个排（即 1 个分营）。步兵战术的上述变化背后有一段漫长的历史。

18 世纪 20 年代，一场关于步兵战术的理念争论肇始于法国。这场争论起初主要关注如何发起冲击、冲击时是否应当射击以及需要使用何种队形展开冲击。其中一方的代表人物建议使用由一个或多个步兵营组成的纵队发起坚决冲击，而且认为这些纵队应当是连绵不断的，纵队各个组成部分和下属单位之间不应当留有任何空隙。尤为值得一提的是，法国军官让 - 夏尔·德·福拉尔（Jean-Charles de Folard）在他出版于 18 世纪 20 年代的著作中系统提出了上述主张。[2] 到了 18 世纪下半叶，另一位法国理论家弗朗索瓦 - 让·德·梅尼尔 - 迪朗（François-Jean de Mesnil-Durand）进一步发扬了纵队冲击理念，此人的第一批主要著作在 18 世纪 50 年代面世。[3]

下文列出的是福拉尔和梅尼尔 - 迪朗的论据：步兵的横队太漫长也太单薄，它只能缓慢、艰难地行进，横队很容易被击穿，它的两翼也过于脆弱。由于后列的推动力，大纵深的密集纵队在正面冲击中要强于横队。此外，纵队的侧翼并没有横队那么薄弱，因为纵队的侧面几乎与正面一样长。而且，纵队也能更容易、更快捷地通过任何地形。福拉尔和梅尼尔 - 迪朗鄙视步兵和炮兵的火力，甚至建议让一部分步兵重新装备长枪。然而，他们同样声称自己设计的纵队可以打出足够有效的火力。

福拉尔和梅尼尔 - 迪朗的理论引发了漫长而激烈的争论。一些经验丰富的军官反对他们的看法，但同样也有人予以支持。18 世纪 50 年代的法军步兵条令中引入了与福拉尔主张类似的纵队。七年战争中的法军一再尝试使用纵队，他们排出的纵队多种多样，使用目的也不尽相同。庞大的实心纵队只在战争之初出现过几次，而且也没有取得预想的战果。在 1759 年 4 月 13 日的贝根（Bergen）会战中，法军将庞大的步兵集群列成一个大纵深纵队，把它部署在一个作为阵地支撑点的大村庄后方。这个纵队在必要情况下抽调部分步兵向前投入战斗，击退了敌军在这一地段的所有冲击。有些时候法军会使用由一两个营组成的小纵队，这种纵队主要用于强击筑垒阵地和村落据点，此外也可以发起突袭。有些时候法军采用纵队与横队相结合的混合队形，但从仅有的描述来看，尚不能明确判定法军想要通过这种混合队形达到何种目的。总的来说，实战结果表明，庞大的实心纵队并不适合作战，各个组成部分之间留出一定距离的小纵队反而能够在某些场合发挥作用。

七年战争结束后，浅近队形（ordre mince）和纵深队形（ordre profond）的支持者之间又以崭新的力度爆发出激烈的理念之争。鉴于法军在多场会战中败于普军之手，有人就认为法军应当采用普军的做法，这种现象实在是再正常不过。这种学习普军的观点拥有很大的影响力，18 世纪七八十年代编写的步兵条令中对此也有所反映。此时，有一些军官开始尝试调和这两种极端观点。

在这一时期的法国，军官们就如何让部队撤出战场、如何将部队列成战斗队形进行了诸多探讨。有些军官还开始为军队设想全新的组织、战术体系。吉贝尔是 18 世纪下半叶的法国军事理论家中最有名的人物之一，他也是一位亲历过七年战争的军人。吉贝尔的第一部主要著作出版于 1772 年，这本书不仅在法国军官中广为流传、惹人注意，还传遍了整个欧洲并被译成其他文字——也包括俄文。鉴于这部著作对欧洲的军事思想影响极大，下文会对它详加阐述。

吉贝尔认为，步兵的主要职能是射击，因此，步兵的战斗队形和战术都应当以步兵能够有效射击作为首要目的。他彻底摒弃了纵深队形能够增强冲力的看法。在他看来，纵深队形相对于浅近队形的优势仅仅源于一个事实：纵深队形能够给敌军士兵带来更强烈的心理冲击，敌人会出于本能害怕正在朝他们推进且拥有优势兵力的部队，而且位于纵队最前方几列的人员通常都是精选出来的士兵，纵队冲击的胜利基本都依赖于他们的勇气。然而，如果纵队的前列人员在敌军面前止步不前，那么后列人员非但不能把前列人员往前推，自己反而会陷入混乱，挤到一起，朝天开枪，最终人员集体逃跑，纵队全面崩溃，只能在长途撤退后重整队形。

吉贝尔指出，就算庞大的实心纵队在冲击中成功击退了敌军，它也会出现混乱，而且无法迅速恢复队形，因而既不能及时冲击敌军第二线部队，也不能快速展开成横队据守刚刚夺占的阵地，这样，纵队就很容易被敌方的反击打退。有鉴于此，步兵队形厚度就不应当超过三列，因为只有这样才能让队列里的所有士兵都能使用兵器。吉贝尔认为，在强击敌军要塞、冲击入口有限的阵地、从要塞内向外出击等情况下，当地形或其他限制条件导致部队只能以狭窄正面发起冲击时，也可以使用纵深较大的队形。但即便是在这类情况下，纵深队形后续部分起到的作用也不是所谓的增强冲力，而是恐吓敌军和为先头部队提供支援，使其坚持战斗，也就是说，后续部队不应当紧跟先头部队，而要保持一定距离。[4]

吉贝尔认为，纵队在冲击中的正面宽度不应当超过 1 个分营（2 个连），每个纵队至多只能包括 2 个营（这两个营前后相继），用于冲击的纵队不应当是实心纵队——前后两部分之间必须至少留出 3 步。吉贝尔坚信，与其使用一个大纵队，倒不如将它拆成几个小纵队，还要在纵队之间部署一定数量的以散开队形作战的步兵，让这些散兵凭借火力骚扰敌军并将敌方火力吸引过来。纵队在冲击时必须以双倍步速不发一枪地向前推进，距离敌军 200 步后加速到三倍步速，距离敌军 30 步时直接跑步冲击。如果参与冲击的部队成功击退了敌军的第一线部队，就应当立刻将它由纵队展开成横队，准备击退敌军新锐部队的反扑。然而，吉贝尔还是认为只有在无法使用横队冲击的情况下才应该使用纵队。[5]

不过，根据吉贝尔的看法，纵队主要还是在下列两个场合中发挥作用：一、部队在进入预定阵地列成战斗队形前的行进场合；二、部队在交战过程中有必要转移阵地或行经起伏地形时的战地机动场合。如果纵队要变为与行进方向平行的横队，它就应当列成全间距纵队，并让所有的排同时完成旋转（见第一章"步兵"图 3）。

如果纵队要展开成与行进方向垂直的横队，就应当列成紧密纵队或半间距纵队，纵队的各个组成部分在展开过程中要斜向行进或先以伍为单位侧向行进再向前行进。这种由纵队变为横队的队形变换被称为"展开"（法：déploiement，俄：развертывание 或 деплоирование，后者源于法语词

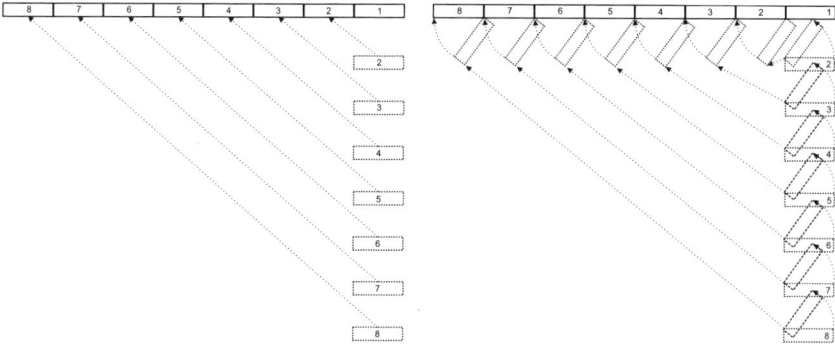

图 12. 以排为单位的疏开纵队展开成横队

déployer，意为伸直打开）。此外还发展出一种名为"收拢"（法：ploiement，俄：свертывание）的队形变换，它是将横队变为纵队，其基本原则与展开相同〔让横队中的所有排同时旋转变为纵队的旧方法则被称作"解散"（法：rompre）〕。

吉贝尔建议在编组紧密纵队或半间距纵队时不要以连为单位，而要以分营为单位。如果地形导致部队需要列成以排为单位的纵队，那就有必要在展开成横队前将纵队重新编组成以分营为单位的纵队。至于将横队收拢成纵队，吉贝尔认为各个连应以伍为单位直接奔赴预定位置。[6] 应当注意到，上述队形变换方法并不是吉贝尔创造的，它们早在 18 世纪中叶就已出现在普鲁士军队中。

吉贝尔指出，纵队不仅能以第一连或第一分营为基准展开，实际上任一连或分营在展开时都可以作为基准部队。以第二连或分营为例，它可以待在原

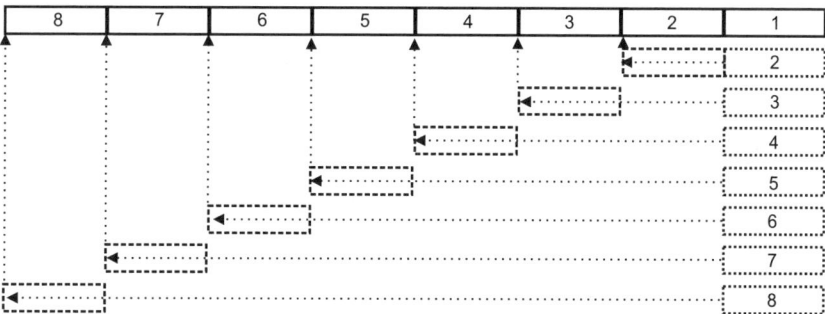

图 13. 以排为单位的紧密纵队展开成横队

135

地，让第一连或分营先向右行进再后退，第三连或分营以及后续部队先向左行进再前进。吉贝尔指出，与旧的展开方式相比，这类新方式可以让部队以纵队迫近敌军，并在距离敌军近得多的地方展开成横队。然而，他也告诫读者，不

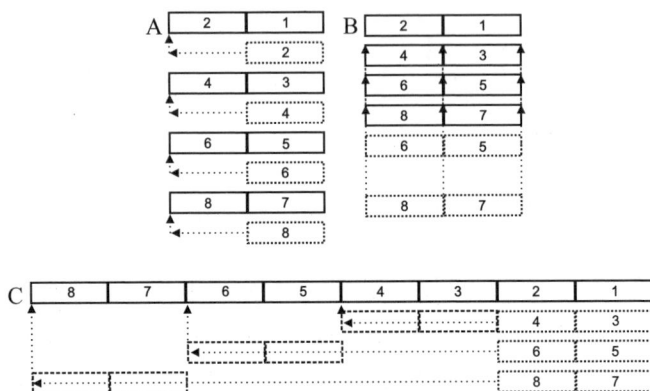

图 14. 以排为单位的紧密纵队

A. 以排为单位的纵队变为以分营为单位的纵队。
B. 以分营为单位的纵队在前进途中收紧队形。
C. 以分营为单位的紧密纵队展开成横队。

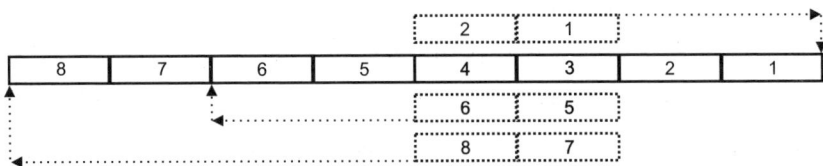

图 15. 以分营为单位的纵队以第 2 分营为基准展开成横队

要尝试冒着敌军的猛烈火力将纵队展开成横队。[7]

如你所见，吉贝尔构思出了一种相当灵活、合理的战术体系，在这一体系中，横队与纵队各司其职：纵队用于机动，横队用于战斗，机动速度、机动便利程度以及火力杀伤效果都得到了重点关注。总的来说，吉贝尔的体系仍然更接近线式战术，不过，如果障碍物或工事导致部队无法以横队发起冲击，他还是赞成部队在冲击中使用纵队。

然而，战术理念之争仍在持续。尤为值得注意的是，梅尼尔 - 迪朗在 1774 年出版了一部新作，他在书中以各个组成部分之间留出一定距离的纵队

取代了实心纵队，但依然坚持要求以纵队发起冲击。[8]梅尼尔 - 迪朗主张在冲击中采用并列纵队，也就是同一战线中各个单营纵队之间留有一定横向间隔的队形。他在这部著作中提出了一种编组多营纵队的新方法，计划将这种纵队用于进入战场的机动当中，还给出了一种将它展开成战斗队形的方法。法军在演习中检验了上述方法：1775 年，梅斯（Metz）城的驻军出动 2 个团（4 个营）参与试验；1778 年，集结在诺曼底沃西约（Vaussieux）营地的一整个军团（包括 44 个步兵营和 6 个龙骑兵团）参与试验。军方对梅尼尔 - 迪朗的方法态度不一，最终并未接受他的主张。吉贝尔则在 1779 年出版了又一部著作[9]，他在书中批判了梅尼尔 - 迪朗的战术体系，并为自己的体系声辩。

与此同时，其他作者开始提出介于两种队形支持者的极端观点之间的某种折中看法：横队有利于射击，因此也适于防御，但它很难在行进途中维持队形，所以纵队更适于攻击——尤其是冲击；另一种看法是部队需要以纵队展开机动，但在迫近敌军后，特别是进入敌军有效射程后，则要展开成横队，并以横队投入战斗，不过，如果部队需要发起坚决冲击，那还得重新编组成若干个小纵队。

七年战争结束后，法国在起草新步兵条令方面做了大量工作。因此，在连续发布多个版本的条令后，法军最终在大革命爆发后于 1791 年 8 月 1 日采用了新的条令，后来的革命军队和拿破仑的军队都根据这部条令展开训练。尽管一些法军将领和军官对 1791 年条令提出了十分激烈的批评，法国的下一部步兵条令却要拖到 1831 年才出现，而且即便是这部条令也大面积照搬了 1791年条令的内容。1791 年条令给其他国家的条令带来了深远影响，其中当然也包括俄军在 1809—1820 年间分成多册发行的新步兵条令。

1791 年条令将横队确立为步兵的主要战斗队形，但条令中也包括了种类繁多的纵队，其中有不少是由一个营编成的纵队。这部条令几乎搜罗了所有已知的机动纵队类型和横纵队变换方法：纵队的正面可以是 1 个连或 2 个连（1个分营），可以是紧密纵队（各连前后间距为 3 步）、疏开纵队（各连前后间距相当于连横队的宽度）或半间距纵队（前后间距相当于半个连横队）。要想将横队变为疏开纵队，既可以让各个连旋转 90°，也可以让每个连以伍为单位行进，要想将疏开纵队再变为横队，那既可以使用相同的方法，也可以采用斜向行进（向 45° 方向行进）。

如果要将横队收拢成以两个连为单位的纵队（即纵队以分营为单位），再将这个纵队展开成横队，那么，各个分营就要以伍为单位直接赶赴队形变换完成后自己的位置所在。收拢和展开都能够以任一连或分营为基准完成。[10] 这类队形变换方法反映出条令受到了吉贝尔思想的影响。

　　除了上文列出的各种纵队外，1791 年条令还描绘了一种被称为"冲击纵队"（colonne d'attaque）的单营纵队，它以中央连为基准列成，正面是 2 个连。在这种纵队中，前后各连的间距相当于连横队宽度的一半。在将横队收拢成冲击纵队时，侧翼连需要以伍为单位直接赶赴纵队中的预定位置，而在将冲击纵队展开成横队时，各个连则需要先侧向行进，然后再前进。[11] 如你所见，与其他类型的纵队相比，冲击纵队里的侧翼连在展开、收拢过程中需要行进的距离最小。

　　总的来说，1791 年条令是在线式战术氛围中起草的，不过吉贝尔的思想也对它产生了不容忽视的影响：以分营为单位的纵队，以任一连或分营为基准收拢或展开，在队形变换过程中让部队以伍为单位直接赶赴预定位置。因此，就营级基础队形和队形变换而言，1791 年条令可谓既十分实用又富于变化。然而，条令并没有全盘采纳吉贝尔的观点。尤为值得注意的是，吉贝尔反对第 1 列士兵跪地射击的做法，但条令依然要求第 1 列士兵在全体齐射时采用跪姿，只有在采用二列射击（按伍射击）时，第 1 列士兵才不用单膝跪地。不过，1791 年条令中的一些多营队形变换相当烦琐，笔者将在后文对它们展开进一步探讨。尽管如此，作为和平时期理念争论和军事演习的产物，1791 年条令还是给出了相当适合实战的队形变换和机动方法——至少在营级层面的确如此。

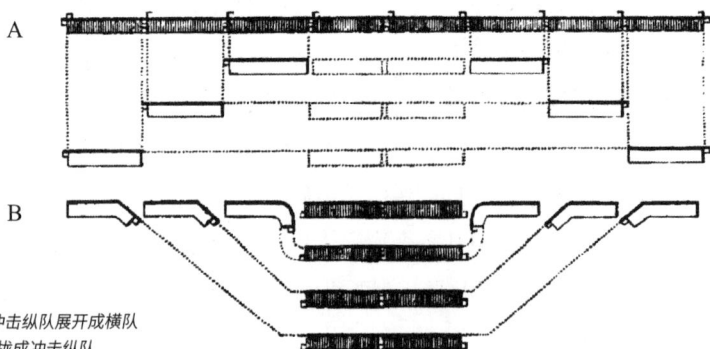

图 16.A. 冲击纵队展开成横队
B. 横队收拢成冲击纵队

有人支持浅近队形，也有人支持纵深队形，但两者的立场逐渐靠拢。前者意识到纵队在接近敌军的区域内快速机动的优势，但继续反对使用纵队冲击的主张，依旧认为横队是最好的战斗队形。后者认识到，步兵要有效地展开射击，就得使用横队，但仍然坚持认为有必要以纵队发起冲击。大部分法国军官都熟悉双方的论点并秉持较为中立的观点。法军并没有将步兵战术局限在几种死板的队形和机动中，而是发展出一套颇为灵活的战术体系，这套体系包括横队、多种纵队和合理的队形变换方式，以部队的机动速度作为主要关注对象。

1791年条令就和这一时期的其他所有条令一样，仅仅规定了士兵的训练步骤、射击方法、列队方式和队形变换方式，但并没有给出在何种情况下以何种方式运用队形的指示，也没有规定任何战斗方式。因此，法军将领和军官并没有被束缚在死板的战术教条里，反而有机会根据具体战况选择看起来合适的队形、机动方式和冲击手段。所以，到了革命战争之初，法军已经深知以纵队展开机动的所有基础原则，军中甚至还有一些支持使用纵队冲击的人，条令中也存在适用于战斗的各类单营纵队。

然而，革命战争初期的法军训练情况并不算好，因此并不能遵循全套线式战术原则作战。即便对训练有素的步兵而言，让由几个营组成的横队以完整的队形、齐整的队列和一定的间隔行进较长一段距离仍是相当困难的任务，如果是在起伏地形上冒着敌军火力行进，那就尤为困难，对于缺乏经验、训练不足的革命军士兵而言，那实际上是不可能的。法国在革命战争最初几年设立了十多个独立作战的军团，它们几乎在整条边境线上作战，而且各个军团的部队状况、作战地域和对手都大不相同。就部队质量而言，各个军团的差异很大，军团统帅的观点也分歧颇多，此外，军团统帅也时常遭到撤换。在特定营地里负责训练部队的将领观点往往有所不同，他们还把这些不同观点灌输给部队。有些将领创造出并不见于条令的独特队形和队形变换方法，这当中也包括用于冲击的纵队。[12] 因此，法军的各个军团发展出了形形色色的战术体系。

总的来说，革命战争的最初几年是战术试验时期，法军将领和军官在此期间努力运用自己的知识，根据个人的偏好探索最适合部队当下情况、特定地形条件与战术态势的队形和战斗方式。所以，不仅法军的各个军团会以不同的方式作战，就连在同一个军团、同一场会战中，法军的将领和军官也可能根据特定战况和个人偏好选择不同的队形和战斗方式，而且这些选择往往并不能带来成功。

在几乎整个 18 世纪里，法国都不断涌现出呼吁部队发起猛烈的刺刀冲击，认为这种做法最适合法军的诸多理论家和实践家。到了革命战争爆发之际，这种主张甚至变得更为流行。革命宣传持续不断地号召法军在战争中发起攻势，而且还特别提到了进攻战术：革命理念激励下的法军士兵不需要机动就可以毫无畏惧地大胆冲向敌军。就算没有弹药，也可以依靠勇气和刺刀赢得一切；就算没有步枪和刺刀，也还可以用长枪乃至草叉战斗。[13]

法军一方面追求坚决冲击，一方面又因为部队训练不佳、缺乏经验，事实上不能在较长距离的机动中维持横队队形，这就导致另一种闻名已久的战术理念——使用纵队冲击——影响大增。法军的确时常在战场上用纵队发起猛烈冲击，而且纵队冲击并没有局限在旧战术原则主张的强击工事或居民点等场合，也用于进攻位于普通地域的敌军部队。这类冲击并不总能取得成功，反而时常以完败告终，即便在初战告捷的情况下，法军有时也并不能迅速重整队形并击退敌军的反击，因而无法据守刚刚夺下的阵地。

然而，以纵队发起坚决冲击显然不是法军步兵的唯一战术——法军时常会使用横队，而且在防御中或步兵需要冒着敌方火力原地坚守的场合里尤其喜欢运用横队，因为横队中的所有士兵都可以投入射击，而且步兵如果在开阔地上一动不动地列成纵队，它因敌方炮火而蒙受的损失就要远大于列成横队时的情况。[14] 法军在冲击中时常会尝试将纵队展开成横队，有时甚至会在距离敌军相当近的地方展开。这类尝试在某些时候会以士兵在敌军火力下陷入混乱，散乱地撤回后方告终。然而，法军在某些时候的确能够在敌军面前展开成横队，甚至还会尝试继续以横队向前推进。不过，如果遭遇了敌军的猛烈火力，此举有时也会带来同样惨重的后果。

然而，正如上文所述，以纵队发起的冲击并不总能取得成功。即便是在法军最终取得胜利的会战中，他们在会战初期发起的许多冲击也算不上成功。在几乎持续不断的军事行动中，法军渐渐开始从自身的体验——往往是十分苦涩的体验——中学习战争，并在会战间歇期展开训练。虽然法军步兵的战术水准逐步提高，但直到 1794 年年底，他们的能力总的来说仍然相当平庸。

总的来说，这一时期的法军步兵通常会以纵队进行战地机动，但由于交战过程中总会出现需要转入守势或暂时停止行进的情况，所以还要始终做好将步兵展开成横队的准备。因此，为了在敌方炮火半径内迫近敌军，就要使用单营纵队，各个纵队排成列纵队并留出一定的间隔，让所有步兵营在展开后可以形成一个大横队。法军在有必要向前推进时会让步兵以纵队尽可能地迫近敌军，然后要么展开成横队，要么继续以纵队冲击，不过这两种方法都不能确保胜利。

　　纵队在迫近敌军时是否选择展开要取决于具体作战环境：一方面，在同样长的时间内，步兵纵队因敌军炮火而蒙受的损失要大于步兵横队；另一方面，如果步兵在起伏地形上冒着敌方火力行进，那纵队就能比横队更好地维持队形，因而可以在较短的时间内完成行进、承受较少的火力且以较好的队形迫近敌军。因此，如果纵队在行进过程中损失不大，而且有可能以纵队推进到离敌人足够近的地方又不至于蒙受过高损失，那就往往会倾向于发起纵队冲击——如果己方的枪炮已经在冲击前预先进行过充分的火力准备，敌军队列中也出现了混乱，纵队冲击就变得尤为可行。不过，法军通常情况下都会选择冲击。

　　有的将领直接命令部队使用纵队冲击。巴泰勒米 - 路易 - 约瑟夫·谢雷（Barthélémy-Louis-Joseph Schérer）将军在 1795 年——他当时是意大利军团（armée d'Italie，法军的军团之一，为在意大利地区作战而设立）司令——的一份教令中主张让由 4 个战列步兵半旅和 1 个轻步兵半旅（demi-brigade，法军在 1793—1802 年间对由 3 个步兵营组成的单位的称呼，相当于步兵团，拿破仑后来将半旅更名为团）组成的师采用下列战斗队形：以分营为单位的紧密

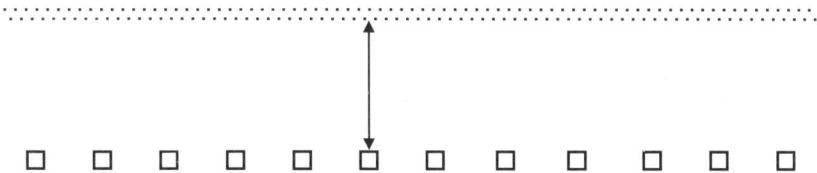

图 17. 根据谢雷将军 1795 年颁布的教令列成的师战斗队形

141

营纵队并列排布，形成一条步兵战线，所有轻步兵在该战线前方 150 步列成稠密的散兵线，相邻两对散兵的间隔仅有 2—3 步。发出冲击信号后，轻步兵就要向前行进并着手射击敌军，与此同时，战列步兵要紧跟在轻步兵身后。当轻步兵距离敌军还有 50 步远时，就要停下来射击以增强火力。按照设想，战列步兵纵队要穿过轻步兵的间隔，端起刺刀加速冲击敌军。[15] 这种战斗队形和作战方式与梅尼尔 - 迪朗早年的设想非常相似。

　　之所以会出现这样一份教令，原因在于以下事实：此前主要在山地作战的意大利军团此后将要在整体上较为平坦的地区作战，而敌军骑兵也会在那里出没。谢雷要求的战斗队形看起来有些不同寻常：所有的战列步兵都位于同一条战线当中，并没有留出预备队。这个师将占据相当宽阔的正面：假设 12 个战列步兵营之间的间隔恰好可以让相邻各营展开成横队且不出现重叠现象，那么全师的正面宽度应当是 2—2.5 千米，轻步兵旅（3 个营）即便列成稠密的散兵线，其正面也大约有这么宽。然而，考虑到 1795 年的意大利军团状况不佳，步兵营也存在严重的人员缺口，所以实际宽度应当只有假设宽度的一半到三分之二。或许谢雷的设想是让另一个师跟随这个师行进——这种做法相当正常，当军团直接由行军状态转入战斗时，各个师就会前后相继地陆续出现在战场上。

　　或许法军实际上并不喜欢在进攻中将纵队展开成横队，因为让经验不足的步兵在敌军火力下展开会导致步兵陷入恐慌和混乱，而且即便能够避免发生这种情况，展开成横队后再以横队前进也会导致进攻出现停滞，这既会带来不必要的损失，也给了敌军从混乱中恢复过来的机会。此外，如果步兵采用纵队冲击，伴随步兵推进的炮兵就可以利用各个纵队的宽阔间隔轰击敌军，可如果步兵展开成横队，就会使得大部分炮兵都无法轰击敌军，也就在最关键的冲击时刻使自己失去了可观的火力支援。

　　法军步兵战术的多样性既令许多对手倍感困惑，也导致后世的研究者摸不着头脑，其中有些人在探究过程中极大地简化了实际情况。一部分人坚持认为法军始终以纵队发起攻击，另一部分人则以莱茵 - 摩泽尔军团（armées du Rhin et de Moselle）的训练作为例证，声称法军完全是根据 18 世纪的战术精神运用纵队，也就是仅仅将纵队用于对居民点、工事的强击和林地、隘路中的战斗，而在较为平整的地带，纵队只能在迫近敌军的过程中派上用场，其后总会展开成横队，并像 18 世纪所有军队里的步兵那样以横队投入战斗。法军的确有可能时常尝试以后一种方式战斗，但这种做法是否总能奏效仍然很让人怀疑。

法军将领迪埃姆在 19 世纪初写道，就他的个人体验而言，让推进中的步兵停下来冒着敌军的猛烈火力由纵队展开成横队的做法似乎拥有魔力，竟然迷惑了许多法军高级军官，然而，在迪埃姆看来，此时非但不应该停顿，反而要加速行进乃至跑步前进。迪埃姆指出，在他目睹的法军逃跑、溃败战例中，战况几乎都如下所述：展开后的横队很难冒着敌军炮火发起冲击，如果地面上存在障碍物的话，那就尤为困难，障碍和伤亡会导致队形断裂，此后，在某个决定性的时刻，勇敢的士兵还在往前冲，其余人员却留在后面，迫近敌军的步兵营就此变得散乱，再也无法撼动敌军。[16]

另一方面，当敌军早已在漫长的战斗中出现疲态，并且还遭到法军散兵和炮兵的火力打击，还可能会出现另一种战况：敌军看到法军步兵纵队迫近，往往会在法军进入打算展开成横队的位置之前就开始退却，所以，对法军步兵而言，展开就不再必要——攻击此时已演变成对撤退中的敌军展开的追击，从法军角度来看，这看上去就是一次成功的纵队冲击。因此，就算法军希望在与敌军之间还有一定距离时将纵队展开成横队，他们也不一定就会这么做，因为具体战况可能会要求法军抓紧时间继续以纵队向前推进。

紧密的营纵队还会扮演另一个角色——应对敌方骑兵威胁的队形。革命战争之初，当法军步兵在较为平坦的地区作战时，由于法军这一时期的训练水准并不高，他们往往无法成功抵御敌军骑兵。在面临敌军骑兵发起冲击的威胁时，步兵理论上应当列成方阵，但对于革命战争初期的法军步兵而言，方阵可能过于困难。在 1792—1794 年，反法联军骑兵创造出了为数众多的击溃步兵战例。

前文提到过的谢雷将军在他的教令中建议步兵列成紧密的营纵队，当敌军骑兵出现后，就要让各连、各列尽量收紧队形，形成几乎实心的密集纵队，这样就足以抵御来自各个方面的冲击。[17] 圣西尔提到过法军在 1794 年和 1796 年使用紧密纵队抵御骑兵。[18] 步兵以紧密纵队抗击骑兵的想法早在革命之前就已经为人所知，但它要到革命和拿破仑战争中才得到广泛应用。在拿破仑战争期间，这种又被称为"实心方阵"的紧密纵队大为流行，也被写入某些军队的条令——尤其是 1812 年的普军步兵条令。[19] 从拿破仑战争结束到 19 世纪中叶，还有一些军官指出了实心方阵相对于普通方阵的优势。[20]

随着法军步兵训练水准的提高，他们开始越发频繁地使用普通的空心方阵抵御骑兵。在线式战术时代，步兵几乎没有必要采用方阵，只有当落单的步兵团、营在开阔地带遭遇敌方骑兵或毫无掩护的步兵战线侧翼面临敌方骑兵威胁时，才有必要让对应团、营列成方阵。而在法国大革命和拿破仑战争期间，法军频繁运用了单营方阵，而且这种方阵实际上可以由单营纵队迅速列成。1791年条令中并没有包括这种方阵，它只是提到了一种由4个营组成的方阵。[21]因此，从这个方面来说，法军步兵的实战做法再次与条令的规定相悖。

就横队与纵队的使用而言，这一时期的法军大体上遵循了革命前的使用法则：在展开机动、迫近敌军时使用纵队，在射击敌军时使用横队，有时如果需要在敌军火力半径内发起攻击，那也得用上横队。此外，纵队还会用于强击工事和居民点。这一时期的法军步兵战术与传统线式战术的主要差异在于：法军步兵会在敌军炮兵射程内以单营纵队机动。法军步兵在接近敌军后可能会把纵队展开成横队，但展开时与敌军的平均距离则比旧战术原则中规定的距离短得多，有时甚至会进入霰弹乃至步枪的有效射程。法军步兵时常根本不展开成横队，而是直接以纵队向敌军方向行进，发起猛烈的刺刀冲击。因此，当时的法军已不仅将纵队用于强击工事和居民点，而且还在较为平坦、开阔的地带以纵队向敌军的步兵和炮兵发起冲击。

从诸多直接和间接迹象中可以判断出纵队冲击在拿破仑战争中变得越发流行。如前所述，迪埃姆将军认为步兵在进攻中不要尝试将纵队展开成横队，而应当直接朝敌军猛冲。若米尼在他出版于1810年的一部著作中表示步兵应当在冲击某个要点时列成两条战线，每条战线中的步兵都要列成以分营为单位的纵队，第二线的营纵队还应当交错排布。若米尼写道："每个营都不要展开 [成横队]，而应当如下 [图] 所示列成以分营为单位的纵队 [en colonne par divisions]。"[22]他并没有指明同一条战线中各个营纵队的间隔，也没有说清楚战线之间的距离，他可能是暗示在每条战线的营纵队之间都留出标准间隔，也就是恰好能让所有的营纵队同时展开成横队且不发生重叠的间隔。拿破仑战争结束后，若米尼还是极力支持以纵队发起冲击。

蒂埃博将军在他于1813年出版的参谋手册中建议采用下列冲击方式：步

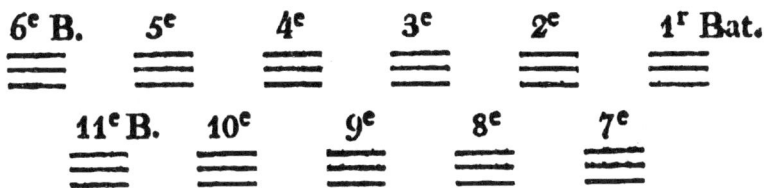

图 18. 若米尼在 1810 年主张采用的步兵战斗队形，该队形用于冲击敌方要点。根据法军步兵在 1808 年采用的新编制，一个步兵营下辖 6 个连，在战斗中分成 6 个分连，也就是 3 个分营

兵必须以纵队发起冲击，起初应当缓慢前进，但随后就要逐步加速，同时还要保持纵队内部的队形完整，并让各个纵队相互看齐。距离敌军仅有 100 步时应当加快步伐，以双倍步速行进；距离敌军 25 步后就要发起猛冲，这可能是指跑步冲击。[23] 在 1805 年、1806 年和 1807 年战局结束后，与法军为敌的其他军队开始采用营纵队，并着手学习法军的战术，俄军和普军在这方面尤为突出，这也间接表明了拿破仑战争中的法军时常使用纵队冲击。拿破仑在被流放到圣赫勒拿岛后说过这样一句话："以横队发起刺刀冲击相当罕见，步兵营在冲击时会列成纵队。"[24]

法军在战场上使用频率最高的单营纵队是冲击纵队（colonne d'attaque）和以分营为单位的纵队（colonne par division）。法军将领于格-亚历山大-约瑟夫·默尼耶（Hugues-Alexandre-Joseph Meunier）在他探讨步兵基础队形的著作——该书于 1805 年完稿——中指出，条令规定的冲击纵队并不是很适于冲击，因为各个连之间的前后距离太大（相当于半个连横队的宽度）。他主张使用与冲击纵队基于同一原则列成的队形发起刺刀冲击，仍然是让两个中央连居前，其余各连居后，但应当将纵队改为紧密纵队，也就是连间前后距离不超过 3 步的纵队。[25]

拿破仑战争的一些亲历者——特别是尚布莱将军——认为冲击纵队一般来说用起来并不算很方便，因为步兵在投入战斗前的行进途中通常会列成以连为单位的纵队，而 1791 年条令中并没有规定如何从以连为单位的纵队变为冲击纵队。如果要将步兵队形从以连为单位的纵队改为冲击纵队，就需要先展开成横队（在步兵列成包括了多个步兵营的横队时，最好还要在各个营之间留出必要的间隔）。可是，革命战争中的普遍实践是直接从行进转入战斗，这样，预先展开成横队就会浪费时间。此外，与其他纵队相比，冲击纵队只有在它同时向两边展开的情况下才能更快、更容易地展开成横队，但要是遇上了这一时期常常打响战斗的起伏地形，那就不一定能够同时展开了，而且地面上也可能存在一些障碍物妨碍展开。尚布莱在描述法军步兵的典型战斗队形时通常会提到以分营为单位的紧密纵队（colonnes serrées par division）。[26] 步兵可以轻松、快捷地从以连为单位的纵队变为以分营为单位的纵队，而且无须横队作为过渡环节。当一个营列成了以分营为单位的纵队时，它还能以任一分营为基准展开成横队：也就是说，它既能向左展开（以第 1 分营为基准），也能向右展开（以第 4 分营为基准），还能够同时向两个方向展开（以第 2 或第 3 分营为基准）。

迪埃姆将军也喜欢在进攻和退却中使用密集的营纵队（bataillons serrées en masse），他认为，在平坦、开阔的地带应当使用以分营为单位的密集纵队，在凹凸不平或覆盖着灌木丛的地方则要使用以连为单位的密集纵队。[27]1791 年条令中的 en masse 这一术语指的是一种以连为单位的营纵队，在这种纵队中，连的前后距离被压缩到最小——仅仅相隔 1 步 [28]，不过在法国的军事文献中，这个术语也可以泛指任何一种紧密纵队。

夏尔 - 安托万 - 路易 - 亚历克西·莫朗（Charles-Antoine-Louis-Alexis Morand）是拿破仑军中最著名的师长之一，他在 19 世纪 20 年代提议将以分营为单位的连间距营纵队（bataillon en colonne par division à distance de peloton）作为基础战斗队形。在他看来，敌军步骑兵就算是从侧翼或后方突然发起袭击，也不能打垮这种营纵队。他指出这种纵队可以在几秒钟之内展开成横队。应当注意到，"几"（quelque）这个词就像俄语里的 несколько 一样，在当时可以指远大于个位数的数字。莫朗坚信这样的纵队可以迅速地变换正面（将队形旋转一定角度）而不致出现错乱，而且它也是唯一适用于任何地形的队形。[29]

让 - 雅克 - 热尔曼·珀莱（Jean-Jacques-Germain Pelet）将军在 19 世纪 20 年代也主张将收拢成密集纵队且正面宽度为 2 个连的步兵营（bataillons ployés en masse）作为基础队形。他不打算在此使用"分营"这个术语，而用另一种说法代替，他还建议人们将"密集纵队"理解成相邻部分前后距离相当于连横队或排（半个连）横队宽度的纵队。按照珀莱的说法，一个 700—800 人的步兵营可以在不到一分钟内以任何一个分营为基准展开成横队或收拢成纵队。[30]

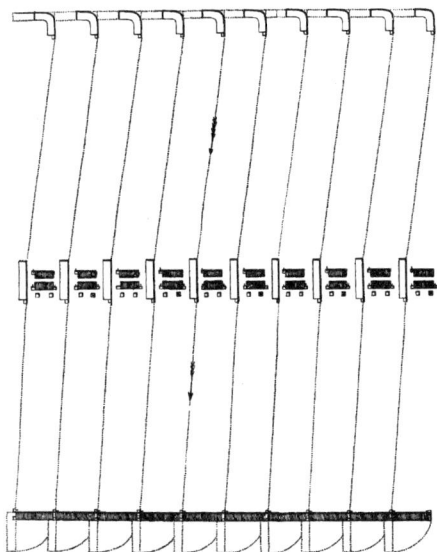

图 19. 1791 年条令中的越线换防

除了尚布莱列出的冲击纵队缺陷外,莫朗和珀莱还指出过另一个缺点,笔者将在后文对此加以探讨。

从前文中可以看出,根据某些将领的说法,以分营为单位的纵队在许多场合要比冲击纵队更便于作战。不过,若米尼直到拿破仑战争结束后仍然建议使用以两个中央连为基准的营纵队。[31] 然而,若米尼之所以这么做,原因可能在于这样一个事实:他当时还在俄军中效力,这种队形不仅得到了俄军条令的认可〔俄军术语中称其为冲击纵队(колонна к атаке)或以中央为基准的纵队(колонна из середины)〕,而且在军中非常盛行。在俄国军事理论家奥库涅夫和尼古拉·瓦西里耶维奇·梅杰姆(Николай Васильевич Медем)出版于 19 世纪 30 年代的著作中,他们都认为以两个中央排为基准的营纵队在很多方面都十分便于作战。[32] 普军在 1812 年条令中规定了一种与法军 "冲击纵队" 非常类似的营纵队,而且它的名字也叫冲击纵队(Angriffs-Colonne)。[33] 但普军和俄军都在条令中给出了无须借助横队作为过渡队形,直接由以排为单位的纵队变为以两个中央排为基准的纵队的队形变换方法。

在整部 1791 年条令中,所谓的 "越线换防"(passage des lignes)——也

147

就是让一条战线穿过另一条战线——可能是被诟病得最为频繁的地方。在这一机动过程中，需要让第一线穿过第二线退却，而后让原先的第一线变为新的第二线。根据条令的规定，第一线的每个连实际上都是一个独立的小纵队，它们要以伍为单位向后行进，穿过第二线的步兵营，第二线的每个连则要让两个半连（排）前后堆叠起来，这样，第二线部队就给第一线部队让出了通道。[34]

越线换防在纸面上看起来非常简单，但它在实战中却遇到了大麻烦。尚布莱指出：如果第一线在混乱中退却或是陷入溃逃，由于第二线的每个营都被拆分成独立的连，第一线就可能把第二线一并冲走。[35] 圣西尔就讲述过诺维（Novi）会战（1799 年 8 月 15 日，发生于北意大利，苏沃洛夫指挥的俄奥联军与法军在诺维交战）中法军运用越线换防的失败尝试：

> ……瓦特兰（Watrin，法军将领）师……列成了两条战线；每个旅组成一条 [战线]：第一 [线] 遭到了吕西尼昂 [Lusignan，奥军将领] 将军的猛攻……它无法抵挡冲击，向第二线撤退，希望通过所谓的"越线换防"机动退到第二线之后重新列队，但事实再度表明这种机动虽然在检阅里效果不错，却无法在敌军积极主动地追击的实战中奏效。最终第一线裹挟着第二线一道后退。[36]

不过，有些法国军官声称他们根据条令完成了越线换防，或是曾目睹过会战中发生的越线换防，而且认为条令中规定的这种机动不仅最为快捷，有时候也最为安全。[37]

至于由多个营一起完成的机动，法军在执行这类机动时使用的方法往往与 1791 年条令中的规定大相径庭。革命战争早期的法军步兵连最简单的队形变换——将预备投入战斗的纵队展开成横队，然后直接以横队向敌军方向行进——都只能勉强完成，至于任何一种规模稍大的复杂战地机动，实际上都无法实现。革命战争的某些亲历者——特别是圣西尔元帅和迪埃姆将军——认为战争初期的法军步兵只能在参与战地机动的部队规模不大于单个半旅或三四个营的情况下有效地展开机动。[38] 圣西尔将军在记述 1793 年战局时如此描写当时的法军：

……他们既不缺乏勇气也不缺少献身精神，只是 [欠缺] 进行人们所说的大机动 [grandes manoeuvres] 时必需的训练。当时我军的士兵就个体而言要优于德意志 [士兵]，如果以一个营、一个中队乃至一个团作战，也总能击败人数相当的敌军，哪怕是一个旅也能够在任意地形里与敌军打个平手，可在 [参战] 人数更多、部队层级更高的情况下，敌军就在平原上拥有无可争辩的优势，这是因为他们能够快速、准确地完成机动。[39]

　　按照圣西尔的说法，敌军在机动方面的优势虽然有所减弱，但也顽强地持续到了 1794 年，直到当年年底，法军才基本上掌握了如何在战场上完成复杂机动。[40]

　　因此，即使法军能够让一个营乃至三四个营展开战地机动并完成横纵队变换，却仍不足以在大会战中成功完成机动——这样的成功需要依赖军队各个组成部分的准确协同，需要在正确的时间和方向让部队及时投入战斗。大部队在投入战斗前会列成漫长的纵队，据守阵地时又会形成绵长的横队，所以，如果步兵大部队想要完成纵队展开成横队、横队收拢成纵队或变换正面等队形变换动作，其难度将远高于单个步兵营的队形变换，也代表了更高的战术层次。法军要想在平坦、开阔的地带赢得大战，就需要先学会如何让大部队展开机动。

　　法军将军团分成了若干个师——这一做法将在后文详加探讨，此举在一定程度上解决了大部队机动问题。然而，仅仅将军团划分成师并不够，法军有必要让各个师尽可能以更快捷、便利的方式进入战场，展开成战斗队形，执行变换正面和战线轮换。如前所述，1791 年条令中规定的多营机动或所谓的"队形变换"相当复杂，对官兵的训练水准要求极高，而且耗时也很长。此外，地面上的各种障碍物也会大大增加某些队形变换的复杂程度，甚至导致它们根本无法完成。最后，在遵照条令执行队形变换的过程中，各个步兵营都不会列成战斗队形，它们要么成了以连为单位的全连间距营纵队，要么被拆成若干个无法呼应的连或分营。因此，在敌军面前展开这类机动可以说是相当危险，如果执行机动的部队经验不足，那可就尤为凶险了。

　　1791 年条令中的大部分队形变换都将几个营前后相继形成的纵队视作步兵进入战场前的战前预备队形，在这种纵队中，每个营都要列成全连间距的疏

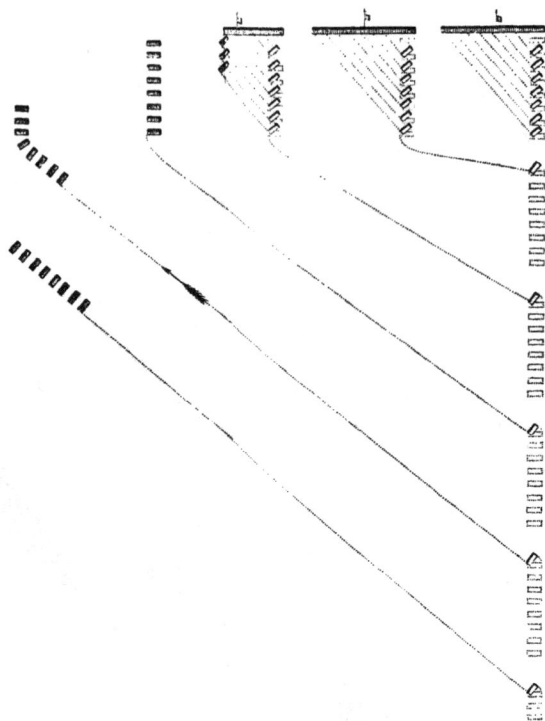

图 20. 列成以排为单位的疏开纵队的多个营展开成横队。该图源自法军 1791 年条令（图版 28，图 1）

开纵队。图 20 给出了将这样的纵队变为横队的方法，这种让部队进入战场、列成战斗队形的方法并不算新鲜，普军早在 18 世纪中叶就用过它。这样的纵队前后会拉得很长，它在展开成战斗队形时不仅需要花费很长的时间，还要求在纵队左侧留出较为平坦且没有大型障碍物的大片开阔地。

　　如果将步兵营列成紧密纵队，特别是以分营为单位的紧密纵队，那就可以大大缩短战前预备纵队的深度。1791 年条令提供了将由多个营组成的横队收拢成前后相继的纵队并让每个营都列成以分营为单位的紧密纵队的方法，也给出了将这样一种纵队展开成横队的方法。然而，在这些队形变换中，各个分营需要以伍为单位侧向行进很长一段距离，这就可能导致队列被拉得太长。[41]条令中规定的让多个营组成的横队围绕一点旋转，以此改变横队正面朝向的方法（这样一种机动被称作变换正面）相当复杂，在战斗中不易实施，在起伏地形上也难以完成，此外，每个步兵营在这一机动过程中要么会拆成多个连分别行进，要么会采用以连为单位的全间距疏开纵队，也就是说它们实际上并不能随时投入战斗。[42]

诸多亲历过法国大革命与拿破仑战争的法军元帅、将领、军官——其中包括圣西尔元帅、迪埃姆将军、莫朗将军、珀莱将军等人——对条令规定的机动提出了批评，认为其中相当一部分做法要么在战斗中难以完成，要么基本上没有必要。[43] 奈伊元帅在他于 1804 年为部队撰写的教令中表示，和平时期演练的大部分步兵机动方式在战时都派不上用场。[44] 从诸多记载中可以看出，有些机动方式的确很少用于实战，而且即便真的派上用场，也会在某些场合带来惨重的后果（然而，这些机动在其他一些场合的确能够取得成功，因此也赢得了对应的支持者）。圣西尔在 19 世纪 20 年代如此回忆法国大革命：

> 步兵当时根据 1791 年条令进行训练，这部条令虽然在战时暴露出若干为人所知的缺点，但至今仍然有效。起草条令的人 [战术] 知识相当丰富，但大部分 [人] 都缺乏战争经验或根本没有经验，与其说它适于在敌军面前使用，倒不如说它更适合在仪式性的演习中让部队看起来光鲜……
>
> 由于 [我军] 无法迅速执行条令中的规定，因此被迫摈弃了它。[45]

莫朗将军以类似的方式谈及 1791 年条令，他称其为"对军官堪称酷刑的大部头"，将其中的队形变换叫作"舞台上的机动"。他坚信如果由几个营前后相继组成纵队，且每个营都列成以分营为单位的连间距纵队，那就足以迅速执行所有的必要机动，在此期间，哪怕敌人再怎么机智，也找不到合适的冲击时机或队形弱点。以分营为单位的营纵队在战斗队形中应当并列排布，纵队的间隔应当能够让所有步兵营同时展开，形成一个完整的横队。按照莫朗的说法，他自己就曾在拿破仑战争中运用过这套机动方法。在他看来，如果要将几个营前后相继堆叠成纵队，并计划将其用于进入战场和战前机动，那么以分营为单位的纵队就是比冲击纵队更合适的选择。莫朗在 19 世纪 20 年代设想过仅仅使用以分营为单位的纵队完成机动，让它取代条令中规定的各种机动方式。[46]

珀莱将军在 19 世纪 20 年代提出了一种类似的战术体系。他认为用于机动的纵队应当是以分营为单位的连间距或排（半连）间距营纵队。各个营应当在战斗队形中并列排布，每个营都要列成以分营为单位的纵队，营纵队留出的横向间隔要恰好能让所有营展开成一个无间隔横队（珀莱认为在展开后的营横队之间留出间隔是旧战术留下的累赘）。按照珀莱的说法，如果步兵想要尽可能地发扬步枪火力或需要在敌军炮火下坚持一段时间，那就该使用横队。并列排布且留有一定间隔的营纵队应当被视为常用战斗队形，它比横队更坚实（solide），更便于机动，应当将这种纵队用于冲击和机动。这些营当然是独立行动，但位于同一战线的各个营也要相互配合。它们可以前进、后退、左转、右转以及向任意方向展开，还可以拉长或缩短战线。珀莱指出法军在上一场战争（即拿破仑战争）中大体上采用这种队形。珀莱认为冲击纵队的确具备若干优点，但这些优点并不能掩盖缺点，尤为重要的是，在前后相继的多营纵队执行机动时，冲击纵队并不能成为这种多营纵队的一个组成部分，如果坚持使用冲击纵队，就会导致机动太过复杂，甚至会引发各连数字番号混乱的危险后果。[47]

从前文的内容中可以看出，拿破仑战争期间的法军的确时常将营纵队作为机动的基础单位。如果有必要让多个步兵营一起执行任何复杂机动，每个营就会选择最短路径，径直赶赴机动结束时的预定位置，而后面朝对应方向展开。就完成机动所需时间而言，这种方式多数时候都要比条令规定的方式更快捷，而且在执行机动的过程中，每个步兵营都是一个独立单位，可以在任何时候迅速做好战斗准备：转向任意方向然后根据具体战况行事——或发起纵队冲击，或展开成横队，或列成方阵。

法军在执行越线换防或战线轮换时往往不会遵照条令行事，而是使用以连为单位的营纵队，如果需要向前而非向后轮换战线，也就是说不让第一线退到第二线后方，而是让第二线推进到第一线前方，那以连为单位的营纵队的使用频率就会特别高。尤为值得注意的是，奈伊元帅于 1804 年为部队撰写的教令和默尼耶将军的著作中都推荐了这种战线轮换方式：第二线的步兵营列成以连为单位的纵队，第一线的步兵营之间留出宽度相当于连横队的间隔（让某些连后退并侧向行进），第二线随后向前穿过第一线。[48]

围绕横队与纵队优缺点的争论不仅贯穿了整场法国大革命—拿破仑战争，也一直持续到战后，然而，争论的激烈程度已经远不如前，当时的人们主要还是在阐述某一特定队形和军队整体队形的使用原则。大部分法国作者在谈及这类问题时往往会表示纵队与横队各有优缺点，应当根据作战任务和具体战况确定如何运用。[49]

因此，法国大革命—拿破仑战争的实践解决了曾在 18 世纪引发讨论的诸多问题。几乎欧洲军队都开始逐渐以单营纵队作为运动、机动和冲击队形，使用紧密纵队抵御骑兵。这方面的例外是英军，它仅仅将纵队作为机动和运动队形，在战斗中始终让步兵展开成横队，甚至连刺刀冲击也由横队执行。

就展开后的营横队而言，它的确不算过时，实际上也在所有欧洲军队中都得到了广泛的应用——不过主要是用在防御当中。这种情况源于如下事实：在原地不动的情况下，横队因敌方炮火而蒙受的伤亡要少于纵队，横队也能够提供密集、整齐的正面火力。然而，如果横队想要尽可能有效地展开射击，前方就得是大体平整的开阔地。让漫长的横队在机动中保持队形齐整也极为困难，它需要不时停下来整队，此外，让横队在行进途中改变方向也相当麻烦。地形越凹凸不平，机动难度就越大，时人认为由多个步兵营组成的横队并不适宜机动和推进。

然而，法军有时也会使用横队投入进攻和冲击，以 1806 年 7 月 4 日发生在南意大利的马伊达（Maida）会战〔即一些法国人口中的圣厄费米（Sainte-Euphémie）会战〕为例，就有一部分法军步兵使用横队发起冲击。[50] 此外，法军有时还会使用多种横纵队混合队形。1797 年，法军在强渡北意大利塔利亚门托（Tagliamento）河和伊松佐（Isonzo）河的战斗（两战先后发生于 3 月 16 日和 19 日）中需要面对数量庞大的敌方骑兵，还得在平原上行进，因此，法军意大利军团司令拿破仑·波拿巴就采用了崭新的战斗队形。每个师都让轻步兵在前方展开成散兵队形，让两个列成纵队的掷弹兵营（将掷弹兵连从母营中抽调出来，然后编组成独立的营）和骑兵分别在轻步兵后方和侧翼提供支援。战列步兵紧随其后，他们的队形如下：每个半旅将第 2 营展开成横队，将位于第 2 营两翼后方的第 1、第 3 营列成以分营为单位的纵队。这种队形后来被称作"混合队形"（ordre mixte）。

从现有的记录来看，笔者尚不能清楚地判定营纵队相对于营横队的具体位置和两者间的距离。根据若米尼在书中给出的示意图，他认为营纵队位于营横队侧翼分营的正后方（图 21A）。不过，他又认为，当营横队与敌军交火时，营纵队就可以进入营横队的间隔中冲向（se jeter）敌军。然而，如果营纵队原先位于图 21A 所示位置，它就得先进行一系列侧向行进，而在敌军火力范围内完成这些机动可以说是相当危险。若米尼指出，可以通过将营纵队先头分营与营横队并列排布的方法改良战斗队形（图 21B），但他也意识到如果营纵队的先头分营开始射击，可能会导致营纵队不适于投入冲击。[51] 若米尼或许是想到了这样一种情况：如果先头分营的士兵也卷入交火，之后就很难让他们停止射击、继续前进。为了避免这些可能出现的麻烦，营纵队还是应当位于营横队侧后方（图 21C）。

应当注意到，塔利亚门托河和伊松佐河战斗中的法军步兵需要在敌军骑

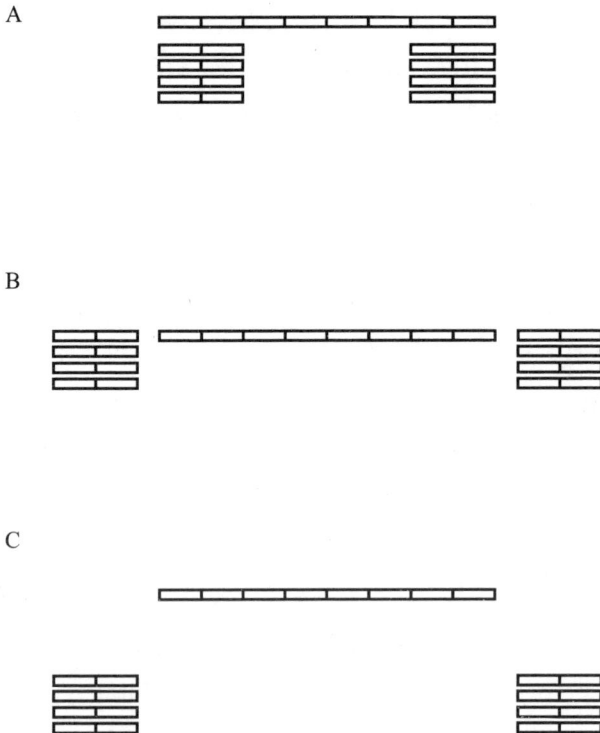

图 21. 列成混合队形的旅（3 个营）

兵当面发起进攻，而法军骑兵的数量又远少于敌军骑兵，因此，营纵队的任务或许不是发起冲击或反击，而是保护营横队的侧后方，前面的段落中已经指出若米尼也提到过这种做法。一个紧密的营纵队可以列成所谓的"实心方阵"，这实际上是一种将前后距离缩到最小的纵队（前后两个分营仅仅相隔1步），负责收拢队列的军士要转移到两翼，让他们填补分营之间的空隙。从这个角度来看，营纵队如果要用纵队前方的分营火力保护营横队侧翼，就不应当离得太远。

拿破仑曾反复向他的元帅和将军们推荐各类战斗队形，其中也包括一种混合队形。然而，这些人并没有始终遵照皇帝的建议，仍然使用了种类繁多的战斗队形，如果有足够的时间安排战斗队形，他们一般会在战斗之初将部队列成两条战线。每条战线中的步兵营既可以使用纵队，也可以使用横队。

在战场上展开机动和冲击的主要手段是以两个连为单位的单营纵队。由于这种纵队正面宽度相对较窄，与展开后的营横队相比，它在行进途中就会遇到较少的障碍，而且能够轻易地改变行进方向，在机动中，营纵队也可以更容易保持队列齐整。由于紧密纵队的侧翼没有横队那么薄弱，疏开纵队也可以迅速收紧或列成方阵，各个营纵队就不需要像线式队形中的营横队那样严格对齐。此外，如果营纵队之间留出了足够的间隔，它们也可以迅速展开，列成由几个营组成的规整横队。

与横队相比，营纵队不大可能停下来整队，或者说基本上就不会停顿。这就让纵队能够快速通过敌军的炮火杀伤范围，在发动坚决冲击时，高速行进和行进过程中不作停顿同等重要，因为它们都可以激励进攻方，恐吓防御方；与此相反，如果在冲击中出现减速和停顿，那就会削弱进攻方的信心，鼓舞防御方的士气。因此，如果部队打算对敌军展开猛攻，那么最好的还是让步兵列成纵队直接冲向敌军，既要快速行进，途中也不要停顿，不要在任何机动、队形变换和射击上浪费时间。

将大规模运用散兵与横纵队结合起来是这一时期步兵战术中的又一个崭新组成部分，这种战术在革命战争中得到了长足发展，下一章就是专门用于探讨它的。

注释

[1] 这一章主要根据下列书籍写成: Colin J. *L'infanterie au XVIIIe siécle: la tactique*. Paris, 1907; *Idem.*, *La tactique et la discipline dans les armées de la Revolution*. Paris, 1902; Quimby R. S. *The Background of Napoleonic Warfare: The Theory of Military Tactics in Eighteenth-Century France*. New York: Columbia University Press, 1957 (最后一本书大体上是用英文重述前两本书)。笔者在这一章的注释中不会提到上述三本书, 只会在涉及其他资料来源时才会给出注释。

[2] Folard J.-C. de *Nouvelles découvertes sur la guerre...* Paris, 1726; *Idem.*, *Traité de la colonne, la manière de la former & de combattre dans cet ordre*. Paris, 1727.

[3] Mesnil-Durand F.-J. de *Projet d'un ordre françois en tactique*. Paris, 1755; *Idem.*, *Suite du projet d'un ordre françois en tactique*. Paris, 1758.

[4] Guibert, *op. cit.*, t. 1, p. 30-35, 116-118.

[5] *Ibid.*, p. 119-121.

[6] *Ibid.*, p. 123-126, 133-134.

[7] *Ibid.*, p. 164-165.

[8] Mesnil-Durand, *Fragments de tactique ou Six memoires...* Paris, 1774.

[9] Guibert, *Défence de système de guerre moderne*. Paris, 1779.

[10] *Règlement ... du 1er août 1791*, p. 151-156, Planche XI; p. 217-224, Planche XVIII, fig. 2.

[11] *Ibid.*, p. 263-267, Planche XXVI.

[12] MacGregor G. (transl.) *A Treatise upon the Regulations of the French Infantry by Général de Brigade H. Meunier*. London, 1809 (reprinted: The Nafziger Collection, West Chester, OH, 2000).

[13] Lynn J. A. *The Bayonets of the Republic: Motivation and Tactics in the Army of Revolutionary France, 1791-94*. Chicago and Urbana: University of Illinois Press, p. 185-192.

[14] Ross, *op. cit.*, p. 68-72; Lynn, *op. cit.*, p. 243-257, 287-291; Nafziger, *op. cit.*, p. 161-162, 163 Table 37.

[15] Colin, *La tactique...*, p. lxxiii-lxxiv; 英文复述见: Nafziger, *op. cit.*, p. 172-173 (该书把教令作者误作圣西尔)。

[16] Duhèsme, *op. cit.*, p. 443-444.

[17] Colin J. *La tactique...*, p. LXXV.

[18] Saint-Cyr, *Mémoires sur les campagnes*, t. 2, p. 28-29; t. 3, p. 132〔俄译文见:《Записки маршала Сен-Сира о войнах во времена директории, консульства и империи французской》(《圣西尔元帅关于法国督政府、执政府和帝国时期战争的回忆录》)//*Военная библиотека*, СПб., 1838, т. I, ч. 1, c. 183; т. V, ч. 2 и 3, c. 239〕。

[19] *Exerzir-Reglement für die Infanterie der Königlisch-Preußischen Armee*. Berlin, 1812, Dritter Abschnitt, Neuntes Kapitel, § 1, S. 91.

[20] Okouneff, *Examen*, p. 76 (同样的内容见: *Considérations*, p. 179); 关于实心方阵和普通方阵优缺点的详尽讨论见: Renard, *op. cit.*, p. 96-99 (俄译文见: c. 68-71)。

[21] *Règlement ... du 1er août 1791*, p. 389-392, Planche XL, fig. 2, 3.

[22] Jomini A. H. de *Traité de grandes opérations militaires, ou relation critique et comparative des campagnes de Frédéric et de l'empereur Napoléon*. Paris, 6-me partie, 1810, p. 220〔俄译文见: Жомини, 《Сокращенные рассуждения о великих военных действиях》(《略论大规模军事行动》)//*Военный журнал*, 1811, № 13, c. 6; Жомини,《Общие правила военного искусства》(《军事艺术概论》)//*Военный журнал*, 1817, кн. 2, c. 6; Жомини Г. В. *Общие правила военного искусства*.(《军事艺术概论》)СПб., 1817, c. 26-27; 不幸的是, 以上所有译文都存在一些偏差〕。

[23] Thiébault, *Manuel...*, p. 294-295.

[24] *Correspondance de Napoléon*, t. 31, p. 521.

[25] MacGregor, *op. cit.*, p. 7-12, Plate IV.

[26] Chambray,《Quelques réflexions…》//Oeuvres…, t. V, p. 328-329, p. 332-333.

[27] Duhèsme, op. cit., p. 208, 210-211, 437, 443-444, 446-448.

[28] Règlement ... du 1er août 1791, p. 186.

[29] Morand C.-A.-L.-A. De l'armée selon la charte, et d'après l'expérience des dernières guerres. Paris, 1829, p. 143-144.

[30] Pelet J.-J.《Essai sur les manœuvres d'un corps d'armée d'infanterie》//Spectateur Militaire, t. 6, 1829, p. 112-114.

[31] Jomini, Précis, IIe partie, p. 223, 232-233, 236（俄译文见：Краткое начертание военного искусства, ч. II, c. 194, 203-204, 207; 英译文见：Summary of the Art of War, p. 296, 300, 301-302）.

[32] Okouneff, Examen, p. 72-76（同样的内容见：Considérations, p. 178-179; Медем, Тактика, ч. 1, с. 23-24.

[33] Exerzir-Reglement für die Infanterie der Königlisch-Preußischen Armee, 1812, Dritter Abschnitt, Sechstes Kapitel, § 4, S. 70-71.

[34] Règlement ... du 1er août 1791, p. 250-256 (Planche XXIII).

[35] Chambray,《Quelques réflexions…》//Oeuvres…, t. V, p. 337-338.

[36] Saint-Cyr, Mémoires pour servir à l'histoire, t. I, p. 257-258.

[37] Brenier A.-F.《Observation sur le passage des lignes》//Spectateur Militaire, t. 8, 1830, p. 47-48; D'Autane, 《Réponse du colonel d'Autane à l'article du général S***, sur le passage des lignes》//Spectateur Militaire, t. 8, p. 342.

[38] Duhèsme, op. cit., p. 114.

[39] Saint-Cyr, Mémoires sur les campagnes, t. 1, p. 53（俄译文见：Военная библиотека, 1838, т. I, ч. 1, с. 39）.

[40] Ibid., t. 1, p. 38-39; t. 2, p. 4, 51, 158（俄译文见：т. I, ч. 1, с. 29, 167, 199, 272）.

[41] Règlement ... du 1er août 1791, p. 283-288, 323-335 (Planches XXVII, XXX).

[42] Ibid., p. 364-375 (Planches XXXIV, XXXV, XXXVI).

[43] Duhèsme, op. cit., p. 207, 209-210; Pelet,《Essai sur les manœuvres...》//Spectateur Militaire, t. 4, p. 324, 327-329; t. 6, p. 101.

[44] Ney,《Instructions…》//Mémoires…, p. 412.

[45] Saint-Cyr, Mémoires sur les campagnes, t. 1, p. xliii-xlv（俄译文见：Военная библиотека, СПб., 1838, т. I, ч. 1, с. XX）.

[46] Morand, op. cit., p. 144-145, 152-154.

[47] Pelet,《Essai sur les manœuvres...》//Spectateur Militaire, t. 6, p. 114-116, 119-120.

[48] Ney,《Instructions…》//Mémoires…, p. 335-337; MacGregor, op. cit., p. 23-25, Plates VI and VII.

[49] Marmont, De l'esprit, p. 31-32（俄译文见：с. 474-475）; Jomini, Précis, IIe partie, p. 44, 230-232（俄译文见：Краткое начертание военного искусства, ч. II, с. 39, 202-204; 英译文见：Summary of the Art of War, p. 219, 299-300）.

[50] Duthilt P.-C. Mémoires du capitaine Duthilt. Lille, 1909, p. 240-241; Anderson J. Recollections of a Peninsular Veteran. London, 1913, p.12-13; Bunbury, op. cit., vol. 1, p. 244.

[51] Jomini, Précis, IIe partie, p. 227-228, Planche 4, Figure 2（俄译文见：Краткое начертание военного искусства, ч. II, с. 198-199, схемы между с. 194 и 195, Фиг. II; 英译文见：Summary of the Art of War, p. 297-298, Plate 4, Figure 2）.

第六章 散开队形的步兵

新式步兵战术与 18 世纪典型战术的差异不仅在于纵队拓展了用途，也体现在散兵的运用大有进步上。在 18 世纪末和 19 世纪初，以散开队形作战的步兵被称作散兵（法：tirailleurs，俄：тиральеры、стрелки、застрельщики）。一些革命战争的亲历者——特别是圣西尔元帅和迪埃姆将军——指出，法军步兵在 1793 年主要以散开队形投入战斗。[1] 但我们从前一章中可以看出他们的说法言过其实，有足够多的资料——其中也包括他们自己的著作——提到这一时期的法军在战场上使用了多种密集队形。尽管如此，步兵在革命战争中广泛运用散开队形仍是毫无疑问的事实。然而，散兵并不是全新的战术现象，它也拥有自己的发展背景。

在几乎整个 18 世纪，作为步兵主力的战列步兵基本上都以密集队形作战。步兵只有列成密集队形，才能在较为平整的开阔地上打退敌军骑兵的冲击，才能挡住同样密集的敌军步兵队形。如果战斗发生在起伏地形、密集的灌木丛或树林以及居民点里，战列步兵就没有多大用处：在这种战斗条件下，密集队形会不可避免地陷入混乱，军官和军士会发觉他们很难控制士兵，或是根本无法控制士兵。鉴于 18 世纪的欧洲士兵的职业上升通道非常有限，他们也不大情愿战斗——如果列成密集队形，还可以在军官和军士的控制下投入战斗，但人们并不能指望士兵自发地冒着生命危险积极参战。

一旦进入树林或建筑物中，大部分步兵就会待在掩蔽物后方，尽可能不让自己再出去，如果要让他们离开掩蔽物发起冲击或转移到其他地段，就会面临极大的困难。在弗里德里希二世的战列步兵中，有许多人不仅不愿参与战斗，而且还会随时寻觅逃亡时机，因此，他担心步兵躲开军官隐藏起来，就尽可能让步兵远离上述地带，他严禁士兵进入建筑物内部，还指出不应当让战列步兵进入林地附近，即便必须进入，也要让骠骑兵巡逻队"护送"步兵。[2]

另一方面，如果在较为平坦、开阔的地带作战，那么 18 世纪的轻步兵一般而言也派不上什么用场：轻步兵并没有根据线式战术原则接受充分的训练，所以不能成功地以密集队形作战，也就无法阻挡敌方战列步兵和骑兵的冲击。与此同时，在森林、灌木丛、冲沟、壕沟、栅栏、建筑物等障碍丛生的地带，轻步兵却能取得相当大的战果，他们可以利用这些障碍物避开敌军火力和敌军骑兵的冲击。

因此，轻步兵在大会战中通常派不上什么用场，这是因为大会战一般在开阔地上展开。然而，轻型部队在战役进程中却非常有用。他们要执行所谓的"小战争"任务，轻步兵和轻骑兵会一起侦察敌军情况、掩护己方部队、夺取敌军的食品仓库和运输车辆——18世纪的军队对此类损失异常敏感，轻步兵要进入骑兵难以攻克的山地和林地展开巡逻，此外还会执行其他诸多任务。轻型部队还可以用于夺占、据守战区内的次要据点（小型堡垒、居民点、渡河点），因为如果派遣战列步兵前去占领，就会削弱在大会战当天投入战场的部队。

轻型部队也可以在会战即将开始前或刚刚结束后投入使用，比如说，当敌军以行军队形或战前预备队形通过山地或林地时，就可以让轻型部队发起攻击，这样的攻击可以迟滞敌军行动或阻止敌军及时进入阵地。此外，轻型部队还可以在主力军接近某个据点之前迅速将其夺占并加以据守。取得会战胜利后也要派出轻型部队追击败退的敌军。

在18世纪中前期，奥地利军队的轻步兵声名卓著，它的主要兵源是居住在与奥斯曼（土耳其）帝国属地接壤的边境地区的居民。这类部队使用过多种不同名称，"克罗地亚兵"（德：Kroaten，英：croats，俄：хорваты）在18世纪下半叶成了最常用的称呼。其他国家就没有这样天生的轻型部队，只能在战争开始时或战争期间募集志愿者组建轻型部队。形形色色的人涌入了这类部队：既有不希望长期遵守战列部队那严苛纪律的好战分子，也有热爱劫掠的家伙——因为军方高层一般会对轻型部队在敌方领土上的劫掠听之任之。轻型部队里有很多人原本是其他军队的逃兵。在法军中，这类轻型部队通常不仅包括轻步兵，还有若干轻骑兵，这些部队的纪律和训练都不算好，就作战效能而言远不及奥地利轻型部队，而且还因为洗劫平民而臭名昭著。尽管如此，一些军官仍然能够依靠这样的部队取得相当大的战果。然而，军方高层和政府当局仅仅将这类部队视作"必要之恶"，一般在战争结束时就会将其解散。

因此，尽管战列步兵和轻步兵的武器装备基本相同，他们之间却存在显著的差异，这差异主要源自截然不同的征募方式。这两类步兵无法相互替换，每一类步兵都只能在自己的领域内有较好表现，而且同样重要的是，这两类步兵在战场上也几乎无法协同作战。因此，在18世纪中前期的战争——也包括七年战争——中，轻步兵很少直接用于会战，即便位于主力部队正面或侧翼的轻步兵在会战中投入战斗，他们也主要用于据守居民点、森林和广阔的灌木丛。

相对于密集队形而言，散开队形拥有诸多能够在战场上体现出来的优势。疏开队列中的散兵行进速度要比密集队列中的步兵快得多，而且这一优势在起伏地形中显得尤为明显。与密集队形中的步兵相比，散兵将机动与射击结合起来的效率要高得多：散开后的步兵能够在射击间隔期以较快速度行进，必要情况下甚至可以在行进间完成装填。散兵可以用于据守村庄或各类障碍物，如果遇到密集队形步兵难以作战乃至无法作战的林地和灌木丛，也可以让散兵投入战斗。散开队形能够为射击提供相当大的优势：士兵在散开后制造的烟雾较少，散兵之间也不会相互掣肘，因此，每一名士兵都能够拥有良好视野并仔细瞄准射击。早在18世纪上半叶就有人探讨过散兵相对于密集队形步兵的射击优势。[3]很难说这种优势到底有多大，鉴于时常有人在争论中将它作为论据，散兵的优势往往有可能被人蓄意夸大。迪埃姆将军在19世纪初写道：

> 有一位曾在倒数第二场战争[1800—1801年的战争]中为奥军效力的法国军官告诉我，某个法军步兵营距离他的连仅有100步远，但步兵营的火力仅仅让这个连损失了三四个人，与此同时，在该连侧翼300步以外的地方，小树丛里的一群散兵却导致它死伤30余人。在1801年强渡明乔河[Mincio，意大利境内的河流]时，第91[战列步兵半旅]第2营遭到比西[Bussi]团某营的齐射，仅仅损失了一个人，而这个军团的散兵在掩护退却时却在短短几分钟内就杀死[法军]30余人。[4]

这样的例证可能有极大的夸张：在面临敌军火力的会战中，参战者很难准确估计两军距离和死伤人数，要想确定有多少人因为某个因素伤亡，又有多少人因为其他因素伤亡也相当困难。战例中提到的比西团或比西军团看起来也有些奇怪，因为"比西"是奥军中某个猎骑兵团的团名。

无论如何，出于显而易见的原因，散兵的火力虽然不像战列步兵那么密集，却要精准得多。与此同时，由于在散开队形中战斗的士兵并不像列成密集队形的步兵营一样能够提供庞大且几乎毫无间断的目标，敌方如果要想命中散兵，也会面临较大的困难，此外，散兵可以隐藏在任何小丘、树木、栅栏、建筑物、冲沟或壕沟后方。以散开队形作战的优秀射手——也就是勇敢、机智、富有开拓精神的士兵，他们知道怎样准确射击，了解如何隐蔽——能够给密集队列中的敌军造成相当大的杀伤，而且他们在起伏地形战斗中的杀伤力尤大。即便敌军步兵的密集队列迫近到双方仅仅相隔150—200步，散开后的射手也不怎么害怕敌军火力，要是散兵拥有掩蔽物，那哪怕离得更近也无须惊恐。然而，在这一距离上，散兵打出的子弹却有相当一部分能够在敌军的密集队列中找到杀伤目标。散兵还可以迫近敌军炮兵并瞄准炮手开火。

当密集队形中的步兵遭遇敌方散兵火力时，他们就不得不做出以下三种选择之一——要么开火还击，要么发起攻击迫使散兵退却，要么离开阵地脱离散兵火力范围，但上述三种做法都存在严重的缺陷。密集队列发出的火力对付散兵效果不大，反而会导致近乎浪费地大量消耗弹药，而且还击散兵时的连续射击就像其他任何时候的连续射击一样，会让步兵陷入一定程度的混乱，甚至使得军官无法约束步兵。步兵在以密集队形行进时也不可能追上散兵，后者可以迅速退却甚至迅速跑开，而后继续射击。如果步兵跑步追击敌军散兵，就会导致队形断裂，此时如果敌军步兵密集队形发起反击，追击中的步兵就显得相当脆弱，如果敌军骑兵发起冲击，那就尤为脆弱了。脱离火力范围也就是离开自己原先占据的阵地，而这恰恰是敌方散兵想要实现的战斗目标。

但是，散兵需要表现得足够英勇、主动、机敏才能取得战果。他们需要进入敌军的有效射程之内，既要独立选择掩蔽物、目标和开火时机，又要相互配合。如果出现了危及自身的情况，散兵还得及时离开，但即便在退却过程中也得抓紧时机朝敌军开火。如果士兵没有足够的勇气和主动性，也没有积极参与战斗的动机，那就不适合承担散兵角色：这种人要么不敢接近敌军，不愿进入有效射程，反而会在较为安全的距离上尽快打光子弹，然后以用尽弹药为借口后撤，要么躲在掩蔽物后方不敢冒出去。因此，军官的确有可能控制密集队列，而且在做了一定准备工作后几乎可以率领任何士兵投入战斗——即便违逆了士兵的意愿，但散开作战则要求士兵应当渴望参与作战，应当关心战斗胜负并尽力打出优异成绩。

然而，就算优秀射手有机会在几乎不受伤害的情况下射击敌方步兵的密集队形，他们也得花上很长一段时间才能给敌军造成严重损失，虽然的确存在散兵迫使列成密集队形的敌军步兵退却的战例，但这样的战例十分稀少。此外，就算是最优秀的步兵，一旦在大体平整的开阔地上以散开队形作战，也将无力抗拒敌方骑兵的冲击，无法挡住敌方步兵密集队形的推进，更不能向列阵作战的敌方步兵发起坚决冲击。因此，散兵在独力作战时能够取得的战果非常少，即便他们可以迫使敌军撤出某块阵地，甚至可以进占那块阵地，敌军也能够轻松地将他们击退。

对于这个问题，最有效的解决方法就是让散开队形的步兵和密集队形的步兵协同作战，后者要位于散兵后方，和散兵拉开一定距离，负责支援散兵并扩张其战果。散兵在必要情况下——比如说遭到敌方骑兵威胁或面临敌军战列步兵的猛烈冲击——也可以撤退到己方步兵密集队形之后隐蔽起来。反过来说，散兵同样能够掩护步兵主力，可以为步兵主力的冲击进行火力准备。为了做到这一点，就应该给每个战列步兵营都配备一定数量的轻步兵或让一定数量的战列步兵接受散开队形作战训练。

然而，考虑到 18 世纪军队的征募、训练体系，做到这一点可以说是尤为困难：轻步兵很难用于线式战术，战列步兵在作为散兵时也几乎毫无用处，绝大部分战列步兵都不会主动冒险参战，这是因为他们没有参与散兵战的动机——既不能获得高额报酬，也不能晋升到军士以上的重要职位。

除去在 18 世纪的大部分士兵并不情愿投入散兵战的事实外，还有一个重大问题：战列步兵接受的训练非但没有培养出散兵战能力，反而摧残了这种能力。士兵并没有接受瞄准射击训练，他们的火力只有在近距离射击且朝着一大群士兵开火时才多少有点杀伤力。战列步兵接受的一切训练都是为了压制个人的主动思考和表现。理想状态下的士兵应当像机械一样战斗——永远不会思考，始终保持平整的队形，只会完成军官下达的命令：迈步行进，一齐射击，每一个动作都遵照命令。任何违纪行为或拒不服从命令的行为都会导致士兵受到严厉的惩罚。这种训练方式创造了能够在最猛烈的火力下维持队形并且能够承受极大损失的普鲁士步兵，虽然这支军队中有许多人实际上不仅不想投入战斗，而且随时准备逃亡。

假如让士兵接受以散开队形作战的训练，那就完全与这种机械训练方式相悖：如果允许士兵隐蔽起来躲开敌军火力，那军官在迫使士兵站起来直面敌军、让士兵害怕上级惩罚更甚于敌军子弹时就会面临更大的困难。因此，即便士兵愿意以散开队形投入战斗，也不能取得什么战果：他们并不了解如何展开散兵战，而且在瞄准射击方面训练不佳。此外，18世纪有许多将领相当鄙夷以散开队形作战的步兵，认为这种作战方式不过是部队在纪律涣散、训练匮乏时的惯常做法。

有些国家则开始创建接受正规训练的常备射手部队，部队兵员都要了解如何准确射击，并且能够在森林密布的地带定向越野。弗里德里希二世的猎兵（Jäger）就堪称这类射手部队中的典范，它的兵源起初主要来自护林员和猎人家庭。这些射手会被编入前卫部队作战，负责掩护正在行军的己方部队，使得他们免遭敌军轻型部队袭击（通常会和骠骑兵一起执行任务），此外还要负责搜索林地和灌木丛，以此驱逐敌军散兵。这样精选出来的射手的确能发挥很好的作用，但他们的数量并没有多到能够在大会战中扮演重要角色的地步。与此同时，弗里德里希组建了所谓的"自由营"（Freibataillon）作为猎兵的补充。自由营里充斥着那些在人们看来不适宜充当战列步兵的人员，其中多数是外邦人，当然也包括了其他军队的逃兵。这些部队有时会在"小战争"中扮演轻步兵角色，但也会在会战中扮演最糟糕的战列步兵角色：自由营会被放在预计不会发生激烈交战的一翼，或是被派去保护辎重车辆。

为了让轻步兵更受纪律约束、更好地接受以密集队形作战的训练，欧洲各国展开了诸多尝试。法国在七年战争结束后仍然保留了相当数量的轻型部队，也就是说将这些部队常备化。有些轻型部队军官还开始为他们的部队撰写教令，后来，适用于全体轻型部队的统一教令也渐渐出现了。奥地利试图让这个国度里"天生"的轻步兵接受正规训练和纪律约束。然而，根据某些作者的看法，这种做法导致它一方面不再是从前那样的优秀轻步兵，另一方面也不足以成为优秀的战列步兵。[5]

另一种做法是让战列步兵主力依然列成密集队形，但要从战列步兵中抽出部分人员在主力前方不远处展开散兵战。这样的散兵可以掩护己方战列步兵主力部队，使其免遭敌方散兵袭扰，也可以依靠火力袭扰敌方战列步兵，还能够攻占村落、树丛、灌木丛等不便于步兵密集队形作战的目标。在掩护步兵主力退却、追击已被步兵主力以冲击或火力击退的敌军时，这些散兵也能够发挥很大的作用。

这或许是法军头一次在散兵战术发展中引领潮流，而且法军的确具备发展所需的若干先决条件：由于法国军队的训练和纪律不如弗里德里希的军队严格，法国士兵天生的活力与进取心就没有遭到彻底压抑。法国早在18世纪上半叶就进行过这个方向的试验，但这些试验多数时候出现在演习当中。一些法国军事理论家的著作里也提到过这类散兵。然而，这类散兵在实践中并没有得到广泛运用，在奥地利继承战争和七年战争的诸多会战中，只有零星记载提到从战列步兵中抽调出来的散兵。而到了18世纪下半叶，已经有诸多理论著作指出要用散兵掩护步兵主力，要让散兵以射击为主力部队的冲击进行火力准备，法军有时也会在演习中演练这套做法。

美国独立战争（1774—1778年）也给散兵战思想的发展提供了一些额外动力，在这场战争中，美利坚民兵——他们当中有许多人原本就是猎人，深知如何准确射击——在林地里不断给英军带来极大的麻烦。这使英军认为他们不仅有必要增加轻步兵单位的数量，而且还要在每个战列步兵营里创建一个轻步兵连。英国为这场战争雇用的德意志轻步兵在某些战斗中也取得了相当不错的战绩。此外，战争中还有一些法国志愿者和一小批法国正规军协助美军作战。尽管如此，还是应当注意到美国独立战争并没有导致崭新的步兵战术原则流传开来：这场战争中规模稍大的所有会战都一如既往地根据线式战术原则进行。

法国在18世纪80年代末对常备轻型部队进行了改革，将其划分为猎兵和猎骑兵。猎兵编成了若干个独立的营，从山地和林区居民中补充兵员。猎兵接受的基础训练与战列步兵相同，此外还需要训练瞄准射击和以散开队形作战。与此同时，普鲁士军队也开始组建燧发枪兵营。燧发枪兵属于常备部队，受过良好的训练，与原先的轻步兵相比，这种轻步兵部队更适合与战列步兵协同作战，在大会战中也更有用。

也正是在这一时期，普军开始在战列步兵团中挑选部分士兵接受散兵战训练，尽管他们数量并不多，每连仅有 10 人，角色也主要局限于阻击敌方散兵，掩护己方大部队行军、战前机动和展开，却是散开队形用于实战的重要一步。就这样，到了 18 世纪 70—80 年代，尽管轻步兵与战列步兵间的差异仍然相当大，但它已开始走向消亡。与这些趋势并行且存在一定关联的另一个趋势便是对待士兵的方式逐渐变得较为人道——新的战术原则需要的不是那些只能在胁迫下战斗的仆从，而是能够独立思考且富有进取心的士兵。

如你所见，到了革命战争初期，让步兵以散开队形投入战斗的做法已经广为人知——虽然许多军官只是了解过相关理论。法军 1791 年步兵条令仅供战列步兵使用，因此并不包括在战斗中运用散兵的规则，条令中仅仅提到散兵要在掩护步兵纵队行进时击退迫近纵队的敌方骠骑兵或其他骑兵。必要情况下应当抽调第 3 列人员投入散兵战，让这些散兵位于主力纵队前方 15—20 步处。[6]

《1792 年 4 月 5 日步兵野战勤务临时条令》（ Règlement provisoire sur le service de l'infanterie en campagne du 5 avril 1792 ）中的《作战日教令》（ Instruction pour les jours de combat ）也几乎没有给出散兵战指导意见：它只是建议让轻步兵（ infanterie légère ）推进到大部队前方，利用灌木丛、树篱、壕沟、高地和其他地物掩蔽起来，以此避开敌军火力，并着手射击敌方炮兵。可以注意到一点，这部条令实际上与出版于 1778 年的另一部条令十分相似，除了一些细微改动——特别是把"猎兵"一词换成"轻步兵"——外几乎可以说是重印。在拿破仑战争期间，《作战日教令》再版多次，它被收录到各式各样的法军条令和教令汇总中，就连沙皇亚历山大一世的弟弟康斯坦丁大公也要求将它译成俄文，并在 1812 年 3 月底 4 月初将 13 份复本送往每个近卫团作为军官参考资料。[7]

尽管如此，革命战争初期的法军将领还是时常会在他们的命令和教令中提到轻步兵与散兵，从中可以清楚地看出他们充分领会了这类部队的角色与用途。法军拥有专业化的轻步兵单位：旧军队在 18 世纪 80 年代建立的猎兵营，此外还有一些同样自称"射手"的志愿兵部队〔猎兵（ chasseurs ）或射击兵（ tirailleurs ）〕。革命战争之初，被视为轻步兵的部队单位数量骤增，并且也有充分证据表明法军指挥层至少将其中若干部队当作精锐，给它们配备了精选出来的人员。[8] 这些部队起初通常用于独立作战，扮演轻步兵的传统角色——侦察、袭扰、越野作战、掩护主力部队，后来则成了轻步兵半旅的基干力量。

与此同时，从战列步兵营中抽调一定兵力用作散兵的战术思想也得到了发展。[9] 革命战争初期的许多特殊情况大大促进了战列步兵以散开队形作战。战争整体和战斗的性质都发生了改变。在线式战术时代，轻型部队极少参与大规模会战，几乎不会卷入中小规模会战，只会间或展开小规模前哨战，这是因为当时的主力部队通常会作为一个整体展开机动，军队统帅也只有在绝对必要的情况下才会决心投入战斗。而在革命战争中，法军利用数量优势，将军队分成独立的师或师群，让它们在宽阔的正面上作战，竭力想要绕过或包抄敌军，迫使敌军同样分散兵力，也将军队分成若干个独立的分遣队。

法军在作战中通常会表现得十分活跃，因此，军事行动时常由一系列几乎毫无间断的前哨战和小规模交战组成，这种战斗往往围绕所谓的"据点"进行，当时所说的据点指的是一定范围内的多种对象，通常是小型堡垒、村庄、小块树林和灌木丛，又或是其他由部队占据并准备用于防御的地物。与此同时，由于法军严重缺乏优良骑兵，这就迫使法军在前哨勤务以及侦察、袭扰中也不得不使用步兵，也就是说，法军让步兵参与了 18 世纪概念中的"小战争"。

在这种情况下，步兵往往需要列成散开队形，以小群投入战斗。18 世纪的军队将轻步兵用于这类战斗，法军也遵循这一原则，然而，法军的轻步兵数量相对较少，质量在多数情况下也不算高:猎兵营是在 18 世纪 80 年代末期——也就是革命爆发前不久——组建的，他们很难充分接受散兵战训练，许多号称轻步兵或射击兵的志愿兵部队根本没有接受任何特训。圣西尔元帅就回忆过一个典型例子:当他开始从军时，巴黎组建了志愿兵营,这个营被分配给轻型部队,派往莱茵军团，尽管志愿兵事实上根本没有接受散兵战训练，却在来到前线后立刻被派往前卫部队中充当轻步兵。[10] 法军后来创建的大部分轻步兵半旅都和战列步兵半旅区别不大，因为其中只有一部分人原先属于猎兵营，此后也和战列步兵一样以普通新兵补充兵员。由于法军缺乏专业化的轻步兵，这就迫使战列步兵往往作为轻步兵投入战斗。

就对散兵战的适应性而言，法国革命军中的战列步兵要比旧军队中的战列步兵高得多:革命军中有许多士兵在保卫祖国和自由的思想的激励下从军，他们在革命军中的升迁机会要比旧军队大，速度也更快，因此，法军士兵拥有相当高的热情，也极为关心己方能否取得胜利。在革命战争初年，军官的职位对任何一位勇敢、机智的士兵敞开，因此，许多人想要在战场上竭力拿出优异表现，而就个人战绩而言，散开队形提供的机遇要比密集队形多得多。

一些革命战争的亲历者认为，"小战争"风格的战斗——也就是小部队在起伏地带上的战斗——对法军而言是相当必要的，因为法军在战争之初完全没有为平坦开阔地带上的大规模集群战斗做好准备。在起伏地带的小规模战斗中，士兵可以利用各类障碍物和掩蔽物，因此，在面临敌军步兵和骑兵的冲击时，法军士兵的取胜率就会有所上升，恐惧情绪也会有所减少，这样，他们就会逐渐习惯于在敌军火力下战斗，认为这也算不上太危险。[11] 起伏地带也有利于步兵以散开队形作战，因为它导致密集队形无法行动，还为散兵提供了诸多掩蔽物。

如前所述，一些革命战争的亲历者——特别是圣西尔元帅和迪埃姆将军——后来声称几乎所有法军步兵在1793年都没有接受良好训练，也不能执行1791年条令中规定的复杂机动，甚至根本不能冒着敌军火力让大部队列成密集队形成功战斗，因此，法军在战斗中几乎彻底成了散兵，也就是彻底地散开作战。著名的奥地利统帅卡尔大公在他出版于1806年的著作《为奥地利军队将领撰写的高级战争艺术原则》(Grundsatze der höhern Kriegs-kunst für die Generäle der österreichischen Armee) 中也提到了这一点：

> 法军由新近入伍的农民匆忙拼凑而成。在士兵训练过程中，最困难的事情是让他们学会保持密集队形，但密集队形是无法在短时间内练成的，因此，法军就利用法国人无畏、轻浮和鲁莽的天性，让士兵散开战斗。[12]

迪埃姆将军在1793年效力于北方军团(armée du Nord)，他如此描述法军当时的典型作战流程：

> 需要袭击敌军，攻击据点？抽出一些部队列成散开队形[en tirailleurs]，其他人列成战斗队形[en bataille]，然后跑步前进，不要保持队列，把军旗留在后方——事实证明，战斗打响后军旗往往会[和部队]分开——只留下不到10名护旗人员。初战得胜会令士兵变得更加英勇、更加机敏，军官

和士兵一样英勇，总是和最前方的 [士兵] 待在一起指挥 [战斗]，甚至可以看到将军来到这些散兵 [tirailleurs] 群前方，为他们指出攻击点。[13]

迪埃姆还认为，到 1793 年年底，所有法军步兵都像散兵一样战斗，当时的法军也仅仅拥有轻步兵。[14] 许多研究者质疑他的说法，摘引了档案文件和其他亲历者提供的材料证明当时的法军步兵接受了良好的训练，能够使用横队和纵队，实际上只有一小部分士兵——通常是每个营抽出几十人——会投入散兵战。然而，迪埃姆在上一段引述的文字中也提到了法军只会将一小部分士兵抽出来作为散兵，也就是以散开队形战斗，其余部队仍然列成战斗队形（en bataille，这个术语在 1791 年条令中指的就是横队 [15]），但在快速攻击进程中，横队会很快瓦解，变成散乱的人群，这实际上也是一种散开队形。

有证据表明，若干法军部队的确训练不佳，甚至对条令毫无概念：以皮埃尔·佩尔波尔（Pierre Pelleport）将军为例，他曾在 1795 年以少尉身份在东比利牛斯山脉（位于法国和西班牙边境）里服役。他记得自己所在的步兵营由某个名叫波马尔（Pomard）的上尉负责训练事宜，佩尔波尔用如下言辞描述这位上尉："一个勇敢的人，他在王家军队中效力 8 年后带着下士条纹回家，他有着机动的直觉、一副好嗓子和出众的自信，在那个年代，要想获得'精通战术'的名声，具备上述能力就足够了。"按照佩尔波尔的说法，他所在的营对条令一无所知，因此，波马尔依靠他在王家军队中掌握的知识就能成为举足轻重的人物。[16]

法国军官弗朗索瓦·维戈 - 鲁西永（François Vigo-Roussillon）在革命战争中先是志愿兵营里的一名普通士兵，而后转入第 129 战列步兵半旅，最终来到第 32 战列步兵半旅。根据他的说法，1796 年战局之初，法军的意大利军团"极其英勇，但毫无战术。它扑向敌军，以散兵队形 [en tirailleurs] 猛冲敌方战线，总是以此取得胜利。我认为这类作战方式天然适合法兰西民族。它让勇敢摆脱了纪律的枷锁……我们既没有理论训练，也没有实际训练。我们只知道列成两列或三列的战斗队形 [en bataille，即横队]。当我们进入敌方战线射程后，[军鼓] 敲出冲击信号，[军官] 下达冲击命令，接着就冲向最靠近我军的敌军。对指挥官而言，最困难的事情就是在战后集结他们的部队"[17]。

168

如你所见，就算法军以密集队形投入战斗，也并不意味着会在战斗过程中保持这一队形。实际上，迪埃姆的说法和其他资料提到的法军步兵训练良好，能够有序机动并执行各类队形变换之间并不存在矛盾：法军的确有可能在远离敌军时能够完成机动和队形变换，但很可能无法在敌军的猛烈火力下始终维持密集队形，在起伏地带的战斗中，维持密集队形的可能性更是微乎其微。

因此，我们的确可以说这一时期的所有法军步兵都成了轻步兵，但这并不是一种褒扬，而是一种批评：士兵之所以会散开战斗，并不是因为他们已经为散开做好了准备，而是因为他们没有准备好扮演战列步兵的传统角色。在许多战例中，这些缺乏经验、训练匮乏的乌合之众只能勉强射击，还在距离敌军很远的地方空耗了许多子弹，因此并不能取得重大战果，反倒时常会杂乱无章地逃窜，蒙受惨重的损失，但法军并不特别注重损失——这与旧式军队形成了鲜明的对比，后者在补充人员时需要消耗大量的金钱、精力和时间。法国革命军的指挥官们拥有充足的新兵，在损失了经验不足、训练匮乏的部队后，能够相对轻松地以同等质量的新兵作为补充。

就战术层面而言，这种散开作战本身还算不上一种进步。士兵们要么杂乱地分散到各个方向，要么分成几个独立群组，他们几乎无法控制，既不能挡住敌方步兵的冲击，在面临敌方骑兵冲击时事实上更是毫无防御能力，只有当散兵躲到建筑物、栅栏、壕沟、密集的灌木丛或树林等骑兵无法越过的障碍物后方时，才能够抵御敌方骑兵。独立作战的散兵群的确可以利用地形褶皱或掩蔽物迫近敌军，可要是敌军发起进攻，他们就别无选择，只能掉头后退。如果敌军行动迅猛，就会导致散兵损失惨重、向后奔逃。如果敌军成功动用了骑兵，那就会给散兵带来尤为严重的挫折。

然而，如果地面上出现了各式各样的障碍物，导致步兵很难以密集队形行动，骑兵则根本无法发起冲击，那么散兵在积累了一定的作战经验后，即便是面临质量极高的敌方部队——这些部队为军官控制下的平坦开阔地带密集队形战斗做了近乎完美的准备，但并不适应散开后的单打独斗——也能展开相当顽强的抵抗。圣西尔指出，法军步兵在山地和凹凸不平的地带拥有无可置疑的优势。[18] 他在提及 1794 年夏季的起伏地形战斗时指出：

当普鲁士军队集中到一起，列成齐整的密集队形，也就是说人人肘挨肘的时候，他们才能在战斗中拿出最好的表现。而在这里，他们不得不散开战斗，甚至时常单打独斗，以一种看似混乱的队形参战，德意志人接收了琐碎、机械的训练，因而很不适应这种战斗方式，只要普军处于这种境地，[在我军发起] 攻击之前，它就已经注定要失败了。[19]

圣西尔认为法军取得某些胜利要归功于大规模散兵战，而且因为敌军对这种打法猝不及防，它的战果实际上超出了预期。[20]

《欧洲诸国军队在当前战争中的军事特性》（Caractère militaire des armées européennes dans la guerre actuelle）（"当前战争"指的是法国大革命）一书的匿名作者对法军和奥军间的山地战做了如下描述：

法军深知自己固有的优势，在骑兵无法驱逐散兵的地形上充分利用了这一优势，将散兵 [tirailleurs] 派到奥军四周。更机敏、更有进取心的法军士兵利用了地形优势，将数量上远远超过自己的敌军包围起来，然后依托极为细微的掩蔽物纠缠、袭扰、迫近敌军，奥军在这时还保持着队列，但他们发散的火力对散开的或得到掩蔽的士兵毫无效果，可这些人瞄准庞大队形的所有子弹都不可能浪费。奥军一推进，散兵就躲开，奥军一后退，散兵又冒了出来。奥军被身处射程之外的敌军袭扰，考虑到散兵占据的宽大正面，其数量通常也会被奥军大大高估：这种战况会一直持续到奥军蒙受的损失和徒劳无功的抵抗方式使得他们灰心丧气，陷入混乱为止，筋疲力尽、陷入混乱的奥军要么作鸟兽散，要么放下武器。法军不敢在开阔地上面对同样的奥军，却时常敢于 [在对散兵有利的地形上] 仅仅动用数百名士兵就击败、俘获上千名敌人，奥军的队形一被打乱，士兵就成了一群散乱的母羊，再也无法集结起来。[21]

尽管欧洲各国军队在法国大革命爆发前就已了解步兵以散开队形作战的基本原则，但法军却是第一支将营、半旅、旅乃至师悉数投入起伏地形，使其展开大规模散兵战的军队。卡尔大公为奥军将领撰写过一份手册，他在这部出

170

版于 1806 年的著作中指出法军的这种作战方式极大地改变了人们在选择阵地和展开防御时的观点：

> 军队机动性的提高和散开队形的战斗方式也影响到了选择阵地的方式，使得防御战变得更为困难。一些地域在那些采用旧式组织结构和战斗方式的军队看来不可通行、无法逾越，因而被用作侧翼支撑点或者根本不用据守，可是，这种地带现在已经不再是障碍，反而成了战场，参战的也不仅是小股部队，甚至有整支大部队。[22]

卡尔大公在他出版于 1807 年的军官手册中更为详尽地阐述了这一点：在他看来，军队在过去仅仅使用密集队形作战，因而将密林和起伏地形视作几乎无法通行的地域，也就是说可以很有把握地将森林作为侧翼的依托，也不用去进占那些栅栏、沟渠纵横交错的地域。[23]

反法同盟的军队也在战斗中大量使用轻步兵。早在革命战争刚开始的 1792 年，人数众多、经验丰富的奥军轻步兵就时常在战斗中取得大胜，这一点甚至得到了法军的承认——迪埃姆将军就是其中的一个例证。然而，按照迪埃姆的说法，法军在 1793 年的战斗中开始将大量士兵投入散兵战，这样，数量有限的奥军轻步兵也就无力阻挡法军散兵了。迪埃姆注意到奥军试图从战列步兵中抽调少许部队支援轻步兵，但这也没有给他们带来成功。[24] 圣西尔在谈到 1795—1796 年战事时一再提到奥军将众多散兵投入散开队形战斗中，而且还指出这些散兵时常会得到个别轻骑兵中队或排的支援。[25]

鉴于反法联军手头有时会没有轻步兵，而且在大会战中这种情况尤为严重，联军有时也会像法军一样试图让战列步兵在起伏地形上充当散兵。在某些情况下，奥军的战列步兵营会在起伏地形上和法军散兵交战，有时甚至会几乎全部列成散开队形投入战斗。然而，反法同盟里的大部分将领和军官对散兵战的态度都非常谨慎，有的人甚至鄙视这种战斗方式，认为它只适用于非正规的无纪律部队，因为那些部队无法以正确的队形投入战斗。此外，将战列步兵投入起伏地形，使其展开散兵战的尝试让许多将领和军官感到焦虑——他们实在是太害怕部队丧失秩序。

在奥军和普军 1793—1802 年间的诸多教令、命令、备忘录和理论著作中，时常可以发现这样的指示：战列步兵无论身处何种环境都要保持紧密队形，战列步兵军官要用尽一切手段阻止士兵主动散开战斗，应当尽量忽略法军散兵。如果地形或战术要求奥军和普军必须使用散兵，比如说需要攻击村庄、树林或灌木丛，给出的建议一般是只抽出一小部分士兵充当散兵，而且应当预先告知这些人收到信号后就要迅速归队，除此之外的大多数人无论如何都要留在队列里。以撰写于 1796 年的一份奥军教令为例，它要求：

轻步兵在村落、森林等地的交战中不应当立刻全部铺开投入散兵战，而要留下至少三分之二的兵力作为预备队，用它不时轮换散兵 [Tirailleurs] ……

……就算一群散兵完全由英雄组成，他们也没有任何力量，只有密集队形的支持才能给他们提供动力、能量和抵抗力……

在佛兰德进行的战斗中，由于当地存在极多的断裂地形，军队不可能以密集横队 [geschlossenen Fronten] 作战，这带来了不幸的后果，颠覆了普通士兵乃至军官的认知，使得他们未能掌握冲击敌军的正确方式。即便是在战列步兵中，即便是在最重大的场合下，以散开队形 [en Tirailleurs] 发起冲击也几乎成了唯一的做法，或者说，至少随着愈演愈烈的战斗削弱了步兵原有的行进秩序，冲击也就沦落到散乱的地步。必须坚决反对这种滥用散开队形的做法，因为它削弱了冲击的力度，要是面临敌军突如其来的抵抗，它就可能会导致我军丧失原有的优势，要是出现了一定数量的敌军骑兵，正沉浸在胜利中的散兵就会面临无可避免的死亡，除非援军及时赶到，否则战斗将会以失败告终。

正规的、训练有素的、坚定的步兵，如果能够列成密集队形，在炮兵支援下迈开大步 [in gestreckten Schritten] 勇敢前进，就不可能被散兵 [Plänklern] 挡住。因此，步兵必须无视散兵，不要停下来抽调散兵应战或以分队为单位射击 [Abtheilungsfeuer，指以排或分营为单位射击]，即便是面对敌军横队，也要到后者 [以分队为单位射击] 能够收到很大成效时才停下来开火。应当以尽可能快的速度和尽可能齐整的队形迫近敌军，将其击退，迅速结束战斗。

这种方法才是真正珍惜生命的方法；一切射击和散兵战都只会造成伤亡却无法对战事起到决定作用。

因此，应当用尽一切方法把部队维持在一起，让士兵列成密集队形，在冲击或追击中都不能容许分散和混乱，在退却中就更不能这样。如果进攻村落或树林，而且认为有必要让几个连以散开队形 [en Tirailleurs] 战斗，那就要以列成密集队形的连或营支援散兵，而且应当告知散兵，只要连长命令鼓手敲响"警戒" [Allarm] 信号，就要立刻重新集结归队。[26]

在某些情况下，奥地利和普鲁士军官甚至不会抽出一点兵力充当散兵，而且也根本不去设法保护己方士兵，使其免遭法军散兵射击。英国军官托马斯·格雷厄姆（Thomas Graham，他后来成了将军）在 1796 年曾和奥军一起待在北意大利，他提到过当年 5 月 31 日发生在阿迪杰河（Adige）河畔的战况："一些法军神射手 [sharpshooters] 隐藏在河流右边的灌木丛里，用火力持续不断地频繁袭扰科伊尔 [Keil] 团 ①，这个优秀的团包括 3 个营，它被有违常理地部署在左岸大道中一段堤道的顶部，该团断断续续地开火，想要撵走那看不见的敌人。只用往回走 6 码或 8 码，再伏在堤道的背面，敌军就没有一发子弹能够命中目标，尽管如此，这种愚蠢的英勇还是带来了将近 150 人死伤的后果，就好像让士兵移动到安全地带会导致这样一个团在这样的战况下荣誉受损一样。"格雷厄姆给出的解释是团长当时并不在现场，如果他在的话就不会蒙受如此无谓的损失。[27]

法军的对手渐渐意识到有必要用散兵对抗散兵，但他们依然试图限制散兵战规模。卡尔大公在他出版于 1806 年的将领手册中解释说：

······如果你遵从了源自人类内心的经验和知识，就会承认一点，如

---

① 译注：科伊尔团即奥军第 10 步兵团，因该团团主为卡尔·弗朗茨·冯·科伊尔男爵（Karl Franz Freiherr von Keühll，其姓氏也被写作 Keuhl 或 Kheul）而得名，格雷厄姆给出的拼写有误。另据第 10 步兵团团史记载，该团当时仅有第 1、第 2 营位于意大利战区，第 3 营正在从克拉科夫赶往意大利，直至 8 月 15 日才与第 1、第 2 营会合。参见 *Geschichte des k. k. Infanterie-Regimentes Oskar II. Friedrich König von Schweden und von Norwegen No. 10 von seiner Errichtung 1715 bis November 1888*. Wien, 1888, S. 154-155。

果个别敌军散兵在我军队伍周围徘徊，用火力袭扰我军，命中队列里的个别人员，那就很少能发现——特别是在战争旷日持久的情况下——沉着到继续保持密集队形的部队。

这样一种暴露在散兵火力下的展开队形很快就会自行瓦解：要么以散乱队形攻击敌军，徒劳地希望能够以这种方式自卫并逐走敌方散兵，要么是每个人只考虑自身安危。在这种情况下，要是敌军在散兵后方留有一支密集队形的预备队，那不就稳操胜券了吗？

因此，面对拥有散兵的敌军，就必须以相同的兵种展开对抗，只是有必要确定投入散兵战的适当比例而已，但一定不能遗忘的原则就是只能让少数部队解散队列摆出散开队形，大部分人员仍然必须一直留作预备队，等待决定性的一刻。

散兵的比例取决于敌我双方的部队数量和质量、将要展开战斗的地形状况等等，简而言之，它取决于具体的战况。[28]

因此，在反法同盟的军队中，轻步兵的散兵战基本上被视为一种"必要之恶"，只应当在某些特定情况下准许展开散兵战。它也不是适用于所有步兵的重要战术元素。联军建议将尽可能少的部队——最好还是受过特定训练的部队——投入散兵战。一般而言，反法联军从战列步兵中抽调的散兵只会肩负全然被动的作战任务，也就是掩护己方部队免遭法军散兵袭扰，而后者的表现往往会十分积极主动。

随着法军步兵的训练水准逐步提高，军官和士兵也渐渐积累了经验，将整支部队悉数投入散兵战的战例也就变得越发稀少。法军很快就确信列成散开队形的步兵很容易陷入溃逃，而且即便取得胜利，也往往无法捍卫战果。[29]法军认识到有必要让后续部队为散兵提供支援，这些部队要能够挡住列成密集队形推进的敌方步兵，击退敌方骑兵的冲击。圣西尔解释说：

1793 年，我军发动了一场成功的散兵 [tirailleurs] 战争，这种战斗方式的新颖性和它最初产生的突然性带来了超出预期的胜利。但敌人很快就意识到这种战术的弱点和缺陷，我军因此有必要大大削减其使用规模，开始

174

将散开队形和更为坚实的多兵种密集队形结合起来，根据具体战况，密集队形既可以是纵深队形 [ordre profond]，也可以是展开队形 [ordre déployé]。[30]

列成密集队形的步兵通常会位于散兵后方，既与其保持一定距离，又为其提供支援——这种做法早在 1793 年的某些战斗中就出现过。[31] 有些时候，散兵还会得到个别轻骑兵中队或排的支援，但这种做法很少用于实战。法军通常会让轻步兵——如果手头还有轻步兵的话——或部分战列步兵充当散兵，其余部队仍在散兵后方列成密集队形。如果某个轻步兵营或团（半旅）脱离战列步兵单独行动，它也不会全体散开战斗，反而会在散兵后方将多数部队列成密集队形。

渐渐的，几乎所有法军步兵都或多或少地掌握了散开队形和密集队形间的协同作战方法。散兵要在战斗打响前搜索主力部队前方和两侧的地域，侦察敌军所在位置，不让敌军突袭主力部队。散兵还负责攻占或据守居民点、树林、灌木丛，袭扰敌军乃至尽可能阻止敌军机动。

战斗开始时，散兵要在整条战线前方发起一场散兵战，在必要情况下还得驱逐敌军散兵。散兵可以在多个地段主动投入战斗，以此误导敌军，使其忙于考虑哪里才是主攻地段，而己方主力部队则可以准备着手攻击其他地段。散兵还可以用于寻找敌军阵地和战斗队形中的薄弱环节。[32] 散兵在正面战斗中可以为主力部队的冲击进行火力准备，也可以用于掩护主力部队，不让敌军散兵迫近。散兵战的效力会受到具体地形的影响，正如俄国军事理论家梅杰姆在 19 世纪 30 年代所述：

在掩蔽物——壕沟、栅栏、树木、小丘等等——众多的地域，步兵能够成功地散开战斗。这些掩蔽物虽然不足以遮蔽展开后的横队，却能让隐蔽在它们后方的散兵更为自信地投入战斗，让他们冷静地把敌人放近了再开火。与开阔地上的战斗相比，散兵在这种地域的战斗中发挥的作用要大得多，他们的火力足以取代展开后的横队火力。[33]

散兵是步兵纵队在进攻中的重要补充环节，因为营纵队的正面比营横的正面窄，纵队之间还留出了相当大的横向间隔，纵队的火力也就弱于横队。散兵此时可以沿着整条战线散开，在一定程度上弥补火力不足的弱点。散兵能够为即将发起冲击的纵队进行火力准备——迫近敌军，杀伤敌军，干扰敌军注意力，将火力吸引到自己身上，在这之后，纵队就可以沿着最快捷的路径迫近敌军阵地，攻击最薄弱的环节，散兵也可以轻易地闪到一边，给纵队让出前进道路。

就机动性而言，营纵队和散兵相结合的战斗队形要远远优于营横队，而且它在起伏地形上的优势尤为明显。此外，散兵可以轻松地兼顾机动与射击，而列成密集队形的步兵在行进间射击时却会面临极大的困难，因而并不希望这么做。所以，在仅仅使用密集队形的前提下，步兵就只能在行进和射击之间二选一，只能在纵队的机动力和横队的火力之间二选一。然而，营纵队与散兵却能把火力与机动力结合起来，要想发起卓有成效的冲击，二者兼备是非常重要的条件。

革命战争初期的法军步兵如何散开战斗？关于这一点的确切材料可以说非常稀少。最有可能出现的情况是，散兵根本不受任何规矩约束，人人都有机会自行其是。后来，法军逐渐开始尝试合理化散兵战流程，也着手探究如何让散兵和步兵主力部队协同作战。法军渐渐发展出相当复杂的散兵战术，它后来也成了几乎所有军队的典型战术：一般情况下几乎总会从第一线步兵中抽出一小部分人员赶赴前方充当散兵，当然如果有轻步兵的话，那就要让他们承担散兵战任务，而且并不是被抽出的所有步兵都要散开战斗，其中只有一半到四分之三的人员需要列成散开队形，其余人员则作为预备队——若干支几十人规模的部队——留在后方，和散兵保持一定距离。

这些预备队直接保护散兵并为散兵提供支援：如果散兵遭遇敌方散兵的猛烈攻击，预备队就可以发起反击或摆出反击姿态威胁敌军，以此阻遏敌军或改善战况。在必要情况下还可以从预备队中抽调人员，以此补充散兵损失或增加散兵人数。如果需要增强散兵实力，预备队就可以全部散开加入散兵战，步兵主力部队则要抽调新一批人员，让他们上前替代预备队。

可以在迪埃姆将军对施林根（Schliengen）会战（1796年10月24日）的记载中找到一个有趣的散兵战例。迪埃姆师在此战中的作战目标是阻止奥军继续推进，以此掩护让 - 维克托 - 马里·莫罗（Jean-Victor-Marie Moreau）将军的法军主力部队撤过莱茵河。迪埃姆将第21轻步兵半旅部署在遍布着葡萄园的高地上。一部分士兵列成散开队形，其余士兵组成三支小预备队。

按照迪埃姆的说法，敌军出动了大约三倍于第21轻步兵半旅的兵力（这很可能是夸张的说法），试图将法军逐出阵地。当敌军猛烈攻击法军某段散兵线时，离它最近的预备队就赶赴这一地段，帮助散兵夺回阵地。预备队还会不时抽出若干士兵替换耗尽了体力或弹药的散兵，如果增援部队在抵达对应地段时发现散兵线已被击退，就要让散兵和援军一道夺回阵地，然后再让散兵退往预备队方向，让援军接管防区。迪埃姆指出，这类战斗方式需要士兵既机智又乐于投入战斗。

交战从上午持续到中午，疲倦的法军最终开始全线后退。此时，迪埃姆亲自来到前线，开始向士兵许下诺言：如果他们能够坚守到入夜，就会成为第一批越过莱茵河回国的部队，还会住在最好的房间里。他设法让士兵返回阵地，一直坚持到日暮为止，因此也就无须将生力军投入战斗——迪埃姆表示师里余下的9个营当天一枪未放。[34]

在法国大革命—拿破仑战争中，法军似乎没有一部适用于全体步兵的散兵战教令，只是出现了由将领和军官为自己麾下部队撰写的诸多教令。迪埃姆将军在1805年为自己师里的轻步兵和腾跃兵撰写过散兵战教令，路易 - 尼古拉·达武（Louis-Nicolas Davout）元帅则在1811年给自己军里的全体步兵颁布了散兵战教令。从这两部教令和拿破仑在圣赫勒拿岛上对步兵战术所做的评论来看，当法军把一个连投入散兵战中时，这个连会向前行进，通常情况下还要拆分成几个排（sections）。其中一个排列成密集队形留下来作为预备队，其余各排朝侧前方行进并散开，这些排既可以全体散开，也可以像达武元帅在教令中规定的那样，让前两列士兵列成散兵线，第3列士兵依然保持密集队形充当小规模的过渡预备队。[35]

散兵一般位于步兵大部队前方150—300步处，如果战况和地形比较适于散兵战，那还可以继续向前推进。小预备队位于散兵线之后50—150步处，而且要尽可能地利用地物加以掩蔽。如果敌军骑兵威胁散兵，散兵就得迅速退往最近的预备队方向，但还要竭尽所能开火还击，散兵在退却途中需要结队行动，

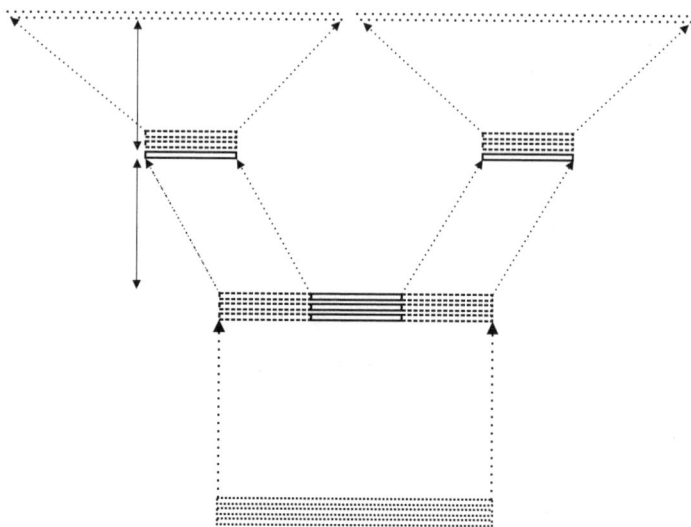

图 22. 抽出一个连投入散兵战

先是形成四人小组，然后形成八人小组，随后不断扩大小组规模，最终与预备队会合。此时，如果散兵和预备队仍然不足以挡住敌军，就需要一起退往更靠后的大部队所在位置。[36]

在每一对散兵中，至少应当有一名散兵的步枪已经装填完毕并随时准备开火：当一名士兵完成射击、开始装填时，另一名士兵就要手持装填好的步枪待命，直到第一名士兵完成装填后才能开火。[37] 相邻两对散兵之间要留出几步宽的横向间隔。散兵线的密度取决于具体战斗任务、敌方散兵线密度、地形等情况。只有在平坦开阔的地带，散兵线才会显得较为均匀平直。起伏地形上的散兵会隐蔽在适当的地物之后，或不时从一处隐蔽地点转移到另一处，所以散兵线并不平直，其密度也不算均匀。散兵有时还会分成若干个相互独立的散兵群战斗，他们躲在能够提供掩蔽的地物之后，在暴露地域留出狭窄的无人空间。实际上，散兵线或散兵群的外在形态很可能会有颇多变化。

到了革命战争行将结束之际，几乎所有法军步兵都积累了丰富的密集队形作战经验。将整个步兵营集体散开的做法已经不大可能出现——通常情况下

178

只会从第一线的步兵营中抽出一部分士兵充当散兵，必要的时候还要对散兵进行轮换。因此，尽管散兵线无论在什么时候都只占到总兵力的一小部分，但在有必要多次轮换散兵的漫长战斗中，累计参战的散兵人数就会占到相当大的比例。某些半旅会在战时抽调最擅长散兵角色的士兵，将他们临时编成若干个步兵连（每个营配备一个连）[38]，这一做法既是大革命前有人主张推广猎兵连的回音，也是日后拿破仑时期创立腾跃兵连的先声。

这样，就法军而言，步兵在战场上的散兵战就从18世纪的个别战例、法国大革命初期不得已而为之的混乱之举逐步演变为步兵战术这个有机整体中的一部分，数年来几乎从未间断的战争让法军获得了丰富的实战经验，进而在此基础上发展出若干散兵战术原则，并根据这些原则合理地展开散兵战。有些军官在积累了一定经验后还着手撰写了书面教令。法军还制定了一套使用鼓声或号声指挥散兵的信号系统。这种战斗不仅需要军官和士兵表现英勇、主动，而且要求他们在战前接受深入训练，并积累足够多的经验，此外，士兵应当既能够以散开队形作战，也能够以密集队形作战。

对军官而言，指挥散兵的挑战性要比指挥列成密集队形的一个排或一个营大得多。军官在队列中只需让他的排或营保持齐整，注意自己的部队相对于邻近的排或营的位置，并服从上级指挥官的命令。指挥散兵的军官则需要根据战况准确估算出应当抽调多少士兵充当散兵、哪里是最有利于散兵展开战斗的位置、散兵线和预备队又应当如何展开机动。军官需要随时注意他麾下的散兵，及时从预备队中抽调新锐士兵支援散兵或轮换那些疲惫不堪、弹药耗尽以及枪支出现严重故障的散兵。与此同时，军官还要观察敌方行动，并根据敌方行动迹象判断其意图，从而依靠预备队及时粉碎敌军突破或包抄散兵线的意图，甚至反过来突破、包抄敌方散兵线。在这种情况下，军官应当要让他负责掩护的一个或多个步兵营观察到自己所在的位置。

应当注意到，法军中战列步兵和轻步兵的差异到19世纪初就已经变得微不足道。[39] 轻步兵的组织结构和训练方式与战列步兵如出一辙，轻步兵在战斗中往往既需要使用散开队形，又得使用密集队形，而且出现频率最高的情况是采用两种队形的各种结合产物。与此同时，战列步兵营也时常需要抽调兵力充当散兵，有时甚至得全体散开战斗。尽管如此，在那些有必要展开大规模散兵战的场合，特别是在起伏地形战斗和林地战斗中，法军依然更愿意将轻步兵率先投入散兵战。然而，与其说这表明轻步兵和战列步兵之间依然存在显著的功能差异，倒不如说轻步兵在时人眼中的地位已经略高于战列步兵。因此，几乎所有法军步兵都成了通用步兵。此外，法军不仅积累了丰富的散兵战经验，还发展出使得散兵与密集队形步兵能够有效配合的若干战术原则。

许多观察者——包括法军的对手在内——都注意到法军散兵的高超战斗技能，意识到法军散兵相对于其他军队散兵的优势。[40] 从俄国军官留下的记载来看，法军散兵能够娴熟地利用灌木丛、巨石以及其他地物作为掩蔽物，而且即便身处掩蔽较少的地方，也会不断运动，以此阻止敌军瞄准射击。[41]

而在欧洲其他国家的军队中，步兵也逐步掌握了一定的散兵战能力，然而，即便到了拿破仑战争之初，几乎所有国家的通用步兵发展程度都不如法国。实际上，法军以外的所有军队都相当明确地区分了战列步兵和轻步兵，而且二者之间的差别虽然逐渐消失，但直到拿破仑战争结束时仍然存在着不同程度的差异。战列步兵依然被当作几乎完全以密集队形投入战斗的部队，也几乎只能用于较为平坦开阔的地带。如果要从战列步兵中抽调散兵，这些散兵的主要用途就是掩护步兵主力免遭敌方散兵袭扰，也就是扮演相当被动的角色。

规模更大也更为主动的散兵战则由轻步兵和精选射手承担。某些军队拥有相当优秀的精选射手部队，他们能够出色地展开散兵战，但这些人的数目相对较少，并不能随时出现在步兵需要散兵的场合。某些军队拥有人数颇多的轻步兵，但这类轻步兵在兵源、装备、兵器和训练方面与战列步兵相差无几，所以只是名义上的轻步兵，而且也时常作为普通的战列步兵投入战斗。军队在使用精选射手和轻步兵时通常会遵循 18 世纪的典型作战原则，也就是将他们配备到前卫部队和后卫部队当中，这导致战列步兵在大会战中往往完全没有散兵掩护，必要情况下还得从战列步兵中抽调部分人员投入散兵战。

缺乏散开队形训练和战斗经验的士兵往往不能有效地展开散兵战，这是因为他们在散兵线机动和瞄准射击方面的训练并不充分。此外，未经训练、经验不足的士兵在散兵战中往往会聚拢到一起，面对敌军火力时也不知道利用地物掩蔽，因而会蒙受惨重损失。英军第 34 步兵团的军官莫伊尔·谢勒（Moyle Sherer）提到过维多利亚（Vitoria，位于西班牙境内）会战（1813 年 6 月 21 日）

中发生的一幕，当时，谢勒奉命率领他的步兵连向苏维哈那 - 德阿拉瓦（Subijana de Álava）村推进。按照此人的说法，他确信敌军不会未经战斗便放弃这么重要的村落据点，因此，在迫近村庄的过程中，他认为敌军随时都有可能开火或反击。谢勒继续写道：

> 然而，村里连个人影都没有，倒是村子左边几百步以外的一片树林和高处的冲沟里充斥着法军轻步兵。我带着我的连迅速卷入了冲沟里的激烈散兵战，38 名士兵里大约有 11 人非死即伤。英格兰人在散兵战中的表现不及德意志人或法兰西人，让英格兰士兵保持良好的延展队形、找到掩蔽物、审慎射击也的确相当艰难。我认为，军官在这种战斗中面临的危险要远大于战列线战斗。[42]

这里显然应该将"战列线战斗"（line-fighting）这一术语理解成常见的密集队形。英军所说的"延展队形"（extended order）也是一种散开队形。① 如你所见，谢勒承认法军士兵在散兵战能力上优于英军。根据他的记载，大致可以判断出英军士兵倾向于在散兵战中挤在一起，在选择掩蔽物时也不那么细心，这导致他的连损失惨重。此外，谢勒的士兵要么没有瞄准射击，要么在射击时太过仓促。或许谢勒需要沿着散兵线走来走去，设法让士兵拉宽队形，找到更好的掩蔽物并加以利用以及仔细瞄准，所以导致他自己也时常遭到敌军火力威胁。应当注意到，第 34 步兵团当时已经在伊比利亚半岛作战多年，也经历过数场会战，但该团士兵参与散兵战的概率可能还是比较低。

因此，在拿破仑战争中，所有军队的步兵都能够抽调散兵赶赴大部队前方，不过，某些军队只会抽出相当有限的人员充当散兵，而且散兵也时常会出现经验不足的问题。尽管如此，这一时期的法军散兵依然经常遭遇其他军队散兵的抵抗，所以双方往往会不得不卷入散兵战。到了拿破仑战争末期，特别是

---

① 译注：法国大革命—拿破仑战争中的英军对不同类型的散兵队形有以下几种称呼：松散队列（loose files），相邻两个伍之间留出 6 寸（15.2 厘米）的横向间隔；疏开队形（open order），相邻两个伍之间留出 2 尺（61.0 厘米）的横向间隔；延展队形（extended order），相邻两个伍之间或留出 2 步（5 尺，1.52 米）的横向间隔或由指挥官自行规定间隔。参见：Cooper T. H. *A Practical Guide for the Light Infantry Officer*. London, 1806, p. 1-2.

在 1812 年战局结束后，由于法军中的老兵数量急剧减少，又补入了大批几乎完全未经过训练的新兵，因此法军步兵质量显著降低。而那时反对拿破仑的联军步兵却已积累了一定的经验，这样一来，散兵间的战斗就会大体上打成平手。

如果双方散兵实力大体相当，那么只要双方都有机会增援、轮换一线部队，散兵间的正面交锋就往往会持续很久，而且也不能取得什么战果。当散兵遭遇敌方火力时，他们往往不愿离开掩蔽地点向前推进。散兵并不能坚守阵地，哪怕只是把一小队援军投入战斗，就有可能击退敌方散兵。[43] 在这种情况下，猛烈冲击就可以成为一种相当有效的解决手段，因为散开的士兵并不足以挡住快速推进的密集部队，托马 - 罗贝尔·比若（Thomas-Robert Bugeaud）在拿破仑战争中曾是一位步兵军官，后来成为法国元帅，他对这一现象解释如下：

> 散兵不可能拥有源自肘部触感和统一指挥的精神力量。每个散兵都是自己的指挥官，他所考虑到的只是本人的力量。他看到大群士兵向他挺进，觉得自己弱到无法再继续坚持，于是就会退下来。他的左右邻也是一样，并且又影响到他们的左右邻，后者既是无意识地仿效他们，也是因为害怕被截断，于是开始逃跑。他们跑到更远的后方才集结起来，重新射击。[44]

然而，如果敌军以类似方式投入小股援军，这样一种小股部队局部冲击所取得的战果也可能会被轻易抹杀，所以，这种冲击战果的维持时间往往会相当短暂。从翼侧包抄敌军可能带来更具决定性的战果，但敌军也可以轻易地拉长散兵线乃至反过来从翼侧攻击展开包抄的部队。因此，如果双方散兵卷入战斗，就很难仅仅依靠散兵取得重大战果，而且即便取得战斗胜利，散兵战也会持续很长时间。

这样的散兵对战如果和会战整体任务无关，也不涉及密集队形部队的战斗，那就几乎无足轻重，而且战斗时间往往会太过漫长，还会造成毫无必要的伤亡和弹药消耗。此处可以再度摘引比若的观点：

> 这些散兵对射 [tiraillements] 根本不会有任何结果，再没什么比这更愚蠢、更有害了。我们浪费弹药，使自己的人精疲力竭，却没有改善情况，

于是往往在决定性时刻发现东西不够用。我特别强调这一时刻，是因为白白浪费弹药是我国和其他所有欧洲国家步兵最大的一个缺点。[45]

按照比若的说法，只应当在步兵主力发起决定性冲击的前一刻投入散兵，而且如果敌军散兵在此之前已经开始袭扰己方步兵，那就应当让密集队形步兵发起短促突击将其击退。尽管如此，比若还得承认，实战当中通常出现的情况仍是双方散兵对战。

在某些军队中，除去战列步兵和轻步兵外，还存在并未装备常见的滑膛枪，而是装备线膛步枪或线膛马枪的专业化射手。这类装备线膛枪支的士兵可以单独编组成营，当然也可以成为轻步兵的一部分，也就是在每个轻步兵连中配备10—16名线膛枪兵。与滑膛枪相比，线膛枪在同等距离上的射击精度更高，但它更昂贵、更难操作而且装填耗时也更长。如果要让线膛枪尽可能地发挥杀伤力，就有必要把装药紧紧锁进枪膛里，并且还要让子弹充分契合膛线。出于这一目的，在使用线膛枪时就得采用分步装填：首先将称量好的火药倒入枪膛，然后将由浸油皮革或厚纸包裹的子弹塞入枪膛。这样的包覆弹和枪膛贴合得非常紧密，所以需要奋力将子弹推进去，有些军队甚至会用木槌把子弹送进去。即便对经验丰富的士兵来说，以这种方式装填线膛枪的耗时仍然大约相当于普通滑膛枪的两倍。

如果有必要与敌军展开近距离战斗——在这种战斗中，射速比准度更重要——装备线膛枪的士兵通常会使用普通子弹。从沙恩霍斯特在1810年进行的测试中可以看出，在使用普通子弹时，线膛枪就几乎彻底丧失了优势。测试使用的标靶是一块厚度为1寸的云杉木板，它高6尺（1.88米）、宽24尺（7.53米）。标靶中部自上而下涂有一道宽4尺（1.26米）的条纹。

10名来自普鲁士近卫猎兵营的士兵使用自己的兵器进行射击测试。他们排成一列，相邻两人间隔为一步，每名猎兵在每个距离上都打出10发包覆弹和10发普通子弹（每种子弹在每个距离上射击100发）。在使用包覆弹射击时，如果距离标靶为150步、200步，就完全由人力托举枪支，如果距离为300步、400步，那就得将线膛枪放在支架上射击。

如果使用包覆弹的测试者距离标靶为150步，射击总耗时就是18—26分钟（每次射击 1.8—2.6 分钟）;距离 200 步，耗时 11—22 分钟（每次射击 1.1—2.2 分钟）;距离 300 步、400 步，耗时 28—37 分钟（每次射击 2.8—3.7 分钟）。如果是使用普通子弹，那么距离为 150 步时的总耗时为 11—15 分钟（每次射击 1.1—1.5 分钟）;距离 200 步，耗时 7—13 分钟（每次射击 0.7—1.3 分钟）。出于某种至今仍不能确定的原因，射击 200 步外标靶的耗时总要少于射击 150 步外标靶。

沙恩霍斯特也在相同条件下测试过普鲁士的 1809 年式滑膛步枪：同样的标靶，同样是每个距离上让 10 名士兵使用 10 发子弹射击。不论距离远近，滑膛步枪射击耗时都大体相同，基本都在 5—8 分钟之间（每次射击耗时 0.5—0.8 分钟）。结果如下所示（上方数字为小型标靶命中 / 击穿数目，下方数字为包括小型标靶在内的整块木靶命中 / 击穿数目，"—"意为并未记录数据）：[46]

射击者和标靶间的距离（步）	150	200	300	400
线膛枪，包覆弹	68/68 93/92	49/47 87/85	31/— 72/56	20/— 53/29
线膛枪，普通子弹	51/— 74/60	26/— 62/51	—	
1809年式滑膛步枪样本	—	21/21 62/62	4/3.5 36/36	—

如你所见，如果射击者距离标靶为 200 步，使用包覆弹的线膛枪在射击小型标靶时的命中率可以高达滑膛枪的 2 倍多，但对于大型标靶而言，线膛枪的优势就没有那么大了——事实上连 1.5 倍都不到。此外，线膛枪的射速只有滑膛枪的一半，也就是说两者在相同时间内射击小型标靶的杀伤力是大体相当的，而在射击大型标靶时，滑膛枪的杀伤力就会更强，不过其弹药消耗量也相对较高。当距离为 300 步时，线膛枪射击小型标靶的命中率几乎高达滑膛枪的 8 倍，即便换成大型标靶也可以达到 2 倍。如果让线膛枪改用普通子弹，那么在射击者距离标靶 200 步时，线膛枪射击小型标靶的命中率就只能略高于滑膛枪，换成大型标靶后更是命中率相当，但线膛枪的射速只有滑膛枪的三分之二。

因此，当射击者距离小型标靶超过 150 步或距离大型标靶超过 200 步时，线膛枪相对于滑膛枪的优势才能体现出来。考虑到散兵在实战中的射击目标通常是隐蔽在地物后方的敌军散兵，那么针对这种非常小的目标，线膛枪或许在150 步以内也能发挥出优势。显而易见的是，线膛枪在射击军官这样的个体目标和炮手这样的小队目标时同样更具杀伤力。

然而，在直面敌军火力的实战中，像焦虑这样的因素也会影响射击，它极大地妨碍了细心装填和精确瞄准，而且线膛枪兵距离敌军越近，面临的火力越猛烈，焦虑就变得越强，在这种情况下，线膛枪的优势就越发可疑了。显然，线膛枪只有在严谨能干、认真负责的士兵手中才能发挥威力，这些士兵还需要充分接受瞄准射击训练，并且冷静到即便在敌方火力下也能耐心地瞄准目标。

一些法国军官甚至认为线膛枪并不适合那些几乎纯粹以散开队形作战的射手。比如说，迪埃姆将军就告诉我们，他曾在 1792 年年底组建了一个自任营长的"自由营"（bataillon franc），而且这个营里的掷弹兵还装备了线膛枪。按照迪埃姆的说法，线膛枪只有第一次射击效果良好，因为当时使用的弹药是预先用木槌仔细装填进去的，而在打出第一颗子弹后，射手就开始太过匆忙地使用普通弹药，线膛枪相对于滑膛枪也就不再拥有优势。此外，在漫长、疲劳的战斗结束后，装备线膛枪的士兵还得连夜自行制备新子弹，因为步兵弹药箱里并没有适合线膛枪使用的子弹。迪埃姆还注意到线膛枪长度较短，所以就把一柄较长的直剑绑在枪身上取代常见的刺刀，但事实证明这种直剑并不可靠。结果，那些装备线膛枪的士兵在参战数月后就开始要求配发装备刺刀的常规滑膛枪。[47]

然而，与其说拒绝线膛枪之举与枪支本身的缺陷有关，倒不如说与法国人的民族性格有关。伽桑狄认为，线膛枪一般而言并不适合法国人，只适合那些病夫和冷血杀手。[48] 不过，要求组建腾跃兵连的法令仍然表示这些连里的军官和军士需要装备线膛枪。[49]

某些军队组建了由装备线膛步枪或马枪的专业射手组成的独立单位——比如说普军、奥军和某些德意志军队里的猎兵部队和英国的线膛枪兵部队——而且打算让这些单位以小股部队为单位参与散兵战。奥军的某些猎兵和轻步兵还装备了气动步枪和双管步枪（一根枪管为线膛，另一根为滑膛）。然而，最终线膛枪在拿破仑时代的绝大部分军队中依旧没有得到推广。不过，某些装备线膛枪的部队单位还是在拿破仑战争中有不错的发挥。当然，其中最有名的部队还是英军的第 95 团。

作为总结，这里应当再度指出散兵最重要的用途并不在于散兵战本身，而在于散兵与密集队形步兵间的良好配合。关于这一点，普鲁士的 1812 年步兵条令阐述得最为清楚："步兵的战斗就是散兵与密集队形步兵间的相互支持。"[50]19 世纪初最默契的配合出现在法军中。实际上，所有法军步兵都能够以密集队形和散开队形战斗，许多军官、军士和士兵都拥有丰富的散兵战经验。

当法军发起进攻时，散兵会在步兵纵队前方行进、掩护纵队并为冲击进行火力准备。法军步兵的冲击，特别是第一轮冲击，往往会给敌军带来极大的影响。英军第 85 步兵团军官乔治·罗伯特·格莱格（George Robert Gleig）的看法就堪称其中的一个范例：

> 再没什么能够比法军的第一轮冲击更英勇、更猛烈了。他们先是缓慢、安静地前行一段时间，等到距离攻击地点仅有一两百码（大约 90—180 米）后，他们就会发出一声嘹亮、刺耳的吼叫，然后向前猛冲。此外，他们那极好的散兵 [tirailleurs] 群会在纵队行进途中提供保护，还会向前施压，这些散兵看起来处于十足的混乱之中，可又有种种英勇表现；他们的火力的确不算整齐有序，但射击速度极快也极为精准。就利用各类掩蔽物而言，他们在这一行里可以说能够与世界上任何一支轻型部队相媲美。[51]

法军散兵也会在防御战特别是发生在起伏地形上和居民点里的防御战中发挥重要作用。俄国军官兼军事理论家奥库涅夫认为，法军在散兵战方面经验丰富，而且相当擅长防守村落，就村落防御战而言，法军能力要远远优于欧洲其他国家的军队。此外，他还根据个人体验指出法军在防守森林和隘口时的表现则要稍逊一筹。[52]

在欧洲其他国家，大部分军队仍然相当明确地将步兵划分为战列步兵和轻步兵。在某些军队中，轻步兵与战列步兵的配合效果不佳。战列步兵只能承担它的主要职责，即便从步兵营里抽调散兵，其数量也非常有限，而且大部分时候都扮演被动角色，也就是只是保护己方步兵营免遭敌方散兵袭扰。某些军队的轻步兵接受的训练与战列步兵如出一辙，也就是说只是名义上的轻步兵。

某些军队存在专业化的射手，但他们数量相对而言并不多。

某些军队中可能出现这种情况——战列步兵战斗原则的旧观点妨碍了散兵和密集队形步兵间的有效配合。18 世纪的大部分军队里都盛行一种观点：防御中的战列步兵应当在敌军步兵大致进入步枪有效射程后开火，也就是说，在距离敌军 200—300 步时开火，这是为了在敌军迫近之前展开数次射击，而在冲击中，战列步兵必须在距离敌军 50—200 步时射击一轮或多轮。当这种观点形成的时候，甚至可以说散兵即便曾在大会战中得到过运用，其运用次数也极为稀少，可是，当所有军队都开始运用散兵后，这种观点仍旧存在。

按照这一观点，当双方步兵队形的正面距离缩短到大约 300 步时，战列步兵的将领和军官就会命令散兵从队形正前方撤出。而且如果步兵队形是营横队，那么散兵的撤退距离会更长，也就得更早地从队形正前方撤出。要是交战双方军官都认同这一观点，那么他们的战斗条件仍然是大体相同的。

可如果其中一方的散兵选择后撤，另一方的散兵却依然留在步兵队形前方，那么留在原地的散兵就得到了射击敌方密集队形的良好机会，而且散兵几乎不会受到任何反击。尽管散兵的射击时间不会很长，但他们因此有机会诱使敌方步兵早早地开火，导致敌军陷入一定程度的混乱。即便散兵做不到这一点，敌军步兵在遭遇散兵射击时的火力也可能不如并未遭遇射击的时候：散兵的射击会导致密集队形中的士兵焦虑情绪骤增，导致他们竭力快速开火，无法展开瞄准，而且在第一轮射击结束后，士兵的装填动作也会变得过于匆忙和粗心。

如果并不遵从传统观点，当双方步兵队形的正面距离拉近到约有 100—150 步时，散兵就可以迅速进入己方战列步兵营间的横向间隔，让散兵完成这一动作甚至有可能都不用特地下令，因为散兵本身或许也不希望待在双方步兵的密集队形之间。列成密集队形的步兵此前并未开火，此时既可以先在近距离打出第一轮齐射——也就是最具杀伤力的齐射——再发起刺刀冲击，也可以不发一枪立刻冲向已经被散兵火力打乱的敌军。在绝大多数情况下，战列步兵的这种战斗方式要比过去的方式更有效，因为只有在近距离展开第一轮射击时，步兵密集队形的火力才算是比较有杀伤力，此后的射击威力则要低得多。此外，密集队形在几轮射击过后就会陷入不同程度的混乱，士兵喜欢继续开火，军官如果要想迫使士兵停止射击并转入冲击，就会面临极大的困难。

如果步兵以营纵队推进，而且散兵既机智又满怀热情，那么散兵与密集队形步兵间的配合就会变得相当有效：相对较窄的纵队正面和各纵队之间相对宽阔的横向间隔缩短了散兵退却所需时间，因此，散兵就可以在己方步兵营前方待得更久，也能够更接近敌军。位于间隔前方的散兵甚至根本不用后退，他们可以继续射击，吸引敌军步兵的部分火力，以便步兵主力向前推进，直至冲击结束为止。如果冲击取得胜利，散兵就可以立刻冲过去追击正在退却的敌军，如果冲击遭遇失败，散兵就要掩护主力部队退却。然而，散兵究竟能引开多少敌方火力？关于这一点仍然存在若干不同观点。马尔蒙认为散兵"分割了敌军火力"，也就是说，他们将一部分敌军火力转移到自己所在的位置。[53] 普军于1815 年颁发的一部教令则表示敌军通常会对准密集队形射击，而不会针对单兵目标。[54] 因此，就算散兵能够将一部分敌方火力吸引到自己身上，最终转移过来的可能也不是很多。

从上一章中提到的法军谢雷将军颁布的教令以及迪埃姆将军的建议、比若元帅的论证中可以看出，某些法国军官并不会选择召回散兵——至少在进攻中不会——散兵需要靠近敌军正面并展开速射。这种射击应当能够扰乱敌军士兵，诱使敌军过早开火，使得敌军无法瞄准。当步兵主力迫近敌军正面时，散兵就需要集结在各个步兵营之间留出的横向间隔里，但在集结过程中也不要停止射击（比若建议，如果散兵没有时间通过营与营的间隔退却，那就直接平卧在地上让步兵队列走到前面去）。[55] 或许，散兵和密集队形步兵间如此密切的配合正是法军步兵在冲击欧陆军队步兵——这些军队里的军官仍然遵照旧战术行事——时屡屡取胜的原因之一。

不过，在 1808—1814 年，英法两军在伊比利亚半岛和法国南部进行的诸多交战中，事实证明法军的冲击方式变得徒劳无功。这可能是源于英军迅速发展出了一套新战术，他们也开始使用大量散兵，而且当英军处于守势时，他们往往会把列成密集队形的步兵放在山脊后方，因而能够避开法军的观察和炮击，也不至于在散兵袭扰下朝距离太远的目标射击。当法军步兵接近英军散兵并将其逐退后，列成密集队形的英军步兵或等待法军迫近，一直等到法军步兵进入步枪能发挥最大威力的距离为止，或稍稍向前推进，不给法军留出弄清楚战斗态势、采取应急措施的时间。然后，英军会打出一轮近距离齐射，再发起刺刀反冲击。某些场合下，法军会尝试在最后一刻将纵队展开成横队，但这种队形变换一般无法完成，因为英军并不会给法军留出足够的时间。

在拿破仑战争中，其他欧洲军队也逐步掌握了散兵与步兵主力间的协同作战原则。关于步兵以散开队形作战的统一教令同样相继出现，某些军队还把这样的教令纳入新步兵条令（以奥军和普军为例，它们分别在 1807 年和 1812 年条令中加入了相关教令）。

注释

[1] Saint-Cyr, *Mémoires sur les campagnes*, t. 1, p. XLIV; t. 2, 155-156（俄译文见：*Военная библиотека*, 1838, т. I, ч. 1, с. XX, 270-271）; Duhèsme, *op. cit.*, p. 114.

[2] Дельбрюк, *op. cit.*, т. 4, с. 197, 304-305（德文原版见：Delbrück, *op. cit.*, Vierter Teil, S. 322, 487-488）.

[3] Saxe, *op. cit.*, p. 70-71.

[4] Duhèsme, *op. cit.*, p. 224; 也见 Brenier A.-F.《A Messeurs les Rédacteurs du Spectateur Militaire》//*Spectateur Militaire*, Paris, t. 2, p. 472.

[5] *Caractère militaire des armées européennes dans la guerre actuelle; avec une parallele de la politique, de la puissance, et des moyens des Romains et des françois.* Londres, 1802, p. 28.

[6] *Règlement ... du 1er août 1791*, p. 389.

[7] *Règlement provisoire sur le service de l'infanterie en campagne.* Caen, 1778, p. 236; *Règlement provisoire sur le service de l'infanterie en campagne du 5 avril 1792.* Paris, 1792, p. 129; *Extrait du règlement provisoire pour le service des troupes en campagne.* Schönbrunn, 1809, p. 161; 同样的内容见: Bardin, *Mémorial*, t. 1, p. 326〔俄译文见：Аглаимов С. П. *Отечественная война 1812 года. Исторические материалы Лейб-гвардии Семеновского полка.*（《1812年卫国战争：谢苗诺夫斯科耶近卫团历史材料》）Полтава, 1912, с. 111〕; 修订后的教令见: Thiébault, *Manuel...*, p. 291-292.

[8] Lynn, *op. cit.*, p. 265-266.

[9] Duhèsme, *op. cit.*, p. 110; Ross, *op. cit.*, p. 67; Lynn, *op. cit.*, p. 222, 267, 269, 275; Nosworthy, *With Musket, Cannon and Sword*, p. 249-250.

[10] Saint-Cyr, *Mémoires sur les campagnes*, t. 1, p. 6-7（俄译文见：*Военная библиотека*, 1838, т. I, ч. 1, с. 5）.

[11] Saint-Cyr, *Mémoires sur les campagnes*, t. 1, p. xliv-xlv（俄译文见：*Военная библиотека*, 1838, т. I, ч. 1, с. XX）.

[12] *Grundsatze der höhern Kriegs-kunst für die Generäle der österreichischen Armee.* Wien, 1806, S. 84（第二版中位于: S. 40, 俄译文见：*Стратегия в трудах военных классиков.* М., 1926, т. II, с. 81）; 也见: *Beyträge zum practischen Unterricht im Felde für die officiers der österreichischen Armee.* Wien, 3 Heft, 1807, S. 89.

[13] Duhèsme, *op. cit.*, p. 115.

[14] *Ibid.*, p. 114.

[15] *Règlement ... du 1er août 1791*, p. 224; Planche I.

[16] Pelleport P. *Souvenirs militaires et intimes du général vicomte de Pelleport, 1793-1853.* Paris, 1857, t. 1, p. 24-25.

[17] Vigo-Roussillon F. *Journal de campagne 1793-1837 de François Vigo-Roussillon, grenadier de l'Empire.* Paris: Éditions France-Empire, 1981, p. 32, 37.

[18] Saint-Cyr, *Mémoires sur les campagnes*, t. 2, p. 4（俄译文见：*Военная библиотека*, 1838, т. I, ч. 1, с. 167）.

[19] *Ibid.*, t. 2, p. 67-68（俄译文见：т. I, ч. 1, с. 210）.

[20] *Ibid.*, t. 1, p. xlv, t. 2, p. 155-156（俄译文见：т. I, ч. I, с. XX, 270-271）.

[21] *Caractère militaire des armées européennes*, p. 34.

[22] *Grundsatze...*, S. 85（俄译文见：с. 81）.

[23] *Beyträge...*, 3 Heft, 1807, S. 90.

[24] Duhèsme, *op. cit.*, p. 108-109, 115.

[25] Saint-Cyr, *Mémoires sur les campagnes*, t. 2, p. 166, 294; t. 3, p. 75-78, 130, 216（俄译文见：*Военная библиотека*, 1838, т. V, ч. 2 и 3, с. 5, 107, 198-200, 238, 302）.

[26] 《Observationspunkte für die Generale bei der Armee in Deutschland im Jahre 1796》//Gallina J. *Beiträge zur Geschichte des österreichischen Heerwesens.* Wien, 1872, Erstes Heft, S. 137-139; 这份教令的节译文

本和其他相关例证见：Дельбрюк, *op. cit.*, т. 4, с. 296-298（德文原版见：Delbrück, *op. cit.*, Vierter Teil, S. 468-472）.

[27] Delavoye A. M. *Life of Thomas Graham, Lord Lynedoch*. London, 1880, p. 115-116.

[28] *Grundsatze…*, S. 87-88（第二版中位于：S. 41-42, 俄译文见：с. 82）；也见：*Beyträge…*, 3 Heft, 1807, S. 89-91.

[29] Lynn, *op. cit.*, p. 250, 257.

[30] Saint-Cyr, *Mémoires sur les campagnes*, t. 2, p. 155-156（俄译文见：*Военная библиотека*, 1838, т. I, ч. 1, с. 270-271).

[31] Lynn, *op. cit.*, p. 272-273.

[32] Foy M. *Histoire de la guerre de la péninsule sous Napoléon*. Paris, 1827, t. 1, p. 103.

[33] Медем, *Тактика*, ч. 2, 1838, с. 47.

[34] Duhèsme, *op. cit.*, p. 139-141.

[35] Duhèsme, *op. cit.*, p. 217, 437-438; Отечественная война 1812 года. *Материалы Военно-Ученого Архива Главного Штаба. Отдел II. Бумаги, отбитые у противника. Том I. Исходящая переписка маршала Даву (с 14 октября по 31 декабря 1811 г.).*（《1812年卫国战争：总参谋部军事科学档案材料，第二部分，缴获的敌军文件。第一卷：达武元帅公文集（1811年10月14日 -12月31日）》）СПб., 1903, с. 7; *Correspondance de Napoléon*, t. 31, p. 375（俄译文见：Наполеон, *op. cit.*, с. 653-654）.

[36] *Correspondance de Napoléon*, t. 31, p. 375-376（俄译文见：Наполеон, *op. cit.*, с. 653-654, 俄译文中将8误作7）.

[37] Duhèsme, *op. cit.*, p. 449.

[38] Pelleport, *op. cit.*, t. 1, p. 47.

[39] Pelet J. J.《De la division》//*Spectateur Militaire*, t. 2, 1827, p. 273-274; Foy, *op. cit.*, t. 1, p. 96-97.

[40] Okouneff, *Examen*, p. 119-120, 163-164（同样的内容见：*Considérations*, p. 193-194, 208）; Cathcart G. *Commentaries on the War in Russia and Germany in 1812 and 1813*. London, 1850, p. 7.

[41] Глинка Ф. Н. *Письма русского офицера о Польше, австрийских владениях, Пруссии и Франции, с подробным описанием похода россиян против французов в 1805 и 1806, также Отечественной и Заграничной войны с 1812 по 1815 год.*（《一个俄国军官关于波兰、奥地利诸省、普鲁士和法国的书信集，包括对1805、1806年俄军对法作战及1812-1815年卫国战争与境外战争的详细描述》）М., ч. 1, 1815, с. 206-208; Радожицкий И. Т. *Походные записки артиллериста, с 1812 по 1816 год.*（《一名炮兵的战争回忆，1812-1816年》）М., 1835, т. 1, ч. 1, с. 110; ч. 2, с. 193; Норов А. С. *Война и мир 1805-1812 с исторической точки зрения и по воспоминаниям современников. По поводу соч. гр. Л. Н. Толстого《Война и мир》.*（《源于历史视角、根据同时代人回忆写成的战争与和平：1805—1812年，论列夫·尼古拉耶维奇·托尔斯泰伯爵著〈战争与和平〉》）СПб., 1868, с. 29.

[42] Sherer M. *Recollections of the Peninsula*. London, 1824, p. 238〔引自 Muir, *op. cit.*, p. 59, 这一页还引用了爱德华·麦克阿瑟（Edward Macarthur）的回忆录，麦克阿瑟所在的第39步兵团与第34步兵团在此战中隶属于同一个旅〕；也见：Cadell C. *Narrative of the Campaigns of the Twenty-Eighth Regiment since Their Return from Egypt in 1802*. London, 1835, p. 157（第28步兵团在此战中与第34、第39步兵团属于同一个旅）.

[43] Quistorp, *op. cit.*, S. 169, 作者的脚注一直延续到170—172页。

[44] Bugeaud,《Principes…》//*Oeuvres*, p. 44.

[45] *Ibid.*, p. 44-45.

[46] Scharnhorst, *Über die Wirkung des Feuergewehrs*, S. 89-95（数据也收录在：Гогель, *Подробное наставление*, с. 337-339）.

[47] Duhèsme, *op. cit.*, p. 221-222; 也见：Duthilt, *op. cit.*, p. 115.

[48] Gassendi, *op. cit.*, t. 2, p. 566.

[49] Bardin, *Mémorial*, t. I, p. 39-40.

[50] *Exerzir-Reglement für die Infanterie der Königlich-Preußischen Armee*, 1812, Vierter Abschnitt, Erstes

Kapitel, § 1, S. 96: "Das Gefecht der Infanterie ist eine wechselseitige Unterstützung der zerstreuten und geschlossenen Fechter." 也 见 *Правила рассыпного строя или наставление о рассыпном действии пехоты, для обучения егерских полков и застрельщиков всей пехоты.*（《散开队形规则或有关步兵以散开队形作战的教令，供猎兵团和全体步兵中的先驱兵使用》）Варшава, 1818, гл. II, § 14, c. 6: "步兵的战斗基于散开队形和密集队形的相互保护。"

[51] Gleig G. *The Subaltern*. Edinburgh and London, 1825, p. 181.

[52] Okouneff, *Examen*, p. 119-120, 163-164（同样的内容见：*Considérations*, p. 193-194, 208）.

[53] Marmont, *De l'esprit*, p. 32（俄译文见：c. 475）.

[54] Renard, *op. cit.*, p. 213.

[55] Bugeaud,《Principes…》//*Oeuvres*, p. 44.

第七章 法军骑兵与炮兵

18 世纪的欧洲军队规模相对较小，在这些军队中，骑兵是非常重要的组成部分——它占到了总人数的五分之一到三分之一，有时候的占比甚至比这还要高。法国革命军的数量增长主要体现在步兵方面，因为组建步兵要比组建骑兵和炮兵容易得多，后两个兵种开支巨大——它们需要铸造火炮，购买并养护马匹，而训练骑兵和炮兵还需要马具和漫长的时间。这样，步兵相对于骑兵和炮兵的比例就开始急剧上升。

在法国大革命后的最初几年里，法军骑兵质量骤降。时人认为这个兵种是最贵族化的兵种，也因为贵族军官的大规模流亡而损失最重。此外，就连让骑兵维持作战能力都需要在养护马匹、购买并训练新马填补缺口以及保养马具方面定期消耗大笔经费。即便在革命之前，法国也没有足够多的良马可以充当骑兵战马——它需要从国外购买相当多的马匹。革命初年的动乱和无法从外国进口马匹导致法军骑兵陷入了相当糟糕的处境，兵力也有所减少。法军根本没有办法快速解决这一问题。在 1791—1792 年的志愿兵中的确存在一些由富裕公民自费组建的骑兵部队，但他们的数量无足轻重。

因此，在法国大革命中，法军骑兵的数量和质量都逊于敌军骑兵，奥地利、普鲁士和其他若干德意志邦国都拥有数量庞大、训练有素的骑兵。缺乏火器迫使法国陆军部在 1792 年夏季下令将骑兵手中的步枪和马枪都转交给步兵。[1] 失去了远程火器后，骑兵在侦察、警戒方面就几乎毫无用处，因此也几乎不会承担这类作战任务。几乎所有骑兵——甚至包括重骑兵——都被分配给步兵师（由几个半旅组成，其具体情况将在下一章展开探讨），每个师通常配备 1—3 个骑兵团。此外，某些军团还会设立预备骑兵，其规模一般来说不会很大——大约 2—4 个团。若米尼曾回忆他在 1796 年的莱茵军团中看到了名称浮夸的"预备骑兵"，它实际上就是一个实力薄弱的旅，仅有 1500 名骑兵。[2]

圣西尔表示，即便在 1794 年战局之初，莱茵军团的骑兵情况仍然很糟，兵员里有四分之三是新兵。[3] 根据圣西尔对 1793—1796 年诸战局中法军骑兵作战情况的描述，可以清晰地发现，法军骑兵主要以团为单位单独行动，与步兵配合密切，有时甚至以个别中队为单位活动。而到了1796年，圣西尔已经能够列举法军骑兵成功冲击奥军骑兵的若干战例。[4]

因此，法军骑兵在革命战争初年的诸多会战中实际上并未独立活动。法军骑兵称得上大规模集群作战的唯一战例就是维尔茨堡（Würzburg）会战（1796年9月3日），在这场会战中，茹尔当（Jourdan）将军麾下的重骑兵由博诺（Bonnaud）将军统一指挥，对卡尔大公麾下由利希滕施泰因（Liechtenstein）将军指挥的奥军骑兵发起了数次成功冲击。不过，在经历了多次冲击和反冲击后，法军骑兵最终还是彻底陷入混乱并撤出战场。之所以会出现这种情况，最重要的原因还是奥军在骑兵数量上拥有可观优势，这让他们能够留有一支强大的预备队，在面对马匹已经疲惫、人员也出现混乱的法军骑兵时还可以投入生力军。[5]

到了革命战争末期，法军骑兵已经积累了可观的经验，与敌方骑兵差距已明显缩小。所有重骑兵都从主要由步兵组成的师中分离出来，编组成独立的骑兵师，一部分轻骑兵也是如此。拿破仑最终让骑兵与步兵师彻底分离。当军这个编制出现时，每个军都得到了一个轻骑兵旅（两三个团）或轻骑兵师（四五个团），余下的骑兵则组成了预备骑兵军——它下辖几个骑兵师（每个师包括五六个团）。

军官的流亡对炮兵影响最小，这一点与骑兵截然不同。时人认为骑兵是军队里最尊贵的兵种，因此，那些身份显赫、财产众多的贵族都尽可能地进入骑兵服役。在炮兵中服役就没有那么尊贵了，所以，炮兵军官主要是外省的穷贵族，而且就连受过良好教育的平民也有机会成为军官。尽管如此，在革命战争之初，炮兵的情况也不算好，这既是因为缺乏马匹，也是由于炮兵经验不足。

从1793年起，炮兵开始通过某种动员方式——从民间征用适于服役的马匹——获得马匹。车夫由志愿服役的人员组成，但他们仍然没有被视为军人——他们并没有武器，也不是炮兵连的一部分，也就是说，车夫事实上不用受到军队纪律的约束，即便在运输火炮时也不是炮兵连长的直接下属。

法军在革命战争刚刚打响时仍然沿用旧的组织体系，也就是说，野战炮（榴弹炮、12磅加农炮和8磅加农炮）会集中到所谓的"炮场"里，在会战开始前，各个师会分到一定数量——其具体数量取决于当时的态势——的火炮。会战结束后，火炮还要返回炮场。很快，法军就采用了新的组织体系，几乎所有野战炮都被固定分配到各个师，只有一小部分留作预备队。法军的炮兵连编制内此时有8门火炮（6门加农炮和2门榴弹炮）。

法国大革命的最初几年里，骑炮兵不仅出现在法军当中，还得到了迅猛的发展：1792年1月，法军设立了2个骑炮连，4月已经增长到9个连，1793年2月则是20个连，同年夏季已是30个连，到了1794年夏季更是达到56个连。[6]从某一时期开始，骑炮连编制内的火炮被定为6门（4门8磅加农炮和2门榴弹炮），但偶尔也会出现8门火炮的编制，甚至会配备12磅加农炮。骑炮兵的主力也被分给各个师，另有一小部分留作预备队。[7]

法军还拥有营属火炮，它是团属火炮的同义词：在革命战争爆发前，旧军队中的每个步兵营理论上都有2门4磅炮，到了1795年，这个比例则被下调到每个战列步兵营配备1门炮（每个半旅3门）。[8]然而，并不是所有法军都拥有这样的火炮和足以运输火炮的马匹，有些战列步兵半旅并没有营属火炮，轻步兵半旅更是不用指望火炮。营属火炮理论上应当始终和它们所属的步兵营待在一起，但在实战中却时常分离。到了革命战争末期，多数法军部队已经不再使用营属火炮。

在革命战争初年的各次会战中，大部分火炮还是沿着战线正面大致均匀地散布开来，为步骑兵部队提供直接火力支援。这一时期的法军步兵训练匮乏、经验不足，对他们来说，这样的支援是非常重要的，然而，此时的炮兵仍然无法扮演重要角色。炮手需要接受步兵将领的指挥，这些将领并不了解火炮性能，在使用时对口径不加考虑，时常会命令炮兵在距离敌军过远时开火，也往往会使用炮兵压制敌方炮兵——这一般会导致漫长的火炮对射，消耗大量弹药却只能取得相对较小的战果。

统帅手中并没有一支强大的炮兵预备队，也就不能在需要炮兵的场合及时加强某一地段的炮兵。结果，某些地段的炮兵几乎可以说是徒劳无功，可在最为重要的地段，炮兵又不足以击退敌方冲击或为己方的决定性冲击进行火力准备。真正能够将大量的火炮集中到前线某一重要地段的战例十分稀少。

拿破仑作为一名专业炮兵，早在他于1796年第一次以军团司令身份指挥战役时，就开始将野战炮以炮群的形式集中部署到有利于发扬火力的地段。拿破仑把一部分野战炮留在预备队中，而后在会战中的某个时刻让火炮迅速推进到某一地点，就地形成全新的炮群。完全出乎敌军意料的炮群和集中火力的轰击取得了相当显著的战果。

获得最高权力后，拿破仑继续着手改革炮兵。步兵师中仅仅保留两个炮兵连（通常是一个步炮连和一个骑炮连，也可能是两个步炮连），重骑兵师中保留两个骑炮连，重炮则从各个师中剥离出来。一部分重炮被配备给步兵军，让每个军下辖两个重炮连，每个军还配有一位独立的炮兵将领或军官——军炮兵主任。所以，指挥炮兵的人不再是非专业的步兵将领，而是直接听命于军长的专业炮兵。每个步炮连下辖6门加农炮和2门榴弹炮，每个骑炮连下辖4门加农炮和2门榴弹炮。师属炮兵——不论是步炮兵还是骑炮兵——装备8磅加农炮（后来改成1803年引入的6磅加农炮），重炮兵则装备12磅加农炮。

另一部分重炮归属军团炮场，由统帅直接掌握。在拿破仑的军队中，炮场和近卫炮兵一道形成了强大的炮兵预备队，他会适时地将这支预备队投入战斗，为决定性冲击进行火力准备。不过，就像其他许多战术一样，这种战术也并非由拿破仑本人发明。

如前所述，法军炮兵在七年战争后采用了格里博瓦尔体系的火炮，与此前在法军中服役的火炮相比，该体系火炮在维持原有口径的情况下重量大为减轻，射速和准度也有所提升。格里博瓦尔还设计了新的前车和挽具。这些创新显著增强了炮兵的机动性——格里博瓦尔体系中的火炮尽管事实上使用的挽马数量较少，却能够以快得多的速度展开机动。

法国军事理论家也开始构思运用炮兵的新方式。吉贝尔认为炮兵装备的革新总体上是一种进步。[9] 与此同时，他还反对像七年战争中的俄军和奥军那样装备过多的火炮：太多的火炮削弱了部队的战略机动力和战术机动力。如果能够以成功的机动出其不意地打击敌军或攻击敌军战斗队形中的薄弱环节，那就不应当设立庞大的炮群并展开漫长的炮击，这只会告知敌军哪一地段将会受到威胁，让敌方有机会加强薄弱阵地。吉贝尔认为，如果一支军队拥有100个步兵营，那么配备150门火炮就已足够。此外，他还认为当时的炮场应当减少4磅炮的数量并增加大口径加农炮和榴弹炮数量，计划用火炮质量、机动能力和集中部署到战斗队形中的某一要点弥补数量上的不足。[10]吉贝尔为火炮在战场上的机动与展开设计了新的方法，这种方法与他推荐的步兵战法存在类似之处：让炮兵以单炮或双炮纵队行进，而后在利于发扬火力的地段展开成横队。[11]

在吉贝尔看来，炮兵与步骑兵应当协同作战、互相保护。为了做到这一点，炮兵军官就必须熟悉步骑兵的机动，步骑兵军官也必须了解火炮的基本性能——特别是各种火炮的有效射程。吉贝尔认为炮群应当能够从阵地上以一定角度纵射敌军。这样的纵射威力比垂直于敌军战线的射击更强，此外，纵射中的炮群能够朝着邻近炮群的正面开火，也就是说各个炮群可以相互支援。炮兵不仅要杀伤整条正面战线上的敌军，而且要力求重创敌军战斗队形中的某些特定部分——那些利于己方部队发起冲击的部分。吉贝尔认为，不应当将许多火炮集中到一个规模庞大的炮群中——那会为敌军提供一个好靶子。最好还是设立几个邻近的炮群，但不要让它们位于同一条直线上，以免敌方在这条线上设立炮群并对上述所有炮群展开纵射。有人认为炮兵最好的阵地是高度远远超出所有射击对象的山顶，但吉贝尔认为这是一种错误的观点。在他看来，最适合炮群的阵地应当是方圆 300 法寻（584.7 米）、高 15—20 法尺（4.8—6.5 米）的地面隆起。[12]显然，他提到的是坡度平缓而且高度朝着敌军方向慢慢降低的小丘。

吉贝尔建议不要把炮群部署到会阻碍自身机动的地方，也就是说不要把火炮放到栅栏、沟渠、冲沟、沼泽或是坡度陡峭的高地前后。而且也不要过早且过度暴露地部署己方炮群，因为敌军既可以使用实力更为强大的炮群轰击该炮群，使其受到重创，也可以在便于压制该炮群的地方相应地部署炮群。应当为炮群找到侧翼至少有一座高一两尺的小高地的阵地——小高地可以作为炮兵阵地的掩蔽物，那会有助于保护炮手，使敌军难以观察火炮机动，让己方的射击变得更为精确。既不该把炮群放在己方步骑兵前方，也不要放在后方的高地上，这样的位置会让敌军同时拥有两个射击目标，将敌军火力吸引到步骑兵身上，而且如果步骑兵位于炮群后方，就会导致机动变得颇为困难，如果位于炮群前方，则会导致他们担心己方炮兵的火力，甚至会因为某些射失的炮弹而蒙受损失。大口径火炮应当集结成若干炮群，部署在能够保护己方关键阵地或轰击将要冲击的敌方阵地的位置上。小口径火炮则应当随时准备好快速赶赴需要加强炮兵的地段。一部分小口径火炮还可以与骑兵配合作战（吉贝尔时代的法军还没有骑炮兵）。[13]

　　吉贝尔坚持认为军官应当了解各类炮弹的有效射程和杀伤力。根据他的说法，在七年战争中，他曾目睹过团属火炮（4磅加农炮）持续不断地射击3个小时之久，而由8磅加农炮组成的炮群在此期间却认为目标太过遥远，因而一弹未发。吉贝尔明确反对己方炮兵与敌方炮兵展开交火——他认为只有在没有其他目标的情况下才可以这么做。在他看来，炮兵的主要作战对象应当是敌方步骑兵。吉贝尔认为准确判断何时应当使用实心弹、何时应当使用霰弹的能力颇为重要，军官不应当受到霰弹总会更具杀伤力的偏见影响，不要在仍然远离敌军时过早地停止使用实心弹，转而使用霰弹。霰弹只有在平整、干燥、坚实的地面上才能对一定距离内的目标具有较强的杀伤。如果距离较远，霰弹就会远远地偏离射击方向。如果地面并不平整、存在掩蔽物或是土质黏稠，霰弹的杀伤效力就会有所降低——霰弹会中途停下或减慢速度（也就是说，霰弹的弹丸并不会从地面上弹起，而是会陷在地里，或是虽然能够反弹但速度却大为降低）。在这样的地方最好还是使用实心弹，因为实心弹偏离角度较小，能够较好地从地上反弹起来，即便无法命中敌军第一线也能够打到第二线，而且可以凭借飞行时的声响和造成的可怕创伤引发恐慌。[14]

　　吉贝尔认为，炮兵军官应当非常小心地使用火炮，不要漫无目的地浪费弹药。最后，他相信炮兵不应当随意抛弃大炮，但同时也不要过度担心丢失大炮。步骑兵必须养成不轻易放弃火炮的习惯，将捍卫火炮视为自己的荣誉，因为这会让炮兵对掩护自己的步骑兵拥有信心。就炮兵而言，他们也必须习惯于大胆机动、勇猛前进、坚守战线，在射击最具决定性也最有杀伤力的时刻不要分心去判断自己是否得到步骑兵的协助，也不要在敌军攻入炮群之前就放弃火炮，因为最后一轮（近距离的）射击正是威力最为恐怖的射击。[15]

　　值得注意的是，吉贝尔在评判炮兵的战地用途时很大程度上依赖于法国炮兵军官的著作。他的某些观点与1771年在阿姆斯特丹出版的一本法文小册子雷同，人们认为这本小册子的作者是让·迪·皮热（Jean Du Puget）。[16]

　　在吉贝尔的著作面世后，还有一些法国炮兵军官也为炮兵作战理论做出了新的贡献，其中以泰伊（Teil）兄弟声名最为卓著。兄弟中年纪最小的让·迪·泰伊（Jean du Teil）在1778年出版了一本论述炮兵战时用途的著作。此人是拉费尔（La Fère）炮兵团里的一名军官，在1785年，还有一位名叫拿破仑·波拿巴的青年军官会前往该团服役。最年长的约瑟夫·迪·泰伊（Joseph du Teil）则执掌欧索讷（Auxonne）城——拉费尔团在1788年被派驻此地——的炮兵学校。后来，波拿巴在革命战争之初也曾接受让·迪·泰伊的指挥。

让·迪·泰伊在他的著作中指出，格里博瓦尔体系的推广使得法军炮兵机动力提高、射速加快。另一方面，虽然吉贝尔认为大量火炮会妨碍部队的机动，泰伊却不认同这一点。他认为炮兵的机动力已经增强到不再妨碍步骑兵机动的程度，炮兵在战斗中也可以表现得更为活跃。[17] 但在其他各个方面，泰伊还是基本上赞同吉贝尔的看法，还多次复述他的观点。

泰伊指出，运用炮兵要基于以最佳方式分配火炮位置并指挥射击。炮兵必须和军队中的其他各个兵种紧密协作，为了实现这一目的，每个兵种的将领和军官都应当了解其他兵种的特性和能力。[18] 泰伊认为，火炮只有在射击500法寻（约975米）以内的目标时才有希望取得较好的战果：尽管12磅炮能够射击更远的目标，但这样的射击往往不够精准。[19] 应当注意到，吉贝尔也认为500法寻是12磅炮的最大有效射程。[20] 显然，这里提到的有效射程是敌军列成横队战斗队形时的情况，如果面对敌军的大规模纵深密集队形——比如说由多个营组成的战前预备纵队——那么火炮的有效射程还会有所上升。

当敌军展开成横队时，泰伊建议炮兵以一定角度发起纵射，当敌军步骑兵发起冲击时，炮兵就应当尽可能地从敌军翼侧开火。按照泰伊的看法，在面对敌方纵深队形时，从垂直于敌方战线的方向发起正面射击要比纵射更具杀伤力（他想到的是几个营前后相继形成的战前预备纵队，所以，当火炮正面开火时，实心弹就可以击穿整个纵队）。他也提到这个原则并非绝对不可变更，如果几个纵队相互平行地排列起来，那么较好的战斗方式就是让火炮以一定的角度展开射击，力求一次开火就命中两个乃至更多的纵队。火炮不应当仅仅局限于射击当面的敌军，与此相反，它们应当尽可能地利用战机打出交叉火力。[21]

泰伊建议，当步骑兵准备攻击某一地段时，就要增加针对该地段射击的火炮数量。如果某些炮群因敌方火力而蒙受损失，就应当使用其他炮群进行轮换，以免敌军发觉这一情况并加以利用——这会鼓舞敌军士气，也令己方陷入沮丧。[22] 泰伊建议在炮群中的各门火炮之间留出足够的间隔，这不仅是为了方便火炮机动，也是让炮群具备宽阔的正面（如果敌军炮群正面较宽，就可以运用纵射或交叉射击打击我方炮群，应当尽量避免这一情况）。[23]

泰伊主张炮群指挥官一占领放列阵地就立刻上前实地侦察地形，发现可能被敌军用于迫近或掩蔽的不规则地形。此外也有必要在各个方向上尽量寻找适于炮群就位的新阵地。[24]

泰伊建议不要让炮群过早进入放列阵地，以免暴露己方的主攻方向，炮群只应当在需要投入战斗时才就位。任何一块高地——哪怕是十分低矮的高地——都要加以利用，以此掩蔽炮群的正面和侧面，这会令缺乏经验、尚不熟悉战争的士兵增长信心，为炮兵提供保护，隐蔽机动路径，使火炮的射击更具威力。他认为，不应当立刻将所有能够投入战斗的火炮全部编组为炮群，而要留有一支预备队，以便适时增援前线炮群，也更便于火炮展开机动。如果将所有火炮同时投入战斗，敌军就会了解己方炮群的火炮数量，继而投入更多的火炮，从而占据上风。此外，适时隐蔽大口径火炮也是同样重要的做法。[25]

按照泰伊的看法，炮群绝对不该展开齐射，各门火炮应当交替射击，这样就能够让火力连绵不断。这种做法能够让敌军无法估测炮群中的火炮数量——该数量往往会决定某一地段是否会成为主攻地段，将会遭到多少部队的冲击。步骑兵不应当部署在炮群前方或后方，这种部署会为敌军同时提供两个射击目标，将敌军的火力引向步骑兵方向，而且如果步骑兵位于炮群后方，还会妨碍步骑兵的机动。大口径火炮应当投入需要展开顽强抵抗或猛烈冲击的重要地段，它们应当选择能够尽可能久地坚持下来的阵地，也就是说，大口径火炮应当位于较为安全的地段，这是因为大口径火炮转移阵地的速度较慢，而小口径火炮则需要尽快地赶赴受到威胁的地段提供支援。大口径火炮要用于战斗队形中容易招致敌方进攻的薄弱地段——特别是两翼。炮兵必须与步骑兵紧密配合，他们一定要相互保护。[26]

泰伊建议炮兵向敌方步骑兵开火，不要卷入与敌方炮兵的交火——这会导致浪费弹药。即便在交火中有可能摧毁敌军的部分炮群，那也算不上什么战果，或者说是效果甚微，因为赢得胜利的是步骑兵而非炮兵。炮兵的基本战术原则是让火力强度与目标的重要性相匹配，要节约弹药，将弹药用在最重要、最具决定性的时刻。即便步骑兵抱怨炮兵中止射击，炮兵军官也不应当受到其他兵种军官的干扰。炮兵还有必要避免犯下射击速率过高、距离过长的错误，这只能取得微小的战果，而且会让敌军不再惧怕炮兵，变得更为大胆。[27]

泰伊认为判断何时使用实心弹、何时使用霰弹的能力至关重要。炮兵不需要过早地停止使用实心弹（也就是说，炮兵不应当在距离敌军太远时改用霰弹）。炮兵应当了解各个弹种在不同战况下、不同地形上的杀伤效果。[28]

泰伊认为炮兵和步兵需要相互保护。步骑兵应当将保护炮兵视为自己的荣耀。至于炮兵，他们必须大胆地展开机动，必须能够判断出它的火力在何时何地最具决定性、最有杀伤力。炮兵只有在敌军将要夺占火炮而且己方需要带走或破坏火炮时才可以放弃火炮，他们往往有必要利用这样的关键时刻，以最后一轮射击给敌军造成非常大的损失，以此震慑敌军，使其停止推进。[29]

就这样，等到革命战争打响时，炮兵大规模机动作战的理论基础已经在法国出现，而且法国也有不少熟悉这一理论的炮兵军官——拿破仑·波拿巴就是其中一员。然而，在革命战争初期，法军炮兵的过时组织结构和经验不足的军团、师指挥官并没有为这一理论创造出用于实战的机会。就算波拿巴在1796—1797年的意大利战场、1799年的埃及战场和1800年的意大利战场指挥军团独立作战，由于军团中的火炮数量相对较少，他也不能将吉贝尔和泰伊的炮兵战术原则完全付诸实践。

尽管如此，波拿巴在1796—1797年间依然对他麾下军团的炮兵组织与战术进行了一定的革新。当波拿巴指挥意大利军团时，该军团的炮兵主任是奥古斯丁·莱斯皮纳斯（Augustin Lespinasse）将军，他在1800年出版了一部论述炮兵组织结构和作战用途的著作。该书指出，多数法军已经不再使用营属火炮。莱斯皮纳斯认为分配给各个师的火炮在战时应当与所属的师分离，将它们集中成大规模炮群，遵照统帅的决策进入对应阵地作战。

按照莱斯皮纳斯的说法，炮兵既不要位于步骑兵正前方，也不应该位于步骑兵的横向间隔中，因为沿着步骑兵战线正面分布的火炮所取得的战果远逊于地处特定位置的炮群。此外，位于步骑兵前方的火炮也会妨碍他们的机动，导致战线出现断裂——这是因为地形不可能处处相同。整条战线上的炮兵不可能做到全都跟随步骑兵行进，这就会迫使那些希望携带火炮行进的部队放慢速度。于是，战线上的某些地段就会因为火炮拖后腿而面临困境，由于各个组成部分运动参差不齐，无法相互协调，战线也会陷入撕裂和混乱，它在面临敌军时将会处于不利境地。如果步兵战线正面没有火炮，而是让一些组织良好的炮群为其提供支援，那就能够较好地维持战斗队形。

莱斯皮纳斯根据自己的经验给出了有关炮兵应当如何部署的若干战例。他给出的第一个例证是卡斯蒂廖内（Castiglione）会战（1796 年 8 月 5 日），在这场会战中，法军在战线正面并未留有炮兵，而是仅仅在两翼分别设置了一个炮群：左翼是 12 门步炮，右翼是 20 门骑炮。炮群与战线正面形成了一定的夹角，因而能够斜向射击奥军的战线正面（见图 23）。当奥军试图将右翼从 G 点延伸到 I 点时，莱斯皮纳斯从位于 CA 连线上的炮群中抽出数门火炮，使其沿着 CK 连线形成新的炮群。莱斯皮纳斯写道，如果奥军打算在另一翼展开同样的机动，即将左翼从 H 点延伸到 F 点，那么法军就有必要在右翼采取类似的相应举动，也就是从位于 BD 连线上的炮群中抽出数门火炮，将其沿着 DE 连线展开。不过，法军在实战中并不需要执行这一机动。

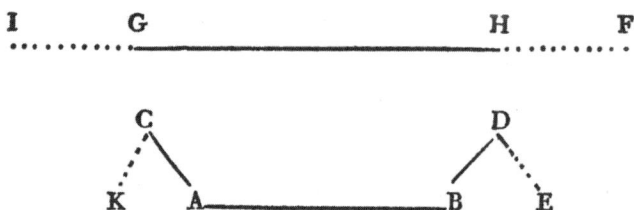

图 23. 卡斯蒂廖内会战中的军队部署方式（源自莱斯皮纳斯将军的著作）

AB. 法军正面战线   *CA. 由 12 门步炮组成的法军炮群*
BD. 由 20 门骑炮组成的法军炮群   *GH. 奥军正面战线*
IG. 奥军企图延伸右翼   *CK. 从法军 CA 炮群中抽调若干火炮组成的新炮群*

第二个战例则是横越塔利亚门托河，法军在这场战斗中同样没有在战线正面部署火炮，而是仅仅在左翼留下了 12 门火炮（既有步炮也有骑炮）莱斯皮纳斯则在右翼亲自指挥另外 12 门火炮。按照莱斯皮纳斯的说法，面对激流、深河和诸多岛屿、沙洲，塔利亚门托河畔的法军仍然维持了良好的战斗队形。与此相比，就算让一支规模较小的部队——哪怕它仅有一个师——在和平时期的平整地面上演习，其队形也不可能好过此时的法军。因此，莱斯皮纳斯认为，一支中等规模的军队应当将炮兵部署在步兵两翼。他还提到波拿巴在某些场合仅仅将炮兵安排在一翼，也就是根据地形和敌军的分布情况将炮兵部署到左翼或右翼。

按照莱斯皮纳斯的说法，位于两翼的炮群能够吸引敌方炮兵火力——而敌军也无法同时轰击法军炮兵和步骑兵。在他看来，只有当军队的正面战线长到两翼炮群无法交叉射击时才应当设立中央炮群。在这种情况下，如图 24 所示，炮群将沿着 KI 连线和 IL 连线分布。莱斯皮纳斯将炮群比作棱堡——根据法国的著名军事工程师塞巴斯蒂安·勒普雷斯特·德·沃邦（Sèbastien Le Prestre de Vauban）在 17 世纪发展出的防御体系原则，棱堡是要塞中的突出部分——将步兵和骑兵比作棱堡间的幕墙。

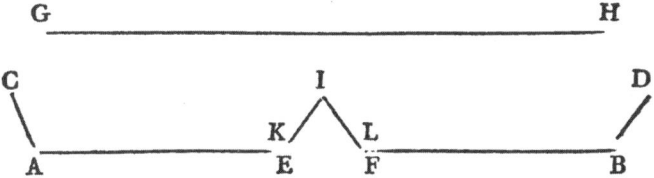

图 24. 军队正面战线较长时的炮群位置

AE 与 FB. 法军正面战线的两部分　　　*CA 与 BD. 法军侧翼炮群*
KI 与 IL. 法军中央炮群　　　*GH. 敌军正面战线*

应当注意到一点，只有在面对将火炮大致沿着战线正面均匀分布的敌军时——此时，敌军的炮群平行于敌方战线，也只能径直向前射击——让火炮在中央部分列成凸角队形的做法才是相对安全的。如果敌军在能够轰击法军 KI 连线炮群和 IL 连线炮群的地方设立多个强大炮群，展开纵射和交叉射击，法军炮群就会处于非常危险的境地。

莱斯皮纳斯指出某些法军将领和军官——甚至包括炮兵将领和军官在内——依然认为营属火炮颇为有用。他认为自己有必要就营属火炮的缺陷说上几句。在他看来，就像任何一门部署在军队正面的火炮那样，营属火炮会妨碍步骑兵的机动，而且它们的火力也没有什么杀伤力。按照莱斯皮纳斯的说法，他曾效力于西比利牛斯军团（armée des Pyrénées occidentales）和意大利军团，这两个军团从未使用过营属火炮，但依然能够击败敌军。[30]

因此，早在 1796—1797 年，波拿巴指挥的军队就已成功地运用了崭新的炮兵战术原则和战法——尽管其应用程度还颇为有限。后来，当拿破仑成为国家元首，能够组建拥有诸多火炮的庞大军队时，充分运用炮兵战术新原则的机会才出现在他面前。

应当指出一点：炮兵往往会以威胁到自身的敌军为主要射击对象，而且就连拿破仑也不能让炮兵消除这一自然倾向。法国制图学家兼历史学家埃马纽埃尔·德·拉斯卡斯（Emmanuel de Las Cases）记录过拿破仑与随从人员在 1816 年 6 月 24 日的谈话：

> 他［拿破仑］说，当炮兵本身遭到敌方炮群轰击时，就永远都不可能让炮兵着手轰击［敌方］步兵集群。他幽默地指出，这是一种天生的怯懦，一种自我保护的暴烈天性。我们中的一位炮兵对这样的断言提出抗议。"然而情况就是如此。"皇帝继续说道，"你们会立刻保护自己，抗拒那些攻击你们的敌人，你们想要干掉他们，这样他们就没法干掉你们。你们时常会停止轰击［步兵］，这样敌人就可以忽略掉你们，转过头来对付［我方］步兵集群等，从会战角度来说，他们的价值和炮兵有着天壤之别。"[31]

雅基诺·德·普雷勒指出炮兵很难遵守不与敌方炮兵卷入交火的原则，因为当己方步骑兵遭遇敌方炮兵轰击时，炮兵军官往往会出于自尊心，试图用步骑兵压制敌方炮兵火力，有些时候，步骑兵甚至会极力要求炮兵这么做。[32]

如你所见，拿破仑麾下的法军炮兵在战斗中时常会停止射击敌方步骑兵集群，转而与敌方炮兵展开交火，又或是在敌方的猛烈炮火下停止射击，让敌军炮兵能够将火力转移到法军步骑兵身上。因此，炮兵在投入战斗后迟早会不再扮演重要角色。所有军队的炮兵实际上都存在这种倾向，而且都以同样的方式行事，不过拿破仑却发展出了一套能够让炮兵尽量发挥战斗力的方法。拉斯卡斯转述过拿破仑在 1816 年 11 月 14 日说的话：

他 [拿破仑] 补充说，当今的炮兵确实决定了军队和人民的命运；用炮弹战斗就像是挥拳格斗一般，会战也就像是攻城战一样，其战争艺术就在于将大量火力集中到一点。一旦混战 [mêlée] 开始，谁能够在敌军尚未发觉的情况下于某一点突然集结出乎敌军意料的庞大炮兵集群，谁就一定能取得胜利。他说，这就是他的重大机密和伟大战术。[33]

因此，如果要最有效地运用炮兵，就有必要只让一部分炮兵参与会战，将其余炮兵留在预备队中，直至关键时刻再投入使用。大部分炮兵在投入战斗后早晚会卷入与敌方炮兵的交火，将敌方炮兵的注意力吸引到自己身上，于是就有必要用尽可能少的己方火炮牵制尽可能多的敌方火炮。随后则要在适当的时机从预备队中抽出相当数量的火炮，突然在事先选定的某一地段建立庞大的炮群。这个炮群的作战目的在于集中火力打击敌方步骑兵，不仅要给敌军造成损失，也要使敌军陷入混乱，从而为己方步骑兵的决定性冲击进行火力准备。

这种战法执行起来并不容易，因为如果要成功运用它，炮兵将领就得秘密地迅速集结大量火炮，此外还需要炮兵具备相应的组织结构：炮兵应当编组成若干个大型炮群，由炮兵将领指挥，这些将领还要拥有足够的权力，以此抵制其他兵种的将领和军官提出的不合理要求。

注释

[1]　Lynn, *op. cit.*, p. 197.

[2]　Jomini, *Précis*, IIe partie, p. 245（俄译文见：*Краткое начертание военного искусства*, ч. II, с. 215; 英译文见：*Summary of the Art of War*, p. 306）.

[3]　Saint-Cyr, *Mémoires sur les campagnes*, t. 2, p. 4, 52（俄译文见：*Военная библиотека*, 1838, т. I, ч. 1, с. 167, 199）.

[4]　*Ibid.*, t. 1, p. 166; t. 2, p. 295-296; t. 3, p. 126, 136-137, 229（俄译文见：*Военная библиотека*, 1838, т. I, ч. I, с. 166-167, т. V, ч. 2 и 3, с. 110, 235-236, 243）.

[5]　Jourdan J.-B. Mé*moires pour servir à l'histoire de la campagne de 1796*. Paris, 1818, p. 166-167; Okouneff, *Examen*, p. 257-258（也见：*Considérations*, p. 240）; Медем, *Тактика*, ч. 1, 1837, с. 169-170; Denison, *op. cit.*, p. 143-145（俄译文见：с. 79-80）.

[6]　Lynn, *op. cit.*, p. 204.

[7]　Lauerma M. *L'artillerie de campagne française pendant les guerres de la Révolution*. Helsinki, 1956, p. 125.

[8]　Lespinasse A. *Essai sur l'organisation de l'arme de l'artillerie*. Paris, 1800, p. 7.

[9]　Guibert, *op. cit.*, t. 1, p. 239-242.

[10]　*Ibid.*, p. 243-250.

[11]　*Ibid.*, p. 251-256.

[12]　*Ibid.*, p. 257-263.

[13]　*Ibid.*, p. 264-266.

[14]　*Ibid.*, p. 267-270.

[15]　*Ibid.*, p. 271-272.

[16]　Du Puget E. J. A. *Essai sur l'usage de l'Artillerie dans la Guerre de Campagne et dans celle de Sieges*. Amsterdam, 1771, p. 35-55.

[17]　Du Teil J. *De l'usage de l'artillerie nouvelle dans la guerre de campagne: connaissance nécessaire aux officiers destinés à commander toutes les armes*. Metz, 1778, p. iii, 9-11.

[18]　*Ibid.*, p. 26.

[19]　*Ibid.*, p. 27-29.

[20]　Guibert, *op. cit.*, t. 1, p. 258.

[21]　Du Teil, *op. cit.*, p. 34-35.

[22]　*Ibid.*, p. 36-37.

[23]　*Ibid.*, p. 37-38.

[24]　*Ibid.*, p. 41.

[25]　*Ibid.*, p. 43-44.

[26]　*Ibid.*, p. 45-46.

[27]　*Ibid.*, p. 50-52.

[28]　*Ibid.*, p. 53.

[29]　*Ibid.*, p. 54.

[30]　Lespinasse, *op. cit.*, p. 25-30, 86-87.

[31]　Las Cases E. de *Mémorial de Sainte-Hélène ou Journal où se trouve consigné, jour par jour, ce qu'a dit et fait Napoléon durant dix-huit mois*. Paris, 1823, t. 4, p. 340.

[32]　Jacquinot de Presle, *op. cit.*, p. 143.

[33]　Las Cases, *op.cit.*, t. 7, p. 243-244.

第八章 高层组织与高级战术

除了基础战术的变革外，高层组织和高级战术也在革命战争中发生了非常显著的变化。在线式战术时代，军队倾向于在较为开阔平整的地带以近乎连绵不断的战线交战。双方颇为缓慢地相互迫近，起初以野战炮对射，而后让步兵和团属火炮相向而行，以枪炮展开近距离交火，骑兵则要从侧翼发起冲击。当时的军队人数仍然不算很多，通常只有几万人参与交战，因此军队战线的正面也不算很宽。时人偏爱的战术就是包抄敌军一翼。会战的持续时间也不算很长，通常只有几个小时，但有些时候会十分血腥——全体参战人员中有 20%—25% 战死或负伤的情况并不罕见。

会战往往以极具决定性的方式告终：其中一方会被击败，继而在一片混乱中撤出战场或逃离战场。然而，即便某一方能在会战中取得完胜，这一胜利也很难带来重大战略成果，这是因为胜利方的军队要么迫于周遭环境无法追击已经败退的敌军，要么就蓄意避免长途追击敌军——他们害怕自己的部队彻底陷入混乱。因此，失败方往往能够在邻近的己方要塞保护下相对平稳地展开退却。

革命战争时期的典型会战则呈现出与此大相径庭的情况：拥有兵力优势的法军分布在宽大的正面上。法军以极大的热情发起第一轮冲击，他们会高唱爱国革命歌曲并大声呼喊。然而，这样的冲击并不总能带来胜利，反倒时常会以彻底失利告终，法军的前线部队往往会在一片混乱中退却，需要花费很长时间才能收拢溃兵，让他们恢复秩序并重新投入战斗，在此期间会有其他部队前来接手战事。尽管如此，法军步兵通常还是能够成功地迫近敌军并展开交火。

法军的对手则要么停在原地迎击，要么缓慢地向前推进，试图击退当面的法军。这些军队在较为有利的情况下，在确信法军不足以挡住他们那训练有素的步兵和质量优异的骑兵时，也会发起猛烈冲击，这样的冲击往往会取得成功，小规模战斗中尤其如此。但也不是总能取得胜利：通常情况下，冲击只能迫使法军前线部队退却或逃跑，但它同样会导致反法联军的队形或多或少地陷入混乱，这种情况在起伏地带的交战中出现得尤为频繁。随后，联军就需要停下来重整队形，于是，法军就有机会将新的部队投入战斗，继续与联军展开交战，同时还能收拢退却的部队，使其恢复秩序。

法军前线部队的活力与激情会逐渐消退，越来越多的人以自己负伤、帮助运输伤员或缺乏弹药为借口退往后方。此后，如果法军在后方还有其他部队，就会让这些部队以大体相同的方式投入战斗。使用预备队——也就是一直留到适当时刻才投入战斗的部队——成为法军战术中的重要组成部分：法军很快就确信他们的部队在会战中并不能仅仅依靠冲击打垮敌军，也不能在交火中将其击败，反倒会随着交火的持续而迅速陷入混乱，因此，法军早晚要用新锐部队替换这些部队。因为法军通常拥有数量优势，所以他们开始留出大量兵力充当预备队。渐渐的，预备队不仅会用于替换已经失去战斗力的前线部队，而且也会发动决定性的打击。

法军不时会发动局部攻击，希望以此夺取要点，因此战场上的某些地段会发生激战，冲击与反冲击飞快地交替出现，其他地段却只有炮兵和散兵在交火。有些战斗甚至是以争夺孤立要塞、居民点或高地的形式出现。会战中也存在一些间歇，双方会在此期间重整队形，重新编组部队。战斗损失和疲乏会导致部队的体力、凝聚力和稳定性逐渐消退，而法军的对手则往往没有足够的预备队去满足多次轮换前线部队的需求。

如果某一方的统帅认为自己不但无法取得决定性胜利，反而要面临己方部队秩序全无的风险，或者某一地段的战况已经恶化到将要影响邻近地段的地步，或者己方丢失了某一重要据点且无力夺回，又或是某一侧翼面临太过严峻的威胁，那么统帅就会做出放弃战场并退却的决定。如果另一方依然能够发起一轮决定性的攻势，他们就会对退却中的敌军发动最后一轮冲击或追击，但胜利方往往并不具备足够的兵力和决心。正如《欧洲诸国军队在当前战争中的军事特性》一书的匿名作者所述：

> 法军意识到他们无法以正规方式作战，[于是]就竭力让战争沦为大规模的据点争夺战……[他们]让会战变成了攻击若干特定据点，有时甚至是攻击某一[据点]。法军的旅交替轮换，让新锐部队替换那些已被击退的部队，最终成功夺占据点，而奥军也完成了漂亮的退却。[1]

于是，会战就在宽大正面上进行。一般而言，它实际上是同时发生的几场独立战斗，每两场邻近战斗的发生地点都相隔一定距离。大会战的持续时间也大为增长，有的时候会长达两个白天之久——夜间则是休整时间。这些会战并不算特别血腥，法军及其对手的实际战斗伤亡数量——也就是不考虑被俘和逃亡的人员，仅仅计算战死和负伤人数——通常只占到参战总兵力的几个百分点，很少能超过 10%（当然，在战况最为激烈的地段，部队的伤亡比例会显著增高）。

会战的结果往往并不具备决定性——后撤的一方在交战中并没有被打败，之所以后撤只是因为它的统帅认为继续作战太过危险。与此前时代相同的是，法国大革命中也几乎没有持续追击敌军的情况——即便在取得会战胜利后也很少如此。在会战结束时，胜利方的部队往往会筋疲力尽，出现混乱现象，指挥官也往往无法控制分散在广阔起伏地带上的部队，因此通常只会满足于敌军退却的结果。此外，法军的骑兵数量相对较少，而且质量也不高。

会战时间之所以会大大延长，其原因还是在于法军的冲击总体而言效果不佳，但又往往拥有足够多的部队，可以在最为重要的地段展开轮换。会战空间之所以也会有所增长，部分原因则在于参战兵力大为增长的事实。其他重要原因还包括军队的机动条件和宿营地点发生了显著变化。线式战术时代军队的行军路线和宿营地点距离敌军都很近，近到需要随时准备好迅速列成作战序列的程度。因此，各个团在行军中需要列成行军纵队，每个团的宿营位置也与它在军队作战序列中的位置相同。如果距离敌军不远，军队就要分成几个横向间隔很近的纵队行军，并且集中起来宿营，营帐的排列情况也要正好与战列线相同。

因此，行军纵队可以迅速列成战前预备纵队，继而展开成横队，即便是宿营中的军队，也只要让士兵离开营帐并在前方列队就够了，军队的整体战斗队形就是这样形成的。简而言之，军队在靠近敌军的情况下几乎就像一个整体那样非常密集地行军、宿营。这种做法虽然拥有显而易见的优势，却也存在严重缺陷，而且军队实力越强、规模越大，这种缺陷就越明显：庞大的军队会列成非常漫长的行军纵队，它后方还有载运帐篷和食物的庞大车队，因此很难找到既便于扎营，同时又适于在敌军进攻时列队抵抗的地点。

法国革命军的数量非常庞大，可是却没有营帐，车队规模也相对较小，而且法军在许多场合下——特别是在境外的攻势作战中——并没有组织良好的食物供应体系。这些客观条件迫使法军从当地居民手中征收食物并在居民房屋里舍营，而且由于室内空间往往不够，法军时常需要露营，也就是住在由各种可用材料匆忙搭成的棚屋里。为了供养规模庞大的军队，行军途中，法军不得不让部队在宽大正面上散开。这种情况下，法军显然已经不可能再根据旧时的原则列成战斗队形（让几个邻近纵队列成同一个战斗队形）了，于是就需要将军队分成数目较多的单位，这些单位要做到独立行军、宿营，因此也就应该能够在必要情况下独立战斗。

　　18世纪的军队中并没有团以上的固定单位。和平时期的团住在兵营或"寓所"——当地居民的房屋——里。一位督察或将领会统一管理位于同一地区的团，因此，这些团就组成了一个"督察区"（инспекцию）或"军区"（дивизию，该词词源为division，它在欧洲语言中与由两个排组成的分营是同一个词）。然而，军队的战时编制却与平时编制大相径庭。军队的战斗队形通常由两条主战线、前卫部队和预备队组成。步兵是战斗队形的根基，骑兵则位于两翼或一翼。每条战线上的团都要论资排辈，也就是根据其建团年份早晚排列，资格最老的团位于最右边，它左侧是资格第二老的团，以此类推……

　　位于同一条战线的相邻团会编组成旅，每个旅包括2—3个团。在规模较大的军队中，两条主战线上的步兵通常会分成两三个部分——中央和两翼，某些军队会把这些部分称作师。这些单位在战役期间可能会发生重大变化，而且它们并没有固定的指挥官，负责指挥的将领也可能在不同场合得到不同的部队。这些单位实际上并不具备独立性，因为它们要么是仅仅携带团属火炮的步兵，要么只是骑兵，都不配备野战火炮，于是就无法成功地独立作战。从主力部队中剥离出来独立行动的分遣队也只是在必要情况下才会组建，而且不论这类分遣队执行何种任务，它们都是临时单位，一旦与主力部队会合，下属各团就会返回它们在整体战斗队形中的位置。[2] 因此，在18世纪的军队中，战时编制与平时编制存在重大差异，也没有哪一个固定编制的单位能够遂行独立作战任务。

　　军队在行军和进入战场途中——也就是列成整体战斗队形之前——会分

成几个纵队行进。究竟要分出多少个纵队？每个纵队又包括哪些部队？这些问题通常要在战斗打响前不久才会定下来。给各个纵队分配步兵时有两种主要方法。第一种是把所有将要进入第一线的步兵编组成一个纵队，所有将要进入第二线的步兵也编组成一个纵队；第二种则是让所有预定进入右翼的步兵组成一个纵队，所有预定进入左翼的步兵也组成一个纵队。至于骑兵，将要进入左翼的全体骑兵会编组成一个纵队，将要进入右翼的全体骑兵也会编组成一个纵队，不过，如果其中一翼的地形不利于骑兵作战，也就是所有骑兵都要位于一翼，那么骑兵就要像步兵一样划分成若干纵队。图 25 展示了军队分成数个纵队后从一地转移到另一地，该示意图出自普鲁士将领恩斯特·海因里希·冯·采特里茨（Ernst Heinrich von Czetteritz）著作的英文译本（1800 年出版）。[3]

奥地利继承战争和七年战争期间，法军不止一次地确信自己在机动方面

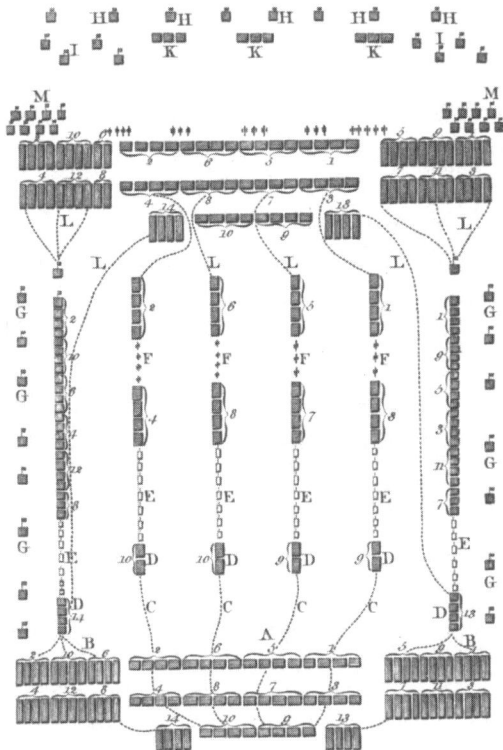

图 25. 军队的转移行军

A. 列成战斗队形的军队

B. 骑兵在行军中列成纵队

C. 步兵在行军中列成纵队

D. 作为纵队后部的预备队

E. 随同军队行进的辎重队

F. 分配给步兵旅的炮兵

G. 在军队侧翼行进的龙骑兵和骠骑兵

H. 前卫部队中的骠骑兵，他们配属于军需总监部门，正在与敌军前卫交战

I. 支援骠骑兵的龙骑兵

K. 跟随军需总监部门的部队，他们在接到骠骑兵发来的敌军行军状况后已经列队备战

L. 各个旅得知敌军推进状况后在行军中列成战斗队形

M. 龙骑兵和骠骑兵完成行军途中保护全军侧翼的任务后就在两翼列成战斗队形，并与骑兵战线保持齐平

数字代表了各个旅的宿营、行军次序

弱于普军：他们在将大部队从战前预备纵队展开成战斗队形时遭遇了极大的困难，花费了过多的时间。法军尝试将军队分成多个组成情况大体稳定的单位，希望以此解决这一问题。法军中的这些单位也被称作师（division）。

1760年战局开始前，法军的某个军团将它的所有步兵分成4个师，骑兵则分成2个师。在战前预备队形中，每个师都需要均分成2个纵队，其中一个计划列成第一线，另一个计划列成第二线。所有纵队都需要让先头部队齐头并进，而且还要在各个纵队之间留出足够的空间，以便让每个纵队都能够展开成横队，继而列成标准的战斗队形：位于中央的步兵列成两条前后相距几百步的战线，战线中的所有步兵师都左右相继，而步兵两翼还各有一个骑兵师。此外，军团在整场战局期间的战斗序列也应当尽可能地保持稳定。这种做法在此后数年中得到了进一步的发展，尤为重要的是，法军的某一份教令给师规定了明确的内部指挥架构，每个步兵师所能得到的野战火炮数目也开始不断增长（最高可达8门）。

因此，被称作"师"的单位要在七年战争时期才第一次成为大体上标准化的固定战时单位。将军团划分为若干个师的做法使得部队能够更快地由战前预备纵队列成战斗队形，由于纵队数量有所上升，每个纵队的人数就相对较少，长度也随之下降。由于每个纵队的组成都较为稳定，每个团也都始终占据同一位置，于是每个纵队就都可以快速展开成战斗队形。然而，这也导致军团总部的工作变得更为复杂：如果说它在从前只需要为三四个纵队选择行军路线并让它们以非常小的间隔行进的话，那么它此时就得为6个乃至更多的纵队拟定行军路线，而且最好还得让所有纵队同时抵达展开地点并维持严格的间隔，因为只有所有纵队全体展开，才能让军团列成整体战斗队形。因此，军团总部需要非常精确地计算所有纵队的机动情况，并对各个纵队加以协调，这种工作并不算简单——对大部队而言尤其如此——因为左翼纵队和右翼纵队的间隔可能会非常大。

这样的师仍然不算是独立单位，只是被视为从军团中划分出来的大致固定的组成部分，其目的是让部队分成多个独立纵队展开机动，继而列成战斗队形。如果有必要建立独立于军团主力部队作战的分遣队，那么就仍然得组建临时单位，也就是从不同的师中抽出若干个步兵团和骑兵团并配备野战炮。当分遣队完成既定任务并与主力部队会合后，这些团还要返回原先所属的师。师编制在七年战争结束后并没有保留下来，军队在和平时期的组织结构依然与战时相去甚远。

尽管如此，师的理念已经在军事理论中牢牢确立起来，尤为重要的是，吉贝尔在他的著作中使其得到了进一步发展，他认为军队应当分成多个纵队迫近敌军，而且要尽可能久地掩盖真正的攻击方向，而后突然展开成战斗队形，抓住敌军未能及时做出反应的机遇展开近战。为了完成这一机动，军队就必须分成若干个相对独立的小规模纵队。不过，吉贝尔仍然没有把师视为相对独立的作战单位，依旧认为它只是列成整体战斗队形之前的机动单位。

法国在 18 世纪 80 年代设有固定的地方军区（division militaire），它下辖和平时期驻扎在某一特定地区内的各支部队，它们理论上要在战时编组成野战部队。军区在法国大革命后虽然被废除，但共和国政府也创立了取代它们的类似建制，不过，这些建制并没有发挥重要作用，因为革命军在编组部队时使用了其他方式：各省分别组建部队，然后将它们送往各个军团。

于是，在革命战争伊始之际，将每个军团分成数个大体固定的单位的理念早已在法国牢牢扎根。根据 1792 年 4 月 5 日颁布的《步兵临时勤务条令》，在前卫部队、预备队和炮场之外，军团需要分成 6 个纵队（4 个步兵纵队和 2 个骑兵纵队）行进，某些场合下也可以分成 4 个纵队（骑兵被分配给各个步兵纵队）。[4] 相应的，革命战争初年的军团则会分成中央和左右两翼，也可能是直接分成左右两翼（这些部分也要各自分成两条战线），此外还设有前卫部队和预备队。[5] 然而，考虑到军团的规模相当大，这样一种划分并不够用，它很快就成了一种纯粹的形式主义做法，失去了真正的战术意义。

军团司令们在实践中则会根据现有作战任务和个人想法组建部队单位。这些单位的名称可能存在很大差别：旅、师、军、翼、纵队、前卫部队、预备队乃至营地（正在训练、组建的部队所驻扎的营地）。上述单位的兵力和具体组成情况可能存在很大差异，某一单位内部的变迁也会很大，而且它们在多数时候都是临时性的。[6]

法军在 1793 年初规定了师的标准编制：两个半旅编成一个旅，两个旅编成一个师。然而，师的编制在相当长的一段时间里大小不一，而且并不总会遵循已经确立的原则。并不是所有的部队都会立刻编成师，在许多军团里，除了师之外，独立纵队、前卫部队、预备队、营地以及独立旅这些编制都维持了一定的时间。

这一时期的师拥有多种多样的编制：步兵师可能会下辖3—6个步兵半旅，有的师拥有为数不少却往往口径不一的野战火炮，而有的师可能根本就没有野战火炮，只有一些配备给战列步兵半旅的营属火炮。同样还有许多师由骑兵组成，不同的骑兵师在数量上也是天差地别：少则数个中队，多则3个团。师的兵力通常为5000—20000人，但大部分师的兵力范围还是7000—14000人。师编制得到了逐步发展，到了1794年年底已经变得较为完备，不过，同一军团中的各个师在兵力和组成上仍然可能存在显著差异。[7]

这样，每个军团都由若干个师组成，这些师往往会合并成由2—5个师组成的集群，其中的某一位师长还要兼任整个集群的指挥官。这些集群的名称往往会源于其对应的战场位置，也就是会以中央、左翼、右翼等旧称命名，它们将成为日后的"军"的先驱〔军（corps d'armée）这一名称早已存在，但它原先指的是除去前卫部队、预备队和其他各个独立分遣队之外的主力军〕。

在师属炮兵之外，许多军团还设有独立的炮场。如前所述，有的军团也拥有规模较小的预备骑兵。这些部队由军团司令直接掌握。后来，某些军团司令渐渐开始把越来越多的骑兵——特别是重骑兵——从师中剥离出来，将这些骑兵编组成独立的骑兵师。这就是法军在1794—1799年间的军团组织结构。

师能够以相对独立的方式进入战场参与战斗。不过，邻近的师虽然有必要协同作战，但并不需要严格保持齐平并组成连续战线：步兵的侧翼已经不再像线式战术时代那样脆弱，因为每个师都可以让位于侧翼的步兵营列成纵队或方阵，从而快速转向受到威胁的方向。必要情况下甚至可以让整个步兵师集体变换正面，迅速面朝能够应对敌军的方向。

于是，为了方便大部队在战区内展开机动并直接投入战斗，法军重拾了将军团划分成若干个较为齐整的固定单位——师——的主张。这一主张早在革命前就已出现在法国，因为当时的法军在列成战斗队形的速度上慢于敌军——特别是普军，使用师的目的就在于减少军队展开成战斗队形所需的时间。

对法国革命军而言，战斗队形展开缓慢的问题甚至比革命前的法军更为严重，这既是因为部队训练不足，也是因为军队规模庞大。实战状况的压力迫使各个师不仅变成了较为固定的单位，也使它们实质上具备了独立作战能力。师通常会包括所有主要兵种——当然也包含了骑兵——因此能够在与其他师隔绝的情况下坚持独立战斗。就算一个被孤立的师面对着兵力上占据优势的敌军，可如果它能够娴熟地利用居民点、各类障碍物和其他地形地物——这是法军新战术的典型特征——也可以坚持几个小时乃至一整天。

随着军团中的师变成了相对独立、固定的单位，法军就能够更有效地在战区内指挥大兵团运动、作战。如果需要从军团中抽出一支旨在独立遂行任务的分遣队，那么法军也无须为此临时组建部队并改动军队作战序列——直接抽出某个师便已足够，此外至多只需要再给该师加强一些骑兵和炮兵。

总指挥和他的总部在战前无须处理给各个战前预备纵队分配团和火炮的琐碎问题，也不用给这些纵队起草过于细致的行进计划——在理想情况下，线式战术时代的每个纵队都要严格遵照计划规定的队形，在正确的时间抵达正确的地点，以便让所有纵队同时展开，形成绵亘的正面，同时还要让全体步骑兵分成2—3条战线，野战火炮也进入有利于开火的放列阵地。

对法军的总指挥而言，他只用给各位师长分派占领某一地段或某一据点的任务就够了。这并不意味着法军的师不用配合作战——相邻的师还是得大致同时抵达战场，而且各个师进入战场的时间也不应相隔太久，以免被敌军各个击破。不过，由于每个师都是相对独立的作战单位，而且即便在面对敌军的优势兵力时也能够坚持一段时间，法军就无须像线式战术时代要求各个战前预备纵队协同行动那样对各个师的配合作战提出高度严格的要求。

法军在战前机动和战地机动中的灵活性因此大为提升。线式战术时代的军队需要在战斗打响前分成多个纵队行军，这些纵队还得遵照事先定下的行军路线，维持一定的横向间隔，步兵和骑兵通常不会在道路上行进，而是直接越野行军，这是因为很少有地方会有几条相互平行并恰好保持一定距离的道路。时常出现的情况是，只有一条道路能够让重炮行进，于是整支军队只能以缓慢的速度行军。如果此时需要对行军方向进行重大调整，比如说敌军以意料之外的方式运动或前方出现了未知路障，使得军队有必要在不同于预定方向的地方展开队形，考虑到战前预备纵队只能严格遵照原先规定的队形和方向展开，这种调整就很难完成。

在创建了独立作战的师后，这些不便之处便被消除了：由于每个师都能够迅速机动并转入正确方向，军团就可以沿着几条相去甚远的道路进抵战场，也能够在任何地点列成面朝任何方向的战斗队形。线式战术时代军队中的每一个战前预备纵队都需要让部队占据全军战斗队形中的某一个特定位置，但在这时，不论师最终出现在左翼还是右翼、主战线还是预备队，都已经不是很重要了。此外，法军也不再迫切需要让所有部队都在战前合兵一处——几个师就足以打响一场会战，其他的师纵然不能在开战时投入战斗，也可以在后来充当预备队或攻击敌军侧翼（然而，这些师仍然需要及时抵达战场，也就是说，要在敌军以优势兵力打垮最初参战的几个师之前进入战场）。

因此，法军就有可能让分散在战区里的部队以相对较快且较为容易的方式做好战斗准备，迫使敌军接受会战也变得更容易——法军没有必要花费时间集中所有兵力再将他们列成整体战斗队形，从而给敌军留出退却的时间，法军只用将兵力集结到能够展开会战并坚持到其余部队前来增援的程度，就足以发起会战。不过，这样一种配合方式并非源自法军将领的计划，它起初纯粹是出于巧合，而且始终存在相当大的风险。

线式战术时代的军队几乎完全由绵亘、平直的战线组成，这样的战线要作为一个整体投入战斗。作战序列早在战前就已决定，指挥队形中各个单位的将领只用负责执行统帅制订的计划。但将领们得确保自己手中部队的队形，在战斗中也要维持队形并与友邻部队保持连续、齐平，所以，他们几乎无法独立做出决断。在列成线式队形的军队中，不论是队形里的哪一部分，其指挥官都很难表现出主动性和独立意识，因为任何没有得到其他部队配合的举动都可能导致他的部队偏离整体战斗队形，导致这支部队得不到翼侧的保护和后方的支援。如果想要让队形一翼向前推进，另一翼仍然留在后方，就有必要使用梯次队形（梯队），但这种做法同样存在严重的局限性。线式时代的骑兵将领多少会更独立一些，而且他们时常必须独立决定冲击时间和方向。然而，骑兵将领的独立性也相当有限。

线式战术时代的第一线和第二线步兵通常各设一位指挥官，前后两线之间的联系也很少：每一条战线都几乎是一个独立个体，它们都直属于统帅。第二线的作战意图一是保护第一线后方，二是当第一线某些地段的营丧失战斗力时从第二线抽调部队加以轮换。第二线的步兵营数量往往要少于第一线。

在线式战术时代，预备队有时并不存在，有时即便存在规模也不大，它的兵力往往要弱于第二线。某些时候，预备队只是留在后方的一支小规模分遣队，其作战意图是在全线失利时掩护战败的主力部队退却。如果预备队凑巧在战斗中发挥了作用，那也不过是前往某一地段，而后代替战线中某些丧失了战斗力的营投入战斗而已。即便预备队拥有可观的兵力，它也无法发动决定性的一击，这是因为在线式战术中，让生力军直接从后方投入战斗会面临相当大的困难：这么做就得让预备队的各个步兵营穿过其他战线展开成一条新的战线，还会导致某些部队在敌军火力下变换队形，这不仅艰难，而且还颇有风险。一般来说，如果要将后方战线或预备队投入战斗，就得先把已经精疲力竭的前线部队撤下来。这样一来，敌军就有时间去重整部队。出于上述原因，从后方抽调部队增强一线兵力或适时发起新的攻势就显得颇为困难。由于预备队往往也要在展开成营横队后组成战线，让预备队进入一翼同样会耗费很多时间。

在线式战术时代的战斗中，作战任务主要落在第一线部队身上，他们的实力通常要远强于第二线：第一线往往由最优秀的部队组成，而且步兵营的数量也多于第二线。在第一线投入战斗后，再想改变攻击方向就很难了，因为这需要沿着另一个方向重新排列战斗队形，即便在敌军完全不摆出主动姿态的情况下，要冒着敌军火力执行改变方向所需的队形变换也相当困难。一般而言，当第一线部队投入战斗后，统帅至多只能做到及时使用第二线部队和预备队替换已经失去战斗力的第一线部队，以此维持一线的完整战斗队形。

法国革命军的军团司令们却能够根据地形、战斗态势和自己的作战计划让手中的师配合作战：比如说用少数部队占据某些地段，将多数部队集中到最重要的地段；又或是在某些地段向前推进，其他地段则着手迟滞敌军等等。通常情况下，法军会让几个师组成一条战线，另外一个或多个师则充当预备队，在军团司令认为有必要将其投入战斗时才会参战。

每个师的师长都负责自己的地段，他可以根据具体任务，凭借自己的战术观和作战经验，再结合地形地物和敌军行动独立决定该师的战斗队形、投入方向和参战时间。法军的师长当然也得和友邻部队的师长协作，但他不需要让自己的师和那些师组成一条连绵不断的平直战线，因为师长依靠自己的步兵——以及炮兵和骑兵——就可以掩护侧翼、利用某些地物并列出各种队形。

某个师占据的地段宽度通常能够让该师的步兵列成两条战线。有的时候师也会前后相继，每个师列成一条战线——这种情况出现在部队直接从行军状态转入战斗的时候，所以各个师就一个接一个地进入战场。[8] 根据18世纪70年代起草的教令——这些教令在革命和拿破仑战争中多次再版——战线间的前后距离一般是300步（195—200米）。[9] 如你所见，师的战斗队形在外表上和线式战术时代的步兵队形颇为相似，但这种相似仅仅存在于表面。

根据新的战术原则，第二线部队与第一线的关系要比线式战术时代密切得多：第二线不再是一个独立实体，也不再拥有直属于总指挥的独立指挥官——每个地段的第一线和第二线都由同一位师长指挥。[10] 第二线步兵为第一线提供直接支援，这两条战线都需要紧密协作。[11] 师长本人可以沿着战线分配自己麾下的步兵营，根据地形地物和战斗情况决定前后两条战线之间留出多少距离，还能够亲自指挥第二线部队以全部或部分兵力增援第一线或轮换第一线的部分步兵营。

两条战线里的步兵营在进攻中都可以列成纵队，在防御中也都可以列成横队。

第一、第二线步兵的紧密协作为法军提供了可观的优势，因为它的对手仍然根据旧战术原则行事，这导致前后两条战线由不同的指挥官负责，妨碍了

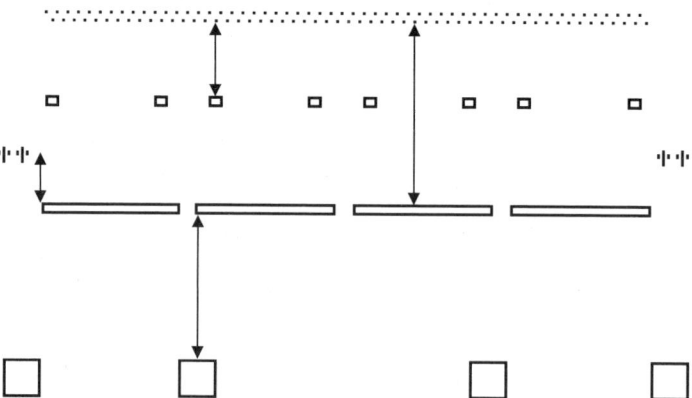

图26. 步兵师的多种战斗队形之一

战线间的配合。而根据新的战术原则，步兵在冲击时会列成营纵队，第一、第二线间的前后距离在冲击前会从平时常用的300步减少到150步。法军会在冲击前针对相应的敌军地段投入猛烈火力。参与冲击的第一线部队前方还会配备散兵，而且散兵数量也会在冲击前有所增长。

散兵首先要驱逐可能存在的敌方散兵，然后尽可能地接近敌军第一线步兵并开火。接下来，第一线冲击部队穿过散兵线，以快步径直冲向敌军。如果他们无法迫使敌军退却，法军将领就可以立刻将第二线的步兵营投入冲击。依靠散兵和两条步兵战线的紧密配合，法军就可以迫使敌军第一线步兵在第二线能够有所作为之前就退却或溃逃，这是因为敌军的两条战线由不同将领指挥，而且相隔了整整300步。此后，敌军的第二线步兵也可能蒙受相同的命运。

迪埃姆将军指出，他曾目睹过列成营纵队的法军步兵摆出两条交错战线，并将散兵部署在前方。迪埃姆主张这样的战斗队形是绝大部分场合下的最佳选择，他还对法军步兵表达了高度信任，认为如果能够让炮兵进入良好的放列阵地并提供火力支援，以这种队形坚定前进的法军步兵甚至能够突破数量上占据优势的敌军步兵。根据他的说法，在卡尔迪耶罗（Caldiero，位于北意大利）会战（1805年10月30日）中，他曾亲率三四个列成梯队或交错队形的营密集纵队冲击奥军并将其击退，有些时候，他还指挥部队增援已被奥军击退的法军前线部队，也就是说，迪埃姆指挥的部队原先属于第二线或预备队。[12]因此，即便第一线部队在某一地段失利，及时投入战斗的第二线部队也能迅速扭转局面。

根据这套新的组织结构和新的战术，前线的每个地段都由对应的师长直接指挥。总指挥几乎不会干预他们的具体行动，一般来说，他只用给这些师长下达任务，让他们能够及时抵达战场参与会战即可，总指挥需要特别关注预备队的运用。隶属于预备队的师可以列成战前预备纵队，在居民点、山地或森林等大型地物后方隐蔽起来，使得敌军既无法观察，更不能以炮火加以袭扰。接到总指挥的命令后，预备队中的师可以迅速抵达对应地点，而后展开成战斗队形参战。由于预备队以纵队行进，与此前的线式队形相比，预备队能更自由地从前线部队中间穿过，因此可以较为容易地在战线上的任一地段迅速投入战斗。

法军在革命战争初期仍然让预备队主要扮演过去的角色，也就是说，用预备队替换已经失去战斗力的一线部队。但随着时间的流逝，预备队逐渐成为新战术中最有用处的武器。当敌军在与己方一线部队的长期交战中遭到削弱后，就可以从预备队中抽出若干个师发起出乎敌方意料的猛烈打击。由于预备队能够快速、隐蔽地以纵队赶赴对应地点，可以进入正面战线任一地段乃至敌军翼侧，这种打击就可能发生在敌军根本无法预料的方向上。

因此，师长就拥有相当大的自主权，与线式战术时代战斗队形中的指挥官相比，师长也需要拥有更多的经验、更大的主动性和更强的责任感。和优秀的军团司令一样，优秀的师长也不可能立刻出现——需要耗费一定的时间才能把无用之辈从主流将领中清除出去，让余下的将领积累足够的经验。每一个师都设有自己的师部，它会协助师长处理行军和作战事务。渐渐的，师部军官逐步积累了实务经验，开始妥善处理师内的诸多事务。当能够有效运作的师部出现后，师就变得更为独立:师部无须军团总部的帮助，就能够独自处理补给事务，决定该师采用露营还是舍营，确定该师的行军序列和行进路径。然而，由于师的人数相对较少，它的独立性仍然会受到严重限制。

和其他诸多创新一样，师的独立也是实际需求催生的结果:在革命战争初期的法军中，军团不仅人数众多，而且时常会分散在广阔区域内，因此，师往往得独立展开战斗。即便在将数目可观的大部队集结起来投入会战后，军团也仍然分布在相当宽大的正面上，而且战线正面不同部分的情况也可能存在显著差异。在这种情况下，军团司令根本无法有效掌握大部队的行动，所以，师长在会战中往往不得不主要依靠自己和下属人员。

法军的对手同样被迫或多或少地偏离原有的组织体系，也着手调整部队进入战场、列成战斗队形的方法。在面对数量上占据优势的法军时，反法同盟的将领力图避免被法军包抄侧翼，有时甚至打算反过来包抄法军，所以，联军也往往会把军队部署在相当宽阔的正面上，于是，联军的战前预备纵队时常会相距甚远，这就迫使联军让这些纵队变得相对独立，也就是让纵队包括全部三个主要兵种。反法同盟的大军在战前机动时并不会仅仅分成两三个纵队，他们使用的纵队数量通常是 5—8 个，这就比原来多得多。然而，法军的对手在给纵队分配部队时，有时仍然会遵照陈旧的原则:某些纵队纯粹由骑兵组成，其他纵队则是步兵和炮兵，至多再加上数量很少的骑兵——有时甚至根本没有骑兵。某些时候，联军还会让相当一部分重炮兵在少量步兵和骑兵的掩护下组成一个独立纵队行进。

于是，法军的对手也开始将他们的军团分成较为庞大且相对独立的单位，并且将这些单位用于战区内部运动和接近战场时的机动。这些单位与法军师的不同之处就在于它们并没有被视为大体固定的单位，只要军团司令认为有必要调整这些单位的组成状况，就可以在战役中的任意时刻让其发生重大变化。军团司令会根据自己的意愿决定分配结果，他在分配时会考虑到自己手头有多少部队、部队具体情况，也会想到敌军的规模和出没地点，此外还要参考己方整体计划、己方每一特定部分的作战任务、作战地区的具体地形等。因此，不同的单位就可能在总人数和每一兵种具体数量方面存在重大差异。法军的师在实践当中也不完全是标准化的，但它们至少还存在理论上的标准，而且人数和各兵种配比也都处于一定范围之内。

事实上，在革命战争的第二阶段，当法军的师编制最终得以确立，将领更替也没有那么频繁之后，反法联军中成分不够稳定的单位就处于下风了。这一时期，法军的师中有些部队长时间并肩战斗，这些部队间产生了一种更为密切的伙伴关系，因此能够更有效地配合作战。这样，师长就能够长时间指挥同一批部队，在此期间还会与同一批旅长、参谋、步兵半旅长、骑兵团长打交道，这也有助于上下级彼此理解。因此师长能够充分了解他的部下，能够清晰地意识到自己能够期望各个步兵半旅、骑兵团和炮兵连有怎样的表现，这些部队也同样深知指挥他们的将领。由于师的成败决定了师长未来的职业生涯，师长就会精心照管麾下的部队，更积极地让自己的部队维持良好状况。

而在反法联军中，临时组建的单位往往得由刚刚接管这个单位的指挥官带上战场，这样的指挥官通常对自己的部下了解甚少或根本一无所知，也就对部队的优缺点认识模糊。更甚者，指挥官通常不认识、不了解自己的下属将领和参谋，这并不利于他们充分达成互相谅解，也妨碍了有效管理部队。事实上，联军的将领和参谋往往要在同一场战役中管理成分和兵力截然不同的部队，这也无助于他们的工作。然而，反法联军的指挥层并不急于效仿法军，并不想组建大体上固定的标准化单位。

这种情况某种程度上可能源于一个事实：法军师编制的优势要在某一时间

点后才能明确地体现出来。而在革命战争之初，反法联军不仅军队规模较小，还具备优于法军的大部队机动能力。就军队成分而言，联军的同质化程度要高于法军，也就是说，联军由质量大体相同的团组成，而且各个团往往也拥有大批训练有素的士兵。至于管理联军的人，他们也是指挥经验相当丰富而且沿着军衔阶梯逐步缓慢晋升的职业将领和军官。可在法国革命军中，不同部队组建的时间与方式可能存在差异，接受的训练和积累的战斗经验也有所不同，这就导致它们之间可能会存在巨大差异，此外，法军有许多将领和军官是刚刚得到提拔的下层官兵，而且有些人的晋升速度实在是太快了。

这种情况在革命战争进程中逐步发生了变化：法军在几乎毫无间断的连年战争中得到了锤炼，将领和军官积累了经验，高层组织结构有所改善，机动能力也得以提高。当革命战争结束时，法军的对手也在创建成分基本稳定的合成部队方面取得了一定进展，其中某些合成部队甚至以大体相同的组成结构存在了相当长的一段时间。然而，当革命战争于 1801 年结束后，与法军为敌的军队并没有继续保留这样的大规模单位。而在法国，师编制不仅得以保留，而且在和平时期继续存在，从革命战争结束后到拿破仑战争于 1805 年打响，师始终存在于法军之中。因此，到了 19 世纪初，和平时期的法军高层组织结构与战争时期并没有太大差异，而在其他欧洲军队中，这两者还存在较大差别。

拿破仑统治期间，军团的规模发生了重大变化。革命法国几乎对它周边的每一个国家发动了战争，甚至还要在国内作战（镇压反革命暴动），法军也就得被部署到诸多战区。拿破仑通常不会在两个以上的战区同时开战，而且他还拥有强大的独断权力，因而能够根据自己的意志分配部队，这样，拿破仑能够在某一方向上集结的兵力就远远强于革命法国指挥层所能集结的兵力。结果，兵力规模空前的军团就能出现在某一特定方向上。早在 1803 年，拿破仑就开始为他计划中的入侵英国集结一支大军。

对一个规模庞大的军团而言，仅仅将它拆成若干个师已经不足以满足需求，因为军团里的师实在是太多了，而且军团司令也难以掌控它们。如前所述，在革命战争时期，法军那些大规模的军团时常会组建由两三个师组成的集群，而且其中某个师的师长也会负责指挥整个集群。到了 1800 年，在波拿巴将军和莫罗将军的军团里，某个集群中的一位师长兼职指挥整个集群的现象已经不存在了，此时负责指挥的是有别于这几位师长的另一位将领，还有一个总部协助他处理事务。该原则在拿破仑统治时期得到了进一步发展。由几个师组成的这样一个集群就被称作军（corps d'armée）。

就在军得以建立之际，其他变革也随之产生。拿破仑彻底将骑兵从步兵师中剥离出来。胸甲骑兵和龙骑兵编组成各自包括几个团的独立师，一部分轻骑兵也编成独立师，另一部分则在编组成旅或师后成为步兵军的一部分。独立的骑兵师组成了军团的预备骑兵。骑兵师可以在大会战中发动突如其来的猛烈打击，也可以用于追击敌军。随着时间的流逝，预备骑兵的规模大有增长，到了1812年远征俄国前夕，法军已经建立了4个骑兵军（3个军各自下辖3个师，另一个军下辖2个师）。

因此，在拿破仑治下，规模较大的军团往往会包括几个军、一支预备骑兵部队和一个炮场。军由几个步兵师、一两个轻骑兵旅（或一个轻骑兵师）组成，而且还设有军部。大口径的野战炮从步兵师里剥离出来，由一位直属于军长的炮兵军官统一指挥，其余野战炮仍然留在步兵师当中。

由于步兵军人数更多，内部组织结构更为完备，它的独立性便远高于革命战争时期的师，步兵军实际上就像是一个配备了所有兵种的小小军团。在必要的时候还可以从军团预备骑兵中抽出一个骑兵师，将它额外配备给步兵军，这就进一步增强了军的独立性。军可以在一场战役乃至连续几场战役中维持大体相同的编制，不过，军也可以在必要情况下抽出一个步兵师，然后用若干个与母单位分离的师编组成一个新的军。这样的军编制一般仅用于拿破仑本人亲自指挥的大型军团中。至于那些在次要战场作战且规模相对较小的军团，比如说法军1808—1812年间在西班牙和葡萄牙作战的某些军团，它们有可能根本不设军一级编制，而是仍然直接下辖若干个独立的师。

到了1805年，军级编制已经在法军中得到了充分发展。与此同时，欧洲的其他军队还没有团以上的固定单位，和平时期的军队会划分成若干个军区或督察区，可到了战时，来自同一军区或督察区的部队往往会发觉他们又被分配到不同的单位中。除此之外，为了抵御拿破仑麾下的大军——他会将诸多兵力集中到一个战区——拿破仑的对手也需要大规模地集结部队。在这种新形势下，反法联军缺乏与法军类似的师、军编制就成了相当严重的弱点。拿破仑的对手们便不得不在自己的军队中创建相应的编制，但这类措施往往要到战争前夕乃至战时才得以落实。此外，反法联军也难以立即找到合乎自身特殊状况的解决方案——创建行之有效的军队编制当然需要时间，高层组织结构也只能在战争中不断总结改进。

总而言之，这里应当再次注意到一点，在革命与拿破仑战争时期，欧洲军队在高层组织与高级战术方向发生了最为显著的变革，而在基础战术层面，变革就没有那么大了。就步兵而言，作为基础队形的三列横队早在七年战争时就已被普遍接纳，而它在大部分军队中甚至一直延续到拿破仑战争结束之后——虽然二列横队也拥有许多支持者并在某些军队中得到运用。纵队和散兵也早就为人所知，至少从七年战争开始，不仅军事理论文献对这两者加以探讨，它们在战场上也得到了运用——尽管当时的运用范围并没有革命与拿破仑战争期间那么广。村落、各类障碍物和其他各种地物甚至在 18 世纪之前就已被用作防御据点，不过，守卫这类据点的方法也随着时间的流逝发生了巨大的变化，就这一层面而言，革命与拿破仑战争中的据点守卫战也发生了显著的变革。

因此，在革命与拿破仑战争时期，步兵的基础战术并没有发生任何根本性的革新，发生变革的只是各类战术的运用频率和规模、某些战术的执行细节以及战术间的配合原则。然而，尽管这一时期的大部分战术在表面上与七年战争时期颇为相似，步兵战术整体却已是大相径庭。

炮兵的组织与战术甚至发生了更为重大的变革，然而，不同军队的炮兵在这一层面的进步仍然参差不齐。至于骑兵的基础战术，除了有的军队在 18 世纪末最终将三列横队改为二列横队之外，其他方面根本没有发生重大变化。

而在高层组织与高级战术领域，某些部分也并非全新。作为编制的师早已为人所知，但只有在革命与拿破仑战争中，师才终于变成了大体稳定、独立的单位，它让军队战前机动和接近战场的原则发生了重大变革，这可以说是一个全新的现象。其他欧洲军队也陆续采用了师的编制，接受了以师展开机动的原则。

骑兵在战斗队形中相对于步兵的位置和骑兵在战场上的角色都发生了显著变化：从前的骑兵会在军队两翼形成庞大集群，并且时常和步兵一道参与第一轮冲击，而拿破仑时代的大部分骑兵在战斗开始时则会位于步兵战线后方。在交战进程中，骑兵与步兵的配合变得更为紧密：他们需要抵御敌方骑兵，以此保护己方步兵，还得冲击已被己方步兵和炮兵打乱队形的敌军部队。如果己方在交战中取得胜利，敌军也出现了相当严重的溃散迹象，骑兵就有可能彻底将其击溃。如果骑兵取得成功，随后就能够对退却中的敌军展开追击。

高级战术中最显著的变化体现在一线兵力分布和预备队的运用上。根据线式战术的原则，一线部队应当大体均匀地分布在战线正面上。而在革命战争中，法军迅速学会了在最为重要的地段集结兵力，同时以相对薄弱的兵力据守其他地段。遵循线式战术原则的预备队实力相对薄弱，其作战意图也仅限于填补战斗队形缺口和掩护战败后的主力部队退却。而在革命战争中形成的新战术体系里，预备队不仅实力大为增强，也被用于增强攻击力度和针对重要地段发动决定性打击。

然而，节约兵力和使用预备队的原则在后来的拿破仑战争中才得到充分发展。圣西尔回忆过 1813 年他和拿破仑在德累斯顿的一次谈话：

> 他回答了我，表示自己并不是偏好攻击 [敌军] 中路更甚于攻击两翼，他遵循的原则是动用一切可行手段攻击敌军。当 [向着敌军行进的] 部队投入战斗时，他不会主动加以干预，也不太关注他们的成败，他所关心的只是不要让他们的上级过早地屈服于下属压力并投入增援部队。他举出了吕岑的战例，按照他的说法，当时奈伊十万火急地要求他出兵增援，要动用此前并未拨给他的两个师。他向我保证说，就在同一场会战里，另一位元帅甚至早在一名敌军都没有出现在面前的时候就已要求 [增援]。他补充说，直到当天日暮时分，当他看到疲倦的敌军中的大部分兵力已经卷入战斗后，他 [拿破仑] 才将留在预备队里的兵力悉数投入战场，形成了敌军无法预料的强大步、骑、炮集群，他就此完成了自己所说的"终局" [événement]，而且他几乎总是依靠这个办法取得胜利。[13]

马尔蒙以下列文字描述了高级战术的基本原则：

> 这种结合的基础和既定目标是在会战中始终让己方的实力在某一点上强于敌方。这种才干体现在出其不意地进入最易于接近也最为重要的

地段，这就是打破平衡、取得胜利的方法。最后还要迅速执行上述机动，这会迷惑敌军，使其毫无准备。

要实现这一目的，关键要素在于适时使用预备队，这就是战争的天才。有必要小心翼翼地运用预备队，在投入时既不能过早也不能过晚。如果投入过早，就意味着预备队徒劳无功，而且还会在最需要他们的场合无兵可用；如果投入过晚，就意味着要么不能取得完胜，要么无法拯救败局。

我们必须强迫每一个人竭尽全力，然而，[力量]终会出现衰竭，在这个时候，能清楚认识到需要紧急投入增援部队就非常重要。然而，早在紧急情况到来之前，前线部队便已抓住请求[增援]的机会不放手了。[14]

克劳塞维茨解释说，部队在投入战斗后会逐步遭到削弱：

……经过长时间作战的部队都多少会像燃烧殆尽的煤渣一样，子弹打完了，队形散乱了，体力和精力都耗尽了，当然，他们的勇气也被碾碎了。[15]

面对这种精疲力竭的部队，有必要从预备队中及时抽调生力军上前增援或轮换。然而，统帅同样没有必要过早地抽调预备队，他需要尽量节约兵力，绝不能在敌军耗尽预备队之前将己方消耗殆尽。哪一边能够在战斗结束时拥有数量更多的预备队生力军，那一边就具备潜在的优势。

如上所述，我们可以看到革命战争末期的法军已经发展出一套全新的战术和崭新的组织结构，与过去的战术和组织结构相比，这两者更为灵活，也更有效率。法军中的所有军团司令和几乎全部师长都在各类地形上与各个敌手的交战中积累了丰富的作战经验。法军中的大部分军官和相当一部分士兵也具备可观的经验，这些部队已经在战火中经受了考验。俄军将要面对的就是这样一个对手。

注释

[1] *Caractère militaire des armées européennes*, p. 7-8.

[2] Marmont, *De l'esprit*, p. 133-134（俄译文见：c. 517）；Jomini, *Précis*, IIe partie, p. 198-199（俄译文见：*Краткое начертание военного искусства*, ч. II, c. 170-172；英译文见：*Summary of the Art of War*, p. 284-285）.

[3] *The Officer's Manual in the Field, or a Series of Military Plans Expressing the Principal Operations of a Campaign*. London, 1800, Plate III.

[4] *Règlement ... du 5 avril 1792*, p. 104-105.

[5] Griffith P. *The Art of War of Revolutionary France, 1789-1802*. London: Greenhill Books and Pennsylvania: Stackpole Books, 1998, p. 158-159.

[6] *Ibid.*, p. 157, 161-163.

[7] *Ibid.*, p. 160, 163-164; Ross, *op. cit.*, p. 63-65.

[8] Marbot, *Remarques critiques*, p. 493.

[9] *Règlement provisoire*, 1778, p. 234; *Règlement provisoire ... du 5 avril 1792*, p. 128; 也见：*Extrait du Règlement provisoire*, p. 159; 也见：Bardin, *Mémorial*, t. 1, p. 325（俄译文见：Аглаимов, *op. cit.*, c. 110）. 也可参考 *Correspondance de Napoléon*, t. 31, p. 492: 第二线位于第一线后方80—100法寻（156—195米）处。

[10] Renard, *op. cit.*, p. 124, 137（俄译文见：c. 90, 100）.

[11] Thiébault, *Manuel...*, p. 295-296.

[12] Duhèsme, *op. cit.*, p. 134-135, 437-439, 441-442, 446-448.

[13] Saint-Cyr, *Mémoires pour servir à l'histoire...*, t. 4, p. 41.

[14] Marmont, *De l'esprit*, p. 27-28（俄译文见：c. 472-473）.

[15] Clausewitz C. von *Vom Kriege//Hinterlassene Werke über Krieg und Kriegführung des Generals Carl von Clausewitz*. Berlin, Dritte Auflage, 1867, Erster Band, Erster Theil, S. 230-231（俄译文见：Клаузевиц, *О войне*. М., 5-е издание, 1941, том I, c. 224）

十八世纪的俄军

第三篇

第九章 十八世纪的俄军

拿破仑战争中的俄军承继了彼得大帝在 17 世纪末 18 世纪初创立的军队。有许多后来曾与拿破仑作战的团都始建于彼得治下，而且直到那时依然在使用他赐予的团名。他引入的征兵制度也一直沿用到 18 世纪末 19 世纪初：俄国几乎每一年都要从农奴和下层市民中强制征召一定数量的人员，通常是从每 500 名男性中征召 2—3 人。18 世纪的征兵几乎完全在大俄罗斯土地上进行，只有在最后 25 年里，这一制度才扩展到乌克兰和白俄罗斯。这样的征兵制度让俄军下层士兵在民族属性和社会成分上几乎完全保持一致。只要士兵适合服役，那么他就得终身服役，这种情况几乎存在于整个 18 世纪。直到叶卡捷琳娜统治末期，她才将退役的权利赐予服役 25 年以上的士兵。

就组织、制服、装备和训练而言，俄军基本上是在效仿西欧军队。彼得一世的训练条令非常简练，这导致俄军在此后发布了诸多教令作为补充，并最终于七年战争前夕的 1755 年用全新的训练条令取代了彼得的条令。新的条令太过复杂，它们囊括了太多的队形、队形变换和射击方式，因此，部队在战争爆发之前很可能未曾完全按照条令规定接受训练。战争结束后，俄军于 1763 年叶卡捷琳娜二世登基之初采用了一套简化的训练条令，该条令一直沿用到 1796 年。1763 年条令规定步兵与骑兵队形厚度均为三列。

俄国在 18 世纪发动了诸多战争，它的领土得以扩张，军队也得以扩充。俄罗斯军队在截然不同的环境里与差异极大的对手交战。这些对手往往还是当时最优秀的军队，比如说瑞典国王卡尔十二的军队和普鲁士国王弗里德里希二世的军队，他们在训练和机动技能上要强于其他任何一支欧洲军队。其他对手——土耳其人和克里木鞑靼人——则拥有数量庞大且质量优异的非正规骑兵。

18 世纪上半叶，俄军在大规模机动方面的训练几近于无，骑兵在数量和质量上也都较为薄弱。直到七年战争末期，俄国军队的战术仍然以防御为主：俄军通常会占据一处坚固的阵地，充分利用障碍物（河流、深谷、沼泽、森林等等）保护侧后方，如果没有障碍物或障碍物并不足以用于防御，俄军也会建造野战工事。俄军往往会使用各类工事和装置保护战线正面：在对付欧洲正规军时是土木工事，在对付土耳其人和鞑靼人时则是拒马（рогатки/chevaux de frise）——削尖了末端的木杆，木杆上有时甚至会装有尖锐的金属尖头。

俄军的阵地往往是四面设防的筑垒营地，其战斗队形则是一个庞大的矩形。在这样坚固的阵地上，哪怕是面对最优秀的敌军部队，俄军也往往能够挡住他们的进攻，而在击退敌军攻势之后，随着敌军遭到削弱，陷入混乱，俄军有时甚至可以转入攻势，继而取得决定性的完胜，迫使敌军在混乱中撤退。

到了叶卡捷琳娜二世统治时期（1762—1796 年），俄军的战术变得越发积极起来。俄军在这一时期主要是与土耳其军队和训练并不完善的波兰军队交战，因而敢于愈加频繁地发动攻势。俄军在对土战争中逐步放弃了拒马，在面对土军为数众多的非正规骑兵时，俄军步兵也能够列成若干个独立方阵发起攻击并取得胜利。

俄军在 18 世纪 70—80 年代出现了若干重大变革和创新。被称作"猎兵"的专业轻步兵单位得以出现，其数量逐步增长。军队采用了较为简单、舒适的新式制服，毫无必要的头部装饰物——发辫和所谓的卷曲假发（букли）——则被弃用。[1] 骑着高大、沉重、昂贵的战马的西欧式重骑兵大为减少，不少重骑兵团被改编为轻骑兵团，俄军还组建了许多全新的轻骑兵团。

将领和团长们在训练士兵和投入作战方面享有可观的自由。由于 1763 年条令中仅仅包括对队形和队形变换的描述，并没有就如何训练士兵给出指导意见，团长们就得自行决定采用何种方法将士兵训练到有足够能力执行条令。[2] 条令也没有特地规定如何展开机动。有的团长便自行编纂了用于训练的教令。

将军们同样给自己的部队下达教令，也会引入可能与条令存在差异的新队形、新机动。以彼得·亚历山德罗维奇·鲁缅采夫（Пётр Александрович Румянцев）将军为例，他在 18 世纪 70 年代对土作战时把自己军中的骑兵队形从三列改为二列，还推行了能够更快地将横队收拢成纵队的新式队形变换方法。[3] 后来，这些创新举措在全军中都得到了应用。随着俄军在交战中取得一系列新的胜利，他们对自身能力的信心也日益增长，到了 18 世纪 90 年代，俄军战术已经具备高度攻击性。

然而，俄军也存在不少严重缺陷。朗热隆伯爵在 1796 年写道，除了圣彼得堡和少数要塞外，俄国境内并没有什么兵营，大多数部队驻扎在村庄里，于是没有军官监管的小股士兵就分散在庞大的地域里，只有在夏季的 4 个月中部队才会集结到营地里展开训练。[4] 由于俄军很难把大批部队集结到一处，每个团通常情况下都会自行扎营，因此，和平时期的大部分俄军部队并没有为大规模机动做好准备。骑兵的马术操练也不算好。[5] 俄国的火炮太过笨重，炮兵虽然开火迅速，但在瞄准射击方面训练不佳。波兰将领塔德乌什·科希丘什科（Tadeusz Kosciuszko）曾在 1794 年与俄军交战，后来于 1799 年为法军撰写了俄军情况简介，他指出，俄军炮兵射速很快，但射击指挥却很糟糕，而且火炮瞄得也不准。[6]

　　朗热隆还指出，大部分俄国军官的教育、培训状况都不好。俄国在 18 世纪末拥有 4 座培养青年军官的军官武备学校，但就读于这些学校的人数量相当有限，其规模相对军队也太过微不足道（在 18 世纪下半叶，每年约有 80—150 人从这些军校毕业）。一般而言，青年贵族成为军官的途径是以军士身份入伍，而后等待自己被任命为军官。贵族通常会让自己的孩子在小小年纪就以编外军士的身份进入团里。这些孩子名义上在团里登记在册，实际上却以"因教育缘故休假"的名义留在家中，等到后来长到十五六岁时就已成了军官。

　　近卫团的吸引力尤大，因为近卫军军官在转入常规团时有权获得晋升，所以近卫团里充斥着这样的贵族编外人员，他们此后会成为常规团里的军官，可这些人并没有接受过特别的军官养成教育，也没有什么经验。此外，还应当注意到，当时的近卫军已经很久没有参与实战了。

　　如果某位俄国军官不喜欢在某个团里服役，或希望在别的团里获得较快的晋升，那他就可以轻易地从一个团转到另一个团。[7] 但同时朗热隆和科希丘什科也提到俄军常规团里的大部分军官都是非常英勇的人物。[8]

　　另一种快速升迁的方式是成为女皇某个宠臣的随从，或是加入负责指挥野战军的元帅或将领的随从队伍：这样的统军将领有权让军官一直晋升到二级少校为止，元帅则有权让人一直晋升到中校。在那个时代，俄军还没有健全的总部勤务，军队的统帅通常得自行设立一支庞大的随从队伍。宠臣的随从人员中可能有多达两三百名军官，元帅和将领的随从相对而言则要少一些。统帅让这些军官充当副官和参谋，而且往往会从中提拔自己根本就不熟悉的人。[9] 如果哪位军官想要进入某位宠臣或统帅的随从队伍，那么他一定要消息非常灵通。

许多同时代人物曾指出某些团里存在严重的滥用权力现象。根据叶卡捷琳娜二世在登基之初批准颁行的所谓"上校教令"，团长在自己的团里拥有非常大的权力——其中也包括财权。[10] 有些团长将团视为私有财产和收入来源：他们贪污、挪用分配到团里的经费，奴役自己的士兵，或是让士兵前往自己的庄园劳作，凡此种种不一而足。[11] 有的军官长期擅离职守不在团内，士兵却可能因为极为轻微的违纪行为而遭到残酷的惩罚。

朗热隆在1796年写道，由于上述种种缺陷和弊病，俄军本该是全欧洲最糟糕的军队，可它实际上却成了欧洲最优秀的军队之一，个中缘由便在于俄军士兵的优良素质。朗热隆和其他观察者将俄军士兵的典型特征概括为英勇、无畏、自豪、不知疲倦、耐心和忠于职守。[12]

科希丘什科指出，俄军士兵训练良好，对指挥官高度服从，在执行命令时，他们有时就如同狂热信徒一般投入战斗，这些人以无畏的精神面对敌军的火力，宁死也不选择退却，要想迫使俄军后退，唯一的方法就是大量杀戮军官。科希丘什科认为俄军士兵之所以表现英勇，重要原因之一就是在进攻前会给士兵大量分发伏特加，他认为，俄军是因此而疯狂地投身战斗。[13]

俄军的士兵阶层几乎是完全同质化的，与此相比，军官阶层就十分多元化了——俄军中有相当多的军官并非俄罗斯人。外国军官在俄军中服役可谓历史悠久，这种情况在彼得一世治下尤为盛行，后来虽然大为消退却并未消亡：整个18世纪，不断有外国军官到俄国来为俄军效力，其中大部分是德意志人。而在瓜分波兰后，有些原属波军的军官也成为俄军成员，到了18世纪末19世纪初，许多在大革命后流亡国外的法国军官加入俄军。不过，18世纪末的俄军中还有许多不属于俄罗斯族的俄国臣民，其中有些人是来自立夫兰和库尔兰的德意志贵族，另一些人则是在17世纪、18世纪迁居俄国的西欧人后裔。

与土耳其人交战时的战术

俄国在18世纪曾多次与奥斯曼帝国（土耳其）交战。18世纪的土耳其军队与欧洲正规军截然不同。土军的主力是为数众多的骑兵，而且骑兵质量相当高，这是因为它由勇敢的士兵组成，这些人不仅是优秀的骑手和战士，还骑着非常矫健迅捷的战马。然而，土军骑兵并不是正规骑兵，也就是说，他们并没有接受以密集的线式队形进行机动、作战的训练。至于土军的典型作战方式，不仅那些拥有丰富对土作战经验的俄国著名统帅在他们的教令中提到过相关情况，俄国军官编纂的理论著作也对此有所涉猎。[14] 土耳其军队在许多方面与埃及的马穆鲁克类似，他们的战术也很接近。

土军骑兵进攻速度很快，但总是毫无秩序地发起攻击，而且几乎一成不变地竭力尝试包抄乃至包围敌军。[15] 他们在战斗中携带许多军旗，指挥官往往会在士兵前方疾驰，以此树立英勇作战的榜样。[16] 土耳其骑兵以多少还算密集的楔形集群发起攻击，[17] 有时还会把军旗投掷到敌军队形里去，[18] 土耳其人的第一轮冲击通常最具威胁。但当第一轮冲击被打退后，之后的每一轮攻击力度往往都会弱于上一轮，当土军最终停止冲击时，他们就会迅速后撤。[19] 对于列成稳固队形的正规步兵而言，土耳其骑兵不算很危险。2—3轮齐射通常就足以打退第一轮攻击，可要是土军能够扰乱对手，那么对于受害者而言，其结果就会是灾难性的。[20] 朗热隆写道："再没什么比胜利时的土耳其人更危险。他们混乱地冲向敌军，但伴随着那样的愤怒、那样的迫切，以及那样可怕的呼号，一个人需要具备高度的镇定才不至于在这样的战斗中陷入慌乱。"[21]

土耳其步兵也与欧洲步兵截然不同。其中最优秀的一部分步兵被称作耶尼切里（janissaries），他们通常以庞大、密集且纵深很大的集群发起攻击，因而能够造成相当大的威胁，耶尼切里的这种队形像是一种纵队，最英勇的士兵位于纵队最前头，不过，由于这些人没有刺刀、没有像欧洲步兵那样的规整队形，而且装填步枪非常缓慢，他们根本就无力对抗骑兵。由于土军步行散兵深知如何准确射击，土耳其步枪又比欧洲步枪长，进而导致土军散兵射程也超过欧洲散兵，他们就可能给对手带来相当大的损失。与土耳其人交战的俄军往往需要出动部分线膛枪手对抗土军散兵，使其远离步兵密集队形。[22] 朗热隆在描述1810年战况时指出土军步行散兵习惯于在葡萄园、菜园和灌木丛里作战，俄军很难驱逐这些人，从这个方面来说，他们要远远优于俄军散兵。[23]

18世纪末的土军火炮太过笨重，射击也太过缓慢，只能给敌人造成很少的伤亡。[24] 土军通常会修建一处让炮兵和步兵容身的筑垒营地，当敌军试图接近营地时，土军骑兵会发起攻击。如果营地附近存在森林或沟壑，土军步兵也可能会藏身其间。如果土军骑兵取胜，步兵就会离开掩蔽物彻底打垮敌军。如果野战不利，土军就会退回营地。朗热隆注意到土耳其人守卫工事的能力要强于其他任何民族，他们使用冷兵器也极为娴熟。[25]

因此，对那些正规的欧式部队而言，当他们不得不与土军作战时，这些部队所要采用的战斗队形和战术就与对付其他欧洲军队的时候存在重大差异。著名的军队统帅亚历山大·瓦西里耶维奇·苏沃洛夫在与土耳其人作战时将他的步兵列成团方阵或营方阵，并将这些方阵摆成两条交错排列的战线，以便创造出可供方阵交叉射击的区域，此外，每个方阵还要将八分之一到四分之一的兵力留在内部作为预备队。方阵之间的距离应当相当于霰弹的有效射程。炮兵要么位于方阵外角处，要么位于方阵之间。骑兵则应当部署在两条战线之间或位于第二条战线之后。步兵在攻击敌军筑垒营地时需要列成纵队。

对付土耳其人的战术如下所述：俄军部队应当向前推进，步兵和炮兵要迫使敌军在混乱中退却，然后让骑兵穿过己方步兵方阵间的空隙展开冲击，击溃敌军并追击0.5—0.75米利亚（ миля，俄国旧长度单位，1米利亚约合7.468千米），然后需要让重骑兵减慢速度重整部队。不过，骠骑兵和哥萨克则要负责继续追击。[26] 到了18世纪末，许多俄军将领已经在对土战争中积累了可观的作战经验，但这种经验在对付欧洲正规军时派不上什么用场。

注释

[1] Ланжерон А. де,《Русская армия в год смерти Екатерины II》(《叶卡捷琳娜二世卒年的俄军》)// *Русская старина*, 1895, т. 83, № 4, с. 146-147.

[2] Ланжерон,《Русская армия...》// *Русская старина*, 1895, т. 83, № 5, с. 195-6.

[3] *П. А. Румянцев. Документы.* (《彼得·亚历山德罗维奇·鲁缅采夫文件集》) М., 1953, т. 2, с. 627.

[4] Ланжерон,《Русская армия...》// *Русская старина*, 1895, т. 83, № 4, с. 151; № 5, с. 190.

[5] Kosciuszko T.《Notice sur les Russes》// Hüffer H., *Quellen zur Geschichte des Zeitalters der französischen Revolution.* Leipzig, Erster Teil, Erster Band, 1900, S. 144; Ланжерон,《Русская армия...》// *Русская старина*, 1895, т. 83, № 4, с. 156-7.

[6] Kosciuszko, *op.cit.*, S. 144. 法军将领保罗·蒂埃博（Paul Thiébault）在他的回忆录中提到，科希丘什科撰写的简介曾于1799年夏季分发到意大利战场上的法军手中。(Thiébault P. C. F. *Mémoires du général baron Thiébault*. 4-me édition. Paris: Plon, Nourrit et Cᵢₑ, 1894, t. 3, p. 2-5.)

[7] Ланжерон,《Русская армия...》// *Русская старина*, 1895, т. 83, № 4, с. 170-173;《Записки А.Т. Болотова》(《安德烈·季莫费耶维奇·博洛托夫回忆录》) // *Русский архив* (《俄国档案》), 1864, кн. 1, с. 206, 608-610.

[8] Ланжерон,《Русская армия...》// *Русская старина*, 1895, т. 83, № 4, с. 169; Kosciuszko, *op.cit.*, S. 144.

[9] Ланжерон,《Русская армия...》// *Русская старина*, 1895, т. 83, № 4, с. 174; № 5, с. 186.

[10] *Инструкция полковничья пехотного полку.* (《步兵团上校教令》) СПб., 1764, с. 1-5; *Инструкция конного полку полковнику.* (《骑兵团上校教令》) СПб., 1766, с. 1-8.

[11] Тучков С. А. *Записки Сергея Алексеевича Тучкова.* (《谢尔盖·阿列克谢耶维奇·图奇科夫回忆录》) СПб., 1908, с. 9; Ланжерон,《Русская армия...》// *Русская старина*, 1895,т. 83, № 4, с. 159-161;《Записка графа С. Р. Воронцова о русской армии》(《谢苗·罗曼诺维奇·沃龙佐夫伯爵关于俄军的札记》) // *Русский архив*, 1876, кн. 3, с. 348;《Записки А. Т. Болотова》// *Русский архив*, 1864, кн. 1, с. 206.

[12] Ланжерон,《Русская армия...》// *Русская старина*, 1895, т. 83, № 3, с. 148; № 5, с. 199-201; Санглен Я. И. де *О воинском искусстве древних и новых времен с прибавлением о пользе теории военного искусства.* (《论古今战争艺术，附有益于战争艺术理论的补遗》) СПб., 1808, с. 36.

[13] Kosciuszko, *op.cit.*, S.143-144.

[14] 《Наставление от предводителя второй армии, генерал-аншефа, сенатора и кавалера графа Панина войску ему врученному, на предводительство в наступательные действия противу войска турецкого. Сочинено при вступлении в неприятельскую землю 1770 года》(《第二军团总司令、枢密官、骑士帕宁伯爵向麾下部队颁发的对土战争攻势作战教令，写于1770年攻入敌方土地之际》) // Масловский Д. Ф. *Русская армия в Семилетнюю войну.* (《七年战争中的俄军》) М., вып. III, 1891, *Приложения*, с. 36-44.

[15] *М. И. Кутузов. Документы.* (《米哈伊尔·伊拉里奥诺维奇·库图佐夫文件集》) т. 3, М., 1952, с. 60.

[16] Хатов, *Общий опыт тактики.* т. 2, СПб., 1810, с. 241-242.

[17] *А. В. Суворов. Документы*, (《亚历山大·瓦西里耶维奇·苏沃洛夫文件集》) т. 2, с. 459.

[18] Романо, *op. cit.*, с. 126, 167.

[19] Хатов, *Общий опыт тактики*, т. 2, с. 242.

[20] *М. И. Кутузов. Документы.* т. 3, М., 1952, с. 60.

[21] 《Записки графа Ланжерона》// *Русская старина*, 1909, т. 138, с. 576.

[22] Хатов, *Общий опыт тактики.* т. 2, с. 243.

[23] 《Записки графа Ланжерона》// *Русская старина*, 1908, т. 135, с. 405-406; 1909 т. 138, с. 544.

[24] Хатов, *Общий опыт тактики*, т. 2, с. 243.

[25] 《Записки графа Ланжерона》// *Русская старина*, 1909, т. 138, с. 576.

[26] *А. В. Суворов. Документы*, т. 2, с. 63-65（给库班军部队的命令，1778年），459-460（对抗土军的战术教令，1789年）; т. 3, с. 352, 505.

第十章 帕维尔一世的改革

叶卡捷琳娜二世并不喜欢自己的儿子帕维尔，她不准他参与政事，且尽管帕维尔渴望投身军事活动，她仍然让他远离军事。帕维尔在名义上拥有海军上将的军衔，而且是海军部部长，但他几乎没有参与过舰队事务。不过，帕维尔还是在居所——距离圣彼得堡不远的加特契纳（Гатчина）小镇——附近建立了属于自己的军队。他的小小军队不断扩充，到 1796 年，它已包括 2 个掷弹兵营、4 个步兵营、1 个猎兵连、4 个骑兵团（上述所有部队的兵力都很薄弱，每个步兵营或骑兵团统统不超过 200 人）。这支军队还设有炮兵，配备了 12 门口径、型号不一的火炮。[1]帕维尔倾慕弗里德里希大王，他的部队在着装、训练方面都仿照普鲁士的旧样式。由于帕维尔没什么别的事可做，他把大把时间花在了训练部队上。于是，帕维尔虽然没有实战经验，却成了形式化的普鲁士式训练的大行家。

叶卡捷琳娜二世卒于 1796 年 11 月 6 日 /17 日。帕维尔一登上皇位，就立刻开始根据自己的喜好改变俄军。他那小小的加特契纳军从未参与过战斗，此时却成了整支军队的样板，加特契纳军也被并入各个近卫团中。帕维尔几乎改变了俄军的一切，有的历史学家甚至认为他只是想竭力毁灭自己的母亲和她的宠臣们创造出的一切。事实上，他是在竭力树立自己的权威，巩固自己的权力，消除根植于叶卡捷琳娜二世时代的缺陷与弊病，还要让整支军队中的一切都正常运转起来，可是，他的做法时常欠缺考虑、反复无常乃至自相矛盾，结果，帕维尔毁灭、破坏了许多有用的东西。[2]

1796 年 11 月 29 日 /12 月 10 日，帕维尔下令全军必须按照新的训练条令操练。[3]这些条令照搬了出版于 1794 年的训练手册，那批手册可能被帕维尔拿来训练他的加特契纳军。上述手册只是二手翻译作品，它们源于七年战争开始前弗里德里希二世的军队采用的旧条令，仅仅进行了细微的修改和删减。[4]

帕维尔将普鲁士式的制服和装备——其中也包括发辫和卷曲假发——推广到全军，此外还把实战中毫无用处的短矛（эспонтоны）配发给军官，把载

（протазаны）配发给军士（而在叶卡捷琳娜二世时代，军士乃至下级军官都会装备步枪）。对许多军官和士兵来说，新的制服和装备既丑陋又令人不悦。[5]另一方面，帕维尔首次将舒适、温暖的大衣引入军中（俄军此前没有大衣，只有雨衣）。他还力图复兴重骑兵，这当中自然也包括胸甲骑兵，他们得到了只保护前胸的半胸甲，后背则没有甲片防护。

为了消除各个团里的积弊，帕维尔剥夺了团长管理全团经费和装备的权利，引入了效仿普鲁士制度的团主（шеф/chef）职位。每个团都拥有团主，团主通常是一位将领或元帅，此人控制了团里的所有内部运作，也要全权负责团里的各种事务。被指派去管理团经费和装备的军官需要直接向团主提交报告。1798 年 10 月 31 日，帕维尔下令让每个团都以团主的姓名作为团名，以此取代原有的名称。

谢苗·罗曼诺维奇·沃龙佐夫（Семён Романович Воронцов）曾是一名军官，并于 1785—1806 年担任俄国驻英大使，此人在 1802 年写道，设立团主职位带来了一些糟糕后果：所有的权力都转移到了团主手中，于是，团长沦落为负责训练的教官，丧失了诸多权力，可是团在战斗当中又非得由团长来指挥不可。[6]

沃龙佐夫还补充说，用团主的姓名作为团名也带来了负面影响：在过去很长一段时间里，俄军的团是用俄国的城市或地区来命名的，团的名字可以保持不变，团也都拥有自己的历史，某个团的光荣事迹会流传在全军都知晓的故事中，各个团之间因而存在竞争。而在帕维尔统治时期，团主人选发生了变化，有的团还频繁更替，团名也因此时常变更，有些时候士兵甚至没法记住自己团的名字，更不用说其他团了。按照沃龙佐夫的说法，当他询问士兵属于哪个团时，有的士兵如此回答："之前有这么个团，可我现在已经不知道了，老爷呀，皇上已经把它给了某个德国佬。" [7]从中似乎可以看出，士兵认为自己与其说是属于国家，倒不如说是属于某位团主了。

帕维尔将所有的团都划分到若干个被称作"督察区"的军区里。但属于同一督察区的部队也不会由一人统一指挥。每个督察区内设有两名督察，一人负责步兵，一人负责骑兵，而全军炮兵也仅拥有一名督察。督察每年都得巡视下属各团至少 4 次，以便查验人数并观察各团是否按照条令规定的方式着装、训练。[8]

沃龙佐夫指出，在叶卡捷琳娜统治时期，所有团在和平时期也会被划分到被称为"分区"（дивизия）的军区里。每个"分区"都由一位元帅或上将执掌，这些人对麾下的团非常了解，他们之间也相互竞争，想要表明自己拥有更好的部队，此外，他们还可以在自己的"分区"内提拔二级少校以下的军官，然而，帕维尔治下的督察只能巡视各团并将报告直接呈递给皇帝，而其他诸多事务——其中包括管理从自己根本无从了解的最底层军官开始的晋升事宜——已经让皇帝不堪重负了。[9] 帕维尔似乎是打算用他控制加特契纳那支小军队的方法管理俄罗斯这个庞大帝国里的全体军队。

帕维尔将征兵制度扩展到俄罗斯帝国里某些主要人口并非俄罗斯人的西部省份，来自这些省份的新兵并没有组成新的独立单位，而是被送到业已存在的各个团里。沃龙佐夫和朗热隆都认为在老俄罗斯团混入非俄罗斯成分的做法降低了俄军步兵的质量。[10]

帕维尔剥夺了元帅和将军提拔军官的权利。帕维尔有时会将一些将官和上校任命为督察，这样，有些功勋卓著的元帅和将领在担任团主时还得向以督察身份下来巡视各团的年轻上校报告工作。[11] 为了消除元帅和将军的庞大随从队伍，帕维尔命令所有军官都要随时随地和自己所属的团待在一起，这样一来，元帅和将领就失去了随从军官，没有了指挥部队的助手和战争艺术的学徒。这一切措施都显著影响了元帅和高级将领的权威。

与此同时，帕维尔引入了非常严苛的形式化纪律，纪律不仅适用于士兵和军士，也同样适用于军官。如前所述，每一名军官都需要出现在自己所属的团里。所有不能在规定日期前就位且无正当理由的军官都会被逐出军队。[12]

如果想要成为军官，一名青年贵族需要以军士身份实际服役至少3年之久，其中最初3个月还得以普通士兵身份服役，此后，他还得等待官职出缺，也就是因某位军官晋升、离开军队或死亡而导致其职位出现空缺。只要还有适于充当军官的贵族军士人选，团里就只可能产生贵族军官。如果出现了贵族军士中并无合适人选的情况，那就有必要从能力、品质尤为突出的平民军士中挑选军官，这些人需要服役不少于12年，而且根据步兵条令规定，还得"举止得体"。[13] 军官的假期被缩减到每年28天，要是某位军官打算离团更长时间，他就得获得沙皇本人的亲自批准。[14] 最剧烈的变化发生在近卫军中。叶夫格拉夫·费多托维奇·科马罗夫斯基（Евграф Федотович Комаровский）在 18 世纪 90 年代曾是一名近卫军军官，他写道：

> 我们军官的生活方式彻底改变了。在（叶卡捷琳娜）女皇统治时期，我们只想到身着礼服去剧院或交际场，可现在，（我们）从早到晚都在团里的训练场上，就像新兵一样接受训练。[15]

M. 列昂季耶夫（M. Леонтьев）在 1797 年加入了谢苗诺夫斯科耶近卫团，他当时年仅 12 岁，根据此人的说法，只要某人犯下了"战线"错误——也就是队列训练错误——帕维尔就会像处理犯罪一样对待此事，会把责任人关押起来，有时甚至要把人逐出军队。[16]尼古拉·亚历山德罗维奇·萨布卢科夫（Николай Александрович Саблуков，此人在帕维尔登基时是骑马近卫团里的一名少尉）也回忆说那些在阅兵中出现失误的人会被发配到其他团里。还有许多近卫军军官主动辞职：萨布卢科夫提到几周之内就有 60—70 名军官离开了他所在的团。[17]

在久疏战阵又沉溺于都市生活的近卫军身上，帕维尔的严厉做法或许能够奏效。可是，这也导致各个常规团也得接受普鲁士式的严苛训练，在那些团里，哪怕是历经战火考验的军官，只要在行军或队形方面出一点差错，就会遭到惩戒或关押。

部队在日常生活中变得太过关注外表和形式主义勤务。[18]沃尔德马尔·冯·勒文施特恩〔Woldemar von Löwenstern，其俄文名为弗拉基米尔·伊万诺维奇·勒文施特恩（Владимир Иванович Левенштерн）〕在 1797 年是努姆森（Numsen/Нумсен）胸甲骑兵团（即斯塔罗杜布胸甲骑兵团）里的一名军官，根据他的说法，训练和制服的频繁变动弄得军官和士兵都精疲力竭，军官们尤其苦不堪言。他还提到有不少优秀军官离开了军队。[19]

正规步兵的训练科目主要是所谓的操枪技术（各种持枪方式和持枪姿态变换）、装填步枪、列队行进和横纵队队形变换，实弹射击训练则太过稀少。[20]虽然如此，有的团长依然自发地让麾下部队接受了较好的射击训练，以穆罗姆火枪兵团为例，该团自 1797 年起就由谢尔盖·伊万诺维奇·莫索洛夫（Сергей

Иванович Мосолов）少将指挥，根据此人的说法，他以如下方式训练该团人员朝标靶开火：先是让士兵单独展开射击，然后以分营为单位列队射击。[21] 莫索洛夫在 1789—1794 年是立夫兰猎兵军里的一名军官，他的确拥有训练士兵瞄准射击的经验。

与此前一个时期相比，帕维尔治下的大规模演习变得十分频繁，而且这样的演习也不仅仅局限于驻扎在圣彼得堡、莫斯科及其他大城市附近的部队。以 1800 年的芬兰督察区为例，区内大多数部队都开赴加特契纳，在帕维尔亲自出席的情况下举行了为期数日的操练。[22]

然而，大规模演习的流程几乎总是如出一辙：所有部队都列成两个以排为单位的庞大纵队，纵队向着"敌军"行进，然后展开成横队。在大部队展开过程中，前方会设有一支前卫部队（掷弹兵）加以保护，负责保护的还有猎兵和骑兵，这些部队随后就要转移到步兵主力的侧后方，最后让所有部队冲击"敌军"。[23]

俄军在多数情况下会选择地势大体平坦、开阔的地方作为演习地点。[24] 不过，很少参与大规模演习乃至根本不参与演习的团还是为数不少，它们仍然像叶卡捷琳娜二世时代那样在夏季营地里接受训练。[25] 有些富有经验的将领意识到训练科目既不完备也不合乎时代潮流，可他们根本不可能对此加以改变。帕维尔剥夺了这些人干预部队训练的权利，而且不允许任何人背离自己的训练方式。

许多将领和军官对沙皇帕维尔的改革提出了批评。有些人只是对严苛的纪律和艰苦的军役感到不满，但也有些人公允地指出了新条令和新式训练科目中存在的重大缺陷。然而，帕维尔将与他存在分歧的所有意见都视为怀念旧秩序——在帕维尔看来，旧秩序总体上是非常糟糕的——和拒绝服从沙皇意志，所以，任何将领或军官只要略微表现出一点不满，就会被他当即解除职务。

违反新条令或在训练中犯错的将领和军官也时常被撵走。在帕维尔统治的前三年里，俄军一共除名了 7 位元帅、333 名将军和超过 2000 名军官，但其中绝大部分人都在一年或更短时间内再度获得军职。[26] 也许会有许多无能或不适合从军的军官被逐出了军队，但不少优秀将领和军官——不管他们曾立下怎样的功勋——也时常因为略微违反新条令或细微过失而被一并撵走。此外，正如前文所述，还有许多军官主动脱离了军队。

　　与此同时，由于许多军官或遭到驱逐，或主动离职，那些留下来的军官晋升速度便骤然加快。[27] 某些军官因为与帕维尔关系良好，得到了他的青睐，竟得到了令人目眩的职业生涯：科马罗夫斯基指出，阿尔卡季·伊万诺维奇·涅利多夫（Аркадий Иванович Нелидов）直到 1796 年 11 月 6 日 /17 日才晋升为近卫军中尉（поручик），然而，到 1797 年 3 月，涅利多夫就已成为一名少将，而科马罗夫斯基本人也仅仅花费 7 年时间就从近卫军中士晋升为少将；[28] 萨布卢科夫在 1796 年还只是骑马近卫团里的一名少尉（подпоручик），等到 1799 年就成了这个团的中校（полковник）。[29] 如此迅速的晋升削弱了军队的纪律，影响了其他军官继续在军中效力的意志，人们发现晋升越来越依靠帕维尔的偶然想法和心血来潮，实际表现和服役时间的作用则越来越小，这也正是某些军官自行辞职的缘故。[30] 尽管如此，帕维尔依然不顾一切反对意见，强力推行他的改革措施。

　　应当指出，帕维尔的确成功地清除了许多根植于叶卡捷琳娜二世统治时期的积弊。士兵的命运在某些方面大为改善：督察通过严格监督确保士兵能够拿到应得的一切，惩戒措施有法可依，授予普通士兵的战功勋章也被首次引入军中。[31] 从那时起，从军 25 年后退役的士兵都可以领到退休金，如果士兵在服役期间致残或因伤无法服役，那么不论他们从军时间有多长，也都可以从不再服役之日起领取同样的退休金。[32]

1796 年步兵条令

　　每个火枪兵团下辖 2 个掷弹兵连和 10 个火枪兵连。在假定存在一名掷弹兵校官的情况下，一个团共有 1 名团主、6 名校官和 50 名尉官，如果掷弹兵校官并不存在，那就是 1 名团主、5 名校官和 51 名尉官。每个团理论上还有 118 名军士、38 名鼓手、4 名笛手、6 名其他乐手（吹奏单簧管、双簧管、军号）、300 名掷弹兵、1500 名火枪兵、144 名编外人员（每个连 12 人）和 198 名非战斗人员。

　　10 个火枪兵连会编成 2 个五连制的营。掷弹兵连则会从母团中剥离出来编成四连制的掷弹兵营（每个营包括来自两个团的掷弹兵连）。每个掷弹兵团

由 12 个连组成，其人数与火枪兵团相同，但所有士兵都被称作掷弹兵（1800
人）。每个掷弹兵团里的两个"侧卫"连都会像火枪兵团里的掷弹兵连一样被
抽出来编成独立的掷弹兵营，余下的 10 个连也编成 2 个五连制的营。[33]

1798 年 1 月 5 日 /16 日，俄军采用了新的掷弹兵团和火枪兵团编制。主
要的变化出现在以下方面：每个连减少了 12 名士兵和 12 名编外人员。这样，
根据新的编制，每个火枪兵团里应当有 1 名将领（团主）、6 名校官、50 名尉官、
118 名军士、38 名鼓手、4 名笛手、19 名乐手、276 名掷弹兵、1380 名火枪兵
（掷弹兵团里则是 276 名掷弹兵和 1380 名燧发枪兵）和 235 名非战斗人员。编
外人员理论上已被彻底废除。[34]

每个连当中最高的士兵会被放到第 1 列，最矮的在第 2 列，其余人员在
第 3 列。在一个营中，位于右翼的两个连士兵身高从右往左依次递减，位于左
翼的两个连反过来从左往右递减，位于中央的连则从两翼向中间递减。[35] 新
兵首先要进行单兵训练，先是学习站立和无枪行进，然后学习带枪行进，最后
学习装填和射击。根据条令规定，新兵要到完全熟练之后才能入列行动。[36]

出于训练目的，一个连要分成 4 个排。每个连都要接受行进、列成以排
为单位的纵队和射击方面的训练。训练步幅为 3/4 阿尔申，1 阿尔申相当于
0.7115 米，所以 1796 年条令规定的训练步幅就是 0.5336 米。[37] 步速为每分
钟 75 步。[38] 士兵不仅要学会向前直行，还要学习向左侧或右侧斜向行进：在

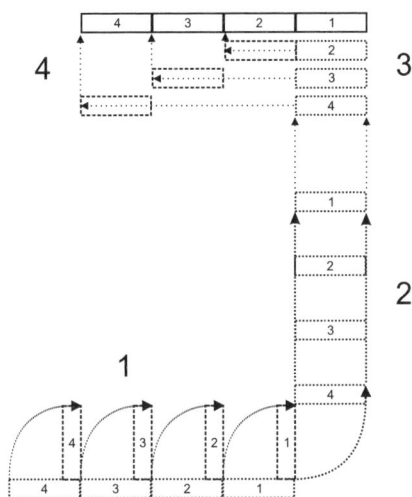

图 27. 1. 一个列成横队的连以排为单位右转形成疏开
纵队 ;2. 以排为单位的疏开纵队左转、前进 ;3. 收缩
成以排为单位的紧密纵队 ;4. 展开成横队

这类行进中，士兵需要迈步前行并略微偏向左侧或右侧。[39]

（横队中的）各个排向左侧或右侧旋转 90° 就形成了以排为单位的疏开纵队。[40] 通过缩小各排的前后距离，可以让连从疏开纵队变为紧密纵队。要想把以排为单位的紧密纵队变回横队，就得让三个排沿翼侧方向朝左侧或右侧行进，抵达指定地点后再向前行进，另一个排要么留在原地，要么向前直行。[41]

然后，士兵要学习在队列中装填、射击。排在齐射时可以从最右侧的排开始射击，也可以让全连一起就地齐射。[42] 然后，士兵要接受缓慢前进或退却时以排为单位射击的训练。[43]

条令还规定了一种以伍为单位的过时射击方式（见图 28）：每个排都要分成两个半排，每个半排又分成若干伍，在发出以伍为单位射击的命令后，每个半排最右侧的一对伍向前行进 5 步，排成二列（原先位于第 2 列右侧的人员进入第 1 列，原先位于第 3 列的两人进入第 2 列），开火，重新排成三列，返回队列中原先所处的位置并开始装填，然后，接下来一对伍也得完成同样的流程，就这样一直持续下去。[44] 在普鲁士的 1750 年条令中，这种射击方式被称作 Hecke-Feuer（树篱射击），普军条令认为这种射击方式适于击退或阻挡敌方轻步兵和列成散开队形的轻骑兵。[45]

当全团或全营接受训练时，每个连会分成两个排，掷弹兵要单独编成营，火枪兵则编成十排制的营。[46] 应当注意到，俄军将火枪兵营分成 10 个排，这种做法与弗里德里希的军队存在一定差异：弗里德里希的火枪兵营同样由 5 个连组成，但每个营都分成 8 个排。[47]

当一个营准备好开火时，队列里的士兵需要肘挨肘地就位。第 2、第 3 列人员要向第 1 列靠拢，最终挨到前一列人员的刀鞘末端。负责收拢队列的军士站在第 3 列之后 4 步处，负责收拢队列的军官则在军士身后 2 步，鼓手则要排

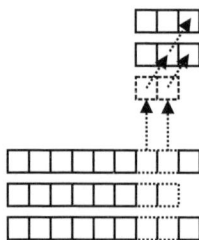

图 28. 以伍为单位射击（树篱射击）

1- 军官
2- 军士

成二列并位于全营右翼。

下达"预备"命令后，第1列士兵右膝跪地，同时全体士兵举枪。下达"据枪"命令后，士兵就要瞄准目标：第1列人员应当端平步枪，第2、第3列人员则要略微压低步枪，让枪管朝向目标。下达"射击"命令后，全排所有士兵同时开火。在"据枪"和"射击"这两个口令之间，军官需要自行默数4个数，以便给士兵留出足够瞄准的时间。完成齐射后，第1列人员不用等待命令就应当迅速起身，全体官兵都要迅速装填并将步枪上肩。[48]

射击方式也有好几种：以排为单位射击、以分营（相当于两个排）为单位射击和以伍为单位射击。以排为单位射击是从右向左进行的，先是让奇数排开火，然后才轮到偶数排（1、3、5、7、9、2、4、6、8、10）。第2排排长需要在第3

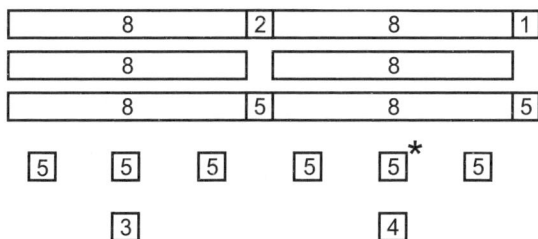

图29. 步兵连，1797—1802 年

1- 上尉　　　4- 准尉
2- 中尉　　　5- 军士
3- 少尉　　　8- 列兵

在营的左翼连中，上尉应当位于左侧，中尉位于右侧，少尉处于中央，准尉身处左侧的排后方，右侧的排后方不设军官，而标有 * 的军士则放在第 3 列的左侧（上尉后方）。

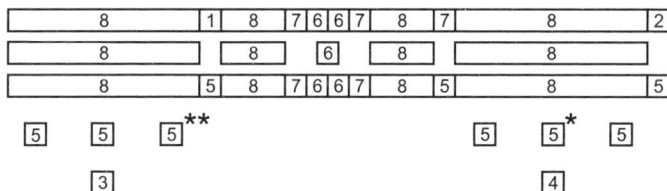

图30. 营的中央连（第 3 连），1792—1802 年

1- 上尉　　　　　　　5- 军士
2- 中尉　　　　　　　6- 掌旗士官生（每连 1 人）
3- 少尉　　　　　　　7- 上士（每连 1 人）
4- 准尉　　　　　　　8- 列兵

在第一个营（右侧的营）中，标有 ** 的军士位于第 3 列。
在第二个营（左侧的营）中，标有 * 的军士位于第 3 列。

排排长下达"射击"命令后立刻下令"预备"，在第9排排长下达"据枪"命令后立刻下令"射击"。[49] 这样，第2排就能够抢在第9排之前开火，整个营横队正面也可以连续维持火力。应当注意到，俄军条令规定的以排为单位的射击次序与弗里德里希二世步兵条令中规定的次序存在差异，后者的具体做法如下：先是右翼排（第1排）开火，然后轮到左翼排（第8排），接下来是右起第二个排（第2排），左起第二个排（第7排），以此类推（1、8、2、7、3、6、4、5）。[50]

团需要接受训练，学习如何列成以排为单位的纵队——团成纵队的方法与连相同，也要练习在全团陷入混乱乃至被打散的情况下沿任意方向列成横队。其训练方式如下所述：首先需要命令士兵朝不同方向散开，然后发出信号，接下来再让士兵根据军旗所在位置迅速集结，列成横队。[51]

在和平时期，每个连每周都需要全连集训两次，每个营也需要全营集训两次，剩余三天则留给士兵休整。战时，每个营也必须每周训练两次，而且尤其要强化射击训练。[52]

每个营都配属了两门来自团属炮兵的火炮，火炮在行军时应当位于全营前方，战时则位于该营右翼。[53]

条令还规定了将领和军官在交战之前和交战过程中的职责。军官在战前需要查验枪支，确保其中装有弹药并配有新的燧石。营长应当负责确保每一名士兵的枪膛里都要装填1发子弹，弹药盒里还留有59发子弹。如果时间许可，士兵就要放下背包。在作战中，军官需要密切关注队列情况，让队列保持平直。他们还要鼓励士兵，并使用强制手段迫使懦夫也留在队列里。第一条步兵战线和第二条步兵战线的前后距离是300步。当步兵朝敌方方向行进时，鼓手要敲击军鼓、乐手要演奏乐器、军旗也要飘扬起来。旅长和团里的高级军官需要关注各个团的状况，让它们维持良好队形，并使各团保持齐平。如果某位士兵或军官夺取了敌方军旗或战鼓，士兵就会得到金钱奖励，军官则可以晋升一级。在交战中未能履行职责的军官则应当被逐出军队。[54]

1796年步兵条令中有很大一部分篇幅描述了军队在行军、舍营、野外扎营以及驻守城市或要塞时派出各类前哨、哨兵、卫兵、巡逻队的方法，并指出了这些部队的具体职责和应当部署的地点。还有很多篇幅充斥着对于仪式性队形和行进的详尽描述，此外也提到了和平时期的各类职责和兵役的诸多细节。

总的来说，1796 年步兵条令有些内容令人困惑，某些部分更是含糊不清。关于以排为单位的行进间射击（进攻时的排射击），条令中的说法并不清晰。条令描述了以排为单位的纵队通过翼侧行进展开成横队的做法，可这只适用于一个连，至于一整个营如何展开，条令却没有提及。条令中虽然提到了各个营之间的横向间隔，[55] 却并没有规定其具体宽度。快步或倍步根本没有出现。1796 年步兵条令中对如何列成方阵只字不提，这一点令人惊讶，条令中仅仅提到了下列内容：如果一个从主力军中分遣出去或执行护送任务的营遭遇了敌方骑兵，它就要列成方阵。[56] 不过，弗里德里希二世时代的 1750 年普军条令中却阐述了如何让一个完整的团列成方阵。[57] 或许俄军条令的编纂者认为团方阵已经过时了，因此没有把它纳入 1796 年的俄军条令。

在各种队形中，1796 年步兵条令仅仅对以排为单位的纵队和横队有较为细致的描述。以分营（分营由两个排组成）为单位的纵队只是被视为以排为单位的紧密纵队展开成横队时的过渡队形（也就是应当先将以排为单位的纵队变为以分营为单位的纵队，然后再展开成横队），[58] 但条令中并未对它详加描述，1763 年步兵条令却描绘了各式各样的团纵队、营纵队——其中也包括以中央为基准的纵队——乃至团方阵。[59] 1796 年步兵条令的积极方面在于它对士兵训练科目多有描述，而 1763 年步兵条令只提及了队形和队形变换。

1794 年，一本名为《关于队形变换的战术准则或教令》（Тактические правила или наставления воинским эволюциям，以下简称《战术准则》）的著作在圣彼得堡首度出版。这本书译自普鲁士将领弗里德里希·克里斯托夫·冯·萨尔德恩（Friedrich Christoph von Saldern）的教令，这些教令在 18 世纪 70 年代汇编成册，在欧洲广为传播，到了 80 年代就已出版了法译本和英译本。[60] 与 1796 年条令相比，这本书对以排为单位行进间射击和以分营为单位的营纵队、营方阵等队形、队形变换和战法的描述与解释更为详尽。这本《战术准则》在帕维尔统治时期至少再版了两次（1797 年和 1798 年），所以，这本书可能会被视为现行教令，也可能被人当作条令的补充说明。

按照《战术准则》的规定，常步在前进时是每分钟 75 步，退却时是每分钟 70 步。《战术准则》规定变向和展开都要以倍步完成——也就是步速两倍于常步，但步幅短于常步的步法。[61] 俄军在行进中可能并没有使用倍步。在叶卡捷琳娜二世和帕维尔一世统治时期，某些俄军文件规定在变向、展开和变换正面时使用每分钟 120 步的快步〔谢苗·罗曼诺维奇·沃龙佐夫于 1774 年为第 1 掷弹兵团撰写的《致连长先生的教令》(Инструкция господам ротным командирам) 就是一个典型案例，此书在 1796 年最后一次出版 [62] 〕。

根据萨尔德恩教令及《战术准则》的规定，以排为单位的射击次序与弗里德里希二世条令中的次序存在差异。条令规定各排应当从两翼到中央依次开火（1、8、2、7、3、6、4、5），萨尔德恩教令（和《战术准则》）则要求先让奇数排从右向左开火，再让偶数排以同样的方式开火（1、3、5、7、2、4、6、8）。如你所见，1796 年步兵条令规定的以排为单位射击的方式源自萨尔德恩教令而非弗里德里希二世条令。

应当注意到，《战术准则》对以排为单位的射击的描述更为细致，其具体内容与 1796 年步兵条令也略有差异。两者的射击流程总的来说是一致的：奇数排先开火，从第 1 排（右翼排）开始各排依次射击，当第 1 排排长下令"据枪"时，第 3 排排长应当立刻下令"预备"，第 1 排下令"射击"且射击完毕后，第 3 排排长就应当立刻下令"据枪"，以此类推。然后就该轮到偶数排开火了，但《战术准则》在这里与条令存在分歧，该书规定第 2 排排长应当在第 7 排执行"据枪"动作时下令"预备"，如果第 2 排排长既听不到第 7 排排长的命令也看不到第 7 排在做什么动作，他就应当在第 5 排开火后立刻下令"预备"，在第 7 排开火后立刻下令"据枪"。

这可能是在假设就算第 2 排排长听不到第 7 排排长的命令，也看不到第 7 排在做什么，但他还是可以看到开火时的闪光，听到其他排齐射时的声响。在偶数排开火完毕后，奇数排应当再度开火：第 1 排排长应当在第 8 排奉命"据枪"时或第 6 排射击完毕后下达"预备"命令。[63] 上述差异可能源于这样一个事实：《战术准则》是为分成 8 个排的步兵营撰写的，而 1796 年条令则是针对分成 10 个排的步兵营。

《战术准则》中规定的以排为单位行进间射击如下所述：步兵营应当以每分钟 75 步的正常步频行进，但士兵需要采用非常小的步幅——一只脚的后跟向前迈到另一只脚的大脚趾旁边。将要射击的排需要先以正常步幅向前走 3 步，然后一齐射击，接下来留在原地装填，别的排在此期间以小步追上该排，此后，

248

这个排和其他排一同行进，直到再次轮到它射击为止。[64]

《战术准则》还描述了列成营方阵的多种方法，[65] 但这些方法都是为 8 排制步兵营设计的，所以它们只能适用于独立的掷弹兵营，因为它们下辖 4 个连，可以分成 8 个排，而火枪兵团和掷弹兵团里的营都下辖 5 个连，得被分成 10 个排。后者可能会根据第三章"步骑对抗"中图 11 展示的方法列成方阵，也可能会使用普军 1799 年条令中描述的一种方法。[66] 书中还提到了以分营为单位的营纵队，将它描述为以排为单位的紧密纵队展开成横队过程中的过渡队形（见第五章"横队与纵队"图 14）。[67]

总的来说，《战术准则》是对俄军 1796 年步兵条令的有益补充。与作为俄军条令基础的弗里德里希二世条令相比，萨尔德恩的教令——它被译为《战术准则》——阐述了一些全新的做法。

猎兵

俄军中的猎兵最初出现在 18 世纪 60 年代，当时的俄军会从火枪兵团中选出身手敏捷、射击精准的小队人员，将他们称作猎兵。1770 年，俄军将猎兵从火枪兵团中剥离出来，编组成独立的猎兵营，由于这些猎兵营很快就充斥着普通的新兵，它们也就不再是精选射手了。[68] 猎兵的数目逐渐上升，到了叶卡捷琳娜二世统治末期，俄军已有整整 10 个猎兵军，每个猎兵军分别下辖 4 个猎兵营，此外还有 3 个独立猎兵营。于是，猎兵就从精选射手变成了普通轻步兵。科希丘什科对俄军猎兵评价极高，按照他的说法，俄军猎兵身手敏捷，擅长隐蔽自身，可以长途行进却不被发觉，而且能够灵活快捷地进行机动。[69]

帕维尔在 1796 年下令将全体猎兵改编成 20 个五连制独立营。每个营应当有 2 名校官、21 名尉官、50 名军士、10 名号手、750 名猎兵、60 名编外人员（每连 12 人）和 64 名非战斗人员。1797 年 5 月 17 日 /28 日，帕维尔下令将猎兵改编成团：每个猎兵营都分成两个营，改称为团，但每个新猎兵团中的人数仍然几乎与旧猎兵营保持一致。这样，猎兵的整体数量就几乎减少了三分之二。根据 1798 年 1 月 5 日 /16 日推行的新编制，每个猎兵团应当包括 2 名校官、32 名尉官、50 名军士、21 名号手、640 名猎兵和 132 名非战斗人员，猎兵团中不应当再有编外人员。[70]

随着时间的流逝，有人开始计划让所有猎兵都装备线膛马枪——它在俄军中被称作线膛短枪（штуцер）①。换装不可能很快完成，于是，猎兵仍旧装备滑膛枪而非线膛短枪。1800 年年底，俄军决定在猎兵团中只给每个排里的一半列兵和所有军士配备线膛短枪，另外半个排仍然配备滑膛枪。[71] 然而，俄军甚至很可能并未达到这一装备比例。

1796 年步兵条令中并未提及猎兵，也没有谈到步兵的散开队形战斗，这种情况在当时的所有欧洲军队中都普遍存在。当某支军队创立了正规轻步兵后，轻步兵要和战列步兵使用同一部条令展开训练，此外还需要根据单独刊行的教令进行散开队形战斗训练。这样的教令起初是某些轻步兵军官的个人创造，后来可能是其中最受欢迎的教令获得了官方认可，也可能是有人以某几部教令作为基础给全体轻步兵编纂了一部通用教令。

俄军的情况大概也是如此。1765 年法令虽然宣布在步兵团中建立猎兵小队，却只就猎兵如何机动和在战斗中扮演何种角色给出了一些极为简略的指导意见。关于猎兵的训练，目前已知的最早一份详尽教令是《关于步兵一般勤务与猎兵特别勤务的注解》（Примечания о пехотной службе вообще и о егерской особенно，以下简称《注解》）。米哈伊尔·伊拉里奥诺维奇·库图佐夫（Михаил Илларионович Кутузов）在 1785 年被指派为布格河猎兵军军长，其后不久便于 1786 年 6 月 16 日 /27 日颁布命令，在下属部队中推行这部《注解》。库图佐夫在成为布格河猎兵军军长之前从未指挥过猎兵，他在步兵中只指挥过掷弹兵。所以，他的《注解》可能是以其他几份目前尚未发现的教令或某些外国教令为基础编写的。

尤里·尼古拉耶维奇·亚布洛奇金（Юрий Николаевич Яблочкин）在1955 年刊布了《注解》，他声称该书是世界军事史上第一部用于轻步兵作战训练的教令，但这个说法是错误的，截至 1786 年，欧洲各国早已出现了诸多与轻步兵训练和作战相关的论述与教令，比如一本名为《小战争，或论轻型部队的战时勤务》（La petite guerre, ou Traité du service des troupes légères en

---

① 译注：线膛短枪（штуцер）一词源于德语词"短猎枪"（Stutzen），亦译作德式马枪。

campagne）的法文著作,它于 1756 年在巴黎出版。该书作者是某个名叫托马·奥古斯特·勒鲁瓦·德·格朗迈松（Thomas Auguste Le Roy de Grandmaison）的人，他自豪地称自己为"兼任佛兰德志愿军骑兵中校的上尉"（Capitaine, avec Commission de Lieutenant-Colonel de Cavalerie au Corps des Volontaires de Flandre），此人在书中探讨了轻骑兵和轻步兵的作战行动。[72]

早在 1769 年，法国就已出现了一部用于轻型部队的官方教令，这本书中同样收录了供轻骑兵和轻步兵使用的教令。[73] 著名的法国理论家吉贝尔在他出版于 1772 年的《战术通论》中对轻型部队的历史和用途进行了整体概述，还特地专门探讨了轻步兵。[74] 此外还有一本与轻型部队相关的法文书于 1782 年在巴黎出版，其作者是历史学家、军事理论家菲利普·亨利·德·格里莫阿尔（Philippe Henri de Grimoard），该书论述了轻步兵和轻骑兵的队形、训练和用途。[75]

库图佐夫作为一名颇有学识且通晓法文、德文的军官，很可能对一些有关轻型部队的外文著述和教令有所了解。从库图佐夫的《注解》文本中可以看出，他深知当时风行的先进训练技术，对以紧密纵队进行机动和展开的原理尤为熟悉。

关于库图佐夫的《注解》，目前已知的唯一一个抄本原先属于阿列克谢·安德烈耶维奇·阿拉克切耶夫（Алексей Андреевич Аракчеев），它出自一本名为《阿列克谢·阿拉克切耶夫的各种战术笔记》（Разные тактические записки Алексея Аракчеева）的手抄本训练手册，是这本手册的主要组成部分。此外还有一份名为《猎兵规则汇编，选自〈战术笔记〉且与条令相符》（Собрание разных егерских правил, выбранных из Тактических записок и сообразованных в сходствие Устава，以下简称《猎兵规则汇编》）的文件由安东·米哈伊洛维奇·拉钦斯基（Антон Михайлович Рачинский）少将编纂而成。[76] 这份文件的颁布年份是 1799 年，拉钦斯基那时还是近卫猎兵营的营长。《猎兵规则汇编》中的某些部分与库图佐夫的《注解》存在不容忽视的相似之处，还有些地方干脆雷同，再加上标题中提到的《战术笔记》，这就可能表明拉钦斯基使用了阿拉克切耶夫那本《战术笔记》里的库图佐夫《注解》部分。[77]

1810 年，有篇刊登在《军事期刊》（Военном журнале）上的文章在讨论猎兵战术时如此写道："在我们的库图佐夫猎兵机动中，总会把一半人员留作预备队。"[78] 这里提到的"库图佐夫猎兵机动"最有可能是《注解》或基于《注解》的教令，因为根据《注解》的规定，猎兵营的各个排只能让一半的猎兵向前展开成散兵线，另一半则列成密集队形留在散兵后方。由于这篇文章在提到"库图佐夫猎兵机动"时没有给出任何解释，那就显然表明《注解》在当时可以说是众所周知，甚至有可能在 19 世纪初仍然用于训练猎兵。因此，库图佐夫的《注解》对俄军猎兵的训练方式和战斗原则都有深远影响。从这个角度来看，对《注解》详加分析就颇有必要。

库图佐夫将瞄准射击训练视为猎兵训练中最重要的部分之一，当他于 18 世纪 80 年代下半期担任布格河猎兵军军长时就曾在命令中反复提及瞄准射击。[79] 他在《注解》中建议使用高 3.5 阿尔申（约 2.5 米）的木板作为标靶，板上需要画出高 2 阿尔申又 10 维尔肖克（约 1.87 米）的人体轮廓并将其涂黑，其后方要设有宽、高都大于木板的土堆或沙堆，以便从中找到子弹并重铸成新子弹。每一名猎兵都需要始终使用同一支步枪射击，从而熟悉这支专属步枪。士兵要先接受训练，学习以跪姿在 100 步距离上射击标靶，然后是同一距离立姿射击训练，之后再练习向更远距离射击，但主要还是练习射击 150 步距离上的标靶。

库图佐夫简要地描述了弹道，解释了在对付不同距离上的目标时应采用不同的射击角度。他坚持认为应当向士兵解释清楚这一点。他指出每一支步枪都有自己的直射距离（弹道与瞄准线相交的距离），这种距离可以通过试验找出，但以下准则总体而言还是正确的：距敌 100 步时应瞄准膝盖，距敌 150 步时瞄准半人高处，距敌 200 步时瞄准胸部，距敌 250 步时瞄准面部，距敌 300 步时瞄准头顶上方半阿尔申处。[80]

文中的"步"到底有多长？这一点并不清楚。在现存的唯一一份教令抄本中，它规定 1 步相当于 0.75 阿尔申（0.5325 米），但这份文本写于帕维尔沙皇统治时期，当时，0.75 阿尔申正是 1796 年步兵条令中的官方规定，然而，如果采用这个步幅，那么上文中提到的距离就太短了。不幸的是，1763 年步兵条令中并未规定步幅。不过，库图佐夫的本意可能是相当于 1 阿尔申（0.71 米）的步，因为在下文将要讨论的苏沃洛夫教令中就时常提到这一步幅。

猎兵在叶卡捷琳娜二世统治时期的确接受了瞄准射击训练。但训练质量可能得严重依赖于军官的意愿和能力。猎兵军每年得到的铅是基于每名猎兵每年射击 6 发子弹的假设测算出来的。库图佐夫则命令每年给每名猎兵发放 10 发铅弹。[81]

谢尔盖·伊万诺维奇·莫索洛夫在 1789—1794 年间曾是立夫兰猎兵军里的一名军官（他先是第 3 营少校营长，后升为中校，并指挥第 2、第 3 营），此人指出自己曾训练士兵"准确瞄准、快速装填，[学习]应当如何使枪"，甚至开展了射击移动靶训练。在这种训练中，一名猎兵需要用绳子拖动一人高、1.5 阿尔申（1.067 米）宽的木靶，准备射击的猎兵们则相隔 20 步站开，依次对准移动靶射击。值得注意的是，莫索洛夫还提到有许多子弹命中了木靶。莫索洛夫的猎兵后来被并入巴格拉季翁猎兵团（后改称第 6 猎兵团），该团曾参与 1799 年的意大利—瑞士战局。[82]

库图佐夫规定猎兵应当接受以二列和三列队形展开机动的训练：二列队形更便于射击，但在发起刺刀冲击时威力却不够强劲，因此，猎兵在独立行动时应当排成二列，在与战列步兵一同行动时则要排成三列。[83]

教令中提到了三种步速：常步（每分钟 80 步）、快步（每分钟 120 步，应当用于队形变换和冲击场合）和跑步。教令并未规定跑步的步速，但它只用于已列成散开队形或分成若干小队的猎兵，而且连续跑步的距离也不能超过 400 步。[84]拉钦斯基少将在《猎兵规则汇编》中指出，跑步速度不应当超过每分钟 350 步。[85]可以注意到，吉尔也提出过类似的步速层次：常步（pas ordinaire），每分钟 80 步；双倍步速（pas doublé），每分钟 160 步；三倍步速或跑步（pas triplé, pas de course），每分钟 200—250 步。[86]

库图佐夫要求猎兵应当接受步兵基本队形、队形变换和战斗方式的训练，其具体内容如下：

1. 列成以排为单位的疏开纵队行进，这应当用于敌军可能出现在左侧或右侧的情况下，此时只需各排转动 90° 就可以列成横队；

2. 以伍为单位行进，这可以用于让一个已经列成横队的营向左或向右移动较短距离的情况，也可以用于将紧密纵队展开成横队；

3. 以紧密纵队行进，此时让纵队的各个组成部分向左或向右以伍为单位行进即可展开成横队。[87]

库图佐夫主张"以完整的分营"列成紧密纵队，也就是说，他要列成以分营为单位的纵队。此外，他还提到了紧密纵队以中央为基准同时向左右两侧展开。这些主张也反映出吉贝尔战术思想的直接或间接影响。

根据《注解》规定，猎兵应当能够完成下列任务：

1. 在骑兵无法掩护主力部队行军的地段掩护主力行军；

2. 扼守隘路；

3. 将敌军逐出林地或密集的灌木丛；

4. 守卫林地——不论是否设有鹿砦；

5. 将敌军逐出村庄、墓地、多石地段或沟渠地段，守卫村庄、墓地、多石地段或沟渠地段；

6. 掩护正在列成横队或在起伏地带行进的己方步兵。

为了掩护大部队以纵队行军，猎兵应当以排为单位分配到行军纵队正面和侧面，每一位排长都要让一半兵力再向前100步，列成由若干对猎兵组成的散兵线，这条散兵线中不应当留有较大的空隙，其目的就在于掩护正在行军的大部队。[88]

猎兵要想执行其他任务，就得接受四种机动训练。

第一种机动用于疏林地带、多石地带、大型公墓和建筑密度不大的村庄。这种机动在某些情况下也会用于掩护步兵纵队行进或展开。按照设想，猎兵在这种机动中的初始队形是全营排成二列横队。得到某一特定命令后，偶数排就要向前跑60步，列成单列的散开队形，第2列的每一名士兵都要来到同一伍中第1列士兵的左侧。

散兵线就此掩护了全营的正面，其中延伸到两翼之外的侧翼排散兵线还要稍稍向内折回。散兵线当中的士兵应当利用任何地面障碍物隐蔽自身，奇数排在散兵线之后60步处分别列成横队，各排之间还要留出宽度恰好与排横队相等的横向间隔。

当散兵通过林地或起伏地形后，就要在边缘地带停下来，依然列成密集队形的排则以伍为单位小步行进穿过散兵线，在散兵线前方的开阔地带列成留有间隔的横队，然后，散兵在奇数排之间的间隔处列成密集队形，这样，整个猎兵营就再度列成了完整的二列横队。

倘若有必要退却，偶数排就要在奇数排后方60步处列成散开队形，然后让奇数排以伍为单位跑步行进，以此穿过散兵线退却，在散兵线之后60步处停下来列成横队，并在各个横队之间留出横向间隔，准备好在敌军敢于发起追击时予以反击。在发出一个特定信号后，原先位于第2列的散兵就要往回跑30步，在第一条散兵线与奇数排的中间线上列成第二条散兵线，再次发出同一特定信号后，奇数排也要自行散开，这样就形成了第三条散兵线。

发出下一个信号后，第一条散兵线就要跑步通过第二、第三条散兵线，第二条散兵线则要在第一条散兵线通过它时跟随第一条行动，这两条散兵线都得在第三条散兵线后方60步处停下来，列成各排之间留有横向间隔的横队，这样，奇数排就列成散开队形，偶数排则列成有间隔的密集队形。

然后，这个机动就应当一再重复，直至猎兵退到林地或起伏地带边缘为止，然后，列成横队的排会停在距离林地边缘60步的开阔地上并留出间隔，散兵穿过各个横队之间的间隔，在横队后方10步处列队，最后再进入横队就位，这样，整个猎兵营就再度形成了完整的二列横队。[89] 后来，库图佐夫在1788

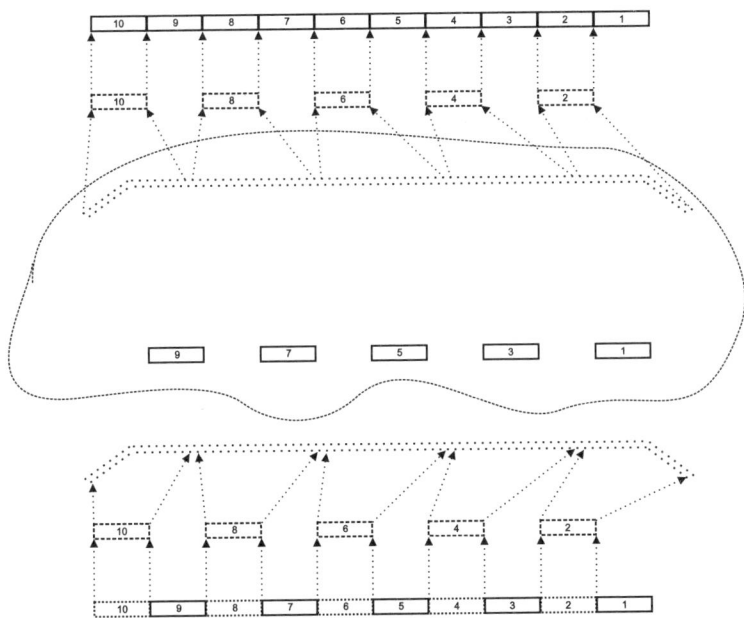

图 31. 第一种猎兵机动

年废除了第一种机动中退却时的双散兵线，转而命令散兵以单散兵线退却。[90]

第二种机动得用于异常崎岖的地带或林地，那里的能见范围往往不超过 60 步。偶数排先向前跑步跃进，其中的第 1 列士兵在距离奇数排 60 步处列成一条散兵线，第 2 列士兵在第 1 列散兵线和奇数排正中间列成另一条散兵线。发现敌军后，第一条散兵线应当开火，第二条散兵线随后跑步跃进，穿过第一条并在其前方 30 步处停下来，直到第一条散兵线上的猎兵装填完毕后再开火，然后，第一条散兵线跑过第二条，同样等到后方猎兵装填完毕后再开火，如此循环往复，直至猎兵冲出能见度有限的区域为止。如果在退却时有必要通过这类地域，偶数排就应当同样列成两条散兵线，但散兵线应当位于奇数排后方，然后奇数排穿过这两条散兵线退却，散兵线随后交替退却。[91]

第三种机动应当用于密林地带和沼泽，就连散兵线都无法在上述地带通行，猎兵也就只能沿着狭窄的道路一个接一个地鱼贯行进。在每个偶数排中，第 1 列最右侧的士兵走在前头，该排第 1 列其余人员依次右转行进，然后跟随最右侧人员前行。当第 1 列人员列成这样的一路纵队后，该排第 2 列人员就要以同样的队形紧随其后。这样，每个偶数排就会列成一路纵队，沿着对应的道路前行。在遭遇敌军后，位于纵队最前头的猎兵就应当开火，然后朝路边走一步、站定并装填枪支。第二名猎兵走到第一名猎兵之前两步，开火，然后也要朝路边走一步、站定并装填，其余人员以此类推。当偶数排来到能够列成散兵线的地方时，他们就应当展开成散兵线，奇数排随后也得尽可能快地沿着道路行进。[92]

第四种机动（见图 32）用于需要通过隘路的情况。右半个营的军官和士兵向左转，左半个营向右转，位于中央的两个排肩并肩地以伍为单位侧向行进，其余各排紧随其后，这样，整个猎兵营就形成了一个四路纵队。当纵队先头人员走出隘路后，两个先头排就得在跑步行进中完成 90° 转弯，以此组成横队中部，其余各排跑步前进，各个伍依次在中央排两侧列队。如果有必要让这样的纵队列成方阵而非横队，组成方阵正面的排就要在跑步行进中 90° 转弯列成正面，组成侧面的排沿对角线方向朝前跑到预定位置，组成背面的排则要先是以伍为单位跑步前进，然后赶赴方阵的凸角处。[93]

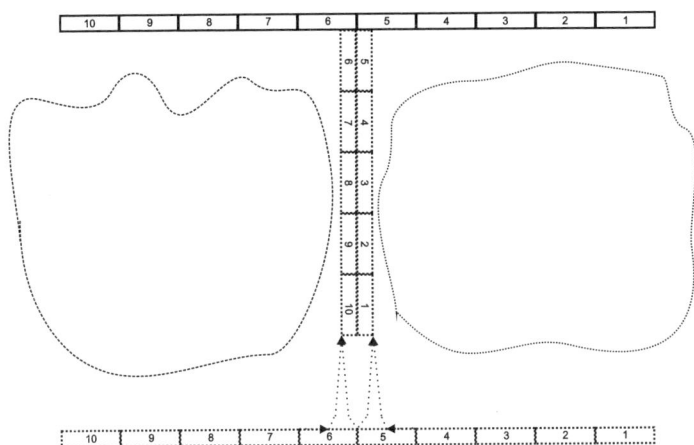

图 32. 第四种猎兵机动

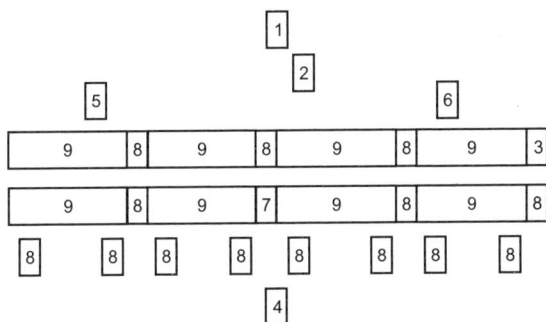

图 33. 1797—1802 年的中队

1- 中队长
2- 军衔仅次于中队长的军官
3- 军衔仅次于 2 的军官
4- 军衔仅次于 3 的军官
5- 胸甲骑兵准尉或龙骑兵中尉
6- 胸甲骑兵准尉或龙骑兵少尉
7- 掌旗士官生
8- 军士
9- 列兵
在左翼中队中，需要将一名军官部署到中队第 1 列左侧。

　　教令在总结部分指出，士兵在散开队形中的平均间隔应为 3 步左右。[94]

　　所以，猎兵在交战中的角色是到战列步兵和骑兵无法作战的地带参与战斗，掩护其他部队的行军、展开，乃至在必要情况下掩护退却。前文提到过芬兰督察区的部队曾于 1800 年 8 月 9—10 日 /20—21 日在加特契纳举行演习，猎兵在这场演习中掩护火枪兵和掷弹兵由纵队展开成横队，然后从步兵战线间留出的间隔里通过，列成第二条战线。此后，米歇尔索嫩（Michelsohnen/Михельсон）少将的猎兵团（后改称第 1 猎兵团）占据了右翼的一片林地，最后又列成散开队形掩护 4 个营的战列步兵成纵队退却。格沃兹杰夫（Гвоздев）

少将的猎兵团（后改称第2猎兵团）则负责支援一个炮群，它部署在炮兵后方并负责掩护炮群退却。[95]

1796年骠骑兵条令中也在前卫战和护运部分简略地提到了前卫部队中的猎兵活动。前卫部队可以由骠骑兵、骑兵（胸甲骑兵或龙骑兵）、猎兵和骑炮兵组成，前卫部队前方还要安排若干骠骑兵前哨。[96]在前哨阵地上还可以配备30人规模的猎兵小队。如果前卫部队遭到敌军攻击，猎兵就要迅速找到适当的掩蔽物——壕沟、坑洞、巨石、灌木、农庄、堤坝和栅栏，并着手射击敌军。[97]

当车队运输食物或弹药时，负责护运的混合部队可以包括骠骑兵、龙骑兵、猎兵和火炮。这支部队有必要抽出骠骑兵前哨部队向敌军可能会出现的方向推进20—30俄里（约21—32千米），还要让猎兵小队离开主力部队，向骠骑兵前哨方向行进10—12俄里（约11—13千米），以此为骠骑兵提供支援。此外还有必要让可靠的军官指挥小股猎兵控制可能会被敌军分遣队用于截击车队的堤坝、桥梁、磨坊、树林和隘路。如果遭遇敌军攻击，这些猎兵小队应当及时将战况告知护运部队指挥官，并据守阵地为负责护运的其他部队争取设防时间。如果前来进攻的敌军分遣队实力强大，不仅拥有骑兵，还拥有步兵和火炮，那么车队指挥官就应当选择适宜防御的阵地列成车堡（由马车组成的闭合工事），及时将敌军正在攻击车队的消息告知距离最近的己方主力军、要塞驻军或分遣队，用尽一切手段据守最近的高地等待救援。[98]

1796年骑兵条令

俄军拥有两部1796年骑兵条令：一部用于胸甲骑兵和龙骑兵，另一部用于骠骑兵。这种划分是对弗里德里希二世条令的仿效：在18世纪中叶，只有重骑兵和龙骑兵被视为名副其实的骑兵，骠骑兵则被视为辅助性的非正规骑兵。到了18世纪末，这种划分已经没有什么意义，条令一分为二实际上也派不上什么用场。这两部条令非常相似，很大程度上就是在相互复述，因而在后文将一并讨论。

根据条令规定，每个胸甲骑兵团或龙骑兵团由10个连组成，这10个连会编组成5个中队。每个骑兵团中有37名军官，其中也包括1位将领（即团主）。每个胸甲骑兵团中有6名校官，每个龙骑兵团中有3—5名校官。每个胸甲骑兵中队包括 7 名军官、14 名军士、2 名号手和 174 名胸甲骑兵。每个龙骑兵中队包括 7 名军官、14 名军士、2 名号手、1 名鼓手和 186 名龙骑兵（每个团中有 2 个中队仅有 185 名龙骑兵），而且每个中队在和平时期有 12 名列兵并不配备战马。此外还存在一些由 10 个中队或 20 个连组成的龙骑兵团。[99]

每个骠骑兵团都由 10 个中队组成，团会编组成 2 个营，每营各辖 5 个中队。每个骠骑兵团中有 7 名校官或将官——其中包括 1 名将领（团主）——和 44 名尉官。在和平时期，每个骠骑兵中队由 5 名军官（第 1 中队拥有 6 名军官）、9 名军士、2 名号手和 132 名骠骑兵组成。在战争时期，每个骠骑兵中队要补充 12 名列兵，还要将 2 名"应当晋升的老资格骠骑兵"晋为军士。[100]

根据 1798 年推行的骑兵团新编制，每个骑兵中队的列兵数目都有所下降：每个胸甲骑兵团或龙骑兵团拥有 640 名列兵（每个中队 128 名列兵），每个骠骑兵团拥有 1280 名列兵（同样也是每个中队 128 名列兵）。在和平时期，每个胸甲骑兵、龙骑兵和骠骑兵中队里有 8 名列兵不配备战马。每个骠骑兵中队在战时补充 12 名骠骑兵并将 2 名骠骑兵晋升为军士的规定也遭到了废除。[101]

所有将要成为骑兵的新兵最初都要接受徒步训练。新兵需要单独接受站立和无武装行进训练，以便学会"挺拔站立、处事麻利"。[102] 然后，未来的胸甲骑兵和骠骑兵要学习使用马枪，未来的龙骑兵则要学习使用步枪。骑兵条令指出：

> 只有在执行警戒任务和敌军发动突袭时才需要使用枪支；因为经验教导 [我们]，下马龙骑兵在交战中几乎不可能派上用场，更谈不上有必要；当这种情况发生时，通常都会造成损害，因为就服装和装备而言，龙骑兵无论如何都算不上好步兵，更甚者，控制马匹会给龙骑兵带来极大的麻烦。[103]

尽管如此，骑兵条令还是规定，当龙骑兵团不得不下马作为步兵作战时，每个中队要从每一列当中抽出 3 名士兵掌控马匹。[104]《骠骑兵条令》则严格禁止在作战中让整个骠骑兵中队下马作为步兵参战。[105]

此后，每一名新兵都要单独接受上马、乘马和下马训练。[106] 当未来的骑兵能够熟练骑行后，他就要学习使用主战兵器：在马上持刀剑砍杀、格挡以及使用手枪射击。[107]

随后进行的是队列训练。每个中队要分成 4 个排，[108] 还要排成二列，其原因正如骑兵条令所述："经验教导 [我们]，第 3 列没有必要存在，它几乎导致每一种机动都无法执行，[要是第 3 列存在]，人员或战马在倒下后就会面临高度危险。"[109] 虽然如此，要是某个排里的伍多于 15 个，那就最好还是排成三列而非二列，因为太宽的横队正面会令机动变得困难，也会导致军官难以监管部队。不过，鉴于通常会有一部分骑兵留在团的兵站里，还有一些骑兵会被分派出去执行其他任务，列成三列的情况还是非常罕见。中队要把最轻捷、最强壮的战马部署到侧翼。[110] 在骠骑兵中队里，最好的战马要放在第 4 排。[111] 这种做法的理由将在后文中加以讨论。在长途行军中，骑兵通常会列成二路纵队。[112]

队列训练的第一阶段是训练一个中队执行以排为单位的简单机动。要让以排为单位、以右翼为基准（也就是第 1 排位于纵队前头，其后方各排的数字番号依次递增）的中队纵队展开成横队，第 1 排就得以跑步先直线前进，再朝右前方斜向行进，第 2 排直线前进，第 3 排和第 4 排朝左前方斜向行进。要让横队收拢成以排为单位、以右翼为基准的中队纵队，第 1 排和第 2 排就得跑步前进，向前推进相当于半个中队横队正面宽度的距离，然后第 2 排减慢速度，第 1 排朝左前方行进，第 3 排和第 4 排朝右前方行进。上述所有机动都要以跑步完成。中队也可以采用类似方式列成以左翼为基准的纵队（第 4 排位于纵队前头，其后方各排的数字番号依次递减）。[113]

下一步是训练骑兵以四人、排和中队为单位执行直角转弯。[114] 四人一组转弯只有在需要略微改变队形正面朝向或朝左右两侧行进距离不长时才会用到。任何更为复杂的机动，如中队正面掉转方向、中队全体后撤或朝左右两侧行进较长距离都需要以两人一组的方式转弯。此外，骑兵条令指出两匹马的宽度就相当于一匹马的长度，[115] 尽管 19 世纪有许多骑兵认为三匹马的宽度才相当于一匹马的长度，因而建议采用三人一组转弯。从中可以看出 1796 年条令规定的骑兵队形密度要低于 18 世纪末 19 世纪初多数欧洲骑兵的队形密度。19 世纪的欧洲军队并不会采用两人一组转弯，且认为四人一组转弯不如三人一组

图 35. 中队由以排为单位的疏开纵队展开成横队

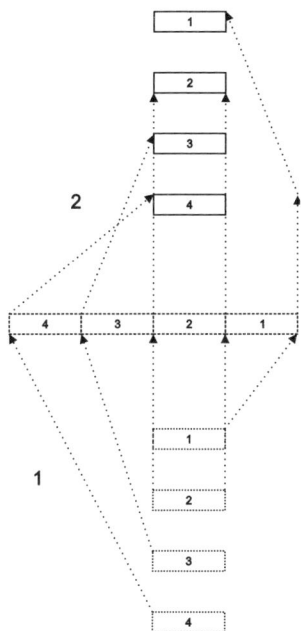

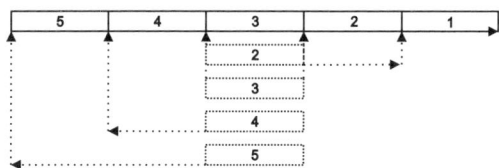

图 34. 1. 中队由以排为单位的纵队展开成横队；
2. 中队由横队收拢成以排为单位的纵队

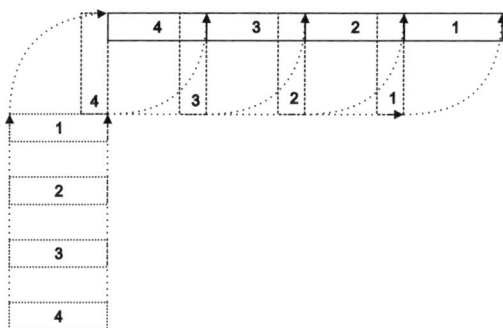

图 36. 团由以中队为单位的纵队展开成横队（第 3 中队被
指定为"第 1 中队"）

方便。

条令中的确提到了全团一齐 180° 转弯，但认为它是一种不能在敌前成功执行的机动，建议仅将该机动作为一种用于保持队列整齐的训练。[116]

每个中队都要接受列成以排为单位的疏开纵队进行机动的训练：练习在行进中保持各排间的必要距离、改变行进方向以及各排 90° 转弯展开成横队（见图 35）。[117]

下一阶段要进行全团机动训练（见图 36）。为了将以中队为单位的紧密团纵队展开成横队，其中一个中队就要被指定为"第一"中队——这可以是任意一个中队，这个中队在展开时应当径直前进。其余所有中队需要两人一组向左侧或右侧行进，然后列成横队向前行进，直到和"第一"中队齐平为止。上述所有机动都要尽可能快地完成：根据条令的要求，由 5 个中队组成的骑兵团应当能够在一分钟内由以中队为单位的紧密纵队展开成横队——即便在必要情况下以一侧为基准展开（也就是将纵队前头的中队指定为"第一"中队）也不应当超过一分钟。[118]

条令中规定了一条基本准则：如果需要冲击敌方骑兵，那么不管己方骑兵有多少个中队，都得列成中队之间不留横向间隔的连续战线，可如果是冲击敌方步兵，那么骑兵就只应当出动小股部队诱使敌军过早开火，然后才可能留有间隔的主力战线发动攻击。在冲击中，骑兵要以快步行进 500—600 步，行进途中逐步加速，并在发出特定号声后转为跑步。在距离双方预期交战地点还有 80—100 步时，团主就得命令号手吹奏冲锋号，然后他得下令"前进，前进"，士兵随后就要拔出刀剑并催促战马全速前进。[119]

根据条令规定，要想成功完成一次骑兵冲击，就得遵循以下准则：骑兵需要沿直线行进——这是位于队形右侧的军官的职责，整条战线需要严格保持齐平和连贯；如果有一匹或多匹战马倒地，导致战线中出现缺口，就需要战线后方的军官立刻下令填补缺口。[120]战线的齐平也取决于右翼，正如条令所述："让左翼跟上右翼是极为困难的，特别是在漫长的战线中，可以看到左翼就算耗尽马力也无法跟上 [正在奔驰的] 右翼。"[121]

要想成功地冲击敌方步兵，就有必要让骑兵战马事先熟悉步枪射击的声响。根据条令中的建议，当骑兵在训练中冲击步兵时，步兵得给骑兵让出道路，让骑兵穿过步兵战线。另一方面，为了让步兵习惯于击退骑兵冲击，骑兵也得推进到离步兵尽可能近的地方，然后停下来等待步兵开火，随后掉头走开。[122]

为了侧翼包抄平行于骑兵队形正面的敌军战线，骑兵就要以四人一组的方式执行直角转弯，以大快步向右侧（或左侧）行进。当侧翼中队的指挥官看到他的部队超出敌军对应侧翼 1.5—2 个排横队正面宽度时，他就得给团长发出信号，团长转而命令全团再度列出面朝敌军的横队，在必要情况下还要立即以跑步发起冲击。[123]

骠骑兵也可以使用这种机动。[124] 不过，如果几个骠骑兵团身处对抗敌军骑兵的第一线，它们就得尽力攻击敌军侧后方，尽量避免正面攻击敌军。为了做到这一点，骠骑兵就要以排为单位，用快步或跑步朝左侧或右侧直角转弯，以此尝试包抄敌军侧翼，让第二条骑兵战线正面对付敌军。[125]

下文描述的冲击方式专门用于对付敌军步兵。以跑步发起冲击的骑兵战线奉命将步法调整为快步，然后，各个中队的第4排要迅速向前行进并散开队形，以便掩护所属团的整个正面，接着用手枪朝敌军步兵射击，以此诱使步兵开火。然后，团长就得下令吹起"集结"信号，听到集结号后，第4排人员就要尽快在主战线中第4排原先所处的位置前方集结起来（这就是第4排应当配备最好战马的缘故）。与此同时，主战线要以快步向前推进。随后，第4排在主战线中就位，整条战线一道发起全速跑步冲击。[126]

如果骠骑兵团位于第一线之后300步处的第二线中，它们就可以用上文中描述的方式参与针对敌军步兵的冲击。位于侧翼的骠骑兵中队要绕过第一线的侧翼，其他所有骠骑兵中队也得列成以排为单位的纵队向前行进，穿越第一线里的间隔。当第一线号手给第一线中的第4排吹起"集结"信号时，骠骑兵就得跑步向前，在越过第4排之后散开，用手枪朝敌军步兵射击。射击完毕后，骠骑兵就得尽快绕过第一线侧翼，然后再度列成第二线。[127]

此外还存在一种让骠骑兵从第二线发动冲击的方式：骠骑兵在第一线的侧翼列成以中队为单位的团纵队，当第一线发起冲击时，骠骑兵就要和它一起冲击，充当第一线张开的"两翼"，以便攻击敌军侧后方。[128]

为了训练骑兵在混乱或分散情况下快速列队的能力，条令中还设计了一种训练方式，它被称作"散开冲击"。在完成一次常规冲击训练后，有一个团会奉命继续全速跑步行进，也不用保持队形。骑兵们要分散前进，同时，每个中队的军旗两侧各有3个伍以快步跟进。当团长断定士兵已经足够分散后，他就要下令吹响"集结"号，发出信号后，每一名骑兵都得跑向他的中队旗方向，尽快回到中队的队列当中，虽然并不一定非得位于他在中队里原先所处的位置，但最好还是尽力返回原先所在的那一列。当整个团列队完毕后，它就得"让马匹竭尽全力"，继续全速跑步展开冲击。[129]

根据条令规定，骑兵团在发起攻击前需要派出几名军士或军官前出活动，以便侦察前方地形，告知指挥官岩石、沼泽、灌木、乔木等障碍物的情况。骑兵应当接受以快步绕过障碍物的训练。如果一个排在行进途中遭遇了路障，它就得向左侧或右侧斜向行进，并跟在某个邻近排的后方，跟随它直至主战线中出现可供归位的空隙为止。如果路障不大，那就不用让全排都执行这一机动，只要让几个伍参与其中即可。如果骑兵发现前方有一道壕沟或宽阔的水渠，排长就得下令第 2 列原地不动，让第 1 列先行跳过壕沟，在这之后才能让第 2 列也跳过去。[130]

1796 年骑兵条令和步兵条令一样用了很大一部分篇幅描述卫戍、巡逻、岗哨、护运等勤务。除此之外，《骠骑兵条令》中还囊括了与前卫战、后卫战、护运和前哨战中轻骑兵勤务相关的多个章节，而且正如前文所述，它还提到了与猎兵配合作战。

除骑兵条令外，还有一本名为《论骑兵勤务》（О службе кавалерийской）的小书。这本书并未列出出版年份，不过可能出版于 1794—1796 年。这本书是对弗里德里希二世诸多教令的翻译汇总。书中主张在骑兵战线之间留出 200—300 步的前后距离。[131] 该书包括了一些用于骠骑兵的教令，其内容与骠骑兵条令相当类似（有些段落甚至完全一样），这些教令的主要关注点是包抄敌军侧翼。[132]

书中还有一份写给骑兵少将们的教令，其中规定少将始终应当留有一支预备队，即便手中只有几个中队时也得这么做。[133] 如果地形导致骑兵不能以常见方式集群作战，骑兵就得跟随己方步兵行进，当步兵击溃或突破敌方步兵后，骑兵就要以纵队发动攻击，扩张己方步兵的战果。[134]

1796 年骑兵条令起到的作用要比 1796 年步兵条令积极一些：俄军骑兵并不像俄军步兵一样优秀，而弗里德里希二世的骑兵在时人眼中却是 18 世纪欧洲的最佳骑兵，因此，对俄军骑兵来说，以弗里德里希条令为根基的骑兵条令可能是有益的。然而，骑兵训练的进步过程颇为缓慢：正如勒文施特恩所述，1799 年的俄军骑兵战马训练状况不佳，军官的马术练习情况也不好。[135]

帕维尔也规定了对骑兵战马的肩高要求。胸甲骑兵团的战马肩高应当不低于 2 阿尔申又 1.5 维尔肖克（1.490 米），龙骑兵团不低于 2 阿尔申又 1 维尔肖克（1.467 米），骠骑兵团不低于 2 阿尔申（1.423 米）。[136] 可以注意到俄军这些要求是相对较低的：以 1804 年后的法军为例，即便是骠骑兵和猎骑兵所需的战马，其肩高也不低于 4 尺 7 寸（1.489 米）。[137]

炮兵

帕维尔统治时期最积极的变革发生在炮兵中。如前所述，叶卡捷琳娜末年的俄军火炮太过沉重，炮兵训练状况也不好。炮管和炮架并没有严格标准化。炮兵在和平时期的组织方式和步兵一样，还要接受使用各类火炮射击的训练，但只有到战役开始时才会拿到作战中使用的火炮，战时编制也与平时编制截然不同。炮手并不会接受火炮机动训练，因为炮兵在和平时期并没有足够的马匹，直到战争打响前夕才会配齐挽马。野战炮在机动时需要许多挽马，在战斗中移动野战炮也十分困难。随同各团作战的团属火炮口径又太小——它们通常是 3 磅炮。[138]

帕维尔将轻便得多的火炮引入了他的加特契纳军。登上皇位后，他让全体俄军炮兵换上了新火炮。新的火炮包括 12 磅炮、6 磅炮、½ 普特独角兽炮和 ¼ 普特独角兽炮（1 普特 =48 俄磅）。独角兽炮（在英文文献中常被称作 licorne）的设计目的是发射实心弹和榴弹（¼ 普特独角兽炮可以发射供 12 磅炮使用的实心弹，不过会产生较大的游隙），但通常不会使用实心弹。因此，它的用法和欧洲各国军队的榴弹炮大体相同，但独角兽炮的身管要比榴弹炮长一些。

俄国对炮兵磅的定义如下：1 炮兵磅相当于直径 2 英寸的铁铸实心弹重量，也就是说 1 炮兵磅约等于 488 克。在磅数相同的情况下，俄军火炮的口径要略低于法军火炮，但仍然高于其他欧洲军队的火炮（详见附录）。

12 磅炮分为两种类型——"中管"和"短管"，此外也存在"长管"12 磅炮，但它们属于攻城炮兵。上述火炮拥有同样的口径，但"短管"的身管长度略短于"中管"，火炮全重和射击时使用的装药重量也都比较轻。

这种做法源自某些欧洲军队的炮兵使用两三种管长不一的 12 磅炮执行不同的作战任务。到了 18 世纪末，大部分欧洲军队的野战炮兵中已经只有一种 12 磅炮，但俄军野战炮兵在整场拿破仑战争中都使用两种 12 磅炮，而且在同一个炮兵连中配备了这两种火炮。

帕维尔特别关注提高炮管、炮架质量和采取更严格的标准化措施。[139] 为了缩短炮兵辎重车队在行军时的长度，小型两轮弹药车被废除了，取而代之的是新引入的大型四轮马车。[140]

帕维尔将野战炮兵以营为单位组织起来：它被分成了 1 个骑炮营和 10 个步炮营，每个营下辖 5 个连。

每个步炮营包括 1 名将领、33 名军官、120 名火工（军士）、960 名列兵、

11 名鼓手、24 名非战斗人员、575 名辎重兵、60 门火炮、15 具备用炮架、80 辆弹药车、40 辆装载备件的马车、1 个移动修械所、63 辆其他马车、1004 匹炮兵挽马和 182 匹驮马。

每个骑炮营包括 1 名将领、33 名军官、120 名火工（军士）、780 名列兵、11 名号手、25 名非战斗人员、443 名辎重兵、60 门火炮、14 具备用炮架、60 辆弹药车、30 辆装载备件的马车、1 个移动修械所、62 辆其他马车、654 匹炮兵挽马、200 匹驮马和 840 匹战马。

每个步炮连包括 4 门"中管"12 磅炮、4 门"短管"12 磅炮和 4 门 ½ 普特独角兽炮。每个骑炮连包括 6 门 6 磅炮和 6 门 ¼ 普特独角兽炮。炮兵连成了和平时期依然存在的行政单位和战术单位，其士兵、火炮、马车、马匹数量都有具体规定。[141]

每个掷弹兵团或火枪兵团都拥有团属火炮：4 门 6 磅炮和 1 门 ¼ 普特独角兽炮，每个团设有一个炮兵小队负责使用火炮，小队成员包括 1 名军官、10 名军士、50 名列兵和 30 名非战斗人员。[142] 由于独角兽炮要和掷弹兵连一起抽调出来组建掷弹兵营，火枪兵团或掷弹兵团里的每个营都应当拥有 2 门 6 磅炮，每个独立掷弹兵营则是 2 门 ¼ 普特独角兽炮。[143]

团属炮兵在作战时要跟随步兵营行动，每个营在右侧都要部署两门火炮。步炮连则用来编组成部署在重要地点的炮群，所以它们通常也会被称作"炮群连"。如果有必要将火炮移动到战线上的其他地点，就要将"短管"12 磅炮和 ½ 普特独角兽炮转移过去，因为这两种火炮要轻于"中管"12 磅炮。骑炮兵则用于支援骑兵作战。[144]

帕维尔极为关注炮兵训练。他引入了正规的机动训练和瞄准射击训练，皇帝本人也出现在圣彼得堡的年度炮兵演习上，还亲自给表现出色的炮兵颁奖。他要求任何一门火炮都应当能够在停顿十秒后开火（在此期间需要让火炮与前车分离并做好射击准备）。为了实现更好的瞄准射击效果，炮弹和火药的质量也得到了特别的关注。[145]

与此同时，炮兵依然存在若干重大缺陷。两门火炮间的横向间隔仅有 18 尺（3.36 米，1 俄尺 =0.305 米），配备 6—8 匹挽马的火炮就很难进行机动和脱驾。帕维尔在 1800 年命令近卫骑炮兵将横向间隔改为 20 步，以便让每门火炮在套驾时都能顺利转向，可在步炮兵中，间隔宽度仍然没有改变。[146]
俄军炮兵使用的霰弹最大射程不超过 200 沙绳（约 427 米），有效射程大约是
100 沙绳（约 213 米），它们的射程和杀伤力都要远逊于法军的霰弹（在论述
1801—1809 年俄军炮兵的章节中会更详尽地讨论霰弹问题）。

帕维尔在 1800 年再度调整了炮兵编制：步炮兵编成了若干个下辖 2 个营
的炮兵团，团属火炮也从步兵团中剥离出来并转入炮兵团。此外，不管帕维
尔对炮兵的实战训练有多么关注，他还是在 1800 年将炮兵和工兵军官武备学
校——它能够培养出接受过良好炮兵训练的军官——并入了第 2 军官武备学
校，而那所军校此时已不再设立专门的炮兵教育课程，它当时的课程几乎与第
1 军官武备学校（原陆军军官武备学校）一模一样。

注释

［1］ *Сведения о гатчинских войсках.* (《有关加特契纳军的信息》) СПб., 1835, с. 3, 8-10.

［2］ 《Из записок А. И. Михайловского-Данилевского》(《源自亚历山大·伊万诺维奇·米哈伊洛夫斯基 - 丹尼列夫斯基回忆录的史料》) // *Русская старина*, 1889, т. 100, с. 559.

［3］ Лебедев П. С.《Преобразователи русской армии в царствование императора Павла Петровича 1796-1801》(《帕维尔皇帝治下的俄军改革者，1796-1801年》) // *Русская старина*, 1877, т. 18, с. 240.

［4］ *Опыт полевого воинского искусства.* (《试论野战艺术》) СПб., 1794; *Опыт полевого кавалерийского воинского искусства.* (《试论骑兵野战艺术》) СПБ., 1794. 前者译自一本名为 La tactique et discipline selon les nouveaux réglemens prussiens (《基于普鲁士新条令的战术与训练》) 的法文图书，译文稍作节略，该书第二版于1759年在法兰克福和莱比锡发行，第四版于1770年在法兰克福和莱比锡发行，第四版将标题中的"战术与训练"改为"战术或训练"。书中包括了普鲁士《1743年步兵条令》的完整法文译本。

［5］ Орлов Н. А. *Поход Суворова в 1799 году по запискам Грязева.* (《苏沃洛夫的1799年战局，基于格里亚泽夫回忆录》) СПб., 1898, с. 27; [Попадичев И. О.] *Воспоминания суворовского солдата.* СПб., 1895, с. 69;《Из записок Н. А. Саблукова》(《源自尼古拉·亚历山德罗维奇·萨布卢科夫回忆录的史料》) //*Русский архив*, 1869, с. 1888;《Записки Я. И. де Санглена》(《雅科夫·伊万诺维奇·德·桑格伦回忆录》) // *Русская старина*, 1882, т. 36, с. 474-475; *Бутовский, op. cit.*, с. 8.

［6］ 《Записка графа С. Р. Воронцова о русской армии》//*Русский архив*, 1876, кн. 3, № 11, с. 351.

［7］ *Ibid.*, с. 347. 也见:《Из воспоминаний Михайловского-Данилевского》(《源自米哈伊洛夫斯基 - 丹尼列夫斯基回忆的史料》) //*Русская старина*, 1899, т. 100, с. 563.

［8］ *Воинский устав о полевой пехотной службе с планами.* М., 1797, с. 98-100.

［9］ 《Записка графа С. Р. Воронцова о русской армии》// *Русский архив*, 1876, кн. 3, № 11, с. 357-359.

［10］ *Ibid.*, с. 354; Langeron A. de *Journal des campagnes faites au service de Russie*, Т. IV (1807-1809). 复件 // *Отдел рукописей Российской Национальной Библиотеки (ОР РНБ)*, ф. 73, ед. хр. № 275, л. 194 (俄译文见:《Из записок графа Ланжерона》//*Русская старина*, 1908, т. 131, с. 90).

［11］ Лебедев, *op. cit.*//*Русская старина*, 1877, т. 18, с. 589.

［12］ Löwenstern W. von *Mémoires du général-major russe Baron de Löwenstern (1776-1858).* Paris, 1903, t. 1, p. 22 (俄译文见: Левенштерн В. И.《Записки генерала В. И. Левенштерна》//*Русская старина*, 1900, т. 103, № 8, с. 279).

［13］ *Воинский устав о полевой пехотной службе с планами,* с. 193.

［14］ *Ibid.*, с. 196.

［15］ 《Из записок генерал-адъютанта графа Е. Ф. Комаровского》(《源自侍从将军叶夫格拉夫·费多托维奇·科马罗夫斯基伯爵回忆录的史料》) // *Русский архив*, 1867, с. 226.

［16］ 《Мои воспоминания, или События моей жизни. Записки М. Леонтьева.》(《关于我生平的回忆或事件: М. 列昂季耶夫回忆录》) //*Русский архив*, 1913, кн. 2-3, № 9, с. 300.

［17］ 《Из записок Н. А. Саблукова》//*Русский архив*, 1869, с. 1888, 1891; 也见:《Из воспоминаний Михайловского-Данилевского》//*Русская старина*, 1899, т. 100, с. 562.

［18］ Тучков, *Записки...*, с. 129-131.

［19］ Löwenstern W., *op. cit.*, t. 1, p. 29-30 (俄译文见: Левенштерн,《Записки》//*Русская старина*, 1900, т. 103, № 8, с. 282).

［20］ Лебедев, *op. cit.*//*Русская старина*, 1877, т. 18, с. 588.

［21］ 《Записки отставного генерал-майора Сергея Ивановича Мосолова》(《退役少将谢尔盖·伊万诺维奇·莫索洛夫回忆录》) //*Русский архив*, 1905, кн. 1, с. 149.

［22］ Ранцов В. В. *Сто два года боевой и мирной жизни 96го пехотного Омского полка.* (《第96鄂木斯克步兵团在战争与和平中的102年》) СПб., 1902, с. 31-33. 鄂木斯克步兵团在拿破仑战争时期名为第2猎

兵团。

[23] Лебедев, *op. cit.*//*Русская старина*, 1877, т. 18, с. 590.

[24] Глиноецкий Н.《Некоторые сведения об обучении русских войск во второй половине прошлого века》(《关于上世纪下半叶俄军训练状况的若干信息》) // *Военный сборник*, 1871, № 11, с. 26.

[25] *Ibid.*, с. 21-24.

[26] Лебедев, *op. cit.*//*Русская старина*, 1877, т. 18, с. 247.

[27] 《Из записок Н. А. Саблукова》//*Русский архив*, 1869, с. 1891, 1903.

[28] 《Из записок генерал-адъютанта графа Е. Ф. Комаровского》//*Русский архив*, 1867, с. 538; 也见:《Из воспоминаний Михайловского-Данилевского》//*Русская старина*, 1899, т. 100, с. 560.

[29] 《Из записок Н. А.Саблукова》 // *Русский архив*, 1869, с. 1903.

[30] 《Записка графа С. Р. Воронцова о русской армии》//*Русский архив*, 1876, с. 357.

[31] Бутовский, *op. cit.*, с. 8

[32] *Воинский устав о полевой пехотной службе*, с. 195.

[33] *Ibid.*, с. 1, 7.

[34] *Полное собрание законов Российской Империи*, (《俄罗斯帝国法律全书》) т. 43 (人员编制卷), ч. 1, с. 42 Таблица VII, с. 112-117 Таблица III.

[35] *Воинский устав о полевой пехотной службе*, с. 9-10

[36] *Ibid.*, с. 11-7, 27-29.

[37] *Ibid.*, с. 30.

[38] *Ibid.*, с. 68.

[39] *Ibid.*, с. 38.

[40] *Ibid.*, с. 31-32, 43-44.

[41] *Ibid.*, с. 44-45.

[42] *Ibid.*, с. 33-36.

[43] *Ibid.*, с. 36-38, 40-41.

[44] *Ibid.*, с. 42-43.

[45] *Reglement vor die Königl.Preußische Infanterie*.Berlin, 1750, III Theil, IV Titul, S. 76-83; Duffy, *The Army of Frederick the Great*, p. 89-90.

[46] *Воинский устав о полевой пехотной службе*, с. 52.

[47] *Reglement vor die Königl.Preußische Infanterie*, I Theil, I Titul, II Artic (S.4); I Theil, IV Titul, X Artic (S. 22-23).

[48] *Воинский устав о полевой пехотной службе*, с. 59-62, 64.

[49] *Ibid.*, с. 62.

[50] *Reglement vor die Königl.Preußische Infanterie*.III Theil, VI Titul, S. 93-96.

[51] *Воинский устав о полевой пехотной службе*,., с. 69-71.

[52] *Ibid.*, с. 83-84, 277.

[53] *Ibid.*, с. 289.

[54] *Ibid.*, с. 297-299.

[55] *Ibid.*, с. 70-71.

[56] *Ibid.*, с. 287.

[57] *Reglement vor die Königl.Preußische Infanterie*, III Theil, V Titul, S. 83-92.

[58] *Воинский устав о полевой пехотной службе*, с. 231.

[59] *Ibid.*, с. 154-7.

[60] *Тактические правила или наставления воинским эволюциям*. СПб., 1794. 该书转译自萨尔德恩教令的法译本: *Elemens de la Tactique de l'Infanterie, ou Instructions d'un Lieutenant-Général Prussien, pour les Troupes de son Inspection*. 1783 (出版地点不明) ; 英译本见: *Elements of Tacticks, and Introductrion to Military Evolutions for the Infantry: by a Celebrated Prussian General, with plates*. London, 1787.

[61] *Тактические правила...*, с. 2, 25, 64（此书转译自法译本）.

[62] *Инструкция господам ротным командирам.*（《致连长先生的教令》）СПб., 1796, с. 20 (1774年编写); *Примечания о пехотной службе вообще и о егерской особенно.*（《关于步兵一般勤务与猎兵特别勤务的注解》）М., 1955, с. 51 (1786年编写);《Собрание разных егерских правил, выбранных из тактических записок и сообразованных в сходствие Устава г[енерал]-м[айором] и к[авалером] Рачинским》（《猎兵规则汇编，选自战术笔记且与条令相符，由少将拉钦斯基骑士编纂》）// *Строевые уставы, инструкции и наставления русской армии.* М., 2010, т. 2, с. 320（1799年编写）.

[63] *Тактические правила...*, с. 10.

[64] *Ibid.*, с. 12.

[65] *Ibid.*, с. 107-109; Планы, Фиг. 50-52.

[66] 见 Nafziger G.F., *Imperial Bayonets. Tactics of Napoleonic Battery, Battalion and Brigade as Found in Contemporary Regulations.* London: Greenhill Books, 1996, p.79, fig. 36.

[67] *Тактические правила ...*, с. 70-78.

[68] Дубровин Н. Ф. *А. В. Суворов среди преобразователей Екатерининской армии.*（《叶卡捷琳娜军队改革者中的亚历山大·瓦西里耶维奇·苏沃洛夫》）СПб., 1886, с. 105; Тучков, *Записки*, с. 10.

[69] Kosciuszko, *op.cit.*, S.144-145.

[70] Гулевич С. А. *История 93го пехотного Иркутского Его Императорского Высочества Великого Князя Михаила Александровича полка с 1785 по 1913 год.*（《米哈伊尔·亚历山德罗维奇大公殿下的第93伊尔库茨克步兵团团史，1785—1913年》）СПб., 1914, с. 90, 92，第93步兵团在拿破仑战争时期名为第7猎兵团; Ранцов, *op. cit.*, с. 26, 29; *ПСЗРИ*, т. 43, ч. 1, с. 42 Таблица VII, с. 112-117 *Таблица III*.

[71] Леонов, Ульянов, *Регулярная пехота. 1698-1801*, с. 211.

[72] Grandmaison T. A. le Roy de *La petite guerre, ou Traité du service des troupes légères en campagne.* Paris, 1756.

[73] *Instruction que le Roi à fait expédier pour régler provisoirement l'exercice des troupes légères du 1er Mai 1769.*

[74] Guibert, *op. cit.*, t. 1, p. 216-230（俄译文见: Хатов, *Общий опыт тактики*, т. 1, 1807, с. 239-254）.

[75] [Grimoard P. H. de] *Traité sur la Constitution des Troupes Légères, et sur Leur Emploi à la Guerre; Auquel on a joint un Supplément contenant la Fortification de Campagne.* Paris, 1782.

[76] Татарников, *Строевые уставы*, т. 2, с. 316-330.

[77] *Примечания о пехотной службе*, с. 19-20.

[78] Anon.,《Начертание о полевой егерской службе》（《略谈猎兵野战勤务》）//*Военный журнал*, 1810, № 9, с. 15.

[79] *М. И. Кутузов. Документы.* М., т. 1, 1950, с. 57, 61, 65.

[80] *Примечания о пехотной службе вообще и о егерской особенно.* М., 1955, с. 45-47.

[81] *Примечания о пехотной службе...*, с. 78 прим.1, с. 79.

[82]《Записки ... Мосолова》//*Русский архив*, 1905, кн. 1, с. 136, 145（也见: *Щукинский сборник*, вып. 3, М., 1904, с. 116）.

[83] *Примечания о пехотной службе...*, с. 48-49.

[84] *Ibid.*, с. 50-51.

[85] Татарников, *Строевые уставы*, т. 2, с. 320.

[86] Guibert, *op. cit.*, t. 1, с. 50-51.

[87] *Примечания о пехотной службе*, с. 52-59.

[88] *Ibid.*, с. 61-62.

[89] *Ibid.*, с. 62-66.

[90] *М. И. Кутузов. Документы.* М., т. 1, 1950, с. 61.

[91] *Примечания о пехотной службе...*, с. 67-68.

[92] *Ibid.*, с. 69-71.

[93] *Ibid.*, с. 72-73.

[94] *Ibid.*, с. 75.

[95] Ранцов, *op.cit.*, с. 31-33.

[96] *Воинский устав о полевой гусарской службе.*(《皇帝陛下的骠骑兵野战勤务条令》) СПб., 1797, с. 106-107. 下文简称为 *Гусарский устав*(《骠骑兵条令》)。

[97] *Гусарский устав*, с. 112-113.

[98] *Гусарский устав*, с. 120-123.

[99] *Воинский устав о полевой кавалерийской службе.* (《皇帝陛下的骑兵勤务条令》) СПб., 1797, с. 1-6. 下文简称为 *Кавалерийский устав*(《骑兵条令》)。

[100] *Гусарский устав*, с. 1-2.

[101] *ПСЗРИ*, т. 43, ч. 1, с. 42 Таблица VII, с. 109-110 Таблица II.

[102] *Кавалерийский устав*, с. 7; *Гусарский устав*, с. 5.

[103] *Кавалерийский устав*, с. 7-8.

[104] *Кавалерийский устав*, с. 53-54,

[105] *Гусарский устав*, с. 5.

[106] *Кавалерийский устав*, с. 10-11; *Гусарский устав*, с. 7-9.

[107] *Кавалерийский устав*, с. 12-13; *Гусарский устав*, с. 9-10.

[108] *Кавалерийский устав*, с. 8; *Гусарский устав*, с. 5.

[109] *Кавалерийский устав*, с. 15-16.

[110] *Кавалерийский устав*, с. 14-15; *Гусарский устав*, с. 11.

[111] *Гусарский устав*, с. 11-12.

[112] *Кавалерийский устав*, с. 24; *Гусарский устав*, с. 18.

[113] *Кавалерийский устав*, с. 25-27; *Гусарский устав*, с. 20-22.

[114] *Кавалерийский устав*, с. 28-30; *Гусарский устав*, с. 22-25.

[115] *Кавалерийский устав*, с. 23.

[116] *Кавалерийский устав*, с. 32; *Гусарский устав*, с. 27.

[117] *Кавалерийский устав*, с. 34-36; *Гусарский устав*, с. 29-30.

[118] *Кавалерийский устав*, с. 37-38; *Гусарский устав*, с. 30-32.

[119] *Кавалерийский устав*, с. 39-40; *Гусарский устав*, с. 32-34.

[120] *Кавалерийский устав*, с. 41-42; *Гусарский устав*, с. 34-35.

[121] *Кавалерийский устав*, с. 42; *Гусарский устав*, с. 35.

[122] *Кавалерийский устав*, с. 43; *Гусарский устав*, с. 36-37.

[123] *Кавалерийский устав*, с. 43-45.

[124] *Гусарский устав*, с. 38-39.

[125] *Гусарский устав*, с. 37-38.

[126] *Кавалерийский устав*, с. 45-47; *Гусарский устав*, с. 39.

[127] *Гусарский устав*, с. 39-41.

[128] *Гусарский устав*, с. 41-42.

[129] *Кавалерийский устав*, с. 48-49; 骠骑兵条令（第44页）规定训练方法与骑兵条令的对应章节相同。

[130] *Кавалерийский устав*, с. 50-53; *Гусарский устав*, с. 43-44.

[131] *О службе кавалерийской.*(《论骑兵勤务》)无出版地点和年份，可能系1796年出版于圣彼得堡, с. 34.

[132] *Ibid.*, с. 32.

[133] *Ibid.*, с. 86.

[134] *Ibid.*, с. 87.

[135] Löwenstern W. von, *Mémoires du général-major russe Baron de Löwenstern (1776-1858).* Paris, 1903, t. 1, p. 22, 68（俄译文见: Левенштерн,《Записки》//*Русская старина*, 1900, т. 103, No 8, с. 279, No 9, с. 490）.

[136] *Столетие Военного Министерства. 1802-1902. Управление генерал-инспектора кавалерии о ремонтировании кавалерии. Исторический очерк.*（《陆军部的一个世纪，1802—1902年：骑兵总监办公室论骑兵马匹补充，历史概要》）СПб., т. 13, кн. 3, вып. 1, 1906, с. 87-88.

[137] Berriat, *op. cit.*, t. 3, p. 330; Nafziger, *op. cit.*, p. 215; *Correspondance de Napoléon*, t. 31, p. 388 （俄译文见：Наполеон, *Избранные произведения.* М., 1956, с. 661).

[138] Ратч В. Ф.《Публичные лекции, читанные при гвардейской артиллерии полковником Ратчем》(《拉奇上校对近卫炮兵所做的公开讲座》) // *Артиллерийский журнал*, 1860, № 5, ч. 3, с. 318-323.

[139] *Ibid.*, с. 338-339, 342.

[140] Сиверс Я. К.《Об усовершенствовании артиллерии》// *Артиллерийский журнал*, 1811, № 21, с. 10. 这篇文章写于1800年。

[141] Ратч, op. cit.// *Артиллерийский журнал*, 1860, № 5, ч. 3, с. 326-327.

[142] *Штаты и Табели Артиллерийских Батальонов и Артиллерийских Команд.* (《炮兵营和炮兵小队编制表》) СПБ., 1798.

[143] *История отечественной артиллерии.* (《我国炮兵史》) М., 1962, т. 1, кн. 3, с. 60-64.

[144] Ратч, *op. cit.*// *Артиллерийский журнал,* 1860, № 5, ч. 3, с. 340, 346-347.

[145] *Ibid.*, с. 326, 334-335, 344.

[146] *Ibid.*, с. 345-346, 351.

第十一章　苏沃洛夫与1799年战局

俄军在1799年参与了对法战争。一支小规模部队奔赴意大利，另一支前往瑞士，这两支部队都要和奥军联手作战，第三支俄军则与英军一道试图从法军手中夺取荷兰。

1799年初的俄军共有3个团又1个营的近卫步兵〔普列奥布拉任斯科耶近卫团（下辖2个掷弹兵营和3个火枪兵营）、谢苗诺夫斯科耶近卫团（下辖1个掷弹兵营和2个火枪兵营）、伊斯梅洛沃近卫团（下辖1个掷弹兵营和2个火枪兵营）以及近卫猎兵营，所有近卫营都下辖5个连〕、13个掷弹兵团、68个火枪兵团、20个猎兵团、3个近卫骑兵团（骑马近卫团、近卫骠骑兵团、近卫哥萨克团）、19个胸甲骑兵团、18个龙骑兵团、9个骠骑兵团、2个"骑兵"团（波兰骑兵团和立陶宛—鞑靼骑兵团，各辖10个中队，这两个团的第1列士兵装备骑枪）、2个正规哥萨克团、1个近卫炮兵营（包括3个步炮连和1个骑炮连）、13个步炮营、1个骑炮营和81个轻型"炮兵小队"（每个掷弹兵团或火枪兵团均配备一个"炮兵小队"）。[1]

著名的俄国元帅亚历山大·瓦西里耶维奇·苏沃洛夫被派去指挥意大利战场的俄军和奥军。早在帕维尔登基之前，苏沃洛夫就已获得元帅军衔，拥有非常丰富的实战经验，而且就部队的战术和训练拥有独到的观点和手段。他认为帕维尔引入的普鲁士式体系不仅过时，而且并不适合俄军。关于帕维尔的步兵训练条令所依据的图书《试论野战艺术》，他以嘲讽的笔调写道："那本《试论》写在给老鼠啃过的一张羊皮纸上，被人从古老城堡废墟的角落里发掘出来。"[2]自从帕维尔剥夺了元帅们在和平时期统帅部队并根据自己的想法训练部队的权力之后，苏沃洛夫看到自己被投闲置散，便以"健康原因"申请离职一年，[3]而帕维尔干脆将他逐出了军队。然而，奥地利方面还是要求帕维尔派出苏沃洛夫——众所周知，他曾在1789年成功地与奥军联手对土作战。另一个指派苏沃洛夫的理由是，俄国没有一位将军的经验和声望能够与他相提并论。

关于叶卡捷琳娜统治末期的俄军将领，朗热隆指出，他们只是和非正规的土耳其军队或训练并不完善的波兰军队交过手，尽管他认为苏沃洛夫或许是最优秀的俄军将领，可他仍然对苏沃洛夫能否击败由经验丰富的将领指挥的欧洲正规军——特别是由已经在 1796 年战局中名闻欧洲的波拿巴和莫罗指挥的法军——深表怀疑。[4] 甚至有些俄国人也认为苏沃洛夫对付不了法军。[5] 无论如何，苏沃洛夫在 1799 年按照自己的原则大获成功，他在意大利境内的多场会战中击败法军，其中最为重要也最著名的会战是特雷比亚（Trebbia）河会战（1799 年 6 月 7—8 日 /18—19 日）和诺维（Novi）会战（1799 年 8 月 4 日 /15 日）。在瑞士战场，苏沃洛夫发觉自己身处非常艰难的战略环境，他被限制在深山里，几乎被拥有优势兵力的敌军彻底围住，可他还是突破了包围，率领筋疲力尽的残部逃出生天。

可以从苏沃洛夫写于 18 世纪 90 年代的几份教令中发现他对战术和训练的看法。这些教令存在许多相同之处，因而可以对其一并加以讨论。[6] 苏沃洛夫是坚决进攻、果断冲击的支持者。他十分重视训练部队，尤其重视训练刺刀冲击。他认为最重要的训练目标是让士兵习惯性地、无所畏惧地注视正在迫近的敌军集群。为了实现这个目标，他在训练时使用了名为"贯穿冲击"（сквозная атака）的练习方式：部队会被分成两部分，这两部分就像实战一样交替发起攻击。在和"敌军"面对面的时候，部队不应当停下来，而是要从"敌军"的各个伍之间（相邻各伍之间会预先留出较宽的间隔）冲过去。这样的模拟攻击有步兵对步兵、骑兵对骑兵以及步骑对战。当步兵迎击步兵时，处于"防御"态势的步兵应当让"进攻"方迫近到相距 60—80 步处再用空包弹射击，当"进攻"方迫近到相距仅有 30 步时，守方就要端起刺刀迎击，"交战双方"相互贯穿。而当骑兵冲击步兵时，步兵就得使用空包弹近距离射击。

有几份资料提到过这样的冲击训练方式。[7] 根据 1812 年战争中的著名游击队员丹尼斯·瓦西里耶维奇·达维多夫（Денис Васильевич Давыдов）——他的父亲曾在苏沃洛夫麾下效力——的回忆，许多军官并不喜欢让步兵与骑兵展开贯穿冲击，因为其颇为危险：

> 或由于步枪的烟雾，或由于骑手过于急迫，或由于有些倔强的马匹偏离方向，突然就会有几名骑手冲进原本只能容纳一名骑手的间隔中——它将导致步兵队列中有人负伤甚至死亡。

274

达维多夫表示，苏沃洛夫得知这样的训练伤亡时，他通常会如此回答："……四五个、十来个人会死去，四五千、一万人能够完成训练。"[8] 这种答复非常符合 18 世纪的理性主义精神——它颇似赛德利茨对弗里德里希二世的答复。当时，国王对骑兵训练中出现大量事故感到不安，赛德利茨则如此答复："如果您如此担心几个摔断了脖子的家伙，那么陛下就永远不会得到战时所需的无畏骑兵。"[9] 与训练不合格的军队相比，训练有素的军队能够取得更多的胜利，蒙受更少的损失，这样，训练中出现的个别伤亡将会在频繁发生的漫长战争中得到补偿。

苏沃洛夫还认为步兵"必须习惯于……刺刀战，用刺刀向敌军发出一击"。从上述说法和他建议士兵要"坚定地使用刺刀"来看，刺刀训练就是要让士兵做到勇猛、准确地用刺刀展开刺杀，并不涉及任何复杂招式。不过，刺刀训练仍然是训练中的重要组成部分，而当时的其他欧洲军队甚至认为士兵没有必要练习使用刺刀。

尽管如此，苏沃洛夫的训练还是非常有用，因为在刺刀冲击或骑兵冲击中，拥有心理优势、能够较好地维持队形、冲击速度较快的一方通常都会取得胜利，进而迫使敌军溃逃。而这种简单的刺刀训练便赋予了俄军步兵极大的心理优势（除此之外，刺刀训练在对土战争中也相当重要，因为土耳其人以据守要塞、建筑的强大能力和娴熟地运用冷兵器闻名）。接受过苏沃洛夫式训练的部队实际上已经做好了实战准备：步兵已经习惯了大群敌军的迫近，也习惯于朝正在迫近的敌军射击，而且做好了刺刀战准备，即便敌方骑兵冲入己方步兵队列当中，步兵也能够有效应对骑兵：在意大利战场上的莱科（Lecco）战斗（1799 年 4 月 15 日 /26 日）中，曾有两个法军骑兵中队冲入一个俄军步兵纵队中，俄军步兵既没有跑开，也没有投降，而是用刺刀把骑兵几乎屠戮殆尽。[10]

朗热隆注意到这种训练方式对骑兵也非常有用，因为战马不会像通常的训练那样在步兵队形前方绕行或停顿，这就让战马习惯于冒着烟雾和嘈杂的声响直接冲入步兵队列，从队列内部的间隔中穿过。[11] 同样重要的是，这种训练中并没有胜负之分——双方都不用退却或停止冲击。这种训练对军官也很有用，因为他们可以借此学会估测交战双方之间的距离，准确判断出在刺刀攻击中何时应当转入快步和跑步，或是在骑兵冲击中何时应当采用全速跑步。要是军官经验不足而且又未曾接受这种训练，那会发生什么呢？朗热隆对此给出了解释：

> 时常发生的情况是，指挥官既不能估测 [敌我双方之间的] 距离，也不能领会这样一种机动的用途，就喊出"上刺刀"[à la bayonnette]，让士兵跑步前进，有时甚至在距离 [敌军]300 步时就开始仓促跑步，这只会让自己的步兵陷入混乱，之后只能再把己方步兵上气不接下气地拉回原地。[12]

因此，如果步兵在距离敌军 300 步时跑步发起冲击，他们就会气喘吁吁地以混乱队形迫近敌军，这样的冲击通常以失败告终，士兵只能撤回出发点。

即便在成功完成冲击后，部队也会不可避免地陷入混乱，所以苏沃洛夫坚持认为要让部队接受尽快恢复队形的训练。他要求部队尽可能频繁地进行此类训练。在任何情况下，整队都要以位于最前方的士兵为基准——苏沃洛夫认为战斗中十分重要的一点就是让士兵寸步不退："无论采用何种队形，无论如何整队，都不要后退。退步即死亡。""要让人人都不敢后退 0.25 步。"

苏沃洛夫确信用他的方法训练出的部队优于其他任何部队。他认为迅猛冲击是最快捷且损失最小的获胜方式。苏沃洛夫指出："许多人会在交火中战死。敌人也有同样的手，可他并不了解俄国的刺刀。列成横队，立即以冷兵器发起冲击。"这句话的意思是敌军步兵的火力并不比俄军步兵差，对射因而会造成大量伤亡，但如果发起坚决的刺刀冲击，敌军届时就将无力阻挡。

与此同时，苏沃洛夫并不认为只有俄军才能成功运用他的战法。他在 1799 年为奥军撰写了若干份教令，还派出一些俄国军官指导他麾下的奥军，训练他们按照同样的方法以刺刀发起攻击。在一份发给奥地利将领彼得·卡尔·奥特（Peter Karl Ott）的命令（1799 年 5 月 11 日 /23 日）中，苏沃洛夫表示："我希望部队不要在无谓的交火中浪费时间，[必须] 始终毫不迟疑地以刺刀发起冲击，因为无数战例业已表明敌军挡不住这样的冲击。"[13]

当敌军开始匆忙退却或逃跑时，正在冲击的己方步兵应当作何反应？关于这一问题，苏沃洛夫的看法与当时的普遍观点迥然不同。在弗里德里希二世的军队中，如果出现了这种情况，指挥官通常会决定让冲击中的己方步兵停下脚步——如果部队已经出现了混乱迹象，那还要迅速恢复队形，接下来朝退却中的敌军开火，使其彻底陷入失败，然后继续缓慢冲击。冲上去快速追击则被视为危险做法：己方步兵可能会乱成一团，变得无法控制，因此根本无法击退敌军新锐部队可能发动的反击。结果，退却或溃逃的敌军就能够快速离开己方步兵有效射程，然后停下来集结整队，继续展开抵抗。苏沃洛夫认为根本不应当给敌军留出这种重整队形的机会，而要断然展开追击。他说：

> 按照军事谚语，打倒敌军，痛揍它，而在猛烈追击中，不要给它留出恢复和整队的时间，不然就又变得势均力敌了。
>
> ……逃跑的敌人会在追击中消亡。正在逃窜的敌人会自愿求饶。要么死，要么被俘，都一样。
>
> ……敌人在逃跑时会带走步枪火力。敌人不射击，不瞄准，不装填，[因为]这些将给逃跑带来许多不便。
>
> 如果用刺刀追击敌军，他就射得更少，因此，不要停下，而要用刺刀促使他加速溃逃。[14]

参与过 1799 年意大利、瑞士战局的军官在他们的回忆录中记载了俄军步兵以刺刀冲击迅速击溃法军的许多战例。[15] 以尼古拉·阿列克谢耶维奇·格里亚泽夫（Николай Алексеевич Грязев）为例，他在 1799 年是罗森贝格（Rosenberg/Розенберг）掷弹兵团（即莫斯科掷弹兵团）的一名上尉，格里亚泽夫的回忆录描述了这个团在诺维会战攻击法军的方式：

> 我们的大胆推进迫使敌军散兵和前置的小股部队退入山地……[我们]继续推进，将敌人赶入山地和城镇。在那里，我们遭遇了一支强大的敌军纵队，他们打算去支援那正在退却的前线部队。这个纵队直接朝着我们营的中部前进；我们迅速端起刺刀朝他们猛冲，立刻将其击退，迫使敌军逃进城里避难。[16]

格里亚泽夫如此总结与自己交手的法军给他留下的印象：

……必须公允地承认法军打得很不错，他们坚定、顽强、战斗技能娴熟；领导者表现得英勇、团结；作战部署扎实、巧妙；机动颇为迅速，要是俄军没能依靠更热烈的渴望、不可战胜的勇气和坚定的性格将其打退，他们的机动就能发挥出作用。任何漫长交火都不能迫使他们离开阵地，只有俄军的刺刀才行。[17]

　　在二列横队与三列横队的争论中，苏沃洛夫作为刺刀冲击的支持者，也是三列横队的辩护士，他认为二列横队不够强，不适于发起冲击。但苏沃洛夫同时也承认二列横队便于射击。以 1791 年的一封书信为例，他在信中写道："除了猎兵之外，二列横队完全缺乏冲击力（импульзии，源自法语词 impulsion，意为冲击、推动），[不过] 要是它前面有壕沟或河流，又或是位于林地当中，那么它的火力还是不错的。"[18] 至于步兵的反骑兵队形，苏沃洛夫除了团方阵和营方阵之外，还主张使用"六路纵队"（штишереножную колонну）——也就是让一个营列成六列横队，这要么是让同一横队前后推叠并收紧各伍间隔，要么是让相邻的两个排一前一后靠在一起。[19]

　　苏沃洛夫反复强调刺刀并不意味着他忽视步枪火力。事实上，他坚持要求使用木板作为射击标靶，让士兵开展瞄准射击训练。[20] 一些目击记录则表明这样的瞄准射击训练的确存在。以俄军骑兵军官赖因霍尔德·奥古斯特（罗季翁）·冯·考尔巴斯（Reinhold August von Kaulbars/Родион фон Каульбарс）在 1789 年的记载为例，此人的日记提到他在这一年的福克沙尼（Focşani）会战前夕看到过苏沃洛夫麾下的阿普歇伦步兵团和罗斯托夫步兵团进行瞄准射击训练。[21]

　　苏沃洛夫认为每一名士兵在与土耳其人交战前都有必要携带 100 发子弹，[22] 也就是比条令中规定的携行弹药数目还要多出 40 发，但他也要求士兵不得浪费弹药，不能盲目射击，需要好好瞄准，因为步兵在与土军交战时需要击退非正规骑兵发动的无数次冲击，这些骑兵甚至有可能彻底包围步兵，让步兵无法在战时补充弹药。苏沃洛夫也主张让士兵在枪膛里留一发子弹，以便在混战中近距离开火。

　　虽然其他一些将领采用了形式化的普鲁士式训练，沙皇帕维尔更是强行推行这种训练，但苏沃洛夫仍旧敌视这种训练方式。帕维尔喜欢整齐的队列和规整的齐射，苏沃洛夫则偏爱迅猛的攻击和猛烈的追击。他在教令中针对部队训练表达的观点时常与官方训练条令中的规定相悖。比如说，苏沃洛夫并不信任条令中规定的各种以排为单位的、按部就班的齐射，因为他根据战场体验深刻意识到，在实战中，在敌军的火力下，齐射很快就会变成杂乱的自由射击，即"会战射击"。但苏沃洛夫同时也承认齐射在训练士兵时还是有用的，因为军官届时可以观察到士兵如何瞄准，而这在乱射中是做不到的。训练时应当采用以排为单位的齐射，但不用特意练习会战射击（"会战射击将会自行发生，无须学习""在会战中，独自射击会自行出现"）。

苏沃洛夫也严禁在交战中采用一边以排为单位射击一边缓慢前进或退却的做法，1763 年条令[23]和 1796 年条令中都规定了在前进或退却时以排为单位射击的方法。他认为在敌前完成这些战术动作颇为危险，这是因为在进攻或退却时展开排射击的步兵战线并不完整，孤零零的排会落在主战线以外，此时敌军的小股骑兵就能打穿这样一条破碎的战线。但苏沃洛夫同时认为可以在训练中使用进攻时的排射击，以便让部队练习精准机动："进攻时的排射击只是为了运动，但这种队形不适宜对敌作战，尤其要注意敌军可以用一点骑兵就将其打散。"苏沃洛夫的确短暂承认过退却时的排射击是一种有用的训练方式，但他随后就禁止部队再使用它，甚至不准在训练中用到这种方式（"最好不去考虑它们"）。从某些评论中可以看出，苏沃洛夫往往认为部队没有必要接受退却训练，甚至觉得这种训练是有害的。

苏沃洛夫禁止部队在交战中使用全营齐射，认为行进间射击和齐射不仅没有必要，而且相当危险，[24]因为这样的齐射会导致整个步兵营在装填期间没有步枪能够开火。苏沃洛夫还建议不要让第 1 列士兵以跪姿射击，这可能是因为他认为步枪射击只不过是刺刀冲击的准备阶段（"任何射击都以刺刀告终"），他知道让步兵停止射击转而前进无论如何都不算容易，可要是第 1 列跪在地上，那难度就会进一步提高了。

根据苏沃洛夫的教令，部队在战前应当用以伍为单位的纵队行军。在距离敌军还有一小时行程时，步兵需要向左或向右列成以排为单位的纵队。步兵在进入敌军火炮有效射程（1000 步）时需要让各排直角转弯形成两条战线，正如苏沃洛夫所述："快，不要迂腐，不用毫无必要的整齐。"士兵在步兵队列中需要肘挨肘地站立。变向和展开需要以快步完成。行进中的 1 步相当于 1 阿尔申（0.71 米），变向中的 1 步则相当于 1.5 阿尔申（1.06 米）。两条战线间的距离是 200—300 步。如果某一翼的敌军骑兵比俄军强大得多，那位于这一翼最外侧的两个步兵营（每条战线各一个）就得列成方阵。当部队列成战斗队形后，他们就要向前投入攻势。

步兵在距离敌军主战线 300 步（略多于 200 米）时就要停下来，以排为单位齐射几轮，同时让随同步兵行进的炮兵发射霰弹。发出攻击信号后，第一条战线就得向前行进，士兵则要端平步枪。在距离敌军 80 沙绳（约 170 米）时，步兵就得向前奔跑 15 步，以便迅速通过敌军野战炮霰弹火力最为危险的区域，在距离敌军 60 沙绳（约 128 米）时，步兵同样也要奔跑，以便迅速穿过敌军团属火炮霰弹火力杀伤力最大的区域。距离敌军 60 步（约 42.5 米）时就进入了步枪火力最致命的射程，此时，步兵需要跑步前进，向敌军发起刺刀冲击。苏沃洛夫在 1799 年之前撰写的几份教令和 1799 年 4 月意大利战局之初给奥军下达的教令中描述过这种冲击方式。

苏沃洛夫后来还发布过一份日期不明的教令，这可能是在 1799 年战局中编写的，其中规定了一种与前文所述略有不同的新冲击方式：在距敌 300 步时以排为单位齐射 6—8 轮，然后让步兵向前行进，距敌 200 步时开始以快步行进，距敌 100 步时以跑步发起冲击。[25] 这样就让步兵以较快的步法完成了冲击。或许苏沃洛夫在深入了解法军战术后就改变了原先的战法。这一变化的主因可能是法军的霰弹威力超过了苏沃洛夫此前的认知。格里亚泽夫指出，他们有时候会以跑步通过敌军炮火最为危险的区域，诺维会战中便有这样一个战例，不过，他当时提到的并不是霰弹，而是实心弹。[26]

在距离敌军 300 步时使用步枪射击意义何在？这一点并不清楚。300 步实在是太远了，射击使用的子弹数量也少到不足以给敌军造成重大伤亡，按照苏沃洛夫本人的说法："真正的射击从 60—80 步开始。"另一方面，在距离敌军 300 步时站定则意味着将部队暴露在敌方霰弹的有效射程之内。从教令中可以看出，苏沃洛夫坚定地反对将行进和射击结合起来——步兵应当停下来站定射击，其后的猛烈冲击则应当不发一枪地完成。或许苏沃洛夫在这里仿效了弗里德里希二世的教令，根据后者的教令，步兵要在距敌 200—300 步时开火。在弗里德里希看来，这有助于步兵习惯于射击，使他们不再过度关注自身安危。[27]

苏沃洛夫也可能是希望给他的炮兵争取一段时间，让他们能够用霰弹射击敌军（当时的俄军认为霰弹的有效射程是 300 步），步枪射击则只是让步兵不至于在敌军火力下无所事事。有本出版于 1821 年的俄军军官手册提出了如下观点：如果己方炮兵强于敌方炮兵，那在进攻敌军时就可以让步兵在距敌 300 步时停下，让全营齐射 1—2 轮，以此给炮兵争取用霰弹打乱敌军队形的时间。同时，这本手册也指出，这种停止间射击的作用高度值得怀疑，因为这会给敌军留出增援受威胁地段的时间。手册随后指出，步兵应当停在至少有一些遮掩的地方，比如说冲沟、河谷、沟渠、灌木丛或其他类似地物，利用遮蔽物削弱敌军火力的杀伤效果。手册还表示，如果敌军炮兵实力较强，那么停顿较长时间就不是一种明智的做法。[28]

或许苏沃洛夫是想要通过这种射击诱使敌军步兵提早开火还击，这样敌军就无法打出极具杀伤力的近距离第一轮射击。苏沃洛夫也可能只是想让步兵在冲击的最终阶段——步兵不应当在距离敌军超过 300 步时转入这一阶段——前稍作休整。此外，他还可能认为让步兵在猛烈冲击前有机会射击几轮多少有些用处，这会让步兵认为他们并不是绝对不发一枪就发起冲击，并以为射击阶段已经结束，因此不会在冲击的最终阶段转入射击，这种射击可能会导致冲击陷入停滞，使得它变为对射。不过，距敌 300 步便开始射击也意味着己方步兵横队前方并未部署散兵，也就是说，苏沃洛夫还没有考虑到用散兵为冲击进行火力准备。

在与欧洲军队交手时，战斗中的步兵几乎总是得列成横队。纵队则是在战前用作行军队形，不过，步兵也可以用纵队攻击敌军的前哨据点和工事。纵队在交战中用于绕过大型障碍物、通过凹凸不平的地带、攻击防御工事和追击敌军。步兵在训练中会练习使用以排和分营为单位的纵队。[29]

苏沃洛夫在 1794 年看到波兰军队使用纵队，他认为这源于法国战术理论的影响——将自己目睹的波兰步兵纵队称作"高卢战术的、福拉尔式的"队形。[30] 高卢在这里指的是法国，因为它是法国所在地区的古典称谓；福拉尔指的则是 18 世纪上半叶的一位法国理论家，他主张使用没有间隙的大型纵队。苏沃洛夫在他于 1795 年或 1796 年完成的著名教令《制胜的科学》（*Наука*

Побеждать）中指出：

> 小小的法兰西佬……浮躁、狂妄，他们在与德意志人和其他人作战时使用纵队。假如我们要与法军作战，我们也要用纵队打击他们。

然而，关于在 1799 年的意大利、瑞士战局中，除了在非常狭窄的山路和小道上展开的战斗外，笔者未能找到可靠记载证明苏沃洛夫麾下的俄军步兵曾将纵队用作野战中的进攻队形。在诺维会战中，法军据守着一座遍布葡萄园的陡峭山坡和诺维这座城镇，因此俄军有可能在强击敌军阵地时使用了纵队。不过，俄军的记载往往会明确提到刺刀冲击是由"正面"（фронтом）执行的，根据当时的军语，该词指的就是横队，甚至当俄军在诺维会战中面对法军纵队时，也有记载明确提到了横队冲击(参见上文引用的格里亚泽夫回忆录段落)。[31]即便在阿尔卑斯山区的狭窄谷地里，俄军步兵仍然一有机会就展开成横队，哪怕在空间只够两三个营展开的情况下也会这么做。[32] 或许苏沃洛夫是在亲身体验过法军战术后确信并没有必要将纵队用作对付法军的战斗队形。但一些记载 1799 年俄军其他战事的材料却提到过将纵队用作进攻队形，本书将在后文中探讨这一点。

苏沃洛夫的步兵不会始终处于进攻态势，也不能总是将敌军击退——它有时依然需要防御，有时甚至会退却乃至溃逃。在 1799 年 5 月 2 日 /13 日的巴西尼亚纳（Bassignana）战斗中就出现过溃退的一幕：帕维尔的儿子康斯坦丁当时参与了行军，由于他以批评的态度暗示罗森贝格将军表现过度谨慎，就惹得这位将军独自带着一小支部队渡过波河。法军以优势兵力攻击了罗森贝格，迫使他后退。曾参与此战的格里亚泽夫回忆道：

> ……越来越多的敌军从四面八方涌了过来，我们的体力与意志开始衰竭，最终，我们彻底被打退，乱成一团混在一起，"退却"这个词已经不足以表示我们的情况，真正合适的用词是"溃逃"，我们只能依靠逃跑才能免遭覆灭，而且每次都跑在敌方虚弱的骑兵前头。由于退却中发生的上述情况，我们损失了许多人，扔下了两门已经装填了弹药的主力火炮，

因为在那时，任何权威、任何力量都不足以让我们的步兵营列队，不能让我们免于耻辱的溃退。我一回忆起这桩对我军而言相当可悲的往事，就会感到惶恐，而我本人也不幸成为确凿无疑的目击者。菲利索夫（Филисов）少校和我希望能够把自己身上那信守承诺和忠诚的力量传给士兵，一再尝试亲自阻止逃跑，时而企图唤起他们的雄心，时而斥责他们违背了天职，时而以死亡相威胁或发出乞求，可这一切都落了空——混乱每时每刻都在漫延。[33]

罗森贝格的部队设法逃脱，接着退到波河后方——法军尽管在数量上占据优势，却没有猛烈追击，从格里亚泽夫的记载中可以判断出法军骑兵行动颇为懒散——骑兵显然能够跑得比步兵快，就算法军骑兵数量较少这一原因可以拿来解释他们在俄军退却时并未发起猛烈冲击，可骑兵甚至都没有追上正在撤退的步兵，也没有给步兵侧翼和退却路线造成威胁，这就只能归结于他们表现得太过犹豫了。不过，此战的地形或许也不利于骑兵作战。虽然俄军的退却频率并不高，可一旦出现就更像是溃逃。

法军将领皮埃尔·贝尔特泽纳（Pierre Berthezène）在 1799 年还只是莫罗将军军团总部里的一名中尉，他也是巴西尼亚纳战斗的目击者，贝尔特泽纳指出莫罗给俄军设下了陷阱：他亲自从正面压迫俄军，又命令克洛德·维克托·佩兰（Claude Victor Perrin）将军利用地形在不被俄军察觉的情况下潜入后方切断其退路，但维克托在执行这一命令时耗时过久，致使俄军得以逃脱。按照贝尔特泽纳的说法，此前曾在波拿巴麾下作战的将领和新近跟随莫罗将军从南德意志赶赴意大利作战的将领之间存在严重的分歧。贝尔特泽纳指出，俄军为了掩护主力部队退却，还采取了一种拼死一搏的打法——挑出大约 1500 名士兵投入冲击，这些人以大无畏的精神发动猛攻，以至于法军对此倍感震惊，一开始竟然被这些人击退。不过，法军随后就恢复了攻势，迫使俄军为短暂的胜利付出了沉重代价。然而，这支部队的战斗还是确保了其余部队得以安全退却。贝尔特泽纳笔下那"大约由 1500 名精锐士兵组成的部队"（un corps d'environ 1,500 hommes d'élite）可能正是罗森贝格（莫斯科）掷弹兵团。

贝尔特泽纳注意到，俄军机动能力不佳，但战斗起来还是非常英勇。法军榴弹在俄军队列中造成的混乱也令法军颇为惊讶乃至反感：根据贝尔特泽纳的说法，俄军会伏在地上躲开破片，法军则认为此举难以理解：如果这是一种规定的动作，那么在法军面前这么做实在太过危险；可如果说这表明了俄军的胆怯，那这些已经证明了勇气的军人表现也太过反常。贝尔特泽纳表示，莫罗将军在看到俄军这些令人费解的举动后将他们称作"恶棍"（canaille），贝尔特泽纳随后写道："谁会想到他有朝一日竟会死在他们的队列里呢！"[34] 波拿巴夺取最高权力后不久，莫罗就离开法国前往美国，后来在 1813 年加入了反法同盟军队，在德累斯顿会战中被法军实心弹打出了致命伤，而且他当时就在俄国沙皇亚历山大一世身边。

伊万·格里戈罗维奇（Иван Григорович）在 1799 年是伊万·伊万诺维奇·达尔海姆（Иван Иванович Дальгейм，其法文原名为让 - 巴蒂斯特·达尔海姆〔Jean-Baptiste d'Alheim〕）少将火枪兵团（即阿尔汉格洛哥罗德团）里的一名中尉，他讲述了该团某营在诺维会战之初的战况，当时，这个正在向前推进的营已经和主力部队隔得很远：

> [营里]有 660 名士兵手持步枪。[营]横队右翼依托诺维高地，并在队列两侧部署了火炮。我们身后是一条壕沟和某种建筑物，身前是一片森林，森林和高地之间有一条宽阔的道路或一片平原。远处的敌军开始出现在这片闭合区域里，先是一个纵队，再是另一个，最后是第三个，全部三个纵队齐头并进，开始了会战射击。我们很快就从惨重的死伤状况里看出双方并不势均力敌，敌军拥有庞大的优势。敌我兵力对比至少是 3∶1。不过，我们还是坚持下来并用火力展开还击。可是，当敌军开始发动攻势，包抄我军侧翼并合击我军中部之后，我们的横队就被围了，我们扎进了身后的壕沟里，横队陷入断裂，失位的士兵混在一起。随后，他们夺走了我们的一门火炮。显然，他们并没有注意到我们有多么弱小，也没有意识到剩下的人已是寥寥无几，要不然他们就会彻底吃掉我们并夺走另一门炮。我们距离己方大部队太过遥远，因而无法得到支援。让我们庆幸的是，敌人却自行撤退了。当他们离开后，我们重新列成了横队，清点出 220 人，也就是少掉了 440 人。[35]

在这个战例中，退却中的混乱源自这个步兵营选择的糟糕阵地——后方有一道壕沟。这场战斗打得也不算明智——在面对拥有优势兵力的敌军时，俄军并没有及时退往更适合防御的阵地或与主力部队会合，而是坚持到既蒙受了惨重损失、侧翼又遭到威胁，因而被迫退却为止。这些不算成功的退却是否源于部队并未受过如何在敌军面前有秩序地且战且退的训练？这个可能性并不能排除。众所周知，苏沃洛夫认为没有必要让部队接受退却训练，甚至认为这种训练是有害的。然而，在这两个战例中，退却中之所以会出现混乱和重大损失，其主要原因还是俄军的小部队遭遇了拥有优势兵力的敌军，而且因为他们在粗心大意的推进过程中远离了其他部队，也就无法及时得到支援，俄军在其中一个战例中被迫退却很长一段距离，在另一个战例中则遭遇了障碍物。

在大规模交战中，如果一线部队的任一部分被迫退却，就可以从第二线或预备队中抽出部队迅速增援。特雷比亚河会战中的一个著名事件就堪称快速增援的例证：在会战的第二天上午，一支由几千人组成的法军步兵纵队过河攻击苏沃洛夫所部的右翼中段，迫使该地区的部分俄军向后退却。根据一位目击者的说法，苏沃洛夫在得知此事后亲自来到正在退却的部队中，然后向他们大呼："诱敌！……继续诱敌！……跑！"他让部队后退了大约150步，然后命令他们停下。就在那时，原先隐蔽起来的一个炮群突然朝法军开火，让法军停止前进。苏沃洛夫当即下令发起刺刀反击，除了先前被击退的部队外，参与反击的部队还包括从预备队中抽出的哥萨克和3个营——既有掷弹兵营也有猎兵营。此次反击打退了法军，使其蒙受了重大损失并陷入溃逃。[36] 如你所见，苏沃洛夫认为，如果部队因敌军的进攻而被迫退却，那就不要立刻拦住己方部队，比较好的做法则是让他们稍作退却，从而为预备队争取增援时间，也为己方的反击创造良好条件。

苏沃洛夫的教令几乎没有提到步兵在野战中的散开队形战斗，但这样的战斗在实战中应用范围颇为广泛。猎兵在交战之前要充当前卫和后卫部队，他们需要掩护大部队的行军和展开。如果战场上出现了森林或起伏地带，那么苏沃洛夫通常会把猎兵派到那里去，这种情况在1794年的波兰战场上发生过很多次。[37] 而在1799年的诺维会战中，俄军主力部队在战前已经列成了横队，横队前方则部署了一道由猎兵组成的浓密散兵线，而且正如格里亚泽夫所述，猎兵还隐蔽在"面包中"（в хлебе），也就是说他们伏在麦田里。[38] 猎兵也会参与追击，比如说尼古拉·格里戈里耶维奇·丘巴罗夫（Николай Григорьевич Чубаров）少将的猎兵团（后改称第 7 猎兵团）就在特雷比亚河会战结束后于次日追击敌军，按照格里亚泽夫的说法，该团在推进中"使用散开队形并根据地形和敌军运动情况采用了不同应对方式"。[39]

苏沃洛夫在 1799 年意大利战局之前认为没有必要从火枪兵营和掷弹兵营里抽调部队充当散兵。他曾在 18 世纪 70 年代命令从每个小队中精选 4 名射击兵（每个连 16 名射击兵）。[40] 这些精选射手仍然要留在队列里，但可以在必要情况下脱离队列前进——虽然并不能向前行进很长距离。苏沃洛夫准许他们自由射击（"他们不用得到命令就可以向着希望命中的目标开火"），也可以独立选择射击目标（他建议将敌方军官作为主要目标）。苏沃洛夫也准许在必要情况下派出射击兵掩护侧翼，不过他认为这种必要情况很少出现。苏沃洛夫十分关注挑选射击兵事宜：他命令射击兵在军帽上佩戴长着绿叶的小树枝，以此有别于普通士兵。[41] 苏沃洛夫本人在 1799 年意大利战局中也戴上了这样的"标识"，所以，士兵们认为成为射击兵是极大的荣耀，他们为获得射击兵头衔而相互竞争。[42]

然而，在 1799 年的意大利、瑞士战场上，俄军时常会从火枪兵营乃至掷弹兵营里抽调大批部队支援猎兵，在必要情况下也让他们以散开队形作战，甚至还会投入起伏地带或村落的争夺战中。或许事实已经证明，在北意大利的起伏地带和瑞士的山地，仅仅依靠猎兵和射击兵并不足以对付为数众多的法军散兵。抽调散兵支援猎兵最为频繁的部队是某些掷弹兵营，这是因为前卫部队里的步兵往往由掷弹兵营和猎兵团组成。[43] 掷弹兵通常会采用密集队形充当散兵后盾，但有时也会以散开队形参与战斗。

以格里亚泽夫上尉为例，他曾指挥罗森贝格（莫斯科）掷弹兵团里的 60 名掷弹兵，根据他的说法，他在特雷比亚河会战结束后的第一天（即 6 月 9 日 /20 日）率部以散开队形与尼古拉·格里戈里耶维奇·丘巴罗夫少将猎兵团（后改称第 7 猎兵团）联手作战。格里亚泽夫甚至声称他和他麾下的掷弹兵迫使法军第 17 战列步兵半旅的大约 1000 名士兵和 20 名军官携带 2—3 面军旗和 2—4 门火炮投降。不过这里应当指出一点，虽然这个半旅的确投降了，但与其说这是格里亚泽夫麾下几十名掷弹兵的功劳，倒更可能是猎兵和前卫部队中其他兵种的功勋。在瑞士，格里亚泽夫曾和团里的 200 名掷弹兵一道被派去据守奈弗尔斯（Näfels）村。他们占据了村庄，与敌军展开交火，但很快就被敌军从村中逐出。[44]

苏沃洛夫在命令中就即将到来的山地战发布了教令（1799 年 9 月 9 日 /20 日下达），根据这份教令，每个行军纵队都应当安排一个猎兵营或掷弹兵营作为先头部队。如果先头部队遭遇敌军抵抗，就应当以下列方式展开战斗：

> 要想攻占敌军据守的山地，攀爬山顶时的攻击正面就必须与山地相称，亦即宽度相当于排横队、连横队乃至更散开的队形，各个营里的其他部队应当跟随前者的脚步，部队可以在敌军火力威胁不大的曲折地段稍作休整，然后继续前进。
>
> 只有当纵队提供了坚定、不可动摇的支援时，以散开队形投入战斗的诸多散兵才能英勇作战。如果散兵遭遇了敌军的顽强抵抗，无法继续前进，那么纵队就应当不发一枪，怀着热切的渴望攻上山顶，用刺刀打击敌军。出现胆怯迹象的敌军并不能抵挡这样勇猛的进攻，当然也就只能展开非常微弱的抵抗。
>
> 如果仅仅依靠火力，那就不能攻占任何一座高地，这是因为射击对高地上的敌军杀伤力并不大。朝山顶打出的大部分子弹要么提前落地，要么从上方飞过。与此相反，在从山顶往山脚射击的时候，火力则要准确得多。因此就要尽快攻上山顶，以此减少暴露在火力下的时间，从而减轻伤亡。
>
> 毋庸赘言，如果能够从侧面爬上山顶，就不要发起正面攻击。
>
> 如果敌军在进占高地时动作迟缓，就有必要迅速攀上山顶，用刺刀和火力自上而下攻击敌军。[45]

这些教令不仅阐述了在山地战中使用散兵的原则，而且还阐明了散兵与步兵主力协同作战的重要性。

当俄军从火枪兵团和掷弹兵团中抽调散兵时，他们通常会抽出一整个排或连，或是派出人称"志愿者"（охотников）的官兵：俄军的一个古老传统是召集自愿完成艰苦、危险任务的人员。而在诺维会战前不久，俄军已经至少组建了一个 500 人规模的临时志愿者营，它由来自各个火枪兵团、营和掷弹兵团、营的志愿人员组成。[46] 会战结束后不久，这个志愿者营就被解散了，士兵也返回了原先所属的团、营。

不过，俄军在瑞士战场又组建了至少一个志愿者营。马克西姆·弗拉基米罗维奇·雷宾德（Максим Владимирович Ребиндер，其德文名为马格努斯·沃尔德马尔·冯·雷宾德〔Magnus Woldemar von Rehbinder〕）火枪兵团（即亚速火枪兵团）的一位军士就加入了这个志愿者营，此人在他的回忆录中讲述了这个暂编营在穆滕塔尔（Muttenthal）①山谷里参与的战斗（发生于 1799 年 9 月 19 日 /30 日）。这个营由伊万·瓦西里耶维奇·萨巴涅耶夫（Иван Васильевич Сабанеев）少校指挥，全营官兵约有 300 人，被分成 6 个排。志愿者也接受了以密集队形和散开队形作战的训练，而在会战前夕，萨巴涅耶夫还让他们练习列成"三角纵队"（треугольную колонну），根据这位少校的说法，如果需要面对数量上占据极大优势的敌军，这种纵队就可以防止敌军从侧翼席卷战线。[47]

志愿者营的 4 个排在战斗之初列成散开队形，分成一前一后两道散兵线。他们在法军散兵迫近到相距 150 步时开火，当法军继续靠近后，俄军战鼓就发出攻击信号，俄军散兵则用刺刀发起冲击，将法军散兵逐回法军大部队所在地。此后，法军派兵增援散兵，让散兵线几乎变得和密集队形一样稠密。俄军散兵也得到了增援——志愿者营的最后两个排和一个猎兵连，他们再度对法军散兵发起刺刀冲击并将其击退。随后，俄军散兵一边开火一边退却，志愿者转移到俄军主力部队第一线左翼，猎兵则转移到第一线右翼。

法军步兵在炮兵火力支援下以纵队向前推进，俄军的第一线则以霰弹和步枪火力迎击。法军由纵队展开成横队，一场短暂的交火随之而来。之后，俄军第一线的两个团数次发起刺刀冲击，迫使法军第一线退却，最终使其陷入溃逃。此时，法军新锐部队发起反击，从法军设法推进了很长一段距离并从俄军手中夺取一门火炮的事实来看，这回是俄军的第一线被迫退却，志愿者则列成了"三角纵队"开火还击。随后，俄军第二线的 3 个团加入战斗，两条战

---

① 译注：今瑞士施维茨州穆奥塔塔尔（Muotathal），法军、俄军、奥军材料中多称其为穆滕塔尔。

线一道发起反击。法军终于被击溃，还遭到了哥萨克的追击。志愿者营在此次战斗中有 70 人战死或重伤，轻伤人员依然留在队列中——对于一支仅有 300 人的部队来说，这个损失已经非常惨重。当晚，这个营得到了 80 名志愿者的补充，之后，"韦列茨基少将带来了一个步兵营"。[48] 米哈伊尔 · 米哈伊洛维奇 · 韦列茨基（Михаил Михайлович Велецкий）少将是一个火枪兵团的团主，这个团在 1801 年之后被称作布特尔基团。

次日，瑞士境内的法军统帅安德烈 · 马塞纳（André Masséna）将军带来了颇为可观的援军，此人是波拿巴在闻名于世的 1796 年战局中的战友（后来成为拿破仑麾下的元帅），并且刚刚在苏黎世（Zürich）附近击败了一支兵力不多的俄军。于是，第二场战斗就以与第一场战斗大致相似的方式展开：俄军志愿者先是和法军散兵交火，用火力压制法军，然后用刺刀发起攻击，接着志愿者营退到第一线左翼，韦列茨基少将的营退到右翼。法军的第一线迫近俄军并由纵队展开成横队。俄军的第一线让法军进入"步枪的最近射程"，用步枪和火炮打出一轮齐射，以刺刀发起反击。法军停下来开火，但很快就被打退，只得向第二线逃跑。法军第二线和预备队多次重燃战火，但最终还是被击溃。在第二场战斗中，志愿者营有多达 80 人战死或重伤。[49]

讲述者声称在这场战斗中发生过激烈的刺刀战，其中一方是一个约有 800 人的法军掷弹兵纵队，另一方则是一个列成 9 列横队的志愿者营。志愿者先用前两列齐射迎击敌军，然后发起刺刀冲击。敌军从两翼包抄志愿者部队，但他们还是坚持到了援军到来，随后将法军击溃。在此后的追击和混战中，根据那位讲述者的说法，志愿者差点俘获了马塞纳将军本人：来自雷宾德（亚速）团的彼得·伊万诺维奇·马霍京（Пётр Иванович Махотин）军士从某位骑马的"大官"身上撕下了一个金色肩章，可后者还是设法骑马逃脱了。[50]①

格里亚泽夫上尉讲述了非常相似的故事，不过他并未参与这场战斗，实际上只是复述了一位佚名参战者的说法。他表示主力部队前方有一个火枪兵团，

---

① 译注：克里斯托弗·达菲（Christopher Duffy）认为这位险些被俘的法军"大官"可能是马塞纳的副官奥诺雷 - 夏尔 - 米歇尔 - 约瑟夫·雷耶（Honoré-Charles-Michel-Joseph Reille）参谋上校，雷耶在 1806 年晋升为师级将军，1814 年与马塞纳的女儿结婚，1847 年获封元帅。参见 Duffy C. Suvorov in Italy and Switzerland, 1799. Chicago : The Emperor's Press, 1999, p. 235。

它一边开火一边退却，然后转移到左翼。[51] 这里的分歧可能源于复述时的讹误。或许有人弄混了左翼和右翼，此外，也可能是前一位讲述者把团当成了营，或是格里亚泽夫的复述来源把营当成了团。还有一种说法是将战况告知格里亚泽夫的人并不知道存在一个暂编营，而是把它当成了火枪兵团。在 1794 年的波兰战场和 1799 年的意大利、瑞士战场，装备步枪的下马哥萨克有时也会充当步行散兵。[52]

至于骑兵，苏沃洛夫会将它部署到步兵后方或第二条步兵战线两侧。如果敌军骑兵位于两翼，那就应当把大部分骑兵集中到比较适宜骑兵作战的一翼。己方骑兵要在这一翼冲击敌军骑兵，将其逐出战场，然后冲击敌军步兵侧翼，以此协助己方步兵。而在另一翼，如果己方骑兵远远弱于敌军骑兵，它就得退到列在步兵第一线和第二线侧翼的步兵方阵后方。

苏沃洛夫在特雷比亚河会战的首日作战计划中规定了各个骑兵团要以交错队形排成两条战线：在同一条战线中，中队之间的横向间隔要等于一个中队的正面宽度，第二线的中队位于第一线的诸多间隔之后。这种战斗队形通常用于退却当中，是要让一条战线能够向后穿过面朝敌军、准备在敌军尝试追击时予以反击的另一条战线。然而，苏沃洛夫建议将它用于进攻，并指出如果第一线在进攻中陷入混乱，第二线仍可以穿过第一线中的间隔发起攻击。[53] 这里应当注意到，意大利战场上根本就没有俄军正规骑兵，苏沃洛夫手头只有哥萨克，而他麾下的所有正规骑兵都是奥军。

苏沃洛夫建议让哥萨克在正规骑兵后方列成纵队，他们需要袭扰敌军侧翼，并追击已被步骑兵击溃的敌军。朗热隆写道，对敌军溃兵——特别是步兵——而言，哥萨克是极其危险的敌人。[54] 哥萨克有时候会以散开队形与法军步行散兵交战。格里亚泽夫提到过他曾在诺维会战中目睹过哥萨克与散兵的战斗：根据他的说法，哥萨克尝试着诱使法军散兵尽可能远离支援部队，然后把散兵分割包围，进而将其俘获。有些大胆的法军散兵甚至会向前推进很远，和其他散兵拉开很长一段距离，这时，哥萨克可以在全速奔驰中用骑枪戳刺散兵，也可以用套索把散兵拖走。[55]

苏沃洛夫准许野战炮兵自行机动、射击，团属炮兵则要始终跟随所属团作战。苏沃洛夫对炮兵的态度引发了一定的争议。一些评论者认为他低估了炮兵，仅仅将其视为辅助部队、二等部队。他们认为苏沃洛夫把炮兵当成"技术人员"，并把自己视为"真正战士"——也就是步兵和骑兵——的领袖，认为自己没有必要给炮兵军官下达详细指示。

然而，我们同样可以从另一个角度来看待这个问题：苏沃洛夫坚持认为炮兵军官应当自由选择放列地点和射击目标。在这一时期的其他军队中，火炮时常会在高级将领——其中大部分人是步兵或骑兵出身，往往并不了解火炮的性能和炮兵阵地的特殊需求——命令下，要么沿着战线均匀排布，要么部署在某些事先定下的阵地上。与此相比，苏沃洛夫赋予了炮兵军官完全自由地发挥技术能力和军事才干的权利，就像他依赖步骑兵指挥官的才干和积极性一样。此外还存在一种可能，由于苏沃洛夫的作战由一系列迅猛攻击组成，体现出异常灵活且难以预测的特性，因此，在他的任何一份作战计划中都绝对不可能预先规定炮兵的确切位置，也无法给出详尽指示。苏沃洛夫解释说："炮兵是自由的，它的军官并不受支配，[他们] 想朝什么地方开火就朝什么地方开火，因为在刺刀冲击中，大部分炮兵都会留在后头。"[56]

苏沃洛夫在 1799 年将他的部队分成若干个师，每个师由 4 个火枪兵团或掷弹兵团组成，只有巴格拉季翁将军指挥的前卫部队是例外，它拥有 2 个猎兵团和 4 个独立的掷弹兵营。师又会编组成临时的"军"或"纵队"。苏沃洛夫在作战计划中并不会给出详细的指示，而是给各位"纵队"指挥官规定了通往战场的行军路线和作战任务，让指挥官自行决定如何完成规定的任务。他的作战计划简短且易于理解，他还建议向所有军官乃至士兵解释作战计划，以便让他们即便在并未得到上级命令时也能够根据计划行动。苏沃洛夫使用的战斗队形相当简明，它和线式战术时代的一般做法区别不大：两条步兵战线位于中央，预备队位于后方，骑兵位于侧翼，炮兵位于步兵前方和两翼。

应当指出，苏沃洛夫在意大利战场上处境十分艰难。他麾下大约一半的部队是由奥地利将领指挥的奥军，他们并不习惯苏沃洛夫的作战方式和战斗方法。其中有些人将苏沃洛夫命令奥军根据他的方式进行刺刀冲击训练视为侮辱。[57] 奥军习惯于详尽的长篇作战计划，计划里要预先指出每一种行动中可能发生的所有情况，因此，他们抱怨苏沃洛夫的作战计划与战争艺术的基本准则相悖。[58] 尽管苏沃洛夫事实上在战前已经获得了奥地利元帅军衔，有的奥军将领还是拒绝服从苏沃洛夫的命令，有时候甚至在会战过程中抗命。例如，在特雷比亚河会战中，苏沃洛夫命令奥地利将领米夏埃尔·弗里德里希·本尼迪克特·冯·梅拉斯（Michael Friedrich Benedikt von Melas）抽调一部分军队增援战线上的另一点，但梅拉斯迟迟不予执行，等到执行完命令后又停止了攻势。

苏沃洛夫的作战计划中不仅涵盖了战场上的行动计划，而且还包括了战前和战后的行动计划。苏沃洛夫在他的教令中时常建议部队要采用强行军出其不意地打击敌军，还要突然发起攻击，他喜欢在日出前一小时行动。在这种情况下，他要求立刻将手头的所有部队都投入攻击，不用等待其余部队的到来，也不用列出完整战线。

苏沃洛夫极力主张在取胜后展开猛烈追击，对战败的敌军穷追不舍。他指出快速追击可以让敌军丧失集结、重整部队的能力，大部分胜利果实也源自追击：在撤退中乱成一团的敌军将无力抵抗，届时会有许多敌人被杀或被俘，还会扔下大量的武器装备。如果追击能够取得成功，损失了诸多人员、兵器的敌军在长时间、长距离撤退后会对自己错失抵抗时机感到恐惧，继而陷入极度的混乱和恐慌。苏沃洛夫在他的特雷比亚河会战作战计划中不仅给每个"纵队"规定了通往战场的路线和作战任务，而且还规定了战后继续推进和追击敌军的路线。[59]

18 世纪的大部分统帅都认为将敌军逐出战场便已足够，他们并不打算冒险出动大量兵力长途追击敌军。这是因为他们担心如果让自己的部队快速追击相当长的一段距离，就会让己方部队彻底陷入混乱，要是敌军发动出其不意的反击，己方很容易就会被击败，胜利也就变成失败。因此，他们至多只会派出少量兵力——通常是轻型部队——投入追击。于是，战败的敌军就有机会较为平稳地退却一小段距离，赶到最近的休整地点（要塞或强固阵地），以便集结部队并恢复秩序，所以，当时即便能够在战术上取得大胜，也往往只能带来很小的战略成果。与此相比，苏沃洛夫先是在阿达河畔击败法军的一个军团，随后就迅速将它的残部逐出意大利，接下来又在特雷比亚河畔击败了另一个军团，进而在追击中几乎将其彻底歼灭。

总体而言，苏沃洛夫的战术极具攻击性也极为简明。步兵和骑兵需要冲击敌军，将其打乱并迫使其退却，然后，骑兵要让敌军的退却转变为溃退，并展开追击，步兵在重整队形后也要投入追击，炮兵则要支援步兵和骑兵发起冲击。这一战术与经典线式战术的主要差异在于预备队的运用：苏沃洛夫总是握有强大的预备队，并以积极主动的方式运用预备队，他不仅用预备队增援或轮换主战线的某一部分，而且还会像特雷比亚河会战那样用预备队继续发起攻势或展开反击，又或是像诺维会战那样用预备队攻击敌军侧翼。

可是，苏沃洛夫最主要的胜利秘诀还得归结到心理学领域。他的训练方式在士兵心灵里培养出优越感和无敌信念，苏沃洛夫本人激励麾下士兵，使其具备高度战斗精神的本事又要远远强于其他任何将领。正如同时代人所说，苏沃洛夫深知俄国士兵的种种品质，也能够将它们运用到极致。[60]

1813 年，亲历过 1799 年诺维会战的法军将领让 - 维克托 - 马里·莫罗（Jean-Victor-Marie Moreau）抵达俄军总部，日后成为著名历史学家的俄国军官米哈伊洛夫斯基 - 丹尼列夫斯基便在此时询问他有关苏沃洛夫的事宜，莫罗表示，苏沃洛夫是最伟大的将领之一，没人能比他更好地激励部队，他的最佳作战行动则是特雷比亚河和诺维会战。当莫罗提及战略时，他批评了苏沃洛夫，指出他让部队在战区里太过分散，并认为他可能被敌军的佯动迷惑了（il donnoit dans chaque démonstration），可莫罗同时也承认苏沃洛夫赶赴特雷比亚河的行军是战争艺术的巅峰（le sublime de l'art militaire）。[61]

俄军的其他部队则在 1799 年表现不佳。亚历山大·米哈伊洛维奇·里姆斯基 - 科尔萨科夫（Александр Михайлович Римский-Корсаков）将军被派往瑞士。他的部队攻占了苏黎世，并沿着利马特（Limat）河和阿尔（Aar）河设置防御据点，形成了一条漫长的防线（总长将近 50 千米）。他的前线部队共有 24000 人，大部分骑兵都被留在后方（骑兵在苏黎世附近基本派不上用场），因而并没有强大到足以维持这样一条防线的地步。俄军指挥部将这一点告知奥军，可奥军反而从这条防线上调走了所有部队。除此之外，里姆斯基 - 科尔萨科夫还得抽出 5000 人去增援奥军将领弗里德里希·冯·霍策（Friedrich von Hotze）麾下位于南面的部队，与此同时，他还得让自己余下的部队做好发动全面攻势的准备。里姆斯基 - 科尔萨科夫将主力部队集中在苏黎世及其周边地区，因此沿着河流部署的防线十分薄弱。

法军早就在准备强渡利马特河，他们储备了大量的船只、木排和浮筒。

1799 年 9 月 14 日 /25 日一早，作战序幕终于拉开。约有 15000 人的法军主力在距离苏黎世几千米远的利马特河下游河段渡河，此外约有 10500 人在位于湖畔的苏黎世城外佯动，6000 人在渡河点下游几千米处佯装渡河，以此迷惑俄军，使其忽视实际上的主要渡河点，还有 8000 人作为预备队。

法军前卫部队在 20 门火炮的火力掩护下乘船渡过了利马特河，向当地的俄军小部队发起进攻。俄军展开了激烈的抵抗，但还是被击退了。随后，法军迅速架起了一座浮桥，主力部队开始过河。里姆斯基 - 科尔萨科夫原本应当迅速集结兵力阻挡刚刚过河的法军，可苏黎世城外的战斗却吸引了他的注意力，俄军在那里打得相当不错，把法军远远地赶离了城市。

与此同时，法军主力部队不仅过了河，而且已经向苏黎世城推进，直插俄军后方。法比安·威廉莫维奇·冯·德·奥斯滕 - 萨肯〔Фабиан Вильгельмович фон дер Остен-Сакен，德文名为法比安·冯·德·奥斯滕 - 萨肯（Fabian von der Osten-Sacken）〕将军竭力阻挡推进中的法军，可他手中只有冠以自己姓氏的掷弹兵团（即叶卡捷琳诺斯拉夫掷弹兵团）里的 3 个掷弹兵连和舍佩列夫（Шепелев）龙骑兵团（即圣彼得堡龙骑兵团）。由于地形并不适合骑乘作战，两个龙骑兵中队就下马步战，萨肯注意到他们那巨大的马靴严重妨碍了作战。萨肯请求派出援军，但俄军主力部队正忙于苏黎世附近的战斗，由于此前已派出 5000 人支援奥军，俄军此时也没有预备队了。这 5000 名俄军得到了折返的命令，但只有一个团能够及时返回并投入战斗。

萨肯被赶回了苏黎世，但他在撤退前还是设法在郊区坚守到夜幕降临。萨肯指出他把士兵部署到房屋里，士兵在室内作战时更为英勇，就连火力也远比野战时有效。利马特河另一边的俄军部队也撤到了苏黎世。因此，里姆斯基 - 科尔萨科夫几乎被拥有优势兵力的敌军困在了城里。对俄军而言，幸运的是，河流、城市和苏黎世湖分隔了各支法军部队。次日，俄军尝试撤出苏黎世，他们成功地突破了包围，但付出了十分惨重的伤亡，丢掉了将近一半的火炮（26 门）和几乎整个辎重车队。[62]

同样是在 9 月 14 日 /25 日，由霍策将军指挥，部署在苏黎世湖南岸的奥军也遭到了法军的进攻，这支奥军在两天内战败，霍策本人则在首日交战中阵亡。俄军有一个火枪兵团〔拉祖莫夫斯基（Разумовский）伯爵的团（即因格曼兰团）〕作为援军参与了这场交战。法军将领让·德·迪厄·苏尔特（Jean de Dieu Soult）——他将成为拿破仑麾下的一名元帅——在呈递给马塞纳将军的战报中提到俄军列成了冲击纵队（colonne d'attaque），而且以罕见的勇气冲击法军，但俄军最后还是几乎遭到全歼，1 名上校和 300 名士兵沦为战俘。[63] 后面的这些说法显然夸大其词了，不过这在战报中也是极为普遍的现象。至于文中提到的冲击纵队，这显然不能完全按照字面意思来理解——1799 年的俄军不大可能根据法军的条令列成纵队。

9 月 16 日 /27 日，苏沃洛夫的部队进入穆滕（Mutten）河谷①。由于里姆斯基-科尔萨科夫和奥军都已战败后撤，苏沃洛夫发觉自己的战略处境举步维艰——他被困在高山里，兵力占据优势的敌军几乎将他团团包围——但他还是成功突破，杀出重围。

英俄联军在荷兰的登陆还算成功。可在第一次贝亨（Bergen）会战（1799 年 9 月 8 日 /19 日）中，由于法军已经放水淹没了周边地区，英俄联军不得不沿着堤道推进。俄军在日出前两小时开始进攻，而且每个纵队都安排了一个连的猎兵作为先头部队。他们起初推进顺利，行进速度也相当快，可天色阴暗、地形陌生、缺乏向导和推进速度过快导致俄军的各个团、营陷入混乱，它们都搅在了一起。除此之外，俄军和英军的距离也被拉得太大了，因为后者不仅攻击时间较晚，而且推进更为缓慢。出现混乱的另一个原因在于俄军参战各团分别乘船前往荷兰，因此它们在战前未曾见面，而且俄军又都身穿新制服，所以有时就会把其他团误认为敌人并相互射击。

因为从海路抵达荷兰的部队只配备了很少的马匹——每门野战炮只有两匹挽马，所以几乎所有野战炮都被留在后方，团属火炮则在步兵的帮助下拖曳前进，就连将领也只能步行。法军抓住战机，在大批火炮的支援下以优势兵力对俄军发动反击。俄军顽强作战，伤亡惨重，最终在一片混乱中被法军击退。俄军损失了 12 门火炮，甚至连指挥官伊万·伊万诺维奇·赫尔曼（Иван Иванович Герман/Johann Hermann）中将都被俘了。在第二次贝亨会战（1799

---

① 译注：即瑞士境内的穆奥塔（Muota）河谷。

年 9 月 21 日 /10 月 2 日）和卡斯特里克姆（Castricum）会战（9 月 25 日 /10
月 6 日）中，俄军的表现有所进步，但联军依然未能取得重大胜利，最终被迫
撤出荷兰。[64]

在上述会战中，由于地形所限，俄军步兵时常不得不以纵队作战。以亚
历山大·雅科夫列维奇·杜比扬斯基（Александр Яковлевич Дубянский）上校
为例，此人当时隶属于费尔森（Ферзен/Fersen）火枪兵团（即托博尔斯克火
枪兵团），并且在卡斯特里克姆会战中指挥 3 个掷弹兵营〔营长分别为施特里
克（Штрик/Strik）中校、米秋申（Митюшин）中校和奥西波夫（Осипов）中
校〕，他讲述了自己如何奉命率部攻击卡斯特里克姆村：

> ……[我] 命令施特里克、奥西波夫掷弹兵营收拢成密集纵队猛攻村庄。[65]

在 1799 年战局中，俄军士兵再度展现出一种重要品质——他们即便在交
战受挫后也能保持高昂的士气：贝亨会战中战败的俄军后来能够在卡斯特里克
姆打得不错，逃出苏黎世的部队在施拉特（Schlatt）和康斯坦茨（Konstanz）
会战（1799 年 9 月 26 日 /10 月 7 日）中也表现出色。在后一场双重会战中，
俄军骑兵表现尤为优异，他们发起了多次骑乘冲击和步行冲击。古多维奇
（Гудович）龙骑兵团（即卡尔戈波尔龙骑兵团）的护卫中队（第一中队）步行
冲击敌军，缴获了 4 门火炮，不过，俄军最后只能带走其中一门。然而，虽然
俄军取得了一些局部胜利，但这场会战总体上还是以失败告终。[66]

格里亚泽夫将俄军士兵和法军、奥军士兵加以对比，他认为："那两国士
兵在意志力上都不如我们的俄国士兵，因为他们缺乏自信，或者更确切地说是
缺少自豪，于是就不够无畏、果断、坚韧。" [67] 与此同时，人们也能够注意到
一些潜在的危险特征。杜比扬斯基上校描述过他在卡斯特里克姆的战况，当他
的掷弹兵营向法军发起反击并将其击溃后：

> 了解俄国士兵的人会知道一点，如果他在初次交战中交了好运，那
> 就不会待在原地。我的掷弹兵看到敌人逃过了小丘，哪怕是闯进地狱里，
> 他们也不可能不去追击。[68]

杜比扬斯基的掷弹兵冲过沙丘追赶法军,他花了好一番功夫才让士兵停下。俄军在沙丘间穿行,想要返回阵地,此时却与一个法军步兵纵队不期而遇,一部分掷弹兵被击溃了,杜比扬斯基本人也被俘虏。这个战例表明俄军士兵往往会在初战告捷后太过恋战,即便他们并未彻底击败敌军,更没有迫使其溃逃,也会乱糟糟地冲上去追击,它还表明俄军军官无法及时阻止士兵发起这样的鲁莽追击。

1799 年战局结束后,帕维尔打算在他的军队里推行一些变革,但重大变革实际上寥寥无几。1800 年 3 月 6 日 /17 日颁布的法令算是其中一项,这份法令将团属炮兵从火枪兵团和掷弹兵团中剥离出来编入炮兵营。[69] 另一项变革则与步兵有关——以排为单位的行进间射击终于被废除。此后,如果正在进攻或退却的步兵有必要开火,他们就得停下来站定射击。[70]

帕维尔几乎对实战一无所知。在 1800 年的加特契纳军演中,有个步兵纵队抵达展开地点的时间远早于其他步兵纵队,而且并未使用骑兵和猎兵加以掩护,一个营甚至在"己方"骑兵还在该营前方时就"开火"。帕维尔因军演中的这些错误对将领们大加批评,还表示类似的错误就是俄军在瑞士和荷兰输掉会战的原因。[71] 显然,失败的真实原因绝非如此。帕维尔在 1801 年 3 月 11 日 /23 日因宫廷阴谋中被害,他的长子亚历山大继承了皇位。

注释

[1] Милютин Д. А. *История войны России с Францией в царствование Императора Павла I в 1799 году.* (《帕维尔一世皇帝治下1799年俄国对法战争史》) СПб., 1853, т. 1, с. 76-78.

[2] *А. В. Суворов. Документы.* М., т. 3, 1952, с. 576.

[3] *Ibid.*, с. 573.

[4] Ланжерон,《*Русская армия…*》//*Русская старина*, 1895, т. 83, № 3, с. 152, 158; № 5, с. 194-195.

[5] 《*Записки Н. И. Греча*》//*Русский архив*, 1873, № 5, с. 704.

[6] *А. В. Суворов. Документы*, т. 3, с. 348-353（1794年给波兰地区驻军下达的教令）, с. 501-508（1796年发布的《制胜的科学》）; т. 4, 1953, с. 12-22, 154-155（1799年下达的各类教令）.

[7] Ланжерон,《*Русская армия…*》//*Русская старина*, 1895, т. 83, № 5, с. 196; Давыдов Д. В. *Сочинения Д. В. Давыдова.*(《达维多夫著作集》) М., 1860, ч. 2, с. 18-19; [Попадичев], *Воспоминания суворовского солдата*, с. 54-56; Старков Я. М. *Рассказы старого воина о Суворове.*(《一位老兵关于苏沃洛夫的故事》) М., 1847, с. 294;《*Жизнь Александра Пишчевича*》(《亚历山大·皮什切维奇传》)//ЧИОИДР, 1885, кн. 2, с. 230; Du Boscage, G. P. I. de Guillaumanches *Précis historique sur le célèbre feld-maréchal comte Souworow Rymnikski, prince Italikski.* Hambourg, 1808, p. 196-201, 205-208〔俄译文见: Драгомиров М. И. *Избранные труды.*(《选集》) М., 1956, с. 349-352〕.

[8] Давыдов, *Сочинения*, ч. 2, с. 19.

[9] Nolan, *op. cit.*, p. 33（俄译文见: с. 34）.

[10] *1799 год. Журнал военных действий отряда князя П. И. Багратиона с 9 апреля по 28 сентября 1799 года.* (《1799年: 彼得·伊万诺维奇·巴格拉季翁公爵军事行动日志——1799年4月9日—9月28日》) СПб., 1903, с. 26; *Генерал Багратион. Сборник документов и материалов.* (《巴格拉季翁将军文件资料集》) М., 1945, с. 26.

[11] Langeron, *Journal*, Т. III (1805)//ОР РНБ, ф. 73, ед. хр. № 276, л. 87 n. 2（俄译文见: *Военный сборник*, 1900, № 11, Прил., с. 41 n. 2）.

[12] Langeron, *Journal*, т. IV (1807-1809)//ОР РНБ, ф. 73, № 275, л. 415, продолж. прим. 2 с л. 414.（俄译文见: *Русская старина*, 1908, т. 134, с. 235 n. 2).

[13] *А. В. Суворов. Документы*, т. 4, с. 91.

[14] *Ibid.*, т. 3, с. 351; т. 4, с. 18.

[15] Орлов, *op. cit.*, с. 67-68, 104, 108; Старков, *op. cit.*, с. 235;《*Записки донского атамана Денисова* (1763-1841)》(《顿河阿塔曼杰尼索夫回忆录（1763-1841年）》)//*Русская старина*, 1875, т. 12, с. 42.

[16] Орлов, *op. cit.*, с. 67-68.

[17] *Ibid.*, *op.cit.*, с. 166.

[18] *А. В. Суворов. Документы*, т. 3, с. 39.

[19] *Ibid.*, т. 2, 1951, с. 65.

[20] *Ibid.*, т. 2, с. 59-60, т. 3, 353.

[21] *А. В. Суворов. Документы*, т. 2, с. 59-60. Каульбарс Р. А. *Дневник секунд-майора Черниговского карабинерного полка барона Родиона (Рейнгольда Августа) Каульбарс.* (《切尔尼戈夫卡宾枪骑兵团二级少校罗季翁·(赖因霍尔德·奥古斯特·)考尔巴斯回忆录》) СПб., 1912, с. 16（同样的内容收录在 *Журнале императорского русского военно-исторического общества*, 1910, кн. 1, отд. II, с. 44-45）.

[22] *А. В. Суворов. Документы*, т. 2, с. 348, 410.

[23] *Пехотный строевой устав.*(《步兵训练条令》) СПб., 1763, с. 80-82.

[24] *А. В. Суворов. Документы*, т. 3, с. 528.

[25] *А. В. Суворов. Документы*, т. 4, с. 21-22.

[26] Орлов, *op. cit.*, с. 67, 69.

[27] Nosworthy, *The Anatomy of Victory*, p. 315.

[28] *Замечания*, ч. 2, с. 160-161, 163.

[29] *А. В. Суворов. Документы*, т. 2, с. 216-217.

[30] *А. В. Суворов. Документы*, т. 3, с. 372, 381.

[31] Орлов, *op. cit.*, с. 50, 67-68, 108.

[32] *Ibid.*, с. 108-109, 113-115.

[33] *Ibid.*, с. 42.

[34] Berthezène P. *Souvenirs militaires de la République et de l'Empire*. Paris, 1855, t. 1, p. 39-44.

[35] *Описание похода служившего в корпусе войск наших в Италии и в Альпийских горах в кампанию 1799 года офицера, с некоторыми замечаниями его на историка Суворова.*（《1799年战局中一位参与过意大利和阿尔卑斯山区战事的我军军官远征记，附某些历史学家对苏沃洛夫的评论》）Л. 10//Фонд документов и рукописей Государственного мемориального музея А. В. Суворова（国立亚历山大·瓦西里耶维奇·苏沃洛夫纪念馆文献与手稿全宗）.

[36] Старков, *op. cit.*, с. 131-133.

[37] *А. В. Суворов. Документы*, т. 3, с. 348, 373;《Записки донского атамана Денисова》//*Русская старина*, 1874, т. 11, с. 403;《Записки ··· Мосолова》//*Русский архив*, 1905, кн. 1, с. 143; *1799 год. Журнал военных действий отряда князя П. И. Багратиона*, с. 3, 15, 18-19; Старков, *op. cit.*, с. 301.

[38] Орлов, *op. cit.*, с. 64.

[39] *Ibid.*, с. 58.

[40] *А. В. Суворов. Документы*, т. 2, с. 374.

[41] *Ibid.*, т. 2, с. 60.

[42] *А. В. Суворов. Документы*, т. 2, с. 60; *Anon.*,《Нужные замечания о стрельбе》(《关于射击的必要注解》) // *Военный журнал*, 1810, № 8, с. 42.

[43] *1799 год. Журнал военных действий отряда князя П. И. Багратиона, с. 3, 15, 18-19.*

[44] Орлов, *op. cit.*, с. 57-58, 110.

[45] *А. В. Суворов. Документы*, т. 4, с. 333-334.

[46] Старков, *op. cit.*, с. 157, 160.

[47] *Ibid.*, с. 221-227.

[48] *Ibid.*, с. 228-232.

[49] *Ibid.*, с. 233-237.

[50] *Ibid.*, с. 238-241.

[51] Орлов, *op. cit.*, с. 114-115.

[52] 《Записки донского атамана Денисова》//*Русская старина*, 1874, т. 11, с. 393, 622-3; *1799 год. Журнал военных действий отряда князя П. И. Багратиона*, с. 15; *Генерал Багратион.*, с. 25.

[53] *А. В. Суворов. Документы*, т. 4, с. 155.

[54] Ланжерон,《Русская армия···》//*Русская старина*, 1895, т. 83, № 5, с. 192.

[55] Орлов, *op. cit.*, с. 68-69.

[56] *А. В. Суворов. Документы*, т. 4, с. 13.

[57] Зуев Д. П. *Суворов в 1799 году. (По австрийск. офиц. Источникам).*（《苏沃洛夫在1799年（据奥地利官方材料编写》)）СПб., 1900, с. 10; Duffy C. *Suvorov in Italy and Switzerland, 1799*. Chicago: The Emperor's Press, 1999, p. 33.

[58] Зуев, *op. cit.*, с. 25.

[59] *А. В. Суворов. Документы*, т. 4, с. 154-158.

[60] Ланжерон,《Русская армия···》//*Русская старина*, 1895, т. 83, № 3, с. 158;《Записки Ф. Н. Голицына》(《费奥多尔·尼古拉耶维奇·戈利岑回忆录》) //*Русский архив*, 1874, кн. 1, с. 1324.

[61] Михайловский-Данилевский А. И.,《Журнал 1813 года》(《1813年日记》), 收录于 *1812 год. Военные дневники.*（《1812年：战争日记》）M., 1990, с. 363.

[62] 《Записки Ф. фон дер Остен-Сакена》(《法比安·冯·德·奥斯滕-萨肯将军回忆录》) //*Русский архив*, 1900, кн. 1, с. 32-39; Вистицкий М. С. *Описание действий Римского-Корсакова в Швейцарии.* (《里姆斯基-科尔萨科夫在瑞士的军事行动纪实》) M., 1846(写于1803年); Милютин, *op. cit.*, т. 4, с. 69-101;《Краткое обозрение состояния артиллерии с 1798 по 1848 год》(《略论1798—1848年的炮兵状况》) //*Артиллерийский журнал*, 1853, № 1, часть 3, с. 215.

[63] Koch J. B. F. *Mémoires de Masséna, rédigés d'après les documents qu'il à laissés et sur ceux du dépôt de la guerre et du dépôt des fortifications, par le général Koch; avec un atlas.* Paris, t. 3, 1849, p. 488.

[64] Дубянский А. Я. 《Записки военнопленного российского штаб-офицера во время Голландской экспедиции 1799 года》(《一位在1799年荷兰远征中被俘的俄军校官回忆录》) // Сын Отечества(《祖国之子》), 1824, ч. 92, № 11, с. 156-166; № 12, с. 199-204; № 13, с. 250-262; Милютин, *op. cit.*, т. 5, с. 47-83.

[65] Дубянский,《*Записки...*》//*Сын Отечества*, 1824, ч. 92, № 13, с. 258.

[66] 《Подробное описание действий корпуса Российских войск, под командою генерала Римского-Корсакова в Швейцарии》(《里姆斯基-科尔萨科夫将军麾下俄军瑞士境内作战行动详述》) //*Чтения в Императорском обществе истории и древностей Российских при Московском Университете*(《莫斯科大学俄罗斯历史与古物帝国学会读物》, 以下简称 *ЧИОИДР*). 1846, № 2 (6), сентябрь, часть II (Материалы отечественные), с. 31;《Действия генерала Корсакова 7-го октября 1799 года》(《科尔萨科夫将军在1799年10月7日的军事行动》) //*Военный журнал*, 1859, кн. 1, отдел 1, с. 129〔摘自卡尔·古斯塔夫·冯·施塔尔(Karl Gustav von Staal)中将回忆录, 此人在1799年是古多维奇龙骑兵团的一名青年军官〕; 也见: Bernhardi T. von *Denkwürdigkeiten aus dem Leben des Kaiserl. russ. Generals von der Infantrie Carl Friedrich Grafen von Toll.* Leipzig, 1865-1866, Ester Band, S. 467-468.

[67] Орлов, *op. cit.*, с. 163.

[68] Дубянский,《*Записки*···》//*Сын Отечества*, 1824, ч. 92, № 13, с. 260.

[69] *ПСЗРИ*, т. 26, № 19.312 (с. 70).

[70] 《Рапорт командира лейб-гвардии Измайловского полка генерал-лейтенанта Петра Малютина полковому шефу великому князю Константину Павловичу об отмене шаржир-шага》(《伊斯梅洛沃近卫团团长彼得·马柳京少将就废除行进间射击呈递给团主康斯坦丁·帕夫洛维奇大公的报告》) // Татарников (сост.), *op. cit.*, т. 2, с. 315(报告日期为1800年3月15日); Шеленговский И. И. *История 69-го пехотного Рязанского полка.*《第69梁赞步兵团团史》Люблин, т. 1, 1909, с. 514.

[71] Ранцов, *op. cit.*, с. 3;《Из воспоминаний Михайловского-Данилевского》//*Русская старина*, 1899, т. 100, с. 567.

应对法国大革命的战术变革
——1801—1809年

第四篇

引言

沙皇亚历山大一世在即位之初就恢复了各个团的旧有名称（近卫军是1801年3月14日/26日，其他部队是1801年3月29日/4月10日）。[1]在亚历山大统治初期，军队的组织、制服发生了相当大的变化，训练中也出现了一些细微改变，可不幸的是，训练和战术并没有取得显著进步。就训练科目而言，尽管出现了一些微调和若干积极变化，但训练仍然太过关注部队仪容[2]和形式化的内容，没有让军队做好实战准备。帕维尔的儿子们注重军事事务的外在表现，尤其喜欢追求训练和制服方面的琐碎细节。只有炮兵取得了长足进步——始于帕维尔的炮兵变革仍在继续。

19世纪最初几年的俄国在军事理论领域也没有什么进展：只有几本理论著作得以出版，而且这些书多数译自西欧文字，或者由在俄军中服役的外国血统军官撰写。第一类著作的典型代表是《论轻型部队的组织和战时用途》（Рассуждение о устройстве легких войск и употреблении их во время войны，1803年出版，译自法文），此书是一本讨论组建、使用轻型部队的著作，第一版于1782年在巴黎面世，该书译者尼古拉·马特维耶维奇·阿斯塔菲耶夫（Николай Матвеевич Астафьев）原先是一名炮兵，后来成了某个舟桥连里的军官，之后又成了某个工兵团里的审计员，最后成为炮兵委员会里的一位官员兼译员；[3]第二类著作的代表是由安东·德·罗马诺（Антон де Романо）①中校撰写的《关于指挥科学最重要准则的简述》（Краткое начертание главнейших правил военачальнической науки，1802年出版）[4]和普鲁士将领汉斯·冯·迪比奇（Hans von Diebitsch）于1798年撰写的《关于士兵的思考》（Мысли о солдате，1801年在圣彼得堡出版德文版，其后于1802年出版俄文版第一卷，

---

① 译注：罗马诺的本名为安东尼奥·路易吉·德·罗马诺（Antonio Luigi de Romano），法文名为安托万·路易·德·罗马诺（Antoine Louis de Romano），他曾在俄军总参谋部效力8年，获俄军中校军衔，后来返回拿破仑治下的意大利，获意大利王国军队工兵上校军衔。

1803 年出版第二卷）。[5] 罗马诺在他的书中展示了源自西欧军事文献的诸多战术信息，不过这些信息已经算不上新鲜了——他主要是在探讨莫里斯·德·萨克斯（Maurice de Saxe）的观点和弗里德里希二世的做法。罗马诺还补充了一些源自个人经历的看法，他表示自己曾目睹过 1796—1797 年在意大利境内发生的许多会战。[6] 迪比奇在他的书中则主要探讨步兵的组织、队形和训练。

许多俄国军官深切领会到欧洲的战争已经发生了重大变化，俄军也有必要跟上新的战争水准。一些军官致力于编写新的条令和手册。例如，军事修会胸甲骑兵团的一群军官就在 1805 年出版了一本书，书中设计了一整套骑兵团训练科目。[7] 本书将在与骑兵相关章节中探讨这部著作。

1805 年，俄国作为奥地利的盟友加入对法战争。许多俄国人对胜利充满自信，他们还记得苏沃洛夫取得的胜利。可奥军主力在俄军抵达之前就已被打垮，由米哈伊尔·伊拉里奥诺维奇·库图佐夫指挥的弱小俄军被迫在拥有数量优势的敌军面前退却。俄军此前与法军对抗的经验仅仅局限于 1799 年战局，很多参与此战的部队只得到了失败的经验，而且就连这些经验也在这 6 年里基本丧失殆尽。另一方面，与 1799 年的法军相比，由拿破仑统帅的法军在某种程度上已焕然一新。俄军需要在战争中学习战争，尽快学会如何应对这样一个崭新的对手。

尽管如此，俄军还是在几场后卫战中表现出色，甚至在克雷姆斯（Krems）会战〔此战亦称迪恩施泰因（Dürnstein）会战，发生于 1805 年 10 月 30 日 /11月 11 日〕中击败了莫尔捷（Mortier）元帅麾下游离于主力部队之外的一个军，库图佐夫的军团也免于被歼灭，它还得到了另一支俄军和若干奥军的增援，但这支新组建的联军还是在奥斯特利茨（Austerlitz）会战（1805 年 11 月 20 日 /12月 2 日）中被拿破仑打败。奥地利退出战争，与法国媾和，俄军则撤回本土。

1806 年几乎是在重复前一年的战况：俄国与普鲁士联手对抗法国。然而，法军迅速将普军打垮，俄军被迫在普军的少许残部协助下与得胜的敌军交手，在战争中学习战争。俄军在几场小规模交战中表现不错，甚至在像普鲁士艾劳（Preußisch-Eylau，1807 年 1 月 27 日 /2 月 8 日）、海尔斯贝格（Heilsberg，1807 年 5 月 29 日 /6 月 10 日）这样的大会战中也打得不错，虽然未能取得这两场会战的决定性胜利，却也成功击退了敌军发起的所有攻击，直到会战结束时仍然留在战场上。可拿破仑还是在这场战局中设法集结了远多于联军的兵力，俄军最终在弗里德兰（Friedland，1807 年 6 月 2/14 日）会战遭遇失败。

由于这场失利，普鲁士最终停止了抵抗，俄国也在蒂尔西特（Tilsit）与法国缔结和约，成为法国的盟友，然而，这份和约并不意味着俄军迎来了和平。早在 1806 年，与土耳其的新一轮战争就已爆发，它一直持续到 1812 年年初才结束；另一场针对瑞典的战争始于 1808 年，终于 1809 年；还有一支规模较小的俄军参与了 1809 年对奥地利的战争，不过俄军和奥军在这场战争中并没有什么值得一提的交战。①

---

① 译注：海尔斯贝格，现名瓦尔米亚地区利兹巴克（Lidzbark-Warminski），位于波兰瓦尔米亚 - 马祖里省。弗里德兰，现名普拉夫金斯克（Правдинск），蒂尔西特，现名苏维埃茨克（Советск），均位于俄罗斯联邦加里宁格勒州。

注释

[1] Богданович М. И. *История царствования Императора Александра I и России в его время.* (《关于
皇帝亚历山大一世统治时期皇帝本人和俄国的历史》) СПб., 1869, т. 1, с. 52; *Столетие Военного
Министерства. 1802-1902. Главный Штаб. Исторический очерк.* СПб., т. 4, ч. 1, кн. 2, отд. 2,
Организация, расквартирование и передвижение войск (Период 1801–1805 г.г.) (《部队的组织、驻扎
和转移（1801—1805年）》), 1902, с. 112.

[2] Бутовский, *op. cit.*, с. 12.

[3] *Рассуждение о устройстве легких войск и употреблении их во время войны, к которому
присовокупляется прибавление о полевых укреплениях со многими фигурами. Перевод с французского
Астафьева.* (《论轻型部队的组织和战时用途，附有多张野战工事绘图》) СПб., 1803. 译者为阿斯塔
菲耶夫·尼古拉·马特维耶维奇（Астафьев Николай Матвеевич）。法文原本为: [Grimoard P. H. de]
*Traité sur la Constitution des Troupes Légères, et sur Leur Emploi à la Guerre; Auquel on a joint un Sup-
plément contenant la Fortification de Campagne.* Paris, 1782.

[4] Романо А. де *Краткое начертание главнейших правил военачальнической науки.* СПб., 1802.

[5] Diebitsch H. von *Gedanken über und von dem Soldaten in allen seiner Theilen theoretisch, praktisch
und philosophisch abgehandelt...* St. Petersburg, 1801（俄译本见: Дибич Х. фон *Мысли о солдате, в
различных по званию его отношениях, рассматриваемых в воинском и нравственном виде.* СПб., ч. 1,
1802; ч. 2, 1803）.

[6] Романо, *op. cit.*, с. 205.

[7] [Голицын Д. В., Васильчиков Н. В., Масюков Г. С., Раден Ф. Ф., Засс А. А.] *Опыт наставлений,
касающихся до экзерциций и маневров кавалерийского полка.* (《试论与骑兵团训练和机动相关的教
令》) Орел, 1805. 书中的图示和图版由卡尔·伊万诺维奇·林登鲍姆（Карл Иванович Линденбаум）
上校绘制，曾在1804年作为单行本出版。

第十二章 步兵

1802 年 4 月 30 日 /5 月 12 日，俄军步兵采用了全新的编制。每个火枪兵团、掷弹兵团和猎兵团都被重组为 3 个营，每营下辖 4 个连。每个火枪兵团由 1 个掷弹兵营和 2 个火枪兵营组成，每个掷弹兵团由 1 个掷弹兵营和 2 个燧发枪营组成，每个猎兵团由 3 个猎兵营组成。[1]

在和平时期，每个火枪兵团包括 1 名将军（团主）、6 名校官、54 名尉官、120 名军士、564 名掷弹兵、1128 名火枪兵、39 名鼓手、8 名笛手和 232 名非战斗人员。掷弹兵团的兵力与火枪兵团完全一样，但全体士兵都被称作掷弹兵（共 1692 名）。每个猎兵团包括 1 名将军（团主）、3 名校官、42 名尉官、96 名军士、1200 名猎兵、27 名鼓手、5 名号手和 199 名非战斗人员。[2] 在战争时期，每个参战的火枪兵团或掷弹兵团都要给每个连补充 24 名士兵，每个营则要补充 1 名非战斗人员。[3]

普列奥布拉任斯科耶近卫团由 4 个营组成，每营下辖 4 个连，共有 4 名将官、8 名校官、74 名尉官、160 名军士、2256 名掷弹兵、52 名鼓手、32 名笛手、22 名乐手和 394 名非战斗人员。谢苗诺夫斯科耶近卫团和伊斯梅洛沃近卫团均由 3 个营组成，每营下辖 4 个连，这两个团各有 3 名将官、6 名校官、56 名尉官、120 名军士、1692 名掷弹兵、39 名鼓手、24 名笛手、11 名乐手和 312 名非战斗人员。近卫猎兵营则有 1 名将官、2 名校官、15 名尉官、36 名军士、400 名猎兵、9 名鼓手、5 名号手和 101 名非战斗人员。[4]

1805 年战争前夕，俄军共有 3 个近卫步兵团（普列奥布拉任斯科耶团、谢苗诺夫斯科耶团和伊斯梅洛沃团）、2 个近卫步兵营（猎兵营和卫戍营）、13 个掷弹兵团、84 个火枪兵团、1 个独立营（巴拉克拉瓦希腊营）和 23 个猎兵团。[5]

营编制的变化导致队形也发生变化:任何一种步兵营此时都会分成 8 个排。另一个变革发生在 1803 年 2 月 22 日 /3 月 6 日，当时，侍从将军多尔戈鲁基（Долгорукий）告知康斯坦丁（Константин）大公（沙皇亚历山大的弟弟）:

为了让全军步速保持一致，皇帝陛下已经下令将所有官兵的步幅都定为 1 阿尔申，慢步是每分钟 75 步，快步步幅与慢步相同，步速为每分钟 120 步……[6]

1 阿尔申相当于 0.7115 米。

沙皇亚历山大于 1802 年 8 月 14 日 /26 日发布敕令，规定士兵需要接受瞄准射击训练。1803 年 4 月 19 日 /5 月 1 日，沙皇重申了这一点。[7] 康斯坦丁大公在 1804 年也下达过一份命令，规定猎兵团士兵需要接受瞄准射击训练，[8] 然而，真正得以进行的实弹射击训练很可能非常少，甚至根本就不存在，这是因为每个团领到的训练用铅太少：在火枪兵团和掷弹兵团中，铅是按照每人每年消耗 3 发子弹的速率分配的。朗热隆表示，有的团长尝试用陶土子弹进行训练，但这种子弹只会弄脏枪膛。他还讽刺性地补充道："虽然我们的士兵射击水准不佳，但换个角度来看，他们的持枪操练 [le maniement d'armes] 还是相当优秀的。"[9] 在 1812 年战争前夕，甚至连近卫军也使用过陶土子弹。[10] 根据 1805 年 1 月 23 日 /2 月 4 日的法令，每名猎兵每年应当拿到 6 发铅弹。[11] 尽管用过的铅弹可以熔化重铸 10 次之多，[12] 但这显然也不足以满足瞄准射击训练的需求。

步兵主要装备叶卡捷琳娜二世和帕维尔一世时期入役的步枪。1798 年式步枪口径为 7.75 线（1 俄线 =0.1 俄寸 =0.1 英寸，所以 7.75 线约合 19.7 毫米）。1805 年 9 月 13 日 /25 日，俄军步兵开始列装新式步枪，其口径为 7.5 线（约合 19.0 毫米），新式猎兵步枪的口径也是 7.5 寸，但枪身要略短一些，此外还有一种口径为 6.5 线（约 16.5 毫米）的军士步枪和同样采用 6.5 线口径的猎兵线膛短枪。[13] 由于军队只是逐步换装新式枪支，俄军事实上是在同时使用新旧步枪。

在国产步枪之外，有些团还装备了外国步枪，其中一些是进口的，另一些则是缴获的。这当中尤为值得一提的是英国步枪。俄国在 1806 年购买了 60000 支英国步枪（于 1807 年春季到货）。时人认为，在 19 世纪初的各类欧洲步枪中，英国步枪的枪管质量和枪机可靠性属最优秀之列，而它的口径也在最大之列（约 19.0 毫米）。与此相比，法国步枪的口径大约只有 17.5 毫米（7 线 9 点，1 法寸 =12 法线 =144 法点 =27.07 毫米）。

俄军在 1808—1809 年奉命上报他们使用的枪支口径。从 25 个师下属的各个团里征集来的答复表明步兵装备的滑膛步枪有 28 种不同口径，最小为 5 线（约 12.7 毫米），最大为 8.625 线（约 21.9 毫米）；猎兵装备的滑膛步枪有 8 种不同口径，最小为 5.5 线（约 14.0 毫米），最大为 8.5 线（约 21.6 毫米）；线膛步枪有 13 种不同口径，最小为 5.4 线（约 13.7 毫米），最大为 7.667 线（19.5 毫米）；猎兵线膛短枪也有 11 种不同口径，最小为 5.5 线（约 14.0 毫米），最大为 7 线（约 17.8 毫米）。[14]

许多团同时装备不同口径的步枪，甚至还出现过一个团里存在 4 种以上口径的情况。[15] 利巴瓦火枪兵团团主雅科夫·叶戈罗维奇·瓦德科夫斯基（Яков Егорович Вадковский）少将在 1809 年 1 月 29 日 /2 月 10 日呈递给炮兵总督察彼得·伊万诺维奇·米勒 - 扎科梅利斯基（Пётр Иванович Меллер-Закомельский）中将的报告中写道：

　　……在交托给我的利巴瓦火枪兵团里，步枪的年代已经相当久远，也包括了自 1700 年以来的各种口径，因此，其中相当一部分步枪已经无法断定现有口径，但为了完成阁下的指示，我还是将它们分成三类，大口径 190 支、中口径 1608 支、小口径 50 支……[16]

每个猎兵连里的所有军士和 12 名猎兵装备线膛短枪（每个猎兵团共有 252 支线膛短枪）。[17] 而在火枪兵团的掷弹兵营和掷弹兵团的团主营里，每个连有 4 名军士装备线膛步枪（每个团仅有 16 支）。根据 1805 年 1 月 26 日 /2 月 7 日的法令，掷弹兵团和火枪兵团的每个连（包括火枪兵营和燧发枪兵营里的连）里都要有 4 名军士装备线膛步枪，在所需的线膛步枪生产完毕并运到各团之前，应当给每个团补充 32 支普通滑膛步枪。[18] 这样，每个掷弹兵团或火枪兵团里就有 48 名军士装备步枪，其余的军士依然使用戟。

1808 年 6 月 25 日 /7 月 7 日的法令要求"猎兵团里的全体军士和士兵应当使用配备三棱刺刀的步枪，不再使用线膛短枪和剑形刺刀"[19]。于是，猎兵团里装备的线膛短枪从那时起就逐步被滑膛枪替代了。

1809 年 8 月 28 日 /9 月 9 日的法令命令掷弹兵团和火枪兵团里除上士之

外的所有军士都要装备普通步枪，上士仍然配备戟。[20]1811 年 10 月 9 日 /21 日的法令最终废除了戟，上士也要配备步枪。[21] 军官的短矛则早在 1806 年就已被取消。[22]

1808 年 1 月 20 日 /2 月 1 日颁布的一道法令要求步兵团里的每个连将由国家供给的枪支数量下调 12 支。之所以会做出这一决定，原因在于各个团几乎永远都无法满员，而且总会有一定数量的病员。[23]

1808 年 4 月 9 日 /21 日，俄军列装了口径为 7 线（约 17.8 毫米）的新式步枪。[24] 这种步枪是在 1803 年式法军步枪的基础上仿制而成。俄军的 1808 年式步枪还有一种短管版本计划供猎兵和龙骑兵使用。这种新式步枪也只是逐步推广，直到拿破仑战争结束时，军队中除了新式步枪之外，还依然装备着旧式步枪和外国步枪。

亚历山大一世统治初期的俄军在训练和战术方面并没有取得显著进步。军事文献中很少探讨将步兵纵队作为冲击队形和预备队形。比如说，罗马诺中校已经在他出版于 1802 年的著作中解释了为何纵队非常有用：纵队可以轻松地以多种方式展开成横队，紧密纵队在攻击和防御中都可以发挥相当大的作用，纵队能够方便地在任何地形上行进，用纵队支援炮群也颇为便捷。作者表示他曾亲历过截至 1797 年发生在意大利地区的诸多会战，目睹过法军在各种情况下使用纵队，甚至用纵队去冲击炮群。[25]

罗马诺主张不要让第 1 列士兵跪地射击。他对此解释如下：这种射击姿态并不便于士兵作战，而且跪地的士兵会更加害怕敌方骑兵，在他看来，步兵之所以会害怕出现在他面前的骑兵，原因就在于对比自己高大的身影产生了恐惧。罗马诺认为位于第 3 列的步兵无须参与射击，他们应当用于增强冲击力度，填补前两列中产生的人员缺口，并在必要情况下充当预备队。[26] 罗马诺将第 3 列士兵抽调出来用作预备队的主张反映了 18 世纪末的某些战地实践，当时的确有些欧洲军队采用过这种方法。

于 1798 年转入俄军的原普军将领汉斯·冯·迪比奇在他的著作中也反对让第 1 列士兵跪地射击，但认为应该在敌军骑兵发起冲击时让第 1 列采用跪姿，所以他的观点与罗马诺存在分歧。[27] 按照迪比奇的说法，他不记得曾在哪一场交战中看到过第 1 列士兵真正跪地作战，可正如他所述："我曾不止一次目睹过当部队列成三四列纵深的队形时，后列人员或出于恐惧或不知出于何种缘故开始射击，导致己方部队出现伤亡。"[28] 如你所见，圣西尔元帅从 1813 年的法军中发现的情况早在 18 世纪就已出现。

迪比奇计划将第 3 列士兵从队列里分离出来，将他们用作最近便的预备队。[29] 他认为军官的短矛和军士的戟毫无用处。[30] 迪比奇在书中详述了诸多队形和队形变换，其中包括了俄军条令和教令中未曾提及的由以排为单位的营纵队变为营方阵（见图 37）。[31] 然而，这种队形变换看起来太过复杂，执行起来也不大方便，特别是其中的第 1、第 2 排需要在敌军骑兵迫近的危急情况下向后侧向行进，这看起来相当危险。较为方便的做法是先让这个营列成以分营为单位的纵队，然后再将这个纵队列成方阵，迪比奇主张让以排为单位的紧密纵队采用后一种队形变换方式。

迪比奇建议在每个连中选出 16 名干练、聪明、目光锐利的士兵，让他们接受瞄准射击训练。这些人在充当散兵时要么两两配对作战，要么以 8、10、12 人为一组作战，在每一对散兵中，只要其中一名士兵还没有装填完毕，另一名士兵就不应当开火。这些散兵需要在自己所属的步兵营处于行军状态或由纵队展开成横队时提供掩护。这些做法也不算新颖。[32]

罗马诺和迪比奇的建议对实际训练科目影响甚微。唯一符合他们主张的改革措施就是废止了第 1 列士兵跪地射击的规定。不过，罗马诺和迪比奇的论述不大可能在此次改革中发挥过什么作用，因为相关命令早在 1801 年就已出现。[33]

应当注意到，参与对土战争的部队依然长期保留第 1 列士兵跪地射击的做法，而且这场战争中的步兵恰恰需要时常抵御骑兵冲击。[34] 在多瑙河地区与土军作战的俄军部队中，巴格拉季翁于 1809 年禁止第 1 列跪地射击，[35] 但在

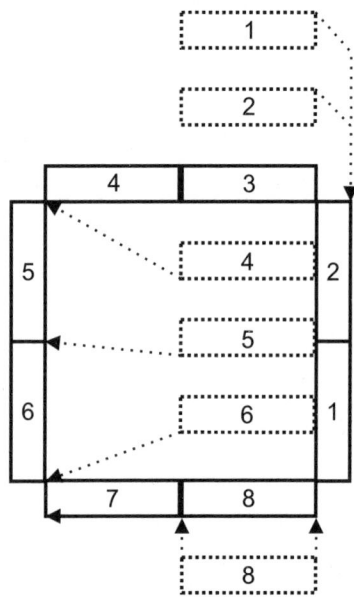

图 37. 营由以排为单位的纵队变为方阵

310

1810 年的某些场合，俄军还是采用过这种做法。[36] 同样是在 1810 年，一位匿名作者在《军事期刊》上发表了一篇讲述猎兵战术的文章，文中指出，如果猎兵在开阔地带遭遇敌军骑兵，猎兵就应当列成方阵，如果敌军骑兵发起冲击，方阵第 1 列士兵就要保持跪姿，只有第 2、第 3 列士兵才应当开火。[37]

在亚历山大统治初年，军役逐渐变得较为宽松——对军官而言尤其如此，可是，在其他各个方面，特别是训练科目方面，当时仍然几乎和帕维尔一世时期毫无二致。[38] 步兵接受了良好的团级训练，特别是在行进和队形变换方面表现出色，罗伯特·威尔逊（Robert Wilson）爵士曾在 1807 年注意到：

> 他们的操练极为精确，行进也相当出色，士兵们在行进间能够立刻变换步速，就像所有人都用同一对髋部驱动一样。他们的队形变换通常是列成纵队和方阵，变换进行得十分迅速，而且也没有受到推崇正步的装腔作势者——这些人将战争视为江湖骗子的科学，把胜利当作扭曲的奖赏——的烦扰和折磨。[39]

威尔逊可能是在看到由米哈伊尔·谢苗诺维奇·沃龙佐夫（Михаил Сёменович Воронцов）——此人是时任俄国驻英大使谢苗·罗曼诺维奇·沃龙佐夫伯爵之子——指挥的一个营展开训练后写下这段话的，因为威尔逊在他写于 1807 年 5 月的一封信里提到了类似的说法，而信中描述的正是该营的训练：

> 我再次对部队的机动感到非常高兴，我满意地发现这些人的训练情况比英军好得多，因为所有的机动都不带任何停顿就完成了，同时还能保持精确，所以，每一名士兵都必定非常熟悉他的操练原则。列成纵队和在行进间展开成横队完成得让人美慕；根据口令改变步速也完成得十分准确，以至于整个营的所有腿都像是由同一对髋部驱动一样。[40]

沃龙佐夫在 1807 年是普列奥布拉任斯科耶近卫团 1 营营长，上文所述的一切都与他的情形相符。

有些团长训练士兵在起伏地形上以跑步执行各类队形变换，伊万·格里戈里耶维奇·布托夫斯基（Иван Григорьевич Бутовский）在 1805 年是莫斯科火枪兵团的一名佩缨候补官（портупей-прапорщик，掌旗官），他提到自己的团长费奥多尔·费奥多罗维奇·莫纳赫京（Фёдор Фёдорович Монахтин）就曾如此训练部队。[41]

有些经验丰富的将领意识到训练科目既不完善也无法跟上时代潮流，但他们并没有能力去改变它：自从帕维尔时代开始，他们就丧失了干预部队训练的权利。一些报告表明近卫军中发生了一些变化：以谢苗诺夫斯科耶近卫团为例，1804—1805 年间，这个团从每个连里抽出若干名士兵，在近卫猎兵营的一位军官指导下进行散开队形作战训练，到 1805 年 1 月，该团向康斯坦丁大公展示了训练成果，大公随后命令其他的团派出军官前往谢苗诺夫斯科耶团受训。[42] 而在近卫军之外的常规军队中，有些猎兵军官撰写了与散开队形相关的作战教令，还着手推广了瞄准射击训练方法，本书将在后文详细讨论这些内容。

尽管如此，到了 1805 年战局之初，俄军依然没有准备好应对时代变迁，它的状况也不适合与拿破仑的军队交手。库图佐夫将军在被任命为旨在与奥军联手对付法军的波多利耶军团司令后，也进行了一些改善现状的尝试。俄军在分成若干独立纵队长途行军后集结在布劳瑙（Braunau）附近，他们也将与法军在那里初次交手，在此之前，库图佐夫已于 1805 年 10 月 6 日 /18 日下达了一份命令，其中包括下列说法：

> 出于穿越战线和便于在难以通行的地段推进的目的，有必要时常将部队列成营纵队。这种队形应当以营的中央为基准列成，让第 4、第 5 排留在原地，其他各排以伍为单位转向左侧或右侧，由此形成纵队。[43]

这种类型的营纵队在后来的文献中被称作"以中央为基准的营纵队"或"用于冲击的营纵队"。奥斯特利茨战前不久，库图佐夫又在 1805 年 11 月 12 日 /24 日给俄军下达的命令中重申了这种队形。[44]

俄军的 1763 年步兵条令描述了以中央为基准的营纵队，[45] 但 1796 年步兵条令中却没有提到它。然而，库图佐夫规定的纵队列队方式与 1763 年条令中描述的纵队有所不同，反倒和法军1791年步兵训练条令中描述的"冲击纵队"一致（参见第五章"横队与纵队"图16），也就是都让各个排以伍为单位侧向行进，赶往他们在纵队中所处的位置。[46] 不幸的是，库图佐夫在命令中并未规定各个排之间的前后距离（在法军的冲击纵队中，连间距离相当于半个连的正面宽度）。① 不过，库图佐夫倒是明确规定了这种纵队的用途：让一条战线中的营穿越另一条战线以及在起伏地带上推进，这种规定也与18世纪的法国军事理论和法军的实践相符。这一切都表明库图佐夫相当熟悉同时代的先进战术理论，也有可能了解法军的1791年条令。

然而，俄军并没有足够的时间去训练部队在战争中使用任何一种新队形，或是执行任何一种新变换，因此，俄国步兵可能并未在1805年战局中使用这种营纵队。当俄军有必要在起伏地带长距离行进时，步兵的确会列成纵队，但他们使用的是其他类型的纵队。以德米特里·谢尔盖耶维奇·多赫图罗夫（Дмитрий Сергеевич Дохтуров）中将关于克雷姆斯会战的战报为例，它表明莫斯科火枪兵团的3个营都以班（отделение）为单位直角转弯收拢成纵队，并没有让各个排以伍为单位行进。[47] 笔者未能找到可靠的资料证明俄军从何时开始推行班编制，也无从知晓俄军的班在1805年如何编成。[48] 根据后来的规定，班的兵力应当不多于6个伍且不少于4个伍。多赫图罗夫的步兵之所以会在克雷姆斯会战中列成以班为单位的纵队，可能是出于地形缘故：这位将军的部队奉命走山路包抄敌军，而且会战本身也发生在山坡和多瑙河岸间的狭窄谷地里。

库图佐夫在一份命令中认为自己有必要提醒军官不要浪费弹药：

> 关于对敌作战时的火力组织问题，根据过往的经验，我知道有许多团无谓地在效果极差的射击中浪费了子弹。我希望[军官]能够劝导士兵，向他们重申这种举动毫无效果，[军官]在步兵营中决不能下令滥射，[士兵]更不能在尚未得到命令的情况下开火。[49]

---

① 译注：法军1791年条令系根据法军八连制步兵营编制撰写，因此法军冲击纵队中的连实际上相当于俄军类似队形中的排。

如你所见，库图佐夫根据自身经验得出结论，认为经验不足的军官可能会在远离敌军时命令部下过早开火，士兵也可能在并未接到命令的情况下擅自开火。

可以从诸多文件和回忆录中得出一个结论：俄军步兵在 1805 年战局中的惯用战斗队形是两条由营横队组成的战线（第二线里的营通常比第一线少），有时还会在第二线之后留有一小队预备队。[50] 以米哈伊尔·安德烈耶维奇·米洛拉多维奇（Михаил Андреевич Милорадович）中将关于阿姆施泰滕（Amstetten）战斗（1805 年 10 月 24 日 /11 月 5 日）的报告为例，它表明阿普歇伦火枪兵团的掷弹兵营和一个火枪兵营、斯摩棱斯克火枪兵团的掷弹兵营以及整个小俄罗斯掷弹兵团（的 3 个营）位于第一线，斯摩棱斯克火枪兵团的两个火枪兵营和阿普歇伦火枪兵团的另一个火枪兵营位于第二线。[51]

两条战线间的距离通常是 300 步或 100 沙绳（213.4 米），这符合 1796 年步兵条令的规定，也是罗马诺在著作中提到的距离。[52] 第二线负责支援第一线，必要情况下还要和第一线展开混战，为了完成轮换，第二线有必要在各营之间拉开或留出横向间隔，让两条战线能够相互穿行。预备队则要位于第二线之后 200 沙绳（426.8 米）处。[53]

步兵在战前行军时会分成几个相互平行的漫长纵队。各个营要根据地形具体情况列成以排、半排或班为单位的疏开纵队。[54] 整个军团在行军时通常会有若干支前卫部队负责掩护，每个纵队也会派出猎兵在前方和侧面加以掩护，这些猎兵在必要情况下会列成散兵线。[55] 遭遇敌军后，部队就要由纵队展开成战斗队形，分成两条战线。[56] 如果敌军实力较弱，那就只用将纵队里的部分兵力展开成横队，以便击退或牵制敌军，其余部队依然列成纵队，或跟随横队行进，或从翼侧包抄敌军。[57]

列成战斗队形后，每个纵队都要在适当的地方设置预备队，预备队或掩护被敌军打乱、正在退却的营，以便他们在后方重整，或在整个纵队被迫退却的情况下充当后卫。[58] 当部队需要行进较长一段距离时，步兵就要再度从战斗队形收拢成纵队。[59]

根据理论文献的主张，如果有必要执行敌前退却，各个营就要列成如棋盘格般交错的两条战线展开退却，第二线先停在原地，第一线后退到第二线之后 80 步处停下来，而后转身面朝敌军，第二线随后以同样的方式后退，如此反复循环。[60]

按照 1796 年条令的规定，步兵需要在投入战斗前卸下背包。布托夫斯基指出这是一种坏习惯，并提到他们在奥斯特利茨会战前的 1805 年战局里只卸过一次背包：当时这些人奉命进攻法军莫尔捷元帅位于克雷姆斯附近的军，由于需要行经山地，他们就在发起攻击前取下了背包。[61] 布托夫斯基还提到诺夫哥罗德火枪兵团的两个营在奥斯特利茨会战中作为第四纵队的先头部队，使用以班为单位的纵队行进，当法军步兵突然出现在俯瞰该团的山顶上时，莫纳赫京中校下令"列成横队，卸下背包"，这导致俄军出现了一定程度的延误和混乱，法军打出了一轮齐射，这两个俄国营便在混乱中溃逃。[62] 然而，应当注意到，布托夫斯基并非目击者，描述这一事件的其他资料也并未提及俄军卸下背包，它们只是说这两个营在突然遭遇敌军猛烈的步枪火力后就溃退了，所以布托夫斯基讲的故事看起来并不是很可靠。[63]

伊万·斯捷潘诺维奇·日尔克维奇（Иван Степанович Жиркевич）在 1805 年是第 2 近卫轻炮连里的一名军官，他指出奥斯特利茨会战中的近卫步兵在出发阵地上排成两条战线，把背包放在地上，装填完步枪，然后才投入战斗。[64] 所以，可能其他步兵也把他们的背包留在营地或出发阵地。许多俄军步兵在奥斯特利茨丢掉了背包，因为他们在投入战斗之前已经把背包放在地上，而会战结束后他们并没有办法抵达放包的地方。[65]

值得一提的是，法军的蒂埃博将军曾在奥斯特利茨会战中指挥一个旅，该旅又隶属于路易 - 樊尚 - 约瑟夫·勒布隆·德·圣伊莱尔（Louis-Vincent-Joseph Le Blond de Saint-Hilaire）将军的师，蒂埃博讲述了一则类似的故事，只不过双方的情况恰好相反。按照蒂埃博的说法，他曾派出第 14 战列步兵团 1 营攻占普拉岑（Pratzen）村。可该部并未在大部队前方派出散兵。当这个营接近村庄前方的宽阔河谷时，俄军突然出现在他们正前方（这些俄军要么是一直隐蔽在谷地里，要么是伏在了地上），在极近距离上打出了致命的火力，法军的这个营在混乱中后撤。蒂埃博率领仅仅 3 个营——第 36 战列步兵团和第 14 步兵团 2 营——前进，已被击溃的第 14 团 1 营在此期间只能停下来重整队形。蒂埃博用这三个营冲击俄军，第 14 团 2 营还在行进途中展开成横队，法军最终成功击退俄军并攻占村庄。[66]

法军以在大部队前方运用步行散兵侦察敌情的能力而闻名，可在这一战例中，却轮到他们毫无预兆地遭遇敌军，这着实令人惊讶。不过，奥地利将领卡尔·威廉·冯·施图特海姆（Karl Wilhelm von Stutterheim）作为奥斯特利茨会战的亲历者，却在描述会战时提到联军第 4 纵队在占据普拉岑村后发现了敌军散兵（tirailleurs）。[67] 然而，施图特海姆并不在普拉岑，而是身处特尔尼茨（Telnitz）村附近的南翼战场，[68] 所以，他描述的普拉岑战况应当源自第 4 纵队中的奥军。

库图佐夫在上文提到的 10 月 6 日 /18 日命令中宣布应当频繁运用刺刀冲击，还就冲击过程给出了一些具体建议：要严格禁止未得到旅长或旅长以上将官命令时便高呼"乌拉"（ypa）的做法，要特别注意让士兵始终待在一起，还要培养在完成冲击后迅速停下重整的能力。[69]

事实上，关于 1805 年战局的战报和回忆录中都经常提及刺刀冲击，俄军指挥官通常都不喜欢与法军展开漫长的交火，而是偏爱发起刺刀攻击。有的指挥官甚至禁止士兵装填子弹，以便在刺刀冲击时一枪不发，曾在苏沃洛夫麾下参与 1799 年意大利、瑞士战局的米洛拉多维奇将军就在阿姆施泰滕战斗中给阿普歇伦火枪兵团掷弹兵营下过这样的命令。[70]

俄军将领、军官和士兵都深信他们在刺刀冲击中优于法军。他们铭记着苏沃洛夫的胜利，认为那基本上是依靠刺刀冲击赢得的。即便有些团主要由没有实战经历的士兵组成，即便那些团排成一条完全没有支援的战线，它们仍然能够发起刺刀冲击并迫使敌军退却，正如朗热隆所说，他在奥斯特利茨会战中亲自率领的梁赞火枪兵团和法纳戈里亚掷弹兵团就做到了这一点。这两个团隶属于谢尔盖·米哈伊洛维奇·卡缅斯基（Сергей Михайлович Каменский）少将的旅，这个旅又属于朗热隆的第 2 纵队。这个纵队原先已经离开了普拉岑高地，可当卡缅斯基听到普拉岑高地传来交火声后，他就率领自己的旅返回高地并将此事上报。朗热隆赶到卡缅斯基那里，批准了他的决定，后来又在回忆录中写道：

当我与卡缅斯基伯爵会合时，他已将自己的旅背朝我们的各个纵队

316

展开成横队，敌军也把两三个步兵旅在距离我军横队 200 步处展开，他们的横队拉得比我们的长，而且恰好位于我们刚刚离开的营地……

很快，法军战线就朝卡缅斯基旅打出了十分猛烈、极为致命的步枪和霰弹火力，这个旅立刻就损失了许多人。我军还之以没那么猛烈、指挥也不得力的火力——大部分我军士兵都在朝空中开火。与此同时，他们卸下了背包以减轻负担，我必须公允地评价他们，必须指出尽管他们发觉自己身处危险境地，尽管面对拥有优势兵力的敌军，尽管他们几乎没有作战经验，尽管敌军突然从后方发起攻击给他们带来了严重影响，尽管大部分人是头一回听到炮声，他们还是在将近两个小时里表现得相当令人钦佩，在这两个小时里，两个团中超过一半的士兵倒在了地上。看到这致命的火力后，我认为有必要停止射击，转而用刺刀向前推进。负伤的勃兰特 [Brandt] 少校身先士卒，率领法纳戈里亚团 1 营向着敌军猛冲过去。他们缴获了两门火炮，但敌军的兵力优势实在太大了，这个营被迫退却，扔下了缴获的火炮。[71]

朗热隆在呈递给沙皇亚历山大一世的战报中就奥斯特利茨会战中的这一幕给出了更为详尽的描述，其细节与回忆录略有出入：

法军的各个纵队被卡缅斯基伯爵的旅挡住，它们在霰弹火力下退却了大约 300 步，被迫列成了一个三角队形，一面对抗该旅，一面对付奥军。后者在卡缅斯基伯爵 [旅] 投入战斗后重新集结并列队，还从下向上射击，效果甚微。法军所在的位置要比奥军高得多，也略高于俄军。法军一展开完毕就开始射击……

我们知道只有一个说法能够形容我们在这场战斗中的感受："我们被包抄了。"实际情况也正是如此，我们在遭到包抄后与列成战斗队形的敌军交战，而他们就身处我们在 3 个小时前才离开的那片营地。然而，我们不仅有序地列成横队，而且还看到某个营里有些士兵低头射击，我向他们吼道："抬起头，记住你们是俄罗斯掷弹兵！"从那一刻开始，就没有一名士兵还容许自己做出这种机械动作：在头一次经历战火的人中，这是一种颇为寻常的动作，法纳戈里亚团里只有不到十分之一的士兵参与过战争，我的团 [梁赞团] 里打过仗的士兵只有 100 或 150 人，50 名军官里也只有 5 个有战争经历。

为了向法军施压并鼓舞我军士气，而且我当时也不认为敌军的实际兵力有那么强（敌军第一线所处位置妨碍了我观察其余战线），我决心向前推进。命令执行得有如训练一般，法军后退了。法纳戈里亚团 1 营在一位优秀军官——勃兰特 [Brandt] 少校，他还受了伤——的指挥下推进到距离法军很近的地方，缴获了两门被敌军放弃的火炮。可是，法军将领和军官把他们的士兵带回战场，还出动我们直到那时才发现的第二线兵力支援，这就轮到我们的营退却并返回原阵地了，缴获的两门火炮也被迫放弃。我军列成一条战线的 6 个营轻易迫使法军战线后退（他们大大高估了我部的实际兵力），这就向我证明了一点，要是我们手头拥有更多的部队（他们当时待在我们后方 1.5 俄里远的地方，并没有派上什么用场），我们本可以将法军赶往蓬托维茨并夺占普拉岑高地。

法军迫近到距离我军 200 步远的地方，展开了非常猛烈的射击，他们射击指挥有方，火力非常致命，我们的士兵还之以指挥没那么得力的会战射击。我希望终止这种射击，代之以全营齐射 [tirer par bataillon]，尽管卡缅斯基伯爵和波格丹诺夫 [Bogdanov/Богданов] 中校竭力投入此事，甚至英勇到走到横队前方，在士兵枪口下扬起佩剑，但我依然未能取得成功。[①]

交火持续了一个半小时。在此期间我几乎总是和卡缅斯基伯爵一起待在他的团 [法纳戈里亚团]1 营和 2 营之间，那里是火力最猛烈的地方……

我也可以明确指出，在那悲惨的一天里，这 6 个营战斗时间最为漫长，在列阵对战中进展最大，他们的抵抗为左翼的各个纵队提供了极为重要的帮助，如果这些纵队愿意赶来支援，就能够补救战局。

[①] 译注：卡缅斯基和波格丹诺夫想要以来到横队前方的做法阻止士兵的无序射击（会战射击），让他们能够转入规整的齐射或冲击。可参见本书第一章《步兵》中"攻防原则与方法"部分迪埃姆将军在卡尔迪耶罗会战中的做法。

……卡缅斯基伯爵的旅在遭到包抄时已经有1200多名士兵当场阵亡，超过30名军官丧失战斗力，它不可能长期坚持下去。[72]

　　应当注意到，法军在某些时刻的感受也不比俄军好多少：蒂埃博将军在会战这一阶段指挥他的旅与联军第4纵队的奥军步兵和卡缅斯基旅交战，他表示他们既没有得到来自拿破仑总部的消息，也没有军长苏尔特元帅的音讯，所以对自己的孤立处境感到焦虑。蒂埃博如此描述俄奥步兵的冲击：

　　　　敌军从各个方向朝我军扑来，而这次轮到我军在拼命争夺阵地时被迫收拢 [ployer] 了。我军此时面临极为可怕的冲击 [chocs]，只有放弃 [en cédant] 阵地才能让部队维持齐整并保住火炮，尽管火炮给敌军带来了毁灭性的杀伤，它们也不再能阻止敌军，他们似乎被我军的抵抗激怒了。最后，我军在经历了一场持续20多分钟的恐怖混战 [mêlée] 后需要稍作休整。刺刀战 [à la bayonnette] 之后又是极为猛烈、近乎直射的交火，这时，圣伊莱尔将军匆忙赶来与莫朗 [Morand，另一位旅长] 和我会面，他说："这个 [地方] 守不下去了，先生们，我建议你们另择一处我们能够守住的后方阵地。"

　　按照蒂埃博的说法，就在此刻，第10轻步兵团团长普泽（Pouzet）上校加入了会谈，说服他们留在原地。蒂埃博继续写道：

　　　　我们回到了自己的团里，得益于我军士兵的优异表现，我军寸步不退地击退了所有攻击，一再发动猛烈的反击；而在俄军那边，他们则发出骇人的吼叫 [hurlements] ……在这些可怕的冲击 [chocs] 中，俄军步兵整营整营地战死，没有一个人脱离队列，他们的尸体就横陈在步兵营原先站立的地方。[73]

　　法军随后发起攻势，他们突破了敌军战线，最终牢牢掌握了普拉岑高地。从蒂埃博的用词中可以看出，他所说的"恐怖混战"（mêlée effroyable）指的是一系列独立发生的冲击与反冲击，中间夹杂着近距离交火。俄军不大可能在与法军拼刺刀时整营整营地战死，肉搏战后的尸体同样不会列成笔直的队列。事实上，按照上文引用的朗热隆说法，俄军在卡缅斯基旅冲击前后都进行了长时间的列队交火，也蒙受了惨重的损失。朗热隆在描述此战时并没有提到混战，等到拿破仑战争结束后，他还指出自己从未在强击（工事）以外的场合目睹过刺刀战。

如你所见，蒂埃博提到了俄军士兵令人惊讶的英勇表现。在普拉岑高地战斗结束后，圣伊莱尔师被派往索科尔尼茨（Sokolnitz）村和村旁的索科尔尼茨城堡，那里当时已被俄军占据。双方在街道上发生了一场激战，城堡、谷仓、马厩和其他建筑物里也是如此。蒂埃博写道，他目睹俄军士兵尽管孤立无援，却像身处步兵营队列里一样冷静战斗。有些士兵受了重伤，几乎无法自行站立，可尽管如此，他们还是冷静地装填、射击，就像是在进行训练一样。[74] 蒂埃博旅蒙受了惨重的伤亡。根据他的说法，第14、第36团三分之二的军官非死即伤，第36团的236名掷弹兵中仅有17人还留在队列里。[75] 阿里斯蒂德·马蒂尼安编纂过1805—1815年间拿破仑麾下军官伤亡情况的清单，该清单表明，这两个团在奥斯特利茨共有2名军官战死、42名军官负伤——其中一名伤员在10天后死去。[76]

奥地利将领施图特海姆也讲述了联军和法军步兵在普拉岑高地上的战斗：

……第四纵队的俄军步兵向着普拉岑高地右侧推进，前卫部队也已经抵达他们本应据守的高地，俄军步兵向他们派出了援军；但在拥有优势兵力的敌军冲击下，这支前卫部队在进行了十分短暂的抵抗后就放弃了[高地]。

这时爆发了激烈的战斗。[联军]需要夺回前卫部队丢失的地段。俄军发起了冲击，他们在距离敌军太远的地方开火，也没有获得足够的杀伤效果。法军纵队对火力不管不顾，依然在向前推进，但到了相距大约100步时，他们也开始射击，到了那时，法军的火力已经全面覆盖，十分致命。敌军逐步将密集纵队展开，列成了由几条战线组成的战斗队形，迅速向高地推进，左翼以[普拉岑]村里的教堂为依托，右翼以这些高地里的最高点为依托。敌军在那里列成了一个钩子般的队形，用以抵挡第三纵队 [实为第二纵队] 尾部。它就是卡缅斯基将军的旅，这个旅和纵队主力分离，面朝高地列成横队，威胁到苏尔特元帅 [第四军] 的右翼……

　　在这场不幸的会战中，这位将军 [卡缅斯基] 的部队表现异常英勇。他们支援了奥军的几个旅，这一援救使得联军有机会恢复兵力平衡，进而冲击高地，法军将领凭借极好的指挥技艺、眼力 [coup-d'œil] 和作战经验让部队在高地上展开机动，充分利用凹凸不平的地形躲避火力并掩蔽机动。只有拼命地用刺刀发起全线猛攻才能扭转这一天的战况。几个奥地利旅和卡缅斯基将军的旅冲向法军；俄军 [在冲击时] 发出了惯常的吼叫 [cris]；但法军镇定地迎击联军，还之以猛烈火力，这在俄军的密集队列中造成了可怕的杀戮。米洛拉多维奇将军从右翼突向高地，但贝格将军和列普宁斯基将军受了伤，他们的部队丧失了信心，在战争中，没有信心就会一事无成。攻击的激情很快就冷却了。敌军的优势兵力和行动很快就让我军的行进变得飘忽不定，随之而来的还有指挥不当的步枪火力。虽然如此，某些军官的榜样作用还是暂时起了作用，这让 [卡缅斯基旅所在的] 左翼再度英勇前进，法军的右翼暂时退却。[奥军的] 萨尔茨堡 [Salzbourg] 团和奥尔施佩格 [Auersperg] 营怀着极大的勇气作战。卡缅斯基旅总是表现出色。奥军将领尤尔奇克 [Jurczech/Jurczeck] 受了重伤。敌军深知这一阵地的重要性，他们转而攻击联军，攻击毫无支援、已被联军左翼完全抛弃的联军。第 4 纵队不可避免地丢失了整座普拉岑高地，也丢掉了大部分火炮——火炮被困在了这一带的黏土里。我军穷尽了各种努力以减轻这样一次退却中不可避免的混乱。与此同时，敌军的火炮已经向前推进，他们用火炮猛烈轰击正在退却的联军，将其彻底打垮。[77]

　　不过，正如前文所述，施图特海姆身处另一片战场，他对普拉岑高地战况的描述可能源自第 4 纵队里奥军人员的说法。施图特海姆文中提及的格里戈里·马克西莫维奇·贝格〔Григорий Максимович Берг，其德文名为格雷戈尔·冯·贝格（Gregor von Berg）〕少将是小俄罗斯掷弹兵团的团主。他在用德文写成的回忆录中描述了自己在奥斯特利茨的行动。在这次进攻中，他左髋中了两发失速的霰弹，受了挫伤，从马上摔下去不省人事：

当我恢复知觉后，我意识到几名军官和士兵正把我架在我的大衣上搬走，同时，我注意到我团士兵已经转身背朝敌军，这个团正在跟着我撤退。这一幕让我极为失望，竟到了让我竭力跳起、让两名军士扶住胳臂帮助我来到前线的地步。这时，我拔出剑朝着士兵大声呼喊，命令他们转身列队，这条命令在一定程度上得到了执行。可随后就有一发子弹从我右臂上方飞过，尼基京上士 [Feldwebel Nikitin/фельдфебель Никитин] 当时正在右边扶持着我，子弹打穿了他的筒帽 [kiwer]，打进了后脑勺里，因此他立刻倒地死去。由于尼基京是个大个子，他倒下时便拖着我一起倒地，另一位军士——青年贵族奥斯特罗格拉茨基 [Ostrogradsky/Остроградский]——以为我也战死了，他扔下了倒在地上的我，一边跑开一边大喊："我们的将军战死了！" [Генерал наш убит] 然后整个团都跟着他喊了起来——"我们的将军战死了！"我的士兵抛下了我，让我躺在战死的上士身边。[78]

于是，贝格被他的士兵抛弃了，而后沦为战俘，他要到 1806 年才得以返回俄国。

不幸的是，苏沃洛夫的"贯穿冲击"训练方式已经被遗忘了。朗热隆如此描述俄国近卫步兵在奥斯特利茨会战中发起的冲击：

[康斯坦丁] 大公命令普列奥布拉任斯科耶团和谢苗诺夫斯科耶团发起刺刀冲击，但他们当时距离敌军还有大约 300 步。他们冲向敌军，士兵跑过去的时候已经上气不接下气，法军第一线的火力给他们造成了相当大的损失。尽管如此，他们还是立刻打退、击溃了第一线。可第二线继续投入战斗。法军得到了增援，近卫军遭到重创，被迫后撤……[79]

尽管如此，俄军步兵在奥斯特利茨会战中还是表现得极为坚韧。布托夫斯基写道，即便俄军已经全面撤退，俄军步兵仍然击退了法军骑兵的所有冲击，那些胆敢直接冲入俄军步兵密集队列的法军骑兵则被刺刀捅死。[80] 布托夫斯

322

基还谈到了奥斯特利茨会战最后阶段的战斗，当时，莫斯科火枪兵团和维亚特卡火枪兵团需要掩护多赫图罗夫将军麾下的其他部队，让他们能够穿过池塘间的狭窄通道：

……故军步兵涌向特尔尼茨村，用步枪展开乱射。达武元帅冒险发动刺刀冲击，我们则以苏沃洛夫的方式迎击：加谢夫斯基 [Гасевский] 营长、沙姆舍夫 [Шамшев] 营长、克利缅科 [Клименко] 连长、绍斯塔克 [Шостак] 连长、马尔科夫 [Марков] 连长、普罗布斯特 [Пробст] 连长对士兵大吼："小伙儿们，别给自己丢脸！捍卫沙皇和俄罗斯母亲！"士兵们当即投入战斗，每个人原先都在不断低声祈祷，都在安静地向我们的父 [Отче наш，上帝] 反复诉说，可就在那危险的时刻，他们突然就凶猛得像是直扑鬣狗的老虎一般，伴着"主与我们同在" [С нами Бог] 的吼声，他们愤怒地疯狂刺杀敌人！……人们只能偶尔发现与之类似的壮阔景象，笔墨也不足以表达残暴和屠戮带来的恐怖：简而言之，这不是一场战斗，而是野兽般的追捕，在这场追捕中，双方人员都在责任感驱使下像持剑决斗一样砍杀至死……早在孩提时代就熟悉拳斗的俄国人勇猛作战，用上了祖祖辈辈的各种诀窍；法国的剑术远不及俄国人那无人可比的勇猛。我们中的每一个人都铭记着他肩负掩护纵队——它当时正以三人宽的队形通过狭窄的道路赶赴磨坊——的职责：先用刺刀干掉一个，再用枪托解决一个，最后折断迎面伸来的枪管。当敌人冲过来的时候，许多人极为敏捷地踩到敌人的脚上，使得其朝后倒地，或是干脆打出一发子弹将其解决，还喊道："这要是波拿巴就好了！"（Кабы Бонапартию！）在搏斗中，要是燧石没法发火或是刺刀被弄弯，那就让枪口朝上，用枪托砸向敌人的脑袋。这样，勇敢的俄国人展现出了奇迹般的气概，让无畏的法国人就此长眠！他们就像是收割机刀刃前面的禾苗一样倒下，他们的队列越发稀薄。可每当我军继续施压，故军就会补充全新的部队。苏尔特率领他的胜利之师出现在上湖①的源头，

---

① 译注：这里提到的"上湖"（верхнего озера）就是萨钱（Satchan）和默尼茨（Mönitz）池塘中位于上游的萨钱池塘。

铅弹遮蔽了天空。屠戮持续了一个多小时，我们的团长苏利马已经被击倒，法国人拖走了他。就在这时，纵队已经越过了那座命中注定的磨坊。只有莫斯科团和维亚特卡团留在后头，法军加倍投入兵力，我们也无法坚持下去了。奥格茨德 [Аугест/Augezd] 高地上持续不断的炮击已经将磨坊、堤道和桥梁悉数摧毁；上湖里的水涌了出来，路面坑洼越来越多。那时传来了一声吼叫："把军旗从旗杆上扯下来，自救吧！"人们失魂落魄。这两个团在打出最后一轮齐射后就以散乱的集群往水里冲去，对面的陡峭湖岸虽然带来了相当大的损失，也并不能阻止攀爬。恐怖并没有结束，一个人需要具备惊人的敏捷才能避免在光滑的斜坡上下坠，才能不至于陷进深深的坑洞里。我们几乎刚刚来到对岸，就发现敌军又在毫无同情心地用子弹和霰弹急速射击，我们遭到了敌军火力的覆盖。夜幕即将降临，最后的战斗也到来了。[81]

这场战斗显然属于隘路上的战斗。从布托夫斯基的记载中可以看出，莫斯科团和维亚特卡团被迫应战，这是因为他们无法立刻退却——他们身后是一条挤满了后撤部队的狭窄道路。布托夫斯基或许不愿被别人视为精于虚构的家伙，因而明确指出这样的战斗极为罕见，但他还是有可能夸大了交战规模。莫斯科火枪兵团团长尼古拉·谢苗诺维奇·苏利马（Николай Сёменович Сулима）上校的确沦为战俘，许多军官和士兵也被俘了，这个团的余部最终也被迫溃逃。法国军官奥古斯特 - 朱利安·比加雷（Auguste-Julien Bigarré）在奥斯特利茨会战中是第 4 战列步兵团的中校指挥官①，他十分简短地描述了这场战斗：

> ……就在他们 [俄军] 穿过村庄时，我带着自己的团冲了过去。我的 2 营俘获了由苏利马 [Solimath] 上校指挥的莫斯科团 [régiment de Moscou]，1[营] 俘获了这个团的一个掷弹兵连，夺取了两面军旗。[82]

---

① 译注：法军第 4 战列步兵团当时名义上的团长是拿破仑的兄长约瑟夫。

如你所见，比加雷声称这场战斗发生在村庄内部。应当注意到，他显然夸大了自己团的战绩：莫斯科火枪兵团并没有全体被俘，也没有丢失一面军旗。

俄军步兵主力无法立刻找到应对法军散兵的方法。正如前文所述，俄军步兵很少接受瞄准射击训练。猎兵的训练情况略好一些：在1805年，猎兵团中的每名猎兵得到的铅弹比之前的年份多出3发，也就是说实弹训练总数是每名猎兵9发铅弹，[83] 但这同样不够。在猎兵团中，所有军士和每个连中挑选出的12名士兵会装备线膛短马枪（每个团有252支线膛枪）和较长的剑形刺刀。[84] 雅科夫·奥西波维奇·奥特罗先科（Яков Осипович Отрощенко）在1800年从军，他当时效力于第7猎兵团，此人提到，剑形刺刀并没有得到良好养护，它甚至有可能在开火时掉落。[85]

所有步兵中，只有猎兵多少接受过一些散开队形作战训练。他们可能仍在使用库图佐夫于1786年为布格河猎兵军撰写的教令，将它的修订版本作为训练手册。猎兵在列成密集队形时要排成二列横队。[86] 时人认为猎兵的主要职责是在树林、灌木丛、起伏地带和村庄作战。[87] 在奥斯特利茨战前，巴格拉季翁麾下前卫部队曾进行过一系列战斗，他在一份呈递给库图佐夫的战报中指出自己还需要一个猎兵团，因为前卫部队里并没有足够的猎兵去守卫阵地前方和右侧的所有山地和树林。[88] 他必定认为火枪兵和掷弹兵并不适于在这类地带作战。

如前所述，猎兵也要负责掩护正在行军的纵队。在奥斯特利茨，猎兵团走在纵队前方，而且也会在必要情况下列成散开队形。第2纵队指挥官朗热隆写道，在当天早晨的行军中，他派出第8猎兵团〔团长为拉普捷夫（Лаптев）上校〕对抗出现在纵队右侧的法军散兵，此外还派出维堡火枪兵团掷弹兵营前去支援。在战斗中，猎兵团3营列成了散兵线，在猎兵击退法军散兵后，他们就和掷弹兵一起回到纵队前方。[89] 在奥斯特利茨，第4纵队并没有猎兵，作为纵队先头部队的诺夫哥罗德火枪兵团之所以会和法军不期而遇，原因可能正在于此。

猎兵不仅要负责驱逐敌军散兵，也要与敌军主力交战，以便掩护正在行进或列成战斗队形的其他部队，他们还会负责攻击村庄或据守村庄。[90] 在奥斯特利茨会战中，康斯坦丁大公派遣近卫猎兵营进占布拉齐奥维茨（Blaziowitz）

村，巴格拉季翁将军也派出 3 个猎兵营占据克鲁格（Krug）村和霍卢比茨（Holubitz）村。[91]

第 7 猎兵团团主米勒〔Müller，他在俄军中被称作伊万·伊万诺维奇·米勒第三（Иван Иванович Миллер 3-й）〕少将在该团的奥斯特利茨战报中指出它是第 3 纵队的先头部队，与敌军散兵发生过交战，将敌军逐出了索科尔尼茨村和索科尔尼茨城堡，缴获了两门敌军火炮，而后追击敌军，夺取村后的小丘就地据守，以此掩护纵队通过村庄，当敌军骑兵试图攻击刚刚走出村庄的纵队前部时，他又率领自己的团回头击退敌军。[92] 第 7 猎兵团的另一个营属于第 1 纵队，参与了特尔尼茨村战斗，施图特海姆提到过该营的情况：俄军猎兵和奥军的一个营先是占据了这个村庄，然后法军步兵利用突然出现的浓雾迫使联军撤出居民点，联军的撤退还导致原先在后方支援他们的新因格曼兰火枪兵团陷入混乱，不过，奥军的两个骠骑兵中队发起反击，阻止了法军步兵的推进，联军的秩序随后也得以恢复，他们再度发起攻击，将敌军逐出村庄。[93]

当俄军需要散兵时，猎兵不可能无所不在，从与法军初次交手开始，俄军就不得不多次从火枪兵营或掷弹兵营中抽出一部分士兵充当散兵。在上文提到的 10 月 6 日 /18 日命令中，库图佐夫指出：

> 当一个营通过有森林或其他类似障碍的地带或行经村庄之类的地方时，它无须等待将领的命令，应主动采取必要措施，抽出散兵掩护该营行进。[94]

正如战报和回忆录所述，在战斗中，从火枪兵营和掷弹兵营中抽调的散兵通常会执行下列任务：支援猎兵，[95] 在没有猎兵的情况下阻挡敌军散兵，[96] 或是在起伏地形里追击敌军。[97]

总的来说，在 1805 年战局中，各种资料会频繁提及抽调火枪兵和掷弹兵充当散兵，它在一定程度上已经堪称常事了。以贝格将军为例，他就提到过阿姆施泰滕会战中的一幕：

> ……敌军想要用散兵 [Tirailleurs] 包抄我军侧翼，但我从自己的旅里抽出几百名散兵 [Стрелки] 与之对抗，他们在一条小河边非常英勇地挡住

了敌军的推进……[98]

将掷弹兵用于散兵战并不是一个很好的解决方案，因为他们的装备和训练都不适于这种战斗，费奥多尔·尼古拉耶维奇·格林卡（Фёдор Николаевич Глинка）在1805年担任米洛拉多维奇将军的副官，他认为：

> 在面对俄军的刺刀时，法军永远都不会英勇顽强地正面抵抗；他们会立刻逃跑、散开，只有在散开后才能表现出色；每一名射手都利用一块石头、一片灌木或任何便于隐蔽的地方隐藏起来，攻击耻于闪躲、总是径直冲向敌军的俄军……
>
> 在克雷姆斯，我军身材高大、头戴长羽饰的掷弹兵被派去展开散兵战，这正如法军所愿，散开的矮小法军便躲在石块后面朝他们开火。俄国掷弹兵高大健壮，能够用刺刀以一敌十，却被躲在灌木后头的孱弱法国佬用一发子弹打死……
>
> 但并不能由此得出俄国士兵不擅长散兵战的结论，他们只要略微改变装束并稍加学习，就能够超过法国士兵。[99]

如你所见，格林卡认为俄军士兵并没有接受隐蔽在地物后方的训练，甚至将这种隐蔽视为耻辱，因而非但不会隐蔽起来与敌军散兵对射，反而会直接朝敌军方向行进，让自己撞上敌军火力。格林卡还认为俄军士兵只要能够配备合适的装备、得到恰当的训练，就能够成为优秀的散兵。

米洛拉多维奇在他呈递给库图佐夫的克雷姆斯战报中写道，就连一些指挥散兵的军官也不顾他要求隐蔽的命令直接冲上前去，结果蒙受了非常惨重的伤亡。[100] 总的来说，俄军散兵在1805年有能力与敌军散兵形成相持，甚至能够将其击退，但他们或许会蒙受远高于敌军的惨重伤亡。

朗热隆、格林卡和布托夫斯基也都指出法军步兵不论是列成密集队形还是散开队形，其火力都比俄军步兵有效得多。他们指出了造成这一差距的几个主要因素：俄军缺乏瞄准射击训练、步枪质量低劣（枪管质量不好或年代太久、枪托平直不利瞄准、同一个团里装备不同口径的枪支等等），而且火药质地不佳（炮兵火药的情况基本上也是如此）。如前所述，每年分发给士兵用于射击训练的子弹数量太少，朗热隆也指出俄军步兵在交火中的劣势迫使他率部在奥斯特利茨发起刺刀冲击。[101]

1805 年战局结束后，俄军立刻采取了诸多手段增强步枪火力。军中引入了一种弯曲的新型枪托，它更便于士兵瞄准某一预定目标射击。[102] 从那时起，越来越多的命令和教令不断要求训练士兵瞄准射击。

用于新兵训练的火药和铅也开始增长。以 1805 年组建的科斯特罗马火枪兵团为例，每一名新兵在训练期间都拿到了 30 发铅弹和可供射击 100 次的火药。射击训练时使用高 2.75 阿尔申（1.95 米）、宽 1 阿尔申（0.71 米）的木板作为标靶，木板后方没有土堤，以便从中找到铅弹重复利用。[103]

总的来说，新兵只会学习战争中的确需要用到的东西，任何没有必要的训练都被废弃了。[104] 不幸的是，俄军并没有足够的时间去采取一切必要手段。俄国在 1806 年再度参与对法战争，而且还和土耳其打响了一场全新的战争。

米哈伊尔·费多托维奇·卡缅斯基（Михаил Федотович Каменский）元帅曾短暂指挥过东普鲁士地区的俄军，当时的俄军刚刚组建了师，卡缅斯基便给各位师长下过一道命令，规定如果一个师在行军途中遭遇敌军攻击，它就要以旅为单位展开成战斗队形，每个旅列成三条战线，每个步兵团的第 1 营组成第一线，第 2 营组成第二线，第 3 营组成第三线。营要列成以分营为单位的纵队（也就是正面宽度为两个排横队的营纵队），前后两线间的距离要不少于 70 沙绳（约 150 米）；各旅之间的横向间隔为 100—150 沙绳（约 200—300 米），以便给各个旅留出将营展开成横队的空间，也便于炮兵在各旅之间自由机动。[105]

这种队形可能不是为会战设计的，而是用于各条战线在敌前交替退却的场合。卡尔·费奥多罗维奇·巴格胡夫武特少将曾在撤离永科沃（Jonkowo）时（1807 年 1 月 23 日 /2 月 4 日）将他的后卫部队分成三线，但他并没有严格遵照卡缅斯基的命令列队。各条战线之间前后相距 120 步（约 85 米），步兵营也可能列成横队而非纵队。[106]

在普乌图斯克（Pułtusk）会战（1806 年 12 月 14 日 /26 日）中，俄军步兵排成两道实力大体相当的战线，还留有一小支预备队：第一线有 21 个营，从右到左依次为：立陶宛、科波里耶、穆罗姆火枪兵团，圣彼得堡掷弹兵团，叶列茨、罗斯托夫火枪兵团，帕夫洛夫斯克掷弹兵团；第二线有 18 个营：切尔尼戈夫、波洛茨克、纳瓦吉、托博尔斯克、沃伦、尼佐夫火枪兵团；预备队有 5 个营：图拉火枪兵团和来自雷瓦尔火枪兵团的 2 个营。俄军两翼还各设有一支强大的前卫部队：旧奥斯科尔、维尔纳火枪兵团，雷瓦尔火枪兵团的 1 个营和第 4 猎兵团位于左翼，由巴格胡夫武特少将指挥；坚吉火枪兵团和第 1、第 3、第 20 猎兵团位于右翼，由米哈伊尔·波格丹诺维奇·巴克莱·德·托利〔Михаил Богданович Барклая-де-Толли，他是德意志化的苏格兰裔波罗的海贵族，其德文名为米夏埃尔·安德烈亚斯·巴克莱·德·托利（Michael Andreas Barclay de Tolly）〕少将指挥。[107]

普乌图斯克会战中的俄军由列昂季·列昂季耶维奇·本尼希森（Леонтий Леонтьевич Беннигсен）将军指挥，他是自 1773 年以来一直效力于俄军的汉诺威人，德文名为莱温·奥古斯特·戈特利布·特奥菲尔·冯·本尼希森（Levin August Gottlieb Theophyl von Bennigsen），他在回忆录中如此讲述这场会战：

> 双方都极为英勇地投入战斗，从中午 11 时打到晚上 7 时。交火极为猛烈、持久，前后共计 6 个钟头，我们右翼的交火尤为激烈。双方的步兵横队几次靠得很近，近到似乎纠缠在一起。我军步兵的英勇表现在欧洲始终享有盛誉，可是，此前几场战局中的若干不幸事件导致她的声誉在那些对俄国士兵缺乏深入了解的人心中有所降低，我们看到我军步兵决心在这一天让人们注意到自己的表现，以此为自己正名。
>
> 另一方面，法军已经习惯于在他们那位伟大统帅亲自指挥下击败面前的一切敌人，当这些人展示了罕可匹敌的勇猛并加倍努力之后，才在普乌图斯克痛苦地头一回选择退却。[108]

在莫龙根①战斗（1807 年 1 月 13 日 /25 日）中，普斯科夫火枪兵团和第

---

① 译注：莫龙根（Mohrungen），现名莫龙格（Morąg），位于波兰瓦尔米亚 - 马祖里省。

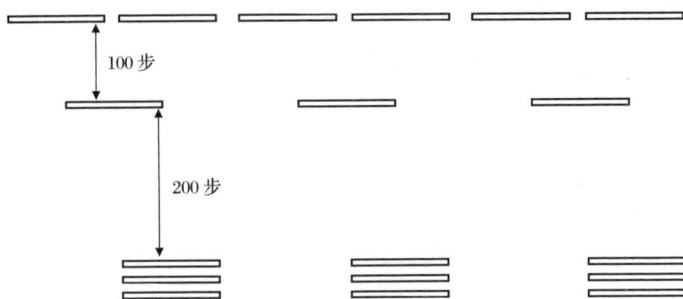

图 38. 艾劳会战的俄军步兵战斗队形

25 猎兵团组成了俄军的第一线，叶卡捷琳诺斯拉夫掷弹兵团组成了第二线，第 5 猎兵团的两个营在第一线之前展开成散开队形，该团的第三个营则充当支援部队。[109]

普乌图斯克会战结束后不久，本尼希森将军接过了东普鲁士和波兰境内全部俄军的统帅权。他对俄军步兵在艾劳会战（1807 年 1 月 27 日 /2 月 8 日 ）前的列队方式描述如下：在第一线中，每个步兵团的两个营列成横队，第三个营虽然也列成横队，但要位于前两个营后方 100 步处（丹尼斯·瓦西里耶维奇·达维多夫在 1807 年担任巴格拉季翁将军的副官，作为艾劳之战的亲历者，他认为第三个营列成了纵队[110]），位于第二线的各个团则要在第一线之后 200 步处列成以展开的营为单位的团纵队（三个营横队前后相继）。本尼希森如此解释这种安排（见图 38 ）的意义：

　　……第一线的第 3 营是预备队，它可以在必要情况下迅速前来支援这条战线，又不至于 [令战线] 出现断裂或产生缺口，位于第二线的两三个团也可以在短时间内编组成一个纵队，前往需要他们的地方。

　　我在所有战斗中都发现这种战斗队形优于大纵队队形，法军在冲击中使用后者，要想挡住大纵队，就只能在防御阵地上摆出纵深队形 [ordre profond]。一条前后仅有三列的单薄横队如何能够挡住纵队？怎么能够不被纵队突破？我可是时常看到法军在纵队冲击时出动了 10000 人乃至更多的兵力！拿破仑皇帝这位伟大统帅准确地计算出强大的纵队在冲击中相对于单薄的三列横队——这种队形至今仍未被废弃——的优势，直到那时，他在与所有军队交锋时都能够轻松地突入、击溃乃至彻底打败横队。当然，在第一次冲击当中，这些紧密的大纵队必定会因敌军炮兵［的火力］而损失许多人员；可当庞大的密集纵队突破横队后，战况就无可挽回了。这些纵队在推进中不会给这些已经被击退、打散的横队留出重整队形的时间。它们不可阻挡，军队一旦被［法军以］这种方式突入，又没有准备好能够阻挡这些强大纵队的密集队形，那就总是会遭遇完败……我得出的结论是，要想抵挡这些大纵队的冲击，唯一应当采用的原则就是像法军那样使用密集纵队，而且始终要在附近留出强大的预备队。[111]

或许值得注意的是，著名的军事理论家安托万·亨利·德·若米尼（Antoine Henri de Jomini）也在艾劳会战现场，他认为俄军步兵就像法军步兵在 1797 年越过塔利亚门托河时那样列成了混合队形（ordre mixte）：每个团中有一个营列成横队，另两个营在第一个营两翼列成纵队（见第五章《横队与纵队》图 21）。[112]

在两条步兵战线之外，本尼希森还保留了强大的步兵预备队。第 4 师的步兵和第 7 师的部分步兵团位于中部战线后方，他们列成了两个由展开的营组成的纵队（每个营都列成横队，一个师里的所有营前后相继）。左翼后方的预备队是第 14 师的步兵，该师的团列成由展开的营组成的团纵队，各个团纵队又形成了位于同一条线上的并列纵队。[113]

根据《俄国皇家陆军作战日志》（Журнале военных действий Императорской Российской армии）的记录，在海尔斯贝格会战（1807 年 5 月 29 日 / 6 月 10 日）中，俄军的步兵团列成了团横队，每个师的各个旅前后相继。[114] 其他资料则认为第一线各个团的列队方式几乎与艾劳一模一样，也就是每个团中有两个营展开成横队，第 3 营部署在后方，区别就在于第 3 营在海尔斯贝格会列成纵队。[115]

从对 1806—1807 年战局各次交战的诸多描述来看，刺刀冲击依然是俄军步兵青睐的作战方式。俄军通常会让法军迫近，用火力加以迎击，然后再用刺刀展开反击，[116] 反击时会敲响战鼓，往往要让团里的管乐队奏乐，有时还会伴有响亮的笑声，达维多夫说莫龙根战斗中的叶卡捷琳诺斯拉夫掷弹兵团曾在刺刀冲击时哈哈大笑，阿列克谢·彼得罗维奇·叶尔莫洛夫（Алексей

Петрович Ермолов）表示艾劳会战中的弗拉基米尔火枪兵团也曾这么做过。[117]根据达维多夫的说法，叶卡捷琳诺斯拉夫掷弹兵团里当时还有大约 100 名曾在波将金麾下作战的老兵（Потемкинских）。在莫龙根战斗中，当法军用刺刀向该团某营发动冲击时，这个营便大笑起来。[118] 谢尔盖·格里戈里耶维奇·沃尔孔斯基讲述了他从目击者那里听来的故事：

> 法军腾跃兵纵队竟敢发起刺刀战，叶卡捷琳诺斯拉夫掷弹兵团对此大为震惊，他们说了句："咱们还犯不着对这些矮个儿①上刺刀。"他们把步枪倒转过来，用枪托击退了法军纵队。[119]

《俄国皇家陆军作战日志》对莫龙根战斗有如下描述：

> 两个法国团端起刺刀冲向我们的叶卡捷琳诺斯拉夫团，它极为坚定地等待敌军迫近，以至于敌军那两个团还没推进到 20 步以内就都后退了。[120]

可以从这些引文中看出，双方并不会相向而行投入刺刀战，通常会出现其中一方单方面发起刺刀冲击或反冲击（在这个战例中，按照沃尔孔斯基的说法，俄军在反冲击时用的还不是刺刀，而是"枪托"）。

另一方面，根据许多拿破仑战争亲历者的回忆，居民点争夺战中却经常发生刺刀战或肉搏战。在艾劳会战前夜，普鲁士艾劳镇上就发生过激烈的刺刀战，当时，俄军将安德烈·安德烈耶维奇·索莫夫（Андрей Андреевич Сомов）少将的第 4 师投入战斗，想要夺回艾劳镇，关于这场战斗存在多份记载。符腾堡的欧根亲王以本尼希森将军副官的身份参与了 1807 年战局的这一阶段，他提到过该师某些团的战斗情况。欧根表示他在艾劳镇争夺战中和图拉火枪兵团待在一起。根据此人的说法，托博尔斯克、波洛茨克、坚吉火枪兵团跟在图拉

---

① 译注：法军腾跃兵（voltigeur）是个头较矮的精锐士兵，以擅长散兵战闻名，腾跃兵身高选拔标准为不得超过 4 法尺 11 法寸（约 1.60 米）。

团之后突入教堂庭院，在那里展开了血腥的肉搏战（blutigsten Handgemenge），俄军在这场战斗中清除了当地法军。在围绕城镇本身展开的后续战斗中，俄军发现法军躲藏在房屋里，就（闯进去）杀死法军，把尸体扔出窗外。欧根把这种战况称作战争史上少有的恐怖血腥屠杀（gräßliches Blutbad）。[121] 从欧根的记载中可以看出，该战与其说是战斗，不如说是残杀。

这里应当回顾一下符腾堡的欧根对刺刀这种戳刺兵器的实战用途的看法：他认为刺刀在 100 次战斗中有 99 次派不上用场，只有当胜利者追上失败者的时候才能发挥作用。[122]

瓦西里·杰姆钦斯基（Василий Демчинский）也讲述过艾劳镇里的战斗，此人在 1807 年是波洛茨克火枪兵团里的一名军官，战后一个多月，他在写给彼得·彼得罗维奇·科诺夫尼岑（Пётр Петрович Коновницын）将军的信中表示（这封信写于 1807 年 3 月 1 日 /13 日）：

索莫夫将军在此刻将他的师列成了纵队，从左侧前往普鲁士艾劳，1月 26 日下午 1 时，战斗开始，当法军看到我军过来后，就在位于对面的菜园、栅栏、街道和各类建筑物里从各个方向朝我军开火，我军尽管以纵队接近艾劳镇，但还是对着街道和"基尔基"①展开成横队，而且在小丘上部署了 2 门火炮，朝着镇子里的这条街道射击了几下，这个时候，团主下达了命令，前进、前进、上刺刀乌拉，这就是他的口头命令，敌军的子弹根本无法阻挡，我们团冲在最前方。整个团和我都朝着街道跑了过去，门口还长着高大多刺的树木，不过我们还是爬上了栅栏和篱笆，我的第 1 排接近了这个设有障碍物的入口，我在最前方头一个跃过了栅栏，可栅栏钩住我的外套，把它挂在了上面，就在这时，据守这座教堂庭院的法军站成一圈朝我打了几枪，幸运的是，这几枪并没有命中我，我排里的掷弹兵跟在我后面跳了过去，还扯下了我的外套。我并没有下令开火，而是让他们端着刺刀朝着那堆人冲了过去，他们逃往远处的门口，我们

---

① 译注：基尔基（кирки），源自德语词教堂（Kirche），俄语中多用该词指代路德宗教堂。

赶到庭院离街道最近的门口，看到有一整个营的法军携带着两面军旗正站在"基尔基"周围的地上，但他们并没有列队，而是挤成几堆。我让自己的排尽快列队，还把一些赶过来的其他人员补充到我的排里，让他们从街道一边的墙壁排到另一边，列成横队，我向前走了 3 步，然后拔出军刀，下令：前进，前进，上刺刀乌拉。

这队法军变得相当胆怯，他们相互推搡，朝着不同的方向跑开，有的人还埋在 [隐藏在]"基尔基"、房屋和棚子附近，从窗子后面射击已经迫近的我军，一队人冲上了街，我派了几名掷弹兵跟在后面，另一队人带着一面军旗 [开始离开] 某栋房屋，正在跃过栅栏跑向野外，我那个无畏的掷弹兵排在那里发起冲击，开始砍杀和戳刺，他们出于愤怒不给任何人求饶机会，我就是在这个地方缴获了法军的旗帜……[我] 和我的掷弹兵一起跃过栅栏进入野外，看到第 3 营位于城镇正面，法军面朝第 3 营列成横队，他们后方设有火炮，距离我们不超过 0.25 俄里，我不敢冲过去，而是命令士兵在位于不同地点的房屋和栅栏后面从不同方向朝法军射击，全团都进入了这个地方，法国佬被吓坏了，由于到处都有成堆的人被捅死，我觉得他们用刺刀捅掉了多达 2000 人……[123]

可以从杰姆钦斯基的记载中看出，即便在居民点争夺战里，刺刀冲击也不一定会导致刺刀战，敌军时常会立刻溃逃，但在有限的空间内，并不是每个人都能够迅速逃掉，那时的情况就是大肆杀戮乱成一团的敌军集群，随后则是捕杀那些想要藏起来的敌人。根据杰姆钦斯基的说法，他的团在这场战斗中损失惨重：团长加夫里拉·阿列克谢耶维奇·切尔卡索夫（Гаврила Алексеевич Черкасов）上校和另外两名军官战死，团主彼得·潘捷列耶维奇·波波夫（Пётр Пантелеевич Попов）少将和 8 名军官负伤，当夜，杰姆钦斯基的连里只剩下 60 名士兵。

关于次日展开的艾劳会战，某些亲历者称它为这个时代最激烈的会战之一。大约中午时分，当法军皮埃尔 - 弗朗索瓦 - 夏尔·奥热罗（Pierre-François-Charles Augereau）元帅的军向俄军方向推进时，一阵暴雪降临了，它大大降低了能见度，当风雪突然停止后，有些法军纵队惊讶地发觉它们已经来到位于俄军中央阵地的庞大炮群前方，而且距离非常近。俄军炮兵发射霰弹，使敌军陷入混乱，然后，几个俄国步兵团发起刺刀冲击，奥热罗的这个军陷入混乱，蒙受了惨重损失。[124] 达维多夫提到这时发生了一场规模宏大的刺刀战：

> ……暴雪中厚厚的雪花被卷起，两步以外的一切都看不清。奥热罗军迷失了方向……天色明朗时，该军突然出现在我们的中央炮群面前，这让他们和我们都大为惊诧。70 门火炮喷射出地狱般的火力，一阵霰弹撞在他们的枪管上，叮当作响，砸进了那活生生的肉、骨集群。莫斯科掷弹兵团、施吕瑟尔堡步兵团① 和索莫夫将军的步兵旅如饥似渴地端起刺刀冲了过去。法军出现了动摇，但在得到鼓舞后还是挺起了胸膛，用刺刀对上刺刀。随后发生了一场前所未见的战斗。超过 20000 名双方人员用三棱刺刀相互刺杀。人们成群地倒下。笔者亲眼见证了这场荷马式的屠戮，我可以诚恳地说，在自己军事生涯经历的 16 场战局里，在整个拿破仑战争时代，我还从没有见过这样的杀戮！可以公允地将它称作战争艺术的史诗。在大约半个小时里，无论是位于这场交战中还是身处外围，你都听不到一点枪炮的声响，只能听到数以千计的勇士在肉搏战中无情地相互砍杀时发出的那难以描述的嘈杂声。尸堆上摞着新的尸堆，数以百计的士兵在死人堆上跌打翻滚，这一整片战场很快就像是突然建起来的高大壁垒。最终，我们取得了胜利！奥热罗军被击溃了，我军步兵猛烈追击，戈利岑公爵也指挥骑兵中央集群赶来支援。[125]

莫斯科掷弹兵团和施吕瑟尔堡火枪兵团隶属于彼得·基里洛维奇·埃森（Пётр Кириллович Эссен）中将的第 8 师，索莫夫少将的旅（图拉、托博尔斯克火枪兵团）则属于第 4 师〔由于师长戈利岑（军事修会胸甲骑兵团团主）在艾劳会战中负责指挥俄军骑兵，该师同样由索莫夫指挥〕。

应当注意到，达维多夫当时是巴格拉季翁将军的一名副官，而由于巴格

---

① 译注：施吕瑟尔堡团当时仍名为"火枪兵团"，1810 年后才改称步兵团，俄方回忆录中时常出现类似的混淆情况。

拉季翁此前几天指挥的从各个师中抽调兵力组成的后卫部队在会战前一天与主力会合后就按照军队作战序列返回了原有的师，因此巴格拉季翁在艾劳会战中实际上没有可供指挥的部队。笔者并不清楚达维多夫在会战当天身处何处，也不知道他在距离那场他生动描述的战斗多远的地方目击了它。

直接参与这场战斗的人则留下了与达维多夫略有差异的描述。以米哈伊尔·马特维耶维奇·彼得罗夫（Михаил Матвеевич Петров）为例，他在1807年是叶列茨火枪兵团（隶属于第2师）的一名尉官，他表示：

> ……密不透风的大雪开始飘落，很快就把我们的阵地统统遮住了，奥热罗军在这片黑暗中偏离了拿破仑指定的行军方向，正如大家现在所知道的那样，这个军转向左侧，直接闯进了我们由前后三条线组成的之字形阵地的角落里，法军纵队先头部队冲出雪幕后直接来到了位于中部的我军主力炮群前方，这个拥有40门火炮的炮群倾泻出霰弹。法军想要退后，但这已经太晚了，因为奥斯特曼师和其他师的那些团将每个团位于前方的两个营向左右两侧展开成团横队，不仅完成了包抄，而且还开始用俄国刺刀将他们歼灭！相当多的步兵和骑兵赶来增援我军，敌军那恐怖的尸堆很快就填满了郊区里那长着草的谷地。[126]

你可以从彼得罗夫的记载中看出，法军"想要退后"，也就是说他们打算退却，但俄军包抄了法军纵队的侧翼，此后与其说是战斗，还不如说是屠戮。

帕维尔·赫里斯托福罗维奇·格拉贝（Павел Христофорович Граббе）在1807年是一名炮兵军官，他在弗拉基米尔火枪兵团的第1营和第2营中间指挥两门轻炮，按照他的回忆：

> 在[会战的]第一个小时，一阵暴雪让我们的眼睛根本看不见东西。突然，一切都安静下来，就在我的火炮前方，相距不到30步远的地方，我们看到了一支法军纵队，它居然距离严阵以待的我军战线那么近，这也显然让他们大吃一惊。我没有实心弹，每门火炮只有5发霰弹，而且都已经预先装填了霰弹。在这么近的距离上，霰弹拥有毁灭性的杀伤力。

纵队转向右侧,冲向弗拉基米尔团 2 营(我位于 2 营和 1 营之间)。[我军]用刺刀迎击敌军,但还是被 [法军] 从中部突破了。我朝着那个敌军纵队的中段和尾部打出了最后一批霰弹,就在那时,我身后的炮手叫了起来:"法国佬!"这让我回头张望。一些法军从后方冲入了炮群,但我军很快就追了上去。他们统统被刺刀宰杀,我只能从我麾下炮手的剑下救出几名法军。火炮的挽马负了伤,所有弹药也都用尽了。这一阶段的刺刀战以 [敌军] 纵队的彻底毁灭告终。战场上满是尸堆。[127]

弗拉基米尔火枪兵团隶属于第 7 师,该师原先是预备队的一部分。笔者尚不清楚这支法军步兵纵队是如何接近弗拉基米尔团的,要么是这个纵队击穿了俄军的前几条战线——这不大可能发生,要么是俄军已经从预备队中抽出该团,并将它投入前线交战中,鉴于格拉贝表示这个团列成了战斗队形——至少有两个营在展开成横队后左右相邻,这两个营之间还部署了配备给该团的火炮,后一种情况发生的可能就比较大。叶尔莫洛夫也提到弗拉基米尔团与法军奥热罗元帅的步兵军交过手,不过,他并不是目击者:

> ……11 时左右,大雪遮住了阳光,战斗中断了一刻钟……阳光将黑暗驱散时,一支法军步兵纵队已经出现在距离第 7 师不到 100 步远的地方。业已就位的我军各团突然出现 [在敌军视野里],这让他们大为震惊,甚至停了下来。弗拉基米尔火枪兵团发出了响亮的笑声,以此表现出最恐怖的冷酷,端起刺刀冲了上去,[让法军] 没人 [活下来] 哀悼战友的死亡。[128]

从格拉贝的说法中可以判断出一点:当溃逃的法军已经出现在他后面时,他的火炮还在打出 5 发霰弹中的最后一发,这表明一切都进行得非常快:在近距离射击——此时几乎不用瞄准——中,6 磅炮能够在一分多钟乃至一分钟之内打出 5 发霰弹。因此,法军纵队的先头部队几乎是立刻突破了弗拉基米尔团 2 营的横队。但法军随后就被位于弗拉基米尔团这两个营之后的俄军部队击溃,这批部队可能是弗拉基米尔团的 3 营,也可能是另一个团。被击溃后,法军只能任人宰割。

从格拉贝的叙述中还可以看出，步兵的近距离交战可以说是相当难以捉摸，它包括了一系列的冲击、反冲击、个别部队的退却或溃逃、局部突破乃至残杀，当胜利者追上了溃逃的敌人，无情地屠杀所有被抓到的对手时，就会出现最后一种情况。

符腾堡的欧根指出俄军的刺刀冲击威力十分强悍，可却往往会导致俄军损失惨重，冲击也以失败告终——这种情况在他最初经历的几场战局中尤为常见。其原因就在于发动刺刀冲击的时机并不正确，组织得也不算好。按照欧根的说法，法军用精准的火力迎击俄军，迫使俄军为无畏的进攻付出昂贵的代价，即便法军一线部队时常会放弃某些地段，它的下一梯队也会使用和一线部队相同的办法杀伤俄军。[129]

上文提到的杰姆钦斯基在写给科诺夫尼岑的同一封信中如此讲述艾劳会战：

> 波拿巴率部从三个方向攻击我军，到处都出现了极为猛烈的枪炮火力，它们既落到我军这边，也落到敌军那边；横队之间展开了对抗，当双方横队接近时，我军的横队端起刺刀猛冲，法军的横队就跑了回去，然后，法军纵队又派出新的横队，我军的横队被他们击退，我们在这种退却中往往也会被打乱……[130]

从杰姆钦斯基的记载中可以看出，俄军的确可以用刺刀冲击打退法军步兵位于前方的几个横队，但在这些横队后方，法军还设有列成纵队的预备队。这些纵队会出动生力军，进而迫使俄军退却，而俄军步兵在退却中时常会陷入混乱。如你所见，杰姆钦斯基的记载与符腾堡的欧根对俄军步兵在此次战局中刺刀冲击情况的整体印象相符。

有些将领会让敌军迫近己方部队，然后并不让麾下的所有步兵全部发起冲击，而是先出动一部分兵力，再用后续兵力加以支援。《俄国皇家陆军作战日志》描述了亚历山大·伊万诺维奇·奥斯特曼-托尔斯泰（Александр Иванович Остерман-Толстой）将军麾下的俄军步兵在艾劳会战中抵挡达武元帅的法军，文中的说法便揭示了这种情况：

双方散兵展开了漫长、激烈的交火,当两军距离近到足以发起刺刀冲击后,中将奥斯特曼伯爵就出动了每个团的第1营,让第2营支援第1营,然后出动了预备队中的所有兵力,多次击溃敌军,给他们造成重大损失。[131]

之所以步兵营会以如此连贯的方式推进,原因可能在于这样一个事实:在由奥斯特曼-托尔斯泰指挥的左翼中,位于第二线的第2师和在后方充当预备队的第14师下属各团起初都是让各个营前后相继。

步兵单位即便在成功发起刺刀冲击后也往往会陷入全面混乱。胜利使得士兵过度兴奋,继而导致他们追杀敌军,有时候就会追得太远,而阻止士兵追击是非常困难的。在贝格弗里德①战斗(1807年1月22日/2月3日)中,由3个步兵团组成的俄军分遣队守卫阿勒(Alle)河上的一座桥梁。一个法军纵队杀过了桥,俄军则发动反击迫使其撤退。乌格利奇火枪兵团的一个掷弹兵连冲过桥追击法军,这回就轮到掷弹兵连在遭遇惨重损失后败退了,连长安德烈耶夫(Андреев)上尉也受了重伤。[132]

有几位艾劳会战的亲历者表示,当奥热罗元帅的军败退后,几个俄国步兵团和骑兵团展开了追击,其中一个营几乎追到了拿破仑本人所在的艾劳镇郊区公墓,但还是被敌方生力军打散了。[133]而按照拿破仑麾下将领和军官的说法,这个营却变成了三四千人的纵队。

有的时候,俄军步兵的冲击会以彻底失利告终,这是因为这些冲击组织得很糟糕。以1807年2月20日/3月4日的采赫恩(Zechern)战斗为例,法比安·威廉莫维奇·冯·德·奥斯滕-萨肯(以下简称萨肯)将军手头有多达20000名士兵可供支配,与当面之敌相比具有可观的数量优势,他多次出动相当薄弱的兵力发起攻击,且并没有动用其他部队加以支援。结果,俄军的所有冲击都被打退,反倒蒙受了相当大的损失。奈伊元帅在此战中指挥法军,他的战报写道:

① 译注:贝格弗里德(Bergfried),现名巴尔克维达(Barkweda),位于波兰瓦尔米亚-马祖里省。

> 敌军的机动情况非常糟糕，曾经七八次伴着恐怖的吼叫在极度混乱中迫近我军，他们推进到距离我麾下各个步兵营只有 15 步远的地方，但处处都遭遇死亡……[134]

尽管存在诸多困难和失利，刺刀冲击仍然被视为迅速击退敌军的有效方式。叶尔莫洛夫对 1807 年 5 月 24 日 /6 月 5 日的洛米滕（Lomitten）村战斗描述如下：

> 多赫图罗夫将军发觉敌军虽然兵力薄弱，却得到了坚固鹿砦的保护，而且在和他们交火时每次只能投入一个营。近卫猎兵团的两个营就端起刺刀迅猛地冲了上去，立刻将敌军撵走。[135]

多赫图罗夫将军的上述战斗是本尼希森全军大攻势的组成部分。俄军分成几个纵队发起进攻，根据事先的安排，上文提到的萨肯将军应当率领他的纵队在多赫图罗夫纵队左侧推进，但他出于某些未知缘故拖延了行程，最终抵达预定位置的时间要比原计划晚得多。萨肯纵队的延误导致在更左侧作战的巴格拉季翁纵队也被迫推迟进攻。结果，整场作战行动并未如本尼希森所想取得成功。此事发生后，萨肯被送上军事法庭，他以从本尼希森那里接到了前后冲突的命令为由替自己辩解。审判持续了 3 年之久，但萨肯除了在亚历山大一世面前失宠一段时间外并未遭遇严重后果。[136] 近卫猎兵团的一位匿名军官则更为细致地描述了该团在洛米滕的战斗：

> 多赫图罗夫将军于上午 10 时着手进攻敌军筑垒据点，敌军英勇抵抗，而且还从帕萨尔格（Пассаржи/Passarge）[河] 那边得到了增援，反倒令我军的努力损害了自身。
>
> 他 [多赫图罗夫] 已经将麾下的 13 个营投入战斗，尽管他们将法军逐出了邻近筑垒阵地的地区，可在付出代价后却无法将其彻底击败，尤为重要的是，一旦苏尔特元帅发觉萨肯并未抵达，他立马就会不断地将新锐部队投入战斗，这促使多赫图罗夫将军请求皇储康斯坦丁尽快出兵

支援，皇储派遣他的侍从将军希特罗沃 [Хитрово] 率领我们近卫猎兵团的 2 个营和 5 个枪骑兵中队前去支援。我们在下午 4 时抵达战场，半个小时之内就投入战斗。这时，我们的上校圣普列斯特伯爵机智地调整了部署，展开了截然不同的另一种战斗。他命令 1 营先穿过正在展开徒劳交火的我军部队，然后强击鹿砦，强击时伴随大举包抄，突然猛攻敌军，使 [敌军] 遭遇来自两个方向的火力，陷入无序和混乱。执行情况完全符合预期。我所在的 1 营无畏地投入了战斗，哪怕它没有在第一次强攻时拿下堡垒，但它至少吸引了敌军的注意力。随后，聪明的圣普列斯特伯爵发现战况陷入胶着，就指挥部队绕了过去，以罕见的勇气攻入后方。

敌军发觉自己突然被围，他们陷入了混乱，只想到如何逃命，开始在极度混乱中飞快地逃离堡垒。猎兵立刻开始追击溃逃的敌人，他们尽管在洛米滕村得到了新的援军，却还是被得胜的猎兵从这个村子里撵了出去……

不过，在我看来，多赫图罗夫将军预计萨肯即将到来，因此起初不打算以这种方式进攻，而他采用的灾难性手段——在添加进攻兵力时只是逐营投入，并没有出动重兵——则导致他陷入极端境地，甚至要向大公请求增援，这既鼓舞了敌军，也给他麾下的步兵灌输了气馁情绪。[137]

根据这位讲述者的说法，近卫猎兵团在此次战斗中死伤了 250 多人，也损失了最优秀的军官，伤员中包括该团团长埃马努伊尔·弗兰采维奇·圣普列斯特〔Эммануил Францевич Сен-При，其法文名为纪尧姆 - 埃马纽埃尔 - 热尼亚尔·德·圣普列斯特（Guillaume-Emmanuel-Geignard de St.Priest），他是一位法国流亡者之子，此时效力于俄军〕，还有许多军官战死或重伤，讲述者本人也被一发子弹伤到了脚后跟，而且由于没有得到及时、彻底的治疗，他最终丢掉了一条腿。如你所见，根据这位讲述者的说法，由于多赫图罗夫希望萨肯将军的纵队投入战斗，他就没有果断地动用大部队猛烈冲击。

亚历山大·彼得罗维奇·奥博连斯基（Александр Петрович Оболенский）在 1807 年是因格曼兰龙骑兵团的一名上尉，也是多赫图罗夫将军的副官，他对此战描述如下：

树林的防御得到了巩固，以至于那些被派过去的团虽然损失了很多人，却并不能将其拿下。

多赫图罗夫将军派我到总司令那里去报告战况并请求增援。

我发现本尼希森正在率部攻击敌军筑垒营地。关于我的报告，他对我是这么说的："你们打得热火朝天，真遗憾，其实只需要佯攻。"这个评论令我极为惊讶，因为要是只用牵制敌军，不去真正展开战斗，我们就不至于付出多达1000人死伤的代价，可他的命令却是：进攻并肃清帕萨尔格 [河] 岸边之敌。[138]

从奥博连斯基的记载和萨肯的辩解之词中可以得到这样一种印象：本尼希森并没有在进攻前发布的命令中明确地阐述作战计划。

在1807年5月29日/6月10日的海尔斯贝格会战中，法军步兵曾多次对俄军阵地发起进攻，这些阵地位于高处，而且前方设有几座野战工事，于是，法军就得冒着俄军炮兵的猛烈火力发起攻击，随后还会遭遇俄军步兵的迎击。《俄国皇家陆军作战日志》和本尼希森、叶尔莫洛夫的回忆录多次提及俄军步兵用刺刀发起反击。[139]此战中规模最大的反击之一至少涉及6个步兵团，其中包括由拉夫连季·拉夫连季耶维奇·瓦尔涅克（Лаврентий Лаврентьевич Варнек）少将指挥的谢夫斯克、佩尔瑙、卡卢加火枪兵团，正如本尼希森所说，这三个团在战斗中大量运用了俄国步兵最喜欢的武器——刺刀。[140]尼基塔·伊万诺维奇·托卢别耶夫（Никита Иванович Толубеев）在1807年是基辅龙骑兵团的一名军官，也是该团团主彼得·尼古拉耶维奇·利沃夫（Пётр Николаевич Львов）将军的副官，他讲述了法军对其中一座工事的冲击和俄军的反冲击：

敌军竭尽全力想要夺取我军从阿勒 [河] 算起的第二座炮垒……几次派出庞大的步兵纵队攻击炮垒，当敌军步兵抵达炮垒、攀上胸墙时，我们的炮兵就用双锋短剑砍杀这些大胆的家伙。由于这样的战斗发生了不止一次，很多战死的敌军堆积在胸墙脚下，我们的炮兵只有把他们扔到一边去才能继续开火。离胸墙越远，尸堆就越低，在距离胸墙足有霰弹射程那么远的地方，那里的景象就像是收割过后的麦田一样。每当敌军胆敢接近这个炮垒，就会发生最可怕的屠戮；除了我军部署在炮垒之内的加农炮和独角兽炮发射霰弹粉碎敌军纵队之外，位于炮垒后方的我军步兵也会在敌军迫近时迎头痛击。某些作者在描述战争时说有些会战是血流成溪，如果他们的说法属实，那么这个炮垒里就该是血流成河了，可能够看到的情况绝非如此，这或许是因为鲜血已经被尸体堰塞、掩盖了。新近组建的佩尔瑙步兵团在团主恰布洛科夫 [Чаблоков] 少将的指挥下位于距离炮垒不远的地方，它被派去迎击一支正朝我们开来的庞大步兵纵队，这为我们提供了一个特别的景象。佩尔瑙团的士兵们以冲击姿势持枪，尽管敌军相比之下看起来相当可怕，可他们走向敌军那大型密集纵队的步法就像是在跳从前的波兰舞一样；当那个恐怖的大纵队朝着这个团打出一轮齐射后，年轻的佩尔瑙团小伙儿们就像雄鹰扑食一般朝着敌军猛冲过去。法军的剑术徒劳无益，他们挥舞着步枪，想要格挡俄国刺刀的刺杀，但刺杀的方向是不可变更的。位于敌军前列的士兵在挥舞步枪的同时也开始后退，可他们又没有转身，这就挤压了身后的所有人员，让敌军纵队里的其余士兵无法行动。在这种情况下，佩尔瑙团的小伙子们踩在死者身上刺杀敌军，像是用草叉处理禾捆。许多 [佩尔瑙团的士兵]将步枪投掷出去，就像古代人投掷标枪一样，他们确信自己能够拿回枪支，而且就算不能立刻收回也可以从敌人身上拿到步枪，他们从地上捡起敌军枪支，把它们当作自己的枪支使用。与此同时，[少将] 阿纳斯塔西·安东诺维奇·尤尔科夫斯基 [Анастасий Антонович Юрковский] 率领他的伊丽莎白格勒骠骑兵团攻入 [敌军] 侧翼，切断了这个敌军密集纵队的退路。然后，敌军炮兵开始无差别地同时轰击敌我部队。这就是这个本该被全歼或俘虏的纵队竟然还会有一小部分残部归队的原因，他们把好几面军旗留给了佩尔瑙团的士兵，我已经记不清缴获了多少面了。[141]

佩尔瑙火枪兵团的团主名叫帕维尔·尼古拉耶维奇·乔格洛科夫（Павел Николаевич Чоглоков，引文原文误作恰布洛科夫）。他在 1807 年还只是一名上校，1808 年才晋升为少将。火枪兵团在 1811 年统一易名为步兵团。托卢别耶夫记载中的偏差表明他要到 1811 年之后才会写下这段话，但他的写作年份可能也不会晚于 1813 年，因为佩尔瑙团彼时已经更名为掷弹兵团，佩尔瑙团在海尔斯贝格夺取了法军第 55 战列步兵团的鹰旗。[142] 至于 "波兰舞"，它指的大概是波兰慢步舞（polonaise），一种步调缓慢的庄重舞蹈。

叶尔莫洛夫则对法军在傍晚时分对俄军某座工事发动的一次攻击描述如下：

> ……一支强大的法军掷弹兵纵队朝它推进。他们得到了一道宽阔谷地的保护，在一段距离内免遭我方炮火威胁，可他们一走出谷地，就遭遇了我军各个炮群的交叉火力和主工事里的霰弹火力。尽管这个纵队里出现了混乱，它还是推进到了那条壕沟前面，可是，我军保卫工事的那几个团用刺刀攻击了它，导致它在极度混乱中溃逃。打垮一支如此优秀的部队原本不该这么容易，不过，它也的确吃不消几个炮群的联手作战。

如你所见，叶尔莫洛夫一方面声称俄军步兵的刺刀反击使法军陷入溃逃，另一方面，作为一名炮兵，他也坚信俄军炮兵的行动是反击取胜的原因之一。

另一些目击记录描绘了略有差异的景象。前文提到的奥博连斯基表示：

> 5 月 29 日，[法军] 掷弹兵组成的紧密纵队一个接一个地以令人诧异的良好队形朝着我军阵地前进。我军的 24 门火炮予以迎头痛击，先是用实心弹，然后上霰弹。当我们的炮群将敌军纵队杀伤一半后，我们的步兵再冲下 [斜坡] 迎击敌军。
>
> 两军在极近的距离上交手，都采用急促射击，但都没取得什么进展，任何一方都不敢发起刺刀冲击。法军并不能承受如此猛烈的火力，[他们] 虽然还是秩序井然，但终究是后退了，而且在这一过程中损失了更多的人员。[143]

应当注意，奥博连斯基显然夸大了炮火给法军造成的损失。他的记载表明俄军并不是完全依靠刺刀反击手段打退法军冲击。叶尔莫洛夫也提到 "许多地段的步兵离开防御工事，有个地段 [双方] 的整条战线都展开了会战射击"[144]。

人们可以时常在书中发现有人引述拿破仑战争亲历者雅克·马凯·德·蒙布勒东·诺尔万（Jacques Marquet de Montbreton de Norvins）对弗里德兰会战最后阶段里的一段插曲的描述。俄军当时被迫退却，而俄国近卫军负责掩护其余部队。它先是遭到法军炮兵的轰击，然后遭到法军步兵的冲击，根据诺尔万的说法，当时爆发了一场刺刀战。著名的英国史学家戴维·钱德勒（David Chandler）后来复述过他的简短故事。[145] 其他史学家——包括俄国史学家在内——也重述过诺尔万的故事，其中有些人甚至没有运用原始版本，而是使用了钱德勒的转述，甚至采用了更为缩略的写法，以致某些读者会产生诺尔万全程目睹了这场刺刀战的印象。[146]

诺尔万在 1807 年是所谓的"敕令骑兵"（gendarmerie d'ordonnance）里的一名中尉，这是一支规模不大的骑兵部队（2 个中队），它组建于 1806 年，兵源是法国富人和贵族的子孙。这支部队参与过 1807 年的古特施塔特（Guttstadt）会战，还在这场会战中对哥萨克成功发动了冲击（这并不奇怪——哥萨克往往会避开正规骑兵的正面冲击），此外也参与过这次战局中的几场小规模战斗。诺尔万因为其中某次战斗获得了荣誉军团勋章。同年 7 月，这支部队最终解散。1808—1810 年间，诺尔万在德意志境内的威斯特法伦王国——该国由拿破仑的弟弟热罗姆（Jérôme）统治——担任过诸多职位，他在 1810—1814 年间又是罗马的警务长官。因此，诺尔万实际上并没有多少从军经历。

拿破仑战争结束后，诺尔万写了一本名为《拿破仑史》（Histoire de Napoléon）的书，在书中以种种方式极力颂扬皇帝的业绩和他麾下军队的功勋。[147] 此书十分畅销，在整个 19 世纪再版过大约 30 次。不过，这个与弗里德兰有关的故事则出现在另一本书里，那是诺尔万的个人回忆录，写于拿破仑战争结束几十年后。诺尔万对弗里德兰会战最后阶段描述如下：

> 我最终看到了这场大戏那恐怖的最后一幕，七八百门火炮充当管弦乐队，300000 战士表演着哑剧。俄国近卫军都是征召过来的北方巨人，他们身处弗里德兰镇周围那重重遮掩的谷地，是敌方大军固执的最后的希望，我方奈伊 [元帅] 军和杜邦 [皮埃尔·杜邦（Pierre Dupont），法军

345

将领]师的战列步兵向他们发起冲击，用刺刀展开杀戮。这是一场侏儒击败巨人的战斗，正是这些小个加斯科涅人在夜里用波兰话向拿破仑索要面包。[①] 进攻和防御都异常激烈，可以说双方在谷地里拉锯了两个小时之久，鲜血没过了我们的马膝，我们在攻入弗里德兰之前看到俄国近卫掷弹兵的尸体都横在地上，就连尸体也几乎排列整齐，大部分人都是胸部中刺刀而亡，这是因为我们的士兵没法把刺刀捅向更高的地方。这些勇士中的每一个人都英勇自卫，坚守着自己的队列。[148]

如你所见，诺尔万的故事里充斥着显而易见的夸张情节，尤为值得注意的是，他大大高估了军队的参战兵力和火炮数量。当诺尔万表示他目睹了大戏的最后一幕时，他显然是在谈论整场会战而非法国步兵和俄国近卫军在弗里德兰镇郊的战斗。刺刀战的故事看起来相当不现实：来自普通战列步兵的法国小个子击败了高大的俄国近卫军。诺尔万提到他只是在两个小时后才来到交战现场。从诺尔万的记载中可以看出，即便他曾经目睹过这场战斗，也必定是远远地观望，因为敕令骑兵几乎始终和近卫军里的轻骑兵待在一起，他们距离正在高地上观战的拿破仑并不远。诺尔万不可能亲眼看到弗里德兰郊区争夺战的细节，也很难断定那里是否发生过刺刀战。

根据诺尔万的说法，他只是在和其他骑手——这些人可能也来自他所属的中队——一道穿过战场时看到了被杀死的俄国近卫军。应当注意到，这场会战是在日暮时分结束的，所以，诺尔万行经战场时很可能天色已黑。他显然不可能将所有战死的俄军士兵都端详一遍，所以，他要么是在臆测几乎所有倒在战场上的俄国近卫军都被刺刀杀死，要么转述了旁人的夸张说法。

不过，那些真正亲历过会战的法国军官在他们的回忆录中并没有提到这

---

① 译注：拉普（Rapp）在回忆录里提到，1807年战局中曾有法军士兵在纳谢尔斯克（Nasielsk）附近用新学的波兰话对拿破仑开玩笑："Papa, kleba?"（老爹，面包呢？）拿破仑也用波兰话回答："Niema."（没有）。士兵随后都大笑起来。参见 Rapp J. Mémoires écrits par lui-même et publiés par sa famille. Paris, 1823, p. 120; Kierzkowski J. F. Pamiętniki Jakuba Filipa Kierzkowskiego kapitana wojska francuzkiego kawalera krzyża Legii Honorowej a na ostatku majora w wojsku polskiém 1831 r. Pozna ń, 1866, s. 65-66（凯日科夫斯基的记载与拉普略有不同）。

样的细节。以前文提到的弗朗索瓦·维戈 - 鲁西永为例，他在1807年是第32战列步兵团里的一名军官，该团恰好隶属于杜邦师，此人提到，当这个师发起进攻时，俄军步兵冲出来保卫他们的火炮，发动了他曾目睹过的最可怕的一次冲击。根据维戈 - 鲁西永的说法，第32团迎击了俄国的"普罗巴津斯基"（Probazinski）近卫团，并且突入（enfoncé）该团，将这个俄国团彻底打垮（totalement écrasé）。应当注意到，écrasé 这个词在维戈 - 鲁西永笔下并不意味着刺刀战，在关于1809年7月28日塔拉韦拉（Talavera，位于西班牙境内）会战的记述中，他用这个词描述自己的营（他在1809年指挥第8战列步兵团的一个营）用相距60步的一轮齐射击溃了英军的一整个团——第83步兵团（这当然是大大夸张了）。[149] 笔者不能断定维戈 - 鲁西永提到的俄国团究竟是哪支部队——普列奥布拉任斯科耶近卫团并没有参与弗里德兰会战，俄军当时派出了部分兵力在阿伦堡（Allenburg）镇附近守卫阿勒河渡口，普列奥布拉任斯科耶团也是其中之一。[150]

即便诺尔万目睹过被刺刀捅死的俄军士兵，那也不一定意味着这些人死于刺刀战当中——法军完全有可能用刺刀解决倒在战场上的俄军伤员。有些法国军官在回忆录中坦率地提到了这种做法。蒂埃博将军表示，他们在奥斯特利茨会战前得到了预警：如果法军在向前推进时绕过了那些不能走动的俄国伤员，把他们留在身后，那么这些人就会再度拿起武器，让法军陷入前后火力夹击之中，因此，他就命令部下不要在身后留下一个活着的俄国人。[151]

弗朗索瓦 - 罗克·勒德吕·德·埃萨尔（François-Roch Ledru des Essarts）在1805年是第55战列步兵团的上校团长，该团和蒂埃博旅隶属于同一个师。他提到奥斯特利茨会战中大约有400名俄军在索科尔尼茨城堡的庭院里被俘，可是在此之前，他的士兵杀死了所有俄国人，并不想留下任何战俘，按照他的解释，这是为了报复俄军的残酷行径。[152] 法军对俄军的怨恨可能出现在克雷姆斯会战之后，那里的战况正如布托夫斯基所述："这一仗里没有任何怜悯，一切都沦为刺刀的受害者。"[153]

俄军伤员继续坚持射击的说法并非毫无根据。以弗朗索瓦 - 勒内·普热（François-René Pouget）为例，他在1805年是第26轻步兵团的上校团长，根据普热的记载，就在奥斯特利茨会战结束之际，双方还有许多伤员留在特尔尼茨村里，有个断了一条腿的俄军士兵朝着过去帮助他的法军士兵开了火。普热提到这位法军士兵并没有被打死，但那个俄国人立刻就被刺刀捅了五六下，当场毙命。[154]

法国军官费利克斯 - 让 - 马里·吉罗·德·兰（Félix-Jean-Marie Girod de l'Ain）在 1807 年效力于恰好也隶属于杜邦师的第 9 轻步兵团。他提到该团 1 营在弗里德里希会战中负责保护炮群，要随炮群行进，因此会来到某些原先被俄军占据的地方。根据他的说法，俄军的死伤人员正好标记出哪些地方原先是俄军据守的阵地。有位俄军伤员的一条腿被实心弹削去了一半，他躺在距离该营 100 步远的地方，一再朝它开火。最后，这个营的营附跑到那名俄军士兵身边，想要解除他的武装，可他还是挥舞着上了刺刀的步枪抗拒，于是这名营附就只能抵近射击给他补了一枪。[155]因此，诺尔万看到的俄军死者可能并非死于刺刀战，而是被人补了刀。

1806 年和 1807 年初的俄军步兵营通常会在战场上列成横队。就连刺刀冲击也是用这种队形执行的。[156]这种情况在 1807 年春季发生了变化。康斯坦丁大公在他于 1807 年 5 月 22 日 /6 月 3 日签发给近卫师的一份命令中规定：

> 攻击 [敌军] 纵队时不应当使用横队，而要使用纵队。如果一个营并未参与交战或充当预备队，它就要列成以中央为基准的纵队。

以中央为基准的纵队即以两个中央排为基准列成的纵队，它相当于法军的冲击纵队（colonne d'attaque），也和库图佐夫在 1805 年规定的在"困难"地带行进和步兵越线换防时使用的纵队相同。康斯坦丁在命令中还规定步兵在击退敌军并展开追击时不要追得太急、太远，而要有序地先派出一个营，再出动另一个营（可能来自同一个团）支援，但一般来说，在击退敌军之后，还是得命令步兵不要投入追击，而且得禁止步兵在并未得到命令的情况下擅自脱离队形。[157]这条命令反映出康斯坦丁担心部队在追击敌军时秩序全无。

将营纵队用作攻击队形的做法或许是在暂停军事行动的两个月里引入的，但它最早要到 1807 年 6 月或 7 月才可能成为实战中广泛采用的攻击队形，到那时，《俄国皇家陆军作战日志》中就会经常提到由散兵掩护的纵队向敌军推进。[158]

和 1805 年战局一样，1806—1807 年战局中的俄军部队大体上是缺乏经验的。阿列克谢·格里戈里耶维奇·谢尔巴托夫（Алексей Григорьевич Щербатов）在 1806 年是科斯特罗马火枪兵团的少将团主，他提到自己在 1806 年 12 月 14 日 /26 日的戈维明（Gołymin）会战（这场会战与普乌图斯克会战发生在同一天）中接到了据守俄军左翼林地的命令。当时归他指挥的部队除了自己的科斯特罗马团之外，还有第聂伯火枪兵团、塔夫里达掷弹兵团的一个营和普斯科夫龙骑兵团的两个中队。谢尔巴托夫在 1805 年亲手组建了科斯特罗马团，按照他的说法，这个团没有一名士兵曾参与过战斗，甚至连一名打过仗的军官都没有。

当谢尔巴托夫的步兵进入林地后，他就发觉法军散兵已经进占此地。他决心让步兵撤出林地，可就在此刻，一个不属于他的团却走在纵队前头的营遭遇了法军散兵火力，这个营变得慌张起来，开始混乱地转向侧面。按照谢尔巴托夫的说法，恐慌情绪立刻在纵队里从头到尾传了个遍，他麾下的所有步兵都开始混乱地后撤。

从谢尔巴托夫的记载中可以看出，他指挥着六七个营列成一个纵队进入林地，在这个纵队当中，所有的步兵营都前后相继——在 18 世纪军队的战前预备纵队中，这是一种典型的部队机动方式，可到了 19 世纪初，在与法军步兵的林地战斗中，这种队形就不大适用了。应当注意到，谢尔巴托夫的纵队遭到了法军散兵的射击，这意味着谢尔巴托夫并没有等到俄军散兵驱逐法军散兵——从而为纵队清扫干净行进路线——就率领他的纵队向前推进。总的来说，从谢尔巴托夫本人的说法来看，他的行事多少有些莽撞。

谢尔巴托夫随后表示，他赶到军旗所在地，下马举起团旗，带着旗帜冲到他计划让部队列队展开的地方。士兵虽然有些混乱，还是跟了过去。他命令自己的副官把营旗按照适当的间隔排开，士兵随后各就各位，列成了横队。敌军就这样被挡住了。谢尔巴托夫写道："之所以会出现这个短暂的混乱，原因不在于怯懦，而在于缺乏经验。"[159]

在这场战局中，科斯特罗马团后来相当不幸：在 1807 年 1 月 25 日 /2 月 6 日的霍夫（Hof）战斗中，科斯特罗马团的两个营列成横队，依靠距敌 60—70 步时打出的猛烈火力击退了敌军骑兵的三次冲击。[160] 俄军骠骑兵冲向敌军骑兵，不仅将其击退，还展开了追击，但遭到法军胸甲骑兵的反击，反而轮到俄军骑兵被击溃。更不幸的是，骠骑兵直接逃向那两个营，让它们陷入了混乱。法军胸甲骑兵紧随其后，打垮了科斯特罗马团的这两个营，造成了惨重的损失。[161]

俄国步兵习惯在开阔地上列成密集队形作战，习惯于两翼都有友邻部队掩护，后方不远处还有第二线部队。然而，当作战环境迫使步兵在起伏地形、灌木丛、树林、村庄作战时，他们在通常需要以独立的营乃至连作战，根本无法看到任何友邻部队的情况下就会面临心理障碍。在这种情况下，一声"我们被截断了"的吼叫就足以显著动摇一个营或团的战斗意志，甚至会导致它突然溃逃。

在写于 1807 年之后的教令和条令中，那些喊出"我们被截断了"或"我们被包围了"的人要受到极为严厉的惩罚，其中有些规定还会特别指出这种事在 1806—1807 年战局中时常发生。根据 1811 年步兵条令的规定，犯下这种错误的军官会被剥夺贵族身份并流放到西伯利亚，1812 年颁布的《步兵军官先生的教令》(Наставление господам пехотным офицерам) 则规定军官在犯了这种错误后会被逐出军官群体，士兵则会遭到逮捕乃至当场处决。[162] 巴格拉季翁将军在 1812 年开战前下发的一份命令中发出了威胁：即便在的确遭到敌军包围的情况下，任何喊出"我们被敌军包围了"的人都可能会面临枪决。[163] 到了 1815 年，米哈伊尔·谢苗诺维奇·沃龙佐夫给他的师下过一道命令，其中要求："严禁说出'被包抄了''被截断了'这种话，违令者将被逐出军队乃至处以死刑。"[164]

另一方面，即使有人喊出"我们被截断了"，即便俄军真的被切断了联系或遭到敌军从背后发起的攻击，也有许多战例表明俄军并不一定会溃散。在撤出永科沃（1807 年 1 月 23 日 /2 月 4 日）时，由巴格胡夫武特少将指挥的部分俄军后卫部队遭到了拥有优势兵力的敌军骑兵的攻击，他的一部分步兵甚至暂时被敌军骑兵包围了，但他们最后还是成功突围。指挥全体后卫部队的巴格拉季翁将军在呈递给本尼希森将军的战报中写道：

别洛焦尔斯克 [火枪兵团] 和第 4 猎兵团维持着猛烈的步枪火力，一点都没有出现混乱迹象，击退了敌军骑兵的冲击，数次用刺刀发起攻击，为自己杀出了一条通道。[165]

谢尔盖·格里戈里耶维奇·沃尔孔斯基在回忆录中写道，当帕夫洛夫斯克掷弹兵团在艾劳会战中遭遇法军骑兵的前后夹击时，第 1 列士兵就朝面前的敌军开火，第 2、第 3 列则转过身去朝后方的敌军开火（杰姆钦斯基则在写给科诺夫尼岑的信中提到，当敌军骑兵在艾劳正面冲击俄军步兵时，俄军第 1 列士兵并不射击，只有第 2、第 3 列士兵才会开火，这是当时的普遍做法）。[166] 有些俄军步兵营在遭遇法军骑兵冲击时会伏在地上让骑兵跑过去，然后再站起来开火，[167] 拿破仑麾下的骑兵军官布拉克将这种方式称作"俄军的典型做法"。[168] 也正是在这场会战中，当法国奈伊元帅军的前卫部队于晚间攻击施默迪滕（Schmoditten）村时，一个俄国军官说："我们被截断了！"一名士兵答道："那又如何？突过去！"[169]

雅科夫·奥西波维奇·奥特罗先科在 1806—1807 年间是第 7 猎兵团的一名上尉。他在 1807 年 1 月 24—25 日 /2 月 5—6 日的永科沃战斗中初次经历战火。奥特罗先科和他的连在一片林地里的夜战中被敌军步兵断了退路，但他还是设法突破敌军并率领士兵逃脱。在 1807 年 5 月 26 日 /6 月 7 日的古特施塔特交战中，他和一些猎兵被敌军骑兵切断了与其他部队的联系，但猎兵还是聚到一起安全撤退了。[170]

和前一次战局一样，只要俄军指挥官手头还有猎兵，他往往就会在需要展开散兵战时派出猎兵。[171]1805 年战局表明猎兵数量并不足以满足需求，根据 1806 年 8 月 16 日 /28 日的一道法令，每个猎兵团的人数都应当与火枪兵团相同，可是，并不是所有猎兵团都能在参与新的战局之前补充足够的兵员。[172] 与此相关的是，猎兵队形也从二列改为三列。[173] 猎兵或许会装备质量较好的步枪，有的猎兵团也不大会像许多火枪兵团那样出现一个团里装备多种口径步枪的情况，例如，在 1807 年年底，第 7 猎兵团的所有步枪都是同一口径的。[174]

在 1806—1807 年间，法军散兵的战斗力通常会强于俄军散兵，在林地中尤其如此，这是因为俄军的散兵战经验远远少于法军，关于这一点，像叶尔莫洛夫这样的俄国人也是承认的。[175] 尽管如此，俄军还是拥有一些非常出色的猎兵团,第 1 猎兵团就是个典型代表。前文已经提到的米哈伊尔·马特维耶维奇·彼得罗夫在 1809—1810 年间曾是这个团里的一名军官,他在回忆录中写道,雅科夫·雅科夫列维奇·达维多夫斯基(Яков Яковлевич Давыдовский)自 1802 年起担任该团团主,达维多夫斯基让士兵在卡累利阿森林里打猎,以此练习瞄准射击,而这个团在 1806—1807 年战争爆发前恰好就驻扎在卡累利阿。达维多夫斯基此前曾效力于白俄罗斯猎兵军,也参与过雷姆尼克(Рымник)河畔的会战。[176]

米哈伊洛夫斯基 - 丹尼列夫斯基表示达维多夫斯基根据自己亲手撰写的教令训练士兵以散开队形作战,所以,当这个团于 1806 年 12 月 11 日 /23 日在弗克拉(Wkra)河畔的索霍钦(Sochocin)与法军初次交手时,他们巧妙地展开战斗,充分利用地物掩蔽自己,将法军的渡河行动拖延了很久。[177] 不幸的是,达维多夫斯基在普乌图斯克受了致命伤。巴克莱·德·托利猎兵团(第 3 猎兵团)也被视为训练非常出色的团。[178] 巴克莱在 1797—1799 年间担任该团团长,1799—1814 年间任团主。

正如前文所述,有些猎兵团的团长自行撰写了教令,并根据自己的观点训练士兵。其他团可能仍在使用库图佐夫于 1786 年给布格河猎兵军撰写的教令,因为一篇于 1810 年发表在《军事期刊》上的文章不加任何解释地写道:"在我们的库图佐夫猎兵机动中,总会把一半人员留作预备队。"这里很可能指的是库图佐夫的《关于步兵一般勤务与猎兵特别勤务的注解》或基于这本《注解》的教令,因为根据上述文件的规定,猎兵营的各个排只能让一半的猎兵向前展开成散兵线,另一半则列成密集队形留在散兵后方。由于这篇文章在提到"库图佐夫猎兵机动"时不加任何解释,那就显然表明《注解》在当时可以说是众所周知,甚至可能仍然用于训练猎兵。[179]

可以在奥特罗先科的回忆录中找到猎兵使用散开队形作战的若干信息。他曾经指挥过两个猎兵连,于是就将其中一个连列成散开队形,把另一个连列成密集队形留在低洼地带。[180] 他也提到猎兵在散开队形中会成对配合作战。[181] 大会战中的猎兵通常部署在主战线前方和两翼。以艾劳会战为例,奥特罗先科率领他的猎兵在差不多正对艾劳镇的地方以散开队形战斗了一整天。奥特罗先科还提到第 7 猎兵团里有许多军官并不热衷于亲自在散兵线中指挥散兵战斗,反而更愿意留在后方。[182]

猎兵通常会与敌军散兵交战，[183]也可能去据守村落和树林。[184]守卫树林的猎兵会在林地边缘面朝敌军列成散兵线。[185]如果有必要从敌军手中夺占一片林地，猎兵就得以刺刀发起冲击，尽可能快地将敌军逐出林地。比如说，尼古拉·尼古拉耶维奇·拉耶夫斯基（Николай Николаевич Раевский）将军就曾在弗里德兰会战中给争夺索特拉克（Sortlack）森林的第20猎兵团下达过这样的命令（该团列成了散开队形，近卫猎兵团则在后方提供支援）。[186]奥特罗先科也提到他的猎兵在弗里德兰向林地里的敌军发起刺刀冲击。[187]

猎兵时常会和他们所属的师分离，转而用于前卫部队和后卫部队。在1806—1807年战局中，巴格拉季翁和巴克莱·德·托利常负责指挥后卫部队，这两人都曾在战报中多次赞扬猎兵的英勇表现（他俩都是猎兵团的团主）。[188]

就像1805年战局一样，火枪兵和掷弹兵在1806—1807年战局期间也常以散开队形作战。俄军用以下几种方式从火枪兵营和掷弹兵营里抽调士兵投入散兵战：

1. 有时会将一整个排或连投入散兵战。这种做法存在着显而易见的弊端。它破坏了营的内部结构，导致营不能以条令和教令规定的方式列成纵队，更重要的是，它导致营无法列成像样的方阵。尽管如此，根据某些亲历者在回忆录中的记载，这种做法在1812年还出现过不少次，甚至有可能延续到之后的战争当中。

2. 在1807年的某些场合，俄军会将一整个火枪兵营乃至火枪兵团列成散开队形，以普斯科夫火枪兵团为例，它在莫龙根战斗和艾劳会战前一天的后卫战中就曾作为散兵投入战斗。[189]

3. 根据俄军的古老传统，军官可以召集主动希望完成艰苦、危险任务的志愿者，俄军经常特地召集志愿者，并将其投入散兵战。[190]

俄军可以在同一场交战中运用不同方式。其中可能以最后一种方式运用得最为频繁，就连一些猎兵团也会如此行事，例如第5猎兵团就曾在恰尔诺沃

（Czarnowo）战斗（1806 年 12 月 11 日 /23 日）中动用志愿者。[191] 这种做法既有优点，也存在缺点。优点在于只有真正希望以积极主动的方式作战的士兵才会投入散兵战，而怯懦、迟疑的士兵则会待在军官眼皮底下的密集队形里。不利之处在于志愿参与散兵战的军官和士兵来自不同的连，这就让志愿者成了一个很难驾驭的群体。

从瓦西里·伊万诺维奇·季莫费耶夫的回忆录中可以找到一个与志愿者部队有关的有趣战例——尽管这并不是他们的典型战斗，季莫费耶夫在 1807 年是维堡火枪兵团里的一名上尉。在艾劳会战中，维堡火枪兵团附属于普鲁士将领安东·威廉·冯·莱斯托克（Anton Wilhelm von L'Estocq）的军。这支部队在当天中午抵达艾劳战场。维堡团奉命攻击库奇滕（Kutschitten）村，它虽然几乎坐落在俄军后方，当时却已经被法军攻占，而这个团便在村庄前方列队。季莫费耶夫写道：

> 当时还在团里的团长皮拉尔 [叶戈尔·马克西莫维奇·皮拉尔（Егор Максимович Пиллар），他是德意志化的爱沙尼亚贵族，其德文名为格奥尔格·路德维希·皮拉尔·冯·皮尔肖（Georg Ludwig Pilar von Pilchau）] 上校下令召集志愿者，1000 名士兵站了出来，但其中却没有一名军官。在我看来，要是在普鲁士军队面前发生志愿者里只有士兵却没有军官的情况，那就棘手了，因此，我尽管是一位连长，却也赶往志愿者当中，我的整个连也都跟在我后头。当我率领志愿者接近库申滕 [Кушинтен，原文如此，即库奇滕] 时，法军在一道覆盖着积雪的树篱后方朝我们开火，看到我们的射击并不能给得到树篱和积雪掩蔽的敌军造成什么杀伤，我就要求部下绝对不准开火，要不发一枪地用刺刀冲击敌军。我们的决心震惊了法军，他们在被隔断后陷入了混乱，扔下步枪求饶。我没法判断那里有多少法军，也没有时间去注意到底有多少人，因为有一个法军步兵纵队此时从村庄中间偏左处朝我开来。
>
> 初战告捷令我的志愿者倍感鼓舞，我抓住战机指向正在威胁我们的纵队，让志愿者端起刺刀朝他们猛冲过去，打乱了敌军，迫使他们沿着街道逃跑——街道纵贯整个村庄，一直通往敌人所在的那一边。这个机

遇同样也有必要加以运用，我就率领志愿者追击敌军纵队，敌人挤在一起，不可能跑得比我们快。

纵队在街道中央分了岔，暴露出排成棋盘格状交错的队形 [Ан-Эшикие，该词即用西里尔字母转写的法语词 en échiquier] 的 4 门火炮，其中位于前方的两门火炮开始朝我们发射霰弹，可这并没能让我停下来，反倒当场缴获了 3 门俄国加农炮和 1 门法国独角兽炮或榴弹炮，因为逃跑的纵队将那些炮兵也一并冲走了。尽管在此次冲击中损失了 12 个人，我还是决心分秒必争，继续追击法军，他们当时距离村尾已经不超过 50 步或 60 步。当时有一支庞大的敌军纵队向着村庄推进，想要支援这个正在退却的纵队，但由于街上满是溃逃的法军，我还不能看到那个赶来支援的纵队，要不然的话，我是不敢继续追击的。此外，团 [主力部队] 当时还不可能看到我们的情况，而且也不可能及时赶来支援，这是因为当时的战况要求志愿者的所有行动从一开始就都以跑步完成，而且中间也没有停歇，不然也就不会取得后来那么辉煌的战果了。我只希望追上正在逃离我军的敌军纵队，迫使他们就像村里的散兵那样放下步枪。可这个在极大的恐慌与混乱中逃离我军刺刀的纵队在村外不到 60 步的地方遇上了前来支援它的纵队，还撞进了那个纵队里，导致前列人员出现了混乱，但位于它后部的各个排 [原文如此，应为连] 已经开始向左右两侧展开 [成横队]，其中两个排朝着我们开火。我本会在那一刻死去。两个纵队里该有多达 1000 名法军——如果不是更多的话——而我手头只有大约 250 名志愿者，可我得真诚、坦率地说，似乎真正出现在那里的兵力要比 250 人还少。敌军后部的各个排并没有混乱，也已经开始展开，所以，他们的确能够摆脱混乱和恐慌并重整部队。我本该被消灭。那是一个极为重要的时刻，一个非常关键的时刻。

因此，我既不想让敌人看出沿着街道跑过来的我军志愿者人数极少，更希望利用敌军出现混乱、恐慌的战机，便命令志愿者高呼"乌拉"向法军猛冲，在敌军队列中造成了越来越多的恐惧和混乱。敌人扔下武器求饶。我禁止士兵用刺刀杀戮，命令士兵仅仅从依然手持武器的敌人手中收缴步枪并把枪托打碎。来自敌军各连后列的士兵开始越野逃窜。由

于志愿者人数少，敌军兵力众多，我不可能阻止他们逃跑。[192]

法方材料承认俄军和普军对库奇滕村的攻击导致法军第 51 战列步兵团以及第 108 战列步兵团的 4 个连几乎被全歼。[193] 从这个战例中可以看出，指挥散兵的军官有些时候也偏爱用刺刀发起攻击而非卷入交火。在这个战例中，如此行事的理由显而易见：法军拥有地物掩蔽，而俄军身处开阔地，交火对俄军太过不利。从季莫费耶夫的记载中也可以看出刺刀冲击并不一定会导致拼刺刀，即便是在村落争夺战中也是如此——敌军士兵往往会立刻逃窜或投降。

有些时候，来自多个团的志愿者会暂时编成若干个营。当米哈伊尔·费多托维奇·卡缅斯基元帅之子尼古拉·米哈伊洛维奇·卡缅斯基（Николай Михайлович Каменский）少将在 1807 年率部救援正被法军围困的但泽（Danzig）城时，他就从麾下的所有团里抽调射手，组建了一个暂编营。[194] 前文提到过的彼得罗夫在 1807 年是叶列茨火枪兵团里的一名军官，他提到自己在战争间歇期里负责指挥来自圣彼得堡掷弹兵团和叶列茨火枪兵团的 230 名精选射手和 4 名军官。这支志愿部队在古特施塔特会战中夺占了广袤森林里的一处前哨据点，彼得罗夫写道：

……我指挥散兵，表现出色，肃清了埋伏在沙尼克村 [Шорники/Scharnick] 和林璃 [Лангенау/Lingnau] 村的法军……[195]

在 1806—1807 年战局中，装备步枪的下马哥萨克有时也会在前卫战和后卫战中充当步行散兵。[196]

散兵战术在 1808—1809 年的俄瑞战争中有了进一步的发展。这场战争主要发生在今天的芬兰境内。战争中的大部分"会战"实际上不过是在极为崎岖的地带进行的规模并不算大的战斗，在这些战斗中，参战的少量步兵只能得到少数几门火炮的支援，骑兵则几近于无。在这种情况下，军队常需要以散开队形投入战斗。

有人在这场战争中提到了另一种抽调散兵的方式。米哈伊尔·列昂季耶维奇·布拉托夫（Михаил Леонтьевич Булатов）将军在关于雷翁拉赫蒂

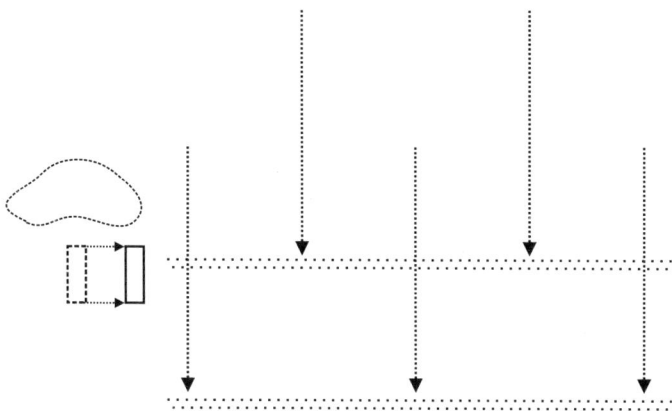

图 39. 在林地中运用散兵预备队的一种方法

（Revonlahti）战斗（1808 年 4 月 15 日 /27 日发生于芬兰境内）的报告中提到“总是用后列人员”充当散兵。[197] 从 1808 年 2 月 16 日 /28 日起，所有近卫步兵团和常规步兵团（包括掷弹兵团、火枪兵团和猎兵团）中的前两列士兵每人每年拿到的训练用铅可以制造 5 发子弹，第 3 列士兵拿到的铅可以制造 8 发。[198] 因此，当时就有人认为第 3 列士兵应当会接受更好的瞄准射击训练。

　　或许值得一提的是，奥军和普军时常将战列步兵营里的第 3 列人员抽调出来充当散兵，这一原则也一再载入条令和教令，比如说奥军的 1807 年条令、普军的 1809 年教令和 1812 年条令。而法军则倾向于将整个连（不仅是腾跃兵连）投入散兵战。

　　然而，亚历山大一世在 1810 年 10 月 12 日 /24 日给陆军部的回文中认为这种做法并不合适，不幸的是，他并没有给出任何解释，只是提到过去的经验已经表明了这一点。[199] 尽管如此，1812 年颁行的《步兵军官先生的教令》仍然认为当俄军用刺刀冲击打退敌军后，就可以派出第 3 列人员展开追击，而执行这类追击任务的往往就是散兵。[200]

　　达维多夫提到雅科夫·彼得罗维奇·库利涅夫（Яков Петрович Кульнев）将军在这场战争中对散兵战术做出了若干改进。当时的参战部队中有许多缺乏经验的新兵，其中有些人就利用了多石、树林茂密的地形，让军官、军士和老

357

兵在控制新兵时遇上了大麻烦，他们会在打出几发子弹后就扔掉随身携带的弹药，然后以耗尽子弹为由跑回去。

为了杜绝这种情况，库利涅夫组建了几人一组的特别行动队，他们的唯一职责就是把弹药从辎重车辆输送到散兵手中，这些人始终待在散兵线之后，及时给任何一位缺乏子弹的散兵提供补充。库利涅夫在炮兵中也采用了大致相同的措施。达维多夫补充说，库利涅夫满怀警惕地亲自上阵监督，以确保没有任何一名散兵或炮兵以缺乏弹药为托词擅离职守。那些用尽了弹药的人需要待在原地，直到有人带来他们所需的弹药为止。[201] 士兵既然不能以耗尽弹药为由擅自脱离阵地，就不得不以更经济的方式使用子弹。

达维多夫还指出，他在和库利涅夫所部待在一起的时候头一次目睹了一种增援散兵线的崭新方法。根据此人的说法，他早就注意到直接从后方增援散兵线是颇为不便的做法，这是因为散兵线变得太密集，以致陷入混乱，最终"沦为相互开火的乌合之众"。达维多夫想到的可能是在林地和多石地带的混乱战斗中，有些散兵群或许会比其他散兵群距离敌军更近，后方的散兵会意外命中前方的某些人。可以在某些军官关于 1812 年战局的回忆录中找到类似的情况，相关战例将出现在论述 1810—1814 年俄军步兵的章节中。

达维多夫表示库利涅夫在芬兰总是把预备队部署在散兵线翼侧后方，并不放在正后方，这样，如果散兵线被迫退却，预备队就可以攻击敌军侧翼。达维多夫想到的显然是敌军散兵将会追击退却中的俄军散兵，结果反而自行暴露侧翼。达维多夫还写道，由于他自己对步兵机动了解有限，他并不知道是否曾有什么猎兵教令具体规定过这种运用预备队的方式，但它在林地里确实相当有用，在奥拉瓦伊斯（Oravais）"会战"（1808 年 9 月 14 日 /26 日）中的作用尤为突出。[202]M. 列昂季耶夫在 1808 年是莫吉廖夫火枪兵团里的一名军官，他指出他们在奥拉瓦伊斯的"森林深处……排成了密集的散兵线"[203]。《步兵军官先生的教令》颁行于 1812 年，其中规定的散兵线预备队部署模式和战斗方式与达维多夫笔下的库利涅夫做法颇为相似，这表明它在林地里非常有用（详见论述 1810—1814 年俄军步兵的章节）。[204]

注释

[1] Ульянов И. Э. *Регулярная пехота 1801-1855*, (《1801—1855年的正规步兵》) М., 1996, с. 24.

[2] *ПСЗРИ*, т. 43, ч. 2, к № 20252 и таблица на с. 278-281; *Столетие Военного Министерства. 1802-1902. Главный Штаб. Исторический очерк.* т. 4, ч. 1, кн. 2, отд. 2, *Организация, расквартирование и передвижение войск.* 1902, с. 131-132.

[3] *М. И. Кутузов. Документы.* т. 2, 1951, с. 4; Мартынов А. И.*1803-1903. Краткая история 4-го пехотного Копорского, бывшего Его Величества Короля Саксонского полка.* (《1803—1903：第4科 波里耶步兵团暨原萨克森国王陛下团简史》) СПб., 1903, с. 7.

[4] *Столетие Военного Министерства,*т. 4, ч. 1, кн. 2, отд. 2, с. 125-126.

[5] *Богданович, История царствования Императора Александра I,* т. 1, с. 183

[6] *Столетие Военного Министерства.1802-1902。Главный Штаб. Исторический очерк.* т. 4, ч. 1, кн. 2, отд. 3 *(Образование (обучение) войск.Уставы и наставления.)* (《训练部队：条令与教令》), 1903, с. 185.

[7] *ПСЗРИ*, т. 27, № 20371 (с. 220-221), № 20716 (с. 543).

[8] Гулевич, *История 93-го пехотного...*, с. 178.

[9] Langeron, *Journal*, Т. III (1805)//ОР РНБ, ф. 73, ед. хр. № 276, л. 69 n. 1; 同样的内容刊登在《Mémoires du comte de Langeron. Austerlitz (2 décembre 1805).》//*Nouvelle revue rétrospective.* Deuxième semestre (Janvier-Juin 1895). Paris, 1895, p. 302-303 n.1（俄译文见：*Военный сборник*, 1900, № 10, Прил., с. 32 n. 1）.

[10] Аглаимов, *op. cit.*, с. 204.

[11] *ПСЗРИ*, т. 28, № 21627 (с. 829).

[12] *Anon.*,《Нужные замечания о стрельбе》//*Военный сборник*, 1810, № 8, с. 49-50.

[13] *ПСЗРИ*, т. 28, № 21914 (с. 1249).

[14] Федоров В. Г. *Вооружение русской армии за XIX столетие.* (《19世纪的俄军军械》) СПб., 1911, с. 11.

[15] *Ibid.*, с. 9, 12, 382-386.

[16] Архив ВИМАИВиВС, ф. 3, опись ШГФ, дело 5629, л. 158（档案内容收录于：Федоров, *op. cit.*, с. 9, 382）.

[17] *ПСЗРИ*, т. 29, № 22243 (с. 692), т. 43, ч. 2 (таблица на с. 295).

[18] *Ibid.*, т. 28, № 21603 (с. 794).

[19] Висковатов А. В. *Историческое описание одежды и вооружения российских войск с рисунками, составленное по Высочайшему повелению.* (《俄罗斯军队服装与武器的历史记述，附图，根据最高谕令撰写》) СПб., ч. 10, 1910, с. 258-259（参见 *ПСЗРИ*, т. 30, № 23115）.

[20] *ПСЗРИ*, т. 30, № 23812 (с. 1114).

[21] *Ibid.*, т. 31, № 24805 (с. 862).

[22] Михайловский-Данилевский А. И. *Описание войны 1806 и 1807 годов.* (《1806—1807年战记》) СПб., 1846, с. 57.

[23] *ПСЗРИ*, т. 30, № 22762 (с. 28).

[24] *Ibid.*, т. 30, № 22954 (с. 176).

[25] Романо, *op. cit.*, с. 203-205.

[26] *Ibid.*, с. 213, 221-222.

[27] Дибич, *op. cit.*, ч. 1, с. 123; ч. 2, с. 238.

[28] *Ibid.*, ч. 1, с. 179.

[29] *Ibid.*, ч. 1, с. 180.

[30] *Ibid.*, ч. 2, с. 61-62.

[31] *Ibid.*, ч. 2, с. 218-219; Фиг. 39, 40.

[32] *Ibid.*, ч. 2, с. 234-237.

[33] Ульянов, *op.cit.*, с. 24.

[34] *М. И. Кутузов. Документы*, т. 3, 1952, с. 16.

[35] Богданович, *История царствования Императора Александра I*, т. 2, с. 471.

[36] Ульянов, *op.cit.*, с. 24.

[37] *Anon.*,《Начертание о полевой егерской службе》//*Военный журнал*, 1810, № 6, с. 23-24.

[38] Гулевич, *История 93-го пехотного…*, с. 178.

[39] Wilson R. *Brief Remarks on the Character and Composition of the Russian Army and a Sketch of the Campaigns in Poland in the Years 1806 and 1807.*London: C. Roworth, 1810, p. 9.

[40] Randolph H. (ed.), *Life of General Sir Robert Wilson.*London: John Murray, 1862, vol. 2, p. 206.

[41] Бутовский, *op. cit.*, с. 13.

[42] Дирин П. Н. *История лейб-гвардии Семеновского полка.* (《谢苗诺夫斯基近卫团史》) СПб., т. I, 1883, с. 365.

[43] *М. И. Кутузов. Документы*, т. 2, с. 96.

[44] *Ibid.*, т. 2, с. 198.

[45] *Пехотный строевой устав*, 1763, с. 142-152.

[46] *Règlement concernant l'exercise et les manœuvres de l'infanterie du 1er août 1791.*Paris, 1792, Titre IV (*École de bataillon*), Cinquième partie (*Marche en bataille*), Art.13 (*Colonne d'attaque*), pp. 263-7, Planche XXVI.

[47] *IМ. И. Кутузов. Документы*, т. 2, с. 179.

[48] 雅科夫·奥西波维奇·奥特罗先科于1800—1809年间在第7猎兵团（原第8猎兵团、丘巴罗夫猎兵团，1801年起正式更名为第7猎兵团）服役，他提到班的编制是在1804年推行的。参见:《Записки генерала Отрощенко》(《奥特罗先科将军回忆录》) //*Русский вестник*, 1877, т. 131, с. 155.

[49] *Документы штаба Кутузова. 1805-1806.* (《库图佐夫总部文件集,1805-1806年。》) Вильнюс, 1951, с. 89.

[50] *М. И. Кутузов. Документы*, т. 2, с. 90, 153, 179, 206, 214, 219, 221; Глинка Ф. Н. *Письма русского офицера о Польше, австрийских владениях, Пруссии и Франции, с подробным описанием похода россиян против французов в 1805 и 1806, также Отечественной и Заграничной войны с 1812 по 1815 год.* М., ч. 1, 1815, с. 75.

[51] *Документы штаба Кутузова*, с. 123-124.

[52] *Воинский устав о полевой пехотной службе*, с. 297; Романо, *op. cit.*, с. 135.

[53] Романо, *op. cit.*, с. 135.

[54] *М. И. Кутузов. Документы*, т. 2, с. 152-153, 178, 180, 203, 214, 216-219. Langeron, *Journal*, T. III (1805)// ОР РНБ, ф. 73, ед. хр. № 276, л. 73 （俄译文见: *Военный сборник*, 1900, № 11, Прил., с. 33).

[55] *М. И. Кутузов. Документы*, т. 2, с. 153; Langeron, *Journal*, T. III (1805)//ОР РНБ, ф. 73, ед. хр. № 276, л. 64, 119; 同样的内容刊登在 *Nouvelle revue rétrospective.*Deuxième semestre (Janvier-Juin 1895). Paris, 1895, p.297-298（俄译文见: *Военный сборник*, 1900, № 10, Прил., с. 29; № 12, Прил., с. 52）.

[56] *М. И. Кутузов.* т. 2, с. 153, 205, 217.

[57] *Ibid.*, т. 2, с. 205-206.

[58] *Ibid.*, т. 2, с. 206.

[59] *Ibid.*, т. 2, с. 179.

[60] Романо, *op. cit.*, с. 295.

[61] Бутовский, *op. cit.*, с. 21, 67.

[62] *Ibid.*, с. 50-51.

[63] 参见: Langeron, *Journal*, T. III (1805)//ОР РНБ, ф. 73, ед. хр. № 276, л. 75; 同样的内容刊登在 *Nouvelle revue rétrospective.* Deuxième semestre (Janvier-Juin 1895).Paris, 1895, p.306-307（俄译文见: *Военный*

сборник, 1900, № 10, Прил., с. 34-35); Михайловский-Данилевский А. И. *Описание первой войны Императора Александра с Наполеоном в 1805 году.*（《1805年亚历山大皇帝与拿破仑第一次战争纪实》）СПб., 1844, с. 182.

[64] 《Записки Ивана Степановича Жиркевича》(《伊万·斯捷潘诺维奇·日尔克维奇回忆录》) //Русская старина, 1874, т. 9, с. 219; 同样的内容见 Жиркевич И. С. *Записки Ивана Степановича Жиркевича 1789-1848.* (《伊万·斯捷潘诺维奇·日尔克维奇回忆录: 1789-1848年》) М.:《Кучково поле》, 2009, с. 23-24.

[65] Михайловский-Данилевский, *Описание первой войны*, с. 227.

[66] Thiébault, *Mémoires*, t. 3, p. 467-468.

[67] Stutterheim K. von *La bataille d'Austerlitz.* Paris, 1806, p. 85.

[68] *Ibid.*, p. 74.

[69] *М. И. Кутузов. Документы*, т. 2, с. 96.

[70] *Документы штаба Кутузова*, с. 124; Глинка, *op. cit.*, ч. 1, с. 76.

[71] Langeron, *Journal*, T. III (1805)//ОР РНБ, ф. 73, ед. хр. № 276, л. 68-70; 同样的内容刊登在 *Nouvelle revue rétrospective.* Deuxième semestre (Janvier-Juin 1895).Paris, 1895, p.302-303（俄译文见: *Военный сборник*, 1900, № 10, Прил., с. 31-32）.

[72] *Ibid.*, л. 126-130（俄译文见: *Военный сборник,* 1900, № 12, Прил., с. 56-58).

[73] Thiébault, *Mémoires*, t. 3, p. 473-476, 477, 也见: p. 469 n. 1.

[74] *Ibid.*, p. 477, 479-480.

[75] *Ibid.*, p. 476 n.1.

[76] Martinien, *Tableaux*, p. 148, 202.

[77] Stutterheim, *op. cit.*, p. 87-92. 谢尔盖·雅科夫列维奇·列普宁斯基（Сергей Яковлевич Репнинский）少将是诺夫哥罗德火枪兵团团长。

[78] Berg G. von *Leben von Gregor von Berg, Russisch-Kaiserlischer, der Dienstes entlasser General der Infanterie...* Dresden, 1871, S. 189; 贝格在书信中描述的版本与此略有差异, 参见: Соколов О. В. *Аустерлиц. Наполеон, Россия и Европа, 1799-1805 гг.* СПб., 2006, т. 2, с. 45-47.

[79] Langeron, *Journal*, T. III (1805)//ОР РНБ, ф. 73, ед. Хр. № 276, л. 87（俄译文见: *Военный сборник*, 1900, № 10, Прил., с. 41）; Михайловский-Данилевский, *Описание первой войны*, с. 193.

[80] Бутовский, *op. cit.*, с. 48.

[81] *Ibid.*, с. 48-50.

[82] Bigarré A. J. *Mémoires du général Bigarré, aide de camp du roi Joseph.* Paris, 1893, p. 177.

[83] Ранцов, *op. cit.*, с. 41.

[84] *ПСЗРИ*, т. 29, № 22243 (с. 692), т. 43, ч. 2 (таблица на с. 295); Ульянов, *op. cit.*, с. 64.

[85] 《Записки … Отрощенко》 //*Русский вестник*, 1877, т. 131, с. 147.

[86] Ульянов, *op. cit.*, с. 31.

[87] *М. И. Кутузов. Документы*, т. 2, с. 179, 181, 215, 221; *Документы штаба Кутузов*а, с. 124, 108, 138, 141.

[88] *М. И. Кутузов. Документы*, т. 2, с. 216.

[89] Langeron, Journal, T. III (1805)//ОР РНБ, ф. 73, ед. хр. № 276, л. 64, 119; 同样的内容刊登在 *Nouvelle revue rétrospective.*Deuxième semestre (Janvier-Juin 1895).Paris, 1895, p.297-298（俄译文见: *Военный сборник*, 1900, № 10, Прил., с. 29; № 12, Прил., с. 52）.

[90] *Ibid.*, л. 66; 同样的内容刊登在 *Nouvelle revue rétrospective.*Deuxième semestre (Janvier-Juin 1895).Paris, 1895, p.299（俄译文见: *Военный сборник*, 1900, № 10, Прил., с. 31）; Михайловский-Данилевский, *Описание первой войны*, с. 179-180, 191, 196-197.

[91] Stutterheim, *op. cit.*, p. 78-79, 82.

[92] Каменский Е. С.*Аустерлицкое сражение 20 ноября 1805 года. Материалы к сост. описания его.* (《奥斯特利茨会战: 1805年11月20日, 资料汇编》) Киев, 1913, с. 55.

[93] Stutterheim, *op. cit.*, p. 73-74.

[94] *М. И. Кутузов. Документы*, т. 2, с. 96.

[95] *М. И. Кутузов. Документы*, т. 2, с. 181; *Документы штаба Кутузова*, с. 124.

[96] Глинка, *op. cit.*, ч. 1, с. 76; Berg, *op. cit.*, S. 180; [Попадичев И. О.] *Воспоминания суворовского солдата. Аустерлиц.* (《一位苏沃洛夫麾下士兵的回忆：奥斯特利茨》) СПб., 1901, с. 10.

[97] *М. И. Кутузов. Документы*, т. 2, с. 183; *Документы штаба Кутузова*, с. 124, 128.

[98] Berg, *op. cit.*, S. 180.

[99] Глинка, *op. cit.*, ч. 1, с. 206-208.

[100] *М. И. Кутузов. Документы*, т. 2, с. 181.

[101] Langeron, *Journal*, Т. III (1805)//ОР РНБ, ф. 73, ед. хр. № 276, л. 68-70; 同样的内容刊登在 *Nouvelle revue rétrospective*. Deuxième semestre (Janvier-Juin 1895). Paris, 1895, p. 302-303 (俄译文见: *Военный сборник*, 1900, № 10, Прил., с. 31-32) ; Глинка, *op. cit.*, ч. 1, с. 198-199; Бутовский, *op. cit.*, с. 66, 68.

[102] 库图佐夫呈递给亚历山大一世的报告 (1806年6月28日 /7月10日), 参见: *М. И. Кутузов. Документы*, т. 2, с. 394.

[103] Богданович В. *Краткая история 19-го пехотного Костромского полка с 1805 по 1900 год.* (《第19科斯特罗马步兵团简史，1805-1900年》) Житомир, 1900, с. 18.

[104] Гулевич, *История 93-го пехотного⋯*, с. 204.

[105] Михайловский-Данилевский, *Описание войны 1806 и 1807 годов*, с. 97-98.

[106] *Ibid.*, с. 169-70.

[107] Хатов А. И. *Поход Российских Императорских войск в Пруссии 1806 года.* (《俄国皇家军队的1806年普鲁士战局》) СПб., 1839, с. 109; Михайловский-Данилевский, *Описание войны 1806 и 1807 годов*, с. 104.

[108] Bennigsen L. A. von *Mémoires du Général Bennigsen*. Paris, 1907, t. I, p. 98-99 〔 俄译文见: *Записки графа Л. Л. Беннигсена о войне с Наполеоном 1807 года.* (《列昂季·列昂季耶维奇·本尼希森伯爵关于1807年对拿破仑作战的回忆录》) СПб, 1900, с. 64-65 〕.

[109] Михайловский-Данилевский, *Описание войны 1806 и 1807 годов*, с. 149.

[110] Давыдов Д. В. *Сочинения Д. В. Давыдова.* (《达维多夫著作集》) М., 1860, ч. 2, с. 209.

[111] Bennigsen, *Mémoires⋯*, t. 1, p. 206 (俄译文见: с. 137-138) .

[112] Jomini, *Précis*, IIe partie, p. 227 (俄译文见: *Краткое начертание военного искусства*, ч. II, с. 198; 英译文见: *Summary of the Art of War*, p. 297) .

[113] Plotho C. von *Tagebuch während des Krieges zwischen Rußland und Preußen einerseits, und Frankreich andrerseits, im den Jahren 1806 und 1807*. Berlin, 1811, S. 69; Колюбакин Б. *Прейсиш-Эйлауская операция и сражение у Прейсиш-Эйлау.* (《普鲁士艾劳战役与普鲁士艾劳会战》) СПб., 1911, с. 11.

[114] *Журнал военных действий Императорской Российской армии с начала до окончания кампании, т.е. с ноября 1806 по 7 июня 1807 года.* (《涵盖战局始末的俄国皇家陆军作战日志，1806年11月—1807年6月7日》) СПб., 1807, с. 225.

[115] Plotho, *Tagebuch während des Krieges ... im den Jahren 1806 und 1807*, S. 139-140; Михайловский-Данилевский, *Описание войны 1806 и 1807 годов*, с. 308.

[116] *Журнал военных действий Императорской Российской армии*, с. 40-44 (普乌图斯克), 227-230 (海尔斯贝格); Bennigsen, *Mémoires⋯*, t. 1, p. 98 (普乌图斯克), 151 (莫龙根), 214 (艾劳) ; t. 2, p. 176 (海尔斯贝格) (俄译文分别见: с. 64, 99, 143, 240) ; Ермолов, *Записки⋯*, с. 102-103 (海尔斯贝格) .

[117] 叶卡捷琳诺斯拉夫团: Волконский, *Записки...*, с. 23; Давыдов, *Сочинения⋯*, ч. 2, с. 119; 弗拉基米尔团: Ермолов, *Записки⋯*, с. 84.

[118] Давыдов, *Сочинения...*, ч. 2, с. 119.

[119] Волконский, *Записки...*, с. 23.

[120] *Журнал военных действий Императорской Российской армии*, с. 62-63.

[121] Württemberg, *Memoiren*, Т. 1, S. 165-166.

[122] Württemberg, *Erinnerungen*..., S. 168-169; 同样的内容见: Württemberg, *Memoiren*, Т. 2, S. 269-271.

[123] 《Письмо-дневник от 17 октября 1806 года по 23 февраля 1807 года, писанное штабс-капитаном Василием Демчинским Петру Петровичу Коновницыну 1 марта 1807 года》(《从1806年10月17日至1807年2月23日的书信体日记——参谋上尉瓦西里·杰姆钦斯基1807年3月1日致彼得·彼得罗维奇·科诺夫尼岑》) //*Военно-исторический журнал* (《军事 - 历史期刊》), 1941, № 5, с. 126.

[124] Давыдов, *Сочинения*..., ч. 2, с. 135-136; Михайловский-Данилевский, *Описание войны 1806 и 1807 годов*, с. 196-197.

[125] Давыдов, *Сочинения*..., ч. 2, с. 213-214.

[126] 《Рассказы служившего в 1-м егерском полку полковника Михаила Петрова о военной службе и жизни своей и трех родных братьев его, зачавшейся с 1789 года. 1845 г.》 //*1812 год. Воспоминания воинов русской армии*. М., 1991, с. 146.

[127] Граббе П. X. *Из памятных записок графа Павла Христофоровича Граббе*. М., 1873, с. 47-48.

[128] Ермолов, *Записки*..., с. 85.

[129] Württemberg, *Erinnerungen*..., S. 58, 169 (俄译文见: Военный журнал, 1848, № 1, с. 36; 1849, № 3, с. 128).

[130] 《Письмо-дневник…писанное штабс-капитаном Василием Демчинским》 //*Военно-исторический журнал*, 1941, № 5, с. 127.

[131] *Журнал военных действий Императорской Российской армии*, с. 96.

[132] Михайловский-Данилевский, *Описание войны 1806 и 1807 годов*, с. 163.

[133] *Ibid.*, с. 197; Давыдов, *Сочинения*..., ч. 2, с. 136, 214.

[134] Bennigsen, *Mémoires*..., t. 1, p. 295 (俄译文见: с. 181-182).

[135] Ермолов, *Записки*…, с. 97.

[136] Михайловский-Данилевский, *Описание войны 1806 и 1807 годов*, с. 298-300.

[137] 《Журнал биографический моей жизни》(《我的生平传记日志》) //*Русский архив*, 1895, кн. 2, № 6, с. 208-209. 也见时为近卫猎兵团军士的列夫·卡尔洛维奇·博德〔Лев Карлович Боде, 德文名为路德维希·卡尔·冯·博德（Ludwig Karl von Bode）〕的记载: Ляпишев Г. В. (сост.) *Российские мемуары эпохи Наполеоновских войн*. (《拿破仑战争时代的俄国回忆录》) М.: 《Русский мир》, 2013, с. 46-51.

[138] *Хроника недавней старины. Из архива князя Оболенского-Нелединского-Мелецкого*. (《近年纪事: 源自奥博连斯基 - 涅列金斯基 - 梅列茨基公爵档案》) СПб., 1876, с. 93.

[139] *Журнал военных действий Императорской Российской армии*, с. 227, 230-234.

[140] Bennigsen, *Mémoires*…, t. 2, p. 176 (俄译文见: с. 240).

[141] Толубеев Н. И. *Записки Никиты Ивановича Толубеева (1780-1809)*. (《尼基塔·伊万诺维奇·托卢别耶夫回忆录, 1780—1809年》) СПб, 1889, с. 132-133.

[142] Andolenko S. P. *Aigles de Napoléon contre drapeaux du Tsar. 1799, 1805-1807, 1812-1814*. Paris, 1969, p. 159.

[143] *Хроника недавней старины. Из архива князя Оболенского*..., с. 94-95.

[144] Ермолов, *Записки*…, с. 103.

[145] Чандлер, *op. cit.*, с. 357 (英文原版见: Chandler, *op. cit.*, p. 579-581).

[146] Шиканов В. Н. *Первая польская кампания 1806-1807*. (《第一次波兰战局, 1806—1807年》) М.: 《Рейтар》, 2002, с. 267 (无参考文献出处); Васильев И. Н. *Несостоявшийся реванш: Россия и Франция 1806-1807*. (《失败的复仇: 1806—1807年的俄国与法国》) М., т. 3, 2010, с. 69 (参考文献为钱德勒).

[147] Norvins J. M. de *Histoire de Napoléon*. Paris, 1827.

[148] Norvins J. M. de, Lanzac de Laborie L. de *Souvenirs d'un historien de Napoléon: Mémorial de J. de Norvins*. Paris, 1897, vol. 3, p. 205-206.

[149] Vigo-Roussillon, *op. cit.*, p. 206, 249-250.

[150] Михайловский-Данилевский, *Описание войны 1806 и 1807 годов*, с. 324-325.

[151] Thiébault, *Mémoires*, t. 3, p. 477-478.

[152] Bonnéry J. L. *Un grand patriote Sarthois méconnu. Ledru des Essarts, 1765-1844.* Le Mans, 1988, p. 42.

[153] Бутовский, *op. cit.*, с. 23.

[154] Pouget F. R. *Souvenirs de guerre du général Baron Pouget.* Paris, 1895, p. 73.

[155] Girod de l' Ain F. J. M. *Dix ans de mes souvenirs militaires, de 1805 à 1815.* Paris, 1873, p. 57-58.

[156] *Журнал военных действий Императорской Российской армии*, с. 40, 48-49, 90; Михайловский-Данилевский, *Описание войны 1806 и 1807 годов*, с. 81.

[157] Панчулидзев С. А. *История Кавалергардов. 1724-1799-1899.*（《骑士近卫团团史：1724—1799—1899年》）СПб., т. 3, 1903, с. 130; Гулевич С. А. *История Лейб-гвардии Финляндского полка.*（《芬兰近卫团团史》）СПб., ч. 1, 1906, с. 78.

[158] *Журнал военных действий Императорской Российской армии*, с. 164, 167, 184, 191.

[159] 《Журнал кн. Щербатова относительно действий в 1806 и 1807 годах》（《谢尔巴托夫公爵的1806、1807年阵中日记》）РГВИА, ф. 846, оп. 16, д. 3166; Богданович В. *Краткая история 19-го Костромского пехотного полка*, с. 26-27; Михайловский-Данилевский, *Описание войны 1806 и 1807 годов*, с. 119.

[160] Bennigsen, *Mémoires*⋯, t. 1, p. 201（俄译文见: с. 135）.

[161] Михайловский-Данилевский, *Описание войны 1806 и 1807 годов*, с. 180-181; Богданович В. *Краткая история 19-го Костромского пехотного полка*, с. 35-36.

[162] *Военный сборник*, 1902, № 7, ч. 2, с. 242.

[163] 《Воспоминания участника войны 1812 года Ивана Романовича Дрейлинга》（《1812年战争亲历者伊万·罗曼诺维奇·德赖林回忆录》）//1812 год. *Воспоминания воинов русской армии*. М., 1991, с. 369.

[164] Воронцов М. С.《Некоторые правила о построении дивизии к бою, о стрелках и проч., данные в 12 пехотную дивизию 1 июня 1815 года》（《关于步兵师战斗队形、散兵等的若干规定，1815年6月1日致第12步兵师》）//*Сын Отечества*, 1817, т. 37, № 13, с. 17.

[165] Михайловский-Данилевский, *Описание войны 1806 и 1807 годов*, с. 169.

[166] Волконский, *Записки...*, с. 29;《Письмо-дневник ⋯ писанное штабс-капитаном Василием Демчинским》//*Военно-исторический журнал*, 1941, № 5, с. 127.

[167] Богданович, *История царствования Императора Александра I*, т. 2, с. 211.

[168] Brack, *op. cit.*, p. 111.

[169] Михайловский-Данилевский, *Описание войны 1806 и 1807 годов*, с. 207.

[170] 《Записки ⋯ Отрощенко》//*Русский вестник*, 1877, т. 131, 164, 175.

[171] Ермолов, *Записки...*, с. 82, 97, 99.

[172] *ПСЗРИ*, т. 29, № 22243 (с. 692); Ульянов, *op. cit.*, с. 17; Ранцов, *op. cit.*, с. 42; Вахрушев М. Н. *История 101-го Пермского полка.*（《第101彼尔姆步兵团团史》）СПб., 1897, с. 31, 第101步兵团前身为第4猎兵团。

[173] Ульянов, *op. cit.*, с. 31.

[174] Гулевич, *История 93-го пехотного*⋯, с. 251.

[175] Ермолов, *Записки...*, с. 81, 90.

[176] 《Рассказы ⋯ Петрова⋯》//*1812 год. Воспоминания*⋯, с. 220.

[177] Михайловский-Данилевский, *Описание войны 1806 и 1807 годов*, с. 80, 82.

[178] Ермолов, *Записки*⋯, с. 149-150.

[179] *Anon.*,《Начертание о полевой егерской службе》//*Военный журнал*, 1810, № 9, с. 15.

[180] 《Записки ⋯ Отрощенко》//*Русский вестник*, 1877, т. 131, с. 169.

[181] *Ibid.*, с. 164.

[182] *Ibid.*, с. 166-167.

[183] *Журнал военных действий Императорской Российской армии*, с. 88, 164-166.

[184] 《Записки ⋯ Отрощенко》//*Русский вестник*, 1877, т. 131, с. 162, 170, 175, 177; Ермолов, *Записки*⋯,

с. 100-101; Bennigsen, *Mémoires*···, t. 1, p. 149-150（俄 译 文 见：с. 98）; Гулевич, *История 93-го пехотного*···, с. 210, 229, 237, 243-244.

[185]　《Записки ··· Отрощенко》//*Русский вестник*, 1877, т. 131, с. 163.

[186]　*Журнал военных действий Императорской Российской армии*, с. 250.

[187]　《Записки ··· Отрощенко》//*Русский вестник*, 1877, т. 131, с. 177.

[188]　*Михайловский-Данилевский, Описание войны 1806 и 1807 годов*, с. 161, 174-176.

[189]　Гениев Н. И. *История Псковского пехотного, генерал-фельдмаршала князя Кутузова-Смоленского полка. 1700-1881.*（《元帅库图佐夫 - 斯摩棱斯基公爵的普斯科夫步兵团团史: 1700—1881年》）М., 1883, с. 144, 149, 151.

[190]　[Попадичев], *Воспоминания суворовского солдата. Аустерлиц*, с. 5, 10; Гениев, *op. cit.*, с. 142-143; Мартынов, *op. cit.*, с. 33-34, 43.

[191]　Ранцов, *op. cit.*, с. 62; Вахрушев, *op. cit.*, с. 36.

[192]　《Из воспоминаний генерала-от-инфантерии В. И. Тимофеева о сражении 23 января 1807 г. при Прейсиш-Эйлау》(《步兵上将瓦西里·伊万诺维奇·季莫费耶夫回忆录中关于1807年1月23日普鲁士艾劳会战的史料》）//*Военный сборник*, 1907, № 4, с. 2-3.

[193]　Dumas M. *Précis des évènemens militaires ou Essais historiques sur les campaignes de 1799 à 1814. Avec plans et cartes.* Paris, t. 18, 1826, p. 33.

[194]　*Журнал военных действий войск состоявших под начальством генерал-майора графа Каменского 2-го с 14 апреля по 27 июня 1807 года.*（《少将卡缅斯基第二伯爵所部作战日志，1807年4月14日—6月27日》）СПб., 1809, с. 6-7, 29, 39.

[195]　《Рассказы ··· Петрова···》//*1812 год. Воспоминания...*, с. 147.

[196]　*Журнал военных действий Императорской Российской армии*, с. 134, 267.

[197]　《Михаил Леонтьевич Булатов. 1760-1825》(《米哈伊尔·列昂季耶维奇·布拉托夫，1760—1825年》）//*Русская старина*, 1874, т. 11, с. 89.

[198]　*ПСЗРИ*, т. 30, № 22827 (с. 71).

[199]　*Отечественная война 1812 года. Материалы Военно-ученого архива Главного Штаба.* Отд. 1, т. 1, ч. 2, СПб., 1900, с. 14; т. 17, 1911, с. 12-13.

[200]　*Военный сборник,* 1902, № 7, ч. 2, с. 240.

[201]　Давыдов, *Сочинения*···, ч. 2, с. 284.

[202]　*Ibid.*, ч. 2, с. 285.

[203]　《Мои воспоминания, или События моей жизни. Записки М. Леонтьева》//*Русский архив*, 1913, кн. 2-3, с.557.

[204]　*Военный сборник*, 1902, № 7, ч. 2, с. 242.

第十三章 骑兵

1801 年，俄军中每个下辖 10 个中队的龙骑兵团都被分拆成两个下辖 5 个中队的团。7 个胸甲骑兵团被改编为龙骑兵团。[1] 就在同一年，胸甲骑兵团也取消了胸甲，但这些团仍被称作胸甲骑兵团。[2] 这里应当注意到一点，18 世纪末 19 世纪初的法军和其他若干欧洲军队要么没有胸甲骑兵，要么胸甲骑兵团并不装备胸甲。法军中的重骑兵团仅仅被称作"骑兵团"，这些部队在革命战争中也没有身穿胸甲。拿破仑将重骑兵从 18 个团削减到 12 个团，还在 1801—1803 年间给他们配备了胸甲。从那时起，重骑兵团开始称作胸甲骑兵团。法军卡宾枪骑兵（两个团）在 1810 年得到了胸甲。俄军胸甲骑兵只是在 1812 年才再度装备胸甲，他们在此前的战局中并未身着胸甲。

1802 年 4 月 30 日 /5 月 12 日，俄军推行了骑兵团新编制。每个胸甲骑兵团由 5 个中队组成，包括 4 名校官、36 名尉官、70 名军士、16 名号手、1 名定音鼓手、660 名列兵和 138 名非战斗人员。每个龙骑兵团也由 5 个中队组成，包括 4 名校官、36 名尉官、70 名军士、16 名号手、1 名定音鼓手、700 名列兵和 142 名非战斗人员。每个骠骑兵团由 10 个中队组成，每个团分成 2 个营，每营下辖 5 个中队，共有 4 名校官、63 名尉官、120 名军士、21 名号手、1320 名列兵和 211 名非战斗人员。在所有胸甲骑兵团、龙骑兵团和骠骑兵团中，每个中队里都有 12 名士兵在和平时期不配备战马。[3]

1803 年 12 月 17 日 /29 日，俄军规定每一个胸甲骑兵团和龙骑兵团均应组建一个后备半中队，每个骠骑兵团则要组建一个后备中队。1803 年 12 月 21 日 /1804 年 1 月 2 日的法令颁布了上述规定。[4] 每个后备半中队由 1 名校官、3 名尉官、10 名军士、2 名号手、63 名胸甲骑兵或 67 名龙骑兵以及 10 名非战斗人员组成。每个后备中队由 1 名校官、4 名尉官、12 名军士、2 名号手、120 名列兵和 11 名非战斗人员组成。[5]

近卫骑兵的情况与常规骑兵不同。骑士近卫团下辖 5 个中队，拥有 1 名将领、5 名校官、34 名尉官、80 名军士、16 名号手、1 名定音鼓手、660 名列兵和 194 名非战斗人员。骑马近卫团下辖 5 个中队，拥有 1 名将领、5 名校官、34 名尉官、80 名军士、16 名号手、660 名列兵和 202 名非战斗人员。近卫骠骑兵团下辖 5 个中队，包括 1 名将领、5 名校官、34 名尉官、80 名军士、16 名号手、660 名列兵和 193 名非战斗人员。[6]

俄军在 1805 年开战前拥有 4 个近卫骑兵团（2 个重骑兵团——骑士近卫团和骑马近卫团，2 个轻骑兵团——近卫骠骑兵团和近卫哥萨克团）、6 个胸甲骑兵团、27 个龙骑兵团、9 个骠骑兵团、1 个枪骑兵团和 3 个"骑兵"团。[7]

俄军中第一支名为"枪骑兵团"或"乌万骑兵团"的部队出现在 1803 年。沙皇亚历山大一世的弟弟康斯坦丁大公喜欢一位奥地利枪骑兵军官的制服，于是请求亚历山大准许他为一个团配备这种制服。康斯坦丁后来得到了新近组建的敖德萨骠骑兵团，1803 年 9 月 11 日 /23 日，这个团更名为"康斯坦丁·帕夫洛维奇大公殿下枪骑兵团"。[8] 该团下辖 10 个中队，编制几乎与骠骑兵团一模一样。它起初并未装备骑枪，每个中队里有 16 名骑兵装备线膛短马枪而非普通马枪，其他骑兵仍然装备马枪（这个团里共有 160 支线膛短马枪和 1140 支马枪）。这个团要到 1806 年 8 月才装备骑枪。1809 年年底，康斯坦丁大公枪骑兵团拆分成两个团——近卫枪骑兵团和近卫龙骑兵团，每个团各辖 5 个中队。[9]

"骑兵"团是在帕维尔治下建立的。1797 年，他下令组建波兰"骑兵"团和立陶宛—鞑靼"骑兵"团。团内人员起初是来自波兰、立陶宛贵族阶层和立陶宛鞑靼人的志愿兵。根据古老的波兰传统，团里第 1 列的骑兵被称作"托瓦日什"（towarzysz，意为战友、同伴）。每一位"托瓦日什"都需要自费带来一位被称作"谢雷戈维"（szeregowy，意为列兵）的第 2 列骑兵。这两个团里的所有骑兵都装备马刀和手枪。"托瓦日什"会装备骑枪，但"谢雷戈维"起初并没有骑枪。[10]

根据 1803 年 3 月 4/16 日的决定，立陶宛—鞑靼团一分为二，它分拆成各有 5 个中队的立陶宛团和鞑靼团。[11] 立陶宛团和鞑靼团各辖 3 名校官、27 名尉官、60 名军士、11 名号手、300 名"托瓦日什"、300 名"谢雷戈维"和 56 名非战斗人员。波兰团（根据 1805 年 3 月 20 日 /4 月 1 日的编制）共有 4 名校官、65 名尉官、120 名军士、21 名号手、600 名"托瓦日什"、600 名"谢雷戈维"

和 103 名非战斗人员。[12]1807 年年底，"骑兵"团易名为枪骑兵团。1808 年
10 月 18 日 /30 日，波兰枪骑兵团推行了新编制，其他各个枪骑兵团（立陶宛
团、鞑靼团和新近组建的沃伦团）随后也都陆续推行。根据这一新编制，每个
团下辖 10 个野战中队和 1 个后备中队（仅有 600 名 "托瓦日什" 和 720 名 "谢
雷戈维"）。前后两列的人员都装备了骑枪（10 个野战中队共 1200 支骑枪，后
备中队共 120 支骑枪）。每个中队里还有 16 名列兵配备线膛短马枪。[13]

在亚历山大统治时期，这些团不仅会接收波兰人和立陶宛人，也会接纳
任何一位并非农奴的志愿兵。以著名的 "女骑兵" 娜杰日达·安德烈耶夫娜·杜
罗娃（Надежда Андреевна Дурова）为例，她的军事生涯就始于 1807 年使用
化名以志愿兵身份加入波兰 "骑兵" 团。她接受了使用马刀和骑枪的训练，被
指派到第 1 列，获得了 "托瓦日什" 称号，跟随该团参与了 1807 年春夏战局。
尤为值得注意的是，她还亲历过海尔斯贝格会战和弗里德兰会战。[14]

俄军在 1802 年引入了一些新式冷兵器，它们逐渐取代了旧式冷兵器。一
种新型线膛短马枪也在 1803 年入役，康斯坦丁大公在他的枪骑兵团里推行这
种线膛短马枪，给每个中队配备了 16 支。[15] 近卫军的重骑兵团也以相同比例
装备了线膛短马枪。

亚历山大统治初期的军事文献并没有详细探讨过骑兵战术。罗马诺在《关
于指挥科学最重要准则的简述》中主要关注步兵战术，提到骑兵的地方很少。
尤为值得注意的是，他主张纵队对步兵而言是非常有用的队形，但随后就解释
说让骑兵在战斗中列成纵队的做法并不实用。如果其中一匹坐骑失蹄，整个纵
队就可能因此陷入混乱。即便以中速行进，要是有匹马倒下，那么整个纵队也
得停下来重整队形，也就丧失了对冲击而言最为重要的速度。[16]

和步兵一样，俄军骑兵的训练科目并不完善且流于形式。俄军中也有人
尝试给 1796 年训练条令做一些补充，使它能够赶上时代潮流。1804 年，时
任骑兵督察康斯坦丁大公派遣副官前往各个骑兵团，展示了一些全新的骑兵
训练方法。[17]

有些骑兵军官致力于撰写新的骑兵条令。1805 年，军事修会胸甲骑兵团
的几名军官出版了一本论述骑兵团训练的著作。该团团主德米特里·弗拉基米
罗维奇·戈利岑（Дмитрий Владимирович Голицын）将军在序言中探讨了关

于骑兵训练的诸多看法。按照他的说法，条令也不过是传统训练手段的汇总和对各类机动的描述而已，其中并没有明确给出训练目的和具体训练科目。有些教官并不清楚自己想要实现什么，他们徒劳地折磨士兵，当发觉自己虽然付出辛劳却无望成功时也相当惊诧。有些人将速度视为最重要的因素，另一些人则认为队形齐整最为重要，第三种人指出在作战中不可能保持绝对齐整，所以在训练中也没有必要强求这一点。简而言之，并不存在统一的观点。[18]

戈利岑表示训练目的应当是让骑兵具备尽可能精确地完成必要机动的能力。[19] 所有初级机动都应当以慢步完成，这既是为了避免出现混乱，也是为了保持马力。[20] 戈利岑还指出，该书的作者们是以法军的 1791 年条令作为模板的。[21] 不过这本书实际是法军骑兵训练教令的缩略版本，而这份教令则重复了法军 1788 年骑兵条令的诸多章节。[22]

书中涵盖了重骑兵团的完整训练科目，一开始是训练新兵，之后则讨论中队训练，最终则是全团训练。它也提供了与训练相关的教令纲要。第一章由尼古拉·瓦西里耶维奇·瓦西里奇科夫（Николай Васильевич Васильчиков）上校撰写。它描述了为期 5 个月的新兵训练流程。[23] 士兵首先要接受单兵训练，然后展开集体训练；先是步行训练，然后骑行训练。在训练的最后一个阶段，士兵要学习乘马跃过沟渠和树篱，先是独自跳跃，然后三人一组跳跃，最后集体排成一列跳跃；此外也要学习用手枪在马上朝假人开火，用剑在马上砍杀假人。[24]

由加夫里尔·谢苗诺维奇·马休科夫（Гаврил Сёменович Масюков）少校撰写的下一章描述了中队队形和机动。每个中队要分成 4 个排，每个排分成 2 个半排，每个半排又分成若干个班——班由 3 个伍组成。[25] 根据本书给出的估算，在战斗队形中，胸甲骑兵中队将列成 48 个伍，此外再加上 6 名军士，这样的横队宽度为 18—19 沙绳 [26]（38.41—40.55 米），所以一名骑兵的横向占地为 0.71—0.75 米。任何机动或队形变化都要由排来执行，执行时既可以让各个排采用固定或移动旋回轴展开直角转弯，也可以使用斜向行进。[27]

以排为单位的疏开纵队被视为最便于战地行进和机动的队形。[28] 书中描述的中队队形和队形变换与 1796 年条令大体一致，只不过建议用三人一组的机动取代条令中规定的二人或四人一组机动，而且在斜向行进或让中队、团调转方向时，也主张采用法军骑兵条令规定的以排为单位转动（见第二章"骑兵"图 9）。

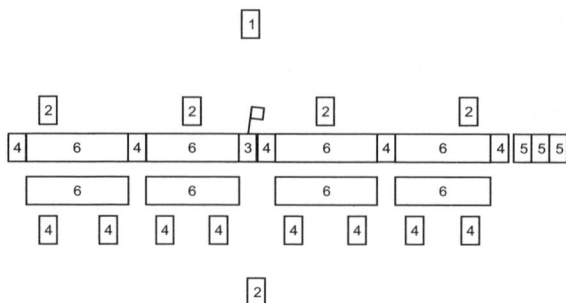

图 40. 中队队形

1- 中队长
2- 军官
3- 掌旗官生
4- 军士
5- 号手
6- 列兵

军官要根据其经验而非军衔分配位置。

在冲击训练过程中，中队长应当进至中队前方 360 步处，各排从第 1 排（位于右翼的排）开始轮流发起冲击。排需要以慢步行进 50 步，以快步行进 150 步，以跑步行进 80 步，然后全速行进，直到距离中队长 12—15 步时才放慢速度，先使用快步，再降为慢步，最后停下。此后还应当以半中队为单位进行相同的训练，最终则要让整个中队一同进行这种训练。[29]

每个排中人员最干练、马匹最好的几个伍要训练成侧卫骑兵（马上散兵）。位于侧翼的伍则不会充当侧卫骑兵。当侧卫骑兵脱离队列集合后，他们需要排成二列横队并紧靠该中队第 1 排。当中队列成横队时，侧卫骑兵应当位于横队中第 1 排的后方。当中队长下令"侧卫骑兵前进"时，侧卫骑兵就要从后方出发，以伍为单位绕过中队右翼，其中一些骑兵列成散开队形，以此掩护整个横队正面，另一些依然排成二列横队，位于中队右翼前方。[30] 如果中队有必要支援侧卫骑兵，就应当出动第 4 排，这个排可以和侧卫骑兵一样用于追击敌军。而在这一场合，位于该排右翼的 4 个伍要列成散开队形，其余各个伍仍然列成密集队形跟随散兵行进。[31]

下一章由费奥多尔·费奥多罗维奇·拉坚（Фёдор Фёдорович Раден）中校撰写，它描述了全团的队形和机动，主张将以中队为单位的团纵队作为战地机动的基本队形：也就是每一个中队都列成横队，各个中队前后相继。至于战斗队形，则要让所有中队都列成横队，一个挨着一个地横向排列起来，并且各个中队之间不要留出横向间隔。[32] 在发起冲击前，位于每个中队右翼的号手需要集结到团的中央中队（第 3 中队）之后 15 步，[33] 这样，横队里的相邻中队之间就会出现宽达 3 个伍的间隔。

如果有必要执行敌前退却，就得让各个中队列成交错队形：如果团原先列成横队，第2、第4中队就要三人一组向右向后转，而后以慢步行进100步或其他所需行程，接下来再三人一组向右向后转（重新面朝敌军），最后停下来整队。此后，第1、第3、第5中队也要三人一组向右向后转，以快步退往第2、第4中队，不过，一旦它们与第2、第4中队齐平，就要将速度降为慢步，完成所需行程后再三人一组向右向后转。书中之所以主张使用三人一组而非二人一组，可能是因为中队的横向间隔相当于3个伍的宽度。[34]

书中描述的团队形和队形变换与1796年条令大体相同，只是补充了几种队形变换，其中最重要的补充是让以中队为单位的紧密纵队向左或向右展开成横队。

如图41所示，以中队为单位、以"右翼为基准"的紧密纵队向左展开时，位于后方的中队在转向时应当等待前方中队给它腾出转向空间。以类似方式也可以让一个团由以"左翼为基准"的紧密纵队向右展开成横队。

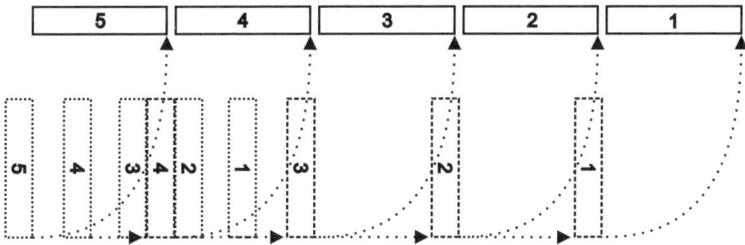

图41. 骑兵团由以中队为单位、"以右翼为基准"的紧密纵队向左展开成横队。

并没有资料表明这部著作是否曾在其他团里得到运用，但骑兵回忆录里的确提到过书中描述的一些训练要素。比如说，娜杰日达·安德烈耶夫娜·杜罗娃就在她著名的回忆录《女骑兵》里提到过她后来转入了马里乌波尔骠骑兵团，这个团在1809年夏季演习中让每一名骠骑兵都跳过沟渠，用手枪朝稻草人开火，然后用马刀砍杀稻草人。[35] 不过，在其他某些骑兵团里也可能存在与军事修会团类似的训练教令。众所周知，有些骑兵团拥有自行撰写的手写训练教令。其中一个典型例证就是题为《骑士近卫团训练条令》（Устав обучения Кавалергардского полка）的文件，俄军要求将该文件"抄录给所有的中队，从此应当使用它训练人员和马匹的骑兵职能"[36]。费奥多尔·雅科夫列维奇·米尔科维奇（Фёдор Яковлевич Миркович）在 1809 年年底毕业于贵胄军官学校（Пажеский корпус）并加入骑马近卫团，他在自传中写道：

> 自从入伍的第一天起，我就开始十分勤勉地练习步行勤务和马上勤务……而且这并不容易，因为当时并没有印刷出版的条令，团里只有一本名为《骑兵团的队形变换》（Эволюции Конного полка）的手抄本。[37]

不过，即便当新骑兵条令的第一部分《骑兵队列勤务初级教令》（Предварительное постановление о строевой кавалерийской службе）于 1812 年面世后，有些骑兵团仍然使用这样的手抄本文件。立夫兰猎骑兵团的叶拉金（Елагин）准尉就拥有名为《骑兵勤务补益》（Польза кавалерийской службы）的手写训练手册。[38] 这本手册并没有标注年份，不过，纸张上的水印表明该书用纸是在 1813—1814 年生产的。立夫兰猎骑兵团则是在 1812 年年底由立夫兰龙骑兵团改编而成（这一阶段共有 8 个龙骑兵团被改编为猎骑兵团）。

不过，这本手册的队形示意图中出现了军旗，但猎骑兵并不使用军旗，而且代表团主副官的图像还是一顶龙骑兵头盔。手册示意图中给出的军官和军士在中队里的位置与 1796 年条令和军事修会胸甲骑兵团军官编写的手册都存在差异，倒是与 1812 年颁行的《初级教令》非常相似，仅仅存在十分细微的差异。团横队的示意图展示出 5 个中队，这与 1810 年之前的团编制相符，但团纵队的示意图则绘有 6 个中队，这反而与 1812 年年底才引入的新编制相符。

因此，这本手册可能是对一份起草于 1812 年之前的文件稍作调整，当时的立夫兰团仍是龙骑兵团。它实际上是翻译、修订了法军骑兵训练教令中的几个章节，并对骑兵的单兵和集体训练流程做了规定。

1805—1806 年，各团主发布了诸多命令和教令，不仅规定了与条令不同的中队内部军官和军士所处的位置，还推行了自己定下的各种号谱。[39] 这些教令有可能是将通用于全体骑兵的教令传达给军官。从上文所述内容可以看出，1796 年骑兵条令——至少是队形相关部分——实际上已经不再用于训练。

骑兵在马术和武器运用方面依然存在问题。正如某个胸甲骑兵团的佚名团长在札记中所述，军官和士兵的骑乘训练不佳，而且马匹也被喂得太肥，无法持久行动："在一刻钟的快速训练后，它们就基本走不动了"，士兵则"盲目地习惯于某些姿势，他们挥剑只是做做样子，并不真正劈砍，掏出手枪也只是仪式性举动，并不会真正朝目标开火"。[40] 不过，同样有一些拿破仑战争的亲历者表示，俄军骑兵的马刀和直剑杀伤效果强于法军。尤为值得一提的是，布托夫斯基根据他在 1805 年战局中的体验写道：

> ……有人注意到法军直剑或马刀在命中后造成的创伤远比俄军命中后造成的创伤小：敌军大部分时候造成的是轻伤，只能让对手短期内无法投入战斗；我们的骑手则用直剑或马刀进行了堪称恐怖的打击。俄军骑兵用尽全力砍杀敌军，时常能够看见一只手、一条腿如同木块一般在俄军刀剑下落地，有时甚至连半个脑袋也是如此。[41]

德米特里·叶罗费耶维奇·奥斯滕 - 萨肯（Дмитрий Ерофеевич Остен-Сакен）在拿破仑时代效力于伊丽莎白格勒骠骑兵团，他认为当时的驯马方式既原始又粗暴：

> 在 1812 年开战前，我军骑兵得到的马匹通常只是配过鞍、上过套，并没有驯熟。有许多马筋疲力尽、受了伤、仰面跌倒或是失去控制疾驰狂奔。每完成一次训练，都得有几个人摔下马负伤。[42]

根据奥斯滕 - 萨肯的说法，有些训练科目是过于复杂的机动，它们并不适合实战：比如说让一个团四人一组全速集体掉头，这反倒有可能是导致人马负伤的额外因素。[43] 瓦尔福洛梅·费奥多罗维奇·克鲁皮扬斯基（Варфоломей Федорович Крупянский）在 1807—1811 年效力于佩列亚斯拉夫龙骑兵团（参与了发生在多瑙河地区的对土战争），后来转入斯摩棱斯克龙骑兵团（在 1812 年与奥军和萨克森军队交手），他也讲述了非常残酷的驯马方式——而且马匹的质量原本也不高。此外，在与土耳其人作战的部队中，马料的供给并不充足。因此，按照克鲁皮扬斯基的说法，战马质量极为低劣，甚至到了士兵在侧卫战斗（以散开队形作战）中害怕坐骑甚于害怕土耳其人的地步，因为失控的战马会冲进敌群当中，骑手届时毫无办法，只能束手就擒。此外，"在发起冲击的时候，肯定得有 20 个人摔下马"[44]。

苏沃洛夫的训练方法几乎无人运用。和平时期的演习中，负责冲击步兵的骑兵会在距离步兵队形不远处停下来。朗热隆表示，在奥斯特利茨会战中，骑士近卫团的某个中队就像参与演习一样直接在法军步兵队形面前驻足不前。[45]不过，的确还是有一些骑兵指挥官尝试使用苏沃洛夫的训练方式。1807 年 2 月底，新俄罗斯龙骑兵团团主卡尔·卡尔洛维奇·西弗斯〔Карл Карлович Сиверс，其德文名为卡尔·古斯塔夫·冯·西弗斯（Karl Gustav von Sievers）〕少将主张让部分骑兵在训练时下马列成横队。其余骑兵要乘马穿过横队各个伍之间的间隔，在此期间，横队中的下马骑兵还要朝乘马的骑兵开火。[46]

关于 1805—1807 年诸战局中俄军骑兵使用的团以上级别战斗队形，这里并没有多少可说。巴格拉季翁的前卫部队在奥斯特利茨战前曾与法军多次交手，在他呈递给库图佐夫的一份战报中，巴格拉季翁指出他的骑兵在战斗中列成 3 条同色棋盘格状战线（ан эшикие，该术语源自法语 en échiquier）[47]，也就是说列成了交错队形。在这种队形中，第二线的中队恰好位于第一线各中队横向间隔的正后方，第三线的中队则位于第二线各中队横向间隔的正后方，间隔宽度可能恰好与中队横队正面宽度相当。

正如讨论 1799 年战局的章节所述，苏沃洛夫主张的正是这样一种骑兵队形。但并不能确定这是不是俄军骑兵在 1805—1807 年的惯用战斗队形。如果骑兵采用这种队形，那么即便不做队形变换，也可以让其中一条战线穿过另一条战线，因此，它就可以派上很大的用场，在需要敌前退却的场合作用尤为明显，故而它可能会频繁用于后卫战当中。奥特罗先科在 1807 年是第 7 猎兵团里的一名军官，他在回忆录中表示，俄军骑兵在 1807 年 1 月 25 日 /2 月 6 日的后卫战中列成三线，各条战线交替退却。[48]

骑兵在大会战中通常列成两条战线。骑马近卫团在奥斯特利茨列成两线，第一线 3 个中队，第二线 2 个中队，[49]康斯坦丁大公在 1807 年 5 月 22 日 /6 月 3 日签发给近卫师的一份命令中也给拥有 5 个中队的骑兵团规定了同样的战斗队形。[50]格罗德诺骠骑兵团在弗里德兰列成两线。第一线是 5 个列成横队的中队，第二线的 5 个中队则各自列成以排为单位的中队纵队。[51]

在 1805—1807 年的战争中，俄军骑兵和步兵一样深受大部队组织、训练不力的困扰。在奥斯特利茨会战中，超过一半的联军骑兵都集合到一个庞大的纵队里，但这些团仍是逐个投入冲击，尽管其中有些团表现英勇，却迟早会被众多的敌军骑兵——他们行动更为协调一致而且与步兵配合得更好——击败。

康斯坦丁大公枪骑兵团的战斗情况众所周知。这个团是联军那个庞大的骑兵纵队的先头部队，它刚刚由战前预备纵队展开成战斗队形，就不待其他团完成展开动作，径自发起冲击，因此没有得到其他部队的支援。枪骑兵击溃了法军骑兵，但法军骑兵还是快速通过了己方步兵营的横向间隔。紧追不舍的枪骑兵也冲过了间隔，但遭到法军步兵营的射击。枪骑兵被打乱了队形，法军新锐骑兵也在步兵后方迎击枪骑兵，将枪骑兵击溃，导致他们再度从步兵营之间跑过，遭遇了猛烈的步枪火力。这个团因此损失了多达 400 人，再也无法继续投入战斗。[52]

另一方面，奥地利将领施图特海姆提到指挥巴格拉季翁麾下俄军骑兵的费奥多尔·彼得罗维奇·乌瓦罗夫（Фёдор Петрович Уваров）将军拥有大约 30 个中队，他勇敢机智地指挥骑兵，阻止了敌军的推进，成功地掩护巴格拉季翁所部退却。[53]

按照朗热隆和叶尔莫洛夫的说法，联军骑兵在这场会战中英勇地发动了多次冲击，但这些冲击不但分散，而且缺乏协同。[54] 骑兵团多数时候是在单打独斗。因此，它们并不特别擅长以大规模集群作战或与其他兵种配合作战。

然而，这里或许也该提及奥军骑兵在奥斯特利茨的发挥也没有好多少——施图特海姆只提到个别的团针对相当有限的目标发动冲击，而且要么战果甚微，要么遭遇失利。从施图特海姆的记载中可以看出，有些将领按照自己的想法出动骑兵团，并没有遵照联军骑兵纵队指挥官奥军将领约翰·冯·利希滕施泰因（Johann von Liechtenstein）的命令，此人曾亲自派出一个团发起冲击，随后又竭力拦阻、重整从普拉岑高地撤下来的奥军步兵。[55]

俄军骑兵在 1806 年被分配到主要由步兵组成的师里。每个师通常会包括 3 个骑兵团，这三个团还可能是不同类型的骑兵。就连胸甲骑兵团也会被逐团逐团地分配到不同的师里。

骑兵团之间的配合也存在问题。以约翰·彼得·爱德华·冯·勒文施特恩（Johann Peter Eduard von Löwenstern）为例，他是苏梅骠骑兵团的一名军官，根据此人的说法，当苏梅团在戈维明战斗中被法军龙骑兵击退时，骠骑兵直接逃向位于第二线的因格曼兰龙骑兵团，但龙骑兵并不允许骠骑兵穿过他们的战线。[56]

有些俄军骑兵团在1806—1807年战争第一阶段的小规模战斗中表现颇为出色。在普乌图斯克会战中，几个俄国骑兵团最初位于步兵横队前方，但随后给步兵让开了道路。伊万·谢苗诺维奇·多罗霍夫（Иван Сёменович Дорохов）少将率领伊久姆骠骑兵团将敌军纵队"引向"瓦西里耶夫（Васильев）中校指挥的俄军炮群：他朝炮群退却，用自己的团掩护炮群，这样紧跟在后面的敌军就无从发觉。多罗霍夫随后抓住时机迅速将他的团转向左侧，让敌军突然直面俄国炮群，开火后便给敌军造成了惨重损失。[57]

在普乌图斯克会战中，骑兵主要是为步兵提供支援。当俄军步兵正面反击一个行进中的法军步兵纵队时，谢尔盖·阿列克谢耶维奇·科任（Сергей Алексеевич Кожин）少将率领卡尔戈波尔龙骑兵团的两个中队和皇帝陛下胸甲骑兵团从侧翼攻击法军纵队。托卢别耶夫写道：

> 当一个法军纵队已然迫近我军正面时，科任将军率领他的胸甲骑兵团踏入泥泞地带。他在满是烂泥的地方击溃了法军，法国兵甚至都不能把鞋子从泥地里拔出来，就算只穿袜子都没法跑开。所以，胸甲骑兵的确在字面意义上使用了两种砍杀步兵的主要方式——以慢步骑行时向左右两侧劈砍，这样的战斗在其他会战中极少发生。[58]

根据科任的战报，他击溃了一个约有三四千人的纵队，俘获了大约300名法军。[59]

此战中的法军由让·拉纳（Jean Lannes）元帅指挥，他在呈递给拿破仑的战报中提到，第88战列步兵团的一个营在遭到骑兵冲击后溃逃，但这种情况之所以会发生，原因正在于降雨和恶劣天气导致法军无法及时观察到骑兵，从而未能采取预防措施，因此遭遇了突如其来的攻击。[60]

俄军骑兵也会因为经验不足、缺乏训练而遭受失败。在 1807 年 1 月 25 日 /2 月 6 日的霍夫后卫战中，伊久姆骠骑兵团击退了敌军骑兵，此后，奥利维奥波尔骠骑兵团擅自违令出动，追击敌军，结果遭到敌方新锐兵力反击，自己反而开始溃逃。它在溃退时也让伊久姆团陷入了混乱。伊久姆团团主多罗霍夫少将被一发实心弹挫伤，只得离开战场。

科斯特罗马火枪兵团和俄军骑炮兵的火力挡住了敌军骑兵，奥利维奥波尔团和伊久姆团随后冲向法军骑兵，将其击溃并展开追击。两个骠骑兵团这次又遇到了法军胸甲骑兵，骠骑兵被击退，而且直接闯进了科斯特罗马火枪兵团里，导致该团陷入混乱，法军胸甲骑兵紧随其后，打垮了科斯特罗马团，给它造成惨重损失。[61] 这次战斗表明某些骑兵团依然倾向于各自为战，它们在不必要的情况下表现出过高的主动性，而且骑兵与其他兵种的协同也存在一定的问题。

尽管如此，有些团还是表现出色，也为自己赢得了荣誉。在艾劳会战前一天的后卫战中，索非亚火枪兵团和普斯科夫火枪兵团以刺刀反冲击打退了一个敌军纵队，此时，另一个敌军纵队匆忙赶来帮助战友，但圣彼得堡龙骑兵团随即对它发起冲击。[62] 叶尔莫洛夫写道：

> 杰格佳廖夫 [Дегтярев] 上校率领圣彼得堡龙骑兵团迎击正沿着大道行进的 [敌军] 纵队。[纵队] 开始从大道往深深的积雪里行进，以此剥夺我军骑兵沿着已被踏过的道路攻击敌军的便利条件。他们的匆忙举动造成了混乱，[龙骑兵] 团抓住战机，在遭遇了微弱的步枪火力后便依靠进取心获得了一面鹰旗和 500 名战俘的奖赏。至少有同等数量的 [敌军] 人员被杀，其中还有一名指挥该纵队的将军。
>
> 我从未见过如此坚决的骑兵冲击，我同样震惊地看到这个团以何等迅疾的速度走下积雪覆盖的陡峭高地，队列中却没有出现任何混乱，[要知道] 它此前几次下坡时都小心翼翼。[63]

由尼古拉 · 瓦西里耶维奇 · 杰格佳廖夫（Николай Васильевич Дегтярев）指挥的圣彼得堡龙骑兵团击溃了法军勒瓦瑟（Levasseur）旅的第 18 战列步兵

团。不过勒瓦瑟将军并未战死，他只是受了伤。

皮埃尔·佩尔波尔——他后来成了一名将领——在这场战斗中指挥第18团2营。他表示这个团当时把下属各营都列成了"冲击纵队"（colonne d'attaque），而且纵队以快步行进〔冲锋步法（pas de charge），每分钟120步〕。1营推进到了距离俄军炮兵仅有50法寻（大约100米）远的地方，但还是被"恐怖的步枪火力"挡住了。它尝试展开成横队，可在当时的情况下，此举反而造成了混乱。就在那时，它遭到俄军骑兵的冲击，转而开始溃逃。由佩尔波尔指挥的2营原先在1营左侧行进，速度也没那么快，所以还能维持不错的秩序，但1营的败兵直接冲了过来，让他的营不得不停止推进，随后很快就被俄军骑兵包围。按照佩尔波尔的说法，他鼓励士兵坚持抵抗，但这个营最终还是被击溃了，他表示自己受了30处刀伤和5处刺刀伤，最终却幸存下来，而且甚至没有被俘（他倒在死尸当中不省人事，后来才被法军发现）。[64] 鉴于他提到了刺刀，那就应当有一些俄军步兵加入了战斗以便彻底解决第18战列步兵团。这些俄军步兵有可能同样来自索非亚火枪兵团或普斯科夫火枪兵团。

法国军官皮埃尔·贝尔特泽纳——后来也成了将军——当时是第65战列步兵团的一名中校，他指出，第18团的右翼营接近俄军多面堡后，原先隐藏在高地背面的俄军步兵纵队就突然涌出。他们从多面堡之间穿过，从正面攻击该营。与此同时，无数俄军骑兵从侧后方展开攻击。于是右翼营很快就战败了。法军步兵朝同一个团的左翼营冲了回去，导致它陷入混乱。不过并没有多少法军遭到杀伤，因为法军士兵伏在地上躲开了俄军骑兵的砍杀。贝尔特泽纳指出，佩尔波尔受了12—15处伤。[65]

艾劳会战中的绝大部分俄军骑兵由德米特里·弗拉基米罗维奇·戈利岑将军统一指挥。[66] 它被编组成3个集群。[67] 我们知道左翼骑兵集群由彼得·彼得罗维奇·帕伦〔Пётр Пётрович Пален，其德文名为彼得·约翰·克里斯托夫·冯·德·帕伦（Peter Johann Christoph von der Pahlen）〕少将指挥，[68] 所以其他将领也可能被派去指挥某一集群。

然而，我们并不清楚这些集群是否集体投入过战斗，因为各类战况记载中都只提到了骑兵团单独行动或成对行动。在奥热罗的第7军被击溃后，小俄罗斯胸甲骑兵团和波兰"骑兵"团冲击法军圣伊莱尔将军的步兵师，打乱了第

55 战列步兵团。在与法军步兵以及埃马纽埃尔·格鲁希（Emmanuel Grouchy）将军指挥的龙骑兵作战时，库尔兰龙骑兵团和军事修会胸甲骑兵团表现相当出众，后者还夺取了第 24 战列步兵团的一面鹰旗，但它的指挥官马休科夫少校——1805 年出版的骑兵训练著作的作者之一——也战死了。

法军近卫骑兵的几个中队曾突破俄军步兵战线，但还是被俄军预备队挡住并击退，此后，帕夫洛格勒骠骑兵团的 3 个中队和伊丽莎白格勒骠骑兵团展开追击，将近卫骑兵打散。当达武元帅的部队被逐出库奇滕村时，莫斯科龙骑兵团以及帕夫洛格勒骠骑兵团的其余中队也参与了冲击。[69]

瓦西里·杰姆钦斯基在 1807 年是波洛茨克火枪兵团里的一名军官（该团隶属第 4 师，该师原先充当预备队，后来赶赴左翼），他在 1807 年 3 月 1 日 /13 日给科诺夫尼岑将军写了一封信，信中提到敌军骑兵冲击俄军步兵，但根本无法撼动步兵，反倒遭到了俄军骠骑兵的反击：

> ……我军无畏的亚历山德里亚骠骑兵团和苏梅骠骑兵团就像雄鹰一般扑向这支敌军骑兵肆意切割，我们的骑兵也时常砍杀他们的步兵 [，]法国人的头颅落在地上，就像是菜园里没了根的卷心菜……[70]

与俄军右翼骑兵战斗情况相关的资料非常少。法国军官德尼 - 夏尔·帕尔坎（Denis-Charles Parquin）在 1807 年是第 20 猎骑兵团里的一名上尉，该团位于拿破仑大军的左翼，他讲述了俄军龙骑兵以何种方式攻击这个团：

> 下午 2 时许，一个庞大的骑兵集群动了起来，它以慢步朝我们杀来，积雪和泥泞不容许其他步法。
>
> 敌军的"乌拉"[hourras] 声响彻天空。我们这边有几个猎骑兵用"奥沙"[au chat，意为"向着猫"] 的吼声回应，因为"乌拉"的发音听起来像是"奥拉"[au rat，意为"向着老鼠"]。人们注意到这个隐喻，它立刻传到了全团的左右两翼。
>
> 卡斯泰 [Castex] 上校询问马枪是否处于装填状态。在得到肯定的答案后，他随即下令：
>
> "举马枪！"

他随后命令军官退出队列，他本人也如此行事。一个庞大的龙骑兵集群以慢步向我们发起冲击，上校却依然保持冷静。

可到了相距 6 步的时候，他便坚决地下令：

"开火！"

全团就像训练时一般执行了这道命令。

这就是这轮射击效果可怖的原因所在。敌军的第 1 列人员几乎全部丧失了战斗力，出现了一秒钟的动摇，但第 2 列人员很快就替换了第 1 列中的死伤者，随后就发生了整体混战。

帕尔坎声称俄军龙骑兵无法突破第 20 猎骑兵团的队列，最终只得掉头走人。按照他的说法，第 20 猎骑兵团死伤了 100 多人，俄军则损失了大约 300 人，这是因为位于第 20 猎骑兵团右侧的法军第 27 轻步兵团方阵用准确的火力给退却中的俄军造成了惨重损失。[71] 从帕尔坎的记载中并不能得出退却中的俄军是否曾遭到法军追击的确切结论，而且他的故事里总体上存在着很多模糊不清的地方。根据马蒂尼安的表册，第 20 猎骑兵团在 1807 年 2 月 7 日共有 1 名军官战死、2 名军官负伤——其中一名伤员在 3 天后死亡。[72] 俄军方面，参与此次战斗的是立夫兰龙骑兵团或里加龙骑兵团。

在艾劳会战中，俄军也确实出现过两个以上的骑兵团协同作战的情况，但这种战例非常少。叶尔莫洛夫写道：

在中央和左翼之间，7 个骑兵团以迅猛的进攻击溃了顽抗的一切敌人。敌军步兵扔下步枪逃进了树林。这支骑兵已经攻入了敌方炮群，但它的混乱程度每一分钟都在加剧，这让它失去了已得的胜利，而且堪称耻辱的是，它竟然被迫在一小部分敌军骑兵面前退却，而那支敌军原本只用出动亚历山德里亚骠骑兵团就足以对付。[73]

在叶尔莫洛夫提到的这个片段里，可能发生的情况是：俄军骑兵的几个团与法军骑兵交替取得胜利——双方轮流追击对方，然后遭到对方新锐兵力的反击，最终被击溃并遭到对方追击。[74] 达维多夫也提到过这一战况，他表示俄军骑兵追得很远，甚至攻入了法军炮群。[75] 后来的研究著作认为，亚历山德里亚骠骑兵团和其他几个骑兵团一道对深入俄军阵地的法军骑兵发起了反击，当时，法军的多个骑兵师连续展开冲击，使得部分骑兵得以突入俄军深处。[76] 然而，那片战场上并没有显而易见的树林，只有小片树丛。

战场上真正大面积的树林位于塞尔帕伦（Serpallen）村东面、绍斯加滕（Sausgarten）村南面。达武元帅的部队在这一地段对俄军发动进攻，而且也几次遭到大批俄军骑兵的冲击。[77] 米哈伊洛夫斯基 - 丹尼列夫斯基提到帕伦将军（苏梅骠骑兵团主）和费奥多尔·卡尔洛维奇·科尔夫〔Фёдор Карлович Корф，其德文名为弗里德里希·尼古拉·格奥尔格·冯·科尔夫（Friedrich Nikolai Georg von Korff）〕将军（普斯科夫龙骑兵团团主）率领 20 个中队与达武元帅的部队交战：俄军骑兵成功地击退了法军步兵，但法军龙骑兵随后就赶来帮助步兵，使得态势变得有利于法军。[78]

从上述战例中可以看出，俄军骑兵往往表现得太过莽撞，时常会在追击中变得过度兴奋，有时候还会违令发动冲击。各团之间的协同作战存在一定问题，预备队的运用可能也有瑕疵。其原因就在于经验不足、训练缺失以及团以上级别的组织存在诸多缺陷。有些骑兵将领认为自己有必要提醒下属注意骑兵的基本战术准则，例如，骑士近卫团主费奥多尔·彼得罗维奇·乌瓦罗夫中将就在 1807 年 4 月 19 日 /5 月 1 日发布的一份命令中指出：

> 在遭遇敌军时，绝不要一开始就全速跑步，应当在尽可能接近敌军的地方开始全力冲击，因为不管一个骑兵团或骑兵单位有多么优秀，如果它在长距离上发起冲击，都无疑会出现一定程度的混乱，因此冲力就不够大，冲击也会缺乏效果。
>
> 当一个团在冲击中击溃敌军，需要展开追击时，应当只派出该团负责追击任务的一小部分官兵追逐败退的敌军，不能让全团一起出动。该团在追击时需要根据指挥官的意志，按照地形和战况的需求列成横队或列成一个或多个纵队……
>
> 如果没有从团或其他单位里抽调部队设立预备队，就不应当向敌军发起冲击。作战中必须遵循的一条准则就是始终将部队里的部分人员留

在侧面或后方。这样的预备队可以在必要情况下帮助参与攻击的部队，或是根据具体情况投入作战。

如果事与愿违，投入冲击的我方横队在冲击后反而陷入了混乱，那就可以在预备队的掩护下轻松重整部队。有必要训练部队，使其能够尽可能快地散开和列队集结。预备队在冲击受挫后改善战场态势，进而实现既定目标的战况已经发生过很多次。

在某个团或单位退却乃至陷入混乱的场合，指挥官永远不能直接朝着预备队的方向撤退，而应当从离预备队还有一定距离的翼侧绕过去，这样就既不会扰乱预备队，也不会妨碍它攻击敌军。必须将援队或预备队托付给可靠的军官，该军官无论如何都不应该错过一个痛击敌军的战机……[79]

康斯坦丁大公在他于 1807 年 5 月 22 日 /6 月 3 日下达的命令中也给骑兵军官发出了若干指示：在冲击时要始终留出预备队；成功完成冲击后就要立刻吹响"集结"号，骑兵应当根据这一信号立刻集结、列队；拥有 5 个中队的骑兵团应当把 2 个中队留作预备队；在面对敌军时，绝对不要列成一条战线，应当让各个中队形成两条交错排列的梯队，梯队间的前后距离为 80 步；骑兵应当保持安静，在机动时要保持冷静，不能急躁，所有士兵都得各就各位。[80]

俄军在弗里德兰会战中将大批骑兵集中到右翼，一场漫长的骑兵交锋就此展开。[81] 法杰伊·韦涅季克托维奇·布乌哈伦在 1807 年是康斯坦丁大公枪骑兵团的一名尉官，他写道：

绝大多数法军是龙骑兵和胸甲骑兵，我军则是骠骑兵和枪骑兵。敌军数次依靠纵队的重量和密度威胁我军，想要将我军压垮，可我军先是自行散开，躲开敌军的第一击，然后敏捷地重新列队，迅速从各个方向攻击敌军的庞大集群，冲入集群内部，迫使敌军溃逃，在他们的尸体上踏出我们的道路。我们以这种方式战斗了几个小时，双方都同样拼命地投入作战，敌军不断得到增援，我军原本的确有可能在敌军的优势兵力面前退却。然而，由乌瓦罗夫将军指挥的我军预备队以其成功的机动终结了这场战斗，使我军取得了胜利。我们的骑炮兵和几个新锐骑兵团及时赶到战场，这赋予了我们全新的力量。我们的整个侧翼发动了全面冲击，击溃了法军，歼灭了几个团，打得地上满是敌军的披甲兵 [латниками，即胸甲骑兵]，将其余部队驱逐到林地边缘，然后返回原地，控制了战场，让各个团列成交错队形 [en echiquier] 休整，一直等到整场会战于傍晚时分结束。[82]

布乌哈伦在引文中大肆使用诗化的语言描述俄军骑兵的攻击，但在费力地处理掉作者的民族主义热情后，这份记载的确表明俄军骑兵及其指挥官在 1807 年战局中已经积累了颇多经验，俄军骑兵以大规模队形作战的能力也已经大有进步。威尔逊在他写于 1807 年 6 月 22 日的书信中描述了这场骑兵战：

共有 100 个中队的俄军骑兵尝试包抄敌军左翼。在成功完成包抄后，一部分俄军骑兵冲击法军胸甲骑兵，法军骑兵逃跑了，但在遇到某些军官后，他们重新集结起来，回过头来迎击追兵，挡住了俄军的疾驰。尽管双方都不愿发起冲击，他们还是相向而行，直到挥剑展开近战为止，法军在交战几分钟后压制了俄军。可就在俄军退却之际，又一个俄国团直冲法军侧翼并将其击溃。此时，一个法国团以同样的方式冲击得胜的俄军，一场混战就此展开，它以法军的全面溃退告终，地上满是法军的人员和马匹。此外，从倒在这片战场的伤亡人员身上一共搜集了至少能够装满 3 辆马车的胸甲。[83]

自此可以看出，到了弗里德兰会战时期，俄军骑兵及其指挥官已经或多或少掌握了集群作战技能，也能够在适当的时机运用预备队，在敌军筋疲力尽之际将新锐部队投入战斗。总的来说，事实证明俄军骑兵在 1807 年战局中表现得足够出色。威尔逊尤为关注俄军骑兵的主力——龙骑兵：

在战争中，他们既机敏又明智。在会战中表现勇猛，能够执行每一种队形变换和作战行动。他们快速、整齐地展开冲击，在所有战斗中都因为勇于进取和努力而付出相当大的代价。[84]

龙骑兵有时会下马作战，而前卫战和后卫战中的下马战斗尤为频繁。他们甚至可以在缺乏步兵的场合步行攻击村庄，莫龙根战斗中便有这样一个战例：库尔兰龙骑兵团攻入法军贝纳多特（Bernadotte）元帅所部后方，其中一个中队下马攻击莫龙根村，另两个中队则依然骑在马上协助攻击。龙骑兵攻占了村庄，俘获了法军的辎重，其中包括贝纳多特的个人行李和他麾下那个军的档案文件。[85]

战报和回忆录中时常提到侧卫骑兵（马上散兵）。[86] 侧卫骑兵与步行散兵类似，通常由志愿者组成。

在1807年战局的最后阶段，俄军终于将大部分骑兵团从诸兵种合成的师里抽出来编组成拥有骑炮兵支援的独立骑兵旅——《俄国皇家陆军作战日志》中提到过每旅下辖2个骑兵团的骑兵旅。[87] 同时，也有人提到某些骑兵团协助步兵作战，比如说米陶龙骑兵团就曾在海尔斯贝格会战中支援尼佐夫、雷瓦尔火枪兵团发起攻击。[88] 这表明仍有一些骑兵团从属于步兵部队。

在1809年派去与奥地利作战的俄军中可以观察到同样的混杂情况：有10个骑兵团被编组成2个各辖5个团的独立骑兵师，与此同时，还有9个骑兵团被配属给步兵师，每个师配备2—3个骑兵团。[89]

注释

[1] Богданович, *История царствования Императора Александра I*, т. 1, с. 107.

[2] *ПСЗРИ*, т. 43, ч. 2, к № 20186.

[3] *ПСЗРИ*, т. 43, ч. 2, к № 20252; *Столетие Военного Министерства. 1802-1902. Главный Штаб.* т. 4, ч. 1, кн. 2, отд. 2, с. 135-136.

[4] *ПСЗРИ*, т. 27, № 21080 (с. 1064-1067), № 21091 (с. 1078).

[5] *Столетие Военного Министерства, 1802-1902. Главный Штаб.* т. 4, ч. 1, кн. 2, отд. 2, с. 204.

[6] *Ibid.*, с. 128-129, 207-208.

[7] Богданович, *История царствования Императора Александра I*, т. 1, с. 183-184.

[8] *ПСЗРИ*, т. 27, № 20935 (с. 890).

[9] *Столетие Военного Министерства*, т. 4, ч. 1, кн. 2, отд. 2, с. 202-203; Бобровский П. О. *История лейб-гвардии Уланского Ея Величества Государыни Императрицы Александры Федоровны полка.* (《亚历山德拉·费奥多罗芙娜皇后陛下近卫枪骑兵团团史》) СПб., 1903, т. 1, с. 16-19, 29, 70; *ПСЗРИ*, т. 43, ч. 2, к № 20951 (таблица на с. 294-296).

[10] *ПСЗРИ*, т. 43, ч. 2, к № 20650, к № 20695, к № 21673, к № 23239.

[11] *ПСЗРИ*, т. 43, ч. 2, к № 20650 (с. 12), к № 23239 (таблица на с. 105-109).

[12] *ПСЗРИ*, т. 43, ч. 2, к № 20695 (с. 17-20), к № 21673, к № 23239 (таблица на с. 105-109); *Столетие Военного Министерства*, т. 4, ч. 1, кн. 2, отд. 2, с. 222-226.

[13] *ПСЗРИ*, т. 43, ч. 2, к № 23299 (с. 118), к № 24725 (таблица на с. 124-127, 骑枪数目见同书第296页).

[14] Дурова Н. А. *Кавалерист-девица.* (《女骑兵》) СПб., ч. I, 1836, с. 72-73, 78, 85, 93-107, 122-125.

[15] Бобровский, *История лейб-гвардии Уланского ... полка*, т. 1, с. 31.

[16] Романо, *op. cit.*, с. 211-212.

[17] Потто В. А. *История Новороссийского драгунского полка 1803-1865.* (《新俄罗斯龙骑兵团团史, 1803—1865年》) СПб., 1866, с. 5.

[18] Голицын Д. В.《Мысли о кавалерии》(《关于骑兵的思考》), с. 5-11//[Голицын Д. В., Васильчиков Н. В., Масюков Г. С., Раден Ф. Ф., Засс А. А.] *Опыт наставлений, касающихся до экзерциций и маневров кавалерийского полка.* Орел, 1805.

[19] *Ibid.*, с. 14-15, 26-27.

[20] *Ibid.*, с. 22-24.

[21] *Ibid.*, с. 37,

[22] *Instruction concernant les manœuvres des troupes a cheval, rédigée sur les ordonnances actuellement en activité.* Nouvelle édition, Paris, 1801. 参见 Жучков К. Б.《Кавалерийское наставление Д. В. Голицына: неизвестный источник французского влияния в русской армии начала XIX века》(《德米特里·弗拉基米罗维奇·戈利岑的骑兵教令：法军在19世纪初影响俄军的新出史料》) //*Труды Исторического факультета Санкт-Петербургского университета* (《圣彼得堡大学历史系丛刊》), вып.11, 2012, с. 73-76.

[23] [Голицын и др.], *Опыт наставлений*, с. 2. 序言中的页码是单独编排的，也就是说正文的页码同样始于第1页。

[24] *Ibid.*, с. 124-128, 133, 149-150, 159-162.

[25] *Ibid.*, с. 185.

[26] *Ibid.*, с. 213.

[27] *Ibid.*, с. 239-266.

[28] *Ibid.*, с. 270-271.

[29] *Ibid.*, с. 329-334.

[30] *Ibid.*, с. 343-350.

[31] *Ibid.*, c. 350-358.

[32] *Ibid.*, c. 364.

[33] *Ibid.*, c. 462.

[34] *Ibid.*, c. 466-474.

[35] Дурова Н. А. *op. cit.*, ч. 1, с. 235-237.

[36] Евдокимов Л. В.《Военно-исторические материалы в провинциальных архивах》(《行省档案中的军事史资料》) // *Военно-исторический сборник*, 1911, № 1, с. 26.

[37] *Федор Яковлевич Миркович.1789-1866. Его жизнеописание, составленное по собственным его запискам, воспоминаниям близких людей и подлинным документам.* (《费奥多尔·雅科夫列维奇·米尔科维奇，1789—1866年：根据其回忆录、亲属回忆和原始档案编写的传记》) СПб., 1889, с. 20.

[38] *Польза кавалерийской службы*//ОР РНБ, ф. 588, оп. 2, д. 1823.

[39] Туган-Мирза Барановский А. А. *История лейб-гвардии Кирасирского Его Величества полка.* (《皇帝陛下近卫胸甲骑兵团团史》) СПб., 1872, Приложения, с. 119, 123; Потто, *op. cit.*, с. 12.

[40] *Столетие Военного Министерства*, т. 4, ч. 1, кн. 2, отд. 2, приложение № 14, с. 75-76.

[41] Бутовский, *op. cit.*, с. 67 прим. авт; 也见:《Письмо-дневник … писанное штабс-капитаном Василием Демчинским》//*Военно-исторический журнал*, 1941, № 5, с. 127.

[42] Остен-Сакен Д. Е. *Мысли о некоторых предметах военного дела и разные военно-исторические сведения.* (《关于某些军方事务和各类军事史信息的想法》) СПб., 1865, с. 120-121, 129.

[43] Остен-Сакен Д. Е.《Отрывок из летописи Елисаветградского гусарского полка》(《叶卡捷琳诺斯拉夫骠骑兵团编年史节选》) //*Военный сборник*, 1870, № 10, с. 242.

[44] Крупянский В. Ф. *Воспоминания помещика Верхнеднепровского уезда Екатеринославской губернии капитана Варфоломея Федоровича Крупянского об участии его в войнах с Турцией и Францией в период 1807-1816 гг.* (《叶卡捷琳诺斯拉夫省上第聂伯罗夫斯基县地主瓦尔福洛梅·费奥多罗维奇·克鲁皮扬斯基上尉关于他在1807—1816年参与的对土战争和对法战争的回忆录》) *Екатеринослав*, 1912, с. 4-6, 37-38.

[45] Langeron, *Journal*, Т. III (1805)//ОР РНБ, ф. 73, ед. хр. № 276, л. 87 n. 2 (俄译文见: *Военный сборник*, 1900, № 11, Прил., с. 41 n. 2）.

[46] Потто, *op. cit.*, с. 15-16.

[47] М. И. Кутузов. *Документы*, т. 2, с. 221.

[48] 《Записки … Отрощенко》//*Русский вестник*, 1877, т. 131, с. 165.

[49] Ратч В. Ф.《Публичные лекции, читанные при гвардейской артиллерии полковником Ратчем》// *Артиллерийский журнал*, 1860, № 5, ч. 3, с. 370.

[50] Панчулидзев, *История Кавалергардов*, т. 3, с. 130.

[51] Цехановецкий В. П. *История 18-го драгунского Клястицкого Его Королевского Высочества Великого Герцога Гессенского (бывшего Гродненского гусарского), с 1824 по 1882 Клястицкого гусарского) полка.* (《黑森大公殿下第18克利亚斯季齐龙骑兵团（原格罗德诺骠骑兵团，1824—1852年间名为克利亚斯季齐骠骑兵团）团史》) Варшава, 1886, с. 18.

[52] Stutterheim, *op. cit.*, p. 80-81.

[53] *Ibid.*, p. 99-100.

[54] Langeron, *Journal*, Т. III (1805)//ОР РНБ, ф. 73, ед. хр. № 276, л. 83-85 (俄译文见: *Военный сборник*, 1900, № 11, Прил., с. 39-40）; Ермолов, Записки…, с. 56.

[55] Stutterheim, *op. cit.*, p. 93-94.

[56] Löwenstern E. von *Mit Graf Pahlens Reiterei gegen Napoleon.* Berlin, 1910, S. 9-10.

[57] *Журнал военных действий Императорской Российской армии*, с. 41, 49, 57; Михайловский-Данилевский, *Описание войны 1806 и 1807 годов*, с. 106.

[58] Толубеев, *Записки*, с. 112.

[59] *Журнал военных действий Императорской Российской армии*, с. 40; Михайловский-Данилевский,

Описание войны 1806 и 1807 годов, с. 106, 米哈伊洛夫斯基·丹尼列夫斯基提到此处参考资料为谢尔盖·阿列克谢耶维奇·科任于1806年12月14日/26日呈递给本尼希森的战报。

[60] Foucart P.-J. *Campagne de Pologne, novembre-décembre 1806 - janvier 1807 (Pultusk et Golymin), d'après les archives de la guerre.* Paris, 1882, t. 1, p. 464, 465.

[61] Bennigsen, *Mémoires*..., t. 1, p. 200-201（俄译文见: с. 134-135）; Михайловский-Данилевский, *Описание войны 1806 и 1807 годов*, с. 180-181; Богданович В. *Краткая история 19-го Костромского пехотного полка*, с. 35-36.

[62] *Журнал военных действий Императорской Российской армии*, с. 83; Михайловский-Данилевский, *Описание войны 1806 и 1807 годов*, с. 185.

[63] Ермолов, *Записки*···, с. 83.

[64] Pelleport, *op. cit.*, t. 1, p. 244-245.

[65] Berthezène, *op. cit.*, t. 1, p. 124-125.

[66] *Журнал военных действий Императорской Российской армии*, с. 85.

[67] Колюбакин, *op. cit.*, с. 10.

[68] Михайловский-Данилевский, *Описание войны 1806 и 1807 годов*, с. 201.

[69] *Журнал военных действий Императорской Российской армии*, с. 93-94; Михайловский-Данилевский, *Описание войны 1806 и 1807 годов*, с. 197-198, 205.

[70] 《Письмо-дневник···писанное штабс-капитаном Василием Демчинским》//*Военно-исторический журнал*, 1941, № 5, с. 127.

[71] Parquin, *op. cit.*, p. 80-81.

[72] Martinien, *Tableaux*, p. 603.

[73] Ермолов, *Записки*···, с. 85.

[74] Михайловский-Данилевский, *Описание войны 1806 и 1807 годов*, с. 197-198.

[75] Давыдов, *Сочинения*···, ч. 2, с. 215.

[76] Колюбакин, *op. cit.*, с. 21.

[77] *Ibid.*, с. 23.

[78] Михайловский-Данилевский, *Описание войны 1806 и 1807 годов*, с. 200.

[79] Панчулидзев, *История кавалергардов*, т. 3, с. 131-132.

[80] *Ibid.*, с. 130.

[81] *Журнал военных действий Императорской Российской армии*, с. 254-255.

[82] Булгарин Ф. В. *Полное собрание сочинений.* (《著作全集》) СПб., т. 5, 1843, с. 115.

[83] Randolph H. (ed.), *Life of General Sir Robert Wilson*, vol. 2, p. 426.

[84] Wilson, *Brief Remarks on the Character and Composition of the Russian Army*, p. 19.

[85] Дандевиль М. В. *Столетие 5-го Лейб-драгунского Курляндского императора Александра III полка.* (《亚历山大三世皇帝第5库尔兰禁卫龙骑兵团的一百年》) СПб., 1903, с. 31-32; Потто, *op. cit.*, с. 18.

[86] Löwenstern E. von *Mit Graf Pahlens Reiterei*···, S. 11; Геништа В. И., Борисевич А. Т. *История 30-го драгунского Ингерманландского полка 1704-1904.* (《第30因格曼兰龙骑兵团团史，1704—1904年》) СПб., т. 1, 1904, с. 132-133; Дандевиль, *op. cit.*, с. 35, 38, 43.

[87] *Журнал военных действий Императорской Российской армии*, с. 193, 219-220.

[88] *Ibid.*, с. 227; Bennigsen, *Mémoires*···, t. 2, p. 176（俄译文见: с. 240）.

[89] Богданович М. И. *История царствования Императора Александра I*, т. 2, с. 438, Приложения, с. 62.

第十四章 炮兵

俄军炮兵的革新进程由沙皇帕维尔开启，而到了沙皇亚历山大统治初期，炮兵仍在持续进步。1802年，某个特别委员会为炮兵设计了一整套改革方案。1804年，俄军设立了临时炮兵委员会，考虑对要塞炮兵实施改革。不过，到了1805年2月，这个委员会就被赋予了研讨野战炮兵新课题的权力。从那时起，它开始管理与炮兵相关的一切科学研究、工程和测试。[1]

1803年，俄军将炮兵辎重队全面军事化，这是亚历山大时期炮兵的第一批重大变革之一。炮兵辎重队的驭手从此被视为士兵，他们不再是非战斗人员（炮车和弹药车的驭手在1803年之前已经成为士兵）。[2]

甚至早在1805年开战前，炮兵的装备与训练就已取得了诸多重大进步。火炮的设计得到了进一步简化，它们的重量有所降低，尺寸的标准化也更为严格。炮兵委员会在1805年颁布了一整套炮兵装备图样，并将图样复本送至各个火炮工场，这套装备日后被称作"1805年体系"。[3] 俄军为骑炮兵设计了一种¼普特独角兽骑炮，其重量略低于步炮兵的¼普特独角兽炮。由于原有的四轮弹药车太大也太重，在战斗中颇为不便，[4] 俄军便在1803年引入了新型的两轮弹药车。为不同类型和口径的火炮设计的新弹药车外部尺寸完全一样，只是内部划分的网格数存在差异。

有许多外国观察家注意到，俄军火炮的优良设计和挽马编队的良好状况为俄军炮兵提供了良好的机动力。在1807年战局结束后，威尔逊在他关于此次战局和俄军的著作中写道：

> 火炮铸得很好，炮架既坚实又不沉重。马具和挽具的状况极好，火炮的所有附属装备不仅相当完备，而且排列有序。挽马体格矮小，但肌肉力量强劲，腰部有力，血统优良。[5]

法军炮兵也发生了显著变化。拿破仑从1803年开始用并不属于格里博瓦尔体系的 6 磅炮替代 8 磅炮——8 磅炮当时用于配属给步兵师与骑兵师的炮兵连。根据革命战争的经验，某些军官认为 8 磅炮太过沉重，行动缓慢，因而在起伏地带不能及时跟上步兵。拿破仑本人则注意到，步兵将领不管想要取得什么战果，都不加区分地运用 4 磅炮和 8 磅炮。[6] 尽管如此，8 磅炮依然没有被彻底废弃，法军仍然在 1808—1813 年的伊比利亚半岛战争中使用它（西班牙在拿破仑战争之前已经采用了格里博瓦尔体系）。

此外，法军炮兵还在 1803 年对 12 磅炮的炮身和炮架结构进行了调整。法军还入役了一种新式火炮——5 寸 6 线榴弹炮（炮弹直径为 5.5 寸），它后来也被称作 5 寸 7 线 2 点榴弹炮（炮膛内径为 5 寸 7 线 2 点）或 24 磅榴弹炮——这是因为它的口径几乎与用于要塞和海防的 24 磅加农炮一致。隶属于步兵师和骑兵师的步炮连和骑炮连配备了 5 寸 6 线榴弹炮。

某些法军炮兵军官认为新式火炮不仅并未超越旧式火炮，而且还在若干层面上存在劣势。以骑炮兵军官克里斯托夫·克莱芒（Christophe Clément）为例，他在出版于 1808 年的著作中声称十年来的战争业已证明 8 磅炮优于 4 磅炮和 12 磅炮：前者对士气影响太小，它既不能恐吓敌军，也不能鼓舞己方部队；后者又太过沉重，即便使用三骈六马系驾，也难以机动。克莱芒认为，由于 8 磅炮优于口径较小的加农炮，因此新式的 6 磅炮并不比旧式的 8 磅炮好。

按照克莱芒的观点，新式的 5 寸 6 线（24 磅）榴弹炮也不比格里博瓦尔体系中的旧式 6 寸榴弹炮好：6 寸榴弹炮射出的炮弹不大容易发生偏斜，它的霰弹能够取得更好的战果，它的榴弹对士气的影响更强烈。与 24 磅榴弹炮的榴弹相比，旧式榴弹能够装填更多的火药，更利于摧毁土木工事的胸墙。旧式 6 寸榴弹炮的榴弹初速较低，当它在空中划出一道弧线之后，其落地角度就使得榴弹无法反弹。这种榴弹虽然不会深深扎进地里，但爆裂后产生的破片也会深入地里。新式 24 磅榴弹炮的榴弹虽然初速较大，能够扎入地下，却只能产生潜炸（camouflet，即地面不裂开的地下爆炸）。克莱芒承认 6 寸榴弹炮存在诸多缺点，其中尤为严重的是炮弹射程相对较短和炮架寿命不长，但他也认为这些缺点不难克服。[7]

用新式火炮取代旧式火炮的进程是逐步展开的，而且各方面进展不均，旧式火炮仍然和新式火炮一同服役，而且法军还使用过各种战利品火炮。格里博瓦尔体系的短管 6 寸榴弹炮到 1808 年事实上就已除役。在 1795 年入役的长管 6 寸榴弹炮后来仍然得到了运用。此外，法军还使用了从普军手中缴获的 10 磅榴弹炮。

对俄军火炮技术特性和其他欧洲大国军队火炮技术特性的比较（见附录）表明俄军炮兵的加农炮要比其他军队对应口径的加农炮轻（普军火炮尤为沉重）。俄军实心弹略轻于对应口径的法军实心弹，但重于欧洲其他大国军队的实心弹。俄军加农炮的炮膛深度略低于法军和普军，与英军大体相当，但仍然高于奥军。就装药重量与炮弹重量的比例来看，俄军的加农炮逊于法军、普军、奥军和英军，只有中管 12 磅炮的装药比例高于奥军的 12 磅炮和英军的轻型 12 磅炮。俄军加农炮的游隙大于法军，但小于普军、奥军和英军。

因此，俄军的加农炮几乎在所有方面都逊于法军，唯一的优势就是重量较轻；与普军相比，俄军加农炮的劣势在于管长较短、装药比例较小，优势在于游隙较小和火炮重量很轻；与英军相比，俄军几乎在所有方面都占据优势，仅有管长和装药比例略逊一筹，但实际上也差别不大；与奥军相比，俄军只有在装药比例方面才存在些许劣势。在比较不同军队的火炮时，也应当考虑到火药在配比、颗粒大小和质量（均质性）方面的差异，但笔者收集到的数据尚不足以进行此类分析。

俄军炮兵有别于其他军队的典型特征是缺失榴弹炮——俄军用所谓的独角兽炮替代了它。独角兽炮同时具备优缺点。与榴弹炮相比，独角兽炮的优势在于身管较长、装药较多，因而在中长距离上的射击精度较高、发射霰弹时的杀伤力也较大；劣势则在于按照当时的军事术语，独角兽炮不能"抛射榴弹"（бросать бомбу），也就是说，独角兽炮并不能像榴弹炮一样以大仰角展开曲射。[8] 大仰角曲射可以让榴弹命中位于掩蔽物后方或工事内部的敌军，也就是说，榴弹能够以较大的角度落在想要命中的地方，并在触地后爆炸。

½ 普特独角兽炮的最大仰角是 16.75°，¼ 普特独角兽炮的最大仰角是 11.75°（12 磅加农炮是 13.75°，6 磅加农炮是 11.25°）。如果要使用更高的仰角，就要取下调节炮管仰角的装置。在取下该装置后，½ 普特独角兽炮的最大仰角是 29°，¼ 普特独角兽步炮的最大仰角是 25.5°，¼ 普特独角兽骑炮则是 27.5°。[9] 不过，取下装置需要花费相当长一段时间，而且没有调节装置就不能准确判定仰角。

独角兽炮理论上也可以使用减装药并以10°—16°的仰角展开曲射，然而，俄军炮兵的独角兽炮和加农炮都同样配备定装弹药，也就是说囊括了炮弹、弹托和装药（欧洲军队的榴弹炮则是分步装填）。虽然的确可以打开榴弹药包并倒出部分火药，但在实战环境中很难准确称量剩余火药。此外，独角兽炮拥有圆锥形药室（炮膛尾部逐步向炮尾方向紧缩，从全口径减小到最低程度），装药造型也是由药室情况决定的，所以在倒出相当一部分火药之后，装药就可能不再是圆锥状的，即便能够成功装填，药室里也不能填满火药。笔者迄今为止只找到一份俄军炮兵在野战中打开榴弹药包并倒出部分火药的记载，而且并不是非常可靠——它只是转述了叶尔莫洛夫讲到的自己在艾劳会战中的战斗事迹，可叶尔莫洛夫本人在回忆录中并未提及这一细节（后文将会对此展开讨论）。[10]

1800—1805年，炮兵和工兵军官武备学校被改为第2军官武备学校，因此，俄国当时并不存在提供炮兵专业训练的军事教育机构。那时，任何一座军官武备学校的毕业生如果想要成为炮兵，都得通过炮兵处的考试（后来则是通过炮兵委员会考试）。[11]

近卫炮兵此时为驻扎在圣彼得堡及邻近地区的近卫炮兵和其他炮兵部队的军官学员开设了炮兵课程，让他们能够在晋升为军官前获得一定的理论教育和火炮射击实践。在常规炮兵中，所有的炮兵团和炮兵营都在1800年开设了数学课程，军士可以从中接受理论培训。军士在成为军官前同样需要通过炮兵处（后来是炮兵委员会）的考试。[12]

士兵主要在炮兵连内部接受训练。训练科目包括火炮机动和射击距离火炮300—400沙绳（640—854米）的9尺（约2.8米）高木板。每人每年可以得到3发用于训练的炮弹，或者说每门火炮每年用于训练的弹药是25—30发。[13]

1803年3月19日/31日，俄军推行了炮兵营新编制。每个步炮营下辖2个重炮连（炮群连）和2个轻炮连。[14]1803年12月17日/29日，炮兵连也采用了新编制。[15]在新编制中，负责驾驭马匹运输火炮和弹药车的驭手（фурлейты/ездовые）分类从非战斗人员变为战斗人员。驾驭马匹运输备用炮架和附件的其他所有驭手也被编入炮兵连。[16]

每个重炮连包括1名校官、6名尉官、24名火工（军士）、2名鼓手、250

名列兵、54 名非战斗人员，并配备 4 门中管 12 磅炮、4 门短管 12 磅炮、4 门½ 普特独角兽炮、2 门 3 磅独角兽炮、38 辆弹药车、6 具备用炮架、12 辆炮兵辎重车、1 个移动修械所和 15 辆运粮车。一个重炮连应当在战时配有 226 匹炮兵挽马和 65 匹驮马。

每个轻炮连包括 1 名校官、6 名尉官、24 名火工、2 名鼓手、170 名列兵、40 名非战斗人员，并配备 8 门 6 磅炮、4 门 ¼ 普特独角兽炮以及 24 辆弹药车、4 具备用炮架、8 辆炮兵辎重车、1 个移动修械所和 11 辆运粮车。一个轻炮连应当在战时配有 122 匹炮兵挽马和 52 匹驮马。

骑炮兵理论上要编成 2 个五连制炮兵营。[17] 根据新编制，每个骑炮连包括 1 名校官、6 名尉官、24 名火工、2 名号手、206 名列兵、43 名非战斗人员，并配备 6 门 6 磅炮、6 门 ¼ 普特独角兽骑炮、24 辆弹药车、4 具备用炮架、8 辆炮兵辎重车、1 个移动修械所和 15 辆运粮车。一个骑炮连应当在战时配有 177 匹战马、127 匹炮兵挽马和 60 匹驮马。

上述所有改革使得炮兵连成为完全独立的单位，使其具备行军和战地机动时所需的一切人员装备。根据 1803 年 12 月 9 日 /21 日法令，炮兵连在和平时期保有的马匹不仅应当能够拖曳所有火炮，而且还要为每门火炮拖曳一辆弹药车，也就是说，每个重炮连应当保有 121 匹挽马，轻炮连 80 匹，骑炮连 85 匹。[18]

近卫炮兵也和其他炮兵一样重组成若干个连，但每个近卫炮兵连仅有 10 门火炮。每个近卫重炮连拥有 4 门中管 12 磅炮、2 门短管 12 磅炮和 4 门 ½ 普特独角兽炮，包括 7 名尉官、20 名军士、210 名列兵、2 名鼓手和 49 名非战斗人员。它在战时应当配有 186 匹炮兵挽马(和平时期为 160 匹)和 64 匹驮马。

每个近卫轻炮连或近卫骑炮连拥有 5 门 6 磅炮和 5 门 ¼ 普特独角兽炮。每个近卫轻炮连包括 1 名校官、6 名尉官、20 名军士、142 名列兵、2 名鼓手和 40 名非战斗人员。它在战时应当配有 106 匹炮兵挽马（和平时期为 69 匹）和 46 匹驮马。

每个近卫骑炮连包括 1 名校官、6 名尉官、20 名军士、172 名列兵、2 名号手和 43 名非战斗人员。它在战时应当配备 149 匹战马、107 匹炮兵挽马（和平时期为 69 匹）和 55 匹驮马。[19]

1805 年开战前夕，俄军拥有 1 个四连制近卫炮兵营、1 个近卫骑炮连、11 个二营制步炮团（每个步炮营下辖 4 个连）、2 个四连制骑炮营。[20]

3 磅独角兽炮在 1803 年入役（每个重炮连配备 2 门 3 磅独角兽炮），并计划在战时将它们分配给猎兵团。但按照叶尔莫洛夫在 1807 年注意到的情况，它们的火力并没有什么效果。[21]某些猎兵团还在 1807 年使用了其他类型的轻型火炮：奥特罗先科在 1807 年是第 7 猎兵团的一名上尉，他提到自己所在的团在古特施塔特用到了 2 磅炮，不过他也表示这些火炮同样没什么用。[22]3 磅独角兽炮也被用于对瑞典的战争：M. 列昂季耶夫在 1806—1809 年是莫吉廖夫火枪兵团的一名军官，他关于 1808 年芬兰战局的回忆录中提到过一门 3 磅独角兽炮。[23]1808 年战局结束后，3 磅独角兽炮就不再用于对付欧洲军队了。

重炮连每门火炮配备 3 辆弹药车；轻炮连则是每门炮配备 2 辆，而每门 3 磅独角兽炮仅拥有 1 辆弹药车。6 磅加农炮、¼ 普特独角兽炮和 3 磅独角兽炮的前车上都设有小型弹药箱，分别装有 18、12 和 30 发备弹。12 磅加农炮和 ½ 普特独角兽炮则没有这样的小弹药箱。在每个炮兵连中，每门 12 磅炮一共携行 80 发实心弹、30 发霰弹、10 发燃烧弹（брандскугель，源自德语词 Brandkugel，意为燃烧的炮弹），每门 6 磅炮共有 90 发实心弹、30 发霰弹，每门独角兽炮共有 80 发榴弹、30 发霰弹和 10 发燃烧弹，至于 3 磅独角兽炮，则每门配备 90 发榴弹和 30 发霰弹（或者是 80 发榴弹、30 发榴弹和 10 发实心弹）。[24]

炮兵的挽马系驾编队和马具也得到了标准化。每门重炮配备 6 匹挽马（3 对挽马前后相继），每门轻炮或骑炮为 4 匹挽马，3 磅独角兽炮是 2 匹。弹药车一般是由 3 匹挽马拖曳的 3 驾马车，但 3 磅独角兽炮的弹药车是例外，它仅需 2 匹。[25]

可以在拿破仑战争结束后刊行的军事手册中找到与炮兵机动力相关的若干数据。骑炮兵能够在平地上以每分钟 300 步的速度快步行进，也可以用平均每分钟 140 步的速度慢步行进；步炮兵在平地上短距离行进时可以达到每分钟 120 步，但长途行军的速度不能超过每小时 4 俄里（4.268 千米）。[26]

重炮的平均射速是每分钟 1.5 发，轻炮是每分钟 2 发，如果需要仔细瞄准，射速就可能低于每分钟 1 发。如果距离目标较近，那在瞄准时就不用那么仔细，射速也就能够进一步提高。[27]实战中的最高射速是每分钟 3 发。[28]

俄军炮兵使用的霰弹仅有一种型号，欧洲其他大国的军队则会使用两三种不同的霰弹，而且这些霰弹的弹丸数量和重量都存在差异。俄军和法军曾使用加农炮试射大小相近的标靶，测试所得的数据表明了霰弹的杀伤效力，从中可以看出俄军的中管 12 磅炮在发射霰弹时的杀伤力远逊于法军的 12 磅炮，而俄军的短管 12 磅炮也不如法军的 8 磅炮（详见附录中的霰弹测试结果数据）。俄军在 1807 年研发并测试了一种新霰弹，但这种霰弹要到 1807 年战局结束后才入役，所以本书将在与 1810—1814 年炮兵相关的章节中讨论它。

在 1805 年战局之前，俄军炮兵尽管得到了良好的射击训练，炮兵战术方面却仍没有显著进步。在这一时期，俄国出版的军事理论著作很少关注炮兵。罗马诺只是在他的书中提醒读者不要据守非常高的山，因为这不利于炮兵发挥威力。不过，对俄军炮兵而言，这个建议并不算新鲜，甚至可以在 1788 年颁布的炮兵教令中找到类似的内容。[29]

就连一级层面而言，炮兵的机动和放列方式已经过时，放列后的火炮横向间隔仅有 9 步。[30] 当一个炮兵连使用以左翼为基准、宽度仅相当于一门火炮的纵队行进时，如果它要面朝敌军放列，就得执行复杂且耗时极长的机动：位于纵队最前方的挽马编队向左转弯，行进一段距离后停顿下来；下一个编队同样如此行事，但其左转幅度要略大一些，等到车辕前端与第一门炮的炮口齐平后就停下来。后续编队以此类推。等到所有编队都停下后，各门火炮就脱驾并将炮口转向前方。[31]

重炮兵（炮群炮兵）的任务是守卫阵地、掩护主战线上的部队、支援部队攻击工事和村庄，以及在必要情况下掩护步骑兵退却——炮兵为此需要预先退往后方阵地。[32] 轻炮兵则通常伴随步兵作战并直接为其提供火力支援。每个营配备两门轻炮。

根据 1803 年 8 月 19 日 /31 日颁布的教令，当某个步兵营列成右翼为基准、以排为单位的营纵队时，就要将一门轻炮放在第 1 排（最前方的排）右侧，另一门放在第 8 排（最后方的排）左侧。如果步兵营列成的是以分营为单位的纵队，那么轻炮就仍然位于第 1 排右侧和第 8 排左侧。当步兵列成由几个营纵队前后相继形成的紧密纵队，并准备向前展开成横队时，纵队中的所有轻炮就要立刻推进到位于最前面的排或分营前方 30 步处，而后随即放列、开火，掩护营纵队从大纵队转移到横队中的对应位置。

所有的步兵营就位并开始展开成横队时，轻炮就应当向左行进，并且还要不时停下来开火，随后继续行进，直到所有步兵营展开完毕为止，此时，轻炮需要在各个步兵营形成的横队前方30步处就位（配属给每个步兵营的两门轻炮应当分别位于该营左右两翼，这样，每两个相邻营的横向间隔前方就有两门火炮）。前车则不仅应当位于火炮之后，也要位于横队后方。在退却过程中，轻炮也应当正对相邻步兵营的横向间隔，但它们此时应当位于横队后方10步处，并且要遵照命令开火。如果轻炮需要在作战中展开机动，就不应当采用系驾方式机动，而应该使用钩索拖曳火炮。[33]

1804年4月9日/21日，俄军通过了一套炮兵实战训练流程。大约与此同时，俄军还颁行了一整套炮兵口令——训练口令和方式都得以标准化。训练总时长为6周，其中2周用于试验性训练，4周用于机动和射击训练。重炮（炮群炮）的标靶距离起初定为400沙绳（853.6米），轻炮则是300沙绳（640.2米）。每训练10天，就要将距离调整50沙绳，最后几天甚至要达到朝任意距离射击的程度。射击训练包括曲射、跳弹射击和平射科目。机动训练则包括前车牵引机动和钩索拖曳机动。炮兵连里的每名军官起初需要负责自己对应部分的训练，然后就要以半连为单位受训——每个半连都需要练习如何在进攻和退却中战斗。还要像步兵团一样使用空包弹和实弹进行全体齐射训练或分部射击训练。[34]

规定弹药车机动方式和位置的教令也在1804年面世：当炮群进入放列阵地后，弹药车应当位于前车后方30步处。[35]1805年3月22日/4月3日，俄军颁行了炮兵演习规则。它仅仅给轻炮兵和步兵的联合演习留出了一周时间。骑炮兵则要以半连为单位与骑兵团进行联合作战训练。[36]骑炮兵计划用于支援骑兵作战：或在攻击前朝敌军开火，或部署在骑兵侧翼掩护其退却。[37]炮兵战术训练仍然流于形式。炮兵在训练中不得不像接受检阅一般将火炮、前车和弹药车在步骑兵前方沿着笔直的线条排开，根本没有尝试利用凹凸不平的地形作为掩蔽或提高射击效力。[38]

由于炮兵和其他兵种在和平时期的联合训练时间非常短，炮兵、步兵和骑兵不了解应当如何配合作战，猎兵也不能保护炮兵免遭敌方散兵攻击。[39]根据朗热隆的说法，法纳戈里亚掷弹兵团和梁赞火枪兵团的大部分士兵都是在奥斯特利茨战场才第一次听到火炮轰鸣。[40] 敌军散兵在此战中导致俄军炮兵损失了许多人员和马匹，联军的步兵和骑兵也没有在关键时刻抗击敌方步骑兵并守护炮兵。[41] 应当注意到，俄国炮兵并不配备步枪，因此，他们在面对敌军散兵时也无法使用步枪还击。由于上述种种缺陷，俄军将大批火炮遗弃在战场上（俄军共损失 133 门，也就是参战总数的一半还多，奥军也丢掉了 26 门）。[42]

战局结束后，德米特里·伊万诺维奇·库德里亚夫采夫（Дмитрий Иванович Кудрявцев）上校因丢失火炮而受到军法审判，他是一个重炮连的连长，该连配属于第 4 纵队。随后进行的调查表明，他的连孤军奋战，并未得到其他兵种的任何支援，法军散兵先是从两翼朝该连开火，然后发起冲击。炮兵们打算撤退，但最终只成功带走了 2 门火炮，其中一门由 3 匹马拖走，另一门仅用了 2 匹。[43] 按照朗热隆的说法，在被敌军缴获 8 门炮之前，库德里亚夫采夫的 12 门炮只不过勉强进行了一轮射击。[44] 该连军士德米特里·卡巴茨基（Дмитрий Кабацкий）则因保住了这两门火炮而晋升为少尉。[45]

当然，俄军火炮之所以损失惨重，还存在若干原因，其中的两个主因如下所述：第一，会战前夜的化冻和雨水导致地面相当泥泞；第二，长途行军和缺乏草料导致俄军挽马体力不支。[46] 炮兵在奥斯特利茨的表现也算不上很明智：他们开火速度太快，而且往往朝着太过遥远的目标射击，不过炮兵抱怨是那些将领命令他们朝依然远离火炮的敌人开火。[47]

尽管如此，俄军炮兵还是在奥斯特利茨展示出他们在装备和训练方面的进步。当联军第 1、第 2 纵队指挥官费奥多尔·费奥多罗维奇·布克斯赫夫登〔Фёдор Фёдорович Буксгевден，德文名为弗里德里希·威廉·冯·布克斯赫夫登（Friedrich Wilhelm von Buxhöwden）〕决心率领残部退却时，他下令组建了由雅科夫·卡尔洛维奇·西弗斯〔Яков Карлович Сиверс，德文名为雅各布·恩斯特·冯·西弗斯（Jakob Ernst von Sievers）〕上校指挥的炮群，下辖 24 门重炮。法军骑兵尝试攻击布克斯赫夫登的部队，但西弗斯炮群用霰弹将其击退。朗热隆写道，西弗斯和他的炮兵在这个生死攸关的时刻为自己赢得了荣誉，他们的射击准确有序，几乎就像是和平时期的演习。[48] 布克斯赫夫登将军在奥斯特利茨战报中也赞扬了炮兵，并且提到了西弗斯上校的名字。[49]

叶尔莫洛夫提到他的骑炮连竭力掩护正在极为混乱的情况下撤退的俄军

骑兵。他设法将几门火炮架设到正在逃跑的骑兵当中,可它们刚打出几发炮弹,他的炮群就遭到了敌军的攻击,他本人也被俘虏。不过,他很快就被伊丽莎白格勒骠骑兵团的瓦西里·伊万诺维奇·绍(Василий Иванович Шау)上校救出,绍当时带着几名哈尔科夫龙骑兵团的士兵,身边没有一个本团的骠骑兵——战况已混乱至此。[50]

朗热隆确认了叶尔莫洛夫以引人瞩目的英勇和作战技能掩护俄军退却,而且还补充说,尽管他的 12 门火炮中有 9 门落入敌手,可这却令其荣耀不减反增。[51] 关于俄军炮兵在奥斯特利茨的表现,朗热隆用如下话语作为总结:

> 在这个不幸的日子里,俄军炮兵凭借其勇气和射击技能表现出众,证明了他们优于法军炮兵——后者已经远不如革命前的完美状态。原先的炮兵军官要么流亡,要么被杀,要么晋升,而法军在持续不断的战争中并不能培养出 [新的军官]。[52]

朗热隆在一定程度上夸大了法军炮兵的衰落程度,认为它此时的情况比革命前差。或许他是借用了《欧洲诸国军队在当前战争中的军事特性》的观点,该书作者声称法军炮兵仅仅保留了旧炮兵(也就是革命前的炮兵)的名称,认为此时的法军炮兵无知、缺乏经验并且逊于其他所有军队的炮兵。他表示革命摧毁了法国的炮兵科学,导致军队里受过教育的军官寥寥无几,其他人则是只知道这个行当里一般操作流程的暴发户。他认为法军将领粗疏大意地让炮手身处险境,因而导致大量炮手死于战争,此时的军官就好比是连药方配比成分都不熟悉的药剂师。这位作者仅仅对法军骑炮兵秉持正面态度,他认为骑炮兵兵源质量较好,因此优于法军的常规炮兵,而且它可以凭借果敢和敏捷(la hardiesse, et la célérité)弥补能力与经验的缺失。[53] 至于奥斯特利茨会战中的俄军炮兵,如果它真的在什么方面优于法军炮兵的话,那或许只能是勇气吧。

近卫军于战前阶段接受的强化训练成效尤为明显。近卫炮兵、步兵和骑兵接受过联合训练,因而在战场上也表现出良好的协同作战能力。[54] 在奥斯特利茨会战中,彼得·安德烈耶维奇·科津(Петр Андреевич Козен)参谋上尉指挥近卫军的 4 门骑炮在右侧协助骑马近卫团战斗。这个团打垮了敌军骑兵,迫使敌方骑兵在混乱中逃跑，导致法军第 4 战列步兵团的一个营孤立无援。科津让他的火炮推进到非常接近敌军的地方，直至法军士兵的面庞清晰可见，炮兵立刻让火炮与前车分离，打出了 5 发霰弹。骑马近卫团随即冲击这个营，不仅将其击溃，而且缴获了"鹰旗"。[55]

即便在近卫军被迫退却的时候，它的三个兵种也相互支援，从而使得近卫军的混乱程度比其他部队轻得多。当近卫军的大炮陷在烂泥里时，近卫步兵就前去帮助炮兵拖曳，因此，近卫炮兵虽有足足 40 门炮参战，但损失的火炮总数却仅为 3 门。[56]

丢失火炮被视为炮兵军官的奇耻大辱，这种态度对炮兵战术也产生了重大影响。在奥斯特利茨会战中，当近卫军指挥官康斯坦丁大公决定撤出战场时，近卫炮兵指挥官伊万·费奥多罗维奇·卡斯佩斯基（Иван Фёдорович Касперский）少将请求大公准许他让一个近卫重炮连最先撤退，大公批准了他的请求。连长费奥多尔·费奥多罗维奇·拉尔（Фёдор Фёдорович Ралль）上校乞求卡斯佩斯基允许他率领至少 4 门炮待在原地，而且坚持认为他能够沿着道路且战且退。然而，卡斯佩斯基却说："[你会]丢炮，[你会]丢炮。"他一再重复这些话，亲自下令重炮连撤退。[57] 于是，近卫军就在退却的关键时刻失去了重炮的支援。

此战中的另一个故事可以说是众所周知：第 1 近卫轻炮连一门火炮的炮组成员悉数负伤，无法用前车拉炮撤退，尼古拉·彼得罗维奇·杰米多夫（Николай Петрович Демидов）少尉竭力护炮，最后和火炮一道被俘。拿破仑在巡视战场时来到此地，杰米多夫对他说："陛下，毙了我吧，我丢了自己的炮。"拿破仑答道："放宽心吧，你英勇地捍卫了它。再说，年轻人，被法国人俘虏是一种荣耀。"[58] 战局结束后，杰米多夫被上级从近卫军发往常规军队，但阿拉克切耶夫在沙皇面前替他进行了辩护。[59]

也有些军官并不希望让其他兵种失去炮兵的支援，于是决心坚持到底。近卫骑炮连的 6 门火炮遭到了法军马穆鲁克的分割和冲击。该连连长瓦西里·格里戈里耶维奇·科斯捷涅茨基（Василий Григорьевич Костенецкий）上校和他的官兵们用马刀与敌人战斗，最终带走了 4 门炮。[60]

更高层次的炮兵战术发展情况十分糟糕。在奥斯特利茨会战中，分配给各个纵队的重炮和骑炮数量严重不足:第1纵队包括23个俄军步兵营和2个重炮连(24门重炮),第2、第3纵队分别有18、17个俄军步兵营,但都没有重炮,第4纵队拥有12个俄军步兵营和14个奥军步兵营,但也仅有1个俄军重炮连(12门重炮)和8门奥军重炮。骑兵纵队包括30个俄军中队和18个奥军中队,却仅有1个俄军骑炮连和8门奥军轻炮。巴格拉季翁所部(下辖14个俄军步兵营、35个俄军骑兵中队)则拥有1个重炮连和2个骑炮连。[61]

俄奥联军在此战中并未设立炮兵预备队。虽然的确有几个连编组成独立的炮场,但它们落在后方,距离战场还有一天行程。另外三四个重炮连则因为运输车辆不足还留在更靠后的地方。[62] 每个纵队也没有指定专职的炮兵指挥官。按照官方规定,每个纵队中资历最高的重炮连或骑炮连连长就是整个纵队的炮兵指挥官。

1805年战局结束后,战前进行的几乎所有炮兵改革都遭到了严厉的批评。有些人觉得重量较轻的炮兵新装备是奥斯特利茨一战损失大量火炮的原因,他们认为新的炮架强度不够,开火时会导致炮架损坏。然而,当近卫骑炮连返回圣彼得堡后,军方随即进行的详细检查表明所有装备的情况都相当好。[63] 另一些人坚持认为让步兵团和轻炮在和平时期分离是个错误,这导致步兵不会像过去保护团属火炮一样保护现在的野战轻炮,许多经验丰富的将领——包括本尼希森、布克斯赫夫登和米洛拉多维奇——主张让轻炮回归步兵团。[64] 关于团属火炮优缺点的争论后来还持续了好几个年头。

1806年的俄军炮兵被编组成若干个旅,每个旅下辖2个重炮连、1个骑炮连和2—3个轻炮连,每个师——该师下辖所有兵种——都配备1个炮兵旅。[65]轻炮兵被分给各个步兵团,团主既要指挥轻炮,还要对它们全权负责。每个火枪兵团或掷弹兵团分到半个连(4门加农炮和2门独角兽炮)。[66]

野战军中的重炮数量也有了显著增长:前往普鲁士的军队拥有10个师,合计135000人,它拥有23个重炮连(276门炮,3磅独角兽炮不计)、21个轻炮连(252门炮)和9个骑炮连(108门炮)。[67]在3磅独角兽炮不计的前提下,全军共有636门火炮,也就是平均每千人4.7门炮,如果将3磅独角兽炮纳入计算,那就大约是每千人5门炮。

俄军在1806年颁布了新的炮兵军官教令。根据它的规定,为了让炮兵能够在步骑兵队形之间就位，相邻火炮的横向间隔——可能是指炮车车轴顶端之间的距离——仅为1沙绳（2.134米）。教令也禁止炮兵朝700—800沙绳（1494—1707米）以外的目标射击。炮手应当缓慢射击远距离目标。当敌军进入500沙绳（1067米）以内时，炮手就要加快射击速度，使用跳弹射击，尽量让实心弹落到敌方战线之前50—100沙绳（106.7—213.4米）的地面上。当敌军进入300沙绳（640米）以内时，炮手就无须使用瞄准装置，只用对准敌军头部即可，如果敌军进一步迫近，炮手则要对准腰部开火。霰弹的射击距离最好不要超过120沙绳（256米）。[68]事实证明俄国霰弹的威力并不能令人满意，从1806年开始，俄军进行了一系列实验，希望找到解决方案，但要到1807年才能取得重大突破。[69]

1806—1807年战局中的俄军之所以能够在恰尔诺沃、戈维明、普乌图斯克防御战以及许多小规模战斗中取得一定程度的胜利，主要原因之一就在于火炮——特别是大口径火炮——数量的显著优势。[70]丢失火炮在这场战局中仍被视为炮兵军官的奇耻大辱。俄军在科沃赞布（Kołozab）战斗（1806年12月11日/23日）里丢失了6门轻炮，利博夫（Лбов）上尉因此发了疯。[71]而在同一天的恰尔诺沃战斗中，当俄军发现自己显然无法继续坚守阵地后，便在法军第四次发动攻击前将一个重炮连撤出阵地转移到后方。[72]炮兵军官竭尽全力，甚至时常冒着生命危险守护火炮。尽管如此，在戈维明之战结束后，即便在人力协助下，疲倦的挽马还是无法沿着已经变为深深泥沼的道路快速拖曳火炮，因此俄军被迫放弃了大约40门炮。[73]战局结束后，沙皇亚历山大下令给每门重炮再增加两匹挽马，以免再出现这样的损失，但这种做法并未付诸实践。众所周知，多出来的两匹马并不能大幅增加整个编队的拉力，却会让火炮机动变得颇为艰难。[74]

俄军炮兵在普乌图斯克会战中展现出了部署和指挥方面的若干创新点。首先，俄军指派了一位炮兵总指挥，他就是第2师的炮兵主任彼得·费奥多罗维奇·斯塔维茨基（Пётр Фёдорович Ставицкий）上校。其次，轻炮并没有沿着步兵战线平均分配，并不是部署到各个步兵营的左右两翼，而是以连或半连为单位集结成炮群。第三，俄军在第二线部署了2个重炮连并在战线后方留有1个骑炮连，那就意味着俄军建立了炮兵预备队，尽管这支预备队并没有集中起来由一人指挥。[75] 预备队的确在会战中发挥了作用: 当法军迫使俄军右翼后退时, 一个留在第二线的重炮连赶赴右翼加入战斗。托卢别耶夫写道:

> 亚什维利 [上校] 指挥重炮——特别是格卢霍夫上校 [原文如此, 应
> 为中校] 连的重炮——压制了敌方炮群, 轰坏了敌军的炮架, 甚至迫使敌
> 军 [炮群] 撤离阵地。他有一件事给我留下了尤为深刻的印象: 当时, 有
> 一个庞大的敌军纵队从格卢霍夫连正前方的林地里杀出, 他只用几发炮
> 弹就将其驱散, 迫使敌人分成散乱的小股部队退回林地……[76]

列夫·米哈伊洛维奇·亚什维利〔Лев Михайлович Яшвиль, 格鲁吉亚文名为列万·亚什维利(ლევან იაშვილი)〕在 1806—1807 年间既是骑炮连连长, 也是第 4 师下辖的第 4 炮兵旅旅长。瓦西里·阿列克谢耶维奇·格卢霍夫(Василий Алексеевич Глухов)中校(从 1807 年 1 月起晋升为上校)的重炮连隶属于第 6 炮兵旅, 格卢霍夫也兼任该旅旅长。

本尼希森将军在他的普乌图斯克战报中写道, 当法军设法迫使俄军右翼退却后, 一个预先秘密安排好的炮群用霰弹打出了几轮齐射, 给敌军造成了惨重损失, 并挡住了它的推进。当天傍晚时分, 当法军的所有冲击都被击退后, 本尼希森决心发起攻势, 一个拥有 6 门骑炮的炮群此时冲到了俄军骑兵的前头, 其表现正如本尼希森战报所述: "攻入敌方步兵战线翼侧后, 它用猛烈的连续射击彻底击溃敌军, 将其打散。" [77]

炮兵军官在危急关头有时会想出不合流程标准的方法。在霍夫战斗中, 奥利维奥波尔骠骑兵团被法军击退, 它随后径直逃向俄军炮兵阵地。马尔科夫(Марков)中尉命令炮兵朝着己方骠骑兵发射霰弹, 将他们驱散(可能是迫使骠骑兵转向炮兵翼侧), 也成功挡住了法军骑兵。[78] 然而, 其他炮兵有时却会重蹈覆辙。同样是在这场霍夫战斗中, 还有一个俄军骑炮连朝着正在过桥的敌军骑兵发射霰弹, 可实际上沿着桥梁方向发射实心弹会更有杀伤力, 于是, 法军骑兵利用了这个失误, 冒着俄军的炮火成功地过了桥。[79]

艾劳会战中的 60000 名俄军配备了将近 400 门火炮。[80] 大部分重炮被分成 3 个集群: 70 门重炮位于中央, 40 门重炮位于右翼(还加强了 20 门轻炮)

的施默迪滕村附近，40门重炮位于左翼的绍斯加滕村附近。此外，俄军两翼还设有配备了22门或23门火炮的两个炮群。会战之初，中央集群里有不少火炮位于敌军视野之外，它们处于列成横队的莫斯科掷弹兵团和施吕瑟尔堡火枪兵团后方。

其余所有轻炮都随同步兵作战，有些资料认为俄军将完整的轻炮连部署在步兵团之间。[81] 然而，格拉贝在他的回忆录中指出，他带着两门火炮身处弗拉基米尔团1营、2营之间。[82]5个骑炮连则留在右翼后方作为预备队。[83]

炮兵的中央集群在这场会战中扮演了重要角色。当法国的奥热罗元帅指挥第7军向前推进时，一阵暴雪降临战场。暴雪突然停止后，一些法军纵队发现它们正好位于俄军中央炮兵集群面前，纵队和集群间的距离非常近。俄军炮兵发射霰弹，打乱了法军。然后，几个俄国步兵团对法军发动刺刀冲击，第7军几乎遭到歼灭。[84] 叶尔莫洛夫在会战结束几周后重返战场，他看到许多尸体仍然倒在法军步兵纵队被歼灭的地方。他写道："作为一名炮兵，我目睹了我军火炮的战果，对此颇为满意。"[85] 然而，步炮兵的战术总体而言仍然较为消极：他们只是在保护步兵。

骑炮兵同样在会战中扮演了重要角色，他们的战术表现则要积极得多：当达武元帅的第3军迫使俄军左翼向后退却时，叶尔莫洛夫指挥的2个骑炮连奉命从右翼赶往左翼增援。骑炮兵及时抵达左翼，为挡住达武的推进做出了不小的贡献。叶尔莫洛夫在会战开始时和自己的骑炮连待在右翼，直到中午时分都没有发生什么大事，他的骑炮也很少开火。下午2时许，他和骑炮连被派往左翼，但上级并未给出明确的作战目标。叶尔莫洛夫写道：

> 我并不知道把我派过去是出于什么意图，也不知道能在那里找到什么人，还不知道我会由谁来指挥。我带着额外加入的一个骑炮连抵达我军左翼末梢的一片开阔地，在那里，我军一些实力非常薄弱的残余部队正在抵御拥有优势兵力的敌军，敌军正在向右推进，在小山上布设炮群，占据了几乎位于我军后方的农庄 [奥克拉彭（Auklappen）]。我火烧了农庄，将[敌军] 步兵逐出——他们原本在农庄里朝我军开火，杀伤我军官兵。[然后] 我开始炮击 [敌军] 炮群，就地坚持了大约2个小时。之后，莱斯托

克将军的军接近战场，我军的两个团——卡卢加团和维堡团——是它的先锋，它们朝着敌军侧翼末端行进。针对我的 [敌军] 火力变弱了，我看到大部分 [敌军] 火炮都转过头去对付莱斯托克将军。我将前车和马匹——包括我本人的战马——都送到后方，告诉我的士兵不要考虑后退，每当我的炮群被烟雾笼罩，士兵们就用人力拖曳骑炮前行。我……将全部注意力都转移到位于山脚下的路上，敌军正打算沿着这条路行进——由于积雪很深，部队无法利用其他道路行军。每当敌军尝试推进，我都用 30 门火炮的霰弹把他们打回去，给他们造成了惨重损失。直到会战结束，敌军都无法穿过我的炮群，由于莱斯托克将军只遇到了不多的 [敌军] 部队，他已将其击退并包抄了位于小山上的敌军炮群，敌军将火炮丢给了莱斯托克并逃离战场，所以他们也没有时间去寻找可以绕过我的炮群的道路。战场上夜幕降临。我们的总指挥 [本尼希森] 想要观察莱斯托克的作战行动，他来到了左翼，发现了我麾下那几个连的马匹和前车，却没有看到火炮，因此颇为惊讶。当他得知 [这一情况的] 原因后，感到十分满意。[86]

关于会战的官方记载通常会把骑炮兵的这些战斗归功于亚历山大 · 伊万诺维奇 · 库泰索夫（Александр Иванович Кутайсов），在叶尔莫洛夫投入作战后不久，库泰索夫率领又一个骑炮连赶到左翼战场。[87]

叶尔莫洛夫在此次战局中多次指挥后卫部队的炮兵，也屡有上佳表现。达维多夫在莫龙根战斗结束几天后来到战场，他注意到俄军炮兵——他们在此战中由叶尔莫洛夫指挥——的战果：

> ……毁灭这个词完全应该用在敌军步兵纵队和骑兵横队身上，因为成群的步兵和成伍的骑兵……被实心弹和霰弹击倒，他们倒下的队形和战斗中行进或停止的队形完全一样。[88]

达维多夫提到叶尔莫洛夫曾经在 1807 年 2 月 20 日 /3 月 4 日的采谢恩战斗中用 ¼ 普特独角兽炮发射过 12 磅实心弹，后来，俄军截获了奈伊元帅的一份战报，从中得知法军认为他们遭到了阵地火炮（pièces de position，其含义与俄军的炮群火炮相同，均表示重型野战炮）的轰击。[89] 笔者并不清楚叶尔莫洛夫从哪里得来的 12 磅实心弹，也不知道他使用了哪种实心弹。法军的 12 磅实心弹（直径 118.1 毫米）很适合 ¼ 普特独角兽炮（内径 123.0 毫米），俄军的 12 磅实心弹略小一些（直径 116.3 毫米），虽然也能用 ¼ 普特独角兽炮发射，但游隙大得多。

叶尔莫洛夫在海尔斯贝格会战前再度负责指挥后卫炮兵。他让一个敌军步兵纵队推进到距离炮群非常近的地方，一位副官奉命赶来提醒他小心行事，叶尔莫洛夫答道："等到能从黑发人中分辨出金发人时，我就会开火。"敌军纵队在他开火后被迫退却。[90] 叶尔莫洛夫命令他的骑炮兵要抓住一切机会从翼侧攻击敌军。科津参谋上尉曾参与过上述战斗，他表示这样的成功攻击发生过很多次，骑炮兵有时会在距离敌军 80 沙绳（170 米）的地方脱驾，然后凭借猛烈的火力迫使敌军退却。[91]

叶尔莫洛夫还采用了一种让炮兵连进入放列阵地的新方法。一个炮兵连以两炮宽的纵队行进，然后展开成垂直于行进方向的横队。每门火炮都要斜向前进，进入横队后留出不少于 20 步的横向间隔，火炮一旦就位，就可以脱驾、射击，无须等待后续命令。[92] 科津表示炮兵很快就掌握了叶尔莫洛夫这套新方法，而且它很快就被全军普遍接受。按照科津的说法，叶尔莫洛夫的新方法在炮兵连纵队放列时显得特别实用，因为"我军的弱点在于：尽管射击训练的规定已经非常完善，但炮群的机动却不切实际、耗时太久"[93]。

俄军对丢失火炮的态度在 1807 年开始发生转变。叶尔莫洛夫写道：

在海尔斯贝格会战中，我军有许多火炮曾暂时落入敌军手中，这是因为我给军官下达了命令，宁可在最近距离上打出最后的炮弹，也不用担心火炮的安危，这样，就算丢掉火炮，炮击所取得的战果也足以弥补损失了。我告诉他们：如果为了保住火炮就早早将其撤离 [阵地]，导致友邻部队得不到炮兵支援——甚至许多时候是失去保护，那么这种举动造成的损害就比丢失火炮更严重。我还将前卫战中发生的战况告知了军官，在那些战斗中，炮群死守阵地直至最后一刻，而敌军尽管竭尽全力也不能夺走火炮。[我向他们] 指出了若干战例：只要敌军无法恐吓我军炮兵，只要敌军无法迫使炮兵退却，那么，哪怕是拥有优势兵力的敌军也不能击退规模极小的我军部队；可要是军官由于担心丢失火炮而撤出阵地，那么我军就会不可避免地遭遇毁灭。当其他兵种的军官率部夺回落入敌军手中的火炮时，我就给他们开具证明，以便让他们拿到应得的奖赏。芬兰龙骑兵团的菲廷霍夫 [Фитингоф/Vietinghoff] 上校、波兰"骑兵"团的布尼亚科夫斯基 [Буняковский] 中校和立夫兰龙骑兵团的里姆斯基 - 科尔萨科夫少校凭借我开具的证明获得了圣格奥尔基勋章。这些军官夺回了我军在海尔斯贝格丢失的所有火炮。我也将自己发布的命令告知诸位高层领导，以免 [炮兵军官] 承担丢失火炮的责任。沙皇本人也得知了这个命令，他后来非常和蔼地向我问及此事。[94]

尽管如此，有些炮兵军官还是沿用了旧方法，这种倾向在高层领导中表现得尤为明显。在海尔斯贝格，当敌军步兵迫近某座掩护俄军阵地的野战工事时，负责工事内部及附近地区炮兵的指挥官就让他麾下的火炮转移到俄军主战线之后，不过，也有人提到他后来在敌军士兵攻入左侧工事时还是使用了霰弹还击。[95]

在弗里德兰会战中，当本尼希森决心撤退时，他命令先把所有重炮都送往阿勒河对岸的后方。[96] 大概正是由于这一命令，就在法军炮兵将领、第 1 军炮兵主任亚历山大·德·塞纳蒙（Alexandre de Senarmont）率领他麾下全部火炮——这批火炮编组成两个各辖 15 门炮的炮群，另有 6 门炮留作预备队——向俄国近卫军推进之际，俄国近卫炮兵的重炮连却开始撤出阵地。塞纳蒙的这些炮群压制了俄国近卫军的轻炮，随后继续迫近俄军，开始在近距离朝近卫步兵开火，给他们造成了惨重的损失，甚至导致他们出现了一定程度的混乱，迫使其向后退却。塞纳蒙的火炮在弗里德兰一共消耗了 2516 发炮弹，其中有 362 发是霰弹。[97] 米哈伊洛夫斯基-丹尼列夫斯基错误地给出了相反的比例——362 发实心弹，其余为霰弹，后来有些俄国历史学家仍然沿袭了他的错误。[98]

近卫炮兵军官阿列克谢·亚历山德罗维奇·韦利亚米诺夫（Алексей Александрович Вельяминов）表示，俄军想要动用强大的炮兵压制塞纳蒙的这些炮群，但那已经太晚了：由于几乎所有人马都在路上非死即伤，炮兵连甚至都无法抵达指定地点。[99] 另一方面，或许正是因为本尼希森命令重炮兵先行撤退的缘故，俄军在弗里德兰只丢了 13 门炮，这仅仅相当于奥斯特利茨损失总数的十分之一。[100]

尽管如此，身处俄军当中的英国代表威尔逊还是在他关于俄军和 1806—1807 年战局的著作（该书出版于 1810 年）中指出：

> 然而，俄国人相当明智地没有给夺取或丢失火炮附上太多的荣誉或耻辱。他们认为，如果为了保护火炮而过早退却，那就同样保护了敌人，因此，最好还是 [让炮兵] 战斗到最后一刻，让敌军在付出高昂代价后才能夺取火炮。[101]

关于海尔斯贝格会战的一份战报提到了由 27 门轻炮组成的炮群。[102] 这些轻炮可能是从步兵团里抽调出来编成了炮群。在海尔斯贝格和弗里德兰会战中，俄军在阿勒河对岸部署了多个炮兵连，朝着沿阿勒河推进的敌军展开斜向射击或纵射。按照《俄国皇家陆军作战日志》的记载，在海尔斯贝格会战里，近卫炮兵营已经预先来到了阿勒河对岸。《作战日志》随后写道：

> ……敌军首先企图攻击我军左翼。立刻就有一条密集散兵线掩护着无数纵队出现在通往劳瑙 [Лаунау/Launau] 的道路上，他们刚刚进入轻炮射程之内，波波夫第二 [Попков 2-й] 上校就下令位于多面堡左侧的 18 门火炮开火。与此同时，位于河流对岸树林里的近卫 [炮兵] 营各连开始对敌军纵队展开间瞄射击。这些纵队陷入混乱，无序地向后退却……[103]

法军也提到了阿勒河对岸的俄军炮兵在弗里德兰会战中侧击推进中的法军。前文提及的法军将领塞纳蒙的传记指出：

> 指挥右翼的奈伊元帅奉命驱逐俄军左翼，攻入弗里德兰……
>
> 这一机动得以执行。但在这场关键的机动中，法军很快就发觉他们暴露在河流对岸的俄军炮群火力下。这些炮群展开了斜向 [en écharpe] 射

击，其中许多 [炮群] 就位于 [离我军] 很近的一块阵地上，这当中的一个炮群位于阿勒河湾环绕的前方小丘上，它造成了可怕的破坏。

普遍的混乱状况表明了 [法军] 士兵的勇气也在这致命的火力下开始发生动摇。拿破仑派出杜邦师协助第 6 军，可这已经太晚了，混乱在奈伊的战线里传播。很快，俄国皇帝的近卫军迅速从他们原本藏身的河谷里杀出，投入了战斗。法军步兵中的混乱状况达到了顶峰；巴格拉季翁麾下炮兵打出的突破口已经被他率部攻占。形势变得危急起来。[104]

法国骑兵军官马尔博是弗里德兰会战的亲历者之一，他在回忆录中表示：

> 下午 1 时许，部署在波斯特嫩 [Posthenen] 的 25 门火炮按照皇帝的命令同时开火，会战全线打响。我军的左翼和中央先是非常缓慢地行进，这是为了给奈伊元帅指挥的右翼争取时间夺取这座镇子 [弗里德兰]。这位元帅冲出了索特拉克树林，夺取了 [与树林] 同名的村庄，从那里迅速赶往弗里德兰，打垮了道路上的一切抵抗。但在从索特拉克树林和索特拉克村前往弗里德兰的第一批房屋的途中，奈伊的部队毫无遮掩地行进，暴露在俄军炮群——它们部署在 [阿勒河] 对岸的高地上——的恐怖火力下，所以他们蒙受了惨重的损失。由于河流将敌军炮手和我军隔开，他们看到我军步兵无法发起攻击，于是可以安心地瞄准，这就使敌军的炮火越发危险。这种强力的抵抗原本有可能导致我军无法夺取弗里德兰……[105]

然而，对俄军而言，面对正在推进的法军，炮兵的此次成功侧击只能临时缓和局面，并不能改变这场会战的整体趋势。

在 1806—1807 年战局中，俄军炮兵依然深受敌军散兵火力的困扰。[106] 格拉贝写道，法军散兵在戈维明战斗中隐藏在灌木丛里，有半个轻炮连被配属给弗拉基米尔火枪兵团，结果这半个连的人员和马匹几乎全部被散兵打伤。[107] 一位参与过 1812—1814 年战局的佚名炮兵军官写道，当他在 1807 年加入自己所在的炮兵连时，老资格的军官们告诉他和其他新晋军官，军官的主要关注点之一就是利用地形地物保护炮兵免遭敌军散兵射击。他们告诉这位新手，在奥斯特利茨会战中，俄军炮兵的人员和马匹都时常被散兵射中，这给炮群带来了极大的混乱。在1806—1807年战局中，敌军散兵依然给俄军炮兵造成了相当大的损失，不过其伤害程度已经没有奥斯特利茨那么严重。[108]那个时代的俄军炮兵军官撰写的文章中也提到了敌军散兵对炮兵的威胁。[109]

1807年战局结束后，曾参与奥斯特利茨和艾劳会战的第5炮兵旅旅长雅科夫·卡尔洛维奇·西弗斯少将就炮兵战术和装备撰写了一份报告。他认为并没有足够依据证实某些军官认为法军炮兵装备优于俄军的看法。不过，可以肯定的是，法军指挥官运用炮兵的技艺更为纯熟，他们能够为炮群选择更好的阵地，法军的整体作战行动也更有利于炮兵发挥其作战效力。这是因为法军的侧翼通常会比俄军延伸得更长，这样他们的炮火就能够集中到俄军战线上，就连俄军预备队也会遭遇法军的交叉火力。与此同时，西弗斯也注意到法军倾向于展开远距离射击，这么做的时候要使用过大的仰角，从而导致炮火的杀伤力不会很强。

西弗斯在比较选择阵地的方式时指出，俄军通常会把炮兵部署在阵地里的每一座小丘上，所以敌军简直可以清点出几乎所有的俄军火炮。与之相对，法军会把他们的榴弹炮群部署在凹地里或小丘后方，这样，俄军就无法观察到法军的榴弹炮了。西弗斯还注意到俄军炮兵针对敌方炮兵的射击次数太多，而且这在一定程度上要归咎于俄军的高级将领，因为其中有些人喜欢下令"压制敌军炮群"。俄军炮兵就这样在反炮兵作战中消耗了太多的时间和弹药。[110]

西弗斯也根据其实战经验给出了若干建议。他坚持认为，当某个步兵团向前行进，朝着敌军发起刺刀冲击时，配属于该团的炮兵就应当运动到步兵之前，在距离敌军不超过200步处发射霰弹。按照西弗斯的说法，他曾在海尔斯贝格看到这样一个战例：一个敌军纵队先是被霰弹打乱，然后被刺刀冲击打退。[111]西弗斯认为有必要给每门火炮都配备2发照明弹（它在当时称作 светлые ядра 或 светящие ядра），并建议将燃烧弹数目削减到8发。1806—1807年战局中的俄军并没有配备照明弹——虽然照明弹在某些场合会相当有用，同时，俄军的确给每门12磅炮、¼普特独角兽炮和½普特独角兽炮配备了10发燃烧弹，也的确有一半以上的燃烧弹在战争中派上了用场。[112]他的其他建议将在论述1810—1814年炮兵战术的后续章节中加以讨论。

注释

[1] Ратч, *op. cit.//Артиллерийский журнал*, 1860, No 5, ч. 3, с. 353; Anon.,《Очерк учреждения и развития артиллерийского комитета (1804-1859)》(《论炮兵委员会的创立与发展（1804-1859年）》) // *Артиллерийский журнал*, 1885, No 9, с. 664-665.

[2] Богданович М. И. *История царствования Императора Александра I*, т. 2, с. 369;《Записки А. Эйлера》(《亚历山大·欧拉回忆录》) //*Русский архив*, 1880, кн. 2, с. 342-343.

[3] Маркевич А. И., Плотто К. К. *Чертежи всем полковым и батарейным орудиям, их лафетам, зарядным ящикам с гнездами всех калибров и всей принадлежности оных орудий.* (《所有团属与炮群火炮、炮车、各种网格尺寸的弹药车以及一切火炮配件图样》) СПб., 1805.

[4] Маркевич А. И. *Руководство к артиллерийскому искусству*. СПб., т. 2, 1824, с. 247.

[5] Wilson, *Brief Remarks*, p. 21.

[6] *Correspondance de Napoléon*, t. 31, p. 391（俄译文见: *Наполеон, op. cit.*, с. 663）.

[7] Clément, *op. cit.*, p. 22-25.

[8] Вельяминов А. А.《Примечания на артиллерийские статьи, помещенные в Военном журнале》(《关于在〈军事期刊〉上刊登的炮兵文章的注解》) //*Военный журнал*, 1810, No 12, с. 48.

[9] Гогель и др., *Основания артиллерийской и понтонной науки*, ч. 2, с. 47 таблица（也见: *Замечания для приуготовления молодых офицеров*, ч. 2, таблица в конце тома）.

[10] Ратч, *op. cit.//Артиллерийский журнал*, 1861, No 1, ч. 3, с. 62.

[11] *История отечественной артиллерии*, т. 1, кн. 3, с. 79.

[12] *Ibid.*, с. 79-80.

[13] *Ibid.*, с. 89-91.

[14] *ПСЗРИ*, т. 43, ч. 2, к No 20672 (с. 12-13).

[15] *ПСЗРИ*, т. 43, ч. 2, к No 21081 (с. 23), к 25121.

[16] *Столетие Военного Министерства*, т. 4, ч. 1, кн. 2, отд. 2, с. 187-188.

[17] *ПСЗРИ*, т. 27, No 20764.

[18] *ПСЗРИ*, т. 27, No 21071 (с. 1045-1053).

[19] *Столетие Военного Министерства*, т. 4, ч. 1, кн. 2, отд. 2, с. 191-192; *История отечественной артиллерии*, т. 1, кн. 3, с. 65-67.

[20] Богданович М. И. *История царствования Императора Александра I*, т. 1, с. 184.

[21] Ермолов, *Записки*···, с. 99, прим. автора **.

[22]《Записки ··· Отрощенко》//*Русский вестник*, 1877, т. 131, с. 174.

[23]《Мои воспоминания, или События моей жизни. Записки М. Леонтьева》//*Русский архив*, 1913, кн. 2-3, No 10, с. 554.

[24] *ПСЗРИ*, т. 43, ч. 2, к   No 21081 и 24529; Гогель И. Г., Фитцум И. И., Гебгард К. К. *Основания артиллерийской и понтонной науки*. СПб., 1816, ч. 1, с. 90, 102, 186; *История отечественной артиллерии*, т. 1, кн. 3, с. 68, табл. 17.

[25] Гогель и др., *Основания артиллерийской и понтонной науки*, ч. 2, с. 116; *История отечественной артиллерии*, т. 1, кн. 3, с. 68.

[26] *Руководство молодым офицерам*, ч. 1, с. 87.

[27] Гогель и др., *Основания артиллерийской и понтонной науки*, ч. 2, с. 56.

[28] Плотто К.К.,《О главнейших свойствах войск, составляющих армию》(《论作为军队组成部分的部队的最重要特性》) //*Артиллерийский журнал*, 1809, No 3, с. 47.

[29] Романо, *op. cit.*, с. 72; *Столетие Военного Министерства*, т. 4, ч. 1, кн. 2, отд. 3, с. 98.

[30] Ратч, *op. cit.//Артиллерийский журнал*, 1860, No 5, ч. 3, с. 361.

[31] *Ibid.//Артиллерийский журнал*, 1861, No 10, ч. 3, с. 771.

[32] *Ibid.//Артиллерийский журнал*, 1861, № 1, ч. 3, с. 18.

[33] *Ibid.//Артиллерийский журнал*, 1860, № 5, ч. 3, с. 346, 374-375; *Столетие Военного Министерства*, т. 4, ч. 1, кн. 2, отд. 3, с. 305-307.

[34] *Столетие Военного Министерства*, т. 4, ч. 1, кн. 2, отд. 3, с. 307-312.

[35] *История отечественной артиллерии*, т. 1, кн. 3, с. 93.

[36] *Столетие Военного Министерства*, т. 4, ч. 1, кн. 2, отд. 3, с. 314.

[37] Ратч, *op. cit.//Артиллерийский журнал*, 1861, № 1, ч. 3, с. 18.

[38] *Ibid.*, с. 22-23.

[39] *Ibid.*, с. 16, 19-23.

[40] Langeron, *Journal*, Т. III (1805)//OP РНБ, ф. 73, ед. хр. № 276, л. 69, 127-128 (俄译文见: *Военный сборник*, 1900, № 10, Прил., с. 32, 57) .

[41] Ратч, *op. cit.//Артиллерийский журнал*, 1860, № 5, ч. 3, с. 372-373, 375.

[42] *М. И. Кутузов. Документы*, т. 2, с. 235; 朗热隆认为俄军损失了130门炮, 奥军损失了26门, 参见: Langeron, *Journal*, Т. III (1805)//OP РНБ, ф. 73, ед. хр. № 276, л. 96; 同样的内容刊登在 *Nouvelle revue rétrospective*. Deuxième semestre (Janvier-Juin 1895). Paris, 1895, p. 314 (俄译文见: *Военный сборник*. 1900, № 11, Прил., с. 45) .

[43] Ратч, *op. cit.//Артиллерийский журнал*, 1861, № 1, ч. 3, с. 12-13.

[44] Langeron, *Journal*, Т. III (1805)//OP РНБ, ф. 73, ед. хр. № 276, л. 76; 同样的内容刊登在 *Nouvelle revue rétrospective*. Deuxième semestre (Janvier-Juin 1895). Paris, 1895, p. 309 (俄译文见: *Военный сборник*, 1900, № 10, Прил., с. 35) .

[45] *М. И. Кутузов. Документы*, т. 2, с. 233.

[46] Ратч, *op. cit.//Артиллерийский журнал*, 1860, № 5, ч. 3, с. 359-360, 367, 372-373, 380-381; Stutterheim, *op. cit.*, p. 92.

[47] Ратч, *op. cit.//Артиллерийский журнал*, 1861, № 1, ч. 3, с. 19-23.

[48] Langeron, *Journal*, Т. III (1805)//OP РНБ, ф. 73, ед. хр. № 276, л. 79-80, 133 (俄译文见: *Военный сборник*, 1900, № 11, Прил., с. 37; № 12, Прил., с. 60) .

[49] *М. И. Кутузов. Документы*, т. 2, с. 243; *История отечественной артиллерии*, т. I, кн. 3, с. 133.

[50] Ермолов, *Записки···*, с. 57 n*.

[51] Langeron, *Journal*, Т. III (1805)//OP РНБ, ф. 73, ед. хр. № 276, л. 85 (俄译文见: *Военный сборник*, 1900, № 11, Прил., с. 40) .

[52] Langeron, *Journal*, Т. III (1805)//OP РНБ, ф. 73, ед. хр. № 276, л. 85, л. 91 n. 1; 同样的内容刊登在 *Nouvelle revue rétrospective*. Deuxième semestre (Janvier-Juin 1895). Paris, 1895, p. 312-313 (俄译文中仅包括第一段: *Военный сборник*, 1900, № 11, Прил., с. 40, 43 n.1) .

[53] *Caractère militaire des armées européennes*, p. 18-19, 36-37.

[54] Ратч, *op. cit.//Артиллерийский журнал*, 1860, № 5, ч. 3, с. 372-373.

[55] *Ibid.*, с. 370-371.

[56] *Ibid.*, с. 372, 380-381.

[57] *Ibid.*, с. 367-368.

[58] *Ibid.*, с. 375.

[59] Ратч, *op. cit.//Артиллерийский журнал*, 1861, № 1, ч. 3, с. 11.

[60] *Ibid.*, с. 376-377.

[61] Langeron, *Journal*, Т. III (1805)//OP РНБ, ф. 73, ед. хр. № 276, л. 52-59; *История отечественной артиллерии*, т. I, кн. 3, с. 121-122.

[62] *М. И. Кутузов. Документы*, т. 2, с. 207.

[63] Ратч, *op. cit.//Артиллерийский журнал*, 1861, № 1, ч. 3, с. 13-14.

[64] *Ibid.*, с. 20, 28.

[65] *История отечественной артиллерии*, т. I, кн. 3, с. 137-138.

[66] Богданович В. *Краткая история 19-го Костромского пехотного полка*, с. 11; Граббе, *Из записок*···, с. 43; *История отечественной артиллерии*, т. I, кн. 3, с. 138.

[67] *История отечественной артиллерии*, т. I, кн. 3, с. 138-139.

[68] Ратч, *op. cit.*//*Артиллерийский журнал*, 1861, № 1, ч. 3, с. 43-44.

[69] Anon.,《О новых картечах》(《论新霰弹》) // *Артиллерийский журнал*, 1811, № 1, с. 89; Ратч, *op. cit.*// *Артиллерийский журнал*, 1861, № 1, ч. 3, с. 24-25.

[70] Ермолов, *Записки*···, с. 65, 67, 83; Ратч, *op. cit.*//*Артиллерийский журнал*, 1861, № 1, ч. 3, с. 49-51, 53-54.

[71] Михайловский-Данилевский, *Описание войны 1806 и 1807 годов*, с. 81.

[72] *Ibid.*, с. 86; Ратч, *op. cit.*//*Артиллерийский журнал*, 1861, № 1, ч. 3, с. 49-50.

[73] Ермолов, *Записки*···, с. 67.

[74] *Артиллерийский журнал*. 1810, № 2, с. 107; Ратч, *op. cit.*//*Артиллерийский журнал*, 1861, № 1, ч. 3, с. 77.

[75] *История отечественной артиллерии*, т. I, кн. 3, с. 146-148.

[76] Толубеев, *Записки*, с. 112.

[77] *Журнал военных действий Императорской Российской армии*, с. 44-45, 55-56; Ратч, *op. cit.*// *Артиллерийский журнал*, 1861, № 1, ч. 3, с. 52, 54.

[78] Ермолов, *Записки*···, с. 80.

[79] Ратч, *op. cit.*//*Артиллерийский журнал*, 1861, № 1, ч. 3, с. 57.

[80] *История отечественной артиллерии*, т. I, кн. 3, с. 156.

[81] Ратч, *op. cit.*//*Артиллерийский журнал*, 1861, № 1, ч. 3, с. 62.

[82] Граббе, *Из записок*···, с. 47.

[83] Ратч, *op. cit.*//*Артиллерийский журнал*, 1861, № 1, ч. 3, с. 61-62; *История отечественной артиллерии*, т. I, кн. 3, с. 155 n. 1, 3.

[84] Михайловский-Данилевский, *Описание войны 1806 и 1807 годов*, с. 196-197.

[85] Ермолов, *Записки*···, с. 88.

[86] Ермолов, *Записки*···, с. 86.

[87] *Журнал военных действий Императорской Российской армии*, с. 97; Давыдов, *Сочинения*···, ч. 2, с. 137-138, 219; Михайловский-Данилевский, *Описание войны 1806 и 1807 годов*, с. 202-203.

[88] Давыдов, *Сочинения*···, ч. 2, с. 45.

[89] *Ibid.*, с. 159-160.

[90] Ермолов, *Записки*···, с. 102, прим. автора.

[91] Ратч, *op. cit.*//*Артиллерийский журнал*, 1861, № 1, ч. 3, с. 69.

[92] *Ibid.*//*Артиллерийский журнал*, 1861, № 10, ч. 3, с. 771-772.

[93] *Ibid.*//*Артиллерийский журнал*, 1861, № 10, ч. 3, с. 777-778.

[94] Ермолов, *Записки*···, с. 110, прим. автора.

[95] Бот,《Гейльсбергское сражение》(《海尔斯贝格会战》) //*Военный журнал*, 1811, № 20, с. 20.

[96] Bennigsen, *Mémoires*..., t. 2, p. 201 (俄译文见: с. 251).

[97] Marion C. *Mémoire sur le lieutenant-général d'artillerie Baron Alexandre de Senarmont*. Paris, 1846, p. 39-43; Ратч, op. cit.//*Артиллерийский журнал*. 1861, № 1, ч. 3, с. 74-75; *История отечественной артиллерии*, т. I, кн. 3, с. 168, 170.

[98] Михайловский-Данилевский, *Описание войны 1806 и 1807 годов*, с. 335; 这个错误再度出现在: Безотосный В. М. *Все сражения русской армии 1804-1814 гг. Россия против Наполеона*. (《俄军在 1804—1814年间的所有会战: 俄罗斯与拿破仑的对决》) М.: Яуза, Эксмо, 2012, с. 171.

[99] Вельяминов А. А.《Примечания на артиллерийские статьи, помещенные в военном журнале》// *Военный журнал*, 1810, № 12, с. 54.

[100] Ермолов, *Записки*···, с. 106.

[101] Wilson, *Brief Remarks*, p. 24-25.

[102] *Журнал военных действий Императорской Российской армии*, с. 229.

[103] *Ibid.*, с. 226-227; 也见：Михайловский-Данилевский, *Описание войны 1806 и 1807 годов*, с. 310.

[104] Marion, *op. cit.*, p. 34-35; 也见：Михайловский-Данилевский, *Описание войны 1806 и 1807 годов*, с. 332.

[105] Marbot, *Mémoires*, t. I, p. 366〔俄译文见：*Марбо М. Мемуары генерала барона де Марбо.*（《马尔博男爵将军回忆录》）М.: Эксмо, 2005, с. 220〕.

[106] Ратч, *op. cit.//Артиллерийский журнал*, 1860, № 5, ч. 3, с. 372; 1861, № 1, ч. 3, с. 12, 15.

[107] Граббе, Из записок···, с. 44.

[108] Ратч, *op. cit.//Артиллерийский журнал*, 1861, № 1, ч. 3, с. 45.

[109] Столыпин Д. А.《О употреблении артиллерии в поле》(《论炮兵在野战中的用途》) //*Военный журнал*, 1810, № 2, с. 49; Anon.,《Опыт об усовершенствовании артиллерии》(《论炮兵的改进》) // Военный журнал, 1810, № 3, с. 27.

[110] Ратч, *op. cit.//Артиллерийский журнал*, 1861, № 1, ч. 3, с. 79-80.

[111] *Ibid.*, с. 83-84.

[112] *Ibid.*, с. 81.

第十五章 高级战术

如前所述，俄军步兵和骑兵的训练或战术在 1801—1805 年之间并没有出现显著进步，而且，或许更为重要的是，俄军在高层组织和高级战术层面毫无进展：陆军在和平时期的组织结构依然与战时差别极大。就团一级而言，俄军部队接受了相当系统的训练，但更大规模的演练却几乎不存在，[1] 只有驻扎在圣彼得堡、莫斯科和少数几座外省大城市的部队是例外（贝格将军提到过 1802 年的基辅演习，但并未谈及演习细节[2]）。出版于这一时期的军事理论著作只涵盖很少的高级战术议题。

总的来说，19 世纪初的俄国陆军基本上仍是一支 18 世纪的军队。1805 年 11 月 3 日 /15 日，库图佐夫在布劳瑙签发了一份命令，规定了他麾下全体部队应当采用的战斗队形：所有的团都会被分配到两条战线和前卫部队中去，每条战线中都要给每个团留出一个特定位置。每条战线都设有一位独立指挥官，战线分成两个旅——第一旅（右翼旅）和第二旅（左翼旅）。猎兵则部署在两翼，并配有专属指挥官。[3] 这种按照战线和旅分配各团的方式是 18 世纪的典型做法。

在这场战局中，团的分配情况后来发生多次变化，俄军组建了多支前卫部队和临时性的纵队或旅，各个团不断地从一个纵队调到另一个纵队，或是从一个旅调到另一个旅。朗热隆写道，在奥斯特利茨会战前的几天里，各个纵队的编组情况时常发生变化，因此，指挥官有时不知道自己麾下都有哪些部队，部队有时也不知道自己的指挥官是谁，可对一位将领而言，熟悉自己将要指挥的部队本可以带来很大的益处。[4] 比如说伊格纳季·雅科夫列维奇·普日贝谢夫斯基〔Игнатий Яковлевич Прибышевский，波兰文名为伊格纳齐·普日贝谢夫斯基（Ignacy Przybyszewski）〕要到会战前一天才被派去指挥第三纵队。[5]

朗热隆还指出，1805 年的大部分俄军士兵经验不足，多数将领也缺乏历练。在评估奥斯特利茨会战前夕双方军队质量时，朗热隆写道：

一方面是 80000 名饥肠辘辘、疲惫不堪、衣衫褴褛且闻敌色变的士兵，另一方面是 80000 名一切都相当宽裕的战士；一方面是 60000 名从未见过战火的新兵，另一方面是 80000 名刚刚取得大捷，其中有一半人个个经历过十场血腥、光荣的会战的士兵。敌方的师级将军几乎都指挥过军队，15年来的胜利令他们享有盛誉；我方的军队长官从未参与过战争，将军既缺乏能力，经验也仅仅局限于和平时期的阅兵和演习。可以看出这并不是一场势均力敌的对抗。[6]

不过，伊万·格里戈里耶维奇·布托夫斯基当时是莫斯科火枪兵团里的一位佩缨候补官（旗手），按照他的说法，俄军中也有一些服役20年之久的老兵，他们"在交火中镇静自若，就像是狩猎一般"[7]，此外也有少数将领具备对法作战的经验，巴格拉季翁和米洛拉多维奇就是其中的典型，他俩曾在苏沃洛夫麾下参与过 1799 年意大利战局，也经历了从布劳瑙退往奥斯特利茨的战役。

在奥斯特利茨会战前与法军进行的数次战斗中，俄军尽管缺乏经验、训练不足，却已表现得足够好，即便在奥斯特利茨会战中也是如此。因此，奥斯特利茨的灾难不能单纯地视为俄军缺乏训练或训练不当所带来的后果，它的主因一定是联军在更高层面犯下的错误：不完备的作战计划、不团结的指挥层以及不够灵活的指挥架构。

联军或许是穷尽了所有方法去输掉这场会战。他们匆忙与拿破仑交战，竟至于忙到来不及等待伊万·尼古拉耶维奇·埃森〔Иван Николаевич Эссен，德文名为约翰·马格努斯·古斯塔夫·冯·埃森（Johann Magnus Gustav von Essen）〕将军麾下的 12000 人的部队——他们距离大部队仅有两天行程。[8] 直到会战前夜，纵队指挥官们（巴格拉季翁除外）才集中到库图佐夫设在克雷诺维茨村 ① 的总部里开会，会上宣读了由奥军少将弗朗茨·冯·魏洛特（Franz von Weyrother）撰写的作战计划。朗热隆写道：

① 译注：克雷诺维茨（Krenowitz），今捷克共和国南摩拉维亚州维什科夫区科热诺维采（Křenovice）。

414

凌晨 1 时，当我们聚集到一处后，魏洛特将军过来了，他在一张大桌子上摊开一幅详尽描绘布吕恩[Brünn]和奥斯特利茨周边地区的大地图，向我们高声宣读他的安排，这种自以为是的样子就像是宣布了他内心确信自己是多么优秀，我们又是多么无能。他看起来像是个给小学生上课的级任教师：我们或许真的是小学生，可他也绝不是个好老师。我们进来的时候，库图佐夫就坐在椅子上半睡半醒，等到我们离开的时候，他终于睡着了；布克斯赫夫登站着聆听，他肯定一点都没听懂；米洛拉多维奇保持沉默；普日贝谢夫斯基站在后面；只有多赫图罗夫仔细审视着地图。

在魏洛特讲完后，我是唯一一个说话的人。我说："将军，这一切都很好，可要是敌军向我军推进，在普拉岑附近攻击我军，那该怎么办？这种情形并不在预料范围之内。"

他答道："您知道波拿巴的勇气。如果他能够进攻我军，今天就会这么做了。""您认为他只有这么一点 [兵力] 吗？"我问他。"能有 40000 人就不错了。"[魏洛特答道]。

朗热隆表示他不同意魏洛特的看法，他认为拿破仑不大可能轻率到用这么薄弱的兵力等待联军的进攻，还让魏洛特注意拿破仑的军营里熄灭了火光，而且传来了阵阵嘈杂声。按照朗热隆的说法，魏洛特充满信心地表示这是拿破仑在撤退或调整阵地，还重申联军的作战计划保持不变。库图佐夫随后醒来，让大家散会，并且命令他们各自留下一名副官抄录计划。此时大约是凌晨 3 时。卡尔·费奥多罗维奇·托尔〔Карл Фёдорович Толь，其德文名为卡尔·威廉·冯·托尔（Karl Wilhelm von Toll）〕少校将计划译成俄文。朗热隆声称他直到上午 8 时左右才收到自己的计划抄本，当时他的部队已经动身。[9]

其他纵队指挥官或许也是在这个时候收到的计划，也可能稍早一些。但许多将领、旅长则根本没有看到计划，只是在动身前才听到了宣读，有的军官甚至根本就没有听到。[10] 时为骑炮连连长的叶尔莫洛夫表示：

一名军官带来了作战计划，它写在几张纸上，满是晦涩难懂的村庄、池塘、河流、谷地和山丘名字，混乱到根本没有人能够全部记下或理解。

415

我们不被允许誊录作战计划，因为有许多指挥官需要用它向下属宣读，而
[全军]只有几份抄写件。我必须指出，在听完这份计划后，我依然对它
知之甚少，就像是根本不曾听过一样，唯一能够明白的就是我们将要在
次日攻击敌军……[作战计划]与其说是让军队准备会战的书面命令，还
不如说是在讲述布吕恩地区的地理状况。[11]

联军分成了多个大型纵队，这些纵队在战前沿着相互平行的道路行军。
根据作战计划，联军主力部队——主要由步兵组成的4个纵队——将要从侧
翼迂回包抄拿破仑的军队：由奥军中将米夏埃尔·冯·金迈尔（Michael von
Kienmayer）指挥的（左翼）前卫部队下辖5个奥军步兵营和24个奥军骑兵中
队，由多赫图罗夫将军指挥的第1纵队下辖23个俄军步兵营，由朗热隆将军
指挥的第2纵队下辖18个俄军步兵营，由普日贝谢夫斯基将军指挥的第3纵
队下辖17个步兵营，亚历山大一世、奥地利皇帝弗朗茨和名义上的军团司令
库图佐夫所在的第4纵队下辖12个俄军步兵营、2个俄军骑兵中队、14个奥
军步兵营和一些奥军龙骑兵。

规模庞大的骑兵纵队（下辖30个俄军骑兵中队和18个奥军骑兵中队）
由奥军将领利希滕施泰因指挥，它负责在上述迂回纵队右翼提供掩护。俄国近
卫军（下辖12个步兵营和20个骑兵中队）由康斯坦丁大公指挥，它留在第4
纵队后方充当预备队。

全军的前卫部队（下辖14个俄军步兵营和35个俄军骑兵中队）由巴格
拉季翁指挥，它要位于更偏右的地方，而且不能主动求战，只能依靠自身存在
这一事实牵制敌军，甚至不能尝试通过交战拖住敌军。只有当迂回纵队完成包
抄后，前卫部队才能投入战斗。据说巴格拉季翁在了解这一作战计划后喊道：
"我为什么要坐视敌军左翼增援右翼？"[12]

各纵队在行军时的计划和组织情况都很糟。在前往奥斯特利茨的那几天
里，纵队的行军路线时常出现交叉，甚至到了会战之初，朗热隆的第二纵队还
撞上了利希滕施泰因的骑兵，导致行进延误了一个多小时。[13]联军的行军正
面本来就延伸得过宽，而且纵队的前后队列也太长，在晨雾里行经起伏地形时
更是越拉越长。纵队之间的距离也过于遥远，因此，即便多个纵队有必要配合

作战，它们也得花上很长一段时间才能联手投入战斗。

作为联军主力的 4 个纵队需要包抄拿破仑的军队，但它们还得行经利于敌军顽强抵抗的起伏地带。这些纵队需要横越哥德巴赫（Goldbach）溪——溪水两岸还有几座村庄，而后向北列成战斗队形。然而，每个纵队实际上都需要在与其他纵队分离的情况下作为独立单位投入战斗，它们并不是整体战斗队形的一部分，因此，在面对这种战况时，纵队算不上很合适：有的纵队炮兵不足，有的则几乎没有骑兵。此外，根据魏洛特的计划，位于战场中央且能俯瞰周边地区的普拉岑高地上却没有留下大部。

在执行计划的过程中，由于计划本身的缺陷和行动中出现的混乱、失调情况，4 个推进中的纵队和巴格拉季翁的部队之间就出现了巨大的缺口。按照作战计划，利希滕施泰因指挥的联军骑兵本该出现在缺口处，但这个纵队在前一天晚上的扎营位置偏离了原定方位，当天早上又因为行进路线和其他纵队相交而延误了行程，于是，它当时还有很长一段路要走。

拿破仑在夜间让他的主力军向前推进。到了会战之初，他留意着联军的行进，想要判明他们的意图。联军主力在哥德巴赫溪一线的起伏地带陷入激战，几座村庄坐落在溪畔，在那些村落里，兵力相对较少的敌军就能够挡住联军。当普拉岑高地实际上已经毫无防备后，拿破仑就朝高地大举出兵，向联军的第 4 纵队发起进攻，也开始突入第 4 纵队和巴格拉季翁所部之间的缺口。根据施图特海姆的记载，联军原本打算主动攻击拿破仑的军队，因此在发觉自己遭到攻击时倍感震惊。[14]

联军的某些纵队仅仅由步兵和炮兵组成，骑兵数量极少或根本没有，且几乎将所有骑兵都集中到独立的骑兵纵队当中。结果，某些纵队指挥官们就无法侦察部队前方的地区。[15] 不过，根据朗热隆的回忆，尽管第 4 纵队里有少量正规骑兵和哥萨克，而且在米洛拉多维奇、库图佐夫和亚历山大一世身边还有几百名乘马的军官，但它仅仅对纵队行军路线本身进行了侦察，并没有注意到右侧的状况，于是，这个纵队的部队就在毫无防备的情况下碰上了敌军。米洛拉多维奇后来在为自己辩护时表示第 4 纵队跟随第 3 纵队行进，可他并没有从第 3 纵队那里得到敌军出现在附近的消息。[16]

第 4 纵队和后来主动靠拢过来的朗热隆第 2 纵队卡缅斯基旅坚持了大约两

个小时，随后就在一片混乱中撤退了。按照朗热隆的说法，米洛拉多维奇、库图佐夫和他的随从乃至沙皇亚历山大一世和他的侍从武官们都竭力挽回局面，但这一切全落了空。亚历山大向士兵喊道："我和你们同在，我同样身处险境，停下！"但这根本没有用，所有人都陷入了恐慌。[17]

俄国近卫军原本计划充当预备队，此时也被迫投入战斗，希望迟滞、阻挡正在战场中央推进的敌军，但它也没能坚持多久，随后就被迫退却了。此后，拿破仑的军队朝联军前三个纵队的侧后方发起攻势，由于联军被正面战斗束缚了手脚，每个纵队实际上都只能各自为战，于是，第2、第3纵队就被各个击破。[18] 另一方面，当敌军攻占普拉岑高地，战场态势发生骤变后，指挥第1、第2纵队的布克斯赫夫登将军先是遵照计划行事，后来又坐拥大军无所事事，虽然他知晓了战况，也有人请求他有所作为，他却没有尝试帮助第3、第4纵队。按照朗热隆的说法，布克斯赫夫登的这种不作为是联军全面战败的主因之一。[19]

尼古拉·格里戈里耶维奇·列普宁-沃尔孔斯基（Николай Григорьевич Репнин-Волконский）公爵在会战结束后不久曾和拿破仑交谈过，他后来在写给军事史学家亚历山大·伊万诺维奇·米哈伊洛夫斯基-丹尼列夫斯基的信中提到了一件事，拿破仑相当惊讶地向他发问：联军的战线拉得太长，而且分成了若干个纵队，这究竟是想要做什么？根据拿破仑的观点，在会战之前就应当把兵力集中起来。[20]

在奥斯特利茨会战中，俄军各兵种间的协同能力非常差，其原因如前所述：部队并没有接受兵种协同训练，各个纵队也没有分到足够的诸兵种部队。俄军展开了顽强的抵抗，但大多数将领缺乏经验，在面对突发事件时无法成功管理部队。[21] 伊利亚·奥西波维奇·波帕季切夫（Илья Осипович Попадичев）当时是布特尔基火枪兵团里的一名军士，根据他的说法，指挥该团的费奥多尔·鲍里索维奇·施特里克（Фёдор Борисович Штрик）少将几次告诉他们："小伙子们，放下步枪吧，不然他们会把我们统统杀掉。"但士兵对此充耳不闻，仍然继续装填、射击。[22]

会战结束时，很多俄国团同时遭到敌军从多个方向发动的攻击，他们虽然展开了漫长、顽强的抗争，最终还是被打散或俘房。然而，也有一些联军部队以相对良好的秩序退却。俄国近卫军本身就是一个兵种齐全的小小军团，它拥有良好的多兵种协同能力。由于战前的强化训练，近卫军在奥斯特利茨与法军展开激战，之后虽然被迫退却，但并未被击溃。[23] 作为一位富有经验的将领，巴格拉季翁让麾下的大部分部队以相对良好的秩序撤离战场，多赫图罗夫将军则能够将第 1、第 2 纵队的相当一部分人从绝望境地中拯救出来。[24]

正如战败后时常发生的那样，组成联军的俄奥两军相互指责。不少俄军将领和军官将失败归咎于奥地利人，制订作战计划的魏洛特成了主要责任人，他们甚至怀疑此人是个叛徒。[25] 这里应当指出，魏洛特在 1799 年就已身处苏沃洛夫的总部，而且赢得了他的信任。[26] 奥军尽管承认俄军作战英勇，但认为俄军机动速度太慢，还觉得俄国步枪太过沉重。俄国军事史学家米哈伊洛夫斯基 - 丹尼列夫斯基公允地批驳了上述说法，指出这些因素并未妨碍苏沃洛夫在 1799 年击败法军。[27]

1805 年战局结束后，一些俄军将军遭到了军法审判。普日贝谢夫斯基的罪名是在会战伊始时便选择投降，但漫长、全面的调查表明他和他麾下的部队战斗了整整几个小时，他们被敌军包围，队形被打乱，一部分人被打散，蒙受了惨重伤亡，直到那时，普日贝谢夫斯基才和纵队余部一道被俘。[28] 尽管如此，普日贝谢夫斯基依然被贬为普通士兵。

从战争中得来的教训并非全无用处。人们清楚地看到，军队的组织、战术信条和发展方向应当做出必要调整。不幸的是，俄军并没有足够的时间采取各类必要举措——1805 年战局和 1806—1807 年战局的间隔实在是太短了。

俄军在 1806 年将部队编组成诸兵种合成的师，某位佚名作者在 1805 年战局结束后起草的一份呈递给沙皇的备忘录中提出了建立作为常设单位的师的构想。它提到此次战局的悲惨结果不仅应当像当时许多人想的那样归咎于奥地利人，也能在俄军内部找到若干原因，尤为重要的是，俄军缺乏常设的高层组织结构，因此导致将领们在开战前夕才能得到自己将要指挥的部队，对麾下的军官缺乏了解。另一方面，如果组建了常设的师并指派将领担任师长，他们就能够熟悉下属，了解他们的能力，知道谁最值得信任。[29]

1806 年的师下辖 3 个骑兵团、1 个猎兵团、4—6 个火枪兵团或掷弹兵团以及 1 个炮兵旅，其中 3 个骑兵团往往并非同一种骑兵，炮兵旅则下辖 2 个重炮连和 2 个轻炮连。[30] 制订这种师编制是打算让每个师都能够在必要情况下独立作战。在 1806—1807 年战局中,各个师的战地协同能力仍然较弱。新近指派的师长还需要学习如何管理自己麾下兵种齐全的师,也需要学习如何与其他师配合作战,而且他们不得不在战争中学习战争。

就军团层面而言,俄军的组织状况也没有达到尽善尽美的程度。重骑兵和重炮兵同样被分配到各个师里,因此,军团司令在战局之初无法握有强大的骑兵预备队和炮兵预备队。在 1806—1807 年战局中,俄军通常会把几个师编组到一起并由一位将领统一指挥,但这与法军采用的军级编制相似之处很少,因为法国的军还拥有自己的军部、军属骑兵和军属炮兵。不过,考虑到俄军参战规模并不是很大,它对军级编制的需求可能也没有那么迫切。

俄军的战斗精神并未因前一场战局失利而受到影响,这或许更为重要。[31] 官兵们并不认为他们需要为奥斯特利茨的战败负责,因为他们知道自己表现优良,而且已经竭尽全力。不幸的是,俄军并没有时间去制订一切必要措施并加以实施:一场全新的战争已经打到门前,它便是 1806—1807 年战争。俄军在这场战争中再度表现出自己的优良品质:他们容易满足、防守稳固、进攻勇猛。对法军而言,俄军堪称颇为棘手的对手。

亚历山大一世在奥斯特利茨惨败后决心不再干预军队指挥工作,前线军队改由一位统帅全权负责。1806 年,68 岁高龄的卡缅斯基元帅被任命为东普鲁士境内的俄军统帅,但事实很快就证明他不适合指挥全军,骑兵上将本尼希森随后被任命为前线统帅。

然而,需要记住的是,虽然同样作为军队统帅,但法兰西人的皇帝和被派去指挥部队的俄国将领之间存在极大的差异。前者是拥有无限权力的统治者,他能够将国家和军队的所有力量凝聚到一起,迫使这两者竭尽全力,让他的元帅和将军尽其所能完成目标。与此相比,俄军统帅只是诸多将领中临时获得指挥权的那一位,他需要承担所有责任,需要在嫉妒、竞争的氛围中工作,任何失败都有可能导致他惨遭解职。这一切都迫使所有俄军统帅在处事时格外谨慎,面对任何风险都要三思而后行,尽量避免太过冒险的举动。

在 1806—1807 年指挥师以及各支前卫、后卫部队的俄军将领是典型的 18 世纪将领——这些人之所以会从军官中脱颖而出,与其说是是因为才干和功绩,倒不如说是因为服役年份、个人关系或是君主的心情。其中大部分人在少年时期并没有接受特别的军事教育，许多人甚至到后来也没有进修。尽管其中许多人非常勇猛，但大部分人从 1790 年或 1794 年起就没有打过仗，只有少数人曾参与过 1799 年和 1805 年的战局，某些人甚至根本没有指挥作战的经验。达维多夫就曾简短地描述过 1806—1807 年间某些俄军将领的特质：

尼·阿·图奇科夫 [尼古拉·阿列克谢耶维奇·图奇科夫（Николай Алексеевич Тучков）] 将军在 1794 年波兰战争后就没有见过敌人，他是极为英勇的战士，对一切事物都有粗浅的了解，却从未展现出什么出众才能。

奥斯特曼伯爵 [亚历山大·伊万诺维奇·奥斯特曼 - 托尔斯泰（Александр Иванович Остерман-Толстой）] 自从上一次土耳其战争 [1790 年] 以来就没有见过敌人。他的沉着不可思议，在守卫托付给自己的阵地时也表现出罕见的坚定，因而颇为引人注目。尽管他在最危急的关头能够表现出高尚、沉着的品质，可由于缺乏出众的才智和卓越的头脑，他永远不知道如何利用有利态势。

德米特里·弗拉基米罗维奇·戈利岑公爵完全符合高贵、英勇的俄国贵族这个概念，他总是依靠令人注目的无畏表现出众。他志愿参与过征讨波兰的战争，从那之后就没再见过敌人……

萨肯将军 [法比安·威廉莫维奇·冯·德·奥斯滕 - 萨肯] 后来成了元帅和公爵，他在校官军衔上停留过很久。不过等到他在 [1799 年的] 苏黎世会战中被法军打伤、沦为战俘时已经获得了中将军衔。萨肯言辞放肆、才智出众、尖刻、暴躁，书籍涉猎广泛，能够理解、铭记一切……

多赫图罗夫在瑞典战争 [1788—1790 年] 中作为一名近卫军上尉表现出众，他在 1805 年撤出拜恩的著名退却中指挥过一部分部队，在克雷姆斯和奥斯特利茨表现得极为英勇。他非常勇猛，善良到软弱，不过他根本没有军事才能，特别是缺乏决心……

谢德莫拉茨基 [亚历山大·卡尔洛维奇·谢德莫拉茨基（Александр Карлович Седморацкий）] 和彼·基·埃森第三 [彼得·基里洛维奇·埃森（Петр

Кириллович Эссен）] 只擅长加特契纳的检阅。他们是诚实的人，但没有才能、愚蠢、无知，不过，这些人在遭遇从未面对的敌人时却表现得极为镇定。

埃森第一［伊万·尼古拉耶维奇·埃森］将军曾在［俄国远征军于］荷兰战败、赫尔曼将军被活捉后指挥过［远征］军。他在职位上已经把自己的沉着冷静发挥得淋漓尽致。尽管埃森的确具备一些令人瞩目的才智和决断力，但他所遵循的法则在某些时候与其说是对敌方不利，倒不如说是害了己方。

巴克莱·德·托利和巴格胡夫武特都曾在担任校官时表现出色，前者参与过瑞典战争和土耳其战争，后者参与过波兰战争。他们此后都没有参与过任何战事……

巴克莱刚当上［陆军］大臣，就以其惊人的勇气、冷静沉着的态度和对事务的深刻认知吸引了旁人的注意……

勇敢、高贵的巴格胡夫武特……凭借其极端沉着的态度和突出的能力表现出众，但这还不算是最重要的。巴格胡夫武特是一位优秀的军长，因为他骑士般的不凡气度和时常令人愉悦的性格受到战友的爱戴……

马尔科夫［叶夫根尼·伊万诺维奇·马尔科夫（Евгений Иванович Марков）］以校官军衔参与过波兰战争，在那场战争中，他首次参战就被俘虏。自那以后也没有目睹过战事。这位将领聪明、非常敏锐又英勇，但从没有展现过出色的军事才能。[32]

尽管俄军存在诸多缺点又面临着种种困难，他们还是打得不错，而且取得了几场战术胜利。俄军步兵在普乌图斯克列成两条战线，此外只设有一支规模较小的预备队。分别由几个团组成的前卫部队部署在左右两翼前方，骑兵起初位于步兵前方，随后退到步兵战线后方。战斗主要在两翼进行，俄军从战线中部和预备队中将一个又一个团投入两翼，阻止敌军推进或夺回初始阵地，这种做法一直持续到敌军将（预备）兵力用尽为止。[33]直到那时，本尼希森才着手组织了一次反击并将法军击退。然而，夜幕已经降临，雪太大，夜太黑，阻止了俄军继续追击。[34]

俄军在艾劳的阵地存在诸多缺陷。左翼前方有若干小丘，它们遮掩了敌军的运动。俄军在会战前夜撤出了艾劳镇，这座镇子距离俄军中央不远，它让法军能够秘密迫近俄军主战线，这迫使俄军将相当多的重炮留在小镇正前方。[35]

俄军在艾劳设立了强大的预备队，这一点与此前的会战迥然不同。本尼希森将 4 个师和 2 支分遣队（原后卫部队）部署在主战线，让 3 个师留在主战线左翼和中央后方作为预备队。右翼由尼古拉·阿列克谢耶维奇·图奇科夫中将指挥，中央由奥斯滕 - 萨肯中将指挥，左翼由奥斯特曼 - 托尔斯泰中将指挥。[36]

敌军在会战第一阶段发动的所有攻击都被击退。其中包括前文已经讨论过的法国奥热罗元帅的第 7 军遭遇毁灭性打击。然而，几个俄国步兵团和骑兵团在追击败退的法军时走得太远。这些团并未得到后续部队的支持，结果被法军的反击驱散、击退。[37]

后来有人指责本尼希森并未利用有利时机大举发起攻势，以此击败敌军。然而，他实际上并不了解拿破仑手头有多少部队。他只知道数目可观的敌军已经迫近俄军两翼，因此不敢冒险动用预备队。那些指责本尼希森的人认为法国达武元帅的第 3 军在奥热罗的第 7 军战败一段时间后才抵达战场，[38]可是，人们后来知道达武军的先遣部队当时已经抵达战场，而且正在向俄军左翼推进。[39]因此，本尼希森未急忙发动进攻，反倒可能做出了正确抉择。

达武元帅的部队源源不断地抵达战场，他的军迫使俄军左翼向后退却。最终，达武所部成功夺取了奥克拉彭农庄和几乎位于俄军后方的库奇滕村。俄军战线几乎弯成了一个直角，就连后撤路线（通往柯尼希斯贝格的道路）也遭到了威胁。叶尔莫洛夫和库泰索夫指挥的骑炮兵迫使法军撤出了奥克拉彭农庄，使得敌军在这一地段无法继续推进，随后，普军将领莱斯托克成功地躲开了法国奈伊元帅第 6 军的追击，率部进入战场。俄军和普军不仅将法军撵出了库奇滕，而且还继续驱逐逃敌。

等到会战结束，虽然俄军挫败了敌军的所有攻击，但本尼希森并没有足够的生力军去发动决定性一击，而且当时的天色也太暗了，这让俄军无法展开追击。俄军右翼的战斗并不算激烈，其损失也远少于左翼，因此本尼希森打算动用右翼发起攻势。然而，法国奈伊元帅第 6 军的前卫部队恰在此时抵达战场并对施默迪滕村——该村大体上位于俄军右翼后方——发动攻击。本尼希森派出几个团赶往施默迪滕，逐退了敌军。然而，敌军显然已有大批生力军抵达战场，本尼希森于是放弃了进攻。[40]

叶尔莫洛夫写道，当天深夜，由于敌军出现正在撤退的迹象，本尼希森希望展开追击，并将这一意图告知麾下的诸位将领。不幸的是，俄军分散在广阔的范围内，他们精疲力竭，而且实力也因惨重的作战损失而大大削弱，本尼希森还认为拿破仑手中依然拥有未曾投入战斗的新锐部队。此外，俄军并没有足够的食物，所以即便能够取得胜利，也无法继续追击法军。[41] 会战就这样不分胜负地结束了。次日，俄军退往柯尼希斯贝格。拿破仑在战场上待了几天，随后也率部后撤，让他的部队进入冬营。

艾劳会战之后，战争出现了将近两个月的间歇期，在此期间，俄军于海尔斯贝格城附近的高地上构建了一整套野战防御工事体系。在海尔斯贝格会战中，法军步兵冒着猛烈的炮火发起冲击，俄军步兵随后迎击法军，不仅阻止了法军的推进，还迫使他们再度沐浴着弹雨退却。在右翼的某些地段，俄军步兵发起刺刀反击，迫使法军溃逃，俄普两军的骑兵随后也展开追击。[42]

本尼希森在海尔斯贝格会战中突发重病（水肿），因此，他在会战当天不得不多次下马休息。会战结束之际，本尼希森不幸昏倒。[43] 安德烈·伊万诺维奇·戈尔恰科夫（Андрей Иванович Горчаков）中将接替他继续指挥。会战结束后，由于诸多迹象表明拿破仑的军队正在绕过俄军右翼赶往柯尼希斯贝格，俄军也离开了海尔斯贝格阵地，同样赶赴柯尼希斯贝格。会战后的第四天，俄军已经驻扎在弗里德兰镇附近。

俄军为弗里德兰会战选择的阵地堪称典型的糟糕阵地。一条既宽又深的河谷将正面阵地切割成两段，这让俄军很难将部队从其中某一地段转移到另一地段去，所以俄军两翼很难互相协助。俄军左翼是面积很大的索特拉克树林，能够掩蔽敌军机动，使得敌军可以迅速集结并迫近俄军左翼。阵地后方是弗里德兰镇和阿勒河，而且阿勒河上只有几座桥梁。

即便是在拿破仑战争开始前，包括罗马诺在内的许多作者就已指出障碍物和隘路会给退却中的军队带来威胁，这是因为它们会导致部队最终陷入绝望。[44] 后来，人们时常把弗里德兰会战作为反面典型，认为前有未曾占据的树林、后有河流的情况异常危险，比如说 1811 年发表在俄国《军事期刊》上的一篇文章就秉持这一看法。[45] 同样是在 1811 年，克劳塞维茨指出应当避免选择后有隘路的阵地，因为它可能会延误退却，导致撤退途中混乱丛生，并且举出弗里德兰会战作为例证。[46]

俄军究竟出于什么目的选择这一阵地并加以据守？笔者至今尚不清楚。根据本尼希森自己的说法，他当天并不打算接受会战，只是想让部队在城镇附近休息一天。根据一些俘虏的供述，只有乌迪诺将军率领 10000 法军赶来，所以，本尼希森只是把一部分人马部署到城镇前方，当后来捕获的战俘供述已有新的敌军部队抵达时，他也只是派人增援参战部队。[47]

按照叶尔莫洛夫的说法，许多军官认为本尼希森打算赶在拿破仑的主力抵达之前进攻并歼灭出现在城镇附近的小股法军，但由于本尼希森的迟疑不决，这个战机就此丧失。结果，俄军发觉自己处于非常危险的境地。[48]

奥博连斯基在 1807 年是多赫图罗夫将军的副官，他表示自己曾跑到本尼希森那里告诉他："我们没法坚守这片阵地，因为我军旁边就是树林，敌军可以在那里架设火炮，造成很大伤亡。"按照奥博连斯基的说法，本尼希森如此回答："替我转告多赫图罗夫将军，让他不要招惹敌军，因为我确信敌人无意求战。"[49]

因此，本尼希森的玩忽职守是俄军在弗里德兰战败的主因。他的唯一辩解理由就是自己依然受着水肿病情的折磨。[50] 此外，会战刚开始，俄军参谋长伊万·尼古拉耶维奇·埃森中将和军需总监法杰伊·费奥多罗维奇·施泰因黑尔〔Фаддей Фёдорович Штейнгель，其德文名为法比安·戈特哈德·冯·施泰因黑尔（Fabian Gotthard von Steinheil）〕中将就被一发恰好从两人之间穿过的实心弹严重挫伤。按照叶尔莫洛夫的说法，参战部队在此后的一段时间内没有收到任何命令。[51]

拿破仑得知俄军出现在弗里德兰时，法军正在赶往柯尼希斯贝格（Königsberg）的途中。俄方的消极举动让拿破仑能够将军队集中到战场。随后，拿破仑利用索特拉克森林作为屏障，将主力部队集中到俄军左翼发起攻击。在弗里德兰钟楼上观察战况的俄国军官将这一情况告知本尼希森，他得知此事后便下令退过阿勒河。[52] 可这已经太晚了——仅有的一条退却路线需要穿过弗里德兰镇上的街道，阿勒河上也只有 4 座桥梁。因此，俄军的撤退颇为迟缓，人们挤作一团，而且在这一过程中蒙受了惨重损失。幸运的是，俄军在晚上又发现了几处渡口并得以借此逃脱。尽管军队处于极度混乱中，损失的火炮却很少。

俄军在此次战局中主要采用防御性战术。或许俄军将领已经深深了解到一点，在拿破仑麾下的法军面前，在这样一个迅捷、大胆、灵活的敌人面前，让大批部队展开任何复杂机动都太过危险。俄军指挥官通常会尝试用炮火打乱敌军的攻击节奏，然后让步兵正面反击敌军纵队，骑兵则展开侧击。[53]这类反击往往是局部战斗，其目的也只是为了击退敌军的攻击。即便俄军的反击大获成功，就算俄军击退大批敌军，使其陷入混乱，前线部队也不会及时得到可以用于扩张战果的己方后续兵力。俄军并不会尝试大举投入预备队发动猛烈打击，将这些局部胜利发展为会战整体胜利。

在1806—1807年战局的诸多会战中，法军即便在兵力大体相当乃至少于俄军时，也能够以优势兵力攻击乃至包抄俄军一翼，法军能够利用俄军的消极举动击退这一翼，使整条俄军战线陷入艰难境地，这一点相当值得注意。

俄军在此次战局中曾数次被迫长途撤退，因此也经历了多场后卫战。后卫部队的任务是掩护主力部队，或阻滞敌军推进，使其无法攻击正在行军的主力部队，为主力部队赢得占据防御阵地的必要时间。为了实现上述目标，后卫部队往往不得不与数量远多于自身的敌军交战，而且后卫部队还得及时退却，以防自身被敌军歼灭。

俄军通常以多个纵队行军，每个纵队往往都设有自己的后卫部队。后卫部队由几个步兵团——一般是猎兵团——和轻骑兵团组成。然而，俄军有时也会把胸甲骑兵团或一两个重炮连、骑炮连（火枪兵团和掷弹兵团总是和配属给他们的轻炮半连待在一起）加强到后卫部队里去。当后卫部队需要阻滞敌军推进时，它需要占据合适的阵地，阻击敌军的先头部队，迫使敌军将部分兵力列成战斗队形，击退敌军的首次进攻（在必要情况下也可能是几次），然后继续退到下一处适于阻击的阵地，准备再度击退敌军进攻。[54]

俄军部队在这类军事行动中积累了各种情况下的战斗体验，获得了多兵种协同作战的经验。将领和军官学会了如何在困难情况下指挥部队。一般情况下，负责指挥全体后卫部队或主力后卫部队的是巴格拉季翁将军，由于他在苏沃洛夫指挥的1799年战局和库图佐夫指挥的1805年战局中表现活跃且时常指挥前卫部队或后卫部队，他被视为俄军最优秀且对法作战经验最丰富的将领之一。

然而，其他几乎所有将领都已久疏战阵，而且基本上没有指挥大规模多兵种合成部队的经验。[55] 有些人竭力想要撇清自己的责任，其他人则犯下了诸多错误。叶尔莫洛夫声称戈维明战斗中实际上没有人负责指挥在场俄军。一位副官在半个小时内遇上了 5 位将军，却没有得到任何命令。[56] 叶尔莫洛夫也批评了巴克莱·德·托利在霍夫战斗（1807 年 1 月 25 日 /2 月 6 日）中部署军队的方式：

霍夫村沿着一条河谷伸展，两边是陡峭的山坡。他（巴克莱·德·托利）将部队摆在村庄之前，而且，尽管敌军动用无数骑兵在当天骚扰他，他还是把自己手中疲惫的骑兵部署在村庄前方，这样一来，骑兵就只能通过村里狭窄的道路退却。

要是他把步兵放在村庄和设有围栏的菜园里面，那局势就会有利得多，可他却让步兵在村外列成几条战线，由于附近地面上的积雪相当厚，步兵的退却路线也必须穿过村庄。结果，敌军在发动第一轮冲击时就把我军骑兵撵到步兵和炮群面前。一个炮群立刻就落入敌军之手。指挥另一个炮群的马尔科夫中尉则用霰弹驱散了奥利维奥波尔骠骑兵团，也同样用霰弹挡住了追击该团的敌军，迫使敌军在遭受一定的损失后退却。我军步兵坚定地击退了这次冲击。敌军骑兵返回了自己的战线。此后不久，敌军再度发起冲击，这一次取得了较好的战果。第聂伯、科斯特罗马火枪兵团挡住了骑兵的冲击，但这一天的激战让他们精疲力竭，不能继续展现出必要的坚韧，因而陷入混乱，被迫放弃阵地，至少一半人惨遭砍杀。这些团的军旗和火炮也被夺走了。能够隐蔽在菜园围栏后方的官兵和战斗之初便部署在菜园里的猎兵损失就很小。这表明将战列步兵部署在开阔地上是何等的错误，指挥官应当用尽一切方法为他们提供掩护。少将多尔戈鲁科夫公爵 [瓦西里·尤里耶维奇·多尔戈鲁科夫（Василий Юрьевич Долгоруков）] 出动麾下的 5 个营增援巴克莱·德·托利将军，但这点兵力无法扭转整体上的混乱态势，他的营同样被打散，而且损失惨重。我军在撤过霍夫村时遭遇了极为猛烈的敌军炮火。无畏的巴克莱·德·托利将军无视危险，无所不在，但这场战斗并没有为他的指挥能力增光添彩，要做得好一点肯定不难 ![57]

巴克莱将他的火枪兵团放在村庄前方，此举究竟是源于 18 世纪俄军的旧习惯——指挥官不应当用战列步兵据守村庄，只能将猎兵部署到村落里——还是另有缘由？这已经不得而知了。

尽管如此，还是有一些将领在 1806—1807 年战局中指挥后卫部队时凭借自己的战绩声名鹊起并获得晋升，上文提到的巴克莱·德·托利以及拉耶夫斯基、巴格胡夫武特便是其中的典型。巴克莱在 1807 年还只是一位少将，在 1809 年的瑞典战争中就获得了步兵上将军衔，并负责指挥一个独立军团，到了 1810 年，他已被任命为陆军大臣，1812 年则成为第 1 西方军团（俄军人数最多的军团）司令。

对土战争中的战术

如前所述，土军与欧洲正规军差异极大。到了 19 世纪初，这种情况也没有发生多少改变，不过，土军炮兵还是有所进步，他们此时使用的火炮较为轻便，身管也较长，其中还包括了英国炮和奥地利炮。[58] 因此，1806—1811 年俄土战争中的俄军战术与 18 世纪下半叶俄土战争中的俄军战术差别不大。

伊万·伊万诺维奇·米歇尔索嫩〔Иван Иванович Михельсон，其德文名为约翰·冯·米歇尔索嫩（Johann von Michelsohnen）〕将军于 1806 年被派往摩尔达维亚指挥俄军，他在战争前夕发布的一份教令中规定了矩形方阵，要求将各个方阵列成两条战线，并对侧翼加以掩护。方阵内部应当留有预备队和载重较轻的辎重车辆。方阵通常会根据指挥官的命令独立战斗。各个方阵不应当靠得太近，这样，当土军试图从方阵之间突破时，各个方阵就不至于在射击中互相伤害；而当俄军骑兵与拥有优势兵力的敌军骑兵作战时，俄军骑兵也可以在必要情况下依托方阵作为掩护，在方阵之间整队并再度发起冲击。[59]

亚历山大·亚历山德罗维奇·普罗佐罗夫斯基（Александр Александрович Прозоровский）元帅是 1807—1809 年之间的摩尔达维亚军团司令，他在发给彼得·基里洛维奇·埃森中将的指示中规定所有行军都应当以纵队进行。部队在遭遇敌军后就要迅速列成营方阵。在战斗队形中，方阵间距不应当少于 300 步，此外还需要在主战线后 500—1000 步处多留一个方阵，以便阻止敌军从后方发起攻击，因为土军骑兵素有从各个方向展开骑乘冲击的习惯。会战应当始于步兵和炮兵，因为如果骑兵率先攻击，就会妨碍炮兵和步兵发扬火力。步兵要以步枪火力展开战斗。普罗佐罗夫斯基规定："不应该上刺刀猛冲，刺刀冲刺可能会导致你彻底战败；可要是采用射击并保持我军的秩序，你就必定可以打垮人数三倍于你的敌军。"当敌军将要战败之际，指挥官应当派出部分骑兵展开追击，以一个拥有 5 个中队的骑兵团为例，它可以派出 2 个中队追击，其余 3 个中队则以紧密队形跟随前者行进。[60]

组成方阵的士兵应当排成三列。[61] 在 1806—1811 年的俄土战争历次战斗中，俄军时常使用团方阵，其原因在于对土作战地域损害健康的气候导致俄军出现大量病员，进而使得各团兵力通常都颇为短缺，有时候一个团里只有两三百人。[62] 由于每个方阵中需要留出安置火炮挽马编队、前车和弹药车的空间，这么少的人数就导致了问题的出现。

因为土军机动迅速且擅长发起突袭，俄军有时需要使用方阵长途行军。在这种情况下，按照库图佐夫给多瑙河军团主力军部队下达的命令（签发日期为 1808 年 7 月 25 日/8 月 6 日，库图佐夫当时是年迈的军团司令普罗佐罗夫斯基元帅的助手），方阵侧面就得以班为单位行军。为了协调所有方阵的行动，这份命令规定了如下做法：所有方阵都要跟随第一线中央方阵的步伐，中央方阵行进时全体方阵都要行进，它停顿时也要全体停顿。[63]

在与土耳其人作战的部队中，步兵依然要接受第 1 列以跪姿展开射击的训练，我们可以从库图佐夫给多瑙河军团主力军下达的命令（1808 年 5 月 17日/29 日）中看出这一点。[64]1809 年，巴格拉季翁在自己麾下的部队中废止了第 1 列跪地的做法，[65] 但迟至 1810 年，跪姿射击还在某些场合派上过用场。[66]

一部分火炮需要部署在方阵的凸角上，通常情况下，每个面朝敌军的凸角处都有一门重炮，每个背朝敌军的凸角处都有一门轻炮。[67] 其余的火炮则部署在位于前线后方的方阵之间。[68] 骑兵要位于步兵之后。时人认为，在与土耳其人交战时，由于土军骑兵在数量、机动性和速度上都拥有优势，俄军就没有必要配备太多的骑兵。[69] 瓦尔福洛梅·费奥多罗维奇·克鲁皮扬斯基在1807—1811 年效力于佩列亚斯拉夫龙骑兵团，后来转入斯摩棱斯克龙骑兵团，按照他的说法，土军骑兵相对于俄军骑兵的优势已经大到了这种地步："土耳其人根本不把龙骑兵乃至所有骑兵当回事。"他表示自己曾目睹维丁会战（可能是 1811 年 7 月 22 日 /8 月 3 日发生的那一场会战）中的一幕：33 个土耳其人撵着几个俄军龙骑兵中队跑，一直追到俄军步兵的两个方阵之间为止，直到此时，步兵才依靠火力将这些土耳其人击退。[70] 俄军偏爱在开阔地上与土军交战。朗热隆在 1809 年对此给出了解释，当他亲历了与土军交手的四场战役后，他终于学会了对付土军的方法，意识到如果在封闭地带——也就是沟渠纵横或林木密布的地方——作战，部队就无法维持与土军作战时所需的队形。[71] 库图佐夫也指出沟渠交错或建有菜园、葡萄园的地形对土军有利。[72] 朗热隆在描述 1810 年战况时表示，土军散兵偏爱在葡萄园、菜园和树林里作战，俄军很难驱逐土军散兵，从这个角度来说，土军散兵要远远优于俄军散兵。[73]

正规步兵在开阔地上能够维持战线，炮兵也能够拥有良好的视野，可以有效地轰击己方步骑兵的周边区域。而在起伏地带或林木遍布的地方，炮兵就无法有效作战，步兵也难以维持队形，还可能出现步兵方阵无法依靠交叉火力相互保护的情况，更擅长小队战斗和散兵战的土耳其人就能够拥有一定的优势。尽管如此，俄军有时还是得以散开队形在起伏地带作战，投入散兵战的不仅有猎兵，要是地形对骑兵不利，甚至连龙骑兵有时都得下马步战——其中也包括散兵战。[74]

在 1806—1810 年的战斗中，步兵通常会列成一条由方阵组成的战线，此外要么留出一个方阵作为预备队，要么根本不留预备队。[75] 或许这是因为俄军步兵的自信心已经大有增长，他们认为第二线并没有存在的必要。

有些时候，就连一个孤立无援的步兵营也能够长时间抵抗拥有数量优势的土军骑兵。朗热隆写道，携带了 6 门火炮的 8000 名土耳其骑兵在弗拉西纳（Frasina）战斗（1809 年 8 月 29 日 /9 月 10 日）中攻击他麾下前卫部队里的骑兵——其中仅有 600 名哥萨克、200 名枪骑兵和 2 门火炮，他的骑兵在损失了部分人马后被击退。正在沿着道路行军的俄军主力处于危险境地，不过，由叶列梅·雅科夫列维奇·萨沃伊尼（Еремея Яковлевича Савоини）少校指挥的拉多加火枪兵团某营摆出方阵（厚度为三列）挡住了土军。朗热隆写道，土耳其人在攻击这个营时展现出的狂怒（fureur）他极少看到。他们包围了这个营，发起了五六次冲击，但每次冲击都被俄军的步枪和两门火炮打退。只有 3 名土耳其骑兵能够突入方阵，但他们很快就被刺刀捅死。这个营持续战斗了大约一个小时，付出了 100 人左右的伤亡，但它打退了土军的所有冲击。[76]

在鲁什丘克（Rusçuk）会战（1811 年 7 月 3 日 /15 日）中，库图佐夫采用了旧队形：8 个团方阵列成了两条交错战线，骑兵则位于战线后方。军队侧翼的沟渠、菜园和葡萄园由猎兵据守。[77] 库图佐夫在呈递给沙皇的战报中写道：

> 相当数量的我军官兵被炮弹杀死，这证明敌军的炮火打击非常有力。敌方骑兵如此横行，在我多年与土耳其军队交手的经验中，是不曾有过的……但我必须指出，整条战线上的耶尼切里都没有发挥出他们此前的优异表现。[78]

在这场会战中，一万人之多的安纳托利亚骑兵从俄军步兵方阵之间冲过，击溃了白俄罗斯骠骑兵团，打乱了金布恩龙骑兵团，但面对这些突入俄军队形的土军，丘古耶夫枪骑兵团还是在第 7 猎兵团方阵和剩余骑兵的支援下攻入土军侧翼，不仅将其击退，还给他们造成了相当大的损失。[79]

正如朗热隆所说："不应当让土军发起冲击或实现其预期，而要始终向着土军推进并阻碍、破坏其作战意图。"[80] 这一原则在战略和战术层面都颇为重要：在对土作战中，俄军始终需要前行，即便速度缓慢也得持续行进，而且一定不能停留在一处，这是为了不给土军留出决定攻击点并协调各部行动的时间。在击败土军之后，俄军也需要出动后方有步兵跟随的骑兵展开追击，以便取得完胜，因为就算俄军认为土军已经被彻底打垮，可只要不展开追击，土军就能够重整旗鼓，迅速返回战场。与此同时，由于土军骑兵总能够凭借优良的战马逃走，把追击者引到太过遥远的地方，因此长途追击土军骑兵是一种不必要乃至危险的举动。有人建议在追击土军骑兵时，俄军只用追到最近的一条隘路或河流就够了，随后就要转而追歼土军步兵。[81]

俄军的确在许多战斗中击败了拥有数量优势的土军。然而，这里也必须指出，俄军的回忆录通常会夸大土军兵力，就连官方战报也不能避免。米洛拉多维奇将军曾把奥比莱什蒂（Obileşti）会战（1807 年 6 月 2 日 /14 日）的具体情况告知叶尔莫洛夫：

得知敌军动向后，我便前去迎击。根据传言，土军有 16000 人，在战报中，我声称自己打败了 12000 人，可那里的土耳其人实际上还不到 4000 人。[82]

　　拿破仑战争期间，俄军也曾在（内）高加索和外高加索地区展开军事行动，他们既要与奥斯曼帝国和伊朗（1804—1813 年）军队作战，也要和当地山民交战。这一战区的战斗规模非常小，而且作战环境非常特殊。伊朗军队和高加索山民的装备和组织情况甚至比土耳其军队还糟糕。俄军当时在这一战区使用的战术对俄军的整体战术并没有重大影响，因此，这本书并不会涉及高加索战区。

注释

[1] 《Записки … Отрощенко》//*Русский вестник*, 1877, т. 131, с. 148.

[2] Berg, *Leben*…, S. 155-156.

[3] М. И. Кутузов. *Документы*, т. 2, с. 90.

[4] Langeron, *Journal*, Т. III (1805)//ОР РНБ, ф. 73, ед. хр. № 276, л. 40-41; 同样的内容刊登在 *Nouvelle revue rétrospective*. Deuxième semestre (Janvier-Juin 1895).Paris, 1895, p. 292-293（俄译文见：*Военный сборник*, 1900, № 9, Прил., с. 21）.

[5] М. И. Кутузов. *Документы*, т. 2, с. 516.

[6] Langeron, *Journal*, Т. III (1805)//ОР РНБ, ф. 73, ед. хр. № 276, л. 50-51, 88, 98; 同样的内容刊登在 *Nouvelle revue rétrospective*. Deuxième semestre (Janvier-Juin 1895).Paris, 1895, p. 302-303（俄译文见：*Военный сборник*, 1900, № 9, Прил., с. 22; № 10, Прил., с. 29, 32; № 11, Прил., с. 41, 47）.

[7] Бутовский, *op. cit.*, с. 31.

[8] Langeron, *Journal*, Т. III (1805)//ОР РНБ, ф. 73, ед. хр. № 276, л. 50（俄译文见：*Военный сборник*, 1900, № 11, Прил., с. 45）.

[9] Langeron, *Journal*, Т. III (1805)//ОР РНБ, ф. 73, ед. хр. № 276, л. 43-44（俄译文见：*Военный сборник*. 1900, № 9, Прил., с. 23-24）.

[10] Langeron, *Journal*, Т. III (1805)//ОР РНБ, ф. 73, ед. хр. № 276, л. 43-44; 同样的内容刊登在 *Nouvelle revue rétrospective*. Deuxième semestre (Janvier-Juin 1895).Paris, 1895, p. 294-295（俄译文见：*Военный сборник*, 1900, № 9, Прил., с. 23-24）; 伊格纳季·雅科夫列维奇·普日贝谢夫斯基中将在军事法庭受审时多名将领和军官提供的证词收录在 *Каменский, Аустерлицкое сражение*, с. 16, 18, 28-29。

[11] Ермолов, *Записки*…, с. 54.

[12] Bernhardi, *op. cit.*, 1 Band, S. 177（俄译文见:《Из записок графа К. Ф. Толя, изданных на немецком языке Бернгарди》(《源自卡尔·费奥多罗维奇·托尔回忆录的史料，由伯恩哈迪以德文版本发行》) //*Военный журнал*, 1859, кн. 1, отд. 1, с. 199).

[13] Langeron, *Journal*, Т. III (1805)//ОР РНБ, ф. 73, ед. хр. № 276, л. 40-42, 63-65（俄译文见：*Военный сборник*, 1900, № 9, Прил., с. 21; № 10, Прил., с. 29）;《Записки А. Эйлера》//*Русский архив*, 1880, кн. 2, с. 344; Ермолов, *Записки*..., с. 53-54; Stutterheim, *op. cit.*, p. 79.

[14] Stutterheim, *op. cit.*, p. 85-86, 114; Ермолов, *Записки*..., с. 55.

[15] Ермолов, *Записки*…, с. 54.

[16] Langeron, *Journal*, Т. III (1805)//ОР РНБ, ф. 73, ед. хр. № 276, л. 72-74（俄译文见：*Военный сборник*, 1900, № 11, Прил., с. 33-34）.

[17] *Ibid.*, л. 77（俄译文见：*Военный сборник*, 1900, № 11, Прил., с. 35-36).

[18] Ермолов, *Записки*…, с. 56-57.

[19] Langeron, *Journal*, Т. III (1805)//ОР РНБ, ф. 73, ед. хр. № 276, л. 67-68, 72, 97, 132-134（俄译文见：*Военный сборник*, 1900, № 10, Прил., с. 31, 36-37; № 11, Прил., с. 33, 46; № 12, Прил., с. 56, 60-61）; Бутовский, *op. cit.*, с. 45; Stutterheim, *op. cit.*, p. 115.

[20] 《Эпизод из Аустерлицкого боя》(《奥斯特利茨会战中的一幕》) //*Русская старина*, 1890, т. 88, с. 212.

[21] Langeron, *Journal*, Т. III (1805)//ОР РНБ, ф. 73, ед. хр. № 276, л. 88, 98（俄译文见：*Военный сборник*, 1900, № 11, Прил., с. 41, 47）.

[22] [Попадичев], *Воспоминания суворовского солдата. Аустерлиц*, с. 12.

[23] Ратч, *op. cit.*//*Артиллерийский журнал*, 1860, № 5, ч. 3, с. 372-373.

[24] Бутовский, *op. cit.*, с. 47.

[25] Langeron, *Journal*, Т. III (1805)//ОР РНБ, ф. 73, ед. хр. № 276, л. 50, 100（俄 译 文 见：*Военный сборник*, 1900, № 9, Прил., с. 22; № 11, Прил., с. 48）; Бутовский, *op. cit.*, с. 43.

[26] Bernhardi, *op. cit.*, 1 Band, S. 60, 72, 76-79（俄译文见：*Военный журнал*, 1859, кн. 1, отд. 1, с. 73, 83.）

[27] Михайловский-Данилевский, *Описание первой войны Императора Александра с Наполеоном*, с. 211.

[28] 关于普日贝谢夫斯基中将在军事法庭受审的材料收录在 *Каменский, Аустерлицкое сражение*。

[29] *Столетие Военного Министерства*, т. 4, ч. 1, кн. 2, отд. 2, приложение № 14, с. 72.

[30] Михайловский-Данилевский, *Описание войны 1806 и 1807 годов*, с. 46-47; Богданович, *История царствования Императора Александра I*, т. 2, с. 162-163.

[31] Bennigsen, *Mémoires*···, t. 1, p. 99（俄译文见：с. 64）.

[32] Давыдов, *Сочинения...*, ч. 2, с. 63-67.

[33] *Журнал военных действий Императорской Российской армии*, с. 39-44; Михайловский-Данилевский, *Описание войны 1806 и 1807 годов*, с. 105-107.

[34] Михайловский-Данилевский, *Описание войны 1806 и 1807 годов*, с. 108-109.

[35] Ермолов, *Записки*···, с. 84.

[36] *Журнал военных действий Императорской Российской армии*, с. 84-86, 88.

[37] Михайловский-Данилевский, *Описание войны 1806 и 1807 годов*, с. 196-197.

[38] Давыдов, *Сочинения*···, ч. 2, с. 134-135, 215-216.

[39] Колюбакин, *op. cit.*, с. 13.

[40] Михайловский-Данилевский, *Описание войны 1806 и 1807 годов*, с. 206-207.

[41] Ермолов, *Записки*···, с. 87.

[42] *Журнал военных действий Императорской Российской армии*, с. 227-230; Bennigsen, *Mémoires...*, t. 2, p. 174-176（俄译文见：с. 239-241）; Ермолов, *Записки*···, с. 102-103; Михайловский-Данилевский, *Описание войны 1806 и 1807 годов*, с. 311-313.

[43] Граббе, *Из записок*···, с. 55.

[44] Романо, *op. cit.*, с. 79.

[45] 《О влиянии местоположений на сражения》(《地势对会战的影响》) //*Военный журнал*, 1811, № 24, с. 4-5.

[46] Clausewitz,《Die wichtigsten Grundsätze der Kriegführung, zur Ergänzung meines Unterricht bei Gr.König-lischen Hoheit dem Kronprinzen》//*Hinterlassene Werke*, Dritter Band, 1869, Dritter Theil, S. 184.

[47] Bennigsen, *Mémoires*···, t. 2, p.193-195（俄译文见：с. 248-250）.

[48] Ермолов, *Записки*···, с. 104-105.

[49] *Хроника недавней старины. Из архива князя Оболенского...*, с. 95.

[50] Ермолов, *Записки*···, с. 104, 106; Волконский С. Г. *Записки*···, с. 46; Давыдов, *Сочинения*···, ч. 2, с. 56.

[51] *Журнал военных действий Императорской Российской армии*, с. 248-249; Bennigsen, *Mémoires...*, t. 2, p. 198-199（俄译文见：с. 250）; Ермолов, *Записки*···, с. 104.

[52] Bennigsen, *Mémoires*···, t. 2, p. 200-201（俄译文见：с. 251）.

[53] Михайловский-Данилевский, *Описание войны 1806 и 1807 годов*, с. 85, 87, 106-107; *Журнал военных действий Императорской Российской армии*, с. 40-44, 83, 230, 234.

[54] Михайловский-Данилевский, *Описание войны 1806 и 1807 годов*, с. 168-182.

[55] Давыдов, *Сочинения*···, ч. 2, с. 63-64.

[56] Ермолов, *Записки*···, с. 65-66.

[57] *Ibid.*, с. 79-80.

[58] 《Записки графа Ланжерона》//*Русская старина*, 1907, т. 130, с. 601; т. 132, с. 429; 1908, т. 134, с. 228; Волконский С. Г. *Записки*···, с. 126.

[59] Петров А. Н. *Война России с Турцией 1806-1812 гг.*（《1806—1812年俄土战争》）СПб., т. 1, 1885, с. 98.

[60] *Ibid.*, т. 2, с. 201-202.

[61] 《Журнал военных действий генерал-лейтенанта Ланжерона》(《朗热隆中将作战日志》) //*Военный журнал*, 1811, № 14, с. 34.

[62] *Ibid.*, с. 25.

[63] *М. И. Кутузов. Документы*, т. 3, с. 49-50.

[64] *Ibid.*, с. 16.

[65] Богданович, *История царствования Императора Александра I*, т. 2, с. 471.

[66] Ульянов, *op. cit.*, с. 24.

[67] *М. И. Кутузов. Документы*, т. 3, с. 146;《Записки … Отрощенко》//*Русский вестник*, 1877, т. 131, с. 517;《Записки Н. М. Распопова》(《Н. М. 拉斯波波夫回忆录》) //*Русский архив*, 1879, кн. 3, с. 37; Хатов, *Общий опыт тактики*, т. 2, 1810, с. 245, план XII, фиг. 2; Маркевич, *op. cit.*, т. 2, с. 472-473.

[68] *Маркевич, Руководство к артиллерийскому искусству*, т. 2, с. 472-473.

[69] Хатов, *Общий опыт тактики*, т. 2, с. 242.

[70] *Крупянский, op. cit.*, с. 5, 30.

[71] 《Журнал военных действий генерал-лейтенанта Ланжерона》//*Военный журнал*, 1811, № 14, с. 32; Петров, *op. cit.*, т. I, с. 346. 也见:《Записки графа Ланжерона》//*Русская старина*, 1908, т. 135, с. 405-406.

[72] *М. И. Кутузов. Документы*, т. 3, с. 483.

[73] 《Записки графа Ланжерона》//*Русская старина*, 1908, т. 135, с. 405-406; 1909, т. 138, с. 544.

[74] Крупянский, *op. cit.*, с. 19-20;《Записки инженерного офицера Мартоса о турецкой войне в царствование Александра Павловича》(《工兵军官马尔托斯关于沙皇亚历山大·帕夫洛维奇统治时期对土战争的札记》) //*Русский архив*, 1893, кн. 2, с. 327; *М. И. Кутузов. Документы*, т. 3, с. 524, 537.

[75] Михайловский-Данилевский А. И. *Описание Турецкой войны в царствование Императора Александра, с 1806-го до 1812-го года.* (《亚历山大皇帝治下的对土战争纪实，1806-1812年》) СПб., 1843, т. 1, с. 44-46, 56-57, 82-83; 202-205; 219-220; 232-235; т. 2, с. 32, 71-72, 74-75, 83-87, 238.

[76] Langeron, *Journal*, т. IV (1807-1809)//ОР РНБ, ф. 73, ед. хр. № 275, л. 558-561（俄译文见：Русская старина, 1908, т. 135, с. 202-204;《Журнал военных действий генерал-лейтенанта графа Ланжерона》//*Военный журнал*, 1811, № 14, с. 34）.

[77] *М. И. Кутузов. Документы*, т. 3, с. 477, 483-484.

[78] *Ibid.*, с. 467-468.

[79] *Ibid.*, с. 484.

[80] Петров, *op. cit.*, т. I, с. 346.

[81] Хатов, *Общий опыт тактики*, т. 2, с. 249-250.

[82] Ермолов, *Записки* …, с. 114.

应对拿破仑的战术变革
——1810—1814年

第五篇

引言

　　此前数年里的军事行动表明，就组织和战术层面而言，俄军与法军相比已经显得过时了。早在 1806—1807 年战局期间，俄军就开始调整组织和战术，而它的新模板正是拿破仑的军队。根据布乌哈伦的回忆，康斯坦丁大公曾命令 24 名法军逃兵和几名被俘的法军骑兵向俄军传授法军的各类勤务和队形变换。[1] 战局结束后不久，俄军的诸多教令中就开始出现崭新的队形和战斗方式——其中有些已经付诸实践，制订新条令的工作也已开始。

　　与此同时，俄军依然保留了许多陈旧手段。瓦尔福洛梅·费奥多罗维奇·克鲁皮扬斯基在 1807—1811 年效力于佩列亚斯拉夫龙骑兵团，后来转入斯摩棱斯克龙骑兵团，按照他的说法，督察在检阅时只关注必要的武器、制服和装备是否就位，"却并不关注子弹是否匹配口径不同的步枪和手枪"[2]。

　　俄国的军事著述逐渐开始独立发展。1807 年，《战术通论》(Общий опыт тактики)第一卷得以出版。它基本上就是把吉贝尔出版于 1772 年的《战术通论》(Essai général de tactique) 第一卷重新编排并略作删减，此外只添加了少数原创段落。这一工作由俄国御前军务侍从武官部后勤司中校亚历山大·伊里奇·哈托夫 (Александр Ильич Хатов) 完成，该部门当时扮演的角色类似于总参谋部。出版于 1810 年的第二卷原创成分则要高得多。尤为值得一提的是，哈托夫对 1806—1807 年战局中的作战经验进行了分析，在此基础上提出了一些对付法军的思路。

　　与此同时，外国军事著作的译本也继续在俄国出版发行。在诸多译著当中，若米尼的小册子《战争艺术》(L'art de la guerre) 值得一提。该书原版最初于 1806 年刊行，而法俄文对照的版本 1807 年或 1808 年便在俄国面世。[3] 某些译著则只是翻译了相当老旧但后来又在欧洲再版的著作。比如说，俄国在 1811 年出现了一本名为《军官作战手册》(Походный наставник для офицеров) 的书，该书译自法国军官让-吉拉尔·拉库埃·德·塞萨克 (Jean-Girard Lacuée de Cessac) 编纂的《军官战时特别勤务手册》(Guide de l'officier particulier en campagne）。这本手册在 1785 年出版于法国，1805 年得以再版，甚至在拿破仑战争结束后还再版过。[4]

俄国在这一时期还开始发行两份新期刊，期刊上不仅发表了俄国军官撰写的文章，也会刊登译自外文的文章和书籍内容节选：《炮兵期刊》（Артиллерийский журнал）在 1808 年面世，《军事期刊》（Военный журнал）则在 1810 年面世。后文将会讨论这些期刊里在战术层面最为重要的若干文章。

为了将新的队形和战斗方式推广到全军当中，俄军采用了几种旧方法：比如说不时将军官派到圣彼得堡培训几个月，在那里学习各种新事物，然后返回原部队传授知识和技能，[5] 同时将近卫军军官——他们通常最早接触新事物，也受到了最好的新战术训练——临时或永久地外放到全军各团中。[6]

朗热隆认为从军队中选派军官前往彼得堡受训是一种非常糟糕的做法，因为每个团需要把资历最高的上尉（也就是说他晋升上尉的时间早于团里的其他任何一位上尉）送过去，这些人是经验丰富的军官，其中不少人实际上就是营长，这就削弱了团的战斗力。他们在彼得堡要待上至少一年时间，在此期间就被剥夺了凭借出色战绩获得晋升和奖赏的机会，此外，他们拿到的薪水也不足以维持一年的首都生活。按照朗热隆的说法，这些来自作战部队的军官学到的少数内容在战争中基本派不上用场，而且新的规定每隔六七个月就要变一次，所以等到他们返回母团时，学来的东西实际上已经没用了。[7]

不过，那些在彼得堡进修过的军官却不认为这段经历特别糟糕。比如说，第 7 猎兵团的奥特罗先科上尉在 1809 年被选送到彼得堡（他在 1810 年 1 月 7/19 日抵达）受训，按照此人的解释，由于他是全师资历最高的上尉，所以就被选上了。奥特罗先科被派到第 1 训练营，在那里受训半年有余。奥特罗先科于 1810 年 7 月通过考试，1810 年 8 月 1 日 /13 日晋升为少校并被分配到第 14 猎兵团。[8] 米哈伊尔·马特维耶维奇·彼得罗夫在回忆录中写道，他在 1811 年是第 1 猎兵团里资历最高的上尉，于是便在当年 12 月奉命前往彼得堡，在那里通过考试后，他于 1812 年 2 月晋升为少校并返回第 1 猎兵团。[9]

俄军这样一支分布在广阔地域里的军队，为了维持机动训练的统一性，每个师都要派出一名军官去全军最好的师参观学习，该师师长需要向其他师的军官展示机动方式并给出书面教令，然后让他们回到自己的师继续教学。[10]

由于军官在此前的战争中损失惨重，而且俄国又组建了许多新团，所以俄军就需要补充大批军官。军官武备学校和传统晋升方法——贵族军士服役 3 年后成为军官——并不能提供足够的军官。为了在短期内将青年贵族培养成军官，俄军于 1807 年在第 2 军官武备学校组建了志愿队（Волонтерный корпус），次年更名为贵胄团（Дворянский полк）。任何年龄不低于 16 岁的贵族都可以加入贵胄团，它的培训课程主要是步兵训练。为了将青年贵族培养成骑兵军官，俄军还在 1811 年组建了贵胄中队作为补充。[11] 迅速成为军官的可能性和日益增长的俄罗斯爱国主义意识为俄军提供了足够的军官。欧根·冯·符腾堡公爵在战后写道，俄国军官总体而言非常英勇。[12]

不过，军官在贵胄团接受的训练相当有限。伊万·费奥多罗维奇·帕斯克维奇〔Иван Фёдорович Паскевич，未来的帕斯克维奇 - 埃里温斯基（Паскевич-Эриванский）元帅〕在（1812 年）战争前夕参与组建了奥廖尔步兵团，他后来回忆说："贵胄队（即贵胄团）派来了 20 个勉强能够读写的青年军官。"[13]

士兵的训练一定程度上有所简化：他们主要展开战争所需的训练，大部分不必要的形式化训练——特别是诸多持枪操练——已被废弃。[14] 俄军越来越关注瞄准射击训练。1811 年，库图佐夫在给摩尔达维亚军团诸位师长的一份命令中写道：

> 我建议你们重点关注如下事务：训练士兵射击标靶、让武器保持完好、保障对执行勤务切实有用的一切物资，与此同时还要禁止一切不必要的事务，它们背离了作战本质，以恼人的方式困扰士兵，给他带来额外负担。
>
> 听从指挥和遵守纪律是军人勤务的灵魂，我确信你们不会忽视它们的本质，不至于产生只有依靠残酷手段才能维持这些重要概念的错误想法。[15]

有些军官还指出军队里的刑罚也有所减轻，俄军对待士兵的方式总体上也变得人道起来。[16] 不过，某些团里的情况仍然变化甚微。比如说，尼基福尔·彼得罗维奇·科瓦利斯基（Никифор Петрович Ковальский）在 1808—1809 年服役于军事修会胸甲骑兵团，他讲述过中队长残酷对待士兵的行径：棒打 500 下已是十分普通的惩罚。[17] 按照克鲁皮扬斯基的说法，普通士兵可能会被棒打

1000 下，就连军士也有可能因为在执行勤务时的小小过失被棒打 100 下。[18]

许多材料指出，俄军在 1812 年战前训练状况良好，而且已经准备好参与新的战争。譬如第 3 轻炮连的军官伊利亚·季莫费耶维奇·拉多日茨基（Илья Тимофеевич Радожицкий）写道："部队的装备和训练都不错，士兵高大、匀称、令人满意，他们迫不及待地等待着在国境以外展开攻势作战，想要根据古老习俗先行攻击法军。"[19] 不幸的是，大部分团在和平时期依然驻扎在村庄里。文件和回忆录中提到了若干次师级演习，但更大规模的演习就相当罕见了。

俄军兵力在 1812 年战局之初要少于法军。俄军沿着西部国境分布，各个军团兵力分散且相互隔离，因此，俄军在战争第一阶段被迫通过退却完成集结。俄军在退却途中与法军展开过几次小规模交战。俄国第 1、第 2 军团最终在斯摩棱斯克会师（7 月 20 日 /8 月 1 日）。不幸的是，会师后的俄军仍然不够强大，俄军迟疑不决地尝试发起反攻，随后又在斯摩棱斯克经历激战（8 月 5—6 日 /17—18 日），而后继续撤退。

两位军团司令——巴克莱·德·托利和巴格拉季翁——间的合作困难重重，因为这两人的个性和阅历都截然不同。巴克莱生性冷淡，因为他由少将蹿升为步兵上将并获得陆军部长职位，这招来了相当多的嫉妒，他与上流社会素无关联，而且并不信任自己的下属，结果，他拥有许多私敌，军队也不爱戴他。[20] 巴格拉季翁几乎与巴克莱截然相反。在苏沃洛夫指挥的 1799 年战局和库图佐夫指挥的 1805 年战局中，巴格拉季翁都凭借自己的战绩声名远扬，他善于交游，处事方式令人愉悦，信任下属并且也得到下属的爱戴。[21] 尽管两人军衔相当，但巴格拉季翁晋升步兵上将的时间要早于巴克莱，所以巴格拉季翁在论资排辈时要高于巴克莱。不过，巴克莱是陆军大臣，他的军团规模也大于巴格拉季翁的军团，所以巴格拉季翁承认巴克莱是他的上级，却又时常批评巴克莱的决断并提出反对意见。

部队并不信任巴克莱，漫长的退却也导致俄军士气低落。[22] 斯摩棱斯克之战结束后，俄军的士气进一步下降，[23] 部队甚至怀疑巴克莱是叛国者。[24] 新任总司令米哈伊尔·伊拉里奥诺维奇·库图佐夫的到来提升了部队的士气。[25] 高层分歧得以弥合，若干援军也已抵达。库图佐夫在找到一处适于防守的阵地后决心发动会战。俄军在博罗季诺（Бородино）苦战（1812 年 8 月 26 日 /9

月7日）中伤亡惨重，被迫于次日撤出战场。但对拿破仑而言，博罗季诺并不是奥斯特利茨、弗里德兰那样的决定性胜利。博罗季诺会战中的俄军并没有像奥斯特利茨和弗里德兰那样在混乱中被迫撤退，而是坚持到夜幕降临，而后根据库图佐夫的命令退却。鉴于俄军无法再坚持会战，库图佐夫做出了后撤并放弃莫斯科的决定。

拿破仑占据了莫斯科，战局也出现了一个间歇期。俄军第1、第2军团在塔鲁季诺（Тарутино）营地休整了一段时间，合并为一个军团（9月16日/28日）并补充新兵，然后攻击法军前卫部队（10月6日/18日），并迫使其退却。拿破仑由于补给问题撤出莫斯科，打算向南进军。有人说拿破仑计划行经未经战火蹂躏的土地，以便维持部队供给，但也有人认为他会选择安全地退往斯摩棱斯克。为了给军队留下一个好印象，拿破仑再度尝试与库图佐夫进行会战，希望能够将其击败。俄军在小雅罗斯拉韦茨挡住了拿破仑，他只能掉头北上，重走入侵线返回斯摩棱斯克，俄军则沿着与法军撤退路线平行的道路展开追击。拿破仑的军队在撤退途中与俄军发生了多次交战，其中最重要的交战发生在维亚济马（Вязьма，10月22日/11月3日）、克拉斯内（Красное，11月5—6日/17—18日）和别列津纳（Березина）河畔（11月16日/28日）。

在1812年战局中，除了主战线上的博罗季诺等会战外，其他战区的俄军与法军还发生过几场大会战，其中最重要的是戈罗杰奇纳（Городечна）会战（7月31日/8月12日）和两场波洛茨克（Полоцк）会战（8月4—6日/16—18日和10月6—8日/18—20日）。在前一场会战中，骑兵上将亚历山大·彼得罗维奇·托尔马索夫（Александр Петрович Тормасов）指挥第3西方军团与奥地利将领卡尔·菲利普·楚·施瓦岑贝格（Karl Philipp zu Schwarzenberg）、法国将领让·雷尼耶（Jean Reynier）麾下的奥地利-萨克森军队交手。在后两场会战中，俄方参战部队是彼得·赫里斯季安诺维奇·维特根施泰因〔Пётр Христианович Витгенштейн，其德文名为路德维希·阿道夫·彼得·楚·赛恩-维特根施泰因-贝勒堡（Ludwig Adolf Peter zu Sayn-Wittgenstein-Berleburg）〕将军指挥的第1步兵军，他在10月得到了圣彼得堡民兵和几支正规部队的增援，后来又有法杰伊·费奥多罗维奇·施泰因黑尔指挥的兵力不多的芬兰军来协助。法方参战部队是乌迪诺元帅（第2军军长）和圣西尔将军（第6军军长）所部，圣西尔在第一次波洛茨克会战后获封元帅，而且由于乌迪诺在此战中负伤，在他康复前圣西尔需要统一指挥这两个军。

到了 1813 年年初，拿破仑麾下越过俄国边界的大军已经只剩下一小部分（60 多万人仅剩不到 10 万）。普鲁士也在此时转投俄方。然而，拿破仑迅速地组建了一支庞大的新军，战争仍在继续，而且俄普联军也没能在这次战局里的第一场会战〔1813 年 4 月 20 日 /5 月 2 日发生在吕岑（Lützen）附近〕中击败拿破仑。联军选择退却，很快又在 1813 年 5 月 8—9 日 /20—21 日的包岑（Bautzen）大会战中败北。然而，这场失利既不像奥斯特利茨或弗里德兰那样带来严重后果，也不像博罗季诺会战那样损失惨重，而且拿破仑也未能扩大他的胜利。包岑会战后不久，双方缔结了休战协定。后来，奥地利加入俄国和普鲁士一方，它们联手击败了拿破仑。在 1813—1814 年战局中，俄军兵力被分拆开来，编入每个联军主力军团中，因此俄军参与了后续战局中的所有会战和交战，而且都扮演了重要角色。

注释

[1] Булгарин, *Воспоминания* ..., ч. 3, с. 141-142.

[2] Крупянский, *op. cit.*, с. 37.

[3] Жомини А.-Г. де *Военное искусство. L'art de la guerre*. СПб., 出版年份不明，可能是1807—1808年．

[4] Lacuée de Cessac J. G. *Guide de l'officier particulier en campagne*. Paris, nouvelle édition, 1805, 2 vols.; Лакюэ де Сессак Ж. Ж. *Походный наставник для офицеров, отряжающихся от армии по разным воинским препоручениям.* (《军官在分遣队中执行各类任务时的作战手册》) СПб., ч. 1-2, 1811

[5] *М. И. Кутузов. Документы*, т. 3, с. 586-587;《Из записок В. И. Тимофеева》(《源自瓦西里·伊万诺维奇·季莫费耶夫回忆录的史料》) *//Военный сборник*, 1907, № 4, с. 11; Давыдов, *Сочинения*···, ч. 2, с. 41;《Записки генерала В. Д. Богушевского》(《瓦西里·德米特里耶维奇·博古舍夫斯基将军回忆录》) *//Воронежское дворянство в Отечественную войну* (《卫国战争中的沃罗涅日贵族》). М., 1912, с. 234-235; Потто, *История Новороссийского драгунского полка*, с. 27.

[6] 《Записки Ивана Степановича Жиркевича》*//Русская старина*, 1874, т. 10, с. 636; 同样的内容见: Жиркевич, *op. cit.*, с. 56.

[7] Langeron, *Journal*, т. IV (1807-1809)//ОР РНБ, ф. 73, № 275, л. 315-316〔俄译文见: *Русская старина*, 1907, т. 132, с. 156-157; 也见:《Записки графа Ланжерона о русском войске (1796-1824 гг.)》(《朗热隆伯爵关于俄军的札记（1796—1824年）》) *//Русская мысль* (《俄国思想》), 1896, кн. IX, отд. VIII, с. 38-39〕．

[8] 《Записки … Отрощенко》*//Русский вестник*, 1877, т. 131, с. 519-521.

[9] 《Рассказы … Петрова···》*//1812 год. Воспоминания*···, с. 170.

[10] *М. И. Кутузов. Документы*, т. 3, с. 58.

[11] Лалаев, *Исторический очерк военно-учебных заведений.* (《军事教育机构史纲》) СПб., 1880, с. 98-103.

[12] Württemberg, *Erinnerungen*..., S. 50, 作者脚注。

[13] Паскевич,《Походные записки》(《行军笔记》) *//1812 год в воспоминаниях современников.* (《同时代人回忆中的1812年》) М., 1995, с. 92.

[14] 《Наставление господам пехотным офицерам в день сражения》(《步兵军官先生的作战日教令》) *//Военный сборник*, 1902, № 7, ч. 2, с. 244.

[15] М. И. Кутузов. Документы, т. 3, с. 458.

[16] Трухачев С. (别洛焦尔斯克步兵团的一名少校)《Письмо к издателю》(《致编辑的一封信》) *//Военный журнал*, 1810, № 5, с. 61-62.

[17] 《Из записок генерала Н. П. Ковальского》(《源自尼基福尔·彼得罗维奇·科瓦利斯基将军回忆录的史料》) *//Русский вестник* (《俄国公报》), 1871, т. 91, № 1, с. 85.

[18] *Крупянский, op. cit.*, с. 12.

[19] Радожицкий И. Т. *Походные записки артиллериста*, с 1812 по 1816 год. М., 1835, т. 1, ч. 1, с. 32-33

[20] Давыдов, *Сочинения*···, ч. 2, с. 61-62, 65-66; Ермолов, *Записки*···, с. 150-151.

[21] Давыдов, *Сочинения*···, ч. 2, с. 57-61; Ермолов, *Записки*···, с. 150-153.

[22] Давыдов, *Сочинения*···, ч. 2, с. 147, 153; Митаревский Н. Е. *Воспоминания о войне 1812 года.* (《1812年战争回忆录》) М., 1871, с. 34;《Из воспоминаний Николая Ивановича Андреева》(《源自尼古拉·尼古拉耶维奇·安德烈耶夫回忆的史料》) *//Русский архив*, 1879, кн. 2, с. 190.

[23] Ермолов, *Записки*···, с. 147; Радожицкий, *op. cit.*, т. 1, ч. 1, с. 125-126, 128, 131; Митаревский, *op. cit.*, с. 42.

[24] Митаревский, *op. cit.*, с. 42, 46-47; Муравьев-Карсский,《Записки》(《回忆录》) *//Русский архив*, 1885, кн. 3, с. 235.

[25] Радожицкий, *op. cit.*, т. 1, ч. 1, с. 131-133; Митаревский, *op. cit.*, с. 49-50; Глинка Ф. Н. *Письма*

Русского Офицера. (《一位俄国军官的书信》) М., 1987, с. 15;《Из воспоминаний … Андреева》// *Русский архив*, 1879, кн. 3, с. 190;《Из автобиографических записок А. Н. Муравьева》//Азадовский, *Декабристы. Новые материалы*, с. 191; Граббе П. Х.《Отечественная война》//*Из записок*…, с. 71.

第十六章 步兵

编制与武装

亚历山大一世在 1810 年 10 月 12 日 /24 日颁布的法令中推行了新的步兵编制。[1]根据这份法令，每个掷弹兵团、火枪兵团、猎兵团仍然由 3 个营组成，但火枪兵团里的营都叫作火枪兵营，猎兵团里的营都叫作猎兵营，而掷弹兵团里的所有营则被称作燧发枪兵营，于是，掷弹兵营就此消失，团里的所有营都用上了统一的名称。每个营和从前一样下辖 4 个连并分成 8 个排，4 个连中要有一个连称作"掷弹兵连"，该连的第 1 排名为掷弹兵排，第 2 排名为射击兵排。掷弹兵连在选拔人员时不应当以身高为依据，而应当以候选士兵的举止和勇气为选拔标准。在进入掷弹兵连的所有人员中，个子较高的会被分配到掷弹兵排，个子较矮的则进入射击兵排。

因此，俄军或多或少地仿效了法军的掷弹兵连和腾跃兵连制度。在当时的俄军中，每个团的 1 营和 3 营在出征时需要齐装满员，如果这两个营人员不足，就应当从 2 营（后备营）抽调兵力补足。2 营中只有满员的掷弹兵连需要随同出征。后备营里的掷弹兵连将编组成三连制的混合掷弹兵营，这些营也会组成独立的掷弹兵旅和掷弹兵师。后备营中的其他连则要留在该团驻地，负责训练新兵。在 1812 年，有许多团把它们的后备营派到野战军里，有的营被用于补充其他团，有的则作为独立的步兵营参与战斗。

所有团的额定兵力都一样:6 名校官、54 名尉官、120 名军士、39 名鼓手、6 名笛手、9 名乐手、1980 名列兵和 195 名非战斗人员。[2]但上述变革并未涉及近卫团和禁卫掷弹兵团。根据 1811 年 2 月 22 日 /3 月 6 日颁布的法令，所有火枪兵团都更名为步兵团（但火枪兵连仍然保持原名）。[3]

俄军对后备营的掷弹兵连有着严格的规定，要求这些掷弹兵连应当与其他掷弹兵连质量相当。[4]米哈伊尔·谢苗诺维奇·沃龙佐夫将军在 1812 年是第 2 西方军团的混合掷弹兵师师长，根据沃龙佐夫的说法，他手中的营"由经验丰富的士兵组成，他们经历过漫长的战役和无数次会战，只有来自涅韦罗夫

斯基师 [新近组建的第 27 师] 的营是个例外，那些士兵只是名义上的掷弹兵，他们只有身材和热忱配得上掷弹兵称号"[5]。根据 1812 年 10 月 12 日 /24 日发布的法令，掷弹兵和射击兵可以免于体罚。[6]

1811 年 3 月，所有近卫步兵团都按照常规步兵团的方式重组。[7] 不过，近卫团 3 个营需要全体出征。与此同时，俄军还为近卫团和掷弹兵团推行了崭新的人员补充方式。每个掷弹兵团、步兵团和猎兵团要在每年 12 月 1 日 /13 日选送 4 名掷弹兵和 2 名射击兵前往圣彼得堡，选送人数总计为 936 人，这批精选人员随后就要分配给各个近卫步兵团。掷弹兵团从对应的步兵师接收人员，师里的每个团需要给"它们"的掷弹兵团选送 6 名掷弹兵和 9 名射击兵。这些团因此产生的人员缺口将由新兵补充。[8] 近卫军也可以直接从野战军中抽调兵员。以芬兰近卫团为例，该团在 1813 年 7 月 26 日 /8 月 7 日奉命从猎兵团中抽调 300 人：第 4 猎兵团提供 80 人，第 20 猎兵团提供 100 人，第 23 猎兵团提供 40 人，第 24 猎兵团提供 20 人，第 26 猎兵团提供 60 人。[9]

在 1812 年的第 1、第 2 西方军团中，标准的步兵师下辖 4 个步兵团和 2 个猎兵团。掷弹兵团则编成了 2 个掷弹兵师，每师下辖 6 个掷弹兵团（此外还有 1 个掷弹兵团留在高加索）。每个师都要配备 1 个炮兵旅。俄军在 1810 年创建了步兵军，每个军下辖 2 个步兵师（或 1 个步兵师、1 个掷弹兵师）。每个步兵军会配备 1 个轻骑兵团——通常是骠骑兵团。

俄军在 1812 年 3 月共有 6 个近卫步兵团（普列奥布拉任斯科耶、谢苗诺夫斯科耶、伊斯梅洛沃、立陶宛、芬兰和猎兵近卫步兵团）、1 个近卫水兵营、13 个掷弹兵团、96 个步兵团、50 个猎兵团和 4 个水兵团。[10] 此外还在 1812 年组建了 13 个步兵团（9 个步兵团和 4 个猎兵团）。

1813 年年初，禁卫掷弹兵团和帕夫洛夫斯克掷弹兵团跻身近卫军之列（1813 年 5 月，近卫步兵由 1 个师重编为 2 个师，每个师下辖 4 个团）。凯克斯霍尔姆步兵团和佩尔瑙步兵团则因此前战局中的出色表现更名为掷弹兵团。第 1、第 3、第 8、第 14、第 26、第 29 猎兵团获得"掷弹猎兵"团称号。1814 年 4 月，掷弹兵团整编为掷弹兵军，该军下辖 3 个师，每师由 6 个团（4 个掷弹兵团和 2 个掷弹猎兵团）组成。[11]

理论、条令、教令和训练

哈托夫在他的《战术通论》第一卷中认为三列横队是步兵最主要的战斗队形，他指出相邻营横队之间的横向间隔应当是 18—20 步。[12]

哈托夫在探讨射击时基本上就是在复述吉贝尔。他认为第 1 列步兵不应当使用跪姿射击。[13] 步兵要么射击，要么行进，绝不能同时做到射击和行进，因为行进导致步兵无法有效射击，射击则导致步兵无法快速行进。在刺刀冲击中，距离敌军 40 步时打出一轮齐射相当有用，退却中的步兵也可以停下来朝着正在追击的敌军展开一轮齐射，以此阻击追兵。[14] 至于射击方式，他认为以排为单位的射击只有在步兵据守野战工事或对付非正规军时才有用，按列射击和全营齐射则要么用于对付骑兵，要么用在步兵据守筑垒阵地、敌军又发起坚决冲击的场合。他指出，在其他所有情况下，最有用的射击方式是自由射击或"会战射击"。[15]

在讨论将纵队作为冲击队形时，哈托夫也重复了吉贝尔的观点：纵队主要应当用于强击敌方要塞或攻击路线有限的敌方防御阵地。[16] 他建议让各个排采用以伍为单位行进的方式编组成纵队，这一过程被称作"收拢"（свертыванием）。哈托夫还主张使用中央排为基准的营纵队，因为它在纵队展开成横队、横队再收拢成纵队方面快于其他任何队形。[17]

应当注意到，哈托夫主张使用以两个中央排为基准、宽度为 2 个排的营纵队，这种纵队并未出现在吉贝尔的著作中，但与库图佐夫在 1805 年规定的纵队和法军 1791 年条令中的纵队非常相似，只是在编组方式上略有差异。哈托夫主张采用如下方式将拥有 8 个排的步兵营由横队收拢成纵队：2 个中央排

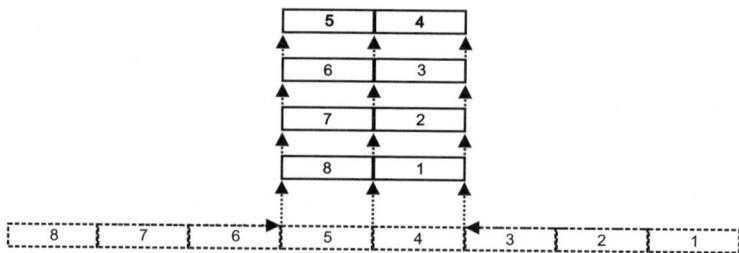

图 42. 营横队收拢成以两个中央排为基准的紧密纵队

448

（第 4、第 5 排）需要向前行进，同时其他各排以伍为单位向中央行进，而后跟随第 4、第 5 排前进（见图 42）。这样一种纵队将用于冲击、通过隘路（障碍物之间的狭窄通道）、让一条步兵战线穿过另一条战线，此外，如果指挥官事先知道将有足够大的空间让纵队向两侧展开成横队，那就得使用这种纵队。[18]

哈托夫关于纵队用途的其他论述基本上就是在逐字逐句地重申吉贝尔的观点，他认为用密集纵队或紧密纵队发起冲击会带来相当大的风险，指出这样的纵队即便在成功完成冲击后通常也会陷入全面混乱，因此它无法展开成横队并据守刚刚攻克的敌军阵地。[19] 即便如此，在某些场合还是得以紧密纵队发起冲击，但就算真的使用了紧密纵队，纵队前后各部分之间也要至少拉开 3 步距离。纵队士兵需要以快步投入冲击，距敌 30 步时转为跑步行进。[20] 全间距或半间距的疏开纵队用于步兵的敌前战地机动。前者可以让各排侧转 90°，列成平行于行进方向的横队，后者可以让各排以伍为单位侧向行进，列成垂直于行进方向的横队。[21]

如果要把一个以排为单位的纵队展开成垂直于行进方向的横队，哈托夫建议先将以排为单位的纵队列成以分营为单位的纵队，然后再将它展开成横队。位于后方的分营要以伍为单位向左或向右侧向行进，然后向前行进到与前方分营平齐为止。以分营为单位的紧密纵队能够以任一分营为基准展开成横队。[22] 哈托夫并不主张让纵队太过靠近敌军，这是因为纵队很难冒着敌军的猛烈火力展开。[23]

哈托夫在《战术通论》第一卷中给出了营横队列成营方阵的诸多方法。[24] 其中一种与图 11（第三章"骑兵对抗步兵"）所示相同。第二种与第一种类似，但第 1、第 8 排需要以伍为单位侧向行进而非兜一个大圈子。第三种方法则是在行进中列成方阵：第 4、第 5 排径直前行，第 2、第 3、第 6、第 7 排以伍为单位行进，先是赶往中央方向，然后向前行进，第 1、第 8 排同样先是以伍为单位向中央方向行进，但随后要以横队前进。第二、第三种方法后来被纳入新版训练条令，条令中的对应示意图见图 43。如果要让以排为单位的疏开纵队列成方阵，哈托夫同样建议它先重组成以分营为单位的纵队。[25]

哈托夫在出版于 1810 年的《战术通论》第二卷中认为两条步兵战线的前后间距应当是 200—300 步。他建议将第一线的步兵营列成横队，第二线的步

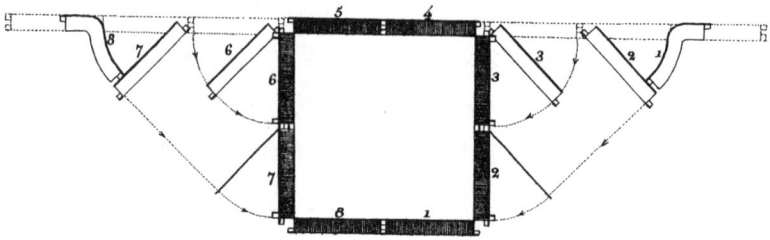

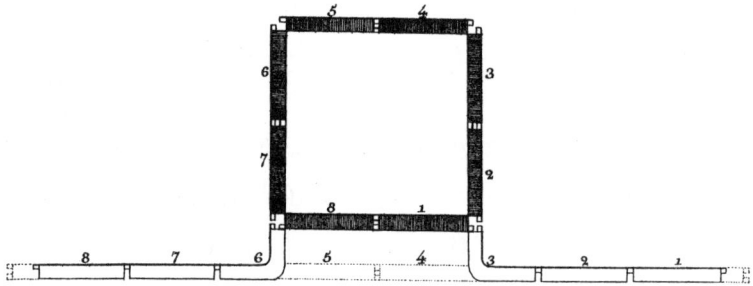

图 43. 营横队变为营方阵

兵营列成纵队。[26] 同年，一位匿名作者在《军事期刊》上发表了一篇文章，主张将步兵编组成营纵队，但认为如果有必要冒着敌军炮火在同一位置停留相当长的一段时间，那最好还是将步兵营展开成横队。[27]

有人在 1808 年出版了一本名为《关于最近训练改革的注解》（Примечания о последних переменах в учении）的著作。书中描述了编组纵队的诸多方法，其中包括采用以伍为单位的行进将部队展开成横队或收拢成纵队。《注解》还描述了一种以伍为单位射击的新方法：在打出对应鼓声信号后，每个半排的右翼就要开始射击，其后各个伍一个接一个地依次射击，士兵在第一次射击完毕

450

后就要尽快装填并继续射击，不再考虑任何次序。^①射击口令也得到了简化："预备"从 изготовьсь 变为 товсь，"据枪"从 прикладывайся 变为 кладсь，"射击"从 пали 变为 пли。[28]

新条令的第一部分名为《新兵或士兵教练》（Школа рекрут и солдат），它于 1809 年面世，1811 年与名为《连训练》（Ротное учение）的第二部分一并出版。从新条令的内容和形式中可以看出法军 1791 年条令的重大影响。

步兵营的编制仍然与此前一致。每个步兵营由 4 个连组成，并分成 8 个排。每个排会进一步分成 2 个半排，还要拆分成若干个班，一个班不应当超过 6 个伍，也不应当少于 4 个伍。掷弹兵排和第 1 火枪兵排组成第 1 分营，第 2、第 3 火枪兵排组成第 2 分营，第 4、第 5 火枪兵排组成第 3 分营，第 6 火枪兵排和射击兵排组成第 4 分营。

列间距离相当于半阿尔申（约 0.36 米），这是从前一列士兵后背到后一列士兵前胸的距离。最精干、最有能力的士兵要位于各个排、半排和班的侧翼。新兵则不应当位于第 1 列。[29]

士兵应当在队列里肘挨肘地站立。[30]新兵首先要接受单兵训练，起初学习站立，然后是以慢步和快步行进。[31]步幅相当于 1 阿尔申（0.7115 米），慢步是每分钟 75 步，快步是每分钟 110 步。[32]

士兵不仅需要学习向前直行，还要学习使用两种方式斜向行进。根据第一种方式，士兵需要以略偏左或略偏右的方向前进。根据第二种方式，每名士兵都要向左或向右转动 45°，直线前进一段距离后再转 45°，以恢复原先的朝向。人们认为第二种方法是更快捷、更便利的斜向行进方法。[33]

新兵之后需要接受操枪训练。[34]当单兵训练取得足够进展后，他们就要编成小队，学习如何在密集队列中装填和射击。他们需要接受以伍为单位向前射击或朝左、朝右斜向射击（士兵原地转动大约 45°）的训练。应当注意到，俄军条令并没有像法军条令一样包括第 1 列士兵以跪姿射击的内容。

---

① 译注：这种"新方法"与吉贝尔提出的构想和法军1791年条令中规定的"二列射击"方法存在相似之处，但也不完全一致，后两者都主张使用快速小幅擂鼓产生的低沉延续长音（roulement）作为终止射击的信号。参见 Guibert, op. cit., t. 1, p. 88; Règlement … du 1er août 1791, p. 78-80。

按伍射击是新条令中的主要射击方式之一。它要求第 1 列和第 2 列人员以伍为单位从右翼开始依次完成第一次射击，然后第 1 列士兵就要尽快装填射击。每一名第 2 列人员在射击完毕后都要立即将自己的步枪传给站在他后面的第 3 列人员，并拿走第 3 列人员手上已经装填完毕的步枪，然后射击、装填、再射击，接下来再和第 3 列士兵交换步枪。第 3 列人员根本不用射击，他们只用负责装填第 2 列人员已经开过火的步枪，并将装填完毕的步枪送还。[35] 这种让第 3 列把步枪传给第 2 列的方式沿袭了法军的做法，可正如布托夫斯基所说，它时常会造成混乱。[36]

完成射击训练后，新兵就要学习列队持枪行进，既要练习径直前进，也要练习使用两种方式斜向行进，他们要学会保持平齐、以排或班为单位转弯和以伍为单位行进。[37]

完成这一训练后，新兵就要下连，各个连的训练要素仍与此前新兵训练相同：射击、行进、转向等等。士兵应当尽力训练装填步骤，达到每分钟至少能够射击 3 次的程度。[38] 每个连都要接受全连齐射、按列齐射、以排为单位齐射和按伍射击的训练。

发出预备射击的命令后，站在第 1 列的军官就要来到队列后方的如下位置：每一位分营指挥官都应当位于分营中央后方，也就是站在队列收拢人中的军士之后 6 步；每一位排指挥官都要位于排中央后方，也就是站在队列收拢人中的军士之后 4 步。原先站在第 3 列的军士也要调整位置：每个人都需要站在所属排（右起）第 2 伍之后，与队列收拢人中的军士保持平齐。[39]

各个排或半排应当同时从右翼开始按伍射击。[40] 士兵需要学会在听到对应鼓声信号后停止射击。[41] 步兵连还要学习后转射击。要完成后转射击，就得让全连原地后转，作为队列收拢人的军官和军士转移到新的连横队后方，士兵则遵照上文给出的诸多射击方式开火（在按伍射击中，射击应当始于各个半排原先的左翼伍，原先横队中的第 1 列士兵则要完成第 3 列士兵的任务）。[42]

此后，每个连都要学习使用以伍为单位的纵队行进，掌握由以伍为单位的纵队变为横队、以排为单位的纵队和以班为单位的纵队的方法。[43] 然后，连应当学习由以排为单位的纵队变为横队，变换过程中或让各排分别转动展开成横队，或让各排在行进中改变方向并展开成横队。[44] 此后，连还要学习以

```
┌────────8──────┬─1─┬──────8──────┬─2─┐
└───────────────┴───┴─────────────┴───┘
┌────────8──────┐   ┌──────8──────┐
└───────────────┘   └─────────────┘
┌────────8──────┬─6─┬──────8──────┬─6─┐
└───────────────┴───┴─────────────┴───┘

 6     6     5     6     6     6

       3                 4
```

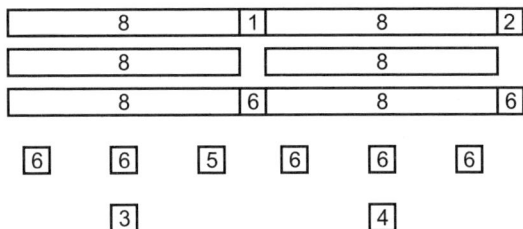

图 44. 1811—1815 年的连

1- 上尉　　2- 中尉　　3- 少尉　　4- 准尉　　5- 上士　　6- 军士　　8- 列兵

列间距为半阿尔申（约 0.36 米）。

殿后军士应当位于第 3 列之后 2 步（约 1.42 米）处，一人位于右起第 2 伍之后，另一人位于左起第 2 伍之后，第三人位于前两人之间。

殿后军官距离殿后军士应当不超过 2 步。

在营里的右翼排（第 1 排或掷弹兵排）中，掷弹兵连上尉应当位于该排第 1 列右翼，掷弹兵连资历较浅的少尉应当位于全排后方，掷弹兵连上士应当位于右起第 2 伍之后。

在营里的左翼排（第 8 排或射击兵排）中，掷弹兵连中尉应当位于该排第 1 列左翼，同一伍中的第 3 列应当是一名军士，第 1 列右侧应当是掷弹兵连资历较深的少尉，左翼排后方没有军官。

班为单位完成上述队形变换。[45]

纵队可以根据各个组成部分的前后距离分成三种：全间距纵队、半间距纵队和紧密纵队。在全间距纵队当中，纵队前后相邻部分的距离相当于一个排横队的宽度，而距离在这里的具体定义是前一部分前列人员和后一部分前列人员之间的距离。在半间距纵队中，前后距离相当于半个排横队的宽度，定义方式同前。在紧密纵队中，前一部分后列人员和后一部分前列人员之间的距离为 3 步。[46]

在长途行军途中，步兵要列成以排为单位的纵队，使用自由步法（每分钟 85—90 步）行进。[47] 士兵需要接受如下训练：在行军中由以排为单位的纵队变为以伍、班、半排为单位的纵队，由上述纵队变回以排为单位的纵队，[48] 由以排为单位的纵队面朝任意方向展开成横队。[49]

步兵的瞄准射击训练得到了重点关注。库图佐夫认为瞄准射击训练是步兵训练过程中最重要的部分之一，规定负责视察步兵团的人员应当检查士兵射击标靶的能力。[50] 第 14 猎兵团的军官奥特罗先科在回忆录中指出，当叶夫根尼·伊万诺维奇·马尔科夫将军前来视察时，该团士兵进行了瞄准射击考核。[51]

```
| 8 | |1|8|8|6|7|6|8|8|6| | 8 | |2|
| 8 | |8|8| |8|8| | 8 |
| 8 | |6|8|8|6|7|6|8|8| | 8 | |6|
```
```
|6|    |6|    |5|        ←→        |6|    |6|    |6|
              |3|              |4|
```

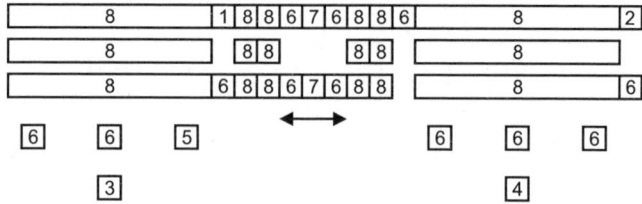

图 45. 营的中部（第 4、第 5 排和掌旗队）

1- 上尉　　2- 中尉　　3- 少尉　　4- 准尉　　5- 上士　　6- 军士　　7- 掌旗士官生（旗手）　　8- 列兵
掌旗队下辖 2 名掌旗士官生和 4 名军士。除去营方阵外，不论营列成何种队形，掌旗队都应当位于第 5 排右翼。

可以在这一时期的俄国军事文献中找到关于瞄准射击训练的诸多建议。哈托夫在出版于 1807 年的《战术通论》第一卷中建议部队使用高 6 尺（1.83 米，相当于步兵的身高）且均分为 3 个部分的木板作为标靶。他写道，在距离标靶 150—180 步时，士兵如果想要命中上部，就得瞄准中部，如果要想命中中部，就得瞄准下部；距离标靶 300 步时，如果要命中中部，就应当瞄准下部与中部的界限，如果要命中上部，就应当瞄准中部与上部的界限；距离标靶超过 300 步时，应当瞄准上部以命中中部，瞄准中部以命中下部。

然而，在讨论交战中的步兵火力时，他指出士兵应当在距敌 150—200 步时瞄准膝盖，距敌 300 步时瞄准身体中部，距敌 400 步时瞄准军帽。书中的步幅介于 2/3 阿尔申和 3/4 阿尔申之间（0.47—0.53 米），所以距离分别是 70.5—106 米、141—159 米和 188—212 米。书中还表示步兵火力的有效射程至多为 250 步，而且第一次射击是最有效的。[52]

炮兵委员会在 1809 年刊行了一本名为《士兵步枪简介》（Краткое наставление о солдатском ружье）的小书。书中包括了与拆卸、清理、维修步枪以及制作弹药相关的教令，还包括了子弹弹道基本信息、瞄准规则和瞄准射击训练相关的教令。它指出，不论敌人有多远都始终瞄准腰部射击的做法大错特错。[53] 该书认为朝 120 沙绳（约 256 米）以外的目标射击是浪费弹药，距离敌军不超过 70 沙绳（约 150 米）时的射击则最具威力。[54] 上述距离很可能源自法军的火器养护教令，它认为步兵射击距离为 70 法寻（约 136 米）时极具威力，射击距离超过 120 法寻（约 234 米）时效果甚微，完全可以说是浪费宝贵的弹药补给。[55] 如你所见，俄军教令几乎是在逐字逐句地抄袭法军教令，只是将"法寻"换成了"沙绳"而已（1 法寻折合 1.949 米，1 沙绳折合 2.134 米）。

至于射击标靶，该书同样主张使用高 6 尺的木板作为标靶，并将它分成涂有不同颜色的三等份。根据该书规定，士兵在距离标靶 50—100 沙绳（106.7 米—213.4 米）时应当瞄准木靶中部中心位置，距离 150 沙绳（320 米）时应当瞄准上部顶部位置，而且在射击时永远不应当瞄准膝盖以下部位。书中还建议利用木板制作假人，并把假人放在凹凸不平的地面上，使其高于或低于正在开火的士兵。

《士兵步枪简介》里还提供了与不同距离上的能见度相关的若干信息：距敌 2000 步时能够看到敌军集群，距敌 1500 步时可以分辨骑兵和步兵，距敌 1000 步时能够分辨头部和躯干，距敌 600 步时可以清晰地看到整个人，距敌 300—400 步时可以分辨袖口和衣领的颜色，距敌 70—100 步时敌军的眼睛就如同小点一般。此类信息之前已经出现在法国文献当中，直到 19 世纪中叶，上述说法都曾在稍作修订后出现在许多欧洲国家的军事著述里。书中建议在距敌 70—100 步时瞄准腰部，距敌 300—400 步时瞄准头部。如果有必要朝 400 步以外的目标射击，就应当瞄准敌军头顶上 2—3 尺高的地方。[56]《简介》并未特别规定步的长度，但他们的步可能会比哈托夫书中的步长一些，也就是采用了官方规定的 1 阿尔申（0.71 米），所以 70—100 步和 300—400 步的对应公制长度分别是 50—71 米和 213—284 米。

《军事期刊》于 1810 年刊发了一篇文章，其匿名作者主张在距敌 100—150 步时瞄准腰部射击，距敌 150—200 步时瞄准胸部，距敌 400 步时瞄准头部上方。不过，他在提到最后一个距离时告诫读者：这么远的火力没什么效果。文章作者还补充说士兵永远不应当瞄准腰部以下位置。[57] 从同年刊登在《军事期刊》上的另外两篇文章中可以看出，经验丰富的军官对射程更为多疑。他们认为只有精选射手才能在距敌 300 步或 100 沙绳（213 米）时开火，而普通士兵——哪怕是猎兵——只应在距敌不超过 180 步或 40—60 沙绳（85—128 米）时开火。[58]

1811 年步兵条令中也有瞄准射击训练相关规定。它要求每个营应当弄到几块高 2.75 阿尔申（1.95 米）、宽 1 阿尔申（0.71 米）的木板，将它涂黑并涂上两道宽 4 维尔肖克（0.178 米）的白色横条，一条位于木板中部，一条位于木板顶部。士兵应当接受朝这些木板开火的训练，先是在距离木板 40 沙绳（85.4 米）处射击，然后在距离 80 沙绳（170.7 米）处瞄准下方白条射击，最后在距离 120 沙绳（256 米）处瞄准上方白条射击。木板后方应当设有土堆，以便从中找到铅弹重复使用。这些木板不仅可以放在平地上，有时也可以放在高于或低于射击者的斜坡上。每个连都应当建立最佳射手名单。[59]

上述要求源自法军的 1791 年条令，它规定要设立 5.5 尺（1.79 米）高、21 寸（0.57 米）宽的标靶，并在标靶中部和最上方画出两条 3 寸（0.08 米）宽的亮色条纹。士兵应当首先练习在距离标靶 50 法寻（97.45 米）处开火，然后是 100 法寻（194.9 米）处瞄准下方条纹开火，最终是 150 法寻（292.35 米）处瞄准上方条纹开火。[60] 如你所见，法军的标靶要比俄军的小一些，射击距离也要长一些。不过，法军条令的要求似乎多少有些夸张。尤为值得一提的是，上文引述过法军后来颁布的一份教令，它将射击距离超过 120 法寻或 234 米称作浪费宝贵的补给。

应当注意到，俄军在这一时期用于射击训练的铅仍然相当有限：根据 1808 年 2 月 16 日 /28 日的法令，所有近卫团和常规团（掷弹兵团、火枪兵团和猎兵团都一样）应当按照前两列士兵每人每年消耗 5 发铅弹，第 3 列士兵每人每年消耗 8 发铅弹的比例领取铅。用于射击训练的火药则定为每人每年 2.5 磅。[61]

巴克莱·德·托利在 1810 年成为陆军大臣，其后于 1810—1811 年颁布了与瞄准射击训练相关的多份命令。他指出，瞄准射击训练是士兵训练进程中最重要的组成部分之一，但在许多团里，士兵并没有接受瞄准射击训练。他要求负责训练士兵瞄准射击的军官必须是好射手。军官应当让士兵以小队为单位接受训练，同时训练的人数不得超过 10 人，军官要让每一名士兵学会观察子弹如何偏离预定目标，进而学会调整瞄准方位。他还建议让士兵在上刺刀且全副武装的情况下接受射击训练。[62] 库图佐夫在他的命令中时常提及瞄准射击训练，而且他还反复告知下属这一训练的重要性。[63]

然而，这些命令可能收效甚微，我们可以从巴克莱·德·托利于 1812 年 5 月 11 日 /23 日发给第 1 西方军团的一份命令中看出这一点：

……军团司令建议各位指挥官注意 [确保士兵] 仔细瞄准、不要匆忙开火。在反复重申这一点后，本来应该看到部队在这个重要训练科目上取得更大的进步，然而还是可以看到有的团里的士兵训练不够充分。这种训练的目的不是为了让 [士兵] 同时集体扣动扳机，而是为了让 [士兵] 准确、耐心地瞄准目标，不至于将子弹打上天。遵循这一准则极为必要且极为重要，那些未能遵循准则的人将会受到惩罚。[64]

　　可以从这份命令中看出许多军官仍在沿用旧式训练方法，也就是说，他们训练士兵展开齐射，并不关注士兵是否瞄准射击。射击训练不足的另一个原因在于用于训练的铅弹数量太少，平均下来每人每年仅有 6 发铅弹，[65] 有时甚至会更少。以莫斯科步兵团为例，该团团长在 1812 年年初下令每人每年分配 3 发铅弹用于射击训练。[66] 俄军在 1810 年规定不应当将供训练使用的火药和铅弹分发给参战的团：这可能是认为它们已经进行过足够多的射击训练了。[67]

　　为了克服铅弹短缺的困难，俄军采取了诸多手段。前文提到过数篇于1810 年发表在《军事期刊》上的文章，其中一篇的作者主张使用陶土子弹训练士兵朝距离 40—60 步的目标射击，等到朝距离 150—200 步的目标射击时再换成铅弹。他还建议在标靶后方立起一个小沙堆，用它挡住子弹，认为铅弹可以前后融化重铸十次之多。[68] 彼得罗夫（1812 年的第 1 猎兵团第 1 营营长）在回忆录中写道，新兵在塔鲁季诺营地里接受射击训练时使用的是陶土子弹。[69]

　　新版步兵条令的最后一部分名为《营训练》（Батальонное учение），它要到 1816 年才面世。谢尔盖·伊万诺维奇·马耶夫斯基（Сергей Иванович Маевский）在 1813 年晋升为上校并被任命为第 13 猎兵团团主，他断言："我不知道什么营训练，当时也没人知道。"[70] 马耶夫斯基的确有可能不了解队形，因为他在负责指挥一个团之前并非作战军官。无论如何，这里应当将马耶夫斯基的话理解成他不知道在 1816 年以《营训练》形式出现的内容，但这并不意味着俄军步兵营在 1812—1813 年并未使用新队形。

　　《营训练》中描述的某些营队形早已出现在 1812—1814 年的命令和战报当中，比如说"冲击纵队""反骑兵方阵"（каре против кавалерии）等等。鉴于此前的文献中并未提及此类术语，它们应当是新队形，而且早在《营训练》

面世前就已得到了运用。部队可能是根据教令接受了新队形和新队形变换方法的训练，也可能是在已经熟悉了新方法的军官指导下展开训练。

《营训练》中描述的"营冲击纵队"基本上与库图佐夫于 1805 年规定的以两个中央排为基准的营纵队相同。这两种队形的编组方式是一样的。不过条令明确规定营冲击纵队中前后相邻两部分之间的距离相当于半个排横队的正面宽度（见图 46）。[71] 这里应当注意到，1816 年的每个营里只保留了 1 面军旗，掌旗队的第 2 列人员被转入第 3 列，原第 2 列留空。

冲击纵队在展开成横队时需要让各个排以伍为单位沿着平行于正面的方向行进，抵达预定位置后再转而向前行进，直到与中央排齐平为止。[72] 俄军

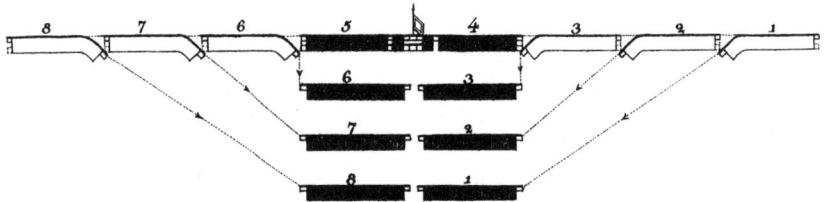

图 46. 营横队收拢成冲击纵队

条令里的这种冲击纵队显然抄袭了法军 1791 年条令中的冲击纵队（colonne d'attaque）。此外，《营训练》中还给出了让以排为单位的纵队和冲击纵队不经横队过渡就直接相互转化的方法，[73] 这一点与法军条令有所不同，因为后者中并无对应做法。

《营训练》也描述了两种正面宽度为 2 个排的紧密营纵队："以中央为基准的纵队"（和冲击纵队一样以中央排为基准）[74] 和以分营为单位的纵队（各个分营前后相继）[75]。值得注意的是，俄军在必要情况下可以用任何一种以分营为单位的半（排）间距纵队取代冲击纵队。[76]

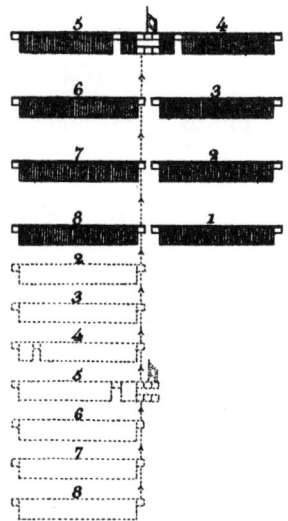

图 47. 以排为单位的营纵队变为冲击纵队

图 48. 密集纵队以中央为基准展开成横队

《营训练》中规定了两种单营方阵——简易方阵和"反骑兵方阵",这也与法军条令有所不同。简易方阵与图 43 所示方阵相同。它可以由横队以中央排或第 2、第 3 分营为基准列成,也可以由冲击纵队或以分营为单位的纵队列成。[77] 不论方阵种类如何,掌旗队都要位于方阵正面之后,第 4、第 5 排在掌旗队离开后也要收紧队形。[78]

如图 49 所示的"反骑兵方阵"可以由横队、冲击纵队或以分营为单位的纵队列成,在这种方阵中,位于侧面的每个排都要拆分成前后相继的两个半排,这样,方阵侧面的厚度就加倍了。

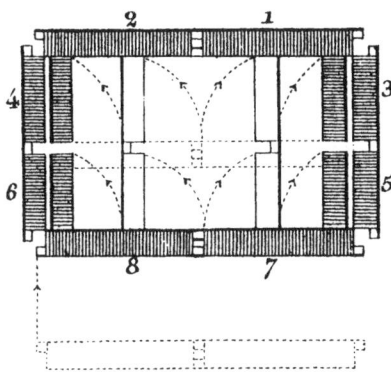

图 49. 以分营为单位的纵队列成反骑兵方阵

[79] 冲击纵队能够以极快的速度列成该方阵,该方阵也可以让第 3、第 4、第 5、第 6 排以半排为单位旋转 90°,从而迅速变为冲击纵队,从这个角度来说,冲击纵队摆出"反骑兵方阵"要比摆出简易方阵快得多,也容易得多。考虑到步兵在战场上通常会列成这类纵队,"反骑兵方阵"或许就是专门为冲击纵队设计的最快列阵方式。然而,正如俄国军事理论家梅杰姆在 19 世纪 30 年代所说,与"反骑兵方阵"相比,敌军炮兵的实心弹和榴弹火力对简易方阵的影响相对较小。[80]

《营训练》中并未规定所谓的实心方阵:步兵营列成以分营为单位的纵队,前后分营相隔仅 1 步,负责收拢队列的军士此时转移到侧翼,以此填补各个分营间的空隙。在拿破仑战争中,实心方阵在某些军队中颇为盛行,甚至被载入条令。[81] 俄军的某些军官也偏爱实心方阵,其中以奥库涅夫为甚,他是拿破仑战争的亲历者，后来成了知名军事理论家，此人用法文写作，著作也以法文版本发行。[82]

在结束《营训练》的相关讨论时，还应当提到一点：它要求所有队形变换都以快步（每分钟 110 步）完成。[83] 战斗中的俄军步兵会在刺刀冲击的最终阶段使用快步，也会在有必要快速前进、夺占某一阵地时使用它。不过，步兵通常还是以慢步（每分钟 75 步）行进。

在 1812 年战局之初，俄军中广泛流传着一份名为《步兵军官先生的作战日教令》（Наставление господам пехотным офицерам в день сражения，即前文提及的《步兵军官先生的教令》）的有趣文件。[84] 它在米哈伊尔·谢苗诺维奇·沃龙佐夫将军于 1810 年为纳尔瓦步兵团军官撰写的教令的基础上扩充而成。[85] 由于这些教令与队形、战术关系更大，教令中给出的诸多建议将会在下一节中加以探讨。

战场上的横队与纵队

在 1812 年战局中，俄军步兵往往会将横队与营纵队以多种方式结合起来——战局第一阶段尤其如此。展开队形或横队主要用于步兵需要在开阔地上长时间处于防御第一线或指挥官计划以猛烈火力迎击敌军的情况。比如说，在奥斯特罗夫诺（Островно）后卫战（1812 年 7 月 13 日 /25 日）中，第一线的步兵营（来自第 11 步兵师下属各团）就列成了横队。[86]

时年 17 岁的尼古拉·鲍里索维奇·戈利岑（Николай Борисович Голицын）在 1812 年身处第 2 军团总部，他如此描述舍瓦尔季诺多面堡争夺战中双方步兵横队的持续交火：

> 我在这里亲历了双方残酷手段带来的极端恐怖，在后来的整场战局中，我都没有见过这样的场面。俄军和法军的参战步兵营延展成横队，交战双方之间只隔着一条陡峭而狭窄的冲沟，这让他们无法动用冷兵器，只能相互迫近到极近距离上发起急促射击，这场致命的交火一直持续到死亡席卷双方队列为止。到了晚上，这景象变得更为惊人，黑夜里闪动的枪火就像是闪电一般，起初非常密集，然后越来越稀疏，最终一切都

由于缺乏战士而归于死寂。[87]

　　有一条小溪从多面堡所在的高地一路向北绕过舍瓦尔季诺村汇入科洛恰河，它的溪谷很可能是戈利岑提到的"冲沟"。至于舍瓦尔季诺战斗中的步兵战况，这里还应当提到另外两个小插曲。安德烈·伊万诺维奇·戈尔恰科夫（Андрей Иванович Горчаков）将军指挥俄军参与了舍瓦尔季诺多面堡争夺战，他在写给米哈伊洛夫斯基-丹尼列夫斯基的信中描述了战况，前文里的戈利岑在回忆中也提到了大体相同的情况。当天夜间，天已经全黑，他听到了敌军部队在机动中发出的嘈杂声，这支敌军被派往舍瓦尔季诺多面堡和谢苗诺夫斯科耶村之间，想要从后方包抄多面堡里的俄军。戈尔恰科夫手头的预备队只有敖德萨步团的一个营〔隶属于德米特里·彼得罗维奇·涅韦罗夫斯基（Дмитрий Петрович Неверовский）将军的第 27 步兵师〕，而且这个营只剩下不到 250 人。戈尔恰科夫命令该营向前推进，但不要开火，只用敲响战鼓并高呼"乌拉"。与此同时，他还命令位于后方的第 2 胸甲骑兵师以快步赶赴战场。按照戈尔恰科夫的说法，鼓声和呼啸声让法军大吃一惊，他们看不清黑夜里的俄军，不知道是什么人从什么地方打了过来，于是停下了脚步。此举给俄军争取了时间，让胸甲骑兵得以抵达一线对敌军发起冲击，不仅将其击溃，还缴获了5 门火炮。[88]

　　德米特里·瓦西里耶维奇·杜申克维奇（Дмитрий Васильевич Душенкевич）在 1812 年仅有 15 岁，他当时是辛比尔斯克步兵团（同样隶属于涅韦罗夫斯基的第 27 步兵师）里的一名少尉，杜申克维奇讲述了另一个有趣事件。按照他的说法，该团从下午 2 时许一直战斗到夜间，最终被迫撤退，放弃了多面堡，此后，战况平静了一段时间，可到了晚上 10 时，他们又接到了夺回多面堡的命令。杜申克维奇声称他们取得了成功。很快，借着将要燃尽的柴垛发出的火光，他们注意到一支法军步兵纵队正朝右侧推进。杜申克维奇写道：

　　　　涅韦罗夫斯基让他的团转向右侧，立刻完成列队，然后命令辛比尔斯克[团]打开药池，倒出火药，不发一枪、不出一声地端起刺刀冲向那个纵队。我们团在一片死寂中迫近了它，同时在纵队侧翼发起了猛烈冲击，展开了残酷的杀戮。法军放弃了他们的事业，极度混乱地跑了回去，我们和他们混杂在一起，刺死了许多人，也发起了追击，缴获了1辆装有医疗补给的大车、1辆载有白面包干的大车和2门火炮，随后继续追歼。我们团从下午3时起就激战不断，此时已经相当疲倦，就以高声呐喊帮助骑兵。军事修会胸甲骑兵团当时正沿着我们的足迹行进，我们继续如此行事，对胸甲骑兵纵队发出的嘈杂声和轰隆声充耳不闻，直到上级的声音传过来为止："小伙子们，这是骑兵的地盘，让开，让开！"给骑兵让路后，我们停了下来，战斗也就到此为止了……[89]

可以从杜申克维奇的记载中发现一个有趣的细节：由于士兵擅自开火会让法军对俄军来袭有所防备，也可能导致俄军的冲击陷入停滞，涅韦罗夫斯基将军为了预防这种情况，就命令辛比尔斯克团的士兵从药池里倒出火药。按照杜申克维奇的说法，在当天的战斗中，旅长克尼亚日宁（Княжнин）上校、辛比尔斯克团团主洛沙卡列夫（Лошкарев）以及团里的所有校官悉数负伤，尉官中也仅有3人未受伤。杜申克维奇同样受了伤，他被转送到莫斯科，并未参与博罗季诺会战。涅韦罗夫斯基在战报中表示他的师在舍瓦尔季诺损失了大约一半士兵以及包括旅长在内的几乎所有军官。[90]

至于步兵在战场上列成横队的议题，这里应当考虑到博罗季诺会战中的横队运用战例。伊万·彼得罗维奇·利普兰季在1812年是第6步兵军里的一名高级军需官（参谋），他指出这个军在博罗季诺会战之初摆出了两条战线，第一线的步兵营成横队，第二线的步兵营成营纵队。[91]拉耶夫斯基将军的第7步兵军位于后来将冠以他姓氏的炮垒附近，此人在回忆录中提到，当巴格拉季翁将第7军的第二线部队全部带走后：

……看到我那缺乏支援的第一线无法用展开队形抵御敌军，于是我将它收拢成纵队，但并没有把它带出冲沟，其目的在于运用反冲击更有效地保护多面堡。部队分布情况如下所述：瓦西里奇科夫将军指挥第12师的4个营位于左翼，帕斯克维奇将军指挥第26师的4个营位于右翼，一旦敌军对多面堡发起强击，几个营就要从两翼冲上去痛击敌军。[92]

从拉耶夫斯基的言辞中可以看出，他将第一线步兵营由展开队形收拢成纵队，也就是说，它们在博罗季诺会战之初列成的是横队。

符腾堡的欧根亲王在他的回忆录中写道，在博罗季诺会战中，他麾下的第4步兵师（隶属于巴格胡夫武特将军的第2军）正从俄军右翼向左转移时，巴克莱·德·托利突然下达命令，要求他率部赶赴拉耶夫斯基炮垒，根据欧根的说法，他率领该师以下列队形参战：第2旅（克列缅丘格、明斯克步兵团）位于第一线，下属各营先是列成横队，随后重新列成疏开的营纵队或冲击纵队〔欧根对此有两个说法，一个是列成全间距的营纵队（Battalions-Colonnen auf Distancen），另一个是列成营冲击纵队（Battalions-Colonnen zur Attaque）〕，第1旅（沃伦、托博尔斯克步兵团）位于第二线，下属各营均列成密集队（欧根使用了法文术语 en masse，这在法军条令中指的是一种以连为单位的营密集纵队，而且各连的前后间距要缩减到最低限度——从前一个连的最后一列到后一个连的第1列仅有1步，[93]但这个术语在法国军事文献中也可以指任何一种紧密纵队）。

后来，巴克莱又命令符腾堡的欧根率部转移到拉耶夫斯基炮垒和谢苗诺夫斯科耶村之间，驱逐在那里的法军。欧根写道，他随后对该师队形进行了调整：第1旅来到第一线，其中的沃伦团展开成横队，托博尔斯克团下属两个营列成密集纵队（欧根使用了德文术语 in Masse，这相当于法文的 en masse），分别部署在沃伦团两翼，以便保护沃伦团，抵御出现在附近区域的敌军骑兵。第2旅以纵队队形跟进。[94]在会战中的这个关键时刻，事实证明，第4步兵师成了拉耶夫斯基炮垒和谢苗诺夫斯科耶村之间的唯一一支俄军部队，此时，前者刚刚被俄军夺回，后者却已被敌军牢牢掌握。

由于地形所限，步兵在一些无法使用纵队的场合会列成横队。帕斯克维奇将军就提到过这样一个战例：巴格拉季翁决心在莫吉廖夫（Могилев）附近攻击法军，他认为那里只有6000名法军，就把第7步兵军派了过去。1812年7月10日/22日，第7步兵军军长拉耶夫斯基将军在萨尔塔诺夫卡（Салтановк）命令帕斯克维奇率部攻击法军右翼。帕斯克维奇率领自己的步兵师沿着一条狭窄的道路穿过一片密林，他的步兵也只能以三路纵队行进。帕斯克维奇的散兵将法军散兵逐出密林，随后在树林边缘停顿下来。

当帕斯克维奇抵达密林边缘后，他看到法军散兵占据了距离他不超过50

沙绳（约100米）的一座小土丘，散兵后方还有两个步兵纵队。土丘之后有一条小河和一座小村庄。他写道，由于树林太过稠密，他的步兵无法编组成纵队。他先是率领两个营（奥廖尔步兵团的一个营和下诺夫哥罗德步兵团的一个营）以班为单位向右行进，然后展开成横队。当这两个营完成展开后，他就下令发起刺刀冲击，将法军撵过河，夺占村庄并加以据守，接下来等待他的后续命令。他们立刻击退了法军并展开追击。帕斯克维奇利用这一机会让炮兵和其余的步兵离开树林。他在土丘上部署了12门火炮，派出波尔塔瓦步兵团跟随前两个营。

帕斯克维奇表示他直到这时才能准确估算出敌军兵力。法军步兵以纵队队形摆开两条战线，骑兵则位于战线后方。帕斯克维奇派出6门火炮增援自己的炮群，将拉多加步兵团部署到左翼。他随后骑行到右翼，发现自己的炮兵即将因为法军散兵的猛烈火力而放弃阵地，波尔塔瓦团也在退却。他命令所有在场人员都停下来坚守阵地，然后继续朝右行进，在那里突然看到法军的两个营从俄军阵地背后的树林里杀出。帕斯克维奇表示法军离他只有30步远。

之所以会发生这种情况，是因为两个原先奉命攻占并据守村庄的营并没有在村里停下脚步，而是继续向前推进。就在他们开始离开村庄的时候，法军隐藏在麦田里的4个步兵营突然在距离他们仅有30沙绳远的地方冒了出来，不仅打出一轮齐射，而且发起了刺刀冲击。根据帕斯克维奇的说法，随后爆发了一场肉搏战。奥廖尔团的军旗尽管几度易手，但最终还是得以保全。俄军的这两个营被撵回树林，损失了许多士兵，而且法军还出动两个营展开追击——那正是帕斯克维奇遭遇的两个营。帕斯克维奇出动波尔塔瓦团和4门火炮将上述法军击退，稳定了战况。然而，帕斯克维奇手中的兵力显然不够继续维持攻势，他于是向上级求援。在随后的一个半小时里，交战双方并未积极行动，仅仅停留在交火层面。

与此同时，拉耶夫斯基将军尝试夺占萨尔塔诺夫卡村，村庄周围的树林十分繁茂，俄军只能沿着暴露在法军炮兵纵射火力下的道路发起攻击。法军已经做好了据守萨尔塔诺夫卡的准备，村前的小河遮蔽着村庄，河上唯一的桥梁也设置了路障。第12步兵师极为英勇地发起攻击，拉耶夫斯基亲自率部进攻，但还是无功而返，他损失了许多部队，只能派出第41猎兵团的一个营增援帕斯克维奇。当这个营抵达时，帕斯克维奇正打算包抄敌军，但他很快就收到了撤退的命令，并得知第 12 步兵师已经开始后撤。帕斯克维奇认为，在如此接近敌军的情况下，让部队穿过树林退却实在太过危险，便命令下属部队继续坚守阵地。他随后骑行赶赴第 12 步兵师，希望能请求巴格拉季翁坚守到入夜为止。

帕斯克维奇发现第 12 师正在全面撤退，他既没遇见巴格拉季翁，也没碰上拉耶夫斯基，但还是设法说服伊拉里翁·瓦西里耶维奇·瓦西里奇科夫（Илларион Васильевич Васильчиков）将军拦下部队，坚守到他率领第 26 步兵师前来会合为止。帕斯克维奇表示，如果第 12 步兵师继续撤退，那么为了挽救自己的部队，他就不得不扔下所有火炮。瓦西里奇科夫表示赞同。

帕斯克维奇回到了自己的师里。他命令拉多加步兵团和波尔塔瓦步兵团撤到树林边缘继续坚守阵地，其余步兵则穿过树林后撤，离开树林后与伊久姆骠骑兵团一道据守树林后方的一处阵地，还把师属火炮集结到一起增强火力。占据新阵地的步骑兵发出信号后，帕斯克维奇立刻命令炮兵以两门火炮为一组，从一翼开始依次后退。两门火炮架设在树林边缘，余下的火炮则以快步穿过树林后撤。散兵则接到了如下命令：当最后两门火炮撤离阵地后，散兵也要迅速退到林地边缘，坚守火炮阵地两侧。帕斯克维奇写道，他要求部队做到的一切都得到了执行。法军在看到俄军撤退后便冲了过来，但还是遇上了两门火炮的霰弹炮火和两个团的步枪火力。法军停下了脚步，俄军得以安全地撤离树林，而且保住了所有火炮。[95]

俄军的团有时候会采用营纵队和营横队相结合的队形，以便发扬横队的火力和纵队的机动力。在 1812 年担任第 1 猎兵团 1 营少校营长的彼得罗夫写道，他的团在博罗季诺会战中被派去救援近卫猎兵团，法军将后者逐出了博罗季诺村，迫使它通过科洛恰（Колоча）河上的两道桥梁后撤。近卫猎兵团遭到了法军的猛烈追击，这导致该团未能毁掉河上的桥梁，法军步兵利用这一机会开始过河。第 1 猎兵团奉命发起攻击，准备将法军撵回河对岸。第 1 猎兵团团长莫伊谢伊·伊万诺维奇·卡尔彭科（Моисей Иванович Карпенко）上校带着他的两位营长彼得罗夫和西比尔采夫（Сибирцев）一道赶赴前线，观察地形，确定法军所处位置。距离桥梁不远的一处狭长小丘（或如彼得罗夫所说"土岗"）将他们和敌军隔开。彼得罗夫写道：

近卫猎兵团在收到一声信号后集结成纵队,从科洛恰河赶往第5军后方。卡尔彭科上校随后将我的第1营由纵队展开成横队,把西比尔采夫少校的第3营在距离我营列15步远的地方列成以中央为基准的冲击纵队。这座土岗——或者更准确地说,这条狭长的土垄——从路边一直向左延伸到斯托涅茨 [Стонец,彼得罗夫原文误作 Стонц] 溪注入 [科洛恰河] 的地方,它的最高点和上游桥梁右端的距离只相当于手枪射程,和敌军刚刚走过的下游浮桥间的距离则相当于步枪射程。我的营已经装填完毕,卡尔彭科上校率领它飞快地跑上土岗,对准敌军打出一轮准确的全线齐射,之后,当齐射带来的烟雾依然萦绕着敌军面庞时,当我营的齐射弄得敌人军心动摇、不知所措,进而陷入混乱时,我们的猎兵跟着子弹冲向敌军,发起了刺刀冲击。虽然近卫猎兵未能 [在撤过科洛恰河后] 毁掉身后的桥梁,但他们抽掉了依靠桥桩耸立在河上的上游桥梁中段的大约10块桥板,我们把法军撵进了桥上的豁口,让他们栽进泥泞的河里。与此同时,西比尔斯基少校的我团3营向右直角转弯,从我营后方冲向距离上游桥梁40步远的下游浮桥,该营官兵也在先头分营打出一轮齐射后端起三棱 [刺刀] 冲击,这样,我们就歼灭了 [过了河的] 所有敌军——他们的将领、校官和尉官都未能幸免。[96]

卡尔彭科上校也对此战有所记录,大体上与彼得罗夫所述相符,不过在细节上略有差异:

> ……我率领我团的3个纵队展开成一个横队,命令所有人都伏在地上,以此表明我部无意冲击。法军认为我部毫无抵抗之力,就敲响战鼓冲向桥梁,迅速开始过河。当第一个纵队的先头部队走到我们这边后,我打出了一阵猛烈的步枪火力,随后毫不迟疑地发起刺刀冲击,丝毫没有给他们留出收拢队列的时间。几乎所有敌军都当场倒地,战死的人当中也包括一名将军,他身上的肩章被立刻摘下,送到巴克莱·德·托利那里。如此迅猛的冲击让法军无法恢复秩序,甚至根本就出乎法军意料,他们背朝着我们 [逃跑了]。[97]

卡尔彭科的故事里有一处令人费解的细节：他的团仅有 2 个营，为何会列成 3 个纵队？彼得罗夫和卡尔彭科提到的敌军将领可能是法军旅长路易 - 奥古斯特·马尔尚·德·普洛佐纳（Louis-August Marchand de Plauzonne），他的旅（该旅隶属于第 4 军第 13 步兵师）下辖有第 106 战列步兵团。拿破仑军中有好几位军官提到了普洛佐纳在进攻中战死。第 4 军总部里的欧仁·拉博姆（Eugène Labaume）上尉表示普洛佐纳在试图拦阻第 106 团时被一颗子弹命中，这个团尽管接到了坚守博罗季诺村、不要过河的命令，却还是过了桥，且被俄军击退。[98]

这场战斗是成功运用刺刀冲击的有趣例证。冲击时机选得很好：只有一小部分敌军士兵过了河，而且尚未列成战斗队形。俄军猎兵在极近距离上出现则可以被视为完全出乎敌军预料，步枪齐射也导致法军彻底陷入混乱，而且齐射刚结束，猎兵就发动了刺刀冲击。从卡尔彭科和彼得罗夫的话里可以判断出敌军被立刻击溃，但由于法军需要通过桥梁——其中一座桥已经损坏——退却，士兵就被束缚在河岸和桥梁之间，那些没能逃脱的人被杀戮殆尽。

然后，彼得罗夫表示他们团打到河对岸攻入博罗季诺村，接下来又接到放弃村庄、退回科洛恰河左岸并毁掉河上桥梁的命令，猎兵们在敌军猛烈的枪炮火力下完成了这一任务。彼得罗夫提到，上述战斗结束后，该团在一段时间内脱离战斗，对"战线计数"（расчет фрунта）进行了修订：他可能是说每个营都重新调整了各个排的人数，以便保持各排下辖的伍数目相当，因为"计数"（расчет）和"报数"（рассчитывать）在条令中含义相同。

符腾堡的欧根指出步兵横队的会战射击火力非常强劲，但只有在防御中、在地形有利于步兵射击的情况下才能有效发挥出来。他同时给出了解释：以横队执行任何机动都会遇到麻烦，而营纵队不仅本身便于机动，而且纵队之间宽阔的横向间隔也可以让火炮在纵队之间自由机动。结果，1812—1814 年的俄军步兵通常会列成以散兵为先导的营纵队投入战斗。[99]

不过，即便是这一时期，也存在步兵以展开后的横队投入战斗的诸多战例。侍从将军尼古拉·马尔捷米亚诺维奇·西皮亚金（Николай Мартемьянович Сипягин）提到过俄军从吕岑退往包岑途中的一场后卫战（发生于 1813 年 5 月 3 日 /15 日），按照他的解释，步兵在攻击时最好列成纵队，但经验表明，为了减轻伤亡，当部队有必要通过开阔地退却时，最好将步兵列成横队，但预备队（亦即位于第二线的营）仍然必须列成纵队。根据西皮亚金的说法，他在包岑附近的开阔地上退却时使用了这一队形。当法军追近后，第一线的步兵营由横队收拢成纵队，穿过第二线步兵营的横向间隔后退，第二线各营则应当稍稍前进以阻挡法军。此外还在每个村庄中都留有散兵迟滞法军推进。西皮亚金认为，在后卫战中，如果敌军发起冲击，就有必要立刻展开反冲击：频繁机动必定会导致敌方先头部队的队形存在缺陷，所以，一场突然降临的反击就可以使敌军彻底陷入混乱并将他们远远撑开。俄军在那场后卫战中就做到了这一点。[100]

乔治·卡思卡特（George Cathcart）曾担任其父——英国驻俄大使威廉·卡思卡特的副官，也是 1813 年英军派驻联军的代表，他描述了包岑会战（1813年 5 月 9 日 /21 日）中帕夫洛夫斯克近卫团以横队（展开队形）在联军左翼发起的一次冲击，不过那里的地形并不适于横队作战：

> 他们列成横队，以冲锋步法（à pas de charge）通过凹凸不平的地带和修剪过的树林，以地形所能允许的限度尽可能地维持战线和队形，以足够紧密、足够良好的队形抵达战场，这让他们能够驱逐面前的一切，给敌人造成可观的损失。[101]

卡思卡特使用的法军术语"冲锋步法"为每分钟 120 步，而俄国的快步是每分钟 110 步。时为基辅掷弹兵团上校团长的亚历山大·亚历山德罗维奇·皮萨列夫（Александр Александрович Писарев）也提到了这一幕，他在呈递给梅克伦堡的卡尔〔Карл Мекленбургский，德文全名为卡尔·奥古斯特·克里斯蒂安·楚·梅克伦堡 - 什未林公爵（Karl August Christian, Herzog zu Mecklenburg-Schwerin）〕中将的战报中写道：

> 帕伦中将已经派 [我] 带着基辅掷弹兵团来到戈尔恰科夫公爵中将麾下，抵达指定地点后，[我] 被派去攻占坐落在包岑城右侧山下的一座村庄，让该团动用散兵进占、据守这个村庄。随后，当敌军开始全线推进时，当散兵将敌军逐出灌木丛，使其退往山地后，我奉命率领该团追击敌军，

肃清主高地，敌军给高地守军加强了几个纵队，不让我军在上面架设炮群。我自己的团不仅抽调了散兵，还把两个分营派给利萨涅维奇 [Лисаневич] 少将，因而只剩下不到 75 人 [原文如此]，我率领该团和另一个团（帕夫洛夫斯克近卫团）端起刺刀猛冲，将整群敌军追到山脚下。随后，我的散兵一路追击，几乎打到了包岑城下。[102]

瓦西里·谢尔盖耶维奇·诺罗夫（Василий Сергеевич Норов）是近卫猎兵团里的一名军官，他指出正是在这场包岑会战中，俄军于下午 4 时许从中央阵地的预备队中抽出佩尔瑙步兵团、凯克斯霍尔姆步兵团、近卫猎兵团和近卫水兵营（一共仅有 8 个营）赶赴利滕（Litten）村解救正在退却的普鲁士军队。俄军使用以排为单位的纵队前后相继地行进。诺罗夫写道，叶尔莫洛夫告知猎兵团团长卡尔·伊万诺维奇·比斯特拉姆〔Карл Иванович Бистром，德文名为卡尔·海因里希·格奥尔格·冯·比斯特拉姆（Carl Heinrich George von Bistram）〕将军：

> 当你的第 1 营抵达着火的村庄时，你就要让它停下，同时派出散兵前进，让散兵在尼卢斯的炮群和普军之间列成散开队形；我在这时会让纵队先头部队前进到与你的营平齐，我们会在你第 1 营第 1 连的左侧展开 [成横队]。小伙儿们，持枪跑步前进！

诺罗夫补充道：

> 我们在这里头一回列成横队，这样，从三个方向打来的敌军炮火就不会给我们造成那么大的损失了。[103]

尽管横队得到了频繁运用，但营纵队的使用频率至少与横队相当，甚至有可能还要更高一些。从上文引用的某些战例以及其他命令、战报、回忆录中可以看出，当步兵在战场上列成营纵队时，这些纵队通常是"以中央为基准的纵队"或"冲击纵队"。[104] 当步兵位于敌军炮兵有效射程之外时，步兵营一般会列成各排前后相继的纵队，这在当时通常被称作"以排为单位的纵队"。[105]

在过去的文献中，时常会出现与营纵队相关的错误信息。比如说，历史学家列昂尼德·帕夫洛维奇·波格丹诺夫（Леонид Павлович Богданов）就写过这么一段话：

> 库图佐夫在会战前签发给第 1、第 2 西方军团的作战计划并没有特地提及步兵使用的营纵队队形。它只是说："在攻势机动过程中应当列成冲击纵队……"不过，我们可以从参战者提到的队形个例中得出结论：步兵营在博罗季诺列成了以排为单位的紧密纵队。[106]

虽然波格丹诺夫本人摘引的作战计划中明确提到了"冲击纵队"，[107]可他还是表示库图佐夫签发的计划里"并没有特地提及步兵使用的营纵队队形"，其原因只能是波格丹诺夫完全不熟悉这一时期的队形术语，对于一位专注于研究 19 世纪初俄国陆军历史的历史学博士而言，这个事实的确颇为奇怪。除了作战计划之外，还有几份博罗季诺战报和几位参战者的回忆录提到过"冲击纵队"，上文引用过的彼得罗夫回忆录讲得尤为明确。[108]

不幸的是，波格丹诺夫并未摘引任何"个例"，也没有给出与参战者信息相关的任何参考文献，所以笔者依然不清楚他根据什么资料得出俄军步兵在博罗季诺列成以排为单位的紧密纵队的结论。波格丹诺夫为了巩固这一结论还引用了一本出版于 1837 年的战术教科书，该书由俄国军事理论家梅杰姆编纂。然而，就在波格丹诺夫引用的那一页里，梅杰姆不仅提到了以排为单位的紧密纵队，还提到了其他的营纵队类型，其中就包括了"冲击纵队"。梅杰姆解释了各类营纵队的优缺点和用途。他指出，以排为单位的紧密纵队占地较少，这"使得它们适合用作部队在战前的部署队形"。至于"冲击纵队"，梅杰姆指出，它既可以由横队快速收拢而成，也可以迅速展开成横队或列成方阵，因此"我们在战斗中优先运用它"[109]。波格丹诺夫为何没有注意到作战计划、战报和回忆录中直接提及"冲击纵队"的内容？为何会在梅杰姆列出的各种营纵队中恰好选出了以排为单位的紧密纵队？这完全无法让人理解。

这里应当指出，的确有几份面世于 19 世纪上半叶的文献提到俄军步兵在博罗季诺列成了以排为单位的营纵队。其中有一本书是俄军参谋人员兼拿破仑战争亲历者德米特里·彼得罗维奇·布图尔林（Дмитрий Петрович Бутурлин）撰写的《1812年战史》，该书原本以法文写成，后来由前文提到的《战术通论》编纂者哈托夫译成俄文。俄文版中的确提到了俄军步兵在博罗季诺列成了以排为单位的营纵队。[110] 然而，布图尔林的原文实际上只提到了步兵列成营纵队（colonnes de bataillons），[111] 并没有明确指出纵队类型，所以，"以排为单位"的类型其实是哈托夫添加进去的，我们并不清楚他在什么基础上得出了这一结论。还有一份资料是由伊万·费奥多罗维奇·魏马恩〔Иван Фёдорович Веймарн，德文名为古斯塔夫·约翰·费迪南德·冯·魏马恩（Gustav Johann Ferdinand von Weymarn）〕编纂的高级战术教科书，该书出版于1840年。[112] 但它显然不是第一手文献，甚至有可能照搬了布图尔林著作的译本。

卡尔·费奥多罗维奇·托尔在1812年担任第1军团军需总监，他也是最接近库图佐夫的军官之一，托尔在描述博罗季诺会战时表示步兵起初列成了"紧密的营纵队"（баталионных густых колоннах）。[113] 根据《营训练》的规定，紧密纵队的正面既可以是一个排，也可以是两个排（一个分营）。[114] 这里并不能完全排除步兵营在初始位置，也就是"战斗打响前的"位置上列成以排为单位的纵队的可能性，然而，在防御中让步兵列成这样狭窄的纵深队形并没有什么意义。总的来说，在战斗中使用以排为单位的纵队并不是当时的典型战术特征。只有部队需要行经遍布树丛的起伏地带发起进攻，这种纵队才会得到运用。

伊利亚·季莫费耶维奇·拉多日茨基在1812—1814年是第3轻炮连里的一名军官，他几次提到过"分营纵队"（дивизионные колонны）。他用这个术语描述1812年战局之初俄军长途撤退时沿着道路两侧以纵队行军的步兵、奥斯特罗夫诺战斗中匆忙奔赴战场的步兵（"步兵列成紧密的分营纵队，十分迅速地向前行进"）和赶赴莱比锡时（1813年10月4日/16日）以战前队形行进7俄里（约7.5千米）的步兵。[115]

拉多日茨基提到的可能是以排为单位的纵队，因为他作为一位炮兵，可能会弄错步兵队形术语（他在回忆录中根本没有提到其他的纵队类型，只含糊地讲到"各个营列成战斗纵队"[116]）。在关于莱比锡会战的记载中，拉多日茨基提到有3门轻炮位于纵队的横向间隔和两翼。这里谈论的显然是规模很小的纵队，这最有可能是各由一个营组成的纵队——他不大可能指的是以大纵队行军的整个师。[①]

不过，比较可能发生的情况是，步兵匆忙以行军队形直接投入战斗时，会迅速由以排为单位的纵队列成以分营为单位的营纵队——因为这要比列成冲击纵队更方便、更快捷。所以，拉多日茨基至少有一处记载可能是正确的，奥斯特罗夫诺战斗中的步兵的确使用了以分营为单位的营纵队匆忙进入战场。

而在步兵有足够时间完成队形变换的情况下，俄军哪怕起初是行军纵队，最后一般也都会列成冲击纵队。瓦西里·谢尔盖耶维奇·诺罗夫就讲述过俄国第1军团某部的前卫部队〔格里戈里·弗拉基米尔·罗森（Григорий Владимирович Розен）少将指挥的芬兰近卫团、近卫猎兵团、2个胸甲骑兵团和1个轻炮连〕沿着一条狭窄的道路行进，这条路窄到步兵只能以六路纵队行进。尽管如此，步兵在攻击多布罗耶（Доброе）村之前还是在稀疏的林地里列成了冲击纵队，然后直接赶赴林地边缘，与此同时，胸甲骑兵团和炮兵连则绕过树林行进。[117]

在1812年战局的第二阶段，俄军有许多兵力相当薄弱的步兵营，因此步兵时常会在战场上列成团纵队。[118]俄军攻击克拉斯内（1812年11月5日/17日）时的作战计划要求：

> 在前卫部队的掩护下，第6军……要列成以排为单位的全间距纵队，[然后]列成正面[即横队]，之后立刻收拢成团冲击纵队并向前推进，要让第1个营的第8排和第2个营的第1排作为纵队先头部队。[第8军]……要以同样的队形完成同样的机动，列成冲击纵队作为第二线，最后，第5军列成纵队作为第三线。[119]

如你所见，步兵需要由行军纵队变为以排为单位的全间距疏开纵队，也就是前后两个排的距离相当于一个排横队的宽度。随后，步兵得由以排为单位的纵队展开成横队（"列成正面"），接下来再将横队收拢成团纵队。团纵队包

---

① 译注：俄军军语中的师（дивизия）和分营（дивизион）词源均为法语词 division，该词在法语中可以指军区、师、分营或炮兵分队。

括 2 个靠在一起的、以排为单位的营纵队，右边的纵队"以左翼为基准"列队（也就是第 8 排居前），左边的纵队"以右翼为基准"列队（也就是第 1 排居前）。笔者并不清楚这些纵队是否只是步兵在赶赴战场时使用的战前预备队形或过渡队形——因为这种队形通常就是以排为单位的纵队，也不知道俄军步兵团是否会在战场上继续保持这种大纵深纵队。

显而易见的是，从行军纵队变为团纵队的诸多队形变换会消耗相当可观的时间，这些变换应当在步兵远离敌军时完成，这样敌军就不能在队形变换期间冲击俄军步兵或展开炮击。这就意味着俄军指挥层并没有打算让部队尽快由行军状态转入冲击，也就不能减少敌军的反应时间。

顾名思义，冲击纵队时常用于对敌军发起坚决冲击的场合。不过，同时也可以从博罗季诺、卡茨巴赫河（1813 年 8 月 14 日 /26 日）、库尔姆（Kulm，1813 年 8 月 17—18 日 /29—30 日）和巴黎（1814 年 3 月 17 日 /29 日）会战的相关战报和回忆录中看出俄军有时会以"紧密纵队"或密集纵队发起刺刀冲击。[120]

关于队形也存在若干争议。根据 1816 年版《营训练》的规定，"冲击纵队"意为一个正面宽度为两个排横队的营纵队，位于纵队最前方的是第 4、第 5 排，前后相邻的各个排之间的距离相当于半个排横队的正面宽度（从前一部分的前列到后一部分的前列），而"紧密纵队"意为纵队内部间距仅有 3 步（从前一部分的后列到后一部分的前列）。因此，根据《营训练》的规定，一个纵队有可能是"冲击纵队"或"紧密纵队"，但不可能既是"冲击纵队"又是"紧密纵队"。

俄军的冲击纵队之所以会在 1812—1814 年间被称作紧密纵队，可能是因为各部分之间的距离确实远小于全间距纵队，也可能是因为纵队的内部间距的确仅有 3 步，在后一种情形下，根据《营训练》中的术语，这种纵队应当是"以中央为基准的紧密纵队"而非"冲击纵队"，可它在 1812—1814 年间仍然被称作"冲击纵队"。因此，俄军当时尽管采用了法军的队形，但在使用冲击纵队这一术语时仍然有可能不大清楚其确切用法。

战斗中的步兵

《步兵军官先生的教令》中指出了军官在横队后方肩负的重要职责：

军衔次于连长的军官必须站在全连后方负责监督，确保那些无法走动的伤员在专人帮助下前往指定地点，那些并未负伤的人员则绝不能脱离 [队列]，要立刻用第 3 列人员填补第 1 列和第 2 列中的空缺，而在损失惨重的情况下，[也要确保] 队列紧密，并监督位于后列的人员，使其能够和前列人员一样，以与好兵相称的轻松、愉快的姿态坚持下去。[121]

这部教令还在其他段落里强调了这些军官必须确保士兵在刺刀冲击中不会落到后头。[122]

士兵在战斗中时常使用种种托词离开队列退往后方，其中最普遍的借口就是帮助伤员和缺乏弹药。这种现象可以产生极为严重的负面影响。博罗季诺会战结束后不久，库图佐夫就于 1812 年 8 月 30 日 /9 月 11 日发布了一道命令，其中要求：

> ……在博罗季诺会战中，我发现有许多士兵在战斗刚开始时就离开队列，以运送伤员或已经耗尽弹药为借口退到后方，事实上，根据现在的准确计算，我军的损失并不大，但据守的阵地上却出现了人手严重短缺的情况。[123]

为了消除这一现象，这道命令再度要求将领和军官确保士兵不要浪费弹药，不要在距离敌军太远时开火。它还规定士兵应当准确瞄准目标，而且耗尽弹药的士兵也不应当离开队列，此外，这道命令还将民兵分配给各个团，让他们负责将伤员运送到后方。很难说这种士兵擅自退往后方的情况在博罗季诺到底有多严重，也难以判定它是否带来了相当重大的影响，命令里的说法可能只是试图将会战结束后被迫撤退的责任转移到军官和士兵身上。应当注意到，这种士兵擅自后退的现象同样出现在法军中，而且也同样出现在博罗季诺会战里，按照克劳塞维茨的说法，它实际上是这一时期交战中的普遍状况。[124]

新条令中并未要求士兵在战斗前卸下背包，俄军大体上也早已废除了这一做法，但有些时候士兵还是出于方便机动、加快行进速度的目的卸掉背包。比如说，帕斯克维奇就在萨尔塔诺夫卡战斗中命令充当全师先头部队的两个营放下背包，以便让他们加速前进。不过，他们的背包并没有放在地上，而是交给同一个师的另外两个营一并带走。[125]

巴克莱·德·托利在他于博罗季诺战前发布的命令中提醒诸位军长应当着力打击滥射现象，库图佐夫在战后发布的命令中要求军官确保部队等到敌军进入有效射程后再开火，要准确瞄准且不能匆忙开火。[126] 在战斗中为步兵补充弹药可能是团附和营附的职责。比如说，曾在 1812 年担任第 50 猎兵团 3 营营附的尼古拉·伊万诺维奇·安德烈耶夫提到他在博罗季诺会战中负责过此事。[127]

俄军有许多将领依然偏爱刺刀冲击。巴格拉季翁认为，让俄军士兵确信他们在士气上优于敌军是相当重要的事情。巴格拉季翁在发布于 1812 年 6 月 25 日 /7 月 7 日的命令中规定：

> 一旦击退敌军，军长就必须竭力全神贯注地向敌军推进，用纵队刺刀冲击敌军……
>
> 部队指挥官要给士兵灌输如下想法：敌军不过是来自世界各地的杂种，我们则是拥有同样信仰的俄罗斯人。他们不可能英勇战斗，反而特别害怕我们的刺刀。向敌人推进![他的]子弹打不中！冲上去——他就会跑。步兵，刺过去！骑兵，砍过去！踏过去![128]

在巴格拉季翁的这份命令中，可以清晰地听到苏沃洛夫教令的回响。《步兵军官先生的教令》的作者们也主张让士兵深信如下说法："从没有人能够抵挡俄国的刺刀。"[129] 库图佐夫也认为应该让步兵铭记在行进间不应当射击，而要用刺刀快速冲击。库图佐夫在他签发的博罗季诺会战计划中表示：

> 如果在战斗中需要向前行进，就应当以冲击纵队完成这一机动，在这种情况下，部队一定不能忙于射击，而要迅速以上了刺刀的步枪投入战斗。[130]

在俄军的塔鲁季诺会战计划中也可以发现类似的说法。[131] 而且俄军（主力）在刺刀冲击中往往根本不卷入交火，只有散布在战线前方的散兵会展开射击。上文已经提到的瓦西里·谢尔盖耶维奇·诺罗夫就曾描述过近卫猎兵团于1812年11月5日/17日在多布罗耶村附近的战斗中发起了这样的冲击。按照他的说法，该团在村旁的稀疏林地里列成了冲击纵队，接下来就开始冲击位于村庄前方的敌军。接下来的情况，诺罗夫写道：

> 正当我们的纵队伴着鼓声以快步行进，在我军散兵和炮兵的掩护下开赴多布罗耶村时，敌军也已经朝我军杀来，他们列成了紧密纵队，还让腾跃兵散开。少将罗森男爵命令胸甲骑兵进攻敌军。他们冲上去发起攻击，但法军步兵立刻收拢成密集方阵，用猛烈的"会战射击"迎击骑兵。胸甲骑兵被击退了，从我们各个步兵营的间隔中退了回去。罗森男爵飞驰着来到我们团，他命令我们前进，我们端着刺刀冲了上去。法军继续展开"会战射击"，一发子弹打飞了罗森将军头上的帽子，托尔斯泰[Толстой]上尉肩部负伤，上校格拉博夫斯基[Грабовский]伯爵和他的坐骑一道战死在敌军队列里，可法军还是挡不住这次冲击，第108战列步兵团几乎当场遭到全歼。敌军的其他纵队一如既往地让我们推进到只有几步远的地方，打出一轮齐射后便退回了村里。[132]

俄军步兵在发动攻击时通常会根据传统习惯高呼"乌拉"。有些经验丰富的将领认为此举并无必要，甚至可能带来危险，因而尝试禁止高呼"乌拉"。朗热隆解释说：

> 这种"乌拉"[houra]吼声就像是嗥叫[hurlement]一样，俄军士兵喜欢这么喊，某些军官也喜欢，甚至很多将领都喜欢，他们错误地认为这种噪声会激发勇气；可以肯定的是，俄国士兵实在是太勇猛了，他们仅仅依靠高度的民族自豪感和服从意识就已然极其优秀，没有必要采用其他方法获得勇气。这种英勇在全欧洲已经是尽人皆知，若非如此，可能真的会有人认为俄国人有必要依靠野人般的吼叫将它激发出来。
>
> [1807—1809年的摩尔达维亚军团司令]普罗佐罗夫斯基公爵曾颇有道理地指出这种胜利的呐喊时常适得其反，造成[俄军]遭遇失利，它们

476

总是让 [士兵] 昏了头，让尉官听不清——甚至是听不到——指挥官的命令。人们身处这样一场激烈的战斗，不可能太过冷静；从长远的角度来看，镇定和秩序总能够胜过鲁莽的英勇和毫无顾忌的果敢；可是，按照一种在俄国根深蒂固的有害习惯，指挥官总是乐于在战报中加入"高呼乌拉"的内容，而且当他能够写下这段话，或是能够说出自己上刺刀投入战斗时，总会觉得自己多少算是个小小的英雄。[133]

对"乌拉"秉持这种批判态度的不仅是朗热隆和普罗佐罗夫斯基，巴克莱在博罗季诺战前发布的命令中也要求：

在向敌军发起冲击时，禁止部队喊出"乌拉"，只有在距离敌军大约10步时才可以高呼"乌拉"，其他所有情况下都要严格禁止"乌拉"。[134]

到了 1813 年 7 月底（公历 8 月初），巴克莱认为他有必要在《部队行军、宿营、作战总教令》（Общее наставление о порядке войска на марше, в лагерях и в самих сражениях）中重申：

只有在已经迫近敌军，需要使用刺刀时才应该发出"乌拉"吼声。不合时宜的"乌拉"则是导致混乱的讯号……[135]

刺刀冲击依然是俄军步兵战术中的重要组成部分，而且的确得到了频繁运用。当敌军部队已经因炮火或其他因素陷入混乱或被迫退却，而且距离俄军步兵不远时，又或是正在执行耗时较长的队形变换，俄军能够在敌军完成列队前攻入敌阵时，刺刀冲击被视作尤为有用且合乎时宜的做法。所以，有人主张在防御战中的有利情况下使用刺刀反击。[136] 可以在拿破仑战争后出版的一本军事手册中找到时人认为适宜采用刺刀冲击的各种场合：

友邻部队火力或其他因素导致敌军已经陷入混乱；

已经发觉敌军因某些突发事件——如指挥官战死、得知战况不利或侧后方出现对方部队——而士气动摇；

已经发觉敌军增援部队正在接近战场，但同时也有望在援军抵达之前先行击败敌军；

敌军正在执行耗时较长的机动，我军有可能抢在敌军完成机动前投入交战或有可能侧击敌军；

已经发觉敌军犯下了某些错误，导致部分防御阵地人员不足；

推进中的敌军已在付出惨重损失后被击退；

敌军打算在冲击未果后脱离接触。[137]

不过，有时候尽管实际战况并不适于刺刀冲击，俄军还是有必要用刺刀展开反击。在 1812 年 8 月 7 日 /19 日的卢比诺（Лубино）会战〔法军亦称其为瓦卢季诺山（Valoutina Gora）会战〕中，由帕维尔·阿列克谢耶维奇·图奇科夫（Павл Алексеевич Тучков）少将（尼古拉·阿列克谢耶维奇·图奇科夫中将的弟弟）指挥的俄军后卫部队顽强抗击拥有优势兵力的敌军，以此阻止敌军攻占路口并切断其他俄军的退却路线。战至日暮时分，这支俄军后卫部队已被法军击退，图奇科夫随即亲自率领一个直至那时都未曾卷入激战的掷弹兵团发动反击。冲击刚开始，图奇科夫的战马就受了伤，他被迫下马步行，此时天色已暗，图奇科夫写道：

> ……我站在纵队的第 1 排右侧，率领它向敌军挺进，敌军看到我军推进后就停下来准备迎击。我不知何故产生了一种预感，觉得来自后方各排的士兵会趁着夜色拖延行进，因此就尽可能让第 1 排放慢脚步，以便其他各排及时跟上。以这种方式迫近敌军后，纵队就在距离敌军仅有几步远的地方高呼"乌拉"发起刺刀冲击。我不知道全团是否跟随第 1 排前进。而敌军也用刺刀迎击我军，将我们的纵队打垮，我身体右侧受了一处刺刀伤，倒在了地上。[138]

一名法国军官打算解决图奇科夫，用刀对着他的头部砍了几下，就在那时，月亮突然从云间蹿出，它照亮了战场，法国军官迅速认出这是名将军，便将图奇科夫活捉了。从图奇科夫的记载中可以看出，他在这场战斗中亲自率领的掷弹兵团实际上列成了以排为单位的纵队前进。这种队形可能是由地形决定的：战斗发生在一条大道上，而道路两侧都是树丛。图奇科夫并没有提到这个团的名字，可能是不想让它蒙受耻辱。① 俄军中的英国代表罗伯特·威尔逊亲历过卢比诺会战，他指出图奇科夫率领叶卡捷琳诺斯拉夫掷弹兵团发起了一轮冲击，还声称这个团的刺刀冲击"挫败了（法军的）企图"（baffled the attempt）。[139] 因此，这次反击尽管以失败告终，还是延缓了法军的推进，而且在此次战斗期间，夜幕已经降临，会战也宣告结束，俄军主力得以安全退却。

如前所述，步兵即便在成功完成刺刀冲击后通常也会陷入混乱，而且，让正在追击逃敌的士兵停下来重整队形也相当困难。正如《步兵军官先生的作战日教令》所说，在刺刀冲击结束后，军官的第一要务就是阻止士兵追击并着手重整队形。

> 当敌军战线被我军刺刀击退后，军官最紧要的事就是恢复战线平直，除了从第3列中专门抽出的追击部队外，绝不能让士兵追击已经逃离我军刺刀的任何一部分敌军，这样，敌军骑兵就不能利用我军的混乱，即便他们真的展开冲击，也会发觉我军已经列成了秩序良好的战线，准备好以一轮准确的步枪齐射粉碎其意图。必须让最勇敢的军官率领部分第3列人员追击，因为这既不会影响到战线整体，也不会影响到具体队形。这些人必须快速追击敌军，将他们全部杀死或俘获，如果敌军骑兵出现，第3列人员就要遵照此前规定的散兵做法作战。当他们有必要重新与团主力会合时，就要绕过团的两翼归位。[140]

帕斯克维奇将军指出，在萨尔塔诺夫卡战斗和斯摩棱斯克会战中，他的部队成功进行了刺刀冲击，可他随后就在让士兵停止追击、重新列队时碰上了

---

① 译注：根据图奇科夫的记载，该团团长起初甚至还拒绝率部投入反击。叶卡捷琳诺斯拉夫掷弹兵团时任团长为叶戈尔·康斯坦丁诺维奇·克里什塔福维奇（Егор Константинович Криштафович）上校，此人后来于1826年晋升为中将。叶卡捷琳诺斯拉夫团在卢比诺会战中共有9名军官负伤、110名士兵战死、128名士兵负伤、110名士兵失踪。参见 Попов А. И. Смоленские баталии. Том 2. Непредвиденная баталия. М. : ООО Издательство «Книга», 2012, с. 57-58, 90, 97, 101。

困难。[141] 总的来说，在 1812—1814 年间，俄军步兵因追击而陷入混乱的战例已经没有那么多了，这可能是因为他们已经没那么鲁莽，也可能是军官的控制力有所加强。普鲁士参谋路德维希·冯·赖歇（Ludwig von Reiche）在吕岑会战中注意到一点，当普军在推进中陷入混乱时，要想让他们停下来，可谓相当困难（也就是说普军会继续在混乱中冲击、战斗），可要是想让俄军停下来，那大喊一声 "Stoï"（стой，意为停下）就足够了，俄军听到后一般都会遵守命令。如果士兵还对此将信将疑的话，那些负责拦阻的军官就应该声称自己是 "Pulkownic"（полковник，意为上校）。赖歇写道，他在这场会战中有幸多次扮演上校角色。[142] 由于吕岑会战中涉及骑兵的战斗极少，大部分战斗都由步兵承担，所以这些观察结果都与步兵相关。

刺刀冲击或反击依然被视为是最有效、最具决定性的迅速驱逐敌军的方式，俄军步兵也多次表明，它即便在危急情况下，面对拥有优势兵力的敌军也能够成功展开刺刀冲击或反击。在库尔姆会战中，法军将领多米尼克 - 约瑟夫·勒内·旺达姆（Dominique-Joseph René Vandamme）于 1813 年 8 月 17 日 /29 日多次派出步兵冲击俄军，想要击溃俄军并截断联军波希米亚军团在德累斯顿会战后的退路。俄军当时仅有近卫团可以作为步兵预备队。当法军逼近后，近卫步兵就发起多轮反击，每次投入一两个营，在反击中击退敌军并给予其重创。

卢卡·亚历山德罗维奇·西曼斯基在 1813 年是伊斯梅洛沃近卫团 2 营里的一名中尉，在 19 世纪 20 年代成为该团团长，此人就描述过这样一次冲击。他所在的营被派去支援遭到敌军步兵压迫的猎兵，第 5 连投入散兵战，其余各连依然列成纵队。西曼斯基指出：

> 敌军拥有超过 4 万名步兵（敌方骑兵时隐时现），他们的唯一任务就在这里，因此，除了近卫军，还能指望谁来完成这注定的功业呢？猎兵开始因缺乏弹药后撤，敌军非常猛烈地朝库尔姆村 [原文如此，应为普里斯滕村] 及其左侧推进，实心弹落在离纵队很近的地方。我们团奉命支援猎兵，2 营前往左侧，猎兵退了回来，我们 [营] 出动了第 5 连充当散兵，敌军离我们很近，子弹也非常接近我们纵队。这个营仰赖上帝的护

佑，再也无法忍受他们的傲慢，便端起刺刀前进，并在前进之前高呼"乌拉"，赫拉波维茨基一马当先，敌军转而逃跑。我披着一件大衣奔跑，因而筋疲力竭，但还是在灌木丛里的溪水旁追上了大批敌军，他们挤到一起发生了踩踏。我在这里才头一次看到敌军是如何遭到刺刀的惩罚。我用剑劈砍他们的面部，一个敌人抓住我的手，把我打倒在地，一阵子弹向我倾泻过来，我扔掉大衣，我们仍在前进，老贝科夫 [Быков] 就在我身边，最后，[我们] 看到相当多的敌军出现在左翼，[我军] 士兵向左转、开火，接着掉头后退。[143]

符腾堡的欧根同样参与了库尔姆会战，他也提到过伊斯梅洛沃近卫团团长马特维·叶夫格拉福维奇·赫拉波维茨基将军发起的反击。按照欧根的说法，这个营向前推进，而且在一瞬间内就取得了冲击胜利，战场上立刻盖满了敌军士兵的尸体，附近的敌军纵队同样陷入溃逃，俄军战线全线推进，俄军炮群也再度全力开火。欧根认为这是十足的英雄业绩，但也指出那个勇敢的团付出了高昂代价。[144]

根据西曼斯基的说法，他们前进、后退了好几回，士兵们之后就坐在石块后方休息，就连西曼斯基本人也是如此。这里的石块指的可能是将菜园和野地隔开的石墙或小丘——其他亲历者曾经提到过这些情况，前文曾提及的瓦西里·谢尔盖耶维奇·诺罗夫对此描述尤为细致：

> 法国人和俄国人混杂在一起，双方的小队士兵跃过分隔菜园和林地的沟渠、石堆，在林中空地上交战，反复用刺刀展开搏杀。[145]

这个营显然在上述运动中变得颇为混乱，它或多或少地散开了（档案资料表明西曼斯基负伤时就身处一条散兵线中）。当时不知是谁喊出了一声"前进"，西曼斯基便起身把士兵从石块后方驱赶出来，然后和谢苗诺夫斯科耶近卫团2营一道长驱直入，甚至冲过了村庄——可能就是施特拉登（Straden）村，可随后就看到两支敌军步兵纵队出现在右侧，只得开始后退。法军紧追不舍，但并未发起冲击。西曼斯基在退却途中被一颗子弹打伤，他倒在地上，自称已经不省人事。法军士兵洗劫了西曼斯基，从他身上拿走了所有值钱的东西（包括一幅萨克森地图），就这样把他扔在了战场上。[146]

尼古拉·尼古拉耶维奇·穆拉维约夫——未来的步兵上将穆拉维约夫-卡尔斯基（Муравьев-Карсский）——在 1812—1814 年是一位参谋，他同样亲历了库尔姆会战，此人谈到过谢苗诺夫斯科耶近卫团 2 营的反击，这次反击战可能和西曼斯基提到的反击战属于同一场大反击：

> 旺达姆最终发起了冲击，他希望以此取得决定性的胜利。他将诸多密集纵队集结起来，让部队上刺刀夺取比斯特拉姆中校 ① 的炮群，这位中校指挥 4 门火炮英勇奋战了一整天，给敌军造成了极大的损失。法军先是击退了我军的步兵，把步兵赶往 [近卫] 轻 [骑兵] 师那里，然后就冲向火炮。炮兵徒劳地用霰弹开火，但根本无法挡住他们。叶尔莫洛夫下令谢苗诺夫斯科耶近卫团 2 营上前保卫火炮。我从未见过像这个营冲向敌军时一样的景象。这个小小的纵队以快步冷静地齐步前行。人人脸上都显露出尽快与法军交战的渴望。他们夺回了火炮，宰杀了许多法军，但损失了几乎所有军官，只有亚库什金准尉 ② 是例外，他成了 [临时] 营长。[147]

俄军依靠这种拼死一搏的反击一次又一次地击退了敌军冲击，让联军方面的大批援军得以抵达战场。次日，旺达姆军陷入覆灭，旺达姆本人也被抓获。

步兵对抗骑兵

步兵面临敌方骑兵威胁时通常会列成方阵。在博罗季诺会战中，根据立陶宛近卫团团长伊万·费奥多罗维奇·乌多姆（Иван Фёдорович Удом）和伊斯梅洛沃近卫团团长阿列克谢·彼得罗维奇·库图佐夫（Александр Петрович Кутузов）的战报，这两个团的各个营列成了冲击纵队，当敌军骑兵来袭时，

---

① 译注：即安东·安东诺维奇·比斯特拉姆（Антон Антонович Бистром），亦称比斯特拉姆第一，其德文名为奥托·冯·比斯特拉姆（Otto von Bistram），时为第 3 骑炮连中校连长。

② 译注：即伊万·德米特里耶维奇·亚库什金（Иван Дмитриевич Якушкин），1818 年以上尉军衔退役，后成为十二月党领导者之一。

这些营就列成"反骑兵方阵"。[148] 米哈伊洛夫斯基-丹尼列夫斯基提到第 12 步兵师在莱比锡（1813 年 10 月 4/16 日）列成了"反骑兵方阵"。[149] 根据 1816 年出版的步兵条令《营训练》部分，"反骑兵方阵"是一种侧面厚度加倍（即侧面为 6 列）的特殊营方阵。俄军在某些场合也可能会使用常规方阵。

哪怕是面临最优秀的敌军骑兵，步兵在列成方阵后通常也能够挡住冲击。因为方阵可以朝各个方向开火，方阵中的步兵也无须担心骑兵包抄侧后方。巴克莱写道，在博罗季诺，当敌军骑兵从第 7 步兵师和第 11 步兵师的方阵之间穿过后，位于方阵背面的步兵就朝着远去的敌军开火。[150]

步兵通常不会朝着敌军骑兵远远地开火，而是等待骑兵进入步枪最有效的射程之内。1812 年面世的《步兵军官先生的教令》建议步兵在距离骑兵 150 步（略多于 100 米）时开火，沃龙佐夫在 1810 年为纳尔瓦步兵团军官编纂的教令中也主张在相同距离上开火，《步兵军官先生的教令》实际上就是在沃龙佐夫这部教令基础上编成的。[151] 实战中的开火距离通常会更短。巴克莱提到佩尔瑙步兵团和第 33 猎兵团在博罗季诺会战中让敌方骑兵迫近到距离己方仅有 60—80 步（约 43—57 米）处，然后用一轮准确齐射将其打乱。[152]

时人认为齐射是最适宜步兵对抗骑兵的射击方式，但在实战中，齐射并不总能给敌军骑兵造成重大损失。马尔博在 1812 年是法军第 23 猎骑兵团指挥官（同年 11 月 15 日正式晋升为该团上校团长），他表示自己在 1812 年 7 月 18 日 /30 日的亚库博沃（Jakoubowo/Якубово）战斗中奉命冲击俄军步兵。根据他的说法，俄军犯下了这样一个错误：他们打出了一轮非常不准的齐射，所以这个团里只有几名士兵和几匹战马负了伤。齐射结束后，俄军的步枪里已经没了子弹，他们也没有时间去装填，因为法军立刻就以全速冲了上去，这支俄军就此战败。按照马尔博的说法，如果俄军能够按伍射击（feu de file），那么他们的火力威力就大得多。[153] 拿破仑战争结束后，也有人主张步兵最好在距离敌军骑兵 60—80 步时开始按伍射击。[154]

然而，马尔博的记载价值并不大，这既是因为他是著名的空想家，也是因为他的记载并不能得到其他资料的佐证，而且存在显而易见的谬误。更甚者，马尔博声称他的团在此次冲击中击败了坦波夫团，还缴获了它的一面军旗，但坦波夫步兵团并未参与亚库博沃战斗——它隶属于第 3 西方军团，俄方材料也并未提到俄军在此战中丢失军旗。马尔博还声称，和第23猎骑兵团在卡斯泰（Castex）将军麾下组成一个旅的第24猎骑兵团在第23团的冲击前也击溃了几个俄军步兵营，抓获了400名战俘并缴获了一面军旗。这一切都是显而易见的夸张：就算这些团的确在亚库博沃成功冲击了某些俄军步兵，那也可能不过是散兵而已。①

如果步兵已经列阵完毕，而且准备好迎击骑兵，那么通常一轮齐射就足以击退冲击——即便这轮齐射没有给敌军造成可观的伤亡。普鲁士将领弗里德里希·卡尔·费迪南德·冯·米夫林（Friedrich Karl Ferdinand von Müffling）提到过，联军于1814年2月2日/14日从沃尚（Vauchamps）和尚波贝尔（Champeaubert）撤退时，俄军将领彼得·米哈伊洛维奇·卡普采维奇（Пётр Михайлович Капцевич）所部的战况：

> 一个敌军胸甲骑兵团列队冲击位于我军前部的3个俄军步兵营。它们恰好是新近抵达军队的营。指挥官命令士兵"停下""预备"；让敌军推进到双方仅仅相距60步，然后才下令"射击"。开火的并不单是前两列人员，而是整个营一起开火，[3个营]成了3个烟火罐[pots-à-feu]。由于一个人、一匹马都没有倒下，实际上已经没什么能阻止胸甲骑兵突入步兵密集纵队，可他们却掉头折返了。[155]

Pot-à-feu是一个法文术语，指的是一种烟火装置——内部装有可燃物的陶罐。[156]

当步兵击退骑兵冲击后，骑兵就会掉头离开。不过，俄军步兵有时并不满足于仅仅打退骑兵，甚至还会端起刺刀冲向敌军骑兵。在博罗季诺会战中，有记载提到佩尔瑙团曾在击退骑兵攻击后随即发起反击，用刺刀击溃了敌军骑兵，第1列里的有些人甚至把步枪作为标枪使用，拿它们扔向敌军骑兵后背。[157]沃龙佐夫将军在他关于1814年2月22日/3月4日克拉奥讷（Craône）

---

① 译注：法军指挥官乌迪诺元帅在亚库博沃战后的报告中也仅仅提到"敌军损失可观，我军抓获了五六百名战俘"，并未提及缴获军旗。因此，即便从法军视角来看，马尔博的说法也显然太过夸张了。参见 Andolenko S. P. *Aigles de Napoléon contre drapeaux du Tsar. 1799, 1805-1807, 1812-1814*. Paris, 1969, p. 172.

会战的报告中写道：

> 敌军……派出了一整个骑兵师，它在涌过来围住希尔凡步兵团后就狂怒地发起冲击，但这个英勇的团在它可敬的团主扎瓦雷金将军指挥下不仅没有被这次冲击打垮，反而以会战射击迎击骑兵，以此挡住敌军并将其打乱，然后端起刺刀冲了过去，给敌军造成重大损失，迫使其溃逃，还俘获了好几名军官和士兵。[158]

费奥多尔·瓦西里耶维奇·扎瓦雷金〔Фёдор Васильевич Заварыкин，亦作兹瓦雷金（Зварыкин）〕在这场会战中负了伤。

有些时候，步兵甚至会在敌军骑兵迫近时一枪不发，始终让步枪保持装填完毕的状态。艾劳会战的英雄瓦西里·伊万诺维奇·季莫费耶夫在1812年担任立陶宛近卫团2营中校营长，根据他的说法，在博罗季诺会战中，这个步兵营遭到敌军胸甲骑兵攻击时，他严禁下属射击，而是命令他们挥动上了刺刀的步枪。他解释说："按照我的经验，马匹不会冲向正在闪光的金属。"按照他的命令，如果敌军骑兵依然能够强迫战马迫近步兵战线，士兵就要用枪口的刺刀捅向马匹头部。季莫费耶夫表示自己的命令卓有成效，敌军胸甲骑兵根本无法突入他的营：

> 胸甲骑兵贴着刺刀绕着方阵各边骑行了很长一段时间，确信已经没有办法突破方阵，就开始在距离方阵正面30步处列成一个纵队。他们显然是打算用密集纵队突破我的方阵，为了不让敌军实现意图，必须采用一个办法：他们在收拢成纵队时人人都在寻找自己的位置，因此会陷入混乱，我们就可以利用这个时机。

> 我发出了"乌拉"口令，率领我营冲了上去。位于前方的胸甲骑兵尚未列成稳固战线，他们沦为我军刺刀的牺牲品，反过来又打乱了他们的纵队，使其变得更为混乱，随后陷入全体溃逃。我随即命令部队朝他们展开会战射击，从而彻底将其击败。伊斯梅洛沃团 [3营] 的方阵位于我营右侧，它在这时也发起了按伍射击，这个方阵可能是因为身处烟雾后方，

因而看不清我的营已经在进攻胸甲骑兵并在投入追击后向前行进了200步，子弹正朝我的营飞来。伊斯梅洛沃团 [3 营] 方阵的一发子弹击倒了我身旁的一名士兵。我确信没有人会冒着 [友军] 子弹冲过去，就亲自赶往上文提到的这个方阵，直到和位于方阵左前角的卡捷宁 [Катенину] 上尉面对面为止，那里没有人能够透过烟雾看到我。位于方阵里的……赫拉波维茨基上校看到了我，得知他们正在朝我营开火，就立马停止了射击。回到我营后，我让它返回原地列成冲击纵队。[159]

立陶宛近卫团和伊斯梅洛沃近卫团当时是在并肩战斗，伊斯梅洛沃团处于右侧，立陶宛团处于左侧，每个团里的第 2、第 3 营位于第一线，第 1 营位于第二线，而且恰好位于第 2、第 3 营间隔正后方。科诺夫尼岑将军在战报中表示伊斯梅洛沃团也上刺刀冲击敌军胸甲骑兵，这个团同样击退了三轮骑兵冲击。[160]

然而，这两个团的团长在战报中都没有明确提及刺刀冲击——他俩都表示麾下步兵用齐射击打退了敌军骑兵。立陶宛团长乌多姆上校还补充说该团在射击完毕后高呼"乌拉"逐走敌军骑兵，使其损失惨重，这有可能意味着立陶宛团发起了一次刺刀冲击。[161] 前文已经提到过的西曼斯基在 1812 年是伊斯梅洛沃团 3 营的一名中尉，他也没有提及刺刀冲击，只是在日志中如此描述该营击退敌军骑兵的一轮冲击：

……士兵的热情高涨到甚至冲到队列之外的地步，士兵朝他们 [敌军骑兵] 开火，猛戳那些已经飞快逃窜的家伙的后背……杀够了之后，[地上已经] 铺满了披甲兵 [胸甲骑兵]。[162]

因此，西曼斯基记载的是个别士兵冲出队形竭力追杀敌军，并不是整个团或营发起刺刀冲击。

方阵并不是很便于机动，因为方阵侧面在机动中需要以伍为单位行进，这时就会不可避免地拉长队列，也就让方阵在敌军骑兵的冲击下显得颇为脆弱。然而，在敌军骑兵出现的某些场合，机动还是需要由方阵来完成。比如说，沃龙佐夫将军在克拉奥讷会战中历经漫长激战后奉命后撤。但他也遭遇了相当困难的局面：退却途中的地形高低不平，敌军则在骑兵方面拥有显著兵力优势。沃龙佐夫在他的战报中写道：

> 　　列成方阵后，我命令各条战线开始以慢步交替后退，各门火炮也交替后退……部队就像在训练场上一样退却。敌军一看到我军打算后撤，就不断增强冲击力度并加快冲击频率……看到敌军的傲慢和不懈的努力，我几次命令下属步兵停下来迎战。随后，我军凭借稳定的队形和火力挫败了法军的企图，接着尽可能缓慢地继续退却，向他们表示我们的退却绝不是因为害怕敌军，只不过是服从上级命令而已。[163]

　　米哈伊洛夫斯基 - 丹尼列夫斯基认为沃龙佐夫将步兵列成了团方阵，也就是每个方阵都由一个完整的团组成。[164]另一位俄国军事史学家莫杰斯特·伊万诺维奇·波格丹诺维奇（Модест Иванович Богданович）——此人的著作写于 19 世纪中叶——则认为俄军当时使用了营方阵。[165]

　　即便是孤立无援的步兵营方阵，也能够击退拥有兵力优势的敌军骑兵，甚至敢于攻击骑兵并成功突围，梁赞步兵团第 1 营便在兰斯（Reims）之战中证明了这一点。1814 年 2 月 28 日 /3 月 12 日一早，纪尧姆 - 埃马纽埃尔 - 热尼亚尔·德·圣普列斯特将军指挥联军的一个俄普混编军突击兰斯并攻克了该城。联军在城区和周边郊区驻扎下来。3 月 1 日 /13 日中午 11 时 30 分，一名普军士兵乘马飞奔到圣普列斯特面前,告知他一个待在从兰斯通往苏瓦松(Soissons）途中的普鲁士旅（6000 人）在当天上午遭到法军骑兵突袭，该旅已经战败（普军残部正退往兰斯）。很快，法军骑兵就出现在城市附近。圣普列斯特认为这只是敌军游击队的牵制伎俩。他派出一支部队驱逐敌军，想要让其远离城市。这支联军部队包括几个步兵营和骑兵中队，此外也配有炮兵，他们出城后的确赶走了敌军。由梁赞步兵团团长伊万·尼基季奇·斯科别列夫（Иван Никитич Скобелев）上校指挥的该团第 1 营就这样据守在城外 2 俄里（约 2.13 千米）处的河畔阵地上。此后几个小时里都没有什么军事行动，可大股敌军最终还是出现了。圣普列斯特手中有 14000 人，他并不知道拿破仑已经攻占苏瓦松，认为攻击自己的是马尔蒙元帅的第 6 军，兵力可能有 12000—14000，因而决心坚守兰斯。不幸的是，他面对的是拿破仑亲自率领的法军主力。

　　法军大举进攻，仅仅一刻钟就将联军撵回城里。梁赞步兵团第 1 营与其他部队的联系被切断，可斯科别列夫上校还是命令它列成背朝河水的方阵，这个孤立无援的步兵营随后挡住了法军骑兵的三次冲击。一发实心弹让圣普列斯特本人受了致命伤，这时，他也被人带回了方阵里。然后，这个营又挡住了两轮骑兵冲击。天色越来越暗，法军不再去袭扰营方阵，它于是向兰斯城进发，突然出现在正在郊区里行进的法军骑兵后方。它打出一轮齐射，端起刺刀击穿法军，让自己脱险，也救出了圣普列斯特（他在两周后不治身亡）。[166]

　　朗热隆写道，法军骑兵主要是所谓的"荣誉卫队"（Garde d'Honneur），梁赞团第 1 营的突袭令他们猝不及防，此外，俄军的两门火炮和守卫兰斯城门的梁赞团第 2 营也同时朝法军开火。法军骑兵被堵在遍布沟渠、池塘的郊区里，拥挤在街道上，找不到逃离的途径，损失了大约 500 人。[167]尼古拉·鲍里索维奇·戈利岑指出，斯科别列夫的战斗改变了俄军的危急态势，他后来和法军皮凯（Picquet）师〔隶属于博德苏勒（Bordesoult）军〕的一位骑兵军官有过交谈，此人曾参与兰斯之战，他告诉戈利岑，那是"一场千真万确的伏击"，当时突然有人在背后倾泻子弹，这导致他们被迫逃跑。[168]

　　俄军也了解实心方阵或密集纵队，它实际上是在紧密纵队基础上让位于两侧的若干个伍向外转且最后三列人员向后转而已。巴格拉季翁于 1812 年 6 月 25 日 /7 月 7 日给第二西方军团下达了一道命令："当敌军骑兵攻击我军步兵时，就要列成面朝各个方向的密集纵队或营方阵。"[169]彼得·米哈伊洛维奇·卡普采维奇将军的一份战报提及俄军在 1814 年 2 月 1 日 /13 日撤离沃尚时曾使用密集纵队对抗骑兵。[170]

　　如果步兵两翼都得到了良好的保护，那么列成横队的步兵就足以击退敌方骑兵冲击。拿破仑战争结束后，有人主张，若是使用横队迎击骑兵，那么第 2 列士兵应当在距敌 60 步时打出一轮齐射，按照他的说法，"无数战例业已证明"这能够击退骑兵。[171]

　　讨论步兵对抗骑兵时，不可能不提到德米特里·彼得罗维奇·涅韦罗夫斯基将军所部在 1812 年 8 月 2 日 /14 日克拉斯内战斗中的著名战例。[172]涅韦罗夫斯基的第 27 步兵师主要由新近建立的步兵团组成。该师 1 旅（敖德萨、塔尔诺波尔步兵团）被留在斯摩棱斯克，作为交换，涅韦罗夫斯基也从帕斯克维奇将军的第 26 步兵师得到了一个步兵团和一个猎兵团。涅韦罗夫斯基手头还有哈尔科夫龙骑兵团（4 个中队）、3 个哥萨克团、第 31 重炮连和 2 门顿河哥萨克火炮。

涅韦罗夫斯基指挥上述部队据守斯摩棱斯克附近的克拉斯内镇。这场战斗的亲历者留下了以下记述材料：其中尤为重要的是涅韦罗夫斯基将军本人的回忆和战报，[173] 此外还有时为第 50 猎兵团 3 营营附的尼古拉·尼古拉耶维奇·安德烈耶夫（Николай Иванович Андреев）和时为辛比尔斯克步兵团少尉的德米特里·瓦西里耶维奇·杜申克维奇（Дмитрий Васильевич Душенкевич）的回忆材料。这些记载在细节上存在一定差异，但整体上能够相互印证。

第 49 猎兵团全都位于克拉斯内镇前方，并列成散开队形，第 50 猎兵团 3 营据守小镇，将部队以连为单位分开。安德烈耶夫所在的 3 营掷弹兵连以及两门火炮位于主街，别的街上还有其他几门炮。来自另一个师的猎兵团也位于克拉斯内镇内部。步兵列成纵队部署在小镇后方，按照杜申克维奇的说法，他们列成了"全间距营纵队"。

第 50 猎兵团 1 营和配属给它的两门顿河哥萨克炮留在通往斯摩棱斯克的大道上，位于克拉斯内后方大约 16 俄里（约 17.07 千米）处。事实证明，涅韦罗夫斯基所部是在这一方向上保护斯摩棱斯克的唯一兵力，而他面临的却是将要进攻该城的拿破仑主力军。充当法军先锋的是缪拉元帅麾下的骑兵军，他们在克拉斯内遭遇了涅韦罗夫斯基所部。

敌军先头部队想要立刻攻入克拉斯内镇，但俄军挫败了这一意图，于是，敌军开始包抄俄军。猎兵被迫放弃小镇，颇为混乱地退往步兵团所在地，此后，涅韦罗夫斯基所部也开始全面退却。步兵刚刚开始后撤，就丧失了其他兵种的支援：无数法军骑兵击溃了哈尔科夫龙骑兵团和 2 个哥萨克团，重炮连的 12 门火炮里有 5 门或 7 门被敌军缴获，其余火炮则和龙骑兵一道退出战场。尽管如此，孤军奋战的步兵还是能够逃出生天。

这场战斗的亲历者在提到涅韦罗夫斯基所部步兵如何退却时说法有所不同。杜申克维奇在 1812 年只有 15 岁，他认为所有步兵在穿过距离克拉斯内 3 俄里（约 3.2 千米）远的隘口后就列成了一个巨型方阵。他写道：

我直至今日都铭记着涅韦罗夫斯基的鲜活形象，他把剑拔出来，在骑兵冲来时绕着方阵骑行，作为一位上司，他自信地一再给下属重复命令：记住你们在莫斯科学到的东西，这么做，就没有骑兵能够打败你们，对准面前的敌人，不要匆忙开火，要准确射击；第3列要以正确方式传递步枪，在我发出"警报"之前绝不要开火。一切准备都已完成，敌军从两面涌了过来，顷刻之间就击退了龙骑兵，砍倒了一半的炮兵和掩护炮兵的人员，后者以步兵那过于自信的态度郑重其事地把骑兵放进步枪的最近射程才开火。方阵毫不理会附近那混乱的局面和[骑兵]快速追击[俄军]的情况，它沉默、整齐地立在那里，好像是一堵墙一般。"警报"命令下达后，鼓声接踵而来，准确的会战射击快速轮转——方阵周围那骑在马上的高傲敌人立刻倒在了地上……一名上校带着几个大胆的家伙……冲向方阵一角，结果倒在了刺刀上；发起冲击的[敌军骑兵]横队遭遇了不可思议的抵抗，迅速掉头，然后飞快地跑开……[原文已省略]用射击打退敌军后，涅韦罗夫斯基像英雄一般称颂他的部下，他高兴地说："看吧，小伙子们，整齐划一的步兵能够多么轻易地打败骑兵！我感谢你们，恭喜你们！"可以听到士兵用整齐的、连续不断的"乌拉"和"乐意努力"回复他，双方互相道贺。

法军骑兵徒劳地继续发起冲击，不断轮换参战部队，但都被轻松击退。迈出的第一步值得大肆纪念！就这样从下午2时一直战斗到晚上7时，敌军有时还会用缴获的火炮向我军发射我军的霰弹，惊讶的法军"护送"着我军的密集队形。我们在退却途中遇到了几处细枝条编成的篱笆和无法绕过的堤坝，要是没有这些障碍物，我军就能够维持队形，也就不会蒙受那些虽然无足轻重却也不容忽视的损失了；但是，每当我军有一人战死、负伤或被俘，就必定会有5名法军付出代价。[174]

安德烈耶夫描绘的图景则没有那么令人神往。他同样表示所有步兵列成了一个密集的队形，但按照他的说法，那更像是一个拥挤的人群：

从镇里逃出的猎兵——也就是分散在野外的我们营和第49团——开始在这里跑向步兵纵队，而它们也合成了一个密集纵队……你当然可以将它称作人堆，因为部队在逃到一处后没人想要重整队形，没人打算列成纵队或方阵……我们就像是一群羊，总是被赶成一堆，而在遭遇敌军冲击时，这个轮廓都没有的队形就用会战射击迎击，甚至都不让敌军迫近刺刀。战场地势开阔平坦，是适宜驰骋的地方。我们的一个不幸就在于敌军不让我们行经大道，自从叶卡捷琳娜大帝时代起，大道两旁就密集地栽种了两列白桦树，那本可以阻止很多敌方骑兵与我方交战。敌军起初利用从我军手中缴获的火炮发射了几发实心弹和一发霰弹，但由于他们杀死了驭手砍掉了马具，因此无法搬运火炮，只能将之留在原地。

他们的射击打死了多达 40 名我军人员，还导致其他人负伤，我的一名火枪兵也被打断了一条胳膊，但他依然用另一条胳膊持枪。在我军后撤期间，一名波兰校官骑着一匹暗栗色良马四次迫近；他冷静地疾驰到我们旁边，劝说士兵投降，不仅炫耀他们的兵力，还表示既然我们终究会被俘，那现在的努力只不过是徒劳。可他的勇敢毫无意义，我们的军士科尔马切夫斯基 [Колмачевский] 一边走一边据枪瞄准，这位勇士于是倒了下去……冲击仍在继续，但我们用火力还击了回去。简而言之，我们且战且退，从上午 10 时一直打到晚上 8 时，走了整整 25 俄里（27 千米），所走的每一步都经历了战斗。我们在晚上 8 时走上了大道，树林也出现在视野里，它前方还有一道既高又长的山岭，沿着平行于我军的方向延伸，我们的师长事先在这里部署了一支预备队，它包括我们团的一个营和携带了两门顿河炮的哥萨克，猎兵营将猎兵和拦下来的龙骑兵排成一列横队，哥萨克则从高地上朝敌军开了几炮。法军以为这是一支拥有步兵和炮兵的庞大预备队，他们看到了后方的树林，而且发现黑夜也即将降临，于是停了下来。我们从我方部队身边走过，开始让各个团依次排开并恢复队形，赶往仅仅 15 俄里（约 16 千米）开外的斯摩棱斯克。[175]

上述记载之所以会存在分歧，原因可能在于杜申克维奇是从步兵团的视角描述战况，而步兵团早在战斗之初就已在克拉斯内镇后方列成了完备的队形。安德烈耶夫则是从猎兵的视角描述战况，战斗打响时，猎兵要么在小镇前方散开，要么位于小镇内部，而后被迫退往步兵所在地，根据他的说法，退却情况

491

还颇为混乱。此外，杜申克维奇详细描述了俄军如何击退敌军骑兵的第一轮冲击，而安德烈耶夫则更像是在描述他对这一整场退却的总体印象。

除此之外，帕斯克维奇将军也对这场战斗有过记载，其内容显然源自涅韦罗夫斯基的转述。帕斯克维奇还提到了退却过程中的某个节点"我军的各个团不加区分，混杂成一个纵队……"[176]。涅韦罗夫斯基本人则提到他在 5 个小时内后撤了 12 俄里（约 12.8 千米），损失了大约 1200 名士兵和 20 名军官。此外也简短地谈到了退却本身：

> 我预见到这一点，事先让 1 个营、2 门炮和 1 个哥萨克团据守一段隘路，也就是这段林间隘路。这拯救了我部，敌军此后就不敢继续追击了。[177]

涅韦罗夫斯基的步兵在退却途中击退了敌军骑兵的数十次冲击。根据符腾堡骑兵军官俾斯麦的说法，缪拉元帅在此战中的指挥存在严重缺陷——他只是命令一个又一个正在追近战场的骑兵中队冲击俄军，这些中队也一个接一个地冲上前去，团长和将军都失去了控制力，骑兵里几乎已经不存在什么指挥，因此，骑兵战斗毫无秩序。[178] 但帕斯克维奇和叶尔莫洛夫也认为涅韦罗夫斯基不应当采用巨型方阵，而应当像俄土战争中那样在多个小型方阵或纵队间部署炮兵。[179]

涅韦罗夫斯基的部队是幸运的，敌军步兵并没有追上正在退却的俄军步兵，敌方也只有一个炮兵连能够投入战斗，而且就连这个炮兵连也无法大有作为。克里斯蒂安·弗莱施曼（Christian Fleischmann）在 1812 年是符腾堡骑炮兵里的一名中尉，他表示自己的连（符腾堡第 2 骑炮连）朝着相隔 100 步的俄军开火，仅仅打了一轮霰弹就在密集的人群中造成了恐怖的杀伤。这次射击刚结束，几个骑兵团对俄军发起冲击，但依然被击退。此后，缪拉让骑兵连续不停地展开冲击，导致骑炮连根本无法施展手脚。[180]①

---

① 译注：符腾堡第 2 骑炮连参与了从夺取克拉斯内镇开始的战斗，但仅有 3 门火炮能够抵达攻击俄军密集队形的现场，全连在整场战斗中也仅仅消耗霰弹 16 发。参见 Gessler K., Tognarelli U. J., Ströbel T. *Geschichte des 2. Württembergischen Feldartillerie-Regiments Nr 29. Prinzregent Luitpold von Bayern und seiner Stammtruppenteile*. Stuttgart, 1892, S. 126-127。

步兵与炮兵

为了减少敌军炮火给步兵带来的损失，俄军采用了诸多方法。《步兵军官先生的教令》中详尽地描述了步兵在面对敌方火力时应当采取何种措施：

> 如果某个团或某个营奉命在敌军炮火下就地列队坚持，连长就应当站在全连前方监视士兵，严禁士兵躲避炮弹，如果无法让士兵意识到躲避炮弹是耻辱，那就可以尝试采取惩戒措施。对一支部队、一个团而言，就算炮弹朝它飞来，也没有什么比弯腰躲避一发炮弹更可耻了。敌军看到这种情况后会受到鼓舞。倘若指挥官发现让部队前进几步就可以离开正在遭到炮击的位置，那么，如果他此时不用和其他团保持齐平，就可以向前移动，[移动时]不要慌张，而且无论如何也不能后退一步。有时候，就算一个团本身没有参与什么作战行动，但在炮火下保持镇定的团会以其无畏、齐整的姿态给全军带来莫大的好处。[181]

如你所见，如果步兵遭遇了炮击，那么就可以让步兵离开最危险的敌方，以此减少损失。应当注意到"几"这个词在当时指代的数目远比现在多。如果部队待在原地，敌军炮兵还能做到准确射击，但部队运动"几步"就足以迫使他们重新瞄准。

安东·伊万诺维奇·安东诺夫斯基（Антон Иванович Антоновский）在1812 年是第 26 猎兵团里的一名尉官，他描述过这场战争中自己的第一次作战任务：在亚库博沃战斗（1812 年 7 月 18 日 /30 日）中率领一个猎兵排支援两门火炮，并把猎兵部署在火炮后方。交战一段时间后，一发实心弹挫伤了安东诺夫斯基，不过他很快就苏醒过来，看到自己的排已经分成两部分部署在火炮两翼。他提出了质疑，但一位经验丰富的军士告诉他，位于火炮正后方的猎兵会为敌军炮兵提供好靶子。安东诺夫斯基赞同这一说法，猎兵在这个阵地上停留了一段时间。随后，骑炮连连长伊万·奥努夫里耶维奇·苏霍扎涅特（Иван Онуфриевич Сухозанет）——安东诺夫斯基的猎兵正是负责支援他的火炮——骑马赶来，建议他将猎兵排部署在附近的一块凹地里。敌军出动一小支步兵打算袭击炮兵，但安东诺夫斯基依靠突然且适时的反击将其击退。

后来,第 26 猎兵团在 1812 年 7 月 19 日 /31 日的克利亚斯季齐(Клястицы)会战中负责支援一个炮群。该团起初在火炮后方列成纵队,可敌军后来开始轰击俄军炮群,许多炮弹落到了猎兵中。安东诺夫斯基表示该团团长洛金·奥西波维奇·罗特〔Логин Осипович Рот,其法文姓氏为德·罗特 (de Roth)〕——一位效力于俄军的法国人——采取了如下措施:

> 罗特上校挥舞着一把他在战斗中一直使用的土耳其弯刀,环绕纵队走动,他不断地要求士兵站在原地不动,不要在法军实心弹面前弯腰屈膝,发现那些"崇拜者"之后就挥刀冲上去,威胁要把他们砍成碎片。军官们奉命立刻让人填补队列里的缺口,以确保各排维持队形。他命令中的一切都必定得到了执行,尽管每一分钟都有炮弹掀翻队列里的一整个伍,可队形还是像一开始那样。在旁人看来,这种情况似乎难以置信,但对罗特而言,这不过是小事情。
>
> 我们的勇士忍受着实心弹和榴弹的弹雨,在军士们的命令下根据新兵训练中学到的各种规则由纵队展开成横队。他吼了起来,甚至去诅咒那些脚步太慢没能及时保持齐平的排。军官们让部队就像在演习中或团练兵场上一样列成横队……从那一刻起,[我们] 学会了忘记死亡、无视死亡……
>
> 罗特看到一切如他所愿顺利完成后,相当高兴,全团也发现我们在向右机动中实现了离开最危险地段的目标。[182]

在第二次波洛茨克会战中,基里尔·费奥多罗维奇·卡扎奇科夫斯基(Кирилл Фёдорович Казачковский)将军的副官尼古拉·亚历山德罗维奇·奥库涅夫中尉于 1812 年 10 月 6 日 /18 日率领一个步兵营被 3 门敌军火炮轰击了几个小时,但奥库涅夫观察了敌军炮弹飞行方向,让这个营频繁地左右短距离移动,最终仅有 2 名士兵战死、1 名军士负伤,还有 1 名掷弹兵的枪托被砸坏。[183]

然而,正如梅杰姆在 19 世纪 30 年代出版的战术教科书中所说,俄军中还有更多的战例表明暴露在炮火下的部队并未采取任何措施减轻不必要的伤亡。[184] 其中一个典型事例就是奥斯特罗夫诺会战中的情况。加夫里尔·彼得罗维奇·梅舍季奇 (Гавриил Пётрович Мешетич)——此人在 1812 年是第 2

重炮连（该连隶属于第 11 步兵师麾下的第 11 炮兵旅）的一名军官——写道：

> ［俄军］步兵带着装备大口径火炮的半个步炮连投入战斗，击退了［敌军］骑兵，但敌军发觉这一情况后就让许多火炮朝这里开火，那半个步炮连抗击敌军很久，可人员和马匹的损失导致它彻底陷入混乱，有些火炮也惨遭毁伤，炮兵指挥官科特利亚罗夫中校先生以及两名将军——他俩是［步兵］团长——也当场战死。[①]就在那时，诸多敌军火炮用实心弹轰击一个正往树丛里后撤的步兵营，成个成个的伍被残酷地从横队中集体抹去。有人向奥斯特曼 - 托尔斯泰伯爵报告这种浪费、虚掷人命的情况后，他站在白桦树下一边抽烟一边答道："站着死。"在必要情况下光荣赴死的确是好的，但当时更有必要珍惜人力，如果这个步兵营依托树丛的掩蔽，就可以展开顽强抵抗，在敌军队列中造成大量杀伤。一个轻炮连前来增援，可它先是在距离步兵营不远的地方无畏地与数量三倍于己的敌军火炮交火，然后被骑兵的一轮猛烈冲击打散，该连人员损失很大，几乎所有军官都受伤或被俘。尽管如此，隐蔽在树丛里的步兵还是坚持到入夜为止，他们让敌军无法推进一步，最终迫使敌军决心在树丛中投入大量散兵，但我军散兵还是展开了顽强抵抗。[185]

拉多日茨基当时身处第 3 轻炮连，该连同样隶属于第 11 炮兵旅，此人同样提到过这场会战。他在此战中指挥两门火炮与全连主力部队分开，前往左翼独立作战。他指出其中一门火炮不幸受损(炮车车轮被毁)，而且弹药也已耗尽。拉多日茨基于是找到连长，请求他补充一门火炮和相应的弹药，可他得到的答案是全连都被击溃了。按照拉多日茨基的说法，连长亲自跑到了奥斯特曼 - 托

---

① 译注：亚历山大·费奥多罗维奇·科特利亚罗夫（Александр Фёдорович Котляров）中校，第 11 炮兵旅旅长兼该旅下辖的第 3 轻炮连连长。阿列克谢·尼古拉耶维奇·巴赫梅捷夫（Алексей Николаевич Бахметев）少将，第 23 步兵师师长。莫杰斯特·马特维耶维奇·奥库洛夫（Модест Матвеевич Окулов）少将，第 23 步兵师第 1 旅旅长，雷利斯克步兵团团主。科特利亚罗夫和奥库洛夫均在 1812 年 7 月 13 日 /25 日的奥斯特夫诺会战中阵亡，而巴赫梅捷夫则是被误传阵亡。参见 Попов А. И. *Второе наступление Великой армии в русской кампании. Том 2. Бой при Островно.* М.: ООО «Книжное Издательство», 2017, с. 13-14, 91.

尔斯泰将军那里：

> 中校随后赶赴奥斯特曼伯爵所在地，开始向他报告自己的连已有许多炮手战死，还有许多火炮受损严重，已经无法继续投入战斗。"阁下，您要给我下达什么命令？"伯爵抽着烟突然答道："用剩下的火炮继续射击。"此时，又有人问伯爵，敌军炮弹已经导致步兵死亡惨重，为什么不命令他们移走呢？"站着死！"伯爵坚决地答道。第三名副官抵达之后刚想对伯爵说些什么，就突然被一发实心弹削掉了手掌，那只手从伯爵身旁飞过。这位焦虑不安的军官从马上摔了下来。"照顾他！"伯爵说完之后转身打马离开。在身边一切都陷入混乱的时候，指挥官展现出这样一种忠实于俄罗斯人天性的、毫不动摇的意志，它表明降临到祖国的灾难已经触怒了他。看着他，每个人都坚定了内心，返回原地准备赴死。[186]

如你所见，来自同一个旅的两名炮兵军官以不同方式记载了著名的"站着死"场景。可以说，在这场会战中，"站着死"终究是有必要的，俄军在奥斯特罗夫诺需要阻击拿破仑的先头部队，以便为主力军的退却争取时间。

至于奥斯特罗夫诺会战，当时被派到奥斯特曼那里的沃尔德马尔·冯·勒文施特恩做过一个有趣的评论：

> 我深感惋惜地目睹了奥斯特曼的典型做法，他漫无目的地牺牲了自己的军。关于自己应当去做什么，他过于优柔寡断，且不会听从麾下任何一位将领的建议……伯爵一贯具备勇气，这毋庸置疑，可他并没有凭借自身力量指挥一个军独立作战的能力。[187]

勒文施特恩在记载博罗季诺会战时也对奥斯特曼-托尔斯泰的军事才能下了饶有趣味的断言：

> 奥斯特曼伯爵尽管和他的剑一样英勇，却并不具备优秀将领所需的才能。他非常优柔寡断，当他沉浸于战斗后，特别是在他将所有部队投

入 [战火] 后,他就认为自己已经尽了所有职责,随后就把一切交给了运气。在他看来, 自己的职责至此就已履行完毕。对他来说, 战斗和杀戮是最重要的。他并不知道"战斗与相互杀戮"和"在适当的场合和地点展开战斗"之间存在的差异。

此时 [会战当天下午],他比其他任何人都更深地沉浸在战斗中。这就是他的战术。可他并没有下达任何命令, 做出任何部署, 而且他根本没有预备队。最大的不幸正在于此:这种冷静的英勇品质并没有和军事才干结合起来, 它会带来极大的危害,却只能取得零星的战果。[188]

如果你相信日尔克维奇——此人在拿破仑战争中是一名近卫轻炮兵军官——的说法, 奥斯特曼 - 托尔斯泰在另一个显然并不合乎时宜的场合说出了他的 "站着死"。日尔克维奇表示自己在库尔姆会战 30 年后从叶尔莫洛夫那里听到了这则故事,在德累斯顿会战结束后, 法军尝试在联军撤退途中包抄奥斯特曼 - 托尔斯泰麾下的俄军部队, 库尔姆会战就此打响。叶尔莫洛夫当时敦促奥斯特曼 - 托尔斯泰及时后撤,可他答道:"哦!我从不会无功而返!寸步不退!你们都是懦夫!就地站着死!"叶尔莫洛夫表示他差点就把奥斯特曼 - 托尔斯泰当场拖走。[189] 然而, 这个故事出现在事件发生 30 年后的私人谈话中, 而且还经过了其他人的转述,因此不算非常可靠。此外还应当注意到, 奥斯特曼 - 托尔斯泰那不可动摇的刚毅性格最终在库尔姆会战中发挥了正面作用。

总的来说, 关于俄军部队在面对炮火时的典型做法, 拿破仑军队中的某些军官对此秉持负面态度。以法国军官费利克斯 - 让 - 马里·吉罗·德·兰为例, 他在 1812 年曾担任第 4 步兵师师长约瑟夫 - 马里·德赛(Joseph Marie Dessaix)将军(该师隶属于达武元帅的第 1 军)的副官, 他在回忆录中讲述过萨尔塔诺夫卡战斗中大道上的战况, 当时, 俄国第 7 步兵军军长拉耶夫斯基将军正指挥该军第 12 步兵师沿着大道与法军交战:

直到 10 时左右都没有发生什么大事,只有少数敌军 [在战场上] 出没。可就在那时, 我们突然看到相互之间靠得很近的密集纵队先头部队 [têtes de colonne serrées en masse] 从树林里同时涌出, 他们似乎是决心越过冲沟杀奔我军。[我军用] 一阵极为猛烈的枪炮火力迎击敌军，让他们停了下来，一连好几分钟待在原地不动，就这样承受着炮轰和枪击。这又给了我们一个了解俄国人的机会，正如他们所说，[俄军] 就是非得毁掉的墙壁！俄国士兵在炮火下的确表现得令人尊敬，杀掉他也比让他撤退容易。但这主要源于苛刻的纪律，也就是士兵对上级的盲从。一般而言，俄国士兵既不会以自己的冲力将战友带上前，也不会以自己的逃跑把战友往后扯；他就留在指定给自己的地方，或是待在抵抗特别强烈的地方。这种消极、愚蠢的服从也呈现在等级森严的各级军官的习惯性举动当中，所以，即便一支不幸的部队被部署到会遭到火炮纵射的阵地上，只要指挥官没有接到上级发来的转移阵地的命令，它就仍会毫无必要、徒劳无益地暴露在炮火下。法国人的性格中并不包括这种对纪律约束的盲从：我们可以在我军战史中频繁看到重要交战的命运取决于区区几个尉官的自由发挥，而且，法国军官会毫不犹豫地改变部署方式，让部队尽可能少地因敌军火力蒙受损失，也会利用哪怕是最小的空间、最轻微的地面起伏为部队提供掩蔽。他在这么做的时候用不着等待上级命令，但在转移阵地时也会倍加小心，以防敌军获得优势。[190]

尽管如此，仍有记载表明俄军步兵在博罗季诺利用地面的凹陷和冲沟躲避炮火。尼古拉·叶夫斯塔费维奇·米塔列夫斯基（Николай Евстафьевич Митаревский）在 1812 年是第 12 轻炮连（该连隶属于第 7 炮兵旅，该旅又配属于第 6 步兵军第 7 步兵师）的一名尉官，按照他的说法，对身处拉耶夫斯基炮垒附近那半个连的炮兵来说，他们平时虽然看不到步兵，可到了真需要他们的时候，步兵就从地里冒了出来。[191]

如果步兵需要在炮火下原地坚持很长一段时间，士兵也有可能奉命卧倒——一些博罗季诺会战的亲历者的确提到过这样的命令，其中包括时为叶尔莫洛夫副官的格拉贝和芬兰近卫团的马林（Марин）少尉。根据马林的说法，当天一早，芬兰近卫团就被部署到谢苗诺夫斯科耶村和旧斯摩棱斯克大道之间的某个地方，他发觉自己遭遇了相当猛烈的炮击，但也提到几乎所有敌军炮弹都从头顶上飞过，在战斗中的某个时刻，该团接到了全体卧倒的命令，但马林并没有明确指出这道命令是否得到了执行。[192] 格拉贝表示，在俄军从敌军手中夺回拉耶夫斯基炮垒后不久，叶尔莫洛夫就派他向步兵传令，要求他们卧倒在地，但所有人都保持站立，拒不执行这道命令。[193] 安东诺夫斯基提到第 26 猎兵团在第一次波洛茨克会战的第二天负责掩护炮群，而且他们都奉命卧倒在地以减轻敌军炮火杀伤。[194]

一位匿名作者在发表于《军事期刊》上的一篇文章中指出步兵习惯于得到己方火炮支援，有时候会因为没有火炮而害怕投入战斗。[195] 帕斯克维奇将军提到，他在萨尔塔诺夫卡战斗中注意到两个法军步兵营突然出现在他麾下部队的后方，帕斯克维奇命令波尔塔瓦步兵团冲击敌军，但士兵们迟疑不决，他在一再下令后听到有人说："要是我们身边有炮就好了。"帕斯克维奇命令士兵就地坚守，然后疾驰到炮兵所在地，带来了 4 门火炮，将它们部署在波尔塔瓦团后方，然后命令该团退却。看到这个团撤退，法军高呼着"前进"冲了上来，此时波尔塔瓦团朝两边散开，4 门火炮随即朝着法军倾泻霰弹，法军出现了混乱，停了下脚步。帕斯克维奇随后再度下令波尔塔瓦团"前进"，按照他的说法，士兵们冲上前去，击退了法军，其速度快到让他很是花了一番功夫才让部队停下来归位。[196]

战斗队形

俄军的步兵师由若干个步兵旅组成，每旅下辖两个团，而且通常会有一个团的团主兼任旅长。至于这种指挥架构在战斗中如何运作，相关信息实在太少。此外还有一些史料表明师长会直接给各团发号施令，比如说帕斯克维奇将军在萨尔塔诺夫卡战斗中的做法和卡普采维奇将军（他在 1812 年是第 6 步兵军第 7 步兵师师长）在博罗季诺会战里的行为。[197]

俄军步兵在 1812—1814 年的典型做法仍是摆开两条相隔 300 步或 100 沙绳（略长于 200 米）的战线，不过，博罗季诺会战中的步兵战线前后距离仅有 200 步（约 150 米）。[198] 正如库图佐夫在博罗季诺会战前颁布的命令所述，预备队中的步兵得列成疏开的营纵队（全间距纵队），而且同样也要摆出两条战线。[199] 然而，1812—1814 年的俄军材料中并未提及曾用于 1807 年艾劳会战和海尔斯贝格会战的那种步兵战斗队形。

有位匿名作者于 1810 年发表在《军事期刊》上的文章里指出，如果某个团的一个营位于第一线，另一个营则位于第二线，这两个营前后相继，那就会造成相当大的不便：如果需要将若干部队转移到其他地段，调走一个团或几个团，就会在战线上留下一个缺口。然而，如果想要用仅从第二线抽调步兵营的做法避免出现缺口，那就会抽出源自不同团的营。[200]

1812 年的步兵师在列成战斗队形时通常会让一个旅位于第一线，另一个旅位于第二线。[201] 尼古拉·尼古拉耶维奇·穆拉维约夫写道，博罗季诺会战中的步兵师列成了三条战线：第一线有 2 个猎兵团，第二、第三线各有 2 个步兵团。[202] 猎兵旅在会战之初通常位于步兵旅战线前方，而且猎兵有可能会向前推进很远。猎兵营会抽出部分兵力列成散开队形，掩护全师正面，然后退到由步兵团组成的战线之外。在 1812—1814 年的某些会战——其中也包括博罗季诺会战——中，有的猎兵团会脱离所属的师独立投入战斗。

符腾堡的欧根指出，在 1812—1814 年之间，步兵师的常用队形由 3 条战线组成，每条战线各辖 4 个营，每个营都列成一个纵队。[203] 不过，他前文中描述自己麾下的第 4 步兵师在博罗季诺的战斗队形时却提到了各辖两个步兵团的两条战线（师里的猎兵依然留在俄军右翼，但步兵团转移到了中央和左翼）。从中显然可以看出，在谈到俄军步兵常用的三线队形时，符腾堡的欧根与尼古拉·尼古拉耶维奇·穆拉维约夫都将猎兵团视为第一线。在 1812—1814 年诸战局中，猎兵团往往只会抽调部分兵力充当散兵，其余人员依然列成紧密队形，所以猎兵也会组成一道完整战线。如果将猎兵团从步兵师中抽调出去，那么步兵团就会列成两条战线。

当大部队列成战斗队形时，各个师通常会左右相连。不过有时也会前后相继，此时前后两个师可以身处不同战线当中，比如说奥斯特罗夫诺会战中的第 11 步兵师位于第一线，第 23 步兵师则位于第二线；博罗季诺会战中，在巴格拉季翁箭头堡群后方的俄军部队里，沃龙佐夫将军的混合掷弹兵师位于第一线，涅韦罗夫斯基将军的第 27 步兵师位于第二线。[204]

第二线需要为第一线提供支援，而在第一线陷入混乱或被击退的情况下，第二线就应当立刻上前轮换，也就是接手第一线部队的阵地，使其有机会重整队形。各条战线中的步兵营有时的确会排成交错队形，而且这不仅发生在退却中，也出现在进攻阶段。[205] 这种做法能够让部队较为容易地完成越线换防——第一线穿过第二线后退或第二线穿过第一线前进，因为各个步兵营届时只用以纵队径直前进或后退。此外，当步兵营交错排列后，如果遭遇敌军骑兵冲击，那么列成方阵的各个步兵营还可以展开交叉射击。[206]

如前所述，若米尼在他 1810 年出版的一本著作中主张在攻击敌军要点时将步兵排成两条战线，而且每个营都列成以分营为单位的纵队，第二线步兵营要位于第一线步兵营横向间隔的正后方，也就是各个营交错排列（见第五章"横队与纵队"图 18）。1811 年，《军事期刊》上刊登了该书内容的俄文节译版本，其中也包括了上述段落。[207] 这一主张可能对其他军队的步兵战斗队形也产生了影响。比如说，普军的 1812 年步兵条令中就规定了让各个步兵营交错排列的做法。[208]

然而，符腾堡的欧根表示，在 1812—1814 年之间，俄军并没有频繁地让各个步兵营列成交错队形，这种队形与其说是惯例，倒不如说是例外，其原因就在于步兵营在行进中——特别是进攻期间——难以维持恰当间距。此外，按照欧根的说法，当部队执行越线换防时，第二线要留在原地，第一线从第二线间隙里穿过，这时，第一线步兵营的撤退路径究竟是与第二线垂直还是略有倾斜并不重要。[209] 尽管如此，一些在拿破仑战争结束后出版的战术手册仍然建议军队使用交错队形。[210]

散开队形

1810 年，《军事期刊》上刊登了一篇有关猎兵战术的文章。它的匿名作者表示自己是一位猎兵军官，还是某个猎兵团的团长。他指出，轻步兵如果没有纪律就毫无用处，每一位猎兵都需要接受良好的瞄准射击训练，他需要节约弹药，不慌不忙地射击，他的主要目标应当是敌方军官和炮兵。此外，他还表示，没有效果的射击反而会激发敌方的士气。猎兵在进入散兵线后不能往前走太远，他需要协助与自己配对的战友，不应当在战友装填完毕之前开火。猎兵在进攻时应当快速前进，但在退却时则要缓慢后退。[211] 他主张在有必要让一整个营或团散开战斗的场合至少把两个排留作后方预备队，也就是散兵线两翼各部署一个列成密集队形的排。[212]

按照文章作者的主张，如果猎兵在开阔地带遭到敌军骑兵的攻击，就应当列成方阵缓慢后退。如果敌军派出侧卫骑兵（马上散兵）诱使猎兵射击，那就只能让精选射手朝他们开火，而且射击距离不得超过 150 步。如果敌军骑兵列队冲击方阵，猎兵就要在骑兵迫近到相距 150—200 步时以伍为单位开火（文章作者认为不应当让猎兵方阵的某一边展开齐射或以排为单位的射击）。[213]

1811 年，一份名为《论猎兵训练》（О егерском учении）的步兵条令的补充文件得以面世，它规定了一种将猎兵营列成散开队形的新方法。也就是 6 个中央排的第 1 列和第 2 列人员应当列成散开队形，第 1 列组成位于前方的第一条散兵线，第 2 列组成位于后方的第二条散兵线，这 6 个排的第 3 列人员则重新列成二列横队，留在正后方充当预备队。第 1 排（右翼排或掷弹兵排）在散兵线右翼之后留作预备队，第 8 排（左翼排或射击兵排）在左翼之后留作预备队。在某些场合下，射击兵排也可以在猎兵营变换队形期间投入散兵战保护大部队。散兵线中的士兵应当结对作战。每对散兵都应当相互保护、交替开火，其内部间距必须是 1 步。在普通散兵线中，相邻两对散兵的间距是 2 步，"双散兵线"中则是 5 步。散兵线中的猎兵可以采用各种射击姿势——立姿、跪姿乃至卧姿，散兵也不需要严格保持队形齐平。所有士兵都要接受利用地形地物掩护自身和以跑步（每分钟 150—200 步）完成机动的训练[214]

然而，我们并不清楚这种方法在实战中的使用频率有多高。巴格拉季翁在 1812 年 6 月 25 日 /7 月 7 日发给第二军团的一份命令中规定："在交火中，除去翼侧有树林的场合——那里可能会存在埋伏——都应当尽可能少地派出散兵。"[215] 第 1 军团参谋长叶尔莫洛夫在博罗季诺战前签发的作战计划中规定：

> 军长们……应当给猎兵团团主和团长脑中灌输以下观念：在会战开始之际，应当尽可能少地派出散兵，保留更替散兵线人员的小规模预备队，让其余部队列成纵队留在后方。散兵的惨重损失并非源于敌军巧妙的作战行动，而是源于将太多的散兵暴露在敌军火力面前。总的来说，应当尽量避免交火，它无法带来任何重要战果，却会在不经意间造成可观的人员损失。[216]

可以在俄军于 1812 年发布的其他命令中找到类似的主张——不要派出太多的散兵，库图佐夫在 1812 年 11 月 5 日 /17 日签发的攻击克拉斯内附近法军的作战计划就是一个典型例证。[217] 巴克莱在他于 1813 年 7 月底 /8 月初发布的《部队行军、宿营、作战总教令》〔以下简称《总教令》（Общем наставлении）〕中指出，太过密集的散兵线会成为敌军的好靶子，而且由于密集散兵线在射击时会带来浓浓的烟雾，散兵的火力也不够有效。教令中对此还有如下阐述：

> ……如果有必要抽调散兵，那么，在被指派去参与散兵战的部队当中，就只应当抽出三分之一的兵力列成散开队形；另外三分之一的兵力应当在散兵线后方列成若干小队，以便增援散兵线；余下三分之一的兵力亦即第三部分应当作为第三线，列成普通横队，充当主预备队。总的来说，要给我们的轻步兵灌输如下信念：不要长时间卷入交火，要是敌军散兵胆敢贸然前进，就要用刺刀打败他们，俄国军人在刺刀战上总是拥有优势。[218]

如你所见，巴克莱并没有使用官方规定的双散兵线，而是主张使用一条稀疏的散兵线，并在散兵线之后一定距离处设置多支小股预备队，更后方则设有一支列成常见的密集队形的大规模预备队。这种战斗队形类似于其他欧洲军队步行散兵使用的队形。后文也将谈到巴克莱在拿破仑战争结束后同样对双散兵线表示反对，他依然表示自己青睐配有若干小股预备队的单散兵线。

回忆录和战报中既出现过单散兵线，也出现过双散兵线。比如说，拉多日茨基就记载俄军于 1813 年 4 月 27 日 /5 月 9 日在德累斯顿阻击法军渡河的情形。他起初在位于后方的散兵线上指挥两门火炮，后来又进入了位于前方的另一条散兵线。他还描述过 1813 年 9 月 1—3 日 /13—15 日在诺伊施塔特（Neustadt）附近发生的小规模战斗，当时，大约 300 名猎兵和 200 名哥萨克排成了两条散兵线，后方大约 1.5 俄里（1.6 千米）处还留有小股预备队，不过从他的描述来看，第二条散兵线似乎完全由哥萨克组成。[219] 拉多日茨基有时候会使用复数形式的"散兵线"（цепи），[220] 这指的可能就是双散兵线，因为他在其他某些场合还使用过单数形式的"散兵线"（цепь）。[221] 包括拉多日茨基在内的若干亲历者在回忆录中数次提及位于散兵线后方的小股预备队。[222]

散兵线通常位于第一条步兵战线前方 200—300 步处。根据布特尔基步兵团军士波帕季切夫的回忆，在 1812 年战局初期的斯莫尔贡（Сморгонь）战斗中，负责掩护步兵主力退却的大约 100 名散兵就位于步兵战线前方大约 200 步处。这些散兵遭到了敌军骑兵的冲击，一些人不幸被俘——其中也包括波帕季切夫本人。[223] 拉多日茨基也曾提到猎兵在密集队形前方 100 沙绳（亦即 300 步，略多于 200 米）处列成散开队形（1813 年 8 月 9 日 /21 日）。[224]

拿破仑战争结束后出版的教令和手册中规定的距离是 200—300 步（142.2—213.4 米），[225] 如果双方都没有向前推进的话，那么甚至会建议采用高达 400—500 步（284.4—355.5 米）的距离。[226] 援队或小规模预备队应当部署在散兵线之后 60—200 步处（通常是 80—100 步），而且应当尽可能依托地形地物隐蔽起来。[227]

和此前数次战局类似的是，猎兵在 1812—1814 年间通常会以散开队形作战，而且尤其要承担灌木、树林、村落和起伏地形上的战斗任务。[228] 会战中的猎兵一般在步兵团前方作战。比如说博罗季诺会战之初，猎兵的散兵线就几乎覆盖了俄军的整个战线。在某些敌军以重兵发起进攻的地段，比如说拉耶夫斯基炮垒前方的谢苗诺夫斯基溪一带，猎兵就战斗了一个多小时，使得法军无法迅速迫近俄军主要阵地，然后才撤退到步兵团组成的战线后方（参战猎兵是第 7 步兵军的猎兵团）。[229] 猎兵在其他某些地段则几乎以散开队形战斗了一整天，巴格拉季翁箭头堡群以南树林里的战斗便堪称其中的典型（参战部队为第 11、第 20、第 21、第 41 猎兵团）。

猎兵通常会以排、连或分营为单位投入散兵战，各排、连、分营在战斗中交替轮换。[230] 马耶夫斯基在 1813—1814 年担任第 13 猎兵团团主，他表示自己麾下的猎兵在克拉奥讷会战中采取了如下方式：一半的猎兵排进入散兵线，另一半的猎兵排留作预备队。[231] 在某些必要情况下也可以将整个猎兵团列成散开队形，此时可以将两个连留作预备队（两翼后方各自保留一个连）。[232] 在控制位于散开队形中的猎兵时，指挥官会用军鼓发号施令。[233]

与此同时，猎兵也经常以密集队形参与战斗。某些无须出动由步兵团和掷弹兵团组成的主战线的特殊任务往往由猎兵团负责执行。比如说，巴克莱在博罗季诺就命令第19、第40猎兵团〔即第6步兵军第24步兵师下属的一个猎兵旅，旅长为尼古拉·瓦西里耶维奇·武伊奇（Николай Васильевич Вуич）上校〕驱逐越过科洛恰河的敌军步兵，[234] 不过正如上文引用过的彼得罗夫回忆录所述，第1猎兵团已经率先抵达战场并完成任务。

猎兵团也会充当某一特定部分的预备队。在博罗季诺会战期间，第7步兵军军长拉耶夫斯基就得到了3个猎兵团的援军——其中也包括上文提及的第19、第40猎兵团。拉耶夫斯基将猎兵作为预备队使用，这些团在夺回炮垒——这座炮垒后来以他的姓氏命名——的战斗中发挥了重大作用。[235] 猎兵团在战役中时常会和所属的师分开，编组成由若干个团组成的独立集群，就像在斯摩棱斯克附近的一系列交战中那样，猎兵集群会在前卫或后卫部队中参与战斗。[236] 在1812年追击拿破仑麾下军队期间，前卫部队中的猎兵有时会骑上哥萨克的多余战马以增强机动力。[237]

到了1812年，许多猎兵团已在此前诸多战局中积累了丰富的作战经验，因而能够颇有成效地作战。潘捷列伊蒙·叶戈罗维奇·别纳尔多斯（Пантелеймон Егорович Бенардос）将军和阿列克谢·格里戈里耶维奇·谢尔巴托夫将军在他们的戈罗杰奇纳战报中都提到了第28猎兵团成功地展开了散兵战。[238] 帕维尔·阿列克谢耶维奇·图奇科夫少将提到第20、第21猎兵团（来自科诺夫尼岑将军的第3步兵师）在卢比诺（瓦卢季诺山）会战中挡住了敌军散兵：

> 敌军派出的散兵竭尽全力地想要把我军猎兵从大道两旁的灌木丛中驱逐出去，为他们的纵队清扫道路，可不论他们如何努力，这些企图全都落了空，我军猎兵充分利用地形地物，面对敌军寸步不让。[239]

关于俄军散兵的作战效力，还可以从敌军的日记、札记和回忆录中找到若干信息。当时隶属于法军第18战列步兵团（该团隶属于奈伊元帅的第3军第11步兵师）的博内上尉在日记中指出，他的连（第4营掷弹兵连）在瓦卢季诺山之战中以散开队形与俄军散兵（可能来自第20或第21猎兵团）交火达3个小时之久。按照博内的说法，子弹就像冰雹一样落在他们头上，全连当天共有2人战死、33人负伤，博内本人也受了3处挫伤（子弹并未划破皮肤的伤），不过他还是留在队列里。博内指出，俄军散兵的数量远多于他麾下的士兵，但这可能是习惯性地夸张而已。博内还提到，俄军散兵在这3个小时的持续交火中轮换了5—6次。[240]

萨克森将领卡尔·威廉·费迪南德·冯·丰克（Karl Wilhelm Ferdinand von Funck）指出，萨克森军队在比亚拉（Biala/Бяла）战斗中遭遇了优秀的俄军猎兵：他们动作敏捷、射击准确，枪支射程也达萨克森步枪的两倍之多，因而给撒克逊人造成了相当大的损失，而且给军官带来了尤为巨大的威胁。[241]根据俄方资料，上述参战部队应当来自第37猎兵团。[242]

和此前诸多战局一样，在1812—1814年之间，投入散兵战的不仅仅是猎兵，俄军在必要情况下也时常从步兵团和掷弹兵团中抽调散兵。早在演习中，俄军就已预先试验过从步兵团里抽出部队充当散兵。比如说，彼得·彼得罗维奇·科诺夫尼岑将军曾于1811年将部队集结到涅曼（Неман）河畔别利察（Белица）附近的营地〔位于利达（Лида）以南〕里展开演习。参演部队分成两个部分，第一部分包括切尔尼戈夫步兵团、科波尔耶步兵团、苏梅骠骑兵团的3个中队和6门轻炮，第二部分包括穆罗姆步兵团、混合掷弹兵营、苏梅骠骑兵团的2个中队和4门轻炮。这两个部分在演习中展开对抗，步兵还需要特别关注在行军途中和就位后出动散兵掩护大部队。如你所见，猎兵并未参与此次演习，因此散兵只可能从步兵团和混合掷弹兵营中抽调。

根据科诺夫尼岑在演习前于1811年8月26日/9月7日下达的命令，散兵不得向前推进到距离"敌军"散兵150步以内。命令还对军官提出了如下要求：

> 要特别注重让散兵相信并学习利用掩蔽物的方法，了解如何潜行，如何掩盖部队的一切机动……
>
> 在夺取炮群时，必须采用绕道迂回手段，并用散兵线使其无从还手，在目前的战斗中，散兵通常会负责瞄准炮兵射击。[243]

1811年，俄军就如何从步兵团和掷弹兵团内抽调散兵发布了一份官方教令。每个班要将最优秀的射手部署在该班中部的某个伍。发出信号后，这些射手就要前进并展开成散开线。与猎兵不同的是，这些射手将会以3人而非2人为一组投入战斗，各组的间隔则是5步。从营里抽调出来的散兵会在该营大部队前方80—100步处列成散兵线。他们需要接受3名军官的指挥：一名军官负责指挥全营散兵，另两名分别指挥其中一半。3人散兵组要交替射击，先由站在中间的散兵开火，然后是右侧散兵，最后才轮到左侧散兵，这样就可以保证3支步枪在任何时候都至少有2支保持装填状态。每当轮到其中某人射击，此人就要向前跑15步再开火，之后，如果散兵线要前进，他就待在原地装填，如果散兵线处于守势，他就得返回自己在散兵线中的位置。[244]

然而，我们并不清楚这份教令是否得到过执行。从1812—1814年战争亲历者的回忆中可以判断出，掷弹兵团和步兵团与从前一样采用多种方式抽调散兵：要么从步兵营里抽调一个连或排，[245]要么募集志愿者，[246]而且在某些场合下，同一个营在同一场战斗中甚至会同时采用两种方法。

我们同样不清楚掷弹兵连中的射击兵排被用作散兵的频率有多高。米塔列夫斯基提到，俄军在赶往小雅罗斯拉韦茨途中将步兵团里的射击兵排抽调出来与猎兵配合作战，他在另一段中又说俄军在某次行军途中曾将"射击兵小队"（стрелковые команды）派到敌军可能会出现的一侧。[247]不过，应当注意到，米塔列夫斯基是一位炮兵，可能会用错步兵术语，此外，他的回忆录写于事件发生后半个世纪，目前笔者还不清楚他这里的"射击兵小队"指的是射击兵排还是团里选出的某些射手。

1812年颁行的《步兵军官先生的作战日教令》中也有几条与散兵战相关的建议：

> 负责指挥大部队前方散兵的军官不应当在未得到团长或营长许可的情况下让散兵线前进。他必须尽可能地隐蔽士兵，但军官本人必须不断在散兵线上行走，以便监督士兵，观察敌军行动，判断敌军骑兵是否即将发起冲击。[248]

一般而言，从步兵团和掷弹兵团中抽调的散兵通常负责保护列成密集队形的大部队，使他们免遭敌方散兵袭扰，[249]此外也会被派去支援猎兵。不过，有时仍然需要让步兵营[250]、掷弹兵营乃至近卫营中的多数人员列成散兵线。立陶宛近卫团2营营长季莫费耶夫写道，他在博罗季诺会战中率领2营坚守一座面积虽然不算大、战术意义却颇为重要的小山，还需要抗击拥有优势兵力的敌军。他让 6 个排散开，形成散兵线，只留下两个排（掷弹兵排和一个燧发枪兵排）作为预备队。季莫费耶夫以其一贯注重细节的态度描述了敌军的列队方式。他说敌军将两个营的轻步兵列成横队，横队左翼、右翼和两个营之间各部署了两门炮，横队左翼之后有两个位于第二线的步兵营，右翼之后也还有一个，此外，在全体步兵正后方还有一个掷弹兵纵队和一个龙骑兵纵队。为了欺瞒敌人，让他们高估俄军兵力，季莫费耶夫让那两个作为预备队的排变为二列横队，并将它们部署在小山后方。当敌军尝试向前推进时，季莫费耶夫就让预备队走上小山背坡，等到他们能顺着山脊看到下方敌军的腰部时就停下来，按照他的推算，敌军这时也只能看到预备队士兵腰部以上的部分。季莫费耶夫表示敌军停下来着手射击，这可能是因为他们把实力薄弱的预备队当成了某个庞大纵队的先头部队。他随后就命令预备队"向后转"，重返小山后方。过了一段时间，敌军再度尝试推进，但还是被同样的招数骗得停下来开火。[251]

在博罗季诺会战的最终阶段，塔夫里达掷弹兵团某营将两个连列成散开队形，另两个连留作预备队。[252] 在 1812 年和 1813 年，俄军有时会将一整个营乃至一整个团列成散开队形。[253]

米哈伊尔·谢苗诺维奇·沃龙佐夫将军在 1815 年 6 月 1 日 /13 日给他麾下第 12 步兵师签发的命令里规定了一种从步兵营中挑选散兵的新方法，沃龙佐夫还提到："与散兵相关的一切几乎都源自我们最优秀的战士之一萨巴涅耶夫中将的笔记和规定……"沃龙佐夫在命令中要求每个连应当选出 2 名军士、1 名鼓手和 24 名列兵作为散兵，而且应当从各个排里均等抽调散兵（也就是每个排抽调 12 名列兵）。从两个连中抽出的散兵应当指派一名军官指挥，另一名军官作为预备人员。如果全师处于防御态势，第一线的每个营在战斗之初只应当将四分之一的散兵（也就是 24 名散兵）抽调到大部队前方展开成散兵线，另外四分之一的散兵应当在散兵线和该营大部队之间充当散兵预备队，余下的一半散兵则要部署在步兵营密集队形后方。散兵线中的士兵应当两两配对作战，每一对里的两人交替开火。相邻两对散兵在开阔地带的间隔应当不少于 12 步。而在高低不平的地带，散兵应当利用地物掩蔽自身，根本不用考虑散兵线是否齐平。[254] 沃龙佐夫在这份命令中谈到的散兵线显然是设有预备队的单散兵线。

早在 1815 年之前，俄军就有可能在实战中运用过类似方法。沃龙佐夫在命令中提到的萨巴涅耶夫正是那位曾在 1799 年瑞士战局中指挥暂编志愿者营的军官，该营的士兵来自各个火枪兵团、营和掷弹兵团、营，总兵力约有 300 人。不过，萨巴涅耶夫关于散兵战的主张并不总能成功付诸实践，笔者将在后文对此深入讨论。

当拿破仑战争结束后，一种类似的散兵抽调方式已经在俄军中颇为盛行。根据沙皇亚历山大于 1816 年 4 月 18 日 /30 日颁发给巴克莱的诏书，可以推断出推广这种方式的正是巴克莱本人，诏书部分内容如下所示：

> 根据你训练散兵的计划，我要求 [你] 从每个连的每个排里挑出 12 名最精干、作战技能最娴熟的士兵，让他们留在队列里，并且不应当把他们放在靠近掷弹兵排和射击兵排的侧翼。这两个排届时将作为散兵的预备队……[255]

不过，拿破仑战争结束后的教令和手册中仍然保留了双散兵线。近卫步兵还在 1816 年采用了一份名为《掩护步兵营的散兵的编组和战斗》（Расчет и действия стрелков для прикрытия батальона）的文件。根据它的规定，每个排两翼各自指定两个伍充当散兵，也就是说，每个排里有 4 个伍或 12 名列兵承担散兵战任务，亦即每个营中有 96 名列兵充当散兵。这些散兵应当集结到一起并分成若干对，其中一半兵力组成前散兵线，另一半组成后散兵线。每个排要派出 1 名军士监视散兵，散兵线正后方要部署 2 名军士，两翼也各自留有 1 名军士。步兵营还要抽出 3 名鼓手控制散兵线。相邻两对散兵的间隔应当至少是 3 步，但也不得超过 15 步。散兵线展开后不仅应当掩护全营正面，还要能够保护两翼。[256]

然而，巴克莱依然认为设有小规模预备队的单散兵线优于双散兵线。1818 年，第 1 西方军团时任参谋长伊万·伊万诺维奇·迪比奇（Иван Иванович Дибич，他是前文中曾提到的普鲁士将领汉斯·迪比奇之子）将军致信康斯坦丁大公：

……至于近卫军中采用的双散兵线，军团司令［巴克莱］并不认为它是一种值得推广到全军中的实用战法，根据他的作战经验，司令确信这样的散兵线在与敌军交战时不仅没什么用处，而且会导致不必要的伤亡和混乱，最近一次战争则给这一点带来了诸多例证。另一方面，实战经验证明配有预备队的单散兵线相当可靠，可以发挥很好的作用，此外也能够尽可能地缩短交火［时间］，这就是军队会采用这种规则的缘故。[257]

　　迪比奇提到的"这种规则"可能是第 1 西方军团总部在 1818 年颁布的《散开队形规则或有关步兵以散开队形作战的教令》〔Правила рассыпного строя или наставление о рассыпном действии пехоты，以下简称《散开队形规则》（Правила рассыпного строя）〕。根据这份文件的要求，每个排应当选出 12 名最精干、射术最好的士兵，他们会被称作"先驱兵"（застрельщиками），以此与"射击兵"（стрелков）区分开来，后者是掷弹兵连射击兵排里的士兵。每个排有必要抽调 1 名军士负责散兵。每个营则要选出 4 名军官和 4 名鼓手负责指挥散兵，也就是说，每个营要抽出 4 名军官、4 名鼓手、8 名军士和 96 名列兵。

　　如果有必要使用散兵线掩护步兵营，散兵就应当组成 4 个名为"排"的集群（每个排包括从一个分营中抽出的散兵），其中 2 个排列成散兵线，另外 2 个排在散兵线后方维持密集队形充当支援部队并负责人员轮换。如果需要让所有散兵都列成散兵线，那就要让步兵营的第 8 排（射击兵排）上前支援散兵线。在散兵线中，每一对士兵的内部间隔均为 1 步，密集散兵线中相邻两对散兵间距为 4—5 步，疏开散兵线中相邻两对散兵间距为 8—10 步。[258] 考虑到散兵可能会出现伤亡，出于补充人员的目的，每个排还要选出 12 名适宜投入散兵战的士兵，但一个排里同时抽调的散兵数量不应当超过 12 人。[259] 每个掷弹兵团、步兵团和猎兵团都应当以这种方式挑选散兵。

　　如果有必要让整个猎兵营进入散兵线，《散开队形规则》要求猎兵营第 1、第 2 列人员列成单散兵线。每一个伍里的两名士兵结对作战，每对内部间隔为 1 步，相邻两对士兵间隔为 4—5 步。《规则》中也提到了双散兵线，要求在前散兵线和后散兵线之间留出 50—60 步的距离。第 3 列人员则要将队形厚度加倍（排成二列横队）并集结到各个分营的右翼，从而形成 4 个预备队单位，《规则》还指出，通常情况下，一个猎兵营里只有 4 个排需要以上述方式散开作战，另外 4 个排则必须保持密集队形充当预备队主力。[260] 这种让猎兵散开的方式可能受到了库图佐夫《注解》的影响。

对身处开阔地的散兵而言，敌军骑兵是非常大的威胁。根据《步兵军官先生的作战日教令》的主张，当散兵遭遇敌方骑兵的散开冲击时，指挥官应当：

> 让敌军骑兵进至相距 150 步处再开火。如果发现依靠火力无法挡住敌军，那么散兵就应当在发出信号后集结成大约 10 人规模的小组，背对背地列队，让散兵在这种队形中继续射击，并且用刺刀戳刺敢于迫近的骑兵，此外还需要对全营或全团将会迅速赶来支援充满信心。[261]

米哈伊尔·谢苗诺维奇·沃龙佐夫将军在 1810 年为纳尔瓦步兵团编纂了一部教令，后来的《步兵军官先生的作战日教令》便是在它的基础上写成。这部原版教令规定散兵要让敌军骑兵迫近到仅仅相距 50 步，然后用特制的步枪散弹朝骑兵开火。[262]《步兵军官先生的作战日教令》则主张将散弹用于散兵线、林地、村落战斗和近距离面对骑兵的场合，此外还特地建议使用散弹对付敌军散兵。[263]

雅科夫·奥西波维奇·奥特罗先科在 1812—1814 年间是第 14 猎兵团里的一名少校，他提到过散弹在 1813 年战局中的用处："我们用步枪的铅弹自制了散弹，把 5 发这样的散弹用碎布紧紧裹在一起装进枪里。"或许他们是在装填之前把一发步枪铅弹切作几块制成散弹。奥特罗先科写道，他在 1813 年 8 月 16 日 /28 日率领猎兵将敌军散兵逐出葡萄园，这时，开阔地上出现了一支正在迫近他们的步兵纵队。奥斯特罗申科命令士兵使用散弹，按照他的说法，"这个纵队很快就被打散，而且全都受了伤"[264]。

当散兵遭到敌军骑兵冲击时，他们可以获得后方部队的帮助。拉多日茨基就提到过奥斯特罗夫诺会战中的一幕：

> 前方的散兵竭力在树丛里抵抗敌军，但红色骠骑兵将他们围住；猎兵聚成一群，朝着四面八方开火。我刚刚把自己的火炮带到步兵横队旁边，就看到一个勇敢的法军骠骑兵中队向右前进，举起马刀朝我们的散兵冲

了过来，突然，步兵横队展开会战射击，我也打出了霰弹，整个中队都被击溃：许多人摔下战马，其他人跑了回去。我们的散兵得救了。[265]

前文中出现过的罗森少将在关于 1812 年 8 月 15 日 /27 日（即博罗季诺战前 11 天）某次后卫战的报告中写道：

当最后一个炮群在第 1 猎兵团的散兵掩护下后撤时，有些敌军骑兵冲向散兵，将他们和其他部队隔开，但这个团的两个连在阿赫梅洛夫（Ахмылов）上尉指挥下展开会战射击，赶走了敌军骑兵，就这样拯救了散兵，[散兵与这两个连] 会合之后，就在我军侧卫骑兵和哥萨克掩护下列成纵队退往大道……[266]

拉多日茨基如此描述发生于 1813 年 8 月 9 日 /21 日的后卫战：

我站在一座小丘上，身处一个龙骑兵中队和两门骑炮之间；前方 100 沙绳处有一条我军的散兵线，他们正在朝从树林里推进到开阔地上的法军开火。突然之间，右侧有 100 名红色枪骑兵手持马刀从山上窜了出来，他们冲向我们的猎兵，开始砍杀并抓走了几名战俘，带着他们下了山。不过，乌克兰哥萨克还是上前截击并夺回了战俘。剩余的猎兵跑成一群展开还击，其中有的子弹成功命中了目标：一些枪骑兵在全速奔驰时坠下战马，可其他枪骑兵还是冲进这群人里扑向猎兵。猎兵伏倒在地面上，他们躲开马刀砍杀后再次起身。目睹法军枪骑兵取得胜利可以说是一种耻辱，我不由自主地朝龙骑兵喊道："弟兄们，你们在看什么？上啊！"他们催马奔向那些敌军刀手，一番混战过后，敌军飞驰着下了山。有个枪骑兵被龙骑兵围住，尽管他以娴熟的刀法向各个方向挥舞马刀，却还是被直剑砍倒了。[267]

皮萨列夫在莱比锡会战时已成为少将，他这样描述过这场会战中的一次战斗：法军骑兵攻击一队俄军散兵，散兵向后跑了回去。位于散兵后方的莫斯科掷弹兵团列成两个纵队向前推进，并用步枪火力赶走了法军骑兵。法军骑兵集结起来重新列队，然后朝该团发起冲击。该团列成方阵挫败冲击，随后再度编组成多个纵队向前行进，击退了当面的法军步兵。[268]

伊万·米哈伊洛维奇·卡扎科夫（Иван Михайлович Казаков）曾在 1814 年担任叶尔莫洛夫将军的副官，他讲述过巴黎会战中的一幕：

> 可以看到法军骑兵在 1 俄里（约 1.07 千米）外冲击我军的一条散兵线，散兵朝骑兵开火并集结成若干小组，法军飞驰到散兵间隔中，却遭到了我军骠骑兵的反击，骠骑兵们狠狠砍杀了一把，这一切像是在训练或演习一样。[269]

从上文引述的战例中可以看出，在遭遇敌方骑兵冲击的情况下，散兵就得聚成一团作战，而且还要寄希望于后方部队能够赶来救援，散兵的命运在很大程度上取决于他们和支援部队间的协作，如果援军迟迟不来，散兵就要面临战死或被俘的威胁。

有些时候，当步兵无法击退敌方骑兵冲击时，他们就会伏在地上，让骑兵从步兵上方跃过。法国骑兵军官布拉克甚至将它视为俄军步兵特有的典型战术。[270] 然而，俄方资料中的这类战例并不多，其中一个发生在博罗季诺会战中：根据利普兰季的说法，以散开队形参与战斗的第 19 猎兵团遭到了敌军骑兵的冲击，由于无法及时集结继而列成方阵，该团团主兼猎兵旅旅长武伊奇上校就命令猎兵伏在地上。猎兵伏地后让敌军骑兵从自己上方跃过，希尔凡步兵团的一部分士兵也效仿了猎兵的做法。而当敌军骑兵行进到俄军身后时，猎兵就起身朝骑兵射击。[271]

散兵在战斗中的主要职责是与敌军散兵交战，这种交战通常会表现为交火和小规模的局部冲突。不过，俄军散兵时常会对敌军散兵发起大规模刺刀冲击，这类冲击有时甚至会违背指挥官的命令，与指挥官的努力背道而驰。利普兰季在回忆中提到过斯摩棱斯克会战（1812 年 8 月 5 日 /17 日）中的一个插曲：

乌法团位于这座值得铭记的城门 [马拉霍夫门] 右侧。在火力越发激烈的时刻，那里还持续不断地传来"乌拉"吼声。有些人奉命赶到那里传令：不要向前越过预定界限。我也带着一道类似的命令过去了。我发现该团团主 [伊万·杰尼索维奇] 齐布利斯基（Иван Денисович Цыбульский）少将身着全套制服在一条散兵线上骑行。他告诉我，当下属士兵与法军交火几轮后，他就无法阻止士兵擅自端起刺刀冲向占据公墓的敌军了。齐布利斯基少将告诉我这种情况后，"乌拉"就响彻了整条散兵线。他开始大吼，甚至用剑把自己的散兵驱赶回去，可那些人只会在他在场的时候遵照他的命令，哪怕是在几步之外的地方，士兵都会再度喊出"乌拉"并冲向敌军。这个师（第 24 师）的其他几个团——希尔凡、布特尔基、托木斯克步兵团和第 19、第 40 猎兵团由西伯利亚人组成，他们还是头一回与法军交手，因而做出了同样的举动。[272]

皮萨列夫少将在 1813 年指挥第 2 掷弹兵师 1 旅，他如此讲述特普利茨〔Teplitz，现名特普利采（Teplice），位于捷克共和国境内〕战斗（1813 年 8 月 29 日 /9 月 10 日）中的情形：

> 敌军散兵向前推进，我的掷弹兵嘲笑他们的做法；等到他们略微迫近我军后，整条散兵线高呼"乌拉"，一边这么喊一边端起刺刀冲击，胆小的法国佬前进又后退。我们多次运用了这种战法，奉命在战场上坚持到午夜为止。[273]

在某些场合下，比如说敌军散兵拥有地物掩蔽，而俄军散兵却位于开阔地，或俄军有必要尽快驱逐敌军散兵，散兵的大规模刺刀冲击还是一种相当不错的做法。曾于 1812 年担任第 7 步兵军军长的拉耶夫斯基将军在萨尔塔诺夫卡战报中怀着赞许之情写道，当他率领斯摩棱斯克步兵团发起冲击时，"……猎兵散兵线看到我向前推进，就一同冲上去，和我的纵队一起扑向敌军 [散兵线]，让它在顷刻之间覆灭"[274]。

当俄军需要将敌军逐出林地时，坚决的快速冲击也相当有用。安东诺夫斯基在 1812 年是第 26 猎兵团（该团隶属于维特根施泰因将军的第 1 步兵军，该军负责守卫通往圣彼得堡的道路）的一名尉官，他在回忆录中数次提到自己率领一个排或连投入散兵战，将敌军散兵逐出某片林地并就地据守。他一般会命令士兵不发一枪就展开刺刀冲击，迫使敌军逃窜，一路追击到林地边缘，之后才将士兵列成散开队形，用火力驱赶敌军。安东诺夫斯基在回忆录中如此写道："把分散在树林中的散兵集结到一起，让他们列成恰当的队形可谓相当困难，在那里，每一名士兵都是自己的统帅，都自行其是。根本没有办法在林地里监督士兵的行动。"[275]

俄军打算在塔鲁季诺会战中奇袭敌军，因此在作战计划中将部队分成几个战前预备纵队秘密接近敌方阵地，位于纵队前部的恰好是猎兵。计划规定：

> 猎兵在攻入敌军据守的林地后，与其交手的敌军就会用射击让猎兵意识到这一点。此时猎兵不应向敌军开火，而要竭力尝试以跑步攻占整片深度不超过半俄里的林地，穿过林地抵达边缘地带后，猎兵就要停下来等待纵队前部抵达，纵队在接近猎兵后要依靠猎兵的掩护离开林地，让各个团纵队的先头部分向左行进。猎兵必须掩护各个纵队的机动，因此需要始终留有预备队，以便提供支援，尽量驱赶敌军。[276]

由于林间能见度有限，军官既难以控制列成散开队形的士兵，又很难让他们沿着正确方向运动，预备队的运用也同样困难。安东诺夫斯基谈到过他在第一次波洛茨克会战首日（1812 年 8 月 4 日 /16 日）的战斗。俄军当时将 4 个连——第 25 猎兵团和第 26 猎兵团各抽出两个连——投入波洛茨克城前方的林地。安东诺夫斯基负责指挥第 26 猎兵团的某个连。猎兵们一刻不停地穿过整片林地赶到边缘地带。安东诺夫斯基看到敌军纵队的先头部队，因而不敢离开林地，他让猎兵停下来与敌方散兵展开交火。

一段时间后，第 26 猎兵团团长罗特上校决心出兵增援:他又出动了两个连。这两个连刚遭到敌方射击就展开还击，这样一来，安东诺夫斯基和他的猎兵就身处双方火力之间：前有敌军火力，后有友军火力。后来，敌军增派兵力并加强火力，安东诺夫斯基后方的连也增强火力作为回应，于是，友军给安东诺夫斯基所部猎兵造成的损失还要超过敌军，他的散兵线也变得明显稀疏起来。他命令鼓手敲出警告信号，以此告知后方各连，但它们对此充耳不闻，反而招来了敌方的注意，敌军士兵开始朝发出信号的方位开火，因此，安东诺夫斯基发觉他遭到了来自四面八方的猛烈火力。他的鼓手负了伤，安东诺夫斯基本人的手指同样受了挫伤，他派出信使说明具体情况，但这些信使也走失了。

根据安东诺夫斯基的说法，他在这块阵地上待了半个小时，而且多数损失很可能源自友军火力。幸运的是，援军还是逐步转向了右侧。到天色已暗的傍晚时分，又出现了一个新的情况：有人听到右边有声音传来。安东诺夫斯基认为他们是来自第 26 团另一个连的士兵，就派了两个人过去打招呼，想让他们过来会合，可他们非但没有回答，反而开了火。位于他左侧、身处道路对面的第 25 团猎兵则展开还击。安东诺夫斯基在短时间内再度遭到多方火力夹击，因此又损失了几个人。[277]

芬兰近卫团少尉阿波隆·尼基福罗维奇·马林（Аполлон Никифорович Марин）在博罗季诺会战中发觉自己身处类似的境地。他当时指挥从第 2 营中抽调出来的散兵。马林看到散兵线越发稀疏，就请求后方增援，其后不久，他自己和麾下的散兵就遭遇了来自后方的火力，因为援军在接近前线后将身处林间的己方散兵当成了敌军。不过马林还算幸运，因为他很快就向友军澄清了情况。[278]

本书在与 1801—1809 年俄军步兵相关的章节中曾经提到过库利涅夫将军的做法，按照达维多夫的说法，早在 1808 年，当库利涅夫在芬兰森林地带作战时，他就曾让散兵预备队位于散兵线侧后方而非正后方，这样一来，如果散兵线被迫退却，这些预备队就可以攻击敌军侧翼。1812 年颁布的《步兵军官先生的作战日教令》里包括了如下有趣段落：

> 这里不会提到猎兵的机动，因为所有猎兵团的人都接受过相关机动训练，而这里的篇幅也不足以向其他团的人解释清楚这类机动。但下文将要提到一种鲜为人知的机动，它值得频繁运用，而且可能对任何一类步兵都有用。当一名军官在林地里率部以散兵线交战时，他应当把相当一部分预备队排成以伍为单位的纵队，将它部署在散兵线一翼，这个纵

队最前头的人员应当位于散兵线之后几步处，并且还要略往外偏几步。如果散兵线被迫退却，预备队就要留在原地隐藏起来，一旦敌军在追击[我方]退却[散兵]时推进太远，这支预备队就要出其不意地朝敌军侧翼开火，这必定会令他们陷入混乱。

　　如果敌军从混乱中恢复过来，转而对付这支预备队，那些刚刚退后的散兵就要反过来侧击敌军，这样一来，我军的两个部分就会以极好的方式相互协助。[279]

这里应当再度提请读者注意，当时的"几"要比现在的"几"指代的数据大得多。

若干战例表明，1812年的俄军散兵能够给敌军炮兵造成严重杀伤。比如说，弗莱施曼就曾提到他所在的炮兵连在博罗季诺会战中曾投入战场中部的战斗，当时，该连左侧有一个身处树丛中的俄国猎兵团，这个团的步枪火力令炮兵大为烦恼。后来，在会战即将结束之际，该连继续向前推进，来到俄军猎兵所在的树林前方，结果，猎兵凭借手中的长管线膛枪（langen Büchsen）给炮兵造成的损失绝非无足轻重。不过根据弗莱施曼的说法，他的炮兵连在第二个场合持续两个小时的战斗中共有1名军士战死、2名炮手和1匹马负伤。[280] 笔者并不清楚弗莱施曼为何会用长管形容俄军猎兵的枪支，也不知道他为何要使用线膛枪这个名词而非滑膛枪。或许他认为俄军装备的是线膛步枪，它要长于符腾堡猎兵使用的短管线膛马枪。

《第3西方军团前卫作战日志》描述了卡尔·奥西波维奇·朗贝尔〔Карл Осипович Ламберт，在俄军中服役的法国人，其法文名为夏尔·德·朗贝尔伯爵（Charles comte de Lambert）〕麾下小部队（库拉步兵团、第14猎兵团、亚历山德里亚骠骑兵团和第11骑炮连）的战况。1812年7月31日/8月12日，朗贝尔所部遭遇了一支占据林地的萨克森部队。敌军拥有一个下辖16门火炮的炮群，朗贝尔手头却只有一个骑炮连，也就是12门炮。《作战日志》写道：

　　……库拉[步兵]团和第14猎兵团抽出两个排作为散兵攻击敌方炮群，地面凹陷让他们能够十分迫近敌军，依靠步枪火力迫使敌军炮兵退却，让步骑兵和炮兵——后者在战斗中损失颇多——有充足的时间占据直面上述林地的高地。事实证明了一小队散兵可以给炮兵带来何等恐怖的损失。[281]

俄军对步兵散兵战持有诸多不同观点，在使用散兵时也不会总是取得胜利。其中一个典型失败战例就是俄军在别列津纳河会战（1812 年 11 月 16 日 /28 日）中的散兵战。由叶菲姆·伊格纳季耶维奇·恰普利茨（Ефим Игнатьевич Чаплиц）指挥的多瑙河军团前卫部队——该部下辖 7 个猎兵团（第 7、第 12、第 14、第 22、第 27、第 28 和第 32 猎兵团）——与越过别列津纳河的敌军展开了激战。战斗发生在一片面积广阔的树林里，猎兵以散开队形展开战斗，炮兵只能部署在道路上，道路宽度也只能容许两门火炮展开，骑兵则只能以小部队为单位行动。猎兵多次将敌军驱逐到林地边缘，但敌军也一再将俄军逐回树林。

恰普利茨在他用法文写成的说明中表示，军团司令海军上将帕维尔·瓦西里耶维奇·奇恰戈夫（Павел Васильевич Чичагов）在前一天向他许诺会亲自率领后方的所有可战之兵前来增援前卫部队，而且会把部队列成纵队。会战之初，奇恰戈夫向恰普利茨派来了一名副官，告诉他这些纵队已在前卫部队后方行进。恰普利茨补充道：

> 我坚定了信心，确信自己将会得到所需要的一切帮助。令我惊讶的是，我突然听到后方传来了"乌拉"吼声，还有一阵军鼓敲击声，然后 [看到] 士兵列成散开队形 [en tirailleurs]。
>
> 我派人去调查这究竟是什么部队，结果有人告诉我这些一再发出的吼声源自那些以散乱队形 [à la débandade] 进入树林的纵队。我赶赴上述部队，敦促、命令乃至坚持要求他们再度列成纵队，但所有主官都告诉我，他们是在根据接到的命令行事。

根据恰普利茨的说法，他遇到了亚历山大·利沃维奇·沃伊诺夫（Александр Львович Воинов）将军（第 9 步兵师师长），沃伊诺夫表示这是军团参谋长萨巴涅耶夫中将的命令。恰普利茨指出萨巴涅耶夫希望以这种方式让敌军高估俄军投入的兵力，但他坚持认为这是一种错误的做法，而且坚信无论如何都不应当以分散预备队的方式恐吓敌军。恰普利茨还质疑军团总部的做法：给部队下令时并未知会直接指挥一线战斗的将领，也没有和将领就基本作战方式进行协商，他认为上述做法有害无益。[282]

西尔韦斯特·西吉兹蒙多维奇·马利诺夫斯基在1812年是御前军务侍从武官部后勤司（总参谋部）里的一名中尉，他指出：

> 海军上将奇恰戈夫……面对恰普利茨少将对出动步兵和炮兵增援的迫切需求，出动了两个师——第9师和第18师，让参谋长萨巴涅耶夫负责指挥，奇恰戈夫则只是跟着部队从一个战场赶到另一个战场……萨巴涅耶夫中将率领他麾下的师迫近战场，让师里的一大半兵力列成散开队形。敌军……在看到这些集群出现时，以拼死一战的勇气冲向他们，可上文提到的这两个师非但没有展开还击，反而因为被某种恐慌的氛围笼罩而转身逃跑。[283]

阿列克谢·格里戈里耶维奇·谢尔巴托夫将军——他在1812年是第18步兵师师长——表示：

> 我们的 C. 将军在指挥这场交战时犯下了巨大的错误，他让太多的部队散开，并没有留下坚实的密集纵队。[284]

谢尔巴托夫这里提到的"C."显然就是指萨巴涅耶夫。米哈伊洛夫斯基-丹尼列夫斯基写道："萨巴涅耶夫有一种特别的偏见，他认为散开队形有利于战斗。"[285] 不过，沃龙佐夫却在1815年认为萨巴涅耶夫是"在过去十年中引领我军走向现在的完美与光荣"的人之一，叶尔莫洛夫也觉得他是兼具勇气与出色能力的人。[286] 达维多夫称他是"能力出众的将领"。根据达维多夫的说法，多瑙河军团司令奇恰戈夫海军上将在战前告知萨巴涅耶夫："伊万·瓦西里耶维奇，我并不知道如何在陆战中指挥部队，请接过指挥权攻击敌军。"达维多夫认为萨巴涅耶夫的战败原因是双方兵力悬殊。[287]

至于奇恰戈夫，他在用法文写成的回忆录中坚持认为战场上的地形使得自己必须将部队列成散开队形：

> 至于我手中的 10000 名步兵，他们不可能全都以密集纵队投入战斗；森林很深，为了穿过它，我不得不让部队散开 [en tirailleurs]。所以，由于存在这一需求，我发现我方虽然与敌方兵力相当，却处于非常不利的境地。俄军步兵在列阵战斗时不可动摇，可在以散开队形进攻 [attaque en tirailleurs] 的场合，人人都必须在起伏地带自行射击、战斗，他们就不具备其他欧洲军队——特别是法军——典型的机智与激情 [l'intelligence et l'élan]……[288]

根据奇恰戈夫的说法，敌军骑兵以闪电般的速度突然杀出，冲击业已散开的俄军散兵，迫使他们溃逃。[289] 应当注意到的是，奇恰戈夫当时并没有亲临战场。

俄军在这场会战中面对的敌军并不算很"法国"，因为他们是来自第 2 军的瑞士人和来自第 5 军与维斯瓦河军团的波兰人。瑞士军官托马斯·莱格勒（Thomas Legler）、路易·贝戈（Louis Bégos）和 A. 雷伊（A. Rey）都提到俄军步兵数次将瑞士人驱赶到林地边缘，他们只能依靠拼死反击才能将俄军逐回森林深处。第 1 瑞士步兵团掷弹兵中尉（Oberleutnant）莱格勒表示，俄军的准确射击令他们倍感惊诧。按照他的观点，即便对面是精选出来的神射手（Scharfschützen），瑞士人也不可能蒙受比此战更惨重的损失了。按照他的说法，第 1 团当天损失了 2 名营长和 10 名其他军官，全部 4 个瑞士团原本共有 1300 人，战至傍晚时分队列里已经只剩下 300 人。与莱格勒同属第 1 团的雷伊上尉和第 2 团的贝戈上尉同样提到俄军的猛烈火力和瑞士人的惨重伤亡，而且雷伊和贝戈两人也都负了伤。[290]

马蒂尼安的表册指出第 1 瑞士团在 1812 年 11 月 28 日有 1 名军官当场战死、13 名军官负伤（包括雷伊上尉在内），负伤军官有 4 人因伤不治身亡。第 2 团有 2 名军官当场战死、17 名军官负伤（包括贝戈上尉在内），其中 10 人因伤不治身亡。第 3 团有 1 名军官当场战死、15 名军官负伤，其中 7 人因伤不治身亡。第 4 团有 17 名军官状态为负伤——其中 2 人因伤不治身亡，10 名军官状态为负伤后失踪，另有 10 人状态为失踪，所以该团一共损失了 37 名军官。[291] 那些记载为"失踪"的军官实际上可能是战死或被俘了，但由于没有人能够确认他们战死，因而会被写作"失踪"。

法国军官雷蒙 - 埃梅里 - 菲利普 - 约瑟夫·德·孟德斯鸠 - 费藏萨克（Raimond-Emery-Philippe-Joseph de Montesquiou-Fezensac，他在 1812 年是第 4 战列步兵团（隶属于奈伊元帅第 3 军的第 11 步兵师）团长）指出，他的团在别列津纳河会战中作为预备队被部署在第 2、第 5 军的后方。预备队由第 1、第 3、第 8 军的残部组成，它看上去就像是 3 个实力薄弱的营（费藏萨克在会战前夜将他那个团的余部编成 2 个连）。乌迪诺元帅在会战中的某个时刻受了伤，奈伊元帅接过指挥权，第 2 军经历漫长苦战后被迫放弃阵地，分散在树林中的该军士兵从林子里跑出来冲向桥梁，预备队也开始退却，就连位于更后方的青年近卫军都出现了动摇，但奈伊元帅成功地挽救了局面。[292]

奈伊将第 2 军重新集结起来，指挥它发起进攻。与此同时，两个法军胸甲骑兵团——来自让 - 皮埃尔·杜梅克（Jean-Pierre Doumerc）师的第 4、第 7 胸甲骑兵团——的余部展开冲击，他们在几乎整场 1812 年战局中都隶属于第 2 军，每个团的兵力大约都相当于一个中队。胸甲骑兵后方还有其他部队跟随。结果，俄军被赶回森林深处，数百人战死，大约 2000 人被俘（大部分战俘都受了伤）。路易 - 维克托 - 莱昂·德·罗什舒阿尔（Louis-Victor-Léon de Rochechouart）是一位效力于俄军的法国流亡者，此人当时正身处多瑙河军团一线。根据他的说法，由于拿破仑军队中的混乱状况，后来有大约 1200 名战俘趁机逃跑并回到俄军当中。[293] 应当指出，几乎没有人能够预见骑兵会在森林里展开冲击，因为这样的冲击与当时的骑兵战术思想相悖，它实际上是一种在绝望处境中被迫采用的做法。按照雷伊上尉的说法，杜梅克将军在完成冲击后返回己方战线，他捶着胸脯骂道："我们怎么能往那天杀的林子里这么冲！"[294] 同样也要注意到，会战并未就此告终：俄军步兵很快就再度发起攻势，瑞士人也不得不继续坚守阵地并展开反击，一直拉锯到入夜为止。

朗热隆在 1812 年是奇恰戈夫军团里的一名军长，他也认为森林战场只能让俄军以散开队形投入战斗，较之于俄军士兵，法军士兵负载较轻，更习惯于独立作战而且射术更加精良，敌军的上述优势使得俄军的损失较大。朗热隆表示，这场林地里的散兵战一直持续到入夜为止，士兵们有时甚至要用刺刀单打独斗，但双方都无法将对手逐出战场。

根据朗热隆的说法，俄军左翼距离道路 1 俄里（约 1.07 千米）左右的地方有两块不大的林间空地，谢尔巴托夫公爵的第 18 师有部分人员就在那里列成了紧密纵队（colonnes serrées）充当预备队，后来也正是这些部队成了敌军胸甲骑兵的主要打击对象。朗热隆认为第 18 师是军团里最优秀的步兵师之一，而且师里的将领也相当优秀。在他看来，这个师遭遇了没人能够料想到的敌军突袭。

朗热隆指出，第 12、第 22 猎兵团的士兵在库班河畔的边境线上养成了与切尔克斯人单打独斗的习惯，因而成为优秀的散兵（tirailleurs），在别列津纳河会战中给敌军造成了重大损失。[295] 从上述引文中可以判断出，这场不幸事件应当归咎于将领而非普通士兵。

或许可以用官方文献对这场战斗的描述作为此次讨论的结尾。奇恰戈夫军团的作战日志——它由前文提及的马利诺夫斯基编纂——表示，奇恰戈夫命令第 9、第 18 师以纵队行进有序进入战场，它既没有提到大批士兵列成散开队形充当散兵，也没有指出敌军骑兵冲击给这两个师造成了混乱。日志仅仅给出了如下说法：敌军骑兵突破了散兵线，冲向这两个步兵师，但恰普利茨将军指挥帕夫洛格勒骠骑兵团的几个中队击退了敌军。[296] 奇恰戈夫在呈递给库图佐夫的战报中列出了如下事实：他手头的步兵数量不足，骑兵和炮兵也无法在林地里战斗。他以此为自己辩护。但战报并未提及敌军骑兵发动了一场相当成功的冲击，也未曾指出帕夫洛格勒骠骑兵团的几个中队在林地中与敌军骑兵交战。[297] 上述事例可以表明官方文件是如何掩盖失利的。

谢尔盖·格里戈里耶维奇·沃尔孔斯基写道，符腾堡的欧根亲王对散兵战有着特殊的偏好，亲王在卡利什（Kalisz）战斗（1813 年 2 月 1 日 /13 日）中率领麾下步兵以散开队形攻击卡利什镇，在随后的交火中，由于敌军据守建筑物，而俄军身处开阔地，敌军就拥有了巨大的优势。[298] 符腾堡的欧根则认为，自从 1806 年开始，俄军就走向了另一个极端——他们开始将步兵集体列成散开队形。他这句话的意思可能是指俄军让整个步兵营充当散兵。事实上，在1806—1807年间，俄军不仅会让猎兵团散开战斗，甚至时常让火枪兵营乃至整个团散开战斗。即便是在1812年，有时也会让整个火枪兵营或掷弹兵营全部作为散兵投入战斗。按照欧根的说法，俄军直到1813年才发现恰当的投入比例，此后，每个营只会抽出某一特定部分的人员用于散兵战。[299]

有些时候，散兵指挥官会不顾不利地形因素坚持冒着敌军火力据守阵地。在德累斯顿会战结束后，尼古拉·尼古拉耶维奇·穆拉维约夫在德累斯顿市郊的皮尔纳（Pirna）附近目睹了如下战况：

> 这里有支像是一个猎兵连的部队，一位年轻的军官指挥着这些身着破烂制服的新兵。这个连在陆岸上与敌军交火，所以 [法军] 可以从头到脚隐蔽起来，我军则完全暴露在敌军面前。我们可怜的猎兵已经一连几天没有食物，还一直处于战斗中，已经到了精疲力竭的地步。他们蒙受了惨重的损失，因而试图逃跑，可军官拔出刀来勇敢地冲上前去，用咒骂和威胁拦下了猎兵，这些新兵转而大骂军官，但终究还是被迫重新投入交火。当我抵达现场的时候，他们已经没有多少弹药了。从敌军那边打来的火力颇为猛烈，我军则只是偶尔加以还击，猎兵之所以还能坚守此地，完全是因为敌军不打算占据此地。他们面临着不可避免的死亡，却不能给法军造成什么损失。[300]

从穆拉维约夫的记载中并不能判断该连是否在执行上级任务，也不能判明连长是否无视上级命令自行其是，同样也无法看出坚守这块阵地是否具备重大意义。这些猎兵可能隶属于正在皮尔纳附近作战的第 2 步兵军，而它当时的军长是符腾堡的欧根。

有些时候，就连装备不大适合散兵战的士兵也会以散开队形投入战斗。比如，英国人乔治·卡思卡特指出，在包岑会战中，当帕夫洛夫斯克掷弹兵团凭借成功的刺刀冲击打退敌军，并且给敌军造成相当可观的损失后：

> [掷弹兵] 像轻步兵一样在树林里散开，守卫刚刚夺取的阵地，可在

这场后续战斗中蒙受的损失却远大于此前的战斗，惹人注目的铜掷弹兵帽让他们很不适合执行这种任务。尽管如此，掷弹兵还是坚守阵地整整一个白天，直到上级最终下令退却为止，那时，他们被迫把相当多的伤亡人员留在树林里听凭敌人发落。[301]

有时候，就连无法以散开队形作战的部队也会被用于散兵战。安东诺夫斯基提到，在第二次波洛茨克会战中，圣彼得堡和诺夫哥罗德民兵中的志愿者部队前来支援他的猎兵。他指出敌军刚一开枪就把民兵弄得颇为困惑，当民兵看到部队里出现伤亡后，他们就变得胆怯了，这些人聚拢到一起开始混乱地后撤。安东诺夫斯基说民兵奉命伏在地上以卧姿射击。这种看上去颇为荒谬的做法在正规军中早已被废弃，当敌军散兵迫近并增强火力后，民兵就完全停止了射击。[302] 拉斐尔·米哈伊洛维奇·佐托夫（Рафаил Михайлович Зотов）是另一个圣彼得堡民兵营里的一名准尉，按照他的说法，他在第二次波洛茨克会战中奉命率领该营的 90 名士兵投入散兵战。民兵起初的战斗相对而言较为顺利，不过，当他们胆大到朝着路过的法军胸甲骑兵开火后，情况就发生了变化，位于后侧的几个胸甲骑兵中队朝民兵杀来。民兵起初还能挡住法军，可当他们耗尽弹药之后，就轮到法军砍杀他们了。佐托夫被手枪打伤两处，还受了几处剑伤，他失去知觉倒在地上。法军以为他已经死了。其实他身上厚实的冬衣让大部分劈砍都没能造成实际伤害，佐托夫最后活了下来。[303]

步兵要想卓有成效地展开散兵战，就必须能够有效率地射击，这就要求士兵接受瞄准射击训练并配备优良的兵器。笔者并不能断言俄军中的瞄准射击训练取得了何等程度的进展，也无法判断训练对实战有多大影响。不过，有几位普鲁士军官注意到在埃考（Ecaku）战斗、吕岑会战和包岑会战中，许多俄军散兵在射击时并未瞄准目标：他们没有将枪托抵肩，而是让枪托与腰部或髋部等高，枪口也随之上扬，这就导致子弹飞行轨迹过高。[304]

俄军步兵的武器总体而言质量不高。正如前文所述，俄军步兵同时使用多种口径的步枪，这导致俄军在给步兵供应配有合口铅弹的弹药时遭遇了相当大的困难。铸造铅弹和装配弹药的工作往往仍然在团内展开。俄军一再努力，想让每个团配备同一口径的步枪（先后在 1809—1810 年和 1813 年做过这类尝

524

试），但直到拿破仑战争为止，这类工作都未能全部完成。

俄军在 1812—1814 年诸战局中需要大量步枪，这既是为了装备新部队（现有步兵团的后备营、新的步兵团和民兵），也是为了替换在战斗中损失和因过度使用而磨损的步枪。俄国在 1812 年购买了大约 100000 支英国步枪（它们要到当年年底才开始运抵俄国）。

在 1812 年，俄军各团使用了许多质量低劣或太过老旧的步枪。帕斯克维奇将军提到他的师里有些团步枪质量非常差，于是，他在斯摩棱斯克附近的战斗（1812 年 8 月 4 日 /16 日）中下令奥廖尔步兵团——该团由帕斯克维奇在 1811 年亲自组建——用法军步枪替换该团的原有枪支，这些新步枪取自战死在斜堤（位于城市或要塞周围的壕沟前方，略微朝敌军方向倾斜的平整地带）上的大批敌军。[305] 俄军在战争期间采用多种手段收集枪支，甚至连存在故障的也不放过。比如说，库图佐夫在他于 1812 年 9 月 22 日 /10 月 4 日下达的一道命令中表示：

> 要求部队勤于收集兵器，如果有人上缴 [无主或从敌军手中夺取的] 枪支，那么每支好枪奖赏 5 卢布，每支坏枪奖赏 3 卢布。[306]

1813 年 6 月 26 日 /7 月 8 日，巴克莱命令朗热隆将军和维特根施泰因将军组织人手测量他们麾下部队的步枪口径，并且以"尽可能让一个团装备一种步枪"的方式重新分配枪支。与此同时，巴克莱也向温青格罗德（Wintzingerode）将军和奥斯滕 - 萨肯将军指出症结所在："许多团里的弹药与步枪口径完全不相配，所以弹药根本没法放进枪膛里。"而后命令他们组织人手重新制备弹药。[307]

拉多日茨基可能正是按照第一道命令前往维特根施泰因军中测量步枪口径。按照此人的记载，他先后走访了 28 个团，检查了大约 30000 支步枪，而后完成了一份报告，并在附表中列出了每个团各有多少支不同类型的步枪。拉多日茨基写道：

> 在我见到的步枪里，以 1806—1809 年间产于图拉的 [俄国] 步枪最多，

它们在外形上与标有"列日"[Liège] 的法国步枪非常相似，而且口径也一样，战列步兵团里有许多大口径的老式图拉步枪，生产年份在 1797—1800 年之间，它们因射击产生了相当严重的磨损，因而几乎无法使用。某些步兵团还配备了标有王冠标记的英国步枪、标有莫伯日 [Maubeuge] 的法国步枪、标有波茨坦 [Potsdam] 的普鲁士步枪，甚至还有瑞典步枪。在上述所有步枪中，标有"列日"的法国步枪最轻便、质量最好；英国步枪较为沉重，口径也大于法国步枪，不过它更为耐用；普鲁士、瑞典步枪以及我们的图拉老枪都很难操作，极为笨重，基本上没什么用处。[308]

列日和莫伯日都是生产了大量兵器的城市。拉多日茨基注意到某些团里存在种类繁多的步枪，并推断这是医院中的混乱管理造成的后果，因为他发现大部分从医院归队的人员都带来了与团里主流型号不同的步枪。[309] 米哈伊洛夫斯基 - 丹尼列夫斯基写道，在 1813 年战局中，某些步兵军里有整营整营的士兵来自其他军。这些人有的是执行完分遣任务后归队，有的是自医院归队，还有的是在行军途中掉队……他们要在休战期间才返回原先所属的步兵团。[310]

许多步枪在漫长的战局中不幸损坏，士兵不得不使用他们能够弄到的任何步枪。奥特罗先科表示，在 1813 年战局之初，第 14 猎兵团发现布龙贝格①城里有 600 支崭新的英国步枪，于是就将其悉数征用（当时全团也只有大约 600 人）。根据奥斯特罗申科的说法，1814 年战局结束时，第 14 猎兵团混装了来自俄国、法国、英国以及其他国家的各式步枪。[311]

在 1812 年战局和 1813 年战局之初，包括巴克莱·德·托利在内的若干俄军指挥官依然认为，与俄军散兵相比，法军散兵更机敏，射术也更精，因而在散兵战——特别是林地战斗——中更有战斗力。[312] 这也是俄军在某些情况下会尽量避免长时间交火的一个额外因素。然而，散兵战实际上往往会拖很久，在小规模的前卫战和后卫战中尤其如此。拉多日茨基就提到过俄军于 1813 年 4 月 29 日 /5 月 11 日在距离德累斯顿不远的地方据守菲施巴赫（Fischbach）村

---

① 译注：布龙贝格（Bromberg），即今波兰比得哥什（Bydgoszcz）省比得哥什市。

附近的高地，并且坚持了很久：

> 我们前方蜿蜒着一条松软潮湿的谷地，敌军散兵正从那里杀来。我
> 出于好奇飞奔到最近的小丘上，钦佩地看着散兵从石块跑向树林，从树
> 林跑向石块，只留下一道道致命的烟雾，有的时候，在步枪的噼啪声中
> 还会传来炮弹的轰鸣，这让步枪暂时沉寂下去。[敌军]预备队列成散开
> 队形赶去增援散兵，随后，[我军]骑兵部队攻击敌军第一条散兵线，也
> 将预备队打乱，这一切看上去与其说是战争，倒不如说是野外狩猎。[313]

拿破仑的军队在 1813 年已经充斥着新兵，法军及其盟军步兵的散兵战水
准较之过去也出现了显著下滑。与此同时，俄国士兵却已积累了相当多的经验，
也乐于以散开队形投入战斗。正如米洛拉多维奇将军的副官格林卡所述：

> 在 5 月 3 日的会战中，克恩 [Керн/Kern] 上校想要轮换一条已经战斗
> 了几个小时的散兵线。可散兵们喊道："不要轮换！只要补充弹药，我们
> 就能打到晚上！"[314]

1813 年 5 月 3 日 /15 日，俄军在包岑城附近展开了一场尤为激烈的后卫战。
而叶尔莫莱 · 费奥多罗维奇 · 克恩（Ермолай Федорович Керн）当时正是别洛
焦尔斯克步兵团的团长。

从拉多日茨基对散兵战的观察来看，俄军和法军散兵在 1813 年的交战中
已经基本能够打成平手。以他曾提到的包岑会战中阵地左翼的山地散兵战为例：

> 拿破仑麾下的年轻士兵尽管迫切地渴望荣耀，却无法将俄军逐出山
> 地，法军散兵在封闭地带上原先具备的优势也有所变化。[315]

他也谈到过发生于 1813 年 8 月 9 日 /21 日的后卫战：

> 我们连并未投入战斗，于是我打马上前观战。那些身手敏捷的散兵

的规避技艺必定值得钦美，他们在机动中不断调整位置，时而在树丛中穿梭，时而隐蔽在石块、树木后方开火。法军的出色之处是灵活敏捷，我军则是勇猛无畏。[316]

从最后一段内容中可以看出，法军散兵在机动上占有优势，俄军散兵则能够较为大胆地迫近敌军。此外，俄军猎兵还在这场战斗中遭到了敌军骑兵的冲击，前文中已经引述了拉多日茨基关于此次战斗的记载。

皮萨列夫少将指出，在莱比锡会战中，年轻的法国步兵在开阔地上排出了太过稠密的散兵线，它几乎连绵不断，"就像是横队一样"。[317]然而，1813 年的若干俄军步兵团里也有许多几乎未经训练的新兵。阿列克谢·卡尔洛维奇·卡尔波夫（Алексей Карпович Карпов）在 1812—1814 年间先是担任上士，后来成为第 6 轻炮连里的一名军官，他表示自己在围攻德意志地区的凯尔（Kehl）要塞中曾指挥两门火炮配合切尔尼戈夫、雷瓦尔步兵团作战。卡尔波夫指出，每个团里有经验的士兵还不到 100 人，其他人都是只接受过很少训练的新兵。据他说：

> ……他们并没有 [正确地] 装填步枪，而是把整个枪膛里都塞满弹药，把铅弹一直捅到点火孔，因此根本无法射击……[318]

马耶夫斯基在 1814 年是第 13 猎兵团团主，他在谈及克拉奥讷会战时指出奔萨步兵团和萨拉托夫步兵团里的"火枪兵还没有养成独自战斗的习惯"。[319]

步兵的散兵战在所谓的"封闭地带"（закрытых местах）——起伏地带和居民点——攻防战中尤为重要。《步兵军官先生的作战日教令》中就如何在这类地带战斗给出了若干建议：

> 当团奉命守卫村庄或起伏地形时，当它必须派出独立分遣队据守阵地时，由团长派去率部防御的军官必须做到：1. 不得违反上级指挥官的指示；2. 判断敌军可能会出现的方向；3. 了解该部将要负责支援什么单位。部队在完成隐蔽后，总是得让敌军推进得越近越好，以便在第一轮

射击——不管怎样它至少会令敌军陷入混乱——中尽可能多地击毙敌人。军官不应当仅仅满足于射击，还应当寻找刺刀冲击的时机，战机出现后无须等待命令就应当发起冲击。在这样的冲击中，军官必须身先士卒，还要让士兵端起刺刀大呼"乌拉"冲击，这是为了吸引营长或团长的注意——届时他必须立刻骑马赶到争夺战现场，并做出判断，究竟是增援守军还是让守军撤回原地。听到"乌拉"吼声后，指挥其他部队单位的其他军官也绝不能离开指定的位置，他们只需要遵照上级的指示，并且对上级充满信心，相信上级会骑马赶来理顺一切事务。

如果团奉命攻击敌军据守的村庄或起伏地形，那么，根据上级指挥官的决定，它需要分成几个小纵队发起攻击。在得到攻击方位指示后，各个小纵队的指挥官一定不能让部队陷入交火，因为与得到掩蔽的敌军对射会带来相当不利的后果。部队需要快速发起刺刀冲击，将敌军逐出第一线阵地后不要追得太远，而应当抽出第3列的部分人员占据便于防御的地段，如果此后仍然不能依靠火力继续驱逐敌军，那么就得再度发起刺刀冲击。在将敌军逐出据点的战斗中，与交火相比，这样的果敢冲击总是有着更高的成功率和更少的伤亡。在这类刺刀冲击场合，士兵都需要高呼"乌拉"，这既是为让其他纵队了解他们正在取得成功，正在发起攻击，也是为了恐吓敌人；但在其他任何就地防御的场合则绝不能高呼"乌拉"，因为吼声会让混乱取代射击。[320]

最后一句里的"取代射击"（вместо пальбы）可能应当写作"取代有利态势"（вместо пользы）。

拿破仑战争后出版的军事手册中包括了更为细致的村落攻防战教令。根据相关手册的建议，应当把一条稠密的散兵线（相邻两对散兵间隔6—8步）部署在栅栏、沟渠等障碍物后方据守村庄边缘。还要在离散兵线最近的建筑物里部署几支小股预备队。规模较大的预备队需要留在广场和最重要的街道上，其他所有部队则位于村庄之后，部署在通往后方的道路上。相当重要的一点是，要让预备队能够在村庄内部自由机动。部队要在必要情况下打通道路——比如说摧毁墙壁、栅栏和建筑物，这些障碍物可能会阻止预备队赶赴重要地点。如果在村庄前方200—300步处存在河谷、沟渠或小块林地,最好让精选的散兵前去守卫上述地段。如果敌军攻入村庄,那就有必要发起反击,要让敌军忙于和我军散兵正面交战,同时用纵队攻击敌军侧翼。在攻击村落时,如果无法展开侧击,那就有必要快速推进,占据若干建筑物,然后重整队形继续推进。[321]

手册中还规定了与守卫村落类似的守卫林地的方式。在林地边缘部署一条稠密的散兵线,在散兵线两翼之后30—80步处和附近的道路上部署小股预备队,纵队位于后方100—150步处,林地前方200步以内的任何障碍物都应当由若干精选人员据守。在攻击敌军占据的林地时需要一枪不发快速推进,尽快夺占其中的重要部分。在树林里,最重要的作战目标就是找到敌军侧翼和保护己方侧翼。为了做到这一点,就应派出3—6人规模的巡逻队。[322]

从前文中引述的尼古拉·伊万诺维奇·安德烈耶夫有关克拉斯内战斗的回忆以及瓦西里·瓦西里耶维奇·维亚泽姆斯基(Василий Васильевич Вяземский)的日记中可以看出,据守居民点的通常是猎兵,他们会以连为单位各自为战,散兵屆时将沿着外围建筑列出面朝敌军的散兵线,在村、镇内部的重要街道保留预备队,以便及时增援受到威胁的地段。[323]

森林、树丛、灌木丛和居民点的争夺战常会打得非常混乱,军官几乎无法控制部队。瓦西里·谢尔盖耶维奇·诺罗夫就讲述过近卫猎兵团在库尔姆会战中是如何据守普里斯滕(Pristen)村的:

> 法军一如既往地使用步兵密集纵队冲击我们团,而且纵队前方还有乌云般的散兵和腾跃兵负责掩护。法国人和俄国人混杂在一起,双方的小队士兵跃过分隔菜园和林地的沟渠、石堆,在林中空地上交战,反复用刺刀展开搏杀。如果某个排被击退,军官就会冲上前去,有时会带着少数几名散兵冲向敌军,有时甚至会独自冲过去。[324]

尼古拉·尼古拉耶维奇·穆拉维约夫也讲述了库尔姆会战中位于左翼的俄军步兵战况:

……[我军] 其他各营在左侧不远处 [与敌军] 展开了激烈的交火。他们在沼泽和石墙纵横交叉的封闭地带作战，并没有列成散兵线，而是鸟合成若干个小群体，与人数上占据优势的敌军拼死搏杀。[325]

新战术的整体分析

仅仅依靠散兵并不能取得多少战果。散兵与列成密集队形的步兵间的协同作战非常重要。如果步兵处于守势，散兵就应当掩护第一线的步兵营，使其免遭敌方散兵攻击，并朝打算攻击第一线的敌方步兵队形开火。如果步兵处于攻势，散兵就应当击退敌方散兵并朝敌方步兵战线开火，以便诱使敌方过早开火并削弱敌军战线，为正在散兵后方行进的步兵营做好冲击预备工作。因此，散兵在攻击和防御中的作战目的并不一致，需要投入的人数也不相同。

米哈伊尔·谢苗诺维奇·沃龙佐夫将军于 1815 年 6 月 1 日 /13 日发给第 12 步兵师的命令规定在相对平整的地带要采用如下战斗队形：第 1 步兵旅位于第一线，第 2 步兵旅位于第二线，猎兵旅位于第三线或充当预备队，各条战线间的前后距离是 300 步。各营应当在初始位置列成以右翼排为基准的紧密纵队：即第 1 排（掷弹兵排）位于最前方，其余各排依次位于第 1 排后方，各排间的距离仅有 4 步。在第一线和第二线中，相邻步兵营的左右间隔是全间隔，也就是大约 150 步（这个间隔可以确保即便将所有步兵营都展开成横队，也不至于出现重叠）。第二线的步兵营必须正对第一线步兵营的间隔（也就是列成同色棋盘格般的交错队形）。预备队应当位于第二线正后方，其中各营的左右间隔为 12 步。

如果该师正处于防御态势，那么第一线的每个营都必须抽出散兵。步兵师在转入攻势前应当显著增加散兵人数，因而需要从预备队中抽调几个猎兵连乃至一个猎兵营，如果没有猎兵，那就应当让第一线和第二线的散兵部队在第一线前方散开。如果第一线击退了敌军，它就应当占据敌方阵地并停下来收拢队形，第二线则要穿过第一线的间隔继续前进，必要情况下还可以进一步发起冲击。如果第一线损失轻微，第二线就没有必要向前推进，而应当停止前进，与第一线保持 300 步的前后距离。击溃敌军后应当让纵队停下来重整队形，散兵则展开追击。纵队一旦重整完毕，就要以常步跟随散兵前进，随时准备冲击继续抵抗的敌军。

沃龙佐夫解释说，如果步兵师处于守势，就应当尽量减少散兵人数，因为投入作战的散兵越多，射击产生的烟雾就会导致散兵的视野越发模糊，而且还会给敌军提供更好的目标。但在进攻场合，沃龙佐夫规定："必须在我军纵队前方部署一大群散兵，必须在冲击纵队前方部署多个猎兵连，必要的时候还可以出动一整个猎兵营。这些猎兵应当勇敢、积极地前进，对准敌军腹部开火，不要让敌军回过神来，还要包抄敌军侧翼乃至攻入后方，要消灭敌军炮群里的炮手，简而言之，就是在己方纵队坚定、冷静地迫近敌军前已然威吓、削弱敌军。"[326]

第一西方军团总部于 1818 年颁布的《散开队形规则》也描述了散兵居前的步兵纵队冲击方式。从中甚至可以看出普军 1812 年步兵条令的影响。《规则》指出："步兵战斗的基础是列成散开队形和密集队形的部队相互保护。"这句话与普军条令的说法"步兵战斗就是列成散开队形和密集队形的战士相互协助"非常类似。[327]《规则》以下辖 4 个营的部队为例，列出了典型的冲击方法：

当步兵指挥官发现敌军战线陷入混乱，敌军炮火有所减弱，因而决心发起冲击时，他应当将自己手中的步兵营列成冲击纵队。纵队以排成交错队形的两条战线向前推进，两线前后距离应当是 150 步（略多于 100 米，普军步兵条令也规定让步兵营排成交错队形，两线间距同为 150 步[328]）。应当在冲击前加强散兵线的兵力——如果后一半散兵尚未散开，那就要在冲击前散开。随后则应命令整条散兵线向前进攻。与此同时，散兵应当加快射击速率，将火力集中到后方步兵纵队将要冲击的敌方战线对应点上。

当第一线的纵队距离敌军仅有 100 步，而敌军仍未退却时，各位营长就应当下令："掷弹兵排和射击兵排向右向左转（在紧密纵队中，这种向右转或向左转就是以伍为单位侧向行进），前进！前进！"听到营长的命令后，位于纵队末端的排（掷弹兵排和射击兵排）就要先侧向行进，再向前推进，与纵队前端各排齐平：掷弹兵排来到第 4 排右侧，射击兵排来到第 5 排左侧。散兵线中的散兵要一边开火一边推进，不过，随着越发接近敌军，他们应当以更慢的步速前行。距离敌军 50 步时会发出"终止"信号，散兵此时就要停下前进步伐，然后在军官指挥下移往两侧，给纵队让出行进空间。

营长此时要下令："前排，手臂持枪，一，二！"于是，掷弹兵排、第4排、第5排和射击兵排的士兵就要将步枪放到"手臂"位置（"手臂持枪"姿势要求双手持枪，步枪则朝向斜前方）。营长随后继续下令："前进，前进，乌拉！"士兵就要高呼"乌拉"，挺起刺刀以快步向前推进。如果事实证明第一线步兵营在向前冲击敌军时因为敌方火力蒙受了太大损失而无法成功完成刺刀冲击，指挥官就应当命令第一线部队退却，不过掷弹兵排和射击兵排需要留在原地展开反击，以掩护营里的其他排后撤。与此同时，第二线步兵营要越过第一线斜向推进，针对第一线刚刚攻击过的敌方阵地发起新一轮冲击。如果敌军开始退却，散兵就应当展开追击，同时掷弹兵排和射击兵排应当作为预备队紧跟散兵。[329]

这种冲击方式中的若干细节看起来多少有些生硬，第一线未能成功完成冲击时的退却方案和要求第二线步兵营冲击第一线刚刚进攻过的敌军地段显得尤为不切实际。因为第一线步兵营的退却可能会给散兵和第二线士兵带来非常不好的印象，导致他们认为冲击已经失败，因此丧失信心，停止前进乃至开始退却。

如果第一线步兵营未能成功完成冲击，反倒陷于停顿，此时较好的做法并不是命令上述部队退却，而是听任它们留在原地继续射击，第二线步兵营此时则可以穿过第一线当中的横向间隔冲击敌军。敌军用于据守某一特定地段的兵力通常也是两条步兵战线，即便仅有一线也至少会留有一支规模不大的预备队。所以，即使己方的第二线成功冲击了敌军第一线，第二线的步兵营也有可能遇上麻烦——成功冲击后通常都会出现这种情况——它们还得去对付敌军的第二线或预备队，稍有不慎就会被击退。如果出现了这种不利战况，留下来坚持战斗的原第一线步兵营就可以掩护原第二线退却。

如果原第一线步兵营按照上文中沃龙佐夫描述的方法退却，而原第二线步兵营也遭遇失利，同样被迫退却，那么原第二线部队的后撤就会给正在退却中的原第一线部队带来相当糟糕的影响，就连留在原地的掷弹兵排和射击兵排也可能在全面退却中一起后退，这样一来，两条战线中的所有步兵营就会同时后撤。在这种情况下，除非部队能够撤到距离敌军较远的安全距离或是遇到己方预备队，不然就很难让他们停下来重整队形。如果敌军由守转攻，冲出去追击正在退却的己方部队，这场退却就可能带来非常惨烈的后果，假如敌军投入了骑兵，那情况尤为糟糕。

沃龙佐夫之所以会要求第一线步兵营在冲击失利的情况下后撤，可能是与第二线步兵营要冲击同一地段的观念有关。但这么做似乎没有什么必要，甚至有可能并非最佳选择：遭遇俄军第一线步兵冲击的敌军刚刚意识到他们已经击退了俄军的冲击，这样的胜利将鼓舞敌军，使其信心倍增，此时，就连第二线步兵营的冲击也无法给他们带来重大影响。

不过，沃龙佐夫的描述总体而言还是很好地反映了步兵冲击的新战术，这种战术的基础是一条稠密散兵线和两条营纵队战线间的密切协作。

至于防御，有份名为《步兵团训练规则》（Правила полкового учения для пехоты）的文件——它同样是由第1西方军团在1818年颁布——规定步兵在防御场合必须列成由展开成横队的步兵营组成的战线，散兵也必须在战线前方300步处列成散开队形。当敌军进至距离战线300步时，就应当召回散兵。这位作者（或这些作者）认为等到召回散兵的时候，散兵已经给推进中的敌方步兵造成了相当大的损失。一旦散兵离开战线正前方，就要发出信号让各个步兵营发起按伍射击，这样的射击将一直持续到敌军距离战线100步为止（持续大约两分钟），随后，将会发出另一个信号，让整条战线停止射击，转而展开刺刀反冲击。当敌军被迫退却时，散兵必须展开追击。[330] 于是，这部教令的作者（或作者们）认为在防御中应当提前召回散兵，让展开成横队的步兵营展开为时两分钟的会战射击，接下来再发起刺刀反击。

这种防御方式的阐述中也存在几个争议点。首先，它假设当敌军进至距离战线300步时，散兵已经有足够时间给敌军造成严重杀伤，这种估计似乎太过乐观了。事实上，己方散兵多多少少会受到敌方散兵的干扰，但阐述中并未提及这种情况，好像它并不存在一般，可它一定存在，而且敌方散兵在进攻时的任务之一正是掩护正在推进的步兵营，使其免遭防御方散兵的袭扰，乃至将防御方散兵驱散或将防御方散兵的火力吸引到自己身上。

为了让步兵在较远距离上列队开火，步兵面前就应当是大体平坦开阔的地带。然而，一旦这样列队，步兵就完全出现在敌军视野里，因而会招致他们的炮兵和散兵火力。如果让己方散兵提前退却，就会有让步兵战线暴露在敌方散兵火力下的危险。尽管这样的射击只会持续相对较短的时间——至多两分钟，甚至有可能更短——却可能在决定性的时刻到来前带来额外的精神影响，也就有可能给正在推进中的敌军带来些许优势。

如果己方步兵战线在这种情况下展开为时大约两分钟的会战射击——也就是每一名步兵开火 5—6 次——那么，士兵沉溺于射击、脱离军官控制、拒绝服从停止开火的命令继而拒不转入反击的风险就会变得相当大。此时，如果敌军并没有被火力挡住，反而继续向前推进，那么，防御方正在开火的战线就很可能被击溃。正如英国步兵与法国步兵交战时的经验所示，在防御中最好不要让散兵过早后撤，第一线的射击也应当仅仅局限于近距离上的一轮齐射，其后就应当立刻转入刺刀反冲击。

因此，俄军已经充分理解如何将崭新的步兵战术原则用于进攻，但还没有很好地在防御中对它加以运用。

注释

[1] *Отечественная война 1812 года. Материалы Военно-ученого архива Главного штаба*. Отд. 1, т. 1, ч. 2, СПб., 1900, с. 13-16（该书将法令颁布时间误作1812年10月）.

[2] *Отечественная война 1812 года. Энциклопедия*. (《1812年卫国战争: 百科全书》) М., 2004, с. 731.

[3] Ульянов, *op. cit.*, с. 18.

[4] Адамович Б. В.*Сборник военно-исторических материалов Лейб-гвардии Кексгольмского императора австрийского полка*. (《凯克斯霍尔姆近卫军团军事历史材料汇编》) СПб., т. 3, 1910, с. 242.

[5] 《Записки М. С. Воронцова》(《米哈伊尔·谢苗诺维奇·沃龙佐夫回忆录》) //Харкевич, *op. cit.*, вып. 1, с. 201.

[6] Воронцов М. С.《*Некоторые правила для обращения с нижними чинами в 12ой пехотной дивизии. (1815)*》(《对待第12步兵师士兵的若干规则》) //*Русский архив*, 1877, кн. 2, с. 168.

[7] Ульянов, *op. cit.*, с. 22.

[8] *Отечественная война 1812 года. Материалы Военно-ученого архива*, Отд. 1, т. 17, СПб., 1911, с. 34-35.

[9] *Война 1813-го года. Материалы Военно-ученого архива*. (《1813年战争:军事历史档案材料》) Отд. I, СПб, т. 1, 1914, с. 154.

[10] Михайловский-Данилевский А. И. *Полное собрание сочинений*. СПб., 1850, т. 5, с. 84.

[11] *Ibid.*, т. 6, с. 35.

[12] Хатов, *Общий опыт тактики*, т. 1, с. 139.

[13] *Ibid.*, с. 82 (Guibert, *op.cit.*, t.1, p. 79).

[14] *Ibid.*, с. 86-89 (Guibert, *op.cit.*, t.1, p. 85-87).

[15] *Ibid.*, с. 90-91 (Guibert, *op.cit.*, t.1, p. 89-90).

[16] *Ibid.*, с. 105 (Guibert, *op. cit.*, t. 1, p.116-117).

[17] *Ibid.*, с. 101-104, 109.

[18] *Ibid.*, с. 103-104, 161.

[19] *Ibid.*, с. 105-107 (Guibert, *op.cit.*, t.1, p. 31-35).

[20] *Ibid.*, с. 110-118 (Guibert, *op.cit.*, t.1, p. 119-121).

[21] *Ibid.*, с. 104-108.

[22] *Ibid.*, с. 122; План V, Фиг. 20-27; План VI, Фиг. 28-30, 33 (Guibert, *op.cit.*, t.1, p. 123-126, 133-134, Planche IX).

[23] *Ibid.*, с. 129 (Guibert, *op.cit.*, t.1, p. 164-165).

[24] *Ibid.*, с. 170-172; План XV, Фиг. 67-71.

[25] *Ibid.*, с. 172-173.

[26] *Ibid.*, т. 2, 1810, с. 217, 237-238.

[27] *Anon.*,《Краткое обозрение бывших в последнее время в употреблении боевых порядков》(《简评近期使用的战斗队形》) //*Военный журнал*, 1810, № 3, с. 6-7〔作者可能是彼得·亚历山德罗维奇·拉赫马诺夫（Пётр Александрович Рахманов），他是期刊的编辑之一〕.

[28] *Примечания о последних переменах в учении*. (《关于最近训练改革的注解》) СПб., 1808. 笔者至今未能找到这本书，所有与它有关的信息都源自: *Столетие военного министерства.1802-1902. Главный штаб. Исторический очерк. Образование (обучение) войск*. СПб., т. 4, ч. 1, кн. 2, отд. 3, Уставы и наставления, вып. 1, 1903, с. 222-223.

[29] *Воинский устав о пехотной службе*. СПб., 1811, с. 2-4.

[30] *Ibid.*, с. 64-65.

[31] *Ibid.*, с. 8-9.

[32] *Ibid.*, с. 18-19, 119. 在第21、第68页，快步被定为每分钟120步，但正如勘误表所示，这是一个笔误.

[33] *Ibid.*, с. 20-23.

[34] *Ibid.*, с. 29-51.

[35] *Ibid.*, с. 52-63.

[36] Бутовский, *op. cit.*, с. 67-68, прим. авт.

[37] *Воинский устав о пехотной службе*, 1811, с. 63-88.

[38] *Ibid.*, с. 105.

[39] *Ibid.*, с. 106, 109, 111.

[40] *Ibid.*, с. 110-111,

[41] *Ibid.*, с. 108, 110-111, 112.

[42] *Ibid.*, с. 112-113.

[43] *Ibid.*, с. 127-138.

[44] *Ibid.*, с. 138-152.

[45] *Ibid.*, с. 152-159.

[46] *Ibid.*, с. 184.

[47] *Ibid.*, с. 166.

[48] *Ibid.*, с. 166-174.

[49] *Ibid.*, с. 176-189.

[50] *М. И. Кутузов. Документы*, т. 3, с. 19.

[51] 《Записки … Отрощенко》//*Русский вестник*, 1877, т. 131, с. 526.

[52] Хатов, *Общий опыт тактики*, т. 1, с. 65（步幅）, 80-81（射击标靶）, 83（射击人员）. 也见: Guibert, *op.cit.*, t.1, p. 75, 81.

[53] *Краткое наставление о солдатском ружье*. СПб., 1809, с. 48-49.

[54] *Ibid.*, с. 52.

[55] Hulot J. B., Bigot, *Instruction sur le service de l'artillerie.* Paris, 2-me édition, 1809, p. 42-43.

[56] *Ibid.*, с. 53-56.

[57] *Аноп.*,《Нужные замечания о стрельбе》//*Военный журнал*, 1810, № 8, с. 37.

[58] *Аноп.*,《Начертание о полевой егерской службе》//*Военный журнал*, 1810, № 5, с. 18; *Аноп.*,《Краткое рассуждение об учениях войск》(《关于部队训练的简略思考》) //*Военный журнал*, 1810, № 9, с. 2.

[59] *Воинский устав о пехотной службе*, 1811, с. 198-200.

[60] *Règlement ... du 1er août 1791*, p. 128-129.

[61] *ПСЗРИ*, т. 30, 22.827 (с. 71).

[62] Гулевич С. А. *История лейб-гвардии Финляндского полка*, ч. 1, с. 138; Адамович, *op. cit.*, т. 3, с. 238-239.

[63] *М. И. Кутузов. Документы*, т. 3, с. 84, 207, 429, 458, 629, 772; т. 4, ч. 1, 1953, с. 393-394.

[64] *Бумаги относящиеся до войны 1812 года, собранные и изданные П. И. Щукиным.* (《由彼得 · 伊万诺维奇 · 休金整理出版的1812年卫国战争文件》) М., ч. 10, 1908, с. 411-412; 同样的内容收录在: Гулевич, *История лейб-гвардии Финляндского полка*, ч. 1, с. 183.

[65] Мартынов, *op. cit.*, с. 73.

[66] Пестриков Н. С. *История Лейб-Гвардии Московского Полка*.(《莫斯科近卫团团史》)СПб., т. 1, 1903, с. 33.

[67] *М. И. Кутузов. Документы*, т. 3, с. 480.

[68] *Аноп.*,《Нужные замечания о стрельбе》//*Военный журнал*, 1810, № 8, с. 36, 49-50.

[69] 《Рассказы … Петрова…》//*1812 год. Воспоминания*…, с. 193.

[70] Маевский С. И.《Мой век, или История генерала Маевского. 1779-1848》(《我的世纪，或马耶夫斯基将军的故事，1779—1848年》) //*Русская старина*, 1873, т. 8, с. 266.

[71] *Воинский устав о пехотной службе*, 1816, с. 355-356; план XLVI, фиг. 2.

[72] *Ibid.*, с. 359-360.

[73] *Ibid.*, с. 356-359; план XLVII, фиг. 1, 2.

[74] *Ibid.*, с. 263-264; план XXX, фиг. 1; с. 332-334; план XL, фиг. 2, 3.

[75] *Ibid.*, с. 257-263; план XXIX, фиг. 2, 3, 4; план XXX, фиг. 2, 3.

[76] *Ibid.*, с. 358.

[77] *Ibid.*, с. 363-373; план XLVIII, фиг. 1, 2; план XLIX, фиг. 2, 3; план L, фиг. 1, 2; план LI, фиг. 1, 2.

[78] *Ibid.*, с. 362, 363,

[79] *Ibid.*, с. 373-376, 380-381; план XLIX, фиг. 4; план L, фиг. 3; план LI, фиг. 3.

[80] Медем, *Тактика*, ч. 1, с. 24-25.

[81] 关于实心方阵和普通空心方阵的优缺点分析详见: Renard, *op. cit.*, p. 96-99 (俄译文见: с. 68-71).

[82] Okouneff, *Examen*, p. 76 (同样的内容收录在 : *Considérations*, p. 179).

[83] *Воинский устав о пехотной службе*, 1816, с. 258, 260-261, 263-265, 322, 324, 326-328, 332-333, 355, 367, 370-371.

[84] 《Наставление…》//*Военный сборник*, 1902, № 7, ч. 2, с. 238-244.

[85] Российский М. А. *Очерк истории 3-го пехотного Нарвского, генерал-фельдмаршала князя Михаила Голицына полка.* (《元帅米哈伊尔·戈利岑公爵第3纳尔瓦步兵团史纲》) М., 1904, с. 295-302.

[86] Радожицкий, *op. cit.*, т. 1,ч.1,с. 77; Михайловский-Данилевский, *Полное собрание сочинений*, т. 4, с. 194.

[87] Голицын Н. Б. *Офицерские записки или воспоминания о походах 1812, 1813 и 1814 годов.* (《军官的1812、1813和1814年战局札记或回忆录》) М., 1838, с. 12; 同样的内容刊登在:《Очерки военных сцен. 1812-1814. Записки князя Николая Борисовича Голицына》(《1812—1814年战争特写, 尼古拉·鲍里索维奇·戈利岑公爵札记》) //*Русский архив*, 1884, кн. 2, с. 431.

[88] 《Из воспоминаний князя Горчакова》//*Харкевич, op. cit.*, вып. 1, с. 197-198; 同样的内容见: *Бородино: Документы, письма, воспоминания.* М., 1962, с. 345; [Голицын Н. Б.] *La bataille de Borodino, par un temoin oculaire.* Saint-Pétersbourg, 1839, p. 12-13; 同样的内容见: *Souvenirs et impressions d'un officier russe pendant les campagnes de 1812, 1813 et 1814, avec la relation de la bataille de Borodino.* Saint-Pétersbourg, 1849, p. 16-17;《Шевардинская битва по рассказу князя Н. Голицына》//*Бумаги … изданные П. И. Щукиным*, ч. 3, 1898, с. 7-8 (这个版本表示该营奉命原地不动).

[89] Душенкевич Д. В.《Из моих воспоминаний от 1812-го года до (1815-го года)》(《源自我1812—（1815年）回忆的史料》) //*1812 год в воспоминаниях*, с. 115.

[90] 《Записка генерала Неверовского о службе своей в 1812 году》(《涅韦罗夫斯基将军的1812年战争札记》) //*Чтения в Императорском обществе истории и древностей Российских*, 1859, кн. 1, Смесь, с. 79.

[91] Липранди И. П. *Война 1812 года. Замечания на книгу《История Отечественной войны 1812 года, по достоверным источникам》, сочинение генерал-майора Богдановича.* (《1812年战争：为波格丹诺维奇少将撰写的〈据可靠材料编写的1812年战争史〉作注解》) СПб., 1869, Замечания на 2-й том, с. 21.

[92] 《Из записок Н. Н. Раевского об Отечественной войне 1812 года》(《源自尼古拉·尼古拉耶维奇·拉耶夫斯基1812年卫国战争札记的史料》) //*Бородино. Документы, письма, воспоминания.* (《博罗季诺：文件、书信与回忆》) М., 1962, с. 380-381.

[93] *Règlement … du 1er août 1791*, p. 186.

[94] Württemberg, *Erinnerungen…*, S. 80-82, 222; 同样的内容见: Württemberg, *Memoiren*, T. 2, S. 100-103, 145 (俄译文见: *Военный журнал*, 1848, № 1, с. 65-67; 1849, № 6, с. 125) .

[95] Паскевич И. Ф.《Походные записки》//*Харкевич, op. cit.*, вып. 1, с. 85-94.

[96] 《Рассказы … Петрова…》//*1812 год. Воспоминания…*, с. 182-184.

[97] Карпенко М. И.《Письмо старого воина к товарищам, бывшим в бою на Бородинском поле》(《一位老战士写给博罗季诺战友的书信》) //*1812 год. Воспоминания…*, с. 340.

[98] Labaume E. *Relation circonstanciée de la campagne de Russie, en 1812.* 4-me édition. Paris, 1815, p.139-140; 也见 Lejeune, *op. cit.*, vol. 2, p. 210 (俄译文见: *Французы в России: 1812 год по воспоминаниям*

современников-иностранцев. M., 2012, ч. I-II, с. 238）。一份官方公报和某些参战者回忆则认为普洛佐纳在博罗季诺村争夺战中就已战死或受了致命伤，此时第106团尚未越过科洛恰河：《Rapport du vice-roi au major-général》Goujon A. M. *Bulletins officiels de la grande armée.* Paris, 1821, p. 131; Laugier C. de *Gl'Italiani in Russia.* Italia, 1825, vol.3, p.56（俄译文见：*Французы в России*, ч. I-II, с. 198）; Pelet J.-J. G.,《Bataille de la Moskwa》//*Spectateur Militaire*, t. 8, 1830, p. 127（俄译文见：Пеле Ж.《*Бородинское сражение*》(《博罗季诺会战》)//*ЧИОИДР*, 1872, кн. 1, с. 75).

[99] Württemberg, *Erinnerungen...*, S. 170-171（俄译文见：*Военный журнал*, 1849, № 3, с. 129-130）.

[100] Сипягин Н. М.《*Арьергардные дела после Люценского сражения до Бауценского*》(《从吕岑会战到包岑会战的后卫战》)//*Военный журнал*, 1818, кн. 4, с. 35-36.

[101] Cathcart G. *Commentaries on the War in Russia and Germany in 1812 and 1813.* London, 1850, p. 161-162.

[102] Писарев А. А. *Военные письма.* (《战争书信》) M., 1817, ч. 1, с. 323-324.

[103] Норов В. С. *Записки о походах 1812 и 1813 годов, от Тарутинского сражения до Кульмского боя.* СПб., 1834, т. 2, с. 38, прим. авт. 文中提到的尼卢斯系波格丹·波格丹诺维奇·尼卢斯（Богдан Богданович Нилус）上校是第30重炮连连长。

[104] *Бородино. Документы...*, с. 148; Симанский Л. А.《*Журнал участника войны 1812 года*》//*Военно-исторический сборник*, 1913, № 4, с. 132; 1914, № 1, с. 111;《*Рассказы … Петрова…*》//*1812 год. Воспоминания...*, с. 182;《*Из записок В. И. Тимофеева*》//*Харкевич, op. cit.,* вып. 2, 1903, с. 180;《*Из записок генерала А. Н. Марина*》(《源自阿波隆·尼基福罗维奇·马林将军回忆录的史料》)// *Воронежское дворянство*, с. 252（也见：Марин А. Н. *Краткий очерк истории лейб-гвардии Финляндского полка,* (《芬兰卫团简史》) СПб., 1846, кн. 1, с. 24); Норов В. С. *Записки ...*, т. 1, с. 51; т. 2, с. 73, 82, 88; Давыдов Д. В. *Замечания на некрологию Н. Н. Раевского с прибавлением его собственных записок на некоторые события войны 1812 года, в коих он участвовал.* (《关于尼古拉·尼古拉耶维奇·拉耶夫斯基将军讣告的注解，附将本人关于1812年战争中某些亲历事件的札记》) M., 1832, с. 84; *Поход русской армии против Наполеона в 1813 году и освобождение Германии. Сборник документов.* M., 1964, с. 329; Михайловский-Данилевский, *Полное собрание сочинений*, т. 6, с. 200.

[105] 《*Мои воспоминания о 1812 годе. Автобиографическая записка П. А. Тучкова*》(《我的1812年回忆。帕维尔·阿列克谢耶维奇·图奇科夫的自传体笔记》)//*Русский архив*, 1873, кн. 2, с. 1941（斯摩棱斯克）.

[106] Богданов Л. П. *Русская армия в 1812 году. Организация, управление, вооружение.* M., 1979, с. 133; 这一部分几乎是逐字逐句地重复了他此前发表的文章《*Боевой порядок русской армии в Бородинском сражении*》(《俄军在博罗季诺会战中的战斗队形》)//*1812 год. К стопятидесятилетию Отечественной войны.* (《1812年：卫国战争150周年纪念》) M., 1962, с. 113.

[107] *М. И. Кутузов. Документы*, т. 4, ч. 1, 1954, с. 143.

[108] *Бородино. Документы...*, с. 148;《*Рассказы … Петрова…*》//*1812 год. Воспоминания...*, с. 182;《*Из записок В. И. Тимофеева*》//*Харкевич, op. cit.,* вып. 2, с. 180;《*Из записок генерала А. Н. Марина*》// *Воронежское дворянство*, с. 252; Württemberg, *Erinnerungen...*, S. 222（俄译文见：*Военный журнал*, 1849, № 6, с. 125).

[109] Медем, *Тактика*, ч. 1, с. 23-24.

[110] Бутурлин Д. П. *История нашествия Императора Наполеона на Россию в 1812 году.* (《1812年拿破仑皇帝侵俄史》) СПб., ч. I, 1823, с. 270, 352.

[111] Boutourlin D. *Histoire militaire de la campagne de Russie en 1812.* Paris, Petersbourg, 1824, t. 1, p. 320.

[112] Веймарн И. Ф. *Высшая тактика.* (《高级战术》) СПб., 1840, с. 83.

[113] Толь К. Ф. *Описание битвы при селе Бородине, 24-го и 26-го августа 1812 года.* (《1812年8月24日与26日博罗季诺战记》) СПб., 1839, с. 12.

[114] *Воинский устав о пехотной службе*, 1816, с. 257-273, 293-296, 297-300, 303-305, 321-334.

[115] Радожицкий, *op. cit.*, т. 1, ч. 1, с. 62, 76; ч. 2, с. 254-255.

[116] *Ibid.*, т. 1, ч. 2, с. 269.

[117] Норов В. С. *Записки...*, т. 1, с. 50-51.

[118] Бутурлин, *История нашествия*, ч. II, 1824, с. 27, прим. переводчика（亚历山大·伊里奇·哈托夫的译注）; Харкевич, *op. cit.*, вып. 2, с. 203. 这两个例证都在谈论塔鲁季诺会战。

[119] *М. И. Кутузов. Документы*, т. 4, ч. 2, 1955, с. 301.

[120] *Ibid.*, т. 4, ч. 2, с. 164; *Бородино. Документы…*, с. 137; Радожицкий, *op. cit.*, т. 1, ч. 1, с. 121; Langeron, Mémoires, p. 252（俄译文见:《Журнал корпуса … Ланжерона》//Военный журнал, 1838, № 2, с. 74; Поход … в 1813 г., с. 246）; Württemberg, *Memoiren…*, T. 3, S. 157-158（俄译文见:《Действия правого крыла союзных армий от 25-го до 30-го августа 1813 г. Из записок принца Евгения Вюртембергского, командира 2-го русского корпуса》*Военный сборник*, 1875, № 8, ч. 1, с. 182-183）; Михайловский-Данилевский, *Полное собрание сочинений*, т. 7, с. 133, 156; Гулевич, *История 93-го пехотного…*, с. 416; Шеленговский И. И. *История 69-го пехотного Рязанского полка*. (《第69梁赞步兵团团史》) Люблин, т. 2, 1910, с. 282.

[121] 《*Наставление…*》//Военный сборник, 1902, № 7, ч. 2, с. 239.

[122] *Ibid.*, с. 240.

[123] *М. И. Кутузов. Документы*, т. 4, ч. 1, с. 182.

[124] Bausset J. de *Mémoires anecdotiques sur l'intérieur du palais impérial*. Paris, 1827, t. 2, p. 81（俄译文见: *Французы в России*, ч. I-II, с. 215）; Clausewitz, *Vom Kriege*//*Hinterlassene Werke*, Erster Band, Erster Theil, S. 256（俄译文见: Клаузевиц, *О войне*, т. I, с. 248）.

[125] Паскевич,《Походные записки》//Харкевич, *op. cit.*, вып. 1, с. 85-86.

[126] *Бородино. Документы…*, с. 89; *М. И. Кутузов. Документы*, т. 4, ч. 1, с. 182.

[127] 《Из воспоминаний … Андреева》//*Русский архив*, 1879, кн. 3, с. 193.

[128] 《Приказ Главнокомандующего 2-ю западною армиею князя Багратиона. 25 июня 1812 года》(《第2西方军团司令巴格拉季翁公爵的命令（1812年6月25日/7月7日）》)//*Военный журнал*, 1818, кн. 1, с. 36, 38; 同样的内容收录在: Военный сборник, 1903, № 5, с. 268-269; *Генерал Багратион. Сборник документов и материалов*, с. 179.

[129] 《*Наставление…*》//Военный сборник, 1902, № 7, ч. 2, с. 242.

[130] *М. И. Кутузов. Документы*, т. 4, ч. 1, с. 143.

[131] *Ibid.*, т. 4, ч. 2, с. 5.

[132] Норов В. С. *Записки …*, т. 1, с. 52.

[133] Langeron, *Journal*, T. IV (1807-1809)//ОР РНБ, ф. 73, № 275, л. 414, прим. 2, продолж. на л. 415（此前在期刊上发表的唯一一个俄译文本并不准确: *Русская старина*, 1908, т. 134, № 3, с. 235 n. 2）.

[134] *Бородино. Документы…*, с. 89.

[135] Адамович, *op. cit.*, т. 3, с. 339.

[136] Хатов, *Общий опыт тактики*, т. 2, с. 238-240; *Замечания*, ч. 2, с. 50-51, 115, 144.

[137] Медем, *Тактика*, ч. 1, с. 138.

[138] 《Мои воспоминания о 1812 годе. Автобиографическая записка П. А. Тучкова》//*Русский архив*, 1873, кн. 2, с. 1948-1952.

[139] Wilson, *Narrative…*, p. 95; 也见: Богданович М. И. *История Отечественной войны 1812 года, по достоверным источникам*. (《据可靠材料编写的1812年卫国战争史》) СПб., 1859, т. 1, с. 300.

[140] 《*Наставление…*》//Военный сборник, 1902, № 7, ч. 2, с. 240.

[141] Паскевич,《Походные записки》//Харкевич, *op. cit.*, вып. 1, с. 89, 106-108.

[142] Reiche L. von *Memoiren des königlich preussischen Generals der Infanterie Ludwig von Reiche*. Leipzig, 1857, Erster Theil, S. 275.

[143] Симанский,《Журнал…》//Военно-исторический сборник, 1913, № 3, с. 34

[144] Württemberg, *Memoiren…*, T. 3, S. 157-158（俄译文见:《Действия правого крыла союзных армий от 25-го до 30-го августа 1813 г. Из записок принца Евгения Вюртембергского, командира 2-го русского корпуса》//*Военный сборник*, 1875, № 8, ч. 1, с. 183）.

[145] Норов В. С. *Записки…*, т. 2, с. 89.

[146] Симанский,《Журнал···》//*Военно-исторический сборник*, 1913, № 3, с. 34-36; 档案见: Спиридов И. М.《Лейб-гвардии Измайловский полк в сражениях при Пирне и Кульме 16 и 17 августа 1813 года》(《1813年8月16—17日皮尔纳 - 库尔姆会战中的伊斯梅洛沃近卫团》)//*Журнал ИРВИО*, 1911, кн. 3, отд. II, с. 13.

[147] Муравьев-Карсский,《Записки》//*Русский архив*, 1886, кн. 1, с. 24.

[148] *Бородино. Документы...*, с. 147-149;　也　见　Марин, *Краткий очерк истории лейб-гвардии Финляндского полка*, кн. 1, с. 24.

[149] Михайловский-Данилевский, *Полное собрание сочинений*, т. 6, с. 302.

[150] Барклай-де-Толли М. Б. *Изображение военных действий Первой армии в 1812 году.* (《第一军团1812 年战记》) М., 1859, с. 21; 巴克莱的一份战报收录在: *Бородино. Документы...*, с. 175. 也见: Глинка, *op. cit.*, 1987, с. 322.

[151] 《Наставление···》//*Военный сборник*, 1902, № 7, ч. 2, с. 241; Российский, *op. cit.*, с. 298.

[152] Барклай-де-Толли, *op. cit.*, с. 21 (也见: Труды ИРВИО, 1912, т. VI, кн. 2, с. 50-51, 但数据变为30—60 步); 巴克莱的一份战报收录在: *Бородино. Документы...*, с. 175; 也见: Липранди, *Война 1812 года*, с. 100.

[153] Marbot, *Mémoires*, t. III, p. 82 (俄译文见: *Мемуары*, с. 535-536).

[154] *Замечания*, ч. 2, с. 152.

[155] Müffling F. C. F. von *Aus Meinem Leben. Berlin, Zweite Auflage*, 1855, S. 113-114.

[156] Rogicourt d' Urtubie T.-B.-S. de *Manuel de l'artilleur, contenant tous les objets dont la connoissance est nécessaire aux officiers et sous-officiers de l'artillerie, suivant l'approbation de Gribeauval*. Paris, 5-me édition, 1795, p. 236.

[157] Радожицкий, *op. cit.*, т. 1, ч. 1, с. 146.

[158] *1812-1814: Секретная переписка генерала П. И. Багратиона; Личные письма генерала Н. Н. Раевского; Записки генерала М. С. Воронцова; Дневники офицеров русской армии.* (《1812—1814 ：彼得·伊万诺 维奇·巴格拉季翁将军秘密书信集; 尼古拉·尼古拉耶维奇·拉耶夫斯基将军私人书信; 米哈伊尔·谢 苗诺维奇·沃龙佐夫将军回忆录; 俄国军官日记》) М., 1992, с. 305.

[159] 《Из записок В. И. Тимофеева》//Харкевич, *op. cit.*, вып. 2, с. 179-180.

[160] 《Воспоминания Коновницына》//Харкевич, *op. cit.*, вып. 1, с. 127; *Бородино. Документы...*, с. 168.

[161] *Бородино. Документы...*, с. 147-148.

[162] Симанский,《Журнал···》//*Военно-исторический сборник*, 1913, № 2, с. 164.

[163] *1812-1814*, с. 306-307.

[164] Михайловский-Данилевский, *Полное собрание сочинений*, т. 7, с. 159.

[165] Богданович М. И.*История войны 1814 года во Франции и низложения Наполеона I, по достоверным источникам.* (《据可靠材料编写的1814年法国境内战争与拿破仑一世退位史》) СПб., 1865, т. 1, с. 321.

[166] Греч Н. *Путевые Письма ис Англии, Франции и Германии.*(《来自英格兰、法兰西、德意志的旅行书信》) ч. 2. СПб., 1839, с. 165-170; Михайловский-Данилевский, *Полное собрание сочинений*, т. 6, с. 177-180; Радожицкий, *op. cit.*, т. 2, ч. 3, с. 78-89; Шеленговский, *op. cit.*, т. 2, с. 271-275.

[167] Langeron A. de *Mémoires de Langeron, général d' infanterie dans l' armée Russe. Campagnes de 1812, 1813, 1814*. Paris, Alphonse Picard et fils, 1902, p. 431-432.

[168] Голицын Н. В. *Офицерские Записки или Воспоминания о Походах 1812, 1813 и 1814 Годов.*М., 1838, с. 78, 95-96; 也见 *Русский архив*, 1884, кн. 2, с. 372-373.

[169] 《Приказ Главнокомандующего 2-ю западною армиею князя Багратиона》(25 июня/7 июля 1812 г.)// *Генерал Багратион*, с. 179; 也见: *Военный сборник*, 1903, № 5, с. 268.

[170] Гулевич, *История 93-го пехотного···*, с. 409.

[171] *Замечания*, ч. 2, с. 150.

[172] 克拉斯内战斗的详尽分析见: Попов А. И. *Война 1812 года. Хроника событий. Львиное отступление.*

（《1812年战争编年史：狮子的退却》）M.:《Рейтар》, 2007, с. 26-64.

[173]　*Отечественная война 1812 года. Материалы ВУА*, Отд. 1, т. 16, СПб., 1911, с. 19-20.

[174]　Душенкевич,《Из моих воспоминаний…》//*1812 год в воспоминаниях*, с. 110-111.

[175]　《Из воспоминаний … Андреева》//*Русский архив*, 1879, кн. 3, с. 183-184.

[176]　Паскевич,《Походные записки》//*1812 год в воспоминаниях*, с. 92.

[177]　《Записка генерала Неверовского о службе своей в 1812 году》//*ЧИОИДР*, 1859, кн. 1, Смесь, с. 78.

[178]　Bismark, *Ideen-Taktik*, S. 268-269.

[179]　Неверовский Д. П.《Записка генерала Неверовского о службе своей в 1812 году》//*Чтения в Императорском обществе истории и древностей Российских,* 1859, кн . 1 , Смесь, с. 79; Паскевич, 《Походные записки》//*1812 год в воспоминаниях*, с. 92; Ермолов, Записки..., с. 162-163.

[180]　[Fleischmann C. W.] *Denkwürdigkeiten eines württembergischen Offiziers aus dem Feldzuge im Jahre 1812.* Zweite Auflage, München, 1892, S. 19-20.

[181]　《Наставление…》//*Военный сборник*, 1902, № 7, ч. 2, с. 239.

[182]　《Записки А. И. Антоновского》//Харкевич, *op. cit.*, вып. 3, 1904, с. 60-65（亚库博沃）, 69-70（克利亚斯季），114（第一次波洛茨克）.

[183]　Okouneff, *Examen*, p. 316-317; 也见: *Considérations*, p. 260.

[184]　Медем, *op. cit.*, ч. 2, 1838, с. 81.

[185]　Мешетич Г. П.《Исторические записки войны россиян с французами и двадцатью племенами 1812, 1813, 1814 и 1815 гг.》（《俄国与法国及二十部族的1812年、1813年、1814年、1815年战争历史记述》）//*1812 год. Воспоминания…*, с. 42-43.

[186]　Радожицкий, *op. cit.*, т. 1, ч. 1, с. 81-83.

[187]　Löwenstern W., *op. cit.*, t. 1, p. 209-210（俄译文见:Левенштерн,《Записки》//*Русская старина*, 1900, т. 104, с. 352-353）.

[188]　*Ibid.*, p. 263〔这一段并未出现在刊登于《古代俄罗斯》(Русская Старина)杂志上的勒文施泰因回忆录俄译本当中〕.

[189]　Жиркевич, *op. cit.*, с. 114-115; 也见: *Русская старина*, т. 11, с. 430-431. 西皮亚金将军表示奥斯特曼在包岑会战中和帕夫洛夫斯克团的散兵待在一起，而且还受了伤，后来，西皮亚金费了很大工夫才说服他离开: Сипягин,《Бауценское сражение и арьергардные дела до заключения перемирия.》//*Военный журнал*, 1818, кн. 5, с. 32 прим. автора *.

[190]　Girod de l'Ain, *op. cit.*, p. 242-243（俄译文见: *Французы в России*, ч. I-II, с. 98-99）.

[191]　Митаревский Н. Е. *Воспоминания о войне 1812 года*. М., 1871, с. 66.

[192]　《Из записок генерала А. Н. Марина》//*Воронежское дворянство*, с. 253.

[193]　Граббе,《Отечественная война》(《卫国战争》) //*Из записок...*, с. 77.

[194]　《Записки А. И. Антоновского》//Харкевич, *op. cit.*, вып. 3, с. 114.

[195]　*Anon.*,《Опыт об усовершенствовании артиллерии》//*Военный журнал*, 1810, № 3, с. 24.

[196]　Паскевич,《Походные записки》//Харкевич, *op. cit.*, вып. 1, с. 88-89.

[197]　*Ibid.*//Харкевич, *op. cit.*, вып. 1, с. 88-93; Липранди, *Война 1812 года*, с. 93.

[198]　*М. И. Кутузов. Документы*, т. 4, ч. 1, с. 143, 307; Норов В. С. *Записки...*, т. 2, с. 73, 88; Митаревский, *op. cit.*, с. 20; *Бородино. Документы...*, с. 80, 135, 151, 165, 320; Радожицкий, *op. cit.*, т. 1, ч. 1, с. 68; *Поход ... в 1813 г*, с. 357, 362; Богданович М. И. *История Отечественной войны 1812 года, по достоверным источникам.* СПб., 1859, т. 2, с. 224.

[199]　*М. И. Кутузов. Документы*, т. 4, ч. 1, с. 140, 307.

[200]　*Anon.*,《Краткое обозрение … боевых порядков》//*Военный журнал*, 1810, № 3, с. 4-5.

[201]　Митаревский, *op. cit.*, с. 20, 53, 93; Württemberg, *Erinnerungen...*, S. 80-81（俄译文见: *Военный журнал*, 1848, № 1, с. 65-67）.

[202]　Муравьев-Карсский,《Записки》//*Русский архив*, 1885, кн. 3, с. 250.

[203]　Württemberg, *Erinnerungen...*, S. 171, 作者脚注（俄译文见: *Военный журнал*, 1849, № 3, с. 130）.

[204] Богданович, *История Отечественной войны*, т. 1, с. 194; Паскевич И. Ф.《Походные записки》//*1812 год в воспоминаниях*, с. 100.

[205] Бородино. *Документы···*, с. 148, 358; Харкевич, *op. cit.*, вып. 1, с. 126; Поход ··· в 1813 году, с. 186, 327; Радожицкий, *op. cit.*, т. 1, ч. 1, с. 194; Мешетич,《Исторические записки》//*1812 год. Воспоминания...*, с. 61.

[206] 《Воспоминания Коновницына》//Харкевич, *op. cit.*, вып. 1, с. 127.

[207] Жомини,《Сокращенные рассуждения о великих военных действиях》(《略论大规模军事行动》) // Военный журнал, 1811, №13, с.6. 原文见: Jomini A. H. de *Traité de grandes opérations militaires, ou relation critique et comparative des campagnes de Frédéric et de l'empereur Napoléon.* Paris, 6-me partie, 1810, p. 220.

[208] *Exerzir-Reglement für die Infanterie der Königlisch Preußischen Armee*, 1812, Fünfter Abschnitt, S. 121-125; Fig. 2.

[209] Württemberg, *Erinnerungen...*, S. 171, прим. авт.（俄译文见: *Военный журнал*, 1849, №3, с.130）.

[210] Замечания, ч. 2, с. 37; Медем, *op. cit.*, ч. 1, с.110-111.

[211] *Anon.*,《Начертание о полевой егерской службе》//*Военный журнал*, 1810, №5, с. 15-19; № 9, с. 16.

[212] *Ibid.*,//*Военный журнал*, 1810, № 9, с. 15.

[213] *Ibid.*,//*Военный журнал*, 1810, №6, с. 23-24.

[214] Гулевич, *История лейб-гвардии Финляндского полка*, ч. 1, с. 156-158; Ранцов, *op. cit.*, с. 118-119.

[215] 《Приказ Главнокомандующего 2-ю западною армиею князя Багратиона》(25 июня/7 июля 1812 г.)// *Генерал Багратион*, с. 179; 同样的内容见: *Военный сборник*, 1903, № 5, с. 268.

[216] 《Распоряжение главнокомандующего 1-й армией》(25 августа/6 сентября 1812 г.) (《第1军团司令命令（1812年8月25日/9月6日）》) //*Бородино. Документы...*, с. 89.

[217] *М. И. Кутузов. Документы*, т. 4, ч. 2, с. 302.

[218] Адамович, *op. cit.*, т. 3, с. 337.

[219] Радожицкий, *op. cit.*, т. 1, ч. 2, с. 98-99, 234-237.

[220] *Ibid.*, т. 1, ч.1, с. 194.

[221] *Ibid.*, т. 1, ч. 1, с. 245; ч. 2, с. 194, 203, 272.

[222] *Ibid.*, т. 1, ч. 1, с. 194; ч. 2, с. 103, 234-235;《Записки генерал-лейтенанта С. С. Малиновского о действиях при Березине в 1812 году》(《西尔韦特·西吉兹蒙多维奇·马利诺夫斯基中将关于1812年别列津纳河畔之战的札记》, 马利诺夫斯基当时是第3西方军团总部里的一名中尉) //Харкевич, *op. cit.*, вып. 4, 1907, с. 84; 也见: Военский К. А. *Отечественная война 1812 года в записках современников (Материалы Военно-ученого архива).* (《同时代人回忆中的1812年卫国战争（军事科学档案材料）》) СПб., 1911, с. 9.

[223] [Попадичев И. О.] *Воспоминания суворовского солдата. 1812* год. (《一位苏沃洛夫麾下士兵的1812年回忆录》) СПб., год не указан, с. 2-3.

[224] Радожицкий, *op. cit.*, т. 1, ч. 2, с. 194.

[225] *Правила рассыпного строя или наставление о рассыпном действии пехоты, для обучения егерских полков и застрельщиков всей пехоты. Варшава, 1818*, с. 22, 25-26, 60; *Правила первоначального обучения застрельщиков и приготовления их для рассыпного строя.* (《先驱兵基础训练与散开队形预备训练规则》) Варшава, 1821, с. 37; *Замечания*, ч. 2, с. 43, 187.

[226] *Правила рассыпного строя*, с. 72.

[227] *Ibid.*, с. 26, 35; *Замечания*, ч. 2, с. 177-178.

[228] М. И. Кутузов. Документы, т. 3, с. 484, 537, 546-547; *Бородино. Документы...*, с. 153, 178, 320;《Из воспоминаний графа Орлова-Денисова》(《源自奥尔洛夫 - 杰尼索夫伯爵回忆的史料》, 瓦西里·瓦西里耶维奇·奥尔洛夫 - 杰尼索夫（Василий Васильевич Орлов-Денисов）在1812年是近卫哥萨克团团长) //Харкевич, *op. cit.*, вып. 1, с. 217; Гулевич, *История 93-го пехотного···*, с. 393, 398, 401, 410.

[229] *Бородино. Документы...*, с. 50-52; Паскевич,《Походные записки》//*1812 год в воспоминаниях*, с. 101-

102; Württemberg, *Erinnerungen*..., S. 78; 同样的内容见：Württemberg, *Memoiren*, T. 2, S. 96（俄译文见：*Военный журнал*, 1848, № 1, с. 62）.

[230] 《Записки А. И. Антоновского》//Харкевич, *op. cit.*, вып. 3, с.79-80, 101, 129;《Из воспоминаний ··· Андреева》//*Русский архив*, 1879, кн. 3, с. 187; Поликарпов Н. П. *К истории Отечественной войны 1812 года. Забытые и неописанные военной историей сражения Отечественной войны 1812 года, вызвавшие своим ходом решительное (генеральное) сражение 26 августа 1812 года при селе Бородине*. (《致1812年卫国战争史：引发1812年8月26日博罗季诺村附近决战，却被军事史遗忘、未曾得到记述的1812年卫国战争战斗》) М., 1911, вып. 1, с. 24-25, 36; вып. 3, с. 37-38; Гулевич, *История 93-го пехотного*···, с. 355, 373, 385, 403.

[231] Маевский,《Мой век···》//*Русская старина*, 1873, т. 8, с. 270.

[232] Гулевич, *История 93-го пехотного*···, с. 380; Ранцов, *op. cit.*, с. 179.

[233] 罗森少将1812年9月2/14日的战报收录在 *Труды ИРВИО*, т. 5, с. 97;《Записки А. И. Антоновского》//Харкевич, *op. cit.*, вып. 3, с. 102; *Правила рассыпного строя*, с. 6-11.

[234] Барклай-де-Толли, *op. cit.*, с. 19; *Бородино. Документы*..., с. 174.

[235] *Бородино. Документы*..., с. 161.

[236] Ермолов, *Записки*..., с. 156-158.

[237] *Ibid*, с. 230; 也见：Писарев А. А. *Военные письма*. М., 1817, ч. 1, с. 98.

[238] *Двенадцатый год. Исторические документы собственной канцелярии главнокомандующего 3-ю Западною Армиею генерала от кавалерии А. П. Тормасова*. (《一二年：第3西方军团司令骑兵上将亚历山大·彼得罗维奇·托尔马索夫总部历史文献》) СПб., 1912, с. 164-166, 171-172.

[239] 《Мои воспоминания о 1812 годе. Автобиографическая записка П. А. Тучкова》//*Русский архив*, 1873, кн. 2, с. 1946.

[240] 《Journal du Capitaine Bonnet du 18e de ligne (Campagne de 1812)》//*Carnet de la sabretache, Revue militaire rétrospective*, 1912, deuxième série, vol.11, p. 655-656.

[241] Funck K. W. F. von *Erinnerungen aus dem Feldzuge des Sachsischen Corps unter dem G. Reynier im Jahre 1812 aus den Papieren des Vestorbenen*. Dresden und Leipzig, 1829, S. 137-138.

[242] 《Журнал военных действий корпусу генерал-лейтенанта Эссена 3-го со дня выступления из Букареста, 1812 г.》(《埃森第三中将自离开布加勒斯特起的1812年作战日志》) //*Отечественная война 1812 года*. Материалы ВУА, Отд. 1, т. 17, СПб., 1911, с. 240-242; Богданович, *История Отечественной войны*, т. 2, с. 459-460.

[243] *Приказ генерала П. П. Коновницына (26 августа /7 сентября 1811 года)* (《彼得·彼得罗维奇·科诺夫尼岑将军的一份命令（1811年8月26日 /9月7日）》) //*Военный журнал*, 1859, кн. 1, ч. 1, с. 138-139.

[244] Ульянов, *op. cit.*, с. 29-30.

[245] 《Из воспоминаний А. И. Дружинина》(《源自阿列克谢·伊万诺维奇·德鲁日宁回忆的史料》, 德鲁日宁在1812年是彼尔姆步兵团的一名军官) //Харкевич, *op. cit.*, вып. 3, с. 209; Симанский,《Журнал...》//*Военно-исторический сборник*, 1913, № 3, с. 34; Зайцев А. *Воспоминания о походах 1812 года, составленные из рассказов офицера Александром Зайцевым*. (《基于军官亚历山大·扎伊采夫记述的1812年战局回忆》) М., 1852, с. 25（扎伊采夫在1812年战局之初是穆罗姆步兵团的一名准尉，后来转入凯克斯霍尔姆步兵团）; Зотов Р. М. *Рассказы о Походах 1812-го и 1813-го Годов, Прапорщика Санкт-Петербургского Ополчения*. (《一位圣彼得堡民兵准尉关于1812、1813年战局的故事》) СПб., 1836, с. 52.

[246] [Попадичев И. О.], *Воспоминания суворовского солдата. 1812 год*, с. 2-3;《Из воспоминаний А. И. Дружинина》//Харкевич, *op. cit.*, вып. 3, с. 211-212; Митаревский, *op. cit.*, с. 126; Симанский, 《Журнал》//*Военно-исторический сборник*, 1913, № 2, с. 165; Писарев, *op. cit.*, ч. 1, с. 305.

[247] *Ibid*, с. 16-17, 126.

[248] 《Наставление...》//*Военный сборник*, 1902, № 7, ч. 2, с. 240.

[249] 第1掷弹兵师师长帕维尔·亚历山德罗维奇·斯特罗加诺夫将军战报收录在 *Бородино. Документы...*, с. 151; Писарев, *op. cit.*, ч. 1, с. 305。

[250] 《Ген.-м-р Бенардос 2-й генералу от инфантерии гр. Каменскому. Приложение к рапорту от 7 августа 1812 г. № 878》(《别纳尔多斯第二少将致步兵上将卡缅斯基伯爵, 附1812年8月7日战报, 第878号》) //*Двенадцатый год*, с. 164-165.

[251] 《Из записок В. И. Тимофеева》//Харкевич, *op. cit.*, вып. 2, с. 182-183.

[252] 卡尔·费奥多罗维奇·巴格胡夫武特战报收录在 *Бородино. Документы...*, с. 186。

[253] Давыдов, Замечания, с. 83; *Поход ... в 1813 году*, с. 225, 237.

[254] Воронцов,《Некоторые правила···》//*Сын Отечества*, 1817, т. 37, № 13, с. 3-4, 6, 11-14.

[255] *Столетие военного министерства. 1802-1902. Главный штаб*, т. 4, ч. 1, кн. 2, отд. 3, вып. 1, с. 245.

[256] *Ibid.*, с. 246-247.

[257] *Ibid.*, с. 262-263.

[258] *Правила рассыпного строя или наставление о рассыпном действии пехоты, для обучения егерских полков и застрельщиков всей пехоты*. Варшава, 1818, с. 5, 25, 27.

[259] *Ibid.*, с. 5.

[260] *Ibid.*, с. 19-20, 31-32, 68.

[261] 《Наставление···》//*Военный сборник*, 1902, № 7, ч. 2, с. 240.

[262] Российский, *op. cit.*, с. 297.

[263] 《Наставление···》//*Военный сборник*, 1902, № 7, ч. 2, с. 239.

[264] 《Записки ··· Отрощенко》//*Русский вестник*, 1877, т. 131, с. 567.

[265] Радожицкий, *op. cit.*, т. 1, ч. 1, с. 80-81.

[266] Поликарпов, *op. cit.*, вып. 1, с. 38 (同样的内容收录在: *Труды ИРВИО*, т. 5, с. 218).

[267] Радожицкий, *op. cit.*, т. 1, ч. 2, с. 194.

[268] Писарев, *op. cit.*, ч. 1, с. 355-356.

[269] 《Поход во Францию 1814 г. По неизданным запискам прапорщика лейб-гвардии Семеновского полка Ивана Михайловича Казакова》(《1814年法国战局, 根据谢苗诺夫斯科耶近卫团准尉伊万·米哈伊洛维奇·卡扎科夫未刊稿整理》) //*Русская старина*, 1908, т. 133, с. 534.

[270] Brack, *op. cit.*, p. 111.

[271] 《Замечания И. П. Липранди на Описание Отечественной войны 1812 года Михайловского-Данилевского》(《伊万·彼得罗维奇·利普兰季关于米哈伊洛夫斯基-丹尼列夫斯基〈1812年卫国战争纪实〉的注解》) //Харкевич, *op. cit.*, вып. 2, с. 31; Липранди, *Война 1812 года*, с. 95 n. 112, с. 105.

[272] 《Замечания И. П. Липранди》//Харкевич, *op. cit.*, вып. 2, с. 11.

[273] Писарев, *op. cit.*, ч. 1, с. 337.

[274] *Русская старина*. 1874, т. 9, с. 769; *Архив Раевских* (《拉耶夫斯基家族档案》), т. 1, СПб., 1908, с. 158.

[275] 《Записки А. И. Антоновского》//Харкевич, *op. cit.*, вып. 3, с. 79-80, 101-103.

[276] *М. И. Кутузов. Документы*, т. 4, ч. 2, с. 5.

[277] 《Записки А. И. Антоновского》//Харкевич, *op. cit.*, вып. 3, с. 101-104.

[278] 《Из записок генерала А. Н. Марина》//*Воронежское дворянство*, с. 254.

[279] 《Наставление···》//*Военный сборник*, 1902, № 7, ч. 2, с. 242.

[280] [Fleischmann], *op. cit.*, S. 28-30.

[281] 《Журнал авангарда 3-й Западной армии в 1812 г., составленный полковником бароном Икскулем 1-м》(《第3西方军团前卫作战日志, 由男爵于克斯屈尔第一上校编纂》) //*Отечественная война 1812 года. Материалы ВУА*, Отд. 1, т. 17, с. 316.

[282] 《Explications du général Tschaplitz》//Fabry G. J. *Campagne de 1812: Mémoires relatifs à l'aile droite, 20 Août - 4 Décembre*. Paris, 1912, p. 16-171〔俄译文见:《Отечественная война в рассказах генерала Чаплица》(《恰普利茨将军笔下的卫国战争》) //*Русская старина*, 1886, т. 50, с. 511-513〕.

[283] 《Записки генерал-лейтенанта С. С. Малиновского...》//Харкевич, *op. cit.*, вып. 4, с. 84-86; 也 见: Военский, *op. cit.*, с. 9-10.

[284] 《Выписки из записок А. Г. Щербатова》(《阿列克谢・格里戈里耶维奇・谢尔巴托夫回忆录节选》) // Харкевич, *op. cit.*, вып. 4, с. 58.

[285] Михайловский-Данилевский, *Полное собрание сочинений*, т. 5, с. 373-374.

[286] Воронцов,《Некоторые правила …》//*Сын Отечества*, 1817, т. 37, № 13, с. 4; Ермолов, *Записки*, с. 252.

[287] Давыдов, *Сочинения...*, ч. 1, с. 106, прим. авт., продолжается на с. 107.

[288] *Mémoires de l'Amiral Tchitchagoff.*//*Bibliothèque Russe*, nouvelle série, vol. VII, Leipzig, 1862, p. 173-174 〔不尽准确的俄译文见:《1812. Переправа через Березину. Из Записок адмирала Чичагова》(《1812, 越过别列津纳河。源自海军上将奇恰戈夫回忆录的史料》) //*Русский архив*, 1869, с. 1666-1667〕.

[289] *Mémoires de l'Amiral Tchitchagoff*, p. 182.

[290] Muralt A. von, Legler T. *Erinnerungen aus dem Feldzug Napoleons I in Russland 1812*. Bern, 1940, S. 203-207（存在高度歪曲的俄译文见: *Русский архив*, 1907, кн. 2, с. 241-246）; Bégos L. *Souvenirs des campagnes du lieutenant-colonel Bégos*. Lausanne, 1859, p. 103-107; Rösselet A. *Souvenirs de Abraham Rösselet*. Neuchâtel, 1857, p. 177-182〔后两者的译文见: *Французы в России*(《法国人在俄国》) ч. III, с. 276-279, 255-256, 第二部分的作者是勒斯莱，但他引用了友人 A. 雷伊的一封信〕.

[291] Martinien, *Tableaux*, p. 492-496; *Idem.*, *Supplément*, p. 83-84.

[292] Fézensac R.-E.-P.-J. de *Montesquiou Souvenirs militaires de 1804 à 1814*. Paris, 3-e édition, 1869, p. 331-333; 也 见: Berthezène, *op. cit.*, t. 2, p. 169-170; Marbot, *Mémoires*, t. III, p. 204-205（俄译文见: *Мемуары*, с. 605; *Французы в России*, ч. III, с. 225-226).

[293] Rochechouart L. V. L. de *Souvenirs sur la Revolution, l'Empire et la Restauration*.Paris, 2-me édition, 1889, p. 194.

[294] Rösselet, *op. cit.*, p. 181.

[295] Langeron, *Journal*, T. VI (1812-1814)//OP РНБ, ф. 73, ед. хр. № 277, л. 88-89; 同样的内容见: Langeron, *Mémoires*, p. 73-75（俄译文见: *Березинская операция*, с. 137-138）.

[296] 《Журнал военных действий, прежде бывшей Дунайской армии, а после переименованной в 3-ю Западную, под предводительством адм. Чичагова...》(《海军上将奇恰戈夫麾下原多瑙河军团, 后第3西方军团作战日志》) //*Отечественная война 1812 года. Материалы ВУА*, Отд. 1, т. 17, с. 225.

[297] Харкевич В. И. *1812 г. Березина. Приложения*.(《1812年: 别列津纳河, 附录》) СПб, 1893, с. 144; 《Копия с рапорта П. В. Чичагова кн. Кутузову-Смоленскому, 19 ноября 1812 года》(《帕维尔・瓦西里耶维奇・奇恰戈夫于1812年11月19日呈递给库图佐夫 - 斯摩棱斯基公爵报告副本》) //*Бумаги ... изданные П. И. Щукиным*, ч. 6, 1901, с. 111.

[298] Волконский, *Записки...*, с. 220.

[299] Württemberg, *Erinnerungen...*, S. 169-170（俄译文见: *Военный журнал*, 1849, № 3, с. 128-129）.

[300] Муравьев-Карсский,《Записки》//*Русский архив*, 1886, кн. 1, с. 17.

[301] Cathcart, *Commentaries*, p. 162.

[302] 《Записки А. И. Антоновского》//Харкевич, *op. cit.*, вып. 3, с. 155-156.

[303] Зотов, *op. cit.*, с. 52-58.

[304] Hartwich L. J. W. von, Schoeler R. von *1812 der Feldzug in Kurland nach den Tagebüchern und Briefen des Leutnants Julius v. Hartwich: damals im Leib-Grenadier-Regiment jetzigen Leib-Grenadier-Regiment König Friedrich Wilhelm III (1.Brandenburgischen Nr. 8)*. Berlin, 1910, S. 57（埃考）; Waldersee F. G. von *Die Methode zur kriegsmäßigen Ausbildung der Infanterie für das zerstreute Gefecht; mit besonderer Berücksichtigung der Verhältnisse des preußischen Heeres*. Berlin und Posen, 1848, S.63 n.*（吕 岑）; Schulz L., Meinhold P. 《Kriegstagebuch des Leutnants Ludwig Schulz aus den Jahren 1813, 14 und 15.》//*Baltische Studien, Herausgegeben von der Gesellschaft für Pommersche Geschichte und Altertumskunde.*Stettin, Neue Folge Band X, 1906, S. 150（包岑）. 特此鸣谢奥利弗・施密特（Oliver Schmidt）提供上述参考资料。

[305] Паскевич,《Походные записки》//Харкевич, *op. cit.*, вып. 1, с. 108-109.

[306] *М. И. Кутузов. Документы*, т. 4, ч. 1, с. 351.

[307] *Война 1813-го года. Материалы Военно-ученого архива*. Отд. I, СПб., т. 1, 1914, с. 130-131.

[308] Радожицкий, *op. cit.*, т. 1, ч. 2, с. 158-159.

[309] *Ibid.*, с. 156.

[310] Михайловский-Данилевский, *Полное собрание сочинений*, т. 6, с. 150-151.

[311] 《Записки ... Отрощенко》//*Русский вестник*, 1877, т. 131, с. 556; т. 132, с. 246.

[312] Барклай-де-Толли, *op. cit.*, p. 25; Волконский, *Записки...*, с. 220; Langeron, *Mémoires*, p. 73 (俄译文见: *Березинская операция*, с. 137).

[313] Радожицкий, *op. cit.*, т. 1, ч. 2, с. 103.

[314] Глинка, *op. cit.*, ч. 5, с. 112-113.

[315] Радожицкий, *op. cit.*, т. 1, ч. 2, с. 118.

[316] *Ibid.*, с. 193.

[317] Писарев, *op. cit.*, ч. 1, с. 354-355.

[318] 《Записки полковника Карпова (1807-1837)》(《卡尔波夫上校回忆录》) // *Труды Витебской ученой архивной комиссии*. (《维捷布斯克学术档案委员会著作集》) Витебск, кн. I., 1910, с. 41.

[319] Маевский,《Мой век···》//*Русская старина*, 1873, т. 8, с. 277.

[320] 《Наставление···》//*Военный сборник*, 1902, № 7, ч. 2, с. 241-242.

[321] *Правила первоначального обучения застрельщиков*, с. 54-59; *Замечания*, ч. 2, с. 76-83.

[322] *Правила первоначального обучения застрельщиков*, с. 62-67; *Замечания*, ч. 2, с. 89.

[323] 《Из воспоминаний ··· Андреева》//*Русский архив*, 1879, кн. 3, с. 182-183; Вяземский В. В.《《Журнал》1812 года》(《1812年〈日记〉》) //*1812 год. Военные дневники*, М., 1990, с. 203.

[324] Норов В. С. *Записки...*, т. 2, с. 89.

[325] Муравьев-Карсский,《Записки》//*Русский архив*, 1886, кн. 1, с. 23.

[326] Воронцов,《Некоторые правила···》//*Сын Отечества*, 1817, т. 37, № 13, с. 4-8, 15-16.

[327] *Правила рассыпного строя*, гл. II, § 14, с. 6; *Exerzir-Reglement für die Infanterie der Königlisch-Preußischen Armee*, 1812, Vierter Abschnitt, Erstes Kapitel, § 1, S. 96: "Das Gefecht der Infanterie ist eine wechselseitige Unterstützung der zerstreuten und geschlossenen Fechter."

[328] *Exerzir-Reglement für die Infanterie der Königlisch-Preußischen Armee*, 1812, Fünfter Abschnitt, S. 122, Fig. 2.

[329] *Правила рассыпного строя*, гл. II, § 14, с. 73-74.

[330] *Столетие Военного Министерства*, т. 4, ч. 1, кн. 2, отд. 3, вып. 1, с. 264-265.

第十七章 骑兵

编制与武装

亚历山大一世于 1810 年 11 月 8 日 /20 日颁布的法令改变了所有骑兵团的编制。[1] 原有的后备中队和半中队制度被废除,取而代之的是每个胸甲骑兵团、龙骑兵团里有 1 个野战中队变为后备中队,每个骠骑兵、枪骑兵团里有 2 个野战中队(每个营各出 1 个中队)变为后备中队。于是,每个胸甲骑兵团或龙骑兵团现由 4 个野战中队和 1 个后备中队组成,每个骠骑兵或枪骑兵团现由 8 个野战中队和 2 个后备中队组成。理论上只有野战中队将会参与战争,后备中队则要留在该团驻地(在必要情况下,野战中队开拔前可以从后备中队中抽调兵力补足人数),但在 1812 年,许多团的后备中队同样被抽调到野战军当中,其中有些中队用于补充某些骑兵团的兵力,另一些中队则以独立中队身份参战或编组成临时混合团参战。

不论何种骑兵,其中队编制此时均为 7 名尉官、15 名军士、3 名号手和 148 名列兵。每个中队在和平时期的战马数量都要少于人员数量,也就是说有 1 名军士和 20 名列兵此时并不配备战马。每个胸甲骑兵团或龙骑兵团中应当有 75 名军士、17 名号手和 740 名列兵。每个骠骑兵团或枪骑兵团应当有 130 名军士、32 名号手和 1480 名列兵。1811 年 4 月 6 日 /18 日颁布的另一道法令规定,每个胸甲骑兵团和龙骑兵团在不计团主的情况下应当拥有 4 名校官和 39 名尉官,每个骠骑兵团和枪骑兵团则是 6 名校官和 75 名尉官。[2]

俄军于 1811 年将骑兵编组成骑兵师。胸甲骑兵团编成两个各辖 5 个团的师(其中第 1 胸甲骑兵师下辖 2 个近卫重骑兵团——骑士近卫团和骑马近卫团),其余各师——近卫骑兵师除外——均下辖 4 个龙骑兵团、1 个枪骑兵团和 1 个骠骑兵团(但第 3 师下辖 2 个骠骑兵团,却没有枪骑兵团)。除了骑兵师外,俄军还组建了 4 个独立骑兵旅。[3]

骑兵师在 1812 年易名为骑兵军,不过部队编制并未发生显著变化,但胸甲骑兵师仍被称作师。骑兵军中的骠骑兵团有可能会以每个军 1 个团的比例被配属到步兵军当中。几个步兵军联手作战时，比如说在斯摩棱斯克附近发生的战斗或某些后卫战中，会将步兵军里的骠骑兵团抽调出来联手作战。而在博罗季诺会战中，骠骑兵团则回到了骑兵军里。

俄军在1811年引入了一套为近卫骑兵团和胸甲骑兵团补充兵员的新方法，它与近卫步兵团和掷弹兵团的兵员补充方式颇为相似。为了补充近卫重骑兵团的兵员，每个胸甲骑兵团和龙骑兵团每年需要向圣彼得堡选送5名士兵。为了补充近卫轻骑兵团的兵员，每个骠骑兵团（由志愿兵组成的卢布内骠骑兵团除外）每年需要选送14名士兵。至于胸甲骑兵，军队中的每个龙骑兵团每年需要向胸甲骑兵选送10名士兵，每个骠骑兵团（卢布内团除外）每年选送20名士兵，这些人的身高至少应有2阿尔申6维尔肖克（168.6厘米）。龙骑兵团和骠骑兵团的人员损失将由新兵弥补。[4]

1812年战争开始时，俄军共有6个近卫骑兵团（2个重骑兵团：骑士近卫团和骑马近卫团；4个轻骑兵团：近卫骠骑兵团、近卫哥萨克团、近卫枪骑兵团、近卫龙骑兵团）、8个常规胸甲骑兵团、36个常规龙骑兵团、11个常规骠骑兵团和5个常规枪骑兵团。[5]

早在1809年，俄军就为骑兵配备了新式枪支：新式胸甲骑兵步枪、新式龙骑兵步枪（配刺刀）和新式骠骑兵马枪。上述三种新式枪支都是1808年式步兵步枪的短管版本，因而拥有相同口径。[6]此外，1812年还有一种新式短马枪入役。俄军骑兵的新式枪支都是逐步装备部队的，因而和旧式枪支混用了很长一段时间。

1812年4—5月，根据巴克莱·德·托利的建议，第1、第2、第3西方军团中骠骑兵团的第1列士兵装备了枪骑兵使用的骑枪样式（长2.8—2.85米）。多瑙河军团里的骠骑兵团则要在较晚的时候才装备骑枪。军方还把枪骑兵派到骠骑兵团里教导骠骑兵使用骑枪。很快，人们就发现当骑兵在背带上挂着一支马枪时，他就很难使用骑枪，因此，装备骑枪的骠骑兵就获准不再携带马枪。[7]

关于骑枪的用场，俄军中存在若干不同观点。哈托夫在《战术通论》第一卷中重复了吉贝尔的看法：骑枪并不适合骑兵使用，因为它在行军中难以携带，战斗中也难以运用，它让骑兵无法维持紧密队形，让它不能在冲击中展开整齐划一的突击。[8]

布乌哈伦表示，他曾在 1807 年听到过巴格拉季翁的观点：

> 至于骑枪，只有在非常擅长使枪的人手中才有用，而在其他情况下，骑枪对骑兵来说就是累赘。对我们的哥萨克来说，由于骑枪是追击敌军时最好用的兵器，就只该有骑枪这一种兵器。可在骑兵通常会参与的混战中，马刀或直剑要比骑枪好使得多。[9]

然而，巴格拉季翁在他于 1812 年 4 月 21 日 /5 月 3 日呈递给陆军大臣巴克莱·德·托利的报告中写道：

> 有些骠骑兵团已经根据最高谕令让第 1 列装备了骑枪。这种兵器能够带来相当大的好处，而且骑枪很受欢迎，推广、学习它令人们颇为高兴，这就更有益处了。[10]

巴格拉季翁之所以会给出如此正面的评价，或许是因为在骠骑兵团中推广骑枪源自"最高谕令"，也就是出自沙皇本人的旨意。卡尔·冯·马滕斯（Karl von Martens）是一位来自里加城的德意志人，他曾于 1812 年在伊久姆骠骑兵团中担任中尉，马滕斯认为在骠骑兵团中推广骑枪的决定源自康斯坦丁大公。按照他的说法，在距离开战仅有两个月时让此前并没有使用骑枪经验的骠骑兵装备骑枪可谓失败之举。在他看来，骑兵需要拥有娴熟的使枪技艺才能成功运用骑枪，但这种技艺要依靠长久练习才能获得，对于不知道如何使枪的骑兵而言，骑枪就只是累赘。或许值得一提的是，有许多骑兵军官持有与马滕斯相同的观点。

马滕斯声称伊久姆骠骑兵团对骑枪大为不满，早在 1812 年战局之初，他们就已经折断骑枪并把其扔掉。然而，马滕斯在行文中通常都秉持极具批判性的态度，尤为值得一提的是，他甚至表示普通骠骑兵的马刀质量极为低劣，以至于猛砍一次后刀身就会脱离刀柄。[11] 事实上，有若干目击记录表明俄军骠骑兵在 1812 年的交战中使用骑枪，比如说拿破仑军队中的某些德意志骑兵军官在他们关于卢比诺（瓦卢季诺山）和博罗季诺会战的记载中就提到过俄军骠骑兵使用骑枪，[12] 1813—1814 年的若干画作也表明俄军骠骑兵——包括伊久姆骠骑兵团——装备了骑枪，所以，并不是所有的骠骑兵都折断并扔掉了骑枪，或者说那些折断过骑枪的骠骑兵又拿到了新骑枪。

另一方面，奥库涅夫则认为在骠骑兵团中推广骑枪是相当有用的举措。他指出，法军散兵会在俄军骑兵迫近时伏在地上，那些没有骑枪的骠骑兵只要自己的马能够踩踏到散兵就心满意足了，而那些装备了骑枪的骠骑兵则可以肯定自己能够刺到趴在地上的敌人。他认为向敌方骑兵发起冲击时，如果某位装备了骑枪的骠骑兵未能刺穿位于敌军第 1 列的骑兵，那么他还可以尝试刺穿第 2 列的敌军，与此同时，装备了马刀的第 2 列骠骑兵又可以保护装备骑枪的第 1 列战友。

按照奥库涅夫的说法，他曾就骑枪和马刀的优劣之处请教过维特根施泰因将军麾下的某些骠骑兵，他们向他保证自己在装备骑枪之前从没有像装备骑枪之后那样对成功冲击充满信心。奥库涅夫认为骑枪让骠骑兵的士气有所增长，也让他们深信自己优于敌军，这本身就会带来不可估量的益处。[13] 在 1812 年，维特根施泰因将军的骠骑兵部队包括格罗德诺骠骑兵团和由来自不同骠骑兵团的 4 个后备中队组成的一个混合骠骑兵团。

然而，这里应当注意到下列情况：按照奥库涅夫的说法，他只是从骠骑兵那里得知骑枪让他们对冲击得胜更具信心。至于奥库涅夫笔下的其他理由，那都源自他的个人观察乃至理论推演。尤为值得注意的是，他关于骠骑兵冲击的说法极具纯理论色彩。因此，骑枪的主要优势在于它对士气的影响。此外，关于骑枪在这方面的影响，人们的观点也略有不同：奥库涅夫认为骑枪能够令装备它的骑兵更具自信，其他军官则认为骑枪对敌军士气会产生负面影响。

同样是在 1812 年，俄军的胸甲骑兵团再度引入胸甲，但这并非帕维尔时期的单面胸甲，而是同时保护胸背的双面胸甲。第 1 胸甲骑兵师的各个团在拿破仑入侵前夕已于 6 月获得胸甲，第 2 胸甲骑兵师下属各团则要在作战过程中才拿到胸甲——具体分发时间是 7 月底（公历 8 月初），所以，参加博罗季诺会战的所有胸甲骑兵团都已配备了胸甲。不过，胸甲骑兵团中的后备中队却没有配发胸甲。[14] 维特根施泰因将军的第 1 步兵军守卫通往圣彼得堡的道路，该军下辖由 4 个后备中队组成的混合胸甲骑兵团，因此，并未配备胸甲的后备中队也有机会直接参与 1812 年战争。

由于火器短缺，俄军第1、第2西方军团的各个骑兵团奉命在1812年7月底（公历8月初）上缴步枪和马枪，每个中队只留下10支步枪或马枪。[15]这里的"10支"可能是印刷错误，因为按照俄军习惯，每个中队应当安排16名士兵（每个排抽出2个伍）充当侧卫骑兵（即马上散兵）。第1胸甲骑兵师师长于1812年7月23日/8月4日发布的命令就要求每个近卫骑兵中队留下16支线膛短马枪，每个常规骑兵中队则留下16支马枪。[16]

军方计划用从骑兵手中收集的步枪和马枪武装民兵，但它是否落实仍无可查考。第3西方军团和多瑙河军团的骑兵至少在1812年战局结束时依然没有上缴枪支。两个驻扎在高加索的龙骑兵团也没有上缴。

根据1812年10月10日/22日的法令，骑兵中应当配发的长管枪支数量如下：每个胸甲骑兵中队、枪骑兵中队16支线膛短马枪，每个骠骑兵中队16支马枪，龙骑兵则不配备步枪或马枪。[17]1813年年初，俄国工兵也装备了龙骑兵步枪。[18]1814年战局结束后，军方才决定将步枪归还给龙骑兵。

1812年年底，许多龙骑兵团被改编为其他类型的骑兵：2个团（普斯科夫、斯塔罗杜布）改为胸甲骑兵、7个团（亚姆堡、奥伦堡、西伯利亚、日托米尔、弗拉基米尔、塔甘罗格、谢尔普霍夫）改为枪骑兵、8个团（涅任、切尔尼戈夫、阿尔扎马斯、立夫兰、谢韦尔斯基、佩列亚斯拉夫、蒂拉斯波尔、多尔帕特）改为猎骑兵〔类似于法军猎骑兵（chasseurs à cheval）的新兵种〕、1个团（伊尔库茨克）与彼得·伊万诺维奇·萨尔特科夫（Пётр Иванович Салтыков）伯爵于1812年组建的骠骑兵团合并，随后更名为伊尔库茨克骠骑兵团。1813年战局之初，皇帝陛下胸甲骑兵团升格为近卫团。[19]

1812年年末，正规骑兵的编制再度发生变动：每个团都应当重组成6个野战中队和1个后备中队。不论何种骑兵，一个团都应当下辖5名校官、53名尉官、22名号手、126名军士、1260名列兵和176名非战斗人员。而在和平时期，每个中队里理论上都有1名军士和12名士兵并不配备战马。[20]

在1813—1814年战局中，许多骑兵团的实力相当薄弱，因而在编组部队时无法采用新编制。比如说，圣彼得堡龙骑兵团只有4个中队，新俄罗斯龙骑兵团在1813年也只有4个中队，到1814年战局之初甚至重组成了3个中队。[21]在1813年11月底/12月中旬，新俄罗斯龙骑兵团共有311人、莫斯科龙骑兵团 250 人、卡尔戈波尔龙骑兵团 356 人、米陶龙骑兵团 447 人、基辅龙骑兵团 373 人，谢韦尔斯基猎骑兵团 202 人、阿尔扎马斯猎骑兵团 216 人、切尔尼戈夫猎骑兵团 306 人、立夫兰猎骑兵团 159 人、多尔帕特猎骑兵团 205 人。[22]

1813 年年初，所有骑兵都编成由 4 个同类骑兵团组成的骑兵师（近卫轻骑兵师除外，它是一个独立存在的师）：3 个胸甲骑兵师（其中一个师下辖 3 个近卫重骑兵团）、4 个龙骑兵师、3 个骠骑兵师、3 个枪骑兵师和 2 个猎骑兵师。此外还有 2 个龙骑兵团留在高加索。[23]

如你所见，在 1812—1813 年间，俄军骑兵中的枪骑兵数目得到了显著增长：除了 1812 年春季业已存在的枪骑兵团外，骠骑兵团中的第 1 列人员也配备了骑枪，到 1812 年年底，还有 7 个龙骑兵团改编为枪骑兵团并配备对应兵器。骑枪既具备优点，也存在重大缺点。只有在深知如何使用骑枪、马术出色并且拥有良马的骑兵手中，骑枪才是一种颇具威力的兵器，而且，即便是这样的骑兵也可能在某些使枪场合面临严重的困难。枪骑兵在正面列队冲击时最具威力，而这主要源于骑枪给枪骑兵和对手带来的心理影响。之所以最优秀的枪骑兵出自波兰，是因为波兰贵族始终保持着骑马和使枪传统。因此，让骠骑兵装备骑枪、将龙骑兵团改编为枪骑兵团的做法很难立刻带来显著的正面效果。

应当注意到，枪骑兵在这一阶段也出现在拿破仑的军队当中，而且他们的数量也在迅速增长。截至 1811 年，拿破仑的近卫军中已有 2 个装备骑枪的轻骑兵团。同样是在 1811 年，拿破仑下令将 6 个龙骑兵团改编为轻枪骑兵团（chevau-légers lanciers），可即便到了 1812 年，也并不是所有枪骑兵团都已组建完毕：大部分团里仅有一个中队或半个中队能够执行枪骑兵勤务。此外，法军利用波兰人和德意志人组建了 3 个轻枪骑兵团。而在建立华沙大公国并组建军队后，拿破仑还得到了一个拥有无数枪骑兵的盟友。

理论

哈托夫在他的《战术通论》第一卷中提出了一种在理论家中颇为盛行的观点：骑兵中队的人数不应当太多，50—60 个伍是最合适的规模。[24] 也就是说，如果不计军官和负责收拢队列的军士，那么中队兵力应当是 100—120 人。哈托夫描述的骑兵队形和战术总体而言与 1796 年骑兵条令中的相关规定差别不大。让骑兵收拢成以排、中队为单位的纵队和让上述纵队展开成横队的队形变换方式并未发生变化。像在攻击敌军步兵时让第 4 排散开后使用手枪开火，诱使敌军步兵射击的机动方法也一模一样。[25]

事实上，条令和《战术通论》第一卷之间的重大差异在于哈托夫主张让骑兵以三人为一组完成转弯，[26] 而非条令中规定的以二人或四人为一组，而且他也不建议使用没有横向间隔的战线发起冲击，指出当一条漫长的骑兵战线快速执行机动时，为了避免出现混乱状况，有必要在战线中的各个中队之间留出 15—25 步的间隔。不过，哈托夫在根据其他材料改写而成的第二卷中建议骑兵中队在起伏地带留出横向间隔，但在平整地带则要列成"墙式"队形，也就是毫无间隔的紧密横队。[27] 哈托夫还指出双方骑兵全速相向而行时并不会真正发生冲撞，因为其中一方通常会掉头逃跑，当然有些时候双方也会相互贯穿对方战线。尽管如此，骑兵在成功完成冲击后通常也会陷入混乱。[28]

哈托夫复述了吉贝尔的理论：速度是骑兵冲击取得成功的最重要因素。哈托夫也照搬了吉贝尔笔下的冲击提速流程：骑兵在距离敌军 600 步时开始冲击，第一个 200 步以略慢的快步完成，第二个 200 步以略快的快步完成，第三个 200 步以跑步完成，其中最后 60—70 步（吉贝尔的著作中是 50 步）是全速冲击，这样，骑兵就能够以最大速度接敌。[29]

哈托夫指出骑兵在上坡时发动的冲击比下坡时更具威力。[30] 但正如军事理论家梅杰姆在 19 世纪 30 年代所述，这种结论只适用于坡度小于 10° 的斜坡，而且要求地面相当坚实。在容易打滑或坑坑洼洼、有着凸起和岩石的斜坡上，即便坡度不大，骑兵队形也很难行进，有时甚至根本无法通行。[31]

哈托夫建议将骑兵列成两条战线：第二线要负责保护第一线侧翼，增援第一线或是轮换第一线。第一线和第二线之间的距离应当是 200—300 步。第二线各中队的间隔要比第一线的间隔宽一些，其宽度最大可以相当于一个中队横队的宽度。[32]

哈托夫认为，骑兵除了两条战线之外还应当留有预备队，并且不要将预备队放在第二线正后方，因为如果敌军迫使前两线退却，就会导致位于正后方的预备队陷入混乱，所以，预备队必须位于侧后方。[33] 他指出，翼侧冲击在骑兵战中非常重要，主张将若干个排或中队部署到骑兵战线侧后方不远处，让它们以多种方式保护己方侧翼并包抄敌军侧翼。[34] 他还建议使用以中队为单位、相邻中队前后距离为 30—50 步的纵队连续冲击敌军步兵暴露在外的侧翼或方阵一角。[35]

哈托夫还给出了一些较为实用的建议。如果敌军步兵击退了己方骑兵的第一次冲击，那就不应当再用同样的骑兵在相同情况下去冲击同样的步兵，因为步兵会因此前的成功大受鼓舞，骑兵则会因此前的失败士气消沉。[36] 如果骑兵出现溃逃，就有必要立刻着手拦阻，不过，最好还是让骑兵先后撤一段距离，然后再将他们拦下并重整队形，因为骑兵集结、整队所需的时间要远长于步兵。[37] 如果己方骑兵击退了敌军的第一条骑兵战线，那么骑兵随后就得减慢速度乃至停顿两分钟左右，以便稍作休整并恢复队形。[38] 骑兵不应当在会战伊始、敌军炮兵尚未开火时发起冲击，因为这种贸然冲击会让敌军炮火全部集中到骑兵头上。[39] 哈托夫还主张在第一条步兵战线后方部署若干骑兵，并将其余骑兵全部放在第二条步兵战线之后。[40]

一篇于 1810 年发表在《军事期刊》上的文章认为不应当将大规模骑兵集群部署到某一地段，特别是不应当将大批骑兵集中到侧翼，这既是因为很难找到便于使用庞大骑兵集群的地带，也是因为庞大集群会在敌军炮火下损失惨重。[41] 这篇文章的作者还主张在第一条步兵战线之后有利于骑兵作战的所有地段都部署若干骑兵，以便扩张第一条战线的战果，且在该战线陷入混乱时保护步兵。[42] 他还提到了一个有趣的观察结论：

> 任何亲历过战火的人都会知道：不管敌军的步枪火力有多弱，让陷入混乱的骑兵顶着火力整队都异常困难。[43]

条令与训练

前文中讨论 1801—1809 年间骑兵的章节业已提到 1796 年骑兵条令后来可能已被废弃，俄军在编制、训练、队形和队形变换等方面使用多种教令替代这份骑兵条令。

新骑兵条令的第一部分要到 1812 年才以《骑兵队列勤务初级教令》的名义刊行。[44] 这部新条令基本上是在照搬法军骑兵条令，而法军条令的第一版可以追溯到 1788 年，后来在整个法国大革命与拿破仑战争期间稍作修订便一直沿用。[45] 由于骑兵战术在 18、19 世纪之交的变化并没有步兵战术那么剧烈，所以即便是这么一部老条令也相当有用。

《初级教令》或许要到 1812 年末或 1813 年初才生效，这是因为其中规定的团编制中包括 6 个野战中队，而这直到 1812 年底才被俄军采用。《初级教令》中仅仅包括了团的编制与队形、骑兵单兵教练和中队教练。包括团教练在内的完整骑兵条令要到 1818 年才能面世。[46]

根据《初级教令》的规定，每个中队（见图 50）分成两个半中队，每个半中队分成两个排，每个排又分成两个半排。此外，每个排还分成若干个班，每个班下辖 3 个或 4 个伍。[47]

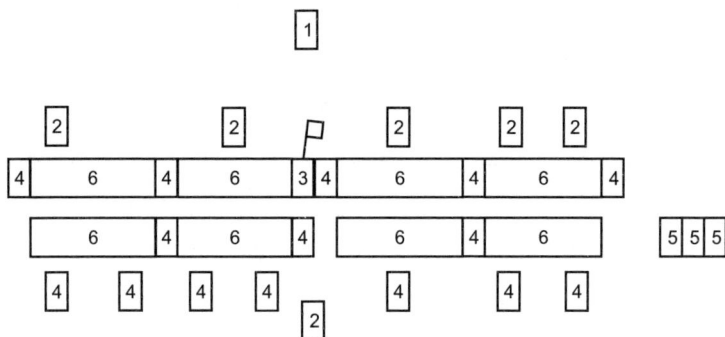

图 50. 中队，1812—1820 年

1- 中队长　　2- 军官　　3- 掌旗士官生　　4- 军士　　5- 号手　　6- 列兵

中队长应当位于第 1 列前 8 步处。

军官应当根据经验而非军衔排列。

位于中队前方的军官应当在第 1 列之前 1 步处。第 2、第 3 排的军官应当位于排的正前方，第 4 排的军官应当位于左起第 2 伍之前，第 1 排的一名军官应当位于右起第 2 伍之前，另一名军官则位于该排左起第 2 伍之前。

殿后军官应当位于后列之后 3 步处。

殿后军士应当位于后列之后 1 步处，（除第 2 排外）每个排应当有一名军士位于右起第 2 伍之后，另一名军士位于左起第 2 伍之后。

如果中队不携带军旗，中队里就不设掌旗士官生（旗手），第 2 列中不留缺口，该中队第 2 排后方也配有 2 名军士。

在每个中队内部，第 1 半中队里的士兵身高应当从右向左递减，第 2 半中队则是从左向右递减。中队要排成二列横队，前后两列的距离是 1 步，也就是前列的马臀和后列的马头之间相距 1 步。龙骑兵在马上排成二列横队，下马后则应当排成三列横队。最优秀的人员和战马应当部署到第 1 列，这当中最出色的人马则应当位于排、半排和班的两翼。[48]

在骑兵团横队当中，相邻 2 个骑兵中队的间隔应该相当于一个排横队的宽度（即中队横队宽度的四分之一），相邻两个团的间距应该相当于两个排的正面宽度（即中队横队宽度的一半）。[49] 在以排为单位的疏开纵队中，每个排里有多少个伍，相邻两排的前后距离就应当是多少步，不过，这一距离的定义却是前一个排的前列马匹前腿和后一个排的前列马匹前腿之间的距离。在以排为单位的团纵队中，相邻两个中队的距离应当是中队内部排间距离的 2 倍。[50]在以中队为单位的紧密团纵队中，相邻两中队的前后距离应当是 15 步，该距离的定义仍是前后两中队前列马匹的前腿间距。[51]

根据《初级教令》的规定，每匹马在列中占地为 1 步（即横向占地），在伍中占地 3 步（即纵向占地）。[52] 如果这里的步是步兵训练中用到的步（1 阿尔申或 0.71 米），那么队形似乎就太窄了。①《初级教令》中规定马匹平均速度大致如下：慢步每分钟 50 沙绳（106.7 米／分或 6.4 千米／小时）、快步每分钟 120 沙绳（256 米／分或 15.4 千米／小时）、跑步每分钟 150 沙绳（320 米／分或 19.2 千米／小时）。[53]

新兵在学习乘马行进时，首先应当以单列小队为单位训练直线行进，然后以排为单位训练，最后以中队为单位训练。[54] 此后，新兵需要学习以排为单位采用固定旋回轴和移动旋回轴转弯[55]、斜向行进[56] 和三人一组转弯[57]。接下来，骑兵就要练习队形变换。《初级教令》中规定了多种将中队由纵队展开成横队的方法，其中两种与 1796 年条令（见第十章"帕维尔一世的改革"中的图 34、图 35）所述相同，另一种新方法如图 51 所示。

在进行冲击训练时，中队长应当位于中队前方 320 步处，下令各排从第 1排开始轮流发起冲击。骑兵排在冲击时应当首先以慢步行进大约 50 步，然后

---

① 译注：这一数据与法军条令中规定的每一名骑兵横向占地 0.70-0.76 米大致相当。参见 *Ordonnance provisoire sur l'exercice et les manoeuvres de la cavalerie, rédigée par ordre du ministre de la guerre, du 1er vendémiaire an XIII*. Paris, 1804, p. 116。

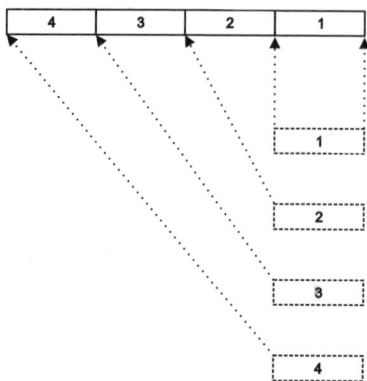

图 51. 中队由以排为单位的纵队展开成横队

根据命令加速到快步，以快步行进大约 100 步，接下来再根据另一道命令加速到跑步，以跑步行进大约 80 步，随后根据"前进，前进"命令加速到袭步，等到距离中队长大约 10 步时再奉命减速，先降至快步，再降至慢步。此后还要以半中队和中队为单位进行同样的训练。[58]

这种训练方式几乎与法军骑兵条令中的训练如出一辙。[59] 其中最大的不同之处是《初级教令》将快步行进距离从 150 步缩短到 100 步。《初级教令》规定：

> 在与敌军作战时，袭步冲击距离绝不应当超过 80 步。在骑兵横队以快步迫近敌军的场合中，下令"前进，前进"时，距离敌军越近，骑兵的冲击力就越强，距离敌军越远，冲击力就越弱，横队就越混乱，马匹就越疲惫。[60]

不过，读者千万不要认为骑兵在实战中会真的以排为单位轮流冲击。[61] 这种让各个排轮流冲击的训练方式目的在于使中队长了解各个排的冲击能力：亦即各排能否由某一步法变为另一步法，能否在冲击中维持队形和机动方向。骑兵在实战中通常会全团投入冲击，有时会以分团（1 个分团下辖 2 个中队）为单位冲击，小规模战斗中也会让各个中队分别展开冲击。

掌旗士官生（旗手）在发起冲击前应当从第 1 列转移到第 2 列中的空位。在冲击和其他各类作战机动中，应当在中队长身后部署 1 名号手，其他所有号手都要留在中队后方。[62]

为了让骑兵习惯于在冲击结束后迅速集结并重整队形，中队长需要进行如下练习：命令士兵以全速疾驰一段距离，向左右两侧散开并用手枪射击，然后再下令吹响"集结"信号，听到号声后，骑兵就应当集结、列队。骑兵应当尽可能快地整队，他没有必要返回原位，只用回到自己所属的排和列就行。[63]

如果一个中队有必要执行敌前退却，它就必定得以半中队为单位交替退却。第 1 半中队（右翼半中队）要先向前行进一段距离，这段距离与一个排横队的宽度相当，然后，第 2 半中队（左翼半中队）各排向左向后转，以中速退却一段距离——如果有必要的话，也可以命令它以快步退却。退得足够远之后，第 2 半中队的各个排就要再度向左向后转，列成面朝敌军的横队。此后，第 1 半中队的各个排开始右转，绕过第 2 半中队向后退却，拉开一段距离并面朝敌军列队，如此反复循环下去。中队旗必须放在最靠后的半中队里，所以，当退却中的半中队绕过停留在原地的半中队时，旗手就要从后者队列转入前者队列。[64]

中队正面和两翼都应当由侧卫骑兵（马上散兵）掩护。每个中队应当挑选出 16 名骑兵充当侧卫骑兵，他们被称作马枪骑兵（карабинеры），位于各个排的侧翼伍里。如果马枪骑兵的人数还不足以满足需求，那就应当让第 4 排扮演侧卫骑兵角色。在将第 4 排展开成散开队形时，只用让三分之二的士兵充当侧卫骑兵，另外三分之一则要列成紧密队形作为预备队。排长应当带着一名号手和散开的侧卫骑兵待在一起。

侧卫骑兵要排成疏开的两列队形，这两列前后距离为 20—25 步，第 2 列（后列）中的每一名侧卫骑兵都应当位于第 1 列中两名侧卫骑兵间隔的正后方。第 1 列中的一名侧卫骑兵和第 2 列中位于前者左后方且距离前者最近的侧卫骑兵会结成一对散兵。侧卫骑兵要分成两个班，每个班在右翼安排 1 名军士。侧卫骑兵的散兵线应当位于中队横队前方 80—100 步处，预备队则位于横队前方 25 步处。

第 1 列散兵应当从每个班的右翼开始依次前进 15—20 步、开火、后转，然后返回第 2 列并着手装填枪支，与原第 1 列散兵配对的原第 2 列散兵则要上前占据前者空出的位置。如果侧卫骑兵需要掩护中队退却，第 1 列散兵就不应当向前骑行，只用就地开火再退到第 2 列后方，原第 2 列散兵接下来就地开火并后退，就这样一直反复循环下去。

应当注意到，侧卫骑兵在实战中当然不可能严格维持这种开火次序，但这样的训练仍然有助于让骑兵变得机敏，使骑兵在散开后也具备战斗力。如果中队长打算让马枪骑兵散开战斗，他就得指定一名军官带上 1 名号手和 2 名军士指挥马枪骑兵，并在必要情况下编组预备队。不论中队执行何种机动，侧卫骑兵都应当跟随中队并负责掩护。[65] 骑马近卫团军官费奥多尔·雅科夫列维奇·米尔科维奇曾在日记中提到侧卫骑兵在 1812 年拿破仑入侵前夕进行的训练。[66]

有些骑兵团的团主和团长在自己的团里采用了《初级教令》中未曾提及的训练方式。比如说，伊久姆骠骑兵团团主伊万·谢苗诺维奇·多罗霍夫少将就主张使用类似于苏沃洛夫式"贯穿冲击"的训练方式：他在 1812 年 6 月 6 日 /18 日发给中队长们的命令里要求他们在中队机动训练中把中队分成两部分，两部分相向而行，用手枪和马枪射击（空包弹），最终互相贯穿。各个伍在贯穿时应当从伍的横向间隔中通过。贯穿冲击训练首先以慢步进行，然后改为快步，最终则要以跑步完成。[67]

多罗霍夫在 1812 年 8 月 3 日 /15 日签发的命令中规定了军官在中队里的位置，而这与条令中的规定存在一定差异，此外，这份命令还规定了负责收拢队列的军官和军士的职责：

> ……如果某个中队或某支部队发起冲击，军官就应当立刻正对各个排的间隔，而且必须位于横队前方，这样才能观察到位于左右两侧的排。中队长必须位于右翼，这样就能从前面观察他麾下的整个中队。根据他的命令，尉官始终要负责收拢中队，要砍死每一个懦夫。根据他的命令，所有负责收拢队形的军士也要这么做。在冲击过程中，行进中的部队必须用手臂紧紧夹持骑枪，尽可能地将它们指向前方。[68]

1810 年度的《军事期刊》上曾刊登过一位化名为"普罗斯托夫（Простов）少校"的军官的来信，他在信中表示所有机动和队形变换通常都以快步完成，但娜杰日达·安德烈耶夫娜·杜罗娃指出，她曾在 1810 年效力于马里乌波尔骠骑兵团，当时该团的各个中队以袭步执行所有机动，而且中队长的这种做法可以追溯到维特根施泰因将军担任团主的年代。[69]

此外还存在步骑兵联合训练的做法。比如，科诺夫尼岑将军曾于 1811 年将部队集结到涅曼河畔别利察附近的营地（位于利达以南）里展开演习。他将参演部队分成两个部分，第一部分包括切尔尼戈夫步兵团、科波尔耶步兵团、苏梅骠骑兵团的 3 个中队和 6 门轻炮，第二部分包括穆罗姆步兵团、混合掷弹兵营、苏梅骠骑兵团的 2 个中队和 4 门轻炮。上述部队在演习中展开对抗，骠骑兵在此期间需要特别关注前哨勤务和配合步兵作战。

科诺夫尼岑于演习前颁布的命令（签发于 1811 年 8 月 26 日 /9 月 7 日）规定"交战双方"的部队不应当进至相距 150 步以内，只有骑兵冲击步兵例外，在这类场合，骑兵需要像苏沃洛夫的"贯穿冲击"那样穿过步兵队形。不过，科诺夫尼岑在给骑兵的命令中并不主张正面冲击步兵队形：

> 骑兵主要是在平地上作战；……正面冲击步兵不可能奏效，另一方面，如果能够冲击横队侧翼，那么就总能取得胜利，无遮无掩又遭到骑兵侧击的横队当然就无法支撑下去。[70]

战术

大会战中的俄军在机动过程中通常会列成以中队为单位的全间距或半间距团纵队：也就是每个中队都列成横队，团里的所有中队前后相继地列队，相邻中队的间距相当于一个或半个中队横队的宽度。[71] 在有必要发起冲击或需要在敌军火力下坚持较长一段时间时，俄军骑兵团也会展开成横队。

瓦西里·谢尔盖耶维奇·诺罗夫提到俄军骑兵在皮亚纳和库尔姆列成以分团（一个分团包括 2 个中队）为单位的纵队。[72] 符腾堡的欧根亲王也提到近卫枪骑兵团在库尔姆会战中列成了"以分团为单位的全间距纵队"（Divisions-Colonnen mit Distancen）。不过，诺罗夫是一位步兵军官，符腾堡的欧根也是步兵指挥官，所以，如果一个下辖 4 个中队的骑兵团列成以中队为单位的纵队，他们就有可能将其误称为"以分团为单位"的纵队，这是因为这样一种队形看上去很像是步兵中的以分营为单位的纵队（4 个分营前后相继，步兵的分营与骑兵的分团名称相同）。欧根直接将库尔姆会战中俄军近卫步兵的队形称作"全间距营纵队"（Battalions-Colonnen mit Distancen）。[73] 而根据诺罗夫的说法，近卫步兵在库尔姆会战中列成了营冲击纵队。[74]

战场上的俄军骑兵一般会列成几条战线，而且大多数时候是两条，第 4 骑兵军军长卡尔·卡尔洛维奇·西弗斯〔Карл Карлович Сиверс，德文名为卡尔·古斯塔夫·冯·西弗斯（Carl Gustav von Sievers）〕少将关于舍瓦尔季诺战斗的报告、第2骑兵军军长费奥多尔·卡尔洛维奇·科尔夫（Фёдор Карлович Корф）少将和第3骑兵军第2旅旅长基普里安·安东诺维奇·克罗伊茨（Киприан Антонович Крейц）少将关于博罗季诺会战的报告、费迪南德·温青格罗德（Ferdinand Winzingerode）将军麾下某骑兵旅旅长伊万·瓦西里耶维奇·曼陀菲尔（Иван Васильевич Мантейфель）少将关于登讷维茨（Dennewitz）会战的报告都指出俄军骑兵列成两线。[75]

在莱比锡会战中，伊拉里翁·瓦西里耶维奇·瓦西里奇科夫少将作为萨肯将军第11军的骑兵指挥官，于1813年10月5日/17日将骠骑兵师分成两线，率领它以旅为单位发起冲击，一个旅（马里乌波尔、阿赫特尔卡骠骑兵团）位于第一线，另一个旅（亚历山德里亚、白俄罗斯骠骑兵团）位于第二线，这可能也是骑兵师在1813年的常用战斗队形。马里乌波尔和阿赫特尔卡骠骑兵团在这次冲击中击退了当面的法军骑兵，迫使法军步兵匆忙结成方阵，缴获了位于法军步兵后方的5门火炮，然后突破多条法军战线，带着缴获的火炮和抓获的大约500名战俘返回己方战线。联军的西里西亚军团司令普鲁士将领格布哈特·莱贝雷希特·冯·布吕歇尔（Gebhard Leberecht von Blücher）曾是弗里德里希二世麾下的一名骠骑兵军官，他对俄军此次冲击倍感满意。[76]

如果第一线陷入混乱或被击退，它就得退到第二线之后重整队形。多罗霍夫少将在他于1812年8月3日/15日发布的命令中指出：

> 如果某个中队或某支部队在冲击结束后收到重整信号，或是该部已被敌军打乱，那就得严禁它直接退往预备队或炮兵方向。与此相反，它应当在两翼或中央找到一片开阔地，退到预备队之后50步处，此时不要考虑计数，也不用顾及排列，只需面朝敌军所在方向列队。如果这种情况发生在敌军附近，那就要以跑步而非慢步或快步逃离敌军。
>
> 你们可以看到，在最近一次交战中，敌军如果不是依靠队形和秩序，就无法避免彻底失利。我要求中队长先生们把这道命令和目前所见的所有敌军做法灌输到士兵的脑子里，因为我们必须在这方面尊重敌人。如果我们注意到上述一切问题并且激励我军士兵，那就可以依靠我们的勇气消灭恶棍。我再次重申，在这种场合下，我不要从中队长和其他军官口中听到别的声音。[77]

在第一线退却后，第二线成了新的第一线，这时就轮到它来冲击或反击，各条战线就这样循环往复下去。比如说，我们可以在此回顾前文中摘引的米哈伊洛夫斯基 - 丹尼列夫斯基段落，他描述过 1813 年 10 月 2 日 /14 日发生在利伯特沃尔克维茨的骑兵战，这场交战持续了大约两个小时：

> 一轮冲击接着一轮冲击……当某个 [团] 全体出动冲击其他 [团] 时，交战双方一次又一次地在相距几步时停下，然后冲上去砍杀，被击退的一方会退往预备队方向，预备队则上前进至第一线，继续投入这场悬而未决的漫长战斗。[78]

巴格拉季翁在他于 1812 年 6 月 25 日 /7 月 7 日下达给第 2 西方军团的命令中要求骑兵列成交错队形。[79] 这种队形便于各条战线交替退却。[80] 在描述作战时，"交错队形"一词通常会出现在前卫战和后卫战的场合。以卡尔·冯·克劳塞维茨（Carl von Clausewitz）为例，这位曾在 1812 年为俄军效力的著名军事理论家提到彼得·彼得罗维奇·帕伦（Пётр Пётрович Пален）少将在维捷布斯克（Витебск）附近的后卫战中将他麾下后卫部队中的骑兵以交错队形列成三线。[81] 科诺夫尼岑将军写道，在从维亚济马退往博罗季诺途中的诸多后卫战里，俄军骑兵通常会列成交错队形，以梯队发起冲击。[82] 交错队形也出现在大会战当中，骑士近卫团在博罗季诺就列成了这种队形：第 1、第 4 中队位于第一线，第 3、第 5 中队位于第二线（该团第 2 中队系后备中队，当时在负责保护圣彼得堡方向的维特根施泰因将军麾下作战）。[83]

克劳塞维茨指出，俄军骑兵在 1812 年战局之初仍然存在一些过时习惯。在维捷布斯克附近的后卫战中，帕伦将军将他的全部骑兵——足足 32 个中队——都集中到右翼，这是因为俄军阵地一线有许多小树林和灌木丛，右翼的密林、灌木和河流之间则有一块开阔地。根据克劳塞维茨的说法，俄军中普遍存在一种过时的观点，那就是骑兵应当部署到侧翼，并且要在开阔地上作战。

克劳塞维茨认为，在这个战例中，将骑兵集中到右翼并不是一个好的决定，因为对整整 32 个中队而言，那片开阔地实在是太狭窄了，它的宽度不超过 600 步，因此骑兵需要列成三线。结果因敌军炮火而蒙受了可观的伤亡，而后卫部队中的步兵——共有 14 个营——则需要坚守一段相对于兵力而言太过绵长的阵地，所以，步兵只能列成各个营之间留出巨大间隔的两条战线，它没有预备队，没有骑兵支援，左翼也没有得到保护。

克劳塞维茨认为没有必要将所有骑兵集中到右翼，因为那里有一条足以提供保护的河流，敌军实际上不可能从这一翼包抄俄军。如果能把骑兵部署在步兵后方，那实际效果就会好得多，因为尽管阵地一线存在着树林和灌木丛，但依然有足够空间可供小队骑兵活动，而且，这种做法还可以让骑兵支援步兵、掩护左翼。[84] 值得一提的是，克劳塞维茨与上文引述过的《军事期刊》某匿名作者观点一致。[85]

必须指出的是，帕伦将军取得的战绩堪称成功，他将法军拖住了很久，让第 1 西方军团的主力部队得以安全退却。不过，克劳塞维茨却将这一胜利归因于敌军绵软无力的攻击。

近卫哥萨克团团长、侍从将军瓦西里·瓦西里耶维奇·奥尔洛夫 - 杰尼索夫（Василий Васильевич Орлов-Денисов）少将在卢比诺（瓦卢季诺山）会战（1812 年 8 月 7 日 /19 日）中奉命指挥多个骠骑兵团和哥萨克团（马里乌波尔、苏梅、伊丽莎白格勒骠骑兵团，伊久姆骠骑兵团的 2 个中队以及 5 个哥萨克团），他的任务是在通往莫斯科的大道南侧挡住法军的庞大集群——他们分成两个纵队，计划包抄俄军侧翼。根据奥尔洛夫 - 杰尼索夫本人的说法，他将自己下属的骑兵团在灌木丛的某个缺口处列成 4 条留有横向间隔的战线，战线之间也要留出中队间距（也就是说，相邻战线的前后距离相当于中队横队的宽度）。骑兵的右翼有一座小丘可供依托，小丘上也架设了 4 门骑炮。

敌军的每个纵队前方都有若干步兵，骑兵则在步兵身后跟进。下午 1 时许，敌军步兵从树林中涌出来开火。奥尔洛夫 - 杰尼索夫命令他麾下的骑兵稍稍后撤。敌军步兵继续推进，随后，奥尔洛夫 - 杰尼索夫命令第一线冲击这批步兵并将其击败，然后退却到第四线之后重整队形，第二线则要立刻冲击敌军步兵身后的骑兵，随后也要撤到最后，如此反复循环下去，按照奥尔洛夫 - 杰尼索夫的说法，这样就"可以凭借持续不断的冲击阻止敌军在林间空地上列队"。

根据奥尔洛夫 - 杰尼索夫的说法，第一线由马里乌波尔团和若干哥萨克团组成，他们在冲击法军步兵时取得大胜：敌军步兵被击败，邻近的骑兵也只能帮助一部分步兵。然而，按照在奥尔洛夫 - 杰尼索夫回忆录手稿中留下批注的另一位人士的说法，他的计划也在此时出了岔子：胜利令第一线部队欢欣鼓舞，他们并没有奉命退却，而是朝着敌军骑兵冲了过去，第二线也没有等到第一线退回就自行冲击法军。这两条战线虽然击退了敌军骑兵，却变得相当混乱，随后只得后撤。

此后的一切都有序进行，各条战线的交替冲击持续了4个小时之久。此后，又一个敌军集群出现在奥尔洛夫 - 杰尼索夫所部骑兵左翼，用枪炮轰击骑兵，于是，他被迫命令左翼部队后退。俄军骑兵战线变短了，不过这也让他能够着手安排预备队：伊丽莎白格勒骠骑兵团列成纵队部署在右翼后方，伊久姆骠骑兵团的2个中队和1个哥萨克团则部署在左翼后方。奥尔洛夫 - 杰尼索夫还得到了增援部队——普斯科夫、佩尔瑙步兵团和12门步炮。他将普斯科夫团部署在右翼的树丛里，佩尔瑙团在第一线骑兵中央列成方阵，所有火炮都隐蔽在第一线骑兵右翼之后。

两个法军纵队在5点半左右迫近了俄军右翼，俄军任凭法军进至极近距离，然后让16门火炮（12门步炮和4门骑炮）发射霰弹。与此同时，步兵团也开始射击。用奥尔洛夫 - 杰尼索夫的话说，这"让敌军遭受了恐怖的失利"。苏梅骠骑兵团和哥萨克随后冲击敌军并将其击退。[86]

拉多日茨基在1812年是第3轻炮连的一名军官，他目睹了这场战斗的第一阶段。按照拉多日茨基的说法，他当时指挥6门火炮待在佩尔瑙步兵团右翼。他写道：

> 就在佩尔瑙团前方，蓝色的、红色的、灰色的、绿色的骠骑兵携带着骑炮，以中队为单位在树丛后面列队。一场骑兵战在我们眼皮底下发生。我们看到了迷人的景象，几个法军骠骑兵中队冲向我军，我军全速逃离，可随后在得到新锐中队增援后又反过来打退了法军，最终是[敌军]的霰弹和子弹阻止了他们的杀戮。我军转而后退，再度遭到法军的追击。这样的战斗更像是骑士竞技：有些骑兵坠马，有些身陷陌生人当中的骑兵挥舞着马刀，某个人用手枪开火，另一个人则在砍杀，马匹撞在一起，变得狂暴并开始飞奔……[87]

这里还可以补充一点，拉多日茨基准确地记住了俄军骠骑兵的制服颜色：蓝色是马里乌波尔团，红色是伊久姆团，灰色是苏梅团，绿色是伊丽莎白格勒团。不过，读者并不应当严格按照字面意思解读拉多日茨基所说的"马匹撞在一起，变得狂暴"：他当时是在远处观战，只是看到奔驰的骑兵稍作停顿，"有所迟疑"（他用这个词描述炮兵挽马停下脚步拒绝前行[88]），可随后又动了起来（"开始飞奔"）。

博罗季诺会战中的俄军骑兵几乎分布在整条战线上，亲历此战的克劳塞维茨指出，骑兵原先位于第二条步兵战线之后300—400步处。[89]第1骑兵军位于第2步兵军右翼后方，第2、第3骑兵军分别位于第4、第6步兵军后方，第4骑兵军和第2胸甲骑兵师位于第2西方军团各个步兵师后方，第1胸甲骑兵师在第5步兵军后方充当预备队。

每个骑兵军都分成两条战线，龙骑兵位于第一线，枪骑兵和骠骑兵位于第二线。[90]在库图佐夫战前签发的博罗季诺作战计划中，它规定骑兵必须支援步兵，骑兵部队应当位于步兵纵队间横向间隔的正后方。[91]在博罗季诺会战中，俄军骑兵的确时常支援步兵，与步兵密切协作，他们一再对已被步兵打退、击溃的敌军发起追击。[92]

有些时候，俄军骑兵会派出小股部队投入战斗，这并不能派上多少用场。西弗斯将军在1812年担任第4骑兵军军长，他在舍瓦尔季诺战报中指出自己派出一个团乃至2—3个中队投入冲击。[93]这样小规模的冲击不可能带来什么决定性战果，骑兵也只会蒙受不必要的伤亡。

另一方面，俄军胸甲骑兵在舍瓦尔季诺战斗中使用多个团发起冲击，给某些法军步兵团造成了惨重损失。安东·福森（Anton Vossen）当时是法军第111战列步兵团的一名中士，他表示这个团在夺取舍瓦尔季诺多面堡后向北面推进，与俄军步兵交战，却遭到了俄军胸甲骑兵的突袭。法军迅速着手编组方阵，但俄军胸甲骑兵已经杀入该团1营，将其彻底击溃，整个第111团也在一片混乱中退却，损失了大约300名士兵、团属火炮和辎重车队。[94]俄方参与此次冲击的可能是小俄罗斯、格卢霍夫胸甲骑兵团。[95]

某些场合下的艰难、复杂战术处境决定了俄军只能以小股兵力发起冲击。比如说，在博罗季诺会战中，当敌军夺取巴格拉季翁箭头堡群后，由于俄军当时能够动用的步兵数量不足，有的骑兵团被迫在前线待上一段时间或是负责支援炮兵部队。根据第 1 胸甲骑兵师第 1 旅旅长尼古拉·米哈伊洛维奇·博罗兹金（Николай Михайлович Бороздин）的战报，阿斯特拉罕胸甲骑兵团、皇后陛下胸甲骑兵团曾以分团（2 个中队）为单位冲击列成散开队形的法军步兵和炮兵。[96]

不过，俄军骑兵在博罗季诺会战中的多数场合还是以完整的团或旅（下辖两三个团）建制与敌军骑兵作战。拿破仑在骑兵兵力上拥有不小的数量优势，但战场上有很多条相当深的冲沟，这些冲沟不仅岸边陡峭，而且底部满是淤泥，这导致法军的大规模骑兵集群无法迅速发起冲击，俄军骑兵反倒能够在某些局部反击中占据优势。[97]

关于博罗季诺会战中的骑兵战，最详尽的描述之一出自科尔夫少将呈递给巴克莱的战报，它的史料价值高到笔者在此几乎要对其全文引用：

在 8 月 26 日的会战中，由我指挥的第 2、第 3 骑兵军被部署在第 4、第 6[步兵] 军后方。大约正午时分，敌军将所有兵力集中到我军左翼，我当时按照阁下的命令派遣多罗霍夫少将率领苏梅、马里乌波尔骠骑兵团和库尔兰、奥伦堡龙骑兵团增援左翼。多罗霍夫少将率领下属各团迫近了工事和步兵，他发觉拥有数量优势的敌军骑兵开始着手包围我军步兵和炮群。他立刻列队，急忙率领奥伦堡龙骑兵团冲击敌军骑兵中部，马里乌波尔骠骑兵团和库尔兰龙骑兵团冲击侧翼，此次冲击依靠速度击溃了敌军骑兵，将其撵到敌方炮群所在地。在那里，敌军的预备队赶来增援溃兵，挡住了我军骑兵，此时，多罗霍夫少将立刻让苏梅骠骑兵团投入战斗，并吹响集结号召回其余各团，将部队重新列成两条战线，再度冲击迎面赶来的敌军骑兵并将其击退。在这场战斗中，苏梅骠骑兵团救回了我军此前被迫彻底抛弃的 8 门火炮。与此同时，西伯利亚、伊尔库茨克龙骑兵团负责掩护位于我军中前方的我方大炮群。这两个团冒着最为猛烈的炮火从上午 8 时坚持到正午。在此期间，敌军出动实力强大的步骑兵纵队，试图夺取炮群，龙骑兵团飞快地发起冲击，将敌军击溃，为坚守阵地做出贡献。下午 3 时，敌军集中全力冲击我军中部，计划击穿我军步兵。这时，我按照阁下的命令急忙率领第 2 骑兵军增援该地段。当我抵达这一地段时，我看到敌军中部是一个人数众多的步兵纵队，左翼是一个胸甲骑兵团和一个卡宾枪骑兵团，右翼是掷弹骑兵团，他们在炮群的掩护下猛烈冲击我军步兵，意图迫使我军散兵混乱地后撤。我立刻命令潘丘利泽夫第二 [Панчулидзев 2-й] 少将麾下的伊久姆骠骑兵团和波兰枪骑兵团快步前进，列队冲击敌军卡宾枪骑兵和胸甲骑兵，可这两个团甚至在己方遭遇冲击时都没有及时列队，因而陷入混乱。我需要高度赞扬我的副官们和军需主任舒伯特上尉在这次战斗中的表现，他们帮助我拦下陷入混乱的骑兵团并着手重整队形。以下人员表现尤为突出：我的副官雅科夫列夫上尉、伊久姆骠骑兵团的洛什卡列夫 [Лошкарев] 上尉——他集结起该团的一个中队并再度飞速冲击敌军。最后，这两个团在成功重整队形后挡住了敌军胸甲骑兵和卡宾枪骑兵的迅猛追击，让同样陷入混乱的我军步兵有时间列队并向前推进。与此同时，我命令普斯科夫龙骑兵团向右前方推进，莫斯科龙骑兵团则在它后方充当预备队。普斯科夫团团长萨斯 [3acc/Saß] 上校看到敌军步兵和掷弹骑兵正在迅速推进，将要威胁到我军伊久姆骠骑兵团和波兰枪骑兵团——这两个团当时尚未列队完毕——右翼，就以快步向敌军骑兵发起冲击，尽管敌军拥有兵力优势，却还是被我军击溃并向后逃窜。完成此次冲击后，萨斯上校发出集结信号命令全团集结，冒着敌军的火力，非常成功地重整了队形，并维持良好秩序。要是每个骑兵团都能如此完美地尽职尽责就好了。这时，原先作为预备队的敌军骑兵逐步迫近，萨斯上校再度率领他的团发起冲击，同样将这批骑兵击溃，并攻入敌军步兵左翼，此举也吸引了敌方步兵的全部火力。就在这时，副官库达舍夫 [Кудашев] 上校公爵阁下带来了近卫骑炮兵的 4 门炮，它们立刻成功地朝着敌军倾泻了几轮霰弹，于是，敌军纵队被迫退却。这场最后也最猛烈的冲击在下午 5 时左右告终，此后，多罗霍夫少将率领所部骑兵与我会合，在坚守阵地方面，他可以说是我的完美助手。此后，敌军再不敢发起冲击，只是向我军骑兵打出最为猛烈的霰弹火力，然而，我军骑兵还是坚守到入夜为止。阁下亲眼见证过我军步兵已经陷入了混乱，要不是骑兵在此时挡住了敌军的冲击，我军步兵必定会被击溃，这足以给全军带来重大损失。[98]

科尔夫文中提及的弗里德里希·冯·舒伯特（Friedrich von Schubert）在1864 年回忆道：

这时，法军的冲击接踵而至。到了下午 3 时，他们最终夺取了拉耶夫斯基炮垒并扎根其中，这是因为我军已经没有部队去驱逐法军了；炮垒左右两侧的 [我军] 步兵师已经真真切切地在敌军枪炮火力下遭遇毁灭。由于拿破仑已经让他的所有骑兵列成两个巨型纵队以快步赶往这一地段，这时就要阻止法军突破这个缺口，使其无法进一步将我军截为两段。本尼希森立刻将（科尔夫的）第 2 骑兵军从右翼带过来，这个军当时已经大为缩水，而且同样列成纵队以大快步匆忙赶来。充当先头部队的是伊久姆骠骑兵团，当该团的前几个排抵达拉耶夫斯基高地顶部后，他们发觉法军骑兵已经离得很近。洛什卡列夫麾下的第 1 中队立刻展开[成横队]，以袭步冲向敌军，由于他兵力十分有限，此举并不能给敌军造成多大损失，但这还是令敌军骑兵停顿下来，让剩余中队有时间上坡攻击敌军。整个骑兵军就这样一个团接着一个团地先后抵达高地顶部，它们一抵达现场，就在毫无计划的情况下以袭步冲击当面敌军。这场猛烈冲击导致法军骑兵先是陷入停顿，然后缓慢退却。只有目睹过这场战斗的人才能对这种无序状况多少有点头绪：当时并没有什么整体顺序或领导，每个团一旦按照集结号重整完毕，就会立刻再度发起冲击。于是，法军骑兵就在非常有限的空间内和我军骑兵绞杀在一起，尽可能地挥舞马刀砍杀，但所有的骑兵团都搅在了一起，搅在正在努力重整队形的我军步兵师残部之间。帕斯克维奇在绝望境地中拉扯着头发大肆咒骂；巴克莱·德·托利的战马被杀，便冷静地在步行中竭力重整队形。这时，一个已然从我军第一线左翼附近突破过来的萨克森胸甲骑兵团猛然冲向我军近卫步兵方阵，被方阵痛揍一通之后打算从我军二三线之间逃回己方战线。此时，双方炮兵持续不断地朝这一团乱麻里倾泻火力，其目的与其说是杀伤敌军（当时几乎无法分辨敌我双方），倒不如说是阻止敌军列队展开。这场单对单的混战持续了3个多小时，我军在此期间逐步夺取了阵地，但我并不能描述多少细节——我认为也没有人能够给出多少细节——因为一切都包裹在厚厚的尘土里，人们分辨不出10步开外的东西，尘土中不时出现形形色色的人物——有时是友军，有时是故军——接下来又再度消失。[99]

马滕斯当时是伊久姆骠骑兵团里的一名中尉，他表示：

我们团损失了很多人，在正面冲击法军近卫胸甲骑兵的战斗中损失尤为惨重。我们骑着小马，拿着糟糕的马刀，面对故军的高头大马和胸甲，处于十分不利的境地。[100]

巴克莱·德·托利以十分枯燥、简短的方式描述了这场骑兵战：

故军骑兵和我军骑兵轮流击退对方，然后在炮兵和步兵的掩护下重整队形，最后，我军在骑炮兵的协助下成功地迫使敌方骑兵溃逃。[101]

俄军骑兵在博罗季诺会战中最著名的行动是费奥多尔·彼得罗维奇·乌瓦罗夫将军的第1骑兵军（近卫骠骑兵团、近卫枪骑兵团、近卫龙骑兵团、近卫哥萨克团、涅任龙骑兵团、伊丽莎白格勒骠骑兵团和1个骑炮连）和阿塔曼马特维·伊万诺维奇·普拉托夫（Матвей Иванович Платов）的哥萨克（9个哥萨克团、1个哥萨克炮连）袭击拿破仑军队的左翼。[102] 乌瓦罗夫所部骑兵的动作相当缓慢、谨慎。巴克莱的副官勒文施特恩写道：

这个骑兵集群和诸多骑炮兵的行动……以令人沮丧的迟缓动作完成。它前方那条漫长的侧卫骑兵散兵线并没有运用骑兵的灵魂和力量——也就是冲力和速度，没有像闪电般冲向故军，反而像是在一边摸索一边推进，似乎是在告诫他们：准备自卫吧！[103]

乌瓦罗夫的骑兵相对轻松地击退了几个法国、意大利和拜恩轻骑兵团，可它随后就得对付敌军步兵。当时正在拉耶夫斯基炮垒附近指挥半个轻炮连的米塔列夫斯基有幸目睹了乌瓦罗夫所部骑兵的战斗情况：

> 阳光灿烂，我们能够近乎完美地看到我军骑兵的动作。敌军中的混乱状况明晰可辨，位于前方的法军士兵从博罗季诺村右侧跑进村里，又跑出去在野外迅速列成了几个方阵。我军骑兵快速推进，然后迅速向前冲击。它过分吸引我，以致让我都忘了自己的炮群。我立刻想到所有方阵都会开火，然后骑兵就要冲上去碾压方阵，那我们会轻松一些。可事实证明我想错了：骑兵突然出现在步枪射程内又突然退了回去，所以方阵根本没有开火。[104]

米塔列夫斯基是在南面观察上述战况的，所以他可以看到俄军对法军第92战列步兵团、第8轻步兵团和克罗地亚团发起的冲击。亲自参与过此次袭击的克劳塞维茨则近距离目击了近卫骠骑兵团对敌军步兵方阵发起的冲击（他将敌军称作"意大利人"，但事实上那是法军的第84战列步兵团）：

> ……近卫骠骑兵团上前奉命发起进攻。它展开了三轮无效的冲击。意大利人没有陷入慌乱，他们保持了队形，冷静地开火；骠骑兵采取了惯用的做法，推进到距离方阵30步的地方，然后转身离开火力范围。[105]

然而，当俄军骑炮兵向前推进后，第84战列步兵团就后撤了。此外，乌瓦罗夫并不敢及时主动攻击意大利近卫军，这支下辖全部3个兵种的部队当时是拿破仑左翼的预备队。哥萨克的确推进得略远一些，但他们与其说是在冲击敌军，倒不如说是在骚扰敌军，而且大部分哥萨克都留在树林和灌木丛里。

许多将领和军官因此指责乌瓦罗夫和普拉托夫行动缓慢、迟疑不决。然而，乌瓦罗夫并没有得到步兵的支援，他手头只有6个骑兵团和12门骑炮，因而在面对拥有3个兵种的敌军时很难取得比实际战果更大的战绩。实际上，乌瓦罗夫所部和哥萨克的缓慢、迟疑反而让此次袭击战果倍增，因为即便他们迅速动用全部兵力快速冲击，也不可能取得什么重大战果，反而会让敌军迅速意识到他们只是在面对几个团的正规骑兵和哥萨克。实际上，在相当长的一段时间内，敌军都不清楚威胁左翼的部队是什么，都无法判断出他们的编组情况、兵力和作战意图。[106]

某些目击者——特别是叶尔莫洛夫和沃尔德马尔·冯·勒文施特恩——提到，乌瓦罗夫所部和哥萨克向前推进后，敌军的全线攻击力度在一段时间内出现了明显的减弱迹象。[107]奥库涅夫的说法与此相同，他表示自己从某位亲历过博罗季诺会战的将军口中听说过此事，这位将军当时指挥一个步兵师，在会战中表现活跃。[108]在会战中的这个关键时刻，法军攻击力度的减弱让俄军有时间集结部队并重新编组预备队。有些人，比如说时为第6步兵军参谋的德米特里·尼古拉耶维奇·博尔戈夫斯基（Дмитрий Николаевич Болговский）少校，甚至在回忆录中认为这次牵制性作战是俄军在博罗季诺会战中免于毁灭的主因。[109]

至于骑兵在1812年其他大会战的表现，各个近卫胸甲骑兵团的后备中队在第一次波洛茨克会战中的冲击也值得一提。1812年8月6日/18日上午，对阵双方并未积极投入战斗。俄军因而展开休整，总指挥维特根施泰因将军甚至准备享用午餐。到了下午，敌军总指挥圣西尔将军动用几乎所有兵力发动猛攻，这完全出乎俄军意料。俄军虽然组织混乱，还是展开了顽强抵抗。俄军骑兵竭力发动反击，希望以此迟滞敌军攻势。在其中一次冲击中，混合胸甲骑兵团（由骑士近卫团、骑马近卫团、皇帝陛下胸甲骑兵团和皇后陛下胸甲骑兵团的后备中队组成）击溃了一个法军轻骑兵旅，并导致后者径直冲向法军炮群。炮手担心伤到己方部队，因而不敢开火，只是带着火炮向后退却。然而，并不是所有火炮都能及时转移，俄军骑兵缴获了12门或15门炮，但最终只能带走其中2门。圣西尔将军由于在前一天夜间受了伤，当天只能坐在一辆小马车里巡行战场，他竭尽全力恢复秩序，可就连自己的马车也被逃跑的人流裹挟着后退，甚至还翻了车，于是，就连圣西尔本人都面临着战死或被俘的危险。最终还是敌军步兵挡住了俄军骑兵的突破。[110]安东诺夫斯基在1812年是第26猎兵团里的一名尉官，根据他在回忆录中的描述，他在会战结束后看到胸甲骑兵带回了2门从敌军手中夺来的火炮，胸甲骑兵还表示他们用马枪的通条钉死了其余的炮（也就是把通条锤进大炮的火门里，使其无法继续射击），但安东诺夫斯基对此还是颇感怀疑。[111]

在 1812—1814 年诸战局的历次会战和战斗当中，轻骑兵有时会以中队为单位支援步行散兵，或在必要情况下派出侧卫骑兵抵御敌方骑兵，保护散兵。[112] 轻骑兵也会威胁敌军步行散兵侧翼乃至直接发起冲击，迫使敌方散兵延缓推进、停止行进或后撤。[113] 在某些场合下，骑兵对敌方散兵发动的突袭会非常有效。比如说，西皮亚金将军指出，俄军和普军在吕岑会战后的退却途中展开过多次后卫战，在其中一场发生于 1813 年 4 月 24 日 /5 月 6 日的战斗中，卢布内骠骑兵团冲击了远离敌方纵队的敌军散兵，毙敌 200 余人，俘敌 79 人。[114] 朗热隆部《作战日志》（Журнале военных действий）记载新俄罗斯龙骑兵团在 1813 年 8 月 29 日 /9 月 10 日冲入敌军散兵侧翼，随后将散兵和主力军切割开来。[115] 在 1813 年 9 月 3 日 /15 日的黑伦多夫（Hellendorf）战斗中，法军的步行散兵在开阔地上推进得太远，脱离了地物掩蔽和主力部队支援，他们随后遭到苏梅骠骑兵团和丘古耶夫枪骑兵团的突袭，不仅有许多人战死，还有大约 400 人被俘。[116]

关于 1812—1814 年的骑兵下马步战的记载很少。骑兵步行作战往往出现在下列场合：坚守据点、保护己方火炮免遭敌方步兵袭击或在没有步兵的情况下临时充当步行散兵。比如，1812 年 8 月 15 日 /27 日，第 3 西方军团前卫指挥官朗贝尔将军率部迫近科布林（Кобрин）城，但他手头只有骑兵（斯塔罗杜布龙骑兵团、特维尔龙骑兵团、亚历山德里亚骠骑兵团和鞑靼枪骑兵团）和部分炮兵，步兵和另一部分炮兵则会较晚抵达战场。克伦格尔（Klengel）将军当时指挥大约 2500 名萨克森士兵据守此城。朗贝尔派遣部队堵住了敌军撤出科布林的道路。萨克森军队试图从不同地点发起突围，其中一次阻截突围的战斗中出现过龙骑兵下马作战的记载。萨军被击退后只得返回城内，随后，俄军步兵抵达战场并攻入城市，这支萨克森部队就此投降。[117]

第 1、第 2 西方军团的龙骑兵在 1812 年战局之初奉命上缴步枪，只在每个中队里留下少量步枪（供侧卫骑兵使用），因此，他们实际上并不适于步行作战。尽管如此，在指挥官手头并无步兵的场合，有时也会让不少龙骑兵充当步行散兵（可能是把那些还有步枪的龙骑兵集中到一起使用）。[118] 根据团史记载，喀山龙骑兵团曾在 1813 年战局中派出龙骑兵充当步行散兵，其中一个战例是 3 月 4 日 /16 日弗里德里希·卡尔·冯·特滕伯恩（Friedrich Karl von Tettenborn）率部越过易北河的战斗（喀山团有 1 个中队参战），另一个是 5 月 28 日 /6 月 9 日在但泽附近击退敌军冲击的战斗（1 个中队下马步战，2 个中队骑乘作战）。[119]

第 3 西方军团和多瑙河军团的骑兵至少在 1812 年战局结束前并未上缴步枪和马枪。第 13 骑炮连连长伊万·卡尔洛维奇·阿诺尔迪（Иван Карлович Арнольди）在回忆录中提到金布恩龙骑兵团的两个中队在别列津纳河畔的布里利（Брили）村战斗（1812 年 11 月 14 日 /26 日）中负责支援他的炮兵连，当敌军步行散兵试图攻击火炮时，龙骑兵下马开火将其击退。[120]

至于其他类型的骑兵，鉴于他们装备的枪支较短，下马步战的记载就更罕见了，不过，海军上将奇恰戈夫的多瑙河军团里的确还存在这样一个战例。按照效力于俄军的法国人罗什舒阿尔的记载，当该军团前卫部队攻击通往鲍里索夫（Борисов）城的别列津纳河桥头堡时，由于前卫指挥官朗贝尔将军手中几乎没有步兵，他就命令亚历山德里亚骠骑兵团（朗贝尔是该团团主）的 300 名骠骑兵下马支援负责从右侧攻击敌军防御工事——右侧的工事相对薄弱——的步兵。一番激战过后，俄军最终夺下桥头堡，随后冲过桥梁攻占鲍里索夫。[121]

仅两天后，另一支敌军（乌迪诺元帅第 2 军的前卫部队）抵达鲍里索夫并攻克此城。按照马尔博的说法，法军在这场战斗中也让轻骑兵下马战斗（第 23、第 24 猎骑兵团有四分之三的骑兵下马作战），想要冲过大桥，但未能取得成功。[122] 鲍里索夫城虽然落入敌军手中，但别列津纳河上的桥梁已被摧毁，敌军也就不能就地过河了。

在 1813 年战局之初，俄军和普军骑兵在数量和质量上都远远优于拿破仑的骑兵，但联军骑兵在第一阶段的诸多会战中并未取得重大战果。在吕岑，联军与拿破仑的军队遭遇时，后者正处于行军状态，部队拉得很开，为了利用这一优势将敌军各个击破，联军就有必要动用手头的所有骑兵立刻发起决定性冲击。然而，大部分俄军骑兵都集中在联军左翼，而且在那里待了一整天，尽管骑兵的集群冲击本可以打垮孤立的法军纵队，迫使法军步兵转入防御，或者至少也能延缓法军的行进，可骑兵的表现还是不够活跃，结果，拿破仑得以将兵力集中到战场上，甚至伺机发动反击。

有些军官指责指挥俄军左翼骑兵的温青格罗德将军，认为是他导致骑兵碌碌无为，次日，此人就被免去职务。另一些军官则批评联军总司令维特根施泰因将军，认为他对骑兵的分配和运用都不算合理。[123] 温青格罗德和维特根施泰因则指出了地形不利于骑兵作战的事实，以此解释联军骑兵主力的无所作为：这场会战主要发生在离得很近的诸多村庄之间，敌军部队也几乎不会出现在开阔地上。[124]

联军从骑兵优势中得到的唯一好处就是拿破仑无法在吕岑、包岑会战结束后有效地追击联军。卢布内骠骑兵团在从吕岑退往包岑的途中数次表现出色，根据西皮亚金的记载，它发起冲击，打退了法军的先头部队，给他们造成了惨重损失。[125] 按照格林卡的说法，在 5 月 3 日 /15 日发生于包岑附近的后卫战中，哈尔科夫、卡尔戈波尔龙骑兵团也有过上佳表现。格林卡注意到俄军骑兵在这些战斗中展现出他们已经很好地学会了如何与步兵协同作战：骑兵要以适时的冲击彻底打垮已被步兵击退的敌军纵队。[126]

巴克莱·德·托利在他发布于 1813 年 7 月底 /8 月初的《部队行军、宿营、作战总教令》中规定骑兵应当列成两条战线。至于骑兵的作战行动，巴克莱规定：

> 骑兵的冲击总要以快步开始，绝不能一开始就跑步前进——这是为了避免人马过早疲累，导致骑兵过早地陷入混乱。[重骑兵] 需要在距离敌军 50 步时变为跑步，但迫使敌军溃逃后就要停下来；轻骑兵通常会部署在发动冲击的 [重] 骑兵两翼充当预备队，此时只有轻骑兵可以追击敌军。重骑兵这时应当就地整队，而后跟随轻骑兵行进并尽可能提供支援，不让敌军有时间集结整队。如果敌军设法击退了我军 [重] 骑兵，轻骑兵就要威胁敌军侧翼，从而阻止其继续推进。[127]

如你所见，巴克莱显然支持下列观点：重骑兵在成功冲击后不应当对已被击溃的敌军穷追不舍，而要停下来整队，将追击任务留给轻骑兵去完成。

在 1813 年战局的第二阶段，俄军骑兵的表现要比前一阶段活跃得多。库尔姆会战的地形并不适合骑兵作战，此战主要在双方步兵和炮兵之间展开，骑兵则作为预备队。会战首日日暮之际,法军指挥官旺达姆将军发动了大举猛攻。法军击退了俄军步兵,俘获了一个下辖 4 门火炮的俄军炮群。俄军指挥官叶尔莫洛夫将军命令谢苗诺夫斯科耶近卫团 2 营发动反击,这个营夺回了炮群,但几乎所有军官都非死即伤。俄军已经陷入绝望境地——步兵预备队几乎彻底用尽。目击者尼古拉·尼古拉耶维奇·穆拉维约夫——他当时是一名参谋——写道:

> 就在这时,原先在巴克莱麾下担任过军需总监的迪比奇将军抵达现场。看到我们的艰难处境后,他骑马赶赴近卫龙骑兵团,命令该团跟随他行动,但龙骑兵并没有认出他,他们直到迪比奇出示自己的星章后才动身。随后,迪比奇一边向前猛冲一边大吼:"龙骑兵,跟着我!"一名龙骑兵跟在他身后疾驰出去,随后又有一名龙骑兵跟进,第三名也随之出动,最终,整个团乱糟糟地发起了冲击。叶尔莫洛夫看到龙骑兵并未得到他的命令就擅自冲击,便让我的兄弟亚历山大过去阻止,但这已经太晚了:龙骑兵已经击溃了一部分敌军步兵,将另一部分攮进了泥淖里。有些龙骑兵也陷进了烂泥里,另一些则突入达伦 [Дален/Dahlen] 村后方的法军当中,然后冲入村庄,将敌军赶了出去,迫使其朝着位于开阔地上的我军散兵方向逃窜,这些敌军看到我军已经严阵以待便停了下来。龙骑兵则冲进去大肆砍杀,与我军部队迎面会合。[128]

在现存的库尔姆会战地图上并不能找到达伦村,可穆拉维约夫在文中多次提到过它,而且指出俄军散兵就散布在村庄前方,叶尔莫洛夫还在村后部署了几个营的近卫步兵,其余的步兵则在左侧的起伏地带展开杂乱无章的战斗。[129] 从这些迹象中可以判断出穆拉维约夫提到的实际上是位于战场中部的普里斯滕村,因为根据其他参战者的回忆,主要的战斗发生在普里斯滕村及其附近地带,双方围绕它展开了无数次冲击与反冲击,而在靠近山地的村庄左侧起伏地带,步兵也展开了乱战。[130] 莱比锡城附近有个名叫达伦的村庄,那里后来也发生过一场大战,所以穆拉维约夫有可能弄混了地名。

穆拉维约夫表示,旺达姆将军的参谋长后来告诉他,此次冲击给法军带来了非常惨重的损失:有个团的损失多达 900 人,另一个团的损失更是高达 1200

人。[131] 时为近卫龙骑兵团军官的尼基福尔·彼得罗维奇·科瓦利斯基如此描述这场冲击：

> ……我们在一片遍布着小灌木丛的平原上列队。恐怖的炮火在前方肆虐，我们很快就看到近卫步兵团——谢苗诺夫斯科耶团和普列奥布拉任斯科耶团——的士兵朝着这里跑了过来，敌军在后面穷追不舍。就在那时，迪比奇将军身着外套、头戴制帽骑马赶到我们面前，命令我们立刻冲击法军。我们高呼"乌拉"冲过灌木丛，发出可怕的吼声，敌军骑兵陷入了混乱，法军在恐慌中溃退，只打出一轮齐射就跑掉了。我们都装备着骑枪，在溃兵身后用枪刺穿他们。随后，步兵团也及时抵达战场，开始极为协调地运用刺刀和枪托，于是，拥有6000人的敌军纵队在短短半个小时内最终覆灭。这是件美妙的事情，我们的人马仅仅付出了不成比例的些许代价。我胯下的马匹负了伤，她腿部中弹，就此留在了战场上。[132]

这是笔者能够找到的唯一一条提到近卫龙骑兵团装备骑枪的史料。科瓦尔斯基要到19世纪60年代才写下上述回忆录（他的第一版回忆录毁于火灾），所以他可能写错了。描述这场战斗的官方史料不仅提到了近卫龙骑兵团，也提到了近卫枪骑兵团，实际上是后者装备了骑枪。[133]

在利伯特沃尔克维茨会战中，俄普两军骑兵与新近从西班牙战场赶来、质量优良的法军骑兵打了个平手，而且给法军造成了惨重损失。第7骑炮连连长阿列克谢·彼得罗维奇·尼基京（Алексей Петрович Никитин）写道，这一战绩既是源于俄军骑炮兵堪称成功的表现，也是因为大部分俄军骑兵（奥利维奥波尔、苏梅、格罗德诺、卢布内骠骑兵团和丘古耶夫枪骑兵团）装备了骑枪。[134]

俄军近卫轻骑兵在莱比锡会战首日遭遇失利：俄军当时粗心大意地以三路纵队行进，法军则采用以中队为单位的纵队（纵队的正面是一个展开后的中队横队）发起冲击，结果，俄军在一片混乱中溃退。最终是近卫哥萨克团的拼死反击才为俄军挽回了局势，这个团设法沿着一条小道潜入法军骑兵侧翼，然后以突然冲击将其击溃，这一战例再度证明了下列观点：完成冲击（即便是成功的冲击）后的骑兵往往会陷入混乱，此时，即便是一小队骑兵也能够以坚决的反击轻易地将其击溃。[135] 本章前文也已提到过俄军骠骑兵在莱比锡会战次日发起的成功冲击。

俄军骑兵在 1814 年战局中最著名的作战行动是 1814 年 3 月 13 日 /25 日的费尔尚普努瓦斯（Fère Champenoise）会战，大约 13000 名联军骑兵——其中大多数是俄军——在此战中先是击败了法国马尔蒙元帅和莫尔捷元帅的两个军，然后又主动冲击帕克托（Pacthod）将军和阿梅（Amey）将军麾下两个新近组建的师，后者在顽强抵抗后最终投降，只有少数几个营得以离开战场。联军步兵仅仅是跟随骑兵行进，实际上并未参与战斗。[136] 联军此战得胜的原因之一就是骑兵和骑炮兵间的良好协同。不过，这里应当注意到，帕克托师和阿梅师不仅没有配备骑兵，而且连步兵也是相对稚嫩的新兵。此外，当法军被俄军骑兵彻底围住，大批联军步兵迫近战场之际，法军步兵在最后一次拼死突围的尝试中对俄军发起了旅级规模的刺刀冲击。这次冲击失败后，法军最终投降。

然而，在整场拿破仑战争中，笔者并不能找到哪怕一个俄军骑兵以迅猛的集群冲击改变大会战局势的战例。米哈伊洛夫斯基 - 丹尼列夫斯基指出，亚历山大一世曾在 1815 年告诉他俄法两军骑兵典型战斗流程的差异：

> 我并不喜欢我军运用骑兵的方式。我们会派出一两个中队冲击 [敌军]，至多也就派出去一个团，而且通常是漫无目的。通过这样 [缺乏协作] 的局部冲击，我军要么能够稍微打乱一下敌军，可他们很快就会重整队形，要么就轮到我们自己被击退，撤退后重整队形。另一方面，我完全赞同法军使用骑兵的方式。他们将所有骑兵都集中到一点，并不会全速冲向敌军，而是以快步前进，他们步调缓慢、秩序良好，在同一时刻以全部兵力发起冲击，让敌军战线全面陷入混乱，打乱了敌军的所有计划。我和威灵顿几次讨论过这个问题，他的看法和我相同。按照他的说法，虽然英军骑兵在许多方面堪称完美，可与法军那马匹质量差、骑术不佳的糟糕骑兵相比，英军骑兵从未在任何会战中创造出堪比法军骑兵的战绩。[137]

奥库涅夫指出，在 1812 年战局和后续战局期间，不少俄军骑兵团下属各中队的兵力实在太过薄弱，以致不少校官会让两个中队结对行动。按照奥库涅夫的说法，一对中队的正面并不算太宽，并不会宽阔到让机动变得困难或导致骑兵队形出现混乱的地步，但它通常会比任何一个敌军中队的正面都宽，所以，一对俄军中队可以包抄一个敌军中队的侧翼。奥库涅夫声称，俄军骑兵对敌军骑兵发动的冲击往往能够因此取得成功。[138] 也就是说，在 1813—1814 年诸战局当中，俄军骑兵通常以分团而非中队为单位投入战斗。

一本在拿破仑战争结束后发行的军事手册表示："在骑兵与骑兵的正面交锋中，以良好的队形和更快的速度发动冲击的一方就会占据上风……上一次战局的经验业已证明骑兵冲击的成功不仅源于正面交锋时的快速冲击。迅速集结优势兵力攻击敌军，突然发动正面猛攻，还有以纵队持续不断地包抄敌军一翼或两翼，迫使敌军退却——这最为重要，在敌军撤退途中既要从正面发动快速冲击，也要不断地让纵队推进到敌军侧翼加以威胁……经验已经证明，总体而言，谁在会战——特别是骑兵战——中拥有最后一支预备队，谁就能占据上风。"[139]

手册建议在骑兵第一线和第二线之间留出 300—400 步的距离。[140] 第一线各个中队之间应当留有宽阔的横向间隔，位于侧翼的中队或分团（1 个分团包括 2 个中队）要列成纵队，位于第二线的中队要么列成以排为单位的疏开中队纵队，要么列成以中央为基准的疏开分团纵队，预备队则要列成团纵队。[141]

哥萨克

哥萨克是一种非正规骑兵。他们不会接受以紧密队形投入战斗的训练。根据 1803 年 8 月 31 日 /9 月 12 日颁布的法令，哥萨克团的额定编制为 17 名军官和 560 名士兵。[142] 而在实战中，哥萨克团的实际兵力通常会远低于额定兵力，因为将军们时常让哥萨克承担勤务兵、保护运输队等诸多辅助职责。康斯坦丁·赫里斯托福罗维奇·本肯多夫〔Константин Христофорович Бенкендорф，德文名为康斯坦丁·弗里德里希·冯·本肯多夫（Konstantin Friedrich von Benckendorff）〕在 1812—1814 年间转隶多支部队，他在 1816 年写道，自己先后见到过 17 个哥萨克团，其中兵力最多的一个团仅有 320 支"骑枪"，此外还见过一些仅有 80—120 名骑兵的团。[143]

哥萨克装备的骑枪要长于正规骑兵的骑枪，此外还会携带马刀和手枪。有些哥萨克甚至配备了马枪乃至步枪。哥萨克阿塔曼安德里安·卡尔洛维奇·杰尼索夫（Андриан Карпович Денисов）提到过在 1807 年春季，3 个哥萨克团中合计近 900 名哥萨克里仅有 150 人拥有步枪（他这里的"步枪"可能是指马枪）。[144]

波兰将领塔德乌什·科希丘什科在 1799 年指出，俄军将哥萨克作为前卫部队使用，他们在大部队前方行进，有时甚至会拉开高达 15 法里（约 60 千米）的距离，哥萨克可以轻易地通过树林、河流、山地等障碍物，能够在敌军根本无法发现的情况下侦察地形、发现敌军并将敌军的位置和数目上报军队统帅。按照科希丘什科的说法，哥萨克以散开队形行进，或者可以说基本上看不出什么队形。如果部分哥萨克遭到攻击，其他哥萨克会迅速前去救援。如果哥萨克遭到敌军大部队猛攻，他们就会散开并后撤，但随后还会迅速集结起来，围攻试图追击的部分敌军。科希丘什科还提到，哥萨克一边高声尖叫一边发动冲击，而且在冲击时不会收紧队列。[145]

朗热隆指出，哥萨克在侦察地形、将地形地貌铭记于心和搜索某一地区方面具备不可思议的能力，因而总能够及时侦察到敌军情况并迅速将信息上报给军队高层。朗热隆还提到哥萨克能够一眼就准确估算出敌军兵力，且能在夜行军时使用星辰判断方位。他们的马匹虽然体格矮小，却健壮、敏捷、吃苦耐劳、不知疲倦，这些马匹能够长途行进，即便在非常疲惫的情况下，也只需要休整两三个小时就足以恢复体力。哥萨克因此与正规骑兵存在极大差异，后者的马匹会在更短的时间内陷入疲乏，也需要更多的休养时间和草料，此外，正规骑手还需要更细心地养护战马。

朗热隆指出：对正在逃离俄军的敌人而言，哥萨克可谓十分危险——他们能够用骑枪戳穿那些正在逃窜的家伙，杀掉许多敌方人员。当敌军行军时，哥萨克也可以大肆袭扰：拖延其推进速度，迫使他们展开种种耗费精力的机动。对敌人来说，彻底摆脱哥萨克——也就是将哥萨克远远撵走，使其无法再度出现——是几乎不可能完成的任务。如果敌军试图动用列成密集队形的部队冲击哥萨克，那这支部队根本就无法追上哥萨克，如果敌军处于混乱之中又或是列成了散开队形，那么哥萨克就能够凭借使用骑枪的娴熟技艺取得极大的优势。[146]

法国骑兵军官布拉克认为哥萨克是欧洲最优秀的轻骑兵。他指出哥萨克可以很好地保护俄军并消耗敌军，能够频繁突袭敌军却很少遭遇突袭。他认为自己的看法基于苏尔特、热拉尔（Gérard）、克洛泽尔（Clausel）、迈松（Maison）元帅和莫朗、拉勒芒（Lallemand）、帕若尔（Pajol）、科尔贝（Colbert）将军以及其他许多权威人士的评论。他指出，哥萨克总是以散开队形（en tirailleurs）作战，并且只在后方留下规模不大的预备队。[147] 布拉克强调哥萨克总会在退却途中四散开来，他告诫骑兵千万不要将其视作哥萨克的胆怯、恐惧表现——这事实上是他们惯用的退却方式，也不要贸然追击，因为哥萨克会依靠这种做法诱使追兵散开，然后突然由退却转入进攻。[148]

由于哥萨克并没有接受以密集队形作战的训练，而且即便接受过这方面的训练，他们的战马体格也要小于正规骑兵的马匹，因而挡不住正规骑兵的正面冲击，所以哥萨克在大会战中并不算很有用。某些哥萨克会在大规模交战中保护大军侧翼，另一些则会追击正在逃离俄军正规部队的敌军。

不过，哥萨克在战役中的其他诸多场合却可以派上非常大的用场。本尼希森将军在他关于1806—1807年战局的回忆录中解释说，哥萨克能够保护俄军，使其免遭奇袭，使俄军正规骑兵不用背上这一沉重负担，他们能够在敌军仍然远离俄军时获得敌军的相关信息，俘获敌方的前哨部队和哨探人员，在敌军后方截击信使，此外还能消耗敌军——特别是消耗敌方骑兵。[149]

哥萨克常用的战斗队形名叫"拉瓦"（лава）。弗里德里希·弗朗茨·冯·明尼希（Friedrich Franz von Münnich）是俄军中一位来自奥尔登堡（Oldenburg）的德意志军官，也是明尼希元帅的曾孙，此人在1813年是弗里德里希·卡尔·冯·特滕伯恩将军的手下，特滕伯恩所部当时下辖4个哥萨克团〔格列夫佐夫第二（Гревцов 2-й）、科米萨罗夫第一（Комисаров 1-й）、杰尼索夫第七（Денисов 7-й）、苏林第九（Сулин 9-й）哥萨克团〕。明尼希将"拉瓦"描述成松散的一列横队，最勇敢的士兵和装备了马枪、步枪的士兵会被部署在两翼，队形的两翼略向前倾斜，两翼之后则设有列成纵队的小股预备队。按照明尼希的说法，哥萨克总是希望包抄敌军侧翼。[150] 本肯多夫也以类似说法描述哥萨克的队形。[151] 哥萨克同样可以列成两条战线，有人就曾在包岑会战中目睹过这种情况。[152]

明尼希提到哥萨克会以全速发起冲击。如果冲击未能取得成功，哥萨克就会快速撤退，集结到一起，然后立刻再度发动冲击。如果哥萨克不能凭借这样的冲击打乱敌军，他们就会环绕敌军行进，以此分散敌方注意力，这正如明尼希所述，像是"一根无穷无尽的螺丝在旋转"，随后，哥萨克会在敌军毫无防备之时再度发动冲击。[153] 本肯多夫指出，哥萨克将这类环行机动称作"se visser"，它可以解释成"回旋"或"拧紧"。[154]

即便对正规骑兵而言，哥萨克也是堪称危险的对手，要是正规骑兵经验不足，不够谨慎，不习惯与哥萨克作战，没有得到其他兵种的支援，那就尤为危险了。由马特维·伊万诺维奇·普拉托夫指挥的哥萨克曾在 1812 年 6 月 27 日 /7 月 9 日的米尔（Мир）战斗中击败了几个新近组建的波兰枪骑兵团。帕斯克维奇将军曾这样描述过俄军在此战中运用的战术：

> 普拉托夫有自己的一套作战方式。他在发现敌军后会将自己的部队因地制宜地分成几个部分。他让一部分兵力隐蔽在右侧，另一部分隐蔽在左侧，其余部队直面敌军，也就是说 [这批直面敌军的部队] 先是朝前冲，接下来向后退，诱使 [敌军展开追击]，把他们"引导"到埋伏圈里。然后，他的部队会冲击敌军侧后方，如果敌军陷入混乱，那就展开追歼，如果敌军顽强抵抗且无法迫使其后退，那普拉托夫所部就散开向后退却，择地重新集结。[155]

本肯多夫指出，哥萨克能够十分娴熟地引诱法军骑兵，使其将队形散开。1814 年 3 月 10 日，在拉昂（Laon）会战行将结束之际，他率领大约 250 名哥萨克攻入法军后方。当晚，本肯多夫发觉自己已经迫近苏瓦松了，而拿破仑的骑兵预备队就驻扎在那里。一支法军——包括了 300—400 名胸甲骑兵和 1 个步兵营——上前迎击哥萨克。起初，法军胸甲骑兵并不敢远离己方步兵，可哥萨克反复挑衅法军马上散兵，一段时间后，胸甲骑兵就列成紧密纵队以较快的快步向前推进。哥萨克团长伊万·伊万诺维奇·日罗夫（Иван Иванович Жиров）上校并不打算立刻攻击胸甲骑兵。本肯多夫写道，哥萨克习惯性地带着嘲讽哈哈大笑，这伤害了胸甲骑兵的自尊心，结果，一半的胸甲骑兵列成散开队形，另一半则拉长正面，让剩余部队的正面宽度也与哥萨克相当。这正是日罗夫等待的时机。他拿过一支骑枪高呼"乌拉"，哥萨克立刻涌进胸甲骑兵各排的间隔当中，法军骑兵被彻底打乱，直接逃向了步兵。[156]

有位名叫赫尔曼·冯·甘绍格（Hermann von Gansauge）的普鲁士军官曾就哥萨克在 1813 年的作战行动留下了有趣的描述。他将哥萨克指挥官的姓氏写成 Bichalow，并指出他的军衔是 Oberst（上校），此人无疑就是著名的瓦西里·安德烈耶维奇·贝哈洛夫（Василий Андреевич Быхалов）上校。俄文文献中此前曾出现过两个高度歪曲的甘绍格著作的译本。19 世纪中叶，英国骑兵军官刘易斯·爱德华·诺兰（Lewis Edward Nolan）在他的骑兵著作中节译——但这更像是重述——了甘绍格的记载，随后，诺兰的著作被译成法文，最终在俄国出版了一个根据法文版转译的俄文版本，在这个版本中，贝哈洛夫上校居然变成了某位巴拉舍夫（Балашев）上校。[157]

另一个译本则以如下方式出现：加拿大军官乔治·泰勒·丹尼森（George Taylor Denison）在他的骑兵史著作中摘引了诺兰的译文，这本书甚至参与过老尼古拉·尼古拉诺维奇大公（1831—1891 年）举办的骑兵史作品竞赛。丹尼森的著作后来被译成德文，德文版又转译成了俄文，不过，这个俄译本还是准确地译出了贝哈洛夫上校。[158] 在英文文献中，用到甘绍格作品的人往往会摘引诺兰那个既不完整也不准确的译本。第一章中提到过的英国军官约翰·米切尔曾在 19 世纪 30 年代刊布过甘绍格著作的另一个英译本，米切尔的译文较为完整，但同样不够准确。[159] 以下文字是笔者译自甘绍格原文的全新完整译本：

休战结束后，法军很快就开始从萨克森沿着通往柏林和波茨坦的大道推进，将联军向后挤压。大约在这一时期，由贝哈洛夫上校指挥的顿河哥萨克团奉命于 8 月 19 日侦察卢肯瓦尔德 [Luckenwalde] 镇。哥萨克原先驻扎在通往特雷宾 [Treboin/Trebbin] 的路上，此时则向前推进，穿过了沙尔芬布吕克 [Scharfenbrück] 和沃尔特斯多夫 [Woltersdorf]。驻扎在这两个地点的法军前哨人员向后撤退，位于卢肯瓦尔德北面和东面的草地很快就一览无余。正当我们依然忙于驱逐法军前哨部队之际，一个强大的敌军骑兵集群在匆忙之中仍以良好队形从城镇里杀出。他们列成了一个以中队为单位的纵队。法军侧卫骑兵很快就加入了这个庞大集群。其后不久，我们的视野里就只剩下这个纵队。哥萨克的确很难将其击败，但

583

无论如何都不会付出很大损失，于是便开始攻击这一敌军集群，这么做一是源于战斗的本能，二是源于得到的命令。法军当时正以较慢的快步迫近。他们的中队前后距离非常小，我觉得那间距还不到半个排横队的正面宽度，他们或许是害怕俄军会冲到中队之间。纵队朝着俄军战线中部推进，很快就突破了俄军那单薄的战线。与此同时，所有哥萨克都冲向法军的侧翼和后方。纵队很快就停止了推进，因为他们 [前方] 已经没有可供战斗的敌军。在此期间，哥萨克射击、戳刺位于敌方侧翼各伍和后列的人员。法军方面甚至根本不可能想到应当执行什么队形变换，他们逐步收拢队形，各个中队靠得越来越近。哥萨克在兵力上远逊于敌人，而且并没有接受过以密集队形执行正规机动的训练，他们根本就没有考虑过驱散自己正在攻击的敌军集群。然而，他们意识到作为骑手的法军压根就没办法采取反制措施，于是就继续射击，欢快地对法军纵队中最好下手的部分展开局部冲击。位于法军侧翼的伍向左或向右转动 [并且面朝外侧]，法军的后列则向后转，与此同时，法军也拿出了马枪，其后便是一场持续大约半个小时的交火，但双方的损失都很小。

随着时间的流逝，[敌军] 步兵纵队的先头部队开始出现，他们从卢肯瓦尔德赶来，朝着我们正在战斗的草地行进。与此同时，法军火炮开始朝我们开火。对这个紧密的骑兵纵队而言，第一声炮响就是它的解放信号。贝哈洛夫上校意识到他无法挡住如此庞大的敌军，考虑到他已经探测出当地的敌军兵力情况，便下达了退却命令。我们成功地穿过沙尔芬布吕克后退，没有一名法军敢来打扰我们。

显而易见，法军骑兵骑术不精，因而导致机动力锐减，这迫使他们挤到一起，形成了那个不祥的纵队。如果能够得到良好的、果敢的指挥，那么法军只需要三分之一的兵力，就足以驱散出现在特雷宾森林里的 3 个哥萨克团，可在我们的这个战例中，法军骑兵得等待炮兵和步兵的救援。另一方面，这个战例也充分体现出……哥萨克散开作战的打法并不具备过硬的冲击力 [chocs]……

登讷维茨会战结束后，上文提到的几个哥萨克团骑行赶往德累斯顿附近的柯尼希斯布吕克 [Königsbrück]。那时传来了一道命令，如果我没有记错的话，命令出自比洛 [Bülow，普鲁士将领] 的总部，他要求贝哈洛夫上校监视已经从德累斯顿向大海恩 [Großen-Hayn] 方向推进的法军骑兵。

9 月 18 日，我们从柯尼希斯布吕克赶往埃尔斯特韦达 [Elsterwerda]。在那里，我们得知法军骑兵已经占据了埃尔斯特韦达镇以南米尔贝格 [Mühlberg] 附近的几座村庄。贝哈洛夫上校决心攻击敌军。我们在抵达施潘斯贝格 [Spansberg] 和米尔贝格之间灌木丛生的荒原之前遇上了伊洛瓦伊斯基将军，他当时和自己的哥萨克团待在一起。我并不知道这次会师是纯粹的巧合还是事先有所安排。伊洛瓦伊斯基将军接过了所有哥萨克部队——共有约 1200 人——的指挥权。贝哈洛夫上校身体不适，落在后面，因而无法参加后续战斗。

我们刚刚穿过上文提到的树丛，就发现法军骑兵出现在博拉克 [Borack] 附近，其中一部分已经列队完毕，另一部分正从位于后方的村庄里出发，以快步向前行进。

一个小时后，我从战俘口中得知那里大约有 2000 名法军骑兵。

就在哥萨克展开战斗队形之际，法军也完成了展开。除了留下一小支离得很远的预备队之外，从我的角度看，整个敌军集群列成了一条墙式 [en muraille] 战线，各个中队之间没有留出任何横向间隔。哥萨克冲向这条无法移动的战线，吃了一顿猛烈的马枪火力。在我看来，大部分法军骑兵连马刀都没拔出来。哥萨克在这阵猛烈火力面前退了回去。就在哥萨克重整队形，准备再度发起冲击之前，此前始终没有挪动过的整条法军战线开始运动了。我觉得我们就要遭到攻击。可我还是想错了，法军转向左右两侧，然后重新列成一条战线，这时，各个中队之间已经留出了宽阔的间隔，它可能比中队的正面还要宽。我认为法军之所以会调整队形，是想要阻止哥萨克包抄侧翼，包抄是哥萨克最青睐的机动，他们在每次战斗中都习惯性地包抄敌军侧翼。

双方在列成新队形时花费的时间大体相当。军官们严厉地劝说哥萨克，让他们不要害怕枪支的火力。哥萨克军官们骑马来到一线部队后面，这就意味着谁第一个打算掉头，谁的战马就会被军官扎。此外，在正面冲击的同时，有些 [哥萨克] 中队 [即百人队] 也被指定去攻击敌军的侧翼和后方。哥萨克冲向法军，将各个法军中队隔开、包围。我有幸看到法军骑兵在举枪射击后还没来得及拔出马刀，就被哥萨克捅穿或打落马下。法军起先竭尽所能展开抵抗，站在原地抵抗蜂拥而来的敌军。很快，有些 [法军] 中队就掉头逃跑了，邻近的中队也毫不犹豫地效仿这些 [糟糕] 榜样。法军预备队并没有前来支援主战线，而是加入了溃逃。很快，整块平原上就满是孤零零的骑手，每个人都逃往雅各布斯塔尔 [Jacobsthal] 附近的树林。可以看到双方都没有一支部队列成密集队形。一切都像是一场狩猎、一场赛马，大部分被俘的法军都已经从马上摔了下来。这场 [追击] 主要发生在我们曾经行经的荒原上。而在荒原后面，一条敌军胸甲骑兵战线突然出现，他们那冷静、壮观的外表终止了 [这场追击]，甚至都不用我方指挥官喊出一声"停下"。我们对自己的胜利心满意足，于是穿过树丛返回米尔贝格。哥萨克在这场持续半个小时的战斗中俘获了 500 匹战马……

10 月 11 日，贝哈洛夫的哥萨克旅作为比洛军的前卫部队驻扎在代利奇 [Delitsch/Delitzsch]。法军将前哨部队部署在我军面前，他们位于通往艾伦堡 [Eilenburg] 的道路上。一场散兵战在双方侧卫骑兵和后续支援部队之间展开。很快，法军一方就出动了更多的散兵，开始迫使我军退却。贝哈洛夫上校当时驻扎在代利奇，他派出几百名骑兵前去增援，以便让其余部队不受打扰地喂马。我和前者 [援军] 一道骑行，因而能够看到随后发生的战斗过程。我军击退了法军，一路追过贝伦多夫 [Bärendorf/Beerendorf] 村，将他们撵到村庄周边地区。村后有一片起伏不平的地带，那里有矮小的丘陵和灌木丛。当我们追逐着陷入混乱的法军，无畏地接近这一地区后，一个隐藏在丘陵背后、我们此前未曾注意到的敌军猎骑兵团突然出现。幸运的是，敌军只是列成以中队为单位的纵队，仅仅以快步发起冲击，所以我们能够轻松避开敌军优势兵力的攻击。哥萨克指挥官已经在后方事先留下了一半部队。在我们接近贝伦多夫之后，第二线过来和我们会合，这一举动让战斗暂时中止了。侧卫骑兵再度开始散兵战，其后不久，法军纵队就转了过来，我们向前推进，法军加速到快步后撤。整支哥萨克部队对法军穷追不舍，希望能够很快迫使法军在退却中陷入混乱。在所有的追击场合中，每一名哥萨克都自然流露出一种感受：鉴于敌军马术不佳，即便在最糟糕的情况下，他也无须害怕这样的敌人。

所以，我们一路跟踪敌军纵队，一直追到他们首次攻击我们的地方。然后，另一支敌军骑兵出现在我们左侧，其兵力似乎是 2 个中队。我后来才知道，这是阿尔萨斯骠骑兵团 [elsaßer Husarenregiment]。他们以较快的快步迫近我军。哥萨克指挥官之前已经将他正与拥有优势兵力的敌军交战的消息告知贝哈洛夫上校。那位指挥官觉得他随时都有可能得到增援，所以，他认为将左翼部队派去对付正在发起冲击的骠骑兵也算不上冒失。他的中央部队和右翼部队依然面对着猎骑兵，就在那时，猎骑兵也面朝我们重新列队。此时，这个阿尔萨斯骠骑兵团对我军发动了一场令人敬佩的正规冲击，他们发出的所有信号都完全正确。当骠骑兵加速到跑步之后，又有两个中队以全速跑步杀出，其中一个出现在骠骑兵中央中队右侧，另一个出现在左侧。这两个侧翼中队此前隐藏在两个中央中队之后。整个团不发一枪，以全速冲向我军，两分钟之内，战场上的哥萨克就已消失殆尽。我后来注意到，猎骑兵纵队并没有参与冲击 [Choc]，而是以快步跟在我们身后。我们被敌军击退，撤到了贝伦多夫。敌我双方在村庄入口处挤成一团，由于疲惫的战马已经没有足够力量去跳过那些分隔相邻田地的宽阔沟渠，骑兵们也就没办法绕过村庄。因此，一场艰苦的肉搏战随之而来。众所周知，并不是每一场骑兵战都会陷入肉搏。实际上，哥萨克在此战中可以说是迫于无奈而自卫。在这个关键时刻，贝哈洛夫上校率领旅里的其他部队前来增援我们。他的哥萨克从两侧以跑步绕过村庄，一边发出独特的战吼，一边冲向业已陷入混乱的骠骑兵。那些依然能够逃脱的 [骠骑兵] 立刻掉头逃跑，而那些最勇敢的骠骑兵——那些在村庄里和我们战斗的人——此时不及防备，要么被捅穿，要么被俘虏。骠骑兵团在一片混乱中退往猎骑兵方向，当双方在村里交战时，这些猎骑兵已经来到离村庄很近的地方。整个法军集群都陷入了混乱，这是骑兵战中的典型特征。哥萨克展开追击，但敌军榴弹炮出现在前文提到的丘陵上，突然朝我们开火。哥萨克停止了追击，贝哈洛夫上校正确地估计到自己正与占据优势的敌军交战，因此停止了追击。我军只有前卫部队还在监视法军，而且法军集群也很快撤出战场，消失在我们的视野里。

这场战斗持续了不到半个小时，如果我没记错的话，我在上文描述的所有事件都以极快的速度接连发生。我军俘获了超过 100 匹战马，己方的损失微不足道。[160]

尼古拉·亚历山德罗维奇·奥库涅夫也是第二场战斗（发生于 1813 年 9 月 19 日的米尔贝格战斗）的目击者，他指出，哥萨克在此战中由伊洛瓦伊斯基第三（Иловайский 3-й）将军指挥，将军麾下共有 4 个哥萨克团：伊洛瓦伊斯基第三团、伊洛瓦伊斯基第五团、库捷伊尼科夫第六（Кутейников 6-й）团、贝哈洛夫团。敌军拥有 3 个猎骑兵团。贝哈洛夫团奉命以散乱队形（en fourrageurs，一种疏开的延展队形）发起冲击；伊洛瓦伊斯基第三团和库捷伊尼科夫第六团紧随其后，这两个团列成了一条战线，各个中队（百人队）之间只留有很小的横向间隔；伊洛瓦伊斯基第五团则奉命攻击敌军侧后方。法军用马枪火力迎击贝哈洛夫团，这个团损失了 17 名士兵，它于是通过主战线里的横向间隔和战线外的侧翼空间退了回去。然后，哥萨克主战线以跑步发动冲击，在一刻钟内就让法军全面陷入混乱。哥萨克抓获了超过 500 名战俘和对应数目的马匹，其中还有包括塔列朗-佩里戈尔（Talleyrand-Périgord）上校在内的多名军官。[161] 这位上校全名是亚历山大-埃德蒙·德·塔列朗-佩里戈尔（Alexandre-Edmond de Talleyrand-Périgord），他在 1813 年担任第 8 猎骑兵团团长，其伯父正是著名的外交大臣塔列朗。

卡尔·冯·普洛托（Carl von Plotho）是一位普鲁士军官兼历史学家，他在描述 1813 年战局时指出法军此战参战部队包括第 8、第 11、第 19 猎骑兵团（尽管甘绍格并没有指出参战骑兵兵种，诺兰却在书中出于某些原因将他们称作龙骑兵）。按照普洛托的说法，法军上校塔列朗-佩里戈尔、2 名中校、16 名其他军官和 500 名士兵被俘，其他几乎所有官兵都被杀死，只有不到 30 人得以逃脱。[162]

应当注意到，第 8、第 19 猎骑兵团隶属于同一个师（第 1 骑兵军第 3 轻骑兵师），但并不属于同一个旅，而第 11 猎骑兵团却属于另一个师乃至另一个军（第 2 骑兵军第 2 轻骑兵师）。马蒂尼安的表册指出了第 1、第 8、第 19 猎骑兵团在 1813 年 9 月 18 日、19 日出现过的军官伤亡情况：第 19 团在 9 月 18

日、19 日有 1 名上尉和 1 名中尉在米尔贝格战斗中负伤，还有 1 名上尉也于 9 月 19 日在德累斯顿城外的战斗中负伤（但这可能是另一场战斗，这个团有可能分成多支部队参与前卫战）；第 8 团在 9 月 19 日有 1 名中尉和 1 名少尉在博拉克〔Borach，这可能就是甘绍格提到的博拉克（Borack）〕方向的侦察（或战斗）中负伤。在隶属于同一个师的其余各团（第 1、第 9、第 25 猎骑兵团）里，第 1 团有 1 名少校、1 名上尉、3 名中尉和 4 名少尉在 1813 年 9 月 19 日的弗赖堡（Freybourg/Freiburg）战斗中负伤。第 11 猎骑兵团在这两天里则没有军官伤亡，其他猎骑兵团同样没有军官伤亡。[163]

至于第三个事件（1813 年 10 月 11 日）中提到的法军骠骑兵团，值得注意的是，某些普鲁士军官会把法军第 3 骠骑兵团称作"阿尔萨斯骠骑兵团"（Elsasser Husaren-Regiment）。[164] 第 3 骠骑兵团和第 27 猎骑兵团组成了一个旅（隶属于第 5 骑兵军第 9 轻骑兵师）。然而，应当注意到，马蒂尼安的表册里并没有列出这两个团在当天的军官伤亡情况。表册中仅有 1 名猎骑兵军官在 1813 年 10 月 11 日负伤，也就是第 10 猎骑兵团的一名少尉在莱比锡附近侦察时负伤，但该团所属的骑兵师(第 3 骑兵军第 5 轻骑兵师)里并没有骠骑兵团。[165]

甘绍格还提到哥萨克起初很少使用火器，但当他们推进到中欧和西欧境内之后，便迅速意识到火器在起伏地形交战中可以带来相当大的优势。他指出，许多哥萨克装备了法军步枪，这些哥萨克时常会下马以散开队形作战，其他的哥萨克则骑在马上待在散兵后方。他还补充说，当哥萨克以这种方式作战时，即便面对在数量上占据优势的敌军步兵或骑兵，只要敌军仅仅拥有一个兵种，也就是只有步兵或骑兵，那么哥萨克仍然能够阻止敌军推进。甘绍格认为，法军步兵在这类战斗中会害怕那些留在马上的哥萨克，而且下马的哥萨克也时常把战马留在身边。法军骑兵则有足够的理由避免在起伏地形上以于己不利的战斗方式（也就是散开队形）参与交战。[166]

哥萨克能够击败孤立的小股敌军步兵。比如，哥萨克曾于 1812 年 9 月 30 日 /10 月 12 日对一个小方阵发动冲击，杀死 40 人，活捉 60 人。[167] 沃尔德马尔·冯·勒文施特恩（即弗拉基米尔·伊万诺维奇·勒文施特恩）指出，他曾在 1813 年率领一个哥萨克团冲击步兵方阵并俘获 450 名敌军。[168] 然而，哥萨克非常害怕敌军炮兵：他们担心损失战马，因为马匹是他们的私人财产。[169]

注释

[1]　*Отечественная война 1812 года. Материалы ВУА*, Отд. 1, т. 1, ч. 2, с. 16-17.

[2]　*ПСЗРИ*, т. 43, ч. 2, к № 24412, 24581, с. 254 (таблица), с. 258.

[3]　*Отечественная война 1812 года. Материалы ВУА*, Отд. 1, т. 10, СПб., 1908, с. 140-151.

[4]　*Ibid.*, Отд. 1, т. 17, с. 35.

[5]　Михайловский-Данилевский, *Полное собрание сочинений*, т. 5, с. 84-85.

[6]　Федоров, *op. cit.*, с. 23-24.

[7]　Валькович А. М.《О вооружении гусар пиками》(《论骠骑兵装备骑枪》) //*Военно-исторический журнал*1988, No 4, с. 78-79; *Idem.*,《Армейские гусары 1812-1816: новые материалы》(《1812—1816年的常规骠骑兵: 新材料》) //*Цейхгауз* (《兵器库》), No 1, с. 19-21.

[8]　Хатов, *Общий опыт тактики*, т. 1, 1807, с. 190 (Guibert, *op. cit.*, t. 1, p. 179; 吉贝尔书中将骑枪称作 *lance*，哈托夫则称之为копье).

[9]　Булгарин, *Воспоминания...*, ч. 3, с. 165.

[10]　Валькович《Армейские гусары...》//*Цейхгауз*, No 1, с. 20.

[11]　Martens C. von *Denkwürdigkeiten aus dem kriegerischen und politischen Leben eines alten Offiziers*. Dresden und Leipzig, 1848, S. 137〔俄译文见:《Из записок старого офицера (К. Мартенса)》(《源自一位老军官「卡尔·马滕斯」回忆的史料》)//*Русская старина*, т. 109, с. 106; 马滕斯在文中用Lanze指代骑枪，俄译文中则将其译成копье〕.

[12]　Rüppel E. von *Kriegsgefangen im Herzen Rußland. 1812-1814*. Berlin, 1912, S. 84-85, 90（卢比诺）; Meerheim F. L. A. von *Erlebnisse eines Veteranen der großen armee während des Feldzuges in Russland 1812*. Dresden, 1860, S. 108（博罗季诺）.

[13]　Okouneff, *Examen*, p. 206-207; 也见: *Considérations*, p. 223.

[14]　Валькович А. М.《Кирасы 1812 года》(《1812年的胸甲》) //*Цейхгауз*, No 5, с. 17-18.

[15]　7月23日/8月4日发给第1西方军团的命令收录在*Бумаги ... изданные П. И. Щукиным*, ч. 10, с. 443；发给第2西方军团的命令收录在*Отечественная война 1812 года. Материалы ВУА*, Отд. 1, т. 16, с. 35。

[16]　第1胸甲骑兵师的命令见РГВИА, Ф. 3543, Оп. 1, Д. 1076, Л. 29。该资料由奥列格·根纳季耶维奇·列昂诺夫提供，笔者在此表示衷心感谢。

[17]　*ПСЗРИ*, т. 32, № 25262 (с. 454).

[18]　Михайловский-Данилевский, *Полное собрание сочинений*, т. 6, с. 35.

[19]　Михайловский-Данилевский, *Полное собрание сочинений*, т. 6, с. 34.

[20]　Туган-Мирза Барановский, *op. cit.*, с. 150; Потто, *op. cit.*, с. 55-56.

[21]　Михайловский-Данилевский, *Полное собрание сочинений*, т. 6, с. 34; Каменский Е. С. *История 2-го драгунского С. Петербургского генерал-фельдмаршала князя Меньшикова полка. 1707-1898*. (《元帅缅什科夫公爵第2圣彼得堡龙骑兵团团史，1707—1898年》) М., т. 2, 1900, с. 230; Потто, *op. cit.*, с. 37, 47.

[22]　*Война 1813-го года. Материалы Военно-ученого архива*. Отд. I, т. 1, с. 255.

[23]　Богданович М. И. *История войны 1813 года за независимость Германии, по достоверным источникам*. (《据可靠材料编写的1813年德意志解放战争史》) СПб., т. 1, с. 143, и Приложение к части 6.

[24]　Хатов, *Общий опыт тактики*, т. 1, с. 192.

[25]　*Ibid.*, т. 1, с. 201, 215.

[26]　*Ibid.*, т. 1, с. 205.

[27]　*Ibid.*, т. 1, с. 193, 197; т. 2, с. 218.

[28]　*Ibid.*, т. 1, с. 196, 201.

[29]   *Ibid.*, т. 1, с. 207-208; Guibert, *Essai général de tactique*, t. 1, p. 181-182.

[30]   *Ibid.*, т. 1, с. 209.

[31]   Медем, *op. cit.*, ч. 1, с. 10-13.

[32]   Хатов, *Общий опыт тактики*, т. 1, с. 213-214; т. 2, с. 217-218.

[33]   *Ibid.*, т. 2, с. 220.

[34]   *Ibid.*, т. 1, с. 210-212, 233-234.

[35]   *Ibid.*, т. 1, с. 216.

[36]   *Ibid.*, т. 1, с. 217.

[37]   *Ibid.*, т. 1, с. 226-227.

[38]   *Ibid.*, т. 1, с. 228.

[39]   *Ibid.*, т. 1, с. 231.

[40]   *Ibid.*, т. 2, с. 237-238.

[41]   *Аnоn.*,《Краткое обозрение ⋯ боевых порядков》//*Военный журнал*, 1810, № 3, с. 3-6.

[42]   *Ibid.*, с. 1-2.

[43]   *Ibid.*, с. 2, прим. автора.

[44]   *Предварительное постановление о строевой кавалерийской службе*. СПб., 1812.

[45]   *Ordonnance provisoire sur l'exercise et les manoeuvres de la cavalerie*. Paris, 1788.

[46]   *Воинской устав о кавалерийской строевой службе*. СПб., 1819.

[47]   *Предварительное постановление о строевой кавалерийской службе*, с. 3-5.

[48]   *Ibid.*, с. 7.

[49]   *Ibid.*, с. 11.

[50]   *Ibid.*, с. 17-18.

[51]   *Ibid.*, с. 18.

[52]   *Ibid.*, с. 23.

[53]   *Ibid.*, с. 25.

[54]   *Ibid.*, с. 33-39.

[55]   *Ibid.*, с. 40-55.

[56]   *Ibid.*, с. 55-57.

[57]   *Ibid.*, с. 57-61.

[58]   *Ibid.*, с. 130-135.

[59]   *Ordonnance provisoire sur l'exercise et les manoeuvres de la cavalerie*. 1810, Titre III, Article XI (p. 367).

[60]   *Предварительное постановление о строевой кавалерийской службе*, с. 133.

[61]   这里可以举出一个典型的误解。比如说，有本研究俄军枪骑兵团的著作写道: "枪骑兵很少以团或中队为单位发起冲击⋯⋯枪骑兵多数时候以排为单位发起冲击，偶尔也会以半中队为单位。" 该书还在后文中描述了各排轮流冲击的训练方式〔Львов С. *Армейские уланы России в 1812 г.*.(《1812年的俄军枪骑兵》) M, 2002, с. 41-42〕。事实上，这种训练方式不仅适用于枪骑兵，也适用于其他骑兵，而且枪骑兵在交战中就像其他骑兵一样以中队、分团和全团为单位发起冲击。

[62]   *Предварительное постановление о строевой кавалерийской службе*, с. 135.

[63]   *Ibid.*, с. 136-137.

[64]   *Ibid.*, с. 138-140.

[65]   *Ibid.*, с. 142-150.

[66]   *Федор Яковлевич Миркович*, с. 41.

[67]   Гербель Н.《Изюмский гусарский полк в войнах 1812, 1813 и 1814 годов》(《1812、1813和1814年战争中的伊久姆骠骑兵团》)//*Военный сборник*, 1875, № 7, ч. 1, с. 6.

[68]   *Ibid.*//*Военный сборник*, 1875, № 7, ч. 1, с. 8-9.

[69]   Простов,《Письмо к издателю》(《致编者的一封信》)//*Военный журнал*, 1810, № 11, с. 59; Дурова, *Кавалерист-девица*, ч. 1, с. 259.

[70] Приказ генерала П. П. Коновницына (26 августа /7 сентября 1811 года)//*Военный журнал*, 1859, кн. 1, ч. 1, с. 139.

[71] *М. И. Кутузов. Документы*, т. 4, ч. 1, с. 140（博罗季诺）; Поликарпов, *op. cit.*, вып. 1, с. 20; вып. 3, с. 30-31（博罗季诺）; *Поход ... в 1813 году*, с. 327（莱比锡）; Муравьев-Карсский,《Записки》// *Русский архив*, 1886, кн. 1, с. 95（莱比锡）.

[72] Норов В. С. *Записки ...*, т. 2, с. 74, 88.

[73] Württemberg, *Memoiren*, Т. 3, S. 152, 153（俄译文见: Военный сборник, 1875, № 8, ч. 1, с. 181, 182）.

[74] Норов В. С. *Записки ...*, т. 2, с. 88.

[75] 西弗斯、科尔夫、克罗伊茨战报见 *Бородино. Документы...*, с. 159, 180, 359;《Записки Крейца》 //Харкевич, *op. cit.*, вып. 1, с. 73; 曼陀菲尔战报见 Каменский, *История 2-го драгунского С. Петербургского ... полка*, т. 2, с. 230。

[76] Plotho C. von *Der Krieg in Deutschland und Frankreich in den Jahren 1813 und 1814*. Berlin, Band 2, 1817, S. 396-397; *Поход* ··· *в 1813 году*, с. 331-332, 371; Михайловский-Данилевский, *Полное собрание сочинений*, т. 6, с. 313-314; Богданович, *История войны 1813 года*, т. 2, с. 484-485.

[77] Гербель, *op. cit.*//*Военный сборник*, 1875, № 7, ч. 1, с. 9.

[78] Михайловский-Данилевский, *Полное собрание сочинений*, т. 6, с. 291.

[79] 《Приказ ··· Багратиона》//*Генерал Багратион. Сборник документов и материалов*, с. 179; 也见: *Военный сборник*, 1903, № 5, с. 268, 也见: *Военный журнал*, 1818, кн. 1, с. 36.

[80] Хатов, *Общий опыт тактики*, т. 2, с. 218.

[81] Clausewitz C. von *Der Feldzug 1812 in Rußland und die Befreiungskriege 1813-15*. Dritte durchgesehene Auflage, Berlin, 1906, S. 90〔俄译文见: Клаузевиц К. *1812 год.* (《1812年》) 2-е издание, М., 1937, с. 62〕.

[82] 《Воспоминания Коновницына》//Харкевич, *op. cit.*, вып. 1, с. 124.

[83] Панчулидзев, *История Кавалергардов*, т. 3, с. 212.

[84] Clausewitz, *Der Feldzug 1812*, S. 90-92（俄译文见: с. 62-64）.

[85] *Anon.*,《Краткое обозрение ··· боевых порядков》//*Военный журнал*, 1810, № 3, с. 3-6.

[86] 《Из воспоминаний графа Орлова-Денисова》//Харкевич, *op. cit.*, вып. 1, с. 220-223; Михайловский-Данилевский, *Полное собрание сочинений*, т. 4, с. 366.

[87] Радожицкий, *op. cit.*, т. 1, ч. 1, с. 119.

[88] *Ibid.*, с. 120.

[89] Clausewitz, *Der Feldzug 1812*, S. 120（俄译文: с. 102）.

[90] Богданович, *История Отечественной войны*, т. 2, с. 144; Богданов Л. П.《Боевой порядок русской армии в Бородинском сражении》//*1812 год. К стопятидесятилетию Отечественной войны*, М., 1962, с. 102-103.

[91] *М. И. Кутузов. Документы*, т. 4, ч. 1, с. 143.

[92] *Бородино. Документы...*, с. 175, 334.

[93] *Ibid.*, с. 179-180.

[94] Vossen A. *Tagebuch des Lieutenants Anton Vossen, vornehmlich über den Krieg in Russland 1812*. Marburg, 1892, S. 4-5〔俄译文见:《Дневник поручика Фоссена》(《福森中尉日记》)//*Русский архив*, 1903, кн. 3, с. 469〕.

[95] *Бородино. Документы...*, с. 180.

[96] *Ibid.*, с. 154-156.

[97] Ермолов, *Записки...*, с. 193, 195-196.

[98] Богданович, *История Отечественной войны*, т. 2, с. 561-564; *Бородино. Документы...*, с. 159-161.

[99] Schubert F. von *Unter dem Doppeladler. Erinnerungen eines Deutschen in russischen Officiersdienst. 1789-1814*. Stuttgart: K. F. Koehler Verlag, 1962, S. 235-237; 也见: Löwenstern W., *op. cit.*, t. 1, p. 264-265（俄译文见: Левенштерн,《Записки》//*Русская старина*, 1900, т. 104, с. 578-579; 同样的内容见

Бородино. Документы..., с. 366）.

[100] Martens, *op. cit.*, S. 158-159.

[101] Барклай-де-Толли, *op. cit.*, с. 22-23.

[102] 关于乌瓦罗夫和普拉托夫所部的战斗细节，详见: Попов А. И. *Бородино. Северный фланг.*（《博罗季诺: 北翼》）М., 2008, с. 37-95.

[103] Löwenstern W., *op. cit.*, t. 1, p. 270（俄译文见: Левенштерн, 《Записки》 //*Русская старина*, 1900, т. 104, с. 579-580; 同样的内容见: *Бородино. Документы...*, с. 367）.

[104] Митаревский, *op. cit.*, с. 67-68.

[105] Clausewitz, *Der Feldzug 1812*, S. 125（俄译文见: с. 108-109）.

[106] 《Замечания И. П. Липранди》 //Харкевич, *op. cit.*, вып. 2, с. 30-31; Schubert, *op. cit.*, S. 235.

[107] Löwenstern W., *op.cit.*, t.1, p.270（俄译文见: Левенштерн, 《Записки》 //*Русская старина*, 1900, т. 104, с. 580; 同样的内容见 *Бородино. Документы...*, с. 367）; Ермолов, *Записки...*, с. 193; 《Из записок А. П. Ермолова об Отечественной войне 1812 г.》（《源自阿列克谢·彼得罗维奇·叶尔莫洛夫回忆录的1812年战争相关史料》） //*Бородино. Документы...*, с. 356.

[108] Okouneff, *Considérations*, p. 48 n. 1〔（俄译文见: Окунев Н. А. *Рассуждение о больших военных действиях, битвах и сражениях, происходивших при вторжении в Россию в 1812 году.*（《论1812年入侵俄国期间的大规模军事行动、交战和会战》）СПб, 2-е изд., 1841, с. 195 n. 1〕.

[109] 《Из воспоминаний Болговского》（《源自博尔戈夫斯基回忆录的史料》） //Харкевич, *op. cit.*, вып. 1, с. 233-238; 同样的内容收录在 *Бородино. Документы...*, с. 341-342.

[110] Богданович, *История Отечественной войны*, т. 1, с. 401-402; Saint-Cyr, *Mémoires pour servir à l'histoire*, t. 3, p. 91-97（俄译文见: *Французы в России*, ч. I-II, с. 123-125）.

[111] 《Записки А. И. Антоновского》 //Харкевич, *op. cit.*, вып. 3, с. 119.

[112] 《Записки генерал-лейтенанта С. С. Малиновского...》 //Харкевич, *op. cit.*, вып. 4, с. 84（也见: Военский, *op. cit.*, с. 9); Поликарпов, *op. cit.*, вып. 1, с. 38, 41.

[113] Радожицкий, *op. cit.*, т. 1, ч. 1, с. 194; ч. 2, с. 110.

[114] Сипягин, 《Арьергардные дела···》 //*Военный журнал*, 1818, кн. 3, с. 36.

[115] 《Журнал корпуса ··· Ланжерона》 //*Военный журнал*, 1838, № 2, с. 97.

[116] Plotho, *Der Krieg in Deutschland und Frankreich*, Band 2, S. 205; Поход ... в *1813* году, с. 279.

[117] 《Журнал авангарда 3-й Западной армии···》 //*Отечественная война 1812 года. Материалы ВУА*, Отд. 1, т. 17, с. 312-313; Богданович, *История Отечественной войны*, т. 1, с. 321-322; 也见: с. 325.

[118] 《Записки Крейца》（《克罗伊茨回忆录》） //Харкевич, *op. cit.*, вып. 1, с. 66, 68.

[119] Шустов В. И. *История 25-го драгунского Казанского полка. 1701-1901.* Киев, 1901, с. 119-121.

[120] Арнольди И. К. 《Записки о Березинской переправе в 1812 г.》（《1812年横越别列津纳河之战回忆》） //Военский, *op. cit.*, с. 22.

[121] Rochechouart, *op. cit.*, p. 185（俄译文见: *Русский архив*, 1890, кн. 1, № 4, с. 486）; Богданович, *История Отечественной войны*, т. 3, с. 231-235.

[122] Marbot, *Mémoires*, t. III, p. 186-187.

[123] *Михайловский-Данилевский Записки о походе 1813 года.*（《1813年战局回忆录》）М., 1836, с. 125; *Idem., Полное собрание сочинений*, т. 6, с. 94; Löwenstern W., *op. cit.*, t. 2, p. 46（俄译文见: Левенштерн, 《Записки》 //*Русская старина*, 1900, т. 106, с. 184-187); 《Воспоминания М. М. Муромцева》（《М. М. 穆罗姆采夫回忆录》） //*Русский архив*, 1890, кн. 1, с. 370.

[124] Богданович М. И. *История войны 1813 года за независимость Германии, по достоверным источникам.* СПб., т. 1, 1863, с. 187; *М. И. Кутузов. Документы.* М., т. 5, 1956, с. 563.

[125] Сипягин, 《Арьергардные дела···》 //*Военный журнал*, 1818, кн. 3, с. 36-37; кн. 4, с. 28-29, 36.

[126] Глинка, *op. cit.*, ч. 5, с. 111-113.

[127] Адамович, *op. cit.*, т. 3, с. 337-338.

[128] Муравьев-Карсский, 《Записки》 //*Русский архив*, 1886, кн. 1, с. 24-25.

[129] *Ibid.//Русский архив,* 1886, кн. 1, с. 23.

[130] Württemberg, *Memoiren,* T. 3, S. 151-162 (俄译文见: *Военный сборник,* 1875, № 8, ч. 1, с. 181-183); Норов В. С. *Записки...,* т. 2, с. 88-91.

[131] 法军在库尔姆的伤亡尤为惨重，第一军几乎在此战中覆灭，但大部分损失出现在会战最终阶段法军打算逃出联军包围圈的时候。正文里提到的一次骑兵冲击就取得相当于消灭3个步兵营的战果，这不大可能发生。

[132] 《Из записок генерала Н. П. Ковальского》*//Русский вестник,* 1871, т. 91, № 1, с. 102.

[133] *Поход ... в 1813 году,* с. 218, 244-245.

[134] Богданович, *История войны 1813 года,* т. 2, с. 417-418,

[135] 《Воспоминания М. М. Муромцева》*//Русский архив,* 1890, кн. 1, с. 377-378; Михайловский-Данилевский, *Полное собрание сочинений,* т. 6, с. 301-303.

[136] Михайловский-Данилевский, *Полное собрание сочинений,* т. 7, с. 216-223.

[137] *Ibid.,* т. 7, с. 393. 关于法军人马质量 "低劣" 的评论必定只和威灵顿在1815年的经历有关，因为1807年之前的法军骑兵训练优良，马匹状况也不错。此外，这个说法在任何时候都不适用于帝国近卫军。

[138] Okouneff, *Examen,* p. 235-236; 同样的内容见: *Considérations,* p. 232-233.

[139] *Замечания,* ч. 2, с. 209-210, 217.

[140] *Ibid.,* с. 37.

[141] *Ibid.,* с. 204, 214-215; 以中央为基准的分团纵队图解见: Медем, *op. cit.,* ч. 1, с. 51.

[142] *ПСЗРИ,* т. 27, № 20921 (с. 875).

[143] Benkendorff C. Des Cosaques et de leur utilité à la guerre. *Mémoire rédigé et présenté à S. M. l' empereur de Russie, en 1816.* Paris, 1831, p. 4-5. 本肯多夫在文中提到了下列哥萨克团: 日罗夫 (Жиров(Giroff))、瑟索耶夫第三 (Сысоев 3-й (Sisoïeff))、伊洛瓦伊斯基第四 (Иловайский 4-й (Ielowaisky))、伊洛瓦伊斯基第十一 (Иловайский 11-й)、伊洛瓦伊斯基第十二 (Иловайский 12-й)、苏林第九 (Сулин 9-й (Soulim))、杰尼索夫第七 (Денисов 7-й (Denisoff))、格列夫佐夫第二 (Гревцов 2-й (Grebzoff))、科米萨罗夫第一 (Комисаров 1-й (Komisaroff))、切尔诺祖博夫第八 (Чернозубов 8-й (Tchernozouboff))、季亚钦 (Дячкин (Diatchkin)) 哥萨克团。

[144] 《Записки донского атамана Денисова》*//Русская старина,* 1875, т. 12, с. 254; 也见 Сапожников А. И. *Войско Донское в наполеоновских войнах: кампании 1805-1807 годов.* (《拿破仑战争中的顿河哥萨克军: 1805—1807年战局》) Москва-Санкт-Петербург:《Альянс-Архео》, 2008, с. 39.

[145] Kosciuszko, *op.cit.,* S. 145.

[146] Ланжерон,《Русская армия...》*//Русская старина.* 1895, т. 83, № 5, с. 192.

[147] Brack, *op.cit.,* p. 106-108, 544-547.

[148] *Ibid.,* p. 110, 292-294.

[149] Bennigsen, *Mémoires...,* t.1, p. 182.

[150] M****** [Münnich] von《Ueber Kosacken》*//Der Soldatenfreund. Zeitschrift für faßliche Belehrung und Unterhaltung der Preußischen Soldaten.* Berlin, 1835, № 119, S. 948; 也见: *Замечания,* ч. 2, с. 246.

[151] Benkendorff, *op. cit.,* p. 27-28.

[152] 《Из записок П. И. Фаленберга о 1812 годе》(《源自彼得·伊万诺维奇·法伦贝格回忆录的1812年史料》) *//Русский архив,* 1877, кн. 3, с. 211.

[153] M****** [Münnich]《Ueber Kosacken》*//Der Soldatenfreund,* 1835, № 119, p. 948.

[154] Benkendorff, *op. cit.,* p. 27.

[155] Паскевич,《Походные записки》*//1812 год в воспоминаниях,* с. 82.

[156] Benkendorff, *op. cit.,* p. 37-38.

[157] Nolan L. E. *Cavalry: Its History and Tactics.* London, 3rd edition, 1860 (初版于1853年), p. 81-85; *Idem., Histoire et tactique de la cavalerie.* Paris, 1854, p. 77-82; Нолан, *История и тактика кавалерии* (《骑兵的历史与战术》) *//Военная библиотека,* т. 3, СПб., 1871, с. 68-70.

[158] Denison G. T. *A History of Cavalry from the Earliest Times with Lessons to the Future.* London, 1877, p.

405-407; Денисон Дж. *История конницы*. (《骑兵史》) СПб, 1897, т. 1, с. 334-335.

[159] J. M. [John Mitchell]《Illustration of Cavalry Warfare.》//*The United Service Journal and Naval and Military Magazine*, London, 1833, part 1, p.210-213 (同样的内容收录在 Mitchell J. *Thoughts on Tactics and Military Organization*. London, 1838, p. 201-208); 米切尔和诺兰都错误地将作者称作甘曹格 (Ganzauge), 其他人也重复了他们的错误。

[160] Gansauge H. von *Kriegswissenschäftliche Analekten in Beziehung auf frühere Zeiten und auf die neuesten Begebenheiten*. Berlin, 1832, S. 228-230, 232-235, 236-238.

[161] Okouneff, *Examen*, p.200-203; 也见 *Idem.*, *Considérations*, p.221-222。

[162] Plotho, *Der Krieg in Deutschland und Frankreich in den Jahren 1813 und 1814*, Band 2, S. 305-306. 也见 Combe M. *Mémoires du Colonel Combe sur les campagnes de Russie 1812, de Saxe 1813, de France 1814 et 1815*. Paris, 1846, p. 225-233 〔米歇尔·孔布 (Michel Combe) 当时是第8猎骑兵团里的一名上尉, 他在此战中被俘〕.

[163] Martinien, *Tableaux*, p. 580, 590, 594, 603; *Idem.*, *Tableaux ... (supplément)*, p. 97-98.

[164] 关于 "阿尔萨斯骠骑兵团", 可见以下著作: Strantz F. von《Tagebuch des vereinten preußisch-sächsischen Armee-Korps untes dem Befehl des Generallieutenants Grafen Kalkreuth während des Feldzuges am Rhein 1793.》//*Zeitschrift für Kunst, Wissenschaft und Geschichte des Krieges*. Berlin, Posen and Bromberg, 1831, Seibentes Heft, S.126 (*3 Eskadrons vom dritten (Elsasser) Husaren-Regiment* 〔第3 (阿尔萨斯) 骠骑兵团里的3个中队〕).

[165] Martinien, *Tableaux ... (supplément)*, p. 97.

[166] Gansauge, *op. cit.*, S. 109-110.

[167] *М. И. Кутузов. Документы*, т. 4, ч. 1, с. 409.

[168] Löwenstern W., *op.cit.*, t. 2, p. 149 (俄译文见: Левенштерн, 《Записки》//*Русская старина*, 1901, т. 107, с. 218-219).

[169] Löwenstern W., *op.cit.*, t. 2, p. 57 (俄译文见: Левенштерн, 《Записки》//*Русская старина*, 1900, т. 106, с. 195); Malachowski C. von *Erinnerungen aus dem alten Preußen*. Leipzig, 1897, S. 81〔俄译文见:《Из записок прусского офицера Малаховского》(《源自普鲁士军官马拉霍夫斯基回忆录的史料》) //*Русская старина*, 1899, т. 99, с. 330〕.

第十八章 炮兵

弹药与装备

本书前文与 1801—1809 年间俄军炮兵相关的章节中已经提到过俄军炮兵在 1805—1807 年战局中使用的霰弹在有效射程方面远逊于法军霰弹。从 1806 年起，俄军开始研制新式霰弹。新式霰弹呈圆柱形，其柱面由白铁制成，底面则是一块厚铁盘（俄军此前使用的霰弹外层是圆柱白铁罐，底面也是白铁，而且在底部还放有一块木圆盘），内部塞满了均匀分布在各层当中的铸铁弹丸（旧式霰弹只是把弹丸无序地塞进白铁罐，并把锯末填充到弹丸间的缝隙里，新式霰弹中则没有这种填充物）。

新式霰弹和旧式霰弹的主要区别在于铁盘。6 磅加农炮和 3 磅独角兽炮的霰弹铁盘厚度为 2.5 线（6.35 毫米），其余各式野战炮则是 3 线（7.62 毫米）。在发射旧式霰弹时，火药爆炸完毕后，木弹托、白铁底和木盘都会立刻裂开，因此霰弹还留在炮膛里的时候气体就会从缝隙中漏出，这就导致霰弹不能拥有足够高的速度。铁盘则能够承受爆炸气体的冲击，也就可以将几乎所有动量都传递给霰弹。

除去 3 磅独角兽炮外，每一种火炮都开发出了两种霰弹：含有较多数量的小弹丸的近程霰弹，含有较少数量的大弹丸的远程霰弹。3 磅独角兽炮则只有一种霰弹。1807 年在彼得堡沃尔科沃靶场（Волково поле）进行的射击试验表明新式霰弹的射程和杀伤效力都要远高于旧式霰弹（详见附录中的霰弹测试结果）。

将俄军新式霰弹测试结果与 1765 年的法军霰弹测试结果进行比较，可以看出俄军的中管 12 磅炮在发射远程霰弹时杀伤力与法军的 12 磅炮相当，短管 12 磅炮与法军 8 磅炮相当。而在发射近程霰弹时，俄军中管 12 磅炮的杀伤效果仍与法军的 12 磅炮相当，短管 12 磅炮的效果则要略逊于法军的 8 磅炮。此外，俄军 6 磅炮的杀伤效果远逊于法军的 8 磅炮，但还是比法军的 4 磅炮好一些。

应当注意到，上述数据是采用多个不同仰角测试后所得到的最佳射击结果，而且它们是在平整坚实——这让霰弹弹丸能够从地面上反弹起来——的靶场上获得的。此外，射击距离和炮口仰角都是一定的，但战场上并不存在这些理想条件。[1]

从中管 12 磅炮发射的新式霰弹弹丸数量可以看出，俄军在 1807 年测试的新式霰弹是法军霰弹的仿制品。不过，俄军在稍晚时采用这种霰弹时，弹丸的数量还是有所调整（详见附录）。

从现有数据中可以看出，当火炮距离标靶越近，能够命中标靶的弹丸数量就越多。然而，当重炮和目标间的距离少于 150 沙绳、轻炮和目标间的距离少于 100 沙绳时，霰弹的杀伤效果就不再显著上升了，这是因为如果距离太短的话，就会有许多弹丸从标靶上空飞过，而且霰弹也没有足够时间在横向上散开。[2]

如果我们比较编在同一个连里的独角兽炮和加农炮，就会发现独角兽炮在发射霰弹时的杀伤力强于加农炮，也就是说，½ 普特独角兽炮强于 12 磅加农炮，¼ 普特独角兽炮强于 6 磅加农炮。此外，尽管存在普军火炮的霰弹测试数据，但由于标靶的长度和宽度大不相同，这样的测试结果也无法准确比较（详见附录）。然而，这类数据还是表明法军和普军的榴弹炮在发射霰弹时杀伤力低于同一军队中的加农炮，因而也就逊于俄军的独角兽炮，而且在长距离上差距尤为明显，这是因为榴弹炮的装药量相对较少。[3]

俄军炮兵的每个炮兵连理论上要给每门火炮配备 10 发近程霰弹和 20 发远程霰弹。[4] 本书附录中也会给出其他军队炮兵的相关信息。

俄军炮兵在 1805—1807 年间使用的瞄准装置存在严重的缺陷。当火炮位于像山坡这样并不平整的地方，马尔克维奇的瞄准具就会造成严重的误差，因为他设计的表尺固定方式十分呆板，并没有考虑到炮耳轴线和地平线之间的角度问题。

图 52. 马尔克维奇象限仪

当目标位于瞄准具有效测距范围之外时，就需要使用象限仪进行瞄准，但这种装置用起来非常麻烦：炮手在瞄准过程中还得把它插进炮膛里。马尔克维奇设计了一种新型象限仪，它只用放在与炮膛轴线平行的水平表面上（从 1808 年起，俄军将火炮尾座上部削平，这样就形成了放置象限仪的平台）。

伊赛·普罗科菲耶维奇·卡巴诺夫（Исай Прокофьевич Кабанов）上尉在 1809 年提出了新型瞄准具的构想，要在炮尾顶部用螺丝固定一个特制托架，然后把瞄准具钉在托架上。卡巴诺夫的表尺在末端配有一个重物，这样，不论炮耳轴线和地平线角度如何，表尺本身总是处于竖直位置。卡巴诺夫的瞄准具也存在两个缺陷：它在强风中难以使用，而且每次射击前都要取走瞄准具，射击完毕后又得再度装上。俄军在 1811 年采用了这种新型瞄准具，但并没有在 1812—1814 年间将它推广到所有炮兵连里。[5]

图 53. 放在尾座上的马尔克维奇象限仪

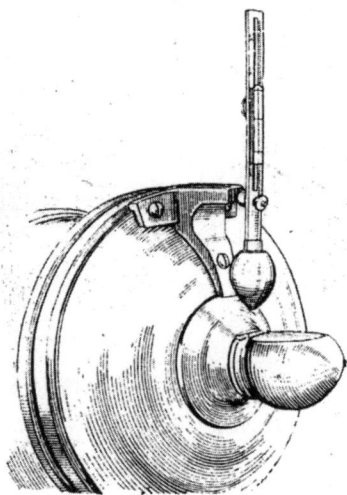

图 54. 安装在炮尾上的卡巴诺夫表尺

理论、教令和训练

哈托夫在他出版于 1807 年的《战术通论》第一卷中只用了几页探讨炮兵的作战用途，而且几乎是在重复吉贝尔的观点。1807 年战局结束后，俄军炮兵开始总结外国军事文献和最近战局中的经验教训，以便为炮兵制订新的战术准则。1808—1810 年间，俄国涌现出诸多探讨炮兵战术的著述。本书中与

1801—1809 年炮兵相关的章节里提到过雅科夫·卡尔洛维奇·西弗斯少将的报告，而这份报告中也包括了一些炮兵战术方面的实用建议。

炮兵委员会从 1808 年起开始出版《炮兵期刊》，1809—1810 年间，委员会成员伊万·格里戈里耶维奇·戈格利（Иван Григорьевич Гогель）少将在这本期刊上发表了一系列文章。到了 1810 年，有人又在《军事期刊》上发表了一篇颇有趣味的文章：近卫骑炮兵的德米特里·阿列克谢耶维奇·斯托雷平（Дмитрий Алексеевич Столыпин）中尉在这篇文章中提出了对炮兵战术的看法〔斯托雷平在 1807 年的海尔斯贝格会战中建议将火炮部署在阿勒河东岸，以便纵射正在沿西岸推进的法军，他因这一建议获得了"金剑"（Золотое оружие）奖励〕。[6] 上述作者的看法并不存在显著差异，事实上，他们的多数观点是一致的，另一些观点则互为补充。这里应当指出，他们的许多战术思想源自埃德梅 - 让·迪·皮热（Edmé Jean du Puget）、雅克 - 安托万 - 伊波利特·德·吉贝尔、让·迪·泰伊等西欧军事理论家在 18 世纪 70 年代出版的著作。以下是他们最重要的论点：

应当基于军队配置状况和会战目的部署炮兵；火炮应当位于威力能最大限度发挥的阵地上；[7] 炮兵应当尽量斜向射击敌军，创造交叉火力区域，或是纵射敌军。[8]

哈托夫和戈格利将炮兵比作棱堡——也就是根据 17 世纪的著名法国军事工程师沃邦创立的筑城体系修建的要塞凸出部分，步兵和骑兵则比作棱堡间的幕墙。[9] 这个比方可能源自法军将领奥古斯丁·莱斯皮纳斯出版于 1800 年的著作，此人在 1796—1797 年间担任意大利军团炮兵主任。[10]

火炮前方应当是地面坚实的开阔地带，这样就可以给炮兵提供广阔的视野，实心弹和霰弹也能够得到很好的反弹机会。[11] 将炮兵阵地设在高地上可以便于作战，在距离敌军 300 沙绳时，可以将火炮放在高 2—3 沙绳的地方（这样能够带来更广阔的视野，也削弱了敌军火力的杀伤），但不应当将火炮放在坡度陡峭又非常高峻的山上，因为当敌军接近炮兵所在的山地后，位置过高的火炮无法有效轰击敌军。戈格利还建议充分运用多种障碍物，比如小丘、树丛、沼泽、壕沟等等，削弱敌军火力杀伤力，使得炮兵免遭敌军突袭。[12] 斯托雷平补充说，由于敌军散兵能够对炮兵造成相当大的威胁，所以在挑选炮兵阵地时，应当尽量避免阵地前方存在便于散兵作战的地形地物。[13]

戈格利认为炮兵的主要作战任务是保护其他兵种。有必要让炮兵和步骑兵在机动过程中相互配合。对炮兵而言，相当重要的一件事是适时占据具备重大战术意义的阵地，因为过早进占阵地会向敌军暴露战术意图。[14]

哈托夫认为应当把轻炮兵和骑炮兵部署到多个地点，这些部队需要随时准备快速增援受到敌军攻击的己方部队。[15]戈格利和斯托雷平主张把骑炮兵放在预备队里，因为当炮兵赶赴需要增援的地点时，骑炮兵的行进速度要比其他任何一种炮兵都快得多。[16]这里应当注意到一点，俄国军官中最早提出该主张的可能是西弗斯，他早在1800年撰写的炮兵改良计划中就已提及了相关做法〔西弗斯在围攻鲁什丘克（多瑙河下游的一座土耳其要塞）时战死，这一计划要到他死后才于1811年公之于世〕。[17]

炮兵在远离敌军时就算能够凑巧命中，也不应当开火。哈托夫认为12磅炮的有效射程是500沙绳（1067米）、6磅炮是450沙绳（960米）、½普特独角兽炮是600沙绳（1280米）、¼普特独角兽炮也是500沙绳。他建议炮兵在射击远距离目标时必须缓慢开火，仔细瞄准，可要是敌军靠近了炮兵，那就应当加快射击速率。哈托夫重复了吉贝尔的论调，认为将军们时常命令炮兵朝着太过遥远的目标射击，而当炮兵缓慢开火时，友邻部队也会感到不满。[18]

戈格利指出炮火对500沙绳以外的目标没有什么效果，只有很少的炮弹能够命中如此遥远的敌人，大部分炮弹都被浪费。而且这样近乎无害的射击也会导致敌人因此不再畏惧炮兵。尽管如此，戈格利仍然认为某些情况下，比如说敌军正以庞大、密集的纵队在便于跳弹射击的地带行进，或者敌军正在走出某段隘路，或者大批敌军（特别是敌军骑兵）集中在某地，又或者有必要将敌军注意力转移到即将发起主攻的地段之外，也可以让炮兵射击远距离目标。[19]

斯托雷平写道：

> 距敌400沙绳时不应当开火，距敌两三百沙绳时炮火已经较为准确，而当距离小于200沙绳时，炮火就变得非常致命，因此，在第一段射程中应当缓慢、仔细地射击，第二段射程中要加快射速，第三段射程中则是急速射。[20]

如你所见，哈托夫和戈格利都认为炮火在面对 500 沙绳以外的目标时就已失去杀伤力，斯托雷平则声称炮火甚至无法有效杀伤 400 沙绳（854 米）以外的目标。他们之所以会出现上述分歧，原因就在于斯托雷平复述了一本早在 1771 年就出版于阿姆斯特丹的法文小册子，它表示火炮在射击相距 400 法寻（780 米）的目标时并没有什么准度，距离 200 法寻（390 米）时则多少会精准一些，只有在距离 100 法寻（195 米）时才堪称致命；[21] 戈格利和哈托夫则依赖另一些 18 世纪法国军事文献作者——特别是吉贝尔和泰伊——给出的数据，根据他们的估算，12 磅炮最大有效射程是 500 法寻（975 米）。[22]

按照戈格利的建议，如果敌军火力导致某个炮群蒙受惨重伤亡，指挥官就要让火炮略微向前、向侧面乃至向后运动。应当避免与选择了良好阵地或火炮数量占优的敌军炮兵交战。[23] 如果己方的轻炮兵需要与敌方重炮兵交战，戈格利认为轻炮应当推进到距离敌方火炮仅有 200（427 米）乃至 150 沙绳（300 米）的地方，而且要以交叉火力集中轰击敌军炮兵。[24]

戈格利之所以会写出这段话，可能是受到了法国骑炮兵军官克里斯托夫·克莱芒于 1808 年出版的一本书的影响。克莱芒在书中指出，要是你不得不与敌军炮兵展开对射，而且你的炮手虽然勇猛，却没有受过良好训练，那就要迫近敌军并发射霰弹；如果地形导致你无法迫近敌军，那就应当将己方火炮分散开来，并集中火力轰击同一门敌军火炮，将其打哑后继续集中轰击另一门，如此反复循环下去。克莱芒并没有明确指出到底应当多接近敌军炮兵。他在下一节中指出，如果想要动摇敌方步骑兵，就应当迫近到距离敌军仅有 150—200 法寻（292—390 米）的地方并发射霰弹，如果敌军开始退却，就要改用实心弹，这是因为实心弹的声响比霰弹恐怖，对敌军步骑兵的士气影响更大，能够带来更强烈的挫败感和恐惧感。[25]

根据哈托夫的看法，战斗中有必要将火炮隐蔽起来，这种隐蔽得一直持续到将火炮投入战斗为止。戈格利认为炮兵就位的时间不应当早于步骑兵开始列成战斗队形的时间，因为过早地部署炮群有可能将作战意图暴露在敌军面前。他还认为，不论处于守势还是攻势，都应当在会战之初让尽可能少的火炮就位，而且要让其他火炮秘密隐蔽到决战时刻到来为止。斯托雷平也建议用步兵或骑兵遮蔽身后的炮兵。[26]

哈托夫和西弗斯认为与其编组少数几个大型炮群，倒不如组建诸多小型炮群，因为大型炮群总会变成敌军炮兵的好靶子，而诸多小型炮群则可以更好地交叉射击或是纵射（анфиладный огонь，源自法语词 enfilade，意为从敌军步骑兵战线侧翼沿着战线延伸方向射击）。西弗斯还补充说，大型炮群只有在需要击退敌军猛烈冲击时才有用。[27]

哈托夫重复了吉贝尔的观点：尽管炮兵偏爱轰击敌方炮兵是个众所周知的事实，但炮兵不应当展开反炮兵作战，而应当抓住一切机会轰击敌方步骑兵集群。炮兵只有在没有比敌方炮兵更重要的目标，或是在敌方炮兵给友邻部队造成过大损害的情况下才可以展开反炮兵作战。[28]

西弗斯指出，俄军炮手在1806—1807年战局中时常朝着敌方炮群开火，在这种反炮兵作战中消耗了大量的时间和弹药。他认为只能在下列情形下展开反炮兵射击：

1. 敌军炮群阻止友邻部队[步骑兵]进占某个预定阵地；

2. 敌军炮群阻止友邻部队通过隘路；

3. 当友邻部队准备攻击敌军炮群或侧击敌军战线时，炮兵就应当轰击敌军炮群，使其忙于还击，无暇顾及包抄敌军的友邻部队；

4. 需要在敌方防御工事上打开缺口。

而在其他所有情形下，炮兵都应当轰击敌军步骑兵横队和纵队，并且尽量展开纵射，即便无法纵射，至少也要斜向射击。[29]

斯托雷平坚信炮兵应当将敌军步骑兵作为主要炮击目标，因为轰击敌方炮兵几乎不会带来什么战果。只有在敌军（步骑兵）部队已经利用地形地物隐蔽起来，而且敌方的强大炮群却暴露在外，并且给己方部队造成较大损失的情况下才应当朝敌方炮兵开火。在这种情况下，为了摧毁敌方炮群，比较好的做法是让火炮散开，让敌军炮火分散到多个不同方向，同时集中己方火力，使敌军炮兵陷入交叉火力之中。当敌军（步骑兵）部队暴露在外时，炮兵就应当轰击敌军步兵和骑兵，要随时集中火力炮击最重要的目标。斯托雷平写道，当己方（步骑兵）部队处于守势时，炮兵应当集中火力轰击敌方（步骑兵）部队，可当己方部队处于攻势时，炮兵就应当以轰击敌方炮群为主。[30]

斯托雷平不仅强调了集中火力对每个独立炮群完成作战任务具备相当重要的

意义，也指出了统一指挥全军炮兵极其重要。在他看来，只有全军炮兵都由一人掌控，才能让炮兵成功发挥作战效力。如果每一名炮兵军官都根据自己的意愿移动手中的炮群，或是根据某位将军的某位副官带来的命令行事，那么不管炮兵军官们在履行职责时有多努力，炮兵都不可能取得决定性的战果。斯托雷平因而认为，全军的炮兵必须由一位炮兵高级将领指挥，而且此人应当直接隶属于统帅。[31]

戈格利同样强调了集中火力和各炮群协同的重要性。[32] 他认为当己方发动攻势时，炮兵就应当轰击敌方炮兵，将敌军炮火吸引到自己身上，以此掩护友邻部队的行动。但当炮兵跟随步骑兵推进到敌军霰弹射程之内后，它就应当将炮火转移到敌军步兵和骑兵身上。戈格利认为，当己方处于守势时，应当把敌军步骑兵而非炮兵作为主要目标。在防御战中，炮兵应当选择合适的阵地，使得敌军不论从何处迫近阵地，都会陷入交叉火网。[33]

戈格利建议军官应当事先勘察战场：寻找小丘、灌木丛、大树、木桩等易于辨识的标志，确定与标志间的距离，以此决定在敌军进至上述目标处后以何种方式使用何种炮弹开火。[34]

哈托夫在他的书中也谈到了旧式霰弹。在他看来，这种霰弹的有效射程甚至不超过 100 沙绳或 300 步（也就是略多于 200 米）。至于如何在战斗中运用它，哈托夫重复了吉贝尔的论点：霰弹只有在"干燥、开阔、平坦的地方"才有用，而且只能在中短距离上使用，要是面对远距离目标或"凹凸不平、泥泞、封闭、隆起或低洼的地方"，霰弹的杀伤效果就不及实心弹，这是因为远程射击时需要让炮口具备相当高的仰角，多数霰弹会偏离主方向，从敌军头顶上飞过，而在那些不利于发挥杀伤力的地方，大部分霰弹最终会"失速并陷进地里"。[35]

戈格利和斯托雷平也已提及新式霰弹，但他们敦促读者不要高估它的杀伤效力。他们认为，在炮击敌方纵深纵队时，较好的选择还是使用实心弹正面射击，不过如果有可能纵射纵队的话，那就得使用霰弹。而在炮击已然迫近己方的敌方步兵横队和正在向己方发起冲击的敌方骑兵时，同样应当改用霰弹。[36] 斯托雷平认为，即便在最后两种场合下，霰弹也不应当在距离敌军超过 200 沙绳（427 米）时使用，而且指出霰弹杀伤威力最大的范围是 50—150 沙绳（107—320 米）。[37]

戈格利建议炮兵军官仔细观察弹着点，他既要保持持续、稳定的火力输出，在开火时又不能操之过急以致浪费弹药。如果目标是敌军纵队，就应当使用实心弹快速射击，直至其展开成横队为止；而当敌军以横队迫近时，炮兵就要将弹种更换成霰弹。[38]

至于炮兵在遭遇敌军的猛烈冲击时应当如何作战，哈托夫还是重复了吉贝尔的观点：

> 炮兵……必须勇敢地坚守距离正面战线还有一段距离的地方，不要去关注是否得到了保护，不要在敌军几乎攻入炮群之前离开火炮，因为最后的炮火能给敌人造成最大的伤害。我当然认为保住火炮是一种荣耀，但我们应当更充分更坚决地运用火炮。如果出现敌军夺走火炮的情况，那么[步骑兵]部队必须夺回它们。[39]

斯托雷平的主张与此类似：

> 军官不应当以可能丢失火炮为托词后退。敌军在抢夺火炮时火炮能给敌军造成最大程度的伤害，此时，负责保护火炮的[步骑兵]部队必须马上冲上前去，打退已然陷入混乱的敌军。[40]

戈格利的说法与前两者类似，但语气相对而言不算绝对：在他看来，如果己方无力阻挡敌军的推进，炮兵就应当缓慢退却并依靠火力阻击敌军。为了完成这一目标，各个炮群需要交替掩护退却。炮兵如果要有序后撤，就有必要事先在后方某处便于射击的阵地上部署负责掩护的炮群。如果无法阻滞敌军，炮兵就应当坚持开火直至最后一刻，然后让炮手撤离并放弃火炮。还要用最后一轮近距离霰弹齐射尽可能杀伤敌军。[41]

西弗斯给出了如下建议：在大会战中，炮群里平均每门火炮附近只应当保留不超过一辆弹药车，其余所有弹药车都应当位于离前线还有一段路程的后方地带。在必要情况下，备弹耗尽的弹药车应当转移到后方，装满弹药的后方车辆则进入阵地附近。他还认为，让炮兵进行更换炮架训练非常重要，并主张采用下列方法:将炮架尾部抬高到炮口触地为止,然后扶住炮管,使其垂直于地面,取下炮耳盖,推开炮架,再把另一座炮架移到相同位置,然后用炮耳盖重新固定炮管。西弗斯指出,他就这种方法做过若干实验,发现一门6磅炮的炮管在半分钟内就可以转移到另一座炮架上,12磅炮和独角兽炮耗时则是两分钟。[42]

西弗斯建议在夜间将一发霰弹装填到炮膛里,以便在遭遇敌军突袭时立刻开火,同时还要把一根绳子固定在霰弹上,这样就能够在破晓时轻松取出霰弹。[43]戈格利也建议在日落前做好让火炮发射霰弹和照明弹——以此照亮战场——的准备。[44]

戈格利建议军队在处于守势时为炮兵修筑野战工事。[45]他指出,不应当将炮兵部署到远远突出在步骑兵主战线前方的孤立工事里。[46]按照戈格利的说法,如果敌军炮群从侧翼包抄己方工事,那最好还是让己方炮兵撤出工事,用位于工事翼侧的己方炮群轰击敌军。[47]他指出,炮垒中应当留有一两条可靠通道供炮兵在必要情况下及时后撤。[48]如有必要轰击敌方炮垒,炮兵应当纵射(这一说法源自法语词 enfiler,意为在敌军侧面沿着敌方部队战线或堡垒正面开火)其侧面,并向炮垒内部发射榴弹,以此毁伤敌方火炮而非炮垒本身。[49]

上述作者的论述对俄国炮兵军官的思想产生了重大影响,其中斯托雷平的文章影响尤为重大。随着其他军官就文中的某些观点进行深入探讨,《军事期刊》上也刊登了几篇回应斯托雷平的文章。

骑炮兵必须部署在预备队里的说法迅速成为俄国军事文献的共识。[50]总参谋部上尉彼得·亚历山德罗维奇·拉赫马诺夫〔Пётр Александрович Рахманов,他自己则将姓氏写作罗赫马诺夫(Рохманов),他曾在炮兵委员会中任职,也是《炮兵期刊》的作者之一,后来还在1810—1811年负责出版《军事期刊》〕和近卫炮兵军官阿列克谢·亚历山德罗维奇·韦利亚米诺夫将叶尔莫洛夫和库泰索夫麾下骑炮兵在艾劳会战中的表现视作骑炮兵适时投入战斗的典范。[51]

韦利亚米诺夫指出,独角兽炮无法"抛射榴弹"(бросать бомбу,意为以高仰角射击),这就是独角兽炮发射的榴弹无法在预定地点炸开的原因。可以说,独角兽炮在这方面的确弱于榴弹炮。然而,他也指出,独角兽炮在点燃目标时很有用,而且射击精度几乎与加农炮相当。此外,他还认为有必要在轰击土质护墙时使用独角兽炮,这样就能让榴弹在墙体内部爆炸。[52]

榴弹能够炸开土质胸墙的论断可能源自法国骑炮兵军官克莱芒的著作，他声称榴弹能够进入墙体内部，产生爆破效应（feront l'effet de fougasses），继而迅速摧毁土墙。然而，按照克莱芒的观点，格里博瓦尔体系中的旧式 6 寸榴弹炮在摧毁土木工事护墙时的效果实际上要强于新式的 5 寸 6 线（5.5 寸或 24 磅）榴弹炮：因为 6 寸榴弹炮发射的旧式榴弹中装载的火药较多，导致其初速也较低，于是，这种榴弹就无法深入墙体内部，爆裂后产生的破片便散落在弹着点附近。新式 24 磅榴弹炮的榴弹虽然初速较大，能够深深扎进墙内，却只能产生潜炸（camouflet，即地下爆炸，在这种情况下，破片几乎不会出现在墙面上）效果。[53]

从这方面来看，独角兽炮就更不适合摧毁土质护墙了。独角兽炮发射的榴弹初速更高，而且就直径而言，½ 普特独角兽炮的榴弹几乎与法军 5.5 寸榴弹炮的榴弹相同，¼ 普特独角兽炮的榴弹则还要小得多，因此，独角兽炮的榴弹就会比法军 5.5 寸榴弹炮的榴弹更加深入墙体内部，但 ½ 普特独角兽炮的榴弹的爆炸效力只和 5.5 寸榴弹炮的榴弹大体相当，而 ¼ 普特独角兽炮的榴弹效力还要弱得多。

根据韦利亚米诺夫的说法，法军炮兵的战斗力主要源自法军在需要火炮的时间和地段集结大量火炮的能力，而在战场其他地段，法军虽然只剩下杀伤效果甚微的小型炮群，但它们也足以牵制敌军，使其不能专注于法军将要发起决定性攻击的地段。他随后列举出弗里德兰会战作为例证。虽然这里并没有提到塞纳蒙的名字，不过他或许还是把法军亚历山大·德·塞纳蒙（Alexandre de Senarmont）将军的行动视为适时集中火炮的范例。[54] 韦利亚米诺夫还认为不应当过于绝对化地执行斯托雷平在攻势作战中炮击敌方炮兵的主张，认为炮兵即便在攻势中也应当以炮击敌方步骑兵为主。[55] 这里必须指出一点，斯托雷平并没有表示炮兵在投入攻势时只应轰击敌军炮兵，但有些读者可能对他的建议产生了误解。[56]

同样值得一提的是，上文提到的诸位法国理论家都坚持认为只有在无法有效轰击敌方步骑兵，而敌方炮兵又暴露在外，且给友邻部队造成颇多损失的情况下，才应当让己方炮兵轰击敌方炮兵。在其他所有情况下，炮兵都应当轰击敌军步骑兵，只有在保护友邻部队的必要场合才需要关注敌军炮兵。这些理论家提出了诸多论据，想要以此说服炮兵军官，让他们尽量避免与敌军炮兵卷入对战。吉贝尔指出，当步骑兵遭到歼灭或陷入混乱，炮兵根本派不上用场，但如果只是歼灭炮兵，那还算不上大功告成，因为除此之外还需要击败步骑兵。泰伊指出，如果仅仅轰击敌方炮兵，就会导致己方炮兵无端消耗弹药，歼灭敌军炮群的目标最终也只会落空。泰伊随后重复了吉贝尔的论述：即便成功歼灭了敌军炮群，由于仍需要打败敌方步骑兵，击败敌军的整体目标就仍无进展或进展甚微。[57]

与此同时，吉贝尔指出，炮兵军官时常会忽视不应当卷入火炮对战的战术原则，这要么是因为他们认为在友邻部队面前压制敌方炮群是格外杰出的表现，要么是因为他们并没有深刻意识到敌军步骑兵是比敌军炮兵更重要的杀伤目标。[58] 可以在弗里德里希大王于 1782 年 5 月 10 日给炮兵下达的教令中找到类似的观点：他注意到几乎所有炮兵都会犯下两个严重错误，其中一个就是炮兵喜欢轰击敌方炮兵，试图以此压制敌方炮火。弗里德里希坚持认为他的炮兵应当轰击敌方步兵，要么使其陷入混乱，要么迟滞其行进或妨碍其机动。他相信炮兵一旦实现这一目标，敌军步兵就会很快陷入失败，到了那时，敌军火炮也会落入普军手中。[59]

由此可见，到了 18 世纪末，各支欧洲军队的炮兵军官普遍清楚己方炮兵不应当与敌方炮兵交火的战术原则。然而，我们并不清楚炮兵在多大程度上遵循了这一原则，又在多大程度上背离了它。法国军官雅基诺·德·普雷勒在 19 世纪 20 年代指出，这条原则在实战中很难执行下去，因为当友邻部队遭到敌方炮火轰击时，炮兵军官会出于自尊心企图压制敌方火力，而且步骑兵部队也会要求炮兵进行压制，他们的要求有时还十分强烈。[60] 拿破仑时代的会战中同样存在双方炮群卷入对战的诸多战例。

同样应当注意到一点，与步兵或骑兵集群相比，放列后的炮群命中难度要高得多：火炮之间通常会留有 15—25 步（13—15 米）的横向间隔，[61] 火炮旁边的炮手们也不过是稀疏的小队士兵。所以，在其他条件相同的情况下，如果想给敌方炮兵和列成密集队形的敌方步骑兵造成同等惨重的伤亡，己方炮兵在对付前者时消耗的时间和弹药就要多得多。而且泰伊早已在他的书中告诫读者，无论如何，凭借炮兵对战手段都很难消灭敌方炮群。[62]

你可以发现一点：在同时拥有一方伤亡数据和另一方炮弹消耗数据的会战中，伤亡数字除以炮弹发射数字所得的结果往往较低。维多利亚（Vitoria）会战是一个经典例证，英葡联军的炮兵在此战中共打出炮弹 6870 发，而法军的死伤总数仅为 8000 人左右。[63] 而且法军的相当一部分伤亡显然要算在英葡步兵头上。根据诸多不同材料记载，在博罗季诺会战中，拿破仑的炮兵消耗了 43500—90000 发炮弹，其中最可靠的数据似乎是 60000 发。[64] 现代俄国研究者估算出的博罗季诺会战俄军损失则为 39300—50000 人。[65] 其中相当一部分损失应当归于拿破仑麾下步兵的火力。因此，每一发炮弹给敌军造成的伤亡还不到一人。炮火的杀伤效力之所以如此低下，可能就源于炮兵主要轰击对方炮兵而非步骑兵的事实。

正如西弗斯在前文所述，1806—1807 年战局中的俄军炮兵沉溺于轰击敌方炮兵，这一定程度上要归咎于俄军中有些高级指挥官喜欢下达"压制敌方炮群"的命令。[66] 他这里可能指的是指挥师或旅的步骑兵将领，这些人麾下有一些炮兵军官，而西弗斯将后者直接称作炮手。步骑兵将领相当关心一点：让敌军炮火不再落到自己的部队头上。而且这种固有的关心并不仅仅出现在俄军将领身上。日尔克维奇在 1813 年是第 2 近卫轻炮连里的一名军官，他在回忆录中表示，自己和几门火炮在包岑会战之初待在一处野战工事里。5 月 9 日 /21 日，一些法军榴弹炮开始轰击工事。他确信自己的炮弹打不到敌军榴弹炮，因此没有展开还击。次日，普军将领格奥尔格·杜比斯拉夫·路德维希·冯·皮尔希（Georg Dubislav Ludwig von Pirch）——此人指挥位于工事附近的一个普鲁士旅——过来找他。日尔克维奇对他和皮尔希的谈话记录如下：

> "请告诉我，"皮尔希问道，"当你面前有一个令我军倍感困扰的敌军炮群时，为什么不下令开火？"
>
> "要是你命令我向前推进到战线前方，"我答道，"就会令士兵蒙受全然无谓的牺牲，因为我的火炮打不到法军！"
>
> "我怀疑这一点。"皮尔希说道，"我也觉得炮火可能未必全然发挥威力，但敌军的炮弹已经远远地飞到了我们这里，你还说它们打不到敌军炮群，这难以置信！"

我立即命令一门独角兽炮发射榴弹，我们看到这发榴弹在河这边的
包岑高地山脚下就炸开了。[67]

所以，如果炮兵由步骑兵将领指挥，他们时常会命令己方炮兵轰击敌方
炮兵。考虑到这样的命令或请求，再加上炮手轰击敌方炮兵的天然倾向，这
就导致炮兵会不断轰击敌方炮群，但这类举动除了吸引敌方炮群火力外，并
不会取得什么显著战果，也不可能给会战进程带来什么重大影响。为了避免
火炮卷入对射，炮兵应当编组成由炮兵将领指挥的大型炮群，这些出身炮兵
的指挥官应当深知炮兵运用原则，也有足够的权力去拒绝步兵或骑兵将领的
命令和要求。

上文提到的俄国军官们同样强调了炮兵除去少数特殊情况外均不应当与
敌方炮兵卷入对射的重要原则。与此同时，其中一些人，比如西弗斯、戈格利
和斯托雷平，就需要展开反炮兵射击的情况进行了更为详尽的探讨。戈格利解
释说，炮兵在这类情况下的作战目的在于"迫使敌军还击我方火力""将敌军
火力吸引到炮兵自己身上""将敌军火力从我军步骑兵部队身上引开"。炮兵能
够以这种方式支援步骑兵，掩护步骑兵的机动，而且这种战术在进攻或防守中
都可以派上用场。[68]

按照第七章中引用的拿破仑的说法，炮兵一旦遭到敌方炮群轰击，就有
一种发起还击或停止射击的自然倾向，此时也就无法强迫炮兵继续轰击敌方步
兵。因此，炮兵一旦就位又遭遇敌方炮火，就会迅速与敌军炮兵卷入交火乃至
停止射击，因而几乎无法对会战进程起作用。换言之，当军队处于守势时，如
果炮兵轰击敌方炮群，就会让敌方步骑兵自由机动，安全迫近己方阵地；而当
军队处于攻势时，如果炮兵轰击敌方炮群，那便无法干扰敌方步骑兵，这就提
高了敌军击退友邻部队冲击的概率。

不过，我们同样可以从另一个角度思考拿破仑的评论：炮兵可以利用轰击
敌方炮兵的手段吸引敌军火力，从而将敌方炮兵的关注点从友邻部队身上移开。
这种招数既能用于攻势，也能用于守势。炮兵指挥官可以动用一部分火炮吸引
敌方火力，同时让其他火炮轰击敌方步骑兵。拿破仑战争结束后，若米尼在他
探讨战争艺术的重要著作中提出了一条普遍原则：

所有交战的炮兵均应牢记自己的主要职责是摧毁敌人的 [步骑兵] 部队，根本不是与对方的炮兵对战。但是，为了不让敌人的火炮任意行动，有时也需要向敌炮阵地射击，目的是为了吸引他们的火力。可以用三分之一的火炮遂行此项任务，而以其余三分之二以上的火炮对付敌人的步兵和骑兵。[69]

然而，戈格利和斯托雷平都有理有据地指出，当友邻部队处于守势时，炮兵应当集中火力对付敌方步骑兵，可当友邻部队处于攻势时，炮兵就应当以轰击敌方炮群为主。炮兵在攻势中的重要任务是吸引敌方炮兵火力，为友邻部队的推进创造便利条件。在守势中较为重要的任务则是阻止敌方步骑兵部队推进。

日后在欧洲出版的若干手册更为清晰地阐述了上述原则。[70] 当然，也可以在早年出版的若干著作中找到应当在友邻部队发动攻势时动用全部或一部分炮兵轰击敌方炮兵的观点，但那些著作中提到的炮兵作战目的是"掩盖某些作战手段""压制敌军炮兵"或"保护、支援友邻部队"。最后一种说法可能是指吸引敌军炮火，使其不再轰击友邻的步骑兵部队，但它并没有表达清楚。[71]

一位已经退役的匿名炮兵军官指出，斯托雷平主张的分散火炮并集中火力打击一个目标的做法只会在一种情况下奏效，那就是对付单一、庞大且难以移动的目标，其他情况下则不可能让散开的火炮协同射击。[72] 这位匿名作者还主张尽量减少留在炮群附近的弹药车数量，按照此人的说法，当他指挥一个拥有 12 门火炮的炮兵连时，他往往会在前线仅仅保留 6 辆弹药车，有时甚至只留下 3 辆。该军官还谈到过一个战例：他的炮兵连曾经弄混过 12 磅炮的弹药，在短管 12 磅炮里装填了中管 12 磅炮的弹药，就在他们推测究竟出了什么问题的时候，两门火炮的炮车车轴已然折断（中管 12 磅炮装药较多，而短管 12 磅炮的炮架较轻，并不能承受这么大的后坐力）。[73]

除上文提到的著述外，同样值得一提的是伊万·伊万诺维奇·菲茨图姆（Иван Иванович Фитцум 或 Фицтум）上校〔他来自萨克森贵族菲茨图姆·冯·埃克施泰特（Vitzthum von Eckstädt）家族，当时是第 2 军官武备学校的一名教师〕于 1810—1811 年在《炮兵期刊》上发表的文章。[74] 菲茨图姆在其中一篇文章中指出，如果要使用独角兽炮轰击敌方野战工事，那就不应当让独角兽炮进至距离工事 1000 步以内的地方，如果榴弹依然会飞过工事再炸开，他就建议要么让独角兽炮继续后撤，要么减少装药并缩短导火管长度，让榴弹更快炸裂。同时，他也建议应当将加农炮部署在距离敌方防御工事 600 步以外的阵地上，但 6 磅炮与敌方工事的距离不应当超过 800 步，12 磅炮也不应当超过 1000 步。[75]

在炮口仰角相同的情况下，装药越少，射击距离就越短，于是，即便独角兽炮以相对较小的仰角开火，减少装药也可以让榴弹飞入敌方工事内部。然而，减少装药的主张实在太过笼统，它并没有指出在具体情况下（和工事间的距离以及炮口仰角）应当减少多少装药，也没有表明如何准确减装，所以，上文中的建议很难用于实战。截短导火管的确可以让榴弹在飞到敌方工事正上方时炸开，可菲茨图姆同样没有给出具体做法。

斯·普·奇塔洛夫（С. П. Читалов，这可能是个化名）上尉在 1811 年的某期《军事期刊》上发表过一篇文章，他在文中也提到了类似的观点，还认为如果能够减少装药或修改炮架结构，那么不仅可以让独角兽炮在轰击工事时使用榴弹，甚至可以让加农炮也使用榴弹。[76] 总体而言，菲茨图姆和奇塔洛夫在论述中都指出了独角兽炮的一个缺点——韦利亚米诺夫也在前文中提到过这一点——它并不适合俯射，因而很难将榴弹射入敌方工事内部。

第 1 西方军团炮兵主任库泰索夫在 1812 年编纂过一本名为《炮兵野战总则》（Общие правила для артиллерии в полевом сражении）的教令，从中可以找到上述俄国军官在著作里提出的诸多主张，因而值得本书全文引用：

鉴于任何一位优秀炮兵都熟知我军火炮的质量和火炮具体细节，我在这里就不再赘述，只概要地探讨炮兵在会战中的行动。就这一层面而言，运用炮兵时必须遵守下列规则：

1. 在野战中，当目标距离为 500 沙绳时，炮火的杀伤力颇为可疑，在距离 300 沙绳时，炮火就具备相当的杀伤力，在距离 200 沙绳、100 沙绳时，炮火已经堪称致命。敌军进入后三类射程时，就应当使用我军的新式霰弹。因此，当敌军位于第一类射程时应当缓慢开火，以便留出足够时间让火炮更准确地瞄准目标，利用炮击使敌军的运动遭遇困难；进入第二类射程后应当加快射速，以便阻止或至少迟滞敌军的推进；进入最后一类射程后，就应当尽可能快地射击，以便将敌军击退或歼灭。

2. 会战之初应当隐藏炮兵实力，并在此后的战斗中增加火炮数量，这样就不至于暴露炮兵的攻击方向。如果敌军发动攻击，就会在未曾预料到的地方遭遇我方炮兵。

3. 尚未观察到敌军真实意图时，炮群中只能配备少数火炮，各个炮群也要分散到诸多不同地段，这样就只会给敌军提供很小的目标，也能让我方炮兵在杀伤敌军时拥有更多的斜向射击和交叉射击手段，还能让敌军的作战行动陷入困难。

4. 当有必要在敌军战线上打开缺口，或是挡住敌军针对某一地段的猛烈冲击，又或是有必要将敌军逐出某一阵地时，就应当组建拥有大量火炮的炮群。

5. 应当避免将炮群部署在太过险峻的地方。另一方面，如果能够将独角兽炮群部署在小丘背面，就会带来极大的优势，这是因为独角兽炮拥有曲射火力（只有在发射霰弹时是例外），小丘届时可以遮蔽炮群。

6. 当我军打算发起攻击时，大部分炮兵必须朝敌军炮兵开火；当我军遭遇敌军攻击时，大部分炮兵必须朝敌军骑兵和步兵开火，这可以作为一条基本不存在例外的规则。

7. 此外需要补充一点，当 [敌方] 炮群阻止 [我方] 占据某一阵地或给正位于隘路中的 [我军部队] 造成伤亡时，也有必要朝敌方炮群开火。

8. 要用实心弹（实心弹应当使用全装药）和榴弹（榴弹有时可以使用减装药，以便让榴弹在反弹后落入纵队内部爆炸）轰击敌军纵队。至于霰弹，只有在纵队距离火炮很近时才应当投入使用，因为实心弹那时的杀伤力已经不及霰弹了。

9. 当 [敌军] 横队进入利于炮兵射击的范围后，就应当主要使用霰弹，如果要使用实心弹和榴弹，那至少应当为炮群选择合适位置，使其能够纵射或斜向射击横队。

10. 当 [敌军] 发起猛攻，我方意图退却时，掩护退却的炮兵必须分成两条战线，这样，当第二线准备迎击敌军时，第一线就能穿过第二线后撤。

11. 无论处于何种情形，炮兵都必须掩护 [友邻] 部队机动。同样，友邻部队也必须掩护炮兵。因此，炮兵指挥官在侦察地形并得知友邻部队作战意图后，就应当因地制宜地部署炮兵，以便利用火力支援友邻部队作战。

12. 炮兵必须主要部署在战线两翼、[步兵队形的] 横向间隔和预备队当中。鉴于在攻击中长久停留在同一阵地上的做法会带来极大的危险，就要采用这种不会妨碍到炮兵根据地形和敌军运动转移阵地的部署方法。

13. 部署在第二线或第三线之后的炮兵预备队必须主要由骑炮兵组成，因为骑炮兵可以凭借其快速、轻捷的特性以高速奔赴诸多地段，而在重炮连中，也可以让一些炮兵乘马或坐上前车，以加快机动速度。

14. 炮兵预备队指挥官在发觉有必要派遣部队增援某地后，就应当根据上级指挥官的命令或自己的决断——他的行为可能会改变整场会战进程——以最快的速度将炮群派往该地。

15. 如果地形许可，就应当让炮群中两门相邻火炮的炮车车轴间距不小于 15 步，这样会便于火炮机动和操纵火炮，也能减小敌方炮火的威胁。

16. 在战斗中，步炮兵平均每门火炮留在火线附近的弹药车数量不得超过一辆。其余所有弹药车都应当留在战线后方。骑炮兵保留在火线上的弹药车数量甚至还要少于步炮兵，它只用保证前车里始终装满弹药。

17. 士兵必须接受快速、有序地将炮管转移到其他炮架上的训练。

18. 在夜间，前哨部队的火炮里必须始终装填着近程霰弹，并且需要在霰弹上固定一根绳子，以便在破晓后取出霰弹，除此之外无须 [采取额外防御措施]。

19. 每一位炮兵连长都要关注作战中可能会用到的备用马匹和马具，还需要在马上配备常用的简易套绳。

20. 如果炮兵将要通过泥泞地带或沼泽地区，就必须准备好柴捆，可以将柴捆固定在弹药车和火炮两侧，尽量使其保持干燥。

21. 在最后的总结中，我要指出一点：毫无必要地浪费弹药是炮兵最大的耻辱、军队最有害的行为，炮兵必须竭尽全力让每一发炮弹都给敌军造成最大的损失，要将弹药艰难的制造、运输过程铭记于心。[77]

如前所述，俄国在 1800—1806 年间除了近卫炮兵中的一门课程外，并没有一所为炮兵军官提供贴近实际的炮兵训练的军队教育机构。第 1、第 2 军官武备学校有许多毕业生会进入炮兵服役，他们虽然接受了良好的理论教育，却并没有进行火炮射击实操。

1806 年底（或 1807 年初），俄军为近卫炮兵的士兵设立了一个后备连（可供 210 人受训）。士兵在该连受训后可以成为常规炮兵部队中的火工（炮兵军士）。到了 1808 年，俄军还建立了一个炮兵培训小队，全军炮兵选送到彼得堡的军官和士兵会在这个小队里受训，它的负责人是亚历山大·赫里斯托福罗维奇·欧拉（Александр Христофорович Эйлер）少将，著名数学家莱昂哈德·欧拉（Leonhard Euler）的孙子。[78] 不过，这个小队的存在时间可能并不长。

1811 年，后备连更名为训练连，该连还增设了一门可供 48 名炮兵军官学员修读的军官课程。到 1812 年，俄军又组建了另一个规模与此相同的训练连（同样设有军官课程）。每个连中都配备 4 门 ¼ 普特独角兽炮和 4 门 6 磅加农炮。受训人员每人每年可以分配到 6 发实弹（2 发榴弹、4 发实心弹），此外还会额外发放可供射击 12 次的火药。在训练连中完成培训课程的士兵将会晋升为火工，军官课程结业且通过炮兵委员会考试的军官学员和军士则会成为炮兵军官。[79]

大部分炮兵仍和此前一样在炮兵连内部受训。米塔列夫斯基在 1812 年曾是第 12 轻炮连（该连隶属于第 7 炮兵旅，该旅配属于第 6 步兵军第 7 步兵师）的一名尉官，此人在回忆录中描述了第 6 步兵军炮兵主任瓦西里·格里戈里耶维奇·科斯捷涅茨基在 1812 年战局之初是如何教导炮兵对推进中的敌军——特别是骑兵——展开近距离射击。他说："在这种场合下，炮兵无须使用瞄准具对准目标，为了快速开火，从后面[沿着炮管]大致瞄准即可。"[80]

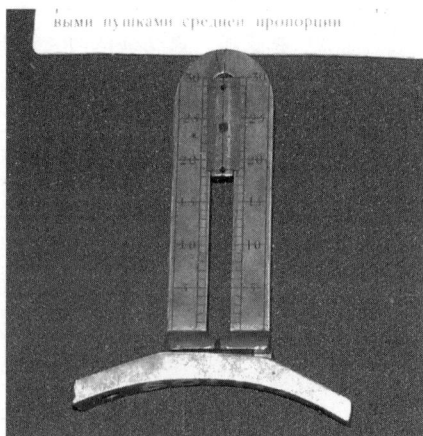

图 55. 马尔克维奇表尺（瞄准具）

这里提到的瞄准具是马尔克维奇——此人是炮兵委员会成员之一——瞄准具，它由内含缺口的竖直表尺和打了孔的可移动平板组成（见图 55），在 1802 年投入使用。这种瞄准具可以让中管 12 磅炮颇为准确地命中相距 561 沙绳（约 1197 米）的目标，让短管 12 磅炮准确命中相距 507 沙绳（约 1082 米）的目标，让 ½ 普特独角兽炮准确命中相距 427 沙绳（约 911 米）的目标。然而，马尔克维奇瞄准具也存在缺陷，因为它机械地固定在炮管尾部，如果火炮位于凹凸不平的地带，比如说位于斜坡上，表尺就无法保持竖直，瞄准具也就没那么精准了。[81]

编制

1806—1807 年战争结束后，俄军就团属炮兵是否有用展开了激烈的争论。斯托雷平和韦利亚米诺夫认为团属炮兵派不上什么用场，[82] 但有位经验丰富的军官（化名为"普罗斯托夫少校"）提出了与他们截然相反的意见。[83]

戈格利后来在 1810 年度的《炮兵期刊》上专门撰写了一篇文章，在文中详尽列出了"支持"和"反对"团属炮兵的所有论据。其中的支持论据内容如下：

1. 各个步兵团会竞相保持团属火炮状况良好；

2. 步兵就像爱惜军旗一样爱惜火炮；

3. 步兵在得到团属炮兵支援时会更为勇猛地投入战斗。[84]

戈格利摘引的反对论据内容要多一些：

1. 适合步兵作战的地形并不总适于炮兵；

2. 放在步兵前方的火炮可能会阻碍步兵机动；

3. 团属炮兵的训练水准无法达到与炮兵旅相当的程度；

4. 步兵团长认为火炮看上去不错——炮架喷涂得不错，炮管也擦得不错——就意味着整体状况良好；

5. 挑选团属炮兵时仅仅根据身材而非操炮技能；

6. 步兵军官在对待团属炮兵时重视射速甚于准度；

7. 步兵团和团属火炮之间的联系似乎不是很强烈，此外众所周知的是，步兵团会看不起其他团的团属火炮；

8. 由于步兵军官害怕丢失火炮，他们会命令团属火炮在距离目标过远时开火，在敌军尚未进入有效射程时就命令火炮后撤。[85]

戈格利本人认为与其将轻炮兵分配到步兵团当中去，倒不如把所有炮兵都编组成炮兵旅。

有位在1811年度《军事期刊》上发表过一篇文章的匿名作者——他在文中讨论了近卫炮兵——还补充了一个论据：团属火炮会延缓步兵的行进，步兵有时候不得不把火炮留在身后，火炮需要两个步兵连提供保护，这又会影响到步兵营的整体计数，削弱步兵营的实力。[86]

这里应当注意到，虽然法军在1798年取消了团属炮兵，但拿破仑在1809年又开始将它引入法军。按照最初的计划，团属炮兵应当出现在部署在德意志地区、将要投入对奥战争的军队中，每个战列步兵团或轻步兵团都要配备2门3磅炮，但这一做法并未完全落实，而且很快就被取消。然而，到了1811年，团属炮兵再度出现在驻德法军中，战列步兵团中的团属火炮数量也增加到4门。但轻步兵团没有配备团属火炮。在这两个案例中，法军使用的团属火炮主要还是从奥军手中缴获的3磅炮。

某些俄国军官在文章中主张建立特定的步骑兵单位，使其充当步炮兵和骑炮兵的常设支援部队。他们设想给每个炮兵连配备100—150名步兵或骑兵，其他许多人也支持这种想法。[87] 这些单位里的士兵也要接受操炮训练，以便在必要时替代战死、负伤的炮手。不过，这一设想并没有完全付诸实践，俄军只是要求每个步兵团从每个连抽出10名士兵和2名军士学习如何操作火炮，并在必要情况下将这些人派往炮兵连充当补充人员。[88]

有几位军官在关于1812年博罗季诺会战的记述中提到了动用步兵补充炮兵人力。[89] 比如说，第33轻炮连（该连隶属于第17炮兵旅，该旅配属于第2步兵军第17步兵师）的军官尼古拉·季莫费耶维奇·柳边科夫（Николай Тимофеевич Любенков）就指出他的连在博罗季诺会战中用从布列斯特、梁赞步兵团里抽出的士兵补充人员缺口。[90] 时为第1猎兵团1营营长彼得罗夫提到这个团甚至在开战前就已选出 40 名士兵，让他们学习如何使用火炮，在博罗季诺会战中，这些人被补充到拉夫尔·利沃维奇·古列维奇（Лавр Львович Гулевич）上校麾下的第 23 重炮连里。[91]

炮兵在 1810—1811 年的和平时期依然编组成团和营。旅只有在开战前夕才会组建，而且往往由来自不同营乃至不同团的连组成。1812 年开战前不久，俄军炮兵旅的编制发生了变化。炮兵旅此时成为平时和战时都存在的固定单位，它包括足以维持运作的人员、马匹、火炮、弹药车以及其他车辆。每个配属于步兵师的炮兵旅都由 1 个重炮连和 2 个轻炮连组成（炮兵连的编制仍与前一时期相同）。不过，俄军并没有设立炮兵旅长的独立职位，负责指挥全旅的人是资历最高的炮兵连长，这个人一般就是重炮连的连长。

每个胸甲骑兵师和骑兵军都配备了 1 个骑炮连。除去配属给步兵和骑兵的炮兵外，俄军在 1812 年编组了 10 个编成情况不一的预备炮兵旅，每个旅中通常包括 2 个重炮连和 3—4 个骑炮连。[92] 不过，炮兵连本身的编制并没有发生重大变化。

俄军有一份名为《作战部队大兵团管理规程》（Учреждение для управления большой действующей армией）的文件（该文件批准日期为 1812 年 1 月 27 日 /2 月 8 日），根据它的规定，每个独立作战的军团总部里均应设立炮兵部门，该部门主官为军团炮兵主任。然而，步兵军中的炮兵主任职位并非常设，只有在某军与主力军团分开后独立行动时才会设立军炮兵主任一职。[93] 因此，俄国炮兵的指挥架构发展程度仍不及拿破仑麾下的法军炮兵。在法军中，每个团、师、军乃至预备队都设有独立的炮兵部门，每个军和师都常设炮兵主任职位，而且这类职位也是独立的，换言之，军属、师属炮兵指挥官并不会兼任某炮兵连连长职务。

俄军在 1812 年初共有 6 个近卫炮兵连（2 个重炮连、2 个轻炮连、2 个骑炮连）、49 个重炮连、54 个轻炮连、22 个骑炮连、2 个工兵团和 24 个舟桥连。[94] 俄军常规部队的炮兵一共编组成 27 个野战炮兵旅、10 个预备炮兵旅和 4 个后备炮兵旅。除去近卫炮兵和常规炮兵外，俄军还有 2 个顿河哥萨克炮兵连。

从组织层面而言，尽管轻炮兵已经脱离了步兵团并编组成炮兵旅，但直接为步兵提供火力支援仍被视为轻炮兵的主要职责。库泰索夫少将在 1812 年开战前不久起草的教令草案便证明了这一点，草案中包括了下列说法：

1. 每个步兵营均配备 2 门轻炮，其余的轻炮留作预备队……

2. 除了通过难以通行的隘路、行经森林或沼泽以及夜袭等特殊场合外，配属于 [步兵] 营或团的轻炮都不应当与其分离；

3. 在纵队展开成横队期间，轻炮兵应当始终位于前方掩护这一机动过程，因为敌军将会竭力尝试阻挠它。战斗中必须将我方的机动情况预先告知 [炮兵] 军官，他必须以最快速度部署炮兵，使之有利于所属部队完成作战意图；

4. 当一个 [步兵] 团或营在平地上发起刺刀冲击时，配属于它的炮兵必须走在前方或展开更便于机动的侧向行进，推进到与敌军仅仅相隔一段距离后停下来发射霰弹，这些炮火不仅能够帮助冲击方，有时甚至能够直接击溃敌军。[95]

如你所见，库泰索夫实际上将轻炮兵视作某种团属炮兵，除去少数特定场合外，轻炮兵必须始终跟随它所属的步兵团，并以火力协助其作战。

以步炮合同作战中炮兵的战术准备工作而言，俄军中某些将领的看法仍然过度拘于形式，尤其是他们往往会严格规定火炮相对于步兵队形的位置（火炮应当位于步兵营的横向间隔和步兵师战线的两翼当中）并要求所有火炮都列成一线——这在他们眼中比将火炮部署到有利于发扬火力的阵地上更为重要。伊万·斯捷潘诺维奇·日尔克维奇在 1805—1812 年是第 2 近卫轻炮连里的一名军官，他谈到过步炮联合演习，从中可以尤为明确地看出这种情况：

在维尔纳演习期间，第 1 西方军团司令、陆军部长巴克莱·德·托利给了我一个非常严厉的批评，指出我并没有根据实战要求进行演习，因为我前方有一座小丘，可我在进攻中并没有占据小丘开火。这条评论就战术层面而言可以说是相当公允的，可我要是忘记了保持战线平齐，自行决定向前推进，从而打乱战线，那落到我头上的就可能会从批评变成逮捕了，而且不管那座小丘坐落在我前方多少沙绳的地方，他们届时都不会去询问我为何擅自行动……[96]

如你所见，巴克莱的观点较为进步，即便在和平时期的演习中也要求军官以对待实战的态度部署火炮，可是，这些炮兵军官的直接上级仍然墨守成规，甚至有可能惩戒那些没有保持火炮战线齐平的军官。

选择阵地与战术

根据 1824 年印发的步炮兵训练条令，一个重炮连就位后，该连火炮应当以下列顺序从右往左排布：2 门 ½ 普特独角兽炮、4 门中管 12 磅炮、4 门短管 12 磅炮、2 门 ½ 普特独角兽炮。如果某个轻炮连的火炮并未被拆开使用，而是像重炮连一样集中使用，那么它的排列方式也就和重炮连大致相同，右起依次为 2 门 ¼ 普特独角兽炮、8 门 6 磅炮、2 门 ¼ 普特独角兽炮。[97] 这种排列方式表明时人眼里独角兽炮在炮兵中的地位类似于掷弹兵在步兵中的地位（在帕维尔一世治下，火枪兵团和掷弹兵团里的营配备了 6 磅加农炮，混合掷弹兵营则配备了 ¼ 普特独角兽炮）。

俄国炮兵军官的某些回忆录段落表明拿破仑战争期间的火炮排列方式也可能是这样。比如说，阿夫拉姆·谢尔盖耶维奇·诺罗夫（Авраам Сергеевич Норов）在 1812 年是第 2 近卫轻炮连里的一名准尉（他是前文中出现过的瓦西里·谢尔盖耶维奇·诺罗夫的弟弟，后来成为教育大臣），他指出自己在博罗季诺会战中指挥该连的第 11、第 12 号炮，也就是位于全连左翼的两门火炮。这两门炮朝敌军炮群开火，时常引爆敌军的弹药车，每当弹药车发生爆炸，他的炮手们就喊道："这是我们的独角兽炮 [干的]！"[98] 不过，诺罗夫的回忆录是在事情发生 50 多年后写成的，所以有的细节或许没那么准确。

理论家们建议在相邻两门轻炮之间留出 6—8 步的横向间隔，重炮之间则应当留出 10 步。[99] 叶尔莫洛夫在担任近卫炮兵指挥官时推广了一种将两门火炮并列行进的连纵队展开成横队的方式：炮兵连向前展开，火炮直接赶赴预定位置，相邻两炮间隔不少于 20 步，每门炮就位后无须等待其他火炮，应当立即脱驾、开火。[100] 同时代的某些人可能认为 20 步的间隔太宽，库泰索夫少将就在本书前文中引用过的《炮兵野战总则》中主张在相邻炮车的车轴末端之间留出 15 步的间隔。[101]

拿破仑战争结束后，俄军仍然认为这类间隔适于作战。如前所述，一本出版于 1821 年、供青年军官使用的手册规定火炮的间隔为 12—20 步，前车则应当位于火炮之后 30—50 步处。[102]炮兵委员会成员兼照准仪设计者安德烈·伊万诺维奇·马尔克维奇在他出版于 1824 年的《炮兵技能手册》（Руководство к артиллерийскому искусству）第二卷中指出，相邻炮身的间隔绝不能小于 3 沙绳（6.4 米），因为它是让前车从两门火炮间通过的最低间隔。为了让每一门火炮都能够转到任何方向乃至使用钩索转到相反方向，马尔克维奇建议轻炮之间要留出 16—17 步（11.38—12.09 米）的间隔，重炮之间则留出 20—21 步（14.23—14.94 米）。[103]他这里的间隔可能是指炮身之间的距离，因为同年出版的炮兵训练条令建议在重炮炮身间留出 21 步（15.65 米）间隔，轻炮炮身间则留出 18 步（12.80 米）。[104]

马尔克维奇指出，前车应当放在火炮后方，它与火炮的间距不得小于 30 步，轻炮的弹药车要位于前车之后 30 步处，由于重炮前车里没有弹药盒，所以重炮的弹药车应当位于前车之后 15 步处。马尔克维奇还主张在炮群中每门火炮附近只保留不超过一辆弹药车，并且认为每两门火炮合用一辆是更好的做法。其余所有弹药车都要放在 150—200 沙绳之后，而且不应当靠在一起，这样，就算一辆弹药车爆炸，也不至于影响到其他车辆，此外还应当利用地形地物遮蔽前车和弹药车。[105]工事中的火炮间隔应当是 3 沙绳（6.4 米）。[106]

炮兵连中的火炮通常会一门接着一门地轮流射击，但有时也会采用其他射击方式。柳边科夫提到过他们连（第 33 轻炮连）在博罗季诺会战中曾遭遇敌方步兵冲击，按照他的说法，这个纵队拥有 5000 名掷弹兵，他们高举战旗，在军乐声和鼓声中大声吼叫。炮手起初用霰弹迎击纵队，纵队虽然有所迟疑，但还是继续前进。随后，按照柳边科夫的说法：

> 为了给敌军造成决定性杀伤并减缓其行进速度，我们开始以半连为单位展开齐射，射击相当成功，驱散了这个恐怖的人群，军乐声和鼓声归于沉寂，但敌军继续大胆前进。这个纵队就像是不停翻涌的海浪，时而后退，时而接近，我们连有时会让它在某地停滞不前，可随后它又突然开始迫近。[107]

这个纵队随后遭到了立陶宛枪骑兵团的冲击，可它还是以会战射击逐走了骑兵，而俄军炮兵也很快耗尽了弹药。最终俄军还是依靠梁赞、布列斯特步兵团的反冲击才将其击退。按照笔者的理解，第 33 连在使用以半连为单位的齐射前遵循的应当是另一种射击流程。一位包岑会战的亲历者提到了俄军炮兵在敌军不断迫近时变换射击方式的次序：先是齐射，然后各门火炮依次射击，最后采用"会战射击"，也就是自由开火。[108]

柳边科夫还描述过第 17 炮兵旅旅长伊万·伊万诺维奇·迪特里希〔Иван Иванович Дитерикс，其德文名为约翰·海因里希·迪特里希（Johann Heinrich Dieterich）〕上校在博罗季诺会战中的举动：

> ……[他]打算阻止敌军某炮群继续开火，这个炮群正在吞噬我们[步兵]纵队里的各个伍，上校命令我连冲击[敌方炮群]，我们用钩索[拖动火炮]冲上前去，进入霰弹射程之内，打出一轮实心弹齐射，然后发射霰弹，重创了[敌军]炮群，它停止射击，带着火炮脱离战场。[109]

从这一段中可以看出，如果某位重炮连长兼任炮兵旅长，那他在战斗中也能够直接指挥炮兵旅里的轻炮连。从这一战例和其他诸多战例中还可以发现一点：当火炮需要在战场上完成短距离机动时，通常会直接用钩索拖行而非系驾后依靠前车行进。战后出版的手册中也建议炮兵使用钩索。[110]

一般来说，重炮兵会部署在最有利于炮兵作战的地域，换言之，重炮兵往往会身处高地。如果时间充裕，军队还会以下列方式着手修建野战工事：先挖出一条深沟，然后用取出的土在深沟后方修建一道胸墙，用于筑墙的土需要夯实，既使得墙体不易倒塌，也让炮火难以摧毁胸墙。为了加固墙体，还需要在其中插入木杆以增加强度，如果土质太过松软，那就得使用所谓的"堡篮"（габионов）——也就是内部塞满了厚实泥土的大篮子。工事正面通常是两段直墙，它们在中部交会，夹角大体成钝角。

炮兵的野战工事在利于发扬火力的阵地上能够发挥重要作用。由于炮垒拥有良好射界，它就能够依靠火力保护相当一部分地域，而且对敌方炮兵而言，炮垒也不是易于对付的目标。因此，在面对拥有优势火力的敌方炮兵时，位于遮蔽阵地上的炮群能比位于暴露阵地上的炮群坚持更长时间。

这一时期最著名的野战工事是位于博罗季诺战场上的工事——拉耶夫斯基炮垒和巴格拉季翁箭头堡群。读者不应当将这些工事想象成牢不可破的强大堡垒——它们是在会战前夜才由士兵和民兵在工兵军官指导下建成。杰缅季·伊万诺维奇·波格丹诺夫（Дементий Иванович Богданов）在 1812 年是一位工兵少尉，他在回忆录中描写了会战前一天的工事状况：

> 深夜 11 时，我奉命骑马赶往拉耶夫斯基将军所在地。我在一处根据将军命令修建的炮垒里找到了他。炮垒已经完工了，火炮也已就位，其外形几乎是一条直线，两个墙面的交角有 160 多度，角尖指向谢苗诺夫斯基溪和科洛恰河的交汇处。它的右墙向戈尔基村附近的两座炮垒和第 6 军炮兵所在方向延伸，左墙向第 7 军战线所在方向延伸，在那里，它可以得到炮垒内部火炮和谢苗诺夫斯科耶村附近由 60 门火炮组成的露天炮群的保护。由于上述原因，猛烈的交叉火力可以覆盖炮垒前方的所有空间。拉耶夫斯基将军遇到我之后说了下面这番话：“我们已经自己动手修建了这座炮垒，你们的指挥官在拜访我时赞扬了我们的工作和炮垒的选址，但由于骑兵可以通过开阔、平坦的地带，他建议我们在炮垒前方 50 沙绳处挖出一道陷坑，而我们也已经完成了这一工作。现在还剩下一个最重要的 [问题]：敌军可以从侧翼包抄我军，从后方攻占炮垒。因此必须给敌军制造一个难以克服的障碍。请检查一切，然后告诉我应该做什么，具体怎么办。”
>
> 炮垒里有 19 门火炮，整个正面长达 60 沙绳，壕沟宽 3.5 沙绳，外护墙附近深度可达 1.5 沙绳……尽管时间有限，仍然有必要在两翼增添两道包括胸墙和壕沟的土墙，再用双层栅栏保护炮垒背面，并在栅栏上留出两条可供出入的通道……翼侧 [的土墙长度] 应当定为 12.5 沙绳，[后方的两条] 栅栏应当插入地表半沙绳，外侧栅栏高 8 尺 [约 2.5 米]，内侧栅栏高 6.5 尺 [约 2 米]，工事……在凌晨 4 点半最终完工。[111]

利普兰季和格拉贝表示拉耶夫斯基炮垒实际上并未完工：一是壕沟不够深，

二是胸墙既不够高也不够坚固——两侧的胸墙尤其如此，很快就会被敌方炮火摧毁。[112] 至于巴格拉季翁箭头堡群，按照格拉贝的回忆和其他目击者的记述，它同样是匆忙建成的不合格工事。[113] 这个堡垒群由 3 座独立工事组成，严格来说，只有位于中间且最靠后的工事才是箭头堡（flèche，简单的 V 字形土木工事），另两座则是角堡（redan，配有短肩墙的 V 字形工事）。法国军官吉罗·德·兰写道：

> 这些多面堡实际上是角堡，即 V 字形的野战工事，它们的后方是敞开的，第二线阵地上的敌军可以依靠异常猛烈的步枪、霰弹火力清扫工事内部，因此，据守这些工事要比攻占它们困难得多。[114]

在博罗季诺会战打响前，戈尔基村和谢苗诺夫斯科耶村都被俄军夷平，只有少数几座仍为将领居住的房屋例外。[115] 俄国村庄的建筑是木屋，在遭遇敌方炮火时，它非但不能保护内部的人员，还很容易着火。

重炮兵有时也会编组成仅辖几门火炮的小炮群，像轻炮兵一样支援步兵作战。比如说，梅舍季奇在 1812 年是第 2 重炮连（该连隶属于第 11 炮兵旅，拉多日茨基所在的第 3 轻炮连也属于该旅）里的一名军官，他提到自己在奥斯特罗夫诺会战中三次率领 4 门火炮向前推进，与敌军骑兵和炮兵交战，而在博罗季诺会战中，他又指挥 4 门火炮支援凯克斯霍尔姆步兵团作战。[116]

重炮兵的炮群通常会得到步兵的支援，不过，巴克莱·德·托利在他于博罗季诺会战前下达的命令中规定："一定不能将特定支援部队部署在靠近炮群的地方，支援部队只应当在敌军迫近时出现在炮群附近，否则就会同时将炮群本身和它的支援部队这两个目标暴露在敌军面前。"[117]

轻炮兵通常会被配属到步兵旅里，每个旅能够分到一个轻炮连，[118] 如果某个步兵旅位于第二线，配属于它的炮兵连在战斗之初通常也在第二线。[119] 总的来说，轻炮兵在 1812 年通常扮演直接支援步兵作战的角色。轻炮在步兵战线翼侧和各个步兵团之间的间隔里就位，位于步兵第一线前方不超过 50 沙绳（106.7 米）处。轻炮连往往要拆分成半连，也时常会抽出 2 门或 4 门火炮独立作战。[120]

如果少数轻炮被派往远离友邻部队主力的孤立阵地，就要指派步兵负责支援炮兵，常见的比例是 2 门炮对应 1 个步兵排。[121] 在支援散兵作战时，特别是前卫战和后卫战场合，可以单独抽出两三门轻炮提供火力支援。轻炮届时会向敌军散兵发射霰弹，向散兵预备队发射实心弹和榴弹——这些预备队虽然规模不大，但也列成了密集队形，因而更适于使用实心弹和榴弹。[122]

正如在拿破仑战争结束后出版的军事手册所述，炮兵通常位于步兵侧前方，炮兵与步兵的前后距离为 50—100 步，与步兵侧翼的左右间隔为 20—50 步。炮兵在支援步兵推进时需要向前行进 100 步，然后向敌方炮兵开火。当推进中的友邻步兵靠近己方炮兵后，炮兵就要再向前行进 100—150 步并开火，炮兵应当重复这一进程，直至距离敌军 400—500 步为止，然后停下来发射霰弹。[123]

博罗季诺会战结束后不久，库图佐夫就于 1812 年 9 月 6 日 /18 日下令：

> 炮兵……应以如下方式分配：每个步兵营——猎兵营除外——均应始终配备两门隶属于它的轻炮。[124]

拉多日茨基和米塔列夫斯基也都提到俄军当时给每个步兵团固定配备了 4 门火炮。[125] 这事实上意味着团属炮兵的复活。1813 年战局之初，轻炮兵再度与步兵分离。在 1813 年战局期间，轻炮兵的作战行动变得越发独立。某些轻炮兵军官在此前的战局里积累了丰富的经验，以实战表现证明自己可以选择良好的射击阵地，甚至能够对大会战进程产生显著影响。

以包岑会战为例，巴克莱·德·托利麾下的几个军在奈伊元帅所部压迫下退却到与联军右翼相连的位置。仅就兵力而言，巴克莱要远逊于奈伊，他无力阻挡敌军的推进，可要是奈伊继续前进，那就会攻入联军侧翼。拉多日茨基在 1812—1814 年间是第 3 轻炮连里的一名军官，他如此记载他的炮兵连在这场会战中的表现：

> 布吕歇尔将军看到我军右翼面临危险，他希望将敌军从巴克莱·德·托利那里引走，便命令我连在普赖蒂茨 [Preititz] 村左侧就位，直面位于格莱纳 [Gleina] 右侧的那个敌方炮群。在克雷克维茨 [Kreckwitz] 高地和普

赖蒂茨高地之间,只剩下 1 个普鲁士骑兵旅和 2 门隶属于骑炮兵的榴弹炮。指挥我连的季莫费耶夫中校命令我为我方炮群挑选一块阵地……我设法为我连找到了一块利于作战的阵地。我领着全连抵达此处,将部队部署在一座小丘上,小丘前方是湿软的河谷,它为我们提供了保护,使得骑兵无法发起冲击。河谷左侧有一片树林,树林后方是马尔施维茨 [Malschwitz]村。我们的 12 门火炮就位不久,便在第二轮射击时引爆了敌军炮群里的一辆弹药车。我们在几分钟之内打哑了 8 门法军火炮,凭借有效的火力压制了法军炮兵,迫使他们后撤。然后,我们的炮手高呼"乌拉",我率领我连左翼的 4 门炮从小丘赶赴树林,我们的猎兵也跑到了那里。布吕歇尔将军在看到我连取得成功后,派出一名副官向我们的中校致谢。外国将领的关注令我们备受鼓舞,我们开始斜向射击正在进攻巴克莱·德·托利阵地的敌军纵队。那时,奈伊元帅因我连的机动和战斗而感到担忧,他害怕我军在夺占树林后继续攻占马尔施维茨村并包抄他的侧翼,便把手下的步兵派往树林。法军步兵以跑步冲入林间,在我们的实心弹和榴弹面前闪躲、打滚;他也派出骑兵冲击我军,但湿软的河谷让他们无法攻击我连。奈伊随后出动了一个强大的炮群,激烈的炮战再度展开。我连的这一作战行动有力地支援了巴克莱·德·托利,因为这导致奈伊元帅把相当多的步兵派去占领马尔施维茨村和村旁的树林。法军炮群向我们倾泻实心弹,却只造成了很小的损失,因为除了我手头那 4 门奉命前进的火炮外,我已经将我们的火炮都部署在小丘背面,它们只露出了半边,这样就不会给敌军提供庞大的射击目标。我们在整场战斗中共有 6 人当场战死或受了致命伤。那时,炮兵将领列兹沃伊 [Резвой] 骑马来到我连,他赞扬了我们在作战中的表现;普鲁士军官也时常乘马赶来表扬我们;布吕歇尔再次派出一位副官向我们的中校表示感谢,并让他在战后将麾下军官列入嘉奖名单。我们一直坚持到弹药耗尽为止。我依然率领 4 门火炮待在河谷里,但法军已经攻占了树林,迫使猎兵退却。冲出林地边缘后,法军开始射击我的炮手,但我军几发霰弹便将他们驱散。随后,法军在树林里部署了一个炮群,用它对付我的火炮,这让我转移到高地上,间或用最后剩下的几发炮弹还击。

我们连因缺乏炮弹而哑了火,又没有得到轮换。此时,奈伊元帅注意到我们无所作为,再度冲向右侧的巴克莱·德·托利将军所部,原先对付我们的炮群转而用于轰击 [巴克莱的] 纵队,他被迫继续退往巴鲁特 [Baruth]。[126]

因此,一个轻炮连就足以迟滞敌方庞大集群的推进,继而拖延敌军攻入联军侧翼的步伐。如果奈伊元帅粉碎了巴克莱的抵抗,进而攻入联军侧翼,就很可能导致联军陷入异常危险的境地,甚至让联军面临惨败。尽管联军最终还是被迫退却,但避免了更为惨重的失利。

多年以后,拉多日茨基读到了法国作家诺尔万的一本书,此人表示奈伊元帅的部队突然遭到来自翼侧的炮火,奈伊没有继续向左机动,而是被牵制到右侧,因而无法完成本可以切断联军退路的大迂回。[127] 曾在 1813 年战局之初担任奈伊元帅参谋长的若米尼也提到过此次战斗:

炮兵如能从敌人背后对其射击,那对于敌军的精神威胁将是无法估量的;即使是最勇敢的士兵也会胆战心惊,而镇定自若的士兵恐怕并不多见。克莱斯特的几门火炮压制了奈伊元帅 [在包岑之战中] 向普赖蒂茨的巧妙运动,对法军纵队翼侧进行射击,遏制了他们的运动,并迫使这位元帅不得不改变方向。[128]

诺尔万和若米尼似乎都认为这支炮兵并非俄军,而是普军,诺尔万以为是普军将领布吕歇尔亲自命令炮兵向前推进,若米尼则认为是普军将领弗里德里希·海因里希·费迪南德·克莱斯特(Friedrich Heinrich Ferdinand Kleist)。就连一些俄文书籍也将这支炮兵误作普军炮兵。[129]

当友邻步兵受到强大的敌方骑兵威胁时,俄军通常会将炮兵放在步兵方阵之间。在 1812 年 8 月 2 日 /14 日的克拉斯内战斗中,涅韦罗夫斯基将军将他的炮兵(重炮连)部署在步兵师的侧翼,让哈尔科夫龙骑兵团负责支援炮兵。不过,龙骑兵很快就被拥有优势兵力的法军骑兵击退了,结果,法军俘获了 5 门火炮,另外 5 门的炮手则带着火炮和龙骑兵一道逃跑,这样,涅韦罗夫斯基就丧失了炮兵的火力支援（此外还有 2 门火炮留在克拉斯内镇，它们也被丢弃）。涅韦罗夫斯基后来承认，要是他能把火炮放在步兵纵队之间，战况将会有所改善。[130]

根据皮萨列夫少将的记载，基辅掷弹兵团在莱比锡会战中于 1813 年 10 月 4 日 /16 日负责支援某个炮群，该炮群由近卫重炮兵的 6 门炮和第 13 轻炮连的 6 门炮组成。当法军骑兵冲击炮群时，基辅团就在炮群两翼列出两个方阵，和炮兵一道击退了冲击。[131] 在 1814 年 2 月 2 日 /14 日的埃托日和尚波贝尔（Champeaubert）会战中，俄军步兵和炮兵面临着大批法军骑兵的威胁，因而被迫退却，而炮兵在退却过程中也被部署在各个步兵纵队 / 方阵之间。[132] 拿破仑战争结束后出版的《战术手册》也主张将炮兵放在步兵方阵之间。将火炮放在方阵外角处（前车和弹药车位于方阵内部）则被认为是不甚理想的做法，因为它会阻碍步兵的机动，也可能会导致混乱。[133] 尽管如此，俄军在与土军作战时依然会把一部分火炮放在方阵外角处，通常每个角上会部署一门火炮，[134] 其余的火炮则放在位于一线后方的方阵之间。[135]

骑炮兵时常能够在前卫、后卫部队中派上用场，可以在前卫战和后卫战中支援骑兵（每个骑兵军能够配备一个骑炮连）或作为炮兵预备队。在 1812 年的后卫战中，各个骑炮兵炮群会以梯队交替退却：一个炮群事先在后方占据一处有利阵地，以火力掩护另一炮群退却。[136]

第 2 军团炮兵主任卡尔·费奥多罗维奇·勒文施特恩（Карл Фёдорович Левенштерн）少将在他的博罗季诺会战报告中指出：

> ……骑炮兵在对付敌军时协助我方骑兵发起冲击，用最猛烈的霰弹火力遏制敌方骑兵纵队机动，以其特有的敏捷占据有利于作战的高地……[137]

在博罗季诺会战之初，相当一部分骑炮兵被留作预备队：第 7 步兵军后方共有 5 个常规骑炮连作为预备队，此外还有 2 个近卫骑炮连在战线中部的第 5 步兵军后方充当预备队。[138] 当库图佐夫把叶尔莫洛夫派到第 2 军团，指示他"让炮兵走上正轨"时，叶尔莫洛夫要求库泰索夫拨给他 3 个常规骑炮连。他或许是想重现自己在艾劳会战中的业绩，而这些骑炮连也的确帮助他夺回了拉耶夫斯基炮垒。[139]

其他骑炮连也陆续从预备队中抽调出来并投入战斗。第 1 近卫骑炮连列成两炮并行的纵队（以右翼为基准的排纵队），从预备队所在地赶赴巴格拉季翁箭头堡群。突然，连长罗斯季斯拉夫·伊万诺维奇·扎哈罗夫（Ростислав Иванович Захаров）上尉注意到敌军步兵纵队出现在箭头堡群左侧（南侧）的树丛里，便向近卫炮兵指挥官科津上校报告了敌情，科津当即命令扎哈罗夫用霰弹挡住敌军，他本人则骑马赶往跟随该连行进的胸甲骑兵部队。

扎哈罗夫将他的骑炮连向左展开，在没有得到任何支援的情况下跑步前进，直到敌人进入霰弹有效射程后才停下来开火，此时，敌军步兵也正在离开树丛进入林间空地。敌军纵队遭受了惨重损失，他们不仅停顿下来，而且陷入了混乱。此时，俄军胸甲骑兵恰好赶到，他们发起冲击，驱散了敌军步兵，迫使他们退回灌木丛。过了一段时间，第 1 近卫骑炮连与 30 门法军火炮展开对战。当该连完成放列后，各门火炮的间距宽达 50 步之多，而且还尽量利用地形地物遮蔽火炮，因此，该连在长达两个小时的炮战中并没有损失任何一门火炮。[140]

在莱比锡会战之初，几乎所有俄军骑炮兵都被留作预备队。俄军炮兵指挥官伊万·奥努夫里耶维奇·苏霍扎涅特（Иван Онуфриевич Сухозанет）少将在呈递给联军炮兵总指挥列夫·米哈伊洛维奇·亚什维利中将的战报中提到了瓦西里·亚历山德罗维奇·苏霍沃 - 科贝林（Василий Александрович Сухово-Кобылин）中校的第 10 骑炮连和亚历山大·伊万诺维奇·马尔科夫（Александр Иванович Марков）上校的第 23 骑炮连在 10 月 4 日 /16 日的会战中发挥了重要作用，在俄军击退敌军庞大骑兵集群的冲击时表现颇为活跃——前者以近距离射击迫使法军骑兵离开已被丢弃的俄军火炮，后者协同近卫哥萨克团发起冲击，为哥萨克提供火力支援。[141]

巴克莱·德·托利在他于 1813 年 7 月底 /8 月初颁布的《部队行军、宿营、作战总教令》中指出，骑炮兵在骑兵交战之初应当位于第一线，但当第一线骑兵冲击敌军时，骑炮兵必须和第二线待在一起。如果第一线击退敌军，骑炮兵就要加入第一线，朝着正在溃退的敌军开火。如果敌军击退了第一线，骑炮兵就要在第二线掩护下以火力迎击正在展开追击的敌军。[142]

有些时候，俄军骑炮兵会极为大胆地向前推进，在距离敌军很近的地方脱驾、放列、射击。在1814年的沃尚、埃托日和尚波贝尔会战中，反法联军被迫退却。根据普鲁士军官米夫林的记载，部分法军胸甲骑兵在此期间截断了布吕歇尔所部的退路，他们对正在联军最前方行进的3个俄军步兵营发起了冲击，但还是被击退了（参见步兵章节）。米夫林随后率领俄军中由某位德裔军官指挥的半个骑炮连追击正在退却的法军胸甲骑兵，希望以此阻止胸甲骑兵重整队形。他要求那位德裔军官对胸甲骑兵紧追不舍，直至能够用霰弹打到敌军后再脱驾。尽管如此，法军还是成功地重组队形直面俄军。米夫林提到，这个半连向着敌军推进，使得胸甲骑兵进入近程霰弹射程，然后才脱驾、射击。他声称法军胸甲骑兵在吃到第一轮霰弹后就匆忙以最快的速度逃向右侧，给联军让出了道路。此后，联军纵队先头部队得以退入林地，其间再没有遭到任何攻击。[143]1824年，有位匿名作者在他的文章里也提到了俄军这半个骑炮连的作战行动，这篇文章后来于1827年发表在法国的《军事观察家》（Le Spectateur Militaire）杂志上：作者认为俄军骑炮兵之所以会取得成功，完全是因为法军骑兵在此次战斗中根本没有炮兵，之所以出现这种情况，是因为那个季节的糟糕路况导致炮兵难以行进，法军的骑炮兵因此落在了骑兵后面。这位作者还指出，俄军炮兵——不论是步兵还是骑炮兵——总的来说能以极度的果敢和敏捷完成机动（manoeuvrant avec une hardiesse et une rapidité extrêmes）。[144]

俄军骑炮兵军官有时会把骑炮兵当作骑兵使用（除了步枪之外，俄军骑炮兵的武器和装备与龙骑兵完全一致）。在克拉斯内会战中，第7骑炮连连长阿列克谢·彼得罗维奇·尼基京上校于1812年11月5日/17日趁敌军退入克拉斯内镇之际猛烈倾泻霰弹，而后让官兵上马冲击，俘获了2门火炮和大约300名敌军。[145] 在1813年8月25日/9月6日的登讷维茨会战中，伊万·卡尔洛维奇·阿诺尔迪的第13骑炮连官兵发起骑乘冲击，缴获了2门敌军火炮。[146] 在埃托日和尚波贝尔会战中，第8骑炮连连长扎哈尔·谢尔盖耶维奇·舒舍林（Захар Сергеевич Шушерин）中校率部突破敌军骑兵，拯救了自己的火炮。[147] 拉多日茨基也提到舒舍林连里某位名叫里德（Реад）的军官在同一场会战中率领部分骑炮兵击穿了法军步兵队形，而后领着普军的布吕歇尔将军奔赴埃托日。[148]

俄军对待丢失火炮的态度在1812年发生了彻底转变。亚历山大一世在博罗季诺战前不久曾给库图佐夫下达过一份命令（签发日期为 1812 年 8 月 24 日 /9 月 5 日，接收日期为 8 月 30 日 /9 月 11 日），它规定：

> 首先，我已规定决不能奖励任何一个表现拙劣的人；其次，一定不能把在战斗中丢失火炮的炮兵连长列入嘉奖名单。这一规定同样适用于丢失了军旗的步兵营长和骑兵中队长。[149]

然而，就在博罗季诺会战前夜，库泰索夫少将给第 1 军团各个炮兵连的军官下发了一份用法文写成的简短文件，其内容如下：

> 我要求所有炮兵连在敌军坐上火炮之前都不得离开阵地，要告诉所有指挥官 [炮兵连长] 和其他所有军官，只有在最近距离上沉着冷静地打出霰弹，才能完成寸步不让的目标。炮兵必须做出自我牺牲。就算你会和火炮一道被俘，也要在近距离上射出最后一轮霰弹。这样一来，纵然炮兵连会被俘获，但它将会给敌军造成足以弥补我方火炮损失的代价。[150]

第 2 军团或许也发布了类似的命令。米塔列夫斯基在 1812 年是第 12 轻炮连（该连隶属于第 7 炮兵旅，该旅配属于第 6 步兵军第 7 步兵师）的一名尉官，根据他的记载，第 2 军团的炮兵军官们告诉他，巴格拉季翁在此战中曾下令炮兵在法军迫近的情况下让前车和弹药车先行后退，在近距离上打出霰弹，然后带着工具和前车逃走，把火炮留在原地。按照军官们的说法，他们的确遵照了巴格拉季翁的命令。法军把泥土、树枝和干草塞进大炮的火门里，打算把它堵死。当俄军完成反击后，炮兵们回到火炮旁边，清理了火门，朝着退却中的法军开火。米塔列夫斯基写道：

> 到 1812 年，当巴格拉季翁公爵在博罗季诺发布了上述命令后，丢失火炮就不再被视为炮群指挥官的耻辱了；需要为丢失火炮负责的变成了炮群的支援单位。如果某位炮群指挥官在面对 [敌军] 步兵或骑兵施压时——特别是在 [炮群的] 人员和马匹蒙受惨重伤亡的情况下——打算脱离接触，

他就有必要在敌军距离炮群 100 沙绳 [约 213 米] 时着手系驾。然而，炮群此时实际上可以打出 2—3 轮杀伤力极强的霰弹火力，与这两三轮炮击相比，哪怕是十轮实心弹火力造成的杀伤都算不上什么。[151]

然而，第 2 军团炮兵主任勒文施特恩将军在他的博罗季诺战报里却有另一种说法，他在描述敌军进攻巴格拉季翁箭头堡群时提到：

> 敌军极度渴望夺取这个炮群，我军炮群因而被迫退却，但少将沃龙佐夫伯爵所部用刺刀发起进攻，我则让该炮群展开并着手轰击正在退却的敌方纵队，给敌人造成了十分惨重的伤亡。[152]

从这份战报中可以看出，某些军官仍然倾向于让火炮先行后退。

俄军炮兵中对博罗季诺会战记载最为详尽的是米塔列夫斯基。根据他的说法，第 12 轻炮连将 6 门火炮部署在博罗季诺村和拉耶夫斯基炮垒之间的某个地方。炮兵们无视朝着自己开火的法军炮兵，将炮火倾泻到正在攻击拉耶夫斯基炮垒的法军步兵纵队头上。每一对火炮都由一位军官负责指挥，而且军官们在开火前都要亲自检查火炮的瞄准情况。

在击退法军对拉耶夫斯基多面堡发动的第一轮攻击后，该连将 6 门火炮移入炮垒内部，其余火炮则放在炮垒右侧。他们随后朝位于自己正前方的法军炮兵开火，双方炮兵的距离近到俄军可以清楚地看到法军炮兵装填火炮的地步，在法军对拉耶夫斯基炮垒发动最后一轮攻击之前,双方炮兵甚至是在对射霰弹。米塔列夫斯基那半个连里的炮兵可以说是幸运的，他们前方的某座小丘提供了一定程度的遮蔽，所以敌军的大部分炮弹都落到了小丘上，反弹之后从炮兵头顶上飞过，因此，米塔列夫斯基所部损失的人员并不多，那个半连也在阵地上坚持了很久。同时，部署在它右侧的其他俄军炮兵连身处开阔地，因而遭受了惨重损失，时常需要进行轮换。

这个半连虽然用尽了弹药，但还是从预备队里得到了补充，因而能够继续作战。战斗期间有 2 门火炮被打坏，敌军实心弹砸坏炮架时溅出的一块木片也导致米塔列夫斯基腿部受了挫伤，他因而离开自己的炮群，此后的记载都是

转述其他军官的说法。法军对拉耶夫斯基炮垒发动最后一轮冲击时，一群俄军
猎兵在法军胸甲骑兵的追杀下逃进了炮兵阵地。猎兵们挤在火炮之间，导致炮
兵无法将所有火炮转移到后方。因此，在6门参战火炮中，有2门已被打坏的
火炮和2门完好的火炮被法军缴获，此外还有2辆前车和几辆弹药车落入法
军手中。尽管如此，第7步兵师师长卡普采维奇将军还是表示："虽然（他们）
丢了炮，但绝非一无所获。"因而将该连军官列入嘉奖名单。[153] 根据第7步兵
师的军官授奖名单，第12轻炮连的连长、参谋上尉、2名中尉以及1名临时
从其他旅里借调过来的中尉因在博罗季诺会战中表现出色而获得嘉奖，米塔列
夫斯基却没有被列入其中。[154]

　　尽管如此，1813年的俄军中依然存在炮兵军官因为担心丢失火炮而选择提
前后撤的战例。朗热隆表示，他的军炮兵主任加夫里尔·彼得罗维奇·韦谢利茨
基（Гавриил Петрович Веселицкий）将军是一位优秀军官，但他也被俄军炮兵
中的普遍病症感染了：对于丢失火炮——哪怕只是一门——高度敏感。按朗热隆
的说法，韦谢利茨基在卡茨巴赫河会战之初认为俄军已经输掉了这场会战，因
而在朗热隆并未下令的情况下就急急忙忙地将所有军属预备炮兵送往后方。[155]

　　炮兵在用尽弹药后也时常以此为借口放弃阵地。俄军采用了诸多手段消
除这一现象。根据第2军团炮兵主任卡尔·费奥多罗维奇·勒文施特恩少将早
先发布的一份命令——库图佐夫后来在1812年9月22日/10月4日加以重
申——某辆弹药车用尽弹药后，它会被派往炮兵预备队，在那里补满弹药，然
后回到炮群当中。[156] 按照米塔列夫斯基的说法，俄军在小雅罗斯拉韦茨会战
中就使用了这种方法。[157] 然而，即便到了1813年，仍然存在俄军炮兵在耗尽
弹药后撤出阵地的记载。比如说，包岑会战中指挥普军的布吕歇尔将军就在战
报中表示：

　　　　俄军的24门12磅炮取得了尤为突出的战果，也赢得了极大的荣誉，
　　可在耗尽弹药后，它们就一门接着一门地后撤了。[158]

　　1813年，巴克莱·德·托利在他的《部队行军、宿营、作战总教令》中提
出了如下要求：

632

即便炮兵已经耗尽所有弹药，也严禁任何一名炮兵军官擅自放弃阵地。不论处于何种情形，未经授权的退却都是足以导致丧失荣誉乃至生命的罪行。[159]

从上文摘引的米塔列夫斯基回忆录中可以看出，俄军炮兵通常会遵守命令忽略敌方炮兵并轰击推进中的敌军纵队，只有在不存在比炮兵更重要的目标时才会朝敌方炮兵开火。卡尔·费奥多罗维奇·勒文施特恩少将在他的博罗季诺战报中指出，当会战开始时，部署在巴格拉季翁箭头堡群里的重炮兵起初的确朝法军炮兵开了火，但随后就将火力转移到正在推进的法军纵队身上。[160]

当敌军迫近火炮时，炮兵就要展开急速射击，在某些场合中，炮兵仅仅依靠射速就足以击退敌军骑兵的冲击。在 1814 年 1 月 20 日 /2 月 1 日的拉罗蒂耶尔（La Rothiére）会战中，法军龙骑兵着手攻击某个俄军炮群，炮手们把大衣铺在地上，然后把弹药堆在大衣上，以此加快射速。等到龙骑兵推进到距离炮群 300 沙绳（约 640 米）后，他们才开始射击，这样的火力导致敌军骑兵无法迫近到 100 沙绳（约 213 米）以内，冲击自然也就被打退了。[161]

俄军也采纳了理论家们提出的其他主张，以其中的斜向射击为例，它在实战中就非常有效。有位名叫尼古拉·尼古拉耶夫·穆拉维约夫的参谋在斯摩棱斯克会战中"目睹了（我军）火炮的威力，看到一发炮弹从斜向（en écharpe）射入正在跑步冲击的法军骑兵当中。那支骑兵陷入混乱，毫无队形地跑了回去"[162]。按照库泰索夫在《炮兵野战总则》中的建议，火炮在夜间需要预先装填霰弹，以防敌军突然迫近。[163]

炮兵在进攻防御工事和居民点时能够发挥重要作用。拉多日茨基在回忆录中提到过卡普采维奇将军的第 10 军在莱比锡会战中于 1813 年 10 月 6 日 /18 日攻击舍讷费尔德（Schönefeld）村，这个有趣的战例表明了炮兵在攻击村落时能够发挥的作用：

[法国元帅] 马尔蒙军的步兵极为顽强地据守舍讷费尔德村。这座呈现在我们面前的村庄宽度不超过 100 沙绳 [约 213 米]，但村里的石墙有利于敌军据守此地。所有的房子都是两层的石质建筑，田野左边有一片

不算很大的墓地，墓地四周都有石墙，许多法军坐在墙后射击，向我们的散兵倾泻子弹，阻止散兵迫近[村庄]。卡普采维奇将军命令弗赖塔格[Фрейтаг/Freytag]上尉重炮连的12门炮迫近村庄，在它前方就位，让炮兵右翼紧靠河水，他命令该连打出燃烧弹点燃建筑物，并朝石墙发射霰弹。村里有许多地方着了火，但这并不足以将敌军散兵从石墙后方和建筑物里逐出，他们依然从那里通过枪眼朝外射击。随后，卡普采维奇将军命令热姆丘日尼科夫[Жемчужников]上尉率领我连的6门炮沿着道路赶赴村庄，和我军步兵一道发起攻击。热姆丘日尼科夫率领他麾下的火炮进至距离村庄仅步枪射程的地方，然后朝村里打出了一轮霰弹齐射。我军步兵端起刺刀高呼"乌拉"冲了上去，他们攀上石墙，冲进街道，但法军在得到生力军支援后又朝他们打出了一阵弹雨，而且同样一边端起刺刀一边高声呼喊，就这样冲过来打退了我军的进攻。热姆丘日尼科夫所部有几名士兵战死或负伤，他率部退到我军重炮兵之后，开始发射实心弹和榴弹。在这场战斗中，卡普采维奇将军有两匹坐骑阵亡，因为这位以勇猛闻名的将军在敌军火力下骑行，在第1列中为士兵树立了英勇的榜样。将军发觉就算用上18门火炮，也无法从正面攻克村庄，于是（就在下午2时）将我招去，命令我率领另外6门炮在道路左侧尽可能接近村庄的地方就位。我将自己的半连部署到法军原先的露营地上，让火炮隐藏在营帐之后，一点一点地朝村庄挪动，这样，我就可以沿着石墙走向射击，也可以打到墓地。有个敌军炮群部署在舍讷费尔德之后，位于磨坊附近，它立刻开始朝我射击。可我既不管它，也不顾倾泻到半连头上、杀伤我部人员的子弹，继续命令3门位于侧翼的火炮向右行进，开始沿着石墙展开跳弹射击，其余3门炮则开始朝墓地发射霰弹。我成功地将法军逐出了这片庇护所，然后，我让半连左翼的火炮朝前推进，接着开始让6门[炮]全体开火，炮弹纵贯了躲藏在石墙后方的整个敌军队形。沃列瓦奇[Волевач]中校的6门炮从左侧赶来与我会合。我们的行动取得了决定性的战果。我军的两个步兵纵队立刻穿过我们的炮群和墓地，冲进了村庄里，倾泻出一阵弹雨，然后端起刺刀发起冲击。就这样，舍讷费尔德落入我军手中，我们的部队也得以继续向前推进。[164]

法军随后发动反击，俄军一度丢失了村庄，但最终还是在几个小时后将它夺回。

许多目击者提到，俄军炮兵的火力极具杀伤力，俄军炮兵也往往对自己的射击效果倍感满意。[165] 阿列克谢·卡尔波维奇·卡尔波夫在 1812 年战局之初是第 6 轻炮连里的一名军士（一等火工），他以如下文字描述了自己在 1812 年 7 月 14 日 /26 日维捷布斯克会战中的经历：

> 我们连位于道路左侧一座相当高的山上，山下的我军散兵躺在一条壕沟里，旁人几乎都看不到树丛中的我军火炮。法军纵队最终开始冲击，我们耐心地慢慢开火，在我的生命中，这还是头一回看到我军的实心弹飞进纵队里造成杀伤。法军随后推进到距离我们不到 200 沙绳 [约 427 米] 的地方，我们就开始发射霰弹。我也是头一回看到这种致命的发明是如何杀戮人员，霰弹像是毒蛇一样在地上跃起，我们依靠炮群杀伤了很多法军……[166]

卡尔波夫非常传神地描述了霰弹弹丸触地后弹起，而后继续向前飞行的情形。

其他兵种的将领和军官也一再提到俄军炮火的威力。帕斯克维奇将军指出，在 1812 年 7 月 10 日 /22 日的萨尔塔诺夫卡会战中，他的师属炮兵以火力迫使法军步兵纵队持续不断地展开机动，最终转移到离霰弹有效射程的地方。[167] 尼古拉·尼古拉耶维奇·穆拉维约夫在描述舍瓦尔季诺多面堡争夺战时写道："法军以密集的纵队奋勇前进，可还是被霰弹打退了，他们四散开来，一路上扔下了诸多死伤者。" [168]

普军在 1813 年也认可俄军炮火的强大威力。其中尤为值得一提的是普鲁士军官兼军事史学家普洛托于 1817 年出版的《1813—1814 年发生在德意志和法兰西境内的战争》(Der Krieg in Deutschland und Frankreich in den Jahren 1813 und 1814)，他在记载登讷维茨会战时提到了赫里斯季安·伊万诺维奇·迪特里希斯〔Христиан Иванович Дитерикс，其德文名为克里斯蒂安·戈特弗里德·迪特里希斯（Christian Gottfried Dieterichs）〕上校麾下的第 7 重炮连的威力：

迪特里克斯 [原文如此，普洛托将迪特里希斯（Dieterichs）误作迪特里克斯（Dietrichs）] 上校的俄军重炮连在这次战斗中表现出众，它以冷静且极具威力的炮火轰击敌军。[普军的] 比洛将军亲自把它带到距离敌军很近的一处高地，在那里，它尽管面临猛烈的霰弹和子弹火力，仍然迅速压制了敌方火力并迫使敌人退却。[169]

维特根施泰因将军在 1812 年先是担任第 1 步兵军军长，后来又成为守护通往圣彼得堡的道路的小型军团统帅，他在战报中多次赞扬自己麾下炮兵的成功战斗。[170]

拿破仑军队中的某些军官也提到了俄军炮火的威力，不过他们往往会把巨大的杀伤力归因于遭到俄军炮击的己方部队：他们或排成前后几条战线，或列成紧密纵队，或在炮火下原地不动。法国炮兵军官、时任第 3 骑兵军炮兵主任吕班·格里瓦（Lubin Griois）在回忆录中提到过博罗季诺会战中的一幕：

我们军接近了大多面堡。① 它 [我们军] 在一条深谷后方展开，深谷将我们军 [和大多面堡] 隔开。我率领我的炮兵进入谷地，在那里放列射击，[一边] 朝着位于我们左右两侧的各个多面堡开火，[一边] 朝着位于我们前方的步骑兵集群开火。很快，所有的骑兵预备队就集结到一起，在我的炮群右侧列出多条战线。火力变得更为猛烈。子弹、实心弹、榴弹、霰弹从四面八方朝我们飞来，在我们的骑兵队列里打出了许多大洞，骑兵一连好几个小时暴露在敌方火力下不能动弹。平原上满是挣扎着爬向野战医院的伤兵和失去骑手后乱跑的战马。我注意到附近的一个符腾堡胸甲骑兵团，它似乎是被实心弹狠狠轰了一顿，队列里到处是被砸烂的头盔和胸甲……我的炮兵也经历了严峻考验，很快就有两门火炮被打坏，大批人员和马匹阵亡。[171]

---

① 译注：法军将拉耶夫斯基炮垒称作大多面堡（grande redoubte）。

应当注意到，拿破仑的军队里并没有符腾堡胸甲骑兵团。格里瓦可能是看到了第 4 骑兵军第 7 重骑兵师里某个德意志邦国——萨克森或威斯特法伦——的胸甲骑兵团。弗朗茨·路德维希·奥古斯特·冯·梅尔海姆（Franz Ludwig August von Meerheim）是察斯特罗（Zastrow）胸甲骑兵团里的一名萨克森军官，他指出自己所属的师在俄军的炮火下待了很久，蒙受了惨重的伤亡。来自同一个团的萨克森军官路德维希·罗特·冯·施雷肯施泰因写道，轰到他们头上的炮弹起初主要是榴弹，之后大部分是实心弹。他们频繁地移动，想要找到可以提供掩蔽的地面褶皱，可在多数时候，这个团的处境只是从糟糕变得更糟糕。人员和马匹不停地脱离队列，那些还留在队列里的人频繁地以 3 人为一组清点人员（这是以 3 个伍为一组转弯时必须预先做好的准备工作）。威斯特法伦胸甲骑兵位于第二线，虽然身处萨克森胸甲骑兵之后，却也因炮火蒙受了相当大的损失，而在当天下午的战斗中，炮火给威斯特法伦胸甲骑兵带来的伤亡甚至要超过萨克森胸甲骑兵。特别值得一提的是，在威斯特法伦胸甲骑兵旅中，该旅旅长莱佩尔（Lepel）将军和第 1 胸甲骑兵团团长吉尔萨（Gilsa）上校都死于炮火。[172]

阿尔布雷希特·冯·穆拉尔特（Albrecht von Muralt）在 1812 年是拜恩第 4 轻骑兵团里的一名军官，他也注意到在博罗季诺会战的某些时段，俄军炮火给第二线骑兵造成的损失要大于第一线骑兵：这是因为虽然大部分炮弹从第一线头顶飞过，可其中很多反而命中了第二线。[173] 于贝尔-弗朗索瓦·比奥（Hubert-François Biot）当时是第 2 骑兵军第 3 轻骑兵师师长克洛德-皮埃尔·帕若尔（Claude-Pierre Pajol）的一位副官，按照他的说法，该师第 2 旅在会战初期位于第一线，第 3 旅位于第二线（第 1 旅被分派出去，部署在其他地方）。榴弹、实心弹和霰弹纷纷倾泻到骑兵头上，就算错过第一线也能命中第二线，他认为俄军实际上根本没有浪费炮弹。[174]

法军炮兵将领雅克-亚历山大-弗朗索瓦·阿利克斯·德·沃（Jacques-Alexandre-François Allix de Vaux）在 1812 年担任第 8 军（威斯特法伦军）炮兵主任，根据他的说法，在博罗季诺会战中，由亚当·路德维希·冯·奥克斯（Adam Ludwig von Ochs）指挥的第 24 步兵师奉命在他的炮兵身后就位，以便及时支援炮兵。奥克斯将军奉命让部队列成以分营为单位的全间距纵队行进(en colonne à distance，par division，也就是以分营为单位的疏开纵队，这种纵队正面宽度相当于 2 个连）。当该师抵达阿利克斯炮群后方的预定阵地后，奥克斯就将它收紧成密集纵队（fit serrer sa colonne en masse）。按照阿利克斯的说法，俄军炮火在纵队里造成了巨大破坏，他骑马赶到奥克斯将军跟前，向他喊道："现在就展开，将军。"（Déployez donc，général.）奥克斯表示他并没有收到相关命令。阿利克斯告诉他：". 敌人的实心弹给你下达了这道命令，你不需要其他命令。"（Les boulets de l'ennemi vous le donnent cet ordre，vous n'en avez pas besoin d'autre.）然而，奥克斯仍然拒绝接受阿利克斯的建议。阿利克斯表示自己直接下令将步兵展开成了横队，此后，任何一发命中部队的俄军实心弹都只能导致两三人伤亡，再不会像之前那样打死打伤三四十人了。[175]

不过，还有一些法国军官声称俄军炮火并不算很有效，这是因为俄军的炮弹往往打得太高。让 - 弗朗索瓦·布拉尔（Jean-François Boulart）是拿破仑麾下的一名近卫炮兵军官，他讲述过博罗季诺会战中的一幕：

> 我盯着 3 个近卫炮群看了好一会儿，他们面临着猛烈的霰弹火力，一阵弹雨倾泻到他们头上，可以看到弹丸落地后扬起了一片片尘土。我相信他们至少已经损失了一半兵力，可幸运的是，俄军的射术相当糟糕，而且总是打得太高。[176]

根据马蒂尼安的表册，法军近卫步炮兵在博罗季诺会战中有 1 名军官战死、9 名军官负伤——其中一人在 3 天后不治身亡。近卫骑炮兵没有军官战死，但有 3 名军官负伤。[177]

奥古斯特·蒂里翁（Auguste Thirion）在 1812 年是第 2 胸甲骑兵团里的一名上士〔maréchal des logis en chef，这个军衔相当于步兵中的上士（sergeant-major）〕，根据他的说法，这个团在博罗季诺会战中朝着某支俄军炮兵部队前进，而且那群炮兵还得到了俄军胸甲骑兵和龙骑兵的支援。法军胸甲骑兵在推进到距离俄军炮兵还有 60—80 米远时突然看到了一条沟壑，他们打算直接冲过去，但由于沟底相当泥泞，走在最前方的战马竟陷在沟里，于是只得打马回转，在距离俄军炮兵大约 60 米远的地方列成横队。而俄军炮兵也展开了连续射击（feu roulant）。法军胸甲骑兵在原地待了一段时间。蒂里翁写道，堪称幸运的是，俄军炮兵的射术太糟糕了：他们打得太高，而且即便双方距离这么近，霰弹还是像实心弹一样从法军头顶上飞过。也就是说，霰弹里的诸多弹丸在飞过去的时候仍然紧紧地拢在一起，并没有时间向周边散开。[178]

之所以俄军炮兵会在博罗季诺会战里的某些场合打得太高，可能是因为他们原先身处高地，朝着远离自己的敌军部队开火，此后，虽然敌军不断迫近，可俄军炮兵却由于己方炮火带来的烟雾看不清敌军情况，继续展开远距离射击，这样，炮弹就会从敌军士兵头顶上飞过。立陶宛近卫团 2 营营长季莫费耶夫就提到过这么一个战例：

> 我们右侧的近卫炮兵位于谢苗诺夫斯科耶村高地上，由于我看不到敌军，可又出于好奇想知道他们开火朝谁射击，就赶到炮群所在地，可那里不仅有开火造成的烟雾，还有强风和火炮在坑洼地面上后坐带来的尘土，这让他们根本看不到法军。
>
> 我在那里遇到了连长陶贝上尉，他向我保证没有一名炮手能够透过烟尘看到敌人。我下山来到火炮前方，离开了这片烟雾和尘土，看到正在展开成横队的法军纵队，可我们的炮弹根本无法伤及他们，这是因为实心弹正好从林木上方飞过。回到炮群后，我将这一情况告知陶贝上尉，请求 [他] 让我凭借记忆指挥位于 [炮群] 左翼的一门火炮。根据我的建议，有位火工被派下山负责观察 [敌军情况和我军炮火效果]，因此我能够持续不断地开火。火工向陶贝上尉证实了我的说法，指出所有火炮都应当像我指挥的左翼 [火炮] 那样放低炮口。[179]

奥库涅夫指出，在登讷维茨会战中，法军的右翼以罗尔贝克（Rohrbeck）村为依托。联军计划攻击该村。迪特里希斯的炮兵连向前推进，用独角兽炮发射榴弹，两分钟内就让村子陷入火海。法军被迫放弃村庄，联军步兵随后迅速发起冲击，只付出了轻微的损失便攻克了这一要点。[180]

如前所述，独角兽炮并不适于高仰角射击，因为它的炮口仰角并没有榴弹炮那么高，[181] 而且俄军炮兵在高仰角射击方面训练不佳。因此，独角兽炮并不能有效打击位于遮蔽物和工事内部的敌军目标。

叶尔莫洛夫在几十年后回忆说,敌军在博罗季诺会战中将80门榴弹炮部署在低洼地带和科洛恰河、谢苗诺夫斯基溪所在的谷地里,因此,俄军只能看到敌军炮兵的脑袋,而俄军炮兵既不能压制敌军榴弹炮火力,也无法将其逐出阵地。[182] 叶尔莫洛夫可能过度高估了榴弹炮数量:法军的每个炮兵连里仅有2门榴弹炮,所以,80门榴弹炮就得来自40个连,40个连总共就有240—320门火炮(骑炮连6门、步炮连8门),这相当于拿破仑在博罗季诺投入的火炮总量的一半。法国皇帝的确在战前下令将榴弹炮抽调出来编成独立集群,其中以近卫炮兵的榴弹炮集群数量最多,但这个集群里的榴弹炮也不超过22门。[183]

另一些俄国炮兵提到法军榴弹炮在最大射程方面优于俄军的独角兽炮。日尔克维奇就提到他麾下的火炮在包岑会战中被部署到某座工事之内,5月9日/21日,河对岸的法军开始朝他的阵地开火:

> 炮弹开始命中我部,我的2名士兵在工事左面的火炮旁战死。我知道朝我们开火的是榴弹炮,而且他们正在侧击我的左翼部队,而我的炮弹则打不到法军炮群,因此我下令将2门火炮转移到壕沟以外。[184]

然而,在这个战例中,法军炮群所在的高地比日尔克维奇炮群所在地还要高,此外,日尔克维奇手头只有¼普特独角兽炮,而敌军则拥有6寸"长射程"榴弹炮。该战例也表明了步兵将领是如何要求炮兵朝着袭扰己方步兵的敌方炮兵开火(详见本节前文)。拉多日茨基也讲述过他在1813年目睹的另一个战例,它发生在卡茨巴赫河会战结束后几天:

> 法军炮兵在我们眼前展现了娴熟的射击技艺。我们连部署在河岸上,高耸的河岸和河流之间有一片草地,一支兵力还不到一个连的猎兵纵队在河谷里行进,从我们身边走过,想要赶赴渡口。突然间,法军的一门榴弹炮俯射了一发榴弹,这发榴弹正好落在纵队后方,砸到了两名落在后面的军官之间,命中了这两人:一个人头部被打穿,一个人腹部被打穿。榴弹随后扎进地里爆裂。几名猎兵走了回来,将这两个不幸的人的遗体

埋葬在我们山脚下。之后发射的另一发榴弹就没有那么好的运气了：它在空中就已炸裂。到了这时，我们已经能够体会到法军榴弹炮相对于我军独角兽炮的优势所在，在远距离射击时，我们的独角兽炮并不能像臼炮或榴弹炮那样抬得那么高。[185]

不过也应当注意到，由于独角兽炮身管长于榴弹炮，它的中距离射击效果更为精准，而且在发射霰弹时的威力也远强于榴弹炮。

根据理论家们的建议，炮兵要在遭遇敌方猛烈火力时转移火炮。拉多日茨基描述过他在奥斯特罗夫诺会战中指挥2门火炮与敌方炮兵交火，其后立刻就有一名炮手战死：

> 我的2门炮与3门敌方火炮交手，我让2门炮同时瞄准一门，在第一轮射击中就依靠跳弹将其毁伤。士兵们看到法军拖走那门已经损毁的火炮时，兴奋地高呼"乌拉"。双方火炮数目相当，交火中的战果也大体相同。敌军的实心弹落在靠近我部火炮的地方，溅了我们一身尘土，榴弹则带着地狱般的尖啸在空中炸裂。我意识到法军以相当精准的火力朝我们的火炮射击，而且也经打死了一名炮手，就让火炮向前移动10步。之后，敌军那致命的实心弹大多就从我们头顶上飞过了……[186]

10步的距离似乎太短了一点，它并不足以引发显著变化。如果想要避开敌方炮火，一般状况下得移动相当长一段距离。不过，拉多日茨基的火炮可能正好位于一座缓坡上，这样的话，他就有可能不仅向前移动，而且还略微降低了高度。

加夫里尔·彼得罗维奇·梅舍季奇在1812年是第2重炮连（该连隶属于第11炮兵旅）里的一名军官，他提到自己在博罗季诺会战中奉命支援凯克斯霍尔姆步兵团，该团列成了横队，先是遭到两门法军火炮的轰击，然后又受到几个法军骑兵中队的冲击。按照梅舍季奇的说法，他在这时率领火炮以快步进入适宜发扬火力的阵地，而后脱驾、射击，用霰弹斜射正在迫近的法军骑兵，打得骑兵在混乱中掉头撤退。

梅舍季奇随后着手转移火炮，将它们配置在凯克斯霍尔姆团右侧。敌军炮兵朝它们开火，其他几个法军骑兵中队也不急不慢地迫近。根据他和步兵团指挥官的约定，步兵和炮兵一道向前推进了大约 70 沙绳（约 150 米）。此后，梅舍季奇开始让炮兵朝着正在迫近的敌军骑兵发射霰弹。令俄军震惊的是，骑兵居然停了下来。梅舍季奇表示，由于骑兵不再构成威胁，他选择节约霰弹，为了减少步兵在随后战斗中的伤亡，因而将炮火指向法军炮兵，将弹种更换成实心弹。按照他的说法，俄军炮兵的前进令法军炮兵感到困惑，而且由于他们已经转移了阵地，法军又来不及调整表尺，炮弹就从头顶上飞过了。[187]

从上文引述的梅舍季奇回忆录和其他诸多军官的回忆录中可以看出，步炮兵，即便是重炮兵，也能让炮手坐在炮架和前车上，以快步完成机动。[188] 在战斗中，这种快步机动通常出现在有必要让炮兵尽快抵达预定位置的场合。当然快步有时也会用于迅速后撤，这里可以举出一个战例：前文中提到过的卡尔波夫在 1813 年已成为第 6 轻炮连的一名军官，按照他的说法，在 1813 年 2 月 1 日 /13 日的卡利什战斗中，他们连在日暮时分遭到了敌军骑兵的冲击，该连让士兵坐在炮架上，以快步后撤大约 200 沙绳（约 427 米），就此脱离了险境。[189]

俄军炮兵在 1812—1814 年的各个战局中表现出异常优秀的机动力。威尔逊评论道："他们的炮兵马匹状况极好，极为机敏，技能也极为娴熟，因此在几乎所有不规整的地面上都能够自在、轻松、快速地奔驰，这就带来了极大的优势。"[190] 当俄军有必要增强炮兵的机动力时，就会采用增加挽马的办法。在拉罗蒂耶尔会战中，由于地面非常泥泞，萨肯军炮兵主任尼基京就请求上级让他只带着 36 门火炮投入战斗，将另外 36 门留在后方，以便在必要情况下掩护前者退却，其目的就在于利用后者的挽马将前者拖进战场。在这场会战中，每门轻炮由 6 匹挽马拖曳，每门重炮（12 磅加农炮和 ½ 普特独角兽炮）由 10 匹挽马拖曳，士兵则坐在炮架、前车和弹药车上。[191]

步兵极为尊重炮兵，他们热情地为炮兵欢呼，在战斗中鼓励炮兵并勇敢地保卫火炮。[192] 米塔列夫斯基在回忆录中转述过他在博罗季诺会战结束后听到的一群伤兵间的谈话——步兵责难龙骑兵："你们，骑兵，你们做得不对，你们踩踏了步兵。"可当伤兵们看到米塔列夫斯基后，就开始了赞扬，他们一致称炮兵为"我们真正的捍卫者"[193]。

炮兵也珍惜步兵所给予的尊重。在小雅罗斯拉韦茨会战中，当莫斯科步兵团奉命增援正在镇内战斗的部队时，米塔列夫斯基请求和步兵团同行，卡普采维奇将军虽然起初表示拒绝，后来还是许可他如此行事。米塔列夫斯基率领4门火炮走在正在快步行进的步兵团前头。炮兵在位于通往卡卢加的大道左侧、距离镇子不远的一处阵地上就位。俄军此时已经撤出小雅罗斯拉韦茨。法军步兵集群从镇里涌出，在距离火炮很近的地方列成了多个纵队。有鉴于此，米塔列夫斯基命令火炮脱驾，但法军步兵打出了一轮齐射，导致几名驭手和几匹挽马当场死亡或负伤。

米塔列夫斯基下令火炮装填霰弹。就在俄军炮兵准备完毕之际，法军正朝着他们杀来，米塔列夫斯基命令第一门炮开火，但那名手持点火杆的炮手并不能触及火门，此人还是第一次参与实战，他的手因而颤抖个不停。莫斯科团的各个营也在此时抵达前线并停下来列队，步兵们注视着颤抖的炮兵。米塔列夫斯基写道，他感到相当羞耻，于是就夺过点火杆，将那名炮手推到一边亲自开火。接下来，其他火炮也和这门炮一样开始射击。按照米塔列夫斯基的说法，由于敌军已经相当接近俄军，所以霰弹的杀伤力非常大，法军步兵成列成列地倒下，他们的步兵营也陷入混乱。俄军步兵为他的炮兵发出欢呼，他们快速射击，迫使法军退到了小雅罗斯拉韦茨镇郊的栅栏和建筑物后方。[194]

在1812—1814年间，俄军炮兵并没有像1805年战局和1806—1807年战局那样受到敌军步行散兵火力的伤害。那位曾从其他军官口中听说敌军散兵导致俄军炮兵伤亡惨重的佚名军官写道：

> 在1812年，当我和法军初次交手时，我根本没有注意到他们的散兵火力有什么恐怖之处，这令我倍感震惊。在斯摩棱斯克、博罗季诺和小雅罗斯拉韦茨，我们只是在很短的一段时间内才因散兵受到了不大的损失，在此之后，我甚至没有看到我们的炮兵关注过一次散兵。有些时候，可能会有一名士兵或一匹马被子弹命中，但只用位于侧翼的火炮打出一发霰弹，一般就足以将其驱散。这或许是因为法军中受过训练的优秀射手数量锐减，他们的步枪射击水准越来越差，也可能是因为步枪的质量愈加糟糕。[195]

拉多日茨基也多次提到几发霰弹就足以驱散敌方散兵。[196] 或许敌军散兵的确开始害怕俄军的新式霰弹。整体而言，俄军散兵开始更有力地保护炮兵这一事实也可能有利于降低法军散兵对炮兵的威胁。尽管如此，即便到了 1813 年，敌军散兵有时仍然能够给俄军炮兵造成相当大的损失，甚至有可能迫使炮兵停止射击。比如说，俄普联军在吕岑会战后的撤退途中发生过多次后卫战，而在1813 年 4 月 23 日 /5 月 5 日的后卫战中，根据西皮亚金将军的记载，波格丹·波格丹诺维奇·尼卢斯上校的第 30 重炮连就曾出现过因敌方散兵火力而被迫停止射击的情况。[197]

从上文的评述中可以看出，俄军炮兵已经成为一个极具战斗力的兵种，它能够有效地配合其他兵种作战。根据符腾堡的欧根的说法，这一时期的炮兵在各个兵种中扮演了主导角色，几乎一切都可以归结到保护炮兵、为炮兵投入战斗创造便利条件和运用炮兵上。[198] 炮兵的运用效率取决于炮兵组织好坏、能否将火炮部署到战场上最能发挥火力的地点和如何指挥炮兵。然而，就炮兵的组织结构和指挥效率而言，俄军的水准仍然不算很高——中层方面尤其如此。俄军炮兵的指挥结构发育并不完备，大部分炮兵依然会被分配到步兵师、骑兵军和胸甲骑兵师中，并不能扮演独立自主的角色。

军团炮兵主任理论上应当负责将炮群配置到有利于炮兵作战的阵地上，组织炮兵预备队和弹药补给，并且在交战中指挥炮兵。巴格拉季翁在他于 1812年 6 月 25 日 /7 月 7 日发给第 2 军团的命令中指出，军团炮兵主任必须在战前告知全部下属交战期间应当去哪里找寻他，巴格拉季翁提醒部下铭记一件事，在弗里德兰会战中，德米特里·彼得罗维奇·列兹沃伊（Дмитрий Петрович Резвой）将军并没有这么做，因此需要他时没有人找得到他。[199]

柳边科夫写道，在博罗季诺会战前一天，第 1 西方军团炮兵主任库泰索夫将军：

　　……沿着俄军的阵地骑行，与炮兵讨论火炮位置具备何种优势，询问我们部署每一门火炮的用意，如果我们做出了正确决策，他就会表示赞同。因此，他在看到我将一门火炮放在隘口后说道："你做得非常好，炮手们得到了遮蔽，可以不受敌方炮火的伤害，而且它的活动空间也相当广阔。可这两门就太过暴露了。"我向他解释道，那两门炮位于一座陡峭小丘的顶部，而且能够自由机动，虽然处于敌军视野范围内，却不能为敌人标明方位，因为实心弹得需要非常好的运气才能命中它们。[200]

柳边科夫当时身处第17炮兵旅第33轻炮连，该旅当时配属于第2步兵军（该军起初是位于全军最右翼的步兵军）第17步兵师。由于第17步兵师在会战期间将它的步兵团和炮兵转移到左翼，柳边科夫就不能在实战中验证他起初选择的火炮阵地分别具备哪些优缺点。

总的来说，俄军在博罗季诺会战中并没有很好地安排炮兵投入作战。许多人将未能有效运用炮兵归因于库泰索夫将军在反击拉耶夫斯基炮垒时战死。亚历山大·鲍里索维奇·戈利岑（Александр Борисович Голицын）曾在1812年担任库图佐夫的传令官，他表示：

> 不论是在会战期间，还是在会战结束后，库图佐夫都一再表示库泰索夫之死给军队带来了惨重损失。尽管库泰索夫伯爵在任何一方面都是个优秀人才，而且当然也是军事舞台上的优秀将领，库图佐夫的话却与这个人本身没什么关系，这既是因为他对库泰索夫知之甚少，也是因为他当天并没有和炮兵主任 [库泰索夫] 待在一起。
>
> 人们并不清楚库泰索夫留下了什么命令，于是，我们在每一点上的火炮数量都少于法军，我们的轻炮时常得对抗敌人的重炮……在库图佐夫看来，这场会战本可以大获全胜，他反复强调未能取得全胜就源于 [库泰索夫战死] 这一事件。[201]

俄军中流传着一种说法，认为库泰索夫将军战死导致战前组织的大规模炮兵预备队并未投入战斗，但实际情况是俄军已经用尽了预备队。[202] 当然，并不是所有的俄军炮兵连都在会战中表现活跃。等到日暮之际，俄军仅有 2 个重炮连、6 个轻炮连和 1 个骑炮连损失不大；此外，位于最右侧的 2 个轻炮连和 1 个顿河哥萨克炮兵连根本没有投入战斗。[203]

然而，俄军的炮兵预备队并没有得到有效运用。炮兵军官帕维尔·赫里斯托福罗维奇·格拉贝是 1806—1807 年战局的亲历者，也是叶尔莫洛夫在 1812 年的副官之一，他对博罗季诺记载如下：

> 法军炮兵消耗了 60000 发炮弹，我军只用掉了 20000 发。前者总是集中使用炮兵，我军则是分散在各处阵地上。我们的炮兵预备队并非根据某位总指挥的思路行事，他们之所以投入战斗，要么是根据各位 [步骑兵] 主官的个人要求，要么是由于 [炮兵] 连长个人执着于勇武，[炮兵预备队] 冲向敌军炮火最具毁灭性的地方，还没有准备完毕，还没有时间撤出上述地点，就发觉自己面对着上百门敌军火炮，这些敌方火炮的阵地经过了精心挑选，大多能够让敌军展开交叉射击。时常出现的情况是，一个又一个不断投入交战的炮兵连总是在交火之初就遭到打击和歼灭。未能及时给参战炮群提供弹药补给也令人不满，这是库泰索夫伯爵早早阵亡、[继任人选] 又暧昧不定的后果。[204]

在博罗季诺，拿破仑的炮兵得到了更有效的运用。他的炮兵在会战伊始就已编组成若干个拥有数十门火炮的大型炮群，每个炮群都由一位炮兵将领指挥。法军的大型炮群通常包括一个军的军属火炮，就连师属火炮也在其中，它由军炮兵主任统一指挥。炮兵预备队同样以庞大集群投入战斗。试举一例，路易 - 弗朗索瓦·勒热纳（Louis-François Lejeune）在回忆录中指出，拿破仑曾命令他找到近卫炮兵指挥官让 - 巴泰勒莫·索尔比耶（Jean-Barthélemot Sorbier），让索尔比耶带着近卫炮兵的所有火炮（合计约 60 门）进入达武元帅第 1 军路易·弗里昂将军第 2 师占据的阵地，也就是谢苗诺夫斯科耶村所在的高地。勒热纳表示，近卫炮兵以快步行进，而后登上高地，接着加速到跑步并以左翼为基准展开，放列完毕后就开始朝俄军打出一轮霰弹、榴弹和实心弹混合的齐射。[205]60 门火炮就这样从预备队赶赴前线，而且迅速形成了炮群。这是一种颇有成效的炮兵预备队运用方式。

根据多种不同资料，拿破仑的炮兵在博罗季诺消耗了 43500—90000 发炮弹，其中最可靠的数据是 60000 发。至于俄军炮兵的消耗量，并没有可靠资料证实格拉贝提供的 20000 发数据，而且这个数据看上去实在太小了。历史学家阿·普·拉里奥诺夫（А. П. Ларионов）写道："在博罗季诺会战当天，俄军炮兵打出了60000多发炮弹。"[206] 但拉里奥诺夫并没有给出任何参考材料，所以笔者仍不知道这个数据源自哪里。

的确存在记载表明俄军炮兵在博罗季诺会战中的弹药补给工作做得不错，比如说，米塔列夫斯基就提到过当他的半连几乎耗尽弹药后，就有新的弹药车赶来提供补给，等到这批弹药也用完后，他还能再度得到补充。[207] 然而，米塔列夫斯基同样描述过半连右侧、拉耶夫斯基炮垒北面开阔地上诸多俄军炮兵连的命运，他的说法证实了格拉贝对俄军炮兵管理、指挥状况的论断：

> 当我们抵达 [一线] 时，一个部署在那里的重炮连刚刚撤离，另一个连在同一地点展开。可就在它能够脱驾、放列之前，数以百计的 [敌军] 实心弹朝那里飞去。人和马的的确确变了形，木片从炮架和弹药车里飞出。可当火炮和弹药车出现损毁的时候，连一声破裂声都听不到，就好像是某只看不见的手折断了它们。这个连在打出了大约 5 发实心弹后放弃了阵地，另一个连又来到同一地点，也蒙受了同样的厄运。不久之后又得换上第三个连……面对 50 乃至 100 门火炮，一个接一个地部署在我们右侧小丘上的各个炮兵连又能做什么呢？如果让三四个连突然展开并同时开始射击，那或许还有希望取得一定的胜利。那里有足够的空间供炮兵展开，据说预备队里也有足够多的火炮。炮兵在其他地段的战斗可能也与此类似。这就难怪 [库图佐夫] 元帅会为库泰索夫将军之死感到惋惜。敌军炮兵中也出现了严重的混乱。有明显迹象表明他们将火炮拖到一边，甚至把许多炮拉到后方。[208]

奥库涅夫写道，他曾从帕斯克维奇将军那里（奥库涅夫曾在 19 世纪 30 年代效力于帕斯克维奇麾下）听说过博罗季诺会战中拉耶夫斯基炮垒北侧炮群的战况，那时，俄军在敌军首次攻占炮垒后发起反击并将其收复。法军则集结了众多炮兵轰击位于炮垒附近的俄军，他们的火力异常猛烈，显然是在准备新一轮冲击。就在这时，巴克莱·德·托利赶到了帕斯克维奇的第 26 步兵师中。帕斯克维奇请求他将 60 门火炮部署到此地，以此对抗敌方炮兵。巴克莱下令出动 4 个炮兵连（48 门火炮，它们可能是从炮兵预备队里抽调出来的），但这些炮兵连是分成几批（par fraction）抵达的，在行进途中就被敌军炮火打得损失惨重，因而连 12 门炮以上的炮群都凑不出来。奥库涅夫并没有解释为什么这些炮兵连会分批抵达，这或许是因为指挥权没有集中到一人手中。不过，奥库涅夫认为即便这 48 门火炮集体（en masse）抵达，在这种情况下也很难让一半以上的火炮就位，所以，俄军炮兵依然不可能从敌军炮兵手中夺取火力优势，因为这至少需要让 60 门火炮同时放列。[209]

博罗季诺战场其他地段的情况也与此类似。另一些人，特别是尼古拉·阿德里阿诺维奇·季沃夫（Николай Адрианович Дивов），在回忆录中提到，某些炮兵连参战大约一个小时后就因惨重伤亡再也无法投入战斗，季沃夫文中提到的是由叶戈尔·费奥多罗维奇·霍文（Егор Федорович Ховен）中校指挥的第 4 预备炮兵旅第 22 骑炮连，早在会战开始时，敌军夺取博罗季诺村后，该连就遵照库泰索夫的命令在科洛恰河上某座桥梁前就位。[210] 因此，俄军实际上早在库泰索夫战死前就已经从预备队中抽调炮兵连。

日尔克维奇记载过第 2 近卫轻炮连在博罗季诺会战中的战况，它实际上生动地描绘了斯托雷平的推断：要是每一位炮兵主官都根据自己的想法或遵从某位将领副官的意见移动炮群，那将会发生怎样混乱的情况。第 2 近卫轻炮连当时的连长是亚历山大·格里戈里耶维奇·戈格利（Александр Григорьевич Гогель）上尉。会战打响时，这个连还位于战线后方，因而并没有直接卷入战斗，可还是在敌军的实心弹火力范围里待了大约两个小时。随后，该连奉命退却，直到下午 1 时左右为止，他们都身处敌军射程之外，而且还享用了一顿午餐。根据日尔克维奇的记载，随后出现了如下情况：

> 我们刚刚吃完小食，某位副官就赶了过来。事后，我们才知道这是多赫图罗夫将军的副官，而且这人也姓多赫图罗夫。
>
> "戈格利上尉的重炮连在哪里？"他吼道。
>
> 我和 [阿法纳西·阿列克谢耶维奇·] 斯托雷平中尉一跃而起，朝他跑了过去，而且大声喊道："就是我们连！"戈格利也开始解释说尽管他的确是这个连的主官，但它并不是重炮连，而是个轻炮连。多赫图罗夫并

没有注意到这一点，他只是要求我们必须前往左翼，到时候他会在那里给我们指明地点。多赫图罗夫乘马走在前头，带着我们走进几乎无路可寻的林地；走到某个地方后，实心弹自天而降，它们的来势也越来越迅猛，这时，我们的领路人开始往左窜，想要远离炮弹。可我们刚刚走出树林，就遇上了一阵齐射，原来正前方恰好就是一个分成高低两层的敌方炮群。那位副官随即窜了回来，戈格利发了慌，向他吼道："给我们指路！"

我和第一门火炮走在队伍前头，随即下令动身："快步行进！"等到进入 [第一条] 战线里两个纵队的间隔中，我又喊道："向左列队！"

敌军炮群的下层火炮射出了几轮霰弹，上层则开始发射实心弹，顷刻之间，实心弹就打死了戈格利的坐骑，霰弹则把我旁边那门火炮上的瓦克斯穆特 [Ваксмут/Wachsmuth] 少尉打得变了形。我们自行下令开火还击。下层火炮立刻赶往上层，但实心弹还是像冰雹一样落在我们头上，我们坚持了不到一个小时，队列里已少掉了许多人，马匹遭到了相当程度的屠戮，还有三四座炮架被毁。

戈格利早就上报了我们的艰难处境。后来，韦利亚米诺夫的轻炮连赶来轮换，不过，由于韦利亚米诺夫受了一处挫伤，那个连实际上由洛德金 [Лодыгин] 指挥。[2111]

如你所见，原先作为预备队的近卫炮兵连被一个接一个地抽调出来，它们与为数众多的敌方炮兵展开炮战，蒙受了惨重的损失，坚持了大约一个小时后，被其他炮兵连替换。某些骑炮连也遭遇了类似的命运。比如说，第 3 骑兵军第 2 旅旅长克罗伊茨少将就在战报中着重提到一点（克罗伊茨在战报中称呼自己时使用了第三人称）：

……骑炮兵——斯马金 [Смагин] 连的 12 门炮——赶来与他 [克罗伊茨] 会合……这时，那个炮兵连已然覆没，余部被送到后方，尼基京连接管了它的阵地。可主官表现英勇也好，炮弹射击准确也罢，这一切都无法阻止它 [尼基京连] 遭遇毁灭。马匹和人员被打死，弹药车被炸上天，火炮遭到毁伤，[尼基京] 上校本人也受了伤。随后是坎季巴连前来轮换。[212]

尼基京的第 7 骑炮连隶属于第 3 预备炮兵旅，丹尼尔·费奥多罗维奇·坎季巴（Даниил Федорович Кандиба）的第 5 骑炮连则来自第 2 预备炮兵旅。但笔者迄今为止仍然无法准确判定"斯马金"连是哪个连。[213] 因此，这些从预备队中抽出的炮兵连实际上是相继投入战斗：当某个连由于耗尽弹药或蒙受重大损失而丧失战斗力后，它就会转移到后方去，另一个连则上前轮换。上述几个连在博罗季诺损失非常惨重：第 5 骑炮连共有 2 名军士和 32 名列兵战死，1 名校官、6 名尉官、4 名军士和 50 名列兵负伤，此外还有 15 名列兵失踪；第 7 骑炮连共有 10 名列兵战死，1 名校官、8 名尉官和 33 名列兵负伤。[214]

利普兰季认为库泰索夫阵亡对博罗季诺会战的进程并没有显著影响，因为他的所有参谋人员和炮兵预备队的诸位指挥官都还活着。[215] 利普兰季写道：

> ……必须承认一点，在这之前和之后，我军的炮兵虽然时常强于敌军，却很少能将与敌军数量相当的火炮抽调到某一地点，也很少能抽调出与敌军相当的骑兵。
>
> 我军就像是抽调散兵一样，往往会先派出几门炮，然后逐步增加数量（同时投入的情况极为罕见），被指派去保护火炮的部队也是这样。此外，这一定程度上也可以归咎于我军将炮兵分配给各个师的做法，因为敌军时常会将为数众多的炮兵集中起来对抗某一个师，可我军的这个师只能依靠自己的师属炮兵；即便敌军不加干扰，将相邻的师属炮兵抽调出来[联合作战]也极为困难，这是因为就算两个师隶属于同一个军，也得军长意识到这道命令的重要性而且不用害怕为此负责才行，就算这样，炮兵同样可能过了很久才接到军长的命令，也就不能及时执行。可要是相邻的师来自不同的军，那让师属炮兵联合作战就会遭遇到几乎无法克服的障碍，或者说至少也会消耗过多的时间。
>
> 总是有必要将预备炮兵转移到这类地域，转移过程中除去必需的时间，还需要总司令的个人授权——他并不会始终出现在这种地方——或参谋长乃至炮兵主官在权力范围内代理总司令行事。可是，预备炮兵的这种动作——它往往是提前做出的无用之举——却打乱了它。[216]

利普兰季承认除去 1813 年 8 月 25 日 /9 月 6 日登讷维茨会战中俄军炮兵决定右翼态势的战例外，他从未听说过俄军在某一地点成功运用大规模炮群的战例。[217] 他提到的登讷维茨战例可能是指阿诺尔迪统一指挥他麾下的 3 个骑炮连——第 4、第 11、第 13 骑炮连抵达战场，在一处高地上建立炮群，然后朝着敌军猛烈射击，为联军在此战中取胜做出了重要贡献。[218] 上文中那位曾于 1827 年在《军事观察家》上刊登炮兵文章的匿名作者也提到了俄军骑炮兵的这一战例，不过他只提到了 18 门火炮。按照此人的说法，这些骑炮迅速从侧翼迫近法军皮埃尔 - 弗朗索瓦 - 约瑟夫·迪吕特（Pierre-François-Joseph Durutte）将军的师，一直推进到该师进入近程霰弹射程为止，然后利用火力使它陷入混乱，将它逐回登讷维茨村。他还补充说，这场战斗标志着法军当天的灾难就此降临。[219]

因此，尽管俄军指挥层从 1812 年起已经开始将相当一部分炮兵留作预备队，可预备炮兵的管理情况仍然并不尽如人意。预备炮兵往往会抽出单个连增援前线或轮换某个受到重创的连，这并不能给战斗带来重大影响，只能勉强维持敌我实力平衡。即便在尝试同时让 4 个连投入战斗，希望以此在某一地段取得优势的场合，俄军实际上也无法做到这一点。追根溯源，这种情况可能源于俄军炮兵的上层指挥架构并不完善，而且俄军炮兵将领和军官也缺乏让大规模炮兵集群在起伏地带冒着敌军炮火展开机动的经验。

不过，俄军炮兵即便在 1812 年也仍然时常迷恋于与敌方炮兵交火，本书前文已经就此给出了多个例证。某些步兵将领同样没有摆脱雅科夫·卡尔洛维奇·西弗斯曾经指出的恶习，会像 1812 年 9 月 22 日 /10 月 2 日的斯帕斯 - 库普利亚（Спас-Купля）后卫战中的米洛拉多维奇将军那样给麾下的炮兵发号施令——根据拉多日茨基的记载，米洛拉多维奇在这场战斗中曾对他说："我命令你干掉这个炮群！"[220]

在双方炮手训练水准大体相当的前提下，想要压制敌方炮兵，就有必要在口径或火炮数量上占据优势，而且即便拥有这种优势，也得花费相当一段时间才能取得压制战果，这是因为放列后的炮兵是相当渺小且分散的目标。可能会时常发生的情况是，在口径和数量上都占优的大批俄军炮兵和在这两方面都处于劣势的敌军炮兵卷入炮战，也就是说，俄军炮兵至多能够抵消敌军那些实力弱于己方的炮兵——甚至只是其中一部分炮兵，却无法给敌方步骑兵造成重大杀伤。实际上，炮兵应当以完全相反的方式投入战斗，至少是要尝试尽量牵制敌方炮兵，同时将大部分火力集中到敌方步骑兵头上。正如本书前文所述，不论是西弗斯、戈格利、斯托雷平和韦利亚米诺夫在 1812 年开战前撰写的备忘录和文章，还是库泰索夫发布的《炮兵野战总则》，虽然对这一问题论述颇多，但他们的观点都没有产生足以彻底改变实战的影响。

炮兵有一种投入炮战的自然倾向，而且步兵将领和军官也时常要求炮兵这么做。为了不让炮兵卷入炮战，应当将炮兵——特别是预备炮兵——编组成由炮兵将领或高级军官指挥的集群，军团司令则要给炮兵集群设定明确的目标：轰击某一特定区域内的敌军步骑兵。不幸的是，在博罗季诺会战中，俄军指挥层并没有遵照这一原则运用预备炮兵，炮兵也因此没有发挥出原本应当具备的作用。很难说俄军的这种做法原因何在：这可能是因为炮兵将领还不能娴熟地运用预备队，也可能是因为他们权力不够。因此，正如格拉贝所述，俄军的预备炮兵在投入战斗时"要么是根据各位（步骑兵）主官的个人要求，要么是源于 [炮兵] 连长个人执着于勇武"。

巴克莱或许对预备炮兵的管理问题有所了解，因为他在博罗季诺会战前一天发布的命令中要求任何人都不得阻碍军团炮兵主任动用预备炮兵。[221]1813 年 7 月底 /8 月初，他又在《部队行军、作战、宿营总教令》中指出预备炮兵应由统帅亲自掌握。[222] 他大概已经意识到炮兵将领并不能准确判断应当于何时何地投入何等数量的预备队。

在 1813—1814 年，俄军有许多步兵师兵力严重短缺，到了这时，将完整的炮兵旅配属给这样的步兵师已经没有什么意义。有的步兵师实际上仅仅配备了一两个炮兵连。至于余下的炮兵连，有些会编组成军长或兵团司令直辖的炮兵集群，有些则转入军团预备炮兵。有些步兵军的两个步兵师实际上仅仅配备了两三个炮兵连。[223] 巴克莱·德·托利在《总教令》中规定：

如果炮兵并未得到特别指令，那么它在行军途中应当以如下方式分配：每个步兵师配备 1 个轻炮连，并且要将它放在每两个相邻的 [步兵] 旅之间，也就是说，要将 6 门火炮放在第 1、第 2 旅之间，6 门放在第 2、第 3 旅之间，此外，每个步兵军配备 1 个重炮连，它 [在行军序列中] 通常位于 [步兵] 师之间。[224]

到了 1814 年，俄军炮兵的管理——至少在军级层面——终于有所改善。在这一时期，步兵军的炮兵主任能够管理军长麾下的所有火炮，军属炮兵也能够在同一时间集中到同一地点。以克拉奥讷会战为例，萨肯中将命令军炮兵主任尼基京少将着手建立一个大型炮群，以此掩护沃龙佐夫将军的部队后撤。米哈伊洛夫斯基 - 丹尼列夫斯基在根据尼基京回忆录写成的战史中表示，尼基京将 36 门轻炮配置在第一线，28 门重炮配置在位于第一线后方 60 步处的第二线——第二线所处位置要略高于第一线，第一线火炮发射霰弹，位于第一线火炮横向间隔正后方的第二线火炮则发射实心弹和榴弹。这个炮群给追击沃龙佐夫部的法军造成了惨重损失，迫使法军停下了脚步。[225]

不过，著名的历史学家波格丹诺维奇声称他亲自考察过克拉奥讷战场，却并没有找到足以让炮兵列成两条战线，还能让两线同时开火的地方。除此之外，萨肯军的作战日志中也只提到了尼基京的炮群拥有 36 门火炮。[226] 然而，波格丹诺维奇毕竟是在几十年后才到访克拉奥讷，在此期间，战场地貌很可能已经发生了变化。

注释

[1] Вельяминов, *op. cit.*//*Военный журнал*, 1810, № 12, с. 50.

[2] Вессель, *op. cit.*, ч. 2, с. 73; Медем, *Тактика*, ч. 1, с. 94.

[3] Caraman V. M. J. L. de Riquet de《Service d'artillerie en campagne.》//*Le Spectateur Militaire*, t. 10, 1831, p.431.

[4] Гогель и др., *Основания артиллерийской и понтонной науки*, ч. 2, с. 186.

[5] *История отечественной артиллерии*. М., 1962, т. 1, кн. 3, с. 37-38; Игошин К. Г.《Немедленно ввести оной в употребление》(Об обстоятельствах приема на вооружение прицелаКабанова)(《立即投入应用（论卡巴诺夫表尺的采用背景）》)//*Война и оружие. Новые исследования и материалы. Труды Третьей международной научнопрактической конференции, 16-18 мая 2012 года.* (《战争与兵器：新的研究与材料。2012年5月16—18日第三次国际科学实践会议丛刊》) СПб., 2012, ч. I, с. 439-449.

[6] Столыпин Д. А.《О употреблении артиллерии в поле》//*Военный журнал*, 1810, № 2, с. 42-50. 关于他在海尔斯贝格会战中提出的建议，可见 Ратч, *op. cit.*//*Артиллерийский журнал*, 1861, № 1, ч. 3, с. 69-70.

[7] Гогель, 《О тактике артиллерийской》//*Артиллерийский журнал*, 1809, № 3, с. 5-7; Столыпин, *op. cit.*//*Военный журнал*, 1810, № 2, с. 47.

[8] Хатов, *Общий опыт тактики*, т. 1, с. 275-276 (Guibert, *op. cit.*, t. 1, p. 264-265); Столыпин, *op. cit.*//*Военный журнал*, 1810, № 2, с. 43; Гогель, 《Употребление артиллерийских орудий в действии против неприятеля》(《火炮在与敌军交战时的用途》)//*Артиллерийский журнал*, 1810, № 2, с. 11, 17.

[9] Хатов, *Общий опыт тактики*, т. 1, с. 257; Гогель, 《О тактике артиллерийской》//*Артиллерийский журнал*, 1809, № 2, с. 2.

[10] Lespinasse, *op. cit.*, p. 27, 86. 戈格利在其他文章中提到过莱斯皮纳斯的著作：《О тактике артиллерийской》//*Артиллерийский журнал*, 1809, № 3, с. 23-24.

[11] Гогель, 《О тактике артиллерийской》//*Артиллерийский журнал*, 1809, № 3, с. 2-3.

[12] Хатов, *Общий опыт тактики*, т. 1, с. 278-279（Guibert, *op. cit.*, t. 1, p. 263. 距离目标300法寻时应当将火炮架设在离地15—20法尺处）; Гогель, 《О тактике артиллерийской》//*Артиллерийский журнал*, 1809, № 3, с. 3-4; Столыпин, *op. cit.*//*Военный журнал*, 1810, № 2, с. 48.

[13] Столыпин, *op. cit.*//*Военный журнал*, 1810, № 2, с. 49.

[14] Гогель, 《О тактике артиллерийской》//*Артиллерийский журнал*, 1809, № 3, с. 7, 10-11.

[15] Хатов, *Общий опыт тактики*, т. 1, с. 280-281 (Guibert, *op. cit.*, t. 1, p. 265): 吉贝尔只提到了轻炮兵，因为法军要到1792年才组建骑炮兵。

[16] Гогель, 《О тактике артиллерийской》//*Артиллерийский журнал*, 1809, № 3, с. 12-13, 19; *Idem.*, 《Употребление артиллерийских орудий...》//*Артиллерийский журнал*, 1810, № 2, с. 5; Столыпин, *op. cit.*//*Военный журнал*, 1810, № 2, с. 44. 一位匿名作者也在他的文章中认为骑炮兵是最好的炮兵预备队：《В чем состоит употребление и польза конной артиллерии》(《骑炮兵的用途和益处》)//Санглен Я. И. *Исторические и тактические отрывки* (《历史与战术节录》). СПб., 1809, № 3, с. 63.

[17] Сиверс Я. К.《Об усовершенствовании артиллерии》(《论炮兵的改良》)//*Военный журнал*, 1811, № 21, с. 14.

[18] Хатов, *Общий опыт тактики*, т. 1, с. 273, 285-286 (Guibert, *op. cit.*, t. 1, p. 258, 268, 271).:

[19] Гогель,《О тактике артиллерийской》//*Артиллерийский журнал*, 1809, № 3, с. 10-12.

[20] Столыпин, *op. cit.*//*Военный журнал*, 1810, № 2, с. 46.

[21] Du Puget, *op. cit.*, p. 35.

[22] Guibert, *op. cit.*, t. 1, p. 258; Du Teil, *op. cit.*, p. 27-29.

[23] Гогель, 《Употребление артиллерийских орудий...》//*Артиллерийский журнал*, 1810, № 1, с. 14-15.

[24] *Ibid.*,//*Артиллерийский журнал*, 1810, № 2, с. 31.

[25] Clément, *op. cit.*, p. 12-13.

[26] Хатов, *Общий опыт тактики*, т. 1, с. 279; Гогель, 《О тактике артиллерийской》 //*Артиллерийский журнал*, 1809, № 3, с. 10-11; *Idem.*, 《Употребление артиллерийских орудий...》 //*Артиллерийский журнал*, 1810, № 1, с. 17; Столыпин, *op. cit.*//*Военный журнал*, 1810, № 2, с. 48-49.

[27] Хатов, *Общий опыт тактики*, т. 1, с. 277 (Guibert, *op. cit.*, t. 1, p. 262-263); Ратч, *op. cit.*// *Артиллерийский журнал*, 1861, № 1, ч. 3, с. 82.

[28] Хатов, *Общий опыт тактики*, т. 1, с. 286-287 (Guibert, *op. cit.*, t. 1, p. 268-269).

[29] Ратч, *op. cit.*//*Артиллерийский журнал*, 1861, № 1, ч. 3, с. 80-81.

[30] Столыпин, *op. cit.*//*Военный журнал*, 1810, № 2, с. 44-46.

[31] *Ibid.*//*Военный журнал*, 1810, № 2, с. 48.

[32] Гогель, 《Употребление артиллерийских орудий...》//*Артиллерийский журнал*, 1810,   № 1, с. 16-17, 20-21, 25-26.

[33] *Ibid.*//*Артиллерийский журнал*, 1810, № 1, с. 28-29; № 2, с. 2-4.

[34] *Ibid.*//*Артиллерийский журнал*, 1810, № 1, с. 18-19.

[35] Хатов, *Общий опыт тактики*, т. 1, с. 273, 288 (Guibert, *op. cit.*, t. 1, p. 270).

[36] Гогель, 《Употребление артиллерийских орудий...》//*Артиллерийский журнал*, 1810,   № 2, с. 20-21; Столыпин, *op. cit.*//*Военный журнал*, 1810, № 2, с. 46-47.

[37] Столыпин, *op. cit.*//*Военный журнал*, 1810, № 2, с. 47.

[38] Гогель, 《Употребление артиллерийских орудий...》//*Артиллерийский журнал*, 1810, № 2, с. 22-25.

[39] Хатов, *Общий опыт тактики*, т. 1, с. 289-290 (Guibert, *op. cit.*, t. 1, p. 271-272).

[40] Столыпин, *op. cit.*//*Военный журнал*, 1810, № 2, с. 49.

[41] Гогель, 《О тактике артиллерийской》 //*Артиллерийский журнал*, 1809,   № 3, с. 14-15; *Idem.*, 《Употребление артиллерийских орудий...》 //*Артиллерийский журнал*, 1810, № 2, с. 27-29.

[42] Ратч, *op. cit.*//*Артиллерийский журнал*, 1861, № 1, ч. 3, с. 82-83.

[43] *Ibid.*, с. 84.

[44] Гогель, 《Употребление артиллерийских орудий...》 //*Артиллерийский журнал*, 1810, № 2, с. 14.

[45] *Ibid.*, с. 7.

[46] *Idem.*, 《О тактике артиллерийской》 //*Артиллерийский журнал*, 1809, № 2, с. 13-14.

[47] *Idem.*, 《Употребление артиллерийских орудий...》 //*Артиллерийский журнал*, 1810, № 2, с. 12.

[48] *Idem.*, 《О тактике артиллерийской》 //*Артиллерийский журнал*, 1809, № 2, с. 17.

[49] *Idem.*, 《Употребление артиллерийских орудий...》 //*Артиллерийский журнал*, 1810, № 2, с. 9-10.

[50] *Anon.*, 《Краткое обозрение ··· боевых порядков》//*Военный журнал*, 1810, № 3, с. 6; *Anon.*, 《Опыт об усовершенствовании артиллерии》 //*Военный журнал*, 1810,   № 3, с. 22; *Anon.*, 《О конной артиллерии》(《论 骑 炮 兵》) //*Военный журнал*, 1810,   № 10, с. 23; Маркевич, *Руководство к артиллерийскому искусству. т. 2, 1824*, с. 453, 456.

[51] Рахманов П. А. 《О конной артиллерии》 //*Артиллерийский журнал*, 1809, № 2, с. 113; Вельяминов, *op. cit.*//*Военный журнал*, 1810, № 12, с. 54.

[52] Вельяминов, *op. cit.*//*Военный журнал*, 1810, № 12, с. 48.

[53] Clément, *op. cit.*, p. 12, 23-25.

[54] Вельяминов, *op. cit.*//*Военный журнал*, 1810, № 12, с. 52-53.

[55] *Ibid.*, с. 58.

[56] Вельяминов, *op. cit.*//*Военный журнал*, 1810, № 12, с. 52-53.

[57] Puget, *op.cit.*, p. 49-50; Guibert, *op.cit.*, t. 1, p. 268-269; Teil, *op.cit.*, p. 50-51.

[58] Guibert, *op.cit.*, t. 1, p. 269.

[59] 《Instruction du grand Frédéric pour l'artillerie de son armée.》 //*Le Spectateur Militaire*, t. 4, 1828, p. 58-59.

[60] Jacquinot de Presle, *op.cit.*, p. 143.

[61]　*Manœuvres des batteries de campagne, pour l'artillerie de la garde impériale.* Paris, 1812, p.17: 13米或 20步（1步 =0.65米）；Caraman,《Service d'artillerie en campagne.》//*Le Spectateur Militaire*, t. 10, p. 442.①

[62]　Teil, *op.cit.*, p. 51. 然而，吉贝尔认为，如果一方的炮兵明显优于另一方，那么拥有炮兵优势的一方就有希望压制敌方炮群火力（Guibert, *op.cit.*, t. 1, p. 164）。

[63]　Henegan R. D. *Seven Years' Campaigning in the Peninsula and the Netherlands, from 1808 to 1815.* London, 1846, vol. 1, p. 345, 作者脚注始于第344页。

[64]　*Correspondance inédite de l'Empereur Napoléon avec le commandant en chef de l'artillerie de la Grande Armée. Pendant les campagnes de 1809 en Austriche, 1810-1811 en Espagne et 1812 en Russie.* Paris, 1843, p. 68（43578发炮弹和2144000发子弹）；Denniée P.-P. *Itinéraire de l'Empereur Napoleon pendant la campagne de 1812.* Paris, 1842, p. 80 n. 1〔该注释一直延长到第81页：此书记载消耗量为 60000发炮弹和1400000发子弹，指出该数据源自炮兵主任让 - 安布鲁瓦兹 · 巴斯东 · 德 · 拉里布瓦西埃（Jean-Ambroise Baston de Lariboisière）的报告〕；Girod de l'Ain, *op. cit.*, p. 264（90000发炮弹）；Fain A.-J.-F. *Manuscrit de mil huit cent douze.* Bruxelles, 1827, t. 2, p. 40（91000发炮弹）. 也见 *Бородино. Документы...*, с. 357 n. 1（60000发炮弹，叶尔莫洛夫指出该数据源自缴获的若干敌方文件）。

[65]　Львов С. В.《О потерях Российской армии в сражении при Бородино 24-26 августа 1812 года》（《论俄军在1812年8月24-26日博罗季诺会战中的损失》）//*Эпоха наполеоновских войн: люди, события, идеи. Материалы VI Всероссийской научной конференции. Москва, 24 апреля 2003 года*（《拿破仑战争时代：人、事件、思想。第六届全俄科学会议文件，莫斯科，2003年4月24日》）. М., 2003, с. 52-66；Шведов С. В.《Численность и потери русской армии при Бородино》（《俄军在博罗季诺的兵力与损失》）//*Эпоха наполеоновских войн: люди, события, идеи. Материалы VII Всероссийской научной конференции. Москва, 23-24 апреля 2004 года*（《拿破仑战争时代：人、事件、思想。第七届全俄科学会议文件，莫斯科，2004年4月23—24日》）. М., 2004, с. 76-111.

[66]　Ратч, *op. cit.*//*Артиллерийский журнал*, 1861, № 1, ч. 3, с. 80.

[67]　Жиркевич, *op. cit.*, с. 106-107; 同样的内容见: *Русская старина*, 1874, т. 11, с. 423-424.

[68]　Гогель,《Употребление артиллерийских орудий...》//*Артиллерийский журнал*, 1810, № 1, с. 29（在防御中掩护步骑兵部队机动）：“用这些 [炮弹] 轰击敌军火炮是为了迫使敌军分散火力以应对我方炮火……当我军以这种方式牵制敌方炮火时，就有可能用 [少量] 火炮牵制大量 [敌军火炮]，这时，我们的军队就有时间不受阻碍地完成机动并投入战斗。” № 2, с. 2（在进攻中）：“在攻势中，除非进入霰弹射程，不然自始至终都必须将敌方炮群作为轰击目标。在发动攻势之初，这种炮击是为了将敌方炮群的火力从正在展开机动的我军步骑兵身上转移开来，而在进攻过程中，这是为了继续牵制敌方火力。”

[69]　Jomini, *Précis*, IIe partie, p. 275（俄译文见：ч. II, с. 243-244）。

[70]　Favé I. *Histoire et tactique des trois armes et plus particulièrement de l'artillerie de campagne.* Paris, 1845, p. 311: 仅用于友邻部队通过隘路的场合：“就算我军火炮不能压制敌军炮兵，它们至少也能将炮火吸引到自己身上。”;*Ibid.*, p. 329-330: 如果友邻部队处于攻势，且在数量和士气上占优，但敌军炮兵却选择了良好的阵地，此时就应当通过炮击使敌方炮兵无法正常作战；Taubert A. *Gefechtslehre der Feld-Artillerie, mit besonderer Anwendung auf den taktischen Gebrauch der Batterien eines Armee-korps.* Berlin, 1855, S. 69. “在攻势中，炮火应当主要对准敌方炮兵，这是为了吸引敌方火力，减少对其他部队的杀伤，也是为了给后者的推进创造良好条件；守势中就恰好相反，[炮火] 应当集中到敌方步兵或骑兵身上，以此阻止其推进。” 也见 S. 142-143。

----

① 原注：炮车轮轴之间相距15步，且1步 =3尺，1巴黎尺 =0.32484米，15步 =14.62米；T***,《Essai historique sur les manœuvres des batteries de campagne.》//*Le Spectateur Militaire*, t. 14, 1831, p. 48: 15—18步。

[71] Puget, *op.cit.*, p. 50: "掩盖某些作战手段。" Guibert, *op.cit.*, t. 1, p. 164: 步兵纵队应当 "在炮兵的保护下" 展开，"炮兵强大到足以 [令敌方] 很快停止射击的地步"。; Teil, *op.cit.*, p. 50-51: "保护或支援友邻部队。"（这可能是指吸引敌方火力，以此保护友邻部队，但泰伊并没有清楚地阐述这一主张，尽管这可能是因为他认为这一点显而易见。) Scharnhorst G. J. D. *Handbuch für Officiere, in den anwend-baren Theilen der Krieges-Wissenschaften.* Hannover, T. 1, 1787, S. 315: "必须关注敌军炮兵，设法将其压制。" Préval C. A. H. de *Projet de réglement de service pour les armées françaises, tant en campagne que sur le pied de paix.* Paris, 1812, p. 160: "在即将攻击某一要点时，应当动用炮兵迫使敌方炮群停止射击。" Napoléon,《Dix-sept notes sur l'ouvrage intitulé: Considérations sur l'art de la guerre.》//*Mémoires pour servir a l'histoire de France, sous le règne de Napoléon.* Paris, 2-me édition, 1830, t. 8, p. 50: "我们目睹过敌人本该取得会战胜利的情形: 他们占据着坚固的阵地，让五六十门大炮组成一个炮群，哪怕我们多出4000骑兵和8000步兵，想要冲击这种阵地也是徒劳。在这种情形下需要组建与敌军实力相当的炮群，依靠大炮的掩护让各个冲击纵队完成进攻和展开。"（俄译文见: Наполеон, *op. cit.*, с. 666）。后来还有一个由拿破仑亲自修订的版本说法与前文略有出入。Napoléon,《Dix-huit notes sur l'ouvrage intitulé: Considérations sur l'art de la guerre.》//*Correspondance de Napoléon Ier.* Paris, 1869, t. 31, p. 394: "我们曾多次目睹过这样的战况，在敌军本该取得会战胜利的地方，他们把强大的炮群部署在良好的阵地上，要不是 [我军的纵队] 得到了我方优势炮兵的支援，那些炮群原本应当打垮、驱散我方的冲击纵队。" 这里应当注意到，拿破仑和吉贝尔都使用了 soutenues（支援）一词，该词源于动词 soutenir（支持），而泰伊在他的著作中用到了后面这个动词。拿破仑在后文（分别在第51页和395页）认为，如果得不到炮兵的保护和支援，步兵不可能攻破在有利位置上配备了16—24门火炮并拥有优秀炮手的敌军阵地，要是步兵在炮火下行进500—600法寻（975—1100米，也就是炮火的有效射程），那么，步兵在走完三分之二的路程后就已被打散。

[72] *Anon.*,《Письмо к издателю》//*Военный журнал*, 1810, № 5, с. 67.

[73] *Ibid.*, с. 71.

[74] Фитцум И. И.《Замечания о картечах》(《关于霰弹的评论》)//*Артиллерийский журнал*, 1810, № 6, с. 36-79; *Idem.*,《Отрывки, касательно полевых орудий》//*Артиллерийский журнал*, 1811, № 1, с. 41-72.

[75] *Idem.*,《Отрывки, касательно полевых орудий》//*Артиллерийский журнал*, 1811, № 1, с. 65-66.

[76] Читалов С. П.《Замечания на артиллерийские и инженерные статьи помещенные в Военном журнале》(《关于〈军事期刊〉上刊登的炮兵、工兵文章的注解》)//*Военный журнал*, 1811, № 17, с. 37.

[77] *Столетие военного министерства. 1802-1902. Главный Штаб. Исторический очерк.* т. 4, ч. 1, кн. 2, отд. 3, с. 315-318.

[78] Эйлер А. Х.《Записки》//*Русский архив*, 1880, кн. 2, с. 347, 349; Граббе, *Из записок...*, с. 60.

[79] *История отечественной артиллерии*, т. 1, кн. 3, с. 80-81.

[80] Митаревский, *op. cit.*, с. 28.

[81] *История отечественной артиллерии*, т. 1, кн. 3, с. 31-32.

[82] Столыпин, *op. cit.*//*Военный журнал*, 1810, № 2, с. 44; Вельяминов, *op. cit.*//*Военный журнал*, 1810, № 12, с. 52.

[83] Простов,《Письмо к издателю》//*Военный журнал*, 1810, № 11, с. 54.

[84] Гогель И. Г.《Полезна ли полковая артиллерия?》(《团属炮兵是否实用？》)//*Артиллерийский журнал*, 1810, № 3, с. 8-9.

[85] *Ibid.*, с. 4-7, 9-15, 19, 27.

[86] *Anon.*,《О гвардейской артиллерии》(《论近卫炮兵》)//*Военный журнал*, 1811, № 13, с. 12.

[87] *Anon.*,《Опыт об усовершснствовании артиллерии》//*Военный журнал*, 1810, № 3, с.24; *Anon.*,《Письмо к издателю》//*Военный журнал*, 1810, № 5, с. 73; *Anon.*,《О конной артиллерии》//*Военный журнал*, 1810, № 10, с. 24; *Anon.*,《О гвардейской артиллерии》//*Военный журнал*, 1811, № 13, с. 11-12; Читалов, *op. cit.*//*Военный журнал*, 1811, № 17, с. 39.

[88] Ульянов, *op. cit.*, с. 35.

[89] Муравьев-Карсский,《Записки》//*Русский архив*, 1885, кн. 3, с. 256.

[90] Любенков Н. Т. *Рассказ артиллериста о деле Бородинском.* (《博罗季诺之战中的炮兵故事》) СПб., 1837, с. 40.

[91] 《Рассказы ... Петрова...》//*1812 год.Воспоминания...*, с. 184.

[92] *История отечественной артиллерии*, т. 1, кн. 3, с. 222.

[93] *Учреждение для управления большой действующей армией.* (《作战部队大兵团管理规程》) СПб., 1812, ч. 1, гл. 4, отд. 1, § 52-53, с. 18.

[94] *Михайловский-Данилевский, Полное собрание сочинений*, т. 4, с. 84-85.

[95] Смирнов А. А. *Генерал Александр Кутайсов.* М.:《Рейттаръ》, 2002, с. 21-22.

[96] *Жиркевич, op. cit.*, с. 58; 也见: *Русская старина*, 1874, т. 10, с. 638.

[97] *Воинский устав о строевой пешей артиллерийской службе. Варшава*, ч. 1, 1824, с. 12-15.

[98] Норов А. С. *Война и мир 1805-1812 с исторической точки зрения и по воспоминаниям современников. По поводу соч. гр. Л. Н. Толстого*《Война и мир》. СПб., 1868, с. 34, 38, 41.

[99] Хатов, *Общий опыт тактики*, т. 1, с. 139, 278; Плотто К. К.《О главнейших свойствах войск, составляющих армию》//*Артиллерийский журнал*, 1809, № 3, с. 43.

[100] Ратч, *op. cit.*//*Артиллерийский журнал*, 1861, № 10, ч. 3, с. 771-772.

[101] *Столетие военного министерства.1802-1902.Главный Штаб*, т. 4, ч. 1, кн. 2, отд. 3, с. 317.

[102] *Замечания*, ч. 2, с. 349, 352.

[103] Маркевич, *op. cit.*, т. 2, с. 454-455.

[104] *Воинский устав о строевой пешей артиллерийской службе*, ч. 1, с. 14-15.

[105] Маркевич, *op. cit.*, т. 2, с. 455-456.

[106] Гогель и др., *Основания артиллерийской и понтонной науки*, ч. 2, с. 124.

[107] Любенков, *op. cit.*, с. 48. 应当注意到，现代炮兵理论认为，如果所有火炮在一轮大规模炮击中展开齐射，它带来的心理影响要远大于几分钟内的几轮炮击。这就是美军炮兵在一战中掌握、在二战中发挥决定性影响的 "同时弹着" (time on target)效应。

[108] 《Из записок П. И. Фаленберга о 1812 годе》//*Русский архив*, 1877, кн. 3, с. 211.

[109] Любенков, *op. cit.*, с. 58.

[110] Маркевич, *op. cit.*, т. 2, с. 503-504.

[111] Богданов Д. И.《Бородино. Из войны 1812 года. Рассказ очевидца》(《博罗季诺，1812年战争，目击记》) //*Бородино. Документы...*, с. 336-338.

[112] 《Замечания И. П. Липранди》//*Харкевич, op. cit.*, вып. 2, с. 20; Липранди И. П. *Война 1812 года*, с. 89 n. 106, с. 92; Граббе,《Отечественная война》//*Idem.*, Из записок ···, с. 73.

[113] Граббе,《Отечественная война》//*Idem., Из записок ...*, с. 73;《Рассказ о Бородинском сражении отделенного унтер-офицера Тихонова, записанный в 1830 г.》(《班长吉洪诺夫军士口述博罗季诺会战，记录于1830年》) //*ЧИОИДР*, 1872, кн. 1, с. 116; 也见: Муравьев-Карсский,《Записки》//*Русский архив*, 1885, кн. 3, с. 250; Беннигсен,《Письма о войне 1812 года》(《1812年战争书信》) //*Русская старина*, т. 139, 1909, с. 494〔同样的内容见: *Военно-исторический вестник* (《军事—历史公报》) 1912, № 4, с. 72〕.

[114] Girod de l' Ain, *op.cit.*, p. 257.

[115] Щербинин А. А.《Записки》//*Харкевич, op. cit.*, вып. 1, с. 21; Сен-При,《Бумаги графа Сен-При》(《圣普列斯特伯爵手稿》) //*Харкевич, op. cit.*, вып. 1, с. 151.

[116] Мешетич,《Исторические записки··· 》//*1812 год. Воспоминания···*, с. 78-79.

[117] 《Распоряжение главнокомандующего 1-й армией》(25 августа/6 сентября 1812 г.)//*Бородино. Документы...*, с. 90.

[118] Радожицкий, *op. cit.*, т. 1, ч. 1, с. 32; Митаревский, *op. cit.*, с. 20.

[119] Радожицкий, *op. cit.*, т. 1, ч. 1, с. 195; Митаревский, *op. cit.*, с. 20, 53.

[120] Радожицкий, *op. cit.*, т. 1, ч. 1, с. 39, 68, 119; ч. 2, с. 254-255; Митаревский, *op. cit.*, с. 35;《Записки полковника Карпова》//*Труды Витебской ученой архивной комиссии*. Кн. I. Витебск, 1910, с. 19.

[121] Митаревский, *op. cit.*, с. 35;《Записки А. И. Антоновского》//Харкевич, *op. cit.*, вып. 3, с. 60-65.

[122] Радожицкий, *op. cit.*, т. 1, ч. 1, с. 245-249; ч. 2, с. 98, 203, 236-237.

[123] *Замечания*, ч. 2, с. 42, 158-159.

[124] *М. И. Кутузов. Документы*, т. 4, ч. 1, с. 242.

[125] Митаревский, *op. cit.*, с. 93; Радожицкий, *op. cit.*, т. 1, ч. 1, с. 177.

[126] Радожицкий, *op. cit.*, т. 1, ч. 2, с. 121-124.

[127] *Ibid.*, т. 1, ч. 2, с. 123, 作者在注释中指出这段出自 Norvins, *Vie de Napoléon*, Paris, 1829, t. IV, p. 68; 也见 Norvins, *Histoire de Napoléon*, 第21版（一卷本）, Paris, 1868, p. 542。

[128] Jomini, *Précis*, IIe partie, p. 276（俄译文见: *Краткое начертание военного искусства*, ч. II, с. 244; 英译文见: *Summary of the Art of War*, p. 319）.

[129] Ортенберг И. Ф. *Записки о войне 1813 года в Германии*. СПб., 1855, с. 73.

[130] Паскевич,《Походные записки》//Харкевич, *op. cit.*, вып. 1, с. 101; Михайловский-Данилевский, *Полное собрание сочинений*, т. 4, с. 338-339.

[131] Писарев, *op. cit.*, ч. 1, с. 353.

[132] Михайловский-Данилевский, *Полное собрание сочинений*, т. 7, с. 84.

[133] Замечания, ч. 2, с. 146-147, 153; Медем, *op. cit.*, ч. 1, с. 135.

[134] 《Записки ... Отрощенко》//*Русский вестник*, 1877, т. 131, с. 517;《Записки Н. М. Распопова》//*Русский архив*, 1879, кн. 3, с. 37.

[135] Маркевич, *op. cit.*, т. 2, с. 472-473.

[136] Württemberg, *Erinnerungen...*, S. 63.

[137] *Бородино. Документы...*, с. 184.

[138] Паскевич,《Походные записки》//Харкевич, *op. cit.*, вып. 1, с. 101; Ларионов А. П.《Использование артиллерии в Бородинском сражении》(《炮兵在博罗季诺会战中的作用》)//*1812 год.К стопятидесятилетию*, с. 106-107.

[139] 《Записки А. П. Ермолова》//*Бородино. Документы...*, с. 354-355.

[140] Ратч, *op. cit.*//*Артиллерийский журнал*, 1861, № 10, ч. 3, с. 810-813. 拉奇亲耳听到科津讲到了上述所有信息。

[141] Поход ... в 1813 г., с. 358-359.

[142] Адамович, *op. cit.*, т. 3, с. 338.

[143] Müffling, *op. cit.*, S. 111, 114. 米夫林将近程霰弹称作 "二罗特"（zweilöthigen）霰弹，这可能是因为普军中最小的霰弹弹丸重2罗特（1磅 =32罗特，1柏林磅约合468克，2罗特约合29.3克）。但俄军6磅加农炮和 ¼ 普特独角兽炮所使用的近程霰弹弹丸重量实际上超过2罗特（参见附录）。

[144] *Anon.*《Observations sur les changemens qu'il paraîtrait utile d'apporter au matériel et au personnel de l'artillerie.》//*Le Spectateur Militaire*, Paris, t. 3, 1827, p. 136, 149.

[145] 《Записки А. П. Никитина》//Харкевич, *op. cit.*, вып. 2, с. 146; Михайловский-Данилевский, *Полное собрание сочинений*, т. 5, с. 262.

[146] Липранди И. П. *Материалы для Отечественной войны 1812 года*（《1812年卫国战争资料》）.СПб., 1867, с. 202, прим. автора **; Михайловский-Данилевский, *Полное собрание сочинений*, т. 6, с. 254.

[147] Михайловский-Данилевский, *Полное собрание сочинений*, т. 7, с. 85. 某个英军骑炮连在半岛战争中也完成了同样的业绩。I 连的拉姆齐（Ramsay）上尉在1811年5月5日的丰特斯奥尼奥罗（Fuentes de Oñoro）会战中指挥英军骑炮兵 I 连的2门火炮，在发觉法军骑兵将其包围后，拉姆齐就指挥炮组人员上马冲击，在英军骑兵协助下得以携带火炮突围，后来的一些记载则将参战兵力扩大到整个 I 连。参见 Lipscombe N. *Wellington's Guns*. Oxford: Osprey, 2013, p. 170-172）.

[148] Радожицкий, *op. cit.*, т. 2, ч. 3, с. 42.

[149] *М. И. Кутузов. Документы*, т. 4, ч. 1, с. 139; *Бородино. Документы...*, с. 79.

[150] Норов А. С. *Война и мир*, с. 30; Ратч, *op. cit.*//*Артиллерийский журнал*, 1861, № 10, ч. 3, с. 807-808.

[151] Митаревский, *op. cit.*, с. 95, 102.

[152] *Бородино. Документы...*, с. 184.

[153] Митаревский, *op. cit.*, с. 62-78.

[154] *Подвиги офицеров и солдат русской армии в сражении при Бородине. Сборник документов.* М.: 《Древлехранилище》, 2012, с. 172-173.

[155] Langeron, *Mémoires*, p. 253 n. 1.

[156] *М. И. Кутузов. Документы*, т. 4, ч. 1, с. 351.

[157] Митаревский, *op. cit.*, с. 131.

[158] *Поход ... в 1813 г.*, с. 188.

[159] Адамович, *op. cit.*, т. 3, с. 338.

[160] *Бородино. Документы...*, с. 183, 235.

[161] Богданович М. И. *История войны 1814 года во Франции и низложения Наполеона I, по достоверным источникам.* СПб.., 1865, т. 2, с. 63.

[162] Муравьев-Карский, 《Записки》 //*Русский архив*, 1885, кн. 3, с. 235.

[163] Митаревский, *op. cit.*, с. 39.

[164] Радожицкий, *op. cit.*, т. 1, ч. 2, с. 269-272.

[165] *Ibid.*, т. 1, ч. 1, с. 83-84; Митаревский, *op. cit.*, с. 85; Норов А. С. *Война и мир*, с. 38; Любенков, *op. cit.*, с. 47-48, 58.

[166] 《Записки полковника Карпова》 //*Труды Витебской ученой архивной комиссии*, кн. I, с. 15-16.

[167] Паскевич, 《Походные записки》 //*Харкевич, op. cit.*, вып. 1, с. 89.

[168] Муравьев-Карсский, 《Записки》 //*Русский архив*, 1885, кн. 3, с. 249.

[169] Plotho, *Der Krieg in Deutschland und Frankreich*, T. 2, S. 168.

[170] *Отечественная война 1812 года. Материалы ВУА*, Отд. 1, том 17, с. 285, 288, 296, 297; Михайловский-Данилевский, *Полное собрание сочинений*, т. 4, с. 257.

[171] Griois L. *Mémoires du Général Griois 1792-1822.* Paris, 1909, 2-e édition, t. 2, p. 36 (俄译文见：*Французы в России*, ч. I-II, с. 211).

[172] Meerheim, *op. cit.*, S. 84-85; Schreckenstein, *op. cit.*, S. 85-86, 92-93.

[173] Muralt, *op. cit.*, S. 62.

[174] Biot H.-F. *Souvenirs anecdotiques et militaires du colonel Biot, aide de camp du général Pajol: campagnes et garnisons.* Paris, 1901, p. 33.

[175] Allix de Vaux J.-A.-F. *Système d'artillerie de campagne.* Paris, 1827, p. 151-152.在法军的1791年条令中，" en masse" 意为"一个以排为单位的紧密营纵队，相邻两排的距离为1步"(*Règlement ... du 1er août 1791*, Titre IV (École de bataillon), Troisième partie, Art.6, p. 186)，但在法军文献中，这个词可以泛指任何一种密集纵队。

[176] Boulart J.-F. *Mémoires militaires du général Baron Boulart sur les guerres de la république et de l'empire.* Paris, 1892, p. 254.

[177] Martinien, *Tableaux*, p. 105-106.

[178] Thirion A. *Souvenirs militaires, 1808-1818.* Paris, 1892, p. 184-186; 相当不准确的俄译文见：Колюбакин Б. М. *1812-й год. Воспоминания офицера французского кирасирского № 2-го полка о кампании 1812 года.* СПб, 1912, с. 16-18 (译文称"霰弹在飞过我们头顶时罐体尚未开裂，它们并没有时间散布出丑陋的扇面"，然而，原文中并没有提到"罐体尚未开裂"，此外，众所周知的是，霰弹的白铁罐早在离开炮膛时就已裂开)。

[179] 《Из записок В. И. Тимофеева》//*Харкевич, op. cit.*, вып. 2, с. 178-179 〔该版本中的注释称：第一段中的"近卫炮兵"后来改成了"炮兵"，第二段中的陶贝后来改成了"炮群指挥官陶贝上校"。这指的是罗曼 · 马克西莫维奇 · 陶贝(Роман Максимович Таубе)上校，第2近卫重炮连连长，他在博罗季诺会战中受了致命伤〕。

[180] Okouneff, *Examen*, p. 341-342; 同样的内容见：*Considérations*, p. 268; 也见：Павлов И. В.《Полковник Христиан Иванович Дитерихс (памяти упраздненной артиллерийской роты). 1812-1814》(《赫里斯季

安 · 伊万诺维奇 · 迪特里希斯上校，1812—1814年（纪念已被裁撤的炮兵连)》) //Журнал ИРВИО, 1911, кн. 5, отд. III, с. 13.

[181] Вельяминов, *op. cit.*//Военный журнал, 1810, № 12, с. 48; Радожицкий, *op. cit.*, т. 1, ч. 2, с. 215-216.

[182] Ратч, *op. cit.*//Артиллерийский журнал, 1861, № 11, ч. 3, с. 849.

[183] Богданович, *История Отечественной войны*, т. 2, с. 167

[184] Жиркевич, *op. cit.*, с. 104; 同样的内容见：*Русская старина*, 1874, т. 11, с. 422.

[185] Радожицкий, *op. cit.*, т. 1, ч. 2, с. 215-216.

[186] *Ibid.*, т. 1, ч. 1, с. 78-79.

[187] Мешетич,《Исторические записки... 》//*1812 год. Воспоминания...*, с. 79.

[188] Ермолов, *Записки...*, с. 169; Радожицкий, *op. cit.*, т. 1, ч. 1, с. 118; Муравьев-Карский,《Записки》 //*Русский архив*, 1885, кн. 3, с. 233, 257;《Поход во Францию 1814 г. По неизданным запискам прапорщика лейб-гвардии Семеновского полка Ивана Михайловича Казакова》//*Русская старина*, 1908, т. 133, с. 534.

[189] 《Записки полковника Карпова》//*Труды Витебской ученой архивной комиссии*, кн. I, с. 29.

[190] Wilson, *Narrative...*, p. 54.

[191] Богданович, *История войны 1814 года*, т. 2, с. 63.

[192] 《Записки Н. М. Распопова》//*Русский архив*, 1879, кн. 3, с. 37; Любенков, *op. cit.*, с. 30.

[193] Митаревский, *op. cit.*, с. 85.

[194] *Ibid.*, с. 128-130.

[195] Ратч, *op. cit.*//Артиллерийский журнал, 1861, № 1, ч. 3, с. 45-46.

[196] Радожицкий, *op. cit.*, т. 1, ч. 2, с. 123, 203.

[197] Сипягин,《Арьергардные дела》 》//*Военный журнал*, 1818, кн. 3, с. 34.

[198] Württemberg, *Erinnerungen...*, S. 170-171（俄译文见：*Военный журнал*, 1849, № 3, с. 130）.

[199] 《Приказ Главнокомандующего 2-ю западною армиею князя Багратиона》(25 июня/7 июля 1812 г.)// *Генерал Багратион*, с. 180; 同样的内容见：*Военный сборник*, 1903, № 5, с. 268.

[200] Любенков, *op. cit.*, с. 23-24.

[201] 《Записка о войне 1812 года князя А. Б. Голицына》(《亚历山大 · 鲍里索维奇 · 戈利岑公爵关于1812年 战争的札记》) //*Военный журнал*, 1859, кн. 1, отд. 1, с. 13（同样的内容见：Военский, *op. cit.*, с. 68; *Бородино. Документы...*, с. 343）; 也见：Михайловский-Данилевский, *Полное собрание сочинений*, т. 4, с. 430.

[202] Муравьев-Карский,《Записки》//*Русский архив*, 1885, кн. 3, с. 249.

[203] Ларионов,《Использование артиллерии...》//*1812 год.К стопятидесятилетию*, с. 129, 131.

[204] Граббе,《Отечественная война》//Граббе, *Из памятных записок*, с. 86-87.

[205] Lejeune, *op. cit.*, vol. 2, p. 213-214（俄译文见：*Французы в России*, ч. I-II, с. 240-241）.

[206] Ларионов,《Использование артиллерии...》//*1812 год. К стопятидесятилетию*, с. 131.

[207] Митаревский, *op. cit.*, с. 66.

[208] *Ibid.*, с. 65-66.

[209] Okouneff N. A.《Mémoire sur le changement qu'une artillerie bien instruite et bien employée peut produire dans le systéme de la grande tactique modern.》//*Considérations*, p. 344-345.

[210] Дивов Н. А.《Из воспоминаний о 1812 годе》(《源于1812年回忆录的史料》) //*Русский архив*, 1873, кн. 2, 1336; 也见：Граббе,《Отечественная война》//*Из записок...*, с. 75.

[211] Жиркевич, *op. cit.*, с. 77-78（同样的内容收录在：*Русская старина*, 1874, т. 10, с. 654-655）; 也见：Норов А. С. Война и мир, с. 37-40.

[212] Харкевич, *op. cit.*, вып. 1, с. 73; *Бородино. Документы...*, с. 359.

[213] 拉я奥诺夫认为 "斯马金" 连是第22轻炮连，因为该连的嘉奖名单中有一位斯马金中尉，这一论 断看起来相当缺乏说服力，因为战报里提到的 "斯马金" 连是骑炮兵：Ларионов,《Использование артиллерии...》//*1812 год. К стопятидесятилетию*, с. 126.

[214] *Бородино. Документы...*, с. 210, 212.

[215] Липранди, *Материалы...*, с. 112-113.

[216] *Ibid.*, с. 116-118.

[217] 《Замечания И. П. Липранди》//Харкевич, *op. cit.*, вып. 2, с. 26-28.

[218] Михайловский-Данилевский, *Полное собрание сочинений*, т. 6, с. 253; Богданович, *История войны 1813 года*, т. 2, с. 274.

[219] *Anon.*《Observations sur les changemens qu'il paraîtrait utile d'apporter au matériel et au personnel de l'artillerie.》//*Le Spectateur Militaire*, Paris, t. 3, 1827, p. 136 no.1.

[220] Радожицкий, *op. cit.*, т. 1, ч. 1, с. 195.

[221] *Бородино. Документы...*, с. 89.

[222] Адамович, *op. cit.*, т. 3, с. 338.

[223] Богданович, *История войны 1813 года*, т. 1, с. 490; Богданович, *История войны 1814 года*, т. 2, с. 6-11, 106.

[224] Адамович, *op. cit.*, т. 3, с. 335.

[225] Михайловский-Данилевский, *Полное собрание сочинений*, т. 7, с. 160.

[226] Богданович, *История войны 1814 года*, т. 2, с. 115.

第十九章 高级战术

哈托夫在他出版于 1810 年的《战术通论》第二卷中提出了与军队组织和高级战术有关的若干观点。其中许多论点显然摘自 18 世纪的军事文献，它们反映的思想在拿破仑战争时期已然过时。哈托夫虽然提到过师，却并没有将它们视作独立作战单位，反而认为师只是整体作战序列的一个组成部分。[1] 关于如何运用预备队，哈托夫摘引了如下说法：

> 在极端绝望的情况下，受到冲击的军队必须依靠他的步兵预备队挽救局面，许多战例业已表明，步兵 [预备队] 在开阔、平坦的地带很少能够用于扩张战果，它在多数时候会用作掩护败军退却的预备队。因此，平地上的预备队应当由最优秀的骑兵组成，它的指挥官应当是最有决心、最具天赋的指挥官，因为他们必须在无望得到上级命令的情况下行事：要么加强用于冲击的部队，要么攻入敌军侧翼，用骑兵追击已被击溃的部队，为己方部队的重整争取时间……然而，在骑兵无法发挥优势的地段，特别是在防守阵地和攻击据点的过程中，为了轮换已被击退的步兵营或重新发起冲击，预备队无疑应当由步兵组成。[2]

这一论述反映出相当典型的线式战术时代特征，当时，几乎所有骑兵都要在军队侧翼编组成庞大集群，步兵预备队不仅人数相对较少，而且也被视作战况不利时的最后依托：预备队要么负责填补主战线缺口，要么替换某一地段里已经丧失战斗力的部队，要么在全面失利之际掩护大军退却。

在预备队已成为攻防高级战术中最重要工具的拿破仑战争时代，这种理论看起来显然已经过时。早在 1811 年，克劳塞维茨就主张在防御战中以如下比例配置预备队：如果有 4 个师参战，就要留下 2 个师作为预备队；如果有 5 个师，那就得留下 2—3 个师作为预备队。他还强调庞大的预备队在进攻战中也相当重要，它可以让进攻方反复冲击主攻地段。[3]

不过，哈托夫也提出了一些新思想，其中尤为值得一提的是如何在与法军作战时选择阵地：

> ……在应对法军战术时，如果选择了太过坚固的阵地，那反而会无利可图，只要军队侧翼能够得到障碍物或野战工事的保护，那就最好把军队部署在平坦、开阔的地域；而且阵地前方应当尽可能没有任何遮挡，为此就要将很长一段距离内的所有栅栏和篱笆清除干净，还要将农田悉数焚毁，以免给敌方散兵提供掩蔽物。[4]

哈托夫主张采用的战斗队形如下所述：第一线的步兵列成横队，第一线后方部署少量骑兵。第二线的步兵列成大纵队，每个纵队由一整个旅组成，余下的骑兵应当部署在第二线步兵之后。此外，第一线步兵前方还应当部署强大的炮群。

哈托夫解释说，这会迫使法军在开阔地上推进，使其受制于俄军的强大炮火。这样的话，法军就不能削弱某一部分兵力以增强局部地区兵力，也无法集中炮火轰击一点，反而只能沿着整条战线均匀分配步骑兵和炮兵。法军的散兵也没有地形地物可供遮蔽，如果他们敢迫近，俄军骑兵能轻易将其击退。如果法军步兵纵队迫近俄军阵地，俄军的第一线步兵将会以刺刀迎击法军，骑兵则从侧翼冲击法军纵队，这就会让法军陷入混乱。哈托夫指出，这样的情况在1807年战局中曾多次出现。就算法军成功地突破了第一线，他们也会陷入全面混乱，届时，第二线将会冲击法军，第一线则退到第二线之后。[5]

哈托夫选择阵地的主张的确对某些俄军将领和军官产生了影响。比如说，科诺夫尼岑将军的笔记中就有一个条目几乎是重述了上文引用过的哈托夫的说法：

> 在对付法军的时候，太过坚固的阵地反而不会带来什么好处，只要能够保障侧翼安全，那就最好把军队部署到平地和开阔地上……而且阵地前方应当尽量无遮无挡，为了实现这一点，就要把前方很长一段距离内的栅栏和篱笆清理干净。[6]

不幸的是，该书作者在刊布这段文字时并未指出科诺夫尼岑在何时写下的这个条目。考虑到科诺夫尼岑在 1812 年之前始终未能与法军交手，他因此有可能从哈托夫书中摘引了这一说法，当然也有可能是他和哈托夫引用了同一份材料。

可以注意到一点，巴克莱在记载 1812 年战争中第 1 西方军团作战行动时认为察廖沃 - 宰米谢（Царево-Займище）阵地利于防御，但他仅提出了下列说法作为论据：

> 军队可以在制高点上排成数道战线，也不会延伸得太宽，前方是一片开阔地，敌军无所遁形。[7]

有位匿名作者在 1810 年《军事期刊》上发表了一篇文章，建议在第一条步兵战线之后配置一定数量的骑兵。他指出，即便是在第一线成功击退敌军的情况下，它本身也会陷入混乱，届时，第二线的行进速度并不能快到及时赶来帮助，而当第一线被击溃时，要是它附近没有己方骑兵部队，就会面临敌军骑兵的严重威胁。他建议在第一条步兵战线前方配置若干散兵，如果地形有利于骑兵作战，就应当在第二线配置若干骑兵，如果地形不利于骑兵作战，则第二线仍为步兵。[8] 这里应当注意到，克劳塞维茨在 1811 年也设计了用于防御的基本战斗队形，他在第一线和第二线步兵之间同样部署了若干骑兵。[9] 然而，这样的战斗队形在实战——至少是大规模交战——中并没有得到广泛运用，事实上只能在某些小规模前卫战或后卫战中看到它。大会战中的基本战斗队形依然是将步兵列成两线或三线，骑兵则位于两翼或最后一条步兵战线后方。

另一位在同一期《军事期刊》上发表文章的匿名作者则指出士兵——特别是俄国士兵——在攻击中的表现远比防守中英勇，对敌军前线部队取得的任何初步胜利都会鼓舞官兵的士气，攻击令部队具备心理优势，所以他坚持认为，即便在防守态势下也有必要择机转入攻势。[10] 哈托夫也提出过类似的观点：

> 每个人都知道主动进攻要远比坐等对方进攻有利，为了在防御队形中保持自卫能力，应当在部署部队时使其能够在必要情况下脱离阵地，出其不意地打击敌军，以此挫败其意图。[11]

俄军在1812年战前并没有多少大规模演习，但师级演习频率倒是有所增加。以前文中提到过的科诺夫尼岑将军的1811年演习为例：参演部队分成两个分队，第一分队由切尔尼戈夫步兵团、科波尔耶步兵团、苏梅骠骑兵团的3个中队和6门轻炮组成，第二分队包括穆罗姆步兵团、1个混合掷弹兵营、苏梅骠骑兵团的2个中队和4门轻炮。两个分队相向机动，其中的骠骑兵需要特别关注前哨勤务，步兵则不论是在行进途中还是就位后，都要特别关注运用散兵掩护大部队。

科诺夫尼岑在演习前下达的命令（1811年8月26日/9月7日签发）规定"交战双方"的部队之间需要留出至少150步的间距，只有在骑兵冲击步兵时是例外，在这类场合中，骑兵需要贯穿步兵队形。如果某支参演部队能够以佯动迫使"敌方"转移阵地，或者在某一地段集中优势兵力对付"敌方"，又或者攻入"敌方"侧翼或截断其退路，那就可以判定该部队获胜。如果某部队以大体相当的兵力攻击某一地段，或者正面冲击炮兵，又或者在长途迂回中太过分散兵力，那就不会被判定为获胜。[12]值得注意的是，当1812年5月20日/6月1日的维尔纳军演结束后，沙皇亚历山大在谕令中将科诺夫尼岑的第3步兵师称作全军楷模。[13]

俄军在1811年组建了编制固定的军。每个步兵军下辖2个步兵师（每个军合计24个步兵营，但该数据并不包括混合掷弹兵营，它们要编组成独立的旅或师）。每个步兵军仅配备1个轻骑兵团——这一般是骠骑兵团（下辖8个中队），所以，与拿破仑的军相比，俄军的步兵军骑兵数量不足，如果没有得到额外增援，就无法独立行动。此外，每个步兵军还会配备1个骑炮连。俄军的骑兵军实际上是师级单位，不过它的兵力也的确相当雄厚。

1812年1月27日/2月8日，俄军印发了一本名为《作战部队大兵团管理规程》的手册，列出了军团司令享有的权利。手册规定，要像执行最高谕令一样执行军团司令的命令，也就是说，要把军团司令的命令当作沙皇的命令。司令有权剥夺任何人————不论其军衔如何——的指挥权，将任何人逐出军队，对任何人处以军法审判，审核军事法庭呈递的死刑判决书，将军士提拔为军官，最高可将军官提拔为上尉，还能颁发四级军功勋章、四级圣弗拉基米尔勋章、"勇气"剑，以及二级、三级圣安娜勋章。就连身处军中的皇室成员也要服从军团司令。只有当皇帝亲自出现在军中时，军团司令才会交出指挥权，不过，如果皇帝下令让军团司令保留指挥权，他就仍然能够继续指挥。[14] 因此，与前一时期相比，军团司令的权力大为扩张，他的权威也有所上升。

然而，俄军中仍然残留着相当严重的 18 世纪遗风。在 1810—1812 年间，俄军的团名单——一份步兵团名单、一份骑兵团名单——仍然按照团的资历排列。有关骑兵团名单的法令指出，之所以要编录这类名单，其目的就在于"让团在整体队形中按照名单列出的次序排列"。[15] 这一原则实际上与 18 世纪的传统相符，那时，组建时间较早的团会被认为资历较深，而在战斗队形中，每一条战线里的团都要根据资历深浅依次排列，团资历越老，它的位置就越靠右。

这里还可以摘引维特根施泰因将军在 1812 年为下属部队（原为第 1 步兵军，后来得到了各式各样的补充）编录的作战序列，它堪称保留 18 世纪传统的又一个典型案例。维特根施泰因的作战序列可以说具备典型的 18 世纪风格：军队由前卫部队、主力军（кор-де-баталь，该词源于法文词组 corps de bataille，意为军队主力）和预备队组成。主力军分为第一线和第二线，每条战线各由一位将领指挥。然而，俄军新近引入的师编制却基本上被忽略了。在 1812 年战局中，维特根施泰因得到了相当数量的援军，他也一再修订部队作战序列，但它的编组原则仍然没有改变：当维特根施泰因的部队分成几个独立纵队时，每个纵队也设有自己的前卫部队、主力军和预备队。[16] 这些作战序列的作者或作者之一就是维特根施泰因的参谋长伊万·伊万诺维奇·迪比奇（Иван Иванович Дибич）将军。

在 1812 年的第 3 西方军团和多瑙河军团中也可以见到类似情况。对规模相对较小的军团而言，这样的"旧式"编制或许比新的师编制更便于作战，这是因为军团里仅有几个师，如果军团司令打算以师为单位展开机动，他的军队就会（因为机动单位数量不足）变得不够灵活。在规模较小的军团中，抽调前卫、后卫或侧卫部队时只需动用师中的部分兵力，这是因为一整个师已经大到不适宜执行这类作战任务。不过，将步兵主力军分成两线，每条战线各由一位将领独立指挥的旧式做法可能会让战线间的配合变得过于复杂，如果军队拥有上万兵力，而且正面相当宽阔，军团司令就无法掌控整条战线，也很难在第一线需要增援时适时出动兵力。以维特根施泰因所部为例，它在第二次波洛茨克会战时已经拥有 50000 多人，这场会战的交战正面也相当宽阔。

博罗季诺会战中的各个步兵军在各条战线里左右相邻，所以在某个步兵军负责的地域内，前后两条战线都由军长统一指挥。至于步兵师，除了两个师以外，其余各师均将下属各团分成两线，这样，师长就能够相当迅速地管理下属部队。所以，库图佐夫直接指挥的部队的确在会战中使用了新的师、军编制。

尽管如此，这些部队仍然存在组织问题。在1812年，第1、第2西方军团在斯摩棱斯克会师后，甚至在库图佐夫直接指挥这两个军团时，它们仍然是由巴克莱和巴格拉季翁分别指挥且拥有独立总部的独立军团。[17] 直到俄军放弃莫斯科后，第1、第2军团才于9月16日/28日在塔鲁季诺大营整编成一个军团。

当库图佐夫进抵第1、第2军团时，它们正准备在察廖沃-宰米谢阵地展开会战，本书前文已经提到巴克莱认为它是相当适于防御的阵地。8月18日/30日，米洛拉多维奇率领14500名受过训练的新兵前来会合，他们被编组成若干个步兵营和骑兵中队（后来还有2000多名新兵抵达）。8月19日/31日，库图佐夫和巴克莱、巴格拉季翁决心将这些营和中队悉数解散，将军官、军士、老兵和鼓手派往正在组建新部队的卡卢加（Калуга），同时将新兵编入军中急需补充人员缺口的各个团。[18]

就在同一天，库图佐夫下令放弃察廖沃-宰米谢阵地，向格扎茨克（Гжатск）方向转移，因为俄军此前已在格扎茨克附近发现了一处适于防守的阵地。然而，库图佐夫决心继续撤出这块阵地，他希望能够在大会战之前让莫斯科民兵赶来会合。[19] 此外，博罗季诺会战前还有大约13000名士兵抵达军中，这些人中既有已经康复的伤病员，也有总警监米哈伊尔·伊万诺维奇·列维茨基（Михаил Иванович Левицкий）少将抓来的掉队人员和脱队劫掠者。[20]

在博罗季诺交战的两支军队人数大体相当，库图佐夫的军队在数量上稍占优势，但这当中包括大约17000名因缺乏实战经验而被分配到各个团里的新兵，此外还有7000名在大会战中用处不大的哥萨克和20000多名民兵。只有一小部分民兵装备了步枪，其他人则只有长矛和斧头，而且所有民兵都没有得到充分训练，因而事实上无法承担作战任务。他们要么被派到炮兵里管理车马，要么用于帮助转移伤员，要么留在队列中，事实上没有参与战斗。因此，拿破仑在老兵和正规军方面拥有显著的人数优势，他在正规骑兵方面的优势尤为明显，法军拥有超过 27000 名正规骑兵，而库图佐夫的正规骑兵仅有 17500 人。不过，库图佐夫在火炮数量上还是占据优势：俄军拥有 624 门火炮，法军则仅有 587 门。

库图佐夫在他于 8 月 23 日 /9 月 4 日呈递给亚历山大一世的报告中将博罗季诺阵地称作"能够在平地上找到的最佳阵地之一"，但也提到左翼阵地较为薄弱。[21] 巴克莱后来指出，俄军的博罗季诺阵地中部（他的第 1 军团就位于中部）和右翼都不错，但左翼却无遮无掩，而且周围环绕着树林，林地和阵地间的距离仅有步枪射程。[22] 后来，本尼希森认为博罗季诺阵地总体而言相当脆弱，这是因为阵地前方的所有溪水、河流都可供徒涉，两翼也没有得到天然屏障的保护。[23] 克劳塞维茨解释说，总的来说很难在俄国的这一地区找到适于防御的阵地：

> 有的地方沼泽庞大，有的地方树木众多，因而很难发现适于大规模部队构筑阵地的场所。在森林已被砍伐的地方，比如说斯摩棱斯克和莫斯科之间，土地过于平坦，没有明显的山岭，没有深邃的峡谷，田地也是敞田，因而军队可以轻易通过。村落的建筑物由木头制成，因而并不适于防御。此外，我们还必须补充一点，由于到处都散布着小树林，便于瞭望的地方也相当少。[24]

因此，防御阵地的选择余地相当小，就算博罗季诺阵地存在种种缺陷，俄军也只能将就。利普兰季在 19 世纪 60 年代写道：

> ……就算人们把种种缺陷归结到博罗季诺 [阵地] 头上，可从察廖沃 - 宰米谢——库图佐夫在这里与军队会合——到莫斯科，再没有一处阵地能够比博罗季诺更适合我们了。[25]

俄军在博罗季诺的阵地形状如何？修建舍瓦尔季诺多面堡的目的又是什么？关于这些问题存在多个版本的解释。

根据第一个版本的说法，俄军的阵地起初是一条直线。科洛恰河陡峭的河岸很好地保护了俄军右翼，但左翼却没有得到任何地形地物的掩护，而且谢苗诺夫斯基溪那深深的溪谷就位于左翼后方不远处。于是，俄军在舍瓦尔季诺村附近的左翼地段修建了一座坚固的多面堡。库图佐夫在 8 月 24 日 /9 月 5 日视察了俄军阵地，下令折回左翼，将第 2 军团的主力部队部署在溪谷后方，并着手修建野战工事（它们后来被称作巴格拉季翁箭头堡群）以便巩固新阵地。在俄军调整阵地后，舍瓦尔季诺多面堡就凸在新阵地前方，而且距离新阵地太远，所以，这座多面堡变得毫无用处，俄军不得不将其放弃。然而，敌军对俄军后卫紧追不舍，以至于俄军没有足够时间让部队撤下来转移到新阵地上。这样，俄军便有必要坚守多面堡一段时间。于是，双方就在 1812 年 8 月 24 日 /9 月 5 日发生了激烈的大规模交战，此战一直持续到日落，让第 2 军团相当一部分兵力卷入战斗。这个版本出自库图佐夫呈递给亚历山大一世的战报，身处右翼的第 1 军团将领和军官也主要秉持此说。[26]

在这个版本中，部队的初始位置看起来颇为奇怪：左翼既没有得到天然屏障的保护，还能让敌军轻易地迂回包抄。不过，这块阵地可能是由第 1 军团时任军需总监托尔上校选定的，或者说他至少在挑选阵地过程中发挥了重要作用，可此人本来就是以选择阵地和部署军队时的敷衍塞责闻名，而他的固执更是声名远扬。

达维多夫、日尔克维奇和第 2 军团军需总监米哈伊尔·斯捷潘诺维奇·维斯季茨基（Михаил Степанович Вистицкий，此人在库图佐夫到任后开始兼任第 1、第 2 军团军需总监）声称托尔原先将侧翼部队放在距离多罗戈布日（Дорогобуж）不远的地方，预备队则几乎位于敌军战线后方。有人向托尔指出问题后，他便着手调整了阵地。新阵地接受了巴克莱和巴格拉季翁的验收，巴克莱则向托尔提出了意见，指出有一座高地已经离右翼阵地近到足以让敌军在高地上部署炮群轰击第一线的地步，可高地离阵地又不算太近，而且有湖面将高地和阵地分隔开来，因而出动部队占据高地也没有什么意义。叶尔莫洛夫和勒文施特恩表示，托尔以其固有的直率——这已近乎尖锐——回应巴克莱，表示自己找不到更好的阵地，而且他也不知道如何创造阵地，此外，他同样找不到自然条件比博罗季诺更适合自己设想的地方。维斯季茨基、格拉贝、勒文施特恩和达维多夫则表示巴格拉季翁当场训斥了托尔，甚至威胁要给他"白背带"或"白十字",也就是把他降为普通士兵（某些记载混淆了这两件事，或把它们编排成一件事）。[27]

第2军团的某些将领和军官则就舍瓦尔季诺多面堡的用途给出了另一个说法。第2军团参谋长圣普列斯特将军（为俄军效力的法国人）声称俄军之所以要修建这座多面堡，只是为了监视敌军运动并协助后卫部队退却。第2军团军需总监维斯季茨基将军则表示修建这座多面堡的目的在于阻击敌军一段时间，就算部队撤离，俄军也没有必要转移阵地。[28]俄国军官布图尔林在他用法文写成的《1812年战史》中得出如下结论：俄军修建这座多面堡是为了监视敌军针对俄军左翼的运动，并干扰敌方纵队的行进，这种说法事实上是杂糅了圣普列斯特和维斯季茨基的观点。[29]

曾在1812年供职于拿破仑总部的法军将领珀莱后来读到过布图尔林的书，他指出监视敌军的应当是骑兵而非多面堡，而且舍瓦尔季诺多面堡也没有起到干扰拿破仑军队行进的作用，因为法军先头部队在第一轮进攻中就将它拿下了。[30]因此，圣普列斯特和维斯季茨基的版本看起来无法令人信服。它完全无法解释为什么俄军要在舍瓦尔季诺鏖战许久，也不能说明为什么要将这么多部队投入战斗：如果只是要掩护后卫部队退却，那显然没有必要这么做，因为后卫当时已经与主力会合。根据第一个版本，俄军的阵地原先几乎是平直的，舍瓦尔季诺多面堡的修建目的就是保护紧靠在多面堡后方的左翼阵地，它能够更好地解释事态发展。

会战前一天（8月25日/9月6日），俄军阵地再度发生变化。利普兰季表示，第一条战线前方250沙绳（约534米）处有一座土岗，日后闻名遐迩的拉耶夫斯基炮垒〔拉耶夫斯基炮垒在这场会战中被称作舒尔曼炮垒，这个名字源于据守土岗的第26重炮连连长古斯塔夫·马克西莫维奇·舒尔曼（Густав Максимович Шульман，其德文名为古斯塔夫·丹尼尔·冯·舒尔曼（Gustav Daniel von Schulmann）〕就修建在这上面。直到那天为止，土岗上都没有部署重兵，当时只有几个步兵营和1个重炮连据守此地。

8月25日/9月6日，库图佐夫率领总部人员再度视察军队阵地。利普兰季听到他们就应当在土岗上修建何种工事和如何保护这一工事展开了讨论。本尼希森将军建议修建一座闭合多面堡（redoute fermée），也就是全封闭的土木

671

工事，他主张在多面堡中驻扎 2—3 个炮兵连和 4—5 个步兵营。托尔上校对此表示反对，他并不主张修建闭合多面堡，而是计划在土岗顶部修建一座拥有 18 门火炮的简易炮垒（炮垒向后敞开），此外还建议调整部队阵地，让第 6 步兵军左翼和第 7 步兵军右翼以土岗为依托。他表示部队并不能在关键时刻及时支援或增援闭合多面堡中的守军，如果敌军攻占多面堡，俄军会损失许多人员和火炮，而敌军随后就可以掌握这片战场的制高点。

许多将领支持本尼希森的计划。巴克莱后来还声称是他建议库图佐夫修建闭合多面堡。[31] 按照利普兰季的说法，库图佐夫在公开场合一言不发，后来却与托尔一同骑行，和将领们拉开了一段距离后私下谈了一段时间。由于俄军实际上修建了一座容纳 18—19 门火炮的简易炮垒或角堡，第 6 军和第 7 军侧翼也以土岗为依托，显然，这要么是因为库图佐夫还是倾向于托尔的意见（托尔于 1796 年毕业于军官武备学校，而库图佐夫当时正是这所军校的校长，1812 年，库图佐夫遇见托尔后感到很高兴，他将托尔当成了自己的第二参谋长 [32]），要么是因为库图佐夫并未做出决定，而是任凭托尔自行发号施令。利普兰季认为这是一个错误的决策，因为当敌军最终攻占炮垒时，俄军就得被迫在一片混乱中退回原有战线，还得面临敌军的猛烈火力和敌军骑兵的穷追不舍。他表示如果俄军采纳了本尼希森的建议，就会享有很大的优势，如果这座多面堡修建得很好的话，那么俄军的优势就会极大，因为强击多面堡的敌军如果从侧翼发起攻击，就会陷入混乱，还会把自己的侧翼暴露在位于多面堡后方的俄军面前。[33]

应当注意到，本尼希森的主张实际上与 1812 年战前出版的某些理论著作相悖。本书在有关炮兵的章节中已经提到伊万·格里戈里耶维奇·戈格利将军在一篇与炮兵战术相关的文章中建议不应当将炮兵部署在位于主战线前方的孤立工事里。他还指出，炮垒需要留出一两条可靠出口供炮兵退却。[34] 杰缅季·伊万诺维奇·波格丹诺夫在 1812 年是一名工兵少尉，他还参与了拉耶夫斯基炮垒的最终修建阶段，从他对炮垒的描述中可以看出，尽管有一道栅栏护住了炮垒后方，但栅栏上也留有两个出口。[35]

俄国军官也不主张围绕闭合工事展开消极防御。一位经验丰富的猎兵军官在他于 1810 年发表的文章中指出：守卫工事的士兵通常会在敌军抵达壕沟时就已丧失信心，尽管那其实只是真正攻击的起始点，守军在那一刻实际上拥有诸方面的优势。[36] 拿破仑战争结束后出版的一本军事手册解释了这一现象：守卫工事的士兵依靠火力阻击敌军，他们将胸墙视为自己的保护者，如果他们看到敌军并没有被自己的火力挡住，他们就会丧失信心，敌军士兵一旦出现在胸墙顶部，守军就会陷入溃逃。这本手册的作者认为，与其让沿着胸墙部署的部队守卫工事，倒不如让预备队肩负守卫职责。这是因为预备队的士兵知道他们的任务是反击敌军，所以他们依赖的是自己的刺刀，并不是火力或胸墙。[37]

本尼希森的意见看起来似乎错得很离谱。按照他的主张，多面堡既孤立，又无法让部署在它后方 500 米处的其他炮兵提供有效支援，敌军炮兵会抽出 100 门乃至更多的火炮集中火力打击它，它很快就会遭到摧毁和强击，继而不幸陷落，而远远站在多面堡后方的俄军步兵并不能及时发动反击并将其夺回。在部队前方修建孤立多面堡的想法或许源自 1709 年 6 月 27 日 /7 月 8 日的波尔塔瓦(Полтава)会战——利普兰季表示本尼希森在讨论中提到过波尔塔瓦。[38] 然而，波尔塔瓦会战中的瑞典军队极度缺乏弹药，因为无法充分运用炮兵，且 18 世纪初的炮兵在数量和质量方面都要远逊于 19 世纪初的炮兵。

事实上，敌军在实战中第一次强击拉耶夫斯基炮垒时出现了如下战况：尽管炮垒本身和紧靠其左右两侧的俄军炮兵火力十分猛烈，敌军步兵还是对炮垒发起了正面强攻，他们杀奔炮垒并冲进内部。[39] 然而，由于俄军部队离它足够近，而且可以轻松地从后方杀入多面堡，俄军很快就将它夺回。如果按照本尼希森的主张修建闭合多面堡，法军步兵或许不会那么迅速、轻松地从正面攻克多面堡，但俄军并没有时间去完成这样一座堡垒。利普兰季本人和其他目击者表示，就连简易炮垒工事也没有彻底完工，土墙不仅相当低矮，而且在战斗中很快就被敌军炮火摧毁。[40]

然而，第 2 军团的阵地变动和战前第 6、第 7 军靠近拉耶夫斯基炮垒在俄军的主战线上制造了一个惹人注目的突出部，按照叶尔莫洛夫的说法，这就形成了一条 "折射线"。[41] 因此，当敌军于当天早晨攻占博罗季诺村并着手准备进攻拉耶夫斯基炮垒后，随即让炮兵靠近了炮垒。符腾堡的欧根指出，部署在炮垒内部的俄军（帕斯克维奇的第 26 步兵师）承受了猛烈的交叉火力。[42]

俄军的左翼较为薄弱，它并没有得到地形地物的充分保护，而且旧斯摩棱斯克大道（从斯摩棱斯克通往莫斯科）就从俄军最左端的部队旁绕过。会战前一天，本尼希森将军计划将第1军团的第2、第4步兵军从右翼——科洛恰河可以很好地保护右翼——转移到中央，这样，除了由第3步兵军和第5（近卫）步兵军组成的预备队外，这两个军也能做好增援第2军团的准备。[43] 按照巴克莱的说法，他计划让两个军团向左平移，让他的第1军团据守戈尔基村和箭头堡群间的阵地（包括戈尔基村和箭头堡群在内），第2军团则转移到旧道上。[44] 巴克莱显然是希望继续指挥自己军团里的所有军，但在面对拿破仑这样完全有可能在俄军转移途中发动突袭的大敌时，让整支军队在敌军面前向一侧平移会带来极大的危险。此外，旧道上也没有足够的空间可供第2军团展开。

库图佐夫并未采纳本尼希森和巴克莱的计划，他只是将第3步兵军从预备队中抽出，将它部署在旧道上作为俄军的最左端。尽管这个军仍然属于第1军团，可这道命令却绕过巴克莱直接发给了军长，这让他产生了怨言。[45] 当天晚些时候，虽然第3步兵军已然抵达旧道，但本尼希森却亲自找到军长尼古拉·阿列克谢耶维奇·图奇科夫中将，命令他调整部队位置：将该军朝前移动，与巴格拉季翁的第2军团连为一体。图奇科夫起初表示反对，他指出这么做会导致第3步兵军离开适于防御的阵地，进入难以据守的低洼地带，但本尼希森以库图佐夫参谋长的身份发布命令，图奇科夫也只能遵命行事。本尼希森的这一举动并未告知库图佐夫，后者直到会战结束后很久才得知此事。[46] 就算本尼希森做出了正确的调整，这个战例也表明两大军团的新指挥架构仍然无法顺利运转。总的来说，博罗季诺会战中的俄军部队在横向和纵向上都太过密集：最后一条步兵战线在骑兵军的第一线之前300—400步处，最后一条骑兵战线则在预备队（近卫军）之前不到1000步处。[47]

库图佐夫和巴克莱·德·托利都在战前发布的命令中要求部队尽可能久地保留预备队，并强调此事至关重要。[48] 巴克莱还告诫部队，如果在敌军溃逃时追得太远，己方部队就会面临危险，部队需要与友邻部队靠得足够近以便及时获得支援。[49] 会战当天早晨战斗打响之际，巴克莱身处坐落于戈尔基村前方的一座炮垒中，而炮垒又位于第4、第6步兵军之间，库图佐夫在多数时候待在第6步兵军后方某地，距离该军最后一条战线有将近1俄里（约1千米）远。[50] 巴格拉季翁则可能是在谢苗诺夫斯科耶村。

8月26日/9月7日早晨，敌军在会战开始后以巴格拉季翁的第2军团作为主攻方向。守卫谢苗诺夫斯科耶（巴格拉季翁）箭头堡群的是混合掷弹兵师，第2军团各团第2营（后备营）的掷弹兵连编成了三连制的掷弹兵营，混合掷弹兵师便由这些营组成。师长沃龙佐夫将军在他用英文口述的自传中简略地描述了该师在博罗季诺会战之初的表现：

[8月]26日一早，博罗季诺会战——毋宁说是博罗季诺屠杀——开始了。法军的全部兵力都对准我们的左翼，随之而来的就是攻击（由我师守卫的）箭头堡群。超过100门火炮朝我们轰击了一段时间，达武和奈伊这两位元帅麾下最优秀的法军步兵出动了大部分兵力，径直向我们开进。在经历顽强的抵抗后，我们的箭头堡群还是被敌军强攻得手，我们随后将其夺回，法军再度强攻，我军再度夺回，最终，由于敌军动用了极为强大的兵力，它们还是很快再度落入敌手。我在我们第一次夺回箭头堡群时被一发步枪子弹打伤了大腿，我那勇敢的师遭到了彻底的毁灭，将近5000名士兵中大约只有不到300名士兵和1名校官……[原文已省略]是毫发无伤或只受了轻伤，我军有四五个师在同一块土地上遭遇了非常相似的命运。[51]

实际上，在沃龙佐夫师战前的4059名军官和士兵中，有将近2500人战死或负伤，另有1200人出于种种原因被打散，后来才与该师余部会合。瓦西里·伊万诺维奇·季莫费耶夫设法集结了大约100名掷弹兵，让他们在自己的营（立陶宛近卫团2营）旁边列队。后来，他将其中50名掷弹兵派往最近的炮兵连补充兵力。[52]第27步兵师、第2掷弹兵师（第2军团的预备队，下辖6个掷弹兵团）、第4骑兵军和第2胸甲骑兵师也参与了围绕箭头堡群的战斗。

俄军有必要尽快增援守卫箭头堡群的部队。巴格拉季翁请求库图佐夫派出援军，但他并没有时间坐等他们抵达，于是就直接带走了能够在友邻部队防御地段找到的部队。根据拉耶夫斯基中将——他当时是第7步兵军军长，该军当时就位于日后以拉耶夫斯基命名的炮垒南侧、箭头堡群北侧——的说法，巴格拉季翁几乎带走了该军第二线的所有部队。[53]不过，笔者并不清楚第7军实际上到底有多少个步兵营赶赴箭头堡群。巴格拉季翁也要求第3步兵军（该军位于箭头堡群南面,据守旧斯摩棱斯克大道)军长尼古拉·阿列克谢耶维奇·图奇科夫中将派来一个步兵师。不过,图奇科夫军并不属于巴格拉季翁军团,而且图奇科夫和巴格拉季翁的私人关系也相当紧张,因此,图奇科夫起初拒绝了巴格拉季翁的要求,但后来还是把科诺夫尼岑将军的第3步兵师派往了箭头堡群,科诺夫尼岑师随后再度从敌军手中夺回堡垒。

离箭头堡群最近的预备队是第1军团的第5步兵军,近卫步兵师就隶属于该军。库图佐夫命令第1军团出动第1混合掷弹兵旅和3个近卫步兵团(伊斯梅洛沃团、立陶宛团和芬兰团)增援巴格拉季翁。库图佐夫,下达这些命令时又一次绕过了巴克莱。后者的副官勒文施特恩表示,巴克莱得知此事后大为光火,他亲自赶到库图佐夫所在地,直接表达了自己的愤怒。[54]

因此,俄军出现了一些并不尽如人意的现象:主战线上的部队在各个地段间来回转移,军和师被拆成若干部分,来自不同军的部队会在同一地段投入战斗,全军预备队的动用时间也太早。大举增援多面堡群的另一个后果就是在堡垒内部和后方、谢苗诺夫斯科耶村附近及南侧堆积大量部队。因此,这一地段的部队列成了前后几条战线,在敌方火力下蒙受了惨重损失。

依靠这些援军的帮助,俄军得以在该地段发起多次反击,坚守了相当长一段时间。可巴格拉季翁最终还是受了致命伤,箭头堡群也落入敌手,他的部队在一片混乱中被法军击退。由于许多将领非死即伤,从各个军、师中抽出的部队也使指挥架构变得混乱,俄军的确很难恢复秩序。不过,在3个近卫团的帮助下,俄军还是稳定了局面,为重整其他部队争取了时间。科诺夫尼岑将军率先接过了左翼部队指挥权,后来,库图佐夫又让德米特里·谢尔盖耶维奇·多赫图罗夫中将离开他的第6步兵军,转而指挥俄军左翼。

与此同时,法军也对拉耶夫斯基多面堡发动了第一轮攻击并将它拿下。巴克莱第1军团的参谋长叶尔莫洛夫表示他被库图佐夫派往左翼整顿炮兵,可他在骑行途中注意到敌军已经攻占了拉耶夫斯基炮垒,而俄军正在一片混乱中退却。根据叶尔莫洛夫的说法,他找到了由弗列贡特·帕夫洛维奇·杰米多夫(Флегонт Павлович Демидов)少校指挥的乌法步兵团第3营(该团隶属于第6步兵军第24步兵师,该师位于戈尔基村和拉耶夫斯基炮垒之间),并亲自率领该营发动反击。在邻近炮垒的一条冲沟里,叶尔莫洛夫又发现了第18、第

19、第 40 猎兵团，于是命令它们和乌法团一道发起刺刀冲击。俄军迅速夺回了炮垒，杀死了许多敌军士兵，余下的敌军不仅被击溃，还面临俄军的追击，法军第 30 战列步兵团团长夏尔 - 奥古斯特 - 让 - 巴蒂斯特 - 路易 - 约瑟夫·博纳米（Charles-Auguste-Jean-Baptiste-Louis-Joseph Bonamy）将军被俘（根据各类记载，博纳米身负 12—20 处刺刀伤，但他不仅活了下来，甚至还能站立不倒）。[55] 第 18 猎兵团的佐洛托夫（Золотов）上士（此人后来转入第 34 猎兵团）因为活捉了这位法军将领而晋升为少尉。[56]

巴克莱的副官勒文施特恩却声称实际上是他率领托木斯克步兵团（该团和乌法步兵团属于同一个师）的一个营率先冲向多面堡，叶尔莫洛夫只是率领其他部队跟在后面。勒文施特恩还表示是他亲自挥刀砍倒了博纳米将军。夺回炮垒后，叶尔莫洛夫拥抱了他，表示他一定能拿到圣格奥尔基勋章。可叶尔莫洛夫后来在战报中并没有提到他，反而把自己描述成主动投入战斗、率先带领部队夺回炮垒的人。[57]

然而，不管叶尔莫洛夫和勒文施特恩在战斗中表现得多么英勇，这都只是反击战全局中的一部分而已。根据拉耶夫斯基将军的回忆和一份战报，第 26 步兵师师长帕斯克维奇少将在炮垒右侧反击敌军，第 12 步兵师师长瓦西里奇科夫少将也在炮垒左侧发起反击。[58] 帕斯克维奇则提到第 19、第 40 猎兵团从右侧进攻炮垒。[59] 因此，夺回炮垒的作战行动可以说是临时安排的，参战部队也来自多个军。

甚至早在夺回炮垒之前，第 2 步兵军军长巴格胡夫武特中将就已奉命率部从俄军右翼赶往左翼，正当这个军（它将猎兵团和炮兵留在科洛恰河一线的阵地上）在主战线后方行进时，敌军攻陷了拉耶夫斯基炮垒，此时，根据他从巴克莱·德·托利那里接到的新命令，巴格胡夫武特让他麾下两个师中的一个（符腾堡的欧根少将指挥的第 4 步兵师）改变行进方向，转而前往炮垒，随后亲自率领另一个师〔扎哈尔·德米特里耶维奇·奥尔苏菲耶夫（Захар Дмитриевич Олсуфьев）中将的第 17 步兵师〕继续向左行进，帮助只剩下一个师的图奇科夫守住了旧斯摩棱斯克大道。

第 4 步兵师未能及时参与夺回拉耶夫斯基炮垒的战斗，但它还是协助守军稳住了炮垒以南地域的形势。随后，第 4 步兵师一分为二：两个团留在战线中央,另两个团在符腾堡的欧根率领下前往左翼与巴格胡夫武特会合。[60] 这样,第2步兵军就被拆分成多个部分,其中几个步兵团纵贯了整个战场,也就是从战场的最右端赶往最左端,其行军全程约为7千米。这种情况也显然无法令人满意,其原因在于部队战前部署不力,因而被迫从会战起始时就不断转移。

敌军在攻占箭头堡群后又设法越过了谢苗诺夫斯基溪,在谢苗诺夫斯科耶村附近的高地上获得了一个立足点。此后,俄军阵地的外形就变得越发弯曲了,位于拉耶夫斯基炮垒附近的部队更是承受了越发猛烈的交叉火力。[61] 敌军开始着手准备对多面堡发动下一轮强攻。就在此时,俄军第1骑兵军和哥萨克对拿破仑左翼的袭扰发挥了作用,敌军的准备工作不得不推后。这给了俄军恢复部队秩序、将预备队投入必要地点的些许时间。

最终,敌军还是对拉耶夫斯基炮垒发起了第二轮强攻。敌军骑兵的大规模冲击将炮垒后方的俄军部队钉在原地,使其无法发动反击。那时的炮垒已然遭到炮火重创,其程度严重到法国和萨克森胸甲骑兵能够冲击堡垒并成功突入其中,不过,这些胸甲骑兵随后被部署在堡垒后方的俄军依靠火力击退,最终拿下多面堡的还是法军步兵。[62] 当法军最后一次进攻炮垒时,俄军给守卫它的步兵发布命令,要求他们在得到特定命令后再开火。步兵在等待命令时沿着胸墙坐在堡垒里,堡垒内部还配置了两支规模较小的预备队。[63] 炮垒再度沦陷后,它的最后一位捍卫者——第6步兵军第24步兵师师长彼得·加夫里洛维奇·利哈乔夫(Пётр Гаврилович Лихачев)将军也沦为战俘。

敌军在攻占拉耶夫斯基炮垒后出动大批骑兵冲击俄军,但双方展开了一场激烈的骑兵战,敌军骑兵最终被俄军击退。法军步兵也打算出击,但同样撤回到炮垒内部。根据克劳塞维茨的目击记录,双方的军队此时都已筋疲力尽:

> 步兵集群已经损失到这种地步,投入战斗的兵力或许都不到原始兵力的三分之一,其余兵员或死或伤,余下的要么后送伤员,要么在后方集结。简而言之,战线上遍布着巨大缺口。尽管双方炮兵为数众多,火炮就有2000门之多,可此时却只能听到零星的炮声,而且就连这些炮声似乎也不是原来那种有力的轰鸣声,反而让人听出了无力和嘶哑。骑兵几乎在各处接管了步兵阵地,以疲乏的快步发起进攻,他们来回奔驰,

轮流争夺野战工事 [Schanzen]。[64]

直到此时，俄军仍然据守着戈尔基村所在的高地。法军将领珀莱写道，在拿破仑的部队进占巴格拉季翁箭头堡群和拉耶夫斯基炮垒后，位于戈尔基（Gorki/Горки）村附近的俄军炮垒便能够纵射很大一部分战场，而且能够痛击（foudroyaient）任何一支从现有占领线继续向前推进的法军。根据珀莱的说法，拿破仑打算夺占这些炮垒，大约下午 4 时，他亲自上前侦察敌情。他离俄军阵地非常近，近到不仅遭遇了俄军炮火，甚至身处俄军散兵的火力范围之内。然而，他的总参谋长路易 - 亚历山大·贝尔蒂埃（Louis-Alexandre Berthier）元帅和近卫骑兵指挥官让 - 巴蒂斯特·贝西埃（Jean-Baptiste Bessières）元帅还是说服拿破仑放弃了夺占炮垒的打算。[65]

到了这时，俄军余部已经在拉耶夫斯基炮垒和谢苗诺夫斯科耶村后方近几百步处的新阵地上就位。尼古拉·阿列克谢耶维奇·图奇科夫将军受了致命伤，接替他指挥俄军左翼的巴格胡夫武特将军也被迫率部后撤，与左翼部队会合。敌军虽然打算追击他，但还是被俄军的反击和炮火击退了。这是当天的最后一场大规模交战，但炮击还会持续几个小时之久。

会战结束当晚，库图佐夫派人传信给巴克莱和多赫图罗夫，其内容如下所述（写给多赫图罗夫的字条由库图佐夫口述，米哈伊洛夫斯基 - 丹尼列夫斯基执笔）：

> 从敌军的所有作战行动中，我看出敌军在此战中的受损程度不下于我军，因此，鉴于我军已经开始与敌军交战，我决心在夜间整顿全军秩序，为炮兵补充弹药，明日继续展开会战。因为在现在的混乱状况下，任何退却都会导致我军丢失所有火炮。[66]

正如勒文施特恩和利普兰季所说，俄军中没有一个人认为这场会战已经失败。[67] 多赫图罗夫将军后来告诉米哈伊洛夫斯基 - 丹尼列夫斯基，表示他当时认为俄军已经取得此战胜利。[68] 库图佐夫也在当夜传令全军，告知他们将会在明天攻击敌军。[69] 根据叶尔莫洛夫的说法，官兵们欣然接受了这道命令。[70]

巴克莱写道，正当部队准备次日再战之际，突然又传来了后撤的命令。[71]

博罗季诺战后的退却原因是什么？亲历者们对此说法不一。叶尔莫洛夫和参谋亚历山大·安德烈耶维奇·谢尔比宁（Александр Андреевич Щербинин）写道，促使库图佐夫决心撤退的主要原因是左翼的战况，因为法军可以沿着旧斯摩棱斯克大道径直深入俄军后方，而且俄军也朝后退得太远了。[72] 利普兰季指出，俄军在当晚11时抓住了一名拜恩骑兵上校，他被带到俄军总部后供述拿破仑的近卫军并未投入战斗，它依然完好无损，这就是俄军退却的主要理由。[73] 库图佐夫本人则在呈递给亚历山大一世的第一份简报中解释说，由于俄军在此战中损失惨重，对剩余部队而言，原有的阵地已经变得太宽了。[74] 亚历山大·鲍里索维奇·戈利岑曾在1812年担任库图佐夫的传令官，他声称库图佐夫只是出于政治考量才宣称要在次日继续作战，但他实际上并不打算这么做，只是等待能够让他宣布撤退的战报，一旦他接到这些战报，就立刻下令后撤。[75]

俄军实际上已经在博罗季诺会战中打得筋疲力尽。截至傍晚时分，俄军仅有位于中部的2个近卫团（普列奥布拉任斯科耶、谢苗诺夫斯科耶团，各辖3个营）、位于右翼的4个猎兵团（8个营）[76] 以及6个炮兵连大体上完好无损（近卫军因炮火蒙受了轻微损失）。其余几乎所有单位都蒙受了惨重伤亡，步兵损失尤为严重，[77] 骑兵生力军也不复存在（尽管第1骑兵军损失相对较小），许多将领和军官非死即伤。第2军团的损失尤为惨重，各个军和师的下属单位混在一起，有的军、师实际上已被打散。

位于中央和左翼的俄军已被压迫到森林方向，这令据守阵地变得相当危险，因为只要敌军设法迫使俄军稍作退却，俄军就会被挤入林地，彻底陷入混乱。尽管俄军有必要攻击敌军，可在损失了这么多将领和军官后，它已经几乎不能成功完成机动，按照巴克莱的说法，俄军仍然可以展开防御，但并不能向前推进。[78]

米哈伊洛夫斯基-丹尼列夫斯基写道，当天深夜，就在库图佐夫计划次日攻击敌军之际，他亲耳听到了库图佐夫的话，就算俄军取得胜利，可在随后需要继续朝前推进时，俄军仍会面临极大的困难，正如库图佐夫所说："因为我们的部队还不能很好地展开机动（parce que nos troupes ne sont pas assez manoeuvrières)." [79] 因此，库图佐夫认为俄军的大规模机动能力仍不足以保证它发起长途冲击。

某些将领和军官指责库图佐夫在会战当天不够活跃，他离前线很远，而且几乎在原地待了一整天，尽管听取了战报，却几乎没有掌控会战进程，只是采纳或拒绝将领们提出的建议。有趣的是，在拿破仑的军队中，某些将领和军官同样以此为由指责拿破仑，有些人甚至认为这并不是典型的拿破仑式举动，还打算以拿破仑生病为由解释这一现象。

然而，这两种指责都没有依据。另一些目击者明确指出，拿破仑牢牢把握着会战进程，他给元帅们下令，派出将领重整败军，还在必要时亲自决定投入预备队。一些俄方目击者指出，库图佐夫也是如此指挥。根据米哈伊洛夫斯基-丹尼列夫斯基的说法，他在当天多次传达库图佐夫的命令，库图佐夫亲自做出全部重要决策，如果他没有主动征求意见，就没有人胆敢提出建议。[80] 勒文施特恩和谢尔比宁提到库图佐夫听取将领和副官带来的报告，给他们下令，并做出投入预备队的决策。[81]

直接操控会战进程的则是巴克莱·德·托利、巴格拉季翁——后来换成了多赫图罗夫、本尼希森和托尔。叶尔莫洛夫写道，巴克莱在博罗季诺会战中出现在最危险的地方，他亲自观察所有战事并指挥部队。[82]

库图佐夫请求亚历山大一世为在会战中表现优异的本尼希森和巴克莱授勋。[83] 库图佐夫本人则被晋升为元帅。

博罗季诺会战结束后，俄军试图在莫扎伊斯克和莫斯科之间找到新的阵地，可最终也没有找到一处良好阵地，因而只得决定放弃莫斯科。战局在几场后卫战后进入间歇期，拿破仑停留在莫斯科，俄军则在塔鲁季诺建立大营。1812 年 9 月 16 日 /28 日，第 1、第 2 西方军团就地整编为一个军团。[84] 大批受过训练的新兵也抵达塔鲁季诺大营，为各个团补充了人力。

拿破仑的前卫部队在缪拉元帅指挥下朝着塔鲁季诺方向推进，但他只是将部队驻扎在距离俄军不远的地方，并没有做出任何积极举动。某些俄军将领开始劝说库图佐夫出动重兵突袭这支前卫部队。库图佐夫虽然勉强同意，却没有亲自指挥这次作战行动，而是将指挥权交给本尼希森，根据某些亲历者的说法，库图佐夫非但没有为此战的胜利做出贡献，反而还带来了阻碍。

在 1812 年 10 月 6 日 /18 日的塔鲁季诺或温科沃（Winkowo/Винково）会战中，由缪拉元帅指挥的法军前卫部队遭遇俄军突袭，它本该被歼灭，但俄军参战部队中只有一部分及时抵达预定地点。自相矛盾的命令拖延了第 2 步兵军的行程，该军的部分人马和第 4 步兵军在树林里迷了路，抵达战场的时间远远迟于预定时刻。[85] 由由于己方因素的影响，俄军的作战计划并未落实，只能分批投入战斗，缪拉所部虽然损失惨重，扔下了许多战利品，可还是能够让部队主力大体安全地撤离战场。另一方面，俄军也蒙受了不少损失，那些在会战之初就分批投入战斗的部队损失尤为巨大。

因此，这场作战行动表明俄军的将领和部队还不具备顺利完成大规模机动的能力。[86] 根据勒文施特恩的记载，此战结束后，他听到库图佐夫对叶尔莫洛夫说：

> 您嘴里只有一个词：进攻！进攻！您并不理解我们还没有成熟到这个地步，合同运动 [mouvements combinés] 仍然超出了我们的能力，总的来说，我们并不了解如何机动 [nous ne savons pas manœuvrer]。今天就证明了这一点……[87]

在 1812 年战局中，特别是在博罗季诺会战中，俄军士兵再度表现出他们的优良品质：在防御中表现得坚韧、顽强。[88] 第一次波洛茨克会战中曾出现过短暂的战斗间歇，法军趁机突然集中兵力猛攻维特根施泰因麾下的小型军团中部。在此战中指挥法军的圣西尔将军写道，俄军士兵表现出了其他国家军人身上罕见的极度勇猛和无畏。俄军猝不及防，各个步兵营也被分割开来，但他们并没有陷入混乱。俄军异常缓慢地向后退却，展开了顽强的抵抗。按照圣西尔的说法，俄军的英勇创造了奇迹，他们之所以被迫退却，只是因为圣西尔麾下的 4 个步兵师全力以赴地发起猛攻。[89]

总的来说，俄军在 1812 年战局中的战斗方式与此前诸多战局差异不大。俄军在防御中会以猛烈的枪炮火力迎击敌军，当敌军迫近后，就动用步骑兵发动反击，将敌军击退，然后再返回原阵地。如果敌军设法迫使俄军撤离阵地，俄军就会发动反击，竭力夺回阵地。

俄军发动大规模攻势的频率并不高，而且在攻击中表现非常谨慎，几乎不会同时投入所有兵力。即便在战局第二阶段，当俄军着手追击法军时，俄方也很少使用大部队果断发起进攻，反而宁愿以炮击和带有威胁色彩的迂回包抄驱逐敌军。

当俄军有可能在斯摩棱斯克附近的克拉斯内截断拿破仑军队的退路时，战斗起初只是局限于炮击和局部冲击。库图佐夫担心遭遇失败、蒙受不必要的损失，因而极力避免决战。穆拉维约夫在这场战局中效力于库图佐夫麾下，根据他的说法，当库图佐夫的女婿尼古拉·丹尼洛维奇·库达舍夫（Николай Данилович Кудашев）上校率领一支小部队截断道路并请求增援时，库图佐夫吼道：

> 告诉他，立刻放弃自己正在做的事，把道路清理干净。他还是个娃娃，以为这是跟普通人交手，可他不知道前面有什么在等着他。我们对付的是拿破仑！不付出恐怖的代价不能挡住他那样的战士。对我们来说，把他赶出俄国，让他在逃跑途中毁灭就足够了。[90]

俄军最终利用敌军以多个孤立纵队——各纵队之间还留有巨大间隙——沿着道路行进的情况横跨道路设立阵地，在11月6日/18日截断了奈伊元帅军余部的退路。然而，俄军还是以被动方式投入战斗，他们等待敌军发起攻击，然后以前文所述的方式击退法军。[91] 不过，俄军的防御相当成功，反击也颇为猛烈，因此，奈伊军非但没能冲破俄军防线与拿破仑的主力会合，反而遭遇了惨败。库图佐夫军团的《作战日志》对此战的最后阶段描述如下：

> 浓雾掩盖了敌军纵队的人数，他们迫近到近程霰弹射程之内，冒着猛烈的火力疯狂地冲向我军炮群，可在距离[炮群]250步的地方，他们遭遇了所有炮群集体打出的、最残酷的霰弹火力。
>
> 与此同时，另一个敌军纵队前去增援上述纵队，帕斯克维奇少将指挥一个旅端起刺刀朝着它冲了过去，近卫枪骑兵[团]在该旅右侧，帕夫洛夫斯克掷弹兵[团]在该旅左侧[配合作战]，尽管面临着猛烈的会战

射击火力，他们还是打垮、歼灭了一切当面之敌。[92]

瓦西里·谢尔盖耶维奇·诺罗夫生动地描述了这一幕：

> 奈伊想要发起冲击，他将先头师列成密集纵队冲向我方炮群，霰弹
> 如冰雹般倾泻到法军头上，但他们那破碎的队列在行进中不断迫近，就
> 像英雄般闯入炮火。他们当中那些最勇敢的军官已经冲向了火炮，但就
> 在这时，我军最优秀的将领之一帕斯克维奇出动了奥廖尔步兵团，该团
> 以迅猛的刺刀冲击打垮了敌军先头纵队，其余纵队则被近卫枪骑兵在冲
> 击中击溃……法军陷入了溃逃。[93]

然而，俄军在击退奈伊部的冲击后并没有积极投入战斗，也没有彻底歼
灭这支实力薄弱的孤立敌军，奈伊设法在夜间率部绕过俄军阵地逃脱。由于这
次绕道途经森林和几乎冰封的河面，奈伊只能率领几百名幸存者与拿破仑的主
力军会合，一路上落在后头的其他人员大多被俘。

普鲁士在1812年战局末期退出战争，并在1813年年初与俄国结为同盟。
库图佐夫在1813年3月16日/28日逝世，维特根施泰因将军随后被任命为联
军总司令。他在1812年曾指挥过一个独立作战的小型军团，依靠一些中等程
度的胜利建立过功勋。维特根施泰因发现他的处境异常艰难：联军中的好几位
将军，比如说巴克莱、托尔马索夫、米洛拉多维奇和普鲁士的布吕歇尔，不仅
资格比他老，而且在经验和权威方面也胜过他；此外，联军总部里还有沙皇亚
历山大和普鲁士国王弗里德里希·威廉三世这两位君主。事实证明，维特根施
泰因并没有能力在这样困难的情况下成功指挥这么庞大的一支军队。

1813年新战局打响之际，联军打算攻击拿破仑麾下正在赶赴吕岑城的军
队。拿破仑的军队在行军途中拉得很开，而且并没有为大会战做好准备，就此
给联军打了个措手不及，可联军却没有立刻大举猛攻。根据罗什舒阿尔的说法，
维特根施泰因希望让所有普军都从俄军前方通过后再列成战斗队形，这本可以
在前一天完成，却让维特根施泰因当天浪费了3个小时。[94] 而在会战进程中，
联军添油式地渐次投入兵力，而且在兵力上占据优势的联军骑兵也没有得到有

效运用。联军的迟缓和法军的顽强抵抗给了拿破仑集中军队的时间，这导致联军在次日决心后撤。[95]

其后不久，联军开始据守包岑附近的防御阵地，随后又遭到拿破仑大军的进攻。尽管联军在这场会战中并没有面临决定性失利，可还是再度被迫撤退。然而，这些失利并没有动摇俄军士兵的战斗意志。费奥多尔·尼古拉耶维奇·格林卡在包岑战后写道：

> 在神圣的卫国战争和这场战局中，我们的士兵已经彻底习惯了长途跋涉和艰难险阻。他们在忍受饥饿和困窘时仍能保持乐观，在激烈的战斗中，在[敌人的]实心弹和榴弹打击下，依然能够在机动中保持极好的队形，即便在退却时也对胜利充满信心。最重要的是，我们的士兵一点都不再害怕法军。在5月3日的会战中，克恩上校想要轮换一条已经战斗了几个小时的散兵线，可散兵们喊道："不要轮换！只要补充弹药，我们就能打到晚上！"在[我军]骑兵发动的许多次冲击中，步兵会以跑步冲上前去提供支援，用刺刀彻底歼灭敌军纵队。[96]

普鲁士军官米夫林则注意到包岑会战中的俄军和普军在选择防御阵地方面观点并不一致：

> [我]头一次注意到俄军和普军的原则差异。在与拿破仑交战时，俄军不仅依赖密布原则[Massen-system，在最重要的地点集中大部队的原则]，而且也将整个军乃至军团聚成密集队形。
>
> 他们在博罗季诺让10个师前后纵深排列，并且认为这场会战的光荣战果就源于这种部署。
>
> 而在普军方面，这种部署无论如何都会被视为错误，而在对付曾是炮兵军官又拥有强大炮群的拿破仑时，这尤为糟糕，他深知如何去惩罚这种错误。
>
> 普军并不需要这类做法，因为我军的所有步兵在散兵战和瞄准射击方面都得到过良好的训练；而在俄军中，只有猎兵团才能展开散兵战，其

他所有步兵都对单兵作战一无所知。另一方面，我们普军特别强调利用阵地前方的障碍物保护阵地，因为敌军无法在不打乱队形的前提下通过障碍物，这样，我军就有机会在敌军抵抗能力最弱时发起攻击。

河流、溪水、沼泽和谷地是最适于防守的障碍物。可俄军并不理解这一点，因为在俄国的（草原）战场上很难找到这种强化防御的障碍物。

与此相反，俄军习惯于用野战工事强化防御，在选择阵地时也会考虑到这一点——这种做法对我们来说是陌生的，而且也应当继续陌生下去，因为我们的士兵并没有足够的体力在行军一整个白天之后还连夜修建防御工事。[97]

米夫林在一定程度上夸张了俄军在博罗季诺的队形纵深，他关于大部分俄军步兵无法散开作战、俄军不能利用地形地物的观点也太过武断，不过，米夫林总的来说还是准确地描述了俄军防御阵地的典型特征：阵地前方的地面平坦开阔，阵地上会修建野战工事，守军排列紧密，预备队距离前方战线也相当近。

米夫林运用障碍物的观点与克劳塞维茨在1811年提出的建议十分相似。克劳塞维茨认为，如果阵地前方存在河流、溪水和谷地，那就能够打乱敌军队列，迫使他们停下来重整队形。他主张在排兵布阵时以猛烈的火力笼罩这些障碍物，也就是说，如果拥有足够的炮兵，那么部队和障碍物的距离必须在霰弹有效射程（400—600步）之内，如果炮兵不足，那么就应当将距离缩短到步枪有效射程（150—200步）之内。应当将相当一部分兵力——总兵力的三分之一到二分之一——留在后方，随时准备发起刺刀反击。如果防御地段内兵力不足，那就只应当让散兵和炮兵直面障碍物，其余所有部队都要列成纵队，部署在后方大约600—800步处。此外，克劳塞维茨指出林地能够掩蔽敌军的动向，如果让部队侧翼或前方存在无人据守的树林，那就会犯下错误。[98]

之所以俄军和普军在选择阵地和部署军队时会出现差异，主要原因可能在于俄军指挥层在防御中主要依赖炮兵，因而竭力为炮兵提供最佳射击环境：在战线前方留出开阔且大体平整的坚实地面。此外，当时的俄军将领还确信法军散兵优于俄军散兵，而在遍布乔木、灌木和路障的地方，法军的优势就更为明显。普军则没有那么强大的炮兵，他们的12磅炮非常少，而且普军也坚信自己的步兵火力并不弱于法军，自己的散兵同样不比法军差，因此主要依赖步兵。也就是说，当敌军在翻越障碍物途中队形发生混乱，又发觉自己面临猛烈火力，普军就可以用散兵与横队展开射击，再用纵队发起反击。

应当注意到一点，尽管米夫林声称俄军将领和军官十分缺乏利用地形的经验，但俄军在实战中并非如此。俄军创造过诸多利用地形地物的有趣战例，尤为值得一提的是，俄军擅长让敌军误判己方军队规模。比如说，根据俾斯麦的说法，在 1812 年 8 月 4 日的战斗中，俄军后卫骑兵曾使用如下战术：这支骑兵的列队地点有能够掩蔽部队的小丘和树林。障碍物导致拿破仑的军官们无法侦察整条俄军骑兵战线。在他们看来，俄军的实力似乎十分强劲。走在全军前头、由缪拉指挥的拿破仑骑兵主力于是停下来与俄军对峙了几个小时，一直等到达武元帅的第 1 军抵达为止。其后不久，俄军骑兵开始退却。敌军这才发现小丘和树林后面根本就没有俄军骑兵，俄军只是在敌军能够看到的地段部署骑兵，让这些孤立部分形成"战线"。[99] 而在包岑会战中，米洛拉多维奇将军也运用过类似的战术，只不过欺敌规模有所扩大，正如他的副官格林卡所说：

> 米洛拉多维奇伯爵本该再派出几个团增援我军 [左翼]，可他却让步兵营和骑兵中队沿着坐落在 [敌军] 对面的高地拉长队形。众所周知，每个站在高地顶部的营在远处看来都像是一个纵队——这就是法国人所说的：表明我们人多势众（faire paraitre les masses）!……这种做法往往会让敌军放弃包抄侧翼的大胆想法。[100]

包岑会战结束后不久，维特根施泰因将军辞去了联军总司令职务，巴克莱被任命为俄军总司令。1813 年 7 月底 /8 月初，巴克莱在《部队行军、宿营、作战总教令》中规定：

> 1. 如果军队计划在选定的阵地上展开会战，就必须在进占阵地后遵循一条不可变更的原则：守卫阵地的第一线部队除非得到特定命令，不然绝不能离开阵地，就连敌军战败溃逃也不能动摇这一重要原则。
>
> 2. 追击敌军是第二线或预备队的职责，如果军队攻击敌军，应当确

立一条需要严格遵循的原则，将敌军逐出任何要点后，都要立刻在要点上部署炮群，用骑兵或轻步兵展开追击，但大部队应当立刻停下，在刚刚攻占的阵地上列队，这样，主官就始终能够在他认为有必要的情况下向大部队下达命令。队形严整是最有把握通往胜利的途径。

……

7. 会战中的命令必须得到最严格、最准确的传达和执行。无论如何，任何人都不能给不归他指挥的部队下令。[101]

如你所见，巴克莱认为，先头部队成功驱逐敌军后，不应当让他们继续追击逃敌，而要立刻重整队形。他显然是担心立刻投入追击可能引发混乱状况，因为只要敌军从后方战线和（或）预备队中抽出新锐部队，就能轻易击退陷入混乱的俄军。如此谨慎的战术的确能够让俄军更好地坚守己方阵地和新近夺取的敌方阵地，但也让敌军能够迅速、轻松地收拢溃败部队，继而着手重整。这是因为俄军起初只会动用轻步兵和骑兵，追击力度相对较弱，但需要动用第二线和预备队的猛烈追击则只能姗姗来迟——上述部队需要花费一定时间才能赶到前方。

巴克莱之所以会严格规定任何人都不得给不归他指挥的单位下令，其目的就在于遏制此前在俄军中广泛存在的做法：将领往往会认为自己有权直接向较为年轻的指挥官——哪怕此人并不在他麾下——下令。彼得罗夫讲过一件事，在吕岑会战结束后的联军撤退途中，由卡尔彭科少将指挥的 3 个猎兵团被编入后卫部队，投入阻滞敌军推进的战斗当中。当俄军撤到诺森（Nossen）镇附近的埃茨多夫（Etzdorf）村时，卡尔彭科将军命令彼得罗夫率领第 1 猎兵团据守通往德累斯顿的大道，在溪水流过的谷地边缘就位，然后赶往其他团。

按照彼得罗夫的说法，法军占据了谷地高耸、陡峭的另一边，在峭壁上架设了 4 门火炮，此后也没有继续向前推进。溪水畔有一座水力磨坊。但俄军猎兵并未据守磨坊的两座棚屋，因为这些建筑物非常脆弱，而且一旦法军占据谷地的峭壁，磨坊就处于法军步兵的有效射程之内。法军也同样没有据守棚屋。卡尔彭科离开半小时后，帕维尔·彼得罗维奇·图尔恰尼洛夫（Павел Петрович Турчанинов）少将指挥的一个俄军步兵旅从后方迫近彼得罗夫的阵地。他要求彼得罗夫派出猎兵进占磨坊，彼得罗夫表示他并没有从直接上级卡尔彭科将军那里接到相关命令，并解释磨坊并不利于防御，占领它也纯属徒劳。图尔恰尼洛夫声称要把彼得罗夫送上军事法庭，而后率领自己的旅赶往磨坊。

彼得罗夫将他的团交给另一位军官指挥，然后亲自找到卡尔彭科，向他报告了此前发生的事。卡尔彭科批准了他的决定。可等到彼得罗夫回来的时候，他看到磨坊已经燃起大火，四周还散布着俄军步兵的遗体。那位临时代替彼得罗夫行使职权的军官告诉他，法军先是用一轮霰弹迎击俄军步兵，而当俄军步兵进占棚屋并开火后，法军就用燃烧弹点燃了谷仓，迫使俄军离开棚屋，随后，法军在炮火之外又添上了步兵火力。于是，两个因此蒙受惨重损失的俄军步兵团就在一片混乱中溃退了。[102] 从彼得罗夫的描述中可以看出，图尔恰尼洛夫完全是自作主张，他只是想要自己获得荣耀，使猎兵蒙羞。要是彼得罗夫执行了图尔恰尼洛夫的命令，他就会徒劳地损失许多猎兵。幸运的是，和图尔恰尼洛夫这位上级的冲突并没有给彼得罗夫带来什么后果。此外还值得一提的是，这场后卫战——它发生于 1813 年 4 月 24 日 /5 月 6 日——的官方记载中根本就没有提及上述事件。[103]

另一方面，在某些场合下，将领主动给并不直属于他的部队下令也可能起到积极作用。比如说在库尔姆会战中的关键时刻，法军猛攻俄军步兵时，迪比奇将军就自作主张地让近卫龙骑兵团投入战斗（参见讨论 1810—1814 年骑兵的章节）。

奥地利和瑞典在夏季休战期间加入了联军。联军部队编组成 3 个主力军团，俄军部队则被分配到所有军团里。军团司令都是外国将领：奥地利元帅施瓦岑贝格、普鲁士将领布吕歇尔和原为法国元帅的瑞典王储让 - 巴蒂斯特 · 朱尔 · 贝纳多特（Jean-Baptiste Jules Bernadotte）。

休战结束后，施瓦岑贝格指挥的联军主力军团打算发起攻势，但由于犹豫不决和行动迟缓而在德累斯顿会战中遭遇失利：联军未能在拿破仑率领主力抵达前击败坚守德累斯顿的法国元帅圣西尔。拿破仑在大举进攻中击败联军，迫使联军撤退。

联军可以说是运气不错，他们的军团设法击溃了拿破仑麾下的几个独立集群。麦克唐纳元帅在卡茨巴赫河畔的会战中战败。拿破仑也没有猛烈追击正在退却的施瓦岑贝格军团,只有旺达姆将军指挥一个军想要截断联军退路,可联军在库尔姆将他挡住,并于次日将其彻底击败。[104] 其后不久,奈伊元帅和乌迪诺元帅也在登讷维茨会战中受挫。在与拿破仑麾下的元帅和将领展开的上述会战中,联军通常先是保持守势,逐步消耗敌军,而后再转入攻势并取得完胜,最终抓获许多战俘并缴获大批火炮。

拿破仑将几乎所有兵力集结到莱比锡,联军的各个军团也从不同方向汇聚到这座城市,依靠巨大的兵力优势在为期 3 天的会战中击败了拿破仑。俄军在 1813 年战局这一阶段的所有大会战——特别是卡茨巴赫河、库尔姆和莱比锡会战——里都发挥了重要作用。俄国人喜欢果敢的布吕歇尔和英勇的普鲁士人,但讨厌谨小慎微的施瓦岑贝格和奥地利人。[105]

在 1814 年战局中,俄军同样被分配到联军各个主力军团中,因此几乎参与了每一场大会战。然而,就战术层面而言,俄军的作战方式并没有发生显著变化,除了各兵种协同作战水平有所进步外,整体上仍然与 1812 年、1813 年相同。不过,奥军、普军以及其他联军也没有在战术层面取得出众进展。

注释

[1] Хатов, *Общий опыт тактики*, т. 2, с. 105, 111-113, План VI.

[2] *Ibid.*, т. 2, с. 223-224.

[3] Clausewitz,《Die wichtigsten Grundsätze...》//*Hinterlassene Werke*, Dritter Band, Dritter Theil, S. 166, 171.

[4] Хатов, *Общий опыт тактики*, т. 2, с. 237.

[5] *Ibid.*, т. 2, с. 237-240.

[6] Иванов Е. П. *Генерал Петр Петрович Коновницын.* (《彼得·彼得罗维奇·科诺夫尼岑将军》) Псков, 2002, с. 197.

[7] 引自法文文本: *Труды ИРВИО*, 1912, т. VI, кн. 2, с. 38; 俄文版本与法文版本略有不同: 参见同书第 39 页和 Барклай-де-Толли, *op. cit.*, с. 13-14。

[8] *Anon.*,《Краткое обозрение ... боевых порядков》//*Военный журнал*, 1810, № 3, с. 3-6.

[9] Clausewitz,《Die wichtigsten Grundsätze...》//*Hinterlassene Werke*, Dritter Band, Dritter Theil, S. 176.

[10] *Anon.*,《Краткое рассуждение о наступательных и оборонительных сражениях》(《关于攻击性和防御性会战的简短讨论》)//*Военный журнал*, 1810, № 3, с. 8, 11-12.

[11] Хатов, *Общий опыт тактики*, т. 2, с. 225.

[12] Приказ генерала П. П. Коновницына (26 августа/7 сентября 1811 года)//*Военный журнал*, 1859, кн. 1, ч. 1, с. 132-140.

[13] 《Записная книжка графа П. П. Коновницына》(《彼得·彼得罗维奇·科诺夫尼岑伯爵笔记》) //*Русская старина*, 1870, т. 1, с. 207; Ермолов, *Записки*, с. 262.

[14] *Учреждение для управления большой действующей армией*, ч. 1, гл. 1, отд. 1, § 1-18, с. 3-7.

[15] *ПСЗРИ*, т. 31 № 24477 (с. 506).

[16] Богданович, *История Отечественной войны*, т. 1, с. 546-548, 551-554; т. 3, с. 450-451.

[17] Граббе,《Отечественная война》//*Из записок...*, с. 73.

[18] *М. И. Кутузов. Документы*, т. 4, ч. 1, с. 101-104, 110.

[19] *Ibid.*, с. 111.

[20] Поликарпов, *op. cit.*, вып. 3, с. 23; *Труды Московского отдела ИРВИО*, М., т. 2, 1912, с. 340.

[21] *М. И. Кутузов. Документы*, т. 4, ч. 1, с. 129.

[22] Барклай-де-Толли, *op. cit.*, с. 17.

[23] Беннигсен,《Письма о войне 1812 года》//*Русская старина*, т. 139, 1909, с. 494 (同样的内容见: *Военно-исторический вестник*, 1912, № 4, с. 72).

[24] Clausewitz, *Der Feldzug 1812*, S. 116 (俄译文见: с. 95-96).

[25] Липранди, *Война 1812 года*, с. 11.

[26] 库图佐夫呈递给亚历山大一世的舍瓦尔季诺战报收录在 *М. И. Кутузов. Документы*, т. 4, ч. 1, с. 144; *Бородино. Документы...*, с. 86; Ермолов, *Записки...*, с. 184-185。

[27] 《Из записок Вистицкого》(《源自维斯季茨基回忆录的史料》)//Харкевич, *op. cit.*, вып. 1, с. 186; Жиркевич, *op. cit.*, с. 76 (同样的内容收录在: *Русская старина*, 1874, т. 10, с. 653); Ермолов, *Записки...*, с. 175-176; Граббе,《Отечественная война》//*Из записок...*, с. 66-67; Löwenstern W., *op. cit.*, т. 1, p. 234 (俄译文见: Левенштерн,《Записки》// *Русская старина*, 1900, т. 104, с. 561-562); Давыдов, *Сочинения...*, ч. 1, с. 114, прим. авт., продолжается на с. 115; 也见 Bernhardi, *op. cit.*, B. 1, S. 448-449.

[28] 圣普列斯特和米哈伊尔·斯捷潘诺维奇·维斯季基的回忆录收录在 Харкевич, *op. cit.*, вып. 1, с. 150, 186。

[29] Boutourlin, *op. cit.*, t. 1, p. 308.

[30] Pelet,《Bataille de la Moskwa》//*Spectateur Militaire*, t.8, 1830, p.118 n.1 (俄译文见: *ЧИОИДР*, 1872,

кн. 1, с. 66 n. 11).

[31] Барклай-де-Толли, *op. cit.*, с. 17; 同样的内容收录在 *Бородино. Документы...*, с. 330.

[32] 《Из записок генерал-адъютанта графа Е. Ф. Комаровского》//*Русский архив*, 1867, с. 780.

[33] Липранди, *Материалы⋯*, с. 19-20;《Замечания И. П. Липранди》//Харкевич, *op. cit.*, вып. 2, с. 18-22; 也见: Ермолов, *Записки...*, с. 186.

[34] Гогель,《О тактике артиллерийской》//*Артиллерийский журнал*, 1809, № 2, с. 13-14; № 3, с. 17.

[35] Богданов Д. И.《Бородино. Из войны 1812 года. Рассказ очевидца》//*Бородино. Документы...*, с. 336-338.

[36] *Anon.*,《Начертание о полевой егерской службе》//*Военный журнал,* 1810, № 9, с. 17.

[37] *Замечания*, ч. 2, с. 114-115.

[38] Липранди, *Материалы...*, с. 19-20, прим. авт.

[39] Митаревскйи, *op. cit.*, с. 62-63.

[40] Липранди, *Война 1812 года*, с. 89;《Замечания И. П. Липранди》//Харкевич, *op. cit.*, вып. 2, с. 20; Граббе,《Отечественная война》//*Idem., Из записок...*, с. 73.

[41] Ермолов, *Записки...*, с. 187.

[42] Württemberg, *Erinnerungen...*, S. 78; 同样的内容见: Württemberg, *Memoiren*, Т. 2, S. 96（俄译文见: *Военный журнал*, 1848, № 1, с. 62）.

[43] Беннигсен,《Письма о войне 1812 года》//*Русская старина*, т. 139, 1909, с. 496（同样的内容收录 在: *Военно-исторический вестник*, 1912, № 4, с. 74）; Ермолов, *Записки...*, с. 186; Württemberg, *Erinnerungen...*, S. 70.

[44] Барклай-де-Толли, *op. cit.*, с. 19（同样的内容收录在 :*Бородино. Документы...*, с. 332）.

[45] *Ibid.*, с. 18（同样的内容收录在: *Бородино. Документы...*, с. 331）.

[46] Щербинин,《Записки》//Харкевич,*op. cit.*, вып. 1, с. 14-19（同样的内容收录在: *Бородино. Документы...*, с. 396）.

[47] Муравьев-Карсский,《Записки》//*Русский архив*, 1885, кн. 3, с. 250; Clausewitz, *Der Feldzug 1812*, S. 120（俄译文见: с. 102).

[48] *М. И. Кутузов. Документы*, т. 3, с. 143; *Бородино. Документы...*, с. 89.

[49] *Бородино. Документы...*, с. 89.

[50] Липранди, *Война 1812 года*, с. 23-24.

[51] *Архив князя Воронцова*（《沃龙佐夫公爵档案》）М., кн. 37, 1891, с. 22; 同样的内容收录在: *1812-1814*, с. 274.

[52] 《Из записок В. И. Тимофеева》//Харкевич, *op. cit.*, вып. 2, с. 177-178.

[53] 《Из записок Н. Н. Раевского об Отечественной войне 1812 года》//*Бородино. Документы...*, с. 380.

[54] Löwenstern W., *op.cit.*, t. 1, p. 262（俄译文见:Левенштерн,《Записки》//*Русская старина*, 1900, т. 104, с. 575; 同样的内容收录在 *Бородино. Документы...*, с. 362-363）.

[55] Ермолов, *Записки...*, с. 191; 叶尔莫洛夫的战报和回忆收录在: *Бородино. Документы...*, с. 171-172; 354-355; Глинка, *op. cit.*, 1987, с. 317.

[56] 库图佐夫的一份命令和他呈递给亚历山大一世的报告收录在 *М. И. Кутузов. Документы*, т. 4, ч. 1, с. 160, 285。

[57] Löwenstern W., *op.cit.*, t. 1, p. 257-259（俄译文见:Левенштерн,《Записки》//*Русская старина*, 1900, т. 104, с. 575-576; 同样的内容收录在: *Бородино. Документы...*, с. 363）.

[58] 尼古拉·尼古拉耶维奇·拉耶夫斯基的回忆和一份战报收录在 *Бородино. Документы...*, с. 163, 381。

[59] Паскевич,《Походные записки》//*1812 год в воспоминаниях*, с. 103.

[60] 卡尔·费奥多罗维奇·巴格胡夫武特战报收录在 *Бородино. Документы...*, с. 184-185; Württemberg, *Erinnerungen...*, S. 78。

[61] Барклай-де-Толли, *op. cit.*, с. 22; 巴克莱·德·托利的一份战报收录在: *Бородино. Документы...*, с. 174; Граббе,《Отечественная война》//*Из записок...*, с. 77, 80.

[62] Липранди, *Война 1812 года*, с. 60, 101.

[63] *Ibid.*, с. 97.

[64] Clausewitz, *Der Feldzug 1812*, S. 127（俄译文见: с. 111）.

[65] Pelet,《Bataille de la Moskwa》//*Spectateur Militaire*, t. 8, p. 140-141（俄译文见: ЧИОИДР, 1872, кн. 1, с. 86-87）; 也见: Labaume E. *Relation circonstanciée de la campagne de Russie, en 1812*. 4-me édition. Paris, 1815, p. 149-150（俄译文见: *Французы в России*, ч.I-II, с. 209）.

[66] 《Записки А. И. Михайловского-Данилевского》(《亚历山大·伊万诺维奇·米哈伊洛夫斯基 - 丹尼列 夫斯基回忆录》)//*Исторический вестник*, 1890, т. 42, с. 145; *Бумаги ... изданные П. И. Щукиным*, ч. 5, 1900, с. 3; *М. И. Кутузов. Документы*, т. 4, ч. 1, с. 150; *Бородино. Документы...*, с. 95-96.

[67] Löwenstern W., *op. cit.*, t. 1, p. 274(俄译文见: Левенштерн,《Записки》//*Русская старина*, 1900, т. 104, с. 581; 同样的内容收录在: *Бородино. Документы...*, с. 368); Липранди И. П. *Пятидесятилетие Бородинской битвы, или Кому и в какой степени принадлежит честь этого дня? Извлеч. исключительно из иноземных писателей*(《博罗季诺会战五十周年纪念, 或这一天的荣耀应当在多 大程度上归于谁? 纯粹源自外国作者的资料》). M., 1867, с. XIV.

[68] 《Из воспоминаний А. И. Михайловского-Данилевского》(《源自亚历山大·伊万诺维奇·米哈伊洛夫 斯基 - 丹尼列夫斯基回忆的史料》)//*Русская старина*, 1897, т. 90, с. 456.

[69] Граббе,《Отечественная война》//*Idem.*, Из записок..., с. 83.

[70] Ермолов, *Записки...*, с. 196.

[71] Барклай-де-Толли, *op. cit.*, с. 23-24.

[72] Ермолов, *Записки...*, с. 196; Щербинин А. А.,《Записки》//Харкевич, *op. cit.*, вып. 1, с. 21-22（同样的 内容见: *Бородино. Документы...*, с. 399).

[73] Липранди, Материалы..., с. 85.

[74] *М. И. Кутузов. Документы*, т. 4, ч. 1, с. 15（同样的内容收录在: *Бородино. Документы...*, с. 102）.

[75] 《Записка о войне 1812 года князя А. Б. Голицына》//*Военный журнал*, 1859, кн. 1, отд. 1, с. 14（同样 的内容收录在: Военский, *op. cit.*, с. 68-69; *Бородино. Документы...*, с. 343-344）.

[76] Богданович, *История Отечественной войны*, т. 2, с. 218.

[77] Беннигсен,《Письма…》//*Русская старина*, 1909, т. 139, с. 499（同样的内容收录在: *Военно- исторический вестник*, 1912, № 4, с. 77）.

[78] Барклай-де-Толли, *op. cit.*, с. 27.

[79] 《Из воспоминаний А. И. Михайловского-Данилевского》//*Русская старина*, 1897, т. 90, с. 474.

[80] 《Записки А. И. Михайловского-Данилевского》//*Исторический вестник*, 1890, т. 42, с. 144; Михайловский- Данилевский, *Полное собрание сочинений*, т. 5, с. 157; *Idem. Записки о походе 1813 года*, с. 222.

[81] Löwenstern W., *op. cit.*, t. 1, p. 262（俄译文见: Левенштерн,《Записки》//*Русская старина*, 1900, т. 104, с. 575; 同样的内容收录在: *Бородино. Документы...*, с. 363）; Щербинин,《Записки》// Харкевич, *op. cit.*, вып. 1, с. 20-21.

[82] Ермолов, *Записки...*, с. 192, 194.

[83] *Бородино. Документы...*, с. 181.

[84] Богданович, *История Отечественной войны*, т. 2, с. 353.

[85] Löwenstern W., *op. cit.*, t. 1, p. 303-304（俄译文见: Левенштерн,《Записки》//*Русская старина*, 1900, т. 105, с. 117）; Михайловский-Данилевский, *Полное собрание сочинений*, т. 5, с. 155; Дурново Н. Д. 《Дневник 1812 г.》(《1812年日记》)//*1812 год. Военные дневники*, с. 96-97.

[86] Щербинин,《Записки》//Харкевич, *op. cit.*, вып. 1, с. 40-42.

[87] Löwenstern W., *op. cit.*, t. 1, p. 304（俄译文见: Левенштерн,《Записки》//*Русская старина*, 1900, т. 105, с. 117）; Михайловский-Данилевский, *Полное собрание сочинений*, т. 5, с. 156. 也见 Crossard, J. B. L. *Mémoires militaires et historiques pour servir à l'histoire de la guerre depuis 1792, jusqu'en 1815*. Paris, 1829, t.5, p. 39: 根据克罗萨尔（Crossard）的说法, 米哈伊尔·米哈伊洛维奇·博罗兹金（Михаил Михайлович Бороздин）将军把库图佐夫对他说过的话转达给德米特里·弗拉基米罗维奇·戈利岑将军:

"我们还没有成熟到发动大会战的地步。"

[88] 《Из автобиографических записок А. Н. Муравьева》//Азадовский, *Декабристы. Новые материалы*, с. 184.

[89] Saint-Cyr L. G. *Mémoires pour servir a l'histoire militaire sous le Directoire, le Consulat et l'Empire.* Paris, 1831, t. 3, p. 87.

[90] Маевский,《Мой век···》//*Русская старина*, 1873, т. 8, с. 162.

[91] Ермолов, *Записки*, с. 240-241; Württemberg, *Erinnerungen...*, S. 156-166; Михайловский-Данилевский, *Полное собрание сочинений*, т. 5, с. 269.

[92] *Отечественная война 1812 года. Материалы ВУА*, Отд. 1, т. 15, с. 67; 同样的内容收录在：*М. И. Кутузов. Документы*, т. 4, ч. 2, с. 318; 也见：с. 331（库图佐夫呈递给亚历山大一世的战报）.

[93] Норов В. С. *Записки* ..., т. 1, с. 56-57. 也见 Crossard *op. cit.*, t. 5, p. 97-99和 Fézensac, *op. cit.*, p. 310-311（俄译文见：*Французы в России*, ч.III, с. 119-121, 135-136）.

[94] Rochechouart, *op. cit.*, p. 214.

[95] Михайловский-Данилевский, *Полное собрание сочинений*, т. 6, с. 94; Богданович, *История войны 1813 года*, т. 1, с. 193.

[96] Глинка, *op. cit.*, ч. 5, с. 112-113.

[97] Müffling, *op. cit.*, S. 30-31.

[98] Clausewitz,《Die wichtigsten Grundsätze...》//*Hinterlassene Werke*, Dritter Band, Dritter Theil, S. 180-182.

[99] Bismark, *Vorlesungen*, S. 104-105; 也见：Jacquinot de Presle, *op. cit.*, p. 188.

[100] Глинка, *op. cit.*, ч. 5, с. 125-126.

[101] Адамович, *op. cit.*, т. 3, с. 336-338.

[102] 《Рассказы ··· Петрова···》//*1812 год. Воспоминания...*, с. 224-226.

[103] Сипягин,《Арьергардные дела···》//*Военный журнал*, 1818, кн. 3, с. 23-24;《Из журнала военных действий》(《源自作战日志的史料》)//*М. И. Кутузов. Документы*, т. 5, с. 565.

[104] 要是命运有所改变，根据法军优良传统行事的旺达姆本可以给联军的波希米亚军团带来破坏性的打击。旺达姆先是被奥斯特曼 - 托尔斯泰麾下的俄国近卫军（由叶尔莫洛夫指挥）和第2军（由符腾堡公爵指挥）余部挡住。俄军与拥有优势兵力的法军战斗了将近一天，尽管俄军在某些时刻局势异常危急（奥斯特曼 - 托尔斯泰丢掉了一只手臂），旺达姆还是未能在联军援军从特普利茨赶来前击退俄军，因而丧失了截断联军主力军团退路的战机。而此时普军的克莱斯特将军正好巧合地在厄尔士山（Erzegeberg）北面向左行军，通过另一条道路出现在旺达姆后方，反过来截断了他的退路。旺达姆的第一军彻底陷入崩溃，遭到歼灭。库尔姆会战结束后，法军解散了旺达姆军，它的残部被编入其他军。

[105] Муравьев-Карсский,《Записки》//*Русский архив*, 1886, кн. 1, с. 10-15.

结语

　　俄军在拿破仑战争期间取得了长足进步。战争之初，俄军的高层组织架构和高级战术并不能与当时欧洲最优秀的军队相提并论，大部分将领和军官也缺乏对抗欧洲正规军的作战经验。到了战争末期，俄军已经发展出较为完备的组织架构，掌握了较为先进的战术，取得了丰富的作战经验。俄军怎样研究分析这种经验？它对俄军此后的训练和战术又产生了何种影响？这就要留给后续的研究课题了。

附录

步兵列队行进时的步幅和步速

俄军

1797—1802 年，步幅为 3/4 阿尔申（0.5336 米）

慢步：每分钟 75 步，即 40.02 米

快步：每分钟 120 步，即 64.04 米

1802 年后，步幅为 1 阿尔申（0.7115 米）

慢步：每分钟 75 步，即 53.36 米

快步：每分钟 120 步，即 85.38 米

1809 年后

慢步：每分钟 75 步，即 53.36 米

快步：每分钟 110 步，即 78.26 米

法军

1804 年前，步幅为 2 巴黎尺（0.6497 米）

常步（Pas ordinaire）：每分钟 76 步，即 49.38 米

行军步（Pas de route）：每分钟 85—90 步，即 55.22—58.43 米

快步（Pas accéléré）：每分钟 100 步，即 64.97 米

冲击步（Pas de charge）：每分钟 120 步，即 77.96 米

1804 年后，步幅为 2/3 米（0.6667 米）

常步：每分钟 76 步，即 50.67 米

行军步：每分钟 85—90 步，即 56.67—60.00 米

快步：每分钟 100 步，即 66.67 米

冲击步：每分钟 120 步，即 80.00 米

普军

步幅为 2 又 1/3 莱茵尺（0.7323 米）

常步（Ordinairschritt）：每分钟 75 步，即 54.92 米

快步（Geschwindschritt）：每分钟 108 步，即 79.09 米

奥军

步幅为 2/5 寻（Klafter），即 0.7586 米

常步（Ordinärer Schritt）：每分钟 90—95 步，即 68.27—72.07 米

倍步（Doublierschritt）：每分钟 120 步，即 91.03 米

英军

步幅为 2.5 英尺或 30 英寸，即 0.7619 米

常步（Ordinary pace）：每分钟 75 步，即 57.14 米

快步（Quick pace）：每分钟 108 步，即 82.29 米

俄军火炮基本参数

炮身、炮弹和装药

火炮	中管12磅加农炮	短管12磅加农炮	6磅加农炮	½普特独角兽炮	¼普特独角兽步炮	¼普特独角兽骑炮	3磅独角兽炮
炮管口径（毫米）	120.4	120.4	95.6	155.0	123.0	123.0	82.3
炮弹直径（毫米）	116.3	116.3	92.3	150.6	118.6	118.6	78.9
游隙（毫米）	4.1	4.1	3.3	4.4	4.4	4.4	3.4
炮膛深度/炮管口径	15.75	12.25	16.25	8.75 (+1.9375)	8.75 (+1.9375)	7.75 (+1.9375)	8.75 (+1.9375)
炮身长度（不含尾座）/炮管口径	16.50	13.00	17.00	10.50	11.00	10.00	11.00
炮身重量（千克）*	802.64 / 819.02	458.65 / 466.84	360.37 / 360.37	671.60 / 679.79	352.18 / 360.37	311.23 / 315.32	106.47
弹重（千克）	5.857	5.857	2.918	9.214	4.607	4.607	1.830（实心弹） / 1.169（榴弹）
装药重量/弹重	0.280	0.175	0.280	0.178	0.178	0.178	0.168 / 0.263
装药重量（千克）	1.638	1.024	0.819	1.638	0.819	0.819	0.307

独角兽炮的炮膛深度并不包括药室至深度（该深度在括号中单独列出）。独角兽炮的药室是锥形的，也就是说，炮膛内径从最大值逐步向炮尾方向收窄成最小值。药室的底部是半球形。

口径数据引自：
Гоголь И. Г., Фитцум И. И., Гебард К. К. *Основания артиллерийской и понтонной науки.* СПб., 1816, ч. 1, с. 125-126 таблицы（单位为英寸）。
游隙和炮弹数据引自：
Гоголь и др., *Основания,* ч. 1, с. 125-126 таблицы（单位为英寸）。

上表中的独角兽炮榴弹直径数据引自 1808 年 7 月 25 日 /8 月 8 日发布的最高谕令（ПППЗРИ, т. 30, № 23175）。在1808年之前，½普特独角兽炮、½普特独角兽步炮，因此，¼普特独角兽和 ¼普特独角兽炮的游隙就会略大一点。

*炮身重量
上方数字引自：Маркевич А. И., Плотто В. К. Чертежи всем полковым и батарейным орудиям, их лафетам, зарядным ящикам с гнездами всех калибров и всей принадлежности оных орудий. СПб., 1805, таблица на последней странице.
下方数字引自：Гоголь и др., *Основания,* ч. 1, с. 53.

炮架、前车和弹药车

	炮架全长（米）	炮架车轮直径（米）	包括车轮在内的炮架重量（千克）*	前车重量（千克）**	系驾前车后的全重（千克）***	弹药车重量（含弹托，无弹药，千克）****
中管12磅/加农炮	3.048	1.402	—/606.08/577.41	262.09/278.47	1642.14/1703.57	307.13 (+28.67)
短管12磅/加农炮	2.807	1.402	—/516.00/495.51	262.09/278.47	1216.25/1261.31	307.13 (+28.67)
6磅/加农炮	2.438	1.219	327.60/337.44/331.70	270.28/274.37	968.49/982.42	307.13 (+43.00)
1/2普特/独角兽炮	3.353	1.402	—/622.46/593.30	262.09/278.47	1526.99/1580.72	307.13 (+30.71)
1/4普特/独角兽步炮	2.578	1.219	331.70/344.00/335.80	270.28/274.37	966.45/991.03	307.13 (+34.81)
1/4普特/独角兽骑炮	2.578	1.219	343.99/360.37/—	270.28/274.37	937.79/962.35	307.13 (+34.81)

所有火炮的前车车轮直径都一样，它与轻型炮炮架的车轮直径相同，均为1.219米。

* 包括车轮在内的炮架重量
上方数字引自：Маркевич, Плотто, *Чертежи*，最后一页的表格。
中部数字引自：Гогель и др., *Основания*, ч. 1, с. 69, 该数据包括螺杆重量在内。
下方数字引自：Маркевич, Руководство, т. 1, 1820, с. 500.
"—"表示该书中不存在对应信息。

** 前车重量（不含弹药）
上方数字引自：Маркевич, Плотто, *Чертежи*，最后一页的表格。
下方数字引自：Гогель и др., *Основания*, ч. 1, с. 89.

*** 火炮全重（包括前车中的工具和弹药——6磅加农炮的前车里有18发炮弹，1/4普特独角兽炮的前车里有12发炮弹——在内）：
上方数字引自：Маркевич, Плотто, *Чертежи*，表格，表格在最后一页（1805年版本的图样中并无数据，该数据源自马尔克维奇在1820年出版的著作）。
下方数字引自：Гогель и др., *Основания*，该数据计入了前车中的弹托重量，它源自1805年的图纸表格。
12磅加农炮和1/2普特独角兽炮由6匹挽马拖曳。
6磅加农炮由1/4普特独角兽炮由4匹挽马拖曳。

**** 弹药车重量（全载）重量：
Маркевич, Плотто, *Чертежи*，最后一页的表格。

法军、奥军、普军、英军火炮参数

法军在拿破仑战争期间使用的格里博瓦尔体系火炮（有过若干变动）[1]

火炮	炮管口径（毫米）	炮弹直径（毫米）	游隙（毫米）	炮膛深度/炮弹口径 尾座/炮管口径（不合）	炮身长度/炮管口径（不合）	弹重（千克）	装药量/弹重	装药重量（千克）*	炮身重量（千克）	炮架重量（千克）	前车重量（千克）	系驾前车后的火炮 全重（千克）
12磅加农炮	121.3	118.1	3.2	16.833	17.75	6.0	0.326	1.958	885.0	677.5	309.4	1976.6
8磅加农炮	106.0	102.8	3.2	16.833	17.75	4.0	0.326	1.305	580.6	569.8	309.4	1572.8
4磅加农炮	84.0	80.8	3.2	16.833	17.75	2.0	0.367	0.734	288.8	391.1	269.7	1020.6
6寸榴弹炮	162.4	162.4	3.4	3.000 (+1.167)	4.75	12	0.07	0.857	318.2	594.2	309.4	1313.3

榴弹炮的炮膛深度并不包括药室深度（该深度在括号中单独列出）。
* 装药：12磅加农炮装药为4巴黎磅，8磅加农炮装药为2 2/3巴黎磅，4磅加农炮装药为1.5巴黎磅，6寸榴弹炮装药为1.75巴黎磅（全药室）。
步炮兵中的12磅加农炮由6匹挽马拖曳，其余火炮由4匹挽马拖曳。
骑炮兵中的所有火炮均由6匹挽马拖曳。

法军的新式火炮（括号中是列装年份）

火炮	炮管口径（毫米）	炮弹直径（毫米）	游隙（毫米）	炮膛深度/炮管口径 尾座/炮管口径（不合）	炮管长度/炮管口径（不合）	弹重（千克）	装药量/弹重	装药重量（千克）	炮身重量（千克）	炮架重量（千克）	前车重量（千克）	系驾前车后的火炮 全重（千克）***
"远程"榴弹炮（1795年）*	165.8	162.4	3.4	4.33 (+1.62)	6.50	12	0.12	1.469	675.5	795.1	309.4	1780.0
12磅加农炮（1803年）	121.3	118.1	3.2	17.00	17.75	6.0	0.326	1.958	748.9	677.5	309.4	1840.5
6磅加农炮（1803年）	96.2	92.9	3.3	17.00	17.75	3.0	0.326	0.979	386.7	513.0	309.4	1350.3
5.5寸榴弹炮（1803年）**	151.5	149.2	2.3	5.00 (+1.25)	6.75	7	0.11	0.759	293.7	557.1	309.4	1253.6

榴弹炮的炮膛深度并不包括药室深度（该深度在括号中单独列出）。
* "远程"榴弹炮是普军10磅榴弹炮的仿制品，它有时也被称作"普鲁士式"榴弹炮。资料中给出的"远程"榴弹炮口径与6寸榴弹炮相同（均为165.8毫米），普军的10磅榴弹炮口径则要略大一些（不少于170毫米）。
** 5.5寸榴弹炮的口径与24磅攻城炮的口径相同，所以这种榴弹炮时常被称作24磅榴弹炮。
步炮兵中的12磅加农炮由6匹挽马拖曳，其余火炮由4匹挽马拖曳。
骑炮兵中的所有火炮均由6匹挽马拖曳。

奥军火炮

火炮	炮管口径（毫米）	炮弹直径（毫米）	游隙（毫米）	炮膛深度/炮管口径	炮身长度（不含尾座）/炮管口径	弹重（千克）	装药重量/弹重	装药重量（千克）*	炮身重量（千克）	炮架与前车合计重量（千克）	系驾前车后的火炮全重（千克）
12磅加农炮	119.2	113.9	5.3	15.00	16.00	5.60	0.25	1.40	781.2	968.6	1749.8
6磅常规加农炮	94.6	90.5	4.1	15.00	16.00	2.80	0.30	0.84	383.0	752.6	1135.6
6磅骑兵加农炮	94.6	90.5	4.1	15.00	16.00	2.80	0.30	0.84	377.4	679.8	1057.2
3磅加农炮	75.1	71.7	3.4	15.00	16.00	1.40	0.30	0.42	235.7	615.5	851.2
10磅榴弹炮	168.6	163.0	5.6	3.75（+1.25）	5.56	10.08	0.104	1.05	417.7	1184.7	1602.4
7磅常规榴弹炮	149.1	144.7	4.4	4.225（+1.375）	6.00	6.86	0.102	0.70	275.0	749.2	1024.2
7磅骑兵榴弹炮	149.1	144.7	4.4	4.225（+1.375）	6.00	6.86	0.102	0.70	275.0	708.9	983.9

榴弹炮的炮膛深度数据并不包括药室深度（该深度在括号中单独列出）。

口径和游隙数据引自莫拉（Morla）的著作。伽桑狄（Gassendi）和马尔克兹维奇摘引过1811年前的奥军榴弹炮数据：10磅榴弹炮口径为170.7—170.9毫米（伽桑狄给出的游隙数据是4.3毫米，马尔克兹维奇给出的游隙数据是7.7毫米），7磅榴弹炮口径为151.1—151.5毫米（伽桑狄给出的游隙数据是4.7毫米，马尔克兹维奇给出的加农炮口径数据都几乎一样。马尔克兹维奇给出的加农炮口径数据是6.4毫米。在0.2毫米误差范围内，所有作者给出的游隙口径数据几乎一样。

* 装药重量引自莫拉（1827）：12磅加农炮装药为2.5维也纳磅，6磅加农炮为1.5磅，3磅加农炮为0.75磅，10磅榴弹炮为1.875磅，7磅榴弹炮为1.25磅。根据另一则材料（菲图姆 И. И.《Отрывки, касательно полевых орудий》// Артиллерийский журнал, 1811, № 3, с. 56），奥军装药情况如下：12磅加农炮装药为3维也纳磅（1.68千克，装药与弹重之比为3：10），3磅加农炮装药为0.875磅（0.49千克，比例为7：20），7磅榴弹炮装药为1.34375磅（0.75千克，比例为109：1000）。

骑兵炮的重量并未计入机动期间坐在"香肠座"上的4名炮兵的体重。12磅加农炮和所有骑兵炮都由6匹挽马拖曳，6磅常规加农炮和7磅常规榴弹炮由4匹挽马拖曳，3磅加农炮仅由2匹挽马拖曳。

普军火炮

火炮	炮管口径（毫米）	炮弹直径（毫米）	游隙（毫米）	膛深度／炮口径	炮身长度（不含尾座）／炮管口径	弹重（千克）	装药重量／弹重	装药重量（千克）*	炮身重量（千克）**	炮架重量（千克）	前车重量（千克）	系驾前车后的火炮全重（千克）
12磅加农炮	118.7	114.0	4.7	17.00	17.90	5.612	0.333	1.871	891.0	802.5	411.6	2286.6
6磅加农炮	94.2	90.2	3.7	17.00	17.90	2.806	0.375	1.052	453.2	599.8	450.0	1796.2
10磅榴弹炮	170.0	166.3	3.7	4.560 (+1.400)	6.560	12.862	0.073	0.935	563.6	813.8	401.3	1904.0
7磅榴弹炮	147.5	143.8	3.7	4.675 (+1.400)	6.675	6.431	0.109	0.701	329.2	664.6	444.3	1623.8

口径和游隙数据引自普鲁士炮兵官德克尔的著作（Decker, Die Artillerie, T. 1, S. 46, 51; T. 3, S. 259, Zu § 35. Seite 51）。德克尔还给出了旧式榴弹炮的相关数据：10磅榴弹炮口径172.6毫米，游隙6.3毫米；7磅榴弹炮口径150.4毫米，游隙6.6毫米。

* 装药重量引自莫拉（1827）：
12磅加农炮装药为4柏林磅，6磅加农炮1.5磅。沙恩霍斯特（1813, S. 7）给出了同样的数据。根据德克尔的著作（T. 1, c. 501）给出下列装药比例：12磅加农炮为0.30，6磅加农炮为0.37，也就是说装药重量分别在3.5磅或2.25磅左右。沙恩霍斯特（1813, S. 8）给出的榴弹炮测试数据中10磅榴弹炮装药为2.5磅（1.169千克，比例为0.091），7磅榴弹炮装药为2磅（0.935千克，比例为0.145）。马尔克维奇给出的榴弹炮比例是：10磅榴弹炮为0.1（装药为1.286千克或2.75磅），7磅榴弹炮为0.143（装药为0.920千克或大约2磅）。

** 炮身，炮架和前车重量系1816年式火炮数据。普军在拿破仑战争中拥有两种6磅加农炮：6磅步兵炮与6磅骑兵炮，6磅步兵炮的重量与1816年式6磅加农炮完全一样，只有6磅加农炮是例外。普军在拿破仑战争中要略重于1816年式6磅加农炮。骑炮的重量与1816年式6磅加农炮相当，6磅步兵炮则要略重于1816年式6磅加农炮。

12磅加农炮和所有骑兵炮都由6匹挽马拖曳，6磅常规加农炮和7磅常规榴弹炮由4匹挽马拖曳。不论步炮兵还是骑炮兵，普军的12磅加农炮和10磅榴弹炮都由8匹挽马拖曳，6磅加农炮和7磅榴弹炮都由6匹挽马拖曳。

702

英军火炮

火炮	炮管口径（毫米）	炮弹直径（毫米）	游隙（毫米）	炮膛深度/炮管口径	炮身长度（不含尾座）/炮管口径	弹重（千克）	装药重量/弹重	装药量（千克）	炮身重量（千克）	炮架与前车合计重量（千克）	系驾前车后的火炮全重（千克）
12磅中型加农炮	117.6	111.7	5.9	16.128	17.000	5.302	0.342	1.814	914.5	1371.7	2286.2
9磅加农炮	106.7	101.6	5.1	16.128	17.000	3.969	0.343	1.361	685.7	1245.5	1931.0
中型6磅加农炮	93.2	88.9	4.3	16.128	17.000	2.637	0.344	0.907	444.5	1171.8	1616.3
轻型6磅加农炮	93.2	88.9	4.3	15.668	16.358	2.637	0.258	0.680	279.4	1105.0	1384.4
重型5.5寸榴弹炮	142.7	134.6	8.1	3.588（+1.132）	5.8*8	7.258	0.125	0.907	508.0	1333.6	1841.6
轻型5.5寸榴弹炮	^142.7	134.6	8.1	3.358（+1.094）	4.863	7.258	0.0625	0.454	241.3	945.0	1186.3

18世纪末19世纪初的英军炮兵使用了多种火炮，这里仅列出拿破仑战争中运用范围最为广泛的火炮数据。

步炮兵中的轻型榴弹炮和6磅轻型加农炮由4匹挽马拖曳，重型榴弹炮、9磅加农炮和12磅加农炮由6匹挽马拖曳。
骑炮兵中的火炮需要比步炮兵中的同类火炮多用2匹挽马。

炮兵弹药

俄军

前车弹药盒中的弹药：

6 磅加农炮：18 发

¼ 普特独角兽炮：12 发

12 磅加农炮和 ½ 普特独角兽炮的前车中没有弹药。

弹药车中的弹药：

12 磅加农炮：每门炮 3 辆弹药车，每辆车 40 个网格，共计 80 发实心弹、30 发霰弹、10 发燃烧弹

6 磅加农炮：每门炮 2 辆弹药车，每辆车 51 个网格，加上前车的 18 发炮弹，共计 90 发实心弹、30 发霰弹

½ 普特独角兽炮：每门炮 3 辆弹药车，每辆车 40 个网格，共计 80 发榴弹、30 发霰弹、10 发燃烧弹

¼ 普特独角兽炮：每门炮 2 辆弹药车，每辆车 54 个网格，加上前车的 12 发炮弹，共计 80 发榴弹、30 发霰弹、10 发燃烧弹

1808 年后：每门炮配备 20 发远程霰弹和 10 发近程霰弹

1810 年后：每门独角兽炮增配 1 发闪光弹

法军

前车弹药盒中的弹药：

格里博瓦尔体系中的 12 磅加农炮：9 发实心弹

1803 年体系（共和十一年体系）中的 12 磅加农炮：6 发实心弹、2 发霰弹

8 磅加农炮：15 发实心弹

6 磅加农炮：18 发实心弹、3 发霰弹

4 磅加农炮：18 发实心弹

6 寸榴弹炮：4 发霰弹

5.5 寸榴弹炮：4 发榴弹、2 发霰弹

弹药车中的弹药：

12 磅加农炮（每门炮 3 辆弹药车）

格里博瓦尔体系：每辆车 48 发实心弹、20 发霰弹（8 发小霰弹和 12 发大霰弹）

1812 年：每辆车 60 发实心弹、12 发霰弹

后续战局：每辆车 64 发实心弹、8 发霰弹

8 磅加农炮（每门炮 2 辆弹药车）

格里博瓦尔体系：每辆车 62 发实心弹、30 发霰弹（20 发小霰弹和 10 发大霰弹）

1806 年：每辆车 72 发实心弹、20 发霰弹

后续战局：每辆车 82 发实心弹、10 发霰弹

6 磅加农炮（每门炮 1.5 辆弹药车）

1812 年：每辆车 116 发实心弹、24 发霰弹

后续战局：每辆车 126 发实心弹、14 发霰弹

4 磅加农炮（每门炮 1 辆弹药车）

格里博瓦尔体系：每辆车 100 发实心弹、50 发霰弹（26 发小霰弹和 24 发大霰弹）

1806 年：每辆车 120 发实心弹、30 发霰弹

后续战局：每辆车 150 发实心弹、18 发霰弹

6 寸榴弹炮（每门炮 3 辆弹药车）

格里博瓦尔体系和 1812 年：每辆车 49 发榴弹、3 发霰弹

后续战局：每辆车 55 发榴弹、3 发霰弹

5.5 寸榴弹炮（每门炮 2 辆弹药车）

1812 年：每辆车 72 发榴弹、3 发霰弹

奥军

前车弹药盒中的弹药：

12 磅加农炮：12 发霰弹（6 发小霰弹和 6 发大霰弹）

6 磅常规加农炮：18 发霰弹（9 发小霰弹和 9 发大霰弹）

6 磅骑兵加农炮：4 发实心弹和 10 发霰弹（均为大霰弹）

3 磅加农炮：12 发实心弹和 20 发霰弹

7磅常规榴弹炮：2发霰弹

7磅骑兵榴弹炮：2发榴弹和5发霰弹

弹药车中的弹药（每门炮1辆弹药车）：

12磅加农炮：70发实心弹、10发霰弹（中霰弹）

6磅常规加农炮：160发实心弹、16发霰弹（大霰弹）

6磅骑兵加农炮：80发实心弹、16发霰弹（大霰弹）

3磅加农炮：120发实心弹、24发霰弹

7磅常规榴弹炮：80发榴弹、10发霰弹、3发照明弹

7磅骑兵榴弹炮：40发榴弹、10发霰弹、2发照明弹

10磅榴弹炮：54发榴弹、6发霰弹

普军

前车弹药盒中的弹药：

12磅加农炮：12发实心弹、9发霰弹

6磅加农步炮：56发实心弹、14发霰弹（另一说为45发实心弹、25发霰弹）

6磅加农骑炮：48发实心弹、12发霰弹（另一说为45发实心弹、15发霰弹）

10磅榴弹炮：4发榴弹、4发霰弹

7磅榴弹炮：15发榴弹、5发霰弹（另一说为14发榴弹、6发霰弹）

弹药车中的弹药：

12磅加农炮：每辆车80发实心弹、20发霰弹（另一说为70发实心弹、25发霰弹）

6磅加农炮：每辆车152发实心弹、40发霰弹（另一说为6磅步炮每辆弹药车143发实心弹、25发霰弹，6磅骑炮每辆弹药车90发实心弹、25发霰弹）

10磅榴弹炮：每辆车44发榴弹、9发霰弹、1发燃烧弹、2发照明弹（另一说为36发榴弹、8发霰弹、2发燃烧弹、2发照明弹）

7磅榴弹炮：每辆车66发榴弹、15发霰弹、1发燃烧弹、2发照明弹（另一说为7磅榴弹步炮每辆弹药车60发榴弹、20发霰弹、3发燃烧弹、2发照明弹，7磅榴弹骑炮每辆弹药车49发榴弹、16发霰弹、3发燃烧弹、2发照明弹）

英军

前车弹药盒中的弹药：

12磅加农炮：10发实心弹、2发霰弹

9磅加农炮：26发实心弹、6发霰弹（3发远程、3发近程）

6磅加农炮：40发实心弹（其中包括放在炮架上的小弹药盒，内含8发实心弹）、10发霰弹（5发远程、5发近程）

5.5寸榴弹炮：16发榴弹、4发霰弹（另一说为8发远程霰弹）

弹药车中的弹药：

12磅加农炮：每辆车52发实心弹、12发霰弹、8发榴霰弹

9磅加农炮：每辆车62发实心弹、10发霰弹（5发远程、5发近程）、12发榴霰弹

中型6磅加农炮：每辆车100发实心弹、20发霰弹（10发远程、10发近程）、20发榴霰弹

轻型6磅加农炮：每辆车92发实心弹、18发霰弹（9发远程、9发近程）、20发榴霰弹

重型5.5寸榴弹炮：每辆车42发榴弹、4发霰弹、8发榴霰弹、4发燃烧弹

轻型5.5寸榴弹炮：每辆车46发榴弹、6发霰弹、8发榴霰弹、4发燃烧弹

俄军火炮发射实心弹和榴弹时的射程 [2]

中管 12 磅加农炮发射实心弹

仰角（度）	初次落地点和发射点的距离 （沙绳，括号内为米）	最终落地点和发射点的距离 （沙绳，括号内为米）
0	186（397）	780（1665）
2	397（847）	819（1748）
4	630（1344）	845（1803）
6	708（1511）	724（1545）
8	869（1854）	***
10	1032（2202）	***
13.5*	1097（2341）	***
23**	1318（2813）	***

* 螺杆调至最低位置。

** 需要取下调节仰角的螺杆，将炮尾放在横档上。

*** 这种情况下无法形成跳弹，最终落地点就是初次落地点。

短管 12 磅加农炮发射实心弹

仰角（度）	初次落地点和发射点间的距离 （沙绳，括号内为米）	最终落地点和发射点间的距离 （沙绳，括号内为米）
0	137（292）	843（1799）
2	347（740）	781（1667）
4	528（1127）	874（1865）
6	742（1543）	750（1601）
8	750（1601）	775（1654）
10	916（1955）	***
16.5*	1074（2292）	***
28**	1264（2697）	***

* 螺杆调至最低位置。

** 需要取下调节仰角的螺杆，将炮尾放在横档上。

*** 这种情况下无法形成跳弹，最终落地点就是初次落地点。

6 磅加农炮发射实心弹

仰角（度）	初次落地点和发射点间的距离 （沙绳，括号内为米）	最终落地点和发射点间的距离 （沙绳，括号内为米）
0	133（284）	787（1679）
2	378（807）	665（1419）
4	689（1470）	779（1662）
6	786（1677）	928（1980）
8	901（1923）	950（2027）
9.5*	963（2059）	***
19.5**	1209（2580）	***

* 螺杆调至最低位置。

** 需要取下调节仰角的螺杆，将炮尾放在横档上。

*** 这种情况下无法形成跳弹，最终落地点就是初次落地点。

½ 普特独角兽炮发射榴弹

仰角（度）	初次落地点和发射点间的距离 （沙绳，括号内为米）	最终落地点和发射点间的距离 （沙绳，括号内为米）
0	144（307）	712（1519）
2	425（907）	755（1611）
4	529（1129）	910（1942）
6	652（1391）	808（1724）
8	750（1601）	849（1812）
10	806（1720）	880（1878）
12	906（1933）	936（1997）
16*	875（1867）	***
29**	1190（2539）	***

* 螺杆调至最低位置。
** 需要取下调节仰角的螺杆，将炮尾放在横档上。
*** 这种情况下无法形成跳弹，最终落地点就是初次落地点。

¼ 普特独角兽步炮发射榴弹

仰角（度）	初次落地点和发射点间的距离 （沙绳，括号内为米）	最终落地点和发射点间的距离 （沙绳，括号内为米）
0	179（382）	627（1338）
2	397（847）	708（1511）
4	437（933）	593（1265）
6	541（1154）	605（1291）
8	664（1417）	674（1438）
10	690（1472）	706（1507）
11.5*	962（2053）	***
25.5**	1067（2277）	***

* 螺杆调至最低位置。
** 需要取下调节仰角的螺杆，将炮尾放在横档上。
*** 这种情况下无法形成跳弹，最终落地点就是初次落地点。

¼ 普特独角兽骑炮发射榴弹

仰角（度）	初次落地点和发射点间的距离 （沙绳，括号内为米）	最终落地点和发射点间的距离 （沙绳，括号内为米）
0	133（284）	698（1490）
2	354（755）	664（1417）
4	502（1071）	650（1387）
6	532（1135）	657（1402）
8	657（1402）	***
10	755（1611）	***
11.5*	766（1635）	***
27.5**	1155（2465）	***

* 螺杆调至最低位置。
** 需要取下调节仰角的螺杆，将炮尾放在横档上。
*** 这种情况下无法形成跳弹，最终落地点就是初次落地点。

3 磅独角兽炮发射榴弹

仰角（度）	初次落地点和发射点间的距离 （沙绳，括号内为米）	最终落地点和发射点间的距离 （沙绳，括号内为米）
0	103（220）	466（994）
2	268（572）	490（1046）
4	356（760）	485（1035）
6	399（851）	464（990）
8	510（1088）	547（1167）
10	560（1195）	579（1236）
12	639（1364）	645（1376）
14	651（1389）	***
16	659（1406）	***
17.5*	630（1344）	***
33.5**	755（1611）	***

* 螺杆调至最低位置。

** 需要取下调节仰角的螺杆，将炮尾放在横档上。

*** 这种情况下无法形成跳弹，最终落地点就是初次落地点。

法军榴弹炮发射榴弹时的射程 [3]

5.5 寸榴弹炮（亦即 24 磅榴弹炮）发射榴弹

仰角（度）	装药	初次落地点和发射点的距离（法寻，括号内为米）	最终落地点和发射点的距离（法寻，括号内为米）
0	1.375磅（0.673千克）	125（244）	860（1676）
	2.0磅（0.979千克）	135（263）	865（1686）
2	1.375磅（0.673千克）	343（669）	892（1739）
	2.0磅（0.979千克）	388（756）	965（1881）
4	1.375磅（0.673千克）	533（1039）	890（1735）
	2.0磅（0.979千克）	591（1152）	900（1754）
6	1.375磅（0.673千克）	655（1277）	795（1549）
	2.0磅（0.979千克）	743（1448）	890（1735）
8	1.375磅（0.673千克）	755（1471）	785（1530）
	2.0磅（0.979千克）	805（1569）	*
10	1.375磅（0.673千克）	945（1842）	*
	2.0磅（0.979千克）	964（1879）	*

* 这种情况下无法形成跳弹，最终落地点就是初次落地点。

6 寸"远程"榴弹炮发射榴弹

仰角（度）	装药	初次落地点和发射点的距离（法寻，括号内为米）	最终落地点和发射点的距离（法寻，括号内为米）
0	2.0磅（0.979千克）	96（187）	945（1842）
	3.0磅（1.469千克）	130（253）	1095（2134）
2	2.0磅（0.979千克）	350（682）	1015（1978）
	3.0磅（1.469千克）	409（797）	1123（2189）
4	2.0磅（0.979千克）	565（1101）	985（1920）
	3.0磅（1.469千克）	584（1138）	1025（1998）
6	2.0磅（0.979千克）	694（1353）	888（1731）
	3.0磅（1.469千克）	762（1485）	875（1705）
8	2.0磅（0.979千克）	775（1510）	*
	3.0磅（1.469千克）	882（1719）	*
10	2.0磅（0.979千克）	936（1824）	*
	3.0磅（1.469千克）	988（1926）	*

* 这种情况下无法形成跳弹，最终落地点就是初次落地点。

霰弹

俄军霰弹

1807 年新式霰弹（1 俄国炮兵磅 =0.488 千克 =32 罗特，1 俄国贸易磅 =0.4095 千克）

火炮型号和装药重量	小霰弹	大霰弹
中管12磅加农炮，装药4贸易磅（1.638千克）	112颗5罗特（76.3克）弹丸	41颗14罗特（213.8克）弹丸
短管12磅加农炮，装药2.5贸易磅（1.024千克）	98颗5罗特（76.3克）弹丸	34颗14罗特（213.8克）弹丸
6磅加农炮，装药2贸易磅（0.819千克）	96颗3罗特（45.8克）弹丸	41颗8罗特（122.1克）弹丸
½ 普特独角兽炮，装药4贸易磅（1.638千克）	110颗5罗特（76.3克）弹丸、3颗14罗特（213.8克）弹丸	40颗11罗特（167.9克）弹丸 16颗10罗特（152.7克）弹丸
¼ 普特独角兽步炮，装药2贸易磅（0.819千克）	113颗4罗特（61.1克）弹丸	45颗7罗特（106.9克）弹丸 15颗6罗特（91.6克）弹丸
¼ 普特独角兽骑炮，装药2贸易磅（0.819千克）	94颗4罗特（61.1克）弹丸	36颗7罗特（106.9克）弹丸 12颗6罗特（91.6克）弹丸

1810 年后的霰弹

弹丸编号	1	2	3	4	5	6	7	8	9
直径，毫米	21.6	22.9	23.5	26.0	30.5	34.3	37.5	38.6	49.5
重量，克	37.3	44.4	48.2	65.6	105.2	149.8	195.3	213.8	451.3

火炮型号与装药重量	小霰弹	大霰弹
中管12磅炮，装药4贸易磅（1.638千克）	151发3号弹（全重9.739千克）*	41发8号弹（全重8.122千克）*
短管12磅炮，装药2.5贸易磅（1.024千克）	132发3号弹（全重8.216千克）*	34发8号弹（全重7.222千克）*
6磅炮，装药2贸易磅（0.819千克）	72发2号弹和27发1号弹（全重4.782千克）*	41发5号弹（全重4.633千克）*
½ 普特独角兽炮，装药4贸易磅（1.638千克）	94发5号弹（全重11.219千克）*	48发7号弹（全重10.908千克）*
¼ 普特独角兽步炮，装药2贸易磅（0.819千克）	151发3号弹（全重6.744千克）*	50发5号弹和10发4号弹（全重8.079千克）*
¼ 普特独角兽骑炮，装药2贸易磅（0.819千克）	132发3号弹（全重5.597千克）*	40发5号弹和8发4号弹（全重7.192千克）*

* 全重包括装载霰弹弹丸的铁底白铁罐重量。

法军霰弹

12 磅加农炮，装药 4.25 巴黎磅（2.080 千克）

 大霰弹：41 发重 207.6 克的弹丸，霰弹全重 10.218 千克

 小霰弹：80 发重 73 克的弹丸，32 发重 70 克的弹丸，霰弹全重 9.912 千克

8 磅加农炮，装药 2.75 巴黎磅（1.346 千克）

 大霰弹：41 发重 135.6 克的弹丸，霰弹全重 7.037 千克

 小霰弹：80 发重 48.9 克的弹丸，32 发重 46.6 克的弹丸，霰弹全重 7.067 千克

6 磅加农炮，装药 2.25 巴黎磅（1.101 千克）

 霰弹：41 发重 102.0 克的弹丸，霰弹全重 5.507 千克

4 磅加农炮，装药 1.75 巴黎磅（0.857 千克）

 大霰弹：41 发重 70 克的弹丸，霰弹全重 3.671 千克

 小霰弹：59 发重 52.5 克的弹丸，4 发重 700 克的弹丸，霰弹全重 4.181 千克

6 寸榴弹炮，装药 1.375 巴黎磅（0.673 千克）

 霰弹：60 发重 207.6 克的弹丸，霰弹全重 15.909 千克

5.5 寸榴弹炮，装药 2 巴黎磅（0.979 千克）

 霰弹：76 发重 135.6 克的弹丸

到拿破仑战争末期，法军炮兵已不再使用小霰弹。

奥军霰弹

12 磅加农炮，装药 3 维也纳磅（1.68 千克）

 大霰弹：12 发重 463.8 克的弹丸，霰弹全重 6.72 千克

 中霰弹：28 发重 170.6 克的弹丸，霰弹全重 5.88 千克

 小霰弹：114 发重 43.8 克的弹丸，霰弹全重 6.16 千克

6 磅加农炮，装药 2 维也纳磅（1.12 千克）

 大霰弹：28 发重 87.5 克的弹丸，霰弹全重 3.08 千克

 小霰弹：60 发重 43.8 克的弹丸，霰弹全重 3.22 千克

3 磅加农炮，装药 1 维也纳磅（0.56 千克）

 霰弹：28 发重 43.8 克的弹丸，霰弹全重 1.57 千克

10 磅榴弹炮，装药 1.875 维也纳磅（1.05 千克）

 霰弹：57 发重 140.0 克的弹丸，霰弹全重 10.64 千克

7 磅榴弹炮，装药 1.245 维也纳磅（0.708 千克）

霰弹：57 发重 87.5 克的弹丸，霰弹全重 7.0 千克

普军霰弹

1 磅 =32 罗特

12 磅加农炮，装药 4 柏林磅（1.872 千克）

大霰弹：18 发重 1 磅（468 克）的弹丸

中霰弹：41 发重 12 罗特（175.5 克）的弹丸，霰弹全重 9.0 千克

小霰弹：170 发重 3 罗特（43.9 克）的弹丸，霰弹全重 9.2 千克；或 260
发重 2 罗特（29.3 克）的弹丸

6 磅加农炮，装药 2.25 柏林磅（1.053 千克）

大霰弹：20 发重 12 罗特（175.5 克）的弹丸

中霰弹：41 发重 6 罗特（87.8 克）的弹丸，霰弹全重 4.7 千克

小霰弹：170 发重 2 罗特（29.2 克）的弹丸，霰弹全重 4.9 千克

10 磅榴弹炮，装药 2 柏林磅（0.936 千克）

霰弹：56 发重 12 罗特（175.5 克）的弹丸，霰弹全重 13.9 千克

7 磅榴弹炮，装药 1.5 柏林磅（0.702 千克）

霰弹：70 发重 6 罗特（87.8 克）的弹丸，霰弹全重 8.2 千克

英军霰弹

12 磅加农炮，装药 4 英磅（1.814 千克）

大霰弹：15 发重 510.16 克的弹丸，霰弹全重 8.543 千克

小霰弹：42 发重 184.21 克的弹丸，霰弹全重 8.021 千克

6 磅加农炮，装药 2 英磅（0.907 千克）

大霰弹：12 发重 241.00 克的弹丸，霰弹全重 3.259 千克

小霰弹：34 发重 99.19 克的弹丸，霰弹全重 3.373 千克

重型 5.5 寸榴弹炮，装药 2 英磅（0.907 千克）

轻型 5.5 寸榴弹炮，装药 1 英磅（0.454 千克）

这两种 5.5 寸榴弹炮发射同一种霰弹：55 发重 85.6 克的弹丸，霰弹全重
5.668 千克

霰弹射击测试结果

俄军火炮发射旧式霰弹（1807 年前的型号）

标靶： 高 8 尺（约 2.44 米）、宽 18 沙绳（约 38.4 米）

距离，沙绳（米）	中管12磅炮，101发弹丸	短管12磅炮，101发弹丸	6磅炮，82发弹丸	½普特独角兽炮，96发弹丸	¼普特独角兽步炮，77发弹丸	¼普特独角兽骑炮，77发弹丸	3磅独角兽炮，25发弹丸
100 (213.4)	—	26	29	29	19	20	6
150 (320.1)	23	28	—	37	—	18	7
200 (426.8)	21	7	8	15（命中迹象薄弱）	5	2	0
250 (533.5)	0	0	0	0	—	0	

"—"为对应距离全部脱靶。

俄军火炮发射 1807 年的新式霰弹

标靶： 高 8 尺（约 2.44 米）、宽 18 沙绳（约 38.4 米）

加农炮，最佳命中数

距离，沙绳（米）	中管12磅炮		短管12磅炮		6磅炮	
	近程霰弹，112发弹丸	远程霰弹，41发弹丸	近程霰弹，98发弹丸	远程霰弹，34发弹丸	近程霰弹，96发弹丸	远程霰弹，41发弹丸
100 (213.4)	—	—	65	—	40	—
150 (320.1)	51	—	50	—	38	—
200 (426.8)	37	—	32	19	30	—
250 (533.5)	30	—	18	13	12	20
300 (640.2)	—	18	—	11	—	13
350 (746.9)	—	12	—	8	—	3
400 (853.6)	—	6	—		—	

独角兽炮，最佳命中数

距离，沙绳（米）	½普特独角兽炮		¼普特独角兽步炮		¼普特独角兽骑炮	
	近程霰弹，113发弹丸	远程霰弹，56发弹丸	近程霰弹，113发弹丸	远程霰弹，60发弹丸	近程霰弹，94发弹丸	远程霰弹，48发弹丸
100 (213.4)	59	—	52	—	57	—
150 (320.1)	56	—	33	—	48	—
200 (426.8)	43	—	25	—	41	—
250 (533.5)	34	22	—	14	18	12
300 (640.2)	—	18	—	11	—	10
350 (746.9)	—	12	—	5	—	6
400 (853.6)	—	10	—	—	—	—

法军 1765 年霰弹测试

标靶： 高 8 法尺（约 2.6 米）、宽 18 法寻（约 35.1 米）

在一本重印过多次的法军炮兵手册中，标靶高度被错误地写成 18 法尺（5.85 米），尽管其他书中列出的标靶高度只有 8 法尺，但某些历史学家依旧延续了这个错误。考虑到这个标靶代表的是一支骑兵部队，18 法尺的数据显然是错误的，因为乘马的骑兵全高约 2.5 米。[4]

距离，法寻（米）	12磅炮		8磅炮		4磅炮	
	近程霰弹，112发弹丸	远程霰弹，41发弹丸	近程霰弹，112发弹丸	远程霰弹，41发弹丸	近程霰弹，63发弹丸	远程霰弹，41发弹丸
200 (389.8)	40	—	—	—	21	
250 (487.3)	35	—	至多 40	—		16—18
300 (584.7)	25	13	25	10—11	—	8—9
350 (682.2)	—	10—11	—	8—9		
400 (779.6)	—	7—8	—		—	

普军霰弹测试

1 莱茵尺 =0.3138536 米

6 尺 =1.88 米，18 尺 =5.65 米，50 尺 =15.69 米，100 尺 =31.39 米，200 尺 =62.77 米

代表一个步兵营的标靶可能高 6 尺、宽 200 尺以上

普鲁士步 =2 又 1/3 莱茵尺 =0.7327 米

标靶： 高 6 尺（1.88 米）、宽 200 尺（62.77 米）[5]

距离，步（米）	12磅炮	6磅炮	10磅榴弹炮	7磅榴弹炮
300 (219.7)	44	31	无数据	无数据
400 (292.9)	42	26	27	17
600 (439.4)	26	10	12	8
800 (585.9)	10	7	7	3
1000 (732.3)	6	—	—	—

标靶： 高 6 尺（1.88 米）、宽 50 尺（15.69 米）[6]

距离，步（米）	12磅炮	6磅炮
300 (219.7)	33	23
400 (292.9)	28	17
600 (439.4)	10	4
800 (585.9)	2 ¼	2 1/6
1000 (732.3)	1 ¼	—

标靶：代表一个步兵营的标靶[高 6 尺(1.88 米)、宽度可能超过 200 尺(62.77 米)],中霰弹[7]

距离，步（米）	12磅炮	6磅炮	10磅榴弹炮	7磅榴弹炮
400 (292.9)	无数据	无数据	无数据	30
600 (439.4)	无数据	无数据	18	无数据
700 (512.6)	无数据	无数据	无数据	7
700 to 800 (512.6 to 585.9)	无数据	14	无数据	—
800 (585.9)	20—30	无数据	12	—
900 (659.1)	16	5	—	—
1000 (732.3)	7	—	—	—

标靶： 高 18 尺（5.65 米）、宽 100 尺（31.39 米）[8]

距离，步（米）	12磅炮	6磅炮	10磅榴弹炮	7磅榴弹炮
200 (146.5)	无数据	35（小霰弹）	无数据	无数据
300 (219.7)	无数据	26（小霰弹）	无数据	无数据
400 (292.9)	26（小霰弹）	19（小霰弹）	无数据	9
500 (366.2)	24（小霰弹）	8（中霰弹）	6	7
600 (439.4)	7（中霰弹）	7（中霰弹）	4—5	
800 (585.9)	6（中霰弹）			

按照火炮型号区分的同一组数据

距离，步（米）	普鲁士12磅炮			
	标靶代表1个步兵营	标靶高6尺、宽200尺	标靶高6尺、宽50尺	标靶高18尺、宽100尺
300 (219.7)	无数据	44	33	无数据
400 (292.9)	无数据	42	28	26（小霰弹）
500 (366.2)	无数据	无数据	无数据	24（小霰弹）
600 (439.4)	无数据	26	10	7（中霰弹）
800 (585.9)	20—30（中霰弹）	10	2 1/4	6（中霰弹）
900 (659.1)	16（中霰弹）	无数据	无数据	—
1000 (732.3)	7（中霰弹）	6	1 1/4	—

距离，步（米）	普鲁士6磅炮			
	标靶代表1个步兵营	标靶高6尺、宽200尺	标靶高6尺、宽50尺	标靶高18尺、宽100尺
200 (146.5)	无数据	无数据	无数据	35（小霰弹）
300 (219.7)	无数据	31	23	26（小霰弹）
400 (292.9)	无数据	26	17	19（小霰弹）
500 (366.2)	无数据	无数据	无数据	8（中霰弹）
600 (439.4)	无数据	10	4	7（中霰弹）
700 - 800 (512.6 - 585.9)	14（中霰弹）	无数据	无数据	
800 (585.9)	无数据	7	2 1/6	
900 (659.1)	5（中霰弹）	—	—	

距离，步（米）	普鲁士10磅榴弹炮		
	标靶代表1个步兵营	标靶高6尺、宽200尺	标靶高18尺、宽100尺
400 (292.9)	无数据	27	无数据
500 (366.2)	无数据	无数据	6
600 (439.4)	18	12	4—5
800 (585.9)	12	7	—

距离，步（米）	普鲁士7磅榴弹炮		
	标靶代表1个步兵营	标靶高6尺、宽200尺	标靶高18尺、宽100尺
400 (292.9)	30	17	9
500 (366.2)	无数据	无数据	7
600 (439.4)	无数据	8	—
700 (512.6)	7	无数据	—
800 (585.9)	—	3	—

　　高 18 尺、宽 100 尺的标靶命中数据看起来相对较低，这个数据可能写错了，它的实际高度也许是 6 尺（1.88 米，大约相当于步兵身高）或 8 尺（2.51 米，大约相当于乘马的骑兵全高）。

步枪参数

	管长，米	口径，毫米	弹重，克	步枪全重 （不含刺刀），千克
旧式普鲁士步枪（1782年式）	1.046	19.4	27.5	~5.6
新式普鲁士步枪（1809年式）	1.046	18.6	27.5	~4.9
法国步枪（1800年式）	1.137	17.5	24.5	~4.4
旧式英国步枪，短管陆战型（1768年式）	1.067	19.0	35.2	~4.8
新式英国步枪，东印度公司型（1797年式）	0.990	19.0	35.2	~4.4
旧式俄国步枪（1798年式）	1.036	19.7	34.1	~5.6
新式俄国步枪（1808年式）	1.143	17.8	25.6	~4.5

沙恩霍斯特1810年步枪测试 [9]

1莱茵尺 =0.31385 米

标靶高6尺（1.88米）、宽100尺（31.39米）、厚1寸（2.615厘米，云杉木板）

1普鲁士步 =0.7323米

每个距离上的标靶都由10名士兵每人射击20发，一共射击200发。

表格中上方数据为命中数，下方数据为击穿数。

距离，步（米）	100 (73.2)	200 (146.5)	300 (219.7)	400 (292.9)
旧式普鲁士步枪（1782年）	92	64	64	42
	56	58	56	23
新式普鲁士步枪（1809年）	153	113	70	42
	153	113	70	34
法国步枪	151	99	53	55
	151	99	49	38
英国步枪	94	116	75	55
	94	116	75	53
俄国步枪（1798年）	104	74	51	49
	104	74	51	46

队列术语[①]

队形: 军人、分队、部队等共同行动时, 按条令规定所采取的列队形式。

列: 军人在一条直线上, 左右排列成的队形。

路: 军人在一条直线上, 前后排列成的队形。

间隔: 左右相邻军人(分队、车辆等)之间的空隙。

距离: 前后军人(分队、车辆等)之间的空隙。

横队: 按列排成的队形称为横队, 其正面大于纵深。横队分为一列、二列、三列横队或根据实际需要确定。

纵队: 按路排成的队形称为纵队。通常, 其纵深大于正面。纵队分为一路、二路、三路和四路以上的纵队。

伍: 成数列横队时, 前后排列的军人称为伍。各伍人数与列数相等时叫满伍, 人数少于列数的叫缺伍。

基准战士(基准分队、基准车): 规定列队站在排头的或指挥员指定的军人(分队、车辆)。

翼: 队列的两端。左端为左翼, 右端为右翼。

轴翼: 分队通过行进变换方向时, 处于转弯内侧的一翼称为轴翼; 另一翼为外翼。左转弯、左后转弯走时, 轴翼在各列左端; 右转弯、右后转弯走时, 轴翼在各列右端。

步幅: 步的长度(由后脚脚尖至前脚脚尖的距离和两脚平行的内侧间隔)。

步速: 每分钟行进的步数。

——摘自《中国人民解放军队列条令》(1983 年版本)附录六

---

① 译注: 该内容为翻译时加入, 原书无。

注释

[1] Gassendi, *op. cit.*, t. 1, p. 502-503, 514-515,534-538; Маркевич, *Руководство*, т. 1, 1820, таблица № 36 между с. 410 и 411, с. 453-455, 500-502; Morla, *op. cit.*, Tableaux No. 2, 3, 6, 7, 9, 11, 15.

[2] Гогель и др., *Основания артиллерийской и понтонной науки*, ч. 2, с.47 таблица (同样的内容见: *Замечания для приуготовления молодых офицеров к военным действиям*. Варшава, ч. 2, 1821, таблица в конце книги).

[3] Caraman,《Service d'artillerie en campagne》//*Spectateur Militaire*, t. 10, 1831, p. 429-430.

[4] Tronson du Coudray C. *L'artillerie nouvelle, ou éxamen des changements faits dans l'artillerie française depuis 1765*. Liège, 1772, p. 66; Rogicourt d'Urtubie T. B. S. de *Manuel de l'artilleur, contenant tous les objets dont la connoissance est nécessaire aux officiers et sous-officiers de l'artillerie, suivant l'approbation de Gribeauval*. Paris, 5-me édition, 1795, p. 254. (后一本书将标靶高度误记为18法尺，索科洛夫在他的《拿破仑的军队》中沿用了这一错误，参见 Соколов О. В. *Армия Наполеона*. СПб., 1999, с. 177。)

[5] Scharnhorst G.J.D. von *Über die Wirkung des Feuergewehrs*. Berlin, 1813, S. 17, 19（俄译本见 Нилус, *op. cit.*, т. 1, с. 299 таблица）.

[6] *Ibid.*, S. 19（俄译本见: Нилус, *op. cit.*, т. 1, с. 299 таблица）.

[7] Decker, *Die Artillerie*, T. 1, S. 255（同样的结果收录在: Okouneff, *Examen*, p. 322和 Idem., *Considerations*, p. 262, 但"步"被错误地改成了"法寻"）.

[8] Morla, *op.cit.*, Table No. 22.

[9] Scharnhorst, *Über die Wirkung des Feuergewehrs*, S.80-82.

参考文献

条令与教令（以年份为序）

俄国

· Описание пехотного полкового строю, разделенного в три части со всеми нужными к тому примечаниями, 1755 году. СПб., 1755.

· Экзерциция и учреждение строев и всяких церемониалов регулярной кавалерии, 1755 году. СПб., 1755.

· Пехотный строевой устав. СПб., 1763 (1768, 1784, 该条令还曾以下列书名出版：Строевой устав пехотной экзерциции, СПб., 1764, Главы к уставу о полевой службе, СПб., 1765, 1786, 1792).

· Устав воинский о конной экзерциции. СПб., 1763.

· Примечания о пехотной службе вообще и о егерской особенно. М., 1955 (由米哈伊尔·伊拉里奥诺维奇·库图佐夫于 1786 年编写).

· Опыт полевого воинского искусства. СПб., 1794 (弗里德里希二世步兵条令的修订译本).

· Опыт полевого кавалерийского воинского искусства. СПб., 1794 (弗里德里希二世骑兵条令的修订译本).

· О службе кавалерийской. Место и год издания не указаны, вероятно, СПб., 1790-е годы (弗里德里希二世教令的译本).

· Тактические правила или наставления воинским эволюциям. СПб., 1794; Смоленск, 1798 (译自普鲁士将领萨尔德恩在 18 世纪 70 年代撰写的教令).

· Инструкция господам ротным командирам. СПб., 1796 (该教令由谢苗·罗曼诺维奇·沃龙佐夫于 1774 年为第 1 掷弹兵团撰写).

· Воинский устав о полевой гусарской службе. СПб., 1797.

· Воинский устав о полевой кавалерийской службе. СПб., 1797 (该条令还曾以下列书名出版：Устав конного полка, СПб., 1797).

· Воинский устав о полевой пехотной службе с планами. М., 1797.

· «Собрание разных егерских правил, выбранных из тактических записок и сообразованных в сходствие Устава г[енерал]-м[айором] и к[авалером] Рачинским» // Татарников К. В. (составитель) Строевые уставы, инструкции и наставления русской армии. М. : «Русская панорама», 2010, т. 2, с. 316–330 (文件颁布年份为 1799 年).

· [Голицын Д. В., Васильчиков Н. В., Масюков Г. С., Раден Ф. Ф., Засс А. А.] Опыт наставлений, касающихся до экзерциций и маневров кавалерийского полка. Орел, 1805. 书中的图示和图版曾在 1804 年作为单行本出版，其作者为卡尔·伊万诺维奇·林登鲍姆 (Карл Иванович Линденбаум) 上校。

· Краткое наставление о солдатском ружье. СПб., 1809.

· Воинский устав о пехотной службе. СПб., 1811.

· Руководство в отправлении службы чиновникам дивизионного генерал-штаба. СПб, 1811.

· Учреждение для управления большой действующей армией. СПб., 1812, 1815.

· «Наставление господам пехотным офицерам в день сражения» // Военный сборник, 1902, № 7, ч. 2, с. 238–244 (1812 年首度刊行).

· Предварительное постановление о строевой кавалерийской службе. СПб., 1812.

· Прибавление к предварительному постановлению о строевой кавалерийской службе. СПб., 1815.

· Воинский устав о пехотной службе. СПб., 1816.

- Правила рассыпного строя или наставление о рассыпном действии пехоты, для обучения егерских полков и застрельщиков всей пехоты. Варшава, 1818.
- Воинский устав о кавалерийской строевой службе. СПб., 1819.
- Замечания для приуготовления молодых офицеров к военным действиям. Варшава, ч. 1 (1819), ч. 2 (1821).
- Воинский устав о линейном учении. СПб., 1820.
- Об употреблении стрелков в линейных учениях. СПб., 1820.
- Правила первоначального обучения застрельщиков и приуготовления их для рассыпного строя. Варшава, 1821.
- Воинский устав о строевой пешей артиллерийской службе. Варшава, ч. 1, 1824.

法国

- Instruction sur l'exercice de l'infanterie du 29 juin 1753. Paris, 1753.
- Instruction sur l'exercice de l'infanterie du 14 mai 1754. Paris, 1754.
- Ordonnance sur l'exercice de l'infanterie du 6 mai 1755. Paris, 1755.
- Ordonnance sur l'exercice de la cavalerie du 22 juin 1755. Paris, 1755.
- Instruction que le Roi a fait expédier pour régler provisoirement l'exercice des troupes légères du 1er mai 1769.
- Instruction que le Roi de France a fait expedier pour regler provisoirement l'exercice de ses troupes d'infanterie du 11 juin 1774. Francfort sur le Meyn, 1775.
- Ordonnance du Roi, pour régler l'exercice de ses troupes d'infanterie du premier juin 1776. Metz, 1776.
- Règlement provisoire sur le service de l'infanterie en campagne. Caen, 1778.
- Instruction arretée par le roi concernant l'exercice et les manœuvres des troupes à cheval du 20 mai 1788. Metz, 1788.
- Instruction provisoire, concernant l'exercice et les manœuvres de l'infanterie. Grenoble, 1788.
- Ordonnance provisoire sur l'exercice et les manœuvres de la cavalerie. Paris, 1788.
- Règlement concernant l'exercice et les manœuvres de l'infanterie du 1er août 1791. Paris, 1791 (曾以全书或节选形式再版多次).
- Règlement provisoire sur le service de l'infanterie en campagne du 5 avril 1792. Paris, 1792, 1808.
- Manuel du canonnier, ou instruction générale sur le service de toutes les bouches à feu en usage dans l'artillerie. Paris, 1792 (第二版名为：Instruction générale sur le service de toutes les bouches à feu en usage dans l'artillerie. Paris, 1793).
- Instruction concernant les manœuvres de la cavalerie légère, rédigée sur les ordonnances actuellement en activité. Paris, Strasbourg, 1799.
- Instruction concernant les manœuvres des troupes à cheval, rédigée sur les ordonnances actuellement en activité. Paris, 1799 (nouvelle édition, 1801).
- Guyard Instruction pour le service et les manœuvres de l'infanterie légère en campagne. Paris, 1805.
- Ordonnance provisoire sur l'exercice et les manœuvres de la cavalerie, rédigée par ordre du ministre de la guerre, du 1er vendémiaire an XIII. Paris, 1805 (该条令是对 1788 年条令稍作修订的产物，第二版出版于 1808—1810 年，第三版出版于 1813—1815 年，后者包括了 1811 年 9 月 24 日颁布的骑枪训练教令：Sur l'exercice et les manœuvres de la lance du 24 septembre 1811).
- Instruction de détail sur l'exercice et les manœuvres de la cavalerie. Paris, 1805 (2e édition : 1814-1815).
- Ordonnance concernant l'exercise et manœuvres de l'infanterie du 12e pluviôse an XIII. Paris, 1805 (Ordonnance du 1er février 1805).
- Hulot J. B. Instruction sur le service d'artillerie, a l'usage des Élèves de l'École spéciale impériale militaire. Paris, 1806 (第二版：Hulot J. B., Bigot Instruction sur le service de l'artillerie. A l'usage de M. M. les Élèves des l'École spéciale impériale militaire établie à Saint-Cyr. Paris, 1809, 第三版：

Hulot J. B., Bigot Instruction sur le service de l'artillerie. A l'usage de M. M. les Élèves des l' Écoles militaires établies à Saint-Cyr et à Saint-Germain. Paris, 1813).

- Bardin É.-A. Manuel d'infanterie ou résumé de tous les réglemens, décrets, usages, renseignemens propres a cette arme. Paris, 2-e édition, 1808 (4-e édition, 1813).
- Extrait du règlement provisoire pour le service des troupes en campagne. Schönbrunn, 1809.
- Manœuvres des batteries de campagne, pour l'artillerie de la garde impériale. Metz, 1811 (Paris, 1812; Grenoble, 1814; Strasbourg, 1815; Rennes, 1815).
- Préval C. A. H. de Projet de règlement de service pour les armées françaises, tant en campagne que sur le pied de paix. Paris, 1812.
- Bardin É.-A. Mémorial de l'officier d'infanterie. Paris, 2-e édition, 1813.

普鲁士
- Reglement vor die Königl. Preußische Cavallerie-Regimenter. Berlin, 1743.
- Reglement vor die Königl. Preußische Husaren-Regimenter. Berlin, 1743.
- Reglement vor die Königl. Preußische Infanterie. Berlin, 1743 (1750, 1766, 1773).
- Reglement für die Königl. Preußische Infanterie. Berlin, 1788.
- Reglement für die Königl. Preußische leichte Infanterie. Berlin, 1788.
- Reglement für die Husaren-Regimenter und für das Regiment Bosniaken der Königlich Preußischen Armee. Berlin, 1796.
- Reglement für die Kürassier- und Dragoner-Regimenter der Königlich Preußischen Armee. Berlin, 1796.
- Exerzir-Reglement für die Artillerie der Königlisch Preußischen Armee. Berlin, 1812.
- Exerzir-Reglement für die Infanterie der Königlisch Preußischen Armee. Berlin, 1812.
- Exerzir-Reglement für die Kavallerie der Königlisch Preußischen Armee. Berlin, 1812.

奥地利
- Reglement für die Röm. Kaiserlisch-Königliche Infanterie, Cavallerie und Feld-Artillerie. 1757.
- Exercierreglement für die sämmtliche Kaiserlisch-Königliche Infanterie . Wien, 1769.
- 《Instructionpunkte für die k.k. Armee zur Campagne des Jahres 1794. Valenciennes, 19. März 1794》 // Bancalari J. Beiträge zur Geschichte des österreichischen Heerwesens. Wien, 1872, Erstes Heft, S. 136–142 (由马克将军撰写).
- Instructionspunkte für gesammte Herren Generals der K. K. Armee. Frankfurt am Main, 1795 (由马克将军在 1794 年撰写).
- 《Observationspunkte für die Generale bei der Armee in Deutschland im Jahre 1796》 // Bancalari J. Beiträge zur Geschichte des österreichischen Heerwesens. Wien, 1872, Erstes Heft, S. 136–142 (由卡尔大公撰写).
- Grundsätze der höhern Kriegs-Kunst für die Generäle der österreichischen Armee. Wien, 1806, 2-e расширенное издание : Grundsätze der höhern Kriegs-Kunst und Beyspiele ihrer zweckmässigen Anwendung für die Generäle der österreichischen Armee. Wien, 1808 (由卡尔大公撰写，俄文节译本见：Стратегия в трудах военных классиков. М., 1926, т. 2).
- Beyträge zum praktischen Unterricht im Felde für die officiers der österreichischen Armee. Wien, 1 Heft (1806), 2 Heft (1807), 3 Heft (1807), 4 Heft (1808), 5 Heft (1808), 6 Heft (1810), 7 Heft (1811), 8 Heft (1813) (由卡尔大公撰写).
- Abrichtungs Reglement für die kaiserlich und kaiserlich-königliche Infanterie. Wien, 1806.
- Exercier-Reglement für die kaiserlich-königliche Infanterie. Wien, 1807.
- Exercier-Reglement für die kaiserlich-königliche Cavallerie. Wien, 1807.
- Exercier-Reglement für die kaiserlich-königliche Gränz-Infanterie. Wien, 1808.
- Schels J. B. Leichte Truppen; kleiner Krieg. Ein praktisches handbuch für Offiziere aller Waffengattungen. Wien, Erster Band (1813), Zweiter Band (1814).

英国

- Dundas D. Principles of Military Movements, Chiefly Applied to Infantry. London, 1788 (此外还存在多个不同版本).
- Regulations for the Exercise and Conduct of Rifles and Light Infantry on Parade and in the Field. London, 1798.
- Rules and Regulations for the Formations, Field-Exercise, and Movements, of His Majesty's Forces. London, 1794 (1795, 1798, 1799).
- Light Infantry Exercise. London, 1797.
- Smirke R. Review of a Battalion of Infantry Including the Eighteen Manœuvres. London, 1799 (第四版：1810).
- Instructions and Regulations for the Formations and Movements of the Cavalry. London, 3rd edition, 1799.
- An Elucidation of Several Parts of His Majesty's Regulations for the Formations and Movements of the Cavalry. London, 1803.
- Jarry F. Instruction Concerning the Duties of Light Infantry in the Field. London, 2nd edition, 1803.
- Regulations for the Exercise of Riflemen and Light Infantry; and Instructions for Their Conduct in the Field. London, 1803.
- Russell J. Instructions for the Drill, and the Method of Performing the Eighteen Manoeuvres. London, 3rd edition, 1804.
- The Manual and Platoon Exercises. London, 1804.
- Rules and Regulations for the Manual and Platoon Exercises, Formations, Field-Exercise, and Movements, of His Majesty's Forces. London, 1807.
- Smirke R. Review of a Battalion of Infantry Including the Eighteen Manœuvres. London, 1810.

俄文中的文献资料（以字母为序）

- 1799 год. Журнал военных действий отряда князя П. И. Багратиона с 9 апреля по 28 сентября 1799 года. СПб., 1903.
- 1812–1814 : Секретная переписка генерала П. И. Багратиона. Личные письма генерала Н. Н. Раевского. Записки генерала М. С. Воронцова. Дневники офицеров русской армии. М., 1992.
- 1812 год в воспоминаниях современников. М., 1995.
- 1812 год. Военные дневники. М., 1990.
- 1812 год. Воспоминания воинов русской армии. М., 1991.
- 1812 год. К стопятидесятилетию Отечественной войны. М., 1962 (сборник статей).
- 1812 год. Мемуары современников и очевидцев. М., 1912
- А. В. Суворов. Документы. М., т. 2 (1951), т. 3 (1952), т. 4 (1953).
- Аглаимов С. П. Отечественная война 1812 года. Исторические материалы Лейб-гвардии Семеновского полка. Полтава, 1912.
- Адамович Б. В. Сборник военно-исторических материалов Лейб-гвардии Кексгольмского императора австрийского полка. СПб., т. 3, 1910.
- Азадовский М. К. (ред.) Декабристы. Новые материалы. М., 1955.
- Архив князя Воронцова. М., кн. 37, 1891.
- Архив Раевских, т. 1, СПб., 1908.
- Барклай-де-Толли М. Б. Изображение военных действий Первой армии в 1812 году. М., 1859.
- Безотосный В. М. Все сражения русской армии 1804–1814 гг. Россия против Наполеона. М. : Яуза, Эксмо, 2012.
- Беннигсен Л. Л. Записки графа Л. Л. Беннигсена о войне с Наполеоном 1807 года. СПб, 1900.
- Беннигсен Л. Л. Письма о войне 1812 года. Киев, 1912.
- Березинская операция в войну 1812 года. Записки графа Ланжерона (перевод с французской

рукописи). Место и год издания не указаны.

- Бобровский П. О. История лейб-гвардии Уланского Ея Величества Государыни Императрицы Александры Федоровны полка. СПб., том 1, 1903.
- Богданов Л. П. Русская армия в 1812 году. Организация, управление, вооружение. М., 1979.
- Богданович В. Краткая история 19го пехотного Костромского полка с 1805 по 1900 год. Житомир, 1900.
- Богданович М. И. История войны 1813 года за независимость Германии, по достоверным источникам. СПб., 1863.
- Богданович М. И. История войны 1814 года во Франции и низложения Наполеона I, по достоверным источникам. СПб., 1865.
- Богданович М. И. История Отечественной войны 1812 года, по достоверным источникам. СПб., 1859.
- Богданович М. И. История царствования Императора Александра I и России в его время. СПб., 1869.
- Бородино. Документы, письма, воспоминания. М., 1962.
- Булгарин Ф. В. Воспоминания Фаддея Булгарина. Отрывки из виденного, слышенного и испытанного в жизни. СПб., 6 частей (1846–1849).
- Булгарин Ф. В. Полное собрание сочинений. СПб., 6 томов, 1843.
- Бумаги относящиеся до войны 1812 года, собранные и изданные П. И. Щукиным. М., ч. 1 (1897), ч. 2 (1897), ч. 3 (1898), ч. 4 (1899), ч. 5 (1900), ч. 6 (1901), ч. 7 (1903), ч. 8 (1904), ч. 9 (1905), ч. 10 (1908).
- Бутовский И. Х. Фельдмаршал князь Кутузов при конце и начале своего боевого поприща. СПб., 1858.
- Бутурлин Д. П. История нашествия Императора Наполеона на Россию в 1812 году. С официальных документов и других достоверных бумаг Российского и Французского генерал-штабов. СПб., ч. I (1823), ч. 2 (1824).
- Вахрушев М. Н. История 101-го Пермского полка. СПб., 1897.
- Вессель Е. Х. Записки об артиллерийском искусстве. СПб., 1830.
- Веймарн И. Ф. Высшая тактика. СПб., 1840.
- Висковатов А. В. Историческое описание одежды и вооружения российских войск с рисунками, составленное по Высочайшему повелению. СПб, 1841–1862.
- Вистицкий М. С. Описание действий Римского-Корсакова в Швейцарии. М., 1846.
- Вовси Э. М. Вопросы тактики французской пехоты, 1792–1815 гг. Самара : «Воин» , 2005.
- Военский К. А. (составитель) Отечественная война 1812 года в записках современников. (Материалы Военно-ученого архива). СПб., 1911.
- Война 1813-го года. Материалы Военно-ученого архива. Отд. I, тт. 1–3, СПб, 1914–1917.
- Волконский С. Г. Записки Сергия Григорьевича Волконского (декабриста). СПб., 1901.
- Воронежское дворянство в Отечественную войну. М., 1912.
- Генерал Багратион. Сборник документов и материалов. М., 1945.
- Гениев Н. И. История Псковского пехотного, генерал-фельдмаршала князя Кутузова-Смоленского полка. 1700–1881. М., 1883.
- Геништа В. И., Борисевич А. Т. История 30-го драгунского Ингерманландского полка 1704–1904. СПб., т. 1, 1904.
- Глинка Ф. Н. Письма русского офицера о Польше, австрийских владениях, Пруссии и Франции, с подробным описанием похода россиян противу французов в 1805 и 1806, также Отечественной и Заграничной войны с 1812 по 1815 год. М., 1815.
- Гогель И. Г., Фитцум И. И., Гебгард К. К. Основания артиллерийской и понтонной науки. СПб., 1816.
- Гогель И. Г. Подробное наставление о изготовлении, употреблении и сбережении огнестрельного и белого солдатского оружия… СПб., 1825.

- Голицын Н. Б. Офицерские записки или воспоминания о походах 1812, 1813 и 1814 годов. М., 1838.
- Граббе П. Х. Записная книжка графа П. Х. Граббе. М., 1888.
- Граббе П. Х. Из памятных записок графа Павла Христофоровича Граббе. М., 1873.
- Греков М. И. Атака лейб-казаков в сражении под г. Лейпцигом 1813 г. 4 октября : [Рассказ, слыш. от участника Лейпциг. боя ген.-лейт. Емельяна Антоновича Конькова...]. СПб., 1913.
- Гулевич С. А. История Лейб-Гвардии Финляндского полка. СПб., ч. 1, 1906.
- Гулевич С. А. История 93го пехотного Иркутского Его Императорского Высочества Великого Князя Михаила Александровича полка с 1785 по 1913 год. СПб., 1914.
- Давыдов Д. В. Замечания на некрологию Н. Н. Раевского с прибавлением его собственных записок на некоторые события войны 1812 года, в коих он участвовал. М., 1832.
- Давыдов Д. В. Сочинения Д. В. Давыдова. М., 1860.
- Дандевиль М. В. Столетие 5го Лейб-драгунского Курляндского императора Александра III-го полка. СПб., 1903.
- Двенадцатый год. Исторические документы собственной канцелярии главнокомандующего 3-ю Западною Армиею генерала-от-кавалерии А. П. Тормасова. СПб., 1912.
- Девятнадцатый век. Исторический сборник. М., Кн. 1, 1872.
- Дельбрюк Г. История военного искусства в рамках политической истории. СПб., 2001, т. 4.
- Денисон Дж. История конницы. СПб, 1897, том 1.
- Дибич Х. Э. фон Мысли о солдате, в различных по званию его отношениях, рассматриваемых в воинском и нравственном виде. СПб., ч. 1 (1802), ч. 2 (1803).
- Дирин П. Н. История лейб-гвардии Семеновского полка. СПб., т. I, 1883.
- Документы штаба Кутузова. 1805–1806. Вильнюс, 1951.
- Драгомиров М. И. Избранные труды. М., 1956.
- Дубровин Н. Ф. А. В. Суворов среди преобразователей Екатерининской армии. СПб., 1886.
- Дурова Н. А. Кавалерист-девица. СПб., 1836.
- Ермолов А. П. Материалы для истории войны 1812 года. Записки А. П. Ермолова. М., 1863.
- Ермолов А. П. Записки А. П. Ермолова 1798–1826. М. : 《Высшая школа》 , 1991.
- Жиркевич И. С. Записки Ивана Степановича Жиркевича 1789–1848. М. : 《Кучково поле》 , 2009.
- Жомини Г. В. Военное искусство. L'art de la guerre. СПб., без даты (1807).
- Жомини Г. В. Краткое начертание военного искусства или новый аналитический обзор главных соображений стратегии, высшей тактики и военной политики. СПб., 1840.
- Жомини Г. В. Общие правила военного искусства. СПб., 1817.
- Журнал военных действий Императорской Российской армии с начала до окончания кампании, т. е. с ноября 1806 по 7 июня 1807 года. СПб., 1807.
- Журнал военных действий войск состоявших под начальством генерал-майора графа Каменского 2-го с 14 апреля по 27 июня 1807 года. СПб., 1809.
- Зайцев А. Воспоминания о походах 1812 года, составленные из рассказов офицера Александром Зайцевым. М., 1852.
- Замечания для приуготовления молодых офицеров к военным действиям. Варшава, ч. 1 (1819), ч. 2 (1821).
- Земцов В. Н. Битва при Москве-реке. М. : 《Рейтар》 , 1999.
- Зуев Д. П. Суворов в 1799 году. (По австрийск. офиц. источникам). СПб., 1900.
- История отечественной артиллерии. М., 1962, т. 1, кн. 3.
- Иванов Е. П. Генерал Петр Петрович Коновницын. Псков, 2002.
- Каменский Е. С. Аустерлицкое сражение 20 ноября 1805 года. Материалы к сост. описания его. Киев, 1913.
- Каменский Е. С. История 2-го драгунского С.Петербургского генерал-фельдмаршала князя Меньшикова полка. 1707–1898. М., т. 2, 1900.

- Каульбарс Р. А. Дневник секунд-майора Черниговского карабинерного полка барона Родиона (Рейнгольда Августа) Каульбарс. СПб., 1912.
- Клаузевиц К. 1806 год. 2-е издание, М., 1938.
- Клаузевиц К. 1812 год. 2-е издание, М., 1937.
- Клаузевиц К. О войне. 5-е издание, М., 1941.
- Колюбакин Б. М. 1812-й год. Воспоминания офицера французского кирасирского № 2-го полка о кампании 1812 года. СПб, 1912.
- Колюбакин Б. М. Прейсиш-Эйлауская операция и сражение у Прейсиш-Эйлау. СПб., 1911.
- Крупянский В. Ф. Воспоминания помещика Верхнеднепровского уезда Екатеринославской губернии капитана Варфоломея Федоровича Крупянского об участии его в войнах с Турцией и Францией в период 1807–1816 гг. Екатеринослав, 1912.
- Лакюэ де Сессак Ж. Ж. Походный наставник для офицеров, отряжающихся от армии по разным воинским препоручениям. СПб., ч. 1–2, 1811.
- Лалаев М. С. Исторический очерк военно-учебных заведений, подведомственных Главному их управлению. От основания в России воен. школ до исхода первого двадцатипятилетия благополучного царствования государя имп. Александра Николаевича. СПб., 1880.
- Леонов О. Г., Ульянов И. Э. Регулярная пехота. 1698–1801. М. : 《Аст》, 1995.
- Липранди И. П. Война 1812 года. Замечания на книгу 《История Отечественной войны 1812 года, по достоверным источникам》, сочинение генерал-майора Богдановича. СПб., 1869.
- Липранди И. П. Материалы для Отечественной войны 1812 года. СПб., 1867.
- Липранди И. П. Пятидесятилетие Бородинской битвы, или Кому и в какой степени принадлежит честь этого дня? Извлеч. исключительно из иноземных писателей. М., 1867.
- Любенков Н. Т. Рассказ артиллериста о деле Бородинском. СПб., 1837.
- Ляпишев Г. В. (сост.) Российские мемуары эпохи Наполеоновских войн. М. : 《Русский мир》, 2013.
- Марин А. Н. Краткий очерк истории лейб-гвардии Финляндского полка. СПб., 1846.
- Маркевич А. И., Плотто К. К. *Чертежи всем полковым и батарейным орудиям, их лафетам, зарядным ящикам с гнездами всех калибров и всей принадлежности оных орудий.* СПб., 1805.
- Маркевич А. И. Руководство к артиллерийскому искусству. СПб., т. 1 (1820), т. 2 (1824).
- Мартынов А. И. 1803–1903. Краткая история 4-го пехотного Копорского, бывшего Его Величества Короля Саксонского полка. СПб., 1903.
- Масловский Д. Ф. Русская армия в Семилетнюю войну. М., вып. III, 1891.
- Медем Н. В. Тактика. Учебные руководства для военно-учебных заведений. СПб., ч. 1 (1837), ч. 2 (1838).
- Мещеряков Г. П. Русская военная мысль в XIX в. М., 1973.
- М. И. Кутузов. Документы. М., т. 1 (1950), т. 2 (1951), т. 3 (1952), т. 4 (2 части, 1953, 1955), т. 5 (1956).
- Милютин Д. А. История войны России с Францией в царствование Императора Павла I в 1799 году. СПб., 1853.
- Митаревский Н. Е. Воспоминания о войне 1812 года. М., 1871.
- Михайловский-Данилевский А. И. Записки о походе 1813 года. М., 1836 (2-е издание).
- Михайловский-Данилевский А. И. Описание войны 1806 и 1807 годов. СПб., 1846.
- Михайловский-Данилевский А. И. Описание первой войны Императора Александра с Наполеоном в 1805 году. СПб., 1844.
- Михайловский-Данилевский А. И. Описание Турецкой войны в царствование Императора Александра, с 1806-го до 1812-го года. СПб., 1843.
- Михайловский-Данилевский А. И. Полное собрание сочинений. СПб., 1850.
- Наполеон. Избранные произведения. М., 1956.
- Нилус А. А. История материальной части артиллерии. СПб., 1904.
- Нолан История и тактика кавалерии // Военная библиотека, т. 3, СПб., 1871.

- Норов А. С. Война и мир 1805–1812 с исторической точки зрения и по воспоминаниям современников. По поводу соч. гр. Л. Н. Толстого «Война и мир» . СПб., 1868.
- Норов В. С. Записки о походах 1812 и 1813 годов, от Тарутинского сражения до Кульмского боя. СПб., 1834.
- Орлов Н. А. Поход Суворова в Италии в 1799 году по запискам Грязева. СПб., 1898.
- Ортенберг И. Ф. Записки о войне 1813 года в Германии. СПб., 1855.
- Остен-Сакен Д. Е. Мысли о некоторых предметах военного дела и разные военно-исторические сведения. СПб., 1865.
- Отечественная война 1812 года. Материалы Военно-ученого архива Главного Штаба. СПб., 22 тома (1900–1912).
- Отечественная война 1812 года. Энциклопедия. М., 2004.
- Отрощенко Я. О. Записки генерала Отрощенко (1800–1830 гг.). М. : «Братина» , 2006.
- Панчулидзев С. А. История Кавалергардов. 1724–1799–1899. СПб., т. 3, 1903.
- П. А. Румянцев. Документы. М., т. 2, 1953.
- Петров А. Н. Война России с Турцией 1806–1812 гг. СПб., 1885.
- Писарев А. А. Военные письма. М., 1817.
- Подвиги офицеров и солдат русской армии в сражении при Бородине. Сборник документов. М. : «Древлехранилище» , 2012, с. 172–173.
- Поликарпов Н. П. К истории Отечественной войны 1812 года. Забытые и неописанные военной историей сражения Отечественной войны 1812 года, вызвавшие своим ходом решительное (генеральное) сражение 26 августа 1812 года при селе Бородине. М., 1911.
- Полное собрание законов Российской Империи. 1830, т. XXVII, XXVIII, XXIX, XX; XLIII, ч. 2.
- [Попадичев И. О.] Воспоминания суворовского солдата. (1794–1799). СПб., 1895.
- [Попадичев И. О.] Воспоминания суворовского солдата. Аустерлиц. СПб., 1901.
- [Попадичев И. О.] Воспоминания суворовского солдата. 1812 год. СПб., год не указан.
- Попов А. И. Война 1812 года. Хроника событий. Львиное отступление. М. : «Рейтар» , 2007.
- Попов А. И. Бородино. Северный фланг. М., 2-е издание, 2008.
- Попов А. И. Бородино. Хроника сражения. Меж двух «вулканов» . Боевые действия в центре бородинского поля. М., 1997.
- Потто В. А. История Новороссийского драгунского полка 1803–1865. СПб., 1866.
- Поход русской армии против Наполеона в 1813 году и освобождение Германии. Сборник документов. М., 1964.
- Радожицкий И. Т. Походные записки артиллериста, с 1812 по 1816 год. М., 1835.
- Развитие тактики русской армии XVIII в. – начала XX в. М., 1957.
- Ранцов В. В. Сто два года боевой и мирной жизни 96го пехотного Омского полка. СПб., 1902.
- Рассуждение о устройстве легких войск и употреблении их во время войны, к которому присовокупляется прибавление о полевых укреплениях со многими фигурами. Перевод с французского Астафьева. СПб., 1803. 译者为 : Астафьев Николай Матвеевич. 法文原本 : Traité sur la Constitution des Troupes Légères, et sur Leur Emploi à la Guerre; Auquel on a joint un Supplément contenant la Fortification de Campagne. Paris, 1782.
- Ренар Б.-Ж.-Б.-Ж. Взгляд на тактику европейской пехоты. СПб., 1859.
- Романо А. де Краткое начертание главнейших правил военачальнической науки. СПб., 1802.
- Российский М. А. Очерк истории 3-го пехотного Нарвского, генерал-фельдмаршала князя Михаила Голицына полка. М., 1904.
- Санглен Я. И. де О воинском искусстве древних и новых времен с прибавлением о пользе теории военного искусства. СПб., 1808.
- Санглен Я. И. де Исторические и тактические отрывки. СПб., 1809.
- Сапожников А. И. Войско Донское в наполеоновских войнах : кампании 1805-1807 годов. Москва–Санкт-Петербург : «Альянс-Архео» , 2008.

- Сапожников А. И. Войско Донское в отечественной войне 1812 года. Москва-Санкт-Петербург : 《Альянс-Архео》, 2012.
- Сведения о гатчинских войсках. СПб., 1835.
- Скобелев И. Н. Переписка и рассказы русского инвалида. СПб., 1838 (1841, 1844).
- Смирнов А. А. 《Аракчеевская》 артиллерия. М. : 《Рейтар》, 1998.
- Смирнов А. А. Генерал Александр Кутайсов. М. : 《Рейтар》, 2002.
- Соколов О. В. Армия Наполеона. СПб. : Издательский дом 《Империя》, 1999.
- Соколов О. В. Аустерлиц. Наполеон, Россия и Европа, 1799–1805 гг. М. : Русский культурный фонд 《Империя Истории》, 2006.
- Старков Я. М. Рассказы старого воина о Суворове. М., 1847.
- Столетие Военного Министерства. 1802–1902. Главный Штаб. Исторический очерк. СПб., т. 4, ч. 1, кн. 2, отд. 2, Организация, расквартирование и передвижение войск. (Период 1801–1805 гг.), 1902; отд. 3, Уставы и наставления, вып. 1, 1903; Управление генерал-инспектора кавалерии о ремонтировании кавалерии. Исторический очерк. СПб., т. 13, кн. 3, вып. 1, 1906.
- Столыпин Н. А. Опыт об употреблении легкой кавалерии. СПб., 1854.
- Столыпин Н. А. Отрывки из записок военного человека. М., 1822.
- Стратегия в трудах военных классиков. М., 1926.
- Татарников К. В. (составитель) Строевые уставы, инструкции и наставления русской армии. М. : 《Русская панорама》, 2010.
- Толубеев Н. И. Записки Никиты Ивановича Толубеева (1780-1809). СПб, 1889.
- Толь К. Ф. Описание битвы при селе Бородине, 24-го и 26-го августа 1812 года. СПб., 1839.
- Труды Витебской ученой архивной комиссии, Витебск, кн. I, 1910.
- Туган-Мирза Барановский А. А. История Лейб-гвардии Кирасирского Его Величества полка. СПб., 1872.
- Тучков С. А. Военный словарь, заключающий наименования или термины, в Российском сухопутном войске употребляемые, с показанием рода науки, к которому принадлежат, из какого языка взяты, как могут быть переведены на российский, какое оных употребление и к чему служат. М., 1818.
- Тучков С. А. Записки Сергея Алексеевича Тучкова. СПб., 1908.
- Ульянов И. Э. 1812. Русская пехота в бою. М. : 《Яуза》, 《Эксмо》, 2008.
- Ульянов И. Э. Регулярная пехота 1801–1855. М. : АСТ, 1996.
- [Фабер Г. Т.] Примечания о французской армии последних времен, с 1792 по 1807 год. СПб., 1808 (Издавалась также под названием : Замечания о французском войске последнего времени, начиная с 1792-го по 1808 год. СПб., 1808).
- Федоров В. Г. Вооружение русской армии за XIX столетие. СПб., 1911.
- Федор Яковлевич Миркович. 1789–1866. Его жизнеописание, составленное по собственным его запискам, воспоминаниям близких людей и подлинным документам. СПб., 1889.
- Французы в России : 1812 год по воспоминаниям современников-иностранцев. М., 2012.
- Харкевич В. И. 1812 г. Березина. СПб, 1893.
- Харкевич В. И. (ред.) 1812 год в дневниках, записках и воспоминаниях современников. Вильна, вып. 1 (1900), вып. 2 (1903), вып. 3 (1904), вып. 4 (1907).
- Хатов А. И. Общий опыт тактики. СПб., 2 ч. (1807, 1810).
- Хатов А. И. Поход Российских Императорских войск в Пруссии 1806 года. СПб., 1839.
- Хатов А. И. Турецкий поход русских под предводительством генерала от инфантерии Голенищева-Кутузова, в 1811 году. СПб., 1840.
- Хроника недавней старины. Из архива князя Оболенского-Нелединского-Мелецкого. СПб., 1876.
- Цехановецкий В. П. История 18-го драгунского Клястицкого Его Королевского Высочества Великого Герцога Гессенского (бывшего Гродненского гусарского, с 1824 по 1882 Клястицкого

гусарского) полка. Варшава, 1886.
- Чандлер Д. Военные кампании Наполеона. М., 1999.
- Шеленговский И. И. История 69го пехотного Рязанского полка. Люблин, т. 1 (1909), т. 2 (1910).
- Шиканов В. Н. Первая польская кампания 1806–1807. М. :《Рейтар》, 2002.
- Шустов В. И. История 25-го драгунского Казанского полка. 1701–1901. Киев, 1901.
- Щукинский сборник. М., выпуск 1 (1902), выпуск 2 (1903), выпуск 3 (1904), выпуск 5 (1905), выпуск 6 (1907), выпуск 7 (1907), выпуск 8 (1909), выпуск 9 (1910), выпуск 10 (1912).

外文中的文献资料（以字母为序）

- [Голицын Н. Б.] La bataille de Borodino, par un temoin oculaire. Saint-Pétersbourg, 1839.
- [Голицын Н. Б.] Souvenirs et impressions d'un officier russe pendant les campagnes de 1812, 1813 et 1814, avec la relation de la bataille de Borodino. Saint-Pétersbourg, 1849.
- Adye R. W. The Bombardier, and Pocket Gunner. 8th edition, London, 1827 (1-е издание : The Little Bombardier and Pocket Gunner. London, 1801, 2-e : 1803, 3-e : 1804, 4-e : 1806, 5-e : 1809, 6-e : 1813).
- Allix de Vaux J.-A.-F. Système d'artillerie de campagne. Paris, 1827.
- Anderson J. Recollections of a Peninsular Veteran. London, 1913.
- Andolenko S. P. Aigles de Napoléon contre drapeaux du Tsar. 1799, 1805-1807, 1812-1814. Paris, 1969.
- Azémar L. M. M. d'Combats à la baïonnette. Paris, 1859.
- Bancalari J. Beiträge zur Geschichte des österreichischen Heerwesens. Wien, 1872.
- Bardin É.-A. Manuel d'infanterie ou résumé de tous les règlemens, décrets, usages, renseignemens propres à cette arme. Paris, 2-e édition, 1808 (4-e édition, 1813).
- Bardin É.-A. Mémorial de l'officier d'infanterie. Paris, 2-e édition, 1813.
- Bausset J. de Mémoires anecdotiques sur l'intérieur du palais impérial. Paris, t. 2, 1827.
- Beamish N. L. History of the King's German Legion. London, vol. 1 (1832), vol. 2 (1837).
- Bégos L. Souvenirs des campagnes du lieutenant-colonel Bégos. Lausanne, 1859.
- Behm W. Die Mecklenburger 1813 bis 15 in den Befreiungskriegen. Hamburg : Hermes, 1913.
- Benkendorff C. Des Cosaques et de leur utilité à la guerre. Mémoire rédigé et présenté à S.M. l'empereur de Russie, en 1816. Paris, 1831 (英译本 : Idem., The Cossacks. A Memoir, Presented to H.M. the Emperor of Russia in 1816. London, 1863).
- Bennigsen L. A. von Gedanken über einige dem Officier der leichten Cavalerie nothwendige Kenntnisse des Kriegsdienstes und der Pferde. Zweite Auflage. Wilna, 1805 (第一版 : Riga, 1794).
- Bennigsen L. A. von Mémoires du Général Bennigsen. Paris, 1907 (俄 译 本 : Записки графа Л. Л. Беннигсена о войне с Наполеоном 1807 года. СПб, 1900).
- Berenhorst G. H. von Betrachtungen über die Kriegskunst über ihre Fortschritte, ihre Widerschprüche, und ihre Zuverläßigkeit. Leipzig, 1798.
- Berg G. von Leben von Gregor von Berg, Russisch-Kaiserlischer, der Dienstes entlassener General der Infanterie... Dresden, 1871.
- Bernhardi T. von Denkwürdigkeiten aus dem Leben des kaiserl. russ. Generals von der Infanterie Karl Friedrich Grafen von Toll. Zweite vermehrte Auflage, Leipzig, 1865 (第一卷的俄译文见 :《Из записок графа К. Ф. Толя, изданных на немецком языке Бернгарди》// Военный журнал, 1859, кн. 1, 2).
- Berriat H. H. Législation militaire ou Recueil methodique et raisonné des Lois, Décrets, Arrêtés, Règlements, et Instructions actuellement en vigueur sur toutes les branches de l'état militaire. Alexandrie, 1812.
- Berthezène P. Souvenirs militaires de la République et de l'Empire. Paris, 1855.
- Bigarré A. J. Mémoires du général Bigarré, aide de camp du roi Joseph. Paris, 1893.
- Biot H.-F. Souvenirs anecdotiques et militaires du colonel Biot, aide de camp du général Pajol : cam-

pagnes et garnisons. Paris, 1901.
- Bismark F. W. von Ideen-Taktik der Reuterei. Karlsruhe, 1829.
- Bismark F. W. von Vorlesungen über die Taktik der Reuterei. Karlsruhe, 1818.
- Bonnéry J. L. Un grand patriote Sarthois méconnu. Ledru des Essarts, 1765-1844. Le Mans, 1988.
- Boulart J.-F. Mémoires militaires du général Baron Boulart sur les guerres de la république et de l'empire. Paris, 1892.
- Boutourlin D. Histoire militaire de la campagne de Russie en 1812. Paris, Petersbourg, 1824（俄译本：Бутурлин Д. П. История нашествия Императора Наполеона на Россию в 1812 году. С официальных документов и других достоверных бумаг Российского и Французского генерал-штабов. СПб., ч. I (1823), ч. 2 (1824)).
- Brack F. de Avant-postes de cavalerie légère. Souvenirs. Paris, 1831（俄译本：Аванпосты легкой кавалерии // Военная библиотека, т. 8, СПб., 1882).
- Bugeaud T.-R. Oeuvres militaires du maréchal Bugeaud. Paris, 1883.
- Bunbury H. E. Narratives of Some Passages in the Great War with France, from 1799 to 1810. London, 1854.
- Cathcart G. Commentaries on the War in Russia and Germany in 1812 and 1813. London, 1850.
- Chambray G. de Oeuvres du Marquis du Chambray. Paris, 1840.
- Caractère militaire des armées européennes dans la guerre actuelle; avec une parallelle de la politique, de la puissance, et des moyens des romains et des françois. Londres, 1802; 英译本：Military Character of the Different European Armies Engaged in the Late War：with a Parallel of the Policy, Power, and Means of the Ancient Romans and Modern French. Translated from the French. London, 1803.
- Clausewitz C. von Der Feldzug 1812 in Rußland und die Befreiungskriege 1813–15. Dritte durchgesehene Auflage, Berlin, 1906（俄文节译本：Клаузевиц К. 1812 год. М.：Государственное военное издательство Наркомата обороны ССР, 1937, 此外还有多个版本).
- Clausewitz C. von Hinterlassene Werke über Krieg und Kriegführung des Generals Carl von Clausewitz. Dritte Auflage, Berlin, 1867–1869.
- Clément C. Essai sur l'artillerie à cheval. Pavie, 1808.
- Colin J. La tactique et la discipline dans les Armées de la Revolution. Paris, 1902.
- Colin J. L'infanterie au XVIIIe siécle：la tactique. Paris, 1907.
- Cooper T. H. A practical guide for the light infantry officer：comprising valuable extracts from all the most popular works on the subject. London, 1806.
- Correspondance de Napoléon Ier. Paris, t. 26 (1868); t. 31 (1869).
- Correspondance inédite de l'Empereur Napoléon avec le commandant en chef de l'artillerie de la Grande Armée. Pendant les campagnes de 1809 en Austriche, 1810-1811 en Espagne et 1812 en Russie. Paris, 1843.
- Costello E. Adventures of a Soldier. London, 2nd edition, 1852.
- Crossard J. B. L. Mémoires militaires et historiques pour servir à l'histoire de la guerre depuis 1792, jusqu'en 1815. Paris, 1829.
- Decker K. D. Die Artillerie für alle Waffen. Berlin, 1816.
- Decker K. D. Die Taktik der drei Waffen：Infanterie, Kavallerie und Artillerie, einzeln und verbunden. Im Geiste der neueren Kriegführung. Berlin, Posen und Bromberg, 1833.
- Delavoye A. M. Life of Thomas Graham, Lord Lynedoch. London, 1880.
- Demian J. A. Anleitung zum Selbststudium der militärischen Dienstwissenschaften. Für Offiziere der k. k. österreichischen Armee. Wien, Neue Auflage, Erster Theil, 1812（第一版：1807).
- Denison G. T. A History of Cavalry from the Earliest Times with Lessons to the Future. London, 1877.
- Denniée P.-P. Itinéraire de l'Empereur Napoleon pendant la campagne de 1812, Paris, 1842.
- Diebitsch H. E. von Gedanken über und von dem Soldaten in allen seiner Theilen theoretisch, practisch und philosophisch abgehandelt und auf Allerhöchsten Befell Gr.Majestät des Aller-

durchlauchtigsten Kaysers und Selbstherrscher aller Reußen Alexander des Ersten durch den Druck bekannt gemacht. St.Petersburg, 1801 (俄译本：Дибич, Мысли о солдате, в различных по званию его отношениях, рассматриваемых в воинском и нравственном виде. СПб., ч. 1, 1802; ч. 2, 1803).

- Du Boscage G. P. I. de Guillaumanches Précis historique sur le célèbre feld-maréchal comte Souworow Rymnikski, prince Italikski. Hambourg, 1808.
- Duffy C. Eagles over the Alps. Suvorov in Italy and Switzerland, 1799. Chicago：The Emperor's Press, 1999.
- Duffy C. The Army of Frederick the Great. New York：Hippocrene Books, 1974.
- Duffy C. The Military Experience in the Age of Reason. 2nd edition, Ware：Wordsworth Editions Limited, 1998.
- Duhèsme G. P. Essai historique sur l'infanterie légère, ou traité des petites opérations de la guerre, à l'usage des jeunes officiers, avec cartes et plans. Paris, 1814.
- Dumas M. Précis des évènemens militaires ou Essais historiques sur les campaignes de 1799 à 1814. Avec plans et cartes. Paris, t. 18, 1826.
- Du Puget E. J. A. Essai sur l'usage de l'Artillerie dans la Guerre de Campagne et dans celle de Sieges. Amsterdam, 1771.
- Duthilt P. C. Mémoires du Capitaine Duthilt. Lille, 1909.
- Elemens de la Tactique de l'Infanterie, ou Instructions d'un Lieutenant-Général Prussien, pour les Troupes de son Inspection. 1783 (出版地点不明). 译自德文版的英文版：Elements of Tacticks, and Introductrion to Military Evolutions for the Infantry：by a Celebrated Prussian General, with plates. London, 1787. 译自法文版的俄文版：Тактические правила или наставления воинским эволюциям. СПб., 1794. 作者为普鲁士将领弗里德里希·克里斯托夫·冯·萨尔德恩（Friedrich Christoph von Saldern）。
- Fabry G. J. Campagne de 1812：Mémoires relatifs à l'aile droite, 20 Août - 4 Décembre. Paris, 1912.
- Fain A.-J.-F. Manuscrit de mil huit cent douze. Bruxelles, 1827.
- Favé I. Histoire et tactique des trois armes et plus particulièrement de l'artillerie de campagne. Paris, 1845.
- Fézensac R.-E.-P.-J. de Montesquiou Souvenirs militaires de 1804 à 1814. Paris, 3-e édition, 1869.
- Folard J.-C. de Nouvelles découvertes sur la guerre... Paris, 1726.
- Folard J.-C. de Traité de la colonne, la manière de la former & de combattre dans cet ordre. Paris, 1727.
- Foucart P.-J. Campagne de Pologne, novembre-décembre 1806 – janvier 1807 (Pultusk et Golymin), d'après les archives de la guerre. Paris, 1882.
- Funck K. W. F. von Erinnerungen aus dem Feldzuge des Sachsischen Corps unter dem G.Reynier im Jahre 1812 aus den Papieren des Vestorbenen. Dresden und Leipzig, 1829.
- Foy M. Histoire de la guerre de la péninsule sous Napoléon. Paris, 1827.
- Gansauge H. von Kriegswissenschäftliche Analekten in Beziehung auf frühere Zeiten und auf die neuesten Begebenheiten. Berlin, 1832.
- Gassendi J.-J.-B. de Aide-mémoire à l'usage des officiers d'artillerie de France, attachés au service de terre. 5-me édition. Paris, 1819.
- Girod de l'Ain F. J. M. Dix ans de mes souvenirs militaires, de 1805 à 1815. Paris, 1873.
- Gleig G. The Subaltern. Edinburgh and London, 1825.
- Goujon A. M. Bulletins officiels de la grande armée. Paris, 1821.
- Gourgaud G. Napoléon et la Grande armée en Russie, ou examen critique de l'ouvrage de m. le comte Ph. de Ségur. Stuttgart, 1827.
- Grandmaison T. A. le Roy de La petite guerre, ou Traité du service des troupes légères en campagne. Paris, 1756.
- Green J. The Vicissitudes of a Soldier's Life. Louth, 1827.

734

- Griffith P. The Art of War of Revolutionary France, 1789–1802. London：Greenhill Books and Pennsylvania：Stackpole Books, 1998.
- [Grimoard P. H. de] Traité sur la Constitution des Troupes Légères, et sur Leur Emploi à la Guerre; Auquel on a joint un Supplément contenant la Fortification de Campagne. Paris, 1782.
- Griois L. Memoires du Général Griois 1792–1822. 2-e édition, Paris, 1909.
- Grundsätze der höhern Kriegs-Kunst für die Generäle der österreichischen Armee. Wien, 1806（作者为卡尔大公，俄文节译本见：Стратегия в трудах военных классиков. М, 1926, т. 2).
- Guibert J. A. H. de Défence de système de guerre moderne. Paris, 1779.
- Guibert J. A. H. de Essai général de tactique. Liege, 1773（英译本：A General Essay on Tactics, with an Introductory Discourse upon the present State of Politics and the Military Service in Europe. London, 1781).
- Guyard Instruction pour le service et les manœuvres de l'infanterie légère en campagne. Paris, 1805.
- Hartwich L. J. W. von, Schoeler R. von 1812 der Feldzug in Kurland nach den Tagebüchern und Briefen des Leutnants Julius v. Hartwich：damals im Leib-Grenadier-Regiment jetzigen Leib-Grenadier-Regiment König Friedrich Wilhelm III (1. Brandenburgischen Nr. 8). Berlin, 1910.
- Haythornthwaite P. J. Weapons & Equipment of the Napoleonic Wars. London：Arms & Armour, 1999.
- Henegan R. D. Seven Years' Campaigning in the Peninsula and the Netherlands, from 1808 to 1815. London, 1846.
- Hüffer H. Quellen zur Geschichte des Zeitalters der französischen Revolution. Leipzig, Erster Theil, Erster Band, 1900.
- Hulot J. B. Instruction sur le service d'artillerie, a l'usage des Élèves de l'École spéciale impériale militaire. Paris, 1806（第二版：Paris, 1809, 第三版：Instruction sur le service de l'artillerie. A l'usage de M. M. les Élèves des l'Écoles militaires établies à Saint-Cyr et à Saint-Germain. Paris, 1813).
- Jacquinot de Presle F. C. N. Cours d'art et d'histoire militaries de l'École Royale de cavalerie. Saumur, 1829.
- Jarry F. Instruction concernant le service de l'infanterie légère en campagne. Londres, 1801 (英译本：Instruction Concerning the Duties of Light Infantry in the Field. London, 2nd edition, 1803).
- Jomini A. H. de Précis de l'art de la guerre ou nouveau tableau analytique des principales combinaisons de la stratégie, de la grande tactique et de la politique militaire. Paris, 1838（俄译本：Жомини Г. В. Краткое начертание военного искусства или новый аналитический обзор главных соображений стратегии, высшей тактики и военной политики. СПб., 1840).
- Jomini A. H. de Traité de grandes opérations militaires, ou relation critique et comparative des campagnes de Frédéric et de l'empereur Napoléon. Paris, 6-me partie, 1810.
- Jourdan J.-B. Mémoires pour servir à l'histoire de la campagne de 1796. Paris, 1818.
- Koch J. B. F. Mémoires de Masséna, rédigés d'après les documents qu'il à laissés et sur ceux du dépôt de la guerre et du dépôt des fortifications, par le général Koch; avec un atlas. Paris, 1848–1850.
- Labaume E. Relation circonstanciée de la campagne de Russie, en 1812. 4-me édition. Paris, 1815.
- Lacuée de Cessac J. G. Guide de l'officier particulier en campagne. Paris, nouvelle édition, 1805（第一版于 1785 年发行，俄译本：Лакюэ де Сессак Ж. Ж. Походный наставник для офицеров, отряжающихся от армии по разным воинским препоручениям. СПб., 1811).
- Langeron A. de Journal des campagnes faites au service de Russie. 在 1812 年、1824—1829 年日志基础上写成的回忆录，第 3 卷（1805 年）、第 4 卷（1807—1809 年）、第 5 卷（1810—1812 年），分别藏于俄罗斯国家图书馆手稿部，第 73 号全宗，第 276、275、276a 号卷宗。
- Langeron A. de Mémoires de Langeron, général d'infanterie dans l'armée Russe. Campagnes de 1812, 1813, 1814. Paris, 1902.
- Larrey D. J. Mémoires de chirurgie militaire, et campagnes du baron D. J. Larrey. Paris, 1817.
- Las Cases E. de Mémorial de Sainte-Hélène, ou Journal où se trouve consigné, jour par jour, ce qu'a

dit et fait Napoléon durant dix-huit mois. Paris, 1823.
- Laugier C. de Gl' Italiani in Russia. Italia, 1825.
- Lejeune L. F. Mémoires du Général Lejeune. Paris, 1895.
- Lespinasse A. Essai sur l'organisation de l'arme de l'artillerie. Paris, 1800.
- Life of General Sir Robert Wilson. London, 1862.
- Löwenstern E. von Mit Graf Pahlens Reiterei gegen Napoleon. Berlin, 1910.
- Löwenstern W. von Mémoires du général-major russe Baron de Löwenstern (1776-1858). Paris, 1903.
- Lynn J. A. The Bayonets of the Republic：Motivation and Tactics in the Army of Revolutionary France, 1791–94. Chicago and Urbana：University of Illinois Press, 1984.
- MacGregor G. (transl.) A Treatise upon the Regulations of the French Infantry by Général de Brigade H. Meunier. London, 1809 (reprinted：West Chester OH：The Nafziger Collection, 2000; 法文原本：Meunier H. A. J. Dissertation sur l'ordonnance de l'infanterie. Paris, 1805).
- Marbot J.-B.-A.-M. de Mémoires du général baron de Marbot. 4-me édition, Paris, 1891（俄译本：Марбо М. Мемуары генерала барона де Марбо. М.：Эксмо, 2005).
- Marbot J.-B.-A.-M. de Remarques critiques sur l'ouvrage de M. le lieutenant-général Rogniat. Paris, 1820.
- Marcel N. Campagnes du capitaine Marcel, du 69e de ligne, en Espagne et en Portugal (1804–1814), mises en ordre, annotées et publiées par le commandant Var. Paris, 1913.
- Marion C. Mémoire sur le lieutenant-général d'artillerie Baron Alexandre de Senarmont. Paris, 1846.
- Marmont A.-F.-L. W. de De l'esprit des institutions militaires. Paris, 1845（俄译本：Мармон, Сущность военных учреждений // Военная библиотека, т. 3, СПб., 1871).
- Marmont A.-F.-L. W. de Mémoires du maréchal Marmont duc de Raguse de 1792 a 1841. Paris, 2-e édition, 1857.
- Martinien A. Tableaux par corps et par batailles des officiers tués et blessés pendant les guerres de l'Empire (1805–1815). Paris, 出版年份不详, 应当在 1899-1899 年之间。
- Martinien A. Tableaux par corps et par batailles des officiers tués et blessés pendant les guerres de l'Empire (1805–1815) (supplément). Paris, 1909.
- Meerheim F. L. A. von Erlebnisse eines Veteranen der großen armee während des Feldzuges in Russland 1812, herausgegeben von dessen Sohne. Dresden, 1860.
- Mercer C. Journal of the Waterloo Campaign. Edinburgh and London, 1870.
- Mesnil-Durand F.-J. de Fragments de tactique ou Six memoires…. Paris, 1774.
- Mesnil-Durand F.-J. de Projet d'un ordre françois en tactique. Paris, 1755.
- Mesnil-Durand F.-J. de Suite du projet d'un ordre françois en tactique. Paris, 1758.
- Meunier H. A. J. Dissertation sur l'ordonnance de l'infanterie. Paris, 1805.
- Mitchell J. Thoughts on Tactics and Military Organization. London, 1838.
- Morand C. A. L. A. De l'armée selon la charte, et d'après l'expérience des dernières guerres. Paris, 1829.
- Müffling F. C. F. von Aus Meinem Leben. Berlin, Zweite Auflage, 1855.
- Muir R. Tactics and the Experience of Battle in the Age of Napoleon. New Haven and London：Yale University Press, 1998.
- Muralt A. von, Legler T. Erinnerungen aus dem Feldzug Napoleons I in Russland 1812. Bern：Verlag Hallwag Bern, 1940.
- Nafziger G. F. Imperial Bayonets：Tactics of the Napoleonic Battery, Battalion and Brigade as Found in Contemporary Regulations. London：Greenhill Books, 1996.
- Ney M. Mémoires du maréchal Ney. Paris, Londres, 1833.
- Nolan L. E. Cavalry：its History and Tactics. 3rd edition, London, 1860（第一版：1853; 法译本：Idem., Histoire et tactique de la cavalerie, Paris, 1854; 译自法译本的俄译本：Нолан, История и тактика кавалерии // Военная библиотека, т. 3, СПб., 1871).
- Norvins J. M. de Histoire de Napoléon. Paris, 1827.

- Norvins J. M. de, Lanzac de Laborie L. de Souvenirs d'un historien de Napoléon : Mémorial de J. de Norvins. Paris, vol. 3, 1897.
- Nosworthy B. The Anatomy of Victory : Battle Tactics 1689–1763. New York : Hippocrene Books, 1992.
- Nosworthy B. With Musket, Cannon and Sword : Battle Tactics of Napoleon and His Enemies. New-York : Sarpedon, 1996.
- Okouneff N. A. Examen raisonné des propriétés des trois armes de leur emploi dans les batailles et de leur rapport entre elles. Paris, 1832.
- Okouneff N. A. Considérations sur les grandes operations se la campagne de 1812, en Russie; des mémoires sur les principes de la stratégie; de l'examen raisonné des propriétés des trois armes; et un memoire sur l'artillerie. Bruxelles, nouvelle édition, 1841.
- Parquin D. C. Souvenirs de gloire et d'amour du lieutenant-colonel Parquin. Paris, 1911.
- Pelleport P. Souvenirs militaires et intimes du général vicomte de Pelleport, 1793–1853. Paris, 1857.
- Plotho C. von Der Krieg in Deutschland und Frankreich in den Jahren 1813 und 1814. Berlin, 1817.
- Plotho C. von Tagebuch während des Krieges zwischen Rußland und Preußen einerseits, und Frankreich andrerseits, im den Jahren 1806 und 1807. Berlin, 1811.
- Pouget F. R. Souvenirs de guerre du général Baron Pouget. Paris, 1895.
- Préval C. A. H. de Projet de règlement de service pour les armées françaises, tant en campagne que sur le pied de paix. Paris, 1812.
- Quimby R. S. The Background of Napoleonic Warfare : The Theory of Military Tactics in Eighteenth-Century France. New York : Columbia University Press, 1957.
- Quistorp B. von Die Kaiserlisch Russisch-Deutsche Legion. Berlin, 1860.
- Rait R. S. The Life and Campaigns of Hugh, first Viscount Gough, Field Marshal. London, 1903.
- Reiche L. von Memoiren des königlich preussischen Generals der Infanterie Ludwig von Reiche. Leipzig, 1857.
- Renard B.-J.-B.-J. Considérations sur la tactique de l'infanterie en Europe. Paris, 1857 (俄译本 : Ренар, Взгляд на тактику европейской пехоты. СПб., 1859).
- Rocca A. J. de Mémoires sur la guerre des Français en Espagne. 2-e édition, Paris, 1814.
- Rochechouart L.-V.-L. de Souvenirs sur la Revolution, l'Empire et la Restauration. Paris, 2-e édition, 1889.
- Rogicourt d'Urtubie T.-B.-S. de Manuel de l'artilleur, contenant tous les objets dont la connoissance est nécessaire aux officiers et sous-officiers de l'artillerie, suivant l'approbation de Gribeauval. Paris, 5-me édition, 1795.
- Rogniat J. Considérations sur l'art de la guerre. Paris, 3-e édition, 1820.
- Ross S. T. From Flintlock to Rifle : Infantry Tactics, 1740–1866. London : Associated University Presses, 1979.
- Rösselet A. Souvenirs de Abraham Rösselet, lieutenant-colonel en retraite au service de la France. Neuchâtel, 1857.
- Rothenberg G. E. Napoleon's Great Adversaries. The Archduke Charles and the Austrian Army, 1792–1814. London : The Anchor Press Ltd, 1982.
- Rüppel E. von Kriegsgefangen im Herzen Rußland. 1812–1814. Berlin, 1912.
- Russell J. Instructions for the Drill, and the Method of Performing the Eighteen Manœeuvres. London, 3rd edition, 1804.
- Saint-Cyr L. de Gouvion Mémoires pour servir à l'histoire militaire sous le Directoire, le Consulat et l'Empire. Paris, 1831.
- Saint-Cyr L. de Gouvion Mémoires sur les campagnes des armees du Rhin et de Rhin-et-Moselle, de 1792 jusqu'a la paix de Campo-Formio. Paris, 1829 (俄译本 : Записки маршала Сен-Сира о войнах во времена директории, консульства и империи французской // Военная библиотека, СПб., 1838, т. I, V, VI).

- Saxe M. de Mes rêveries. Amsterdam et Leipzig, 1757.
- Scharnhorst G. J. D. von Handbuch für Officiere, in den anwendbaren Theilen der Krieges-Wissenschaften. Hannover, T. 1 (1787); T. 2 (1788); T. 3 (1790).
- Scharnhorst G. J. D. von Über die Wirkung des Feuergewehrs. Berlin, 1813.
- Schreckenstein L. Roth von Die Kavallerie in der Schlacht an der Moskwa. Münster, 1858.
- Schubert F. von Unter dem Doppeladler. Erinnerungen eines Deutschen in russischen Officiersdienst. 1789–1814. Stuttgart : K. F. Koehler Verlag, 1962.
- Sherer M. Recollections of the Peninsula. Staplehurst, 1824.
- Siegmann W. Die Elementartaktik der Reiterei. Leipzig, 1854.
- Smirke R. Review of a Battalion of Infantry Including the 18 Manœuvres. London, 1810.
- Stutterheim K. von La bataille d'Austerlitz. Paris, 1806（德文本：Die Schlacht bey Austerlitz. Hamburg, 1806; 译自法文本的英译本：A detailed account of the battle of Austerlitz. London, 1807）.
- Taubert A. Gefechtslehre der Feld-Artillerie, mit besonderer Anwendung auf den taktischen Gebrauch der Batterien eines Armeekorps. Berlin, 1855.
- Tchitchagov P. Mémoires de l'amiral Paul Tchitchagov, commandant en chef de l'armée du Danube, Gouverneur des Principalites de Moldavie et de Valachie en 1812. Paris, 1909.
- Tchitchagov P. Mémoires de l'Amiral Tchitchagoff. // Bibliothèque Russe, nouvelle série, vol.VII, Leipzig, 1862.
- Teil J. du De l'usage de l'artillerie nouvelle dans la guerre de campagne : connaissance nécessaire aux officiers destinés à commander toutes les armées. Metz, 1778.
- The Officer's Manual in the Field, or a Series of Military Plans Expressing the Principal Operations of a Campaign. London, 1800.
- Thiébault P. C. F. Manuel général du service des états-majors généraux et divisionnaires dans les armées. Paris, 1813.
- Thiébault P. C. F. Mémoires du général baron Thiébault. 4-me édition. Paris, 1894（俄文节译本：Колюбакин Б. М. 1812-й год. Воспоминания офицера французского кирасирского № 2-го полка о кампании 1812 года. СПб, 1912）.
- Thirion A. Souvenirs militaires, 1808-1818. Paris, 1892.
- Trochu L. J. L'armée française en 1867. Paris, 1867.
- Tronson du Coudray C. L'artillerie nouvelle, ou éxamen des changements faits dans l'artillerie française depuis 1765. Liège, 1772.
- Vigo-Roussillon F. Journal de campagne 1793-1837 de François Vigo-Roussillon, grenadier de l'Empire. Paris : Éditions France-Empire, 1981.
- Vossen A. Tagebuch des Lieutenants Anton Vossen, vornehmlich über den Krieg in Russland 1812. Marburg, 1892.
- Waldersee F. G. von Die Methode zur kriegsmäßigen Ausbildung der Infanterie für das zerstreute Gefecht; mit besonderer Berücksichtigung der Verhältnisse des preußischen Heeres. Berlin und Posen, 1848.
- Warnery C. E. de Remarques sur la cavalerie. Paris, 1828.
- Wilson R. Brief Remarks on the Character and Composition of the Russian Army and a Sketch of the Campaigns in Poland in the Years 1806 and 1807. London, 1810.
- Wilson R. Narrative of Events During the Invasion of Russia by Napoleon Bonaparte, and the Retreat of the French Army. 1812. London, 1860.
- Wissel G. von Der Jäger im Felde, oder kurze Abhandlung wie der Dienst bei leichten Truppen im Felde zu verrichten. Göttingen, 1784.
- Württemberg E. von Erinnerungen aus dem Feldzuge des Jahres 1812 in Rußland von dem Herzog Eugen von Württemberg. Breslau, 1846.
- Württemberg E. von Memoiren des Herzogs Eugen von Württemberg. Frankfurt am Oder, 1862.
- Zhmodikov A., Zhmodikov Yu. Tactics of the Russian Army in the Napoleonic Wars. West Chester,

OH：The Nafziger Collection, 2003. 波兰文译本：Taktyka armii Rosyjskiej w dobie wojen Napoleońskich. Oświęcim：Napoleon V, 2010.

期刊（以字母为序）

- Артиллерийский журнал. СПб., 1808–1811, 1839–1920.
- Библиотека для чтения. СПб., 1834–1864.
- Военно-исторический вестник. Киев, 1909–1918.
- Военно-исторический журнал. М., 1939 – по настоящее время.
- Военно-исторический сборник. СПб., 1911–1916.
- Военный журнал. СПб., 1810–1811, 1817–1819, 1827–1859.
- Военный сборник. СПб., 1858–1917.
- Журнал ИРВИО (императорского русского военно-исторического общества). СПб., 1910–1914.
- Исторический вестник. СПб., 1880–1917.
- Русская старина. СПб., 1870–1918.
- Русский архив. М., 1863–1917.
- Русский вестник. М., 1856–1906.
- Сын Отечества. СПб., 1812–1852.
- Труды ИРВИО (императорского русского военно-исторического общества). СПб., 1909–1912.
- Цейхгауз. М., 1991 – по настоящее время.
- ЧИОИДР (Чтения в Императорском обществе истории и древностей Российских). М., 1846–1918.
- Carnet de la sabretache：Revue militaire rétrospective, Paris, 1893–1970.
- Spectateur Militaire. Paris, 1826–1914.
- United Service Journal (Naval and Military Magazine, 1827–1828; The United Service Journal and Naval and Military Magazine, Jan. 1829 – Dec. 1841; The United Service Magazine and Naval and Military Journal, Jan. 1842 – Apr. 1843), London, 1827–1882.

THE WAR OF
THE SPANISH SUCCESSION

介绍和评价了参战各方的帝王、将相等重要人物在战争历程中的方方面面
引用了大量一手文件和信函,展示了交战各国的民风、文化、地理和民族意识

堪称研究西班牙
王位继承战争的百科全书

指文® 战争艺术文库/015

英法争霸的序幕
西班牙王位继承战争
1701—1714

[英] 詹姆斯·福克纳 著　无形大象 译

江苏凤凰文艺出版社

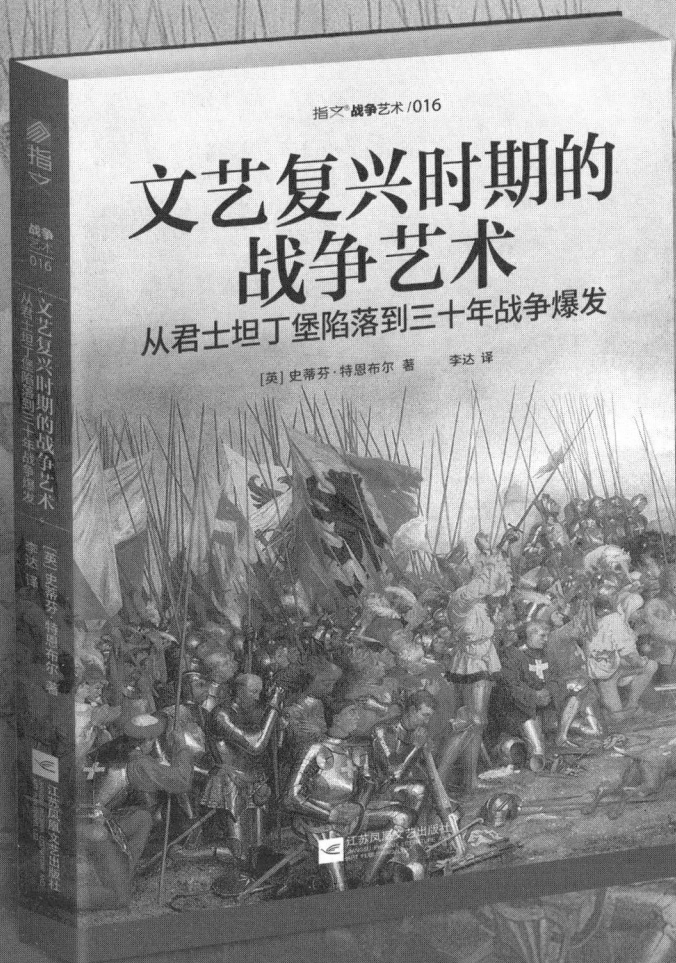

IMPERIAL BAYONETS

Tactics of the Napoleonic Battery, Battalion and Brigade
as Found in Contemporary Regulations

[美] 乔治·纳夫齐格（George Nafziger）著
研究拿破仑战术的必读之作

指文® 战争艺术文库 / 009

皇帝的刺刀

拿破仑战争条令中的连、营、旅级战术

[美] 乔治·纳夫齐格（George Nafziger）著　　吴畋 译